- 제4판 -

자본시장과 불공정거래

내부자거래 · 시세조종 · 부정거래행위
시장질서 교란행위

임 재 연 저

박영사

제4판 머리말

본서는 「자본시장과 금융투자업에 관한 법률」(약칭: 자본시장법) "제4편 불공정거래의 규제(제1장 내부자거래 등, 제2장 시세조종 등, 제3장 부정거래행위 등)" 부분에 관한 법령을 해설하고, 학계와 판례의 입장을 소개하기 위한 책이다.

저자는 2010년 "자본시장법" 초판을 낸 이후 2023년까지 매년 개정판을 내고 있고 그 책에서도 불공정거래 부분에 대한 설명을 나름대로 충실하게 담고 있다. 그럼에도 불공정거래 부분을 다루는 단행본을 별도로 내게 된 이유는, 자본시장법 책에서도 불공정거래에 관한 중요한 판례를 빠짐없이 소개하였지만 전체 분량 사정상 판결번호만 표시하거나 판결의 요지만 인용하였다. 이에 따라 독자들이 보다 구체적이고 상세한 판결 내용이 부족하다는 반응을 보였고, 저자도 평소 이 점을 아쉽게 생각하여 왔기 때문에 수록된 판례의 중요한 판시 부분을 인용한 본서와 같은 단행본을 따로 내게 된 것이다.

지난 10여 년 동안 저자가 각종 저서를 낼 때마다 원고를 검토해온 성균관대학교 남궁주현 교수가 이번 제4판을 내는 과정에서도 심층적으로 검토해 주었는데 앞으로 학문적으로 많은 발전이 있기를 바란다. 아울러 저자가 박영사와 인연을 맺은 1995년 이후 항상 격려해 주시는 안종만 회장님과, 이번에도 본서의 발간을 위하여 애써 주신 조성호 이사님, 김선민 이사님께도 감사드린다.

2023년 6월
저 자 씀

차 례

[세부목차]

제1편 총 설

제1장 금융투자상품

제2장　자본시장 감독기관

제 2 편　유형별 불공정거래

제 1 장　내부자거래

제 2 장 시세조종과 부정거래행위

제 3 장 불공정거래에 대한 제재

법령·규정 약어표

(괄호·각주에서의 표기방법)

자본시장법	法
자본시장법 시행령	令
자본시장법 시행규칙	規則
상법	商法
상법 시행령	商令
주식회사의 외부감사에 관한 법률	外監法
주식회사의 외부감사에 관한 법률 시행령	外監令
금융위원회의 설치 등에 관한 법률	金設法
구 간접투자자산운용업법	間投法
구 증권거래법	證法
구 증권거래법 시행령	證令
증권의 발행 및 공시 등에 관한 규정	증권발행공시규정
유가증권시장 상장규정	상장규정
유가증권시장 업무규정	업무규정
유가증권시장 공시규정	공시규정
Securities Act of 1933	SA
Securities Exchange Act of 1934	SEA
金融商品取引法	金商法

※ 괄호 안의 조문 표시에서, 항(項)은 동그라미 숫자로 표시하고[제1항 → ①)], 호(號)는 숫자만으로[제1호 → 1] 표시함.

참고문헌

[국 내 서]

김건식·정순섭, 자본시장법(제3판), 두성사, 2013
김병연·권재열·양기진, 자본시장법(제4판), 박영사, 2019
김정수, 자본시장법원론(제2판), SFL그룹, 2014
김정수, 내부자거래와 시장질서교란행위, SFL그룹, 2016
김학석·김정수, 자본시장법상 부정거래행위, SFL그룹, 2015
이상복, 자본시장법, 박영사, 2021
한국증권법학회, 자본시장법 주석서Ⅰ·Ⅱ(개정판), 박영사, 2015

[외 국 서]

Hazen & Lee, *Securities Regulation: Corporate Counsel Guides* (2012)
Collins, *Regulation of Securities, Markets, and Transactions* (2014)
Cox & Hillman, *Securities Regulation* (2018)
Choi & Pritchard, *Securities Regulation* (2019)

河本一郎·大武泰南, 新金融商品取引法読本, 有斐閣, 2014
川村正幸, 金融商品取引法(第5版), 中央経済社, 2014
日野正晴, 詳解金融商品取引法(第2版), 中央経済社, 2016
山下友信·神田秀樹, 金融商品取引法概說(第2版), 有斐閣, 2017
黑沼悅郎, 金融商品取引法(第2版), 有斐閣, 2020
松尾直彦, 金融商品取引法(第6版), 商事法務, 2021

제 1 편

총 설

제 1 장

금융투자상품

제 1 절 자본시장법상 금융투자상품

Ⅰ. 포괄주의의 도입

1. 증권거래법상 한정적 열거주의

증권거래법은 유가증권의 개념과 범위에 관하여 명칭 또는 근거법령을 기초로 한정적으로 열거하는 방식을 취하였다. 따라서 증권규제가 필요한 새로운 금융상품이 시장에 등장하여도 법령에 유가증권으로 규정되지 않는 한 규제대상에 포함되지 않았다. 이러한 규제의 공백으로 인하여 투자자 보호에 미흡하였고, 한편으로는 법적 예측가능성의 결여로 인하여 시장수요에 따른 새로운 상품의 개발도 곤란하였다.

2. 자본시장법상 포괄주의

자본시장법은 이러한 문제를 해결하기 위하여 금융투자상품의 개념과 범위에 관하여 해당 금융상품의 기능적인 속성을 기초로 포괄적으로 정의하는 포괄주의를 도입하였다.

Ⅱ. 금융투자상품의 개념과 범위

자본시장법은 금융투자상품의 개념을 규정함에 있어서 먼저 금융투자상품의 기능과 위험을 기초로 일반적으로 정의하고, 다음으로 상품별로 구체적인 개념을 규정하고, 마지막으로 제외되는 상품을 명시적으로 규정함으로써 단계적인 규정

을 두고 있다. 다만 자본시장법의 규정체계상 금융투자상품의 일반적 정의에 해
당하더라도 증권 또는 파생상품에 속하지 않는 상품은 금융투자상품에 해당하지
않는다.

1. 일반적 정의

(1) 의   의

자본시장법은 금융투자상품을, ⅰ) 이익을 얻거나 손실을 회피할 목적으로,
ⅱ) 현재 또는 장래의 특정 시점에 금전, 그 밖의 재산적 가치가 있는 것("금전
등")을 지급하기로, ⅲ) 약정함으로써 취득하는 권리로서, ⅳ) 투자성이 있는 것이
라고 정의한다(法 3조① 본문).

(2) 이익을 얻거나 손실을 회피할 목적

금융투자상품은 "이익을 얻거나 손실을 회피할 목적"을 요소로 한다. 금융투
자상품 중 증권은 이익을 얻는 것이 주된 목적이고, 파생상품은 손실을 회피하는 것
이 주된 목적이다. 예금, 대출상품이나 보험상품도 이익을 얻거나 손실을 회피할
목적이 내포되지만 아래와 같은 투자성이 결여되어 금융투자상품이 될 수 없다.

(3) 금전등의 지급

금융투자상품은 현재 또는 장래의 특정 시점에 금전, 그 밖의 재산적 가치가
있는 것("금전등")을 지급하기로 약정하는 것을 요소로 한다. 무상배포되는 경품
응모권과 같이 투자자의 금전등의 지급이 전혀 없는 경우에는 단순한 이익의 기
대에 불과하고 추첨결과 무산된 경우에도 기대이익의 상실에 불과하여 투자자 보
호의 필요성이 없고 따라서 금융투자상품에 해당하지 않는다. "장래의 특정 시점
에서의 지급"은 일반적으로 파생상품에 적용되는 것으로 이해되지만, 장내증권매
매도 "T+2"거래일에 결제되므로 이를 엄격히 해석할 것은 아니다. "특정 시점"
을 요소로 하므로 지급기일이 확정되어 있거나 확정될 수 있어야 한다. "그 밖의
재산적 가치가 있는 것"은 파생상품거래와 관련하여 현물인도에 의한 결제도 포
함시키기 위한 것이다. 따라서 "지급"은 현물인도도 포함하는 개념으로 보아야
한다.

(4) 계약상의 권리

금융투자상품은 "약정함으로써 취득하는 권리"이므로 계약상의 권리를 의미
한다. 파생상품의 경우에는 계약상의 권리를 금융투자상품으로 보아야 하고 그

계약의 이행에 의하여 취득하게 되는 것은 기초자산이므로 위 문언에 정확히 부합한다. 그러나 증권의 경우에 "권리"를 엄격하게 해석하면 약정의 이행으로 취득하게 되는 목적물은 금융투자상품에 해당하지 않게 되므로 계약상의 권리뿐 아니라 계약 이행의 결과 취득하는 결과물도 포함되도록 유연하게 해석할 필요가 있다. 이렇게 해석하여야 주식발행시 인수인이 인수계약을 이행하고 취득하는 주식이 금융투자상품에서 제외되는 이상한 결과를 피할 수 있다.

(5) 투 자 성

(가) 투자성의 개념

투자성이란 "그 권리를 취득하기 위하여 지급하였거나 지급하여야 할 금전등의 총액이 그 권리로부터 회수하였거나 회수할 수 있는 금전등의 총액을 초과하게 될 위험"을 말한다. "투자성 요건은 자본시장법이 포괄주의 방식으로 금융투자상품의 개념을 정의함에 따라, 원본보장형 예금과 보험상품은 자본시장법의 적용대상에서 제외시키기 위한 것이다. 이를 위한 입법방식으로는, i) 투자성 요건을 명시하는 방법과, ii) 투자성 요건을 명시하지 않고 양도성 예금증서처럼 원본보장형 예금과 보험상품을 금융투자상품에서 제외한다는 규정을 두는 방법이 있는데, 자본시장법은 i)의 방법을 택하였다. 투자성 기준에 의하여 금융투자상품과 비금융투자상품(예금 및 보험상품)의 구별기준을 명확하게 되고, 또한 이러한 포괄적인 개념정의에 의하여 시장수요를 충족시킬 수 있는 다양한 금융상품의 개발과 적용범위의 확대를 통한 투자자 보호 목적의 달성이 가능하게 된다. 미국 증권법은 전형적인 유형의 증권이 아닌 추상적 개념의 증권인 투자계약(investment contract)에 관하여 이익의 기대, 즉 이익을 얻기 위한 목적을 개념요소의 하나로 보고, 자본시장법과 같은 원본초과지급 가능성은 개념요소로 보지 않는다.

투자성을 원본손실위험이라고도 한다. 그러나 실제의 회수금액이 지급금액보다 적은 경우에도 입법정책상 금융투자상품으로 볼 필요가 없는 경우가 있고, 이에 따라 자본시장법 제3조 제1항은 "그 권리를 취득하기 위하여 지급하였거나 지급하여야 할 금전등의 총액(판매수수료 등 대통령령으로 정하는 금액을 제외한다)이 그 권리로부터 회수하였거나 회수할 수 있는 금전등의 총액(해지수수료 등 대통령령으로 정하는 금액을 포함한다)을 초과하게 될 위험(이하 "투자성"이라 한다)이 있는 것"이라고 규정함으로써, 일정한 종류의 금액을 지급금액에서 제외하고, 다른 일정한 종류의 금액을 회수금액에 포함시키고 있다. 다만 금융투자상품은 "… 약정함으로써 취득하는 권리"이므로 권리취득시점은 약정시점이고, 따라서 "지급하였거나"와 "회수하였거나"라는 표현이 적절한지 의문이다. 모든 지급과 회수는 계약체결 이후에 이루어지는데 위와 같은 표현은 계약체결 이전에 지급 또는 회수가 있는 것을 의미하기 때문이다.

㈏ 지급금액에서 제외하는 금액

지급금액에서 제외되는 "판매수수료 등 대통령령으로 정하는 금액"은 다음과 같다(令 3조①).

1. 금융투자업자가 투자자로부터 받는 수수료(法 58조①), 집합투자증권의 판매와 관련한 판매수수료(法 76조④) 등 판매수수료와, 그 밖에 용역의 대가로서 투자자, 그 밖의 고객이 지급하는 수수료
2. 보험계약에 따른 사업비와 위험보험료
3. 그 밖에 금융위원회가 정하여 고시하는 금액

㈐ 회수금액에 포함하는 금액

회수금액에 포함되는 "해지수수료 등 대통령령으로 정하는 금액"은 다음과 같다(令 3조②).

1. 환매수수료(法 236조②), 그 밖에 중도해지로 인하여 투자자, 그 밖의 고객이 지급하는 해지수수료(이에 준하는 것 포함)
2. 각종 세금
3. 발행인 또는 거래상대방이 파산 또는 채무조정, 그 밖에 이에 준하는 사유로 인하여 당초 지급하기로 약정한 금전등을 지급할 수 없게 됨에 따라 투자자, 그 밖의 고객이 되돌려 받을 수 없는 금액
4. 그 밖에 금융위원회가 정하여 고시하는 금액

㈑ 신용위험과 투자성

원본손실가능성은 주로 유통성을 전제로 하는 시장가격의 변동에 따른 시장위험을 의미하고, 발행인의 도산과 같은 신용위험은 원본손실위험에 해당하지 않는다. 신용위험도 투자성의 요소로 보면 은행이나 보험회사도 도산할 가능성은 항상 있으므로 모든 예금, 일반 채권도 금융투자상품에 해당하는 결과가 되기 때문이다. 따라서 자본시장법은 "발행인 또는 거래상대방이 파산 또는 채무조정, 그 밖에 이에 준하는 사유로 인하여 당초 지급하기로 약정한 금전등을 지급할 수 없

게 됨에 따라 투자자, 그 밖의 고객이 되돌려 받을 수 없는 금액"을 회수금액에 포함한다. 반면 발행인이 국가이므로 사실상 발행인의 도산 위험이 없는 국채는 만기까지 보유하는 경우에는 신용위험이 없지만, 금리와 같은 시장상황의 변동에 따라 국채의 시가가 변동하기 때문에 만기 이전의 매매 과정에서 손실을 입게 되는 시장위험은 있으므로 투자성이 인정된다.

2. 금융투자상품 개념과 증권·파생상품 개념의 관계

자본시장법 제3조 제1항은 금융투자상품의 개념요소를 규정하고, 제2항은 금융투자상품을 증권과 파생상품으로 구분하고 파생상품을 다시 장내파생상품과 장외파생상품으로 구분한다고 규정한다.

제3조 제1항과 제2항의 관계에 대하여, 자본시장법은 금융투자상품을 증권과 파생상품으로 구분한다고 규정하므로(法 3조②), 어느 상품이 금융투자상품으로 인정되려면 제3조 제1항의 요건을 충족하는 것만으로는 부족하고 이에 더하여 제3조 제2항의 구분에 따른 증권 또는 파생상품 중 어느 하나에 해당하여야 한다. 그리고 제3조 제2항의 구분에 따른 증권 또는 파생상품 중 어느 하나에 해당하면 당연히 금융투자상품에 해당한다. 이와 달리 일단 제3조 제1항의 요건을 충족하는 상품은 모두 금융투자상품이라고 보는 것이 자본시장법이 도입한 금융투자상품 포괄주의에 부합한다는 견해도 있을 수 있다. 그러나 자본시장법은 금융투자상품을 증권과 파생상품으로 구분한다고 규정하고, 증권도 6가지 유형으로 구분한다고 규정하며, 파생상품의 기초자산도 한정하여 규정한다. 이와 같이 자본시장법이 증권과 파생상품의 범위를 한정하여 규정하는 이상 제4조의 증권이나 제5조의 파생상품에 속하지 않는 금융상품은 자본시장법의 적용대상이 될 수 없다. 제3조 제1항의 금융투자상품 개념은 제2항의 증권 또는 파생상품 중 하나에 해당하는 것을 전제로 하기 때문이다.

3. 제외 규정

자본시장법은 투자성이 있는 상품 중 다음과 같은 것은 금융투자상품에서 제외한다(法 3조① 단서).

1. 원화로 표시된 양도성 예금증서

2. 수익증권발행신탁(信託法 78조①)이 아닌 신탁으로서 다음과 같은 관리형신탁(금전을 신탁받는 경우는 제외하고 수탁자가 신탁법 제46조부터 제48조까지의 규정에 따라 처분 권한을 행사하는 경우는 포함)의 수익권

  가. 위탁자(신탁계약에 따라 처분권한을 가지고 있는 수익자 포함)의 지시에 따라서만 신탁재산의 처분이 이루어지는 신탁

  나. 신탁계약에 따라 신탁재산에 대하여 보존행위 또는 그 신탁재산의 성질을 변경하지 않는 범위에서 이용·개량행위만을 하는 신탁

3. 그 밖에 해당 금융투자상품의 특성 등을 고려하여 금융투자상품에서 제외하더라도 투자자 보호 및 건전한 거래질서를 해할 우려가 없는 것으로서 대통령령으로 정하는 금융투자상품[1]

제1호의 양도성 예금증서(CD)는 만기까지 보유하면 원본손실위험이 없지만 만기 전에 매각하는 경우에는 시중금리상황에 따라 원본손실위험이 있다. 그런데 원화로 표시된 양도성 예금증서는 금리변동에 따른 가치변동이 미미할 것이므로 투자자보호를 위한 목적의 자본시장법의 적용대상에서 제외한 것이고,[2] 반면에 외화로 표시된 양도성 예금증서는 환율변동에 따라 가치변동이 클 수 있어서 투자자보호의 필요성 때문에 금융투자상품에서 제외하지 않은 것이다.[3]

제2호의 관리형신탁은 수탁자(신탁업자)의 행위가 제한적이고 원본손실이 발생하더라도 이는 수탁자의 행위가 아니라 그 자체의 가치변동에 의한 것으로 볼 수 있는 면이 있기 때문에 금융투자상품에서 제외하는 것이다. 수익증권발행신탁(信託法 78조①)의 수익권은 금융투자상품이다.

Ⅲ. 증 권

1. 증권의 개념

증권은 내국인 또는 외국인이 발행한 금융투자상품으로서 투자자가 취득과 동시에 지급한 금전등 외에 어떠한 명목으로든지 추가로 지급의무를 부담하지 아

---

1) "대통령령으로 정하는 금융투자상품"이란 상법 제340조의2 또는 제542조의3에 따른 주식매수선택권을 말한다(令 3조③).

2) 그 밖에 원화로 표시된 양도성 예금증서를 자본시장법의 적용대상에서 제외하지 않으면 은행의 기존 영업부문에 직접 큰 영향을 줄 것이라는 정책적 고려도 반영한 것이다.

3) 투자성 있는 예금계약과 투자성 있는 외화예금계약에 관하여는 특칙이 적용된다(法 77조①). 구체적인 내용에 대하여는 제1편 제3장 제1절과 제2편 제3장 제2절 참조.

니하는 것이다(法 4조①). 자본시장법은 내국인과 외국인을 모두 증권의 발행주체로 규정하고,4) 추가지급의무의 부존재를 개념 요소로 한 포괄적인 증권 개념을 규정한다. 자본시장법 제4조 제1항은 "지급의무(투자자가 기초자산에 대한 매매를 성립시킬 수 있는 권리를 행사하게 됨으로써 부담하게 되는 지급의무를 제외한다)"라고 규정하는데, 이는 파생결합증권의 경우에는 투자자가 기초자산에 대한 매매를 성립시킬 수 있는 권리를 행사하게 됨으로써 지급의무를 부담하기 때문에 이를 "지급의무"의 의미에서 제외한 것이다.

2. 증권의 종류

자본시장법은 증권을 증권에 표시되는 권리의 종류에 따라 채무증권, 지분증권, 수익증권, 투자계약증권, 파생결합증권, 증권예탁증권 등으로 구분하여 규정한다(法 4조②). 제4조 제2항에 구분하여 규정된 증권 외에 다른 유형의 증권은 인정되지 않는다. 자본시장법은 각각의 증권의 개념에 관하여 별도의 구체적인 규정을 두고 있는데(法 4조③ 내지 ⑧), 개별 증권에 따라서는 두 개 이상의 유형에 중복하여 해당할 수도 있다. 그리고 투자계약증권과 파생결합증권 외의 증권은 전통적인 개념의 증권이라 할 수 있다. 한편 자본시장법은 채무증권, 지분증권, 수익증권에 대하여 각각 "그 밖에 이와 유사한 것"을 포함하도록 규정한다(法 4조③ 내지 ⑤). 따라서 새로운 유형의 증권은 이러한 유사성기준에 의하여 판단하여야 할 것이다. 다만 "그 밖에 이와 유사한 것"이 포함되더라도 자본시장법은 채무증권의 경우 지급청구권이 표시된 것이어야 하고, 지분증권의 경우 출자지분이 표시된 것이어야 하고, 수익증권의 경우 신탁의 수익권이 표시된 것임을 요구함으로써 증권의 개념이 지나치게 확대되는 것을 방지하고 있다.

(1) 채무증권

(가) 채무증권의 분류

"채무증권"이란 국채증권, 지방채증권, 특수채증권(법률에 의하여 직접 설립된 법인이 발행한 채권), 사채권, 기업어음증권, 그 밖에 이와 유사한 것으로서 지급청구권이 표시된 것을 말한다(法 4조③). 일반 상거래채권은 유사성을 결여하여 채무증권에 해당하지 않는다. 자본시장법에 규정된 채무증권의 유형은 모두 대량으

---

4) 외국인이 발행한 증권과 외화증권은 다른 개념이다. 외화증권이란 외국통화로 표시된 증권 또는 외국에서 지급받을 수 있는 증권을 말한다(외국환거래법 3조①8).

로 발행되고 거래될 수 있는 것이고, 채무가 증서에 표창된 것이라도 개별 채권자
와 채무자간의 채권과 같이 대량의 발행·거래 대상이 아닌 것은 채무증권에 해당
하지 않는다.

(ㄴ) 국채증권

정부는 국채의 발행 및 상환 등을 효율적으로 관리하기 위하여 공공자금관리
기금을 설치한다(공공자금관리기금법 2조). 국채는 공공자금관리기금의 부담으로
기획재정부장관이 발행한다. 다만, 다른 법률에 특별한 규정이 있는 경우에는 그
법률에 따라 회계·다른 기금 또는 특별계정의 부담으로 기획재정부장관이 이를
발행한다(국채법 3조①). 국채를 발행하고자 할 때에는 국회의 의결을 얻어야 하고
(국채법 3조②), 국채는 공개시장에서 발행함을 원칙으로 한다. 다만, 다른 법률이
정하는 바에 따라 특정인으로 하여금 국채를 매입하게 하거나 현금의 지급에 갈음
하여 국채를 교부할 수 있다(국채법 3조③). 국채의 시장가격은 무위험자산의 이자
율에 의하여 결정되며, 국가의 경제정책에 중요한 지침이 된다. 국채는 정부가 원
리금의 지급을 보증하여 가장 신용도가 높은 채권으로서 사실상 상환불능의 위험
이 없으므로, 증권신고서 제출절차에 관한 규정의 적용이 면제된다(法 118조).

(ㄷ) 지방채증권

지방채는 지방자치단체가 그 재정수요를 충족하기 위하여 도시철도법·지방
자치법·지방공기업법·지역개발기금설치조례·지역상수도공채조례 등에 의하여 발
행하는 채권으로서 법령이 정하는 절차와 방법에 따라 발행되므로, 국채와 마찬
가지로 상환불능의 위험이 거의 없어 증권신고서 제출의무가 면제된다.

(ㄹ) 특수채증권

특수채는 특별한 법률에 의하여 설립된 법인(특수법인)이 발행하는 채권으로
서, ⅰ) 통화량 조절을 위하여 한국은행이 발행하는 통화안정증권 및 금융기관이
장기자금의 조달을 위하여 발행하는 산업금융채·중소기업금융채 등과 같은 금융
채와, ⅱ) 공사 및 공단이 발행하는 비금융특수채(한국전력공사채·토지개발채권·
한국가스공사채·한국도로공사채 등)로 구분된다. 특수채 중 "대통령령(令 119조①)
으로 정하는 법률에 따라 직접 설립된 법인이 발행한 채권"은 증권신고서 제출의
무가 면제된다.

(ㅁ) 사 채 권

1) 의   의   사채(社債)란 주식회사가 채권발행의 형식으로 부담하는 채

무를 말한다. 사채는 보증사채, 무보증사채(일반사채), 담보부사채, 전환사채(CB), 신주인수권부사채(BW), 교환사채(EB) 등으로 분류된다.5) 사채의 가격은 금리수준과 발행회사의 신용도에 의하여 결정된다.

2) 전환사채

가) 의   의   전환사채(Convertible Bond : CB)는 일정한 조건에 따라 발행회사의 주식으로 전환청구할 권리가 부여된 사채이다. 전환사채는 투자자에게 회사채의 확정이율과 함께 주가상승시 주식으로의 전환청구권이 인정되므로 일반적으로 낮은 금리로 발행된다. 따라서 발행회사로서는 낮은 금리로 사채를 발행할 수 있고, 사채권자가 전환권을 행사하면 상환부담이 없어지게 되는 장점이 있다.6)

나) 발행절차   전환사채발행에 관하여, 정관에 규정이 없는 것은 이사회가 이를 결정한다. 그러나, 정관의 규정에 의하여 주주총회에서 결정할 수도 있다.7) 결정사항은, ⅰ) 전환사채의 총액, ⅱ) 전환의 조건, ⅲ) 전환으로 인하여 발행할 주식의 내용, ⅳ) 전환을 청구할 수 있는 기간, ⅴ) 주주에게 전환사채의 인수권을 준다는 뜻과 인수권의 목적인 전환사채의 액, ⅵ) 주주외의 자에게 전환사채를 발행하는 것과 이에 대하여 발행할 전환사채의 액이다(商法 516조②). 전환사채에 관하여는 사채청약서, 채권과 사채원부에 ⅰ) 사채를 주식으로 전환할 수 있다는 뜻, ⅱ) 전환의 조건, ⅲ) 전환으로 인하여 발행할 주식의 내용, ⅳ) 전환을 청구할 수 있는 기간, ⅴ) 주식의 양도에 관하여 이사회의 승인을 얻도록 정한 때에는 그 규정을 기재해야 한다(商法 514조①). 전환사채의 인수권을 가진 주주는 그가 가진 주식의 수에 따라서 전환사채의 배정을 받을 권리가 있다. 그러나 각 전환사채의 금액중 최저액에 미달하는 단수에 대하여는 그렇지 않다(商法 513

---

5) 조건부자본증권은 제4조 제7항에서 파생결합증권에서 배제되고 제3조의 채무증권에 해당한다.

6) 만기도래시 상환되지 않고 의무적으로(자동적으로) 주식으로 전환되고 전환권불행사시 원리금상환청구권도 소멸하는 조건의 사채를 의무전환사채라고 한다. 의무전환사채는 상장폐지 사유인 자본잠식을 회피하기 위하여 발행되는데, 이러한 전환사채가 상법상 허용되는 것인지에 관하여는 명문의 규정은 없으므로 논란이 있다.

7) [대법원 1999. 6. 25. 선고 99다18435 판결][이사회결의무효확인] 회사의 정관에 신주발행 및 인수에 관한 사항은 주주총회에서 결정하고 자본의 증가 및 감소는 발행주식 총수의 과반수에 상당한 주식을 가진 주주의 출석과 출석주주가 가진 의결권의 2/3 이상의 찬성으로 의결하도록 규정되어 있는 경우, 전환사채는 전환권의 행사에 의하여 장차 주식으로 전환될 수 있어 이를 발행하는 것은 사실상 신주발행으로서의 의미를 가지므로, 회사가 전환사채를 발행하기 위하여는 주주총회의 특별결의를 요한다.

조의2①). 신주배정일공고에 관한 제418조 제3항의 규정은 주주가 전환사채의 인수권을 가진 경우에 준용된다(商法 513조의2②). 주주가 전환사채의 인수권을 가진 경우에는 각 주주에 대하여 그 인수권을 가지는 전환사채의 액, 발행가액, 전환의 조건, 전환으로 인하여 발행할 주식의 내용, 전환을 청구할 수 있는 기간과 일정한 기일까지 전환사채의 청약을 하지 아니하면 그 권리를 잃는다는 뜻을 통지해야 한다(商法 513조의3①).

다) 발행제한   주주외의 자에 대하여 전환사채를 발행하는 경우에 그 발행할 수 있는 전환사채의 액, 전환의 조건, 전환으로 인하여 발행할 주식의 내용과 전환을 청구할 수 있는 기간에 관하여 정관에 규정이 없으면 주주총회 특별결의로써 이를 정해야 한다. 이 경우 신기술의 도입, 재무구조의 개선 등 회사의 경영상 목적을 달성하기 위하여 필요한 경우에 한한다는 상법 제418조 제2항 단서의 규정이 준용된다(商法 513조③). 한편 주권상장법인은 경영권분쟁기간중에는 주주에게 사채의 인수권을 부여하여 모집하는 외에는 일반공모발행방식으로만 전환사채를 발행할 수 있는데(증권발행공시규정 5-21조①), 이 경우의 공모는 실질적인 의미에서의 공모에 해당해야 한다.8)

3) 신주인수권부사채

가) 의   의   신주인수권부사채(Bond with Warrant : BW)는 사채발행회사에 대한 신주인수권(신주발행청구권)이 부여된 사채로서, 회사로서는 자금조달비용을 낮출 수 있다는 장점이 있다. 신주인수권은 형성권이므로 행사시 회사는 당연히 신주를 발행해야 한다. 신주인수권부사채는 대부분 전환사채와 유사하고, 차이점으로는, 신주인수권을 행사하여도 사채는 존속하므로 만기에 상환되어야 하고, 신주발행의 대가로 별도의 출자를 필요로 하고, 신주의 발행가액이 신주인수권부사채의 금액을 초과할 수 없고, 분리형은 무기명사채로서 유통된다는 점이다. 신주인수권부사채에는 분리형과 비분리형(결합형)이 있다. 비분리형은 발행사항중 "4. 신주인수권만을 양도할 수 있는 것에 관한 사항"을 정하지 않은 경우이고, 분리형은 이를 정하여 신주인수권증권이 채권과 별도로 발행되어 유통되는 경우이다. 상법은 양자 모두 인정한다.

---

8) 1997년 미도파에 대한 적대적 M&A 사건에서 법원은 경영권분쟁기간중에 선착순조건으로 공모발행을 하는 것은 형식은 공모의 방식이지만 실제로는 사모에 해당한다는 이유로 발행을 금지한 사례가 있다.

나) 발행절차   회사는 신주인수권부사채를 발행할 수 있다(商法 516조의2 ①). 이 경우에 ⅰ) 신주인수권부사채의 총액, ⅱ) 각 신주인수권부사채에 부여된 신주인수권의 내용, ⅲ) 신주인수권을 행사할 수 있는 기간, ⅳ) 신주인수권만을 양도할 수 있는 것에 관한 사항, ⅴ) 신주인수권을 행사하려는 자의 청구가 있는 때에는 신주인수권부사채의 상환에 갈음하여 그 발행가액으로 상법 제516조의9 제1항의 납입이 있는 것으로 본다는 뜻, ⅵ) 주주에게 신주인수권부사채의 인수권을 준다는 뜻과 인수권의 목적인 신주인수권부사채의 액, ⅶ) 주주외의 자에게 신주인수권부사채를 발행하는 것과 이에 대하여 발행할 신주인수권부사채의 액 등으로서 정관에 규정이 없는 것은 이사회가 이를 결정한다. 그러나 정관으로 주주총회에서 이를 결정하도록 정한 경우에는 그에 따른다(商法 516조의2②).

다) 발행제한   주주외의 자에 대하여 신주인수권부사채를 발행하는 경우에 그 발행할 수 있는 신주인수권부사채의 액, 신주인수권의 내용과 신주인수권을 행사할 수 있는 기간에 관하여 정관에 규정이 없으면 주주총회 특별결의로써 이를 정해야 한다(商法 516조의2④). 각 신주인수권부사채에 부여된 신주인수권의 행사로 인하여 발행할 주식의 발행가액의 합계액은 각 신주인수권부사채의 금액을 초과할 수 없다(商法 516조의2③).

4) 이익참가부사채

가) 의   의   이익참가부사채(participating bond : PB)는 사채권자가 그 사채발행회사의 이익배당에 참가할 수 있는 사채를 말한다(商法 469조②1). 종래에는 자본시장법에 따라 주권상장법인만 이익참가부사채를 발행할 수 있었으나, 개정상법이 제469조 제2항 제1호에서 이익참가부사채를 규정함에 따라 모든 주식회사가 이익참가부사채를 발행할 수 있게 되었다.

이익참가부사채는 이익배당에 참가할 수 있다는 점에서 처음부터 주식의 성질을 가지며, 이 점에서 장래 주식으로 변할 가능성을 가지는 사채인 전환사채나 신주인수권부사채와 다르다.9)

---

9) 다만, 우리나라 기업의 이익배당정책은 결산실적에 연동된다기보다는 매년 관행적인 기준에 의하기 때문에 이익참가부사채의 활성화가 과제이다. 이익참가부사채 등의 발행 요건 및 절차에 관한 규정인 상법 시행령 제21조부터 제25조까지의 개정규정은 상법 시행령개정령 시행일인 2012. 4. 15. 후 최초로 이사회의 결의로 이익참가부사채, 교환사채, 상환사채 및 파생결합사채를 발행하는 경우부터 적용한다.

나) 발행절차

(a) 주주에게 발행하는 경우

a) 발행사항의 결정   이익참가부사채를 발행하는 경우에는 다음의 사항으로서 정관에 규정이 없는 것은 이사회가 이를 결정한다. 그러나 정관으로 주주총회에서 이를 결정하도록 정할 수 있다(商令 21조①).

1. 이익참가부사채의 총액
2. 이익배당참가의 조건 및 내용10)
3. 주주에게 이익참가부사채의 인수권을 준다는 뜻과 인수권의 목적인 이익참가부사채의 가액

b) 이익참가부사채의 배정   이익참가부사채의 인수권을 가진 주주는 그가 가진 주식의 수에 따라 이익참가부사채의 배정을 받을 권리가 있다. 다만, 각 이익참가부사채의 금액 중 최저액에 미달하는 끝수에 대하여는 그러하지 아니하다(商令 21조④).

c) 배정기준일공고   회사는 일정한 날을 정하여, 그 날에 주주명부에 기재된 주주가 이익참가부사채의 배정을 받을 권리를 가진다는 뜻을 그 날의 2주일 전에 공고해야 한다. 다만, 그 날이 주주명부폐쇄기간 중일 때에는 그 기간의 초일의 2주일 전에 이를 공고해야 한다(商令 21조⑤).

d) 실권통지·공고   주주가 이익참가부사채의 인수권을 가진 경우에는 각 주주에게 그 인수권을 가진 이익참가부사채의 액, 발행가액, 이익참가의 조건과 일정한 기일까지 이익참가부사채 인수의 청약을 하지 아니하면 그 권리를 잃는다는 뜻을 통지해야 한다(商令 21조⑥⑧). 통지에도 불구하고 그 기일까지 이익참가부사채 인수의 청약을 하지 아니한 경우에는 이익참가부사채의 인수권을 가진 자는 그 권리를 잃는다(商令 21조⑨).

(b) 주주 외의 자에게 발행하는 경우

a) 발행요건   주주 외의 자에게 이익참가부사채를 발행하는 경우에 그 발행할 수 있는 이익참가부사채의 가액과 이익배당 참가의 내용에 관하여 정관에 규정이 없으면 상법 제434조에 따른 주주총회의 특별결의로 정해야 한다(商令

---

10) 배당률이 가장 중요한 결정사항인데, 보통주의 배당률에 일정률을 가감하는 방식으로 정하거나 우선주식과 같은 방법으로 정하는 것도 가능하다.

21조②). 이익참가부사채를 발행하면 결국 주주에게 배당할 이익이 줄어들게 되므로 주주의 이익을 보호하기 위한 것이다.

b) 소집통지　이익참가부사채 발행에 관한 결의에 있어서 이익참가부사채의 발행에 관한 의안의 요령은 주주총회의 소집통지·공고에 기재해야 한다(商令 21조③).

c) 사채청약서·채권·사채원부　사채청약서·채권·사채원부에도 위와 같은 발행사항을 기재해야 한다(商令 25조 1호).

다) 이익참가부사채의 등기　회사가 이익참가부사채를 발행한 때에는 상법 제476조의 규정[11])에 의한 납입이 완료된 날부터 2주 내에 본점 소재지에서 다음 사항을 등기해야 한다(商令 21조⑩).

1. 이익참가부사채의 총액
2. 각 이익참가부사채의 금액
3. 각 이익참가부사채의 납입금액
4. 이익배당에 참가할 수 있다는 뜻과 이익배당 참가의 조건 및 내용

이익참가부사채의 등기사항이 변경된 때에는 본점 소재지에서는 2주일 내, 지점 소재지에서는 3주일 내에 변경등기를 해야 한다(商令 21조⑪). 외국에서 이익참가부사채를 모집한 경우에 등기할 사항이 외국에서 생겼을 때에는 그 등기기간은 그 통지가 도달한 날부터 기산(起算)한다(商令 21조⑫).

5) 교환사채

가) 의　의　교환사채(exchangeable bond: EB)는 "주식이나 그 밖의 다른 유가증권으로 교환할 수 있는 사채"이다(商法 469조②2). 종래에는 자본시장법에 따라 주권상장법인만 교환사채를 발행할 수 있었으나(슈 176조의13①), 2011년 개정상법이 제469조 제2항 제2호에서 교환사채를 규정함에 따라 모든 주식회사가 교환사채를 발행할 수 있다.[12)

---

11) [商法 제476조(납입)]
　① 사채의 모집이 완료한 때에는 이사는 지체 없이 인수인에 대하여 각사채의 전액 또는 제1회의 납입을 시켜야 한다.
　② 사채모집의 위탁을 받은 회사는 그 명의로 위탁회사를 위하여 제474조 제2항과 전항의 행위를 할 수 있다.
12) 기업이 자기주식을 대상으로 교환사채를 발행하게 되면, 일반적으로 보다 낮은 금리로 사채를 발행할 수 있고 자금부담을 줄이면서 효율적으로 주가관리를 할 수 있는 장점이 있다.

교환사채와 전환사채는 그 대상(교환사채는 제3자의 주식 및 자기주식, 전환사채는 해당 회사의 신주)만 다를 뿐, 권리행사 후 사채권이 소멸한다는 점, 주식의 대가는 사채금액으로 충당한다는 점, 권리의 이전은 사채권의 이전에 의한다는 점 등에서 동일하다.[13]

나) 발행절차

(a) 발행사항의 결정　　교환사채를 발행하는 경우에는 이사회가 다음 사항을 결정한다(商令 22조①). 사채청약서·채권·사채원부에도 같은 사항을 기재해야 한다(商令 25조).

1. 교환할 주식이나 유가증권의 종류 및 내용
2. 교환의 조건
3. 교환을 청구할 수 있는 기간[14]

교환사채의 발행을 위하여 정관의 규정이나 주주총회의 결의는 요구되지 않는다. 교환사채의 교환으로 인하여 신주가 발행되는 것이 아니므로 주주의 이익을 침해하지 않기 때문이다.

주주 외의 자에게 발행회사의 자기주식으로 교환할 수 있는 사채를 발행하는 경우에 사채를 발행할 상대방에 관하여 정관에 규정이 없으면 이사회가 이를 결정한다(商令 22조②).[15]

(b) 교환의 대상　　교환사채와 교환할 주식이나 유가증권의 종류 및 내용을 미리 정해야 한다.[16] 교환의 대상은 "교환사채발행회사 소유의 주식이나 그 밖의

즉, 기업이 사채상환자금을 보유하고 있고 주가를 안정시키기 위해 자기주식을 매수하고자 할 때, 먼저 사채상환자금으로 자사주를 매입하고 취득 후 6개월이 경과한 시점에서 취득한 자기주식을 대상으로 교환사채를 발행하면 된다. 공모한 교환사채는 3개월 후부터 교환을 청구할 수 있는데 발행된 교환사채 전부가 즉시 주식으로 교환되지 않을 것이므로 주가관리에 도움이 된다.

13) 반면에 신주인수권부사채는 권리행사 후에도 현금납입형의 경우에는 사채권이 유지되고(대용납입형의 경우에는 소멸함), 주식의 대가도 현금납입 또는 사채금액으로 충당하고, 사채권의 이전도 분리형은 신주인수권증권만을 분리하여 이전할 수 있다(비분리형은 사채권의 이전에 의함).
14) 교환청구기간은 사채상환기간 내에서 그 시기와 종기를 정한다.
15) 주주 외의 자에게 이익참가부사채를 발행하는 경우에 그 발행할 수 있는 이익참가부사채의 가액과 이익배당참가의 내용에 관하여 정관에 규정이 없으면 주주총회 특별결의로써 이를 정하여야 하는데(令 21조②), 이는 이익참가부사채의 발행으로 주주에게 배당할 이익이 줄어들기 때문인데, 교환사채는 이익배당에 참가하는 사채가 아니므로 이러한 규정이 없다.
16) 예를 들어 A회사가 소유하는 B회사 보통주식을 주당 1만원으로 평가하여 교환사채 1억원

다른 유가증권"이다(商令 22조①).17) "회사 소유의 주식"이라는 표현상 발행주체
는 불문하므로, 다른 회사가 발행한 주식은 물론 자기주식도 교환의 대상이다.18)
교환사채의 발행가액에 관하여 법령에 아무런 규정이 없지만 교환할 주식의 액면
금액 이상이어야 한다.

 교환사채의 교환으로 인하여 신주가 발행되는 것이 아니므로, 상법 시행령 제
22조 제1항 제1호의 "교환할 주식"에는 회사가 발행하는 신주는 포함하지 않는다.

 국공채·회사채와 같이 이율에 의한 수익이 기대되는 증권은 교환의 대상이
될 의미가 없으므로, 결국 교환대상 증권은 주식·전환사채·신주인수권부사채·외
국주식예탁증서(DR) 등인데, 현실적으로는 주식을 교환대상으로 하는 경우가 대
부분일 것이다.

 (c) 교환대상 증권의 예탁 교환사채를 발행하는 회사는 사채권자가 교환청
구를 하는 때 또는 그 사채의 교환청구기간이 끝나는 때까지 교환에 필요한 주식
또는 유가증권을 한국예탁결제원에 예탁하거나 전자등록기관에 전자등록해야 한
다. 이 경우 한국예탁결제원 또는 전자등록기관은 그 주식 또는 유가증권을 신탁
재산임을 표시하여 관리해야 한다(商令 22조③).

 (d) 교환의 조건 교환의 조건은 교환대상 주식이나 유가증권과의 교환비율
또는 교환가액을 의미한다. 교환대상 주식의 발행회사가 주식배당을 하거나, 준비
금의 자본금전입을 하거나, 교환가액보다 낮은 가격으로 유상신주를 발행하는 경
우에는 교환가액을 조정해야 한다. 이때 조정을 위한 계산식은 전환사채의 전환
가액의 조정방법과 같다.

 다) 교환청구절차 교환을 청구하는 자는 교환청구서 2통에 사채권을 첨부
하여 회사에 제출해야 한다(商令 22조④, 商法 349조①). 교환청구서에는 교환하
려는 주식이나 유가증권의 종류 및 내용, 수와 청구 연월일을 적고 기명날인 또는
서명해야 한다(商令 22조④, 商法 349조②).

 라) 교환의 효력 교환의 효력에 관하여 명문의 규정이 없으므로 전환사채

 에 대하여 1만주를 교환해 주는 방식이다.
 17) 자본시장법상 교환의 대상은 상장증권으로 한정되었으나, 상법상 교환사채는 비상장증권도
 교환의 대상이 될 수 있다. 자기주식을 교환대상으로 하는 교환사채를 발행하는 경우 자기주
 식처분을 위한 이사회의 결의가 필요하다.
 18) 종래에는 회사의 자기주식보유는 원칙적으로 금지되었지만, 2011년 개정상법은 자기주식
 취득을 원칙적으로 허용하므로, 자기주식을 교환대상으로 하는 교환사채의 발행도 가능하도
 록 한 것이다.

의 전환의 경우에 준용되는 상법 제350조(주식전환의 효력발생)를 유추적용하여
야 할 것이다. 따라서 주주가 교환을 청구한 경우에는 그 청구한 때에, 회사가 교
환을 한 경우에는 사채권제출의 기간이 끝난 때에 교환의 효력이 발생한다(商法
350조①). 주주명부 폐쇄기간중에 전환된 주식의 주주는 명의개서를 할 수 없으
므로, 그 기간중의 총회의 결의에 관하여는 의결권을 행사할 수 없다는 제350조
제2항은 유추적용할 필요가 없다.

6) 상환사채

가) 의 의 상환사채는 회사가 소유하는 주식이나 그 밖의 유가증권으로
상환할 수 있는 사채를 말한다(商法 469조②2, 商令 23조①). 교환사채는 주주가
교환을 청구할 수 있는 사채이고, 상환사채는 회사가 상환을 청구할 수 있는 사채
이다.19) 상환사채의 발행사항은 사채청약서·채권·사채원부에도 기재해야 한다
(商令 25조 제3호).

나) 발행사항의 결정

(a) 주주에게 발행하는 경우 상환사채를 발행하는 경우에는 이사회가 다음
사항을 결정한다(商令 23조①). 정관의 규정이나 주주총회 결의는 요구되지 않는다.

1. 상환의 목적인 주식이나 유가증권의 종류 및 내용
2. 상환의 조건
3. 회사의 선택 또는 일정한 조건이나 기한의 도래에 따라 주식이나 그 밖의 유가증
   권으로 상환한다는 뜻

(b) 주주 외의 자에게 발행하는 경우 주주 외의 자에게 발행회사의 자기주식
으로 상환할 수 있는 사채를 발행하는 경우에 사채를 발행할 상대방에 관하여 정
관에 규정이 없으면 이사회가 이를 결정한다(令 23조②).

다) 상환사채의 예탁 일정한 조건의 성취나 기한의 도래에 따라 상환할 수
있는 경우에는 상환사채를 발행하는 회사는 조건이 성취되는 때 또는 기한이 도
래하는 때까지 상환에 필요한 주식 또는 유가증권을 한국예탁결제원에 예탁해야
한다. 이 경우 한국예탁결제원은 그 주식 또는 유가증권을 신탁재산임을 표시하
여 관리해야 한다(商令 23조③). 예탁기간은 조건성취 여부가 확정될 때 또는 소
정의 기한이 도래한 때까지이다.

---

19) 전환주식에 있어서 주주전환주식과 회사전환주식의 관계와 같다고 할 수 있다.

　　라) 상환사채의 상환　　　상법상 상환사채의 상환에 대한 규정은 없는데, 회사의 상환통지와 사채권자의 채권제출 등의 절차가 필요하다. 회사는 상환사채에 대하여 반드시 회사가 소유하는 주식이나 그 밖의 유가증권으로 상환하여야 하는 것이 아니고, 회사의 선택에 따라 금전으로 상환할 수 있다.

　　7) 파생결합사채　　　상법상 파생결합사채란 "유가증권이나 통화 또는 그 밖에 대통령령으로 정하는 자산이나 지표 등"의 변동과 연계하여 미리 정하여진 방법에 따라 상환 또는 지급금액이 결정되는 사채를 말한다(商法 469조②3). "대통령령으로 정하는 자산이나 지표"란 파생결합증권의 기초자산을 규정한 자본시장법 제4조 제10항의 기초자산의 가격·이자율·지표·단위 또는 이를 기초로 하는 지수를 말한다(商令 20조).

　　자본시장법은 채무증권에 관한 제4조 제3항에서 "사채권(상법 제469조 제2항 제3호에 따른 사채의 경우에는 제7항 제1호에 해당하는 것으로 한정한다. 이하 같다)"이라고 규정하고, 제4조 제7항 제1호는 "발행과 동시에 투자자가 지급한 금전등에 대한 이자, 그 밖의 과실(果實)에 대해서만 해당 기초자산의 가격·이자율·지표·단위 또는 이를 기초로 하는 지수 등의 변동과 연계된 증권"이라고 규정한다. 또한 뒤에서 보는 바와 같이 과실연계형 파생결합증권은 자본시장법상 파생결합증권에서 제외된다(4조⑦1). 따라서 상법상 파생결합사채는 자본시장법상 채무증권으로 분류되고, 자본시장법상 투자매매업 인가를 받을 필요 없이 주식회사면 발행할 수 있다.[20]

　　8) 영 구 채

　　가) 의　　　의　　　영구채란 만기(상환일)가 없거나 있어도 연장이 가능하여 발행회사가 원금상환의무는 부담하지 않고 이자만 부담하는 사채를 말한다.[21] 영구채는 회사의 청산시에는 원금상환의무가 있고 주주에 대한 잔여재산분배는 채무를 전부 이행한 후에만 가능하다는 점에서 사채의 성격을 부인할 수 없다. 그러나 회사가 청산하지 않는 한 원금상환의무는 부담하지 않고 이자만 부담한다는 점에서 채권으로서 발행되지만 실질은 주식에 가깝기 때문에[22] 상법상 사채에 해당하

---

20) 이와 달리 파생결합증권은 증권에 대한 투자매매업 인가를 받고 장외파생상품에 대한 투자매매업 인가를 받은 금융투자업자만 발행할 수 있다.

21) 영구채는 perpetual bond 또는 continued bond를 번역한 용어인데, 원금상환의무가 없기 때문에 irredeemable bond라고도 부른다. 2012년 두산인프라코어가 해외에서 발행한 영구채를 시작으로 국내의 많은 기업이 영구채 발행하고 있다.

22) K-IFRS에 의하면 영구채가 일정한 조건을 충족할 경우 자본으로 분류된다. 그리고 은행

는지에 관하여 논란이 많다. 영구채는 발행회사 입장에서는 원금상환 부담이 없으므로 효율적인 재무관리가 가능하고, 회계상 자본으로 분류되므로 자기자본비율이 높아지며(따라서 부채비율이 낮아짐), 대주주의 지분비율을 유지할 수 있다는 장점이 있다. 단점이라면 발행금리가 높아서 자금조달비용이 증가한다. 한편, 사채권자로서는 일반 회사채에 비하여 금리가 높다는 이점이 있지만, 필요할 때 원금을 상환받을 수 없다는 부담이 있고 그만큼 발행회사의 신용위험을 장기간 부담하게 된다는 단점이 있다.

영구채는 은행의 자기자본 확충을 위한 수단으로 2002년 은행업감독규정에 신종자본증권으로 처음 도입되었는데, 2013년의 바젤 Ⅲ의 시행으로 은행은 영구채를 발행할 수 없고 대신 조건부자본증권을 발행하고 있으며, 일반기업은 바젤 Ⅲ가 적용되지 않기 때문에 조건부자본 요건 없는 신종자본증권을 발행할 수 있다.

나) 발행근거   상법상 사채청약서에 "사채의 상환과 이자지급의 방법과 기한"을 기재하여야 하고(474조②8), 사채권(478조②)과 사채원부(488조 제3호)에도 동일하게 기재하여야 할 것을 요구할 뿐, 그 내용에 대하여는 아무런 규정이 없다.

영구채는 유가증권법정주의과 관련하여 논란이 없지 않지만, 상법상 사채의 상환기한의 장단이나 만기의 연장에 대한 특별한 제한이 없고, 만기시 상환되지 아니하면 동일한 기한으로 만기가 자동 연장되는 조건의 사채발행 역시 허용된다는 점에 비추어, 영구채와 같은 다양한 사채의 발행이 상법상 허용된다는 것이 법무부의 유권해석이다.23)

9) 조건부자본증권   주권상장법인(은행법 제33조 제1항 제2호 또는 제3호에 따라 해당 사채를 발행할 수 있는 자는 제외)은 정관으로 정하는 바에 따라 이사회의 결의로 상법 제469조 제2항(교환사채, 상환사채), 제513조(전환사채) 및 제

법상 자기자본이란 국제결제은행의 기준에 따른 기본자본과 보완자본의 합계액을 말하고(은행법 2조 제5호), 은행업감독규정상 일정한 조건을 갖춘 영구채는 소위 신종자본증권인 기본자본(tier 1 capital)으로 인정된다.

23) 법무부는, 회사의 자금조달 수단의 유연화를 도모하는 것이 바람직하나 사채권자의 보호를 위한 방안이 보다 엄격히 수반되어야 할 것이고, 사채계약시 사채권자가 사채의 기한 및 상환 내용에 대한 내용을 충분히 인지한 상태에서 사채의 매입 여부를 자신의 의사에 따라 결정할 수 있도록 하는 제도를 마련하고, 사채이자 지연시 사채권자 보호 방안 등에 관한 조정에 대한 신중한 검토가 있어야 한다는 등의 보완책을 제시하고 있다[법무부 상사법무과, 2011. 10. 21.자 민원회신].

516조의2(신주인수권부사채)에 따른 사채와 다른 종류의 사채로서 해당 사채의 발행 당시 객관적이고 합리적인 기준에 따라 미리 정하는 사유가 발생하는 경우, 주식으로 전환되는 조건이 붙은 사채(전환형 조건부자본증권)와, 그 사채의 상환과 이자지급 의무가 감면된다는 조건이 붙은 사채(상각형 조건부자본증권), 그 밖에 대통령령으로 정하는 사채를 발행할 수 있다(法 165조의11①).

이를 조건부자본증권(Contingent Capital)이라 하는데, 자본시장법 제4조 제7항에서 파생결합증권에서 배제되고 제3조의 채무증권에 해당한다. 조건부자본증권에 관하여는 주권상장법인에 대한 특례 부분에서 상세히 설명한다.

은행도 금융채로서 조건부자본증권을 발행한다.[24]

10) **이중상환청구권부채권**　　「이중상환청구권부 채권 발행에 관한 법률」에 의하여 "금융회사등"이 발행하는 채권으로서, 발행기관에 대한 상환청구권과 함께 발행기관이 담보로 제공하는 기초자산집합(커버풀, Cover Pool)에 대하여 제3자에 우선하여 변제받을 권리를 가지는 것을 이중상환청구권부 채권(커버드본드, Covered Bond)이라고 한다. 기초자산집합이란 이중상환청구권부 채권의 원리금 상환을 담보하는 자산으로서 적격요건을 갖추어 금융위원회에 등록된 것을 말한다(同法 2조).

11) **담보부사채**　　담보부사채(collateralized bond)는 「담보부사채신탁법」에 의하여 발행인재산의 일부를 담보로 하여 발행하는 사채이다. 사채를 발행하는 회사(위탁회사)와 은행 또는 신탁회사(수탁회사)가 신탁계약을 체결하고, 수탁회사는 위탁회사의 자산인 동산·유가증권·부동산 등에 대하여 물상담보권을 취득함과 동시에 사채권자(신탁계약의 수익자)를 위하여 이를 보존·실행할 의무를 부담한다. 「담보부사채신탁법」에 따른 담보부사채에 관한 신탁업, 저작권법에 따른 저작권신탁관리업 등의 경우에는 신탁업으로 보지 않는다(法 7조⑤). 담보부사채의 담보는 물적담보만을 의미하고 인적담보가 제공된 사채(보증사채)는 담보부사채에 해당하지 않는다.

---

24) 은행은 조건부자본증권이 바젤 III 기준에 따라 자기자본으로 인정되므로 BIS 비율 기준을 유지하는 수단으로 발행하고 있는데, 상각형(은행법 33조①2), 은행주식 전환형(은행법 33조①3), 은행지주회사주식 전환형(은행법 33조①4) 등 세 가지 유형의 조건부자본증권을 발행할 수 있고, 그 중 은행지주회사주식 전환형은 비상장은행만 발행할 수 있다. 은행지주회사주식 전환형은 비상장은행 주식으로의 전환 및 그 전환된 주식의 상장은행지주회사 주식과의 교환에 의하여 은행지주회사주식으로 전환된다.

㈏ 기업어음증권과 단기사채

1) 기업어음증권   기업어음증권(commercial paper : CP)이란 상거래에 수반하여 발행되는 진성어음과 달리 기업이 사업에 필요한 자금을 조달하기 위하여 발행한 약속어음인데,[25] 구체적으로는 다음과 같은 기관이 내어준 것으로서 "기업어음증권"이라는 문자가 인쇄된 어음용지를 사용하는 것을 말한다(法 4조③, 令 4조).[26][27]

> 1. 다음 각 목의 어느 하나에 해당하는 자(이하 "은행")
>   가. 「은행법」에 따라 인가를 받아 설립된 은행(은행법 제59조에 따라 은행으로 보는 자를 포함)
>   나. 「은행법」 제5조에서 은행으로 보는 신용사업 부문
>   다. 「농업협동조합법」에 따른 농협은행
> 2. 「한국산업은행법」에 따른 한국산업은행
> 3. 「중소기업은행법」에 따른 중소기업은행

2) 단기사채   「주식·사채의 전자등록에 관한 법률」에 의하여 도입된 단기사채는 사채 또는 법률에 따라 직접 설립된 법인이 발행하는 채무증권에 표시되어야 할 권리로서 다음 요건을 모두 갖추고 전자등록된 것을 말한다(전자증권법 59조).[28]

> 1. 각 사채등의 금액이 1억원 이상일 것
> 2. 만기가 1년 이내일 것[29]
> 3. 사채등의 금액을 한꺼번에 납입할 것
> 4. 만기에 원리금 전액을 한꺼번에 지급한다는 취지가 정해져 있을 것

---

25) 자산유동화기업어음인 ABCP는 상법과 자본시장법에 근거하여 발행하는데, ABCP와 구별되는 개념으로 자산유동화법에 근거하여, 자산을 보유한 금융기관이나 기업이 유동화전문SPC에 양도한 자산을 기초로 SPC가 발행하는 자산유동화증권(ABS)이 있다.

26) "채무증권"이란 국채증권, 지방채증권, 특수채증권(법률에 의하여 직접 설립된 법인이 발행한 채권), 사채권, 기업어음증권, 그 밖에 이와 유사한 것으로서 지급청구권이 표시된 것을 말하므로(法 4조③), "기업어음증권"이라는 문자가 인쇄된 어음용지를 사용하지 않은 경우에도 "그 밖에 이와 유사한 것"에 해당하면 채무증권에 해당한다.

27) 만기 365일 이상 CP 발행시 전매기준에 해당하여 모집으로 간주되므로 증권신고서 제출이 요구된다(증권발행공시규정 2-2조①5나).

28) 종래의 전자단기사채는 전자증권법의 제정으로 「전자단기사채등의 발행 및 유통에 관한 법률」이 폐지되면서 단기사채로 명칭이 변경되었다. 본서에서는 「주식·사채의 전자등록에 관한 법률」에 대한 법제처 공식 약칭인 "전자증권법"으로 표기한다.

29) "단기"사채임을 고려한 요건이다.

5. 사채등에 전환권(轉換權), 신주인수권, 그 밖에 다른 권리로 전환하거나 다른 권리를 취득할 수 있는 권리가 부여되지 아니할 것[30]

6. 사채등에 「담보부사채신탁법」 제4조에 따른 물상담보(物上擔保)를 붙이지 아니할 것[31]

단기사채도 자본시장법상 채무증권이므로 자본시장법상 면제사유에 해당하지 않는 한 증권신고서를 제출하여야 한다. 그런데 증권신고서는 제출 후 7일이 경과하여야 증권신고서의 효력이 발생하여야 하므로 신속한 발행에 큰 장애가 된다. 이에 자본시장법은 만기 3개월 이내인 단기사채를 증권신고서 제출면제대상으로 규정한다(증권발행공시규정 2-2조②7).[32]

(2) 지분증권

(가) 지분증권의 분류

"지분증권"이란 자기자본에 대한 지분(equity)을 나타낸다는 의미에서 지분증권(equity security)이라고 부르는데, 주권, 신주인수권이 표시된 것, 법률에 의하여 직접 설립된 법인이 발행한 출자증권, 상법에 따른 합자회사·유한책임회사·유한회사·합자조합·익명조합의 출자지분, 그 밖에 이와 유사한 것으로서 출자지분 또는 출자지분을 취득할 권리가 표시된 것을 말한다(法 4조④).

(나) 주   권

주권은 주식회사 주주의 지위를 표창하는 증권이다. 주주는 이익배당청구권·의결권·잔여재산분배청구권·신주인수권(preemptive right) 등을 가진다. 증권에

---

30) 장기적인 주가 추이를 보면서 전환권이나 신주인수권 행사를 결정하기에는 부적절하기 때문이다.

31) 사채에 「담보부사채신탁법」 제4조에 따른 물상담보를 붙이려면 그 사채를 발행하는 회사(위탁회사)와 신탁업자 간의 신탁계약에 의하여 사채를 발행하여야 하고(同法 3조), 이 경우 신탁업자의 관리감독을 받게 되어 신탁업자가 필요할 때에는 언제든지 사채권자집회를 소집할 수 있기 때문이다(同法 41조).

32) 증권신고서는 청약권유의 대상이 50인 이상인 경우에만 제출하여야 하는데, 단기사채는 50인 이상의 투자자들 상대로 공모하는 경우는 거의 없을 것이지만, 자본시장법상 간주공모제도가 있어서 전매제한조치를 취하지 않으면 단 1인에게 청약권유를 해도 공모로 간주된다. 단기사채는 기업어음과 달리 전매제한조치인 권면분할금지를 할 수 없으므로 전매가능성 기준에 의하여 공모로 간주될 경우가 많을 것이다. 전매가능성 기준은 청약의 권유를 받는 자의 수가 50인 미만으로서 증권의 모집에 해당되지 아니할 경우에도 해당 증권이 발행일부터 1년 이내에 50인 이상의 자에게 양도될 수 있는 경우로서 증권의 종류 및 취득자의 성격 등을 고려하여 모집으로 보는 기준이다(전매가능성 기준에 관하여는 「증권의 발행 및 공시 등에 관한 규정」 제2-2조 참조).

표시될 수 있거나 표시되어야 할 권리는 그 증권이 발행되지 아니한 경우에도 그 증권으로 보므로(法 4조⑨), 아직 주권이 발행되기 전의 주식도 "그 증권"에 해당한다.

⒟ 신주인수권이 표시된 것

1) 신주인수권증서　　신주인수권증서는 신주발행시 이사회의 결의에 의하여 신주인수권을 양도할 수 있게 한 경우, 회사가 신주인수권에 양도성을 부여하기 위하여 발행하는 것으로서 주주의 신주인수권을 표시하는 증서이다(商法 416조). 신주인수권의 양도는 신주인수권증서의 교부에 의하여야 한다(商法 420조의3①). 신주인수권증서는 주주의 신주인수권에 대해서만 발행할 수 있다. 제3자의 신주인수권은 양도성이 없기 때문이다. 신주인수권증서는 증서의 점유 이전만으로 신주인수권이 양도되므로 무기명증권이다. 상법상 신주인수권증서는 주주의 청구가 있는 때에만 발행한다고 정할 수 있다(商法 416조 제5호). 그러나 주권상장법인은 주주배정방식으로 신주를 배정하는 경우 의무적으로 모든 주주에게 신주인수권증서를 발행하여야 한다(法 165조의6③).

2) 신주인수권증권　　신주인수권증권(warrant)은 분리형 신주인수권부사채(분리형 BW)의 경우에 채권(bond)과 별도로 발행되는 증권을 말한다. 상법상 분리형은 정관의 규정 또는 이사회의 결정이 있으면 발행할 수 있는데(商法 516조의2②④), 주권상장법인은 신주인수권부사채를 발행할 때 사채권자가 신주인수권증권만을 양도할 수 있는 사채(분리형 신주인수권부사채)는 사모의 방법으로 발행할 수 없다(法 165조의10②).

신주인수권증권은 기초가 되는 주식의 발행회사가 발행하고 신주발행에 의하여 결제하는 경우도 있고 제3자가 발행하고 기발행주식에 의하여 결제되는 경우도 있다. 후자는 파생결합증권의 성격을 가지나 자본시장법은 명문으로 파생결합증권에서 제외한다(法 4조⑦4).

⒠ 특수법인의 출자증권

법률에 의하여 직접 설립된 법인은 상법 이외의 법률에 의하여 설립된 법인(특수법인)을 말한다.

⒡ 합자회사·유한회사·익명조합·민법상 조합의 출자지분

영업자가 익명조합원으로부터 출자받은 재산으로 직접 사업을 수행하지 않고 이를 증권, 파생상품 등 금융투자상품에 투자하는 경우(집합투자형 익명조합),

익명조합의 출자지분은 지분증권인 동시에 집합투자증권에 해당한다(투자익명조합도 집합투자기구의 하나이다). 영업자가 직접 사업을 수행하는 경우(직접투자형 익명조합)는 지분증권인 동시에 일정한 요건이 구비되면 투자계약증권에 해당할 수 있다.

㈐ 출자지분 또는 출자지분을 취득할 권리가 표시된 것

이상의 전형적인 지분증권과 유사한 것으로서 출자지분 또는 출자지분을 취득할 권리가 표시된 것도 지분증권에 해당한다. 2013년 개정시 "출자지분을 취득할 권리가 표시된 것"이 추가됨으로써 신주인수권, 워런트와 같이 출자지분이 표시되지는 않지만 출자지분을 취득할 권리가 표시된 것도 지분증권에 해당한다.

(3) 수익증권

㈎ 수익증권의 분류

수익증권은 신탁재산의 운용에서 발생하는 수익을 분배받고 그 신탁재산을 상환받을 수 있는 수익자의 권리(수익권)가 표시된 증권이다. 자본시장법상 "수익증권"이란 제110조의 수익증권, 제189조의 수익증권, 그 밖에 이와 유사한 것으로서 신탁의 수익권이 표시된 것을 말한다(法 4조⑤).[33)]

㈏ 제110조의 수익증권

자본시장법 제110조의 수익증권은 신탁업자가 금전신탁계약에 의한 신탁수익권에 대하여 발행하는 수익증권을 말한다. 비금전신탁계약에 의한 신탁수익권은 제110조의 수익증권은 아니지만 유사성 요건을 충족하면 수익증권에 해당한다(예컨대, 신탁법 제78조의 수익증권발행신탁의 수익증권).

㈐ 제189조의 수익증권

자본시장법 제189조의 수익증권은 투자신탁을 설정한 집합투자업자가 투자신탁의 수익권을 균등하게 분할하여 발행하는 수익증권을 말한다. 투자신탁의 집합투자업자는 투자신탁재산별로 투자대상자산의 취득·처분 등에 관하여 필요한 지시를 하여야 하며, 그 신탁업자는 집합투자업자의 지시에 따라 투자대상자산의 취득·처분 등을 하여야 한다(法 80조① 본문). 수익자는 신탁원본의 상환 및 이익의 분배 등에 관하여 수익증권의 좌수에 따라 균등한 권리를 가진다.

---

33) 종래의 신탁업법은 금전신탁에 한하여 수익증권의 발행을 허용하였으나, 자본시장법은 제4조 제5항에서 "그 밖에 이와 유사한 것으로서 신탁의 수익권이 표시된 것"도 수익증권이라고 규정함으로써 수익증권의 범위를 대폭 확대하였다 다만 관리형신탁의 수익권은 금융투자상품에 해당하지 않는다(法 3조① 단서).

㈃ 그 밖에 이와 유사한 것으로서 신탁의 수익권이 표시된 것

신탁업자가 비금전신탁계약의 수익권에 대하여 발행하는 수익증권은 자본시장법 제4조 제5항의 "그 밖에 이와 유사한 것으로서 신탁의 수익권이 표시된 것"에 해당한다. 자산유동화구조에서 유동화기구를 신탁으로 구성한 경우 발행되는 신탁수익권증서, 신탁업자가 신탁계약에 따라 발행하는 신탁수익권증서 등도 이에 해당한다.34)

(4) 투자계약증권

㈎ 의   의

투자계약증권이란 "특정 투자자가 그 투자자와 타인(다른 투자자를 포함한다)간의 공동사업에 금전등을 투자하고 주로 타인이 수행한 공동사업의 결과에 따른 손익을 귀속받는 계약상의 권리가 표시된 것"을 말한다(法 4조⑥). 이는 포괄주의 원칙을 유지하기 위하여 미국 증권법상 투자계약(investment contract)개념에 대한 Howey 기준을 기초로 한 것이다. 투자계약증권의 개념은 광범위하지만 자본시장법이 종래의 「간접투자자산운용업법」에 비하여 집합투자규제의 범위를 대폭 확대함에 따라 투자계약증권이 실제로 인정되는 범위는 상당히 제한될 것이다. 자본시장법은 일정 범위의 지분증권과 함께 투자계약증권도 발행공시규정(제3편 제1장)과 부정거래행위 규정(제178조, 제179조)을 적용하는 경우에만 증권으로 본다(法 4조① 단서).

㈏ 투자계약증권과 집합투자증권의 관계

하나의 증권이 투자계약증권의 속성과 집합투자증권의 속성을 모두 갖춘 경우 이를 집합투자증권으로 보면 집합투자에 관한 규제가 적용되고, 이를 투자계약증권으로 보면 증권발행규제와 공시규제만 적용되므로, 그 차이가 매우 크다. 이에 관하여는, 집합투자증권에 해당되는지 여부를 먼저 검토하고 집합투자증권에 해당되지 아니하면 투자계약증권에 해당되는지 여부를 검토하여야 한다는 견

---

34) 수익권증서는 수익권이 표창된 상법상 유가증권이 아니라 수익권을 표시해주는 증거증권이고 수익권을 양도하는 경우 신탁업자는 기발행 수익권증서를 회수하고 양수인 명의의 새로운 수익권증서를 발급한다. 그리고 수익증권을 발행할 경우에는 금융위원회에 발행 신고를 하여야 하나 수익권증서를 발행할 때에는 별도의 신고절차가 없다. 따라서 수익권증서와 수익증권은 개념적으로나 규제측면에서 상당한 차이가 있다. 그런데 증권의 정의를 규정한 자본시장법 제4조에서는 수익증권의 개념에 수익권증서를 포함시키고 있고, 제110조는 신탁업자만이 "수익증권"을 발행할 수 있다고 규정하는바, 제4조의 수익증권과 제110조의 수익증권을 구별하여 규정할 필요가 있다.

해(투자계약증권 보충성설)와, 투자계약증권과 집합투자증권을 선택적으로 적용할 수 있다는 견해(투자계약증권 독자성설)가 대립한다. 전자에 의하면 증권 발행 관련자는 진입규제 및 운용규제(운용자의 금융투자업 인가취득, 운용보고서의 작성, 운용제한 등)의 적용대상이므로, 원칙적으로 집합투자업 인가를 받고 집합투자기구를 구성하여 집합투자증권을 발행하여야 하며, 해당 증권이 집합투자증권에 해당되지 아니할 경우에만 투자계약증권으로 분류된다. 후자에 의하면 증권 발행 관련자는 집합투자업 인가를 받고 집합투자증권을 발행할 수도 있고 아니면 집합투자업 인가를 받지 않고 투자계약증권으로 구성하여 증권 관련 발행규제 및 공시규제(증권신고서, 투자설명서, 사업보고서 등)만을 적용받게 된다. 투자자 보호와 법적 안전성 면에서 투자계약증권의 보충성을 인정하는 견해가 타당하다.[35]

금융당국도 주로 집합투자적 성격을 가진 계약 가운데 자본시장법에 규정된 집합투자기구를 이용하지 않는 투자구조에 자본시장법상 투자계약증권이 적용된다고 하면서, ① 투자자의 이익획득 목적이 있을 것, ② 금전 등의 투자가 있을 것, ③ 주로 타인이 수행하는 공동사항에 투자할 것, ④ 원본까지만 손실발생 가능성이 있을 것, ⑤ 지분증권, 채무증권, 집합투자증권 등 정형적인 증권에 해당되지 않는 비정형증권 일 것 등의 기준을 모두 충족할 때 투자계약증권으로 판단한다.[36]

(5) 파생결합증권

(가) 개   념

파생결합증권이란 "기초자산의 가격·이자율·지표·단위 또는 이를 기초로 하는 지수 등의 변동과 연계하여 미리 정하여진 방법에 따라 지급하거나 회수하는 금전등이 결정되는 권리가 표시된 것"을 말한다(法 4조⑦). 자본시장법의 파생결합증권에 관한 규정은 종래의 증권거래법상 개념을 일반화하고, 발행주체를 제한하지 않고,[37] 기초자산의 범위를 대폭 확대하여 자본시장법의 포괄주의의 취지

---

35) 미국에서는 투자계약증권의 범위가 매우 넓은 반면, 간투법과 달리 집합투자기구의 범위를 대폭 확대한 자본시장법상 투자계약증권의 범위는 좁을 수밖에 없다. 투자계약증권은 공시규제와 불공정거래 규제에서만 증권으로 취급되므로, 투자계약증권에 투자하는 집합투자기구는 증권이 아닌 혼합자산에 투자하는 것으로 된다.
36) 금융위원회 2014. 3. 16.자 "투자계약증권의 성격에 대한 질의"에 대한 유권해석.
37) 다만 시행령 별표 1의 비고 1에 의하면 증권에 대한 투자매매업 인가를 받은 자가 장외파생상품에 대한 투자매매업 인가를 받은 경우에만 파생결합증권을 발행할 수 있다는 제한은 있다.

를 반영하고 있다. ELW(equity linked warrant), ELS(equity linked securities)는 근래에 가장 대표적인 파생결합증권이고, 그 외에 변동금리부사채(FRN), 신용연계증권(CLN), 재해연계증권(Cat Note) 등이 있다. 은행의 금적립상품(gold banking)도 파생결합증권으로서 이를 취급하는 은행은 파생결합증권의 발행을 위한 금융투자업인가, 즉 증권에 대한 투자매매업(1-1-1)과 장외파생상품에 대한 투자매매업(1-3-1) 인가를 받아야 한다.[38]

자본시장법 제4조 제7항은 "지급금액 또는 회수금액이 결정되는 권리가 표시된 것"이라고 규정하므로 차액정산형(현금결제형) 파생결합증권만 인정하는 것처럼 보이지만 이에 한정할 이론적, 정책적 이유는 없고, 이는 지급금액 또는 회수금액이 다른 자산이나 지표에 의하여 결정된다는 의미로 볼 것이다. 또한 시행령 제139조 제1호 바목은 권리의 행사로 그 기초자산을 취득할 수 있는 파생결합증권도 규정하고,[39] 2013년 개정 자본시장법은 종래의 "지급금액 또는 회수금액"을 "지급하거나 회수하는 금전등"이라고 변경하였으므로 현물인도형 파생결합증권의 발행이 가능하게 되었다. 한편 자본시장법상 채무증권인 전환사채나 신주인수권부사채도 추가지급의무의 부존재 및 가치파생성으로 인하여 현물인도형 파생결합증권의 특성을 가진다.

(내) 기초자산

자본시장법에서 기초자산(underlying assets)이란 다음의 제1호부터 제5호까지에 해당하는 것을 말한다(法 4조⑩).

1. 금융투자상품
2. 통화(외국통화 포함)
3. 일반상품(농산물·축산물·수산물·임산물·광산물·에너지에 속하는 물품 및 이 물품을 원료로 하여 제조하거나 가공한 물품, 그 밖에 이와 유사한 것)

---

38) 금적립상품의 특성상 일반적인 파생결합증권에 대한 발행공시규제가 그대로 적용되면 은행에게 지나치게 과중한 부담이므로, 금적립상품을 취급하는 3개 은행은 금융위원회로부터 이를 위반하더라도 자본시장법 위반으로 판단하지 않겠다는 비조치의견서(no action letter)를 받은 바 있다(관리번호 2011-나-자본시장-01).

39) [슈 제139조(공개매수의 적용대상 증권)] 제133조 제1항에서 "의결권 있는 주식, 그 밖에 대통령령으로 정하는 증권"이란 의결권 있는 주식에 관계되는 다음 각 호의 어느 하나에 해당하는 증권(이하 "주식등"이라 한다)을 말한다.

　1. 주권상장법인이 발행한 증권으로서 다음 각 목의 어느 하나에 해당하는 증권
　　바. 가목부터 마목까지의 증권을 기초자산으로 하는 파생결합증권(권리의 행사로 그 기초자산을 취득할 수 있는 것만 해당한다)

4. 신용위험(당사자 또는 제3자의 신용등급의 변동, 파산 또는 채무재조정 등으로 인한 신용의 변동)
5. 그 밖에 자연적·환경적·경제적 현상 등에 속하는 위험으로서 합리적이고 적정한 방법에 의하여 가격·이자율·지표·단위의 산출이나 평가가 가능한 것

파생결합증권의 기초자산은 파생상품의 기초자산과 동일하다. 거래소의 파생상품시장 업무규정은 기초자산에 대하여 선물거래의 경우에는 거래의 대상물, 옵션거래의 경우에는 매수인의 일방적 의사표시("권리행사")에 의하여 성립되는 거래의 대상물을 말한다고 규정한다(파생상품시장 업무규정 2조①9).

자본시장법상 기초자산의 범위는 증권거래법상 기초자산의 범위에 비하여 대폭 확대되었다. 특히 제5호는 "그 밖에 자연적·환경적·경제적 현상 등에 속하는 위험으로서 합리적이고 적정한 방법에 의하여 가격·이자율·지표·단위의 산출이나 평가가 가능한 것"이라고 규정하므로 기초자산의 범위에 대하여 아무런 제한이 없고 오로지 기초자산의 평가에 있어서 "합리성"과 "적정성"이 요구된다.

⒟ 제외대상

파생결합증권에서 제외되는 것은 다음과 같다(法 4조⑦ 단서).

1. 발행과 동시에 투자자가 지급한 금전등에 대한 이자, 그 밖의 과실(果實)에 대해서만 해당 기초자산의 가격·이자율·지표·단위 또는 이를 기초로 하는 지수 등의 변동과 연계된 증권(파생결합사채)
2. 옵션계약상의 권리(法 5조①2)
3. 조건부자본증권(法 165조의11①)
3의2. 은행법 제33조 제1항 제2호부터 제4호까지의 규정에 따른 상각형 조건부자본증권, 은행주식 전환형 조건부자본증권 및 은행지주회사주식 전환형 조건부자본증권
4. 교환사채·상환사채(商法 469조②2), 전환사채(商法 513조) 및 신주인수권부사채(商法 제516조의2)
5. 제1호부터 제4호까지의 규정에 따른 금융투자상품과 유사한 것으로서 대통령령으로 정하는 금융투자상품(슈 4조의2: 상법 제420조의2에 따른 신주인수권증서 및 같은 법 제516조의5에 따른 신주인수권증권)

상법상 사채는 매우 넓은 개념이므로 상법상 사채 중에는 자본시장법상 채무증권 외에 파생결합증권, 심지어는 파생상품의 성격을 가지는 것도 많다. 우선 상법상 파생결합사채는 제1호에 의하여 파생결합증권에서 제외된다. 그리고 상법상 전환사채, 신주인수권부사채, 교환사채 등은 사채에 전환청구권, 신주인수권, 교환

청구권 등 옵션이 결합된 것이라 할 수 있는데, 제4호에 의하여 파생결합증권에서 제외된다. 따라서 이들 사채는 모두 채무증권인 사채권에 해당한다.40)

자본시장법상 조건부자본증권(상법상 교환사채, 상환사채, 전환사채, 신주인수권부사채 등과 다른 종류의 사채로서 해당 사채의 발행 당시 객관적이고 합리적인 기준에 따라 미리 정하는 사유가 발생하는 경우, 주식으로 전환되거나 그 사채의 상환과 이자지급 의무가 감면된다는 조건이 붙은 사채, 그 밖에 대통령령으로 정하는 사채)도 제3호에 의하여 파생결합증권에서 제외되므로, 채무증권에 해당한다.

⑹ 증권예탁증권

㈎ 개   념

증권예탁증권(Depositary Receipt : DR)이란 채무증권, 지분증권, 수익증권, 투자계약증권, 파생결합증권을 예탁받은 자가 그 증권이 발행된 국가 외의 국가에서 발행한 것으로서 그 예탁받은 증권에 관련된 권리가 표시된 것을 말한다(法 4조⑧). 증권거래법은 예탁결제원이 발행하는 "국내예탁증권"만 유가증권으로 규정하였으나, 자본시장법은 "그 증권이 발행된 국가 외의 국가에서 발행한 것"이라고 규정하므로 ADR, GDR 등과 같이 해외에서 발행, 유통되는 해외예탁증권도 포함한다. DR은 일반적으로 해외투자자의 편의를 위해 기업이 해외에서 발행함으로써 주식의 국제적 유통수단으로 이용되는 대체증권으로서, 외국기업이 발행한 증권·증서를 자국의 증권예탁기관에 예탁하게 하고 예탁기관이 이러한 원주권(原株券)을 근거로 자국의 규제에 맞게 발행하는 증서를 말한다. 채권을 대신해서 발행되는 DR도 개념적으로는 가능하지만, 실제로는 주식에 관한 DR이 대부분이다. 예탁증서가 필요한 이유는 유가증권을 외국에서 그대로 유통시키려면 표시통화의 차이점 때문에 투자자의 직접투자가 어렵기 때문이다.41)

자본시장법상 증권예탁증권의 "발행인"은 실질적인 발행인이라 할 수 있는 그 기초가 되는 증권을 발행하였거나 발행하고자 하는 자를 말한다(法 9조⑩). 자

---

40) 상법과 상법 시행령은 파생결합사채의 개념과 이사회가 결정할 사항 외에는 더 이상의 상세한 규정을 두지 않고 있지만, 자본시장법은 과실연계형 증권을 파생결합증권에서 제외하고 (4조⑦1), 상법상 파생결합사채를 채무증권으로 규정한다(4조②). 또한 상법상 사채의 개념상 원본비보장형 파생결합사채를 발행할 수 없다고 해석되고, 만일 발행이 가능하다고 해석하더라도 이는 자본시장법상 파생결합증권에 해당하므로 장외파생상품 투자매매업 인가를 받은 금융투자업자가 아닌 일반 주식회사는 발행할 수 없다.

41) DR도 발행지의 법제에 따라 실물증서의 형태로 발행되기도 하고 실물증서의 발행 없이 등록의 형태로 발행되기도 한다.

본시장법상 국내에서 증권예탁증권을 발행하는 업무는 예탁결제원만이 할 수 있다(法 298조②). 자본시장법상 주권상장법인은 증권시장에 상장된 주권을 발행한 법인을 말하는데, 주권과 관련된 증권예탁증권이 증권시장에 상장된 경우에는 그 주권을 발행한 법인을 가리킨다(法 9조⑮).

(내) KDR의 발행과 권리행사

자본시장법상 증권예탁증권의 발행, 소유자의 권리행사 등에 관하여 규정하지 아니하므로, 당사자 간의 예탁계약에 따라 다음과 같이 이루어진다.

KDR을 발행을 원하는 외국의 원주발행인은 예탁기관(예탁결제원)과 예탁계약을 체결하고, 예탁기관은 발행인 설립지국의 원주보관기관(custodian)과 원주보관계약을 체결한 후 KDR을 발행한다. 원주는 예탁기관 명의로 원주보관기관에 예탁된 후 다시 해당국의 중앙예탁결제기관(CSD)에 예탁된다. 예탁기관은 CSD의 원주입고 확인 후 KDR을 발행하고, 상장절차를 거쳐서 상장된다. KDR을 발행함에 있어서는 KDR의 발행인인 예탁결제원이 아니라 원주발행인이 증권신고서 제출의무를 부담한다.[42]

예탁기관은 특별히 법적 근거는 없지만 KDR의 소유자명부와 실질소유자명부를 작성·비치한다. 소유자명부에는 CSD만이 소유자로 등재되고 기준일 설정시 실질소유자명부가 작성된다. KDR의 실질소유자는 원주로 해지하지 않는 한 원주의 실질소유자가 아니므로 원주발행인에 대하여 직접 권리를 행사할 수 없고 예탁기관을 통하여 간접적으로 권리를 행사하여야 하며, 이 때 행사할 수 있는 권리도 자익권(이익배당청구권·신주인수권)과 의결권에 한정된다. 그러나 KDR 실질소유자가 KDR을 원주로 해지한 후에는 주주로서의 모든 권리를 직접 행사할 수 있다.

(7) 간주증권

이상의 증권에 표시될 수 있거나 표시되어야 할 권리는 그 증권이 발행되지 아니한 경우에도 그 증권으로 본다(法 4조⑨). 투자자 보호라는 자본시장법의 목적에 비추어 증권의 발행이라는 형식보다는 증권에 표시될 권리를 중시하는 것이다.

(8) 자본시장법 적용제한 증권

다음 증권은 증권신고서에 관한 제3편 제1장(제8편부터 제10편까지의 규정 중 제3편 제1장의 규정에 따른 의무 위반행위에 대한 부분 포함) 및 부정거래행위에 관

---

[42] 중국고섬KDR, 화풍집단 KDR 등이 거래소 유가증권시장에 상장되었는데, 중국고섬KDR은 2013년 10월 상장폐지되었다.

한 제178조·제179조를 적용하는 경우에만 증권으로 본다(法 4조① 단서).

1. 투자계약증권
2. 지분증권, 수익증권 또는 증권예탁증권 중 해당 증권의 유통 가능성, 자본시장법
   또는 금융관련 법령에서의 규제 여부 등을 종합적으로 고려하여 대통령령으로 정
   하는 증권

제2호의 "대통령령으로 정하는 증권"은 상법에 따른 합자회사·유한책임회사·
합자조합·익명조합의 출자지분이 표시된 것을 말한다(슈 3조의2). 한편, 합자회사
의 무한책임사원, 합자조합의 업무집행조합원은 무한책임을 지므로 이들의 출자
지분은 추가지급의무의 부존재를 요소로 하는 증권의 개념에 포함되지 않는다.
나머지 증권들을 적용제한 증권으로 규정한 것은 모두 유통가능성이 거의 없기
때문이다. 합자회사의 유한책임사원, 유한책임회사의 사원, 합자조합의 유한책임
조합원 등의 지분은 다른 사원의 동의 또는 조합계약상 허용규정이 요구되고, 익
명조합원의 지분도 익명조합계약의 당사자인 영업자의 동의 없이 양도할 수 없다.

자본시장법에 따른 투자합자회사·투자유한책임회사·투자합자조합·투자익명
조합 등은 집합투자를 위한 기구에 불과하고 상법에 따른 합자회사·유한책임회
사·합자조합·익명조합 등은 독자적인 사업주체이므로 양자는 서로 다르다. 따라
서 자본시장법은 집합투자증권(집합투자기구에 대한 출자지분)은 적용제한대상에서
제외된다고(즉, 적용대상이라고) 명문으로 규정한다(슈 3조의2 단서).

Ⅳ. 파생상품

1. 파생상품의 범위

(1) 파생상품과 기초자산

파생상품(derivatives)은 기초자산(underlying asset)의 가격을 기초로 손익(수
익구조)이 결정되는 금융상품을 말한다. 파생상품의 기초자산은 금융상품(financial
products)인 경우와 일반상품(commodity)인 경우가 있는데, 이에 기한 파생상품
은 결국 모두 금융상품(파생금융상품)이다.[43] 자본시장법상 파생상품의 기초자산

---

[43] 선물은 기초자산에 따라 상품선물(commodity futures)과 금융선물(financial futures)로
분류되고, 옵션과 스왑도 마찬가지이다.

은 파생결합증권의 기초자산과 동일하다.

한편 파생상품에 대한 국제금융거래와 관련한 법적 위험을 최소화하고 파생상품거래의 활성화를 위하여 표준적인 기본계약서(Master Agreement)를 제정한 국제스왑·파생상품협회(International Swaps and Derivatives Association; ISDA)는 파생상품을 "한 당사자로부터 다른 당사자에게로 위험을 전가하는 금융상품으로서, 그의 가치는 채권, 주식, 통화, 상품, 지수 및 이러한 자산들의 조합과 같은 기초자산의 가격으로부터 도출되는 것"이라고 정의함으로써, 특히 위험전가성을 파생상품의 특성으로 강조한다.

자본시장법은 파생상품을 다음과 같은 계약상의 권리를 말한다고 규정한다 (法 5조① 본문).[44][45]

1. 기초자산이나 기초자산의 가격·이자율·지표·단위 또는 이를 기초로 하는 지수 등에 의하여 산출된 금전등을 장래의 특정 시점에 인도할 것을 약정하는 계약
2. 당사자 어느 한쪽의 의사표시에 의하여 기초자산이나 기초자산의 가격·이자율·지표·단위 또는 이를 기초로 하는 지수 등에 의하여 산출된 금전등을 수수하는 거래를 성립시킬 수 있는 권리를 부여하는 것을 약정하는 계약
3. 장래의 일정기간 동안 미리 정한 가격으로 기초자산이나 기초자산의 가격·이자율·지표·단위 또는 이를 기초로 하는 지수 등에 의하여 산출된 금전등을 교환할 것을 약정하는 계약
4. 제1호부터 제3호까지의 규정에 따른 계약과 유사한 것으로서 대통령령으로 정하는 계약

---

44) 엄밀히 말하면 "계약상의 권리"뿐이 아니라 "계약상의 의무"도 포함된다.
45) 구 증권거래법은 장내파생상품에 대해서는 선물거래법에서 "선물거래 등"이라는 명칭으로 규제하였고, 장외파생상품에 대해서는 기관별로 은행법과 증권거래법(同法 施行令 36조의2 ① 1의2 "장외파생금융상품거래")에 의하여 규제하였고, 파생상품거래가 외국환업무에 해당하는 경우에는 외국환거래법도 적용되었다. 반면에 자본시장법은 종래에 파생상품에 대한 다원화된 규제에서 벗어나 일원화된 규제를 표방한다. 그러나 외국환거래법과 자본시장법 간에 충돌하는 규정이 있는데, 외국환거래법, 외국환거래규정은 투자매매업자·투자중개업자·집합투자업자 등이 각각 취급할 수 있는 외국환업무의 범위를 규정하므로, 이와 같은 취급범위에 속하지 않는 상품(예컨대 자본시장법 제4조 제10항의 각 기초자산에 근거한 장외파생상품)에 대하여는 비거주자와의 거래나 거주자와의 거래라도 외화통화표시 장외파생상품인 경우에는 금지된다고 해석된다. 입법론상으로 자본시장법상 인가를 받은 업무에 대하여는 외국환업무의 취급범위로 간주하는 것이 바람직하고, 그 이전에는 종래와 같이 자본시장법상 인가를 받았다면 외국환업무로 규정하지 않은 업무도 사전에 한국은행 신고를 통하여 거래를 할 수 있도록 해석하는 것이 바람직하다.

(2) 제외대상

해당 금융투자상품의 유통 가능성, 계약당사자, 발행사유 등을 고려하여 증권으로 규제하는 것이 타당한 것으로서 대통령령으로 정하는 금융투자상품은 제외된다(法 5조① 단서). 파생상품에서 제외되는 "대통령령으로 정하는 금융투자상품"은 다음과 같다(令 4조의3).

1. 발행인 등에 관하여 금융위원회가 정하여 고시하는 기준에 따라 발행되는 증권·증서로서 증권시장이나 해외 증권시장에서 매매거래되는 주권 등 금융위원회가 정하여 고시하는 기초자산[금융투자업규정 1-2조의2 : 1. 금융투자상품, 2. 통화(외국통화 포함), 3. 일반상품, 4. 신용위험)]의 가격·이자율·지표·단위 또는 이를 기초로 하는 지수 등의 변동과 연계하여 미리 정하여진 방법에 따라 그 기초자산의 매매나 금전을 수수하는 거래를 성립시킬 수 있는 권리가 표시된 증권·증서
2. 상법 제420조의2에 따른 신주인수권증서 및 제516조의5에 따른 신주인수권증권

제1호는 파생결합증권에 해당한다. 제2호는 파생결합증권에도 해당하지 않고(令 4조의2), 출자지분을 취득할 권리가 표시된 것으로서 지분증권에 해당한다. 증권과 파생상품 중 어느 것에 해당하는지에 따라 각종 규제의 내용과 정도가 달라지므로 구체적 타당성을 고려하여 규정하려는 것이다.

2. 파생상품의 분류

실제로 거래되는 파생상품은 매우 다양한 구조를 가지므로 자본시장법은 파생상품을 구성하는 기본 구성요소를 상품의 경제적 구조에 따라 선도(forwards, 제1호), 옵션(options, 제2호), 스왑(swaps, 제3호)으로 구분하여 정의한다. 즉, 자본시장법은 선도, 옵션, 스왑 중 어느 하나에 해당하는 계약상의 권리를 파생상품으로 규정하는데, 이러한 규정방식을 기본구성요소방식이라고 한다. 선도거래가 장내에서 이루어지는 것이 선물에 해당하고, 파생상품을 다시 장내, 장외 파생상품으로 분류하므로, 선도 외에 선물을 별도의 파생상품으로 규정하지 않는 것이다.

스왑은 선도거래가 일정 기간 반복되는 것이지만, 별도의 정의규정을 두는 것은 파생상품에 관한 대부분의 법적 문제는 스왑에 관한 것이기 때문이다. 스왑은 기본적으로 비표준화된 거래로서 장외파생상품의 특성을 가진다. 미국에서 "swap"은 매우 폭넓은 개념인데, 최근의 금융개혁법 입법과정에서 규제가 대폭 강화되었다.

(1) 선   물

㈎ 선도거래와 선물거래

제1호의 "기초자산이나 기초자산의 가격·이자율·지표·단위 또는 이를 기초로 하는 지수 등에 의하여 산출된 금전등을 장래의 특정 시점에 인도할 것을 약정하는 계약"은 선도거래를 말하며, 제5조 제4항은 이러한 계약상의 권리(인도의무에 대응하는 권리)를 파생상품인 "선도"로 규정한다. 선도거래는 계약체결과 이행이 계약체결 당일 이루어지는 현물거래(spot trading)와 달리 이행기가 계약체결시로부터 일정 기간 경과 후인 거래이다. 즉, 현물거래와 선도거래는 이행기에서 차이가 있을 뿐 계약의 다른 요소는 다르지 않다. 일반적인 선도거래는 거래당사자 간의 합의에 따라 다양한 계약조건에 의하여 공인된 거래소를 통하지 않고 자유롭게 이루어진다. 선도거래 중 표준화된 계약조건에 따라 공인된 거래소에서 경쟁매매 방식에 의하여 이루어지는 것을 선물거래라고 한다. 또한 선물거래는 거래소의 청산, 결제시스템에 의하여 일일정산제가 시행되고 그 이행이 보장된다는 점에서 선도거래와 다르다. 자본시장법이 선물(futures)에 대하여 별도로 규정하지 않은 것은 선물도 선도의 일종이고, 위와 같은 점 외에는 개념상 본질적인 차이는 없기 때문이다. 거래소의 파생상품시장 업무규정은 시장에서 이루어지는 다음과 같은 파생상품거래를 "선물거래"라고 규정한다(파생상품시장 업무규정 2조①2).

가. 당사자가 장래의 특정 시점에 특정한 가격으로 기초자산을 수수할 것을 약정하는 매매거래

나. 당사자가 기초자산에 대하여 사전에 약정한 가격이나 이자율, 지표, 단위 및 지수 등의 수치와 장래의 특정 시점의 해당 기초자산의 가격이나 수치("최종결제가격")와의 차이로부터 산출되는 현금을 수수할 것을 약정하는 거래

㈏ 선물거래의 결제방법

선물거래의 결제방법으로는, 이행기에 기초자산 자체가 인도되는 현물인도방식과 기초자산의 계약체결시의 가격과 이행기의 가격과의 차액을 정산하는 차액결제방식(차액정산방식)이 있다. 파생상품시장 업무규정 제2조 제1항 제2호 가목은 현물결제방식을, 같은 호 나목은 차액결제방식을 가리킨다. 거래소와 결제회원은 선물거래의 각 종목에 대하여 거래일마다 장종료 시점을 기준으로 정산가격으로

정산하여야 한다. 이 경우 글로벌 거래의 각 종목에 대하여는 글로벌 거래의 종료 후에 개시되는 정규거래에 포함하여 정산한다(파생상품시장 업무규정 96조①).

⑵ 옵   션

㈎ 의   의

자본시장법 제5조 제1항 제2호의 "당사자 어느 한쪽의 의사표시에 의하여 기초자산이나 기초자산의 가격·이자율·지표·단위 또는 이를 기초로 하는 지수 등에 의하여 산출된 금전등을 수수하는 거래를 성립시킬 수 있는 권리를 부여하는 것을 약정하는 계약"이 옵션거래이다. 제5조 제1항은 이러한 계약상의 권리를 파생상품인 "옵션(option)"으로 규정한다. 옵션거래는 미리 거래조건을 정하고 미래의 어느 시점에 정해진 조건에 따라 거래가 성립하는 점에서 제1호의 선도거래와 유사하지만, 선도거래는 거래 자체가 이미 성립하고 이행기만 장래의 일정 시점으로 정하는 것인데, 옵션거래는 거래의 성립 여부 자체가 장래의 일정 시점에 결정된다는 점에서 다르다. 제2호의 규정상 옵션거래도 선도거래와 같이 현물인 수도 없이 차액만을 수수하는 차액결제방식도 포함한다. 옵션의 기초자산은 제2호의 규정과 같이 통상의 기초자산 외에 주가지수, 선물 등과 같은 파생상품인 경우도 있다.[46)]

거래소의 파생상품시장 업무규정은 시장에서 이루어지는 거래로서 당사자 일방이 상대방의 의사표시에 의하여 다음과 같은 거래를 성립시킬 수 있는 권리("옵션")를 상대방에게 부여하고, 상대방은 당사자 일방에게 대가를 지급할 것을 약정하는 파생상품거래를 "옵션거래"라고 규정한다(파생상품시장 업무규정 2조①3).

1. 기초자산의 매매거래
2 행사가격과 권리행사일의 기초자산의 가격이나 수치("권리행사결제기준가격")와의 차이로부터 산출되는 현금을 수수하는 거래
3. 제2조 제1항 제2호 가목의 선물거래(당사자가 장래의 특정 시점에 특정한 가격으로 기초자산을 수수할 것을 약정하는 매매거래)
4. 제2조 제1항 제2호 나목의 선물거래(당사자가 기초자산에 대하여 사전에 약정한 가격이나 이자율, 지표, 단위 및 지수 등의 수치와 장래의 특정 시점의 해당 기초자산의 가격이나 수치("최종결제가격")와의 차이로부터 산출되는 현금을 수수할 것을 약정하는 거래)

---

46) 앞에서 본 바와 같이 미국 증권법은 증권에 대한 옵션을 증권으로 규정한다[SA §2(a)(1)].

(나) 옵션의 분류

1) **콜옵션과 풋옵션**   콜옵션(call option)이란 장래 일정한 날(European option) 또는 일정 기간 동안(American option) 기초자산을 일정 가격에 매수할 수 있는 계약상의 권리이다. 파생상품시장 업무규정에 의하면, ⅰ) 기초자산을 수수하는 옵션거래 및 선물옵션거래의 경우에는 권리행사에 의하여 행사가격으로 기초자산의 매수로 되는 거래를 성립시킬 수 있는 옵션, ⅱ) 현금을 수수하는 옵션거래의 경우에는 권리행사에 의하여 행사가격이 권리행사결제기준가격보다 낮은 경우에 그 차이로부터 산출되는 금전을 수령하게 되는 거래를 성립시킬 수 있는 옵션을 말한다(파생상품시장 업무규정 2조①11). 즉, 콜옵션의 매수인이 매수포지션의 취득을 청구할 수 있는 형성권이다.

풋옵션(put option)이란 장래 일정한 날이나 일정 기간 동안 기초자산을 일정 가격에 매도할 수 있는 계약상의 권리이다. 파생상품시장 업무규정에 의하면, ⅰ) 기초자산을 수수하는 옵션거래 및 선물옵션거래의 경우에는 권리행사에 의하여 행사가격으로 기초자산의 매도로 되는 거래를 성립시킬 수 있는 옵션, ⅱ) 현금을 수수하는 옵션거래의 경우에는 권리행사에 의하여 행사가격이 권리행사결제기준가격보다 높은 경우에 그 차이로부터 산출되는 금전을 수령하게 되는 거래를 성립시킬 수 있는 옵션을 말한다(파생상품시장 업무규정 2조①12). 즉, 풋옵션의 매수인이 매도포지션의 취득을 청구할 수 있는 형성권이다. 여기서 행사가격(strike price, exercise price)이란 권리행사에 따라 성립되는 거래에 있어서 사전에 설정된 기초자산의 가격 또는 수치를 말한다(파생상품시장 업무규정 2조①10).

2) **권리행사시기에 따른 분류**   옵션의 권리를 행사할 수 있는 기간을 옵션의 만기일로 제한하는 경우를 유럽식 옵션(European option)이라 하고, 반대로 만기일까지 아무 때나 권리를 행사할 수 있도록 한 옵션을 미국식 옵션(American option)이라 한다. 후자가 전자에 비해 유리한 경우가 많을 것이므로, 그 때에는 그만큼 가격(프리미엄)이 높을 것이다. 우리나라의 KOSPI200 옵션은 유럽형으로 최종거래일에만 행사가 가능하다.[47]

---

47) 옵션 거래의 예를 들어보면 KOSPI 200의 가격이 110인 시점에서 주가가 상승할 것으로 판단해 10월물 권리행사가격이 120인 call option을 프리미엄을 2에 10계약을 매수한 경우, 투자원금은 200만원이다. 만기일에 권리행사를 한다면 결제일인 10월 두 번째 목요일의 주가지수에 따라 손익이 달라진다. 예상대로 주가가 올라 만기일에 130을 기록하면 (만기일 주가지수 130 − 권리행사 가격 120) × 10계약 × 10만원으로 1,000만원의 행사차익을 얻게 된다.

3) 기초자산에 따른 분류   옵션은 기초자산에 따라 상품옵션과 금융옵션으로 분류되고, 금융옵션은 다시 주식옵션·주가지수옵션·통화옵션·금리옵션 등으로 분류된다.

㈐ 옵션의 매수인과 매도인

call option 또는 put option의 매수인이 권리를 행사하면 옵션거래의 상대방(옵션의 매도인)은 기초자산을 매도하거나 매수할 의무를 부담한다.[48] 옵션매수인이 옵션에 대한 대가로 옵션매도인에게 지급하는 것이 프리미엄(premium)이다.

㈑ 옵션과 선물

선물의 경우 매도인·매수인 모두 대상상품의 매매를 이행할 의무를 갖지만 옵션에서는 옵션 매도인만 매매를 이행하는 의무를 부담하고, 옵션 매수인은 매도인에게 매매의 이행을 청구할 권리는 갖지만 의무는 부담하지 않는다. 즉 옵션은 매수인에게 자신이 유리한 가격조건에서만 행사하고, 불리한 조건에서는 행사하지 않을 수 있는 '선택권'을 주는 것이고, 매수인은 이러한 선택권에 대한 대가인 프리미엄을 매도인에게 지급하는 것이다. call option 매수인은 미리 약정된 가격(권리행사가격)으로 매도인에게 특정자산을 일정 수량 매수할 수 있는 권리를 가지고, call option 매도인은 매수인의 옵션행사시 행사가격에 기초자산을 매도할 의무가 있다. 이와 반대로 put option 매수인은 지정일에 미리 약정된 가격(행사가격)으로 매도인에게 특정자산을 일정 수량 매도할 수 있는 권리를 가지며, put option 매도인은 매수인의 옵션행사시 행사가격에 기초자산을 매수할 의무가 있다.

㈒ 유 용 성

옵션거래는 선물거래에 비하여 시장상황에 따라 보다 다양한 전략의 구사가 가능하며, 위험은 프리미엄(옵션의 시장가격)을 한도로 하나 이익은 무한대이므로 헤지기능과 동시에 이익의 최대화를 모색할 수 있다.[49] 또한 옵션은 불확실한 거

따라서 call option을 매수할 때 지불한 200만원을 빼면 800만원의 순이익이 남는다. 만기에 KOSPI 200의 가격이 손익분기점(권리행사 가격+지불프리미엄)인 122 이상만 되면 이익을 남길 수 있다. 그러나 행사가격인 120 이하로 내려가면 권리를 포기하고 프리미엄인 200만원의 손실을 입는다.

48) 만기까지의 원리금청구권과 주식으로의 전환권(conversion right)을 선택적으로 행사할 수 있는 전환사채(Convertible Bond : CB), 일정 기간 내에 일정 가격으로 정해진 수의 발행회사 주식을 인수할 수 있는 신주인수권이 부여된 신주인수권부사채(Bond with Warrant : BW) 등은 사채권자가 발행회사의 주식에 대하여 가지는 call option의 성격을 가진다.

49) 옵션의 위험이 프리미엄을 한도로 하지만 실제의 거래대상은 그 프리미엄이므로 옵션은 그 변동폭이 현물이나 선물에 비하여 매우 크기 때문에 투자원금에 비하여 많은 수익을 얻을 가

래에 대한 헤지기능을 한다. 예를 들어 펀드매니저가 주가하락위험에 대비하여 보유주식을 그대로 보유하면서 put option을 매수해 두면 주가하락시에는 옵션을 행사하고, 주가상승시에는 옵션행사를 포기하면 된다.

㈐ 옵션거래의 기본용어

1) 프리미엄   옵션은 매수인에게만 주어지는 권리이기 때문에 매수인은 매도인에게 프리미엄(premium)을 지급하는데, 이는 옵션의 매매가격이라 할 수 있다.

2) 행사가격   행사가격(striking price or exercise price)은 권리행사에 따라 성립되는 거래에 있어서 사전에 설정된 기초자산의 가격 또는 수치를 말한다(파생상품시장 업무규정 2조①10). 즉, 행사가격은 옵션매수인이 권리행사시에 기초자산을 매입(call option의 경우) 또는 매도(put option의 경우)할 수 있는 기준가격이다. option 매수인이 권리를 행사하면 이익이 발생하는 경우를 내가격(In-The-Money : ITM)이라 하고, 권리를 행사하면 손실이 발생하는 경우를 외가격(Out-of-The-Money : OTM)이라 하고, 행사가격과 기초자산의 가격이 같아 권리행사로 인한 손익이 없는 경우를 등가격(At-The-Money : ATM)이라 한다.

3) 만 기 일   만기일(expiration date)은 옵션보유자가 옵션의 권리를 행사할 수 있는 마지막 날이다.

4) 옵션의 가격

가) 가격결정   옵션의 가격(premium)은 내재가치(intrinsic value)와 시간가치(time value)의 합으로 구성된다.

나) 내재가치   옵션의 행사가치(행사가격과 기초자산의 시장가격과의 차이)로서 call option의 경우 행사가격이 시장가격보다 낮을 때, put option의 경우 행

능성과 많은 손실을 얻을 가능성이 있고, 이러한 옵션거래의 특징을 고려하여 증권회사의 손해배상책임이 부인된 사례도 있다. 증권회사와 주가지수옵션거래 위탁계약을 체결한 고객이 call option 및 put option 종목에 대한 매수주문을 하였음에도 선물·옵션거래에 관한 설명서에서 정한 기본예탁금이 없다거나 전산시스템운용상의 잘못 등의 이유로 거래가 이루어지지 않은 사안에서 법원은 "주가지수옵션거래는 실체가 없는 '주가지수를 매매할 수 있는 권리'를 시장에서 형성된 가격에 따라 매매하는 것으로 투자원금에 비하여 많은 이익을 얻을 수 있는 가능성이 있을 뿐만 아니라 많은 손실을 입을 가능성도 있어 어느 정도의 투기성과 위험성이 필연적으로 수반되는 거래라는 점에 비추어 볼 때, 각 옵션종목에 관하여 정상적으로 매매거래가 이루어졌더라도 고객이 후에 각 해당 종가가 최고치에 도달한 시점에서 이를 전매하여 이익을 얻을 수 있었을 것이라고 추정하기 어려우므로 증권회사에게 손해배상책임이 없다"고 판시하였다(서울지방법원 1998. 9. 1. 선고 98가합5079 판결).

사가격이 시장가격보다 높을 때 내재가치를 가진다고 한다.

다) 시간가치　　　시간가치는 이행기가 길수록 크다. 시간의 경과에 따라 OTM도 ITM으로 변경될 수 있으므로 OTM의 가격도 (+)가 될 수 있는 것이다.

⑶ 스　　왑

제3호의 "장래의 일정기간 동안 미리 정한 가격으로 기초자산이나 기초자산의 가격·이자율·지표·단위 또는 이를 기초로 하는 지수 등에 의하여 산출된 금전등을 교환할 것을 약정하는 계약"이 스왑(swap)이고, 제5조 제1항은 이러한 계약상의 권리를 파생상품으로 규정한다. 스왑은 양 당사자가 장래의 현금흐름(cash flow)을 교환하는 거래이다. 즉, 스왑은 "장래의 일정기간 동안" 복수의 선도거래가 결합된 형태로서, 양 당사자가 교환대상인 금전등을 받을 권리를 가진다. 선도의 법적 성질은 매매로 보는 것이 일반적이지만, 스왑은 미래의 현금흐름의 교환이므로 비전형계약에 해당한다. 자본시장법 제5조 제1항 제3호의 규정상 하나의 스왑거래에서의 복수의 교환시 교환조건은 다르게 정해도 되지만 기초자산은 동일하여야 하고, 기초자산이 달라지면 별개의 스왑거래로 보아야 한다. 스왑은 기초자산에 따라 상품스왑(commodity swap)과 금융스왑(financial swap)으로 분류되고, 금융스왑은 다시 통화스왑(currency swap), 금리스왑(interest rate swap), 신용부도스왑(credit default swap) 등 다양한 형태로 존재한다.

법인세부과처분취소사건에서 대법원은 스왑거래에 관하여 "국제금융거래에서 스왑거래라 함은 이른바 신종 파생금융상품의 하나로 외국환 거래에 있어서 환거래의 당사자가 미래의 이자율 또는 환율변동에서 오는 위험을 회피하기 위하여 채권이나 채무를 서로 교환하는 거래"라고 판시한 바 있다.

[대법원 1997. 6. 13. 선고 95누15476 판결]
1. 원심이 확정한 이 사건 부과처분의 내용은 다음과 같다. 원고은행 서울지점(이하 원고지점이라고 한다)이 1986.부터 1990. 사이에 국내기업과 44건의 스왑(swap) 거래를 하면서 다시 원고은행 본점이나 다른 외국지점과 국내 스왑거래로부터 입을 수 있는 손실에 대비하기 위한 스왑거래(이하 이를 커버(cover)거래라고 한다)를 하고 그로 인한 소득을 신고하면서, 그 발생소득의 1/2을 원고의 기여분으로 보아 그 비율에 해당하는 금액만을 각 신고하였다. 피고는 이에 대하여 위 44건의 거래 중 34건의 스왑거래는 사실상 국내기업에 외화를 대부한 것과 같은 효과를 갖는 거래로 보아 그 거래에서 발생한 이자소득 전부가 원고지점에 귀속되어야 할 것으로 인정하고, 나머지 10건의 스왑거래(이자율스왑거래 1건, 통화스왑거래 9

건)로 인한 소득에 대하여는 그 커버거래가 원고은행의 런던지점 또는 본점 사이
에 이루어진 특수관계자와의 거래에서 이루어진 것이므로 특수관계 없는 독립된
거래당사자 간의 통상의 스왑거래인 외국은행 국내지점들의 평균 스왑이익률
0.11%보다 현저히 낮다는 이유로 그 평균이익률과 원고가 신고한 스왑이익률의
차이에 해당하는 소득을 해외로 이전시켰다고 하여 각 그 신고소득과의 차액을 사
업소득에 산입하여 1986.부터 1990. 사업연도의 법인세 및 방위세를 각 증액경정
하였다.

2. 34건의 스왑거래 부분에 관한 상고이유에 대하여 원심판결 이유에 의하면, 원심
   은, 원고 지점의 위 1항에서 본 34건의 스왑거래는 계약일 또는 이자지급 약정일
   에 변동금리에 해당하는 이자금액과 고정금리에 해당하는 이자금액을 서로 주고
   받지 아니하고 변동금리에 해당하는 이자상당액을 국내고객에게 선지급하고 만기
   에 고정금리에 해당하는 이자상당액을 후취하고 있는 형태를 취한 것으로 계약시
   점에 외화대를 받아 만기일에 외화대부 원금과 이자금액을 원고 지점이 지급받게
   되는 것으로 진성 스왑거래와는 달리 계약시점에 모든 조건이 확정되어 이자율 또
   는 환율의 변동에 따른 위험이 따르지 아니하고, 국내고객은 계약일에 일정금액의
   외화를 먼저 받아 만기일에 동 외화자금 원금과 해당 이자금액을 원고 지점에게
   지급하게 되는 것이고, 또한 원고 지점은 이러한 외화대부를 위하여 그 금액만큼
   의 자금을 원고은행 외국지점으로부터 스왑거래의 형식으로 차입하였던 것으로서
   이는 스왑거래의 형식을 따르기는 하였으나 실질적으로는 국내고객에게 외화대부
   행위를 한 것으로 그 대부로 인하여 원고은행 외국지점은 일정한 이자금액을 수취
   하고 원고 지점은 고객으로부터 수취하는 이자금액과 원고은행 외국지점에 지급
   하는 이자금액과의 차액을 얻게 된다고 인정하고, 위 금융스왑거래가 모두 국내에
   서 이루어졌고 커버거래의 상대은행인 원고은행 외국지점은 원고 지점과 커버거
   래의 형식으로 외화를 대부한 후 당해 거래로부터 이자를 이미 수취한 이상 원고
   지점이 얻은 스왑이익률에 해당하는 소득의 발생에 대하여 외국의 타지점의 역할
   은 없다고 보아야 하므로 그 소득의 귀속자는 원고 지점이 된다고 판단하였다.
   국제금융거래에서 스왑거래라 함은 이른바 신종 파생금융상품의 하나로 외국환
   거래에 있어서 환거래의 당사자가 미래의 이자율 또는 환율변동에서 오는 위험을
   회피하기 위하여 채권이나 채무를 서로 교환하는 거래로서, 그 종류로는 크게 보
   아 이자율 변동으로 인한 고객의 위험을 회피하기 위하여 고객이 부담할 변동이자
   율에 의한 이자지급채무를 미리 약정된 시기에 고정이자율이나 다른 변동이자율
   에 따른 이자지급채무로 교환하여 부담하는 이자율스왑(Interest Rate Swap)과, 차
   입비용을 절감하고 구성통화의 다양화를 통한 환율변동의 위험을 회피하기 위하
   여 계약당사자 간에 서로 다른 통화표시 원금과 이자를 미리 약정된 시기에 교환
   하여 부담하기로 하는 통화스왑(Currency Swap)이 있다. 이러한 스왑거래를 통하
   여 고객의 입장에서는 미래의 이자율이나 환율의 변동으로 인하여 입을 수 있는

불측의 손해를 방지할 수 있고, 은행의 입장에서는 고객의 위험을 인수하게 되지만 이자율 변동, 환율변동 등 제반 여건의 변화를 사전에 고려하여 계약조건을 정하고 은행 스스로도 위험을 방어하기 위한 수단으로 다시 다른 은행들과 2차 커버거래를 하거나 자체적으로 위험분산 대책을 강구하게 되는데, 국내에는 이러한 스왑거래에 따르는 외국환은행들의 위험을 흡수할 수 있는 금융시장의 여건이 형성되는 단계에 있어 주로 해외의 은행들과 커버거래를 하게 되며, 이러한 스왑거래 과정을 통하여 은행은 일정한 이윤을 얻게 되는 것이다. 한편 외국은행 지점이 국내기업과 위와 같은 스왑거래를 할 때에는 거래목적에 따라 변형거래가 행하여지고 있는데, 이자율스왑의 변형에 해당하는 것으로는 이자율 스왑계약과 동시에 국내기업이 외국은행 지점으로부터 변동금리부 이자에 해당하는 이자금액을 선취하고 계약만기에 외국은행 지점은 고정금리에 해당하는 이자금액을 후취하는 형태의 거래가 있고, 통화스왑의 변형에 해당하는 것으로는 외국은행 지점이 국내기업이 부담하기로 하는 것보다 높은 고금리 통화의 원금을 지급하기로 하는 통화스왑계약을 체결함과 동시에 이자를 교환하여 기업이 정산이자 차액만큼 외화자금을 선취하고 계약만기에 원금을 계약시의 약정환율로 역교환하는 형태의 거래 등이 있고, 그 밖에도 여러 가지 모습의 변형된 스왑거래가 있으며 그 거래목적도 외국환거래에 있어서의 위험회피, 외화대부, 투기적 이익도모 등 다양하게 이루어지고 있다는 것이다. 위와 같은 스왑거래의 성질에 비추어 볼 때, 원심이 인정한 위 34건의 스왑거래는 일종의 스왑거래에 해당하기는 하지만 그 실질에 있어서는 이자율 차액에 해당하는 금액의 외화대부에 해당한다고 밖에 할 수 없을 것이므로, 그로 인한 원고 지점의 수익은 같은 지점이 국내의 거래기업으로부터 받은 이자금액에서 커버거래로 인하여 외국의 본점 등에 지급한 이자지급금과의 차액이라고 할 것이고, 본점 등은 커버거래로 인한 이자를 지급받은 이상 국내의 원고 지점의 소득에 기여한 바는 없다고 할 것이므로, 그로 인한 수익이 모두 원고 지점에 귀속되어야 한다고 본 원심의 사실인정과 판단은 정당하고, 거기에 채증법칙 위배나 국내외 지점 사이의 이익배분에 대한 사실관계를 오인한 위법이 있다고 할 수 없다.50)

50) 이 사건의 원심 판결은, "(가) 스왑거래라 함은 외국환 거래에 있어 환매매의 당사자가 미래의 이자율 또는 환율변동에서 오는 위험을 회피하기 위하여 채무를 서로 교환하는 거래로서 그 종류로는 이자율변동 위험을 회피하기 위하여 고객이 부담할 일정한 이자지급의무변동이자율(통상 libor)에 의한 이자지급의무를 은행이 다른 종류의 이자지급의무(고정이자율에 의한 이자지급의무)로 교환하여 부담해 주는 이자율스왑과 차입비용절감, 복합구성통화의 다양화를 통한 환율 변동의 위험을 회피하기 위하여 계약당사자 간에 서로 다른 통화표시의 자산 또는 부채를 교환하여 부담하기로 하여 교환대상이 되는 이자지급 및 원금이 서로 다른 종류의 통화가 되는 경우의 통화스왑이 있는데, 이러한 스왑거래에 있어서는 고객의 입장에서는 미래의 이자율이나 환율의 변동으로 인하여 입을 수 있는 불측의 손해를 방어할 수 있고 은행의 입장에서는 고객의 위험을 양수받게 되지만 이자율 변동, 환율변동 등 제반 여건을 사전에 고려하여 계약조건을 정하고 은행 스스로도 위험을 방어하기 위한 수단으로 다시 외국의 은

(4) 매매계약 체결 간주

자본시장법 제5조 제4항은 "제1항 각 호의 어느 하나에 해당하는 계약 중 매매계약이 아닌 계약의 체결은 이 법을 적용함에 있어서 매매계약의 체결로 본다"고 규정한다. 자본시장법은 매매를 중심으로 규정하므로, 파생상품계약은 민법상 매매가 아니더라도 자본시장법의 적용을 위하여 매매계약의 체결로 간주하는 것이다.

3. 장내파생상품과 장외파생상품

(1) 장내파생상품

장내파생상품이란 다음과 같은 것을 말한다(法 5조②).

1. 파생상품시장에서 거래되는 파생상품

행들과 2차 커버거래를 하게 되는데 이러한 스왑거래에 대하여 독자적인 가격을 제시할 수 있는 독립기업은 유로채권 금융시장 등을 통하여 스왑거래에 따른 자금흐름, 환율 및 이자율 변동 등에 대처할 수 있는 국제금융시장의 전문은행 뿐으로 국내에는 이러한 스왑거래에 따르는 외국환은행들의 위험을 흡수할 수 있는 금융시장의 여건이 형성되어 있지 아니하여 외국은행 국내지점들은 스왑거래시 독자적으로 스왑금융가격을 제시하지 못하고 외국의 금융기관으로부터 가격을 제시받아 이에 일정한 이익을 가산하여 외국의 은행들과 커버거래를 하게 되며 이러한 스왑거래 과정을 통하여 은행은 항상 그 이익의 차이에 해당하는 일정한 이윤을 얻게 되는 것이며, 이 건에 있어 원고가 원고 은행 본점과 커버거래를 한 별지 21 내지 29 기재의 9건이 이자율스왑에 해당하고 원고 은행 런던지점과 커버거래를 한 별지 7 기재의 1건이 통화스왑에 해당한다(위에서 본 진성스왑). (나) 한편 위와 같은 스왑거래의 변형으로 이자율스왑의 변형에 해당하는 것으로는 이자율 스왑계약과 동시에 국내기업이 외국은행 국내지점으로부터 변동금리부 이자를 선취하고 계약만기에 외국은행 국내지점은 고정금리로 이자를 후취하는 형태의 거래, 통화스왑의 변형에 해당하는 것으로는 외국은행 국내지점이 국내기업보다 고금리 통화의 원금을 부담하기로 하는 통화스왑계약을 체결함과 동시에 이자를 교환하여 기업이 정산이자 차액만큼 외화자금을 선취하고 계약만기에 원금을 계약시 환율로 역교환 거래하는 형태의 거래가 있는데, 이들은 계약일 또는 이자지급약정일에 변동금리에 해당하는 이자금액과 고정금리에 해당하는 이자금액을 서로 주고 받지 아니하고 변동금리에 해당하는 이자상당액은 국내고객에게 선지급하고 만기에 고정금리에 해당하는 이자 상당액을 후취하는 것으로 국내고객이나 외국은행 양자 모두 이자 또는 환율 변동에 따른 위험이 없고 계약시점에 모든 조건이 확정되어 국내고객은 계약일에 일정금액의 외화대부를 받아 만기일에 외화대부 원금과 이자금액을 외국은행에 지급하게 되며 외국은행 국내지점은 그 대부할 외화금액 만큼을 본점 또는 다른 지점으로부터 커버거래의 형식을 빌어 대부하여 주는 방식으로 이는 스왑거래의 형식을 취한 외화대부로서 은행본점은 대부금액에 대한 이자를 취득하게 되고 외국은행 국내지점은 본점에 대한 이자지급금과 수취한 이자액과의 차액에 해당하는 수익을 일정하게 취득하게 되는데, 이 건 스왑거래 중 별지 1 내지 6, 8 내지 20, 30 내지 44 기재의 34건의 스왑거래가 이에 해당한다(위에서 본 금융스왑)"라고 판시하였다(서울고등법원 1995. 9. 28. 선고 93구13744 판결).

2. 해외 파생상품시장(파생상품시장과 유사한 시장으로서 해외에 있는 시장과 대통
   령령으로 정하는 해외 파생상품거래가 이루어지는 시장)에서 거래되는 파생상
   품51)52)
3. 그 밖에 금융투자상품시장(증권 또는 장내파생상품의 매매를 하는 시장)을 개설하
   여 운영하는 자가 정하는 기준과 방법에 따라 금융투자상품시장에서 거래되는 파
   생상품

제1호의 파생상품시장이란 장내파생상품의 매매를 위하여 거래소가 개설하
는 시장을 말한다(法 9조⑭). 장내파생상품은 거래소를 통하여 거래되므로 거래소
에서의 거래에 적합하기 위하여 표준화 및 대체성의 요건을 갖추어야 하고, 청산
결제가 보장되어야 한다. 이에 따라 파생상품시장에서의 매매거래에 따른 매매확
인, 채무인수, 차감, 결제증권·결제품목·결제금액의 확정, 결제이행보증, 결제불
이행에 따른 처리 및 결제지시업무는 청산기관으로서 거래소가 수행한다(法 378
조①). 증권등의 매매거래에 따른 결제업무의 수행은 예탁결제원이 하지만, 파생
상품시장에서의 품목인도 및 대금지급업무는 결제기관으로서 거래소가 수행한다
(法 378조②).

(2) 장외파생상품

장외파생상품이란 "파생상품으로서 장내파생상품이 아닌 것"을 말한다(法 5
조③).53) 장외파생상품은 위와 같이 거래소가 청산, 결제업무를 수행하는 장내파

---

51) "대통령령으로 정하는 해외 파생상품거래"란 다음과 같은 거래를 말한다(슈 5조).
   1. 런던금속거래소의 규정에 따라 장외(파생상품시장과 비슷한 시장으로서 해외에 있는 시
      장 밖을 말한다. 이하 이 조에서 같다)에서 이루어지는 금속거래
   2. 런던귀금속시장협회의 규정에 따라 이루어지는 귀금속거래
   3. 미국선물협회의 규정에 따라 장외에서 이루어지는 외국환거래
   4. 삭제 [2017.5.8.]
   5. 선박운임선도거래업자협회의 규정에 따라 이루어지는 선박운임거래
   6. 그 밖에 국제적으로 표준화된 조건이나 절차에 따라 이루어지는 거래로서 금융위원회가
      정하여 고시하는 거래[1. 대륙간 거래소의 규정에 따라 장외에서 이루어지는 에너지거
      래, 2. 일본 금융상품거래법에 따라 장외에서 이루어지는 외국환 거래, 3. 유럽연합의 금
      융상품시장지침에 따라 장외에서 이루어지는 외국환거래 (금융투자업규정 제1-3조)]
52) 그러나 위와 같은 거래가 이루어지는 시장의 가격만을 참고로 당사자 간의 합의에 의하여
   이루어지는 장외파생상품거래는 자본시장법 제5조 제2항의 해외파생상품거래에 해당하지 않
   는다. 따라서 이 경우에는 일반투자자가 해외 증권시장이나 해외 파생상품시장에서 외화증권
   및 장내파생상품의 매매거래를 하려는 경우 투자중개업자를 통하여 매매거래를 하여야 한다
   는 규제(슈 184조①)는 적용되지 않는다.
53) 통화의 실제인수도 없이 외국환은행에 일정액의 거래증거금을 예치한 후 통화를 매매하고,
   환율변동 및 통화간 이자율 격차 등에 따라 손익을 정산하는 거래인 외환증거금거래(외국환

생상품에 비하여 상대방 위험(counterparty risk)이 크고 이에 따라 2013년 개정 자본시장법은 장외파생상품의 청산을 위하여 금융투자상품거래청산회사를 도입하였다. 금융투자업자는 다른 금융투자업자 및 외국 금융투자업자와 일정 범위에 장외파생상품의 매매 및 그 밖의 장외거래를 하는 경우 금융투자상품거래청산회사, 외국 금융투자업자(슈 186조의3①)에게 청산의무거래에 따른 자기와 거래상대방의 채무를 채무인수, 경개, 그 밖의 방법으로 부담하게 하여야 한다(法 166조의3).

주권상장법인은 원칙적으로 전문투자자에 해당하지만, 장외파생상품거래에 있어서는 전문투자자와 같은 대우를 받겠다는 의사를 금융투자업자에게 서면으로 통지하는 경우에 한하여 전문투자자로 된다(法 9⑤4 단서). 투자자로부터 투자권유의 요청을 받지 아니하고 방문·전화 등 실시간 대화의 방법을 이용하는 불초청 권유는 증권과 장내파생상품에 대하여는 허용되나(슈 54조①), 장외파생상품에 대하여는 금지된다(法 49조 3호). 그 밖에 자본시장법은 투자매매업자·투자중개업자가 장외파생상품을 대상으로 하여 투자매매업 또는 투자중개업을 하는 경우에 준수할 기준을 정하고 있다(法 166조의2①).

4. 증권과 파생상품의 구별

(1) 성질상의 차이

파생상품은 증권과 달리 그 자체가 독자적으로 가치가 결정되는 것이 아니라 기초자산의 가치에 따라 그 가치가 파생적으로 결정되고(가치파생성), 장래 일정 시점에서 결제된다(장래결제성). 그 밖에 전환사채나 신주인수권부사채 등을 파생상품과 구별하기 위하여 "위험전가성"과 "상품생산성"을 파생상품의 특성으로 설명하기도 한다. 증권과 파생상품은 금융투자업 인가에 있어서 별개의 영업대상이므로 별개의 독립된 인가단위에 속한다.

(2) 추가지급의무의 존재 여부

(가) 의   의

증권과 파생상품은 모두 투자성 있는 금융투자상품으로서 양자의 구분에 관한 규정이 필요한데, 자본시장법은 증권의 개념에 관하여 "투자자가 취득과 동시에 지급한 금전등 외에 어떠한 명목으로든지 추가로 지급의무를 부담하지 아니하는 것"이라고 규정한다(法 4조①).

거래규정 1-2조 20-1호)도 장외파생상품에 해당한다.

추가지급의무를 문언 그대로 "어떠한 명목으로든지 추가로 지급의무를 부담" 하는 것으로 해석하면 예컨대 주식 매매시 대금의 일부만 주식의 이전시 지급하고 잔금은 그 후 지급하기로 하는 경우도 추가지급의무가 있는 경우에 해당하고 이에 따라 주식을 증권으로 보지 않고 파생상품으로 보아야 하는 결과가 된다. 따라서 추가지급의무는 단순히 금융투자상품의 이전이 있은 후 추가로 지급되는 "시기상의 추가"를 의미하는 것이 아니라, 원본을 초과하여 지급할 위험(원본초과손실발생가능성), 즉 "수량상의 추가"를 의미한다. 한편 자본시장법은 파생상품의 개념에 관하여는 추가지급의무의 존재를 적극적인 개념요소로 규정하지 않는다. 이와 관련하여 일반적으로 증권에 관한 규정의 반대해석상 파생상품은 추가지급의무를 부담하는 것으로 해석한다. 그러나 파생상품도 대부분은 추가지급의무가 없으므로 추가지급의무의 존재를 파생상품의 요소로 볼 수는 없다. 단지, 증권은 추가지급의무의 부존재가 개념요소이고, 파생상품은 그렇지 않다는 것으로 해석하는 것이 현실이나 법문에 부합한다.

(나) 현물인도에 의한 결제대금

자본시장법은 투자자가 기초자산에 대한 매매를 성립시킬 수 있는 권리를 행사하게 됨으로써 부담하게 되는 지급의무는 위 추가지급의무에 해당하지 않는다고 규정한다(法 4조①). 이는 파생결합증권에서 현물인도에 의한 결제시 이를 위한 대금지급은 추가지급으로 보지 않는다는 취지이다.

(다) 옵   션

옵션의 경우 매수인은 매수대금인 프리미엄 외에는 추가지급의무가 없지만 자본시장법이 증권으로 분류하지 않고 파생상품으로 분류한 이유는, 옵션의 매도인은 추가지급의무가 있는데 동일한 상품을 매수인의 입장과 매도인의 입장에서 서로 다른 개념으로 설정할 수 없기 때문이다. 구체적으로 보면, 옵션 매수인은 기초자산의 가격변동에 따라 거래의 성립 여부를 선택할 수 있으므로 당초 지급한 옵션매수대금(프리미엄) 외에 추가지급의무는 존재하지 않는다. 따라서 파생상품에 있어서 추가지급위험(원본초과손실가능성)을 요건으로 한다면 옵션은 매도인의 입장에서는 파생상품에 해당하지만 매수인의 입장에서는 파생상품에 해당하지 않는다. 그러나 동일한 상품을 매도인과 매수인의 입장에서 증권과 파생상품으로 구별하는 것은 부적절하고 그렇다면 보다 규제의 정도가 높은 파생상품으로 분류하는 것이 투자자 보호라는 요청에 부응하는 것이므로 옵션은 파생상품으로 분류하는 것이 타당하다.

　㈜ 파생상품의 필수적 요소 여부

　파생상품 중 선도, 선물, 옵션(매수인), 스왑 등은 거래 구조상 추가지급의무가 존재하지 않는다.54) 따라서 추가지급의무의 부존재는 증권의 개념요소이지만, 그렇다고 하여 추가지급의무의 존재를 파생상품의 필수적인 요소로 볼 것이 아니다. 따라서 자본시장법도 증권의 정의규정인 제4조에서 추가지급의무의 부존재를 명시적으로 규정하지만, 파생상품의 정의규정인 제5조에서는 추가지급의무의 존재를 규정하지 않는다. 추가지급의무는 결국 레버리지가 1을 초과하는 상품의 경우에만 발생하는 것인데, 파생상품의 경우에는 레버리지가 1을 초과하는 상품도 있지만, 증권의 경우에는 레버리지가 1을 초과하는 상품이 전혀 없다는 점에서 자본시장법이 증권의 정의규정에서만 추가지급의무의 부존재를 규정하고 파생상품의 정의규정에서는 추가지급의무의 존재를 규정하지 않은 것은 타당한 입법이다.

　⑶ 공시규제

　증권을 발행하려면 증권신고서를 금융위원회에 제출하여야 한다. 그러나 파생상품은 장내파생상품의 경우에는 해당 파생상품을 상장한 거래소가 거래에 필요한 기본정보를 공시하고 있고, 거래도 공식적인 거래소에서 경쟁매매를 통하여 이루어짐에 따라 대부분의 거래정보가 실시간으로 공시되므로 별도의 공시규제가 적용되지 않는다. 그리고 장외파생상품의 경우에는 대부분 개별적인 대면거래의 대상이므로 역시 공시규제가 적용되지 않는다. 이에 따라 기초자산이 동일하더라도 파생결합증권은 공시규제의 적용대상이고, 파생상품은 공시규제의 적용대상이 아니다.

　⑷ 투자자 보호를 위한 기타 규제

　자산규모 및 금융투자업의 종류 등을 고려하여 대통령령으로 정하는 금융투자업자(겸영금융투자업자를 포함)55)는 상근 임원[상법상 업무집행관여자(商法 401조의2①) 포함]인 파생상품업무책임자56)를 1인 이상 두어야 한다(法 28조의2①).

---

54) 따라서 신용파생금융거래만이 추가지급의무가 존재하는 것으로 분류되는데, 실제로는 신용 디폴트스왑(CDS) 외에는 추가지급의무가 존재한다고 보기 어렵다.

55) "대통령령으로 정하는 금융투자업자"란 다음과 같은 자를 말한다(슈 32조의2①).
　1. 장내파생상품에 대한 투자매매업 또는 투자중개업을 경영하는 자로서 최근 사업연도말 일을 기준으로 자산총액이 1천억원 이상인자.
　2. 장외파생상품에 대한 투자매매업 또는 투자중개업을 경영하는 자.

56) "대통령령으로 정하는 파생상품업무책임자"란 금융투자업자의 파생상품업무를 총괄하는 자

금융투자업자는 일반투자자에게 투자권유를 하지 아니하고 파생상품을 판매하려는 경우에는 면담·질문 등을 통하여 그 일반투자자의 투자목적·재산상황 및 투자경험 등의 정보를 파악하여야 한다(法 46조의2① : 적정성원칙). 주가연계증권(ELS)은 파생상품이 아니고 증권(파생결합증권)이지만, 금융투자업자가 파생결합증권을 발행하려면 증권에 대한 투자매매업 인가 외에 장외파생상품에 대한 투자매매업 인가를 받아야 한다.

제2절 불공정거래 규제대상 금융투자상품

Ⅰ. 단기매매차익반환과 미공개중요정보 이용행위

1. 단기매매차익반환

단기매매차익반환의 적용대상인 금융투자상품("특정증권등")은 다음과 같다(法 172조①).

(1) 주권상장법인이 발행한 증권(제1호)

주권상장법인이 발행한 증권은 원칙적으로 전부 단기매매차익 반환의무의 대상이고, 전환증권도 포함된다.57) 무의결권주식도 포함된다.

다만, 다음과 같은 증권은 제외한다(슈 196조). 구 증권거래법은 일반사채도

로서 금융회사지배구조법 제5조에 적합한 자를 말한다(슈 32조의2②). "상근"이어야 하므로 다른 기관에 재직하면서 겸직할 수 없다.

57) 미국에서는, 전환우선주를 보통주로 전환한 후 그 주식을 매도한 경우 매도에 대응하는 매수와 관련하여 보통주의 전환(conversion)을 매수로 볼 것인지, 전환증권 매수를 매수로 볼 것인지에 관하여, 초기의 판례인 Park & Tilford, Inc. v. Schulte, 160 F.2d 984 (2d Cir. 1947) 판결에서 연방제2항소법원은 전환우선주를 보통주로 전환하는 경우 이를 보통주의 매수에 해당하는 것으로 보면서 동시에 우선주의 매도에도 해당하는 것으로 보았다. 그 후에 있었던 Heli-Coil Corp. v. Webster, 353 F.2d 304 (3d Cir. 1965) 판결에서 연방제3항소법원도 전환사채(convertible debenture)의 전환에 대하여 사채와 주식은 다른 종류의 증권이라는 이유로 주식으로의 전환을 매수로 보았다. 그러나 Blau v. Lamb, 363 F.2d 507 (2d Cir. 1966) 판결에서 연방제2항소법원은 "전환우선주(convertible preferred stock)의 취득과 보통주로의 전환은 경제적으로는 동일한 결과로서 투기적 이익의 가능성이 없으므로 매매에 해당하지 않는다"라고 판시한 이래, 현재의 일반적인 판례는 전환이 아니라 전환증권의 매수를 매도에 대응하는 매수로 본다[Gund v. First Florida Banks, Inc., 726 F.2d 682 (11th Cir. 1984)].

규제대상으로 규정하였으나 자본시장법은 일반사채의 특성상 단기매매차익 반환제도에 의하여 규제할 필요성이 없다고 보아 이를 제외하였다.

1. 채무증권(다만, 다음과 같은 증권은 반환의무의 대상이다)
   가. 전환사채권
   나. 신주인수권부사채권
   다. 이익참가부사채권
   라. 그 법인이 발행한 지분증권(이와 관련된 증권예탁증권 포함)이나 가목부터 다목까지의 증권(이와 관련된 증권예탁증권 포함)과 교환을 청구할 수 있는 교환사채권
2. 수익증권
3. 파생결합증권(法 172조① 4에 해당하는 파생결합증권 제외)

(2) 증권예탁증권(제2호)

"증권예탁증권"이란 주권상장법인이 발행한 채무증권, 지분증권, 수익증권, 투자계약증권, 파생결합증권 등을 예탁받은 자가 그 증권이 발행된 국가 외의 국가에서 발행한 것으로서 그 예탁받은 증권에 관련된 권리가 표시된 것을 말한다(法 4조⑧).

(3) 교환사채권(제3호)

그 법인 외의 자가 발행한 것으로서 제1호·제2호의 증권과 교환을 청구할 수 있는 교환사채권도 단기매매차익 반환의무의 대상이다.

교환사채는 "주식이나 그 밖의 다른 유가증권으로 교환할 수 있는 사채"이다(商法 469조②2). 종래에는 자본시장법에 따라 주권상장법인만 교환사채를 발행할 수 있었으나(슈 176조의13①), 2011년 개정상법이 제469조 제2항 제2호에서 교환사채를 규정함에 따라 모든 주식회사가 교환사채를 발행할 수 있게 되었다.

(4) 증권을 기초자산으로 하는 금융투자상품(제4호)

제1호부터 제3호까지의 증권만을 기초자산으로 하는 금융투자상품도 단기매매차익 반환의무의 대상이다. 구 증권거래법상으로는 명문의 규정상 개별주식에 대한 옵션은 적용대상이 아니었으나, 자본시장법은 이를 명시적인 적용대상으로 규정한다.[58]

---

58) 미국에서도 종래에는 call option을 매수하였다가 이를 행사하여 취득한 주식을 매도한 경우에는 option 매수를 단기매매차익을 산정하기 위한 매도에 대응하는 매수로 본 판례도 있었지만[Bershad v. MacDonough, 428 F.2d 693 (7th Cir. 1970)], 다수의 판례는 매수인이

2. 미공개중요정보 이용행위

미공개중요정보 이용행위 금지의 대상은 상장법인이 발행한 특정증권이다(法 174조①). 단기매매차익 반환 대상인 특정증권과는 발행인이 주권상장법인이 아닌 상장법인이라는 점에서 차이가 있다.[59]

상장법인은 증권시장에 상장된 증권("상장증권")을 발행한 법인을 말하고(法 9조⑮1), 미공개중요정보 이용행위 금지의 적용대상인 상장법인에는 ⅰ) 6개월 이내에 상장하는 법인, ⅱ) 6개월 이내에 상장법인과의 합병, 주식의 포괄적 교환, 그 밖에 대통령령으로 정하는 기업결합 방법에 따라 상장되는 효과가 있는 비상장법인("상장예정법인등")을 포함한다. 6개월 이내에 상장하는 법인을 포함하는 이유는, 비상장법인은 상장법인과는 달리 발행시장, 유통시장의 건전성 훼손이나 이로 인한 투자자 보호 등의 문제가 없으므로 규제대상에서 제외되지만, 상장이 조만간 예정되어 있는 비상장법인의 경우 상장 전에 그 상장정보를 이용하는 불공정거래의 가능성이 있으므로 규제대상으로 하는 것이다. 또한 대통령령으로 정하는 기업결합 방법에 따라 상장되는 효과가 있는 비상장법인도 포함하는 것은 우회상장 정보이용에 대한 규제를 할 필요가 있기 때문이다.[60] 비상장법인이 발행한 증권이나 비상장법인의 미공개중요정보이용은 자본시장법 제174조의 규제대상이 아니다. 다만, 금융투자업자는 직무상 알게 된 정보로서 외부에 공개되지 아

---

option을 매수하더라도 반드시 option을 행사할 의무가 있는 것이 아니므로 option의 행사를 매도에 대응하는 매수로 보았다[B.T. Babbit, Inc. v. Lachner, 332 F.2d 255 (2d Cir. 1964)]. option에 관하여 매도가격에 대응하는 매수가격은 option의 매수가격이 아닌 최초의 option 행사가능시점에서의 주식의 공정시장가격으로 한다[Steinberg v. Sharpe, 95 F.Supp. 32 (S.D.N.Y. 1950)]. 그러나 SEC Rule 16a－4는 파생증권(derivative securities)과 기초증권(underlying securities)을 동종의 지분증권으로 간주하므로, option 매매 자체를 그 기초자산인 지분증권의 매매로 되고 option의 행사는 기초증권에 대한 간접적 권리가 직접적 권리로 변환하는 것에 불과하다고 규정한다. SEC의 이러한 입장은 매수, 매도에 관한 취소불능의무를 기준으로 하는 일반원칙에 따르지 않고, 실제로 차익을 얻는 거래를 중시한 것인데, 이에 의하면 전환증권과 마찬가지로 option의 매수를 매도에 대응하는 매수로 보아야 할 것이다.

59) 상장법인은 증권시장에 상장된 증권(상장증권)을 발행한 법인, 비상장법인은 상장법인을 제외한 법인을 말하고, 주권상장법인은 증권시장에 상장된 주권을 발행한 법인(주권과 관련된 증권예탁증권이 증권시장에 상장된 경우에는 그 주권을 발행한 법인), 주권비상장법인은 주권상장법인을 제외한 법인을 말한다(法 9조⑮).

60) 종래에는 우회상장하는 경우는 규제대상에서 제외되었는데, 우회상장을 목적으로 하는 M&A 관련 계약의 체결에 따라 제4호가 적용될 수도 있지만, 우회상장도 규제대상에 포함되도록 입법적인 보완이 필요하다는 지적에 따라 2013년 개정 자본시장법에 포함되었다(입법적 보완의 필요성에 관하여는 본서 2013년판, 864면 참조).

니한 정보를 정당한 사유 없이 자기 또는 제3자의 이익을 위하여 이용하지 못한다는 자본시장법 제54조의 적용대상은 될 수 있다.

한편, 공개매수의 실시·중지에 관한 미공개정보의 경우에는 "공개매수의 대상인 주식등과 관련된 특정증권등"이 규제대상 증권이다. "공개매수의 대상인 주식등"의 개념(法 133조①, 슈 139조)과 "특정증권등"의 개념(法 172조①, 슈 196조)이 매우 넓기 때문에 두 개의 개념이 결합된 "공개매수의 대상인 주식등과 관련된 특정증권등"의 범위는 매우 넓다. "공개매수의 대상인 주식등"은 의결권 있는 주식을 전제로 하지만 "공개매수의 대상인 주식등과 관련된 특정증권등"은 의결권 있는 주식을 전제로 하지 않는다.

주식등의 대량취득·처분의 실시·중지에 관한 미공개정보의 경우에도 "대량취득·처분의 대상인 주식등과 관련된 특정증권등"이다.

Ⅱ. 시세조종·부정거래행위·공매도

1. 시세조종

(1) 상장증권·장내파생상품

제176조의 시세조종 유형 중 통정매매·가장매매를 통칭한 위장거래(法 176조①), 매매유인거래(法 176조②), 시세고정·안정 목적의 거래(法 176조③) 등은 상장증권과 장내파생상품을 규제대상으로 한다.

(2) 연계시세조종행위

(가) 규제대상 행위유형

누구든지 증권, 파생상품 또는 그 증권·파생상품의 기초자산[61] 중 어느 하나가 거래소에 상장되거나 그 밖에 이에 준하는 경우로서 대통령령으로 정하는

---

[61] 자본시장법에서 "기초자산"이란 다음과 같은 것을 말한다(法 4조⑩).
  1. 금융투자상품
  2. 통화(외국의 통화를 포함)
  3. 일반상품(농산물·축산물·수산물·임산물·광산물·에너지에 속하는 물품 및 이 물품을 원료로 하여 제조하거나 가공한 물품, 그 밖에 이와 유사한 것을 말한다)
  4. 신용위험(당사자 또는 제3자의 신용등급의 변동, 파산 또는 채무재조정 등으로 인한 신용의 변동을 말한다)
  5. 그 밖에 자연적·환경적·경제적 현상 등에 속하는 위험으로서 합리적이고 적정한 방법에 의하여 가격·이자율·지표·단위의 산출이나 평가가 가능한 것

경우(令 206조의2 : 거래소가 그 파생상품을 장내파생상품으로 품목의 결정을 하는 경우)에는 그 증권 또는 파생상품에 관한 매매, 그 밖의 거래("매매등")와 관련하여 다음 중 어느 하나에 해당하는 행위를 할 수 없다(法 176조④).62)

1. 파생상품의 매매등에서 부당한 이익을 얻거나 제3자에게 부당한 이익을 얻게 할 목적으로 그 파생상품의 기초자산의 시세를 변동 또는 고정시키는 행위
2. 파생상품의 기초자산의 매매등에서 부당한 이익을 얻거나 제3자에게 부당한 이익을 얻게 할 목적으로 그 파생상품의 시세를 변동 또는 고정시키는 행위
3. 증권의 매매등에서 부당한 이익을 얻거나 제3자에게 부당한 이익을 얻게 할 목적으로 그 증권과 연계된 증권으로서 대통령령으로 정하는 증권 또는 그 증권의 기초자산의 시세를 변동 또는 고정시키는 행위
4. 증권의 기초자산의 매매등에서 부당한 이익을 얻거나 제3자에게 부당한 이익을 얻게 할 목적으로 그 증권의 시세를 변동 또는 고정시키는 행위
5. 파생상품의 매매등에서 부당한 이익을 얻거나 제3자에게 부당한 이익을 얻게 할 목적으로 그 파생상품과 기초자산이 동일하거나 유사한 파생상품의 시세를 변동 또는 고정시키는 행위

㈐ 연계시세조종 유형별 규제대상 금융투자상품

1) 제1호   제1호(파생상품과 그 파생상품의 기초자산 간 연계시세조종)의 규제대상 금융투자상품은 파생상품 및 파생상품의 기초자산(증권, 파생상품)이다.

가) 개별종목 증권과 개별파생상품   주식과 개별주식에 대한 선물 또는 주식옵션 간의 연계시세조종행위의 성립에 대하여는 이론이 없다. 파생결합증권인 ELW63)와 주식선물 간의 연계시세조종도 이론상 가능하지만 자본시장법은 이를 규제하지 않고 있다. 그러나 기초자산이 동일한 파생결합증권과 장내파생상품 간의 가격연관성이 있는 한 양자 간의 연계시세조종 가능성도 있으므로 규제의 필요성이 있다.64)

---

62) 2013년 개정 전에는 제176조 제4항 각 호 외의 부분에서 "상장증권 또는 장내파생상품의 매매와 관련하여"라고 규정하였으므로, 증권시장·파생상품시장에 상장된 것만 시세조종대상 상품이라고 해석되었다. 이에 따라 장내파생상품을 전제로 규정하여 ELS와 기초자산 간의 연계시세조종행위의 성립가능성 여부에 대하여 논란이 많았는데, 2013년 개정법은 시세조종대상상품을 "증권 또는 파생상품"으로 규정함으로써 입법적으로 해결하였다.
63) ELW(Equity Linked Warrant)는 특정 주가나 주가지수의 변동과 연계하여 만기시 주권의 매매 또는 현금을 수수하는 권리가 부여된 증권이다.
64) 예컨대 삼성전자콜ELW와 삼성전자선물은 동일한 기초자산인 삼성전자 주식의 가격에 영향을 받게 되므로 ELW와 선물의 가격은 기초자산을 매개체로 하여 서로 영향을 받게 된다.

나) 다수종목과 지수   KOSPI200을 구성하는 종목을 프로그램매수에 의하여 대량 매수함으로써 KOSPI200 지수의 시세를 변동시키는 방법에 의한 연계시세조종도 가능하다.

다) 개별종목과 지수   KOSPI200을 구성하는 종목 중 특정 개별종목의 시세를 인위적으로 변동시킴으로써 KOSPI200지수의 시세를 변동시키는 방법은 개별종목의 시가총액이 KOSPI200 구성종목의 시가총액 중 차지하는 비율의 한계 때문에 실제로는 연계시세조종이 곤란하다. 그러나 삼성전자와 같은 종목은 KOSPI200 지수에 대한 영향력이 매우 크므로 대량매수 또는 매도에 의하여 KOSPI200 지수의 급등락을 초래할 수 있기 때문에 이론상으로는 연계시세조종이 얼마든지 가능하다.

2) 제2호   제2호(파생상품의 기초자산과 파생상품 간 연계시세조종)의 규제대상 금융투자상품은 파생상품의 기초자산(증권, 파생상품)과 파생상품이다.

제2호의 시세조종행위는 "파생상품의 기초자산의 매매등에서 부당한 이익을 얻거나 제3자에게 부당한 이익을 얻게 할 목적으로 그 파생상품의 시세를 변동 또는 고정시키는 행위"로서 일반적으로 그 가능성은 크지 않다. 파생상품은 증권에 비하여 그 시세를 변동시키기 곤란하고, 선물시장의 규모상 선물시장에서 시세를 변동시켜 현물시장에서 이익을 얻기 위하여는 필요한 비용이 너무 커서 시세조종의 실익이 거의 없기 때문이다.

가) 개별파생상품과 개별종목 증권   현·선 연계시세조종에서 본 바와 같이, 주식선물 또는 주식옵션과 개별주식 간의 연계시세조종행위의 성립은 가능하나, 주식선물과 ELW 간의 연계시세조종은 현행법상 규제대상으로 보기 어렵다.

나) 지수와 개별종목   통상의 개별종목의 시세와 지수변동 간의 상관관계가 크지 않기 때문에 실제로는 연계시세조종이 곤란하고, 다만 지수선물과 ETF[65] 간의 연계시세조종은 상대적으로 그 가능성이 크다고 할 수 있다.

다) 지수와 다수종목   KOSPI200 선물지수를 상승시킴으로써 대량의 프로그램매수를 유발하여 다수의 개별종목시세를 상승시키는 방법이다.

---

65) ETF(Exchange Traded Fund)는 특정 주가지수의 움직임과 수익률에 연동되도록 설계된 지수연동형 펀드로서 거래소에 상장되어 일반 주식과 같은 방법으로 매매할 수 있다. 가장 대표적인 지수인 KOSPI200지수를 추종하는 ETF의 경우 KOSPI200지수를 구성하는 종목들을 지수비중대로 편입하여 펀드를 구성하고 이를 바탕으로 ETF증권을 발행하기 때문에 그 수익률이 KOSPI200지수에 연동된다.

3) **제3호** 제3호(증권과 연계증권 간 연계시세조종)의 규제대상 증권은 다음과 같다(슈 207조).

1. 전환사채권이나 신주인수권부사채권의 매매에서 부당한 이익을 얻거나 제3자에게 부당한 이익을 얻게 할 목적인 경우에는 그 전환사채권이나 신주인수권부사채권과 연계된 다음 각 목의 어느 하나에 해당하는 증권
   가. 그 전환사채권이나 신주인수권부사채권과 교환을 청구할 수 있는 교환사채권
   나. 지분증권
   다. 그 전환사채권이나 신주인수권부사채권을 기초자산으로 하는 파생결합증권
   라. 그 전환사채권이나 신주인수권부사채권과 관련된 증권예탁증권
2. 교환사채권의 매매에서 부당한 이익을 얻거나 제3자에게 부당한 이익을 얻게 할 목적인 경우에는 그 교환사채권의 교환대상이 되는 다음 각 목의 어느 하나에 해당하는 증권
   가. 전환사채권이나 신주인수권부사채권
   나. 지분증권
   다. 파생결합증권
   라. 증권예탁증권
3. 지분증권의 매매에서 부당한 이익을 얻거나 제3자에게 부당한 이익을 얻게 할 목적인 경우에는 그 지분증권과 연계된 다음 각 목의 어느 하나에 해당하는 증권
   가. 전환사채권이나 신주인수권부사채권
   나. 그 지분증권과 교환을 청구할 수 있는 교환사채권
   다. 그 지분증권을 기초자산으로 하는 파생결합증권
   라. 그 지분증권과 관련된 증권예탁증권
   마. 그 지분증권 외의 지분증권
4. 파생결합증권의 매매에서 부당한 이익을 얻거나 제3자에게 부당한 이익을 얻게 할 목적인 경우에는 그 파생결합증권의 기초자산으로 되는 다음 각 목의 어느 하나에 해당하는 증권
   가. 전환사채권이나 신주인수권부사채권
   나. 교환사채권(가목, 다목 또는 라목과 교환을 청구할 수 있는 것만 해당한다)
   다. 지분증권
   라. 증권예탁증권
5. 증권예탁증권의 매매에서 부당한 이익을 얻거나 제3자에게 부당한 이익을 얻게 할 목적인 경우에는 그 증권예탁증권의 기초로 되는 다음 각 목의 어느 하나에 해당하는 증권
   가. 전환사채권이나 신주인수권부사채권
   나. 교환사채권(가목, 다목 또는 라목과 교환을 청구할 수 있는 것만 해당한다)

　　다. 지분증권
　　라. 파생결합증권

　4) 제4호　　　제4호(증권과 간 연계시세조종)의 규제대상 금융투자상품은 파생
결합증권이다.

　5) 제5호　　　제5호(파생상품 간의 연계에 의한 시세조종)의 규제대상 금융투
자상품으로는 기초자산이 동일한 선물과 옵션, 만기일이 다른 옵션 등이 있다.

2. 부정거래행위

(1) 모든 금융투자상품

　　부정거래행위에 관한 제178조 제1항은 부정거래행위 규제의 대상을 "금융투
자상품"이라고만 규정하므로, 상장 여부를 불문하고 모든 금융투자상품이 이에
해당한다.

　　포괄적 시세조종행위를 규정한 구 증권거래법 제188조의4 제4항도 같은 조
제1항부터 제3항까지와 달리 규제대상 증권을 "유가증권"이라고만 규정하였는데,
대법원은 "상장유가증권 또는 협회중개시장에 등록된 유가증권은 물론 같은 법
제2조 제1항 각 호와 제2항이 정의한 유가증권에 포함되는 모든 유가증권"을 규
제대상 증권이라고 판시한 바 있다.[66]

　　[대법원 2006. 4. 14. 선고 2003도6759 판결]
　　구 증권거래법 제188조의4 제4항은 같은 조 제1항 내지 제3항에 대한 일반규정으로
　서 '유가증권의 매매 기타 거래'와 관련하여 소정의 불공정행위를 포괄적으로 금지하
　고 있을 뿐, 같은 조 제1항 내지 제3항과 같이 거래객체를 '상장유가증권 또는 협회
　중개시장에 등록된 유가증권'으로 한정하거나 거래장소를 '유가증권시장 또는 협회중
　개시장'으로 제한하고 있지 않으므로, 위 조항은 상장유가증권 또는 협회중개시장에
　등록된 유가증권은 물론 같은 법 제2조 제1항 각 호와 제2항이 정의한 유가증권에
　포함되는 모든 유가증권의 매매 기타 거래에 적용되며, 유가증권시장 또는 협회중개
　시장에서의 거래는 물론 장외시장에서의 직접·대면거래에 대하여도 마찬가지로 적용
　된다고 봄이 상당하다.

---

　66) 하급심에서도 제3시장 거래주식(서울지방법원 2003. 1. 8. 선고 2002고단11557 판결), 전환
　　　사채(서울지방법원 2000. 2. 11. 선고 99고단13171 판결), 장외거래 주식(서울지방법원 2002.
　　　7. 3. 선고 2002노4911 판결) 등을 적용대상 증권이라고 판시하였다.

⑵ 투자계약증권·출자지분

투자계약증권과 대통령령으로 정하는 증권은 내부자거래와 시세조종 관련 규정을 적용하는 경우에는 증권으로 보지 않고, 부정거래행위 관련 규정(제178조, 제179조)을 적용하는 경우에만 증권으로 본다.

대통령령으로 정하는 증권은 상법에 따른 합자회사·유한책임회사·합자조합·익명조합의 출자지분을 말한다. 다만, 자본시장법 제9조 제21항에 따른 집합투자증권(집합투자기구에 대한 출자지분)은 제외한다(令 3조의2).

3. 공매도

공매도가 금지되는 증권은 상장증권으로서 다음의 증권이다(令 208조①). 주식관련사채권을 제외한 모든 채권, 투자계약증권, 파생상품 등은 투자자보호의 필요성이나 금융투자상품의 특성상 공매도규제의 대상이 아니다.

1. 전환사채권, 신주인수권부사채권, 이익참가부사채권 또는 교환사채권
2. 지분증권
3. 수익증권
4. 파생결합증권
5. 제1호부터 제4호까지의 증권과 관련된 증권예탁증권

Ⅲ. 시장질서 교란행위

1. 미공개중요정보이용 관련 시장질서 교란행위

⑴ 규제대상 상품

미공개중요정보이용 관련 시장질서 교란행위의 규제대상 상품은, ⅰ) 증권시장에 상장된 증권[상장예정법인등(法 174조①)이 발행한 증권 포함], ⅱ) 장내파생상품, ⅲ) 이를 기초자산으로 하는 파생상품이다. 자본시장법은 이를 모두 포괄하여 "지정 금융투자상품"이라 한다.[67]

상장예정법인은 6개월 이내에 상장하는 법인 또는 6개월 이내에 상장법인과의 합병, 주식의 포괄적 교환, 그 밖에 대통령령으로 정하는 기업결합 방법에 따

---

67) 상장증권에 관한 대규모 블록딜이 있을 것이라는 미공개중요정보를 이용하여 해당 상장증권에 관한 매도스왑거래를 한 경우를 미공개중요정보이용 관련 시장질서 교란행위로 인정한 하급심 판례가 있다(서울행정법원 2019. 1. 10. 선고 2017구합89377 판결).

라 상장되는 효과가 있는 비상장법인을 말한다(法 172조①).

"장내파생상품"에는 개별주식선물, 개별주식옵션, 지수선물, 지수옵션 등 거래소에서 거래되는 모든 파생상품이 포함된다. 그리고 "이를 기초자산으로 하는 파생상품"에는 ELS와 같은 장외파생상품도 포함된다.

(2) 특정증권등과의 비교

미공개중요정보이용행위의 규제대상인 "특정증권등"[68] 중 제1호는 "그 법인이 발행한 증권"이라고 규정하므로 상장 여부를 불문하고 발행인이 상장법인이면 제외대상에 해당하지 않는 한 모두 포함된다. 그러나 시장질서 교란행위의 규제대상인 "지정 금융투자상품"은 "증권시장에 상장된 증권"이라고 규정하므로 규제대상이 상장증권으로 한정된다. 따라서 특정증권등에 해당하더라도 상장되지 않은 증권(제2호의 증권예탁증권, 제3호의 교환사채권)은 시장질서 교란행위의 규제대상이 아니다.

특정증권등 중 제4호는 "제1호부터 제3호까지의 증권만을 기초자산으로 하는 금융투자상품"이고, 시장질서 교란행위의 규제대상인 "지정 금융투자상품"은 "장내파생상품을 기초자산으로 하는 파생상품"이다. 따라서 제1호부터 제3호까지의 증권 외의 증권이나 장내파생상품을 기초자산으로 하는 파생상품은 "특정증권등"에 포함되지 않는다. 반면에, 상장증권·장내파생상품을 기초자산으로 하는 파생상품은 "지정 금융투자상품"에 포함된다.[69] 다만, 이를 기초자산으로 하는 증권(파생결합증권)은 파생상품이 아니므로 "지정 금융투자상품"에 포함되지 않는다.[70]

---

68) 미공개중요정보이용행위의 규제대상인 특정증권등은 다음과 같고, 상장예정법인(6개월 이내에 상장하는 법인 또는 6개월 이내에 상장법인과의 합병, 주식의 포괄적 교환, 그 밖에 대통령령으로 정하는 기업결합 방법에 따라 상장되는 효과가 있는 비상장법인)등이 발행한 해당 특정증권등을 포함한다(法 172조①).
   1. 그 법인이 발행한 증권(대통령령으로 정하는 증권을 제외한다)
   2. 제1호의 증권과 관련된 증권예탁증권
   3. 그 법인 외의 자가 발행한 것으로서 제1호 또는 제2호의 증권과 교환을 청구할 수 있는 교환사채권
   4. 제1호부터 제3호까지의 증권만을 기초자산으로 하는 금융투자상품
69) 개별주식선물이나 개별주식옵션과 달리 지수선물이나 지수옵션은 개별 상장법인의 업무상 정보와의 관련성이 미흡하므로 제174조 제1항의 규제대상에서 제외한 것인데, 시장질서 교란행위는 업무관련성을 요건으로 하지 아니하므로 시장정보나 정책정보에 영향을 받는 장내파생상품을 기초자산으로 하는 파생상품도 "지정 금융투자상품"에 포함시킨 것이다
70) "이를 기초자산으로 하는 파생상품"이라고 규정하므로 ELS와 같은 파생결합증권은 규제대상에서 제외된다. 또한 ELS 상품은 대부분 비상장증권이므로 "증권시장에 상장된 증권"에도 해당하지 않는다. 규제의 사각지대를 해소하기 위하여는 미공개중요정보이용 관련 시장질서

2. 시세조종 관련 시장질서 교란행위

시세조종 관련 시장질서 교란행위의 규제대상 상품은 상장증권 또는 장내파생상품이므로 장외파생상품을 포함하는 미공개중요정보이용 관련 시장질서 교란행위의 규제대상 상품에 비하여 그 범위가 좁다.

교란행위의 규제대상 상품에 관한 규정 중 " … 기초자산으로 하는 파생상품"은 " … 기초자산으로 하는 금융투자상품"으로 변경하는 것이 바람직하다.

제 2 장

자본시장 감독기관

제 1 절　감독체계

Ⅰ. 금융위원회

1. 설치 및 지위

금융정책, 외국환업무취급기관의 건전성 감독 및 금융감독에 관한 업무를 수행하게 하기 위하여 국무총리 소속으로 금융위원회를 둔다(金設法 3조①).[1] 금융위원회는 중앙행정기관으로서 그 권한에 속하는 사무를 독립적으로 수행한다(金設法 3조②).

2. 구　　성

금융위원회는 위원장·부위원장 각 1인을 포함하여 9인의 위원으로 구성하고(金設法 4조①),[2] 금융위원회 위원장은 국무총리의 제청으로 대통령이 임명하며, 금융위원회 부위원장은 위원장의 제청으로 대통령이 임명한다(金設法 4조②). 위원장은 금융위원회를 대표하며, 금융위원회의 회의를 주재하고 사무를 통할하고

---

1) 앞에서와 같이, 괄호에서는 「금융위원회의 설치 등에 관한 법률」을 金設法으로 약칭한다.
2) 금융위원회는 9인의 위원으로 구성하되, 위원장·부위원장 각 1인과 다음과 같은 위원으로 구성한다(金設法 4조①).
  1. 기획재정부 차관
  2. 금융감독원 원장
  3. 예금보험공사 사장
  4. 한국은행 부총재
  5. 금융위원회 위원장이 추천하는 금융전문가 2명
  6. 대한상공회의소 회장이 추천하는 경제계대표 1명

(金設法 5조①), 위원장·부위원장 및 임명직 위원의 임기는 3년으로 하며, 한 차례만 연임할 수 있다(金設法 6조①).

3. 운 영

금융위원회의 회의는 3인 이상의 위원의 요구가 있는 때에 위원장이 소집한다. 다만, 위원장은 단독으로 회의를 소집할 수 있다(金設法 11조①). 금융위원회의 회의는 그 의결방법에 관하여 「금융위원회의 설치 등에 관한 법률」 또는 다른 법률에 특별한 규정이 있는 경우를 제외하고는 재적위원 과반수의 출석과 출석위원 과반수의 찬성으로 의결한다(金設法 11조②). 금융위원회는 심의에 필요하다고 인정하는 때에는 금융감독원 부원장·부원장보 및 기타 관계 전문가 등으로부터 의견을 청취할 수 있다(金設法 13조). 위원장은 내우외환·천재지변 또는 중대한 금융경제상의 위기에 있어서 긴급조치가 필요한 경우로서 금융위원회를 소집할 시간적 여유가 없을 때에는 금융위원회의 권한 내에서 필요한 조치를 취할 수 있다(金設法 14조①). 금융위원회의 사무를 처리하기 위하여 금융위원회에 사무처를 둔다(金設法 15조①).

4. 소관 사무

금융위원회의 소관 사무는 다음과 같다(金設法 17조).

1. 금융에 관한 정책 및 제도에 관한 사항
2. 금융기관 감독 및 검사·제재에 관한 사항
3. 금융기관의 설립, 합병, 전환, 영업 양수·도 및 경영 등의 인·허가에 관한 사항
4. 자본시장의 관리·감독 및 감시 등에 관한 사항
5. 금융중심지의 조성·발전에 관한 사항
6. 제1호부터 제5호까지의 사항에 관련된 법령 및 규정의 제·개정 및 폐지에 관한 사항
7. 금융 및 외국환업무취급기관의 건전성 감독에 관한 양자·다자 간 협상 및 국제협력에 관한 사항
8. 외국환업무 취급기관의 건전성 감독에 관한 사항
9. 그 밖에 다른 법령에서 금융위원회의 소관으로 규정된 사항

Ⅱ. 증권선물위원회

1. 업   무

증권선물위원회는 금융위원회 내의 위원회로서 「금융위원회의 설치 등에 관한 법률」에 의하여 설치되고, 다음과 같은 업무를 수행한다(金設法 19조).

1. 자본시장의 불공정거래 조사
2. 기업회계의 기준 및 회계감리에 관한 업무
3. 금융위원회 소관사무 중 자본시장의 관리·감독 및 감시 등과 관련된 주요사항에 대한 사전 심의
4. 자본시장의 관리·감독 및 감시 등을 위하여 금융위원회로부터 위임받은 업무
5. 그 밖에 다른 법령에서 증권선물위원회에 부여된 업무

그 외에 자본시장법은 내부자의 단기매매차익 반환(法 172조), 불공정거래와 관련된 조사·압수·수색권(法 427조), 금융위원회 권한 중 중요한 사항의 심의(法 439조), 금융위원회가 위임한 사항(法 438조②) 등에 관한 증권선물위원회의 권한을 규정한다.

2. 구   성

증권선물위원회는 위원장 1인을 포함한 5인의 위원으로 구성하며, 위원장을 제외한 위원 중 1인은 상임으로 한다(金設法 20조①). 증권선물위원회 위원장은 금융위원회 부위원장이 겸임하며, 증권선물위원회 위원은 금융위원회 위원장의 추천으로 대통령이 임명한다(金設法 20조②).

3. 불공정거래 조사를 위한 압수·수색

증권선물위원회는 제172조부터 제174조까지, 제176조, 제178조 및 제180조를 위반한 행위를 조사하기 위하여 필요하다고 인정되는 경우에는 조사공무원에게 위반행위의 혐의가 있는 자를 심문하거나 물건을 압수 또는 사업장 등을 수색하게 할 수 있다(法 427조①).3)

---

3) 증권선물위원회의 불공정거래 조사를 위한 압수·수색과 조치에 대하여는 뒤에서 상술한다.

Ⅲ. 금융감독원

1. 설립과 지위

금융위원회 또는 증권선물위원회의 지도·감독을 받아 금융기관에 대한 검사·감독업무 등을 수행하기 위하여 금융감독원을 설립한다(金設法 24조①). 금융감독원은 무자본 특수법인으로 한다(金設法 24조②).

2. 구성과 직무

금융감독원에 원장 1명, 부원장 4명 이내, 부원장보 9명 이내와 감사 1명을 둔다(金設法 29조①). 금융감독원의 원장은 금융위원회의 의결을 거쳐 금융위원회 위원장의 제청으로 대통령이 임명한다(金設法 29조②). 금융감독원의 부원장은 원장의 제청으로 금융위원회가 임명하고, 금융감독원의 부원장보는 원장이 임명한다(金設法 29조③). 감사는 금융위원회의 의결을 거쳐 금융위원회 위원장의 제청으로 대통령이 임명한다(金設法 29조④). 원장·부원장·부원장보 및 감사의 임기는 3년으로 하며, 한 차례만 연임할 수 있다(金設法 29조⑤). 원장·부원장·부원장보와 감사에 결원이 있는 때에는 새로 임명하되, 그 임기는 임명된 날부터 기산한다(金設法 29조⑥). 원장은 금융감독원을 대표하며, 그 업무를 통할한다(金設法 30조①) 원장이 부득이한 사유로 인하여 직무를 수행할 수 없는 때에는 금융감독원의 정관이 정하는 순서에 따른 부원장이 원장의 직무를 대행한다(金設法 30조②). 부원장은 원장을 보좌하고 금융감독원의 업무를 분장하며, 부원장보는 원장과 부원장을 보좌하고 금융감독원의 업무를 분장한다(金設法 30조③). 감사는 금융감독원의 업무와 회계를 감사한다(金設法 30조④).

3. 업   무

금융감독원은 다음과 같은 업무를 수행한다(金設法 37조).

1. 제38조 각 호의 기관의 업무 및 재산상황에 대한 검사
2. 제1호의 검사결과에 따른 자본시장법과 다른 법령의 규정에 의한 제재
3. 금융위원회 및 소속기관에 대한 업무지원
4. 기타 자본시장법과 다른 법령에서 금융감독원이 수행하도록 하는 업무

금융감독원장은 업무 수행에 필요하다고 인정할 때에는 제38조 각 호의 기관 또는 다른 법령에 따라 금융감독원에 검사가 위탁된 대상기관에 대하여 업무 또는 재산에 관한 보고, 자료의 제출, 관계자의 출석 및 진술을 요구할 수 있다(金設法 40조①). 검사를 하는 자는 그 권한을 표시하는 증표를 관계인에게 내보여야 한다(金設法 40조②). 원장은 검사 대상 기관의 임·직원이 다음에 해당하는 경우에는 당해 기관의 장에게 이를 시정하게 하거나 당해 직원의 징계를 요구할 수 있다(金設法 41조①). 징계는 면직·정직·감봉·견책 및 경고로 구분한다(金設法 41조②).

1. 金設法 또는 金設法에 따른 규정·명령 또는 지시를 위반한 경우
2. 金設法에 따라 원장이 요구하는 보고서 또는 자료를 허위로 작성하거나 그 제출을 태만히 한 경우
3. 金設法에 따른 금융감독원의 감독과 검사업무의 수행을 거부·방해 또는 기피한 경우
4. 원장의 시정명령이나 징계요구에 대한 이행을 태만히 한 경우

금융감독원장은 검사 대상 기관의 임원이 金設法 또는 金設法에 의한 규정·명령 또는 지시를 고의로 위반한 때에는 당해 임원의 해임을 임면권자에게 권고할 수 있으며, 당해 임원의 업무집행의 정지를 명할 것을 금융위원회에 건의할 수 있다(金設法 42조). 원장은 검사 대상 기관이 金設法 또는 金設法에 의한 규정·명령 또는 지시를 계속 위반하여 위법 또는 불건전한 방법으로 영업하는 경우에는 금융위원회에 i) 당해 기관의 위법행위 또는 비행의 중지, ii) 6월의 범위에서의 업무의 전부 또는 일부 정지를 명할 것을 건의할 수 있다(金設法 42조).

검사대상기관(金設法 38조)과 예금자 등 금융수요자 기타 이해관계인 사이에 발생하는 금융관련분쟁의 조정에 관한 사항을 심의·의결하기 위하여 금융감독원에 금융분쟁조정위원회("조정위원회")를 둔다(金設法 51조). 금융감독원장은 금융분쟁조정위원회의 조정안을 신청인과 관계 당사자에게 이를 제시하여 수락을 권고할 수 있고(金設法 53조⑤), 당사자가 조정안을 수락한 경우 그 조정안은 재판상의 화해와 동일한 효력을 갖는다(金設法 55조).[4]

---

4) 한국거래소 시장감시위원회의 조정결정을 당사자가 수락하면 민법상 화해의 효력이 발생한다.

Ⅳ. 상호관계

1. 금융위원회·증권선물위원회의 금융감독원에 대한 지도·감독권

금융위원회는 금융감독원의 업무·운영·관리에 대한 지도·감독을 하며, ⅰ) 금융감독원의 정관변경에 대한 승인, ⅱ) 금융감독원의 예산 및 결산 승인, ⅲ) 그 밖에 금융감독원을 지도·감독하기 위하여 필요한 사항을 심의·의결한다(金設法 18조).

증권선물위원회는 증권선물위원회의 업무(金設法 19조)에 관하여 금융감독원을 지도·감독한다(金設法 23조). 금융위원회 또는 증권선물위원회는 금융감독원의 업무를 지도·감독하는 데 필요한 명령을 할 수 있다(金設法 61조①).

2. 금융감독원장의 보고의무

금융감독원장은 금융위원회나 증권선물위원회가 요구하는 금융감독 등에 필요한 자료를 제출하여야 한다(金設法 58조). 금융감독원장은 검사 대상 기관에 대하여 검사를 실시한 경우와, 「금융위원회의 설치 등에 관한 법률」 제41조(시정명령 및 징계요구) 및 제42조(임원의 해임권고 등)의 조치를 한 경우에는 그 결과를 금융위원회에 보고하여야 한다(金設法 59조).

금융위원회는 필요하다고 인정하는 경우에는 금융감독원의 업무·재산 및 회계에 관한 사항을 보고하게 하거나 금융위원회가 정하는 바에 따라 그 업무·재산 상황·장부·서류 그 밖의 물건을 검사할 수 있다(金設法 60조).

3. 권한의 위임·위탁

(1) 증권선물위원회

금융위원회는 자본시장법에 따른 권한의 일부를 증권선물위원회에 위임할 수 있다(法 438조②).[5]

---

[5] 금융위원회는 다음과 같은 권한을 증권선물위원회에 위임한다(令 387조①).
　1. 자본시장법 제3편을 위반한 행위에 대한 조사 권한
　2. 제1호의 위반행위에 대한 법 또는 이 영에 의한 조치 권한. 다만, 다음 각 목에 해당하는 조치는 제외한다.
　　가. 부과금액이 5억원을 초과하는 과징금의 부과
　　나. 1개월 이상의 업무의 전부 정지
　　다. 지점, 그 밖의 영업소의 폐쇄

(2) 거래소·한국금융투자협회

금융위원회는 자본시장법에 따른 권한의 일부를 거래소 또는 한국금융투자협회에 위탁할 수 있다(法 438조③).

(3) 금융감독원장

금융위원회 또는 증권선물위원회는 자본시장법에 따른 권한의 일부를 금융감독원장에게 위탁할 수 있다(法 438조④).

(4) 보 고

거래소, 협회 및 금융감독원장은 위탁받은 업무의 처리내용을 6개월마다 금융위원회 또는 증권선물위원회에 보고하여야 한다. 다만, 금융위원회는 금융위원회가 정하여 고시하는 업무에 대해서는 보고 주기를 달리 정할 수 있다(슈 387조④).

4. 증권선물위원회의 심의

금융위원회는 일정한 경우에는 미리 증권선물위원회의 심의를 거쳐야 한다(法 439조).

5. 금융감독원장에 대한 지시·감독

금융위원회 또는 증권선물위원회는 자본시장법에 의한 권한을 행사하는 데에 필요하다고 인정되는 경우에는 금융감독원장에 대하여 지시·감독 및 업무집행방법의 변경, 그 밖에 감독상 필요한 조치를 명할 수 있다(法 440조①). 금융감독원은 금융위원회 또는 증권선물위원회의 지시·감독을 받아 다음과 같은 사항에 관한 업무를 행한다(法 440조②).

1. 증권신고서에 관한 사항
2. 증권의 공개매수에 관한 사항
3. 자본시장법에 따라 금융감독원장의 검사를 받아야 하는 기관의 검사에 관한 사항
4. 상장법인의 관리에 관한 사항
5. 상장법인의 기업분석 및 기업내용의 신고에 관한 사항
6. 거래소시장(다자간매매체결회사에서의 거래를 포함) 외에서의 증권 및 장외파생상품의 매매의 감독에 관한 사항
7. 정부로부터 위탁받은 업무
8. 그 밖에 자본시장법에 따라 부여된 업무
9. 제1호부터 제8호까지의 업무에 부수되는 업무

제 2 절 감 독 및 처 분

Ⅰ. 명령 및 승인 등

1. 금융위원회의 감독의무·감독권

금융위원회는 투자자를 보호하고 건전한 거래질서를 유지하기 위하여 금융투
자업자가 자본시장법 또는 자본시장법에 따른 명령이나 처분을 적절히 준수하는
지 여부를 감독하여야 한다(法 415조). 금융위원회의 금융투자업자에 대한 감독의
무에 관한 규정인데, 그와 동시에 금융위원회가 금융투자업자에 대하여 가지는
일반적 감독권에 관한 규정이기도 하다. 금융위원회는 자본시장법 위반에 대하여
위반행위별로 1억원(제1항), 5천만원(제2항, 금융투자업자 임직원의 자기매매방법 위
반), 3천만원(제3항) 이하의 과태료를 부과할 수 있다(法 449조).

2. 금융위원회의 조치명령권

금융위원회는 투자자를 보호하고 건전한 거래질서를 유지하기 위하여 금융투
자업자에게 다음과 같은 사항에 관하여 필요한 조치를 명할 수 있다. 다만, 장내
파생상품의 거래규모의 제한에 관한 사항에 관하여는 위탁자에게도 필요한 조치
를 명할 수 있다(法 416조).

1. 금융투자업자의 고유재산 운용에 관한 사항
2. 투자자 재산의 보관·관리에 관한 사항
3. 금융투자업자의 경영 및 업무개선에 관한 사항
4. 각종 공시에 관한 사항
5. 영업의 질서유지에 관한 사항
6. 영업방법에 관한 사항
7. 장내파생상품 및 장외파생상품의 거래규모의 제한에 관한 사항
8. 그 밖에 투자자 보호 또는 건전한 거래질서를 위하여 필요한 사항으로서 대통령령
   으로 정하는 사항[6]

---

6) "대통령령으로 정하는 사항"이란 다음 각 호의 사항을 말한다(슈 369조①).
  1. 시행령 제16조 제9항 및 제21조 제8항에 따른 이해상충방지체계에 관한 사항
  2. 금융투자업자가 외국에서 금융투자업에 상당하는 업을 하는 경우에 감독상 필요한 신고·보
     고 등에 관한 사항

3. 승인사항

금융투자업자는 다음과 같은 행위(겸영금융투자업자의 경우에는 제4호부터 제7호까지에 한한다)를 하고자 하는 경우에는 금융위원회의 승인을 받아야 한다(法 417조①).

1. 합병, 분할 또는 분할합병
2. 주식의 포괄적 교환 또는 이전
3. 해산
4. 투자매매업, 투자중개업, 집합투자업, 신탁업에 해당하는 금융투자업 전부(이에 준하는 경우를 포함)의 양도 또는 양수
5. 투자자문업, 투자일임업에 해당하는 금융투자업 전부(이에 준하는 경우를 포함)의 양도 또는 양수
6. 투자매매업, 투자중개업, 집합투자업, 신탁업에 해당하는 금융투자업 전부(이에 준하는 경우를 포함)의 폐지
7. 투자자문업, 투자일임업에 해당하는 금융투자업 전부(이에 준하는 경우를 포함)의 폐지
8. 자본감소(令 370조①)

금융위원회는 승인을 한 경우 그 내용을 관보 및 인터넷 홈페이지 등에 공고하여야 한다(法 417조②). 승인의 기준·방법, 그 밖의 승인업무 처리를 위하여 필요한 사항은 대통령령으로 정한다(法 417조③). 금융위원회의 사전승인을 받지 않은 경우에는 3년 이하의 징역 또는 1억원 이하의 벌금에 처한다(法 445조 제45

---

3. 외국 금융투자업자가 법 제12조 제2항 제1호나목 또는 법 제18조 제2항 제1호나목 및 다목에 따라 국내에서 금융투자업을 하는 경우에 감독상 필요한 신고·보고 등에 관한 사항
4. 법 제40조 각 호에 따른 금융업무에 관한 사항
5. 기업어음증권의 매매나 중개업무에 관한 사항
6. 금융투자업자가 취급하는 상품의 운영에 관한 사항
7. 금융투자업자의 영업, 재무 및 위험에 관한 사항
8. 금융투자업자의 업무내용의 보고에 관한 사항
9. 협회에 가입하지 아니한 금융투자업자에 대하여 협회가 건전한 영업질서의 유지와 투자자를 보호하기 위하여 행하는 자율규제에 준하는 내부기준을 제정하도록 하는 것에 관한 사항
10. 파생상품을 취급하는 금융투자업자에 대한 일정 수준 이상의 파생상품을 거래한 자 또는 미결제약정을 보유한 자에 관한 정보의 제출에 관한 사항
11. 집합투자기구(투자신탁은 제외한다)의 청산업무와 관련한 재산의 공탁, 그 밖에 필요한 사항

호). 금융위원회의 승인의 법적 성질에 대하여는 효력요건으로 보는 견해와 확인
적 승인(행정법상의 확인)으로 보는 견해가 있는데, 대법원은 후자의 입장에서 금
융기관이 다른 회사 주식을 일정 한도 이상으로 소유하는 경우 금융감독위원회
(당시 명칭)의 승인을 얻도록 규정한 「금융산업의 구조개선에 관한 법률」 제24조
의 취지 및 위 규정의 법적 성격을 단속규정으로 본 바가 있고, 투자신탁 수익증
권의 환매연기에 대한 금융감독위원회의 승인에 관하여 "환매연기는 금융감독위
원회의 승인을 받지 않았다는 사정만으로 환매연기가 부적법하다거나 그 효력이
발생하지 않는다고 할 수 없다"라고 판시한 바가 있다.

[대법원 2003. 11. 27. 선고 2003다5337 판결]
금융산업의 구조개선에 관한 법률 제24조 제1항 제1호 및 제3항과 같은 법 시행령
제6조 제1항의 규정 취지는 금융기관이 일정 규모 이상의 다른 회사의 주식을 소유
하게 되는 경우 금융기관의 공공성에 반하여 금융기관이 아닌 다른 회사를 사실상 지
배하고 관련 시장에서의 경쟁을 실질적으로 제한할 수 있으며, 또한 그 회사의 부실
을 통하여 금융기관 자체가 부실화될 우려가 있으므로 이에 관하여 금융감독위원회
의 사전 승인을 거치게 함으로써 금융기관의 사기업에 대한 지배를 제한함과 동시에
관련 시장에서의 경쟁을 보장하고 금융기관의 부실화를 예방하여 자본의 충실화를
기하기 위한 것으로서, 위 규정에 위반하여 사전 승인을 받지 아니한 금융기관의 주
식소유행위 자체가 그 사법상의 효력까지도 부인하지 않으면 안 될 정도로 현저히 반
사회성, 반도덕성을 지닌 것이라고 할 수 없을 뿐만 아니라 그 행위의 사법상의 효력
을 부인하여야만 비로소 입법목적을 달성할 수 있다고 볼 수 없고, 위 규정을 효력규
정으로 보아 이에 위반한 금융기관의 주식소유행위를 일률적으로 무효라고 할 경우
승인기준에 해당하여 결과적으로 위 규정에 의하여 규제될 필요가 없는 행위나 담보
권실행으로 인한 주식취득 등 불가피한 사정이 있는 행위도 단지 사전승인을 받지 않
았다는 이유로 그 효력이 부인되어 주식거래의 안전을 해칠 우려가 있을 뿐만 아니라
금융기관간의 건전한 경쟁을 촉진하고 금융업무의 효율성을 높임으로써 금융산업의
균형 있는 발전에 이바지함을 목적으로 입법된 법의 취지에 반하는 결과가 될 수 있
으므로, 위 규정은 효력규정이 아니라 단속규정이라고 보아야 한다.7)

___

7) 이 사건의 원심 판결은, "피고 등은, 금융산업의구조개선에관한법률(이하 법이라 한다) 제
   24조 제1항은 효력규정으로서 이에 위반하여 원고와 같은 금융기관이 금융감독위원회의 승
   인을 얻지 아니하고 다른 회사의 의결권 있는 발행주식 총수의 100분의 20 이상을 소유하게
   되면 그 소유권취득은 무효라고 할 것인데, 원고가 질권행사를 통하여 의결권있는 피고 발행
   주식의 100분의 20(=1,120,000주÷5,600,000주)을 취득하였음에도 불구하고 금융감독위
   원회의 승인을 받지 아니하였으므로, 이 사건 주식에 대한 소유권을 취득할 수 없다고 주장한
   다. 살피건대, 법 제2조 제1호 차목, 제24조 제1항 제1호, 법 시행령 제2조 제1호는, 원고와
   같은 금융기관 및 그 금융기관과 같은 기업집단에 속하는 금융기관은 다른 회사의 의결권 있

[대법원 2010. 10. 14. 선고 2008다13943 판결]
구 투신업법 제7조 제4항 단서에서 정한 환매연기제도는 환매연기사유가 존재하면 판매회사가 모든 수익자에 대해 일률적으로 환매연기를 한다는 것을 공시 또는 공표하는 등의 적극적인 환매연기조치를 취하지 않더라도 개별 수익자의 환매청구에 응하지 않는 것만으로 환매연기가 이루어진다. 또한 위와 같은 환매연기는 금융감독위원회의 승인을 받지 않았다는 사정만으로 환매연기가 부적법하다거나 그 효력이 발생하지 않는다고 할 수 없다.8)

4. 보고사항

금융투자업자(겸영금융투자업자의 경우에는 제6호부터 제9호까지에 한한다)는 다음과 같은 경우 대통령령으로 정하는 방법에 따라 그 사실을 금융위원회에 보고하여야 한다(法 418조).9)

는 발행주식 총수의 100분의 20 이상을 소유하게 되는 경우 대통령령이 정하는 기준에 따라 미리 금융감독위원회의 승인을 얻어야 한다고 규정하고 있고, 법 시행령 제6조 제1항은 금융감독위원회의 승인기준으로서 당해 주식소유가 금융기관이 아닌 다른 회사를 사실상 지배하기 위한 것이 아니고, 당해 주식소유가 관련시장에서의 경쟁을 실질적으로 제한하지 아니하는 경우를 들고 있으며, 법 제27조는 위 규정들에 위반한 임원 등은 1년 이하의 징역 또는 1,000만원 이하의 벌금에 처한다고 규정하고 있는바, 법의 입법목적은 금융기관의 합병·전환 또는 정리 등 금융산업의 구조개선을 지원하여 금융기관간의 건전한 경쟁을 촉진하고, 금융업무의 효율성을 높임으로써 금융산업의 균형있는 발전에 이바지함에 있으며, 위 법에 의하더라도 금융기관이 다른 회사의 의결권 있는 발행주식 총수의 100분의 20 이상을 소유하게 되는 경우 그 효력에 대하여는 아무런 규정을 두지 않은 채 금융감독위원회의 승인을 얻어야 하고 승인을 얻지 않고 소유하게 되었을 경우 임원에 대한 처벌규정만을 두었을 뿐 소유할 수 없다는 등 소유를 금지하는 규정을 두고 있지는 않은 점, 만일 법 제24조 제1항을 효력규정으로 보아 이에 위반되는 주식취득행위를 무효라고 본다면 담보권실행으로 인한 주식취득 등 불가피한 사정이 있는 경우까지 무효로 보게 되는 불합리한 점이 있고, 법 제24조 제1항의 규정을 둔 취지가 금융기관의 공공성에 비추어 금융기관의 사기업에 대한 지배를 제한하고, 금융기관의 부실화를 예방하여 자본의 충실화를 기하기 위한 것이라고 할 것인데, 이는 위 규정을 위반한 임원에 대한 형사처벌로 그 목적을 충분히 달성할 수 있다고 보이고, 나아가 위 규정을 효력규정으로 보아 위 규정에 위반한 주식취득을 무효로 본다면 주식거래의 안전을 크게 해치게 된다는 점 등 법의 입법목적, 위 조문의 규정형식과 취지, 거래안전 등에 비추어 볼 때, 법 제24조 제1항은 단속규정으로 봄이 상당하고, 법 제27조에 법 제24조 제1항을 위반한 임원 등에 대하여 형사처벌을 하도록 규정하고 있다고 하더라도 달리 볼 것은 아니므로, 법 제24조 제1항의 규정이 효력규정임을 전제로 한 피고 등의 위 주장도 이유 없다"고 판시하였다 (대전고등법원 2002. 12. 20. 선고 2002나6164 판결).

8) 수익증권 소유자가 판매회사에게 환매를 청구한 사건인데, 신탁재산 중 대우채에 대하여는 금감위의 승인을 받아 환매가 연기되었으나(이른바 8.12 환매연기조치), 비대우채에 대하여는 그러한 명시적인 조치가 없었던 사안에서 비대우채 부분도 적법하게 환매가 연기된 것으로 볼 것인지가 쟁점이었다.

9) 금융투자업 전부의 양도 또는 양수, 폐지는 승인사항(法 417조 제1항 제4호부터 제7호까지)인 반면 일부의 양도 또는 양수, 폐지는 보고사항(法 417조 6호부터 9호까지)이다. 보고

1. 상호를 변경한 때
2. 정관 중 대통령령으로 정하는 중요한 사항10)을 변경한 때
3. 삭제 [2016. 8. 1.] [삭제 전 규정 : 임원을 선임하거나 해임(사임 포함)한 때]
4. 최대주주가 변경된 때]
5. 대주주 또는 그의 특수관계인의 소유주식이 의결권 있는 발행주식총수의 1% 이상 변동된 때
6. 투자매매업, 투자중개업, 집합투자업, 신탁업에 해당하는 금융투자업의 일부를 양도 또는 양수한 때
7. 투자자문업, 투자일임업에 해당하는 금융투자업의 일부를 양도 또는 양수한 때
8. 투자매매업, 투자중개업, 집합투자업, 신탁업에 해당하는 금융투자업의 일부를 폐지한 때
9. 투자자문업, 투자일임업에 해당하는 금융투자업의 일부를 폐지한 때
10. 지점, 그 밖의 영업소를 신설하거나 폐지한 때
11. 본점의 위치를 변경한 때
12. 본점·지점, 그 밖의 영업소의 영업을 중지하거나 다시 시작한 때
13. 그 밖에 투자자 보호 또는 건전한 거래질서를 위하여 필요한 경우로서 대통령령으로 정하는 경우11)

는 행정법적으로는 신고에 해당하는데, ⅰ) 신고서의 기재사항에 흠이 없고, ⅱ) 필요한 구비서류가 첨부되어 있으며, ⅲ) 기타 법령 등에 규정된 형식상의 요건에 적합한 경우 신고서가 접수기관에 도달된 때에 신고의 의무가 이행된 것으로 본다(행정절차법 40조②). 보고 그 자체는 감독기관의 직접적 감독수단이 아니지만 보고의무자로 하여금 보고사항에 대한 주의를 환기시키는 효과가 있고, 감독기관도 보고사항을 검토하여 필요한 조치를 취할 수 있다는 점에서 간접적 감독수단이 된다.
10) "대통령령으로 정하는 중요한 사항"은 다음과 같다(슈 371조②).
　　1. 사업목적에 관한 사항
　　2. 주주총회, 이사회, 그 밖에 회사의 지배구조에 관한 사항
　　3. 회사가 발행하는 주식에 관한 사항
　　4. 그 밖에 투자자의 보호와 관련된 것으로 금융위원회가 정하여 고시하는 사항
11) "대통령령으로 정하는 경우"란 다음과 같은 경우를 말한다(슈 371조③).
　　1. 자본금이 증가한 경우
　　2. 자본시장법 제10편(제443조부터 제449조까지)에 따라 처벌을 받은 경우
　　3. 해당 금융투자업자의 업무에 중대한 영향을 미칠 소송의 당사자로 된 경우
　　4. 해당 금융투자업자에 관하여 파산의 신청이 있거나 해산 사유가 발생한 경우
　　5. 「채무자 회생 및 파산에 관한 법률」에 따른 회생절차 개시신청을 한 경우, 회생절차 개시결정을 한 경우 또는 회생절차 개시결정의 효력이 상실된 경우
　　6. 조세체납처분을 받은 경우 또는 조세에 관한 법령을 위반하여 처벌을 받은 경우
　　7. 「외국환거래법」에 따른 해외직접투자를 하거나 해외영업소, 그 밖의 사무소를 설치한 경우
　　8. 국내 사무소를 신설하거나 폐지한 경우(외국금융투자업자의 국내 사무소의 경우만 해당한다)
　　9. 발행한 어음이나 수표가 부도로 되거나, 은행과의 당좌거래가 정지되거나 금지된 경우

II. 검사 및 조치

1. 금융투자업자에 대한 검사

(1) 의   의

금융투자업자는 그 업무와 재산상황에 관하여 금융감독원장의 검사를 받아야 한다(法 419조①).12) 금융감독원장은 검사를 함에 있어서 필요하다고 인정되는 경우에는 금융투자업자에게 업무 또는 재산에 관한 보고, 자료의 제출, 증인의 출석, 증언 및 의견의 진술을 요구할 수 있다(法 419조⑤). 검사를 하는 자는 그 권한을 표시하는 증표를 지니고 이를 관계자에게 내보여야 한다(法 419조⑥). 금융감독원장이 검사를 한 경우에는 그 보고서를 금융위원회에 제출하여야 한다. 이 경우 자본시장법 또는 자본시장법에 따른 명령이나 처분을 위반한 사실이 있는 때에는 그 처리에 관한 의견서를 첨부하여야 한다(法 419조⑦). 금융위원회는 검사의 방법·절차, 검사결과에 대한 조치기준, 그 밖의 검사업무와 관련하여 필요한 사항을 정하여 고시할 수 있다(法 419조⑨).

(2) 한국은행의 검사권

한국은행은 금융통화위원회가 금융투자업자의 제40조 제3호의 업무(국가 또는 공공단체 업무의 대리) 또는 제4호의 업무(투자자를 위하여 그 투자자가 예탁한 투자자예탁금으로 수행하는 자금이체업무)와 관련하여 통화신용정책의 수행 및 지급결제제도의 원활한 운영을 위하여 필요하다고 인정하는 때에는 이러한 업무를 영위하는 금융투자업자에 대하여 자료제출을 요구할 수 있다. 이 경우 요구하는 자료는 금융투자업자의 업무부담을 충분히 고려하여 필요한 최소한의 범위로 한정하여야 한다(法 419조②). 한국은행은 금융통화위원회가 통화신용정책의 수행을 위하여 필요하다고 인정하는 때에는 금융투자업자가 영위하는 이러한 업무에

---

10. 금융투자업자의 해외현지법인, 해외지점 및 해외사무소 등에 금융위원회가 정하여 고시하는 사유(금융투자업규정 2-16조②)가 발생한 경우
11. 외국금융투자업자(국내 지점, 그 밖의 영업소를 설치한 외국금융투자업자의 경우만 해당한다)의 본점에 금융위원회가 정하여 고시하는 사유(금융투자업규정 2-16조③)가 발생한 경우
12. 그 밖에 금융투자업자의 경영·재산 등에 중대한 영향을 미칠 사항으로서 금융위원회가 정하여 고시하는 사유(금융투자업규정 2-16조④)가 발생한 경우
12) 금융위원회의 검사는 "행정기관이 필요한 정보·자료 등을 수집하는 일체의 행정활동"을 의미하는 행정상 사실행위인 행정조사에 해당한다.

대하여 금융감독원장에게 검사를 요구하거나 한국은행과의 공동검사를 요구할 수 있다(法 419조③).「한국은행법」제87조(자료제출요구권) 및 제88조(검사 및 공동검사의 요구 등)와 金設法 제62조[13]는 제2항 및 제3항의 요구 방법 및 절차에 관하여 준용한다(法 419조④).

(3) 검사권의 위탁

금융감독원장은 검사업무의 일부를 대통령령으로 정하는 바에 따라[14] 거래소 또는 협회에 위탁할 수 있다(法 419조⑧).

2. 금융투자업자에 대한 조치

(1) 인가·등록의 취소

금융위원회는 금융투자업자가 다음과 같은 경우에는 금융투자업의 인가 또는 등록을 취소할 수 있다(法 420조①).

1. 거짓, 그 밖의 부정한 방법으로 금융투자업의 인가를 받거나 등록한 경우
2. 인가조건을 위반한 경우
3. 인가요건 또는 등록요건의 유지의무를 위반한 경우
4. 업무의 정지기간 중에 업무를 한 경우
5. 금융위원회의 시정명령 또는 중지명령을 이행하지 아니한 경우
6. 별표 1 각 호의 어느 하나에 해당하는 경우로서 대통령령으로 정하는 경우(영 373조①)
7. 대통령령으로 정하는 금융관련 법령(영 373조②) 등을 위반한 경우로서 대통령령

---

13) [金設法 제62조 (검사 및 공동검사 요구 등)]
   ② 한국은행은 금융감독원에 대하여 제1항에 따른 검사결과의 송부를 요청하거나 검사결과에 대하여 필요한 시정조치를 요구할 수 있다. 이 경우 금융감독원은 이에 응하여야 한다.
   ③ 한국은행이 제1항에 따른 검사 및 공동검사를 요구할 때에는 검사목적·대상기관·검사범위 등을 구체적으로 밝혀야 한다.
14) 금융감독원장이 협회에 위탁할 수 있는 검사업무는 다음과 같은 사항에 대한 검사업무에 한정한다(슈 372조①).
   1. 주요직무 종사자와 투자권유대행인의 영업행위에 관한 사항
   2. 증권의 인수업무에 관한 사항(法 286조 제1항 제1호의 업무와 관련된 사항만 해당한다)
   3. 약관의 준수 여부에 관한 사항
      협회는 제1항에 따라 위탁받은 검사업무를 수행하는 경우에는 검사업무의 방법 및 절차 등에 관하여 금융감독원장이 정하는 기준을 준수하여야 하며, 검사를 완료한 때에는 지체 없이 그 결과를 금융감독원장에게 보고하여야 한다(슈 372조②). 행정권한의 위임 및 위탁에 관한 규정 제10조부터 제15조까지의 규정은 금융감독원장의 협회에 대한 검사업무위탁에 관하여 이를 준용한다(슈 372조③).

으로 정하는 경우(영 373조③)

8. 그 밖에 투자자의 이익을 현저히 해할 우려가 있거나 해당 금융투자업을 영위하기
곤란하다고 인정되는 경우로서 대통령령으로 정하는 경우(영 373조④)

(2) 취소로 인한 해산

금융투자업자(겸영금융투자업자 제외)는 그 업무에 관련된 금융투자업의 인가
와 등록이 모두 취소된 경우에는 이로 인하여 해산한다(法 420조②).

(3) 취소 외의 제재조치

금융위원회는 금융투자업자가 제420조 제1항 각 호(제6호 제외)의 어느 하
나에 해당하거나 별표 1 각 호의 어느 하나에 해당하는 경우에는 다음과 같은 조
치를 할 수 있다(法 420조③).

1. 6개월 이내의 업무의 전부 또는 일부의 정지
2. 신탁계약, 그 밖의 계약의 인계명령
3. 위법행위의 시정명령 또는 중지명령
4. 위법행위로 인한 조치를 받았다는 사실의 공표명령 또는 게시명령
5. 기관경고
6. 기관주의
7. 그 밖에 위법행위를 시정하거나 방지하기 위하여 필요한 조치로서 대통령령으로
정하는 조치(영 373조⑤)

3. 외국금융투자업자의 지점등의 인가·등록의 취소 등에 대한 특례

금융위원회는 외국금융투자업자가 다음과 같은 경우에는 그 외국금융투자업
자의 지점, 그 밖의 영업소에 대하여 금융투자업인가 또는 금융투자업등록을 취
소할 수 있다(法 421조①).

1. 해산
2. 파산
3. 합병 또는 영업의 양도 등으로 인한 소멸
4. 국내지점, 그 밖의 영업소가 영위하는 금융투자업에 상당하는 영업의 폐지 또는
인가·등록의 취소
5. 국내지점, 그 밖의 영업소가 영위하는 금융투자업에 상당하는 영업의 중지 또는
정지
6. 외국법령을 위반한 경우(국내지점, 그 밖의 영업소가 이로 인해 영업 수행이 곤란

하다고 인정되는 경우에 한한다)

외국금융투자업자의 지점, 그 밖의 영업소는 위와 같은 취소사유에 해당하는 사실이 발생한 경우에는 지체 없이 그 사실을 금융위원회에 보고하여야 한다(法 421조②). 외국금융투자업자의 지점, 그 밖의 영업소는 그 업무에 관련된 금융투자업인가와 금융투자업등록이 모두 취소된 경우에는 지체 없이 청산하여야 한다(法 421조③). 외국금융투자업자의 지점등의 인가·등록의 취소에 관한 제421조 제1항 및 제2항은 역외투자자문업자 또는 역외투자일임업자의 등록취소 등에 관하여 준용된다(法 421조④).15)

4. 임직원에 대한 조치

(1) 임원에 대한 조치

금융위원회는 금융투자업자의 임원이 금융투자업인가 또는 금융투자업등록의 취소사유에 관한 제420조 제1항 각 호(제6호 제외)의 어느 하나에 해당하거나 별표 116) 각 호의 어느 하나에 해당하는 경우에는 다음과 같은 조치를 할 수 있다(法 422조①). 임원이란 주주총회에서 선임된 이사와 감사를 말하며 사외이사도 포함된다.17)

1. 해임요구
2. 6개월 이내의 직무정지
3. 문책경고
4. 주의적 경고
5. 주의
6. 그 밖에 위법행위를 시정하거나 방지하기 위하여 필요한 조치로서 대통령령으로 정하는 조치18)

---

15) 이 경우 제1항 각 호 외의 부분 중 "외국금융투자업자"는 "역외투자자문업자 또는 역외투자일임업자"로, "외국금융투자업자의 지점, 그 밖의 영업소"는 "역외투자자문업자 또는 역외투자일임업자"로 보고, 제1항 제4호 및 제5호 중 "국내지점, 그 밖의 영업소가 영위하는 금융투자업"은 각각 "투자자문업 또는 투자일임업"으로, 제1항 제6호 중 "국내지점, 그 밖의 영업소"는 "역외투자자문업자 또는 역외투자일임업자"로 보며, 제2항 중 "외국금융투자업자의 지점, 그 밖의 영업소"는 "역외투자자문업자 또는 역외투자일임업자"로 본다.
16) 별표 1에는 312개의 행위유형이 있다.
17) 2011년 개정상법에 의하여 도입된 집행임원도 임원에 포함되도록 개정되어야 할 것이다.
18) "대통령령으로 정하는 조치"란 다음과 같은 조치를 말한다(令 374조②).
  1. 법을 위반한 경우에는 고발 또는 수사기관에의 통보

금융위원회는 임원을 직접 해임할 수 없으므로 임원해임요구조치의 상대방은 임원 본인이 아니라 금융투자업자이다. 자본시장법은 금융위원회의 임원해임요구 조치를 선임제한 사유로 규정하였었으나, 금융회사지배구조법에서는 임원 선임 이후 금융위원회로부터 해임요구를 받게 되는 경우에는 그 즉시 임원자격이 상실 되도록 규정하기 때문에(同法 5조②) 별도의 해임절차가 없더라도 해당 임원은 그 직을 잃는다. 은행법 제54조의2, 보험업법 제13조는 퇴임한 임원에 대한 제재조치 (상당통보)도 규정하고, 실무상으로는 이러한 조치를 " … 상당"이라고 표시하는데, 이러한 상당통보로 인하여 임원결격사유에 해당함으로써 직접적으로 취업제한의 불이익을 입게 되어 직업선택의 자유를 제한받게 되므로, 이러한 통보조치도 항고소송의 대상이 되는 행정처분에 해당한다.[19]

[대법원 2013. 2. 14. 선고 2012두3774 판결]
1. 행정청의 어떤 행위가 항고소송의 대상이 될 수 있는지의 여부는 추상적·일반적으로 결정할 수 없고, 구체적인 경우 행정처분은 행정청이 공권력의 주체로서 행하는 구체적 사실에 관한 법집행으로서 국민의 권리의무에 직접적으로 영향을 미치는 행위라는 점을 염두에 두고, 관련 법령의 내용과 취지, 그 행위의 주체·내용·형식·절차, 그 행위와 상대방 등 이해관계인이 입는 불이익과의 실질적 견련성, 그리고 법치행정의 원리와 당해 행위에 관련한 행정청 및 이해관계인의 태도 등을 참작하여 개별적으로 결정하여야 한다(대법원 2010. 11. 18. 선고 2008두167 전원합의체 판결 참조).
2. 구 은행법(2010. 5. 17. 법률 제10303호로 전문개정되기 전의 것, 이하 '구 은행법'이라고 한다) 제54조의2 제1항은 "금융위원회는 금융기관의 퇴임한 임원 또는 퇴직한 직원이 재임 또는 재직 중이었더라면 제54조 제1항 또는 제2항에 해당하는 조치를 받았을 것으로 인정되는 경우에는 그 받았을 것으로 인정되는 조치의 내용을 금융감독위원장으로 하여금 해당 금융기관의 장에게 통보하도록 할 수 있다"고 규정하고 있다. 원심은, 피고가 구 은행법 제54조의2 제1항에 근거하여 주식회사 B 은행장으로 근무하다가 퇴임(재임기간 2004. 3. 25.~2007. 3. 26.)한 원고가 재임

---

2. 다른 법률을 위반한 경우에는 관련 기관이나 수사기관에의 통보
3. 그 밖에 금융위원회가 자본시장법 및 동법 시행령, 그 밖의 관련 법령에 따라 취할 수 있는 조치
[19] 대법원 2013. 2. 14. 선고 2012두3774 판결. 다만 이 사건에서는 원고가 은행의 임원을 퇴임한 후에 은행법에 상당통보규정이 신설되었으므로 행정법규 불소급의 원칙상 위법한 조치라는 이유로 원심(서울고등법원 2012. 1. 10. 선고 2011누15222 판결)이 금융위원회의 제재처분을 취소하였고, 대법원도 같은 취지로 판시하였다. 이 판결 이후 금융감독당국도 개별법에 근거규정이 신설되기 전에 퇴직한 임원에 대하여는 위법사실통지만 하면서 임원결격사유에 해당하지 않는다는 내용도 통지에 포함하고 있다.

중 위법·부당행위를 하였다고 하여 B에 재임 중이었더라면 업무집행 전부정지 3개월에 해당하는 조치를 받았을 것이라는 내용을 B에 통보(이하 '이 사건 통보조치'라고 한다)하였는바, 원고가 그로 인하여 여신전문금융업법에 따라 임원결격사유에 해당함으로써 직접적으로 취업제한의 불이익을 입게 되어 직업선택의 자유를 제한받게 되므로, 이 사건 통보조치는 항고소송의 대상이 되는 행정처분에 해당한다고 판단하였다. 앞서 본 법리와 기록에 비추어 보면, 원심의 이러한 판단은 정당하고, 거기에 행정처분의 처분성에 관한 법리를 오해한 잘못이 없다.

이 사건에서는 원고가 은행의 임원을 퇴임한 후에 은행법에 상당통보규정이 신설되었으므로 행정법규 불소급의 원칙상 위법한 조치라는 이유로 원심(서울고등법원 2012. 1. 10. 선고 2011누15222 판결)이 금융위원회의 제재처분을 취소하였고, 대법원도 같은 취지로 판시하였다. 이 판결 이후 금융감독당국도 개별법에 근거규정이 신설되기 전에 퇴직한 임원에 대하여는 위법사실통지만 하면서 임원결격사유에 해당하지 않는다는 내용도 통지에 포함하고 있다.

[서울고등법원 2012. 1. 10. 선고 2011누15222 판결]
1. 법령은 일반적으로 장래 발생하는 법률관계를 규율하고자 제정되는 것이므로, 그 시행 후의 현상에 대하여 적용되는 것이 원칙이고, 다만 예외적으로 법령이 그 시행전에 생긴 현상에 대하여도 적용되는 경우가 있는바, 행정법규의 소급적용은, 일반적으로는, 법치주의의 원리에 반하고, 개인의 권리·자유에 부당한 침해를 가하며, 법률생활의 안정을 위협하는 것이어서, 이를 인정하지 않는 것이 원칙이고, 다만 법령을 소급 적용하더라도 일반 국민의 이해에 직접 관계가 없는 경우, 오히려 그 이익을 증진하는 경우, 불이익이나 고통을 제거하는 경우 등의 특별한 사정이 있는 경우에 한하여 예외적으로 법령의 소급적용이 허용된다고 할 것이다(대법원 2005. 5. 13. 선고 2004다 8630 판결 참조). 또한 제재처분의 근거법령이 변경된 경우, 신 법령이 피적용자에게 유리하여 이를 적용하도록 하는 경과규정을 두는 등의 특별한 규정이 없는 한 헌법 제13조등의 규정에 비추어 볼 때 그 변경 전에 발생한 사항에 대하여는 변경 후의 신 법령이 아니라 변경 전의 구 법령이 적용되어야 한다(대법원 2002. 12. 10. 선고 2001두3228 판결 참조).
2. 개정 은행법 부칙 제1조는 이 법은 공포한 날부터 시행한다고 규정하고 있을 뿐 이 사건 통보조치의 근거조항인 개정 은행법 제54조의2 제1항을 소급적용할 수 있는 아무런 규정을 마련하고 있지 않고, 앞서 본 법리에 비추어 보면 제재처분의 대상이 되는 행위가 법률의 개정 전에 완결된 경우에는 특별한 사정이 없는 이상 그 행위 당시의 법령이 적용되어야 하고, 처분 당시의 법령에 의하여 제재를 가할 수는 없다고 할 것이다. 나아가 이 사건 통보조치가 원고의 취업제한이라는 법률

상의 불이익을 직접적으로 가져오는 것임이 분명하므로, 침익적 처분이 아니어서 소급적용이 가능하다는 취지의 피고 주장을 받아들일 수 없고, 이 사건이 법령을 소급적용하더라도 일반 국민의 이해에 직접 관계가 없고, 오히려 그 이익을 증진하는 경우, 불이익이나 고통을 제거하는 경우 등의 법령의 소급적용이 허용되는 예외적인 경우에 해당한다고 보기 어려우며, 법치행정의 원리를 희생하면서까지 제재규정의 소급적용을 정당화할 만큼 공익상 필요가 높다고도 볼 수 없다.

3. 따라서 이 사건 통보조치는 행정처분으로서 행정법규 불소급의 원칙에 위반되므로, 원고가 '은행법 또는 은행법에 의한 규정·명령 또는 지시를 위반한 행위'를 하였다거나 '금융기관의 건전한 운영을 크게 해치는 행위'를 하였다는 그 처분사유가 존재한다고 하더라도 취소를 면할 수 없다.

(2) 직원에 대한 조치

금융위원회는 금융투자업자의 직원이 제420조 제1항 각 호(제6호 제외)의 어느 하나에 해당하거나 별표 1 각 호의 어느 하나에 해당하는 경우에는 다음과 같은 조치를 그 금융투자업자에게 요구할 수 있다(法 422조②).

1. 면직
2. 6개월 이내의 정직
3. 감봉
4. 견책
5. 경고
6. 주의
7. 그 밖에 위법행위를 시정하거나 방지하기 위하여 필요한 조치로서 대통령령으로 정하는 조치

(3) 관리·감독 책임 있는 임직원에 대한 조치

금융위원회는 금융투자업자의 임직원에 대하여 조치를 하거나 이를 요구하는 경우 그 임직원에 대하여 관리·감독의 책임이 있는 임직원에 대한 조치를 함께 하거나 이를 요구할 수 있다. 다만, 관리·감독의 책임이 있는 자가 그 임직원의 관리·감독에 상당한 주의를 다한 경우에는 조치를 감면할 수 있다(法 422조③).

(4) 임원 결격기간

금융회사지배구조법에 의하면 제재를 받은 임직원은 제재 수준에 따라 일정 기간 금융투자업자의 임원이 될 수 없으며, 임원이 된 후 이에 해당하게 된 경우에는 그 직을 상실한다(同法 5조②). 다만, 제7호에 해당하는 사람으로서 대통령

령으로 정하는 경우에는 그 직을 잃지 아니한다.

1. 미성년자·피성년후견인 또는 피한정후견인
2. 파산선고를 받고 복권(復權)되지 아니한 사람
3. 금고 이상의 실형을 선고받고 그 집행이 끝나거나(집행이 끝난 것으로 보는 경우를 포함한다) 집행이 면제된 날부터 5년이 지나지 아니한 사람
4. 금고 이상의 형의 집행유예를 선고받고 그 유예기간 중에 있는 사람
5. 이 법 또는 금융관계법령에 따라 벌금 이상의 형을 선고받고 그 집행이 끝나거나(집행이 끝난 것으로 보는 경우를 포함한다) 집행이 면제된 날부터 5년이 지나지 아니한 사람
6. 다음 각 목의 어느 하나에 해당하는 조치를 받은 금융회사의 임직원 또는 임직원이었던 사람(그 조치를 받게 된 원인에 대하여 직접 또는 이에 상응하는 책임이 있는 사람으로서 대통령령으로 정하는 사람으로 한정한다)으로서 해당 조치가 있었던 날부터 5년이 지나지 아니한 사람
   가. 금융관계법령에 따른 영업의 허가·인가·등록 등의 취소
   나. 「금융산업의 구조개선에 관한 법률」 제10조 제1항에 따른 적기시정조치
   다. 「금융산업의 구조개선에 관한 법률」 제14조 제2항에 따른 행정처분
7. 이 법 또는 금융관계법령에 따라 임직원 제재조치(퇴임 또는 퇴직한 임직원의 경우 해당 조치에 상응하는 통보를 포함한다)를 받은 사람으로서 조치의 종류별로 5년을 초과하지 아니하는 범위에서 대통령령으로 정하는 기간이 지나지 아니한 사람[20]

---

[20] "대통령령으로 정하는 기간"이란 다음 기간을 말한다(同法 施行令 7조②).
   1. 임원에 대한 제재조치의 종류별로 다음 각 목에서 정하는 기간
      가. 해임(해임요구 또는 해임권고를 포함): 해임일(해임요구 또는 해임권고의 경우에는 해임요구일 또는 해임권고일)부터 5년
      나. 직무정지(직무정지의 요구를 포함) 또는 업무집행정지: 직무정지 종료일(직무정지 요구의 경우에는 직무정지 요구일) 또는 업무집행정지 종료일부터 4년
      다. 문책경고: 문책경고일부터 3년
   2. 직원에 대한 제재조치의 종류별로 다음 각 목에서 정하는 기간
      가. 면직요구: 면직요구일부터 5년
      나. 정직요구: 정직요구일부터 4년
      다. 감봉요구: 감봉요구일부터 3년
   3. 재임 또는 재직 당시 금융관계법령에 따라 그 소속기관 또는 금융위원회·금융감독원장 외의 감독·검사기관으로부터 제1호 또는 제2호의 제재조치에 준하는 조치를 받은 사실이 있는 경우 제1호 또는 제2호에서 정하는 기간
   4. 퇴임하거나 퇴직한 임직원이 재임 또는 재직 중이었더라면 제1호부터 제3호까지의 조치를 받았을 것으로 인정되는 경우 그 받았을 것으로 인정되는 조치의 내용을 통보받은 날부터 제1호부터 제3호까지에서 정하는 기간

준법감시인의 결격사유는 최근 5년간 문책경고(임원의 경우) 또는 감봉요구(직원의 경우) 이상에 해당하는 조치를 받은 임직원은 준법감시인이 될 수 없으며, 준법감시인이 된 후 이에 해당하게 된 경우에는 그 직을 상실한다(同法 26조①,②).

5. 청   문

금융위원회는 다음과 같은 처분 또는 조치를 하고자 하는 경우에는 청문을 실시하여야 한다(法 423조).

1. 종합금융투자사업자에 대한 지정취소
2. 금융투자상품거래청산회사에 대한 인가취소
3. 금융투자상품거래청산회사 임직원에 대한 해임요구 또는 면직요구
4. 신용평가회사에 대한 인가취소
5. 신용평가회사 임직원에 대한 해임요구 또는 면직요구
6. 거래소허가취소
7. 거래소 임직원에 대한 해임요구 또는 면직요구
8. 금융투자업에 대한 인가·등록취소
9. 금융투자업자 임직원에 대한 해임요구 또는 면직요구

6. 처분 등의 기록 및 공시

금융위원회는 위와 같이 처분 또는 조치한 경우에는 그 내용을 기록하고 이를 유지·관리하여야 하고(法 424조①), 취소 등의 조치를 취한 경우 그 사실을 관보 및 인터넷 홈페이지 등에 공고하여야 한다(法 424조②). 금융위원회는 금융투자업자의 퇴임한 임원 또는 퇴직한 직원이 재임 또는 재직 중이었다면 제422조 제1항 제1호(임원에 대한 해임요구)·제2항 제1호(직원에 대한 면직요구)에 해당하는 조치를 받았을 것으로 인정되는 경우에는 그 받았을 것으로 인정되는 조치의 내용을 금융감독원장으로 하여금 해당 금융투자업자에게 통보하도록 할 수 있다. 이 경우 통보를 받은 금융투자업자는 이를 퇴임·퇴직한 그 임직원에게 통보하여야 한다(法 424조③). 제1항은 금융투자업자가 금융위원회의 조치요구에 따라 그 임직원을 조치한 경우 및 통보를 받은 경우에 준용한다(法 424조④). 금융투자업자 또는 그 임직원(임직원이었던 자를 포함)은 금융위원회에 자기에 대한 처분 또는 조치 여부 및 그 내용을 조회할 수 있다(法 424조⑤). 금융위원회는 조회요청을 받은 경우에는 정당한 사유가 없는 한 처분 또는 조치 여부 및 그 내용을 그

조회 요청자에게 통보하여야 한다(法 424조⑥).

7. 이의신청과 행정심판

　　제420조 제1항·제3항(금융투자업자에 대한 인가·등록의 취소, 기타 조치), 제
421조 제1항(외국금융투자업자의 지점등의 인가·등록의 취소)·제4항(역외투자자문
업자 또는 역외투자일임업자의 등록취소), 제422조 제1항 제2호부터 제6호까지(임
원에 대한 조치 중 해임요구는 제외) 및 제422조 제3항(관리·감독 책임 있는 임직원
에 대한 조치, 해임요구는 제외)에 따른 처분 또는 조치에 대하여 불복하는 자는 그
처분 또는 조치의 고지를 받은 날부터 30일 이내에 그 사유를 갖추어 금융위원회
에 이의를 신청할 수 있다(法 425조①). 금융위원회는 이의신청에 대하여 60일
이내에 결정을 하여야 한다. 다만, 부득이한 사정으로 그 기간 이내에 결정을 할
수 없을 경우에는 30일의 범위에서 그 기간을 연장할 수 있다(法 425조②).

　　금융위원회·증권선물위원회 및 금융감독원이 행한 위법·부당한 처분으로 인
하여 권리·이익의 침해를 받은 자는 국무총리에게 행정심판을 제기할 수 있다(金
設法 70조).

8. 행정소송

　　금융위원회의 제재처분에 대하여 불복하는 자는 행정소송을 제기할 수 있다.
임원에 대한 해임요구 조치에 대하여 자본시장법은 이의신청의 대상에서 제외하
고 있다. 그러나 행정청의 어떤 행위가 항고소송의 대상이 될 수 있는지의 문제는
추상적·일반적으로 결정할 수 없고, 구체적인 경우 행정처분은 행정청이 공권력
의 주체로서 행하는 구체적 사실에 관한 법집행으로서 국민의 권리의무에 직접적
으로 영향을 미치는 행위라는 점을 염두에 두고, 관련 법령의 내용과 취지, 그 행
위의 주체·내용·형식·절차, 그 행위와 상대방 등 이해관계인이 입는 불이익과의
실질적 견련성, 그리고 법치행정의 원리와 당해 행위에 관련한 행정청 및 이해관
계인의 태도 등을 참작하여 개별적으로 결정하여야 한다.21) 따라서 해임요구 조
치도 그 자체로 행정청인 피고가 공권력의 주체로서 행한 구체적 사실에 관한 법
집행으로서 원고의 권리의무에 직접적으로 영향을 미치는 행위로서 항고소송의
대상으로 보는 것이 타당하다.

---

　21) 대법원 2010. 11. 18. 선고 2008두167 전원합의체 판결.

III. 조사 및 조치

1. 임의조사

(1) 보고 · 조사

금융위원회는[22] 자본시장법 또는 자본시장법에 따른 명령이나 처분을 위반한 사항이 있거나 투자자 보호 또는 건전한 거래질서를 위하여 필요하다고 인정되는 경우에는 위반행위의 혐의가 있는 자, 그 밖의 관계자에게 참고가 될 보고 또는 자료의 제출을 명하거나 금융감독원장에게 장부·서류, 그 밖의 물건을 조사하게 할 수 있고(法 426조①), 조사를 위하여 위반행위의 혐의가 있는 자, 그 밖의 관계자에게 다음 사항을 요구할 수 있다(法 426조②).

1. 조사사항에 관한 사실과 상황에 대한 진술서의 제출
2. 조사사항에 관한 진술을 위한 출석
3. 조사에 필요한 장부·서류, 그 밖의 물건의 제출

금융위원회는 조사를 함에 있어서 불공정거래규제에 관한 제172조부터 제174조까지(내부자거래), 제176조(시세조종), 제178조(부정거래행위) 및 제180조(공매도)를 위반한 사항의 조사에 필요하다고 인정되는 경우에는 다음의 조치를 할 수 있다(法 426조③).

1. 제출된 장부·서류, 그 밖의 물건의 영치
2. 관계자의 사무소 또는 사업장에 대한 출입을 통한 업무·장부·서류, 그 밖의 물건의 조사

(2) 자료제출요구

금융위원회는 조사를 함에 있어서 필요하다고 인정되는 경우에는 금융투자업자, 금융투자업관계기관 또는 거래소에 대통령령으로 정하는 방법[23]에 따라 조사에 필요한 자료의 제출을 요구할 수 있다(法 426조④).

---

22) 제426조에서 불공정거래규제에 관한 규정(자본시장법 제4편 172조부터 174조까지, 176조, 178조 및 180조)을 위반한 사항인 경우에는 증권선물위원회를 말한다. 따라서 불공정거래에 관하여는 증권선물위원회의 조사권한에 관한 내용이다.
23) 금융위원회(法 172조부터 174조까지, 176조, 178조 및 180조를 위반한 사항인 경우에는 증권선물위원회)가 금융투자업자, 금융투자업 관계 기관 또는 거래소에 대하여 자료의 제출을 요구하는 경우에는 그 사용목적과 조사대상 금융투자상품의 종류, 종목·품목, 거래유형 및 거래기간 등을 기재한 서면으로 하여야 한다(슈 375조).

⑶ 조치사유·조치기준

금융위원회는 조사 결과 별표 15 각 호의 어느 하나에 해당하는 경우에는 시
정명령, 그 밖에 대통령령으로 정하는 조치를 할 수 있으며, 조사 및 조치를 함에
있어서 필요한 절차·조치기준, 그 밖에 필요한 사항을 정하여 고시할 수 있다(法
426조⑤).24)25)

⑷ 거래소의 통보

거래소는 이상거래의 심리 및 회원에 대한 감리결과 이 법 또는 이 법에 따
른 명령이나 처분을 위반한 혐의를 알게 된 경우에는 금융위원회에 통보하여야
한다(法 426조⑥).

⑸ 증표의 제시

관계자의 사무소 또는 사업장에 대한 출입을 통한 업무·장부·서류, 그 밖의
물건의 조사를 하는 자는 그 권한을 표시하는 증표를 지니고 이를 관계자에게 내

---

24) "대통령령으로 정하는 조치"란 다음과 같은 조치를 말한다(슈 376조①).
  1. 금융투자업자의 경우 : 자본시장법 제420조 제1항·제3항 또는 자본시장법 제422조 제1항
     ·제2항에 따른 조치
  2. 거래소의 경우 : 자본시장법 제411조 제1항부터 제3항까지의 규정에 따른 조치
  3. 협회의 경우 : 자본시장법 제293조 제1항부터 제3항까지의 규정에 따른 조치
  4. 예탁결제원의 경우 : 자본시장법 제307조 제1항부터 제3항까지의 규정에 따른 조치
  5. 증권금융회사의 경우 : 자본시장법 제335조 제1항부터 제4항까지의 규정에 따른 조치
  6. 종합금융회사의 경우 : 자본시장법 제354조 제1항부터 제4항까지의 규정에 따른 조치
  7. 자금중개회사의 경우 : 자본시장법 제359조 제1항부터 제4항까지의 규정에 따른 조치
  8. 단기금융회사의 경우 : 자본시장법 제364조 제1항부터 제4항까지의 규정에 따른 조치
  9. 명의개서대행회사(자본시장법 제365조 제1항에 따라 등록을 한 자)의 경우 : 자본시장
     법 제369조 제1항부터 제4항까지의 규정에 따른 조치
  10. 금융투자 관계 단체의 경우 : 자본시장법 제372조 제1항에 따른 조치
  11. 제1호부터 제10호까지의 규정이 적용되지 아니하는 자의 경우 : 다음 각 목의 어느 하나
     에 해당하는 조치
     가. 경고
     나. 주의
     다. 자본시장법을 위반한 경우에는 고발 또는 수사기관에의 통보
     라. 다른 법률을 위반한 경우에는 관련 기관이나 수사기관에의 통보
     마. 그 밖에 금융위원회가 자본시장법 및 동법 시행령, 그 밖의 관련 법령에 따라 취할
        수 있는 조치
25) 미국의 SEC가 행정조치에 의하여 부과할 수 있는 제재는 견책(censure), 증권발행 제한, 브
    로커-딜러의 등록취소, 거부명령(refusal order)과 중지명령(stop order) 등이다. 또한 SEC는
    민사제재금(civil penalty)을 부과하거나 법원에 청구할 수 있고 이익의 반환(disgorgement)
    을 명할 권한과, 증권의 등록 여부에 불구하고 연방증권법을 위반하였거나 위반하려는 자에
    대한 정지명령(cease-and-desist order)을 할 수 있고, 이사, 임원에 대한 취업금지명령을
    법원에 청구할 수 있다.

보여야 한다(法 426조⑦).

(6) 공 표

금융위원회는 관계자에 대한 조사실적·처리결과, 그 밖에 관계자의 위법행위를 예방하는데 필요한 정보 및 자료를 대통령령으로 정하는 방법에 따라 공표할 수 있다(法 426조⑧).[26]

(7) 조사권한의 남용 금지

조사공무원 및 제426조에 따라 조사업무를 수행하는 금융감독원 소속 직원("조사원")은 자본시장법의 시행을 위하여 필요한 최소한의 범위 안에서 조사를 행하여야 하며, 다른 목적 등을 위하여 조사권을 남용할 수 없다(法 427조의2①). 금융위원회는 조사원의 조사권 남용을 방지하고 조사절차의 적법성을 보장하기 위한 구체적 기준을 정하여 고시할 수 있다(法 427조의2②).

2. 강제조사

(1) 조사공무원의 강제조사

조사공무원이란 금융위원회 소속공무원 중 증권선물위원회 위원장의 제청에 의하여 검찰총장이 지명하는 자를 말한다(슈 378조). 제427조의 조사공무원은 증권선물위원회 위원장의 지휘를 받는다는 점에서 통상의 특별사법경찰관리와 다르다.[27]

증권선물위원회는 제172조부터 제174조까지, 제176조, 제178조, 제178조의2, 제180조 및 제180조의2부터 제180조의3까지의 규정을 위반한 행위를 조사하기 위하여 필요하다고 인정되는 경우에는 조사공무원에게 위반행위의 혐의가 있는 자를 심문하거나 물건을 압수 또는 사업장 등을 수색하게 할 수 있다(法

---

26) 금융위원회는 위법행위를 예방하는 데에 필요한 다음 각 호의 정보와 자료를 신문·방송 또는 인터넷 홈페이지 등을 이용하여 공표할 수 있다. 다만, 관계자에 대하여 고발 또는 수사기관에 통보가 된 경우 등 금융위원회가 정하여 고시하는 경우에는 공표하지 아니하거나 일부를 제외하고 공표할 수 있다(슈 377조).
   1. 관계자의 소속 및 인적 사항
   2. 위법행위의 내용 및 조치사항
   3. 그 밖에 관계자의 위법행위를 예방하는 데에 필요하다고 금융위원회가 정하여 고시하는 사항
27) 또한 지명절차 및 직무수행 절차·권한도 통상의 특별사법경찰관과 달리 「사법경찰관리의 직무를 수행할 자와 그 직무범위에 관한 법률」(약칭: 사법경찰직무법) 및 「금융감독원 특별사법경찰관리 집무규칙」에 따르지 않고 자본시장법에 정한 바에 따른다.

427조①).[28] 이는 제426조의 임의조사와 대비되는 강제조사이다. 임의조사 불응시 조사공무원의 압수·수색과 같은 강제조사가 이어질 수 있다.

(2) 일반조사와 증권범죄조사

(개) 조사의 구분

「자본시장조사 업무규정」에 의한 조사를 "일반조사"라고 하고, 「단기매매차익 반환 및 불공정거래 조사·신고 등에 관한 규정」에 의한 조사를 "증권범죄조사"라고 한다.[29] 증권범죄조사는 구체적으로 자본시장법 제4편(불공거래의 규제) 규정 중 제172조부터 제174조까지, 제176조, 제178조, 제180조의 규정에 위반한 행위("증권범죄")의 혐의가 있는 종목에 대하여 법위반자와 그 범죄사실을 확인하기 위하여 자본시장법 제427조 제1항의 규정에 따른 조사수단을 활용하여 행하는 조사활동을 말한다(조사신고규정 2조 제5호).

(나) 양자 간의 전환

1) 증권범죄조사로의 전환   일반조사의 진행 중에 다음과 같은 사유가 있는 경우에는 증권범죄조사로 전환할 수 있다(조사신고규정 11조①).

1. 일반조사중 증권범죄혐의가 있는 장부·서류·물건(이하 "증빙물건"이라 한다)을 발견하였으나, 혐의자가 증빙물건의 임의제출에 동의하지 않는 경우
2. 일반조사중 사업장·사무소 등에 증빙물건이 은닉된 혐의가 뚜렷하여 압수·수색이 불가피한 경우
3. 혐의사실을 은폐할 목적으로 허위자료를 제출하는 등 일반조사를 방해함으로써 정상적인 조사가 불가능하다고 판단되는 경우

금융감독원장은 일반조사를 증권범죄조사로 전환할 필요가 있다고 인정하는

---

28) 강제조사권은 2002년 증권거래법 개정시 도입되었는데, 그 당시 조사불응자에 대한 형사책임이 있는데 미국의 SEC에게도 인정되지 않는 강제조사권 도입은 지나치다는 반대도 많았다. 그러나 불공정거래혐의자 아닌 단순불응자에 대하여는 형사제재가 곤란하고, 오늘날 증권범죄의 수법이 다양화, 복잡화, 지능화되고 있는 점에 비추어보면 현재의 강제조사권도 효율적인 불공정거래규제를 위하여는 오히려 미흡하다는 주장도 있다.

29) 「단기매매차익 반환 및 불공정거래 조사·신고 등에 관한 규정」은 단기매매차익 산정방법 및 반환예외 인정, 임원 등의 특정증권등 소유상황 보고, 증권범죄조사, 불공정거래행위등의 신고 및 포상금 지급 등에 관하여 필요한 사항을 정함을 목적으로 한다. 본서의 본문에서는, 「자본시장조사 업무규정」은 "자본시장조사 업무규정"으로, 「단기매매차익 반환 및 불공정거래 조사·신고 등에 관한 규정」은 "불공정거래 조사·신고 등에 관한 규정"으로 각각 약칭하고, 괄호 내 조문표시에 있어서는, 「자본시장조사 업무규정」은 "조사업무규정"으로, 「단기매매차익 반환 및 불공정거래 조사·신고 등에 관한 규정」은 "조사신고규정"으로 각각 약칭한다.

경우에는 증권선물위원회 위원장과 협의하여 증권범죄조사를 요청할 수 있다. 다만, 증권선물위원회 위원장 또는 불공정거래조사·심리기관협의회가 증권범죄조사가 필요하다고 인정하는 경우에는 감독원장은 당해 사건을 증권선물위원회 위원장에게 이첩한다(조사신고규정 11조②). 증권선물위원회 위원장은 요청 또는 이첩을 받은 경우에는 조사공무원으로 하여금 증권범죄조사를 실시하게 할 수 있다. 이 경우 증권선물위원회 위원장은 효율적인 조사를 위하여 필요하다고 인정하는 때에는 감독원장에게 조사협조를 요청할 수 있다(조사신고규정 11조③). 증권선물위원회 위원장이 증권범죄조사를 실시하는 경우 감독원장은 당해사건과 관련된 조사자료 등을 인계해야 한다(조사신고규정 11조④).

　　2) 일반조사로의 전환　　　증권선물위원회 위원장은 자본시장법 제427조 제1항의 규정에 따른 압수 또는 수색으로 증빙물건의 확보 등의 목적이 달성되었다고 인정되는 경우에는 일반조사로 전환할 수 있다(조사신고규정 제24조①). 증권선물위원회 위원장은 일반조사로 전환된 사건을 감독원장과 협의하여 이첩할 수 있다(조사신고규정 제24조②). 제2항의 규정에 의하여 이첩하는 경우 증권선물위원회 위원장은 당해사건과 관련된 조사자료 등을 감독원장에게 인계해야 한다(조사신고규정 제24조③).

　⑶ 조사대상종목의 선정과 현장확인 내사

　㈎ 조사대상종목의 선정

　　증권선물위원회는 업무상 인지정보, 한국거래소의 심리결과 통보사항 기타 제보사항에 대한 사전내사결과, 증권범죄의 혐의가 구체적이고 명백한 종목으로서 다음 각 호의 1에 해당하는 사유가 있는 경우에 증권범죄조사의 대상을 선정할 수 있다(조사신고규정 10조).

1. 조사업무규정에 따른 불공정거래조사·심리기관협의회의 결정이 있는 때
2. 증권·파생상품시장에 미치는 영향이 크거나 공정한 거래질서를 현저히 저해할 우려가 있는 때

　㈏ 현장확인 내사

　　"내사"라 함은 증권범죄혐의의 진위를 확인하여 구체적인 증권범죄 혐의사실을 확정하기 위한 간접조사 방법으로서 피내사자 및 그 관련인이 알지 못하도록 은밀하게 조사하는 것을 말한다(조사신고규정 2조 제7호). 조사공무원은 증권범죄

조사에 착수하기에 앞서 구체적인 범죄혐의 내용을 재검토하고, 증빙물건의 은닉 장소 등 구체적인 압수·수색 또는 영치할 장소를 선정하여 현장을 확인하는 내사를 할 수 있다(조사신고규정 12조①). 현장확인의 내사를 하는 때에는 압수·수색 또는 영치할 장소에 관한 약도, 주변상황과 장소별 동원인원, 소요장비 등을 판단하고 내사결과와 조사착수 일시 및 조사방법에 관한 의견을 증권선물위원회 위원장에게 보고해야 한다(조사신고규정 12조②). 증권선물위원회 위원장은 증빙물건의 확보 등을 위하여 법 제427조 제1항의 규정에 따른 압수 또는 수색이 필요한 경우에는 감독원장 또는 한국거래소 이사장에게 인력 등의 지원을 요청할 수 있다(조사신고규정 14조).

(4) 조사와 영장

(가) 영장주의

조사공무원이 위반행위를 조사하기 위하여 압수 또는 수색을 하는 경우에는 검사의 청구에 의하여 법관이 발부한 압수·수색영장이 있어야 하고(法 427조②), 심문·압수·수색을 하는 경우에는 그 권한을 표시하는 증표를 지니고 이를 관계자에게 내보여야 한다(法 427조③). 형사소송법 중 압수·수색과 압수·수색영장의 집행 및 압수물 환부 등에 관한 규정은 자본시장법에 의한 압수·수색과 압수·수색영장에 관하여 준용한다(法 427조④).

조사공무원이 증권범죄조사를 위하여 압수·수색을 하는 때에는 법원이 발부한 압수·수색영장이 있어야 한다. 다만, 소유자, 소지자 또는 보관자가 임의제출한 물건 또는 유류한 물건은 압수·수색영장 없이 영치할 수 있다(조사신고규정 15조).

(나) 압수·수색영장의 신청

압수·수색영장은 관할 지방검찰청(통상 서울남부지방검찰청) 검사장에게 신청한다(조사신고규정 16조①). 압수·수색영장을 신청하는 때에는 유효기간, 범죄혐의자의 인적사항, 압수·수색할 장소, 압수할 물건 및 압수·수색을 필요로 하는 사유를 반드시 기재하여 압수·수색할 장소별로 신청하여야 하고, 증권범죄 혐의사실을 증명할 수 있는 자료가 있는 때에는 이를 첨부할 수 있다(조사신고규정 16조②).

(다) 증권범죄조사의 집행

조사공무원이 증권범죄조사의 집행에 착수하는 때에는 관계자에게 조사명령서 및 압수·수색영장을 제시하고 증권범죄조사의 집행의 뜻을 알린 후 집행해야 한다. 다만, 압수·수색영장 없이 영치하는 경우에는 조사에 필요한 증빙물건의 임의제출에 대한 승낙을 얻은 후에 집행해야 한다(조사신고규정 17조①).

㈑ 압수ㆍ수색 또는 영치

조사공무원이 압수ㆍ수색 또는 영치를 하는 때에는 절차의 공정성을 보장하기 위하여 관계자나 증빙물건의 소유자, 소지자, 보관자 또는 이에 준하는 자를 입회인으로 참여시켜야 한다(조사신고규정 18조①). 입회를 거부하거나 입회인이 없는 경우에는 관할시ㆍ군의 공무원이나 경찰공무원을 참여시켜야 한다(조사신고규정 18조②). 압수 또는 영치물건이 운반 또는 보관에 불편함이 있는 때에는 소유자, 소지자, 보관자 또는 관공서로 하여금 보관하게 할 수 있다(조사신고규정 18조③).

㈒ 압수ㆍ영치조서의 작성

조사공무원이 영치ㆍ심문ㆍ압수 또는 수색을 한 경우에는 그 전 과정을 기재하여 입회인 또는 심문을 받은 자에게 확인시킨 후 그와 함께 기명날인 또는 서명해야 한다. 이 경우 입회인 또는 심문을 받은 자가 기명날인 또는 서명을 하지 아니하거나 할 수 없는 때에는 그 사유를 덧붙여 적어야 한다(法 427조⑤).

조사공무원이 압수ㆍ수색 또는 영치를 완료한 때에는 「압수ㆍ영치조서」 및 「압수ㆍ영치목록」 2통을 작성하여 입회인과 함께 서명날인하고, 1통은 소유자, 소지자, 보관자 또는 이에 준하는 자에게 교부해야 한다(조사신고규정 19조①).

㈓ 압수ㆍ영치물건의 관리

압수 또는 영치한 증빙물건은 즉시 검토하여 증권범죄조사와 관련이 없고, 후일에 필요할 것으로 예상되지 않는 증빙물건은 보관증을 받고 환부하되 필요한 때에는 언제든지 제출할 수 있도록 조치해야 한다(조사신고규정 20조①). 압수ㆍ영치한 증빙물건 중 형사소송법 제133조 제1항의 규정에 의하여 소유자, 소지자, 보관자 또는 제출인의 가환부청구가 있는 때에는 사진촬영 기타 원형보존의 조치를 취하거나, 사본에 "원본대조필"의 확인을 받아 당해 사본을 보관하고, 원본은 보관증을 받고 가환부해야 한다(조사신고규정 20조②).

⑸ 심문과 문답서

㈎ 심　　문

조사공무원이 증권범죄조사에 착수한 때에는 증권범죄혐의자 또는 관계자에 대하여 혐의사항에 관한 질문을 할 수 있다. 다만, 증권범죄혐의자 또는 관계자의 경력, 성행 또는 정황에 따라 적절하지 아니하다고 판단되는 경우에는 이를 생략할 수 있다(조사신고규정 21조①).

　⑷ 문답서의 작성

　조사공무원이 증권범죄의 혐의를 발견한 때에는 혐의자 또는 관계자로부터 문답서를 받아야 한다(조사신고규정 22조①). 증권범죄혐의자 또는 관계자가 증권범죄사실에 관한 문답서의 작성을 회피하거나 서명날인을 거부하는 때에는 그 뜻을 부기하고 조사공무원이 서명날인해야 한다(조사신고규정 22조②).

　⑸ 대리인의 조사과정 참여

　조사공무원은 증권범죄혐의자의 신청이 있는 경우 증권범죄혐의자가 선임한 행정절차법 제12조 제1항에 따른 대리인을 증권범죄혐의자에 대한 조사과정에 참여하게 할 수 있다. 다만, 다음 각 호의 어느 하나에 해당하는 경우에는 그러하지 아니하다(조사신고규정 22조①).

1. 증권범죄혐의자의 대리인 참여요청이 조사의 개시 및 진행을 지연시키거나 방해하는 것으로 판단되는 경우
2. 조사공무원의 승인없이 심문에 개입하거나 모욕적인 언동 등을 하는 경우
3. 증권범죄혐의자에게 특정한 답변 또는 부당한 진술 번복을 유도하는 경우
4. 심문내용을 촬영, 녹음, 기록하는 경우. 다만, 기록의 경우 증권범죄혐의자에 대한 법적 조언을 위해 증권범죄혐의자와 대리인이 기억환기용으로 메모하는 것은 제외한다.
5. 기타 제1호 내지 제4호 이외의 경우로서 조사목적 달성을 현저하게 어렵게 하는 경우

　증거인멸 우려 등의 사유로 조사의 시급을 요하는 조사와 관련하여서는 증권범죄혐의자의 대리인 참여요청과 관계없이 조사의 개시 및 진행을 할 수 있다(조사신고규정 22조의2②).

　⑹ 증권범죄조사중의 수사의뢰

　조사공무원이 증권범죄조사에 착수하여 조사진행중 증권범죄혐의에 대한 상당한 이유가 있고, 다음과 같은 사유가 있는 경우에는 검찰에 수사의뢰할 수 있다(조사신고규정 23조).

1. 증권범죄혐의자가 일정한 주거가 없는 때
2. 증권범죄혐의자가 증거를 인멸할 우려가 있는 때
3. 증권범죄혐의자가 도주하거나 도주할 우려가 있는 때

3. 조사결과에 대한 조치

⑴ 자본시장 조사업무규정

㈎ 조사결과 처리

금융위는 조사결과 발견된 위법행위에 대하여는 법 제426조 제5항 및 시행령 제376조 제1항의 규정에 따라 제24조부터 제33조까지의 규정에서 정하는 조치를 할 수 있다(조사업무규정 19조①). 조사결과 다음과 같은 경우에는 증권선물위원회 위원장이 제1항의 조치를 할 수 있다. 이 경우 제21조의 규정에 따른 심의절차를 생략할 수 있다(조사업무규정 19조②).

1. 천재·지변·전시·사변·경제사정의 급격한 변동 그 밖의 이에 준하는 사태로 인하여 상당한 기간 증권선물위원회의 개최가 곤란한 경우 그 처리에 긴급을 요하는 사항
2. 수사당국이 수사중인 사건으로서 즉시 통보가 필요한 사항
3. 위법행위가 계속되거나 반복되어 투자자보호와 공정거래질서 유지를 위하여 즉시 조치가 필요한 사항
4. 위법행위 혐의자의 도주·증거 인멸 등이 예상되는 사항
5. 제2호부터 제4호까지의 규정에 준하는 경우로서 투자자보호와 공정거래질서 유지를 위하여 신속한 조치가 필요하고 증권선물위원회를 개최하여 처리할 경우 그 실효성이 떨어질 것이 명백한 사항

㈏ 자본시장조사심의위원회의 심의

조사결과의 보고 및 처리안을 심의하기 위한 자문기구로서 증권선물위원회에 자본시장조사심의위원회를 둔다(조사업무규정 21조). 자본시장조사심의위원회는 조사결과 및 조치대상자의 의견을 종합적으로 고려하여 처리안에 대한 의견을 증권선물위원회에 제시한다.

㈐ 조사결과 조치

금융위는 조사결과 발견된 위법행위로서 형사벌칙의 대상이 되는 행위에 대하여는 관계자를 고발 또는 수사기관에 통보해야 한다(조사업무규정 24조). 그리고 금융위는 위법행위가 과징금 부과대상인 경우에는 과징금을(조사업무규정 25조), 과태료 부과대상인 경우에는 과태료를 부과할 수 있다(조사업무규정 26조). 또한 금융위는 조사결과 매매차익을 법인에 반환해야 하는 매매를 한 사실을 알

게 된 경우에는 해당 법인에 이를 통보해야 한다(조사업무규정 28조).

(2) 불공정거래 조사·신고 등에 관한 규정

(개) 조사결과 보고

조사공무원이 위반행위의 조사를 완료한 경우에는 그 결과를 증권선물위원회에 보고해야 한다(法 427조⑥). 조사공무원이 증권범죄조사를 종료한 때에는 그 결과를 지체 없이 증권선물위원회 위원장에게 보고해야 한다(조사신고규정 25조).

(나) 고발 등

증권범죄사건을 고발, 검찰통보, 수사의뢰("고발등")하는 경우에 압수물건이 있는 때에는 압수목록을 첨부하여 담당검사에게 인계해야 한다(조사신고규정 27조①). 압수물건으로서 소유자, 소지자 또는 관공서가 보관하는 것에 대하여는 보관증으로써 인계하고 압수물건을 인계하였다는 사실을 보관자에게 통지해야 한다(조사신고규정 27조②). 조사공무원이 증권범죄혐의자를 고발등으로 처리한 때에는 관할 검찰청의 처분 또는 법원의 판결 등에 관하여 사후관리를 해야 한다(조사신고규정 27조③).

(다) 무혐의 처리

증권선물위원회 위원장은 조사결과 증권범죄의 심증을 얻지 못한 때에는 무혐의 처리하고, 압수 또는 영치한 물건은 환부해야 한다(조사신고규정 29조).

(라) 증빙물건의 보전과 관리

증권범죄사건의 조사반장은 조사를 완료한 경우에는 증권범죄사실과 관계되는 증빙물건을 다음 각 호에서 정하는 기간 동안 보전·관리해야 한다(조사신고규정 29조①).

1. 고발 등을 한 경우에는 법원의 판결이 확정되는 때
2. 과징금 또는 과태료 부과의 경우에는 불복청구기간이 경과하는 때. 다만, 행정쟁송이 제기된 경우에는 그 쟁송절차가 완료되는 때

보관중인 증빙물건 중 가환부 청구가 있는 때에는 제16조 제2항의 규정에 따라 가환부한다(조사신고규정 29조②). 기타 쟁송과 관련되지 않는 증빙물건은 그 일부를 가환부할 수 있다(조사신고규정 29조③).

(마) 준용 규정

「단기매매차익 반환 및 불공정거래 조사·신고 등에 관한 규정」에 의한 증권

범죄조사결과에 대한 처리는 자본시장조사 업무규정 제19조부터 제40조까지 준용한다(조사신고규정 26조).

4. 자본시장조사단

(1) 출범 배경

불공정거래 조사·조치의 일반적인 절차는, 금융감독원이 거래소에서 적발하여 이첩한 사건과 자체 적발한 사건을 조사하고, 자본시장조사심의위원회의 심의와 증권선물위원회의 의결을 거쳐 검찰에 고발 또는 통보 형식으로 이첩된다.

불공정거래 조사 성과의 극대화를 위하여 금융위원회 내에 주가조작 등 불공정거래 조사를 전담하는 자본시장조사단이 2013년 9월 금융위원회 사무처장 직속으로 설치되었다.[30][31]

(2) 관계기관 간 역할분담 및 협업

자본시장조사단은 거래소 등을 통해 이상거래를 포함한 모든 불공정거래 관련 정보를 통보받게 되고, 거래소 등으로부터 통보받은 정보를 토대로 신속·강제수사의 필요성 및 사회적 파장 등을 고려하여 다음과 같이 긴급·중대사건, 중요사건 및 일반사건을 관련기관에 분류·배당한다. 이 중 자본시장조사단은 중요사건에 대한 조사집행업무를 수행한다.

1. 긴급·중대 사건 : 신속한 강제수사 및 공소시효 정지가 필요하거나 사회적 물의 야기로 신속한 처벌이 필요한 사건으로서(예: 사회적 물의를 야기하거나 시장의 공신력을 현저하게 저해할 우려가 큰 사건, 혐의자가 도주 또는 해외로 도피할 우려가 있는 사건, 통신자료 등에 대한 적시 압수·수색이 필요한 사건), 신속처리절차(Fast Track)로 검찰에 고발·통보 조치한다.[32]
2. 중요 사건 : Fast Track 사건 이외 압수·수색 등 강제수사가 요구되는 중요 사건은

---

30) 박근혜 정부의 "주가조작 등 불공정거래 종합대책"에 따라 2013년 검찰에 "증권범죄 합동수사단"이 설치됨에 따라 금융위원회의 "자본시장조사단", 금융감독원의 "특별조사국", 한국거래소의 "특별심리부" 등 4개의 조직이 증권불공정거래의 심리·조사·수사 업무를 담당하였다. "증권범죄 합동수사단"은 문재인 정부에서 폐지되었다가, 2022년 윤석열 정부에서 다시 "금융·증권범죄합동수사단"으로 재출범하였다.

31) 한편, 2022년 12월 「금융위원회와 그 소속기관 직제 시행규칙」 개정에 따라 자본시장조사단은 폐지되고, 불공정거래의 조사와 조치 업무는 금융위원회에 신설된 자본시장국의 자본시장조사과가 담당한다.

32) 공문에 "긴급조치한다"라는 취지로 기재되므로 Fast Track은 실무상 "긴급조치"라고도 부른다. 검찰 실무상으로는 긴급조치 사건은 바로 고발사건으로 보지 않고 일단 통보사건으로 보아 사건번호가 아닌 수제번호를 붙인다.

금융위에서 직접 조사하되, 필요시 금감원과 공동조사를 실시한다. 이를 위해 금융위 직원을 강제조사(압수수색 등)가 가능한 자본시장법상 조사공무원으로 지명한다(증선위원장이 제청하고 검찰총장이 지명).

3. 기타 일반 사건 : 금융감독원(자본시장조사1국, 자본시장조사2국, 특별조사국)에 배당하여 금융감독원에서 조사를 진행한다.

5. 자본시장특별사법경찰

자본시장특별사법경찰은 출석요구에 의한 임의수사와 체포·구속, 압수·수색, 금융거래내역 조사 등의 강제수사를 할 수 있는 조직인데, 2019년 금융감독원에 설치되었고, 2022년 금융위원회에도 설치되었다.

금융감독원과 금융위원회의 특별사법경찰 집무규칙은 대체로 같은데 금융위원회 특별사법경찰 집무규칙에 의하면, 수사업무를 행하는 때에는 항상 특별사법경찰관리로 지명된 자임을 증명하는 서류를 소지하여야 하고(집무규칙 3조), 금융위원장 및 금융감독원장은 자본시장특별사법경찰의 수사업무와 자본시장법 제426조, 제429조, 제429조의2, 제430조 및 제449조에 따라 조사업무를 담당하는 부서의 조사업무 간의 부당한 정보교류를 차단하기 위하여 업무 및 조직을 분리 운영해야 한다. 다만 조사실, 디지털포렌식 장비 등 조사 시설과 설비 등을 공동 사용할 수 있다(집무규칙 6조④).

자본시장특별사법경찰관은 자본시장법에 규정된 범죄 중, 1. 증권선물위원회 위원장의 긴급조치 사건 중 검사가 자본시장특별사법경찰에 수사지휘한 사건, 2. 증선위의 의결로 검찰 고발·통보한 사건 중 검사가 자본시장특별사법경찰에 수사지휘한 사건, 3. 한국거래소 이상거래 심리결과 통보에 따른 조사사건 및 공동조사사건 중 수사로 전환할 필요성이 있는 사건, 4. 기타 금융위원회 특별사법경찰 수사부서에서 범죄혐의를 인지한 사건 등의 사건에 관하여 수사를 개시할 수 있다(집무규칙 27조①).

6. 불공정거래행위의 신고 및 신고자 보호

(1) 신고·처리

㈎ 신고 방법

자본시장법 제4편의 불공정거래행위를 알게 되었거나 이를 강요 또는 제의 받은 경우에는 증권선물위원회에 신고 또는 제보할 수 있다(法 435조①).

불공정거래행위등을 신고하고자 하는 자는 다음 기준에 따라 금융감독원장에게 신고하여야 한다(조사신고규정 34조①).

1. 당해 신고의 내용이 특정인의 불공정거래행위등과 관련이 있을 것
2. 위반행위자, 장소, 일시, 방법 등 불공정거래행위등이 특정될 수 있도록 구체적인 위반사실을 적시할 것
3. 당해 신고를 하는 자의 신원(성명·주민등록번호·주소 및 전화번호)을 밝힐 것

포상금 지급대상이 되는 불공정거래행위를 신고하고자 하는 경우에는 문서, 우편, 모사전송(FAX) 또는 인터넷 등 신고내용을 증명할 수 있는 방법에 의하여야 한다(조사신고규정 34조②). 증권선물위원회가 제1항 및 제2항의 규정에 의한 신고를 접수하여 감독원장에게 이첩한 경우에는 감독원장에게 신고한 것으로 본다(조사신고규정 34조③).

㈎ 신고 접수 및 처리

증권선물위원회는 신고 또는 제보를 받은 경우에는 이를 신속하게 처리하고, 그 처리결과를 신고자 또는 제보자에게 통지하여야 한다(法 435조②).

감독원장은 신고를 받은 경우에 신고사건 처리담당부서장으로 하여금 그 내용을 순서에 따라 불공정거래행위 신고접수대장에 기록·관리하게 하여야 한다(조사신고규정 35조①). 감독원장은 신고사항이 다음과 같은 경우에는 이를 접수하지 아니하거나 이미 접수한 때에는 조사 또는 심사를 하지 아니하고 처리를 종결할 수 있다(조사신고규정 35조②).

1. 제34조의 규정에 의한 신고방법에 부합되지 아니한 경우
2. 신고자의 신원을 확인할 수 없거나 소재불명 등으로 연락이 두절된 경우
3. 신고내용이 명백히 허위인 경우
4. 동일한 사항에 대하여 조사가 진행 중이거나 종료된 경우
5. 공시자료, 언론보도 등에 의하여 널리 알려진 사실이나 풍문을 바탕으로 신고한 경우로서 새로운 사실이나 증거가 없는 경우
6. 신고내용이 조사 또는 심사 단서로서의 가치가 없다고 판단되는 경우
7. 기타 신고내용 및 신고자에 대한 확인결과 조사 또는 심사의 실익이 없다고 판단되는 경우

⒟ 처리결과의 통지

감독원장은 신고에 대한 처리를 완결한 때에는 그 결과를 신고인에게 문서의 방법으로 통지한다(조사신고규정 36조①). 그러나 다음의 경우에는 구술 또는 정보통신망을 통하여 통지할 수 있다. 다만, 신고인의 요청이 있는 경우에는 처리결과에 대한 문서를 교부하여야 한다.

1. 구술 또는 인터넷 등 정보통신망을 통해 접수된 경우
2. 신속을 요하거나 사안이 경미한 경우

⑵ 신고자 보호

⒜ 비밀유지

증권선물위원회는 신고자 등의 신분 등에 관한 비밀을 유지해야 한다(法 435조④). 누구든지 직무와 관련하여 알게 된 신고자의 신분 등에 관한 비밀을 누설하여서는 아니 된다(조사신고규정 42조①). 신고자의 신분비밀 보호를 위하여 필요하다고 인정되는 경우에는 조사 또는 심사결과 처리의견서 등 관련 서류 작성시 신고자의 인적사항의 전부 또는 일부를 기재하지 아니할 수 있다(조사신고규정 42조②).

⒝ 불리한 대우 금지

신고자 등이 소속된 기관·단체 또는 회사는 그 신고자 등에 대하여 그 신고 또는 제보와 관련하여 직접 또는 간접적인 방법으로 불리한 대우를 하지 못한다(法 435조⑤).

⒞ 보호의 예외

신고자 등이 신고의 내용이 거짓이라는 사실을 알았거나 알 수 있었음에도 불구하고 신고한 경우에는 자본시장법의 보호를 받지 못한다(法 435조⑥).

⑶ 포 상 금

⒜ 지급대상

금융위원회는[33] 신고자·제보자에게 포상금을 지급할 수 있다(法 435조⑦). 금융위원회는 접수된 신고 또는 제보가 불공정거래행위등의 적발이나 그에 따른

---

33) 제426조에서 불공정거래규제에 관한 규정(자본시장법 제4편 172조부터 174조까지, 176조, 178조 및 180조)을 위반한 사항인 경우에는 증권선물위원회를 말한다. 따라서 불공정거래에 관하여는 증권선물위원회의 조사권한에 관한 내용이다.

조치에 도움이 되었다고 인정하는 경우에는 20억원의 범위에서 금융위원회가 정하여 고시하는 기준에 따라 신고자등에게 금융감독원장으로 하여금 금융감독원의 예산의 범위에서 포상금을 지급하게 할 수 있다(슈 384조⑧).

관련 법령 자체만에 의하여 곧바로 신고자에게 구체적인 포상금청구권이 발생한다고 볼 수 없고, 금융감독원장이 관련 규정들에 터잡아 금융위원회고시인 불공정거래 신고 및 포상 등에 관한 규정과 회계관련 부정행위 신고 및 포상 등에 관한 규정에 따라 산정한 포상금을 지급하기로 하는 행정처분을 함으로써 비로소 구체적인 포상금청구권이 발생한다.

[서울행정법원 2009. 12. 4. 선고 2009구합10239 판결]
구 증권거래법 제188조의6, 같은 법 시행령 제83조의15 제2항, 제3항 등 규정들을 종합해 볼 때, 구 증권거래법 188조의6, 주식회사의 외부감사에 관한 법률 제15조의3 등 관련 법령 자체만에 의하여 곧바로 신고자에게 구체적인 포상금청구권이 발생한다고 볼 수 없고, 금융감독원장이 위 규정들에 터잡아 금융위원회고시인 불공정거래 신고 및 포상 등에 관한 규정과 회계관련 부정행위 신고 및 포상 등에 관한 규정에 따라 산정한 포상금을 지급하기로 하는 행정처분을 함으로써 비로소 구체적인 포상금청구권이 발생한다.

포상금은 다음과 같은 불공정거래행위를 신고한 자로서 혐의 입증에 필요한 증거자료(주가변동, 공시자료, 언론보도 등 일반에 공개된 자료는 제외한다)를 제출한 자에게 지급한다(조사신고규정 37조①).

1. 자본시장법 제174조의 규정에 따른 미공개정보이용행위
2. 자본시장법 제176조의 규정에 따른 시세조종행위
3. 자본시장법 제178조의 규정에 따른 부정거래행위등
4. 자본시장법 제173조의2 제2항의 규정에 따른 정보의 누설 등 행위
5. 자본시장법 제119조·제122조·제123조에 따른 증권신고서 등에 거짓의 기재 또는 표시를 하거나 중요한 사항을 기재 또는 표시하지 아니한 행위 및 증권신고서 등을 제출하지 아니한 행위. 다만, 허위의 기재 또는 표시를 하거나 중요한 사항을 기재 또는 표시하지 아니한 행위가 법 제119조·제122조 또는 제123조에 따른 증권신고서 등의 재무에 관한 사항인 경우에는 그러하지 아니하다.
6. 자본시장법 제159조 제1항·제160조·제161조 제1항에 따른 사업보고서 등에 허위의 기재 또는 표시를 하거나 중요한 사항을 기재 또는 표시하지 아니한 행위. 다만, 허위의 기재 또는 표시를 하거나 중요한 사항을 기재 또는 표시하지 아니한 행

위가 법 제159조 제1항·제160조에 따른 사업보고서 등의 재무에 관한 사항인 경우에는 그러하지 아니하다.

(나) 지급대상 제외

다음과 같은 경우에는 포상금을 지급하지 아니한다(조사신고규정 38조).

1. [삭제]
2. 동일한 신고내용(중요부분이 같은 경우를 포함)에 대하여 이 규정에 의한 포상금, 한국거래소의 「시장감시규정」에 의한 포상금 또는 「주식회사 등의 외부감사에 관한 법률」에 의한 포상금이 이미 지급되었거나 지급예정인 경우(다만, 이 규정에 의한 포상금 지급예정금액이 시장감시규정 또는 위 법에 의한 포상금액보다 더 큰 경우에는 시장감시규정 또는 위 법에 의한 포상금을 차감하여 지급할 수 있다)
3. 행정기관 또는 공공단체에 근무하는 자가 그 직무와 관련하여 알게 된 내용을 신고한 경우
4. 신고자가 포상금 수령을 거부하는 경우
5. 조사결과 신고자가 자신이 제보한 당해 불공정거래행위로 조치를 받는 경우(다만, 고발 또는 수사기관 통보 이외의 조치를 받거나 당해 불공정거래행위가 아닌 타 위반행위로 조치를 받는 경우에는 포상금을 지급할 수 있다)
6. [삭제]
7. 기타 포상금 지급이 명백히 불합리하다고 인정되는 경우

(다) 포상금 지급 기준

판례는 다음과 같은 포상금 지급 기준을 제시한다.[34]

1. 신고하거나 제보하는 내용이 자본시장법상 불공정거래행위 등을 비교적 용이하게 발견하고 특정할 수 있어야 한다.
2. 신고·제보 내용이 불공정거래행위 등의 요건에 맞게 완결성 또는 자족성을 갖출 필요는 없고 특정인의 불공정거래행위 등과 관련이 있고 조사의 단서가 되는 사실을 알리는 것으로 충분하다. 따라서 신고·제보 내용이 단서가 되어 조사가 진행되고 불공정거래행위 등의 적발 또는 그에 따른 조치에 도움이 된 경우 포상금 지급요건을 충족한다.
3. 신고자가 혐의자를 잘못 기재하거나 구체적으로 기재하지 않은 경우라도 신고 내용에 따라 불공정거래행위자를 적발한 경우에는 포상금을 지급할 수 있고, 신고·제보 내용이나 제시한 증거를 조사한 결과 사실과 다른 부분이 포함되어 있더라도 이와 같은 사정은 구체적인 기여도에 관한 사유로서 포상금을 산정할 때에 고려하

---

34) 대법원 2017. 7. 18. 선고 2014두9820 판결 전반부에서 설시한 내용이다.

는 것이 적절하다.

4. 그러나 어떠한 신고 또는 제보 후에 해당 기관의 통상적인 조사나 위반자의 자진 신고 등에 의하여 비로소 구체적인 불공정거래행위 등의 사실이 확인되었다면, 그러한 신고 또는 제보는 불공정거래행위 등을 발견하는 데 직접 관련되거나 기여를 한 것으로 볼 수 없으므로 포상금 지급대상이 되는 신고나 제보로 보기 어렵다.

[대법원 2017. 7. 18. 선고 2014두9820 판결]

2. 원심은 다음과 같은 이유로, 원고가 2009. 12. 22., 2010. 4. 9., 2011. 7. 20. 피고에게 한 각 신고의 내용(이하 '원고의 신고'라 한다)이 포상금 규정 제37조 제1항 각호의 불공정거래행위를 신고한 것이 아니고, 피고가 2012. 3. 28. 주식회사 S(이하 'S'라 한다)와 관련된 자본시장 불공정거래행위를 조사하여 적발하고 그에 대한 조사결과와 조치(이하 '이 사건 조치'라 한다)를 하는 데 도움이 되었다고 인정되지도 않으므로 원고는 포상금 지급대상에 해당하지 않는다고 판단하였다.

가. 원고의 신고는 A가 대규모 유상증자를 하여 공모된 자금 중 100억 원으로 S의 신주인수권부사채를 인수하여 경영권을 획득한 뒤 S의 재산을 매각하여 해외로 빼돌리는 방식으로 공모자금을 횡령하거나 이와 같은 행위가 배임에 해당한다는 사실 등이 기재되어 있을 뿐 포상금 규정 제37조 제1항 각호에서 정하고 있는 불공정거래행위가 전혀 특정되어 있지 않아 포상금 지급대상이 되는 신고라고 보기 어렵다.

나. 아래와 같은 사정에 비추어 원고의 신고가 이 사건 조치에 도움이 되었다고 보기 어렵다.

① 원고의 신고는 A가 공모된 자금을 이용한 무자본 M&A를 통해 S의 경영권을 확보한 후 해외로 빼돌린 자금을 직접 횡령하였다는 취지임에 반하여 이 사건 조치는 소외인이 사채를 자금으로 S를 인수하고 S로 하여금 소외인이 보유한 금광개발회사인 P 지분 51%를 고가에 매입하게 하여 그 매도금으로 위 사채자금을 갚고, 과대평가된 P 지분의 양수도 공시로 S가 해외 금광개발 사업에 진출하는 것처럼 보이게 해 주가를 끌어올려 부당이득을 취하였다는 형식의 무자본 M&A로 그 내용이 전혀 다르다.

② 원고의 2011. 7. 20.자 신고 중 인도네시아 금광개발에 123억 원을 출자한다는 허위공시를 하였다는 내용은 이 사건 조치와 유사하나, 위 신고는 S가 상장폐지된 이후에 한 것일 뿐만 아니라, 신고 당시 피고는 이미 S에 대한 기획조사 중이었다.

③ 원고의 신고는 구체적으로 무엇이 불공정거래행위에 해당하는지에 관하여 알 수 없어 피고가 원고의 신고를 근거로 용이하게 불공정거래행위를 발견하기는 어려울 것으로 보이고, 원고의 신고에도 불구하고 피고가 조사

에 나서지 않은 것을 재량권 일탈·남용으로 보기 어렵다. 한편 피고의 이 사건 조치는, 2011. 2. 11. 원고가 아닌 익명 제보자들로부터 불공정거래행위 혐의에 대한 제보를 받고 2011. 3. 8. 한국거래소에 S 주식에 대한 불공정거래 여부에 관하여 심리를 요청하여 받은 결과를 바탕으로 실시한 기획조사 결과에 따라 이루어진 것으로, 원고의 신고가 조사의 계기가 된 것은 아니다.

3. 원심판결 이유를 위에서 본 법령과 기록에 비추어 살펴보면, 원심의 판단은 정당한 것으로 수긍할 수 있다. 원심의 판단에 상고이유 주장과 같이 논리와 경험의 법칙에 반하여 자유심증주의의 한계를 벗어나거나 구 자본시장법상 불공정거래행위 등의 신고에 따른 포상금 지급에 관한 법리를 오해하여 판결 결과에 영향을 미친 잘못이 없다.

㈑ 포상금 산정

포상금은 불공정거래행위를 중요도에 따라 10등급으로 구분하고, 각 등급별 기준금액에 기여율을 곱하여 산정한다(조사신고규정 39조①). 신고자가 불공정거래행위에 직접적으로 연루되어 조치를 받은 경우에는 법 위반의 정도 등을 감안하여 포상금을 감액 지급할 수 있다(조사신고규정 39조③).

1인이 둘 이상의 신고를 한 경우에는 각각의 포상금을 별도로 산정하여 지급한다. 다만, 위반행위자 또는 해당 종목이 상당부분 중첩되는 경우에는 동일한 유형의 신고로 간주하여 이를 합산하지 아니하고 가장 큰 금액을 기준으로 포상금을 지급한다(조사신고규정 37조②). 2인 이상이 동일한 사건에 대하여 각각 신고한 경우에는 최초의 신고자에 한하여 포상금을 지급한다(조사신고규정 37조③). 2인 이상이 공동명의로 신고한 경우에는 신고자가 선정한 대표명의인에게 포상금을 지급한다(조사신고규정 37조④).

㈒ 포상결정

포상은 예산부족 등 특별한 사유가 없는 한 불공정거래행위에 대하여 금융위원회의 조사결과 조치가 확정된 날부터 4개월 이내에 실시한다(조사신고규정 40조①). 감독원장은 특별한 사유가 없는 한 매 분기별 신고내용을 심사하여 포상 대상자를 선정하고 포상을 실시하여야 한다(조사신고규정 40조②). 감독원장은 매년 초 전년도 포상금 지급결과가 확정된 후 지체 없이 증권선물위원회에 보고하여야 한다(조사신고규정 40조③).

금융감독원장이 부정행위 신고인에 대하여 포상금을 지급하지 않기로 한 처

분은 항고소송의 대상이 된다.[35]

㈐ 포상금 지급방법 및 절차

1) 지급방법　　포상금의 액수가 1억원 이하인 경우 포상금의 지급방법 등은 다음과 같다(조사신고규정 41조①).

1. 신고사건 처리담당 부서장은 신고의 접수·처리내역, 포상실시 여부를 검토하여 별지 10 내지 별지 13의 서식에 따라 매분기말 익월 10일까지 조사총괄부서장에 통보하여야 한다.
2. 조사총괄부서장은 제1호의 규정에 따라 통보받은 내용을 심사한 후 포상금의 지급품의를 담당하며, 필요시 신고사건 처리담당 부서장에게 보정을 요구할 수 있다.

포상금의 액수가 1억원을 초과하는 경우 포상금의 지급방법 등은 다음과 같다(조사신고규정 41조②).

1. 감독원장은 제40조의2 제1항의 규정에 의한 포상결정이 있는 때에는 즉시 이를 해당 신고자에게 통지하여야 한다.
2. 감독원장은 증권선물위원회의 포상결정이 있은 날로부터 1개월 이내에 포상금을 지급하고 별지15호 서식에 의한 포상금지급 관리대장에 기록하여야 한다.

2) 계좌이체　　포상금은 그 지급대상자의 은행계좌로 이체하여 지급한다. 다만, 부득이한 사유로 계좌입금이 어려운 경우에는 직접 전달할 수 있다(조사신고규정 41조③).

3) 환수금지　　이미 지급한 포상금은 검찰, 법원 등의 무혐의 또는 무죄판결 등을 이유로 환수하지 아니한다(조사신고규정 41조④).

Ⅳ. 과 징 금

1. 과징금 부과 대상

⑴ 금융투자업자에 대한 과징금

금융위원회는 금융투자업자가 제34조 제1항 제1호(대주주가 발행한 증권의 소유금지)·제2호(대주주를 제외한 특수관계인이 발행한 주식, 채권 및 약속어음의 허

---

35) [서울행정법원 2009. 12. 4. 선고 2009구합10239 판결] "신고자로서는 금융감독원장을 상대로 포상금 지급신청을 하여 금융감독원장이 포상금을 지급하지 않기로 하는 처분을 하면 그 취소를 구하는 항고소송을 제기할 수 있다."

용비율 초과소유금지), 제34조 제2항(신용공여금지), 제77조의3 제4항·제5항·제7항 등을 위반한 경우에는 그 금융투자업자에 대하여 다음 구분에 따른 위반금액을 초과하지 아니하는 범위에서 과징금을 부과할 수 있다(法 428조①).

1. 제34조 제1항 제1호를 위반한 경우에는 취득금액
2. 제34조 제1항 제2호를 위반한 경우에는 허용비율을 초과하는 취득금액
3. 제34조 제2항을 위반한 경우에는 신용공여액
4. 제77조의3 제4항·제5항을 위반한 경우(제77조의3 제6항에 해당하는 경우는 제외한다)에는 허용금액을 초과한 신용공여액
5. 제77조의3 제7항을 위반한 경우에는 신용공여액

금융위원회는 금융투자업자가 제77조의3 제5항부터 제7항까지를 위반한 경우(제77조의3 제8항에 해당하는 경우는 제외)에는 그 금융투자업자에 대하여 허용금액을 초과한 신용공여액의 40%를 초과하지 아니하는 범위에서 과징금을 부과할 수 있다(法 428조②)

금융위원회는 금융투자업자에 대하여 업무정지처분을 부과할 수 있는 경우에는 이에 갈음하여 업무정지기간의 이익의 범위에서 과징금을 부과할 수 있다(法 428조③).36)

한편, 금융투자업자 및 그 임직원은 자본시장법상 정보교류 차단의 대상이

---

36) 금융위원회는 법 428조 및 제429조에 따라 과징금을 부과하는 경우에는 다음과 같은 기준을 따라야 한다(令 379조①).
　1. 거짓의 기재 또는 표시 등 공시에 관련된 사항을 위반한 경우에는 그 위반의 내용을 계량적 위반사항과 비계량적 위반사항으로 구분하며, 그 위반의 정도는 당기순이익 또는 자기자본 등에 미치는 영향과 제2호 각 목의 어느 하나에 해당하는지를 종합적으로 고려할 것
　2. 위반행위가 다음 각 목의 어느 하나에 해당하는 경우에는 법정최고액의 50% 이상을 과징금으로 부과할 것. 다만, 제3호 각 목의 어느 하나에 해당하는 경우에는 과징금을 감경할 수 있다.
　　가. 위반행위가 1년 이상 지속되거나 3회 이상 반복적으로 이루어진 경우
　　나. 위반행위로 인하여 취득한 이익의 규모가 1억원 이상인 경우
　　다. 위반행위가 내부자거래 및 시세조종 등 자본시장법 제4편에 따른 불공정거래행위와 관련이 있는 경우
　3. 위반행위가 다음 각 목의 어느 하나에 해당하는 경우에는 과징금을 감면할 것
　　가. 위반행위의 내용이 중요하지 아니하다고 인정되는 경우
　　나. 위반자가 제출한 다른 공시서류가 있는 경우로서 그 다른 공시서류에 의하여 투자자가 진실한 내용을 알 수 있는 경우
　　다. 위반행위에 대하여 지체 없이 시정한 경우
　　라. 위반행위로 인한 투자자의 피해를 배상한 경우

되는 정보를 정당한 사유 없이 본인이 이용하거나 제3자에게 이용할 수 없는데 (法 54조②), 금융위원회는 금융투자업자 및 그 임직원이 이를 위반한 경우에는 그 금융투자업자, 임직원 및 정보교류 차단의 대상이 되는 정보를 제공받아 이용한 자에게 그 위반행위와 관련된 거래로 얻은 이익(미실현 이익을 포함) 또는 이로 인하여 회피한 손실액의 1.5배에 상당하는 금액 이하의 과징금을 부과할 수 있다 (法 428조④). 이를 위반한 경우에 대하여는 5년 이하의 징역 또는 2억원 이하의 벌금에 처한다는 형사처벌 규정도 있다(法 444조 6호의2).

(2) 공시의무 위반에 대한 과징금

(가) 증권공모 관련

금융위원회는 제125조 제1항 각 호의 어느 하나에 해당하는 자[37]가 다음과 같은 경우에는 증권신고서상의 모집가액 또는 매출가액의 3%(20억원을 초과하는 경우에는 20억원) 이하의 과징금을 부과할 수 있다(法 429조①). 이 경우에는 개인에게 과징금이 부과된다.

1. 증권신고서·정정신고서·투자설명서, 그 밖의 제출서류 중 중요사항에 관하여 거짓의 기재 또는 표시를 하거나 중요사항을 기재 또는 표시하지 아니한 때
2. 증권신고서·정정신고서·투자설명서, 그 밖의 제출서류를 제출하지 아니한 때

---

37) 증권신고서(정정신고서 및 첨부서류를 포함)와 투자설명서(예비투자설명서 및 간이투자설명서를 포함) 중 중요사항에 관하여 거짓의 기재 또는 표시가 있거나 중요사항이 기재 또는 표시되지 아니함으로써 증권의 취득자가 손해를 입은 경우에는 다음과 같은 자는 그 손해에 관하여 배상의 책임을 진다(法 125조①).
  1. 그 증권신고서의 신고인과 신고 당시의 발행인의 이사(이사가 없는 경우 이에 준하는 자를 말하며, 법인의 설립 전에 신고된 경우에는 그 발기인)
  2. 상법 제401조의2 제1항 각 호의 어느 하나에 해당하는 자로서 그 증권신고서의 작성을 지시하거나 집행한 자
  3. 그 증권신고서의 기재사항 또는 그 첨부서류가 진실 또는 정확하다고 증명하여 서명한 공인회계사·감정인 또는 신용평가를 전문으로 하는 자 등(그 소속단체를 포함) 대통령령으로 정하는 자
  4. 그 증권신고서의 기재사항 또는 그 첨부서류에 자기의 평가·분석·확인 의견이 기재되는 것에 대하여 동의하고 그 기재내용을 확인한 자
  5. 그 증권의 인수계약을 체결한 자(인수계약을 체결한 자가 2인 이상인 경우에는 대통령령으로 정하는 자)
  6. 그 투자설명서를 작성하거나 교부한 자
  7. 매출의 방법에 의한 경우 매출신고 당시의 그 매출되는 증권의 소유자
  [사안별 과징금 부과기준에 대하여는 금융위원회의 자본시장조사업무규정 별표 2 참조].

⑷ 공개매수 관련

금융위원회는 제142조 제1항 각 호의 어느 하나에 해당하는 자38)가 다음과 같은 경우에는 공개매수신고서에 기재된 공개매수예정총액의 3%(20억원을 초과하는 경우에는 20억원) 이하의 과징금을 부과할 수 있다. 이 경우 공개매수예정총액은 공개매수할 주식등의 수량을 공개매수가격으로 곱하여 산정한 금액으로 한다(法 429조②).

1. 공개매수신고서·정정신고서·공개매수설명서, 그 밖의 제출서류 또는 공고 중 중요사항에 관하여 거짓의 기재 또는 표시를 하거나 중요사항을 기재 또는 표시하지 아니한 때
2. 공개매수신고서·정정신고서·공개매수설명서, 그 밖의 제출서류를 제출하지 아니하거나 공고하여야 할 사항을 공고하지 아니한 때

⑸ 사업보고서·반기보고서·분기보고서 관련

금융위원회는 사업보고서 제출대상법인이 다음과 같은 경우에는 직전 사업연도 중에 증권시장(다자간매매체결회사에서의 거래를 포함)에서 형성된 그 법인이 발행한 주식(그 주식과 관련된 증권예탁증권 포함)의 일일평균거래금액의 10%(20억원을 초과하거나 그 법인이 발행한 주식이 증권시장에서 거래되지 아니한 경우에는 20억원) 이하의 과징금을 부과할 수 있다(法 429조③).

금융위원회는 대량보유보고(法 147조①)를 하여야 할 자가 다음 중 어느 하나에 해당하는 경우에는 같은 항에 따른 주권상장법인이 발행한 주식의 시가총액(대통령령으로 정하는 방법에 따라 산정된 금액39))의 10만분의 1(5억원을 초과하는 경우에는 5억원)을 초과하지 아니하는 범위에서 과징금을 부과할 수 있다(法 429조④).

---

38) [法 제142조 (공개매수자 등의 배상책임)] ① 공개매수신고서(그 첨부서류를 포함한다. 이하 이 조에서 같다) 및 그 공고, 정정신고서(그 첨부서류를 포함한다. 이하 이 조에서 같다) 및 그 공고 또는 공개매수설명서 중 중요사항에 관하여 거짓의 기재 또는 표시가 있거나 중요사항이 기재 또는 표시되지 아니함으로써 응모주주가 손해를 입은 경우에는 다음 각 호의 자는 그 손해에 관하여 배상의 책임을 진다.

39) "대통령령으로 정하는 방법에 따라 산정된 금액"이란 다음과 같다(슈 379조③).
  1. 법 제429조 제4항 제1호의 경우: 보고기한의 다음 영업일에 증권시장에서 형성된 해당 법인 주식의 최종가격(그 최종가격이 없을 때에는 그 날 이후 증권시장에서 최초로 형성된 해당 법인 주식의 최종가격을 말한다. 이하 이 항에서 같다)에 발행주식총수를 곱하여 산출한 금액
  2. 법 제429조 제4항 제2호의 경우: 보고일의 다음 영업일에 증권시장에서 형성된 해당 법인 주식의 최종가격에 발행주식총수를 곱하여 산출한 금액

1. 자본시장법 제147조의 대량보유보고·합산보고·변경보고 등을 위반하여 보고를
   하지 아니한 경우
2. 자본시장법 제147조에 따른 보고서류 또는 제151조 제2항에 따른 정정보고서 중
   대통령령으로 정하는 중요한 사항(시행령 제157조 각 호의 사항)에 관하여 거짓
   의 기재 또는 표시를 하거나 중요한 사항을 기재 또는 표시하지 아니한 경우

과징금은 각 해당 규정의 위반행위가 있었던 때부터 3년이 경과하면 이를 부
과하지 못한다(法 429조⑤).

2. 과징금 부과의 요건과 절차

(1) 부과요건

과징금의 부과는 과징금 부과대상자(제429조 제4항 제외)에게 각 해당 규정
의 위반행위에 대하여 고의 또는 중대한 과실이 있는 경우에 한한다(法 430조
①).[40] 과징금 부과처분은 행정질서유지를 위한 의무의 위반이라는 객관적 사실
에 대하여 과하는 제재이므로 반드시 현실적인 행위자가 아니라도 법령상 책임자
로 규정된 자에게 부과되고 원칙적으로 위반자의 고의·과실을 요하지 아니한다.
따라서 대표이사의 위반행위의 효과가 회사에 귀속되는 경우 회사에게 과징금을
부과할 수 있다.

[서울고등법원 2010. 11. 24. 선고 2010누18859 판결]
원고는, 그 대표이사이던 K가 원고에 대하여 최대주주변경 허위신고 등의 배임적 행
위를 하였으므로, 위 대표이사가 아닌 적어도 법인의 이익을 정당하게 보전할 권한을
가진 다른 임원 또는 사원이나 직원 등이 K의 배임적 행위를 안 경우에만 원고가 이
사건 주식에 관한 공시 내지 유가증권신고서 기재 사실이 허위임을 인식한 것으로 볼
수 있어 원고에 그로 인한 책임을 물을 수 있다고 주장한다. 원고의 대표이사가 기관
의 지위에서 최대주주변경 허위공시, 이 사건 유가증권신고서에 이 사건 투자계획 허
위기재 등의 법 위반행위를 한 사실이 인정되므로, 그 행위가 원고에 귀속된다는 점
에서 원고의 책임이 인정된다고 봄이 상당하며, 원고가 원용하는 법리는 법인의 대표
자가 가해자에 가담하여 법인에 대한 공동불법행위가 성립한 경우 법인이 공동불법
행위를 한 당사자인 대표자에 대하여 가지는 손해배상청구권의 단기소멸시효의 기산
점에 대한 것일 뿐이므로, 원고의 주장은 이유 없다.

---

40) 시장질서 교란행위에 대한 과징금은 "고의 또는 중대한 과실이 있는 경우에 한한다"라는
   규정이 없으므로, 경과실의 경우에도 부과대상이다. 다만, 자본시장조사업무규정상 고의가 없
   는 경우에는 과징금 하향조정 사유가 된다.

　　그러나 위반자가 그 의무를 알지 못하는 것이 무리가 아니었다고 할 수 있어 그것을 정당시할 수 있는 사정이 있을 때 또는 그 의무의 이행을 그 당사자에게 기대하는 것이 무리라고 하는 사정이 있을 때 등 그 의무 해태를 탓할 수 없는 정당한 사유가 있는 때에는 이를 부과할 수 없다.41)

　　그리고 회사에 부과할 과징금의 액수를 산정함에 있어 대표이사가 해당 위반행위에 대하여 형벌을 받은 사정을 고려할 필요는 없다.

　　[서울고등법원 2010. 11. 24. 선고 2010누18859 판결]
　　구 증권선물조사업무규정 별표 제3호 과징금 부과기준 제5호 나목은 동일한 위반행위에 대하여 법원, 검찰 기타 다른 행정기관으로부터 형벌, 과태료, 과징금 등의 형태로 제재조치를 이미 받은 경우에는 이 기준에 의한 과징금을 면제할 수 있다고 규정하고 있으나, 이 사건 자산양수도신고의무 위반행위에 대하여 원고 회사의 대표이사가 형벌을 받기 이전에 이미 이 사건 처분이 행하여졌을 뿐 아니라 위 규정은 그 취지상 피고가 위 규정에 따라 과징금의 액수를 산정함에 있어 원고 회사가 아닌 원고 회사의 대표이사가 이 사건 자산양수도신고의무 위반행위에 대하여 형벌을 받은 사정을 고려할 것을 정하고 있는 것은 아니므로(만약 위 규정을 원고 회사 주장과 같은 취지로 해석하더라고 그 사정을 고려할 것인지 여부는 피고의 재량에 속하는 것인데, 피고가 이 사건 처분을 함에 있어 재량권을 일탈하거나 남용했다고 볼만한 아무런 자료가 없다), 이 사건 처분을 함에 있어 원고 회사의 대표이사에 대한 형사처벌을 고려하지 아니한 이 사건 처분이 위법하거나 부당하다고 볼 수 없다.

　　여러 개의 처분사유에 기하여 하나의 과징금 부과처분을 하였으나 그 처분사유들 중 일부에 위법이 있다고 하더라도 위법한 부분이 그 과징금 부과처분에 영향을 미치지 아니하였다면 그 부과처분 전부를 위법하다고 보아 부과처분 전부를 취소할 수는 없다.

　　[대법원 2010. 12. 9. 선고 2010두15674 판결]
　　행정처분에 있어 수개의 처분사유 중 일부가 적법하지 않다고 하더라도 다른 처분사유로써 그 처분의 정당성이 인정되는 경우에는 그 처분을 위법하다고 할 수 없을 것이므로(대법원 1997. 5. 9. 선고 96누1184 판결, 대법원 2004. 3. 25. 선고 2003두1264 판결 등 참조), 구 법 제206조의11에 따라 과징금을 부과함에 있어 여러 개의 처분사유에 기하여 하나의 과징금 부과처분을 하였으나 그 처분사유들 중 일부에 위법이 있다고 하더라도 위법한 부분이 그 과징금 부과처분에 영향을 미치지 아니하였다면 그

---

41) 대법원 2000. 5. 26. 선고 98두5972 판결.

부과처분을 위법하다고 볼 것은 아니다. 피고가 이 사건 부과처분의 처분사유 중의 하나로 삼은 자산양수도 신고서 제출의무 위반 부분은 과징금의 액수 등 이 사건 부과처분에 영향을 미치지 아니하였다고 볼 여지가 있으므로, 비록 위 자산양수도 신고서 제출의무 위반 부분을 처분사유의 하나로 삼은 것이 위법하다고 하더라도 그것만으로 이 사건 부과처분이 당연히 위법하게 된다고 할 수는 없다. 그럼에도 원심은 이와 달리, 이 사건 부과처분의 처분사유들 중 위법한 처분사유인 자산양수도 신고서 제출의무 위반행위 부분이 이 사건 부과처분에 영향을 미쳤는지 여부에 대하여 심리하지 아니한 채 위 자산양수도 신고서 제출의무 위반행위 부분을 제외한 나머지 위반행위만으로 같은 금액의 과징금이 산출된다고 하더라도 피고로서는 원고에 대하여 위 자산양수도 신고서 제출의무 위반행위 부분을 처분사유에서 제외시키고 정당한 처분사유만을 처분사유로 하여 새로운 과징금 부과처분을 하여야 한다는 이유로 곧바로 이 사건 부과처분 전부를 취소하였는바, 이러한 원심 판단에는 행정처분의 취소에 관한 법리를 오해하여 판결에 영향을 미친 위법이 있다. 이 점을 지적하는 상고이유의 주장은 이유 있다.

(2) 고려사항

금융위원회는 과징금을 부과하는 경우에는 대통령령으로 정하는 기준에 따라 다음과 같은 사항을 고려하여야 한다(法 430조②). 위반행위자의 부담능력은 고려사항이 아니다.[42)]

1. 위반행위의 내용 및 정도
2. 위반행위의 기간 및 회수
3. 위반행위로 인하여 취득한 이익의 규모[43)]
4. 업무정지기간(금융투자업자에 대한 업무정지처분에 갈음하여 과징금을 부과하는 경우만 해당)

(3) 합병의 경우

금융위원회는 자본시장법을 위반한 법인이 합병을 하는 경우 그 법인이 행한 위반행위는 합병 후 존속하거나 합병에 의하여 신설된 법인이 행한 행위로 보아 과징금을 부과·징수할 수 있다(法 430조③).

---

42) 따라서 과징금 부과로 해당 기업이 파산에 이르게 되는 등의 사정이 있더라도 이러한 사정을 고려할 수 없으므로 입법적으로 보완이 필요한 부분이다. 물론 실제 운용과정에서 제1호인 "위반행위의 내용 및 정도"에 어느 정도 반영할 수 있겠지만, 이러한 고려사항을 명시적으로 추가하는 것이 바람직하다.

43) 은행법 제65조의4 제1항 제3호도 과징금 부과기준시 고려사항으로 "위반행위로 인하여 취득한 이익의 규모"를 규정한다. 보험업법도 제196조 제4항에서 은행법 제65조의4를 준용한다.

(4) 의견제출

금융위원회는 과징금을 부과하기 전에 미리 당사자 또는 이해관계인 등에게 의견을 제출할 기회를 주어야 한다(法 431조①). 당사자 또는 이해관계인 등은 금융위원회의 회의에 출석하여 의견을 진술하거나 필요한 자료를 제출할 수 있다(法 431조②). 당사자 또는 이해관계인 등은 의견 진술 등을 하는 경우 변호인의 도움을 받거나 그를 대리인으로 지정할 수 있다(法 431조③).

3. 불복절차

(1) 이의신청

과징금 부과처분에 대하여 불복하는 자는 그 처분의 고지를 받은 날부터 30일 이내에 그 사유를 갖추어 금융위원회에 이의를 신청할 수 있다(法 432조①). 금융위원회는 이의신청에 대하여 60일 이내에 결정을 하여야 한다. 다만, 부득이한 사정으로 그 기간 이내에 결정을 할 수 없을 경우에는 30일의 범위에서 그 기간을 연장할 수 있다(法 432조②).

(2) 행정소송

금융위원회의 과징금 부과처분에 대하여는 금융위원회를 피고로 하는 행정소송에 의하여 불복할 수 있다. 취소소송은 처분등이 있음을 안 날부터 90일 이내에 제기하여야 한다. 다만, 제18조 제1항 단서에 규정한 경우와 그 밖에 행정심판청구를 할 수 있는 경우 또는 행정청이 행정심판청구를 할 수 있다고 잘못 알린 경우에 행정심판청구가 있은 때의 기간은 재결서의 정본을 송달받은 날부터 기산한다(행정소송법 20조①). 취소소송은 처분등이 있은 날부터 1년(제1항 단서의 경우는 재결이 있은 날부터 1년)을 경과하면 이를 제기하지 못한다. 다만, 정당한 사유가 있는 때에는 그러하지 아니하다(행정소송법 20조②).

자본시장법 제432조 제1항의 이의신청은 행정소송법 제20조 제1항 단서에서 정하는 행정심판의 청구에 해당한다고 볼 수 없으므로, 제소기간은 원고가 이의신청에 대한 피고의 결정을 송달받은 날이 아니라 이 사건 각 처분이 있음을 안 날부터 기산하여야 한다.

[서울행정법원 2013. 6. 13. 선고 2012구합25651 판결]

1. 「대한민국 헌법」 제107조 제3항은 "재판의 전심절차로서 행정심판을 할 수 있다. 행정심판의 절차는 법률로 정하되, 사법절차가 준용되어야 한다."고 규정하고 있

으므로, 개별 법령에서 규정하고 있는 이의신청 등 불복절차가 행정심판에 해당한
다고 하기 위해서는 그 불복절차에 사법절차의 본질적 요소인 판단기관의 독립성
과 공정성, 대심적 심리구조, 당사자의 절차적 권리 등이 제도적으로 보장되어 있
어야 한다(헌법재판소 2001. 6. 28. 선고 2000헌바30 결정 참조).

2. 먼저 이 사건 제1처분에 대한 이의신청이 「행정소송법」 제20조 제1항 단서에서
정하는 행정심판의 청구인지에 관하여 본다. 이 사건 제1처분에 대한 이의신청은
처분의 근거 법령인 외부감사법이나 그 시행령 자체에는 아무런 근거 규정을 두고
있지 않고, 단지 외부감사 및 회계 등과 관련하여 외부감사법, 그 시행령, 시행규
칙 및 기타 다른 법령에서 피고에 위임된 사항과 그 시행에 관하여 필요한 사항을
정함을 목적으로 제정된 금융위원회 고시인 외부감사규정 제62조에 그 근거를 두
고 있는데, 외부감사규정에 의하면 피고의 처분에 대하여 「행정심판법」에 의한 행
정심판의 제기를 배제하는 명시적인 규정을 두고 있지 않고, 이의신청 사항은 원
칙적으로 당해 사건을 조사·감리하지 아니한 담당부서장에 배정하고(제62조 제5
항), 피고의 자문기구인 감리위원회로 하여금 이의신청사항을 심의하도록 하고 있
을 뿐(제23조, 제26조 제2항 제3호), 이의신청에 대한 결정은 결국 처분청인 피
고가 하도록 규정하고 있을 뿐만 아니라(제62조 제3항), 피고의 자문기구인 감리
위원회는 위와 같이 이의신청사항에 대한 심의는 물론이고 이의신청의 대상인 피
고의 처분 그 자체에 관한 사항도 아울러 심의하도록 함으로써(제26조 제2항 제2
호) 이의신청에 대한 판단기관의 독립성과 공정성을 보장하고 있지 않고, 그 밖에
대심적 심리구조, 당사자의 절차적 권리 등의 제도적 보장에 관한 별다른 규정을
두고 있지 아니하므로, 이 사건 제1처분에 대한 이의신청을 「행정소송법」 제20조
제1항 단서에서 정하는 행정심판의 청구로 보기 어렵다.

3. 다음으로 이 사건 제2처분에 대한 이의신청이 「행정소송법」 제20조 제1항 단서에
서 정하는 행정심판의 청구인지에 관하여 본다. 이 사건 제2처분에 대한 이의신청
은 처분의 근거 법령인 자본시장법 제432조 제1항에서 "제428조 및 제429조에
따른 과징금 부과처분에 대하여 불복하는 자는 그 처분의 고지를 받은 날부터 30
일 이내에 그 사유를 갖추어 금융위원회에 이의를 신청할 수 있다."고 규정하고,
같은 조 제2항에서 "금융위원회는 제1항에 따른 이의신청에 대하여 60일 이내에
결정을 하여야 한다. 다만, 부득이한 사정으로 그 기간 이내에 결정을 할 수 없을
경우에는 30일의 범위에서 그 기간을 연장할 수 있다."고 규정하며, 또한 자본시
장법 제426조 제5항, 제8항, 제429조 및 제430조와 자본시장법 시행령 제376조,
제377조 및 제379조의 규정에 따라 금융위원회 또는 피고가 자본시장법, 자본시
장법에 의한 명령, 금융위원회, 피고의 규정 또는 명령에 위반되는 위법행위를 조
사 및 조치함에 있어 필요한 사항을 정함으로써 조사업무의 원활과 공정을 기함을
목적으로 제정된 금융위원회 고시인 「자본시장조사업무 규정」 제39조에서 동일한
취지를 규정함으로써 그 절차적 근거만을 두고 있는 외에는 판단기관의 독립성과

공정성, 대심적 심리구조, 당사자의 절차적 권리 등을 제도적으로 보장할 수 있는 아무런 규정을 두고 있지 않으므로, 이 사건 제2처분에 대한 이의신청 또한「행정소송법」제20조 제1항 단서에서 정하는 행정심판의 청구로 보기 어렵다.

4. 결국 이 사건 각 처분에 대한 이의신청은 모두「행정소송법」제20조 제1항 단서에서 정하는 행정심판의 청구에 해당한다고 보기 어렵고, 피고도 이를 전제로 원고에게 이 사건 처분 통지서를 통하여 이 사건 각 처분에 대하여 이의신청과 별도로 행정심판 또는 행정소송을 제기할 수 있다고 고지하였음은 앞서 인정한 바와 같으므로, 이 사건 각 처분에 대한 제소기간은 원고가 이의신청에 대한 피고의 결정을 송달받은 날이 아니라 이 사건 각 처분이 있음을 안 날 즉, 이 사건 처분 통지서를 수령한 날인 2012. 2. 7.부터 기산하여야 하고, 이 사건 소가 그로부터 90일이 경과하였음이 역수상 명백한 2012. 8. 1. 제기되었음은 앞서 본 바와 같으므로, 이 사건 소는 부적법하다.

4. 납부기한의 연장 및 분할납부

(1) 사   유

금융위원회는 과징금납부의무자가 다음과 같은 사유로 과징금의 전액을 일시에 납부하기가 어렵다고 인정되는 경우에는 그 납부기한을 연장하거나 분할납부하게 할 수 있다. 이 경우 필요하다고 인정되는 때에는 담보를 제공하게 할 수 있다(法 433조①).

1. 재해 또는 도난 등으로 재산에 현저한 손실을 입은 경우
2. 사업여건의 악화로 사업이 중대한 위기에 처한 경우
3. 과징금의 일시납부에 따라 자금사정에 현저한 어려움이 예상되는 경우
4. 그 밖에 제1호부터 제3호까지의 사유에 준하는 사유가 있는 경우

(2) 절   차

과징금납부의무자가 과징금납부기한의 연장을 받거나 분할납부를 하고자 하는 경우에는 그 납부기한의 10일 전까지 금융위원회에 신청하여야 한다(法 433조②). 금융위원회는 납부기한이 연장되거나 분할납부가 허용된 과징금납부의무자가 다음 중 어느 하나에 해당하게 된 경우에는 그 납부기한의 연장 또는 분할납부결정을 취소하고 과징금을 일시에 징수할 수 있다(法 433조③).

1. 분할납부 결정된 과징금을 그 납부기한 내에 납부하지 아니한 경우
2. 담보의 변경, 그 밖에 담보보전에 필요한 금융위원회의 명령을 이행하지 아니한

경우

3. 강제집행, 경매의 개시, 파산선고, 법인의 해산, 국세 또는 지방세의 체납처분을 받는 등 과징금의 전부 또는 나머지를 징수할 수 없다고 인정되는 경우

4. 그 밖에 제1호부터 제3호까지의 사유에 준하는 사유가 있는 경우

5. 과징금의 징수 및 체납처분

금융위원회는 과징금납부의무자가 납부기한 내에 과징금을 납부하지 아니한 경우에는 체납된 과징금액에 대하여 납부기한의 다음 날부터 납부한 날의 전일까지 연 6%의 비율에 의한 가산금을 징수할 수 있다. 이 경우 가산금을 징수하는 기간은 60개월을 초과하지 못한다(法 434조①, 令 382조). 금융위원회는 과징금납부의무자가 납부기한 내에 과징금을 납부하지 아니한 경우에는 기간을 정하여 독촉을 하고, 그 지정한 기간 이내에 과징금 및 가산금을 납부하지 아니한 경우에는 국세체납처분의 예에 따라 징수할 수 있다(法 434조②). 금융위원회는 과징금 및 가산금의 징수 또는 체납처분에 관한 업무를 국세청장에게 위탁할 수 있다(法 434조③). 금융위원회는 체납된 과징금의 징수를 위하여 필요하다고 인정되는 경우에는 「국세기본법」 및 「지방세기본법」에 따른 문서로 해당 세무관서의 장이나 지방자치단체의 장에게 과세정보의 제공을 요청할 수 있다. 이 경우 과세정보의 제공을 요청받은 자는 정당한 사유가 없으면 그 요청에 따라야 한다(法 434조④). 그 밖에 과징금·가산금의 징수에 관하여 필요한 사항은 대통령령으로 정한다(法 434조⑤).

6. 과오납금의 환급

금융위원회는 과징금 납부의무자가 이의신청의 재결 또는 법원의 판결 등의 사유로 과징금 과오납금의 환급을 청구하는 경우에는 지체 없이 환급하여야 하며, 과징금 납부의무자의 청구가 없어도 금융위원회가 확인한 과오납금은 환급하여야 한다(法 434조의2①). 금융위원회는 과오납금을 환급하는 경우 환급받을 자가 금융위원회에 납부하여야 하는 과징금이 있으면 환급하는 금액을 과징금에 충당할 수 있다(法 434조의2②). 금융위원회는 과징금을 환급하는 경우에는 과징금을 납부한 날부터 환급한 날까지의 기간에 대하여 대통령령으로 정하는 가산금 이율[44]을 적용하여 환급가산금을 환급받을 자에게 지급하여야 한다(法 434조의3).

---

44) "대통령령으로 정하는 가산금 이율"이란 금융기관의 정기예금 이자율을 고려하여 금융위원회가 정하여 고시하는 이율을 말한다(令 383조의2).

7. 결손처분

금융위원회는 과징금 납부의무자에게 다음과 같은 사유가 있으면 결손처분을
할 수 있다(法 434조의4).

1. 체납처분이 끝나고 체납액에 충당된 배분금액이 체납액에 미치지 못하는 경우
2. 징수금 등의 징수권에 대한 소멸시효가 완성된 경우
3. 체납자의 행방이 분명하지 아니하거나 재산이 없다는 것이 판명된 경우
4. 체납처분의 목적물인 총재산의 추산가액이 체납처분 비용에 충당하면 남을 여지가
   없음이 확인된 경우
5. 체납처분의 목적물인 총재산이 징수금 등보다 우선하는 국세, 지방세, 전세권·질
   권·저당권 및 「동산·채권 등의 담보에 관한 법률」에 따른 담보권으로 담보된 채
   권 등의 변제에 충당하면 남을 여지가 없음이 확인된 경우
6. 그 밖에 징수할 가망이 없는 경우로서 대통령령으로 정하는 사유에 해당하는 경우

8. 과징금과 다른 제재조치와의 병과

금융위원회는 금융투자업자가 일정한 위반행위를 하는 경우에는 금융투자업
인가 또는 금융투자업등록을 취소할 수 있고(法 420조①), 그 밖에 영업정지 등의
제재를 할 수 있다(法 420조③). 이러한 제재와 과징금을 중복 부과할 수 있는지
여부와 관련하여, 이러한 제재는 금융시장에서의 불건전한 영업행위를 차단하기
위한 것이고, 제429조의 과징금은 경제적 이익에 대한 제재이므로 중복제재가 가
능하다는 것이 금융위원회의 입장이다.

그리고 과징금과 시정명령, 과태료[45] 및 형벌은 원칙적으로 그 규제목적과
성질을 달리하는 것으로서 병과할 수 있다.[46] 그러나 목적이 다른 제재라 하더라

---

[45] 자본시장법상 사외이사선임의무를 위반한 자, 각종 보고의무를 위반한 자, 공매도금지의무
를 위반한 자 등에 대하여는 5천만원 이하의 과태료(法 449조①), 그 외 경미한 사항의 위반
자에 대해서는 1천만원 이하의 과태료를 각 부과한다(法 449조②). 「질서위반행위규제법」이
제정·시행됨에 따라 과태료에 대하여도 책임주의 원칙이 도입되었고, 질서위반행위가 종료된
날부터 5년이 경과한 경우에는 해당 질서위반행위에 대하여 과태료를 부과할 수 없고(질서위
반행위규제법 19조), 과태료는 행정청의 과태료 부과처분이나 법원의 과태료 재판이 확정된
후 5년간 징수하지 아니하거나 집행하지 아니하면 시효로 소멸한다(질서위반행위규제법 15
조). 과태료 부과에 대한 이의제기기간은 60일이다(질서위반행위규제법 20조).

[46] 시정명령은 위법행위를 시정하여 장래에 적법한 상태를 실현할 것을 목적으로 하는 반면,
과징금은 위반행위자가 취득한 경제적 이익을 환수함으로써 위반행위에 대하여 경제적 제재
를 가하려는 것을 목적으로 한다. 또한 과징금은 위법행위의 발생을 예방하는 데 주목적을 두
고 있으므로, 과거의 위반행위에 대한 응징에 목적을 두는 행정형벌이나 행정질서벌과 다르다.

도 동일한 행위에 대한 제재로서 부과되므로 이중처벌금지, 무죄추정원칙, 비례의 원칙, 적법절차원칙 등과 관련하여 위헌 여부가 논란이 된다. 이와 관련하여 「독점규제 및 공정거래에 관한 법률」 제24조의2(과징금)에 대하여 헌법재판소는 비례원칙에 반한다는 등의 특별한 사정이 없는 한 합헌이라고 결정하였다.47)

---

47) [헌법재판소 2003. 7. 24. 선고 2001헌가25 결정]
1. 행정권에는 행정목적 실현을 위하여 행정법규 위반자에 대한 제재의 권한도 포함되어 있으므로, '제재를 통한 억지'는 행정규제의 본원적 기능이라 볼 수 있는 것이고, 따라서 어떤 행정제재의 기능이 오로지 제재(및 이에 결부된 억지)에 있다고 하여 이를 헌법 제13조 제1항에서 말하는 국가형벌권의 행사로서의 '처벌'에 해당한다고 할 수 없는바, 구 독점규제및공정거래에관한법률 제24조의2에 의한 부당내부거래에 대한 과징금은 그 취지와 기능, 부과의 주체와 절차 등을 종합할 때 부당내부거래 억지라는 행정목적을 실현하기 위하여 그 위반행위에 대하여 제재를 가하는 행정상의 제재금으로서의 기본적 성격에 부당이득환수적 요소도 부가되어 있는 것이라 할 것이고, 이를 두고 헌법 제13조 제1항에서 금지하는 국가형벌권 행사로서의 '처벌'에 해당한다고는 할 수 없으므로, 공정거래법에서 형사처벌과 아울러 과징금의 병과를 예정하고 있더라도 이중처벌금지원칙에 위반된다고 볼 수 없으며, 이 과징금 부과처분에 대하여 공정력과 집행력을 인정한다고 하여 이를 확정판결 전의 형벌집행과 같은 것으로 보아 무죄추정의 원칙에 위반된다고도 할 수 없다.
2. 위 과징금은 부당내부거래의 억지에 그 주된 초점을 두고 있는 것이므로 반드시 부당지원을 받은 사업자에 대하여 과징금을 부과하는 것만이 입법목적 달성을 위한 적절한 수단이 된다고 할 수 없고, 부당지원을 한 사업자의 매출액을 기준으로 하여 그 2% 범위 내에서 과징금을 책정토록 한 것은, 부당내부거래에 있어 적극적·주도적 역할을 하는 자본력이 강한 대기업에 대하여도 충분한 제재 및 억지의 효과를 발휘하도록 하기 위한 것인데, 현행 공정거래법의 전체 체계에 의하면 부당지원행위가 있다고 하여 일률적으로 매출액의 100분의 2까지 과징금을 부과할 수 있는 것이 아니어서, 실제 부과되는 과징금액은 매출액의 100분의 2를 훨씬 하회하는 수준에 머무르고 있는바, 그렇다면 부당내부거래의 실효성 있는 규제를 위하여 형사처벌의 가능성과 병존하여 과징금 규정을 둔 것 자체나, 지원기업의 매출액을 과징금의 상한기준으로 삼은 것을 두고 비례성원칙에 반하여 과잉제재를 하는 것이라 할 수 없다.
3. 법관에게 과징금에 관한 결정권한을 부여한다든지, 과징금 부과절차에 있어 사법적 요소들을 강화한다든지 하면 법치주의적 자유보장이라는 점에서 장점이 있겠으나, 공정거래법에서 행정기관인 공정거래위원회로 하여금 과징금을 부과하여 제재할 수 있도록 한 것은 부당내부거래를 비롯한 다양한 불공정 경제행위가 시장에 미치는 부정적 효과 등에 관한 사실수집과 평가는 이에 대한 전문적 지식과 경험을 갖춘 기관이 담당하는 것이 보다 바람직하다는 정책적 결단에 입각한 것이라 할 것이고, 과징금의 부과 여부 및 그 액수의 결정권자인 위원회는 합의제 행정기관으로서 그 구성에 있어 일정한 정도의 독립성이 보장되어 있고, 과징금 부과절차에서는 통지, 의견진술의 기회 부여 등을 통하여 당사자의 절차적 참여권을 인정하고 있으며, 행정소송을 통한 사법적 사후심사가 보장되어 있으므로, 이러한 점들을 종합적으로 고려할 때 과징금 부과 절차에 있어 적법절차원칙에 위반되거나 사법권을 법원에 둔 권력분립의 원칙에 위반된다고 볼 수 없다.

제 2 편

유형별
불공정거래

제 1 장

내부자거래

제 1 절 단기매매차익 반환의무와 소유·보유상황 보고의무

Ⅰ. 단기매매차익 반환의무

1. 연　혁

(1) 제도의 의의

단기매매차익 반환제도는 미공개정보를 "이용할 가능성이 있는 지위에 있는" 임직원과 주요주주가 해당 법인의 유가증권을 단기매매(short swing)함으로써 이익을 얻은 경우, 해당 법인이 그 이익을 그 법인에게 제공할 것을 청구할 수 있는 제도이다. 단기매매차익 반환제도는 외국에서도 유사한 요건 하에 일반적으로 인정된다.

〈단기매매차익 반환제도의 입법취지〉
[서울고등법원 2001. 5. 9. 선고 2000나21378 판결]
내부자의 단기매매차익반환을 규정하고 있는 제188조 제2항은 ①미공개 정보 이용행위 금지(법 제188조의2, 3) ②공매도 금지(법 제188조 제1항) ③주식소유상황 보고의무(법 제188조 제6항, 제7항) 등과 함께 증권거래법이 정하고 있는 내부자거래에 대한 규제 중의 하나이며, 이는 주권상장법인의 임원, 직원, 주요주주와 같이 주권의 가격에 영향을 미치는 회사의 내부정보에 용이하게 접근할 수 있는 내부자들이 위와 같은 정보가 공개되기 전에 이를 이용하여 당해 주권 등을 매수 또는 매도한 후 위 정보가 현실화되어 주가가 상승 또는 하락함에 따라 부당한 이익을 취득하는 것을 막음으로써 증권시장의 건전성을 수호하고 내부자 거래로 인한 일반투자자들의 피해를 방지하며 주권발행회사를 보호하고 중요정보의 조기공시 촉진을 통한 증권시장의 효율성을 제고하는 것을 그 입법취지로 하고 있다.

[서울고등법원 2003. 10. 24. 선고 2003나28417 판결]
회사의 내부정보에 용이하게 접근할 수 있는 자들이 그 정보가 공개되기 전에 이를 이용하여 부당한 이익을 취득하는 것을 막음으로써 증권시장의 건전성을 수호하고 내부자 거래로 인한 일반 투자자들의 피해를 방지하며 주권발행 회사를 보호하고 중요 정보의 조기공시 촉진을 통한 증권시장의 효율성을 제고하기 위하여 내부자거래를 규제할 필요성이 대두되고, 이에 따라 내부자 거래에 대한 직접적인 규제 수단으로 회사의 내부자가 업무 등과 관련하여 일반인에게 공개되지 아니한 중요한 미공개 정보를 이용하는 행위를 금지하고(제188조의2), 이에 위반한 경우 거래 상대방에 대한 손해배상책임(제188조의3)과 형사책임(제207조의2 제1호)을 부과하는 한편, 이러한 내부자 거래에 대한 규제의 효율성을 확보하기 위한 사전적·간접적 규제 수단으로 임원 및 주요 주주의 주식보유상황 및 그 변동내용을 보고하게 하고(제188조 제6항), 내부자의 공매도를 금지하며(제188조 제1항), 본건에서 문제된 내부자의 6개월 이내 단기 매매로 인하여 발생하는 차익을 회사로 반환하도록 하는 단기 매매차익 반환제도를 두고 있다. 내부자 거래를 규제하는 직접적인 수단을 적용하기 위하여는 내부자가 회사의 내부정보를 이용하였음을 입증하여야 하는데 그 입증이 매우 어려워 실효성을 보장하기 어려웠으므로, 단기 매매차익 반환제도는 회사의 내부자가 6월의 단기간에 당해 회사의 주식거래를 한 경우 실제로 내부정보를 이용하였는지 여부에 관계없이 그러한 거래로 인하여 발생하는 차익을 모두 회사에 반환하도록 함으로써 내부자 거래에 대한 예방적·간접적 규제를 하는데 그 취지가 있다고 할 것이다.

(2) 증권거래법 규정의 변천

단기매매차익 반환규정은 1976년 12월 증권거래법에 도입될 당시에는 "그 직무 또는 지위에 의하여 지득한 비밀을 이용하여"라고 규정함으로써1) 직무관련성과 내부정보이용을 요건으로 하고, 반환청구권을 행사하는 회사가 이러한 요건을 증명하도록 하였다. 그 후 1982년 3월 증권거래법 개정시 해당 법인 외에 증권관리위원회도 반환청구권자로 추가하였고, 1987년 11월 증권거래법 개정시 본문 규정에서 "그 직무 또는 지위에 의하여 지득한 비밀을 이용하여"라는 문구를 삭제하고, 단서에서 "그 직무 또는 지위에 의하여 지득한 비밀을 이용하여 이익을 얻은 것이 아님을 입증할 때에는 그러하지 아니하다"고 규정함으로써, 직무관련성과 내부정보이용 여부에 대한 입증책임을 내부자가 부담하도록 전환하였

---

1) [증권거래법 (법률 제2920호 1976. 12. 22 전문개정) 제188조]
   ② 상장법인의 임원·직원 또는 주요주주는 그 직무 또는 지위에 의하여 지득한 비밀을 이용하여 그 자가 그 법인의 주식을 매수한 후 6월 이내에 매도하거나 그 법인의 주식을 매도한 후 6월 내에 매수하여 이익을 얻은 경우에는 당해 법인은 그 이익을 그 법인에게 제공할 것을 청구할 수 있다.

다.[2] 한편 1991년 12월 증권거래법 개정시 위와 같은 단서를 삭제함으로써 직무관련성과 내부정보이용 요건을 완전히 배제하는 한편, 적용대상 유가증권에 전환사채, 신주인수권부사채 등도 포함되도록 확대하고, 사실상의 지배주주도 반환의무자에 포함하였다.[3]

〈단기매매차익 반환제도의 변천〉
[서울고등법원 2003. 10. 24. 선고 2003나28417 판결]
단기 매매차익 반환제도가 처음 도입된 증권거래법 제188조 제2항은 '상장법인의 임원·직원 또는 주요 주주는 그 직무 또는 지위에 의하여 지득한 비밀을 이용하여 그 자가 그 법인의 주식을 매수한 후 6월 이내에 매도하거나 그 법인의 주식을 매도한 후 6월 내에 매수하여 이익을 얻은 경우에는 당해 법인은 그 이익을 그 법인에 제공할 것을 청구할 수 있다'고 규정하여 내부자의 내부정보 이용사실을 회사가 입증하는 경우에만 그 차익의 반환을 청구할 수 있도록 하였으나, 1987. 11. 28. 법률 제3945호로 개정된 증권거래법 제188조 제2항은 '그 직무 또는 지위에 의하여 지득한 비밀을 이용하여' 부분을 삭제하는 대신 '다만, 그 자가 그 직무 또는 지위에 의하여 지득한 비밀을 이용하여 이익을 얻은 것이 아님을 입증할 때에는 그러하지 아니하다'라고 단서 조항을 추가하여 내부정보의 이용 여부에 관한 입증책임을 내부자에게 전환시킴으로써 단기 매매차익 반환제도의 실효성을 확보하려 하였고, 1991. 12. 31. 법률 제4469호로 개정된 증권거래법에서는 위 단서 조항을 삭제하여 미공개 내부정보를 이용하였는지 여부에 관계없이 단기 매매에 해당하기만 하면 그로 인한 차익을 모두 반환하도록 하는 한편 제8항에서 '제2항의 규정은 임원·직원 또는 주요 주주로서 행한 매도 또는 매수의 성격 기타 사정 등을 감안하여 대통령령이 정한 경우 및 주요 주주가 매도·매수한 시기 중 어느 한 시기에 있어서 주요 주주가 아닌 경우에는 이를 적용하지 아니한다'는 규정을 신설하여 피고의 반대입증을 허용하지 않는 '엄격 책임'을 인정한 의제규정의 형식을 취하면서 적용 예외 범위에 관하여는 대통령령에 위임하고 있고, 같은 법 시행령은 제83조의6 제6호에서 '유가증권시장 또는 협회중개시장에서 허용되는 최소 매매단위 미만의 매매, 근로자증권저축에 의한 매매, 발행

---

2) [증권거래법(법률 제3945호 1987. 11. 28 일부개정) 제188조]
   ② 상장법인 또는 등록법인의 임원·직원 또는 주요주주가 그 법인의 주식을 매수한 후 6월 이내에 매도하거나 그 법인의 주식을 매도한 후 6월 내에 매수하여 이익을 얻은 경우에는 당해 법인 또는 위원회는 그 이익을 그 법인에게 제공할 것을 청구할 수 있다. 다만, 그 자가 그 직무 또는 지위에 의하여 지득한 비밀을 이용하여 이익을 얻은 것이 아님을 입증할 때에는 그러하지 아니하다.
3) [증권거래법(법률 제4469호 1991. 12. 31 일부개정) 제188조]
   ② 상장법인 또는 등록법인의 임원·직원 또는 주요주주가 그 법인의 주권등을 매수한 후 6월 이내에 매도하거나 그 법인의 주권등을 매도한 후 6월 이내에 매수하여 이익을 얻은 경우에는 당해 법인 또는 위원회는 그 이익을 그 법인에게 제공할 것을 청구할 수 있다.

인 또는 매출인으로부터 직접적인 취득 등의 경우로서 일반인에게 공개되지 아니한 중요한 정보를 이용한 매매가 아니라고 증권선물위원회가 인정하는 경우'라고 규정하여 이를 다시 증권선물위원회(개정 당시에는 증권관리위원회였으나 1998. 4. 1. 증권관리위원회가 폐지되고 금융감독위원회가 설립되었으며 그 산하에 증권선물위원회를 설립)에 위임하는 형식을 취하고 있다.

(3) 자본시장법 규정

자본시장법은 단기매매차익 반환의무의 요건에 관하여, "주권상장법인의 임원(상법 401조의2 제1항 각 호의 자를 포함한다. 이하 이 장에서 같다), 직원(직무상 제174조 제1항의 미공개중요정보를 알 수 있는 자로서 대통령령으로 정하는 자에 한한다. 이하 이 조에서 같다) 또는 주요주주가 다음 각 호의 어느 하나에 해당하는 금융투자상품(이하 "특정증권등"이라 한다)을 매수(권리 행사의 상대방이 되는 경우로서 매수자의 지위를 가지게 되는 특정증권등의 매도를 포함한다. 이하 이 조에서 같다)한 후 6개월 이내에 매도(권리를 행사할 수 있는 경우로서 매도자의 지위를 가지게 되는 특정증권등의 매수를 포함한다. 이하 이 조에서 같다)하거나 특정증권등을 매도한 후 6개월 이내에 매수하여 이익을 얻은 경우에는 그 법인은 그 임직원 또는 주요주주에게 그 이익(이하 "단기매매차익"이라 한다)을 그 법인에게 반환할 것을 청구할 수 있다"고 규정한다(法 172조①).

2. 내부정보이용 여부

구 증권거래법상 내부정보이용 요건에 관한 변천과정을 요약하면, ⅰ) 1976년 도입 당시에는 내부정보이용을 요건으로 하였고, ⅱ) 1987년 개정시 내부정보이용에 대한 입증책임을 전환하였고, ⅲ) 1991년 개정시 내부정보이용 요건을 완전히 배제하였다. 단기매매차익 반환제도는 내부자가 속한 법인의 차익반환청구권을 내용으로 하지만, 제도의 본래의 취지는 법인의 이익을 보호하려는 것이 아니라 내부자거래의 상대방인 일반투자자를 보호하려는 것이다. 임직원과 주요주주는 내부정보에 접할 수 있는 지위에 있고, 이들이 그 내부정보를 이용하여 해당 법인의 증권에 대한 거래를 한다면 거래의 상대방인 일반투자자로서는 상당한 불이익과 위험에 노출되기 때문이다. 물론, 미공개정보이용금지에 관한 자본시장법 제174조의 규정에 의하여 일반투자자에 대한 구제가 어느 정도 이루어지겠지만 일반투자자가 법적인 구제책을 취하는 것은 실제로는 용이하지 않다. 이러한 거

래를 사전에 예방하는 차원에서 거래 자체는 허용하되, 특히 단기매매로 인한 이
익은 내부정보이용에 의한 부당한 이익일 가능성이 크므로 그 이익을 해당 법인
에게 반환하도록 하는 간접적인 규제를 하는 것이다.

[대법원 2008. 3. 13. 선고 2006다73218 판결]
증권거래법 제188조 제2항에 정한 단기매매차익 반환제도는, 주권상장법인 또는 코
스닥상장법인의 내부자가 6월 이내의 단기간에 그 법인의 주식 등을 사고 파는 경우
미공개 내부정보를 이용하였을 개연성이 크다는 점에서 거래 자체는 허용하되 그 대
신 내부자가 실제로 미공개 내부정보를 이용하였는지 여부나 내부자에게 미공개 내
부정보를 이용하여 이득을 취하려는 의사가 있었는지 여부를 묻지 않고 내부자로 하
여금 그 거래로 얻은 이익을 법인에 반환하도록 하는 엄격한 책임을 인정함으로써 내
부자가 미공개 내부정보를 이용하여 법인의 주식 등을 거래하는 행위를 간접적으로
규제하려는 제도이다.

따라서 내부자가 단기매매차익을 얻은 경우 내부정보의 이용 여부에 불구하
고 해당 법인에 반환하여야 한다. 즉, 단기매매차익 반환규정의 목적은 내부정보
를 이용하여 부당한 이익을 얻는 것을 방지하기 위한 것이지만, 내부정보의 불공
정한 이용을 사전에 예방하기 위하여 내부정보의 이용 여부에 불구하고 차익반환
의무가 발생한다. 이에 관하여 미공개정보의 이용을 전제로 하는 것이라고 판시
한 일부 하급심 판례도 있었으나,4) 내부정보의 이용 여부와 관계없다는 것이 대
법원의 확립된 판례이고, 헌법재판소도 같은 입장이다.

[대법원 2004. 5. 28. 선고 2003다60396 판결]
단기매매차익 반환제도는 주권상장법인 또는 협회등록법인의 내부자가 6월 이내의
단기간에 그 법인의 주식 등을 사고 파는 경우 미공개 내부정보를 이용하였을 개연성
이 크다는 점에서 거래 자체는 허용하되 그 대신 내부자가 실제로 미공개 내부정보를
이용하였는지 여부나 내부자에게 미공개 내부정보를 이용하여 이득을 취하려는 의사
가 있었는지 여부를 묻지 않고 내부자로 하여금 그 거래로 얻은 이익을 법인에 반환
하도록 하는 엄격한 책임을 인정함으로써 내부자가 미공개 내부정보를 이용하여 법
인의 주식 등을 거래하는 행위를 간접적으로 규제하려는 제도라 할 것이다.5)

---

4) 서울지방법원 남부지원 2003. 3. 24. 선고 99가합7825 판결.
5) 同旨: 대법원 1993. 12. 21. 선고 93다30402 판결, 대법원 2004. 2. 13. 선고 2001다36580
판결.

[헌법재판소 2002. 12. 18. 선고 99헌바105, 2001헌바48(병합) 결정]

단기매매차익 반환제도는 회사의 내부자가 당해 회사의 주식을 매도하거나 또는 매수한 다음 6월 이내에 이를 다시 매수하거나 또는 매도하여 이익을 얻은 경우에 당해 회사가 그 이익을 회사로 반환할 것을 청구할 수 있도록 함을 내용으로 하는데, 이는 실제로 내부자가 회사의 미공개 내부정보를 이용하여 주식매매를 하였는지 여부를 묻지 않고 내부자의 단기주식거래로 인한 차익을 모두 회사에 반환하도록 하는 것이다. 법은 이러한 내부자의 내부정보 이용행위를 방지하기 위하여 위에서 본 바와 같이 회사의 내부자가 외부에 공개되지 않은 회사의 정보를 이용하여 회사의 주식 등의 거래를 한 경우 민사상·형사상 제재를 가함으로써 이에 대한 규제를 하고 있으나, 실제로 내부자가 회사의 내부정보를 이용하였음을 입증하는 것은 회사와 내부자의 관계나, 내부자가 회사내부의 서류 등 증거자료에 접근하는 것이 용이한 점 등을 고려할 때 매우 어렵다고 볼 것이다. 따라서, 이 사건 법률조항은 회사의 내부자가 6월의 단기간 동안에 당해 회사의 주식거래를 한 경우에는 실제로 내부정보를 이용하였는지 여부에 관계없이 그러한 거래로 인하여 발생하는 차익을 모두 회사에 반환하도록 함으로써 내부자거래에 대한 예방적·간접적 규제를 하는 데 그 취지가 있다고 할 것이다.

3. 제도의 위헌 여부

헌법 제23조 제1항은 "모든 국민의 재산권은 보장된다. 그 내용과 한계는 법률로 정한다"라고 규정하는데, 자본시장법상의 단기매매차익 반환의무가 내부정보이용 여부와 관계없이 성립한다면 헌법상 보장된 재산권침해에 해당하는지 여부가 문제될 수 있다. 내부자라도 자기가 속한 회사의 주식을 매매할 권리가 있지만, 내부자라는 지위를 이용하여 알게 된 중요한 정보를 이용하여 거래를 한다면 일반투자자가 이로 인하여 피해를 입을 가능성이 있으므로 적절한 규제가 있어야 한다. 그러나 거래 자체를 금지하는 것은 현실성이 없으므로 거래는 허용하되 단기매매로 인한 차익은 거래를 한 본인에게 귀속시키지 않고 회사에 귀속시킴으로써 이들의 내부자거래를 간접적으로 규제하려는 목적으로 도입된 것이 단기매매차익 반환제도이다. 또한, 헌법 제23조 제2항은 "재산권의 행사는 공공복리에 적합하도록 하여야 한다"고 규정하므로 단기매매차익 반환의무가 헌법상 보장된 재산권의 본질적 내용을 침해하는 것이라고 볼 수 없다. 헌법재판소도 단기매매차익 반환규정이 합헌이라는 입장을 확고히 하고 있다.

[헌법재판소 2002. 12. 18. 선고 99헌바105, 2001헌바48(병합) 결정]

1. 입법목적의 정당성 및 방법의 적정성 : 이 사건 법률조항의 입법목적은 내부자거

래를 규제함으로써 일반 투자자들의 이익을 보호함과 동시에 증권시장의 공평성, 공정성을 확보함으로써 일반투자자들의 증권시장에 대한 신뢰를 확보하고 이를 바탕으로 국가경제의 발전에 기여함에 있다고 할 것이므로 그 입법목적이 정당함은 명백하다. 나아가 이러한 목적의 달성을 위하여 내부정보를 이용하였을 개연성이 큰 내부자의 단기주식거래로 인한 이익을 회사로 반환하도록 하여 그러한 거래를 무익하게 하고 있는바, 이는 내부자거래에 대한 상당한 억지효과를 가질 것이 예상되므로 그 방법도 또한 적정하다고 보인다.

2. 수단의 최소침해성 : 이 사건 법률조항이 반환책임의 요건을 객관화하여 엄격한 반환책임을 내부자에게 부과하고, 증권거래법 제188조 제8항 및 이에 근거한 증권거래법 시행령 제86조의6 등에서 반환책임의 예외를 한정적으로 열거하여 이에 해당하지 않는 한 반환책임의 예외를 인정하지 않는다고 하더라도, 이 사건 법률조항의 입법목적과 단기매매차익 반환의 예외를 정한 시행령 제86조의6의 성격 및 헌법 제23조가 정하는 재산권 보장의 취지를 고려하면 내부정보를 이용할 가능성조차 없는 주식거래의 유형에 대하여는 이 사건 법률조항이 애당초 적용되지 않는다고 해석하여야 할 것이므로 내부자의 단기매매에 대하여 증권거래법과 증권거래법 시행령이 정하는 예외사유에 해당하지 않는 한 엄격한 반환책임을 부과하였다고 하여 이를 두고 최소침해원칙에 위배된다고 할 수 없다.

3. 법익의 균형성 : 이 사건 법률조항은 단기매매차익을 반환하게 함으로써 일반 투자자들의 이익을 보호함과 동시에 증권시장의 공평성, 공정성을 확보함으로써 일반투자자들의 증권시장에 대한 신뢰를 확보하고자 하는 데 비해, 이로 인하여 제한되는 청구인들과 같은 내부자의 재산권에 대한 제한은 내부자에게 일체의 주식거래를 금지하는 것이 아니라 단지 단기매매에 해당하는 경우 그 이익을 회사로 반환하도록 하는 데 그친다.

4. 소결론 : 따라서 이 사건 법률조항에 의한 제한은 내부자거래를 규제함으로써 일반 투자자들의 이익을 보호함과 동시에 증권시장의 공평성, 공정성을 확보하려는 입법목적을 달성하기 위하여 불가피한 것이고 공공의 복리를 위하여 헌법상 허용된 필요하고도 합리적인 제한이라 할 것이므로, 과잉금지의 원칙에 위반하여 재산권의 본질적 내용을 침해한 것이라고 볼 수 없다.

4. 차익반환의무자

(1) 주권상장법인의 임직원·주요주주

주권상장법인은 ⅰ) 증권시장에 상장된 주권을 발행한 법인, ⅱ) 주권과 관련된 증권예탁증권이 증권시장에 상장된 경우에는 그 주권을 발행한 법인을 말한다(法 9조⑮3). 단기매매차익 반환의무자는 주권상장법인의 임원(商法 401조의2①의

업무집행관여자 포함), 직무상 미공개중요정보를 알 수 있는 직원, 주요주주 등이
다(法 172조①). 이들 반환의무자의 계산으로 거래한 이상 타인 명의로 거래를 한
경우에도 단기매매차익 반환의무가 발생한다. 다만, 자금의 최초 출처가 내부자라
는 점만으로는 부족하고, 매매주체의 행위를 내부자의 행위와 동일시할 수 있는
경우에 해당하여야 반환의무가 생긴다.

> [대법원 2007. 11. 30. 선고 2007다24459 판결]
> 증권거래법 제188조 제2항 소정의 단기매매차익 반환제도는 주권상장법인 또는 코
> 스닥등록법인의 내부자가 6월 이내의 단기간에 그 법인의 주식 등을 사고 파는 경우
> 미공개 내부정보를 이용하였을 개연성이 크다는 점에서 거래 자체는 허용하되 그 대
> 신 내부자가 실제로 미공개 내부정보를 이용하였는지 여부나 내부자에게 미공개 내
> 부정보를 이용하여 이득을 취하려는 의사가 있었는지 여부를 묻지 않고 내부자로 하
> 여금 그 거래로 얻은 이익을 법인에 반환하도록 하는 엄격한 책임을 인정함으로써 내
> 부자가 미공개 내부정보를 이용하여 법인의 주식 등을 거래하는 행위를 간접적으로
> 규제하려는 제도라 할 것이고(대법원 2004. 5. 28. 선고 2003다60396 판결 등 참
> 조), 위와 같은 제도의 취지 및 위 법조항의 규정 내용 등에 비추어 볼 때 위 법조항
> 에 의하여 그 내부자로 하여금 그 단기매매차익을 반환할 의무를 부담하도록 하기 위
> 하여서는 그 내부자가 그러한 주식거래의 직접적인 주체이거나, 그 주체가 아닌 경우
> 에는 그 주체의 행위를 그 내부자의 행위와 동일시할 수 있는 경우에 해당하여야 한
> 다고 봄이 상당하다. 원심판결 이유에 의하면, 원심도 위와 같은 법리에 기초하여 이
> 사건의 경우 피고가 원고에 대하여 이 사건 원고주식을 대상으로 한 단기매매(이하
> '이 사건 단기매매'라고 한다)로 인한 차익을 반환할 의무가 있다고 판단하였는바, 이
> 와 달리 원심이 위 증권거래법 제188조 제2항에서 말하는 내부자의 범위를 부당하게
> 확장하여 해석하는 법리를 기초로 하여, 단지 이 사건 주식매수자금의 최초 출처가
> 피고이고 이 사건 단기매매의 주체인 소외 1이 피고의 처라는 이유만으로 피고에 대
> 하여 위 법조항에 의한 이 사건 단기매매로 인한 차익을 반환할 의무를 인정하였음을
> 전제로 하는 원고의 상고이유의 주장은 원심판결에 대한 오해에서 비롯된 것으로서
> 받아들일 수 없다.6)

---

6) 이 사건의 원심은 "증권거래법 제188조 제2항이 주권상장법인의 임원으로 하여금 당해 법
인의 주식에 대한 단기매매거래에 의해 얻은 이익을 당해 법인에 반환하도록 하는 것은 그들
이 직무 또는 직위에 의하여 취득한 비밀을 부당하게 이용하는 것을 방지하고자 하는데 목적
이 있고, 그러한 취지에서 같은 조 제1항은 주요주주를 정의함에 있어 '누구의 명의로 하든지
자기의 계산으로 주식을 소유한 자'를 포함시킴으로써 단기매매차익의 반환에 관한 한 차명계
좌를 이용한 매매라 하더라도 모두 본인이 매매한 것으로 본다고 규정하고 있는바, 이러한 규
정취지에 비추어 볼 때 이 사건 차명계좌의 실질상 계좌주가 당해 법인의 이사로서 당해 법인
의 내부정보를 이용할 수 있는 지위에 있다면 특별한 사정이 없는 한 그 계좌를 이용한 단기
매매거래로 인한 이득을 당해 법인에 반환하도록 하는 것이 상당하다고 할 것이다. 이 건에

임원 등으로부터 정보를 수령한 자(tippee)에 대하여도 단기매매차익 반환의
무가 적용되는지 여부에 관하여 논란이 있으나, 이들에 대하여도 적용된다는 해
석은 명문의 규정에 반하고 별도로 자본시장법 제174조(미공개중요정보 이용행위
금지) 위반 여부를 판단하여야 할 것이다. 매수·매도 양시기에 주권상장법인의
임직원·주요주주의 지위에 있어야 한다. 따라서 주권상장법인의 임원이 해당 법
인의 주식을 매수하고 상장폐지 후에 매도한다면 단기매매차익 반환의 대상이 아
니다.

(2) 임원과 직원

1) 임   원   임원은 이사 및 감사를 말한다(法 9조②).[7] 이사는 사내이사,
사외이사를 불문한다. 이는 미공개중요정보 이용행위가 금지되는 임원의 범위와
같다. 임원에는 업무집행관여자(商法 401조의2①)를 포함한다.[8] 상법 제401조의

있어서 앞서 본 바와 같이, 소외 1은 피고의 처인 전업주부로서 피고로부터 월급등 수입의 관
리를 일임받아 이 사건 차명계좌를 개설하였으나 주식취득을 위해 입금된 액수가 거액인 점
에 비추어 실제로는 피고에 의하여 계좌가 관리되고 있었던 것으로 봄이 상당한 점, 이 사건
차명계좌의 주식매수자금도 대부분 피고의 것으로 그 계산주체가 피고라고 보여지는 점, 피고
는 언제든지 처인 소외 1에게 요청하여 이 사건 차명계좌를 이용한 주식매도로 인한 경제적
이익을 자신에게 귀속시키도록 지시할 수 있는 것으로 보여지는 점, 피고 주장처럼 피고의 처
소외 1이 실제로 피고 몰래 계좌를 개설하여 주식거래를 하였다면 굳이 언니인 소외 2 명의
를 차용할 필요조차도 없었을 것으로 보여지는 점, 기타 변론 전체에 나타난 사정에 비추어
보면, 이 사건 차명계좌의 실질상 계좌주는 피고로서 처인 소외 1에게 이 사건 차명계좌를 이
용한 주식거래를 위임데 불과하다고 봄이 경험칙에 부합하고, 소외 1이 자기의 돈과 계산으
로 이 사건 차명계좌를 관리하였다고 볼 아무런 자료가 없는 이 사건에 있어서, 소외 1이 이
사건 차명계좌를 개설하였다거나 이를 이용한 주식매수, 매도주문을 전담하였다는 사정만으
로 이와 달리 볼 것은 아니다. 따라서, 피고는 이 사건 차명계좌의 실질상 계좌주로서 이 사건
단기매매로 인하여 64,166,042원의 이익을 얻었다 할 것이므로, 증권거래법 제188조 제2항
에 따라 원고에게 이 사건 단기매매차익 합계 64,166,042원과 이에 대하여 그 반환을 청구하
는 원고의 의사표시가 기재된 이 사건 소장이 피고에게 송달된 다음날인 2005. 10. 1.부터 피
고가 그 이행의무의 존부와 범위에 관하여 항쟁함이 상당한 당심 판결 선고일인 2007. 3. 16.
까지는 민법이 정한 연 5%, 그 다음날부터 다 갚는 날까지는 소송촉진등에 관한 특례법이 정
한 연 20%의 각 율로 계산한 지연손해금(원고는, 2005. 1. 26. 피고에게 위 단기매매차익의
반환을 청구하였다고 주장하면서 2005. 1. 27.부터 이 사건 소장 송달일까지에 대하여도 지연
손해금의 지급을 구하나, 갑 1호증의 기재만으로는 위 주장사실을 인정할 수 없고 달리 이를
인정할 만한 증거가 없으므로, 원고의 위 지연손해금청구부분은 이유 없다)을 지급할 의무가
있다"라고 판시하였다(서울고등법원 2007. 3. 16. 선고 2006나90055 판결).

7) 2011년 개정상법은 집행임원제도를 도입하였으므로, 향후 자본시장법 개정시 집행임원도
포함되어야 할 것이다. 다만 개정 전이라도 집행임원은 상법 제401조의2가 규정하는 "업무집
행관여자"로서 적용대상이 될 것이다.

8) 상법 제401조의2가 규정하는 "업무집행관여자"는, 1. 회사에 대한 자신의 영향력을 이용하
여 이사에게 업무집행을 지시한 자, 2. 이사의 이름으로 직접 업무를 집행한 자, 3. 이사가 아

2 제1항 제1호의 '회사에 대한 자신의 영향력을 이용하여 이사에게 업무집행을 지시한 자'에는 자연인뿐만 아니라 법인인 지배회사도 포함된다.9)

   2) 직   원   직원이란 해당 법인의 임원을 제외한 모든 피용자로서 정규직원 외에 계약직원도 포함된다. 구 증권거래법에 의하면 모든 직원이 원칙적으로 규제 대상이었는데, 직원 중에도 직무와 지위에 따라 내부정보와 무관한 자가 있을 수 있는데, 이와 관련하여 입법론상으로는 지위의 고하에 불구하고 직원은 반환채무자의 범위에서 제외하는 것이 바람직하다는 견해도 있었다.10) 그러나 직원을 일률적으로 적용대상으로 하는 것은 타당성면에서 의문이 있지만, 임원이 아니더라도 중요한 내부정보에 접근할 수 있는 직원이 있을 수 있으므로 직원이라고 하여 반드시 임원에 비하여 정보접근성이 제한되는 것이 아니다. 결국은 어느 부서에서 어떠한 업무에 종사하느냐에 따라서 정보접근성이 달라지므로, 정보접근성의 정도에 따라 최소한도의 범위에서 직원을 차익반환의무자의 범위에 포함하는 것이 바람직하다. 외국의 입법례를 보아도, 미국의 SEA와 일본 金融商品去來法상 직원은 단기매매차익 반환의무의 적용대상이 아니다.

   이에 자본시장법은 "직무상 제174조 제1항의 미공개중요정보를 알 수 있는 자로서 대통령령으로 정하는 자에 한한다"고 규정함으로써 직원은 원칙적으로 적용대상에서 배제하고, 미공개중요정보를 알 수 있는 일정 범위의 자만 적용대상으로 규정한다. 일본 金商法 제164조 제1항도 "상장회사 등의 임원 또는 주요주

   니면서 명예회장·회장·사장·부사장·전무·상무·이사 기타 업무를 집행할 권한이 있는 것으로 인정될 만한 명칭을 사용하여 회사의 업무를 집행한 자 등이다. 이들은 그 지시하거나 집행한 업무에 관하여 제399조(회사에 대한 책임)·제401조(제3자에 대한 책임) 및 제403조(주주의 대표소송)의 적용에 있어서 이를 이사로 보는데, 이는 소위 비등기임원으로서 회사의 업무집행에 영향력을 행사하는 자에게 이사와 같은 책임을 지게 하기 위한 규정이다. 이러한 업무집행관여자는 대부분 직원이나 주요주주에 해당하므로 이들을 따로 규제대상에 포함시킬 실익은 크지 않다는 설명도 있지만(김건식·정순섭, 343면), 직원의 경우에는 직무상 제174조 제1항의 미공개중요정보를 알 수 있는 자로서 대통령령으로 정하는 자에 한하여 규제대상이므로 업무집행관여자를 규제대상으로 명시적으로 포함시킬 필요가 있다.

 9) [대법원 2006. 8. 25. 선고 2004다26119 판결] "상법 제401조의2 제1항 제1호의 '회사에 대한 자신의 영향력을 이용하여 이사에게 업무집행을 지시한 자'에는 자연인뿐만 아니라 법인인 지배회사도 포함되나, 나아가 상법 제401조의 제3자에 대한 책임에서 요구되는 '고의 또는 중대한 과실로 인한 임무해태행위'는 회사의 기관으로서 인정되는 직무상 충실 및 선관의무 위반의 행위로서 위법한 사정이 있어야 하므로, 통상의 거래행위로 부담하는 회사의 채무를 이행할 능력이 있었음에도 단순히 그 이행을 지체하여 상대방에게 손해를 끼치는 사실만으로는 임무를 해태한 위법한 경우라고 할 수 없다."

10) 노태악, "내부자거래 등 관련 행위의 규제", 증권거래에 관한 제문제(上), 법원도서관 (2001), 465면.

주"만을 규제대상으로 하고, 직원은 제외한다. "대통령령으로 정하는 자"란 다음과 같은 자로서 증권선물위원회가 미공개중요정보를 알 수 있는 자로 인정하는 자를 말한다(슈 194조).[11]

1. 그 법인에서 주요사항보고서 제출사유(法 161조①)[12]에 해당하는 사항의 수립·변경·추진·공시, 그 밖에 이에 관련된 업무에 종사하고 있는 직원
2. 그 법인의 재무·회계·기획·연구개발에 관련된 업무에 종사하고 있는 직원

(3) 주요주주

1) 의   의   자본시장법에서 주요주주란 금융회사지배구조법 제2조 제6호의 주요주주를 말한다. 이 경우 금융회사는 법인으로 본다(法 9조①). 즉, 주요주주는 ⅰ) "누구의 명의로 하든지 자기의 계산으로 법인의 의결권 있는 발행주식총수의 10% 이상의 주식(그 주식과 관련된 증권예탁증권 포함)[13]을 소유한 자"와, ⅱ) "임원의 임면 등의 방법으로 법인의 중요한 경영사항에 대하여 사실상의 영향력을 행사하는 주주로서 다음과 같은 자를 말한다(同法 2조 제6호 나목, 同法 施行슈 4조).

---

11) "증권선물위원회가 미공개중요정보를 알 수 있는 자로 인정하는 자"란 "그 법인의 재무·회계·기획·연구개발·공시 담당부서에 근무하는 직원"을 말한다(단기매매차익 반환 및 불공정거래 조사·신고 등에 관한 규정 5조 1호). 따라서 실제로 구분의 실익이 있는지 여부를 떠나 엄밀하게는 "업무종사요건"과 "부서근무요건"이 모두 구비되어야 규제대상 직원이 된다.
12) 사업보고서 제출대상법인은 다음 사실이 발생한 경우에는 그 사실이 발생한 날의 다음 날까지 그 내용을 기재한 보고서("주요사항보고서")를 금융위원회에 제출하여야 한다(法 161조①).
    1. 발행한 어음 또는 수표가 부도로 되거나 은행과의 당좌거래가 정지 또는 금지된 때
    2. 영업활동의 전부 또는 중요한 일부가 정지되거나 그 정지에 관한 이사회 등의 결정이 있은 때
    3. 「채무자 회생 및 파산에 관한 법률」에 따른 회생절차개시의 신청이 있은 때
    4. 자본시장법, 상법, 그 밖의 법률에 따른 해산사유가 발생한 때
    5. 대통령령으로 정하는 경우에 해당하는 자본 또는 부채의 변동에 관한 이사회 등의 결정이 있은 때
    6. 상법 제360조의2, 제360조의15, 제522조 및 제530조의2에 규정된 사실이 발생한 때
    7. 대통령령으로 정하는 중요한 영업 또는 자산을 양수하거나 양도할 것을 결의한 때
    8. 자기주식을 취득(자기주식의 취득을 목적으로 하는 신탁계약의 체결을 포함한다) 또는 처분(자기주식의 취득을 목적으로 하는 신탁계약의 해지를 포함한다)할 것을 결의한 때
    9. 그 밖에 그 법인의 경영·재산 등에 관하여 중대한 영향을 미치는 사항으로서 대통령령으로 정하는 사실이 발생한 때
13) 공개매수, 대량보유보고와 관련하여 전환사채나 신주인수권부사채와 같이 장래 주식으로 전환될 가능성이 있는 증권(잠재주식)도 주식비율 산정시 포함되나, 미공개정보이용이 금지되는 주요주주의 요건과 관련하여서는 포함되지 않는다.

1. 혼자서 또는 다른 주주와의 합의·계약 등에 따라 대표이사 또는 이사의 과반수를
   선임한 주주
2. 다음 각 목의 구분에 따른 주주
가. 금융회사가 자본시장법상 금융투자업자(겸영금융투자업자는 제외)인 경우
   1) 금융투자업자가 자본시장법에 따른 투자자문업, 투자일임업, 집합투자업, 집
      합투자증권에 한정된 투자매매업·투자중개업 또는 온라인소액투자중개업 외
      의 다른 금융투자업을 겸영하지 아니하는 경우: 임원(상법 제401조의2 제1항
      각 호의 자를 포함한다. 이하 이 호에서 같다)인 주주로서 의결권 있는 발행주
      식 총수의 5% 이상을 소유하는 사람
   2) 금융투자업자가 자본시장법에 따른 투자자문업, 투자일임업, 집합투자업, 집
      합투자증권에 한정된 투자매매업·투자중개업 또는 온라인소액투자중개업 외
      의 다른 금융투자업을 영위하는 경우: 임원인 주주로서 의결권 있는 발행주식
      총수의 1% 이상을 소유하는 사람
나. 금융회사가 금융투자업자가 아닌 경우: 금융회사(금융지주회사인 경우 그 금융지
   주회사의 금융지주회사법 제2조 제1항 제2호 및 제3호에 따른 자회사 및 손자회
   사를 포함)의 경영전략·조직변경 등 주요 의사결정이나 업무집행에 지배적인 영
   향력을 행사한다고 인정되는 자로서 금융위원회가 정하여 고시하는 주주

   2) 범   위   10% 지분을 산정함에 있어서 전환사채, 신주인수권부사채와
같이 장래 주식화할 수 있는 사채도 산입하여야 하는지 여부가 문제인데, 명문의
규정이 없으므로 산입할 수 없다고 보아야 한다. 마찬가지로 특수관계인의 지분
은 최대주주에 관하여는 합산을 명문으로 규정하지만 주요주주에 관하여는 명문
의 규정이 없으므로 합산할 수 없다고 해석하여야 한다.[14] 다만 특수관계인의 지
분을 합산하여 10% 이상에 이르게 되면 사실상 영향력을 행사하는 주주로 인정
될 경우가 있을 것이다.

   (4) 투자매매업자

   단기매매차익 반환의무에 관한 제172조 제1항·제2항은 주권상장법인이 모
집·사모·매출하는[15] 특정증권등을 인수한 투자매매업자가 인수계약을 체결한

---

14) 차명으로 주식을 소유하는 사실을 증명하는 것은 실제로는 용이하지 아니하므로 주요주주
   여부를 판단함에 있어서 배우자나 직계존비속이 소유하는 주식은 합산대상으로 포함하여야하
   고, 주요주주의 기준도 5%로 낮추어야 한다는 견해도 있다[김상철, "자본시장법상 단기매매차
   익 반환제도의 매매 개념과 적용예외 사유에 관한 연구", 사법논집 제48집, 법원도서관(2009),
   157면].
15) [法 제9조] ⑦ 이 법에서 "모집"이란 대통령령으로 정하는 방법에 따라 산출한 50인 이상의
   투자자에게 새로 발행되는 증권의 취득의 청약을 권유하는 것을 말한다.

날부터 3개월 이내에 매수 또는 매도하여 그 날부터 6개월 이내에 매도 또는 매수하는 경우(시행령 제198조 제4호의 경우는 제외)에 준용한다(法 172조⑦). 시행령 198조 제4호의 "모집·사모·매출하는 특정증권등의 인수에 따라 취득하거나 인수한 특정증권등을 처분하는 경우"는 제외되므로, 인수계약을 체결한 투자매매업자가 별도로 매매한 경우에 적용된다. 그리고 투자매매업자가 안정조작이나 시장조성을 위하여 매매하는 경우에는 해당 안정조작이나 시장조성기간 내에 매수 또는 매도하여 그 날부터 6개월 이내에 매도 또는 매수하는 경우(시행령 제198조 제3호의 경우는 제외)에 준용한다(슈 199조). 이 경우에도 시행령 198조 제3호의 안정조작이나 시장조성을 위한 매매는 제외된다. 이는 투자매매업자가 인수업무 수행중 취득한 정보를 이용하여 이익을 얻는 것을 방지하기 위한 것으로, 외국에서 보기 드문 입법례인데 우리나라 업계의 문제점이 반영된 규정이다.

5. 내부자로 간주되는 시기

(1) 주요주주

(가) 이전 기준과 동시 기준

주요주주는 임직원의 경우와 달리 매도·매수한 시기 중 어느 한 시기에 있어서 주요주주가 아닌 경우에는 단기매매차익 반환의무를 부담하지 않는다(法 172조⑥). 따라서 주요주주가 아닌 자가 매수로 인하여 주요주주가 된 경우에는 단기매매차익 반환의무가 적용되지 않고, 매수 이전부터 주요주주임을 요건으로 한다는 의미에서 이를 이전 기준('prior to' test)이라고 한다.

반면에 매수함으로써 주요주주가 된 경우도 포함하는 기준을 동시 기준(simultaneously with test)이라고 한다. 동시 기준은 주식을 매수하여 비로소 주요주주가 된 것이므로 매수 당시 회사의 내부정보를 이용하였다고 볼 수 없고, 특히 제172조 제6항의 "매수한 시기"를 "매수한 후"로 해석하는 것은 부당하며, 규정의 형식과 취지상 "매수할 당시"로 해석하여야 하므로 타당하지 않다.

한편 주요주주가 주식을 매도함으로써 주요주주의 지위를 상실하게 되는 경우에도 차익반환의무가 있는지 여부가 문제되는데, 위 제6항의 "매도한 시기"를

---

⑧ 이 법에서 "사모"란 새로 발행되는 증권의 취득의 청약을 권유하는 것으로서 모집에 해당하지 아니하는 것을 말한다.

⑨ 이 법에서 "매출"이란 대통령령으로 정하는 방법에 따라 산출한 50인 이상의 투자자에게 이미 발행된 증권의 매도의 청약을 하거나 매수의 청약을 권유하는 것을 말한다.

"매도한 후"라고 해석하여 매도한 후에도 주요주주의 지위를 유지하여야만 단기매매차익 반환의무가 있다고 해석하는 견해도 있다. 그러나 "매도한 시기"를 위와 같이 해석하는 것은 무리이고, "매수한 시기"와 마찬가지로 "매도할 당시"로 해석하여 반환의무를 인정하여야 할 것이다. 이상과 같이 해석하면 만일 증권을 전혀 소유하지 않은 투자자가 6%씩 3회에 걸쳐 증권을 매수하였다가 모두 매도하였다면 주요주주가 된 이후의 단기매매로 인한 차익인 세번째 매수한 증권으로부터의 이익만 반환의 대상이 된다. 그 반대로 증권을 매도함으로써 10% 미만의 증권소유자로 된 경우에는 위 규정의 목적에 비추어 차익반환의무를 부담한다고 보아야 한다.

　⒟ 주주로 되는 시기

　주식의 양도는 주권의 교부로서 그 효력이 발생하므로,16) 주주가 되는 시기에 관하여 실제로 증권을 인도받은 시점을 기준으로 삼는 것이 원칙이다. 그러나 단기매매차익 반환의무가 미공개정보이용의 사전예방을 위한 제도라는 점을 고려하면 2거래일 후에 결제가 확실히 이행되는 장내거래의 경우에는 계약체결일을 기준으로 삼는 것이 타당하다. 이렇게 해석하지 않으면 주식매수계약을 체결하고 주식을 교부받기 전에 다시 매도하는 경우에는 단기매매차익 반환의무가 없다는 결론이 되므로 제도의 취지에 부합하지 않는다. 한편 장외거래의 경우에는 계약체결 후에 여러 가지 사정으로 주식이 매수인에게 인도되지 않을 수도 있으므로, 계약체결일을 기준으로 하되 주식인도의 불이행을 해제조건부로 하여 이러한 경우에는 매수인의 주요주주로서의 지위가 소급적으로 상실되는 것으로 보아야 한다.

　단기매매차익 반환의무는 순수한 민사상 채무이므로 죄형법정주의에 상응하는 수준으로 엄격하게 해석할 필요는 없을 것이다.17) 증권시장에서 하루 동안 10% 이상의 지분을 매수하는 경우에도 1회의 거래에 의하는 예는 드물고 대개는 수차례의 거래에 의하는데, 엄밀히는 하루 중 수차례의 거래 중 어느 특정 거래가 이루어짐으로써 10% 이상의 지분을 소유하게 되고 하루에 수차례 매매를 함으로

---

16) 투자자계좌부 또는 예탁자계좌부에 증권의 양도를 목적으로 계좌 간 대체의 기재를 하거나 질권설정을 목적으로 질물인 뜻과 질권자를 기재한 경우에는 증권의 교부가 있었던 것으로 본다(法 311조②).

17) 그러나 미공개중요정보 이용행위에 있어서는 이와 달리 실제로 증권을 인도받은 날을 기준으로 삼아야 한다. 단기매매차익 반환의무는 순수한 민사상 채무이지만, 미공개중요정보 이용행위는 형사처벌의 대상이므로 규제의 범위를 근거 없이 확대해석하는 것은 죄형법정주의에 반하기 때문이다.

써 10%를 초과하였다가 다시 미달되거나 하는 경우도 있을 수 있는데, 특히 장내 거래의 경우 T+2에 의하여 3일째 되는 날 한 번에 결제가 이루어지므로 수차례 의 거래는 일별(日別)로 합산하여 단일 거래로 보아야 한다.

(2) 임 직 원

임직원에 관하여는 주요주주에 관한 제172조 제6항과 같은 규정이 없으므로 주요주주와 달리 증권을 매도하거나 매수한 어느 한 시기에만 임직원의 지위에 있으면 적용대상이다.

> [대법원 2008. 3. 13. 선고 2006다73218 판결]
> 증권거래법 제188조 제2항의 문언상 임원 또는 직원이 매수 또는 매도의 두 시기에 모두 그 직책에 있어야 한다고 해석할 근거는 없고, 오히려 같은 조 제8항이 같은 조 제2항의 적용대상자 중 '주요주주'에 대하여만 매수 또는 매도의 어느 한 시기에 주요 주주가 아닌 경우에 제2항을 적용하지 않도록 규정하고 있는 취지에 비추어 볼 때, 임 원 또는 직원에 대하여는 매수 또는 매도의 어느 한 시기에만 그 신분을 가지고 있으 면 같은 조 제2항의 적용대상자에 해당하여 그 단기매매차익을 반환할 의무가 있다.

그러므로 임직원이 주식을 매수한 후 퇴임하고 매수일로부터 6개월 이내에 주식을 매도하거나, 주식을 매도한 후 퇴임하고 매도일로부터 6개월 이내에 그 주식을 다시 매수하였다면 이익을 회사에 반환할 책임이 있다. 또한 임직원이 취 임 전에 주식을 매수하였다가 취임 후 매수일로부터 6개월 이내에 매도하거나, 취임 전에 주식을 매도하였다가 취임 후 매도일로부터 6개월 이내에 매수한 경우 에는 그 이익을 회사에 반환할 책임이 있다. 그러나 임직원이 퇴임한 후 주식을 매수하였다가 매도한 경우에는 이익반환의무가 발생하지 않는다.

직원이 매매거래 당시 정직처분을 받아 신분상의 제한이 있었다 하더라도 이 러한 사정만으로 내부정보에의 접근 가능성이 완전히 배제된다고 볼 수 없고 따 라서 단기차익 반환의무를 부담한다.

> [대법원 2008. 3. 13. 선고 2006다73218 판결]
> 원심이 원고의 청구를 배척한 거래분은 '정직처분일 이후인 2002. 6. 24.부터 같은 해 11. 18.까지의 매수분'과 그에 대응하는 '정직처분일 이전인 2002. 4. 1.부터 같은 해 5. 22.까지의 매도분'으로 구성되어 있는데, 그 중 매도거래 당시 직원의 신분이었음 에 다툼이 없는 이상 매수 또는 매도의 두 시기 중 어느 한 시기에 신분을 가지고 있 을 것을 요구하는 위 법문상의 요건은 구비한 것이어서 그 후 매수거래 당시 정직처

분을 받아 신분상의 제한이 있었는지 또는 퇴직 등으로 신분을 상실하였는지 여부는 반환의무대상자로서의 요건에 관한 한 문제가 되지 아니하는 것이다.

6. 적용대상 거래

(1) 특정증권등

단기매매차익 반환규정의 적용대상인 금융투자상품("특정증권등")은 다음과 같다(法 172조①).18)

1. 그 법인이 발행한 증권(대통령령으로 정하는 증권을 제외한다)
2. 제1호의 증권과 관련된 증권예탁증권
3. 그 법인 외의 자가 발행한 것으로서 제1호 또는 제2호의 증권과 교환을 청구할 수 있는 교환사채권
4. 제1호부터 제3호까지의 증권만을 기초자산으로 하는 금융투자상품

(2) 매   매

(가) 매매에 포함되는 거래

구 증권거래법과 마찬가지로 자본시장법도 단기매매의 '매수', '매도'에 관한 개념을 적극적으로 규정하고 있지 않고 있는데, 일반적으로 단기매매차익 반환의무의 적용대상인 매매는 대가가 지급되고 주식의 소유권이 이전되는 것을 의미하므로 상속이나 증여에 의한 무상취득, 주식배당, 주식분할, 주식병합에 의한 주식취득은 매수 또는 매도에 해당하지 않는다고 해석한다.

교환은 민법상으로는 매매와 구분되는 개념이지만 교환목적물을 서로 일정한 가격으로 정하여 교환하는 경우에는 매매에 준하여 단기매매차익 반환의무가 적용된다고 보아야 한다. 대물변제도 매매에 포함되고 나아가, 비전형적인 유상취득 행위도 해당 거래의 성격이나 비자발성의 정도, 거래의 동기 및 결과 등에 따라서는 매수로 보아야 하는 경우도 있다.19)

또한 자본시장법 제172조 제1항은 "매수(권리 행사의 상대방이 되는 경우로서 매수자의 지위를 가지게 되는 특정증권등의 매도를 포함한다. 이하 이 조에서 같다)" … "매도(권리를 행사할 수 있는 경우로서 매도자의 지위를 가지게 되는 특정증권등의 매

---

18) 특정증권에 관하여는 [제1편 제1장 제2절 불공정거래 규제대상 금융투자상품] 부분 참조.
19) 한편, 대물변제의 경우 채무자는 임의성이 있으므로 규제대상 매매에 해당하지만, 채권자 입장에서는 임의성이 없으므로 규제대상 매매에 해당하지 않는다는 견해도 있다(김상철, 전게 논문, 231면).

수를 포함한다. 이하 이 조에서 같다)"라고 규정하는데, 이는 put option의 매도는 매수로, put option의 매수는 매도로 본다는 취지이다. call option의 매도, 매수는 기초자산의 매도, 매수와 사실상 동일한 효과를 가지므로 특별히 규정하지 않는 것이다.[20]

(나) 법령에 의한 반환의무 면제사유

임직원 또는 주요주주로서 행한 매도 또는 매수의 성격 그 밖의 사정 등을 고려하여 다음과 같은 경우에는 단기매매차익 반환의무가 발생하지 않는다(法 172조⑥, 슈 198조).

1. 법령에 따라 불가피하게 매수하거나 매도하는 경우
2. 정부의 허가·인가·승인 등이나 문서에 의한 지도·권고에 따라 매수하거나 매도하는 경우
3. 안정조작이나 시장조성을 위하여 매수·매도 또는 매도·매수하는 경우
4. 모집·사모·매출하는 특정증권등의 인수에 따라 취득하거나 인수한 특정증권등을 처분하는 경우[21]
5. 주식매수선택권의 행사에 따라 주식을 취득하는 경우[22]
6. 이미 소유하고 있는 지분증권, 신주인수권이 표시된 것, 전환사채권 또는 신주인수권부사채권의 권리행사에 따라 주식을 취득하는 경우
7. 증권예탁증권의 예탁계약 해지에 따라 자본시장법 제172조 제1항 제1호에 따른 증권을 취득하는 경우
8. 자본시장법 제172조 제1항 제1호에 따른 증권 중 제196조 제1호 라목에 따른 교

---

20) 다만, 파생상품의 권리행사가격이 기초증권의 가격보다 높은 경우(OTM)에 권리를 행사하는 것은 비정상적이므로 내부정보 이용가능성이 있고, 따라서 이 경우에는 파생상품의 권리행사도 기초증권의 매수로 볼 수 있는지에 관하여 논란의 여지가 있다. 미국의 SEC Rule 16b-6(b)는 OTM option, warrant, right 등의 권리행사에 의한 기초증권의 취득은 반환의무 면제대상에서 제외한다고 규정한다.

21) 종래의 "임원·주요주주의 주식상황보고 및 단기매매차익반환에 관한 규정" 제9조의2 제2호는 "제8조의 규정에 의하여 모집·매출하는 주권등의 청약"이라고 규정하고 "사모"는 포함하지 않았다. 다만, 주권상장법인이 모집·사모·매출하는 특정증권등을 인수한 투자매매업자가 인수계약을 체결한 날부터 3개월 이내에 매수 또는 매도하여 그 날부터 6개월 이내에 매도 또는 매수하는 경우(시행령 198조 제4호의 경우는 제외)에 준용한다는 특칙(法 172조⑦)이 있다. 이 특칙은 시행령 198조 제4호의 "모집·사모·매출하는 특정증권등의 인수에 따라 취득하거나 인수한 특정증권등을 처분하는 경우"에는 적용되지 않으므로, 인수계약을 체결한 투자매매업자가 별도로 매매한 경우에만 적용된다.

22) 제5호의 규정상 주식매수선택권을 행사하여 취득한 주식을 6개월 내에 매도하더라도 단기매매차익반환의 대상이 아니다. 그러나 해당 주식을 매도한 날을 기준으로 전후 6개월 내에 매도가격보다 낮은 가격으로 주식을 매수한 경우에는 단기매매차익반환의 대상이 된다.

환사채권 또는 제172조 제1항 제3호에 따른 교환사채권의 권리행사에 따라 증권을 취득하는 경우

9. 모집·매출하는 특정증권등의 청약에 따라 취득하는 경우
10. 근로복지기본법 제36조부터 제39조까지 또는 제44조에 따라 우리사주조합원이 우리사주조합을 통하여 회사의 주식을 취득하는 경우(그 취득한 주식을 같은 법 제43조에 따라 수탁기관에 예탁하는 경우만 해당한다)23)
11. 주식매수청구권의 행사에 따라 주식을 처분하는 경우
12. 공개매수에 응모함에 따라 주식등을 처분하는 경우
13. 그 밖에 미공개중요정보를 이용할 염려가 없는 경우로서 증권선물위원회가 인정하는 경우24)

 1) 열거규정   시행령 제198조가 규정하는 면제사유는 예시적인 것이 아니라 한정적으로 열거된 것이라는 것은 확립된 판례이다.25)

---

23) 우리사주조합의 해산으로 조합원이 주식을 취득하는 것은 법률의 규정(근로복지기본법 39조②)에 따른 무상취득이므로 단기매매차익 반환의무가 발생하지 않는다.
24) 다음과 같은 경우를 말한다(단기매매차익 반환 및 불공정거래 조사·신고 등에 관한 규정 8조).
   1. 유상신주발행시 발생한 실권주 또는 단수주의 취득
   2. 집합투자규약에 따라 집합투자업자가 행하는 매매
   3. 공로금·장려금·퇴직금 등으로 지급받는 주식의 취득
   4. 이미 소유하고 있는 특정증권등의 권리행사로 인한 주식의 취득
   5. 증권시장에서 허용되는 최소단위 미만의 매매
   6. 다음 각목의 어느 하나에 해당하는 기금의 관리나 운용을 위한 매매. 다만 발행인의 경영권에 영향을 주기 위한 것(임원의 선임, 해임 또는 직무의 정지, 이사회 등 회사의 기관과 관련된 정관의 변경 등 영 제154조 제1항이 정하는 것을 말한다)이 아닌 경우에 한한다.
      가. 「국민연금법」에 따른 국민연금기금
      나. 「공무원연금법」에 따른 공무원연금기금
      다. 「사립학교교직원연금법」에 따른 사립학교교직원연금기금
   7. 그 밖에 증권선물위원회가 의결로써 미공개중요정보를 이용할 염려가 없는 경우로 인정하는 경우
25) 대법원 2004. 2. 13. 선고 2001다36580 판결. 헌법재판소도 "이 사건 법률조항이 반환책임의 요건을 객관화하여 엄격한 반환책임을 내부자에게 부과하고, (증권거래)법 제188조 제8항 및 이에 근거한 법 시행령 제86조의6 등에서 반환책임의 예외를 한정적으로 열거하여 이에 해당하지 않는 한 반환책임의 예외를 인정하지 않는다고 하더라도, 이 사건 법률조항의 입법목적과 단기매매차익 반환의 예외를 정한 시행령 제86조의6의 성격 및 헌법 제23조가 정하는 재산권 보장의 취지를 고려하면 내부정보를 이용할 가능성조차 없는 주식거래의 유형에 대하여는 이 사건 법률조항이 애당초 적용되지 않는다고 해석하여야 할 것이므로 내부자의 단기매매에 대하여 법과 법 시행령이 정하는 예외사유에 해당하지 않는 한 엄격한 반환책임을 부과하였다고 하여 이를 두고 최소침해원칙에 위배된다고 할 수 없다"라고 판시한 바 있다[헌법재판소 2002. 12. 18. 선고 99헌바105, 2001헌바48(병합) 결정].

[대법원 2004. 5. 28. 선고 2003다60396 판결]
증권거래법 제188조 제2항이 적용되지 아니하는 경우로서 같은 조 제8항에 의하여 증권거래법 시행령 제83조의6에서 정한 예외사유는 한정적으로 열거된 것으로서 같은 법 시행령에서 정하지 않는 사유로까지 그 반환책임의 예외사유를 넓힐 것을 예정한 것은 아니라 할 것이다.

(위 2003다60396 판결의 원심판결)
[서울고등법원 2003. 10. 24. 선고 2003나28417 판결]
내부자 거래 규제라는 입법목적을 명시하지 않았다고 하더라도 단기 매매차익 반환 제도의 목적은 회사의 내부자가 미공개 내부정보를 이용하여 회사의 주식을 거래하는 내부자 거래의 규제에 있고, 따라서 이 사건 법률조항을 해석·적용함에는 내부자 거래 규제라는 입법목적을 반드시 고려하여야 한다. 즉 단기 매매차익 반환의 예외를 정한 증권거래법 제188조 제8항과 그에 근거한 같은 법 시행령 제83조의6이 정하는 예외 사유에서 명시한 바 없다고 하더라도 내부자 거래에 의한 주식거래가 아님이 명백한 경우, 즉 거래의 유형상 애당초 내부정보의 이용가능성이 객관적으로 없는 경우에는 증권거래법 제188조 제2항은 적용되지 않는다고 보아야 할 것이다{헌법재판소 2002. 12. 18. 선고 99헌바105, 2001 헌바48(병합) 결정 참고}. 그러나 위의 경우에 해당하지 않는 한 내부자가 실제로 내부정보를 이용하였는지 여부를 반환책임의 적극 또는 소극요건으로 두는 것은 사실상 단기 매매차익 반환제도를 무력하게 하여 내부자 거래 규제의 목적을 달성하기 어렵게 될 것이므로, 증권거래법 제188조는 실제로 내부자가 회사의 미공개 내부정보를 이용하여 주식매매를 하였는지 여부를 묻지 않고 내부자의 단기 주식거래로 인한 차익을 모두 회사에 반환하도록 함으로써 내부자에게 '엄격 책임'을 부과하고 있는 것으로 해석함이 관련법 규정의 문언과 입법 연혁, 취지에 부합한다. 증권거래법 제188조 제8항에서 '매도 또는 매수의 성격 기타 사정 등을 감안하여 대통령령이 정한 경우에는 이를 적용하지 아니한다'라고 하여 대통령령이 정하는 일정한 경우에는 내부자에 대한 '엄격 책임'을 예외적으로 완화하고 있는데, 이러한 예외도 대통령령이 정하는 일정한 유형의 주식거래에 한정되는 것일 뿐, 내부자에게 내부정보를 이용하지 않았다는 반증을 허용하게 하거나 대통령령에서 정하지 않는 사유까지 그 반환책임의 예외 사유를 넓힐 것을 예정한 것은 아니라고 볼 것이다.

2) 유상증자 등에 의한 주식 취득   제6호와 관련하여, "이미 소유하고 있는 지분증권, 신주인수권이 표시된 것, 전환사채권 또는 신주인수권부사채권의 권리 행사에 따라 주식을 취득하는 경우"라는 규정상 취득한 유상신주를 매도한 경우에는 규제대상 매매라는 취지의 하급심 판례(수원지방법원 2006. 2. 14. 선고 2004가

합19015 판결)가 있었으나, 항소심인 서울고등법원 2006. 9. 6. 선고 2006나32851 판결은 이러한 경우에도 규제대상 매매가 아니라는 취지에서, "피고가 유상증자로 인하여 취득한 신주가 포함되어 있다고 인정할 수 있는 아무런 증거가 없으므로 이를 전제로 하는 피고의 위 주장도 역시 이유 없다"라고 판시하였다.

[서울고등법원 2006. 9. 6. 선고 2006나32851 판결]

피고는 2004. 2. 3. 아들인 K 명의로 원고 회사의 의결권 있는 발행주식 총수의 10.87%에 해당하는 537,580주를 소유하게 되었고, 이후 2004. 9. 22.까지 계속하여 원고 회사의 의결권 있는 발행주식 총수의 10% 이상의 주식을 소유한 사실, 원고는 2004. 2. 9.부터 2004. 4. 19.까지 별지 주식거래내역과 같이 원고 회사의 보통주 및 우선주 340,763주를 매수하고, 그로부터 6개월이 경과하지 아니한 2004. 3. 31., 2004. 5. 31., 2004. 6. 2., 2004. 9. 22. 합계 387,080주를 매도한 사실, 2004. 2. 9.부터 2004. 4. 19.까지 매수한 주식의 수량 340,763주에 대응하는 매매일치수량은 위 387,080주 중 340,763주이며, 위 340,763주의 매수와 매도로 인한 단기매매차익이 3,704,078,947원인 사실을 인정할 수 있고, 이에 대한 반증이 없다. 그렇다면 2004. 2. 3. 후부터 2004. 9. 22.까지 증권거래법 제188조 제1항, 제2항에 의하여 원고 회사의 주요 주주인 피고는 원고 회사에게 단기매매차익 3,704,078,947원 및 이에 대한 지연손해금을 반환할 의무가 있다고 할 것이다. 피고는, 그가 매도한 주식의 대부분은 유상증자로 인하여 취득한 신주이고, 유상증자로 인하여 취득한 신주의 매도는 신주 취득시 내부 정보의 이용가능성이 없었으므로 단기매매차익 반환의 대상이 되지 아니하며, 피고는 이러한 취지의 금융감독원의 유권해석에 따라 주식을 매도하였으므로, 피고에게 단기매매차익 반환 규정을 적용할 수 없다고 주장하나, 피고가 2004. 2. 9.부터 2004. 4. 19.까지 매수한 원고 회사의 보통주 및 우선주 340,763주에 피고가 유상증자로 인하여 취득한 신주가 포함되어 있다고 인정할 수 있는 아무런 증거가 없으므로 이를 전제로 하는 피고의 위 주장도 역시 이유 없다.

한편, 제3자배정에 의한 신주인수의 경우에 관하여, 서울고등법원 2001. 5. 18. 선고 2000나22272 판결은, 민법상의 전형적인 매매 외에 상법이나 구 증권거래법이 정하는 다양한 방식에 의한 유상취득이나 처분행위도 증권거래법 제188조 제2항의 매도와 매수에 해당하는 것으로 판시하였고, 이 판결은 상고심(2001다42684)에서 상고각하판결이 선고되어 원심판결이 확정되었다.

파생상품의 권리행사로 인한 기초증권 취득도 반환의무 면제사유 중 제5호, 제6호, 제8호 등과 달리 해석할 이유가 없으므로 반환의무 면제사유에 해당하는 것으로 해석하는 것이 타당하다.

⒟ 해석에 의한 반환의무 면제사유

1) 의 의   단기매매차익 반환제도의 입법목적, 시행령에 규정된 예외사유의 성격 그리고 헌법 제23조가 정하는 재산권보장의 취지를 고려하면, 시행령에서 정한 예외사유에 해당하지 않더라도 객관적으로 볼 때, ⅰ) 비자발적인 유형의 거래로서 ⅱ) 내부정보에의 접근 가능성을 완전히 배제할 수 있는 유형의 거래인 경우에는, 내부정보이용 가능성이 없다고 보아야 할 것이므로 단기매매차익 반환의무의 적용 대상인 매수 또는 매도에 해당하지 않는다.

다만, 대법원은 "내부정보의 이용가능성이 전혀 없는 유형의 거래"를 매우 엄격히 해석하므로 실제로 이러한 유형의 거래로 인정된 사례는 거의 보이지 않는다. 즉, 대법원은 아래의 판례와 같이 내부정보를 부당하게 이용할 가능성이 전혀 없는 유형의 거래에 대하여는 단기매매차익 반환의무가 발생하지 않는다고 판시하면서도, 사안의 경우에는 이같은 유형의 거래에 해당하지 않기 때문에 반환의무가 있다고 판단하였다.

> [대법원 2004. 2. 13. 선고 2001다36580 판결]
> 원심이 증권거래법 시행령 제83조의6에서 정한 예외사유가 한정적으로 열거된 것이라고 본 것은 정당하나, 나아가 그 예외사유에 해당하지 않는 한 어떠한 경우에도 증권거래법 제188조 제2항의 적용이 배제될 수 없다고 본 것은 증권거래법 제188조 제2항의 적용범위에 관한 법리를 오해한 잘못이 있다 할 것이다. 그런데, 피고가 그 주장과 같이 원고 회사의 주가하락 및 원고 회사에 대한 적대적 인수합병에 대한 방어책으로서 주식을 매수하였다거나, 백화점의 경영악화로 인하여 부득이 원고 회사의 경영권을 양도하기 위한 수단으로 주식을 매도한 것이라 하여도, 이는 객관적으로 볼 때, 애당초 내부정보의 이용가능성이 전혀 없는 유형의 거래에는 해당하지 않는다고 봄이 상당하므로, 결국 피고의 위 주식 거래에 증권거래법 제188조 제2항이 적용된다고 본 원심의 판단은 결론에 있어서는 정당하여, 원심의 위와 같은 잘못이 판결 결과에는 영향을 미치지 않았다 할 것이다.

(위 2001다36580 판결의 원심 판결)
> [서울고등법원 2001. 5. 9. 선고 2000나21378 판결]
> 1. 원고회사는 이 사건 청구원인으로, 피고가 위 인정사실과 같은 주식매매를 통하여 차익을 취득하였으므로 임직원 등 내부자의 단기매매차익 반환을 규정한 증권거래법 제188조 제2항에 의하여 그 반환을 구한다고 주장함에 대하여 피고는, 피고가 취득한 이익은 실질적으로는 소외 K사와의 경영권양도계약에 따른 경영권프리미엄에 해당하여 위 주식의 단기매매로 취득한 이익이 아니며, 위 주식매수는 매

수 당시의 원고회사에 대한 적대적 M&A에 대항하여 경영권을 방어하기 위한 것으로서 미공개 중요정보를 이용한 것도 아니고 주식매도 또한 IMF 사태 이후의 백화점 경영악화로 인한 경영권양도과정에서의 비자발적 매도여서 원고회사에게 위 차익을 반환할 의무가 없다고 다툰다. 그러므로, 이 사건의 쟁점은 내부자의 주식거래로 인한 단기매매차익이 경영권양도에 대한 프리미엄에 해당하거나 기업내부의 미공개정보를 이용하지 아니하고 이루어진 경우 위 증권거래법 규정에 대한 예외사유가 될 수 있는가의 여부와 위 주식거래가 미공개정보를 이용하지 아니한 경영권프리미엄에 해당하는가의 여부에 있다.

2. (가) 결국 위 법 규정은 그 예외사유에 관하여 당초 내부자의 반대사실 입증여부에 의해 그 반환여부가 결정되었던 방식에서 법의 위임을 받은 대통령령의 예외사유 규정방식으로 변경되었는데 위와 같은 단기매매차익반환 규정의 연혁 및 입법취지를 고려할 때 이는 그동안 건전한 자본시장의 육성이라는 취지에서 문제점으로 지적되어 온 내부자거래규제의 어려움을 해결하기 위한 사회적 필요성에 의하여 마련된 것으로 보아야 할 것이며, 따라서 법 제188조 제2항에 열거된 내부자가 6월 이내의 단기매매를 하여 차익을 얻은 경우에는 미공개 내부정보를 실제로 이용하였는가 또는 그것이 장내거래인가 장외거래인가의 여부와 상관 없이 이를 반환할 의무가 있다 할 것이고, 다만 극히 예외적으로 법 제188조 제8항에서 대통령령이 정하는 일정한 경우에 한하여 그 적용범위에서 제외된다고 규정하고 있는 것에 비추어 앞서 살펴본 각 규정들이 정하는 예외사유는 한정적으로 열거된 것으로 봄이 상당하다 할 것인데 피고가 주장하는 위와 같은 사유는 위 예외규정 어디에도 해당하지 아니한다 할 것이다. (나) 따라서 단기매매차익이 피고의 주장과 같은 통상적인 주식매매에서 발생한 것이 아니라 합병을 위한 매수, 기업지배권을 획득하기 위한 공개매수, 또는 적대적 M&A를 방어하기 위한 매수 등 비통상적인 매매와 관련하여 발생한 경우이고 또한 그 차익이 경영권양도에 대한 보상이라 하더라도 위와 같은 각 규정에 열거된 예외사유에 해당하지 아니하는 한 그 법인의 주식을 취득하여 6월 이내에 처분하였다면 그로 인한 차익을 반환하는 것이 상당하다고 보아야 할 것이다.26)

[대법원 2008. 3. 13. 선고 2006다73218 판결]

원심이 원고의 청구를 배척한 거래분은 '정직처분일 이후인 2002. 6. 24.부터 같은 해 11. 18.까지의 매수분'과 그에 대응하는 '정직처분일 이전인 2002. 4. 1.부터 같은 해 5. 22.까지의 매도분'으로 구성되어 있는데, 그 중 매도거래 당시 직원의 신분이었음

---

26) 제1심 법원은 단기매매차익 반환대상은 미공개중요정보를 이용한 내부자거래임을 전제로 하는 것이고, 시행령 제83조의6의 예외사유를 예시적 규정으로 보았으나(서울지방법원 남부지원 2000. 3. 24. 선고 99가합7825 판결), 원심(서울고등법원 2001. 5. 9. 선고 2000나21378 판결)과 대법원은 단기매매차익 반환의무는 내부정보이용과 무관하며 시행령의 예외사유는 한정적으로 열거된 것이라고 판시하였다.

에 다툼이 없는 이상 매수 또는 매도의 두 시기 중 어느 한 시기에 신분을 가지고 있을 것을 요구하는 위 법문상의 요건은 구비한 것이어서 그 후 매수거래 당시 정직처분을 받아 신분상의 제한이 있었는지 또는 퇴직 등으로 신분을 상실하였는지 여부는 반환의무대상자로서의 요건에 관한 한 문제가 되지 아니하는 것이고, 또한 피고가 정직처분을 받아 직원으로서의 신분 및 임무수행상의 제한을 받고 있는 상태에서 위와 같이 주식을 매수하였다 할지라도 피고 스스로 경제적 이해득실을 따져본 후 임의로 결정한 다음 공개시장을 통하여 매수한 것으로 보여질 뿐 비자발적인 유형의 거래로 볼 수 없을 뿐만 아니라, 정직처분을 받은 자와 회사 경영자 등과의 관계가 우호적인지 적대적인지는 개별 사안에 따라 다를 수 있고 또한 같은 사안에 있어서도 시기별로 차이가 있을 수 있으므로 그 적대적 관계성은 결국 개별 사안에서 각 시기별로 구체적 사정을 살펴본 이후에야 판단할 수 있는 사항이어서, 피고가 정직처분을 받은 자의 지위에서 주식을 거래하였다는 그 외형 자체만으로부터 내부정보에의 접근 가능성이 완전히 배제된다고 볼 수는 없는 점을 고려하면 결국 '정직처분일 이후인 2002. 6. 24.부터 같은 해 11. 18.까지의 매수분' 역시 '내부정보에 대한 부당한 이용의 가능성이 전혀 없는 유형의 거래'에는 해당하지 않는다고 보아야 할 것이므로, 증권거래법 제188조 제2항의 적용 대상인 매수에 해당하고, 따라서 그에 대한 단기매매차익의 반환책임을 피할 수 없다고 할 것이다.

(위 2006다73218 판결의 원심 판결)
[부산고등법원 2006. 10. 12. 선고 2006나6362 판결]
(1) 원고는 1998. 12. 18. 이른바 IMF 구제금융 당시 인력감축을 위한 방편으로 소외 S사로부터 분사·설립되었고, 피고는 S사에서 근무하다가 1999. 1. 4.부터 2001. 7. 26.까지 사이에 원고의 공정자동화사업팀장으로 근무하였다. (2) 그런데 원고는 2001. 7. 27. 피고를 공정자동화사업팀장에서 보직해임한 후 수석연구원으로 발령하였다가, 2002. 4. 10. 연구소를 폐지한 후 경영지원실 담당자로 발령하였고, 이에 피고는 원고의 인사에 불만을 품은 채 원고의 인사담당자 등에게 전자메일을 전송하여 인사의 부당함을 항의하고 경영지원실 담당자로 발령이 난 이후에도 연구소로 출근하는 등 원고와 계속 대립하다가 2002. 5. 29. 근로복지공단에 대하여 우울증으로 인한 요양신청을 내는 한편 2002. 6. 5. 이를 이유로 한 휴직원을 원고에게 제출하였다. (3) 그러나 원고는 피고의 휴직원을 받아들이지 아니한 채 2002. 6. 12. 피고에 대하여 근무거부와 무단결근 등을 이유로 한 무기정직의 징계처분을 하였고, 이에 따라 피고는 출근이 정지된 채 임금을 지급받지 못하였을 뿐만 아니라 원고의 내부 전자메일을 전송받지 못하고 원고가 피고에게 지급한 일체의 업무용 도구 등도 사용하지 못하였다. (4) 그 후 피고가 2002. 6. 28. 경남지방노동위원회에 원직복귀의 구제신청을 하여 2002. 11. 15. 경남지방노동위원회의 중재로 원고와 피고 사이에 「원고는 위 무기정직의 징계처분을 철회하고, 피고는 위 2002. 4. 10.자 인사발령에 대하여 이의를 제기하지 않

기로 한다」는 내용의 화해가 성립되었다. 위 인정사실에 의하면, 피고가 원고로부터 무기정직의 징계처분의 받은 2002. 6. 12. 이후의 기간은 비록 원고의 직원으로서의 지위를 그대로 가지고 있다고 할지라도 출근이 금지되었을 뿐만 아니라 원고의 내부 전자메일을 전송받지 못하고 원고가 피고에게 지급한 일체의 업무용 도구 등도 사용하지 못하였으므로 객관적으로 내부정보의 이용가능성이 전혀 없는 경우에 해당한다고 봄이 상당하고, 따라서 이 사건 주식거래행위 중 위 2002. 6. 12.자 징계처분 이후인 2002. 6. 24.부터 2002. 11. 18.까지의 주식거래행위는 증권거래법 제188조 제2항의 매수 또는 매도에 해당하지 않는다는 할 것이므로, 피고의 위 항변은 위 인정범위 내에서 이유 있다.27)

헌법재판소도 내부정보를 이용할 가능성조차 없는 유형의 거래에 대하여는 단기매매차익 반환규정이 적용되지 않는다고 해석하는 한 최소침해원칙에 반하는 것이 아니라는 입장이다.

[헌법재판소 2002. 12. 18. 선고 99헌바105, 2001헌바48(병합) 결정]
증권거래법 제188조 제2항이 반환책임의 요건을 객관화하여 엄격한 반환책임을 내부자에게 부과하고, 같은 조 제8항 및 이에 근거한 시행령 제86조의6 등에서 반환책임의 예외를 한정적으로 열거하여 이에 해당하지 않는 한 반환책임의 예외를 인정하지 않고 있다고 하더라도, 위 법률조항의 입법목적과 단기매매차익 반환의 예외를 정한 시행령 제86조의6의 성격 및 헌법 제23조가 정하는 재산권 보장의 취지를 고려하면 내부정보를 이용할 가능성조차 없는 유형의 주식거래에 대하여는 이 사건 법률조항이 애당초 적용되지 않는다고 해석하여야 할 것이므로, 이를 두고 최소침해원칙에 반한다고 할 수 없다.

따라서 상법상 합병과 회사분할, 주식의 포괄적 교환과 주식의 포괄적 이전 등에 의한 주식의 취득은 개별 주주의 의사에 불구하고 단체법적 법리가 적용되는 거래로서 내부정보이용 가능성이 없으므로 규제대상 매매에 해당하지 않는다.28)

2) 두 요건 간의 관계   비자발적인 유형의 거래라는 요건과 내부정보에의 접근 가능성을 완전히 배제할 수 있는 유형의 거래라는 요건 간의 관계에 대하여, 판례는 "비자발적인 유형의 거래가 아니거나 내부정보에의 접근 가능성을 완전히 배제할 수 없는 유형의 거래인 경우에는 내부정보에 대한 부당한 이용의 가능성

---

27) 원심에서는 객관적으로 내부정보의 이용가능성이 전혀 없는 경우에 해당한다고 판시하였으나, 대법원은 '내부정보에 대한 부당한 이용의 가능성이 전혀 없는 유형의 거래'에는 해당하지 않는다고 판시하였다.
28) 서울중앙지방법원 2008. 6. 20. 선고 2007가합90062 판결.

이 있다고 보아야 할 것"이라고 판시하므로, 두 요건을 모두 충족하여야 내부정보
에 대한 부당한 이용의 가능성이 부인된다는 입장이다.

〈적대적 기업인수 과정에서 주요주주가 된 경우〉
[대법원 2004. 5. 28. 선고 2003다60396 판결]
　단기매매차익 반환제도의 입법 목적, 같은 법 시행령 제83조의6에 정해진 예외사유
의 성격 그리고 헌법 제23조가 정하는 재산권보장의 취지를 고려하면, 같은 법 시행
령 제83조의6에서 정한 예외사유에 해당하지 않더라도 객관적으로 볼 때 내부정보를
부당하게 이용할 가능성이 전혀 없는 유형의 거래에 대하여는 법원이 같은 법 제188
조 제2항의 매수 또는 매도에 해당하지 아니하는 것으로 보아 그 적용을 배제할 수는
있다 할 것이다(대법원 2004. 2. 12. 선고 2002다69327 판결, 대법원 2004. 2. 13.
선고 2001다36580 판결). 그리고 여기서 내부정보에 대한 부당한 이용의 가능성을
판단함에 있어서는 객관적으로 볼 때 피고가 임의로 거래하였는지 여부 및 그가 내부
정보에 접근할 수 있는 가능성이 있었는지 여부를 고려하여야 하고, 만약 비자발적인
유형의 거래가 아니거나 내부정보에의 접근 가능성을 완전히 배제할 수 없는 유형의
거래인 경우에는 내부정보에 대한 부당한 이용의 가능성이 있다고 보아야 할 것이므
로 같은 법 제188조 제2항의 적용 대상인 매수 또는 매도에 해당하여 단기매매차익
의 반환책임을 피할 수 없다고 할 것이다. 원심이 적법하게 확정한 사실관계에 의하
면, 피고가 대량취득하였던 주식을 매도한 것은 비록 계속 보유할 경우의 경제적 손
실을 회피하기 위한 동기에서 비롯된 것이었다 할지라도 피고 스스로 경제적 이해득
실을 따져본 후 임의로 결정한 다음 공개시장을 통하여 매도한 것으로 보여질 뿐 비
자발적인 유형의 거래로 볼 수 없을 뿐만 아니라, 적대적 주식대량매수자와 회사 경
영자가 서로 어느 정도 적대적인지는 개별 사안에 따라 다를 수 있고 또한 같은 사안
에 있어서도 시기별로 차이가 있을 수 있으므로 그 적대적 관계성은 결국 개별 사안
에서 각 시기별로 구체적 사정을 살펴본 이후에야 판단할 수 있는 사항이어서 피고가
적대적 주식대량매수자의 지위에서 주식을 거래하였다는 그 외형 자체만으로부터 내
부정보에의 접근 가능성이 완전히 배제된다고 볼 수는 없는 점을 고려하면 결국 '내
부정보에 대한 부당한 이용의 가능성이 전혀 없는 유형의 거래'에는 해당하지 않는다
고 보아야 할 것이므로, 같은 법 제188조 제2항의 적용 대상인 매도에 해당하여 단
기매매차익의 반환책임을 피할 수 없다고 할 것이다. 원심의 이유설시는 다소 미흡하
나, 이 사건 매도가 객관적으로 볼 때 '내부정보를 부당하게 이용할 가능성이 전혀 없
는 유형의 거래'에 해당하지 아니한다고 보고 피고에게 위 단기매매차익을 반환할 의
무가 있다고 본 원심의 판단은 결과적으로 옳고, 거기에 단기매매차익 반환조항의 적
용대상인 거래의 해석에 관한 법리오해 등의 위법이 없다.

(위 2003다60396 판결의 원심 판결)
[서울고등법원 2003. 10. 24. 선고 2003나28417 판결]

1. ① 피고는 기업 M&A를 주요 업무로 하는 A사의 대표이사로서, 2001년 6월경부터 원고의 대주주 등 특별관계인의 주식보유비율이 10%도 안 되게 낮아지자 원고에 대한 주식매수를 통한 M&A가 용이하다고 판단하였다. ② 이에 피고는 2002. 1. 25. 이후 원고의 주식을 매수하기 시작하여 같은 달 31일 현재까지 합계 457,500 주(전체 주식의 약 14.16%)를 보유하게 되어 원고의 최대주주가 되었다. ③ 피고는 2002. 2. 8.부터 원고의 대주주 등 특별관계인들과 경영권 양도에 관한 협상을 시도하였으나, 원고 대표이사 L은 경영권 프리미엄만으로 70억원을 요구하는 등 피고의 경영권 참여에 대해 불쾌감을 표시하였고, 특별관계인 중 최대주주인 L과의 지분 양수협상도 거절되었다. ④ 한편, L은 정기주주총회를 앞두고 피고의 진출을 방해하기 위하여 이사 총수를 5인 이하로 제한하는 정관개정안을 상정하였고, 피고가 주식을 취득한 시기는 주주명부 폐쇄기간이었기 때문에 의결권을 행사할 수 없어 위 정관개정안은 그대로 통과되었다. ⑤ 피고는 위와 같이 원고의 대표이사 및 최대주주와의 경영권 양수협상 및 지분 양수협상에서 실패하고 경영참여의 기회도 봉쇄당하자 이 사건 M&A가 불가능하다고 판단하여 2002. 3. 19. 단기 매매차익의 반환 대상이 되는 주식을 매도한 것을 비롯하여 2002. 4. 1. 피고가 보유하고 있던 원고의 주식 모두를 공개시장에서 매도하였다.

2. 살피건대, 주요 주주가 공개시장을 통하여 주식매수를 통한 M&A를 시도하였다가 사정상 포기하고 주식을 매도한 경우, 이와 같은 M&A 시도와 포기가 일반 투자자에게 공개되지 않는 이상, M&A를 위한 주식매수가 시작되면 경영권 장악이나 방어를 위하여 주식 대량매수가 경쟁적으로 일어나 주가의 이례적인 상승이 이어지게 되고, 주요 주주가 M&A를 포기하고 주식을 매도할 때에는 비정상인 고가에서 주식을 매도하게 되는바, 이러한 M&A의 사정을 모르는 일반 투자자는 이어 가격이 하락한 후 낮은 가격에 주식을 매도하게 되어 피해가 발생할 수 있다. 이 사건 M&A는 일반 투자자에게 공개되지 않았는데, 피고가 매수를 시작할 무렵인 2002. 1. 29. 1주당 2,281원에 불과하던 주가가 2002. 2. 15. 6,500원까지 올랐고, 피고가 매도를 시작할 무렵 하락하기 시작하여 2002. 3. 19. 5,043원이었다가, 매도를 종료한 2002. 4. 1. 4,024원에 이른 사실은 앞서 본 바와 같다. 따라서 피고가 주식을 매도한 것은 M&A 실패도 한 원인이 된다고 할 것이나, M&A 정보를 독점하게 되어 일반 투자자보다 우월한 지위에서 비정상으로 고가인 주식을 적기에 매도함으로써 차익을 향유하려는 의도가 없었다고 단정할 수는 없으므로, 이 사건 거래가 '거래의 유형상 애당초 내부정보의 이용가능성이 객관적으로 없는 경우'에 해당된다고 할 수 없다.

3) 담보권의 설정 및 실행   주식을 담보(질권 또는 양도담보)로 금전을 차용

하는 경우에는 담보권설정자와 담보권자간의 실질적인 의사가 금전차용 및 그에
따른 담보권설정이지 주식의 소유권을 이전한다는 것이 아니므로 담보권설정행위
자체를 주식의 매도로 볼 수 없다. 한편, 담보권자가 담보권실행 차원에서 주식을
매도하는 경우가 있는데 이와 같이 차익반환의무자(담보권설정자)의 의사에 의하
지 않은 매도의 경우에도 단기매매차익 반환의무가 발생하는지 여부가 문제이다.
이와 관련하여 담보권설정자가 아닌 담보권자의 의사에 기한 처분이므로 담보권
설정자가 차익반환의무를 부담하는 것은 부당하다는 견해가 있다. 그러나 이러한
견해에 의하면 단기매매차익 반환의무를 회피하기 위하여 담보권설정자와 담보권
자가 공모하여 담보권설정 후 담보권실행 명목으로 주식을 매도하는 경우를 규제
할 수 없으므로 제도의 실효성을 현저히 약화시키는 결과가 된다. 일반적으로 주
식에 관한 담보권설정계약에는 주가하락으로 인하여 담보가치가 일정 수준 이하
로 되면 담보권자가 임의로 주식을 처분할 수 있도록 하는 내용이 포함되어 있고
이에 기하여 담보권자가 주식을 처분할 수 있는 것이다. 이러한 조건을 내용으로
하는 담보권설정계약이 체결되었다면 담보권설정자가 일정한 조건 하에 처분권을
담보권자에게 위임한 것으로 볼 수 있으므로 이러한 경우에도 담보권설정자가 차
익반환의무를 부담한다는 취지의 하급심 판례가 있다.[29]

　4) 선행거래와 후행거래　　주식매도 후 6개월 이내에 신주인수를 하는 경우
또는 신주인수 후 6개월 이내에 주식을 매도한 경우와 같이 한 쌍의 거래에서 반환
의무 면제사유에 해당하는 거래가 후행하든 선행하든 반환의무대상이 아니다.[30]

7. 기간요건

(1) 6개월 이내

　단기매매차익 반환의무는 특정증권등을 매수(권리 행사의 상대방이 되는 경우
로서 매수자의 지위를 가지게 되는 특정증권등의 매도를 포함)한 후 6개월 이내에 매
도(권리를 행사할 수 있는 경우로서 매도자의 지위를 가지게 되는 특정증권등의 매수를
포함)하거나 특정증권등을 매도한 후 6개월 이내에 매수하여 이익을 얻은 경우에
발생한다. 기간의 계산은 법령, 재판상의 처분 또는 법률행위에 다른 정한 바가

29) 서울중앙지방법원 2008. 6. 20. 선고 2007가합90062 판결.
30) 서울중앙지방법원 2007. 9. 6. 선고 2007가합30237 판결, 서울중앙지방법원 2007. 12. 21. 선
　고 2005가합57139 판결.

없으면 민법 제5장의 규정에 의한다(民法 155조). 민법상 기간을 일, 주, 월 또는 년으로 정한 때에는 기간의 초일은 산입하지 않는다. 그러나 그 기간이 오전 영시로부터 시작하는 때에는 그러하지 아니하다(民法 157조). 기간을 주, 월 또는 년으로 정한 때에는 역(曆)에 의하여 계산하고, 주, 월 또는 년의 처음으로부터 기간을 기산하지 아니한 때에는 최후의 주, 월 또는 년에서 그 기산일에 해당한 날의 전일로 기간이 만료하고, 월 또는 년으로 정한 경우에 최종의 월에 해당일이 없는 때에는 그 월의 말일로 기간이 만료한다(民法 160조). 그런데 자본시장법 시행령 제195조 제1항 제1호는 민법 규정과 달리 초일을 산입한다고 규정하므로 "6개월 이내"라 함은 매수 또는 매도를 한 다음 날이 아닌 당일부터 기산하여 역(曆)에 의하여 6개월이 되는 날까지를 의미한다. 따라서 매수계약체결일이 2005. 10. 28.이면 초일을 산입하여 역(曆)에 의하여 6개월이 되는 날인 2006. 4. 27.까지가 "6개월 이내"의 기간이고, 그 다음 날인 2006. 4. 28. 매도계약을 체결한 경우에는 단기매매차익 반환의 대상이 되는 거래가 아니다.31)

  (2) 계약체결일 기준

  매매시기에 관한 기준에 관하여, 자본시장법 시행령 제200조 제4항은 주권상장법인의 임원이나 주요주주가 그 특정증권등의 소유상황의 변동을 보고하여야 하는 경우의 그 변동일에 대하여, "ⅰ) 증권시장(다자간매매체결회사에서의 거래 포함. 이하 같다)이나 파생상품시장에서 특정증권등을 매매한 경우에는 그 결제일, ⅱ) 증권시장이나 파생상품시장 외에서 특정증권등을 매수한 경우에는 대금을 지급하는 날과 특정증권등을 인도받는 날 중 먼저 도래하는 날, ⅲ) 증권시장이나 파생상품시장 외에서 특정증권등을 매도한 경우에는 대금을 수령하는 날과 특정증권등을 인도하는 날 중 먼저 도래하는 날"이라고 규정하므로, 단기매매차익 반환의무에 있어서도 계약체결일과 결제일이 다른 경우에는 결제일을 기준으로 적용 여부를 판단하여야 한다는 해석도 있을 수 있다. 그러나 민법상 매매는 매매대금의 지급과 소유권의 이전을 약정하는 낙성계약이므로 제172조 제1항이 규정하는 매수와 매도는 정확하게는 매수약정과 매도약정을 의미한다. 따라서 6개월 이내의 기간의 기산점이 되는 "매수한 후"와 "매도한 후"는 결제일이 아닌 계약체결일을 기준으로 하여야 한다. 나아가 단기매매차익 반환의무의 발생요건인 6개월에 대하여는 동 규정의 입법취지가 미공개정보의 이용을 방지하기 위한 것이므로

---

31) 서울중앙지방법원 2007. 6. 1. 선고 2006가합92511 판결의 사안이다.

매매의사를 표시한 시점인 계약체결일을 기준으로 하여야 할 것이고, 또한 장외거래의 경우 계약체결일에 대금지급과 증권인도가 이행되는 경우도 많지만, 당사자간의 합의에 의하여 이행기를 별도로 정하는 경우도 있으므로, 장내거래와 장외거래를 통일적으로 규율하기 위하여서도 계약체결일을 기준으로 하는 것이 타당하다. 판례도 6월 이내의 단기매매인지 여부는 계약체결일을 기준으로 판단하여야 한다고 판시한다.

> [대법원 2011. 3. 10. 선고 2010다84420 판결]
> 증권거래법 제188조 제2항에서 정한 단기매매차익 반환제도는, 주권상장법인 또는 코스닥상장법인의 내부자가 6월 이내의 단기간에 그 법인의 주식 등을 매매하는 경우 미공개 내부정보를 이용하였을 개연성이 크다는 점에서, 거래 자체는 허용하되 그 대신 내부자가 실제로 미공개 내부정보를 이용하였는지 여부나 내부자에게 미공개 내부정보를 이용하여 이득을 취하려는 의사가 있었는지 여부를 묻지 않고 내부자로 하여금 그 거래로 얻은 이익을 법인에 반환하도록 함으로써 내부자가 미공개 내부정보를 이용하여 법인의 주식 등을 거래하는 행위를 간접적으로 규제하는 제도이다. 내부정보를 이용할 가능성이 높은 단기매매를 6월이라는 기간 요건 하에 간접적으로 규제하고자 하는 단기매매차익 반환제도의 취지와 더불어 민법상 매매는 당사자 일방이 재산권을 상대방에게 이전할 것을 약정하고 상대방이 그 대금을 지급할 것을 약정함으로써 그 효력이 생긴다(민법 제563조)는 점을 고려하면, 6월 이내의 단기매매인지 여부는 계약체결일을 기준으로 판단하여야 한다.

(3) 법률행위 해석의 방법

어느 시점에 계약체결이 있었는지는 법률행위 해석의 문제로서 당사자가 표시한 문언에 의하여 객관적인 의미가 명확하게 드러나지 않는 경우에는 그 문언의 내용과 법률행위가 이루어지게 된 동기 및 경위, 당사자가 법률행위에 의하여 달성하려고 하는 목적과 진정한 의사, 거래의 관행 등을 종합적으로 고찰하여 논리와 경험의 법칙, 그리고 사회일반의 상식과 거래의 통념에 따라 합리적으로 해석하여야 한다.

> [대법원 2011. 3. 10. 선고 2010다84420 판결]
> 원심판결 및 원심이 인용한 제1심판결 이유에 의하면, 원고는 구 증권거래법상의 코스닥상장법인이고 피고는 2003. 3. 20.부터 2007. 11. 6.까지 원고의 대표이사였던 사실, 피고는 2007. 1. 9. 장내에서 원고 발행 보통주 7,700주를 주당 3,616원에 매수하고, 2007. 1. 24. 장외에서 소외 1 등으로부터 원고 발행 보통주 2,330,411주를 주당

5,149원에 매수한 사실, 한편 피고는 2007. 1. 24. 소외 2 주식회사와 사이에 피고가 보유하는 원고 발행 주식 일부와 원고의 주주인 소외 1 등으로부터 양수하는 주식 2,330,411주 합계 3,144,037주를 소외 2 주식회사 또는 소외 2 주식회사가 지정하는 자에게 양도하기로 하는 등의 내용으로 원고 발행 구주 인수 및 원고의 경영권 양수도를 위한 합의각서(이하 '이 사건 합의각서'라 한다)를 체결한 사실, 피고와 소외 2 주식회사 사이에 2007. 8. 14.자 주식매매계약서가 작성되었는데 이에 의하면, 피고가 2007. 8. 14. 소외 2 주식회사에 원고 발행 주식 2,949,772주를 매도하면서 소외 2 주식회사로부터 대금 23,455,291,000원을 지급받되 그 중 120억 원은 소외 2 주식회사가 기존에 피고에게 대여한 대여금과 상계처리하기로 약정한 사실, 주식 등의 대량보유상황보고서에 따르면, 피고가 2007. 8. 14. 장외에서 소외 2 주식회사에게 원고 발행 보통주 3,257,472주를 주당 7,952원에 매도한 것으로 보고된 사실, 피고는 2007. 8. 14. 원고 발행 주식 2,949,772주가 표창된 주권을 소외 2 주식회사에 교부한 사실을 알 수 있다. 원심이 인용한 제1심은 이러한 사실관계에 더하여, 소외 1 등은 2006. 말경 투자금을 회수할 목적으로 피고에게 원고 주식을 120억 원 정도에 인수하든지 매도하여 주든지 처리해 달라고 부탁하였고, 피고 역시 자신의 주식 중 상당 부분을 함께 매도할 목적으로 매수자를 물색한 사실, 그 과정에서 소외 2 주식회사가 피고로 하여금 원고 주식 일부를 보유하면서 향후 5년간 원고의 경영인으로서 경영을 담당할 수 있도록 하겠다고 제안하자, 피고는 소외 2 주식회사와 사이에 소외 2 주식회사가 피고가 소외 1 등으로부터 주식을 인수하는 데 필요한 자금을 대여하면 이를 인수하여 자신이 소유한 주식까지 포함하여 소외 2 주식회사에 매도하기로 하는 내용의 이 사건 합의각서를 체결하면서 약 6개월간의 매매계약 체결기간을 두어, 피고로서는 당시 자본금 3억 원에 불과한 소외 2 주식회사가 원고를 안정적으로 운영할 수 있는지 판단하고, 소외 2 주식회사의 대표이사인 소외 3으로서는 따로 실사절차를 거치지 아니한 채 원고의 경영진으로 들어가 6개월간 실사를 하면서 주식 등을 매수할 것인지 여부를 판단하기로 한 사실, 피고는 소외 2 주식회사 측이 원고의 경영에 본격적으로 참여한 이후에도 2007. 9.경 소외 4 주식회사로부터 그 자회사인 일본정밀 발행 무이자 전환사채를 원고가 인수하는 내용을 결의하기 위한 원고의 이사회에 참석하는 등 피고의 사임시 또는 적어도 소외 2 주식회사의 대금 완납시까지 원고의 의사결정에 참여한 사실, 소외 3은 2007. 2. 8. 소외 2 주식회사가 피고로부터 원고 발행 주식 3,144,037주를 250억 원에 매수하기로 계약 체결하였음에도 체결일로부터 5일이 경과하도록 주식의 대량보유신고를 하지 않았다는 증권거래법위반 혐의로 검찰의 수사를 받았으나, 2008. 7. 30. 서울중앙지방검찰청으로부터 이 사건 합의각서는 주식매매계약이 아니라 피고가 소외 1 등으로부터 주식을 매수할 수 있도록 자금을 지원하고, 피고가 위 주식 취득이라는 선행조건을 충족한다는 전제 하에 장차 당사자 사이에 별도의 주식인수계약을 체결하게 되면 그 별도의 계약을 통하여 소외 2 주식회사가 피고에 대하여 주식에 대한 인도청구권을 갖게 된다는 것에 불과하여 위 합의각서

체결 당시 보고의무가 발생하였다고 보기 어렵다는 이유로 혐의없음의 불기소처분을
받은 사실, 이 사건 합의각서에 첨부된 주식매매계약서에는 "2007. 8. __"로 기재되어
있어 구체적인 계약일자가 공란으로 되어 있을 뿐만 아니라, 피고, 소외 5, 소외 6 중
어떤 주주의 주식 중 얼마를 소외 2 주식회사에 양도할 것인지가 확정되지 아니하였
으며, 잔금지급일 및 주식 수량이 2007. 8. 14.자 주식매매계약서의 그것과 다르게 기
재되어 있는 사실을 인정한 다음, 이 사건 합의각서상 원고의 임원 선임 방법에 관한
약정은 이 사건 합의각서 작성 이후 정식으로 주식매매계약이 체결될 때까지 소외 2
주식회사로 하여금 원고의 경영을 감시하면서 회사 현황을 실사하는 기회를 부여하
려는 의미로 볼 수 있는 점, 피고가 취득 또는 보유한 원고 발행 주식에 대하여 질권
을 설정하는 것 자체를 주식의 매도로 보기 어려운 점, 이 사건 합의각서 문언상 대
여, 질권, 매매계약 등의 용어가 구별되어 사용될 뿐만 아니라, 그것이 행하여지는 시
기도 구체적으로 특정되어 있는 점 등을 종합적으로 고려해 볼 때, 피고와 소외 2 주
식회사는 추후 별도의 확정적인 매매계약 성립을 전제로 우선 피고가 매매대상에 포
함될 소외 1 등 보유 주식을 확보하는 방안 등의 예비적인 사항들을 합의하기 위하여
이 사건 합의각서를 작성하고, 매매계약 체결여부 등은 2007. 8.경까지의 제반 진행
상황을 보아가면서 추후 결정하기로 합의한 것으로 봄이 상당하므로, 결국 피고의 소
외 2 주식회사에 대한 원고 발행 주식 매도는 2007. 8. 14.에 이루어졌다고 보아야 한
다고 판단하였다. 앞서 본 법리와 사실관계에 의하면, 원심이 유지한 제1심의 판단은
정당한 것으로 수긍할 수 있고, 거기에 구 증권거래법 제188조 제2항에서 규정하는
매수 또는 매도시점에 관한 법리오해나 이 사건 합의각서에 대한 해석이 논리와 경험
의 법칙, 그리고 사회일반의 상식과 거래의 통념을 벗어난 위법이 없다.

8. 반환절차

(1) 증권선물위원회의 통보와 공시

증권선물위원회는 단기매매차익의 발생사실을 알게 된 경우에는 해당 법인에
이를 통보하여야 한다. 이 경우 그 법인은 통보받은 내용을 다음과 같은 사항이
지체 없이 공시되도록 인터넷 홈페이지 등을 이용하여 공시하여야 한다(法 172조
③, 슈 197조).

1. 단기매매차익을 반환해야 할 자의 지위[임원(商法 제401조의2 제1항의 업무집행
   관여자 포함), 직원 또는 주요주주]
2. 단기매매차익 금액(임원별·직원별 또는 주요주주별로 합산한 금액)
3. 증권선물위원회로부터 단기매매차익 발생사실을 통보받은 날
4. 해당 법인의 단기매매차익 반환 청구 계획
5. 해당 법인의 주주(주권 외의 지분증권이나 증권예탁증권을 소유한 자 포함)는 그

법인으로 하여금 단기매매차익을 얻은 자에게 단기매매차익의 반환청구를 하도록 요구할 수 있으며, 그 법인이 요구를 받은 날부터 2개월 이내에 그 청구를 하지 아니하는 경우에는 그 주주는 그 법인을 대위(代位)하여 청구를 할 수 있다는 뜻

(2) 반환청구권자

단기매매차익 반환의 1차적인 청구권자는 해당 법인이다. 따라서 해당 법인의 주주(주권 외의 지분증권 또는 증권예탁증권을 소유한 자를 포함)는 그 법인으로 하여금 제1항에 따른 단기매매차익을 얻은 자에게 단기매매차익의 반환청구를 하도록 요구할 수 있으며, 그 법인이 그 요구를 받은 날부터 2개월 이내에 그 청구를 하지 아니하는 경우에는 그 주주는 그 법인을 대위(代位)하여 그 청구를 할 수 있다(法 172조②).[32] 이 때 소수주주의 대표소송과 달리 단독주주권이고 주식의 보유기간에 대한 제한도 없다. 또한 단기매매차익 반환청구권은 의결권과도 관계 없으므로 무의결권주식의 주주도 해당 법인을 대위하여 청구할 수 있다. 만일 해당 법인이 반환청구를 하기는 하였으나 불합리하게 적은 금액의 반환청구만 하는 경우에는 자본시장법이 규정한 반환청구의무를 이행하지 않은 것으로 보고 주주의 대위청구를 허용하여야 할 것이다. 이에 대하여, 이는 일반적인 대위권행사의 법리에 반하므로 해당 법인이 그 권리를 행사한 이상 그 방법이나 결과가 불합리하더라도 대위권행사는 불가능하며 보조참가의 방법에 의하여서만 관여할 수 있다는 견해도 있다.[33] 그러나 민사소송법상 보조참가인은 피참가인의 소송행위와 저촉되는 소송행위를 할 수 없는 등(민사소송법 76조②) 소송행위에 제한이 있는 점을 고려해 보면 단기매매차익 반환제도의 취지를 살리기에는 부족하므로, 보다 적극적인 해석을 해야 할 것이다.

(3) 반환된 이익의 귀속

주주가 원고이더라도 단기매매차익의 귀속처는 주주가 아닌 해당 법인이다. 따라서 소장의 청구취지에는 해당 법인에 대한 지급을 명하는 표현을 기재하여야 한다. 판결의 효력은 해당 법인에게도 미친다고 해석하여야 한다. 이익의 귀속처가 주주가 아닌 해당 법인이므로 문제된 거래 이후에 주주가 된 자도 대위청구를

---

32) 구 증권거래법은 증권선물위원회의 대위청구권을 규정하였으나, 미국이나 일본에서는 증권감독기관의 대위청구권을 인정하지 않고, 이에 따라 자본시장법은 해당 법인의 주주만 대위청구권자로 규정한다.

33) 노태악, "내부자거래 등 관련 행위의 규제", 증권거래에 관한 제문제(上), 법원도서관(2001), 478면.

할 수 있다.

(4) 상   계

임직원이나 주요주주가 해당 법인에 대한 이익반환을 거부하는 경우, 소송을 제기하지 않고 법인이 이들에게 지급할 금전과 같은 금액으로 상계할 수 있는지 문제된다. 임직원에 대한 급여는 근로기준법상 상계가 불가능하지만, 주요주주에 대한 배당금에 대하여는 법인이 주요주주에게 상계의 의사표시를 함으로써 이익을 회수할 수 있을 것이다.

(5) 소송비용 등 청구

단기매매차익 반환청구를 위하여 대위소송을 제기한 주주가 승소한 경우에는 그 주주는 회사에 대하여 소송비용, 그 밖에 소송으로 인한 모든 비용의 지급을 청구할 수 있다(法 172조④). 구 증권거래법은 수행에 필요로 한 실비액을 청구할 수 있다고 규정하였는데, 자본시장법은 "소송으로 인한 모든 비용"으로 규정함으로써 청구할 수 있는 비용을 대폭 확대하였다.

(6) 반환청구권 행사기간

해당 법인이나 주주의 단기매매차익 반환청구권은 이익을 취득한 날부터 2년 이내에 행사하지 아니한 경우에는 소멸한다(法 172조⑤). 이는 제척기간으로서 미국과 일본에서도 모두 2년이다. 판례는 제척기간을 재판상 청구를 위한 출소기간이 아니라 재판상 또는 재판외의 권리행사기간이라고 본다.[34]

제척기간의 기산일은 매매계약일이 아닌 "이익을 취득한 날"이다. 굳이 이익 취득일이라는 규정을 한 취지는 계약체결과 계약이행 간에 시차가 있을 수 있기 때문이고(유가증권시장이나 코스닥시장에서 매매를 하는 경우에는 매매체결일로부터 3일째 되는 날 대금결제와 주식인도가 이루어지므로 시차가 있고 장외거래에 있어서도 당사자 간의 거래내용에 따라 시차가 있을 수 있다), 또한 임원 등의 매매사실이 공시되어야 현실적으로 법인의 반환청구가 가능한데 임원 등이 매매사실을 보고하는 기준일은 결제일 등이기 때문이다.

제척기간과 관련하여, 내부자의 단기매매사실이 뒤늦게 밝혀져서 주주가 해당 법인에게 반환청구하도록 요구한 시점에서 2월이 경과하기 전에 2년의 제소기간이 도래하는 경우가 있을 수 있다. 상법 제403조는 소수주주가 대표소송을 제기하기 전에 이유를 기재한 서면으로 회사에 대하여 이사의 책임을 추궁할 소를

---

34) 대법원 2012. 1. 12. 선고 2011다80203 판결.

제기할 것을 청구할 수 있고 감사가 이 청구를 받은 날로부터 30일 이내에 소를
제기하지 아니한 때에는 소수주주는 즉시 회사를 위하여 소를 제기할 수 있는데,
만일 이 기간의 경과로 인하여 회사에 회복할 수 없는 손해가 생길 염려가 있는
경우에는 회사에 대한 청구를 할 필요 없이 또는 청구를 하였더라도 30일의 기간
을 기다릴 필요 없이 즉시 소를 제기할 수 있다고 규정한다. 여기서 회복할 수 없
는 손해가 생길 염려라는 것은 시효완성, 재산도피 등으로 법률상 또는 사실상 이
사에 대한 책임추궁이 무의미하게 되는 것을 의미한다. 따라서 자본시장법에 명
시적인 준용규정이 없더라도 상법의 위 규정을 유추적용하여 제척기간 도과 등
회복할 수 없는 손해가 생길 염려가 있는 경우에는 규정된 2월이 경과하기 전이
라도 제척기간이 경과하기 전에 회사에 반환청구를 요구하였던 주주가 소송을 제
기할 수 있다고 해석하여야 한다.

9. 매매차익산정기준

(1) 선입선출법

1) 의   의   일정한 기간 동안 주식의 거래가 빈번하게 중복되는 경우에
매매차익을 산정하는 방법으로 개개의 매매거래대상 주권을 확인하는 방식은 실
제로는 불가능하므로 ⅰ) 수수료 및 거래세를 공제한 매도대금총액과 매수대금총
액과의 차액에 의하는 총액차감법, ⅱ) 6개월 내의 거래량을 가중치로 한 매도평
균가격에서 매수평균가격을 공제하여 차익을 산정하는 평균법(average price test),
ⅲ) 매수한 순서와 매도한 순서를 맞추어 순서대로 매도가격에서 매수가격을 공
제하여 차액을 산정하는 선입선출법(first-in-first-out computation), ⅳ) 6개월
내의 매수분은 최저가부터, 매도분은 최고가부터 순서대로 배열하고 거래량을 가
중치로 하여 매도가격에서 매수가격을 공제하여 차익만 합산하고 차손은 공제하
지 않음으로써 가능한 최대의 이익(maximum possible profits)을 산정하는 매수최
저가매도최고가방식(lowest-in-highest-out test) 등이 있다. 미국 대부분의 판례
는 ⅳ)의 방식에 의하는데,[35] 우리나라는 종래에는 거래량을 가중치로 한 가중평

---

35) Smolowe v. Delendo Corp., 136 F.2d 231 (2d Cir. 1943). 따라서 "6개월 내(less than six
    months)"라는 요건에 부합되는 모든 매수나 매도에 SEA §16(b)가 적용된다. 따라서 피고는
    개별 거래에 있어서 실제로는 주식의 매매로 인하여 손해를 입었을 때에도 위와 같은 방식에
    의하여 산정된 이익상당액을 회사에 반환하여야 한다. 그러나 일부 판례는 명백히 부당한 결
    과를 피하기 위하여 위 방식의 적용을 배제하기도 하는데, 예를 들어 Gratz v. Claughton, 187

균법을 채택하고 해당 기간 중 발생한 이익액과 손실액 사이의 상쇄(offsets)를 허용하였으나, 2000년 9월 증권거래법 시행령 개정에 의하여 선입선출법을 채택하였다.[36]

자본시장법 시행령이 정하는 단기매매차익의 산정기준은 다음과 같고(슈 195조①~④) 구체적인 기준과 방법 등 필요한 세부사항은 증권선물위원회가 정하여 고시한다(슈 195조⑥).

2) 1회의 매매   해당 매수(권리 행사의 상대방이 되는 경우로서 매수자의 지위를 가지게 되는 특정증권등의 매도를 포함) 또는 매도(권리를 행사할 수 있는 경우로서 매도자의 지위를 가지게 되는 특정증권등의 매수를 포함) 후 6개월(초일을 산입한다) 이내에 매도 또는 매수한 경우에는 매도단가에서 매수단가를 뺀 금액에 매수수량과 매도수량 중 적은 수량("매매일치수량")을 곱하여 계산한 금액에서 해당 매매일치수량분에 관한 매매거래수수료와 증권거래세액 및 농어촌특별세액을 공제한 금액을 이익으로 계산하는 방법.[37] 이 경우 그 금액이 "0원 이하"인 경우에는 이익이 없는 것으로 본다(슈 195조①1).[38]

F.2d 46 (2d Cir. 1951) 판결에서 실제로는 피고가 $400,000의 손실을 입었음에도 위와 같은 방식에 의하면 산정된 이익인 $300,000을 회사에 반환할 책임이 있지만 연방제2항소법원은 그 반환책임을 부인하였다.

36) 가중평균법에 의하면 거래량매수단가와 매도단가의 차액에 매수수량과 매도수량 중 일치하는 수량을 곱하여 매매차익을 계산하므로 차손부분이 반영되나, 선입선출법에 의하면 순차대응방식으로 계산하면서 그 금액이 "0원 이하"인 경우에는 이익이 없는 것으로 보게 되므로 차손부분은 반영되지 않고 차익부분만 반영된다. 따라서 매매차익이 가중평균법에 의한 계산결과보다 높게 나오게 되어 있고, 나아가 전체적으로는 차손이 발생하였어도 차익반환의무가 발생하게 된다. 예컨대, ① 2010. 6. 1. 주당 14,000원에 2만주 매수, ② 2010. 7. 1. 주당 15,000원에 1만주 매도, ③ 2010. 8. 1. 주당 11,000원에 1만주 매수, ④ 2010. 9. 1. 주당 10,000원에 3만주 매도, ⑤ 2010. 10. 1. 주당 8,000원에 1만주 매수한 경우, 편의상 수수료, 세금 등은 반영하지 아니하면, ① 2010. 6. 1. 주당 14,000원에 매수한 2만주 중 1만주는 2010. 7. 1. 주당 15,000원에 매도하여 이익 1,000만원, ② 나머지 1만주는 2010. 9. 1. 주당 10,000원에 매도하여 4,000만원 손실, ③ 2010. 8. 1. 주당 11,000원에 매수한 1만주는 2010. 9. 1. 주당 10,000원에 매도하여 1,000만원 손실, ④ 2010. 9. 1. 주당 10,000원에 매도한 나머지 1만주는 2010. 10. 1. 주당 8,000원에 매수하여 2,000만원 이익으로서, 손실을 0으로 처리하고 이익만 합산하면 반환의무의 대상인 단기매매차익은 3,000만원이다.

37) 미국의 SEA §16(b)에 의하여 반환될 이익은 증권의 매도가격에서 매수가격을 공제한 차액을 말한다. 매수와 매도의 선후는 관계없으므로 먼저 매도하고 후에 매수한 경우에도 그 차액에 의하여 반환할 이익을 산정한다. 예를 들면 적용대상인 회사의 이사가 주식을 주당 $40에 매도하고 4개월 후에 다시 그 주식을 주당 $30에 매수하였다면 주당 $10의 차액에 의하여 이익을 산정한다.

38) "이 경우 그 금액이 0원 이하인 경우에는 이익이 없는 것으로 본다"라는 규정으로 인하여, 구체적인 차익 산정시 손실이 반영되지 않게 된다. 따라서 실제의 차익보다 큰 금액을 반환하

단기매매차익 반환의무의 적용기준을 체결일로 보는 이상,39) 반환할 매매차익의 범위도 체결일을 기준으로 산정하여야 한다.

[대법원 2010. 8. 19. 선고 2007다66002 판결]
① 단기매매차익 반환의무의 대상이 되는 거래는 내부자가 매매계약의 의사를 대외적으로 표시하는 매매계약체결일을 기준으로 하여야 하는 점, ② 매매거래의 시기를 매매계약체결일로 보는 이상 반환할 매매차익의 범위도 실제 대금의 수령일이 아닌 매매계약체결일을 기준으로 산정하여야 비용공제 등 반환의무의 범위를 정함에 있어서도 통일된 기준이 될 수 있는 점, ③ 매매계약의 당사자는 매매계약에서 정한 매매대금을 기준으로 하여 경제적 손익 내지 매매차익의 실현 여부를 가늠하여 매매계약을 체결하였을 것이라는 점 등을 고려하면, 단기매매차익의 반환범위를 산정함에 있어서도 매매계약체결일을 기준으로 하여야 한다. 만일 그렇지 않고 매매계약체결일이 아닌 매매대금지급일이나 매매차익실현일을 매매차익 반환범위의 산정 기준시로 삼게 되면, 단기매매차익 반환의무의 발생시기와 매매차익 산정시기가 다르고 그 시기도 불확실하여 혼선을 초래할 수 있고, 계약체결일 기준으로 산정하면 매매차익이 없는 거래가 이행일까지 여러 사정의 변동으로 차익이 발생하면 단기매매차익을 반환하여야 하고, 반대로 계약체결일 당시에는 매매차익이 있음에도 불구하고 당사자가 임의로 매매차익을 발생시키지 않거나 감소시키기 위하여 이행기를 변경하는 방법으로 단기매매차익 규정의 적용을 회피할 수 있어 단기매매차익의 반환 여부가 매매거래 이외의 요소에 의하여 좌우된다는 점에서 부당한 결과를 초래한다. 증권거래법 시행령 제83조의5 제2항 제1호에서 단기매매차익의 산정방식을 '매도단가에서 매수단가를 뺀 금액에 매수수량과 매도수량 중 적은 수량을 곱하여 산출한 금액에서 당해 매매일치수량분에 관한 매매거래수수료와 증권거래세액을 공제한 금액'으로 산정하도록 규정하고 있는 것도 단기매매차익의 산정은 매매계약체결일을 기준으로 일률적으로 산정하고 그 밖의 변동요소는 고려하지 않도록 하는 취지라고 보아야 할 것이다.40)

그리고 "매매거래수수료와 증권거래세액 및 농어촌특별세액을 공제한 금액"은 증권시장 내에서의 거래를 전제로 한 규정이어서 장외거래에서의 공제범위를

여야 하거나, 심지어는 실제로는 손실이 발생한 경우에도 반환할 차익이 인정되기도 하는데, 이러한 징벌적 성격의 규정에 대하여 단기매매차익 반환제도의 취지상 타당하다고 보는 것이 일반적이다[성희활, "자본시장법상 단기매매차익 반환제도에 관한 고찰", 증권법연구 제12권 제2호, 한국증권법학회(2011), 302면].

39) 대법원 2011. 3. 10. 선고 2010다84420 판결.

40) 이 사건은 주식매매대금을 외화로 받기로 하였는데 체결일과 결제일 사이의 환율변동을 반영할 것인지 여부가 쟁점이었는데, 1,2,3심 모두 체결일을 기준으로 하여야 하고 체결일 후의 환율변동은 고려할 필요가 없다고 판시하였다.

이에 국한된다고 볼 필요는 없다. 따라서 장외에서의 주식 매도에 따른 "법률비용" 및 "양도소득세와 이에 부수하는 주민세"는 주식 매도로 인하여 이익을 얻었음을 전제로 한 것으로서 주식매도에 당연히 수반되는 비용이므로 매매거래수수료 및 증권거래세액과 마찬가지로 피고가 얻은 매매차익에서 공제하여야 한다.[41]

3) 2회 이상의 매매   해당 매수 또는 매도 후 6개월 이내에 2회 이상 매도 또는 매수한 경우에는 가장 시기가 빠른 매수분과 가장 시기가 빠른 매도분을 대응하여 제1호에 따른 방법으로 계산한 금액을 이익으로 산정하고, 그 다음의 매수분과 매도분에 대하여는 대응할 매도분이나 매수분이 없어질 때까지 같은 방법으로 대응하여 제1호에 따른 방법으로 계산한 금액을 이익으로 산정하는 방법. 이 경우 대응된 매수분이나 매도분 중 매매일치수량을 초과하는 수량은 해당 매수 또는 매도와 별개의 매수 또는 매도로 보아 대응의 대상으로 한다(令 195조①2).

(2) 종류나 종목이 다른 경우

위와 같이 이익을 계산하는 경우 매수가격·매도가격은 특정증권등의 종류 및 종목에 따라 다음과 같이 정하는 가격으로 한다(令 195조②).[42]

1) 종류는 같으나 종목이 다른 경우   매수 특정증권등과 매도 특정증권등이 종류는 같으나 종목이 다른 경우에는, 매수 후 매도하여 이익을 얻은 경우에는 매도한 날의 매수 특정증권등의 최종가격을 매도 특정증권등의 매도가격으로 하고, 매도 후 매수하여 이익을 얻은 경우에는 매수한 날의 매도 특정증권등의 최종가격을 매수 특정증권등의 매수가격으로 한다(令 195조②1).

2) 종류가 다른 경우   매수 특정증권등과 매도 특정증권등이 종류가 다른 경우에는, 지분증권 외의 특정증권등의 가격은 당해 특정증권등의 매매일의 당해 특정증권등의 권리행사의 대상이 되는 지분증권의 종가로 한다(令 195조②2, 단기매매차익 반환 및 불공정거래 조사·신고 등에 관한 규정 6조①). 이 경우 그 수량의 계산에 있어서, 당해 특정증권등의 매매일에 당해 특정증권등의 권리행사가 이루어진다면 취득할 수 있는 것으로 환산되는 지분증권의 수량으로 한다. 이 경우 환

---

41) 서울고등법원 2007. 8. 23. 선고 2006나89550 판결.
42) 자본시장법 시행령 규정과 달리, 구 증권거래법 시행령 제83조의5 제1항이 유가증권의 종류는 같으나 종목이 다른 경우에 대하여만 규정하고 종류가 다른 경우에 대하여는 규정하지 않고 있으므로, 종류가 다른 유가증권의 매매(예 : 전환사채의 매도와 주식의 매수)에 대하여는 단기매매차익 반환의무의 적용대상인지 여부에 대하여 논란이 있었는데, 자본시장법은 종류가 다른 경우에 대하여 명문으로 규정한다.

산되는 지분증권의 수량 중 1주 미만의 수량은 절사한다(슈 195조③, 단기매매차익
반환 및 불공정거래 조사·신고 등에 관한 규정 6조②).

(3) 가격 및 수량의 환산

이상의 규정에 따라 이익을 계산하는 경우에 매수 또는 매도 후 특정증권등
의 권리락·배당락 또는 이자락, 그 밖에 이에 준하는 경우로서 증권선물위원회가
정하여 고시하는 사유가 있는 경우에는 이를 고려하여 환산한 가격 및 수량을 기
준으로 이익을 계산한다(슈 195조④).[43] "증권선물위원회가 정하여 고시하는 사
유"라 함은 자본의 증감, 합병, 배당, 주식분할, 주식병합 등을 말하고(단기매매차
익 반환 및 불공정거래 조사·신고 등에 관한 규정 7조①), 주식의 매수 또는 매도 후
주식의 권리락 또는 배당락이 있은 때에는 별지산식에 따라 환산한 매매단가 및
수량을 기준으로 하여 단기매매차익을 계산하고(단기매매차익 반환 및 불공정거래
조사·신고 등에 관한 규정 7조②),[44] 동일인이 자기의 계산으로 다수의 계좌를 이

---

[43] 미국에서는, 파생증권(derivative security)의 매매는 SEA §16(b)의 적용에 있어서 기초증권
(underlying security)의 매매로 보므로, 6개월 내에 파생증권을 매매한 경우 그 기초증권의 가
격을 기준으로 차익을 계산한다. 보통주에 대한 call option을 매수한 후 보통주로 전환이 가
능한 CB를 매도한 경우와 같이 동일한 기초증권에 대하여 종류가 다른 파생증권을 매매한 경
우에도 매매일치수량에 해당하는 기초증권을 기준으로 차익을 계산한다. call option의 매도나
put option의 매수도 마찬가지로 기초증권의 매도로 본다. 그러나 option 매수인이 option을
행사하지 않고 행사기간이 도과한 경우 option의 매도인은 premium만 반환하면 된다. 예컨
대, 행사가격이 $10인 주식에 대한 call option을 $1의 premium을 받고 매도한 option 매도인
은 그 후 주당 $8에 해당 주식을 매수한 경우 $2의 차익을 반환하여야 하지만, 만일 option
매수인이 option을 행사하지 않고 행사기간을 도과한 경우에는 premium으로 받은 $1의 차익
만 반환하면 된다[SEC Rule 16b-6(d)].

[44] 「단기매매차익 반환 및 불공정거래 조사·신고 등에 관한 규정」의 별지산식 "매매단가 및
수량의 환산기준"은 다음과 같다.
  1. 자본의 증가
    가. 주식을 매수한 후 자본의 증가에 따라 배정된 신주를 취득한 경우
      • 매수단가 = [주식매수가격 + (1주당 납입액 × 1주당 배정비율)] / [1 + 1주당 배정
        비율]
      • 매수수량 = 매수주식의 수량 + 배정신주의 수량
    나. 주식을 매도한 후 자본의 증가에 따라 배정된 신주발행이 이루어진 경우
      • 매도단가 = [주식매도가격+(1주당 납입액 × 1주당 배정비율)] / [1+1주당 배정
        비율]
      • 매도수량 = 매도주식의 수량 + 배정신주의 수량
  2. 합병
    가. 매수한 주식을 발행한 회사의 합병에 따라 합병회사(존속 또는 신설회사)로부터 신
      주를 취득한 경우
      • 매수단가 = 합병전 주식의 매수가격 × 합병비율
      • 매수수량 = 합병에 의하여 취득한 신주의 수량

용하여 매매한 경우에는 전체를 1개의 계좌로 보고(단기매매차익 반환 및 불공정거래 조사·신고 등에 관한 규정 7조③), 단기매매차익을 산정하는 경우에는 무상증자 또는 배당에 대한 세금과 기타 매매와 관련한 미수연체이자, 신용이자 등은 고려하지 않는다(단기매매차익 반환 및 불공정거래 조사·신고 등에 관한 규정 7조④). 6개월의 기간 동안에 지급된 이익배당이나 이자를 차익 계산에 반영하여야 하는지 여부에 관하여 명문의 규정이 없는데, 논란의 소지가 있으므로 명문의 규정을 두는 것이 바람직하다. 이에 관하여는 미국에서도 판례가 일치된 입장을 보이지 않는다.[45]

　　나. 매수후 매도한 주식을 발행한 회사의 합병이 이루어진 경우
　　　• 매도단가 = 합병전 주식의 매도가격 × 합병비율
　　　• 매도수량 = 매도주식에 대하여 배정된 신주의 수량
　3. 배 당
　　가. 주식을 매수하여 배당받을 권리를 취득한 경우
　　　• 매수단가 = (주식의 매수가격 − 1주당 현금배당액) / 1 + 주식배당율
　　　• 매수수량 = 매수주식의 수량 + 배당신주의 수량
　　나. 주식을 매도한 후 배당이 이루어진 경우
　　　• 매도단가 = (주식의 매도가격 − 1주당 현금배당액) / 1 + 주식배당율
　　　• 매도수량 = 매도주식의 수량 + 배당신주의 수량
　　다. 당해주식이 배당락된 후 배당이 확정되기 전에는 직전사업연도의 배당률을 적용
　4. 주식분할
　　가. 매수한 주식의 액면분할에 따라 신주를 취득한 경우
　　　• 매수단가 = 분할전 주식의 매수가격 × 분할후 액면가액 / 분할전 액면가액
　　　• 매수수량 = 분할에 의하여 취득한 신주의 수량
　　나. 매도한 후 주식의 액면분할이 이루어진 경우
　　　• 매도단가 = 분할전 주식의 매도가격 × 분할후 액면가액 / 분할전 액면가액
　　　• 매도수량 = 매도주식에 대하여 배정된 신주의 수량
　5. 주식병합
　　가. 매수한 주식의 액면병합에 따라 신주를 취득한 경우
　　　• 매수단가 = 병합전 주식의 매수가격 × 병합후 액면가액 / 병합전 액면가액
　　　• 매수수량 = 병합에 의하여 취득한 신주의 수량
　　나. 매도한 후 주식의 액면병합이 이루어진 경우
　　　• 매도단가 = 병합전 주식의 매도가격 × 병합후 액면가액 / 병합전 액면가액
　　　• 매도수량 = 매도주식에 대하여 배정된 신주의 수량

45) 미국에서는, 이익에 대한 이자산입 여부는 법원이 공정성의 관점에서 재량에 의하여 판단한다[Blau v. Lehman, 368 U.S. 403 (1962)]. 한편, 6개월의 기간 동안에 지급된 이익배당과 관련하여, ⅰ) 내부자의 매수 전에 이익배당결정이 있는 경우, ⅱ) 피고가 내부자로 되기 전에 배당결정이 있는 경우, ⅲ) 차익매도되지 아니한 특정주권(specific certificate not sold at a profit)에 대하여 배당결정이 있는 경우 등에는 이익배당금이 이익에 산입되지 않는다[Adler v. Klawance, 267 F.2d 840 (2d Cir. 1959). 반대취지의 판례 : Western Auto Supply Co. v. Gamble−Skogmo, Inc., 348 F.2d 736 (8th Cir. 1965)] 내부자가 배당결정된 주식을 매매하는 경우에는 배당금도 이익에 산입된다.

(4) 위헌 여부

자본시장법 시행령 제195조는 선입선출법을 채택하면서 이익액과 손해액의 상쇄를 허용하지 않고 제1호에서 "이 경우 그 금액이 0원 이하인 경우에는 이익이 없는 것으로 본다"고 규정함으로써, 차익반환의무자는 실제로 주식의 매매로 인하여 이익을 얻지 못하고, 오히려 손해를 입었을 때에도 규정된 방식에 의하여 산정된 이익액을 회사에 반환하여야 한다. 원래 제1호는 6개월 동안 단 1회의 매수와 매도가 있었던 경우를 대상으로 하는 규정이고 이 때 매도단가에서 매수단가를 뺀 금액이 0원 이하이면 애당초 반환할 차익이 없기 때문에 "이 경우 … 본다"라는 부분은 불필요한 규정이다. 그럼에도 불구하고 이 부분을 제1호의 말미에 규정한 이유는, 수회의 거래를 하는 통상적인 경우에 적용되는 제2호에 이 부분을 규정하면 수회의 거래를 하여 결과적으로 순손실이 발생한 경우에는 차익반환의무가 없게 되는 결과가 되므로 굳이 제1호의 말미에 규정한 것이다. 시행령의 이러한 규정에 대하여 위헌문제가 제기되었으나, 대법원은 이에 대하여, ⅰ) 기본권제한에 관한 최소침해의 원칙 또는 과잉금지의 원칙 등에 반하여 헌법 제23조가 보장하는 재산권을 침해하는 것이라고 할 수 없고, ⅱ) 포괄위임입법금지의 원칙에 반하는 위헌규정이라고 할 수는 없고, ⅲ) 위임의 근거가 되는 법률이 없는 위임명령이라거나 그 위임의 범위를 넘어선 것이라고 할 수는 없다고 선고하였다.

[대법원 2005. 3. 25. 선고 2004다30040 판결]
3. 증권거래법 시행령 제83조의5 제2항 제1호의 헌법위반, 모법위반 여부.
증권거래법 제188조 제2항 후문은 반환할 이익의 산정기준에 관하여 필요한 사항을 대통령령으로 정하도록 위임하고 있고, 이에 따라 제정된 증권거래법 시행령 제83조의5 제2항은 이익의 산정방법에 관하여 제1호에서 "당해 매수 또는 매도 후 6월(초일을 산입한다. 이하 이 조에서 같다) 이내에 매도 또는 매수한 경우에는 매도단가에서 매수단가를 뺀 금액에 매수수량과 매도수량 중 적은 수량(이하 이 조에서 '매매일치수량'이라고 한다)을 곱하여 산출한 금액에서 당해 매매일치수량분에 관한 매매거래수수료와 증권거래세액을 공제한 금액을 이익으로 산정하는 방법. 이 경우 그 금액이 0원 이하인 경우에는 이익이 없는 것으로 본다."고 규정하고 있고, 이어 같은 항 제2호에서는 "당해 매수 또는 매도 후 6월 이내에 2회 이상 매도 또는 매수한 경우에는 가장 시기가 빠른 매수분과 가장 시기가 빠른 매도분을 대응하여 제1호의 방법으로 계산한 금액을 이익으로 산정하고, 그 다음의 매수분 및 매도분에 대하여는 대

응할 매도분 또는 매수분이 없어질 때까지 같은 방법으로 대응하여 제1호의 방법으
로 계산한 금액을 이익으로 산정하는 방법. 이 경우 대응된 매수분 또는 매도분 중
매매일치수량을 초과하는 수량은 당해 매수 또는 매도와 별개의 매수 또는 매도로 보
아 대응의 대상으로 한다"라고 규정하는바, 위 제1호 중 "이 경우 그 금액이 0원 이
하인 경우에는 이익이 없는 것으로 본다"라는 부분은 2000. 9. 8. 개정 이전의 증권
거래법 시행령 제83조의5가 가중평균법을 채택함으로써 평균가격을 산출하는 단계
에서 당해 기간 중 발생한 이익액과 손실액 사이의 상쇄(offsets)를 허용하였던 것과
비교하여 볼 때 개정된 증권거래법 시행령이 선입선출법을 채용함에 있어서 그러한
상쇄를 허용하지 않는다는 취지를 확인하는 것으로 볼 수 있다. 단기매매차익의 산정
기준에는 가중평균법, 선입선출법, 매수최저가-매도최고가 대비방식 등이 있을 수
있고, 위 시행령이 채용한 방식은 선입선출법을 기본으로 한 것으로서 종전의 가중평
균법과 비교하여 볼 때 이익과 손실 사이의 상쇄를 허용하지 않는다는 측면에서 앞서
본 바와 같은 단기매매차익 반환제도의 입법목적에 보다 충실한 것으로 보이며, 또한
전체적으로 볼 때 합리적인 방식의 하나라고 볼 수 있다. 따라서 이러한 법규의 내용
이 기본권의 제한에 관한 최소침해의 원칙 또는 과잉금지의 원칙 등에 반하여 헌법
제23조가 보장하는 재산권을 침해하는 것이라고 할 수 없다.

다른 한편, 헌법 제75조는 "대통령은 법률에서 구체적으로 범위를 정하여 위임받은
사항과 법률을 집행하기 위하여 필요한 사항에 관하여 대통령령을 발할 수 있다"고
규정하고 있으므로, 법률의 위임은 반드시 구체적으로 한정된 사항에 대하여 개별적
으로 행하여져야 할 것이고, 여기에서 구체적인 위임의 범위는 규제하고자 하는 대상
의 종류와 성격에 따라 달라지는 것이어서 일률적 기준을 정할 수는 없지만, 적어도
위임명령에 규정될 내용 및 범위의 기본사항이 구체적으로 규정되어 있어서 누구라
도 당해 법률로부터 위임명령에 규정될 내용의 대강을 예측할 수 있어야 하나, 이 경
우 그 예측가능성의 유무는 당해 위임조항 하나만을 가지고 판단할 것이 아니라 그
위임조항이 속한 법률의 전반적인 체계와 취지 및 목적, 당해 위임조항의 규정형식
과 내용 및 관련 법규를 유기적·체계적으로 종합하여 판단하여야 하며, 나아가 각
규제 대상의 성질에 따라 구체적·개별적으로 검토함을 요한다(대법원 2004. 7. 22. 선
고 2003두7606 판결 등 참조). 이 사건의 경우, 규율대상인 증권거래의 형태 및 성질
이 복잡하고 다양하여 그 이익의 산정문제 역시 고도의 전문적·기술적 능력이 요구
되어 행정입법의 필요성이 그만큼 크다는 점, 그리고 앞서 본 바와 같은 증권거래법
제188조 제2항의 입법 목적, 규정형식 등에 비추어 볼 때 대통령령에서 정하여질 반
환할 이익의 범위에 대하여 대강의 예측이 가능하다는 점에 비추어 볼 때, 증권거래법
제188조 제2항 후문이 포괄위임입법금지의 원칙에 반하는 위헌규정이라고 할 수는
없고, 또한 증권거래법 제188조 제2항 후문에서 '이익의 산정기준'이라는 구체적인 사
항을 특정하여 위임하고 있고 대통령령인 증권거래법 시행령 제83조의5는 이러한 위
임에 근거하여 이익의 산정방법을 정하고 있으므로, 이를 가리켜 위임의 근거가 되는

법률이 없는 위임명령이라거나 그 위임의 범위를 넘어선 것이라고 할 수는 없다. 따라서 증권거래법 시행령 제83조의5 제2항 제1호 중 "이 경우 그 금액이 0원 이하인 경우에는 이익이 없는 것으로 본다"는 부분이 헌법 제23조, 제75조에 위반되는 무효의 규정이라고 할 수 없고, 따라서 위 시행령 조항을 적용하여 산정한 이익의 반환을 명한 원심판결에 상고이유 제4점이 주장하는 헌법 제23조의 재산권보장원칙, 제75조의 포괄위임금지원칙 등에 관한 법리오해의 위법이 있다고 할 수 없다.[46]

10. 기   타

(1) 미공개중요정보 이용행위로 인한 손해배상책임과의 관계

미공개중요정보 이용행위의 금지에 관한 제174조의 규정 및 그에 따른 손해배상책임에 관한 제175조의 규정에 의한 손해배상책임요건과 제172조의 규정에 의한 단기매매차익 반환책임의 성립요건이 모두 충족되는 경우도 있을 수 있다. 이러한 경우 내부자가 2중으로 책임을 지는 것은 타당하지 않고 제174조의 규정에 의한 책임이 우선한다고 보아 내부자거래로 인한 손해배상책임액을 공제한 이익만을 해당 법인에게 반환하여야 하고, 나아가 해당 법인에게 매매차익을 반환한 후에 내부자거래로 인한 손해배상책임을 지게 된 경우에는 해당 법인으로부터 배상액상당을 반환받을 수 있다는 견해도 있다. 그러나 이는 내부자거래를 한 자를 지나치게 보호하는 것이다. 물론 단기매매차익 반환제도는 근본적으로 법인에게 단기매매로 인한 이익을 귀속시키려는 제도가 아니므로(내부자로 하여금 단기매매를 하도록 하여 법인의 이익을 증대하려는 제도가 아니다) 내부자의 단기매매로 인한 차익을 법인에게 반환하도록 함으로써 내부자의 내부정보를 이용한 거래(특히 단기매매)를 억제하기 위한 것이지만, 내부자거래로 인한 손해배상액과 단기매매차익 반환은 별개의 제도이기 때문에 2중의 책임은 불가피하다고 보아야 한다.

(2) 경영권프리미엄과의 관계

지배주식의 양도와 함께 경영권이 주식양도인으로부터 주식양수인에게 이전하는 경우 그와 같은 경영권의 이전은 지배주식의 양도에 따르는 부수적인 효과에 불과하고, 그 양도대금은 지배주식 전체에 대하여 지급되는 것으로서 주식 그 자체의 대가임이 분명하므로, 제172조 제1항에 규정된 법인의 내부자가 주식을 매수한 후 6개월 이내에 그 주식과 함께 경영권을 이전하면서 취득한 경영권 프

---

46) 위헌법률심판은 헌법재판소의 권한에 속하고, 명령·규칙심사권은 대법원에 속한다(헌법 107조②).

리미엄 또한 주식의 단기매매로 인하여 얻은 이익에 해당한다.

[대법원 2004. 2. 13. 선고 2001다36580 판결]
지배주식의 양도와 함께 경영권이 주식양도인으로부터 주식양수인에게 이전하는 경
우 그와 같은 경영권의 이전은 지배주식의 양도에 따르는 부수적인 효과에 불과하고,
그 양도대금은 지배주식 전체에 대하여 지급되는 것으로서 주식 그 자체의 대가임이
분명하므로, 증권거래법 제188조 제2항에 규정된 법인의 내부자가 주식을 매수한 후
6개월 이내에 그 주식과 함께 경영권을 이전하면서 취득한 경영권 프리미엄 또한 주
식의 단기매매로 인하여 얻은 이익에 해당한다고 봄이 상당하다.[47)]

(위 2001다36580 판결의 원심 판결)
[서울고등법원 2001. 5. 9. 선고 2000나21378 판결] 피고는, 피고가 취득한 이익은
실질적으로는 소외 K사와의 경영권양도계약에 따른 경영권프리미엄에 해당하여 위
주식의 단기매매로 취득한 이익이 아니며, 위 주식매수는 매수 당시의 원고회사에 대
한 적대적 M&A에 대항하여 경영권을 방어하기 위한 것으로서 미공개 중요정보를 이
용한 것도 아니고 주식매도 또한 IMF 사태 이후의 백화점 경영악화로 인한 경영권양
도과정에서의 비자발적 매도여서 원고회사에게 위 차익을 반환할 의무가 없다고 다
툰다. 그러므로, 이 사건의 쟁점은 내부자의 주식거래로 인한 단기매매차익이 경영권
양도에 대한 프리미엄에 해당하거나 기업내부의 미공개정보를 이용하지 아니하고 이
루어진 경우 위 증권거래법 규정에 대한 예외사유가 될 수 있는가의 여부와 위 주식
거래가 미공개정보를 이용하지 아니한 경영권프리미엄에 해당하는가의 여부에 있다.
결국 위 법규정은 그 예외사유에 관하여 당초 내부자의 반대사실 입증여부에 의해 그
반환여부가 결정되었던 방식에서 법의 위임을 받은 대통령령의 예외사유 규정방식으
로 변경되었는데 위와 같은 단기매매차익반환 규정의 연혁 및 입법취지를 고려할 때
이는 그동안 건전한 자본시장의 육성이라는 취지에서 문제점으로 지적되어 온 내부
자거래규제의 어려움을 해결하기 위한 사회적 필요성에 의하여 마련된 것으로 보아
야 할 것이며, 따라서 법 제188조 제2항에 열거된 내부자가 6개월 이내의 단기매매
를 하여 차익을 얻은 경우에는 미공개 내부정보를 실제로 이용하였는가 또는 그것이
장내거래인가 장외거래인가의 여부와 상관 없이 이를 반환할 의무가 있다 할 것이고,
다만 극히 예외적으로 법 제188조 제8항에서 대통령령이 정하는 일정한 경우에 한하
여 그 적용범위에서 제외된다고 규정하고 있는 것에 비추어 앞서 살펴본 각 규정들이
정하는 예외사유는 한정적으로 열거된 것으로 봄이 상당하다 할 것인데 피고가 주장
하는 위와 같은 사유는 위 예외규정 어디에도 해당하지 아니한다 할 것이다. 따라서
단기매매차익이 피고의 주장과 같은 통상적인 주식매매에서 발생한 것이 아니라 합
병을 위한 매수, 기업지배권을 획득하기 위한 공개매수, 또는 적대적 M&A를 방어하

---

47) 同旨 : 대법원 2004. 2. 12. 선고 2002다69327 판결.

기 위한 매수 등 비통상적인 매매와 관련하여 발생한 경우이고 또한 그 차익이 경영권양도에 대한 보상이라 하더라도 위와 같은 각 규정에 열거된 예외사유에 해당하지 아니하는 한 그 법인의 주식을 취득하여 6월 이내에 처분하였다면 그로 인한 차익을 반환하는 것이 상당하다고 보아야 할 것이다.

(3) 실질적으로 동일 주체간의 거래

1) 유가증권집중예탁제도 관련 문제   예탁결제원은 예탁자가 예탁한 유가증권을 다른 예탁자가 예탁한 유가증권과 분리하지 않고 종류·종목별로 혼합하여 보관할 수 있고(法 309조④) 혼합보관에 의하여 예탁유가증권에 대한 고객이나 예탁자의 단독소유권이 소멸되고 공유지분권으로 변경된다. 유가증권의 집중예탁은 수수료를 받고 유가증권을 보관하는 임치계약과 유가증권의 계좌대체·원리금수령 등의 임무를 수행하는 위임계약의 혼합계약관계이고, 고객과 예탁자는 예탁유가증권 총량에 대한 공유권자로서 예탁한 유가증권과 동일한 유가증권의 반환을 청구할 수 있는 것이 아니라 동종·동량의 유가증권의 반환만을 청구할 수 있다. 만일 동일한 유가증권의 반환을 청구할 수 있다면 집중예탁의 목적을 달성할 수 없기 때문에 혼장임치의 개념이 필요하다.

2) 동일인이 계산주체인 계좌 간의 매매거래(가장매매)   차명계좌를 통하여 보유하고 있던 주식을 실명계좌 또는 다른 차명계좌로 옮기기 위하여 공개시장에서 실질적으로 동일한 시점에 서로 다른 계좌 간에 매도주문과 매수주문을 한 경우에도, 혼장임치의 개념상 매도한 주식과 매수한 주식이 특정된 동일한 주식이 될 수 없다. 따라서, 이러한 경우 실질적으로는 소유권의 변동이 없었지만 단기매매차익 반환의무가 발생하는지가 문제되는데, 대법원은 두 계좌 간의 매도가격과 매수가격이 정확히 일치하는 수량에 관한 한 단기매매차익 반환의무의 적용대상인 매매에 해당하지 않는다고 본다.

[대법원 2005. 3. 25. 선고 2004다30040 판결]
증권거래법 제188조 제2항이 주권상장법인 또는 코스닥상장법인의 임원, 직원 또는 주요주주로 하여금 당해 법인의 주식에 대한 단기매매거래에 의하여 얻은 이익을 당해 법인에 반환하도록 하는 것은 그들이 직무 또는 지위에 의하여 취득한 비밀을 부당하게 이용하는 것을 방지하고자 하는 데에 그 목적이 있는 것이고, 또한 그러한 취지에서 반환의무자로서의 주요주주를 정의함에 있어서 같은 조 제1항은 "누구의 명의로 하든지 자기의 계산으로 의결권 있는 발행주식 총수 또는 출자총액의 100분의

10 이상의 주식 또는 출자증권을 소유한 자"를 주요주주에 포함시킴으로써 단기매매
차익의 반환에 관한 한 차명계좌를 이용한 매매라 하더라도 이를 모두 본인이 매매한
것으로 본다는 취지를 규정하고 있는바, 이러한 단기매매차익 반환제도의 목적 및 요
건 등에 비추어 볼 때, 동일인이 차명계좌를 통하여 보유하고 있던 주식을 공개시장
에서 실명계좌로 매도한 경우 비록 공개시장에서의 증권예탁에 혼합임치의 성격이
있어 매도 및 매수되는 주식을 특정할 수 없다 할지라도 실질적으로 동일한 시점에
차명계좌로부터 매도주문과 실명계좌로부터의 매수주문이 존재하였다면 차명계좌에
서의 매도가격과 실명계좌에서의 매수가격이 정확히 일치하는 수량에 관한 한 증권거
래법 제188조 제2항의 적용대상인 매매에 해당하지 아니한다고 보아야 한다. 이사가
차명계좌를 통하여 공개시장에서 주식을 매도한 후 같은 날 같은 가격으로 매도수량
중 일부를 실명계좌로 다시 매수한 경우, 매도일시 및 가격과 매수일시 및 가격이 일
치하는 부분을 제외한 나머지 부분에 대하여만 단기매매차익의 반환을 명해야 한다.

(위 2004다30040 판결의 원심 판결)
[서울고등법원 2004. 5. 7. 선고 2003나56122 판결]
(피고의 주장)

1. 이 사건 주식거래는 A사의 대주주인 피고가 원고에 의한 적대적 인수합병(M&A)
   위협을 느끼자 그 경영권 방어를 위하여 6개의 차명계좌를 통하여 이 사건 주식을
   매수한 다음 일정시점에서 위 차명계좌에서 보관하고 있던 위 주식을 피고 자신의
   실명계좌로 이전한 것이다.

2. 이 사건 주식거래 중 차명계좌에서의 매도가격, 일자 및 수량과 실명계좌에서의 매
   수가격, 일자 및 수량이 정확히 일치하는 부분은 권리의 이전을 목적으로 하는 것
   이 아니므로 가장매매에 해당하는 것이라 할 것이고, 이러한 가장매매는 증권거래법
   제188조 제2항에서 말하는 '매도' 내지 '매수'에 포함되지 아니하므로, 위 가격·수
   량 일치부분에 대하여는 증권거래법상의 단기매매차익반환규정이 적용될 수 없다.
   뿐만 아니라 증권거래법 제188조 제1항은 단기매매차익의 반환의무자인 "주요주
   주"의 개념에 관하여, "누구의 명의로 하든지 자기의 계산으로 의결권 있는 발행주
   식총수 또는 출자총액의 100분의 10 이상의 주식 또는 출자증권을 소유한 자와 대
   통령령이 정하는 자를 말한다"고 규정하고, 증권거래법령의 위임을 받아 제정된 「
   임원·주요주주의 주식소유상황보고 및 단기매매차익반환에 관한 규정」(금융감독위
   원회 규정) 제6조 역시 "동일인이 자기의 계산으로 다수의 계좌를 이용하여 매매한
   경우에는 전체를 1개의 계좌로 본다"라고 규정하여 차명계좌를 실명계좌와 동일한
   것으로 취급하고 있는바, 위 규정들에 비추어 보아도 차명계좌에서 보유하고 있던
   주식을 실명계좌로 매도하는 것은 실명계좌에서 보유하고 있던 주식을 또 다른 실
   명계좌로 매도하는 것과 마찬가지로 법률상 진정한 매매가 아니라 할 것이다.

3. 단기매매차익반환규정은 내부자가 일반인에게 공개되지 않은 중요한 정보를 이용

한 주식거래를 통하여 부당한 이익을 실현시킴으로써 주식시장의 공정성과 신뢰성을 침해하는 것을 방지하기 위한 것이므로 그와 같은 내부자의 투기적인 이익의 실현가능성이 없는 경우에는 단기매매차익반환규정을 적용하여야 할 필요가 없다 할 것인바, 이 사건 주식거래와 같이 피고가 차명계좌를 통하여 주식을 매도한 후, 다시 같은 가격으로 실명계좌를 통하여 위 주식을 다시 매수한 경우에는 피고에게 어떠한 이익도 가져다 주지 않는다 할 것이고, 따라서 위와 같이 내부자의 투기적인 이익의 실현가능성이 없는 경우에는 단기매매차익반환규정을 적용하여야 할 합리적인 이유가 없다.

(법원의 판단)

1. 이 사건 주식거래의 법률적 성질

공개시장에서 유통되는 유가증권은 증권예탁원에 예탁되어 있고 그 법률적 성질은 혼장임치라 할 것이므로, 투자자가 취득, 보유, 처분하는 특정 종목의 유가증권은 개별적으로 어떤 투자자가 전체 유가증권 중 어느 것을 취득, 보유, 처분하는 것인지 특정되지 않고, 다만 투자자는 전체유가증권 중 몇 주를 취득, 보유, 처분하는 것만 알 수 있다 할 것이다. 그러므로 살피건대, 이 사건 주식의 거래가 모두 공개시장에서 이루어졌음은 앞서 본 바와 같고, 공개시장에서 피고가 취득, 처분하는 A사의 주식은 위 회사의 전체 주식 중 어느 것을 취득, 처분하는 것인지 특정되지 않기 때문에, 비록 피고의 차명계좌에서의 매도가격, 일시 및 수량과 실명계좌에서의 매수가격, 일시 및 수량이 일치하는 경우라 할지라도 피고가 실명계좌로 매수한 위 회사의 주식이 바로 차명계좌로 매도한 주식과 동일한 주식이라고 할 수 없다. 따라서 이 사건 주식거래는, 비록 피고의 차명계좌에서의 매도가격, 일시 및 수량과 실명계좌에서의 매수가격, 일시 및 수량이 일치하는 경우라 할지라도 피고가 차명계좌에서 보유하고 있던 주식을 자신의 실명계좌로 매도한 것이 아니라, 피고가 차명계좌를 통하여 보유하고 있던 A사의 주식을 공개시장에서 매도하고, 피고는 다시 공개시장에서 자신의 실명계좌를 통하여 위 회사의 주식을 매수한 것으로 보아야 하고, 이는 가장매매가 아니라 증권거래소 시장을 통한 위탁매매로서 유효하게 성립하여 그 매매의 효력이 발생하였다 할 것이므로, 이 사건 거래가 법률상 진정한 매매가 아니라거나 가장매매이기 때문에 단기매매차익반환규정이 배제된다는 피고의 위 주장은 나아가 살펴볼 필요 없이 이유 없다.

2. 이 사건 주식거래로 인한 매매차익의 발생여부

피고는, 이 사건 주식거래와 같이 피고에게 어떠한 이익도 가져다 주지 않는 거래의 경우에는 내부자의 투기적인 이익의 실현가능성이 없기 때문에 단기매매차익반환규정을 적용이 배제된다고 주장하나, A사의 임원인 피고가 차명 계좌로 매수한 위 회사의 주식을 6개월 이내에 다시 매도함으로써 단기매매차익을 실현하였음은 아래에서 살피는 바와 같으므로, 차익이 발생하지 않았음을 전제로 한 피고의 위 주장은 이유 없다.

3. 단기매매차익반환의 예외사유 및 그 해당여부

피고는, 이 사건 주식거래는 A사의 대주주인 자신이 원고에 의한 위 회사의 적대적 인수합병(M&A)에 대항하여 그 경영권 방어를 위하여 불가피하게 한 것이고, 따라서 가사 자신이 위 주식거래를 통하여 차익을 실현하였다 하더라도 이는 단기매매차익의 반환대상에서 제외된다는 취지의 주장을 하므로, 과연 피고의 이 사건 주식거래가 단기매매차익반환의 예외사유에 해당하는지 여부가 문제된다. 이 사건 주식거래로 피고가 취득한 단기매매차익이 법과 그 시행령 상에 열거된 예외 사유에 해당되지 않음은 명백하다 할 것이므로, 과연 피고의 이 사건 주식 거래가 위에서 살펴본 규정 외 예외사유에 해당하는지에 관하여 살피건대, ㉮ 피고는 원고회사의 발행주식 총수의 8.02%에 해당하는 주식을 보유하고 있던 대주주로서 미공개 정보에 대한 접근가능성이 없었다고는 볼 수 없고, ㉯ 또 이 사건 주식거래가 비자발적이라고 볼 수도 없으며, ㉰ 가사 피고의 주장대로 이 사건 주식거래로 인한 차익이 원고의 적대적 인수합병(M&A)을 방어하기 위한 매매와 관련하여 발생한 경우라 하더라도, 피고가 차명계좌로 보유하고 있던 이 사건 주식을 공개시장에서 매도한 후, 위 매도수량 중 일부만을 피고 자신의 실명계좌로 다시 매수하였다는 점에서 피고가 인수합병(M&A)의 정보를 이용하여 일반투자자보다 우월한 지위에서 비정상적으로 고가인 주식을 적기에 매도함으로써 차익을 향유하려는 의도도 있다고 보여지므로, 결국 이 사건 거래는 '거래의 유형상 애당초 내부정보의 이용가능성이 객관적으로 없는 경우'에 해당되지 아니한다 할 것이므로 피고의 위 주장은 이유 없다.[48)]

II. 소유·보유상황 보고의무

1. 특정증권등 소유상황 보고의무

(1) 보고의무자와 보고기간

주권상장법인의 임원 또는 주요주주는 임원[49)] 또는 주요주주가 된 날부터 5일(대통령령으로 정하는 날은 산입하지 아니한다) 이내에 누구의 명의로 하든지 자기의 계산으로 소유하고 있는 특정증권등의 소유상황을, 그 특정증권등의 소유상황에 변동이 있는 경우(대통령령으로 정하는 경미한 소유상황의 변동[50)] 제외)에는

---

48) 판결에 별도로 언급되지 않았지만, "동일인이 차명계좌를 통하여 보유하고 있던 주식을 공개시장에서 실명계좌로 매도한 경우"뿐 아니라 동일인의 차명계좌 간의 거래도 마찬가지로 차익반환대상 거래가 아님은 당연하다.

49) 해당 주권상장법인의 임원을 의미하고, 계열회사의 임원은 업무집행관여자에 해당하지 않는 한 포함되지 않는다.

50) "대통령령으로 정하는 경미한 소유상황의 변동"이란 증권선물위원회가 정하여 고시하는 바

그 변동이 있는 날부터 5일까지 그 내용을 대통령령으로 정하는 방법에 따라 각각 증권선물위원회와 거래소에 보고하여야 한다. 이 경우 대통령령으로 정하는 부득이한 사유51)에 따라 특정증권등의 소유상황에 변동이 있는 경우와 전문투자자 중 대통령령으로 정하는 자52)에 대하여는 그 보고 내용 및 시기를 대통령령으로 달리 정할 수 있다(法 173조①).

보고기간에 산입되지 않는 "대통령령으로 정하는 날"이란 주식등의 대량보유등의 보고에 관한 제153조 제1항이 규정하는, ⅰ) 공휴일, ⅱ) 근로자의 날 제정에 관한 법률에 따른 근로자의 날, ⅲ) 토요일 등을 말한다(슈 200조①).

단기매매차익 반환의무와 달리 임원과 주요주주만 보고의무를 부담하고, 직원은 보고의무의 주체에서 제외된다. 임원에는 상법 제401조의2 제1항의 업무집행관여자도 포함되는데, 이들에게까지 보고의무를 부담시켜야 하는지에 관하여는 그 타당성이 의문이다.

(2) 보고대상 증권

보고대상 증권은 단기매매차익 반환의무의 대상인 특정증권이다. 의결권 없는 주식도 포함된다는 점이 주식등의 대량보유보고의무의 대상과 다른 점이다. 금융회사지배구조법상 주요주주는 "누구의 명의로 하든지 자기의 계산으로 법인의 의결권 있는 발행주식총수의 10% 이상의 주식(그 주식과 관련된 증권예탁증권 포함)을 소유한 자"이므로(同法 2조 제6호 나목), 소유상황보고의무자인 주요주주를 정할 때에는 의결권 없는 주식은 제외하나, 보고의무의 경우에는 의결권 없는

에 따라 산정된 특정증권등의 변동 수량이 1천주 미만이고, 그 취득 또는 처분금액이 1천만원 미만인 경우를 말한다. 다만, 직전 보고일 이후 증권선물위원회가 정하여 고시하는 바에 따라 산정된 특정증권등의 변동 수량의 합계가 1천주 이상이거나 그 취득 또는 처분금액의 합계액이 1천만원 이상인 경우는 제외한다(슈 200조⑤).

51) "대통령령으로 정하는 부득이한 사유"는 다음과 같다(슈 200조⑥).
　　1. 주식배당
　　2. 준비금의 자본전입
　　3. 주식의 분할 또는 병합
　　4. 자본의 감소

52) "대통령령으로 정하는 자"란 다음 각 호의 어느 하나에 해당하는 자로서 특정증권등의 보유목적이 해당 법인의 경영권에 영향을 주기 위한 것(제154조 제1항에 따른 것을 말한다)이 아닌 자를 말한다(슈 200조⑦).
　　1. 제10조 제1항 제1호·제2호의 어느 하나에 해당하는 자
　　2. 제10조 제3항 제1호부터 제14호까지(제5호·제9호 및 제13호는 제외한다)의 어느 하나에 해당하는 자

주식도 포함한다.53)

(3) 보고기간의 기준일

주권상장법인의 임원(商法 401조의2의 업무집행관여자 포함) 또는 주요주주가 특정증권등의 소유상황을 보고하여야 하는 경우에 그 보고기간의 기준일은 다음과 같다(令 200조③).

1. 주권상장법인의 임원이 아니었던 자가 해당 주주총회에서 임원으로 선임된 경우 : 그 선임일
2. 상법 제401조의2 제1항의 업무집행관여자인 경우 : 해당 지위를 갖게 된 날
3. 주권상장법인이 발행한 주식의 취득 등으로 해당 법인의 주요주주가 된 경우 : 그 취득 등을 한 날
4. 주권비상장법인이 발행한 주권이 증권시장에 상장된 경우 : 그 상장일
5. 주권비상장법인의 임원(商法 401조의2①의 업무집행관여자 포함) 또는 주요주주가 합병, 분할합병 또는 주식의 포괄적 교환·이전으로 주권상장법인의 임원이나 주요주주가 된 경우 : 그 합병, 분할합병 또는 주식의 포괄적 교환·이전으로 인하여 발행된 주식의 상장일

(4) 변 동 일

주권상장법인의 임원이나 주요주주가 그 특정증권등의 소유상황의 변동을 보고하여야 하는 경우의 그 변동일은 다음과 같다(令 200조④). 장내매매인 경우에는 결제일이고,54) 장외매매인 경우에는 대금지급일과 증권인도일 중 먼저 도래하는 날이다.

1. 증권시장(다자간매매체결회사에서의 거래 포함)이나 파생상품시장에서 특정증권

---

53) 주식등대량보유상황보고의무는 의결권 있는 주식을 전제로 하고, 특정증권소유상황보고의무는 의결권 없는 주식도 포함하므로 의결권 없는 주식을 일부 보유한 주주는 두 보고내용이 서로 다르게 되는 경우도 있다.

54) 주식등의 대량보유자가 증권시장에서 주식등을 매매하여 주식등의 보유상황이나 변동내용을 보고하여야 하는 경우에 그 보고기준일은 그 계약체결일이다(令 153조③3). 구 증권거래법은 "결제일"을 기준으로 규정하였으나 자본시장법은 "계약체결일"로 변경하여 T+2 결제방식인 장내거래의 경우 보고기간이 2일 단축되는 결과가 되었다. 그러나 자본시장법은 증권시장이나 파생상품시장에서 특정증권등을 매매한 경우 특정증권등의 소유상황과 그 변동의 보고를 하는 경우의 보고기준일을 그 결제일로 규정하는데, 양자의 보고기준일을 다르게 규정한 취지를 굳이 찾는다면 대량보유보고의무는 경영권에 영향이 있는 음성적인 증권매집을 방지하기 위한 것이고, 소유상황보고의무는 주요주주와 임원의 특정증권 소유상황을 파악하기 위한 것이기 때문이다. 그러나 입법론적으로는 자본시장법이 양자의 보고시기를 5일로 일치시킨 이상 보고기준일도 계약체결일로 일치시키는 것이 필요하다고 본다.

등을 매매한 경우에는 그 결제일

2. 증권시장(다자간매매체결회사에서의 거래 포함)이나 파생상품시장 외에서 특정증
   권등을 매수한 경우에는 대금을 지급하는 날과 특정증권등을 인도받는 날 중 먼저
   도래하는 날

3. 증권시장(다자간매매체결회사에서의 거래 포함)이나 파생상품시장 외에서 특정증
   권등을 매도한 경우에는 대금을 수령하는 날과 특정증권등을 인도하는 날 중 먼저
   도래하는 날

4. 유상증자로 배정되는 신주를 취득하는 경우에는 주금납입일의 다음날

5. 특정증권등을 차입하는 경우에는 그 특정증권등을 인도받는 날, 상환하는 경우에
   는 그 특정증권등을 인도하는 날

6. 특정증권등을 증여받는 경우에는 그 특정증권등을 인도받는 날, 증여하는 경우에
   는 그 특정증권등을 인도하는 날

7. 상속으로 특정증권등을 취득하는 경우로서 상속인이 1인인 경우에는 단순승인이
   나 한정승인에 따라 상속이 확정되는 날, 상속인이 2인 이상인 경우에는 그 특정
   증권등과 관계되는 재산분할이 종료되는 날

8. 기타 민법·상법 등 관련 법률에 따라 해당 법률행위 등의 효력이 발생하는 날

⑸ 변동보고기간의 예외

주권상장법인의 임원 또는 주요주주는 대통령령으로 정하는 부득이한 사유로
특정증권등의 소유상황에 변동이 있는 경우 그 변동이 있었던 달의 다음 달 10일
까지 그 변동내용을 보고할 수 있다(슈 200조⑧). 전문투자자 중 대통령령으로 정
하는 자는 특정증권등의 소유상황에 변동이 있는 경우 그 변동이 있었던 분기의
다음 달 10일까지 그 변동내용을 보고할 수 있다(슈 200조⑨). 종래에는 제147조
의 주식등의 대량보유보고의무와 같이 최초보고와 변동보고 모두 5일 이내에 보
고하여야 하였으나, 변동보고의 경우에는 대폭 완화하였다.55)

---

55) 구 증권거래법 제188조 제6항은 주식소유상황보고에 관하여, 임원 또는 주요주주가 된 날부
터 10일 이내, 변동이 있는 날이 속하는 달의 다음 달 10일까지 보고하도록 규정하였다. 미국
에서는, 2002년 제정된 Sarbanes-Oxley Act §403에 의하여 개정된 SEA §16(a)에 의하면,
SEA §12에 의하여 등록된 종류별 지분증권의 10% 이상을 소유한 실질적 소유자, 그 증권의
발행인의 이사, 임원 등은, ⅰ) 전국증권거래소에 등록된 날, ⅱ) 실질적 소유자, 이사, 임원이
된 날로부터 10일 이내에 실질적으로 소유하는 증권에 대하여 SEC와 당해 증권이 등록된 전
국증권거래소에 보고하여야 하고, ⅲ) 소유상황에 변동이 있는 경우에는 그 거래일로부터 2거
래일의 종료시점 내에 보고하여야 한다[SEA §16(a)(1),(2)]. 이러한 보고내용에 따라 SEC는
단기매매차익 반환조치를 하고 주주들이 내부자를 상대로 소송을 제기하는 것이다. 보고사항
은 위 ⅰ), ⅱ)의 경우에는 발행인의 지분증권의 총액을 포함하여야 하고, 위 ⅲ)의 경우에는
보고일의 소유내역과 변동내역이다[SEA §16(a)(3)]. 회사의 이사, 임원, 10%를 초과한 지분증
권의 실질적 소유자의 경우 그 소유상황에 변동이 있는 경우 2거래일 이내에 전자공시하여야

(6) 보고서 기재사항과 비치·공시

주권상장법인의 임원(商法 제401조의2 제1항의 업무집행관여자 포함) 또는 주요주주는 특정증권등의 소유상황과 그 변동의 보고를 하는 경우에는 보고서에 ⅰ) 보고자, ⅱ) 해당 주권상장법인, ⅲ) 특정증권등의 종류별 소유현황 및 그 변동에 관한 사항을 기재하여야 한다(슈 200조②).

증권선물위원회와 거래소는 특정증권 소유상황에 관한 보고서를 3년간 갖추어 두고, 인터넷 홈페이지 등을 이용하여 공시하여야 한다(法 173조②).

(7) 대량보유보고의무와의 관계

자본시장법 제147조는 보유주체를 불문하고 주권상장법인의 주식등을 대량보유하게 된 자는 그 날부터 5일 이내에 그 보유상황, 보유목적, 그 보유 주식등에 관한 주요계약내용, 그 밖에 대통령령으로 정하는 사항을 대통령령으로 정하는 방법에 따라 금융위원회와 거래소에 보고하여야 하며, 그 보유 주식등의 수의 합계가 그 주식등의 총수의 1% 이상 변동된 경우에는 그 변동된 날부터 5일 이내에 그 변동내용을 대통령령으로 정하는 방법에 따라 금융위원회와 거래소에 보고하여야 한다고 규정한다. 제173조의 특정증권등 소유상황보고는 보고의무의 주체가 임원과 주요주주로 한정되고, 보고할 기관도 증권선물위원회라는 점에서 다르다. 위 두 가지 보고의무를 동시에 위반하는 경우에는 각각의 보고의무의 취지와 내용이 다르므로 제445조 제20호의 제147조 위반죄와 제446조 제31호의 제173조 위반죄는 상상적 경합범이 아니라 실체적 경합범의 관계에 있다고 보아야 한다.

2. 장내파생상품 대량보유상황 보고의무

동일 품목의 장내파생상품(일반상품, 그 밖에 대통령령으로 정하는 것을 기초자산으로 하는 것으로서 파생상품시장에서 거래되는 것만 해당)56)을 금융위원회가 정하

하고, 공시 후 다음 거래일 종료시점 내에 SEC는 일반인이 접속할 수 있는 인터넷 사이트에, 발행인은 회사 website에서 해당 공시내용을 제공하여야 한다[SEA §16(a)(4)].

56) "대통령령으로 정하는 것"은 이란 금융위원회가 정하여 고시하는 기준과 방법에 따른 주가지수를 말한다(슈 200조의2①). "금융위원회가 정하여 고시하는 기준과 방법에 따른 주가지수"란 한국거래소의 유가증권시장에 상장된 주권 중 200종목에 대하여 기준일인 1990년 1월 3일의 지수를 100 포인트로 하여 한국거래소가 산출하는 시가총액방식의 주가지수("코스피 200")를 말한다(금융투자업규정 6−29조①). 종래에는 일반상품인 금과 돈육을 기초자산으로 하는 장내파생상품으로 한정하였는데, 2011년 소위 도이치증권 옵션쇼크사태를 계기로 2013년 개정시 코스피200을 추가하였다.

여 고시하는 수량57) 이상 보유하게 된 자는 그 날부터 5일(공휴일, 근로자의 날, 토요일 제외) 이내에 그 보유 상황, 그 밖에 대통령령으로 정하는 사항58)을 대통령령으로 정하는 방법에 따라 금융위원회와 거래소에 보고하여야 하며, 그 보유 수량이 금융위원회가 정하여 고시하는 수량59) 이상으로 변동된 경우에는 그 변동된 날부터 5일 이내에 그 변동 내용을 대통령령으로 정하는 방법에 따라 금융위원회와 거래소에 보고하여야 한다(法 173조의2①).60) 장내파생상품의 대량보유상황 보고의무는 특정증권등 소유상황 보고의무와 달리 주권상장법인의 임원이나 주요주주에게만 적용되는 것이 아니다.

---

57) [금융투자업규정 제6−29조 (장내파생상품의 대량보유 보고)]
　② 법 제173조의2 제1항 전단에서 "금융위원회가 정하여 고시하는 수량"이란 다음 각 호의 품목별 미결제약정(장 종료시점을 기준으로 최종거래일까지 소멸하지 아니한 장내파생상품거래약정을 말한다. 이하 이 조에서 같다) 수량을 말한다.
　　1. 금을 대상으로 하는 장내파생상품거래의 경우
　　　가. 거래단위(1계약의 크기)가 중량 1천그램인 경우 : 30계약
　　　나. 거래단위가 중량 1백그램인 경우 : 300계약
　　2. 돈육을 대상으로 하는 장내파생상품거래의 경우 : 300계약
　　3. 코스피200을 대상으로 하는 장내파생상품의 경우 : 10,000계약(한국거래소의 파생상품시장규정에서 정하는 미결제약정수량의 보유한도 적용방법에 따라 산출한 수량을 말하며, 그 수량을 산출함에 있어서 차익거래관련 수량 및 헤지거래관련 수량을 포함한다. 이하 제3항 제3호에서 같다)
58) "대통령령으로 정하는 사항"이란 다음과 같은 사항을 말한다(令 200조의2③).
　1. 대량보유자 및 그 위탁을 받은 금융투자업자에 관한 사항
　2. 해당 장내파생상품거래의 품목 및 종목
　3. 해당 장내파생상품을 보유하게 된 시점, 가격 및 수량
　4. 제1호부터 제3호까지의 사항과 관련된 사항으로서 금융위원회가 정하여 고시하는 사항
59) [금융투자업규정 제6−29조 (장내파생상품의 대량보유 보고)]
　③ 법 제173조의2 제1항 후단에서 "금융위원회가 정하여 고시하는 수량"이란 다음 각 호의 품목별 미결제약정 수량을 말한다.
　　1. 금을 대상으로 하는 장내파생상품거래의 경우
　　　가. 거래단위가 중량 1천그램인 경우 : 6계약
　　　나. 거래단위가 중량 1백그램인 경우 : 60계약
　　2. 돈육을 대상으로 하는 장내파생상품거래의 경우 : 60계약
　　3. 코스피200을 대상으로 하는 장내파생상품의 경우 : 2,000계약
60) 금융위원회와 거래소에 보고하여야 할 자가 위탁자인 경우에는 금융투자업자로 하여금 대신하여 보고하게 할 수 있으며, 장내파생상품의 대량보유 상황이나 그 변동 내용을 보고하는 날 전날까지 새로 변동 내용을 보고하여야 할 사유가 발생한 경우에는 새로 보고하여야 하는 변동 내용은 당초의 대량보유 상황이나 그 변동 내용을 보고할 때 함께 보고하여야 한다(令 200조의2④).

3. 주식등 대량보유상황 보고의무

(1) 의 의

주권상장법인의 주식등을 대량보유하게 된 자는 그 날부터 5일 이내에 그 보유상황, 보유목적, 그 보유 주식등에 관한 주요계약내용 등을 금융위원회와 거래소에 보고하여야 한다(法 147조①). 대량보유보고제도에서의 "주식등"은 공개매수 규제의 대상증권(令 139조)과 같다. 이를 대량보유보고제도라고 하는데, 일정 비율 이상의 주식 취득과 변동을 신속하게 공시함으로써, 적대적 M&A를 목적으로 하는 음성적인 주식매집을 규제함으로써 경영권에 대한 불공정한 침탈을 방지하고, 증권시장의 투명성과 공정성 확보를 통하여 일반투자자를 보호하기 위한 제도로서, 세계 각국이 도입하고 있는 제도이다. 주권상장법인의 주주명부에는 예탁결제원에 예탁된 주식의 경우 실질주주가 기재되지 않고 예탁결제원이 주주로 기재되므로 실질주주명부가 작성되기 전에는 주주변동상황을 알 수 없으므로 대량보유보고제도의 중요성이 크다. 자본시장법상의 대량보유보고제도를 보고의무의 기준에 따라 5% Rule이라고 하는데, i) 경영진을 위하여는 적대적 M&A를 위하여 음성적인 주식매집을 통하여 기습적으로 경영권을 획득하려는 세력에 대한 방어책이 되고, ii) 외부의 경영권 경쟁자에게는 지분변동에 대한 상황을 파악하여 경영권 획득방법의 수립에 참고할 수 있는 정보가 되고, iii) 일반투자자와 소수주주에게는 투자전략과 지분보유 여부의 결정에 참고할 수 있는 중요한 정보가 된다. 따라서, 5% Rule은 경영진만을 위한 제도라기보다는 경영권 경쟁자 및 기타 투자자들이 지분보유 및 변동에 대한 정보에 동등하게 접근할 수 있도록 하는 기능을 하고, 나아가 규제당국의 입장에서는 단기매매차익 반환의무 또는 미공개중요정보이용 등과 같은 불공정거래를 감시하기 위한 수단도 된다. 한편 상법 제342조의3은 "회사가 다른 회사의 발행주식총수의 10분의 1을 초과하여 취득한 때에는 그 다른 회사에 대하여 지체없이 이를 통지하여야 한다"고 규정하므로 상법상 주식회사도 주식대량취득현황을 파악할 수 있도록 한다. 상법상 통지의무제도는 주권상장법인에게만 적용되는 자본시장법상의 대량보유보고제도와 달리 상법상 모든 주식회사에 적용된다. 그러나 상법상 통지의무제도는 회사 아닌 조합이나 개인이 취득한 경우에는 적용되지 않고, 또한 상법상 특별관계자라는 개념이 없으므로 회사가 단독으로 취득한 경우에만 적용된다는 점에서 자본시장법상의 대량보유보고제도와 다르다.

(2) 변동보고사유

주권상장법인의 주식등을 대량보유하게 된 자가 그 보유 주식등의 수의 합계가 그 주식등의 총수의 1% 이상 변동된 경우에는 그 변동된 날부터 5일 이내에 그 변동내용을 금융위원회와 거래소에 보고하여야 한다(法 147조①). 이를 변동보고의무라고 하는데, 주식등을 5% 이상 보유자의 보유비율이 1% 이상 변동하여야 하므로, 예컨대 발행주식총수가 10,000주인 경우 500주를 보유한 주주가 추가로 599주를 보유하게 될 때까지는 변동보고의무가 없고, 600주 이상이 되는 때 비로소 변동보고의무가 발생한다.

(3) 사법(私法)상 효력

대량보유보고규정은 효력규정이 아니라 단속규정이므로, 주식을 취득한 후 이 규정을 위반하였다 하여도 주식취득에 관한 사법상 거래의 효력에는 영향이 없다. 대량보유보고의무 위반에 대한 의결권제한과 처분명령도 주식취득이 사법상 유효함을 전제로 하는 것이다.

(4) 보고의무자

대량보유보고의무는 주권상장법인의 일정 지분에 대한 "소유에 준하는 보유"를 요건으로 하는데(취득장소가 장내인지 장외인지는 불문), 공개매수에 있어서 보유의 개념에 관한 시행령 제142조는 대량보유보고의무에도 적용되고, 이에 따라 다음과 같은 경우를 소유에 준하는 보유로 본다.

1. 누구의 명의로든지 자기의 계산으로 주식등을 소유하는 경우
2. 법률의 규정이나 매매, 그 밖의 계약에 따라 주식등의 인도청구권을 가지는 경우
3. 법률의 규정이나 금전의 신탁계약·담보계약, 그 밖의 계약에 따라 해당 주식등의 의결권(의결권의 행사를 지시할 수 있는 권한 포함)을 가지는 경우
4. 법률의 규정이나 금전의 신탁계약·담보계약·투자일임계약, 그 밖의 계약에 따라 해당 주식등의 취득이나 처분의 권한을 가지는 경우
5. 주식등의 매매의 일방예약을 하고 해당 매매를 완결할 권리를 취득하는 경우로서 그 권리행사에 의하여 매수인으로서의 지위를 가지는 경우
6. 주식등을 기초자산으로 하는 자본시장법 제5조 제1항 제2호(옵션)에 따른 계약상의 권리를 가지는 경우로서 그 권리의 행사에 의하여 매수인으로서의 지위를 가지는 경우
7. 주식매수선택권을 부여받은 경우로서 그 권리의 행사에 의하여 매수인으로서의 지

위를 가지는 경우

제1호는 소위 차명으로 주식등을 보유하는 실질소유자의 보고의무를 규정한 것이다.61) 미국에서도 실질소유자를 보고의무자로 규정하는데, 여기서 "자기의 계산"이란 손익의 귀속주체가 동일인인 경우를 뜻하는 것이지 자기가 실질적인 지배력을 가지고 있는 모든 주식을 뜻하는 것은 아니다.62)

[서울중앙지방법원 2009. 1. 22. 선고 2008고합569 판결]
증권거래법 및 동 시행령에 의하면, 주식 등의 총수의 5% 이상 보유하게 된 자는 그 보유상황과 보유목적을 보고할 의무가 있고, 그 보유주식비율이 당해 법인의 주식 등의 총수의 1% 비율 이상 변동된 경우에는 그 변동내용을 보고할 의무가 있는바(증권거래법 제200조의2 제1항), 이때 '보유'란 누구의 명의로든지 자기의 계산으로 주식 등을 소유하는 경우를 의미하고(증권거래법 제21조 제1항, 같은 법 시행령 제10조의4 제1호), 자기의 계산이라 함은 손익의 귀속주체가 동일인에게 속하는 경우를 의미한다. 피고인 1은 피고인 J의 자금을 이용하여 C사 명의로 주식에 대한 매매거래를 계속해 오기는 하였으나, 그 자금을 인출하거나 인출을 요구한 적은 없었던 점, 피고인 2는 K를 통하여 정기적으로 주식거래상황을 보고받았고, 일부 주식의 매도를 직접 지시하기도 하였던 점, 피고인 2는 주식매매거래가 종료한 후 K에게 지시하여 그 손익에 관하여 보고를 받았던 점, 또한 피고인 2는 신주인수권부사채를 인수한 후 주가가 하락하기 시작하자 K에게 불평을 하기도 하였고, 2006. 11. 20.로 예정된 인수대금 납입을 연기하면서 J로부터 손실보장 취지의 약정서를 작성받은 후 인수대금을 납입하였던 점, 만약 피고인 1이 자금의 계산주체라면 C사 명의의 주식을 매도하여 B사에 대한 차용금을 변제할 수 있었을 것임에도 대주주의 지분매각으로 인한 주가하락의 위험을 감수하면서까지 신주인수권부사채를 매도하고 그 대금으로 위 차용금을 변제할 이유는 없었을 것으로 보이는 점, 비록 피고인들과 사이에 피고인 1이 자금을 차용한 것이라고 해석할 여지가 있는 2006. 12. 26.자 약정서가 작성된 바 있으나, 피고인 1이 자금을 투자받은 것이라고 해석되는 2006. 12. 22.자 약정서도 작성되었고, 이에 관하여 J는 검찰에서 '피고인 2의 처 L이 피고인 1의 사업에 투자를 하였다가 잘못하면 손해를 보게 생겼으니, 신주인수권부사채 인수대금을 납입해주는 조

---

61) 일반적으로 계좌명의자가 주식의 소유자로서 아무런 권리를 행사하지 않거나, 제3자에게 처분권한을 위임하거나, 주식매도대금을 제3자가 사용하고 주식매도에 따른 세금도 제3자가 납부하는 경우에는 차명계좌로 인정될 가능성이 크다[서울중앙지방법원 2009. 8. 14. 선고 2008고합1308, 2009고합290(병합) 판결).

62) 서울고등법원 1997. 5. 13.자 97라51 결정. 이 결정은 1997. 1. 13. 법률 제5254호로 개정되기 전의 구 증권거래법 제200조 제1항의 주식소유상한(소위 10% 룰) 위반을 원인으로 한 의결권 행사금지 가처분사건에 관한 것인데, 보고의무 위반의 경우에도 법리가 적용될 것이다.

건으로 약정서를 작성해 달라고 하여 2006. 12. 22.자 약정서를 작성해 주었으나, 이후 L이 내용을 수정해달라고 요구하여 2006. 12. 26.자 약정서를 작성하게 되었다'는 취지로 진술하고 있는바(증거기록 제3570정), 그렇다면 피고인 1이 처음에는 자금을 투자받았으나, 나중에 손실발생을 우려한 피고인 2의 요구로 2006. 12. 26.자 약정서의 내용대로 '원금＋160억 원'을 보장해주기로 약속하였을 가능성을 배제할 수 없는 점, 또한 피고인 2는 검찰에서 '자신은 돈만 빌려주었지 주식투자에는 관계치 않아 증권거래법위반이라 생각하지 않는다'고 자필로 기재한 사실이 있기는 하나, 이는 피고인들 사이에 최종적으로 확정된 2006. 12. 26.자 약정서의 내용을 염두에 두고 그와 같이 기재하였거나 또는 자신이 피고인 1의 범행에 가담하지 않았음을 강조하기 위해 그와 같은 기재를 하였을 가능성을 배제할 수 없는 점 등을 종합적으로 고려해 보면, 자금의 계산주체는 피고인 2로 봄이 상당하다.[63]

증권의 실제 소유자에게 계좌명의를 빌려주었다 하더라도 보고의무 위반을 공모한 것이 아닌 이상 보고의무 위반죄의 공동정범의 죄책을 지지 않는다는 하급심 판례가 있다.[64]

제2호 내지 제7호는 장래 주식을 소유할 것이 예상되거나, 소유하지는 않지만 주식에 대한 의결권을 갖거나 의결권의 행사를 지시할 수 있는 권한을 가지는 경우를 '보유'로 규정한다.

[대법원 2011. 7. 28. 선고 2008도5399 판결]
원심은, 피고인 1의 차명주주 중 공소외 4가 2005. 4. 25. 자신 명의의 삼성증권 일산지점 계좌에 입고한 10만 주, 공소외 5가 2005. 5. 18.(원심판결의 '2004. 12. 5.'는 오기로 보인다) 처(妻) 공소외 6 명의의 삼성증권 미금역지점 계좌에 입고한 8만 주 중 2만 주, 제1심 공동피고인 2가 2005. 5. 10. 모(母) 공소외 7 명의의 동부증권 잠실지점 계좌에 입고한 8만 주, 공소외 8이 2005. 4. 22. 자신 명의의 굿모닝신한증권 성수동영업소 계좌에 입고한 2만 주, 피고인 3이 2005. 5. 11. 차명인 공소외 9 명의의 현대증권 가락지점 계좌에 입고한 2만 주, 공소외 10 주식회사에서 음반기획 및 홍보업무를 담당하고 있던 공소외 11이 2005. 5. 2. 차명인 공소외 12 명의의 우리투자증권신사지점 계좌에 입고한 2만 5,000주는, 피고인 1, 피고인 4와 피고인 3, 공소외 11 및 위 차명주주들 사이의 금전거래 내역, 국세청의 고발 내용, 검사 작성의 피고인 2에 대한 제2회 진술조서의 진술기재 및 위 사람들이 공소외 1 주식회사 주식의 인수과정에서 수행한 역할 등을 종합하여 볼 때, 피고인 1이 공소외 3 주식회사로부터 공소외 1 주식회사 주식을 매수한 직후에 각기 그들의 지분으로 인정되었던 것으로 보

---

63) 대법원 2010. 12. 9. 선고 2009도6411 판결로 확정됨.
64) 수원지방법원 2013. 6. 26. 선고 2013노1182 판결.

이므로, 피고인 1이 '주식 등의 대량보유상황 보고서'를 제출한 2005. 4. 1.경을 기준
으로 보면, 위 각 주식들은 이미 실소유자에게 이전되어 피고인 1이 보유하고 있던
주식에는 포함되지 아니하고, 따라서 이 부분에 관하여는 위 '주식 등의 대량보유상
황 보고서'가 허위라 할 수 없다고 판단하였다. 그러나 위와 같은 원심의 판단은 앞
서 본 법리에 비추어 다음과 같은 이유에서 수긍하기 어렵다. 원심판결 이유 및 원심
이 인용한 제1심판결의 채택 증거들에 의하면, 피고인 1은 2005. 3. 17. 공소외 3 주
식회사와 공소외 1 주식회사 주식 인수에 관한 양해각서를 체결하고, 2005. 4. 1. 공
소외 3 주식회사로부터 피고인 4 외 차명주주 11인 명의로 공소외 1 주식회사 주식
740만 2,000주를 1주당 약 475원에 매수하는 계약을 체결한 사실, 피고인 1은 2005.
4. 18. 공소외 3 주식회사에 잔금을 모두 지급하고 위 740만 2,000주를 표창하는 주
권을 교부받은 사실, 피고인 1은 위 주식매수계약이 체결된 2005. 4. 1.을 전후하여
공소외 4를 비롯한 지인들에게 자신이 매수한 공소외 1 주식회사 주식 중 일부를 1주
당 1,000원에 장외매도한 사실 등을 알 수 있다. 주권발행 후의 주식의 양도에 있어
서는 주권을 교부하여야 효력이 발생하는 것이므로(상법 제336조 제1항), 위 사실관
계에 의하면 피고인 1은 자신이 차명으로 매수한 공소외 1 주식회사 주식 740만
2,000주의 소유권을 공소외 3 주식회사로부터 위 주권을 교부받은 2005. 4. 18. 취
득하였고, 피고인 1로부터 다시 공소외 1 주식회사 주식 일부를 각 매수한 공소외 4
등은 각 해당 주권을 피고인 1로부터 교부받은 날에 그 소유권을 취득하였다고 할 것
인데 그 소유권취득일은 피고인 1이 주권을 교부받은 2005. 4. 8. 이후가 될 수밖에
없다. 그렇다면 피고인 1은 장외에서 주식을 취득하는 경우의 대량보유상황 보고기
준일이 되는 계약체결일(구 증권거래법 시행령 제86조의4 제2항 제4호)인 2005. 4.
1.을 기준으로 매도인인 공소외 3 주식회사에 대하여 자신이 매수한 공소외 1 주식회
사 주식 740만 2,000주 전부에 관하여 주권의 인도청구권을 가지고 있었으므로 구
증권거래법 시행령 제10조의4 제2호에 따라 위 740만 2,000주 전부에 관하여 보유
자로서 그 보유상황을 보고할 의무가 있다고 할 것이다. 그런데 이와 달리 원심이
2005. 4. 1.을 기준으로 이미 공소외 4, 공소외 5, 제1심 공동피고인 2, 공소외 8, 피
고인 3, 공소외 11에게 그 각 주식들이 이전되어 피고인 1이 보유하고 있던 주식에
포함되지 아니한다는 이유로 그 각 주식들에 관하여는 위'주식 등의 대량보유상황 보
고서'가 허위가 아니라고 본 것은 대량보유상황 보고의무에 관한 법리를 오해한 위법
이 있고, 이를 지적하는 검사의 상고이유 주장은 이유 있다(다만 원심이 '위반행위로
얻은 이익'을 산정함에 있어 공소외 4, 피고인 3, 공소외 11에게 매도한 그 각 해당
주식들에 관하여는 피고인 1의 보유 주식이 아니라는 이유로 공소외 4, 공소외 9, 공
소외 12 명의의 각 공소외 1 주식회사 주식 중 피고인 1이 장외에서 매도하였음을 전
제로 기소된 수량에서 제외하였는데, 뒤에서 보는 바와 같이 피고인 1이 장외에서 지
인들에게 매도하여 얻은 차익이 '위반행위로 얻은 이익'에 포함된다고 보기 어려운 이
상, 결국 공소외 4, 피고인 3, 공소외 11에게 매도한 그 각 해당 주식들에 관하여 그

매도로 인한 차익을 '위반행위로 얻은 이익'에서 제외한 판결결과에는 영향이 없다고
할 것이다). 한편 피고인 1은 상고이유로서 공소외 13 명의 주식 중 공소외 14에게
양도한 4만주 및 실제 공소외 13 소유인 15만 5,000주, 공소외 15 명의 주식 중 실
제 공소외 15 소유인 5만 주, 공소외 5 명의 주식 중 원심이 인정한 2만 주 외에 실제
공소외 5 소유인 6만 주, 제1심 공동피고인 2 명의 주식 중 분실한 1만 주, 공소외 9
명의 주식 중 주권으로 보유 중인 236,250주, 공소외 16 명의 주식 중 실제 공소외
16 소유인 3만 주에 관하여도 대량보유상황 보고서가 허위가 아니라는 취지로 주장하
나, 앞서 살펴 본 바와 같이 피고인 1은 대량보유상황 보고기준일인 2005. 4. 1.을 기
준으로 공소 외 1 주식회사 주식 740만 2,000주 전부에 관하여 보유자로서 그 보유
상황을 보고할 의무가 있다고 할 것이므로, 피고인 1의 이 부분 상고이유는 대량보유
상황 보고의무에 관한 법리를 오해한 나머지 원심의 사실오인을 탓하는 것에 불과하
여 받아들일 수 없다.

제4호의 처분권한은 주식의 매매행위와 같은 사실행위를 할 수 있는 권한을
의미하는 것이 아니라 주식의 매매행위로 인한 법률적 효과를 자신에게 귀속시킬
수 있는 권한을 의미한다. 금융기관이나 사채업자가 주식등을 담보로 자금을 대
여하는 경우 통상 담보설정약정서에 담보가치가 일정 수준 이하로 하락하거나 기
타 일정한 사유가 발생하면 채무자가 기한의 이익을 상실하고 따라서 채권자가
즉시 그 담보를 처분할 수 있도록 되어 있으므로 이러한 사유가 발생하는 경우
처분권을 취득하는 채권자와 처분권을 상실하는 채무자 모두 각각 보고의무를 부
담한다.[65] 그런데 채권자는 대개 처분권 취득시에는 보고를 하지 않고 처분을 실
행한 후에 보고를 하는 예가 많은데, 엄밀하게는 처분권 취득시에도 보고를 해야
한다. 그리고 채권자는 대개 채무자에게 담보를 처분한 후에 처분사실을 통보하
는데 이와 같이 채무자가 처분권 상실을 뒤늦게 알게 된 경우에는 보고의무 지연
에 대한 형사상, 행정상 제재를 하지 않는 것이 합리적일 것이다.

제5호, 제6호에 관하여는 그 종국적인 권리를 행사하여야만 '보유'로 본다는
것이 아니고, 권리의 종국적 행사 이전에 그와 같은 권리의 취득 자체를 '보유'로
규정한 것으로 해석하는 것이 타당하다고 할 것이고, 이와 같이 풀이하는 것이 장
래의 권리를 규정한 다른 각 호 즉 제2호, 제4호, 제7호의 규정과 비교하여서도

---

65) 법문에 "담보계약"이라고 규정되어 있지만, 실무상으로는 담보계약의 체결만으로는 "보유"
로 보지 않고 채무자의 채무불이행시 채권자가 담보물처분권을 행사할 수 있는 경우에만 "보
유"로 본다. 그리고 채권자가 일정한 경우 담보주식을 처분할 수 있는 경우 실제로는 채무자
의 요청에 의하여 채권자가 담보주식을 처분한 경우에도 보고의무를 부담한다는 하급심 판례
도 있다(서울중앙지방법원 2006. 7. 27. 선고 2005고합1056 판결).

균형이 맞는 해석이라는 것이 판례의 입장이다.

[대법원 2002. 7. 22. 선고 2002도1696 판결]

1. 원심은, 본인과 그 특별관계자가 상장법인의 발행주식 총수의 5% 이상을 보유하게 되거나, 5% 이상 소유자에게 1% 이상의 변동이 있는 경우 금융감독위원회와 증권거래소에 주식의 대량 보유 상황 및 변동 내용을 보고하여야 함에도 불구하고, 피고인은 위에서 본 바와 같이 2000. 4. 19. A종금 주식 620만 주를 I창투 명의로 매입하고도 5일 이내에 그 내용을 금융감독위원회와 증권거래소에 보고하지 않았다는 공소사실에 대하여, 피고인은 위 주식의 취득 당시 I창투가 M벤처캐피탈과 S벤처컨설팅에 200억 원을 대출하고, 그 담보로 위 주식 620만 주를 취득하는 것으로 하되, I창투의 M벤처캐피탈과 S벤처컨설팅에 대한 대출금의 상환기일을 대출일로부터 30일로 정하고, 대여금 채무의 변제는 대주가 담보 주식의 소유권을 대주에게 귀속시키거나 이를 처분하여 대여금 채무의 변제에 충당하는 방법으로 하기로 하는 내용으로 계약서를 작성하였는데, 그 문언에 따르면, 마치 30일이 지나야 I창투가 그 주식의 소유권을 갖거나 처분권한을 갖는 것처럼 보이는 면이 없지는 아니하나, 계약당사자인 A종금의 S와 피고인(I창투)은 매매의 의사를 가지고 위와 같은 법률행위를 한 것이므로(위 620만 주의 시가는 74억 원에 불과하였기 때문에 M벤처캐피탈과 S벤처컨설팅이 200억 원을 변제하고 620만 주의 주식을 되찾아 간다는 것은 상상할 수 없는 일이다), 위 계약서에 의한 가장에도 불구하고 피고인의 I창투는 2000. 4. 19.경 위 620만 주의 A종금 주식에 대하여 매매로 인하여 소유권을 취득하였다는 이유로 피고인의 보고의무를 인정하고 증권거래법 제210조 제5호, 제200조의2 제1항 위반의 점을 유죄로 판단하였다.

2. 원심의 판단과 같이 사실상 피고인이 2000. 4. 19.경 계약시점에서 사실상 위 620만 주 주식의 소유권을 확정적으로 취득하였다고 봄이 상당하고, 주식의 명의개서를 하지 않았더라도 계약상 피고인측에서 의결권을 포함한 주주로서의 모든 권리를 행사하고, 주권까지 교부받은 이상 피고인이 이를 사실상 처분할 수도 있는 지위에 있었다고 보여지므로 위 원심의 판단에는 증권거래법상 보유의 개념에 대한 법리오해 및 사실오인의 위법이 없다.

3. 나아가 가사 계약서의 문언과 같이 피고인이 위 주식 620만 주에 대한 소유권을 2000. 4. 19.경 취득하지 못하였다고 할지라도 이는 소유에 준하는 보유의 개념을 정한 증권거래법 시행령 제10조의4 제3호 소정 '법률의 규정 또는 금전의 신탁계약·담보계약 기타 계약에 의하여 당해 주식등의 취득 또는 처분권한이나 의결권(의결권의 행사를 지시할 수 있는 권한을 포함한다)을 갖는 경우'에 해당한다 할 것이므로, 피고인에게 위 증권거래법상의 보고의무를 인정함에 지장이 없다고 할 것이어서 결과적으로 원심의 판단에는 보유의 개념에 대한 법리오해 및 사실오인의 위법이 있다고 할 수 없다. 피고인은 상고이유로 피고인의 I창투가 2000. 4. 19.

경 취득한 권리가, 주식 620만 주의 가격이 30일이 경과한 후 대여금 상당액인 204억 원 이상으로 오르는 경우에 위 주식을 취득할 수 있는 것으로서 매매예약의 완결권 내지는 증권옵션이라고 주장하고 있으나, 기록에 비추어 살펴보면, 위 계약서의 문언만으로는 그와 같이 보기가 어려울 뿐 아니라 나아가 증권거래법상 소유에 준하는 '보유'에 대한 같은 법 시행령 제10조의4 제4호, 제5호를 포함한 같은 조 제2호 내지 제6호의 규정은 장래 주식을 소유할 것이 예상되거나, 소유하지는 않지만 주식에 대한 의결권을 갖거나 의결권의 행사를 지시할 수 있는 권한을 가지는 경우를 '보유'로 규정한 것으로, 특히 위 시행령 제10조의4 중 제4호, 제5호에 관하여는 피고인이 주장하는 바와 같이 그 종국적인 권리를 행사하여야만 '보유'로 본다는 것이 아니고, 권리의 종국적 행사 이전에 그와 같은 권리의 취득 자체를 '보유'로 규정한 것으로 해석하는 것이 타당하다고 할 것이고, 이와 같이 풀이하는 것이 장래의 권리를 규정한 다른 각 호 즉, 제2호, 제3호, 제6호의 규정과 비교하여서도 균형이 맞는 해석이라고 보여지므로, 피고인의 주장과 같이 피고인이 2000. 4. 19.경 위 시행령 제10조의4 제4호(매매예약완결권취득), 제5호(증권옵션취득)의 각 권리를 취득한 것으로 본다 하더라도 이 역시 증권거래법상 '보유'의 개념에 해당하여 어느 모로 보나 피고인의 상고이유는 받아들일 수 없다.

㈎ 특별관계자

보고의무의 요건인 5% 또는 1% 산정시 본인과 특별관계자의 보유분을 합산하고, 특별관계자는 특수관계인과 공동보유자로 분류되는데, 공개매수에도 적용되는 시행령 제8조의 특수관계인 규정은 대량보유보고의무에도 적용된다.

1) 특수관계인   특수관계인은 다음과 같은 자를 말한다(슈 8조).

1. 본인이 개인인 경우에는 다음과 같은 자
   가. 배우자(사실상의 혼인관계에 있는 자를 포함)
   나. 6촌 이내의 부계혈족과 4촌 이내의 부계혈족의 처
   다. 3촌 이내의 부계혈족의 남편
   라. 3촌 이내의 모계혈족과 그 배우자 및 자녀
   마. 배우자의 2촌 이내의 부계혈족과 그 배우자
   바. 양자의 생가의 직계존속
   사. 양자 및 그 배우자와 양가(養家)의 직계비속
   아. 혼인 외의 출생자의 생모
   자. 본인의 금전, 그 밖의 재산에 의하여 생계를 유지하는 자 및 본인과 생계를 함께 하는 자66)

---

66) '생계를 함께 하는 자'에 대하여 국세기본통칙 제4장 제2절 39 − 20 … 4는 "서로 도와서 일상생활비를 공통으로 부담하고 있는 것을 말하는 것으로 반드시 동거하고 있을 것을 필요로

차. 본인이 단독으로 또는 그와 가목부터 자목까지의 관계에 있는 자와 합하여 법인이나 단체에 30% 이상을 출자하거나, 그 밖에 임원의 임면 등 법인이나 단체의 중요한 경영사항에 대하여 사실상의 영향력을 행사하고 있는 경우에는 해당 법인이나 단체와 그 임원[67] (본인이 단독으로 또는 그와 가목부터 자목까지의 관계에 있는 자와 합하여 임원의 임면 등의 방법으로 그 법인 또는 단체의 중요한 경영사항에 대하여 사실상의 영향력을 행사하고 있지 아니함이 본인의 확인서 등을 통하여 확인되는 경우에는 그 임원은 제외)[68]

카. 본인이 단독으로 또는 그와 가목부터 차목까지의 관계에 있는 자와 합하여 법인이나 단체에 30% 이상을 출자하거나, 그 밖에 임원의 임면 등 법인이나 단체의 중요한 경영사항에 대하여 사실상의 영향력을 행사하고 있는 경우에는 해당 법인이나 단체와 그 임원(본인이 단독으로 또는 그와 가목부터 차목까지의 관계에 있는 자와 합하여 임원의 임면 등의 방법으로 그 법인 또는 단체의 중요한 경영사항에 대하여 사실상의 영향력을 행사하고 있지 아니함이 본인의 확인서 등을 통하여 확인되는 경우에는 그 임원은 제외)

2. 본인이 법인이나 단체인 경우에는 다음과 같은 자

가. 임원

나. 「독점규제 및 공정거래에 관한 법률」에 따른 계열회사 및 그 임원

다. 단독으로 또는 제1호 각 목의 관계에 있는 자와 합하여 본인에게 30% 이상을 출자하거나, 그 밖에 임원의 임면 등 본인의 중요한 경영사항에 대하여 사실상의 영향력을 행사하고 있는 개인(그와 제1호 각 목의 관계에 있는 자를 포함) 또는 법인(계열회사 제외), 단체와 그 임원

라. 본인이 단독으로 또는 본인과 가목부터 다목까지의 관계에 있는 자와 합하여 법인이나 단체에 30% 이상을 출자하거나, 그 밖에 임원의 임면 등 법인이나 단체의 중요한 경영사항에 대하여 사실상의 영향력을 행사하고 있는 경우에는 해당 법인, 단체와 그 임원(본인이 임원의 임면 등의 방법으로 그 법인 또는 단체의 중요한 경영사항에 대하여 사실상의 영향력을 행사하고 있지 아니함이 본인의 확인서 등을 통하여 확인되는 경우에는 그 임원은 제외)

2) 공동보유자   공동보유자는 본인과 합의나 계약 등에 따라 다음의 어느 하나에 해당하는 행위를 할 것을 합의한 자를 말한다(슈 141조②).[69]

하는 것은 아니다"라고 규정하므로 자본시장법도 이와 같이 해석하여야 할 것이다.

67) 본인이 지배하는 법인이나 단체의 임원은 본인의 지배 하에 있을 것이기 때문에 특수관계인에 포함시키는 것이고, 따라서 법인이나 단체의 임원 상호간은 지배관계가 없으면 특수관계인이 아니다.

68) 사실상의 영향력 행사 여부를 "본인의 확인서"에 의하여 판단하는 것은 확인서의 진실성을 담보할 방법이 없는 한 그 실효성은 의문이다.

69) 공동보유자임을 증명하려면 제1호부터 제3호까지의 행위 중 하나를 하기로 "합의"한 사실

1. 주식등을 공동으로 취득하거나 처분하는 행위
2. 주식등을 공동 또는 단독으로 취득한 후 그 취득한 주식을 상호양도하거나 양수하는 행위
3. 의결권(의결권의 행사를 지시할 수 있는 권한 포함)을 공동으로 행사하는 행위

3) 제외대상　　특수관계인이나 공동보유자에 포함되는 자라도 소유주식의 수가 1,000주 미만이거나 공동보유자에 해당하지 아니함을 증명하는 경우에는 특수관계인으로 보지 않는다(슈 141조③).[70] 1,000주 미만의 소량의 주식은 회사의 지배관계에 영향을 주지 않을 것이기 때문이다. 1,000주 미만의 주식등을 소유하는 자도 공동보유자에 해당하는 경우에는 특별관계자로서 합산대상이 된다. 따라서 본인과의 특수관계인인지 여부는 결국 공동목적 보유자인지 여부에 따라 주로 결정된다.[71]

(내) 보유비율 산정방법

5% 산정시 분자가 되는 주식등의 수와 분모가 되는 주식등의 총수는 총리령이 정하는 방법에 따라 산정한 수로 한다(法 133조⑤).

1) 주식등의 수　　증권의 종류별로 시행규칙 제14조가 정하는 "주식등의 수"는 다음과 같다(規則 14조①).[72]

1. 주권인 경우 : 그 주식의 수
2. 신주인수권이 표시된 것인 경우 : 신주인수권의 목적인 주식의 수(신주인수권의 목적인 주식의 발행가액총액 및 발행가격이 표시되어 있는 경우에는 해당 발행가

을 증명하여야 하므로 실제로는 그 증명이 용이하지 않다는 지적도 있다.
70) 일본에서는 보유 주권등의 의결권수가 총주주의 의결권주의 1,000분의 1 이하인 특별관계자는 제외된다. 다만 제외된 의결권수의 누적이 1% 이상이 되는 때부터는 제외되지 않는다 (府令 3조②1).
71) 기관투자자의 입장에서는 운용목적의 계열사 주식에 대하여 대주주와 합산의무가 인정된다면 자산운용에 많은 어려움이 초래되므로, 공동보유자가 아님을 증명함으로써 보고의무를 면할 수 있다. 미국에서도 발행인의 증권을 취득, 보유 또는 처분 목적으로 2인 이상의 자가 조합, 유한책임조합, 신디케이트 또는 기타의 그룹으로 행위하는 경우(When two or more persons act as a partnership, limited partnership, syndicate, or other group for the purpose of acquiring, holding, or disposing of securities of an issuer) 그 신디케이트나 그룹도 "person"으로 간주되어 신고의무를 부담하고[SEA §14(d)(2)], 공개매수종료 후의 소유증권의 비율을 산출함에 있어서 발행인 및 발행인의 자회사의 명의 또는 계산으로 보유하는 증권을 제외하고(…exclusive of any securities of such class held by or for the account of the issuer or a subsidiary of the issuer) 증권의 총수를 산정하는데[SEA §14(3)], 이는 모두 증권 대량보유자의 보고의무에 관한 SEA §13(d)(3) 및 (4)와 동일하다.
72) 제2호부터 제7호까지는 장래 주식으로 전환될 가능성이 있는 증권(잠재주식)이다.

액총액을 해당 발행가격으로 나누어 얻은 수)

3. 전환사채권인 경우 : 권면액을 전환에 의하여 발행할 주식의 발행가격으로 나누어 얻은 수. 이 경우 1 미만의 단수는 계산하지 않는다.

4. 신주인수권부사채권인 경우 : 신주인수권의 목적인 주식의 수

5. 교환사채권인 경우 : 다음 중 어느 하나에 해당하는 수

    가. 교환대상 증권이 제1호부터 제4호까지, 제6호 및 제7호에 따른 증권인 경우에는 교환대상 증권별로 제1호부터 제4호까지, 제6호 및 제7호에서 정하는 수

    나. 교환대상 증권이 교환사채권인 경우에는 교환대상이 되는 교환사채권을 기준으로 하여 교환대상 증권별로 제1호부터 제4호까지, 제6호 및 제7호에서 정하는 수

6. 파생결합증권인 경우 : 다음 중 어느 하나에 해당하는 수

    가. 기초자산이 되는 증권이 제1호부터 제5호까지 및 제7호에 따른 증권인 경우에는 기초자산이 되는 증권별로 제1호부터 제5호까지 및 제7호에서 정하는 수

    나. 기초자산이 되는 증권이 파생결합증권인 경우에는 기초자산이 되는 파생결합증권을 기준으로 하여 기초자산이 되는 증권별로 제1호부터 제5호까지 및 제7호에서 정하는 수

7. 증권예탁증권인 경우 : 그 기초가 되는 증권별로 제1호부터 제6호까지에서 정하는 수

2) 주식등의 총수　　5% 산정시 분모가 되는 "주식등의 총수"는 의결권 있는 발행주식 총수와 해당 매수등을 한 후에 본인과 그 특별관계자가 보유하는 주식등의 수를 합하여 계산한 수로 한다(規則 14조②). 본인과 그 특별관계자가 보유하는 주식등에는 주권, 교환사채권의 교환대상이 되는 주권(자기주식 제외), 파생결합증권의 기초자산이 되는 주권(자기주식 제외) 및 증권예탁증권의 기초가 되는 주권은 포함하지 않는다. 이러한 주권들은 이미 발행주식 총수에 포함되어 있기 때문에 이를 합산하면 이중계산이 되기 때문이다. 그러나 자기주식은 "의결권 있는" 발행주식 총수에 포함되어 있지 않지만, 장래 의결권 있는 주식이 될 수 있으므로 분모에 합산하는 것이다.

3) 잠재주식의 경우　　신주인수권을 표시하는 증서, 전환사채권, 신주인수권부사채권 등 잠재주식의 경우에는 그 증권에 부여된 권리 행사로 인하여 취득하게 되는 주식수가 확정되어 있으므로 분자와 분모에 모두 합산된다. 따라서 주주별로 주식등의 총수는 달라지게 된다. 다만 본인이 보유하지 않고 타인이 보유하는 잠재주식은 이를 분모에 합산하지 않는다. 그리고 주식매수선택권을 부여받은 경우에는 주식등의 수와 주식등의 총수에 해당 주식매수선택권의 행사에 따라 매수할 의결권 있는 주식(자기주식 포함)을 각각 더한다(規則 14조③). 주식등의 수

및 주식등의 총수를 산정함에 있어서 기준이 되는 것은 의결권이므로, 원래 의결권이 있는 주식도 일정한 경우(자기주식, 상호보유주식, 법령위반으로 의결권이 제한되는 주식, 법령에 의한 의결권제한 주식등) 의결권이 없게 되므로 합산대상에서 제외되고, 무의결권우선주도 회사가 우선 배당을 하지 못해 의결권이 부활하면 의결권 있는 주식에 합산된다.

㈜ 변동보고의무 면제자

주식등을 5% 이상 보유한 자의 보유비율이 1% 이상 변동하였으나 그 보유주식수가 변동되지 않은 경우와, 보고의무자의 의사와 무관하게 보유비율이 변동되거나 다른 주주와 동등하게 부여된 일정한 경우에는 보고의무가 면제된다. 구체적으로는 다음과 같은 경우 1% 이상의 지분변동이 있어도 변동보고의무가 면제된다(令 153조⑤).

1. 주주가 가진 주식수에 따라 배정하는 방법으로 신주를 발행하는 경우로서 그 배정된 주식만을 취득하는 경우
2. 주주가 가진 주식수에 따라 배정받는 신주인수권에 의하여 발행된 신주인수권증서를 취득하는 것만으로 보유 주식등의 수가 증가하는 경우
3. 자기주식의 취득 또는 처분으로 보유 주식등의 비율이 변동된 경우
4. 자본감소로 보유 주식등의 비율이 변동된 경우
5. 신주인수권이 표시된 것(신주인수권증서 제외), 신주인수권부사채권·전환사채권 또는 교환사채권에 주어진 권리행사로 발행 또는 교환되는 주식등의 발행가격 또는 교환가격 조정만으로 보유 주식등의 수가 증가하는 경우

보유주식수의 증감이 없이 보유비율이 1% 이상 변동되는 경우는 다른 전환사채권자가 전환청구를 하거나 신주인수권부사채권자가 신주인수권을 행사하는 경우, 유상증자에 참여하지 않고 실권한 경우 등이 있으며, 유상증자분 중 일부가 우리사주조합에 배정되거나 타인이 실권하여 납입되지 않은 경우 등에는 그 배정된 주식만을 취득하여도 보유비율이 1% 이상 변동될 수 있다. 변동보고의무가 면제되는 경우라 하더라도 대량보유보고의무까지 자동적으로 면제되는 것은 아니다.

전환가액의 조정으로 말미암아 보유비율이 발행 주식 등의 1% 이상 변동되는 경우도 보유주식수가 증가하는 경우이므로 보고의무가 면제되지 않는다.

(5) 보고내용

보고의무자는 그 ⅰ) 보유상황, ⅱ) 보유목적, ⅲ) 그 보유 주식등에 관한 주요계약내용, ⅳ) 그 밖에 대통령령으로 정하는 사항을 보고하여야 한다.

대통령령이 정하는 보고사항은 다음과 같다(令 153조②).

1. 대량보유자와 그 특별관계자에 관한 사항
2. 보유 주식등의 발행인에 관한 사항
3. 변동 사유
4. 취득 또는 처분 일자·가격 및 방법
5. 보유 형태
6. 취득에 필요한 자금이나 교환대상물건의 조성내역(차입인 경우에는 차입처 포함)
7. 기타 금융위원회가 정하여 고시하는 사항(증권발행공시규정 3-10조①)

보유목적이라 함은 발행인의 경영권에 영향을 주기 위한 목적 여부를 말한다(法 147조① 전단). 따라서 보고시 경영권에 영향을 주기 위하여 주식등을 보유한 것인지의 여부를 밝혀야 한다. 보유주식등에 관한 주요계약 내용은 제도의 취지상 보유지분의 변동이나 보유목적의 변경을 야기할 수 있는 계약을 의미하고, 보유주식등에 대한 담보권 설정계약, 의결권 행사와 관련된 계약 등이 이에 해당한다.

(6) 보고시기

㈎ 보고의무 발생일로부터 5일

대량보유보고 및 변동보고는 보고의무 발생일부터 5일 이내에 하여야 한다(法 147조①). 일본에서도 5일 이내에 보고하도록 하고, 미국에서는 증권 취득 후 10일 이내에 보고할 것을 요구한다. 최초의 보유상황보고의무가 발생한 이후 보고기간 내에 변동보고사유가 발생한 경우에는(5% 취득한 후 보고기간 내에 1% 이상을 처분 또는 추가 취득한 경우) 양자를 함께 보고하여야 한다. 5일 산정 기준에서 대통령령으로 정하는 날73)은 산입하지 않는다(法 147조①). 5일 이내란 보고의무 발생일 다음날부터 위와 같은 공휴일 등을 제외하고 5일째 되는 날까지를 의미한다.

---

73) "대통령령으로 정하는 날"이란 다음의 날을 말한다(令 153조①).
   1. 공휴일
   2. 근로자의 날 제정에 관한 법률에 따른 근로자의 날
   3. 토요일

⒥ 합산보고

이와 같이 5일의 유예기간이 있으므로 만일 계속 주식을 매수한 자가 즉시 보고하여 매수사실이 공시되었으면 주가가 상승하였을 것인데 5일 이내에 보고를 하지 않음으로써 아직 상승하지 않은 주가 수준에서 주식을 추가매수할 수 있게 된다. 따라서, 자본시장법은 주식등의 대량보유상황·보유목적 또는 그 변동내용을 보고하는 날 전일까지 새로 변동내용을 보고하여야 할 사유가 발생한 경우 새로 보고하여야 하는 변동내용은 당초의 대량보유상황, 보유목적 또는 그 변동내용을 보고할 때 이를 함께 보고하여야 한다고 규정한다(法 147조③).

⒟ 보고기준일

주식등의 대량보유자가 주식등의 보유상황이나 변동내용을 보고하여야 하는 경우에 그 보고기준일은 다음과 같은 날로 한다(슈 153조③).

1. 주권비상장법인이 발행한 주권이 증권시장에 상장된 경우에는 그 상장일
2. 흡수합병인 경우에는 합병을 한 날, 신설합병인 경우에는 그 상장일
3. 증권시장(다자간매매체결회사에서의 거래를 포함)에서 주식등을 매매한 경우에는 그 계약체결일
4. 증권시장(다자간매매체결회사에서의 거래를 포함) 외에서 주식등을 취득하는 경우에는 그 계약체결일
5. 증권시장(다자간매매체결회사에서의 거래를 포함) 외에서 주식등을 처분하는 경우에는 대금을 받는 날과 주식등을 인도하는 날 중 먼저 도래하는 날
6. 유상증자로 배정되는 신주를 취득하는 경우에는 주금납입일의 다음 날
7. 주식등을 차입하는 경우에는 그 차입계약을 체결하는 날, 상환하는 경우에는 해당 주식등을 인도하는 날
8. 주식등을 증여받는 경우에는 민법에 따른 효력발생일, 증여하는 경우에는 해당 주식등을 인도하는 날
9. 상속으로 주식등을 취득하는 경우로서 상속인이 1인인 경우에는 단순승인이나 한정승인에 따라 상속이 확정되는 날, 상속인이 2인 이상인 경우에는 그 주식등과 관계되는 재산분할이 종료되는 날
10. 제1호부터 제9호까지 외의 사유로 인하여 보고하여야 하는 경우에는 민법·상법 등 관련 법률에 따라 해당 법률행위 등의 효력이 발생하는 날

(7) 보고내용 및 보고시기에 관한 특례

(가) 특례적용 대상

1) 보유목적에 따른 특례   보유목적이 발행인의 경영권에 영향을 주기 위한 것(임원의 선임·해임 또는 직무의 정지, 이사회 등 회사의 기관과 관련된 정관의 변경 등 대통령령으로 정하는 것)이 "아닌" 경우에는 그 보고내용 및 보고시기 등을 대통령령으로 달리 정할 수 있다(法 147조① 후단). 보유목적이 발행인의 경영권에 영향을 주기 위한 것은 다음과 같은 것을 위하여 회사나 그 임원에 대하여 사실상 영향력을 행사하는 것을 말하고, 사실상 영향력을 행사하는 것에는 상법, 그 밖의 다른 법률에 따라 상법 제363조의2·제366조에 따른 권리를 행사하거나 이를 제3자가 행사하도록 하는 것을 포함한다(슈 154조①). 따라서 아래와 같은 사항을 위하여 회사나 그 임원에 대하여 사실상 영향력을 행사하는 경우에는 보고사항과 보고시기에 관한 특례가 적용되지 않는다.

1. 임원의 선임·해임 또는 직무의 정지
2. 이사회 등 회사의 기관과 관련된 정관의 변경
3. 회사의 자본금의 변경
4. 회사의 배당의 결정
5. 회사의 합병, 분할과 분할합병
6. 주식의 포괄적 교환과 이전
7. 영업전부의 양수·양도 또는 금융위원회가 정하여 고시하는 중요한 일부의 양수·양도
8. 자산 전부의 처분 또는 금융위원회가 정하여 고시하는 중요한 일부의 처분
9. 영업전부의 임대 또는 경영위임, 타인과 영업의 손익 전부를 같이하는 계약, 그 밖에 이에 준하는 계약의 체결, 변경 또는 해약
10. 회사의 해산

2) 보고의무자에 따른 특례   전문투자자 중 다음과 같은 자(슈 154조②)의 경우에는 그 보고내용 및 보고시기 등을 대통령령으로 달리 정할 수 있다(法 147조① 후단).

1. 국가
2. 지방자치단체
3. 한국은행
4. 그 밖에 그 보고내용과 보고시기 등을 달리 정할 필요가 있는 자로서 금융위원회

가 정하여 고시하는 자

(나) 특례의 내용

1) 보유목적에 따른 특례   시행령 제154조 제2항에 따른 전문투자자가 아닌 자로서 보유목적에 따른 특례적용 대상자가 주식등의 보유 또는 변동을 보고하거나, 중요사항에 대한 변경보고를 할 때 다음의 사항만을 기재한 보고서에 의할 수 있다(슈 154조③).

1. 보유 상황
2. 대량보유자와 그 특별관계자에 관한 사항
3. 보유 주식등의 발행인에 관한 사항
4. 취득 또는 처분 일자·가격 및 방법
5. 주식등의 보유기간 동안 경영권에 영향을 주기 위한 행위를 하지 아니하겠다는 확인

위와 같이 특례가 적용되는 경우 보고시기는 그 보유상황에 변동이 있는 경우 그 변동이 있었던 달의 다음 달 10일까지 보고할 수 있다(슈 154조③).

2) 보고의무자에 따른 특례   대통령령으로 정하는 전문투자자(슈 154조②)는 다음과 같은 사항을 모두 기재한 보고서로 보고할 수 있다(슈 154조④).

1. 보고하여야 할 사유가 발생한 날의 보유 상황 및 변동 내용
2. 대량보유자와 그 특별관계자에 관한 사항
3. 보유 주식등의 발행인에 관한 사항

특례대상 전문투자자는 주식등의 보유 또는 변동이 있었던 분기의 다음 달 10일까지 보고할 수 있다(슈 154조④).

(8) 변경보고

대량보유보고 또는 변동보고를 한 자는 그 보유목적이나 그 보유 주식등에 관한 주요계약내용 등 대통령령으로 정하는 중요한 사항의 변경이 있는 경우에는 5일 이내에 금융위원회와 거래소에 보고하여야 한다(法 147조④).

변경보고의 보고사유는 보유목적의 변경과 보유 주식등에 관한 주요계약내용 등 대통령령으로 정하는 중요한 사항의 변경이다.[74] 보유목적은 언제든지 자유롭

---

74) "주요계약내용 등 대통령령으로 정하는 중요한 사항"이란 다음과 같은 사항을 말한다(슈 155조)(2009년 7월 시행령 개정시 제2호와 제3호의 경우 관련 주식등의 수가 그 주식등의 총 수의 1% 이상인 경우로 한정하였다).

게 변경할 수 있는데, 경영권에 영향을 주기 위한 것에서 그렇지 않은 것으로의 변경 또는 그 반대방향의 경우에 모두 보고의무가 발생한다.

변경보고는 보고사유 발생일로부터 5일내에 하여야 한다(法 147조④).

(9) 보고의무위반에 대한 제재

⑺ 의결권제한과 처분명령

자본시장법이 규정하는 보고의무를 이행하지 않은 자 또는 대통령령으로 정하는 중요한 사항을 거짓으로 보고하거나 대통령령으로 정하는 중요한 사항의 기재를 누락한 자는 대통령령으로 정하는 기간 동안 의결권 있는 발행주식총수의 5%를 초과하는 부분 중 위반분에 대하여 그 의결권을 행사할 수 없고, 금융위원회는 6개월 이내의 기간을 정하여 그 위반분의 처분을 명할 수 있다(法 150조①). "대통령령으로 정하는 중요한 사항"이란 각각 다음과 같은 것을 말한다(슈 157조).

1. 대량보유자와 그 특별관계자에 관한 사항
2. 보유목적
3. 보유 또는 변동 주식등의 종류와 수
4. 취득 또는 처분 일자
5. 보유 주식등에 관한 신탁·담보계약, 그 밖의 주요계약 내용

1) 의결권제한   의결권행사는 금융위원회의 처분이 없이도 대량보유보고 규정을 위반한 날로부터 자동적으로 금지된다. 제한되는 것은 의결권뿐이고, 그 외의 주주권은 존속한다. 의결권행사 제한기간은 다음과 같은 기간을 말한다(슈 158조).

1. 고의나 중과실로 자본시장법 제147조 제1항·제3항·제4항에 따른 보고를 하지 아니한 경우 또는 제157조 각 호의 사항을 거짓으로 보고하거나 그 기재를 빠뜨린 경우에는 해당 주식등의 매수등을 한 날부터 그 보고(그 정정보고 포함)를 한 후 6개월이 되는 날까지의 기간
2. 자본시장법 및 동법 시행령, 그 밖의 다른 법령에 따라 주식등의 대량보유상황이

---

1. 보유목적
2. 보유 주식등에 대한 신탁·담보계약, 그 밖의 주요계약 내용(해당 계약의 대상인 주식등의 수가 그 주식등의 총수의 100분의 1 이상인 경우만 해당한다)
3. 보유 형태(소유와 소유 외의 보유 간에 변경이 있는 경우로서 그 보유 형태가 변경되는 주식등의 수가 그 주식등의 총수의 100분의 1 이상인 경우만 해당한다)

나 그 변동·변경내용이 금융위원회와 거래소에 이미 신고되었거나, 정부의 승인·지도·권고 등에 따라 주식등을 취득하거나 처분하였다는 사실로 인한 착오가 발생하여 자본시장법 제147조 제1항·제3항·제4항에 따른 보고가 늦어진 경우에는 해당 주식등의 매수등을 한 날부터 그 보고를 한 날까지의 기간

시행령 제158조는 보고의무위반 정도에 따라 의결권제한기간을 차등화하여, 고의나 중과실, 허위보고 등의 경우에는 그 보고 또는 정정보고를 한 후 6개월이 되는 날까지의 기간, 이미 신고되었거나 착오로 지연보고를 한 경우에는 해당 주식등의 매수등을 한 날부터 그 보고를 한 날까지의 기간으로 규정한다. 따라서 이 경우에는 보고일 다음 날부터 의결권을 행사할 수 있다. 그러나 의결권 행사의 제한이 고의, 착오와 같은 주관적인 요건에 따라 구분되어 실제에 있어서는 애매한 경우가 많을 것이므로 그 구별이 용이하지 않을 것으로 보인다. 그리고 제2호는 이미 신고되었거나 착오로 지연보고를 한 경우를 규정하므로 고의·과실 여부는 고려하지 않는다. 또한 자본시장법 제150조 제1항은 구체적인 요건이나 기준이 없이 단지 "대통령령으로 정하는 기간 동안" 의결권을 행사할 수 없다고 규정하고, 시행령에서 고의·중과실로 보고의무를 위반한 경우 6개월간 의결권을 제한하는 것은 모법의 위임범위를 넘는 것으로 위헌의 소지가 있다는 지적도 있다.

처분명령과 달리 금융위원회의 조치가 없어도 법률에 의하여 자동적으로 의결권이 제한된다는 점과, 의결권제한을 주장하는 방법 등은 공개매수규정 위반의 경우와 같다.

2) 처분명령   금융위원회는 보고의무자에 대하여 6개월 내의 기간을 정하여 보고의무 위반분에 대한 처분을 명할 수 있다(法 150조① 후단). 다만 처분명령에 대하여 헌법상 보장된 재산권을 고려하여 원칙적으로는 처분을 명하지 않고 극히 예외적인 경우에만 처분을 명하여야 할 것이다. 자본시장법상 처분방법에 관하여는 아무런 제한이 없으므로 장내처분과 장외처분이 모두 가능한 것으로 보이지만, 제도의 취지상 금융위원회가 처분명령을 하면서 특정인이 매수할 수 없도록 처분방법을 제한할 수 있다고 본다. 한편, 보고의무 위반자가 처분명령을 받고 처분을 하면서 동시에 주식을 재매수하면 처분명령의 실효성이 없게 되고 오히려 의결권을 즉시 행사할 수 있게 되므로, 처분명령과 매수금지명령을 함께 할 수 있는지 여부가 문제된다. 매수를 금지할 명문의 규정이 없고 보고의무 위반자

외의 자도 매수를 할 수 있으므로 현행법의 해석론상으로는 매수금지명령은 허용되지 않는다고 보아야 한다.

(나) 손해배상책임

일반투자자가 보고의무자의 보고의무위반을 이유로 자본시장법 제147조의 규정에 기하여 직접 손해배상을 청구할 수는 없고, 민법 제750조의 불법행위책임 요건을 충족하면 이에 기한 손해배상을 청구할 수는 있다.

(다) 형사책임

주식등의 대량보유 등의 보고서류 또는 금융위원회의 정정요구에 따른 정정보고서 중 대통령령으로 정하는 중요한 사항에 관하여 거짓의 기재 또는 표시를 하거나 중요한 사항을 기재 또는 표시하지 아니한 자는 5년 이하의 징역 또는 2억원 이하의 벌금에 처한다(法 444조 제18호). 주식등의 대량보유, 변동, 변경보고의무를 이행하지 아니한 자는 3년 이하의 징역 또는 1억원 이하의 벌금에 처한다(法 445조 제20호). 금융위원회의 처분명령을 위반한 자와 금융위원회의 조치를 위반한 자에 대해서는 1년 이하의 징역 또는 3천만원 이하의 벌금에 처한다(法 446조 제24호, 제26호). 실제로는 개인투자자들이 법규에 대한 무지로 인하여 보고의무를 위반하는 사례가 많은데, 실무상으로는 고의성이 없는 경우에는 주의나 경고만 받고 형사처벌 대상이 되는 경우는 많지 않다. 보고의무 위반으로 형사처벌의 대상이 되는 경우는 대개는 다른 규정(불공정거래에 관한 규정 등)위반이 있을 때이다.

보고의무위반과 관련하여 공소시효의 기산점이 문제되는데, 보고의무에 있어서 보고하지 않은 지분변동(취득 또는 처분) 자체가 위법이 아니라 그 지분변동에 대한 보고불이행이 위법행위이다(5일이 경과한 후에는 보고의무가 소멸한 것이 아니라 이미 보고의무위반죄라는 범죄행위가 종료되었고 다만 그 위법상태만 계속되는 것이고, 그 후 1% 이상 지분변동이 생기면 또 하나의 새로운 범죄행위가 성립). 따라서 공소시효는 범죄가 종료된 시점인 보고의무위반시점부터 기산한다.

제 2 절   미공개중요정보 이용행위

I. 서   론

1. 의   의

자본시장법 제174조 제1항은 미공개중요정보 이용행위를 규제하는 일반적 규정으로서 "다음 각 호의 어느 하나에 해당하는 자(제1호부터 제5호까지의 어느 하나의 자에 해당하지 아니하게 된 날부터 1년이 경과하지 아니한 자를 포함)는 상장법인[6개월 이내에 상장하는 법인 또는 6개월 이내에 상장법인과의 합병, 주식의 포괄적 교환, 그 밖에 대통령령으로 정하는 기업결합 방법75)에 따라 상장되는 효과가 있는 비상장법인("상장예정법인등")을 포함]의 업무 등과 관련된 미공개중요정보(투자자의 투자판단에 중대한 영향을 미칠 수 있는 정보로서 대통령령으로 정하는 방법에 따라 불특정 다수인이 알 수 있도록 공개되기 전의 것을 말한다. 이하 이 항에서 같다)를 특정증권등(상장예정법인등이 발행한 해당 특정증권등 포함)의 매매, 그 밖의 거래에 이용하거나 타인에게 이용하게 하지 못한다"고 규정한다.76)

2. 효율적 자본시장 가설

현재의 주가에는 항상 관련정보가 반영되어 있다는 효율적 자본시장가설

---

75) "대통령령으로 정하는 기업결합방법"이란 다음 각 호의 어느 하나에 해당하는 경우로서 그 결과 비상장법인의 대주주 또는 그의 특수관계인("대주주등")이 상장법인의 최대주주가 되는 방법을 말한다(슈 201조①).
  1. 상장법인이 비상장법인으로부터 법 제161조 제1항 제7호에 해당하는 중요한 영업을 양수하고, 그 대가로 해당 상장법인이 발행한 주식등을 교부하는 경우
  2. 상장법인이 비상장법인의 대주주등으로부터 법 제161조 제1항 제7호에 해당하는 중요한 자산을 양수하고, 그 대가로 해당 상장법인이 발행한 주식등을 교부하는 경우
  3. 비상장법인의 대주주등이 상법 제422조에 따라 상장법인에 현물출자를 하고, 그 대가로 해당 상장법인이 발행한 주식등을 교부받는 경우

76) 미국에서는 내부자거래(insider trading)를, "거래상대방이나 일반투자자들이 접근할 수 없는 정보에 접근할 수 있는 자가 하는 증권의 매수 또는 매도(purchase or sales of securities by persons who have access to information which is not available to those with whom they deal or to traders generally)", 또는 "내부자가 회사에 관한 중요하고 미공개된 정보에 기하여 공개시장에서 거래되는 주식을 매수 또는 매도하는 것(buying or selling stocks in a publicly-traded company based on material non-public information about that company)"이라고 정의하고 있으며, 영국에서는 insider dealing이라는 용어가 일반적으로 사용된다.

(Efficient capital market hypothesis : ECMH)은 증권거래비용이 없고, 정보가 모든 시장참여자에게 균등하게 공개되고, 모든 시장참여자들이 정보를 비슷하게 해석한다고 가정을 할 때 주가에 반영되는 정보의 범위에 따라 다음과 같이 분류된다.

(1) 약형 가설(weak-form ECMH)

현재의 주가에는 시장가격의 역사적 유형(historical pattern)에 포함된 모든 정보가 반영되어 있고, 따라서 이러한 과거의 역사적 정보를 이용하더라도(즉 기술적 분석 및 차트 분석을 하더라도) 이미 현재의 시장가격에 반영되어 있으므로 투자자가 시장에서 초과수익을 얻을 수 없다는 가설이다.

(2) 준강형 가설(semi strong-form ECMH)

현재의 주가에는 과거의 역사적 정보뿐 아니라 기업회계정보, 배당 및 유무상증자 등 이미 공개된 정보가 완전히 반영되어 있어 어떠한 투자자도 공개적으로 이용가능한 정보만으로는(즉 기술적인 분석을 하더라도) 시장에서 초과수익을 얻을 수 없다는 가설이다.[77]

(3) 강형 가설(strong-form ECMH)

현재의 주가에는 과거의 역사적 정보, 공개된 정보뿐 아니라 미공개된 내부정보를 포함한 모든 정보가 이미 반영되어 있다는 가설이다. 이에 의하면 시장가격과 진정한 가격이 일치하므로 어떠한 정보도 시장주가에 추가적인 영향을 줄 만한 가치가 없고, 공개된 시장에서의 가격에 반영되지 않은 정보를 특권적으로 누리는 투자자집단은 없다는 것인데, 각종 내부정보가 난무하는 증권시장의 현실과는 괴리가 있다.[78]

위 세 가지 가설 중에서도 준강형 가설이 내부자거래와 관련하여 일반적으로 받아들여지는데, 이에 의하면 만일 공개되지 아니한 중요한 내부정보가 공개되었으면 시장주가가 달라졌을 것이므로 이러한 정보를 공개하지 않고 증권거래를 한 내부자는 내부정보의 공개 여부에 따른 차액 상당의 이익을 얻거나 손해를 회피

---

77) 따라서 중요한 정보는 시장가격에 즉각 반영되므로 소위 "소문에 사고 뉴스에 팔라"는 증시 격언에도 부합하는 셈이다.
78) 내부정보라도 내부자거래규제가 적용되지 않는 정도의 정보가 많으므로, 내부자들의 거래 중 법규위반에 해당하지 않는 경우가 있을 수 있다(예를 들어 중요사항이 공개되기 며칠 전에 증권을 매매하면 위법이지만 몇 년 앞서 매매한다면 위반으로 볼 수 없고 오히려 장기적 전망에 밝은 투자로 인식된다). 또한 매도인은 증권가격의 하락을, 매수인은 상승을 기대하기 때문에 거래가 성사되는 것이고 모든 사람이 같은 정보에 기한 같은 판단을 하면 거래 자체가 이루어지기 곤란하다는 점에서 강형 가설은 채택할 수 없다.

하게 된다.79)

3. 내부자거래규제에 대한 반대론과 찬성론

　내부자거래규제에 대한 반대론자들은, 미공개정보가 주가에 조기 반영되어 시장의 효율성(market efficiency) 또는 금융자원분배의 효율성(allocation efficien-cy)이 높아지고, 내부자가 회사의 업적이 향상될 것이라는 것을 알고 그 정보가 공개되기 전에 해당 회사의 주식을 매수하였다가 그 정보가 공개된 후 고가에 매도하여 얻는 이익은 회사의 실적향상에 기여한 내부자가 받을 보수의 일부가 되며, 나아가 내부자거래가 있으면 정보가 공개된 경우에 비하여 주가가 급격하게 변동하지 않고 보다 완만하게 움직여서 결국은 진정한 가격에 접근하고, 내부자와 반대방향의 투자자는 내부자거래가 없을 때에 비하여 조금이라도 고가로 증권을 매도하거나 저가로 증권을 매수할 수 있으므로 실제로는 어느 누구도 피해를 입지 않는다는 등의 이유로 내부자거래의 순기능을 강조한다.

　반면에 규제찬성론자들은, 내부정보에 접하기 어려운 일반투자자가 증권시장에 대한 신뢰를 상실하여 증권시장을 떠나는 결과가 초래되고, 회사의 실적이 악화될 것이라는 정보를 아는 내부자가 그 정보의 공개 전에 보유주식을 매도함으로써 손해를 회피하는 경우에는 내부자의 보수이론으로는 설명될 수 없고, 회사의 실적이 악화될 것이라는 정보가 완전히 공개되었더라면 그 상대방은 보다 고가로 매도하거나 저가로 매수할 수 있었을 것이라는 문제를 지적한다. 결국, 규제반대론자들이 내세우는 효율성(efficiency)과 규제찬성론자들이 내세우는 공정성

---

79) 준강형 가설에 의하면 내부정보가 공개되면 증권은 진정한 가격으로 거래되는 것이므로, 내부자거래로 인하여 손해를 입은 투자자란 이러한 정보가 미공개된 기간 중에 증권을 거래한 자로서 내부자거래가 없었더라면 다르게 투자하였을 투자자를 의미한다. 예를 들어 만일 내부자가 미공개정보에 기하여 증권을 매수하였고, 그 직후에 그 전부터 증권을 소유하여 오던 외부자가 증권을 매도한 경우에 내부자의 거래로 인하여 시장주가의 변동이 없다면(실제로는 내부자거래가 있고 나서 바로 주가가 변동하는 일은 거의 없고 대개는 정보가 공개될 무렵과 가까운 시기에 주가가 변동할 것이다), 내부자거래가 없었더라도 외부자는 어차피 동일한 가격에 증권을 매도하였을 것이므로 외부자가 내부자거래로 인하여 어떠한 손해를 입었는지가 문제인데, 만일 미공개정보가 공개되었더라면 외부자는 증권을 매도하지 않았거나 보다 고가에 매도하였을 것이므로 이러한 점에서 손해를 입었다 할 수 있다. 물론 회사가 항상 모든 중요한 정보를 즉시 공개할 의무가 있는 것은 아니라는 반론이 있는데, 그렇기 때문에 내부자로서는 정보를 공개하지 않으려면 증권거래도 하지 않아야 한다는 원칙이 적용된다. 만일 내부자가 정보미공개기간 중에 증권을 거래하지 않았을 때에는 위와 같이 증권을 매도한 외부자는 내부자거래로 인한 손해를 입었다 할 수 없는 것이다.

(fairness)을 비교하여 판단할 문제인데, 미국에 비하여 특히 단기투자가 성행하는 우리나라에서는 효율성보다는 공정성이 훨씬 중요하다고 할 것이고, 대법원과 헌법재판소도 내부자거래규제의 필요성을 선언하고 있다.

〈내부자거래 규제의 필요성에 관한 대법원 판결〉
[대법원 1994. 4. 26. 선고 93도695 판결]
유가증권시장이 기업의 자금조달과 국민의 증권투자를 통한 자산운용이라는 양측면의 요구를 서로 연결시키는 터전으로서 자금을 효율적으로 배분하는 국민경제상 중대한 기능을 적절하게 수행하기 위하여는 무엇보다도 일반투자자들이 유가증권의 거래가 공정하게 이루어지는 것으로 믿고 유가증권시장의 건전성을 전제로 안심하고 유가증권의 거래에 참여할 수 있게 하는 것이 필요하다. 그런데 상장법인의 내부자가 해당 법인의 업무 등과 관련하여 접근이 허용되었던 법인의 공개되지 아니한 내부정보 중 유가증권의 투자판단에 영향을 미칠 수 있는 중요한 정보를 이용하여 유가증권의 거래에 관여할 경우에는 그 내부자에게 부당한 이익을 용이하게 취득하게 하고 그로 인하여 유가증권시장에서의 거래당사자의 평등을 해치게 되어 유가증권거래의 공정성과 유가증권시장의 건전성에 대한 일반투자자들의 신뢰를 손상시킴으로써 유가증권시장이 국민자금을 효율적으로 배분하는 기능을 저해하는 결과를 초래하게 되는 것이므로, 유가증권시장이 그 기능을 다하여 국민경제의 발전에 적절하게 기여하도록 하기 위하여는 이와 같은 내부자거래에 대한 엄격한 규제가 필요불가결하기 때문에 법이 위와 같이 내부자의 거래를 금지하고 있는 것으로 이해된다.

〈내부자거래 규제의 필요성에 관한 헌법재판소 결정〉
[헌법재판소 2002. 12. 18. 선고 99헌바105, 2001헌바48(병합) 결정]
내부자의 경우 자기회사의 주가에 영향을 미칠 만한 회사의 기밀, 예컨대 유·무상증자, 자산재평가계획, 합병, 신상품개발, 부도발생 등 중요한 정보를 미리 알게 될 기회가 많으므로 주식거래에 있어 일반투자자보다 훨씬 유리한 입장에 있는 반면, 일반투자자로서는 손해를 보게 될 가능성이 크기 때문이다. 일반적으로 주식투자에 수반되는 위험은 주로 회사의 영업실적, 시장이나 경제동향 등에 대한 투자자의 판단이 불완전한 것에 기인하는 것이므로, 투자자가 타인이 갖고 있는 정보를 이용하지 못했거나 그릇된 분석으로 인하여 손실을 입었더라도, 이는 증권거래 자체의 고유한 특성일 뿐 법적으로 고려할 일은 아니다. 그러나 내부자거래로 인한 상대방의 손실은 능력의 부족이나 부주의로 정보를 몰랐기 때문에 발생하게 되는 것이 아니라, 내부자가 자신의 이득을 위하여 회사의 미공개 내부정보를 이용하였기 때문에 발생한다고 볼 수 있으므로 이러한 행위는 쉽게 용납될 수 있는 것은 아니다. 만일 이를 방치한다면, 일반투자자로서는 그러한 증권시장에 불신감을 갖게 되어 투자를 주저하게 될 것이므로 증권시장을 통한 회사의 자금조달이 어렵게 될 것이고, 이로 인하여 증권시장의

건전한 발전이 저해될 것임은 물론 국민의 효율적 자산운영을 막는 결과를 초래할 것이다. 요컨대, 내부자거래에 대한 규제의 목적은 증권매매에 있어 정보면에서의 평등성, 즉, 공정한 입장에서 자유로운 경쟁에 의하여 증권거래를 하게 함으로써 증권시장의 거래에 참여하는 자로 하여금 가능한 동등한 입장과 동일한 가능성 위에서 증권거래를 할 수 있도록 투자자를 보호하고 증권시장의 공정성을 확립하여 투자자에게 그 신뢰감을 갖게 하려는 데에 있는 것이다.

4. 미국의 내부자거래 규제

(1) 내부자거래규제의 법리

(가) 공개 또는 회피 의무

내부자가 중요한 정보를 공개하지 않는 것만으로 바로 Rule 10b-5 위반이 되는 것이 아니라, 정보가 공개되지 않은 기간에 거래를 하여야만 Rule 10b-5 위반에 해당한다. 즉, 공개의무 있는 자가 Rule 10b-5 위반에 해당하지 않으려면 공개와 회피 중에서 택일하여야 하는 것이다. 정보공개요구에 대하여 회사나 내부자 입장에서 보면, 정보가 완전하지 않은 시기상조의 단계에서(prematurely) 공개됨으로써 손해배상책임문제가 야기될 수 있다. 따라서 Rule 10b-5는 정보의 무조건적인 공개를 요구하는 것이 아니라 미공개중요정보(material nonpublic information)를 이용한 거래를 하지 말라는 취지이고, 이에 따라 내부자는 정보를 공개하든지, 아니면 이러한 정보에 기한 거래를 회피할 의무(duty to disclose or abstain rule)가 있는 것이다.

(나) 내부자거래 관련 규정

SEA §10(b)나 Rule 10b-5는 내부자거래에 관하여 명시적으로 규정하지 않는다. 즉, SEA는 내부자거래를 금지하는 규정을 두지 않는데, 그렇다면 내부자거래를 사기로 보아 규제할 수밖에 없고, 어떠한 경우의 내부자거래가 사기에 해당하는지가 내부자거래 규제의 핵심적인 문제이다. 1934년 SEA 제정 당시에는 §16이 내부자거래규제의 중요한 역할을 하였다. SEA §16(1)은 주식소유보고의무, §16(2)는 단기매매차익 반환의무, §16(3)은 공매도금지 등을 규정한다. 그러나 내부자거래를 비롯하여 증권사기를 효율적으로 규제할 필요가 인식되자 SEC는 1942년 §10(b)에 근거하여 Rule 10b-5를 제정하였다. Rule 10b-5는 적극적 부실표시를 하지 않은 내부자의 거래를 명시적으로 규정하지는 않지만 비공개에 의한 내부자거래에도 적용된다. Rule 10b-5는 증권사기에 관한 일반규정이지만 내

부자거래가 가장 중요한 적용대상이고, 한편 공개매수의 경우에는 Rule 14e-3이
적용된다. 그 외에 내부자거래제재법(Insider Trading Sanctions Act of 1984 : ITSA),
내부자거래 및 증권사기집행법(Insider Trading and Securities Fraud Enforcement
Act of 1988 : ITSFEA)과 같이 내부자거래의 규제를 위한 특별입법이 수차례 있었
고, 우편전신사기법(Mail and Wire Fraud Statute), 조직범죄통제법(Organized Crime
Control Act of 1970)의 제9장으로 1982년에 추가된 법률인 RICO법(Racketeer
Influence and Corrupt Organization Act) 등도 내부자거래규제에서 중요한 역할을
하고 있다. 또한, SEC는 내부자거래에 대한 규제를 명확히 하기 위하여 2000년
Rule 10b5-1과 Rule 10b5-2를 제정하였다.

  1) Rule 10b5-1   Rule 10b5-1은 SEA §10(b)와 Rule 10b-5가 금지하
는 "시세조종적이거나 사기적인 수단(Manipulative or Deceptive Devices)은 증권의
발행인, 그 발행인의 주주 또는 미공개중요정보의 정보원(source of material non-
public information)에 대하여 직접, 간접 또는 파생적으로 부담하는 믿음과 신뢰
관계에 위반하여 증권이나 발행인에 관한 미공개중요정보에 기하여 증권을 매수
또는 매도하는 것을 의미한다"고 규정한다. Rule 10b5-1은 그러나 "scienter" 요
건을 변경하는 것은 아니다. 그리고 Rule 10b5-1은 미공개중요정보에 기한 거래
(trading on the basis of material nonpublic information)의 의미에 대하여, 거래시점
에서 미공개중요정보를 인식(awareness of information)함을 의미한다고 규정하지
만[Rule 10b5-1(b)], 한편으로는 그 정보가 거래에서 중요한 요소가 아니었음을
피고가 증명하면 면책된다고 규정한다[Rule 10b5-1(c)]. 피고의 면책을 위한 적
극적 항변(affirmative defenses)으로는, 사전에 예정된 거래(prearranged trading)와
기관투자자의 거래(institutional trading)가 있다.

  2) Rule 10b5-2   가족관계나 친분관계와 같은 비사업적 관계에서 내부정
보가 제공된 경우 이들에게도 신인의무를 인정하여 내부자거래로 규제할 것인지
에 관하여, SEC는 2000년 비밀유지의무 또는 믿음과 신뢰의 관계가 존재하는 경
우를 예시적으로 열거하는 Rule 10b5-2를 제정하였다.

  (2) 내부자거래규제이론

  ㈎ 정보의 소유이론

  정보소유이론(possession theory)은 공개되지 아니한 정보를 소유하는 자는 정
보를 공개하거나 그 정보에 기한 거래를 회피할 의무를 부담하므로 증권거래자가

공개되지 아니한 정보를 소유하였다는 것 자체가 책임의 근거가 된다는 이론으로서, 이에 의하면 내부자로부터 정보를 도청한 자도 규제대상이 되는데, 1970년대까지 미국의 판례가 채택한 지배적인 견해였다. 이는 회사의 내부정보에 직접·간접으로 접근할 수 있는 자가 그 정보에 기하여 증권거래에 관여하는 경우에는 거래당사자 간에 정보가 불균형한 상태가 된다는 의미에서 정보평등이론(equal access theory)이라고도 불리는데, SEC가 Cady, Roberts & Co., 40 S.E.C. 907 심결에서 정보소유이론을 채택한 후, 연방제2항소법원은 Texas Gulf Sulphur 판결에서 공개 또는 회피의무를 인정함으로써 정보소유이론을 정식으로 채택하였고, 그 후의 Shapiro 판결에서는 정보소유이론에 입각하여 정보제공자와 정보수령자의 책임범위도 확대하였다.80)

Texas Gulf Sulphur 판결은 내부자거래에 관한 정보의 소유이론을 확립한 사건으로 내부자거래에서 나타나는 여러 가지 문제를 잘 보여주는 사례이기 때문에 내부자거래에 관한 미국의 모든 문헌에서 중요하게 다루고 있는 사건이다.

[S.E.C. v. Texas Gulf Sulphur Co., 401 F.2d 833 (2d Cir. 1968), cert. denied, 394 U.S. 976 (1969)]
〈판결요지〉
1. SEA의 기본목표는 증권거래에 있어서의 공정성(fairness in securities transaction)을 높이고 불공정하고 형평법에 반하는 행위를 방지하기 위한 것이다. 이에 적용되는 규칙과 규제는 대면거래(face−to−face transaction)이거나 증권거래소에서의 불특정인 사이의 거래이거나 장외시장거래 등 모든 거래에 적용된다. Rule 10b−5는 모든 투자자가 불특정인 사이의 증권시장에서 그들의 거래와 관련된 중요한 정보에 비교적 동등하게 접근할 수 있는 권리를 보장하기 위하여 특별히 만들어진 것이다. Rule 10b−5의 요소는 일반에게 공개되지 않았거나 공개되지 않을 회사의 내부정보에 직접, 간접으로 접근할 수 있는 사람은 회사의 증권을 거래함으로써 그 정보를 자기 개인의 이익을 위하여 이용할 수 없다는 것이다.
2. 대부분의 청구를 기각한 사실심판결의 주요요지는 1964. 4. 9. 이전에는 중요한 정보가 존재하지 않았다는 것이다. 중요성판단의 기준은 합리적인 사람이 증권거래에 있어서 그 정보를 중요하다고 간주하는지 여부이다.
3. Rule 10b−5는 회사의 내부자가 증권에 영향을 줄 것으로 예상되는 정보를 공개할 것을 요구하지 않는다. 그러한 정보의 공개가 정당하게 유보될 수 있는 상황은 많다. 그러나 유보하기로 적법하게 결정되면 내부자는 정보가 공개될 때까지는 회

---

80) Shapiro v. Merrill Lynch, Pierce, Fenner & Smith, Inc., 495 F.2d 156 (2d Cir. 1974).

사의 증권을 거래할 수 없다. 내부자는 그의 전문적인 분석능력이나 금융에 관한 안목으로부터 얻어지는 예상이나 숙련된 추측을 공개할 것으로 기대되지 않는다. 공개되어야 할 것은 그의 분석에 대한 사실적 근거이다.

4. 사실의 중요성을 판단하기 위하여서는 제시된 사실발생의 가능성과 기업규모와 관련된 사실발생의 중대성이 균형을 이루어야 한다. K−55−1로부터 얻어진 시추견본 분석결과에 이러한 원칙을 적용하면 이는 중요한 정보이다. 시추견본 분석결과는 많은 전문가들에 의하여 가장 인상적이고, 예상을 초과하는 것으로 설명되었다. 최초 시추견본의 중요성의 가장 중요한 객관적인 지표는 직접적인 정보를 가진 직원 4인이 회사의 증권에 $100,000 이상을 투자하였다는 것이다. 이들 중 일부투자자들은 전에 증권투자를 해 본 일이 없었다. 외부투자자들은 견본분석에 대한 정보를 소유하였더라면 이를 그들의 투자과정을 결정할 중요한 요소로 삼았을 것임이 명백하다.

5. 이는 정보가 반드시 공개되어야 한다는 것이 아니라 내부자는 정보를 공개하지 않고는 그들의 이익을 위하여 그 정보에 기한 거래를 할 수 없는 것이다. Texas Gulf Sulphur사와 개인들은 K지역과 그들이 원하는 부근지역을 취득하여야 하므로 공개를 유보할 유효한 이유를 가지고 있었다. 그러나 그들은 증권을 매수할 것을 선택하였고, 피고 Drake의 경우에는 부하직원들에게 정보를 제공하여 이들이 정보공개가 억제된 기간에 증권을 매수하였다. 게다가 토지취득계획을 지휘하면서 동시에 회사의 증권을 매수한 회사의 직원들은 가치 있는 발견이라는 충분한 지식을 가진 것으로 간주하였음이 틀림없으므로 책임을 져야 한다.

6. Crawford는 4. 15.와 4. 16.에 증권을 매수하였고 Coates는 회사의 완전한 공식발표를 읽은 직후인 4. 16.에 증권을 매수하였다. 양인은 중요한 정보가 공개된 후에 증권을 매수하였다고 주장한다. 그러나 공개는 유효적절한 공개를 의미하는 것이지 단지 기술적인 공개를 의미하는 것은 아니다. 그들이 증권을 매수하였을 당시에는 회사의 공개가 널리 전파되지 않았다. 양인의 매수는 Dow Jones wire service가 공개의 내용을 발표하기 전이었다.

7. 두 피고는 정보가 유효적절하게 공개되었다고 진정으로 믿었다고 주장한다. 연방증권법 특히 Rule 10b−5에 기한 책임은 사기를 범할 특별한 의사의 증명을 요건으로 하지 않는다. 적용 기준은 어느 정도의 scienter는 포함하지만 이는 과실있는 행위 또는 주의의무위반 또는 비합리적인 행위 등의 증명으로 충분하다. 양인이 증권매수시에 중요한 정보가 유효적절하게 일반인에게 전파되었다고 합리적으로 믿었다고 할 수 없다.

8. 임원, 이사들이 주식매수선택권(stock options) 청약에 대하여 승낙을 하였다. 이러한 유형의 거래와 실제의 매매를 포함하는 거래 간에는 합리적인 차이가 없다. 이사회가 주식매수선택권을 부여한 1964. 2.경에는 피고들이 중요하다고 이미 판단된 발견에 관한 정보를 이사들에게 공개할 것을 유보하고 있었다. 피고들은 주

식매수선택권을 제안 받고 이를 승낙하기 전에 중요한 정보를 공개할 의무를 부담하였다. 그들이 공개하지 않았다는 사실에 의하여 주식매수선택권은 취소되고 Rule 10b-5가 적용된다. 사실심은 최고경영진이 아니었던 두 직원이 주식매수선택권을 승낙한 것에 대하여 책임을 인정하지 않았고 원고도 그 판결에 대한 항소를 적당하다고 보지 않았으므로 그들의 책임에 대한 판단을 할 필요가 없다.

〈해　　설〉

1. SEC가 1963. 11. 8.부터 1964. 4. 16.까지 증권을 거래한 내부자들과, 비록 위 기간에 직접 증권을 매매하지 않았지만 1964. 4. 12.자 오해유발 보도(misleading press release)에 의하여 외부투자자들로 하여금 증권을 매도하도록 유인하여 Rule 10b-5를 위반한 회사를 상대로 제기한 소송인데, 법원은 원고가 주장한 "disclose or abstain"원칙을 받아들여서 미공개정보를 가진 내부자에게 이를 공개하거나 거래를 회피할 의무를 인정하였다.

2. 이 판결에서 연방제2항소법원은 정보의 중요성에 관하여 가능성(probability)과 중대성(magnitude)을 함께 고려해야 한다는 기준을 제시하였는데, SEC가 1963. 11. 8.부터 1964. 4. 16.까지 증권을 거래한 내부자들과 비록 위 기간에 직접 증권을 매매하지 않았지만 1964. 4. 12.자 허위보도자료에 의하여 외부투자자들로 하여금 증권을 매도하게 유인하여 Rule 10b-5를 위반한 회사를 상대로 제기한 소송으로서, 법원은 "disclose or abstain" 원칙을 채택하여 미공개정보를 가진 내부자에게 이를 공개하거나 거래를 회피할 의무가 있다고 판시하였다.

3. 법원은, ⅰ) 누구든지 자기의 계산으로 어떠한 회사의 증권을 거래할 때 자기의 개인적 이익을 위해서가 아니라 오로지 회사를 위해서만 이용하여야 하므로 정보를 직접, 간접으로 입수할 수 있는 자는 자기와 거래를 하는 상대방, 즉 일반투자자는 이용할 수 없다는 것을 알면서 위와 같은 정보를 이용해서는 안 되는 것이고, ⅱ) 중요한 내부정보를 가진 자는 누구든지 그것을 일반투자자에게 공개하든가 또는 회사의 비밀을 지키기 위하여 그것을 공개할 수 없거나 공개하지 않기로 결정한 경우에는 그 내부정보가 아직 공개되어 있지 않은 동안에는 당해증권을 거래하는 것을 회피하여야 한다고 판시한 것이다. 또한 법원은 내부자가 증권을 거래하기 위하여 기다려야 할 정보공개시기에 대하여 정보의 공개가 기술적으로 있었다는 것만으로는 부족하고 그 정보가 일반인에게 전파되어야 한다고 판시하였다. 즉, 언론기관의 종사자들이 아는 정도로는 안 되고 광범위하게 배포되는 언론매체나 Dow Jones broad tape 등에 나타날 것을 요구하였다.

4. 환송 후 사실심법원은 1964. 4. 16. 이전에 증권, 주식매수선택권을 매수한 모든 내부자들에게 그 이익상당액, 즉, 최종 공개 다음 날의 평균주가와 그들이 실제로 지불하였던 주가와의 차액과, 그들로부터 정보를 수령하여 투자를 한 정보수령자들(tippees)이 얻은 이익상당액을 회사에 반환할 것을 명하고, 동시에 이러한 손해배상금은 5년간 기금으로 유지하여 내부자거래로 인하여 손해를 입은 외부투자자들

에 대한 손해배상금을 지급하고 5년 이내에 개인투자자들에게 지급되지 않은 잔액
은 회사에 귀속되는 것을 명하였고 이 판결은 항소심[81])에서 그대로 유지되어 확
정되었다.

㈏ 신인의무이론

1) 의   의   정보소유이론에 의하면 내부자거래로 인한 책임범위가 지나
치게 확대되므로, 정보의 소유자라고 하여도 신인의무를 부담하는 경우에만 공개
의무를 부담하고, 이러한 공개의무가 있을 때에만 Rule 10b-5 위반이 되며 단지
정보를 소유하고 있다는 사실만으로는 공개의무가 인정되지 않는다는 것이 신인
의무이론(信認義務理論, fiduciary duty theory)인데, 신임의무이론(信任義務理論)
또는 신뢰관계이론이라고도 불린다.

신인의무이론이 최초로 채택된 Chiarella 판결에서는 "… 매도인들이 믿음과
신뢰를 가진 자도 아니므로(… and was not a person in whom sellers had placed
their trust and confidence)"라는 문구가 처음 사용되었고(즉, 회사 또는 주주 나아
가 거래상대방과 믿음과 신뢰의 관계에 있는 자만이 정보에 대한 공시의무를 부담하기
때문에 내부자거래의 규제대상이라고 본다) 이에 따라 믿음과 신뢰의 관계이론
(relationship of trust and confidence theory)이라고 불렸다.[82])

---

81) S.E.C. v. Texas Gulf Sulphur Co., 312 F.Supp. 77 (S.D.N.Y. 1970), aff'd 446 F.2d 1301
   (2d Cir. 1971).
82) [Chiarella v. United States, 445 U.S. 222 (1980)]
   〈사 안〉
   피고인(Chiarella)은 기업의 재무관련 서류의 인쇄와 출판을 하는 인쇄업체인 Pandick Press
   의 조판실 직원으로서 아직 공개되지 아니한 5건의 공개매수(tender offer)와 관련된 서류를
   보게 되었는데, 공개매수를 하는 회사나 대상회사의 이름은 최종 인쇄 전까지는 공란 또는 가
   명이었다. 그러나 피고인은 서류의 다른 내용을 이용하여 대상회사를 알아낸 후 대상회사의
   주식을 매수하여 약 $30,000의 이익을 얻었다는 혐의로 SEA §10(b)와 Rule 10b-5 위반 혐
   의로 기소되었다. 이 사건에서는 피고인이 거래상대방(잠재적 주식매도인)에게 미공개중요정
   보를 공개할 의무가 있는지 여부가 쟁점이었는데, 1심과 2심에서는 유죄로 인정되었으나 연
   방대법원에서 파기되었다.
   〈판결요지〉
   1. 연방지방법원
      피고인은 거래를 하기 전에 모든 사람에 대하여 미공개중요정보를 공개할 의무를 부담
      한다.
   2. 연방항소법원
      누구든지 미공개중요정보를 받는 사람은 이를 공개하지 않으면 그러한 정보를 가진 사
      람들에게 불공정한 이익이 생기므로 공개 전에 이를 이용한 거래를 할 수 없다
      (Non-public information may not use it to trade before disclosure, since otherwise

  그러나 3년 후인 1983년 있었던 Dirks 판결83)에서 "fiduciary duty to share-holder"라는 문구가 사용된 후에는 신인의무이론(fiduciary duty theory)이라고도 부른다. 연방대법원은 Dirks 판결에서 회사법상의 신인의무에서 공시의무가 발생한다고 보았는데, Chiarella 판결의 믿음과 신뢰의 관계는 이러한 회사법상의 신인의무관계보다 넓은 개념이라 할 수 있다. 연방대법원은 인쇄업체 종업원의 형사책임에 관한 Chiarella 판결과 정보수령자인 증권분석가에 대한 SEC의 징계처분의 적법성에 관한 Dirks 판결에서 모두 Rule 10b-5 위반을 부인하였다. 즉, 연방대법원은 Chiarella 판결에서는 "피고인과 거래상대방 사이에 믿음과 신뢰의 관계가 없으므로 피고인이 단지 정보를 소유하고 있다는 사실만으로는 적극적인 공

---

an unfair advantage is created in those with such information).

3. 연방대법원
  (1) 종업원은 주주들과 종전에 거래를 한 일이 없고 주주들의 대리인이나 수탁자도 아니고, 매도인들이 믿음과 신뢰를 가진 자도 아니므로, 그의 지식을 주주 또는 대상회사에게 말할 의무가 없고, 따라서 이를 공개하지 않았다는 이유로는 처벌받을 수 없다(employee could not be convicted on theory of failure to disclose his knowledge to stockholders or target companies as he was under no duty to speak, in that he had no prior dealings with the stockholders and was not their agent or fiduciary and was not a person in whom sellers had placed their trust and confidence, but dealt with them only through impersonal market transactions).
  (2) 미공개시장정보의 소유만으로는 §10(b)의 공개의무가 발생하지 않는다(section 10(b) duty to disclose does not arise from mere possession of nonpublic market information).
  (3) 거래당사자 간에 신뢰관계로부터 야기되는 공개의무가 있다면 증권거래와 관련된 중요한 정보에 대한 침묵은 Rule 10b-5에 기한 사기가 될 수 있다. 예를 들면 회사의 경영자 및 기타 내부자들은 증권을 거래하기 전에 M&A에 관한 시도를 주주들에게 공개할 의무를 부담한다(Silence of material information in connection with the purchase or sale of securities may be fraud under Rule 10b-5 if there is a duty to disclose arising from a relationship of trust. For example, corporate managers and other insiders have such a duty to disclose a takeover attempt to their shareholders before trading in the company's stock).
  (4) 이 사건에서 피고인은 내부자가 아니었고 대상회사로부터 비밀의 정보를 받지도 않았다. 당사자 간에 믿음과 신뢰의 관계가 없으면 공개의무도 없다(Here, petitioner was not an insider and he received no confidential information from the target company. No duty to disclose arises unless there is some relationship of a fiduciary or trust between the parties).
  〈해 설〉
  연방대법원은 미공개의 중요한 정보를 가진 모든 자는 공개 또는 회피의무를 부담한다는 종래의 정보소유이론을 부정하고 신인의무이론을 채택하여, ⅰ) 발행회사나 주주에 대하여 신인의무를 부담하는 자가 신인의무를 위반하거나, ⅱ) 타인의 신인의무위반을 알면서 이익을 얻는 경우에만 Rule 10b-5 위반에 해당한다고 판시한 것이다.
83) 뒤의 정보수령자 부분에서 소개함.

시의무가 없다"는 이유로 Rule 10b-5 위반을 부인하였고, Dirks 판결에서는 "정보수령자는 내부자가 정보수령자에게 정보를 공개함으로써 주주들에 대한 신인의무를 위반하고 정보수령자가 내부자의 신인의무위반이 있다는 것을 알았거나 알았어야 하는 경우에만 Rule 10b-5 위반"이라고 판시하였다.

2) 규제대상이 아닌 거래

가) 우연히 알게 된 정보에 기한 거래   신인의무이론에 의하면 미공개정보를 소유하였더라도 부정한 방법이 아닌 자기 자신의 노력과 지식에 의하여 얻어진 정보 또는 우연히 알게 된 정보에 기하여 증권거래를 하였더라도 Rule 10b-5 위반에 해당하지 않는다.[84]

나) 가족, 친지로부터 정보를 수령한 경우   정보에 관하여 신인의무를 부담할 때에만 내부자가 되는 것이고 단지 수령자가 친지로부터 정보를 수령한 사실만으로는 신인의무가 발생하지 않는다.[85]

다) 문 제 점   신인의무이론은 믿음과 신뢰의 관계 또는 신인관계를 전제로 하므로, 내부자거래의 규제대상이 너무 제한되고, 한편으로는 이러한 신뢰관계나 신인의무의 존재 여부의 판단이 명확하지 않다는 문제점이 있다.

라) Rule 14e-3   Chiarella 판결에서와 같이 신인의무이론에 의하면 공개매수 대상회사 또는 그 주주와 사이에 아무런 신인관계가 없는 자가 공개매수 관련 정보를 이용하여 대상회사의 주식을 매수하더라도 Rule 10b-5 위반이 아니다. 공개매수정보를 이용한 거래에 관한 1980년의 Chiarella 판결, 1984년의 Materia 판결 이후 SEC가 제정한 Rule 14e-3는 연방대법원의 Chiarella 판결의 취지에 정면으로 반하는 것이므로 공개매수와 관련한 사기적 행위의 금지에 관한 SEA §14(e)에 의하여 SEC에 위임된 규칙제정권한범위 내의 것인지 여부에 대한 논란이 있었다. O'Hagan 판결에서, 연방제8항소법원은 "Rule 14e-3은 신인의무위반을 전제로 하지 않고, 누군가가 중요한 정보를 공개하지 않고 공개매수 대상회사의 증권을 거래하면 그것만으로 사기라고 보기 때문에 이 규칙은 SEA의 위임범위를 벗어난 것"이라고 판시하였다. 그러나 연방대법원은 사기적인 행위와 관행을 방지하는 것으로 합리적으로 고안된 것이면 그 자체가 사기적인 행위가 아니라도 SEC가 금지할 수 있고, SEC는 공개매수와 관련된 내부자거래 증명상의

---

84) S.E.C. v. Switzer, 590 F.Supp. 756 (W.D.Okl. 1984).
85) United States v. Chestman, 947 F.2d 551 (2d Cir. 1991).

난점을 해결하기 위하여 신인의무 위반의 증명이 요구되지 않는 "공시 또는 거래 회피"의무를 Rule 14e－3에 규정한 것이고,[86] 이 규정은 SEA §14(e)에 의하여 SEC에 위임된 예방적 권한이 적절히 사용된 것이라고 판시하였다.

㈐ 부정유용이론

1) 의   의   신인의무이론에 의하면 거래상대방에 대한 신인의무 또는 회사 및 주주에 대한 신인의무를 위반한 내부자거래가 규제대상이 되므로, 회사외부자의 거래에 대하여는 Rule 10b－5가 적용되기 곤란하다. 이와 같이 회사외부자(corporate outsider)의 미공개정보 이용을 규제하기 위하여 대두된 이론이 부정유용이론(misappropriation theory)으로, 이는 자신에게 정보접근을 허용한 정보원(source of information)에 대한 비밀유지의무(duty of confidentiality)를 위반하여 미공개정보를 유용한 경우에는 내부자거래(증권사기)로서 위법하다는 이론이다.[87] 부정유용이론은 회사외부자의 미공개정보 이용행위도 규제하기 위하여 정보원에 대한 비밀유지의무를 위반하여 정보를 유용하는 행위를 금하는 것이다. 다만, 부정유용이론이 적용되려면 정보원과 정보이용자간에 비밀유지에 관한 합의 또는 규정이 요구된다.

2) 부정유용이론의 발전과정

가) Chiarella 판결   부정유용이론이 최초로 제기된 것은 Chiarella 사건에서이다.

(i) 연방대법원은 Chiarella 판결에서 신인의무이론에 의하여 피고인의 형사책임을 부인하였으나, 피고인이 미공개중요정보를 유용하여 거래를 한 것이 Rule 10b－5 위반에 해당하는지 여부에 대하여는 판단을 보류하였다.

(ii) 검찰은 예비적 상고이유에서 피고인이 서류상에 포함된 정보를 유용함으로써 고용주인 인쇄업자를 고용한 공개매수자에 대하여 침묵을 지킬 의무가 있고 이를 위반하면 공개매수자 및 주식매수인에 대하여 사기행위를 한 것으로서 Rule 10b－5를 위반한 것이라고 주장하였는데, 연방대법원은 이를 부인하지 않으면서도 배심원에게 그에 관한 설시(jury instruction)를 하지 않았기 때문에 과연 이러한 의무가 있는지, 있다면 그 위반이 Rule 10b－5 위반이 되는지에 관하여 판

---

86) SEC Rule 14e－3는 "신인의무 위반 여부를 불문하고", 공개매수자 외에는 어느 누구도 공개매수자 또는 대상회사로부터 얻은 것으로 알고 있거나 알 수 있는 이유가 있었던 미공개중요정보를 이용한 거래를 공개매수과정에서는 할 수 없다고 규정한다.

87) 이를 정보원에 대한 사기(fraud－on－the－source)라고 표현하기도 한다.

단을 하지 않는다고 판시하였다.

(iii) 그러나 Burger 대법관은 반대의견에서 부정유용이론에 입각하여 미공개 정보를 유용한 사람은 이를 공개하거나 거래를 회피할 절대적인 의무가 있다고[88] 판시하였다.

나) 연방항소법원의 부정유용이론에 기한 판례

(ⅰ) 형사사건 연방대법원의 정보의 유용이론에 대한 위와 같은 유보적인 태도로 인하여 위 판례 이후 연방제2항소법원은 부정유용이론에 의하여 부정하게 얻은 정보에 기하여 증권을 거래한 자의 형사책임을 인정하였는데, New—man에 대한 형사판결에서 최초로 부정유용이론이 채택되었다.[89] 그리고 특히 Chiarella 사건과 같이 인쇄소의 직원이 기소된 사건인 Materia 판결에서도 연방제2항소법원은 정보를 유용하여 거래하는 것은 Rule 10b-5가 규정하는 사기 또는 기만(fraud or deceit)에 해당하며, SEA §10(b)의 입법취지도 내부자의 사기적인 거래만을 대상으로 한 것이 아니라 기타의 자에 의한 거래도 대상으로 하려는 것이고, 피고인이 비밀유지의무를 위반하여 거래함으로써 인쇄소의 명예를 손상하여 결국 인쇄소에 대한 사기를 범한 것이라는 이유로 피고인의 형사책임을 인정하였고,[90] 이후 SEC는 Rule 14e-3을 제정하여 공개매수에 관하여 위 피고인과 같은 자가 정보를 이용하여 거래하는 것을 방지하고 있다.

(ⅱ) 민사사건 그러나 미공개정보의 이용으로 인하여 손해를 입은 일반 투자자에 의한 손해배상소송에서는 원고와 피고 간에 믿음과 신뢰의 관계가 있어야 손해배상청구권이 인정되므로, 부정유용이론은 형사사건에만 적용되고 민사사건에는 적용되지 않는다. 민사사건의 원고는 피고가 원고에게 부담하는 의무를 위반한 사실을 증명하여야 하고, 따라서 피고가 증권의 발행인 아닌 다른 출처로부터 얻은 정보에 기하여 증권을 거래한 경우에는 부정유용이론에 의하여 내부자거래로 인한 형사책임은 인정되어도 피해자에 대한 손해배상책임은 인정되지 않는다.[91]

---

88) "Rule 10b-5 requires that when a person misappropriates non-public information, he has an absolute duty to disclose that information or to refrain from trading."

89) United States v. Newman, 664 F.2d 12 (2d Cir. 1981), cert. denied, 464 U.S. 863 (1983).

90) S.E.C. v. Materia, 745 F.2d 197 (2d Cir. 1984), cert. denied, 471 U.S. 1053 (1985).

91) Moss v. Morgan Stanley Inc., 719 F.2d 5 (2d Cir. 1983). 형사사건에 관한 United States v. Newman, 664 F.2d 12 (2d Cir. 1981), cert. denied, 464 U.S. 863(1983) 판결에서는 형사책임이 인정되었으나 동일한 사실관계에서 민사책임이 부인된 사례이다. 피용자는 사용자에

다) Carpenter 판결   연방항소법원은 부정유용이론을 채택하여 정보원에 대한 비밀유지의무를 위반하여 미공개중요정보를 이용한 거래를 한 자의 형사책임을 인정하여 왔으나, 연방대법원은 여전히 유보적인 태도를 취하였다.[92]

대하여 공개 또는 회피의무가 있으나 일반투자자들에 대하여서까지 공개의무가 있는 것은 아니므로 투자자에 대한 민사책임을 지지 않는다는 것이다. 다만, 이 사건에서는 원고의 청구가 기각되었으나, 이 사건 이후에 제정된 ITSFEA이 적용된다면 원고의 청구가 인용되었을 것이다. ITSFEA는 이 사건의 판례를 번복하기 위하여 제정된 것으로서 미공개중요정보에 기하여 증권을 매매한 사람은 같은 종류의 증권을 동시기에 거래한 누구에게도 책임을 진다고 규정한다.

92) [Carpenter v. United States, 484 U.S. 19 (1987)]
〈사 안〉
1. Winans는 The Wall Street Journal의 증권란에 "거리에서 듣는다(Heard on the Street)"라는 칼럼을 쓰는 기자인데, 이 칼럼은 증권투자와 관련된 정보를 전하는 것으로서 증권시장에 상당한 영향이 있는 것이었다. Winans는 어느 회사의 임원으로부터 그 회사의 주식에 관한 흥미 있는 사실을 들었는데, Wall Street Journal의 정책 및 관행에 의하면 칼럼이 게재된 신문이 발행되기 전의 시점에서는 칼럼의 내용은 신문사의 비밀의 자산이라고 보았고, 직원들이 이러한 정보를 외부에 누설하는 것을 금하고, 특히 담당기자의 증권거래를 금하였다. 당시 다른 기자에 비하여 보수가 적어서 돈이 부족하였던 Winans와 개인적으로 친한 사이인 동료직원 Carpenter는 증권브로커들에게 이 칼럼의 내용과 발표시기에 관하여 미리 전하여 주었다.
2. 그 브로커들은 위 칼럼이 시장에 끼치는 영향을 이용하여 주식을 매매하였고, SEC가 이러한 내부자거래를 밝혀내기 전까지 피고들이 얻은 이익은 $690,000이었다. 피고들은 Rule 10b−5 및 Mail and Wire Fraud Statute 위반죄로 기소되어 연방지방법원에서 유죄판결을 선고받고 항소하였다. 피고들은 항소심에서 자신들은 내부자나 준내부자(quasi−insiders)가 아니고, 이들로부터 얻은 미공개중요정보를 유용한 것이 아니므로 무죄라고 주장하였다.
〈판결요지〉
1. 연방항소법원
(1) Rule 10b−5의 규정은 매우 광범위하게 적용되는데, 어떠한 자의, 어떠한 정도의 사기에 이르는 어떠한 행위도 금지한다. 사기는 증권거래자에게 직접 행하여야만 하는 것이 아니다(Rule 10b−5's language is very broad; it prohibits any person from committing any act that amounts to any fraud. The fraud does not have to be committed directly on a buyer or seller of securities).
(2) 그러므로 Rule 10b−5는 내부자뿐 아니라 이 사건과 같이 외부자가 미공개중요정보를 유용할 경우에도 적용된다. 이 사건에서 사기는 신문사에 대하여 행하여졌다. 피고들의 사기는 사후에 증권시장에서의 증권매매와 관련된 것이었다(Therefore, Rule 10b−5 applies to the conversion of material nonpublic information by insiders, or, as here, by others. D's fraud was in connection with the later purchase or sale of securities in the market).
2. 연방대법원
(1) 서면계약이 없는 경우에도 피용자는 고용기간 내에 얻은 비밀정보(confidential in−formation)를 보호할 신인의무가 있다.
(2) Winans는 계획의 수행에 우편과 전신을 이용하였으므로 Mail and Wire Fraud Statute을 위반한 형사책임이 있다. 그는 직업상 얻은 정보에 관련되는 비밀준수의무를 위반

라) Bryan 판결   O'Hagan 판결 직전에, 연방제4항소법원은 비디오복권회
사의 임원으로서 복권단말기의 단독공급자로 선정된 회사의 주식을 매수한 피고
인에 대한 Bryan 판결에서 부정유용이론을 명시적으로 배척하였다.[93]

> 함으로써 신문사의 재산을 유용하였다. Mail and Wire Fraud Statute는 유형의 재산
> 뿐 아니라 무형의 재산을 절취한 경우에도 적용된다(Since Winans used the mails
> and phones in fulfillment of this scheme, he is guilty of the federal crimes of mail
> fraud and wire fraud. By breaching his duty of confidentiality with respect to
> information he learned on the job, he misappropriated the Journal's property.
> Federal mail and wire fraud statutes cover the stealing of intangible as well as
> tangible property).
>
> 〈해 설〉
> 1. 이 사건에서는 부정유용이론을 채택한 연방지방법원과 연방항소법원은 Winans가 The
>   Wall Street Journal을 이용한 사기를 범하였으므로 Winans나 정보수령자와 반대방향에
>   서 증권을 매매한 투자자는 Winans가 진정한 내부자인 것과 마찬가지로 손해를 입는 것
>   이므로 Winans는 증권의 매매와 관련된 사기를 범하였으므로 Rule 10b-5를 위반한 것
>   이라고 판시하였다. 즉, Winans가 신문사의 피용자로서 직무상 지득한 신문사의 미공개
>   정보(칼럼의 내용과 발표시기)를 유용함으로써 발행인 또는 주주에 대한 신인의무를 위
>   반한 것이 아니지만 고용주에 대한 신인의무를 위반한 것이라는 이유로 유죄판결이 선고
>   되었다.
> 2. 연방대법원은 연방우편전신사기법(Mail and Wire Fraud Statute) 위반의 점에 대하여서
>   는 The Wall Street Journal이 우편에 의하여 배포된다는 이유로 8인의 대법관 전원일치
>   의견으로(8-0) 유죄를 인정하였고, Rule 10b-5의 규정의 위반 여부에 대하여는 의견이
>   나뉘어져서(4-4) 부정유용이론의 채택여부판단을 보류한 채 원심의 판결이 유지되었다.
> 3. Carpenter 판결 이후에도 연방항소법원들(2d, 3d, 7th, 9th Circuit)은 수차례에 걸쳐 정보
>   의 유용이론을 채택하여 발행인으로부터 얻어진 정보가 아니더라도 이를 유용한 경우에
>   는 Rule 10b-5 위반이 된다고 인정한 바가 있다.
> 4. 결국은 ITSFEA의 제정에 의하여 SEA §20A는 비록 원고를 동시기에 거래한 자
>   (contemporaneous trader)로 한정하였지만 정보의 출처를 묻지 않고 부정유용자의 책임
>   을 인정하였다.

93) [United States v. Bryan, 58 F.3d 933 (4th Cir. 1995)]
> 〈판결요지〉
> 1. 비록 신인의무위반으로 행한 정보의 부정유용은 일반적으로 기망을 수반하지만, 증권사
>   기책임의 취지에서 볼 때 대부분의 사안에서 그러한 부정유용은 부실표시나 비공개에 해
>   당하지 않는다(Although misappropriation of information in breach of fiduciary duty
>   may, in generalized sense, involve deception, in most cases such misappropriation
>   will not constitute "misrepresentation" or "nondisclosure" for purposes of securities
>   fraud liability).
> 2. 증권과 직접 관련되지 않거나 이해관계가 없는 개인으로부터의 정보의 부정유용은 증권
>   법과 관계없다(Misappropriation of information from individual who is in no way
>   connected with or even interested in securities is simply not the kind of conduct with
>   which the securities laws are concerned).
> 3. 증권의 매도인이나 매수인이 아니거나 그 외의 다른 방법으로 증권의 실제 혹은 제안된
>   매수나 매도에 관련이 있거나 재정상의 이해관계가 있는 자에게 부담하는 신인의무 위반
>   으로는, 비록 매수나 매도에 의하여 그러한 위반이 수반되더라도, SEA에 의한 형사책임

마) O'Hagan 판결   결국 연방대법원은 1997년 공개매수대리인인 law firm에 소속된 변호사가 공개매수정보를 이용하여 증권을 거래한 사건에서 부정유용이론을 정식으로 채택하였다.[94]

은 정보의 단순한 부정유용에 입각할 수 없고, 그러한 행위는 SEA가 규정하는 증권의 매매와 관련하여 사기에 해당하지는 않는다(Criminal liability under the Securities Exchange Act cannot be predicated upon the mere misappropriation of information in breach of fiduciary duty owed to one who is neither purchaser nor seller of securities, or in any other way connected with or financially interested in an actual or proposed purchase or sale of securities, even when such breach is followed by the purchase or sale of securities; such conduct simply does not constitute fraud in connection with the purchase or sale of securities within the meaning of the Act).

94) [United States v. O'Hagan, 521 U.S. 642 (1997)]
〈사 안〉
1. 1988. 7. 런던 소재 법인인 Grand Metropolitan PLC는 미네아폴리스 소재 법인인 Pillsbury 의 보통주를 공개매수하기 위하여 Minnesota 주의 law firm인 Dorsey & Whitney을 공개매수대리인으로 선임하였다. 당시 James Herman O'Hagan은 Dorsey & Whitney의 파트너 변호사였고, 위 업무에는 참여하지 않았다. 1988. 10. 4. Grand Metropolitan PLCGM은 Pillsbury 주식에 대한 공개매수를 발표하였다.
2. Dorsey & Whitney가 Grand Metropolitan PLC의 대리인으로 업무수행 중이던 1988. 8. 18.부터 O'Hagan은 Pillsbury 주식에 관한 call option과 보통주를 매수하였고, 공개매수가 발표되자 call option과 주식을 매도하여 $4.30 million의 이득을 얻었다.
3. 연방지방법원은 피고인에 대한 57개의 공소사실을 모두 유죄로 인정하고 41개월의 징역형을 선고하였으나, 연방제8항소법원은 부정유용이론은 채택할 수 없다고 판시하면서 피고인에 대한 모든 공소사실에 대하여 무죄를 선고하였다.
〈판결요지〉
1. SEA §10(b)에 의한 형사책임은 부정유용이론에 근거할 수 있다. 부정유용이론에 의하면 정보원에 대한 신인의무를 위반하여 정보의 이용을 공개하지 않으면서 개인적 이익을 위해 중요한 비밀정보를 이용하여 증권을 거래하는 자의 책임을 물을 수 있다(Criminal liability under §10(b) of Securities Exchange Act may be predicated on mis‐appropriation theory, which permits imposition of liability on person who trades in securities for personal profit using material, confidential information without disclosing such use to source of information, in breach of fiduciary duty to source).
2. 부정유용이론에 의하면, 공개매수에 의한 매수 전에 대상회사의 주식을 공개매수자를 대리하는 law firm의 구성원으로서 얻은 내부정보에 기하여 매수한 피고인은 Rule 10b‐5 위반의 증권사기의 책임을 질 수 있다(Defendant who purchased stock in target corporation prior to its being purchased in tender offer, based on inside information he acquired as member of law firm representing tender offeror, could be found guilty of securities fraud in violation of Rule 10b‐5 under misappropriation theory).
3. 회사의 주주들과 회사내 지위로 인하여 비밀정보를 얻은 내부자들 사이에 믿음과 신뢰의 관계가 존재하므로 그러한 정보에 기한 거래는 §10(b)에 의한 사기적 수단에 해당한다(trading on such information qualifies as "deceptive device" under section 10(b) because relationship of trust and confidence exists between shareholders of cor‐poration and those insiders who have obtained confidential information by reason of their position with that corporation).

3) 비밀유지의무   부정유용이론은 정보원에 대한 비밀유지의무를 전제로 하는데, 가장 문제되는 경우는 가족관계에 기인한 비밀유지의무이다. O'Hagan 판결 이전인 1991년 Chestman 판결에서 연방제2항소법원은 가족관계만으로는 비밀유지의무가 발생하지 않는다고 판시하면서 피고인의 내부자거래로 인한 형사책임을 부인하였다.[95) 그러나 SEC는 2000년 Chestman 판결과 같이 가족 간에 비

---

4. 회사내부자가 정보가 없는 주주들로부터 불공정한 이득을 얻는 것을 금지하기 위하여 필요하기 때문에, 회사 내에서의 그들의 지위 때문에 비밀 정보를 취득한 내부자들과 기업의 주주 사이에 믿음과 신뢰의 관계에 의하여 공개 또는 회피 의무가 발생한다(Relationship of trust and confidence between shareholders of corporation and those insiders who have obtained confidential information by reason of their position with that corporation gives rise to duty to disclose, or to abstain from trading, because of necessity of preventing corporate insider from taking unfair advantage of uninformed stockholders).

5. SEA §10(b)와 Rule 10b−5에 기한 부정유용이론은 공개시 회사의 증권가격에 영향을 줄 비밀정보에 접근할 수 있으나 회사의 주주들에게 신인의무나 기타 다른 의무를 부담하지 않는 회사외부자들에 의한 남용으로부터, 증권시장의 건전성을 보호하기 위하여 고안되었다(Misappropriation theory of liability under §10(b) of Securities Exchange Act and Rule 10b−5 is designed to protect integrity of securities markets against abuses by outsiders to corporation who have access to confidential information that will affect corporation's security price when revealed, but who owe no fiduciary or other duty to that corporation's shareholders).

6. 미공개중요정보에 기하여 거래를 하는 자가 양측에 충실의무 및 신인의무를 부담하면서 어느 일방에게만 공개하는 경우, 부정유용이론에 의하여 Rule 10b−5 위반의 책임을 질 수 있다(Where person trading on basis of material, nonpublic information owes duty of loyalty and confidentiality to two entities or persons, but makes disclosure to only one, trader may still be liable for violation of Rule 10b−5 under misappropriation theory).

95) [United States v. Chestman, 947 F.2d 551 (2d Cir. 1991)]

〈사 안〉

유통업체의 지배주주인 Waldbaum은 위 회사에 대한 공개매수를 계획하고 그 전초작업으로서 지배주식을 매수하려는 자에게 자신의 지배주식을 시장주가의 두 배의 가격으로 매도하기로 합의하였다. 그는 여동생에게 이러한 거래의 내용을 말하였고 여동생은 그녀의 딸에게 이 말을 전했고 딸의 남편인 Loeb는 이 말을 전해 듣고 다시 이를 자신의 증권브로커인 Chestman에게 말하였다. 피고인은 증권시장에서 주당 $25에 주식을 매수하였고 이에 Rule 10b−5와 14e−3(공개매수에 관한 내부자거래금지규정) 위반으로 기소되었다.

〈판결요지〉

1. 피고인이 Rule 10b−5 위반으로 처벌받으려면, ⅰ) 사위인 Loeb가 정보원(source of information)인 아내 및 처가식구들(in−laws)에 대한 신인의무를 위반하였다는 사실과, ⅱ) Loeb의 이러한 신인의무위반을 피고인이 알았다는 사실이 증명되어야 한다.

2. 정보원과 정보제공자(tipper)간에 단순한 가족관계가 있는 사실만으로는 정보제공자(tipper)의 신인의무를 인정할 수 없으므로 처로부터 정보를 얻은 Loeb는 정보에 대한 신인의무를 부담하지 않고 따라서 피고인은 Rule 10b−5를 위반하지 않았다.

3. Rule 14e−3은 Rule 10b−5와는 달리 신인의무위반에 의하여 얻어진 정보일 것을 요건

밀유지에 대한 명시적인 약속(express promise of confidentiality)이 없고 단지 합리적인 기대(reasonable expectation)만 있는 경우에는 Rule 10b−5 위반으로 될 수 없다는 판례에 대한 보완책으로 Rule 10b5−2를 제정하였다. 즉, Rule 10b5−2에 의하면 가족 간에 명시적이든 묵시적이든 비밀유지에 대한 기대가 있는 경우에 적용된다. 일부 법원은 가족구성원이 내부자로 의제되는지 여부에 관한 전통적인 내부자거래 사건에서도 종래의 비밀유지관행에 기하여 일방 배우자가 이러한 비밀유지에 대한 합리적인 기대(reasonable expectation of confidentiality)를 가지는 경우 상대 배우자도 신인의무를 부담한다고 판시한다.96)

　　4) 부정유용이론의 문제점　　부정유용이론은 정보원에 대한 믿음과 신뢰의 위반을 전제로 하는데, 정보를 정보원으로부터 절취 또는 편취한 경우에는 당초부터 이러한 믿음과 신뢰 관계가 없다는 문제가 있고, 나아가 정보원에게 거래의사를 알리고 그로부터 정보이용을 허락받은 경우에는 공개 또는 회피 의무 위반이 아니라는 문제가 있다. 또한, 정보원과 피상적인 관계(superficial relationship)만 있는 자가 우연히 정보원을 통하여 알게 된 경우에도97) 믿음과 신뢰의 관계를 전제로 하는 부정유용을 인정할 수 없다는 문제가 있다.

II. 연　　혁

1. 내부자거래규제의 도입과 강화과정

　　1962년 증권거래법 제정 당시에는 내부자거래를 규제하는 규정이 없었으나 증권시장의 발전에 따라 1976년 12월 전면 개정시 상장법인 임직원 및 주요주주에 대해 단기매매차익 반환의무를 부과하고 공매도의 금지가 도입되었다. 1982년 3월 개정시 단기차익반환 청구권자에 증권관리위원회를 추가하고 상장법인 주요

　　　으로 하지 않고, SEC가 이같은 규칙을 제정한 것은 모법의 위임범위를 벗어난 것이 아니다.
　〈해　설〉
　　Rule 10b−5 위반에 대하여는 전원합의체(en banc) 판결이었는데 11인의 판사 중 5인은 유죄 취지의 반대의견이었는데, 반대의견은 가족의 회사에 대한 지배로부터 이익을 얻는 가족구성원들은 가족내부의 일상적인 의사소통과정에서 얻어진 중요한 정보를 공개하지 아니할 의무가 있다고 판시하였다.

96) S.E.C. v. Yun, 327 F.3d 1263 (11th Cir. 2003)(이 판결에 대한 구체적인 사실관계와 판결 요지는 「미국증권법」, 442면−446면 참조).

97) 신인의무이론에서 본 S.E.C. v. Switzer, 590 F.Supp. 756 (W.D.Okl. 1984) 판결의 사안이 그 예이다.

주주·임원에 대해 소유주식상황·변동보고의무가 도입되었다. 이 때까지는 내부
자거래를 금지하는 직접적인 조항이 없었으며 단지 내부자거래를 제한하기 위한
간접조항으로서 임직원 및 주요주주의 공매도금지규정 및 단기매매차익 반환규정
과 임원 및 주요주주의 소유주식비율변동보고규정을 두었는데, 이는 미국의 내부
자거래규제의 핵심조항인 SEA §10(b)와 SEC Rule 10b-5를 제외한 §16만을 계
수한 일본법을 그대로 따른 것이다. 다만, 미국에서는 내부자거래규제의 보호법익
에 관하여, 전통적으로는 내부자거래를 신임의무를 위반하는 사기행위로 보면서
발행회사 또는 그 주주에 대한 신임의무를 보호법익으로 보지만(다만 근래에는 정
보유용이론에 의하여 소속기관에 대한 신임의무위반도 규제대상에 포함되어 규제의 범
위가 보다 확대되었다), 우리나라는 유럽 각국의 법제와 같이 내부자거래를 정보의
비대칭을 이용한 범죄로 보면서 시장의 완전성(Integrity)을 보호법익으로 본다.98)

2. 증권거래법의 미공개정보이용 관련 규정 개정

(1) 1987년 11월 개정법

1987년 11월 증권거래법 개정시 SEA §10(b), SEC Rule 10b-5의 법리를 도
입하여 미공개정보이용 행위를 규제할 수 있는 포괄적 금지규정(證法 105조④3)을
신설하고, 동 규정을 위반한 자에 대해서는 3년 이하의 징역 또는 2천만원 이하의
벌금에 처할 수 있도록 하였다(證法 208조 3호). 그리고 형사책임과는 별도로 손
해배상책임도 인정하고(證法 106조), 내부자의 단기매매차익 반환규정의 실효성확
보를 위해 내부정보이용 여부에 대한 입증책임을 행위자에게 전환하였으며(證法
188조②), 증관위의 조사요구에 불응한 자에 대해서는 형사벌칙을 부과할 수 있도
록 함으로써(證法 208조 4호) 내부자거래 규제제도의 실효성을 크게 제고하였
다.99)

---

98) 헌법재판소 1997. 3. 27. 선고 94헌바24 결정도 이러한 취지에서, "요컨대 내부자거래규제의
취지는 증권매매에 있어 정보면에서의 평등성 즉 공정한 입장에서 자유로운 경쟁에 의하여
공정한 거래를 하게 함으로써 증권시장의 거래에 참여하는 자로 하여금 가능한 동등한 입장
과 동일한 가능성 위에서 증권거래를 할 수 있도록 투자자를 보호하고 증권시장의 공정성을
확립하여 투자자에게 그 신뢰감을 갖게 하려는 데에 있는 것이다"라고 밝히고 있다.
99) 증권거래법상 최초의 내부자거래규제는 1976년 12월 도입된 단기매매차익 반환제도이다.
도입될 당시에는 "그 직무 또는 지위에 의하여 지득한 비밀을 이용하여"라고 규정함으로써 직
무관련성과 내부정보이용을 요건으로 하고, 반환청구권을 행사하는 회사가 이러한 요건을 증
명하도록 하였다. 그 후 1987년 11월 개정시 본문 규정에서 "그 직무 또는 지위에 의하여 지
득한 비밀을 이용하여"라는 문구를 삭제하고, 단서에서 "그 직무 또는 지위에 의하여 지득한

(2) 1991년 12월 개정법

1991년 12월 개정법은 구법 제105조 제4항 제3호를 삭제하는 대신 그 규정내용을 대폭 손질하여 제188조의2(내부자거래의 금지)와 제188조의3(내부자거래의 배상책임)을 제9장 "상장법인의 관리" 내에 독립조문으로 신설하는 한편, 제188조의 제목을 "내부자거래의 제한"에서 "내부자의 단기매매차익 반환 등"으로 변경함으로써 내부자거래규제 조항 상호간에 통일적인 해석이 가능하도록 체계화하였다. 또한 개정법은 내부자의 범위를 구체적으로 열거하고 있는 일본의 입법례를 참고하여 회사내부자·준내부자 및 정보수령자를 내부자의 범위에 포함시켰고(證法 188조의2①), 내부정보의 범위를 구 증권거래법 제186조 제1항에서 규정하고 있는 상장법인의 신고사항으로 구체화하되 미국 판례법상 확립된 "중요성"의 해석기준을 받아들여 신고사항 중 "투자자의 투자판단에 중대한 영향을 미칠 수 있는 정보"로 한정하는 한편, 정보의 공개기준에 대하여는 재무부령으로 정하도록 하였다(證法 188조의2②). 그리고 내부자거래에 대한 사후제재수단인 벌칙에 관하여 3년 이하의 징역형과 2천만원 이하의 벌금형을 규정하되, 위법행위로 얻은 이익 또는 회피한 손실액의 3배에 해당하는 금액이 2천만원을 초과하는 경우에 그 이익 또는 회피손실액의 3배 이내에서 벌금형에 처하도록 하였다(證法 208조).

(3) 1997년 1월 개정법

1997년 1월 개정법은 내부자거래에 관한 규정을 위반한 자에 대하여 징역과 벌금을 병과할 수 있게 하였다(證法 214조).

(4) 2002년 4월 개정법

2002년 4월 개정법은 내부자거래에 대한 사후제재수단인 벌칙제도에 관하여, 얻은 이익이나 회피한 손실액이 5억원 이상 50억원 미만인 때에는 3년 이상의 유기징역을, 그 이익 또는 회피한 손실액이 50억원 이상인 때에는 무기 또는 5년 이상의 유기징역에 처하도록 하며, 위반행위로 말미암아 징역에 처하는 경우에는 10년 이하의 자격정지를 병과할 수 있도록 하였다(證法 207조의2②,③). 또한, 벌금형을 병과하는 경우에는 그 위반행위로 얻은 이익 또는 회피손실액의 3배에 상당

비밀을 이용하여 이익을 얻은 것이 아님을 입증할 때에는 그러하지 아니하다"고 규정함으로써, 직무관련성과 내부정보이용 여부에 대한 입증책임을 내부자가 부담하도록 전환하였고, 1991년 12월 개정시 위와 같은 단서를 삭제함으로써 직무관련성과 내부정보이용 요건을 완전히 배제하였다.

하는 금액 이하의 벌금에 처하도록 하였다(證法 214조②).

3. 자본시장법의 미공개정보이용 관련 규정

(1) 제정 당시의 미공개중요정보 이용행위 관련 규정

자본시장법은 구 증권거래법의 "미공개정보"대신 "미공개중요정보"라는 용어를 사용하고, 내부자인 법인에 계열회사를 포함함으로써 계열회사의 임직원과 대리인도 규제대상이 되었다. 구 증권거래법은 "당해 법인과 계약을 체결하고 있는 자"만을 준내부자로 규정하였으므로 회사와 계약체결을 위한 교섭 단계에서 미공개중요정보에 접하게 되는 상대방은 준내부자라고 볼 수 없었는데, 자본시장법은 "체결을 교섭하고 있는 자"도 준내부자에 명시적으로 포함함으로써 이러한 문제점을 입법적으로 해결하였다. 특정증권의 개념을 규정함으로써 적용대상 증권의 범위를 확대하였고, 미공개중요정보 이용행위의 규제대상인 중요한 정보를 "투자자의 투자판단에 중대한 영향을 미칠 수 있는 정보"라고 명시하였다. 주식등에 대한 공개매수의 실시·중지에 관한 정보 외에, 주식등의 대량취득·처분에 관한 정보도 미공개중요정보 이용행위 금지대상으로 규정하였다.

(2) 2013년 5월 개정법의 미공개중요정보 이용행위 관련 규정

2013년 5월 개정법6개월 이내에 상장하는 법인뿐 아니라 6개월 이내에 상장법인과의 합병, 주식의 포괄적 교환, 그 밖에 대통령령으로 정하는 기업결합 방법에 따라 상장되는 효과가 있는 비상장법인("상장예정법인등")을 규제대상으로 추가하였고, 해석상의 논란을 해소하기 위하여 "공개매수자"와 "주식등의 대량취득·처분자"를 "공개매수를 하려는 자"와 "주식등의 대량취득·처분을 하려는 자"로 개정하였다. 또한 "상당한 기간 동안 주식등을 보유하는 등 미공개중요정보를 이용할 의사가 없다고 인정되는 경우"에는 사전매수(발판매수)를 허용하였다. 주식등의 대량취득·처분의 경우에도 같은 취지로 규정한다.

Ⅲ. 적용대상증권

미공개중요정보 이용행위 금지의 대상은 상장법인이 발행한 특정증권이다(法 174조①). 단기매매차익 반환의 대상은 주권상장법인이 발행한 특정증권이라는 점에서 차이가 있다.

1. 상장법인

단기매매차익 반환의무는 주권상장법인의 임직원과 주요주주를 규제대상으로 하지만, 미공개중요정보 이용행위 금지의 적용대상은 상장법인을 기초로 정해진다. 상장법인은 증권시장에 상장된 증권("상장증권")을 발행한 법인을 말하고(法 9조⑮1), 미공개중요정보 이용행위 금지의 적용대상인 상장법인에는 ⅰ) 6개월 이내에 상장하는 법인, ⅱ) 6개월 이내에 상장법인과의 합병, 주식의 포괄적 교환, 그 밖에 대통령령으로 정하는 기업결합 방법에 따라 상장되는 효과가 있는 비상장법인("상장예정법인등")을 포함한다. 6개월 이내에 상장하는 법인을 포함하는 이유는, 비상장법인은 상장법인과는 달리 발행시장, 유통시장의 건전성 훼손이나 이로 인한 투자자 보호 등의 문제가 없으므로 규제대상에서 제외되지만, 상장이 조만간 예정되어 있는 비상장법인의 경우 상장 전에 그 상장정보를 이용하는 불공정거래의 가능성이 있으므로 규제대상으로 하는 것이다. 또한 대통령령으로 정하는 기업결합 방법에 따라 상장되는 효과가 있는 비상장법인도 포함하는 것은 우회상장 정보이용에 대한 규제를 할 필요가 있기 때문이다.100) 비상장법인이 발행한 증권이나 비상장법인의 미공개중요정보이용은 자본시장법 제174조의 규제대상이 아니다.

2. 특정증권 등

(1) 주식 및 주식 관련 사채 등

미공개중요정보 이용행위 금지의 대상은 상장법인 및 상장예정법인이 발행한 특정증권등이다. 특정증권등은 내부자의 단기매매차익 반환에 관한 제172조 제1항이 규정하는 다음과 같은 금융투자상품을 말한다. 구 증권거래법은 일반사채도 규제대상으로 규정하였으나 자본시장법은 이를 제외하였다. 그러나 일반사채의 특성상 단기매매차익 반환제도에 의하여 규제할 필요성은 없다고 하더라도, 미공개중요정보 이용행위는 규제할 필요성이 있으므로 일반사채를 적용대상에서 제외

---

100) 종래에는 우회상장하는 경우는 규제대상에서 제외되었는데, 우회상장을 목적으로 하는 M&A 관련 계약의 체결에 따라 제4호가 적용될 수도 있지만, 우회상장도 규제대상에 포함되도록 입법적인 보완이 필요하다는 지적에 따라 2013년 개정 자본시장법에 포함되었다(입법적 보완의 필요성에 관하여는 졸저 자본시장법 2013년판, 864면 참조).

한 것은 그 타당성에 의문이 있다.[101]

1. 그 법인이 발행한 증권(대통령령으로 정하는 증권 제외)[102]
2. 제1호의 증권과 관련된 증권예탁증권
3. 그 법인 외의 자가 발행한 것으로서 제1호·제2호의 증권과 교환을 청구할 수 있는 교환사채권
4. 제1호부터 제3호까지의 증권만을 기초자산으로 하는 금융투자상품[103]

(2) 해당 법인이 발행한 증권 외의 금융투자상품

구 증권거래법은 "당해 법인이 발행한 유가증권"을 규제대상으로 규정하였으나, 자본시장법은 특정증권등(상장예정법인등이 발행한 해당 특정증권등 포함)을 규제대상으로 하므로 해당 법인의 증권을 기초자산으로 하는 다른 법인이 발행한 교환사채, DR, 주식옵션, 주식선물 등을 거래한 경우도 모두 규제대상이 되었고, 이에 따라 규제의 공백은 대부분 해결되었다. 그러나 그 외의 금융투자상품에 대한 미공개중요정보 이용행위에 대하여는 자본시장법의 적용대상이 아니고, 피해자는 민법의 불법행위에 기한 손해배상청구권을 행사할 수 있다. 이와 관련하여

---

101) 이와 관련하여 일반사채도 규제대상에 포함시켜야 한다는 다음과 같은 견해가 있다. "일반사채의 경우 사채권의 가격이 그 기간의 장단과 금리에 의해 결정되며 기업실적이나 미공개중요정보와의 관련성이 적고 사채시장에서의 거래단위가 커서 장내거래보다 장외거래가 일반적이고 대부분의 경우 만기까지 보유하여 거래가 활발하지 않기 때문에 규제대상에서 제외한 것인데, 회사채의 경우 그 발행법인의 파산예정 정보를 이용하여 회사채를 처분하여 손실을 회피할 수 있는 경우가 있을 수 있다[박순철, "미공개중요정보 이용행위의 규제에 관한 연구 — 형사적 제재의 실효성 확보를 중심으로", 성균관대학교 박사학위 논문(2010), 128면]", "최근 사채거래가 투명하게 이루어지도록 국내외적으로 거래소 시장으로 유도하는 경향이 있고 일반사채를 이용한 내부자거래도 불가능하지 않다[안수현, "자본시장법 시행 이후 불공정거래 규제 변화와 과제", BFL 제40호, 서울대학교 금융법센터(2010), 73면]."
102) 제외되는 증권은 다음과 같다(令 196조).
    1. 채무증권(다만, 다음과 같은 증권 제외)
        가. 전환사채권
        나. 신주인수권부사채권
        다. 이익참가부사채권
        라. 그 법인이 발행한 지분증권(이와 관련된 증권예탁증권 포함)이나 가목부터 다목까지의 증권(이와 관련된 증권예탁증권 포함)과 교환을 청구할 수 있는 교환사채권
    2. 수익증권
    3. 파생결합증권(자본시장법 172조 제1항 제4호에 해당하는 파생결합증권 제외)
103) "4. 제1호부터 제3호까지의 증권만을 기초자산으로 하는 금융투자상품"이라는 법문상, 그 외의 증권이나 코스피200선물, 코스피200옵션 등의 장내파생상품이 기초자산에 포함된 ELS와 같은 파생결합증권은 규제대상이 아니다. 개별주식선물이나 개별주식옵션과 달리 지수선물이나 지수옵션은 개별 상장법인의 업무상정보와의 관련성이 미흡하므로 규제대상에서 제외하는 것이다.

A사의 내부자가 A사의 내부적인 문제로 경쟁사인 B사가 유리하게 될 것이라는 정보를 이용하여 B사의 주식을 매수하는 경우 분명히 내부자는 정보의 비대칭으로 인한 이익을 얻게 되는데, 이와 같이 내부자가 "특정증권등"에 포함되지 않는 금융투자상품을 거래하는 소외 대체적 내부자거래(substitute insider trading)도 규제대상으로 보아야 하는지에 관하여 논란의 여지가 있다. SEC Rule 10b-5에 의하여 내부자거래가 규제되고, 신인의무이론과 정보유용이론에 의하여 내부자거래 규제의 법리가 발전해 온 미국에서는 대체적 내부자거래도 규제대상이 되어야 한다는 견해도 있으나, 현행 자본시장법 규정상 대체적 내부자거래는 규제대상이 될 수 없고, 구체적인 사안에 따라 부정거래행위를 규정하는 제178조 제1항 제1호의 적용가능성을 살펴보아야 할 것이다.

(3) 신규발행증권

"그 법인이 발행한 증권"이라는 법문상, 기발행된 증권만을 의미하는 것처럼 보이지만, 발행시장에서의 취득도 회사와 취득자 간에 정보의 비대칭이 있을 수 있으므로 규제대상에서 제외할 이유가 없고, 신규발행증권도 발행되는 순간에 "발행한 증권"으로 되므로 신규발행증권도 규제대상으로 보아야 한다.

Ⅳ. 미공개중요정보 이용 관련자

1. 의   의

내부자거래를 규제하는 이유는 내부자가 직무상 알게 된 미공개중요정보를 이용하여 특정증권등을 매매한다면 이와 같은 정보를 알지 못하는 일반투자자의 희생 하에 부당한 이득을 얻는 불공정거래가 되기 때문이다. 내부자만이 미공개중요정보의 이용이 금지되므로(法 174조①) 중요한 미공개중요정보에 기한 거래를 하였다 하여 항상 내부자거래규제 대상이 되는 것이 아니라 거래자가 내부자(insider)이거나 정보수령자(tippee)이어야 한다. 이들만이 "공개 또는 회피의무"를 부담하기 때문이다. 따라서 미공개중요정보에 기한 모든 거래가 위법한 것은 아니고, 예를 들어 회사와 아무런 관계도 없는 사람이 회사의 업무와 관계없이 우연히 공개되지 않은 중요한 정보를 알게 되어 이에 기하여 증권을 매매한다면 원칙적으로 이는 적법한 것이다.[104] 제1호부터 제5호까지의 내부자는 다음과 같은

---

104) 대학축구팀의 코치인 피고가 운동장에서 우연히 어느 회사 사장 부부의 뒤에 있다가 이들

자와 이에 해당하지 아니하게 된 날부터 1년이 경과하지 아니한 자이다(法 174조
①). 제6호는 이들로부터 미공개중요정보를 받은 정보수령자이다.[105]

1. 그 법인(그 계열회사를 포함) 및 그 법인의 임직원·대리인으로서 그 직무와 관련
   하여 미공개중요정보를 알게 된 자
2. 그 법인(그 계열회사를 포함)의 주요주주로서 그 권리를 행사하는 과정에서 미공개
   중요정보를 알게 된 자
3. 그 법인에 대하여 법령에 따른 허가·인가·지도·감독, 그 밖의 권한을 가지는 자
   로서 그 권한을 행사하는 과정에서 미공개중요정보를 알게 된 자
4. 그 법인과 계약을 체결하고 있거나 체결을 교섭하고 있는 자로서 그 계약을 체결·
   교섭 또는 이행하는 과정에서 미공개중요정보를 알게 된 자
5. 제2호부터 제4호까지의 어느 하나에 해당하는 자의 대리인(이에 해당하는 자가 법
   인인 경우에는 그 임직원 및 대리인 포함)·사용인, 그 밖의 종업원(제2호부터 제4
   호까지의 어느 하나에 해당하는 자가 법인인 경우에는 그 임직원 및 대리인)으로
   서 그 직무와 관련하여 미공개중요정보를 알게 된 자
6. 제1호부터 제5호까지의 어느 하나에 해당하는 자(제1호부터 제5호까지의 어느 하
   나의 자에 해당하지 아니하게 된 날부터 1년이 경과하지 아니한 자를 포함)로부터
   미공개중요정보를 받은 자

⑴ 내 부 자

㈎ 해당 법인

해당 법인을 내부자거래의 주체에 포함한 것은 법인이 자기주식의 취득과 처
분과정에서 미공개중요정보를 이용하는 것을 규제하기 위한 것이다. 1999년 2월
증권거래법 개정시 미공개중요정보 이용행위금지의 주체로 법인이 추가되고 해당
법인의 금지위반행위가 처벌의 대상으로 되었으므로, 해당 법인의 임직원 또는
대리인이 미공개중요정보를 이용하여 법인의 업무에 관하여 자사의 주식을 매각
하는 경우에도 그 법인의 임직원 또는 대리인이 형사처벌되는지 여부가 문제되는

부부의 대화를 듣고 회사가 해산된다는 정보를 듣게 되자 주식을 매수하여 이익을 얻은 사건
에서, 법원은 "사장은 내부자이지만 부인에게 회사의 해산에 대한 정보를 말함으로써 어떠한
경제적 이익도 얻지 않았다. 피고는 미공개중요정보를 얻었고 이에 기한 거래로 이익을 얻었
지만 정보수령자(tippee)에 해당하지 않고 따라서 SEC Rule 10b-5의 위반에 대한 책임을
지지 않는다"라고 판시하였다[S.E.C. v. Switzer, 590 F.Supp. 756(W.D.Okl. 1984)].

105) 제1호부터 제5호까지의 내부자는 "이에 해당하지 아니하게 된 날부터 1년이 경과하지 아
니한 자"를 포함하므로, 제6호의 규정 중 "(제1호부터 제5호까지의 어느 하나의 자에 해당하
지 아니하게 된 날부터 1년이 경과하지 아니한 자를 포함)" 부분은 불필요한 문구이다.

데, 자본시장법 제448조가 "법인(단체를 포함한다. 이하 이 조에서 같다)의 대표자나 법인 또는 개인의 대리인, 사용인, 그 밖의 종업원이 그 법인 또는 개인의 업무에 관하여 제443조부터 제446조까지의 어느 하나에 해당하는 위반행위를 하면 그 행위자를 벌하는 외에 그 법인 또는 개인에게도 해당 조문의 벌금형을 과한다"고 규정하므로(즉, 법인의 업무라 하더라도 행위자를 벌하도록 규정한 것을 보면), 임직원의 미공개중요정보 이용행위는 그것이 자신의 이익을 추구할 목적으로 자기의 계산으로 하는 것이든 또는 해당 법인에게 이익이 귀속될 자사주식의 처분(이 경우 해당 법인도 당연히 처벌대상이다)처럼 타인의 이익을 위하여 타인의 계산으로 하는 것이든 아무런 제한 없이 모두 포함된다고 보아야 한다.

[대법원 2010. 5. 13. 선고 2007도9769 판결]
증권거래법 제188조의2 제1항 제1호에서 말하는 임직원의 미공개정보 이용행위는 그것이 자신의 이익을 추구할 목적으로 자기의 계산으로 하는 것이든 또는 당해 법인에게 이익이 귀속될 자사주식의 처분처럼 타인의 이익을 위하여 타인의 계산으로 하는 것이든 아무런 제한을 두고 있지 아니하였던 데다가 같은 법 제215조가 법인의 대표자, 대리인·사용인 기타 종업원이 그 법인의 업무에 관하여 제207조의2의 위반행위를 한 때에 행위자를 벌하도록 규정한 것을 보면 당해 법인의 임직원 또는 대리인이 미공개정보를 이용하여 법인의 업무에 관하여 자사의 주식을 매각하는 경우에도 그 법인의 임직원 또는 대리인은 당연히 형사처벌되는 것이라 할 것이므로, 개정된 법률에서 미공개정보 이용행위금지의 주체로 법인을 추가하고 당해 법인의 금지위반행위를 처벌의 대상으로 삼게 되었다고 하여 구법의 규정을 달리 볼 수는 없다.

(위 2007도9769 판결의 제1심 판결)
[서울지방법원 2000. 5. 12. 선고 2000고단2914 판결]
피고인 K는 1998. 8. 3.부터 1999. 11.경까지 통일중공업주식회사의 대표이사로 재직하던 사람이고, 같은 G는 1995. 3.경부터 1998. 8. 17.까지 통일중공업의 회계담당이사대우로 재직하던 사람이고, 같은 L은 1996. 8.경부터 1998. 9.경까지 통일중공업의 자금담당이사대우로 재직하던 사람으로서, 당해 상장법인 등의 임직원 등이 업무 등과 관련하여 일반인에게 공개되지 아니한 중요한 정보를 직무와 관련하여 알게 된 경우, 당해 법인이 발행한 유가증권의 매매 기타 거래와 관련하여 그 정보를 이용할 수 없음에도 불구하고, 피고인들은 공모하여, 1998. 8. 17.경 통일중공업 본사 사무실에서 통일재단 재무기획팀으로부터 통일중공업에 대한 감자를 단행하라는 지시를 받게 되어, 같은 달 21. 감자에 관한 이사회결의가 예정되어 있는 상황에서, 당시 통일중공업은 금융권으로부터 차입금 상환요청 및 교환자금 부족으로 인해 심각한 부도위기

에 처해있자, 피고인 L은 그 달 18.경 피고인 K에게 증권거래법위반의 문제점이 있지만, 회사운영 자금 마련을 위해 보유하고 있는 통일중공업 주식을 감자이사회결의 공시 전에 매각할 필요성이 있다는 취지의 보고를 하고, 피고인 K는 같은 달 20. 보유주식 매각을 지시하고, 피고인 G는 같은 달 21. 위 L로부터 통일중공업이 보유하고 있는 통일중공업 주식을 매각하여 달라는 요청을 받고, 그 날 차명계좌인 L 명의의 계좌 등 3개 계좌를 통해 통일중공업 주식 1,062,748주를 약 12억원에 매각하여, 종업원 임금지급 등 회사운영자금으로 사용함으로써, 당해 법인의 임원이 일반인에게 공개되지 아니한 중요한 정보를 주식의 매매와 관련하여 이용한 것이다.

(나) 계열회사

구 증권거래법은 "당해 법인 및 그의 임원·직원·대리인"이라고 규정하였으므로 계열회사 임직원의 미공개중요정보 이용행위를 규제할 수 없었다.[106] 그러나 자본시장법은 "그 법인(그 계열회사를 포함한다. 이하 이 호 및 제2호에서 같다)"라고 규정하므로, 내부자인 법인에 계열회사가 포함되고 따라서 계열회사의 임직원과 대리인도 내부자에 포함된다. 계열회사는 「독점규제 및 공정거래에 관한 법률」에 따른 것으로 2 이상의 회사가 동일한 기업집단에 속하는 경우에 해당한다(同法 2조 3호).[107] 따라서 동일한 기업집단에 속하는 회사의 임직원, 주요주주들은 다른 계열회사의 미공개중요정보를 이용할 수 없다.[108] 자본시장법 제174조 제1항의 제1호와 제2호만 규제대상에 계열회사를 포함하고 제3호와 제4호는 계열회사를 포함하지 아니하므로, 계열회사에 대하여 법령에 따른 허가·인가·지도·감독, 그 밖의 권한을 가지는 자와, 계열회사와 계약을 체결하고 있거나 체결을 교섭하고 있는 자는 규제대상이 아니다.[109] 그리고 규제대상 정보는 업무관련성이 요구되므로 자본시장법 제174조 제2항과 제3항의 경우가 아닌 한 외부정보는 규

---

106) 구 증권거래법상 계열회사의 개념은 모집매출 관련 50인 산정시 제외대상으로서 "발행인의 계열회사(「독점규제 및 공정거래에 관한 법률」의 규정에 의한 계열회사를 말한다. 이하 같다) 및 그 임원"이라는 규정에서 사용된 일이 있었다(證令 2조의4③3).

107) 기업집단이란 ⅰ) 동일인이 회사인 경우 동일인과 그 동일인이 지배하는 하나 이상의 회사의 집단, ⅱ) 동일인이 회사가 아닌 경우 그 동일인이 지배하는 2 이상의 회사의 집단으로, 대통령령이 정하는 기준에 의하여 사실상 그 사업내용을 지배하는 회사의 집단을 의미한다(「독점규제 및 공정거래에 관한 법률」 2조 2호, 동법 시행령 3조).

108) 일본 金商法도 상장회사의 모회사 및 자회사의 관계자는 해당 상장회사의 관계자와 동일한 범위 내에서 규제대상으로 규정한다(金商法 166조①1).

109) 일본 金商法 제166조 제1항은 상장회사의 친회사나 자회사에 대하여 법령에 따른 권한을 가지는 자와(제3호), 계약을 체결하고 있는 자와 계약체결을 교섭하고 있는 자(제4호)도 규제대상으로 규정한다.

제대상이 아니다. 따라서 A라는 모회사의 임원이 B라는 자회사의 증권을 매매하는 경우 항상 규제대상이 되는 것은 아니고 B의 정보를 이용한 경우에만 규제대상이 된다. 물론 A와 B에 공통된 정보는 규제대상이다.110) 통상 자회사의 경영실적은 모회사에게 그대로 영향을 주므로, 자회사에게 중요한 정보는 모회사의 업무에 관련된 정보로 인정될 가능성이 크다. 이 경우에는 자회사의 정보인 동시에 모회사의 정보가 된다. 그러나 모회사와 자회사 간의 대규모납품계약의 체결이나 자회사의 중요한 경영상의 결정을 모회사가 결정하는 경우 외에는, 모회사의 정보가 자회사의 정보로 되는 경우는 많지 않을 것이다. 한편, 계열회사의 정보가 규제대상이 되려면 내부자가 그 계열회사의 업무와 관련된 업무를 담당하여야 한다는 직무관련성도 요구된다.

㈐ 법인의 임직원·대리인

내부자는 회사에 고용되어 있는 기회에 얻은 미공개중요정보를 이용하여 거래를 하지 않을 신임의무를 부담하는 지위에 있는 자이므로 임원을 비롯한 고위직원은 당연히 내부자로 되고, 하위직원들도 고용되어 있는 기회에 정보를 얻게 되면 내부자로 되어 적용대상이 된다. 직원은 고용계약관계를 불문하고 법인의 지휘·명령 하에 있으면 이에 해당하므로, 임시직·아르바이트사원·파견근로자 등은 모두 이에 해당한다. 단기매매차익 반환의무와 달리 모든 직원이 규제 대상이다. 법인의 대리인에는 해당 법인의 업무에 관한 대리권을 부여받은 변호사·회계사 등이 포함된다.

㈑ 주요주주

1) 의　의　　주요주주는 단기매매차익 반환의무의 적용대상인 주요주주와 같다. 10% 지분을 산정함에 있어서 특수관계인의 지분은 최대주주에 관하여는 합산을 명문으로 규정하지만 주요주주에 관하여는 명문의 규정이 없으므로 합산할 수 없다고 해석하여야 한다. 즉, 주요주주는 개별 주주 1인을 기준으로 판단하여야 한다.

[서울고등법원 2008. 6. 24. 선고 2007노653 판결]
증권거래법 제188조의2 제1항은 '주권상장법인 또는 협회등록법인 및 그의 임원·직원·대리인, 당해 법인의 주요주주, 위 임직원 등과 주요주주의 대리인·사용인 기타

---

110) 대법원 1995. 6. 30. 선고 94도2792 판결도 자회사의 화재발생사실을 모회사의 중요한 정보로 인정하였다.

종업원에 해당하는 자로서 당해 법인의 업무 등과 관련하여 일반인에게 공개되지 아니한 중요한 정보를 직무와 관련하여 알게 된 자와 이들로부터 당해 정보를 받은 자는 당해 법인이 발행한 유가증권의 매매 기타 거래와 관련하여 그 정보를 이용하거나 다른 사람으로 하여금 이를 이용하게 하지 못한다'는 내용을 규정하고 있고, 증권거래법 제188조 제1항 및 증권거래법 시행령 제83조의5 제1항의 규정은 '주권상장법인 등의 '주요주주'라 함은 누구의 명의로 하든지 자기의 계산으로 의결권 있는 발행주식총수 또는 출자총액의 100분의 10 이상의 주식 또는 출자증권을 소유한 자와 임원의 임면 등 당해 법인의 주요 경영사항에 대하여 사실상 영향력을 행사하고 있는 주주를 말한다'는 내용을 규정하고 있는데, 주주가 '주요주주'에 해당하는지 여부는 개별 주주 1인을 기준으로 판단하여야 할 것이다.

다만 특수관계인의 지분을 합산하여 10% 이상에 이르게 되면 사실상 영향력을 행사하는 주주로 인정될 경우가 있을 것이다. 단기매매차익 반환의무에 있어서는 주주가 되는 시기를 계약체결일로 보는 것이 타당하나, 미공개중요정보 이용행위에 있어서는 이와 달리 실제로 증권을 인도받은 날을 기준으로 삼아야 한다. 단기매매차익 반환의무는 순수한 민사상 채무이지만, 미공개중요정보 이용행위는 형사처벌의 대상이므로 규제의 범위를 근거 없이 확대해석하는 것은 죄형법정주의에 반하기 때문이다.

2) 권리행사과정   미공개중요정보 이용행위 금지의 적용대상인 주요주주는 "그 법인의 주요주주로서 그 권리를 행사하는 과정에서 미공개중요정보를 알게 된 자"이다. 미공개중요정보 이용행위를 규제하기 위한 직무관련성 요건과 관련하여, 임직원과 달리 주요주주에게는 특정 직무라는 것이 없으므로 "그 권리를 행사하는 과정에서"라는 제한이 규정된 것이다. 따라서 주요주주가 주주로서의 권리를 행사하는 과정에서 알게 된 미공개중요정보를 이용하는 경우에는 회사내부자로서 내부자거래 규제의 대상이 되나, 권리행사와 관계없이 알게 된 정보의 이용은 허용된다. 다만, 대부분의 경우 주요주주는 회사내부자를 통하여 정보에 접하게 될 것이므로 이 경우에는 정보수령자로서의 책임을 지게 된다.

(2) 준내부자

㈎ 의   의

원래는 내부자가 아니지만 해당 법인과의 일정한 관계에 있는 자는 준내부자로서 규제대상이 된다. 자본시장법이 규정하는 준내부자는 "3. 그 법인에 대하여 법령에 따른 허가·인가·지도·감독, 그 밖의 권한을 가지는 자로서 그 권한을 행사하는 과정에서 미공개중요정보를 알게 된 자"와 "4. 그 법인과 계약을 체결하고 있거나 체결을 교섭하고 있는 자로서 그 계약을 체결·교섭 또는 이행하는 과정에서 미공개중요정보를 알게 된 자"이다.

제4호와 관련하여 구 증권거래법은 "당해 법인과 계약을 체결하고 있는 자"만을 준내부자로 규정하였으므로 회사와 계약체결을 위한 교섭 단계에서 이미 상대방은 회사의 미공개중요정보에 접하게 되는 경우가 많지만, 이러한 경우에는 법문상 준내부자라고 볼 수 없었다.

다만 본계약이 아직 체결되기 전이라도 본계약의 진행과 관련한 상호합의사항에 대한 비밀유지합의를 한 경우에는 중요한 정보에 접근할 수 있는 계약이므로 규제대상인 준내부자에 해당한다는 판결,111) 비록 계약이 그 효력을 발생하기 위한 절차적 요건을 갖추지 아니하였다고 하더라도 "당해 법인과 계약을 체결하고 있는 자"에 해당한다고 본 판결 등과 같이 판례는 법문을 넓게 해석함으로써 법문상의 미비점을 해결하려는 입장을 취하였다.

> [대법원 2010. 5. 13. 선고 2007도9769 판결]
> 구 증권거래법(2008. 2. 29. 법률 제8863호로 개정되기 전의 것) 제188조의2 제1항 제4호에서 '당해 법인과 계약을 체결하고 있는 자'를 내부거래의 규제 범위에 포함시킨 취지는, 법인과 계약을 체결하고 있는 자는 그 법인의 미공개 중요정보에 쉽게 접근할 수 있어 이를 이용하는 행위를 제한하지 아니할 경우 거래의 공정성 내지 증권시장의 건전성을 해할 위험성이 많으므로 이를 방지하고자 하는 데에 있다. 이와 같은 입법 취지를 고려하여 보면, 법인과 계약을 체결함으로써 그 법인의 미공개 중요정보에 용이하게 접근하여 이를 이용할 수 있는 지위에 있다고 인정되는 자는 비록 위 계약이 그 효력을 발생하기 위한 절차적 요건을 갖추지 아니하였다고 하더라도 "당해 법인과 계약을 체결하고 있는 자"에 해당한다고 봄이 상당하다.112)

이에 자본시장법은 "체결을 교섭하고 있는 자"도 준내부자에 명시적으로 포함함으로써 해석상의 논란을 입법적으로 해결하였다. 해당 법인과 계약관계에 있는 자에는 감사계약에 의한 외부감사인, 특정증권등의 모집이나 매출을 위하여 인수계약을 체결한 증권회사, 명의개서대행회사, 거래 은행, 변호사 또는 회계사,

---

111) 서울지방법원 2003. 6. 25. 선고 2002노9772 판결(대법원 2006. 5. 11. 선고 2003도4320 판결에 의하여 확정됨).

112) 원심은 이사회 결의가 정식으로 열린 날 비로소 준내부자의 지위를 취득하였다는 이유로 무죄를 선고하였으나(서울고등법원 2007. 10. 26. 선고 2007노1733 판결) 대법원은 위와 같은 이유로 파기환송하였다.

컨설팅회사 등이 포함된다. 준내부자를 규제하는 이유가 정보에 대한 접근가능성이 있기 때문이므로, 계약체결 과정에서 지득한 정보를 이용한 거래를 한 경우에는 그 후 계약이 성립하지 않거나 무효로 되었다고 하더라도 미공개중요정보 이용행위의 성립에는 영향이 없다.113)

(나) 범   위

제4호의 규정과 관련된 사례로는, M&A 및 컨설팅 계약을 체결한 자가 제3자 배정 유상증자정보를 이용한 경우, 자금대차계약을 체결한 자가 수표부도 사실을 안 경우, 경영자문계약을 체결한 자가 경영진의 긴급체포 사실을 안 경우, 투자유치자문계약을 체결한 자가 우회상장 정보를 이용한 경우 등이 있다.

〈M&A 및 컨설팅 계약을 체결한 경우〉
[서울고등법원 2009. 3. 19. 선고 2008노2314 판결]
① 피고인이 B사 명의로 Y사와 사이에 작성한 'M&A 및 컨설팅 계약서'의 작성일자가 2005. 12. 1.로 되어있는 점, ② 피고인은 금융감독원 이래 검찰 제2회 피의자신문에 이르기까지 Y사 주식 관련 조사를 받으면서 피고인과 J 사이에 유착관계가 있어 위 주식을 시세조종 한 혐의로 조사받을 때에는 Y사와 컨설팅계약 관계에 있고 2005. 12. 1. Y사와 컨설팅 계약을 체결하고 계약서도 작성하였다고 일관되게 진술하였다가, J가 2007. 10. 29.경 검찰에서 종전의 금융감독원에서의 진술을 번복한 이후인 2007. 11. 1. 검찰 제3회 피의자신문부터 주식 시세조종이 아닌 준내부자로서 미공개정보이용 주식매매 혐의로 조사받는다는 것을 알고 입장을 바꾸어 컨설팅계약을 체결한 것처럼 보이기 위하여 J와 협의하여 2006. 8.경 위 계약서를 소급하여 작성한 것일 뿐 Y사와 컨설팅계약을 체결한 바 없다고 주장하나, Y사는 피고인이 금융감독원에서 최초 조사를 받은 2006. 9. 7. 이전인 2006. 8. 31.경 금감원의 자료 제출 요구에 따라 '2005. 12. 8. 공시한 제3자 배정 유상증자 결정' 등에 관한 경위서를 제출하면서 'Y사는 2005. 12. 1.경 B사의 J 이사와 기업컨설팅 계약을 체결하였다'는 취지의 내용을 기재하고 그 첨부자료로 위 계약서를 함께 제출하였고 또한 Y사가 2006. 8. 31.경 금감원에 경위서 등의 자료를 제출할 당시에는 피고인과의 컨설팅 계약의 존부

---

113) 서울중앙지방법원 2007. 7. 20. 선고 2007고합159 판결. 이 사건은 상장법인과 제3자배정 유상증자에 참여하는 신주인수계약을 체결한 피고인이 그 정보를 타인에게 이용하게 하였는데, 피고인은 신주인수계약에 대한 이사회 결의가 서면결의로 부적법하기 때문에 동 계약도 이사회의 결의가 없으므로 무효로 되었다고 주장한 사안인데, "주식회사의 신주발행은 주식회사의 업무집행에 준하는 것으로서 대표이사가 그 권한에 기하여 신주를 발행한 이상 신주발행은 유효하고, 설령 신주발행에 관한 이사회의 결의가 없거나 이사회의 결의에 하자가 있더라도 이사회의 결의는 회사의 내부적 의사결정에 불과하므로 신주발행의 효력에는 영향이 없다"는 판례(대법원 2007. 2. 22. 선고 2005다77060, 77077 판결)에 비추어 보면, 이러한 경우에는 당연히 준내부자로서 규제대상이 된다고 해석하여야 할 것이다.

가 문제될 만한 특별한 사정이 없었으므로 허위로 날짜를 소급하여 위 계약서를 작성할 만한 이유도 없는 점, 피고인은 M&A 중개 및 기업컨설팅을 전문으로 하는 사람이고 피고인의 진술에 의하더라도 컨설팅 영업을 염두에 두고 Y사의 J를 만났으며 그 뒤 일련의 과정으로 제3자배정 유상증자 참여자를 적극적으로 구하는 등 Y사의 제3자 배정 유상증자를 주도하여 추진한 점, ③ K의 금융감독원 및 검찰에서의 각 진술, J의 금융감독원에서의 진술도 이에 부합하는 점 등에 비추어, 피고인의 주장과 같은 경위로 위 계약서가 소급 작성되었다고 볼 수 없고 피고인은 적어도 2005. 12. 1. Y사와 컨설팅 계약을 체결함으로써 준내부자의 지위를 취득하였다.

〈자금대차계약을 체결한 자가 수표부도 사실을 안 경우〉
[서울지방법원 2000. 7. 6. 선고 2000고단2425 판결]
1998. 5.경부터 N사에 자금을 대여하고 그 회사 발행의 당좌수표를 교부받아 사채업자에게 할인하여 사용하는 내용으로 위 회사와 자금대차계약관계에 있던 중, 같은 해 7. 28. 08:00경 위 수표가 부도났다는 사실을 알게 되자, 그 부도사실이 일반인에게 알려지면 주가가 급락할 것을 예상하여 당시 위 회사 주식을 전혀 보유하고 있지 않았음에도 위 부도 사실이 아직 일반인에게 공개되기 이전인 7. 28. 09:28:40에 조흥증권 도곡지점에 개설된 H 명의의 주담보계좌를 통하여 위 회사 주식 21만주를 당일 하한가인 2,465원에 공매도하여, 일반인에게 공개되지 아니한 중요한 정보를 유가증권의 매매 기타 거래와 관련하여 이용하였다.

〈경영자문계약을 체결한 자가 경영진의 긴급체포 사실을 안 경우〉
[수원지방법원 2003. 7. 25. 선고 2003고단1044 판결]
피고인은, S가 2002. 1. 4. 코스닥 상장기업(2001. 12. 26. 코스닥 등록, 2001. 12. 28.부터 주식거래)으로서 N이 대표이사이던 T사와 기업경영 등의 자문계약을 체결하였고, 그 무렵 N과 T사의 자금부장 L 및 T사의 연구원들이 H사의 기술을 훔친 다음 허위매출로 코스닥에 등록한 혐의로 검찰의 내사를 받다가 2002. 3. 7. 07:30경 N과 L이 긴급체포되고, T사도 압수·수색 당하였으며, 그들이 그 혐의사실로 2001. 3. 8. 각 구속되었고, T사는 2002. 3. 12.에 이르러서야 이러한 사실을 공시하였음에도, 2002. 3. 7. 오전 S 사무실에서 T사의 성명불상 직원으로부터 "사장 N과 자금부장 L이 오늘 오전에 검찰에서 긴급체포되었다"라는 전화를 받고, 피고인이 평소 알고 지내던 변호사에게 "범죄혐의를 알아봐 달라"라고 부탁한 후, 그 날 저녁 위 변호사로부터 N 등이 기술을 훔친 혐의사실로 긴급체포되어 조사받고 있음을 전해 듣자, 소규모 벤처회사인 T사의 사장과 간부가 검찰에서 위와 같은 혐의사실로 긴급체포되었다면 향후 T사의 경영 등이 순탄치 않고 이러한 사실이 일반인에게 알려질 경우 T사의 주식도 급락할 것으로 예상하고서, 손실을 회피하고자, 2002. 3. 8. 아침 일찍 피고인의 집에서 T사로 가던 중 S의 직원 M에게 "우리 회사에서 가지고 있는 T사의 주식을 매도하라"라고 지시하여

M이 그 날 09:49:15경부터 그 날 10:43:32까지 57분 사이에 전화로 위와 같이 가지고 있던 T사 주식 137,565주 중 132,565주를 346,738,280원(회피손실액 325,527,880원)에 매도함으로써, 투자자의 투자판단에 중대한 영향을 미칠 수 있는 중요한 정보로서 일반인에게 공개되지 아니한 정보를 T사와의 기업경영 등의 자문계약에 따른 직무와 관련하여 알게 된 피고인이 T사 주식 매매와 관련하여 그 정보를 이용하였다.

〈투자유치자문계약을 체결한 자가 우회상장 정보를 이용한 경우〉
[수원지방법원 성남지원 2007. 10. 24. 선고 2007고단1954 판결]
피고인은 투자 및 경영자문을 목적으로 설립된 주식회사 B사의 대표이사로서 2005. 9. 9. 건강식품도소매업 등을 목적으로 설립된 상장법인인 주식회사 L사와 투자유치자문업무 계약을 체결하였던바, 상장법인 또는 코스닥상장법인의 대리인이나 당해 법인과 계약을 체결하고 있는 자(그에 해당하지 아니하게 된 날부터 1년이 경과되지 아니한 자를 포함한다)로서 당해 법인의 업무 등과 관련하여 일반인에게 공개되지 아니한 중요한 정부를 직무와 관련하여 알게 된 자는 당해 법인이 발행한 유가증권의 매매 기타 거래와 관련하여 그 정보를 이용하지 못함에도 불구하고, 위와 같은 투자유치자문업무 계약에 따라 2005. 9. 27. L사가 제3자배정 유상증자(1,990,000,000원)를 실시하여 자본잠식을 일부 해소한 후, L사가 연예관련업체와의 포괄적인 주식교환 등을 통한 신규사업진출을 모색하고 있다는 사실을 알게 된 한편, 그 무렵 비상장법인으로서 TV드라마 외주제작 등을 목적으로 설립된 J사가 T사 등과의 우회상장을 논의하는 등 우회상장을 계획하고 있다는 사실을 알게 되자 같은 해 11. 10.경부터 L사와 J사 사이의 기업결합을 추진하던 중, 2005. 11. 18. 서울 강남구 역삼1동 638-3에 있는 위 B사 사무실에서, 이미 그 전날 L사의 부사장 P와 J사의 대표이사 L을 상대로 기업결합과 관련된 긍정적인 계약체결의사를 확인하였고, 같은 달 19.경 위 P와 L의 만남을 주선한 상태였으므로 J사와 L사가 포괄적 주식교환계약을 체결할 것으로 전망될 뿐만 아니라 그와 같은 계약체결사실이 공시되면 L사의 주가가 급등할 것을 예상하고 그와 같은 계약체결 정보를 이용하여 위 L사의 주식을 매수하기로 마음먹고, 그곳 컴퓨터에 설치된 인터넷 주식매매 프로그램(HTS, Home Trading System)을 이용하여 친구인 K로부터 빌린 동인의 처 S 명의의 대신증권 계좌로 L사 주식 220,000주를 주당 약 822원에 매수하고, 같은 달 21. 같은 장소에서 같은 방법으로 주식 40,000주를 주당 약 822원에 매수(매수금액 합계 213,756,980원)한 후, L사가 위와 같은 J사와의 포괄적 주식교환을 위한 외부평가계약을 삼영회계법인과 체결한 사실의 공시일인 같은 달 24. 이후인 같은 해 12. 12.부터 2006. 2. 10.까지 4회에 걸쳐 위와 같이 매수한 L사 주식의 전량을 주당 약 1,312원에 매도(매도금액 합계 341,065,485원)하여 총 127,308,505원 상당의 부당이득을 취득하였다.[114]

114) 주식의 포괄적 교환은 A회사가 B회사의 발행주식총수를 보유하기 위하여 B회사의 주주로부터 B회사주식 전부를 취득하면서 그 대가로 B회사의 주주에게 A회사의 신주를 발행하거나

그 밖에 제4호의 규정과 관련된 사례로 신주인수계약을 체결한 자가 감자정
보를 이용한 경우,115) 외자유치에 관한 자문계약을 체결한 자가 외자유치 정보를
이용한 경우,116) 손실보전약정을 체결한 자가 자금사정 악화 정보를 이용한 경
우,117) 자금대차계약을 체결한 자가 수표부도 사실을 안 경우,118) 경영자문계약
을 체결한 자가 경영진의 긴급체포 사실을 안 경우,119) 투자유치자문계약을 체결
한 자가 우회상장 정보를 이용한 경우,120) 등이 있다.

한편, 대주주와 주식양수도 계약을 체결한 상대방 당사자는 해당 법인과 계
약을 체결한 자에 해당하지 않는다.121) 다만 양수도지분이 10%(발행 주식등의
총수에 대한 취득·처분하는 주식등의 비율) 이상인 경우에는 제174조 제3항 제4호
의 "대량취득·처분을 하는 자와 계약을 체결하고 있거나 체결을 교섭하고 있는
자로서 그 계약을 체결·교섭 또는 이행하는 과정에서 대량취득·처분의 실시 또
는 중지에 관한 미공개정보를 알게 된 자"에 해당할 가능성은 있다.

자본시장법상 이용이 금지되는 미공개정보는 상장법인의 업무 등과 관련된
정보이고, 주식등의 대량취득·처분의 실시·중지에 관한 정보는 업무관련성이 없
는 외부정보에 해당하지만 경영권에 영향을 줄 가능성이 있는 대량취득·처분의
경우에는 규제대상이다.122)

자기주식을 교부함으로써 두 회사의 주식을 포괄적으로 교환하는 조직법상의 행위 내지 제도
를 말한다. 회사는 주식의 포괄적 교환에 의하여 다른 회사의 발행주식총수를 소유하는 회사
(완전모회사)가 될 수 있다. 이 경우 그 다른 회사를 "완전자회사"라 한다(商法 360조의1
①). 주식교환에 의하여 완전자회사가 되는 회사의 주주가 가지는 그 회사의 주식은 주식을
교환하는 날에 주식교환에 의하여 완전모회사가 되는 회사에 이전하고, 그 완전자회사가 되는
회사의 주주는 그 완전모회사가 되는 회사가 주식교환을 위하여 발행하는 신주의 배정을 받
음으로써 그 회사의 주주가 된다(商法 360조의2②).
115) 대법원 2007. 7. 26. 선고 2007도4716 판결.
116) 대법원 2007. 7. 12. 선고 2007도3782 판결.
117) 서울중앙지방법원 2006. 8. 18. 선고 2006노1559 판결.
118) 서울지방법원 2000. 7. 6. 선고 2000고단2425 판결.
119) 수원지방법원 2003. 7. 25. 선고 2003고단1044 판결.
120) 수원지방법원 성남지원 2007. 10. 24. 선고 2007고단1954 판결.
121) 대법원 2003. 9. 2. 선고 2003도3455 판결.
122) 규제대상인 취득·처분은 다음의 요건을 모두 충족하는 취득·처분을 말한다(슈 201조④).
　　1. 보유목적이 발행인의 경영권에 영향을 주기 위한 것(슈 154조①)으로 할 것(취득의 경우
　　　만 해당)
　　2. 금융위원회가 정하여 고시하는 비율(10%) 이상의 대량취득·처분일 것
　　3. 그 취득·처분이 주식등의 대량보유보고대상(法 147조①)에 해당할 것

(3) 내부자의 대리인·사용인·종업원

제2호부터 제4호까지의 어느 하나에 해당하는 자의 대리인(이에 해당하는 자가 법인인 경우에는 그 임직원 및 대리인 포함)·사용인, 그 밖의 종업원(제2호부터 제4호까지의 어느 하나에 해당하는 자가 법인인 경우에는 그 임직원 및 대리인)으로서 그 직무와 관련하여 미공개중요정보를 알게 된 자도 미공개중요정보 이용행위 금지의 대상이다(法 174조①5). 정식 고용계약이 체결되지 않은 경우에도 사실상의 통제·감독 하에 있으면 종업원으로 인정된다.

[대법원 1993. 5. 14. 선고 93도344 판결]
증권거래법 제215조 제2항(양벌규정) 소정의 법인의 종업원에는 법인과 정식의 고용계약이 체결되어 근무하는 자뿐만 아니라 법인의 대리인, 사용인 등이 자기의 보조자로서 사용하고 있으면서 직접 또는 간접으로 법인의 통제·감독 하에 있는 자도 포함한다. 기록에 의하면 피고인회사의 안동지점 대리 M은 위 지점의 업무가 폭주하자 위 지점에 상시 출입하는 고객이었던 공소외 N으로 하여금 위 지점의 업무인 투자상담, 주식매도·매수주문수령, 전화받기, 그 밖의 심부름 등을 하게 하여 위 지점의 업무를 보조하게 하였으며, 위 N이 위 지점장이하 직원들의 통제·감독 하에 있음으로써 피고인회사의 간접적 통제·감독 하에 있었음이 인정된다. 따라서 원심이 위 N이 피고인회사의 직원 또는 임원으로 채용된 적은 없다하더라도 이사건 범행기간 동안 피고인회사의 명시적 또는 묵시적 승인 하에 피고인회사의 직원과 동일한 업무를 수행하면서 사실상 그 직원으로 행세하여 온 사실을 인정한 다음, 위 법조소정의 "법인의 대리인, 사용인 기타의 종업원"이라 함은 반드시 법인의 내부규정에 따라 정식 채용절차를 거친 직원 또는 임원에 한정되는 것이라고 할 수 없다는 이유로 피고인을 유죄로 인정한 1심판결을 유지하였음은 위 법리에 비추어 정당하다고 할 것이고, 거기에 소론이 주장하는 바와 같은 증권거래법 제215조 제2항의 법리를 오해하거나, 죄형법정주의원칙을 위배한 위법이 없으므로 논지는 이유 없다.

〈주요주주의 사용인·대리인인 경우〉
[서울고등법원 2008. 6. 24. 선고 2007노653 판결]
X그룹의 회장으로 있는 K는 임원의 임면 등 일제카드의 주요 경영사항에 대하여 사실상 영향력을 행사하고 있는 주주인데, 피고인 1은 명예회장의 지시를 받아 주요주주에 해당하는 K 회장의 사실상 사용인 내지 대리인으로서의 역할을 수행하여 온 사실을 인정할 수 있으므로, 만약 피고인 1이 주요주주인 K의 대리인으로 일하면서 H사의 중요한 정보를 취득한 다음 H사의 주식을 매도하면서 위 정보를 이용하였다면 위 피고인은 증권거래법 제188조의2 제1항 제5호, 제207조의 제1항 제1호, 제2항의 규정에 의하여 처벌될 수 있다 할 것이다. 그리고 증권거래법 제215조는 법인 또는

개인의 대리인·사용인 기타 종업원이 그 법인 또는 개인의 업무에 관하여 제207조의
2의 위반행위를 한 때에는 행위자를 벌하는 외에 그 법인 또는 개인에 대하여도 각
해당 조의 벌금형을 과한다고 규정하고 있는데, 만약 피고인 1이 주요주주인 K의 사
용인 내지 대리인으로 일하면서 H사의 중요한 정보를 취득한 다음 피고인 2의 대리
인으로서 위 피고인이 보유하고 있는 H사의 주식을 매도하면서 위 정보를 이용하였
다면, 피고인 1은 증권거래법 제188조의2 제1항 제5호, 제207조의 제1항 제1호, 제2
항의 규정으로, 피고인 2는 같은 법 제215조의 양벌규정에 의하여 처벌될 수 있다 할
것이다(피고인 1이 미공개정보이용행위금지의 주체로 인정되는 이상, 피고인 1이 미공
개정보를 이용하여 처분하는 주식이 반드시 주요주주인 M회장의 소유일 필요는 없고,
피고인 1이 관리하고 있는 피고인 2 소유의 주식을 처분한 경우에도 미공개정보이용
행위금지에 관한 증권거래법위반죄가 성립되는 것으로 보아야 할 것이다).

〈주요주주인 법인의 임원인 경우〉
[서울동부지방법원 2006. 8. 18. 선고 2006고단1047 판결]
피고인 1은 상장법인인 I사의 주요주주인 D사의 임원으로서 법인의 업무 등과 관련
하여 일반인에게 공개되지 아니한 중요한 정보를 직무와 관련하여 알게 된 경우 당
해 법인이 발행한 유가증권의 매매 기타 거래와 관련하여 그 정보를 다른 사람으로
하여금 이용하게 하여서는 아니됨에도 불구하고, 2004. 6.경부터 위 D사 및 I사의 대
표이사인 Y를 보좌하여 I사의 재무구조 개선을 위하여 I사의 주요 자산인 공장부지
22,000평의 매각을 추진하여 오던 중, 2004. 12.말경 위 Y로부터 위 공장부지가 매각
될 것 같다는 말을 듣고 그 정보를 N에게 알려 동인으로 하여금 I사의 주식을 취득케
하여 이익을 취득할 수 있도록 해 주기로 마음먹고, 2005. 1. 4. 18:00경 위 Y로부터
P가 위 공장부지를 428억원에 매입할 의사가 있으니 다음날 오전에 I사 사무실에서
P가 가져오는 부동산매매계약서를 검토할 준비를 하라는 지시를 받은 후 2005. 1. 5.
오전 I사 사무실에서 대기하다 같은 날 11:00경 위 Y로부터 P가 위 공장부지를 매수
하기로 합의하였다는 부동산 매각정보를 취득하여 이를 부동산매각 공시(2005. 1. 5.
16:45) 전에 피고인 2에게 알려주어 동인으로 하여금 같은 날 13:46경 L 명의로 현대
증권 동교동지점에서 증권계좌를 개설하고 같은 날 14:45경 위 동교동지점에서 I사
주식을 645원에서 660원 사이의 가격으로 75,000주, 합계 49,396,750원 상당을 매수
한 후 부동산매각 공시 이후인 같은 달 10. 위 75,000주를 한 주당 990원 합계
74,250,000원에 전량 매도하여 24,316,500원(매도금액 74,250,000원 - 매수금액
49,396,750원 - 세금 및 수수료 536,750원)의 부당이득을 취득하게 함으로써 피고인 2
로 하여금 I사 발행 주식의 매매와 관련하여 그 정보를 이용하게 하였다.

〈계약을 체결한 법인의 직원인 경우〉

[서울북부지방법원 2004. 9. 2. 선고 2004노484 판결]

A사, B사(피고인 2가 부장으로 근무함) 관계자들이 2002. 3. 22.경 모여 A사의 M&A
와 관련한 매각 일정 및 절차를 확정하면서 그 내용을 담은 보고서가 작성되었는데,
그 추진계획의 내용과 피고인 1이 A사 주식을 매수하면서 증권사 직원인 N과 전화통
화를 한 내용이 일치하는 점, 특히 피고인 1의 주식 매수 및 매도 내역 등을 비교·분
석하여 보면, 피고인 1이 2002. 3. 28. 자신의 당일 자력으로 매수할 수 있는 최대한의
주식을 매수한 것을 비롯하여, 2002. 4. 2.까지 자신의 자력을 전부 동원한 점 등을 알
수 있는바, 이러한 사정에 비추어 볼 때, 피고인들이 원심판시와 같은 정보를 주고받
은 후 이를 이용하여 주식거래를 한다는 고의나 인식이 있었음을 충분히 인정할 수
있으므로, 이 부분에 대한 피고인들의 주장은 이유 없다.

〈경영정상화약정을 체결한 은행의 직원인 경우〉

[서울북부지방법원 2004. 9. 2. 선고 2004노484 판결]

① 피고인 A은행은 2002. 9.경 S사 부산지점 직원의 수출서류 위조 사건과 관련하여
S사에 대해 약 20억 원 상당의 손해배상채권이 있었는데, S사의 자금난 등으로 인해
이를 출자전환하기로 하여 2003. 1. 27. S사로부터 주식 379,200주를 취득하게 되었
다. ② 그 후 피고인 A은행은 위 주식을 매각하기로 하여 2003. 4. 21. 그 중 143,490
주를 매각하였고 나머지 주식도 당시에 모두 매각하려고 하였으나 주가 하락 등을 이
유로 매각을 유보하다가 적절한 매각 시점을 놓치게 되었다. ③ 그러던 중 위 은행
여신관리팀 차장이었던 피고인 N은 2003. 8. 7. 14:00 S사의 여신관리담당자로부터
채권금융기관협의회 의결권 현황 파악을 위한 채권현황신고요청에 관한 문서를 송부
받고 그에게 그 사유를 문의하는 과정에서 S사가 감자를 실시하기 위해 자산·부채에
대한 실사를 실시하고 있음을 알게 되자 그에게 관련자료를 송부해 줄 것을 요청하였
다. ④ 이에 따라 피고인 N은 S사의 여신관리담당자로부터 적정감자비율 산정을 위
한 실사기관 선정과 구체적인 감자 일정 및 예상감자비율 등이 기재된 회의자료를 팩
스로 송부 받게 되었다. ⑤ 그 직후 피고인 N은 이를 관련부서인 피고인 A은행 자금
운용팀 J 과장에게 전송하였고, J는 이를 당시 자금운용팀장이었던 피고인 P에게 보
고하였는데, 피고인 P는 펀드매니저인 T 과장을 불러 팩스내용을 전달하면서 감자예
상비율 및 감자일정 등의 구체성으로 보아 향후 감자가 있을 것으로 예상된다고 하면
서 바로 주식을 처분하라고 지시하였고, 이에 따라 S는 같은 날 14:55경부터 그 다음
날 13:25경까지 나머지 주식 235,710주를 평균 단가 2,025원에 전량 처분하여, 결국
피고인 A은행으로서는 S사의 감자에 관한 이사회결의 사실이 공시된 2003. 9. 9. 이후
최저가인 주당 1,260원과 대비하여 총 178,181,410원의 손실을 회피하게 되었다.

제5호는 "제2호부터 제4호까지"라고 규정하고 제1호는 제외한다. 따라서 A

상장법인의 대리인이 B법인인 경우 B법인의 임직원 및 대리인은 규제대상에 포함되지 않는다. 그리고 제5호는 "대리인(이에 해당하는 자가 법인인 경우에는 그 임직원 및 대리인 포함)"이라고 규정하므로, 대리인인 법인의 임직원만 규제대상이고 그 주요주주는 규제대상이 아니다. 따라서 B법인이 A상장법인의 주요주주인 경우 B법인의 임직원과 대리인만 규제대상이고, B법인의 주요주주는 규제대상에 포함되지 않는다. 이에 따라 B법인의 주요주주가 B법인을 통하여 A법인의 주요경영사항에 대하여 사실상 영향력을 행사하면서 A법인의 미공개중요정보를 이용하더라도, 정보수령자에 해당하지 않는 한 규제대상이 아니다. 이상의 문제점은 제5호를 개정하여야 해결될 것이다.

(4) 내부자 지위의 연장

내부자 또는 준내부자의 지위에 해당하는 자뿐 아니라, 이에 해당하지 아니하게 된 날로부터 1년이 경과하지 아니한 자도 규제대상이다. 물론 이 때에도 내부자 또는 준내부자의 지위에 있는 동안에 직무와 관련하여 또는 권리를 행사하는 과정에서 미공개중요정보를 알게 된 자이어야 하고, 퇴임 후 알게 된 경우에는 정보수령자에 해당하지 않는 한 규제대상이 아니다.

(5) 직무관련성

회사내부자와 준내부자는 그 직무와 관련하여 미공개중요정보를 알게 된 경우에만 내부자거래의 규제대상이다. 물론 정보수령자는 개념상 정보제공자와 달리 직무관련성이 요구되지 않는다. 자본시장법은 내부자의 유형별로 직무관련성을 규정한다. 즉, 제174조 제1항은 ⅰ) 법인의 임직원·대리인은 그 직무와 관련하여, ⅱ) 주요주주는 그 권리를 행사하는 과정에서, ⅲ) 법인에 대하여 법령에 따른 허가·인가·지도·감독, 그 밖의 권한을 가지는 자는 그 권한을 행사하는 과정에서, ⅳ) 그 법인과 계약을 체결하고 있거나 체결을 교섭하고 있는 자는 그 계약을 체결·교섭 또는 이행하는 과정에서, ⅴ) 내부자·준내부자의 대리인·사용인, 그 밖의 종업원은 그 직무와 관련하여, 각 미공개중요정보를 알게 된 자라고 규정한다. 모회사와 자회사 간의 합병정보를 이용하여 모회사의 임원이 자회사 주식을 매수한 경우 주요주주의 임원으로서 그 직무와 관련하여 미공개중요정보를 알게 된 자(法 174조①5)에 해당한다.123)

---

123) 서울고등법원 2007. 6. 8. 선고 2007노402 판결.

[대법원 2003. 11. 14. 선고 2003도686 판결]

증권거래법 제188조의2 소정의 미공개정보 이용행위의 금지 대상이 되는 "해당 정보를 받은 자(소위 정보수령자)"란 같은 조 제1항 각 호에 해당하는 자로부터 이들이 직무와 관련하여 알게 된 해당 정보를 전달받은 자를 말한다 할 것인바, 기록에 의하면 피고인 1이 증권거래법 제188조의2 제1항 각 호에 해당하는 자로서 A사의 주요주주인 B사로부터 전달받았다는 이 사건 공소사실 기재 해당 정보인 "B사가 위 피고인에게 A사 주식 290만 주를 양도하여 A사의 경영권을 양도한다"는 정보는 B사가 그 소유의 주식을 위 피고인에게 처분함으로써 스스로 생산한 정보이지 직무와 관련하여 알게 된 정보가 아니고, 위 피고인은 해당 정보를 B사로부터 전달받은 자가 아니라 B사와 이 사건 주식 양수계약을 체결한 계약 당사자로서 B사와 공동으로 해당 정보를 생산한 자에 해당한다 할 것이므로, 원심이 위 피고인이 증권거래법 제188조의2 제1항 제4호의 "해당 법인과 계약을 체결하고 있는 자" 또는 증권거래법 제188조의2 제1항 소정의 "해당 정보를 받은 자"에 해당하지 아니한다고 판단한 것은 정당한 것으로 수긍이 가고, 거기에 증권거래법상의 내부자거래에 관한 법리를 오해한 위법이 있다고 할 수 없다.[124)]

직무관련성이 인정되려면 원칙적으로 자신의 직무수행중 얻은 정보에 해당하여야 한다. 따라서 같은 회사나 법인에 소속된 직원들이라도 부서가 다르면 특별한 경우가 아닌 한 직무관련성이 인정되지 않을 것이다.

[서울남부지방법원 2017. 5. 25. 선고 2016노220-1(분리) 판결]

피고인들이 준내부자나 제1차 정보수령자들과 같은 회계법인에서 근무하였으나, 준내부자에 대하여 자본시장법 제174조 제1항 제5호에서 '그 직무와 관련하여' 미공개 중요정보를 알게 된 자라고 명시하고 있는 이상 단순히 같은 법인에 소속되어 있다고 하여 그 직무를 수행하지 않은 채 준내부자 또는 제1차 정보수령자로부터 정보를 전달받은 직원들을 무조건 준내부자 또는 제1차 정보수령자로 보기는 어렵다. 더욱이 피고인들이 속한 회계법인에는 수천명의 회계사가 근무하고 있고 각각의 부서에 따른 업무가 분장되어 있는바, 일부 회계사가 직무와 관련하여 알게 된 정보를 그 직무

---

124) 이 판결에서는 피고인이 주식양수계약을 체결한 계약 당사자로서 공동으로 해당 정보를 생산한 자에 해당하므로 정보수령자에 해당하지 않는다는 판시가 주된 내용인데, 금융감독원의 조사단계와 검찰의 기소단계에서는 정보수령자 여부 이전에 경영권양도가 상장법인의 업무와 관련된 정보에 해당하는지 여부에 대한 논란이 있었던 사건이다. 한편, 서울고등법원 2011. 7. 8. 선고 2011노441 판결은 "정보를 '알게 된' 경우에는, 당해 정보를 '받은' 경우의 해석(대법원 2003. 11. 14. 선고 2003도686 판결 참조)과 달리, 그 문언 및 입법취지에 비추어 볼 때 이미 생성되어 존재하는 정보를 수동적으로 수령하여 알게 된 경우뿐만 아니라 그 정보의 생성 과정에 적극적으로 관여하거나 공동으로 생성하는 과정에서 알게 된 경우도 포함된다고 해석함이 상당하다"라고 판시하였는데, 그 타당성은 의문이다.

를 담당하지 않은 같은 법인 소속의 다른 회계사에게 전달해 준 경우 그 행위에 대한 비난가능성은 별론으로 하더라도 형사처벌에 관한 명시적 규정이 없음에도 직무를 담당했던 회계사와 동일하게 취급하는 확장해석을 하는 것은 무리가 있다(대법원 2019. 7. 12. 선고 2017도9087 판결에 의하여 확정).

다만, 직무관련성의 범위를 다소 넓게 해석하여 다른 직원이 담당하던 업무와 관련되는 정보라 하더라도 같은 부서의 같은 사무실 내에서 파기된 자료에 의하여 정보를 얻은 경우에도 직무관련성을 인정한 하급심 판례가 있다.

[서울지방법원 2002. 1. 23. 선고 2001고단10894 판결]
피고인은 A사 총무과 대리로 근무하던 자로서, 2000. 2. 21. 18:00경 위 A사 총무과 사무실에서, 위 회사의 주식담당직원인 Y가 기안하였다가 파기한 이사회 결의서(안)에 2000. 2. 22. 개최 예정인 위 회사 이사회에서 사업목적에 전자상거래 및 인터넷 사업을 추가한다는 내용이 기재되어 있는 것을 보고, 위와 같은 내용의 이사회 결의사항이 증권거래소를 통하여 공시된 같은 달 22. 17:02보다 이전 시각인 같은 날 14:34:54 경부터 15:00:43 경까지 위 회사 총무과 사무실에서 삼성증권 홈트레이딩 시스템에 접속하여, 자신 명의로 삼성증권 광화문지점에 개설한 증권계좌를 통하여 총 28회에 걸쳐서 위 회사의 주식 14,000주를 1주당 평균 금 3,406원에 매수하여, 주식의 매매거래와 관련하여 일반인에게 공개되지 아니한 중요한 정보를 이용한 것이다.

심지어는 구내식당에서 담당 임원으로부터 정보를 들어서 알게 된 경우에도 연구원이라는 지위를 이용하여 일반투자자들에게 접근이 허용되지 않는 정보를 취득한 것이라는 이유로 직무관련성을 인정한 판례가 있다.[125]
외부연구소 직원이 자체전산망으로 정보를 취득한 경우 직무관련성을 인정한 판례도 있다.

[서울중앙지방법원 2008. 11. 27. 선고 2008고합236 판결]
내부자거래 규제의 취지는 증권매매에 있어 정보면에서의 평등성 즉, 공정한 입장에서 자유로운 경쟁에 의하여 공정한 거래를 하게 함으로써 증권시장의 거래에 참여하는 자로 하여금 가능한 동등한 입장과 동일한 가능성 위에서 증권거래를 할 수 있도록 투자자를 보호하고 증권시장의 공정성을 확립하여 투자자에게 그 신뢰감을 갖게 하려는 데에 있는 것이다(대법원 1994. 4. 26. 선고 93도695 판결 참조). 위와 같은 입법취지를 전제로 이 사건에 관하여 보건대, 비록 피고인이 T연구원의 건설추진실 직원으로 근무하여 나노 이미지센서 개발 및 홍보업무에 직접 관여하지 않았다 하더라

---

125) 서울중앙지방법원 2007. 12. 26. 선고 2007노3274 판결.

도, 일반 투자자에게는 접근이 허용되지 아니하는 T연구원 내의 전산망을 통해서 이 사건 정보를 취득하였으므로, 이는 피고인이 T연구원에 근무한다는 지위를 이용하여 불공정하게 정보를 취득한 때에 해당한다고 할 것이다. 나아가 T연구원에서 나노 이 미지센서의 기술을 개발하여 이를 그대로 P사에 양도하기로 약정한 이상, 그 기술개발을 완료하였다는 정보는 T연구원의 업무상 정보에 해당함과 동시에 당해 법인인 P 사의 업무상 정보에도 해당한다고 할 것이므로, 결국 피고인은 자신의 직무와 관련하여 당해 법인인 P사의 공개되지 아니한 업무상 정보를 취득하였다고 봄이 상당하다.

그러나, 주식매매내역으로 보아 미공개정보를 이용한 개연성이 크다 하더라도 정보 관련 담당 직원이 정보유출을 부인하는 등 직무와 관련하여 정보를 알게 되었다고 볼 수 없다면 그와 같은 사무실에서 근무한 사실만으로는 직무관련성이 인정되지 않는다는 하급심 판례도 있다.

[수원지방법원 2008. 7. 30. 선고 2008노1134 판결]
피고인은 P사의 영업담당 상무보로서 신주인수권부증권의 소각과 관련된 업무를 담당하고 있지도 않았던 점, 피고인이 P사의 팀장회의 참석자이기는 하지만, 공동피고인 R, 원심 공동피고인 S는 수사기관에서부터 이 사건 정보는 보안사항이었고 팀장회의에서 논의할 사항도 아니었으므로, 팀장회의에서 이 사건 정보에 관하여 논의한 사실이 없으며, P사의 대표이사인 N과 자신들만 이 사건 정보를 미리 알고 있었고 피고인 L을 비롯한 다른 임직원들에게는 알리지 않았다고 일관되게 진술하고 있는 바, 피고인 L이 팀장회의나 위 N, R, S 등을 통하여 이 사건 정보를 지득할 수는 없었던 것으로 보이는 점, P사의 영업팀과 재무팀이 파티션으로 나뉘어져 분리 배치되어 있는 사무실 구조상 피고인이 사무실 내에서 이 사건 정보를 우연히 지득하기도 어려웠던 것으로 보이는 점, 피고인 L은 2002. 4. 이전에도 자신의 명의 증권거래계좌에 P사의 주식 약 100주를 보유하고 있었고, 위 계좌로 2002. 4. 3, 2002. 4. 12 및 2002. 4. 22. 각 2,000주, 2002. 5. 6. 1,300주를 매입하였으며, 2003. 12. 9. 2,000주, 2004. 1. 7. 900주, 2005. 8. 19. 5,000주를 매입하였으며, K 명의 계좌로 2005. 9. 27. 3,010주, 2005. 10. 7. 3,000주를 매수하는 등 2005. 10. 10. 이전에도 P사의 주식을 매수하여 왔던 점 등에 비추어 보면, 피고인이 이 사건 정보를 공시 전에 미리 지득하고 이를 이용하여 주식을 매수하였다고 인정하기는 어렵고, 달리 이를 인정할 만한 증거가 없다.

⑹ 정보수령자
㈎ 의   의
정보수령자는 내부자로부터 미공개중요정보를 받은 자로서 제174조 제1항 제6호도 "제1호부터 제5호까지의 어느 하나에 해당하는 자(제1호부터 제5호까지

의 어느 하나의 자에 해당하지 아니하게 된 날부터 1년이 경과하지 아니한 자를 포함)
로부터 미공개중요정보를 받은 자"라고 명시하고 있다.

정보수령자가 정보제공자로부터 정보를 전달받았다고 인정하기 위해서는 단
순히 정보의 이동이 있었다는 객관적 사실만으로는 충분하지 않고, 정보제공자
가 직무와 관련하여 알게 된 미공개정보를 전달한다는 점에 관한 인식이 있어야
한다.

> [대법원 2017. 10. 31. 선고 2015도8342 판결]
> 피고인이 공소외 4에게 공소외 2 회사의 매각 관련 소식을 전달하였다는 사실이나
> 피고인이 공소외 2 회사의 주식을 거래한다는 사실을 알고 있는 상태에서 공소외 6
> 이 피고인에게 '실사를 나왔다'는 말을 하였다면 간접적으로 공소외 4의 공소외 2 회
> 사의 인수 추진이라는 정보를 피고인에게 제공한다고 인식하였을 수도 있다. 그러나
> 당시 공소외 6이 위와 같은 사실을 알고 있었다고 볼 만한 사정이 보이지 않으므로
> 피고인의 질문에 대한 위와 같은 답변만으로 공소외 6이 피고인에게 공소외 2 회사
> 인수에 관한 정보를 제공한다는 사실을 인식하고 있었다고 단정하기 어렵다. 공소외
> 6은 검찰과 제1심 법정에서 피고인과 대화를 길게 하고 싶은 생각이 없어 짧게 답변
> 하였고 인수합병을 추진하는 입장에서 피고인에게 회사 일을 거론할 수는 없었다고
> 진술하였다. 이와 같은 진술내용에 비추어 공소외 6은 정보를 공개하지 않으려고 의
> 도하였다고 볼 여지도 있다. 따라서 당시 공소외 2 회사의 인수 소문이 있었다고 하
> 더라도 공소외 6에게 위와 같은 말을 통하여 공소외 4의 공소외 2 회사 인수라는 정
> 보를 제공한다는 미필적 인식조차 없었던 것으로 보인다.

정보수령자가 정보를 제공받고 미공개중요정보임을 인식하면서 거래를 하였
다면 정보를 이용한 거래라고 추정된다.

주요주주나 임직원이 직무관련성 없이 내부자로부터 정보를 얻은 경우에는
정보수령자에 해당한다. 그러나 법인 내부의 업무집행과정에서 임직원 간에 정보
가 전달되는 경우에는 수령자가 직무상 미공개중요정보를 알게 된 것이므로 1차
정보수령자가 아니라 내부자에 해당한다.

(나) 규제의 범위

제174조 제1항은 내부자 외에 내부자로부터 미공개중요정보를 받은 자도
"타인에게 이용하게 하여서는 아니 된다"고 규정하는데, 전전유통하는 모든 단계
의 정보를 전부 규제대상으로 하는 것은 비현실적이고, 정보라는 것은 그 성격상
그 전달과정에서 상당히 변질되기 마련이어서 전달과정이 많아지고 시간이 경과

할수록 단순한 풍문(rumor)수준의 넓은 의미의 정보가 되기 마련이므로 규제대상 정보수령자의 범위를 제한할 필요가 있다. 특히 제6호는 "(내부자로부터) 미공개중요정보를 받은 자"라고 규정한다.

[대법원 2002. 1. 25. 선고 2000도90 판결]
이는 법에서 내부자가 미공개 내부정보를 이용하여 유가증권의 매매 기타의 거래를 하는 것만을 금지할 경우 내부자가 그 금지를 회피하여 탈법적으로 미공개 내부정보를 이용한 유가증권의 매매 기타의 거래를 하는 것을 막을 수 없으므로 내부자로부터 미공개 내부정보를 전달받아 이를 이용하여 유가증권의 매매 기타의 거래를 하는 것을 금지하여야 할 필요가 있으면서 한편으로는 미공개 내부정보는 정보의 성격상 전달과정에서 상당히 변질되어 단순한 소문 수준의 정보가 되기 마련이어서 미공개 내부정보의 이용에 대한 규제대상을 적절한 범위 내로 제한하여야 할 필요도 있으므로, 그 규정조항은 내부자로부터 직접 미공개 내부정보를 전달받은 제1차정보수령자는 통상적으로 내부자와 특별한 관계가 있음을 고려하여 증권시장의 공정성 및 건전성에 대한 투자자의 신뢰를 확보한다는 관점에서 제1차정보수령자가 내부자로부터 전달받은 미공개 내부정보를 이용하여 직접 유가증권의 매매 기타의 거래를 하거나 다른 사람으로 하여금 유가증권의 매매 기타의 거래와 관련하여 이를 이용하게 하는 행위를 처벌하기로 하는 한편 그 처벌범위가 불명확하게 되거나 법적안정성을 해치게 되는 것을 막기 위하여 제2차정보수령자 이후의 정보수령자의 미공개 내부정보 이용행위를 그의 처벌범위에 넣지 않기로 한 것으로 봄이 죄형법정주의 원칙에 부응되기 때문이다.126)

따라서 내부자로부터 정보를 수령한 제6호의 1차수령자127)가 특정증권등의 매매 기타의 거래와 관련하여 전달받은 정보를 이용한 경우 정보를 이용하게 한 내부자와 정보를 이용한 1차수령자 모두 규제대상이 되고, 1차수령자로부터 미공개중요정보를 전달받은 2차수령자가 그 정보를 이용하는 경우 1차수령자만 규제대상이 되고, 2차수령자가 그 정보를 직접 이용하지 않고 다시 다른 사람에게 전달하여 이용하게 하는 경우에는 1차수령자도 규제대상이 아니다.

[대법원 2002. 1. 25. 선고 2000도90 판결]
증권거래법 제188조의2 제1항은 내부자로부터 미공개 내부정보를 전달받은 제1차정

---

126) 同旨 : 대법원 2003. 1. 10. 선고 2002도5871 판결.
127) 판례와 저자의 舊著 증권거래법을 비롯한 대부분의 문헌에서는 1차정보수령자, 2차정보수령자라는 용어가 사용되나, 1차정보와 2차정보를 구별하는 용어처럼 보일수도 있으므로 본서에서는 1차수령자, 2차수령자라고 표기한다.

보수령자가 유가증권의 매매 기타 거래와 관련하여 그 정보를 이용하거나 다른 사람
으로 하여금 이를 이용하게 하는 행위만을 금지하고 있을 뿐 제1차정보수령자로부터
미공개 내부정보를 전달받은 제2차정보수령자 이후의 사람이 유가증권의 매매 기타
거래와 관련하여 해당 정보를 이용하거나 다른 사람으로 하여금 이를 이용하게 하는
행위를 금지하지는 아니하므로 결국 증권거래법 제188조의2 제1항, 제207조의2 제1
호는 내부자로부터 미공개 내부정보를 전달받은 제1차정보수령자가 유가증권의 매매
기타의 거래에 관련하여 해당 정보를 이용하거나 다른 사람에게 이를 이용하게 하는
행위만을 처벌할 뿐이고, 제1차정보수령자로부터 제1차정보수령과는 다른 기회에 미
공개 내부정보를 다시 전달받은 제2차정보수령자 이후의 사람이 유가증권의 매매 기
타의 거래와 관련하여 전달받은 해당 정보를 이용하거나 다른 사람에게 이용하게 하
는 행위는 그 규정조항에 의하여는 처벌되지 않는 취지라고 판단된다.

이와 같이 해석하면 내부자나 정보수령자로부터 미공개중요정보를 받은 사람
이 직접 미공개중요정보를 이용한 증권거래를 하지 않고 다른 사람을 통하여 자
기의 계산으로 거래를 하는 경우에는 그 내부관계가 밝혀지기 전에는 규제대상에
서 벗어난다는 문제가 있지만, 제174조 제1항에 위반한 자는 형사책임을 지게 되
므로 죄형법정주의 원칙상 그 적용범위는 제한적으로 해석하여야 한다.

일본 金商法은 직무상 해당 정보를 전달받은 자가 소속된 법인의 다른 임원
등이 그 직무에 관하여 당해 정보를 지득한 경우에는 그 정보가 공개되기 전에는
해당 상장회사 등의 특정유가증권등에 관한 매매를 할 수 없다고 규정함으로써
(金商法 166조③), 자본시장법에 비하여 정보수령자의 범위를 다소 확대하고 있다.

(다) 허위정보 수령자

정보수령자도 내부자로부터 제공받은 정보가 허위의 것이어서 결과적으로 손
해를 입은 경우에는 정보제공자를 상대로 손해배상청구를 할 수 있고, 다만 손해
배상책임의 범위에 있어서 본인의 불법행위가 인정되면 과실상계이론에 따라 적
절한 범위에서 감액될 것이다.[128]

---

128) 미국에서는 제3자의 SEC Rule 10b−5위반행위의 교사자와 방조자(Abettors and aiders)도
SEC Rule 10b−5의 규정에 의한 책임을 지는데, 예를 들어 변호사·공인회계사 또는 은행이 이
에 해당한다. SEC Rule 10b−5의 위반행위를 교사, 방조한 자의 손해배상책임이 인정되려면,
① 교사·방조자 외에 독립하여 직접 위반행위를 한 자가 별도로 있고 ② 교사·방조자가 직접
위반행위자의 위반행위를 알면서, ③ 교사·방조자가 직접위반행위에 대하여 어느 정도의 실질
적인 역할을 하였어야 한다. 교사·방조자의 scienter(고의성)와 관련하여 recklessness(인식있
는 과실)로 충분한지에 대하여 ① 직접위반행위자와 마찬가지로 교사, 방조자도 일반적으로
recklessness에 기하여 책임이 발생한다는 견해, ② 교사·방조자가 독립한 의무(in−
dependent duty), 예를 들면 직접위반행위를 공개할 의무를 위반한 경우에만 recklessness에

(라) 정보의 구체성

정보수령자의 미공개중요정보는 내부자가 직접 업무상 지득한 정보에 비하여 구체적이어야 한다. 정보제공자가 제공한 내용이 단순히 미공개정보의 존재를 암시하는 것에 지나지 않거나, 모호하고 추상적이어서 정보수령자가 그 정보를 이용하더라도 여전히 일반투자자와 같은 정도의 경제적 위험을 부담하게 되는 경우에는 특별한 사정이 없는 한 미공개정보에 해당하지 않는다.

[대법원 2017. 10. 31. 선고 2015도8342 판결]
기록상 공소외 2 회사가 입주한 건물은 수십 개의 법인 또는 개인사업체가 입주한 곳임을 알 수 있다. 따라서 위 건물에 실사를 나왔다는 말이 당연히 공소외 2 회사에 실사를 나왔다는 것을 의미하지는 않는다. 당시 공소외 6과 피고인이 나눈 대화는 우연히 만난 지인들 사이에 있을 수 있는 간단한 인사나 응답에 지나지 않고 공소외 2 회사가 실사의 대상임을 전제로 한 것은 아니다. 결국 공소외 6이 한 말만으로는 피고인이 구체성 있는 미공개정보를 전달받았다고 볼 수 없다. 피고인이 공소외 4에게 공소외 2 회사의 인수를 권유하지 않았거나 공소외 2 회사의 인수 관련 상황에 관심을 갖지 않았다면 공소외 6으로부터 위와 같은 말만 듣고 공소외 2 회사의 인수를 떠올리지는 못하였을 것이다. 이러한 사정을 감안하면 피고인이 2012. 4.경부터 거액을 들여 집중적으로 공소외 2 회사 주식을 매수한 것은 피고인의 인수권유와 당시의 상황에 따른 판단에서 비롯되었다고 볼 수 있으므로 그와 같은 집중 매수행위에 기초해서 공소외 6이 피고인에게 구체성 있는 미공개정보를 제공하였다고 추론하기도 어렵다.

정보의 구체성이 없으면 규제대상 미공개중요정보의 요건인 중요성이 결여되므로 어차피 미공개중요정보이용에 해당하지 않는 경우가 많을 것이다. 다만, 정보를 알게 된 시점에서 해당 증권이 반드시 특정될 필요는 없고, 관련 자료에 의하여 용이하게 어느 종목인지 파악할 수 있으면 규제대상 미공개중요정보가 된다.[129]

기하여 책임이 발생한다는 견해, ③ 독립한 의무가 없는 경우에도 사기를 교사·방조할 실제의 목적에 가까운(closer to an actual intent to aid in the fraud) 의사가 있으면 교사, 방조자가 recklessness에 기하여 책임을 진다는 견해 등이 있다. 교사·방조자가 ① 위반행위를 방지하기 위하여 말을 할 의무가 있거나, ② 위반행위를 방조하려는 의식적인 목적(conscious intent)이 있으면 미공개·부작위에 대하여도 책임을 지게 된다.

129) 시장질서 교란행위에 관한 과징금부과처분취소사건에서, 대규모 블록딜에 관하여 입수한 자료에 나오는 시가총액 및 거래량과 일치하는 종목을 확인하여 거래한 경우 미공개중요정보임을 인정한 사례가 있다(서울행정법원 2019. 1. 10. 선고 2017구합89377 판결). 미국 연방대법원이 내부자거래와 관련하여 신인의무이론을 최초로 채택한 것으로 유명한 Chiarella v.

그리고 구체적인 정보의 제공이 없이 특정 주식에 대한 거래만을 추천하는 경우도 정보의 비대칭을 이용한 불공정거래의 가능성은 있지만 현행 규정의 해석상 정보제공 없는 단순한 거래의 추천까지 규제대상으로 볼 수는 없다.

(마) 매매의 권유

내부자가 외부자에게 미공개중요정보 자체를 제공하지 않고 단지 매매를 권유하는 경우에는 "정보를 받은 자"라는 법문상 규제대상이 아니다.

(바) 미국 증권법상 정보수령자 규제

1) 의   의   정보수령자(tippee)는 내부자가 아니면서 내부자로부터 미공개정보를 얻어 증권을 거래한 자를 말한다. 정보수령자가 내부자로부터 제공받은 정보가 허위의 것이어서 결과적으로 손해를 입은 경우에는 정보제공자를 상대로 구제를 청구할 수 있다.130) 정보수령자의 책임은 신인의무이론을 정보제공자와 정보수령자 간의 관계에 적용한 것이다.

2) 책임요건

가) 정보제공자의 책임   정보제공자는 정보수령자의 거래상대방에 대한 신인의무를 위반한 경우에만 정보수령자의 내부자거래에 대하여 책임을 진다. 정보수령자의 거래상대방은 회사의 주주가 될 것이다. 연방대법원은 Dirks 판결에서 정보제공자의 신인의무 위반에 대하여 정보제공자가 정보제공으로 인한 개인적 이익 (personal benefit)이 있는지 여부를 기준으로 삼았는데, 개인적 이익을 매우 넓게 해석하여 금전적 이익 외에 장래에 금전적 이익이 얻어질 수 있는 평판(reputation), 정보교환의 기대, 심지어는 정보제공으로 인한 좋은 기분까지도 포함하였다. 그러나 Dirks 판결의 사안과 같이 내부자가 회사의 비리를 고발하기 위하여 정보를 제공한 경우 개인적 이익이 존재하지 않고 따라서 신인의무 위반도 없다.131)

United States, 445 U.S. 222 (1980) 판결도 공개매수와 관련된 서류에 공개매수를 하는 회사나 대상회사의 이름은 최종 인쇄 전까지는 공란 또는 가명이었는데, 피고인은 서류의 다른 내용을 이용하여 대상회사를 알아낸 후 대상회사의 주식을 매수한 사안이다.

130) Bateman Eichler, Hill Richards, Inc. v. Berner, 105 S.Ct. 2622 (1985).

131) [Dirks v. S.E.C., 463 U.S. 646 (1983)]

〈사 안〉

1. Dirks는 기관투자자들을 위하여 보험회사 주식을 주로 대상으로 하는 증권분석가 (security analysis)인데, Equity Funding of America(EFA)의 전직 중역이었던 Secrist로부터 EFA가 재보험자들에게 팔기 위하여 허위의 보험증권을 만드는 부정행위로 인하여 위 회사의 자산이 과대계상되어 있다는 사실을 알았다. Dirks는 위 회사의 임직원들을 상대로 조사를 하여 사실임을 확인한 후 Wall Street Journal에 이를 기고할 생각이었으나 거

절당하였다. Dirks와 그가 근무하던 증권회사는 EFA의 주식을 소유하고 있지 않았는데, Dirks는 자신의 고객들에게 이러한 사실을 알렸고 이들이 위 회사의 주식을 매도하여 손실을 피할 수 있었다.

2. SEC는 Dirks를 상대로 징계처분을 하였고, 이에 Dirks는 연방항소법원에 이의신청을 하여 기각되자 연방대법원에 상소하였다. 이 사건에서는 그와 같은 정보수령자도 항상 거래 전에 정보공개의무가 있는지 여부가 쟁점이었다.

〈판결요지〉

1. 정보수령자는 내부자로부터 부당하게 알게 된 미공개정보에 관하여서만, 내부자의 주주들에 대한 미공개중요정보의 공개 또는 거래회피의무를 승계한다. 일반적으로 그 공개가 내부자의 신인의무위반이 되는지 여부는 정보제공의 목적에 의하여 결정된다. 그 기준은 내부자가 공개로 인하여 직접, 간접으로 개인적 이익을 얻는지 여부이다. 만일 내부자가 개인적으로 이익을 얻지 못한다면 그는 주주들에 대한 신인의무를 위반한 것이 아니고 따라서 정보제공자의 파생적 위반도 있을 수 없다(Tippees inherit the insider's duty to shareholders to disclose material nonpublic information before trading or to refrain from trading only when the information has been improperly disclosed to them by the insider. The disclosure constitutes a breach of the insider's fiduciary duty. The test is whether the insider will receive a direct or indirect personal benefit from the disclosure. If the insider does not stand to personally gain, he has not breached his duty to the shareholders, and there can be no derivative breach by the tippee).

2. Dirks에게 EFA의 활동에 대한 정보를 제공한 자는 제공으로 인하여 아무런 개인적 이익을 얻지 않았다. 그들은 사기를 폭로하려는 욕구에서 동기가 유발되었다 할 것이다. 내부자들은 그들의 의무를 위반하지 않았으므로, Dirks는 미공개정보를 그의 고객들에게 알려주었을 때 Equity Funding of America의 주주들에 대한 어떠한 파생적 의무도 부담하지 않았다(Those who provided Dirks with the information about Equity Funding of America's conduct did not receive any personal benefit from the disclosure. The facts showed that they were motivated by a desire to expose the fraud. The insiders did not breach their duty, so Dirks was not under any derivative obligation to Equity Funding of America's shareholders when he passed the nonpublic information to his clients).

3. 정보수령자는 내부자가 정보수령자에게 정보를 공개함으로써 주주들에 대한 신인의무를 위반하였고 정보수령자가 내부자의 신인의무위반이 있다는 것을 알았거나 알았어야 하는 경우에만, 회사의 주주들에 대하여 미공개중요정보를 이용한 거래를 하지 않는다는 신인의무를 부담한다(A tippee assumes a fiduciary duty to the shareholders of a corporation not to trade on material nonpublic information only when the insider has breached his fiduciary duty to the shareholders by disclosing the information to the tippee and the tippee knows or should know that there has been a breach).

〈해 설〉

1. 이 판결 역시 정보소유이론이 아닌 신인의무이론에 입각하여 그 전에 있었던 Chiarella 판결의 입장을 재확인한 것이다. 연방대법원은 정보수령자의 책임이 인정되려면 ⅰ) 내부자가 개인적 이익을 얻기 위하여 정보를 제공하였고, ⅱ) 정보수령자가 정보제공자의 신인의무위반을 알았거나 알았어야 한다는 이유로, 정보수령자일 뿐 내부자가 아닌 Dirks의 Rule 10b−5 위반을 부인하였다. 즉, 정보수령자인 Dirks의 책임은 내부자로서 정보를 제공한 Secrist의 책임으로부터 파생되는 것이고, 내부자는 그의 정보공개로 인하여 직, 간접적으로 개인적인 이익을 얻을 때에만(personally will benefit, directly or indirectly from his disclosure) 회사에 대하여 신인의무를 위반한 것이 된다는 것이다.

나) 정보수령자의 책임   정보수령자(tippee)가 내부자거래에 대한 책임을 지려면, ⅰ) 내부자(정보제공자)가 발행인이나 주주에 대한 신인의무를 위반하여 정보를 제공하였고, ⅱ) 정보수령자가 내부자의 신인의무위반을 알았거나 과실로 알지 못하였어야 한다. 이러한 요건이 구비되면 정보수령자는 공개 또는 회피의무를 부담한다. 정보수령자는 위와 같은 요건이 구비되지 않는 한 자신의 이익을 위하여 정보를 이용한 거래를 하였더라도 내부자거래의 책임이 없다.

3) 정보수령자의 정보제공   정보수령자가 정보를 이용한 거래를 하지 않고 다시 이 정보를 제3자에게 제공한 경우에도 최초의 정보제공자의 내부자로서의 신인의무 위반이 없으면(개인적 이익이 없이 정보를 제공하였다면) 중간의 정보제공자가 개인적 이익을 얻고 정보를 제공하였더라도 내부자거래로 인한 책임은 발생하지 않는다. 이러한 경우의 규제를 위하여 일부 판례는 부정유용이론을 적용하는 예도 있다.132) 한편, 정보수령자가 제2정보수령자(브로커)에게 정보를 제공하였으나 그 제2정보수령자가 직접 정보를 이용한 거래를 하지 않고 대신 고객에게 정보를 제공하고 고객의 거래로 인한 수수료 수입을 얻은 경우에도 내부자거래의 책임을 진다는 판례도 있다.133)

4) Regulation FD   종래에는 발행인이 일반투자자에게는 제공되지 않은 정보를 기관투자자나 증권분석가에게만 선별적으로 제공하는(selective disclo-

---

그러한 이익은 내부자가 정보수령자로부터 금전적이거나 기타 개인적인 이익을 취하였거나 비밀정보를 증여하였을 때에만 발생하는데, Secrist는 이 사건에서 아무런 이익을 취한 바가 없었으므로 신인의무를 위반하지 않았고, 따라서 Dirks도 파생적인 책임을 지지 않는다고 판시한 것이다. 이때 이익은 반드시 금전적일 필요는 없고 평판상의 이익이나 친구에 대한 선물도 이익에 포함된다.

2. 3인의 대법관(Blackmun, Brennan, Marshall)의 반대의견(dissenting opinion)은 정보수령자의 책임이 정보제공자의 책임으로부터 파생된다는 점은 인정하고, 다만 정보제공자가 개인적인 이익을 취하는지 여부와 관계없이 주주들에게 고의로 손해를 입히면 신인의무위반이 되는데, 이 사건에서 Secrist는 자신의 정보제공으로 인한 주가하락에 의하여 주주들이 손해를 입는다는 사실을 알고 있었으므로 신인의무를 위반한 것이라고 판시하였다. 즉, 반대의견의 취지는 Dirks의 고객이 내부정보에 기하여 이익을 보았고 선량한 일반 투자자들이 이러한 이익을 부담해 주었으므로 Rule 10b-5 위반이라는 것이다.

3. 다만, 이 사건은 정보제공자의 책임이 문제된 사건이 아니고, SEC의 정보수령자에 대한 징계처분의 적법성이 문제된 사건이므로, 정보제공자의 책임요건이 직접적으로 설시되지 않고 정보수령자의 책임과 관련하여 설시되었다.

132) U.S. v. Victor Teicher & Co., L.P., 785 F.Supp. 1137 (S.D.N.Y. 1992). 부정유용이론에 의하면 직전의 정보원(source of information)에 대한 비밀유지의무를 위반하면 내부자거래의 책임을 진다.

133) Shapiro v. Merrill Lynch Pierce, Fenner & Smith, Inc., 495 F.2d 156 (2d cir. 1974).

sure) 관행이 있었다. 이 경우에는 정보제공자가 개인적 이익을 얻는 경우는 거의 없을 것이기 때문에 내부자거래의 법리가 적용되지 않아서 기관투자자와 일반투 자자 사이의 정보의 불균형이 문제되었다. 이에 따라 SEC가 2000년 제정한 Reg-ulation FD(공정공시 규정)는 SEA에 의한 등록회사에만 적용되는데, Regulation FD에 의하면 회사가 브로커-딜러, 투자자문업자, 투자회사등에게 정보를 제공한 경우에는 반드시 일반투자자에게도 같은 정보를 제공하여야 한다.134) 정보의 공 표시기는 선택적 공시의 경위에 따라 다르다. 의도적인 공개의 경우에는(in the case of an intentional disclosure) 선택적 공시와 동시에(simultaneously)[Regulation FD Rule 100(a)(1)], 본의 아닌 공개의 경우에는(in the case of a non-intentional disclosure) 지체없이(promptly) 공시하여야 한다[Regulation FD Rule 100(a)(2)]. "promptly"는 합리적으로 가능한 가장 빠른 시기를 의미한다. 다만, SEC는 Re-gulation FD에 대하여 사기금지규정이 아니고 사기금지규정과 관련된 의무를 규 정한 것이 아니라는 입장이다.135) 따라서 Regulation FD에 기한 민사소송은 불가 능하고, Rule 102는 Regulation FD에 의한 공시불이행은 Rule 10b-5 위반이 아 니라고 명시적으로 규정한다.136) 결국 선택적 공시로 인한 정보제공자의 책임 여 부는 Dirks 판결의 기준에 의하여 결정된다.

2. 내부자와 비내부자 간의 공범 성립 여부

⑴ 신분자와 비신분자의 공범관계

내부자, 준내부자, 정보수령자는 진정신분범인데 비신분자도 형법 제33조의 공범과 신분 규정에 의하여 공동정범, 교사범, 방조범이 될 수 있다. 따라서 비신 분자가 신분자에게 자금을 제공하거나 자신의 계좌를 이용하도록 협조함으로써 신분자의 미공개중요정보 이용행위에 가담하면 공범관계가 성립한다.

〈공동정범 인정 사례〉
[창원지방법원 2003. 8. 14. 선고 2003고단951 판결]
피고인 1은 M사의 임원으로 전무이사 또는 부사장의 직책을 수행하던 사람인바,

---

134) SEC Release No. 33-7881(2000).
135) SEC Release No. 33-7787(1999).
136) Regulation FD Rule 102 No Effect on Antifraud Liability
   No failure to make a public disclosure required solely by Rule 100 shall be deemed to be a violation of Rule 10b-5 under the Securities Exchange Act.

2001. 12월경 위 M사가 1999년경 워크아웃 대상기업으로 선정되었다가 경영수지 개선으로 워크아웃을 조기 졸업하는 등 거액의 누적된 미처분이익 발생하였으나 보유 현금자산이 없어 미처분이익을 주주들에게 현금배당하지 않고, 무상증자할 것이라는 일반인에게 공개되지 아니한 회사 내부의 정보를 알게 된 것을 이용하여 거래처 업자인 피고인 2에게 그 설명을 하면서 M사 주식을 거래할 수 있는 증권계좌를 개설하여 주식거래를 하자고 제의하여 동인으로부터 승낙을 받음으로써 주식거래를 하여 시세차익을 올리기로 모의하고, 피고인 2와 공모하여, 2001. 12. 21. 현대증권에 피고인 2 명의의 증권계좌를 개설하면서 피고인 1이 마련한 자금 222,666,450원을 예치한 후 2001. 12. 28. M사의 주식 600주를 취득한 것을 비롯하여 그 무렵부터 2002. 2. 19.까지 사이에 별지 범죄일람표 기재와 같이 총 13회에 걸쳐 합계 29,379주(주당 평균 매수가 : 7,579원 가량)를 취득한 후 무상증자에 대한 이사회결의 통과로 주가가 폭등한 이후인 2002. 2. 26.부터 같은 해 3. 11.까지 사이에 위 취득주식을 모두 합계 327,639,450원(주당 평균 도매가 : 11,152원 가량)에 매도하여 수수료, 세금을 공제한 103,397,852원의 시세차익을 올려 위 무학의 임원으로써 취득한 협회등록법인의 일반인에게 공개되지 아니한 중요한 정보를 직무와 관련하여 알고서 당해 법인이 발행한 유가증권 매매 기타 거래와 관련하여 그 정보를 이용하였다.

〈방조범 인정 사례〉
[서울남부지방법원 2004. 10. 15. 선고 2004노948 판결]
피고인은 2002. 12. 24.경 서울 강남구 청담동 소재 피고인이 근무하는 B사 사무실에서, L로부터 그가 경영지원부장으로 일하는 주식회사 M사의 주식을 매입하되, 피고인 이외의 타인 명의의 계좌로 매입하여 달라는 부탁을 받았는바, 위 L은 협회등록법인인 위 M사의 증자에 관여한 사람으로서 일반인에게 공개되지 아니한 중요한 정보를 직무와 관련하여 알게 된 경우 당해 법인이 발행한 유가증권의 매매 기타 거래와 관련하여 그 정보를 이용하지 못함에도 불구하고 M이 2002. 12. 27.자로 I회사의 발행주식 전부를 인수하고 그 대금은 M사가 제3자 배정에 의한 유상증자로 발행한 신주로서 지급하는 방식으로 증자할 예정임을 알게 되자 M사의 주식가격이 상승할 것을 예상하고 위 증권거래법상 금지사항에 위반하여 그 주식을 매수, 매매차익을 취할 생각으로 위와 같이 피고인에게 매입 부탁을 하게 되었던 것으로, 피고인도 L이 M사의 주식담당자임을 알고 있었기에 L이 M사에 호재가 되는 내부 정보에 기해서 이를 이용하여 이득을 취할 의도 하에 위와 같은 부탁을 하는 것이라는 정을 알고 있었음에도 불구하고, 이를 승낙한 후 위 L의 범행을 돕기 위하여 2002. 12. 24.경부터 2002. 12. 27.경까지 사이에 위 B 사무실에서 피고인 명의의 주식거래계좌 및 K 명의의 차명계좌를 이용하여 위 L이 송금한 3,000만원에 피고인의 돈을 보태어 인터넷 증권싸이트에서 M사의 주식을 매입한 다음, 예상대로 주가가 상승하자 2003. 1. 10.경 위 주식을 전량 매도한 후, 2003. 1. 14.경 L에게 위 3,000만원 상당 주식매입분에 대

한 매매차익 28,538,087원을 송금하여 주어, L이 위와 같은 M사의 정보를 이용하여
위 3,000만원 상당 주식을 매매하여 이득을 취하는 것을 용이하게 함으로써 이를 방
조한 것이다.137)

(2) 간접정범

(가) 간접정범의 의의

미공개중요정보를 보유하고 있는 내부자가 타인의 매매 기타 거래를 통하여
이익을 얻기 위하여 미공개중요정보를 이용한 거래임을 알지 못하는 타인에게 특
정증권등의 매매 기타 거래를 하도록 사주하여 그 타인이 매매 기타 거래를 하는
경우 간접정범이 성립한다.138) 비신분자가 신분자를 이용하여 내부자거래의 간
접정범이 될 수는 없고, 신분자가 비신분자를 이용하여 미공개정보 이용행위를
하는 경우에는 간접정범으로 처벌된다.

(나) 간접정범의 성립요건

1) 피이용자의 요건   피이용자는 형법 제34조 제1항의 "어느 행위로 인
하여 처벌되지 아니하는 자 또는 과실범으로 처벌되는 자"이다. 그 중에서 "어느
행위로 인하여 처벌되지 아니하는 자"는 구성요건해당성, 위법성 또는 책임이 없
어서 범죄가 성립하지 않는 자를 말한다. 미공개중요정보 이용행위에 있어서는,
피이용자가 미공개중요정보를 알지 못하는 경우 구성요건해당성이 없어서 범죄가
성립하지 않는 자에 해당한다.

2) 이용자의 요건

가) "우월한 의사지배"   간접정범의 본질을 정범으로 보는 통설의 입장에
서는 간접정범을 "우월한 의사지배"를 통하여, 처벌되지 않거나 과실범으로 처벌
되는 자를 이용하여 범죄행위의 결과를 발생하게 하는 경우로 본다.139) 따라서

---

137) 당초 정보수령자로 기소되었다가 항소심에서 검사가 공소장을 변경하여 증권거래법위반방
조죄로 공소사실을 변경하였다.
138) 형법 제34조 제1항은 간접정범이라는 제목 하에 "어느 행위로 인하여 처벌되지 아니하는
자 또는 과실범으로 처벌되는 자를 교사 또는 방조하여 범죄행위의 결과를 발생하게 한 자는
교사 또는 방조의 예에 의하여 처벌한다"고 규정한다. 간접정범의 본질은 공범이 아니라 정범
이라는 것이 형법학계의 통설이다.
139) "우월한 의사지배"는 간접정범의 적극적인 요건이고, 따라서 형법 제34조 제1항의 "교사
또는 방조"라는 문언은 형법 제31조 제1항과 제32조 제1항의 "교사 또는 방조"와 달리, 피이
용자가 범죄의 결과가 발생하는 행위를 하도록 하는 이용자의 "우월한 의사지배"를 전제로 하
는 의미이다. 이용자의 "우월한 의사지배"가 인정되려면, (ⅰ) 객관적으로는 피이용자의 의사
가 지배당하는 상황이 존재하여야 하고, (ⅱ) 주관적으로는 이용자에게, ⅰ) 피이용자를 도구

미공개중요정보를 보유한 내부자(이용자)가 타인(피이용자)에게 먼저 적극적으로 매매 기타 거래를 권유한 것이 아니라 타인이 먼저 매매 기타 거래에 관한 의사결정을 주도적으로 하고 이를 내부자에게 알린 경우에는 내부자가 그 타인의 매매 기타 거래를 만류하지 않거나 심지어는 매수자금을 대여하는 등의 협력을 하였다 하더라도 "이용행위"의 간접정범은 성립하지 않는다(또한 뒤에서 보는 바와 같이 내부자가 정보를 제공하지 않은 이상 "이용하게 한 행위"도 성립하지 않는다).

　　나) 교사 또는 방조의 의미　　　형법 제34조 제1항은 "… 교사 또는 방조하여"라고 규정하지만, 간접정범의 개념상 피이용자로 하여금 자유로운 의사결정에 의하여 범죄를 결의하게 하는 것(교사)이나 이미 범죄의사를 가진 자를 원조하는 것(방조)은 해당하지 않는다. 즉, 여기서 교사 또는 방조란 형법총칙상의 교사범과 방조범에서의 교사 또는 방조와 같은 의미가 아니라, 통설과 같은 "우월한 의사지배" 또는 판례와 같은 "타인의 행위를 적극적으로 유발하고 이를 이용하는 행위"를 의미한다.

　　다) 범죄행위의 결과발생　　　"범죄행위의 결과발생"은 구성요건에 해당하는 사실을 실현하는 것을 말한다. 따라서 미공개중요정보를 보유한 내부자가 그 정을 모르는 타인으로 하여금 우월한 의사지배를 통하여 매매 기타 거래를 하게 한 경우 그로 인한 이익이 내부자에게 전혀 귀속되지 않고 그 타인에게 귀속되는 경우에는 범죄행위의 결과발생 요건이 구비되지 아니하므로 간접정범이 성립하지 않는다. 그러나 이때의 이익은 반드시 직접적인 경제적 이익만을 가리키는 것이 아니라 간접적이거나 비경제적인 이익도 포함한다. 따라서 피이용자가 이용자의

로 이용하여 미공개중요정보를 이용하려는 의사와, ⅱ) "우월한 의사지배"를 하려는 의사가 존재하여야 한다. 이때 "우월한 의사지배"는 계약관계, 고용관계 등으로 인한 일반적인 지배상황을 의미하는 것이 아니라, 피이용자가 범죄의 결과가 발생하는 행위를 하도록 이용자가 먼저 그리고 주도적으로 의사결정을 하는 상황을 의미한다. 이와 같이 행위에 대한 피이용자의 의사결정에 있어서 이용자가 피이용자의 의사를 주도적인 입장에서 지배하여야 이용자의 "우월한 의사지배"가 존재하는 것이므로, 피이용자가 먼저 행위를 하겠다는 의사결정을 하고 이용자가 단지 이를 수용하거나 도와주는 경우에는 이용자의 "우월한 의사지배"가 존재한다고 할 수 없고, 따라서 이러한 경우에는 간접정범이 성립하지 않는다. 판례도 이러한 취지에서, "… 처벌되지 아니하는 타인의 행위를 적극적으로 유발하고 이를 이용하여 자신의 범죄를 실현한 자는 위 법조항이 정하는 간접정범으로서의 죄책을 지게 되고 …"라고 판시한 바 있다(대법원 2008. 9. 11. 선고 2007도7204 판결). 위 판결에서 "타인의 행위를 적극적으로 유발"한다는 것은 그러한 행위를 할 의사가 없었던 타인으로 하여금 이용자(간접정범)가 먼저 적극적인 권유 등의 방법을 통하여 주도적으로 그러한 행위를 하게 하는 것을 의미한다. 바로 이러한 경우에 이용자의 "우월한 의사지배"가 인정되기 때문이다.

채무자이거나 계속적 거래관계에 있는 자인 경우 피이용자가 증권거래로 인하여 이익을 얻는 것이 채권자인 이용자의 채권확보나 영업활동에 도움이 되는 경우도 이익으로 볼 수 있고, 나아가 거래의 추천으로 이용자의 명성이나 평판이 높아져서 이용자의 다른 영업에 도움이 되는 경우에도 이익이 있는 것으로 볼 수 있다.[140)

3. 정보수령자 관련 문제

(1) 단순전달자를 통하여 정보를 받은 수령자의 지위

내부자가 "타인에게 정보를 이용하게 하는 행위"를 하는 것이 금지되므로, 내부자가 정보제공의 상대방으로 하여금 그 정보를 이용하게 하려는 의사로 정보를 제공하는 행위가 금지된다. 따라서 내부자가 사정을 모르는 단순전달자에 불과한 A를 통하여 B에게 정보를 제공한 경우 B가 1차수령자에 해당한다. 만일 A가 단순전달자로서 정보를 전달한 것이 아니라 내부자가 B에게 정보를 이용하게 하려는 것임을 알면서 정보를 전달한 경우에는 "타인에게 정보를 이용하게 하는 행위"에 대하여 신분없는 공동정범이 된다.

이와 같이 정보전달자가 정을 모르면서 단순히 심부름을 한 사자에 불과한 경우에는 그로부터 정보를 전달받은 자는 외관상 2차수령자에 해당하는 경우에도 처벌 대상이 되므로 실제 사건에서 정보전달자가 사자인지 여부는 처벌범위 확정에 있어서 중요하다.

> [서울남부지방법원 2017. 5. 25. 선고 2016노220-1(분리) 판결]
> 검사 주장과 같이 피고인들의 앞선 단계에 있는 제1차 정보수령자들을 단순한 사자로 볼 수 있는 경우로는 피고인들과 준내부자들 사이의 의사 연락 하에 이루어지는 정보전달에 개입하여 제1차 정보수령자들이 심부름을 하는 경우를 생각할 수 있다. 그러나 이 사건의 제1차 정보수령자들은 모두 회계사들로서 피고인들과의 협의 내지 요청에 따라 자신의 인적관계 등을 활용하여 피고인들이 직접 알지 못하는 준내부자들을 접촉하고 그들로부터 적극적으로 정보를 취득하는 행위를 한 점, 준내부자들은

---

140) 구 증권거래법 제188조의4 제4항의 '부당한 이득'에 대하여 대법원은 "유가증권의 처분으로 인한 행위자의 개인적이고 유형적인 경제적 이익에 한정되지 않고, 기업의 경영권 획득, 지배권 확보, 회사 내에서의 지위 상승 등 무형적 이익 및 적극적 이득뿐 아니라 손실을 회피하는 경우와 같은 소극적 이득, 아직 현실화되지 않은 장래의 이득도 모두 포함하는 포괄적인 개념으로 해석하는 것이 상당"하다고 판시함으로써 넓은 의미로 보았다(대법원 2009. 7. 9. 선고 2009도1374 판결, 대법원 2010. 5. 13. 선고 2010도2541 판결).

피고인들의 존재를 정확히 인지하지 않은 상태에서 주식거래에 이용될 수 있다는 사정을 어느 정도 인식하고서도 제1차 정보수령자들에게 정보를 전달한 점 등에 비추어 보면, 정보취득 과정에서 제1차 정보수령자들과 피고인들 사이의 공모가 있었다 하더라도 그들이 단순한 사자에 해당한다고 보기 어렵다(대법원 2019. 7. 12. 선고 2017도9087 판결에 의하여 확정).

(2) 공범 성립 문제
(가) 형법총칙의 공범규정 적용 여부

내부자로부터 미공개 내부정보를 수령한 제1차 정보수령자가 다른 사람에게 유가증권의 매매 기타 거래와 관련하여 당해 정보를 이용하게 하는 행위에 있어서는 제1차 정보수령자로부터 당해 정보를 전달받는 제2차 정보수령자의 존재가 반드시 필요하고, 제2차 정보수령자가 제1차 정보수령자와의 의사 합치 하에 그로부터 미공개 내부정보를 전달받아 유가증권의 매매 기타 거래와 관련하여 당해 정보를 이용하는 행위가 당연히 예상된다.[141]

제174조 제1항은 "매매, 그 밖의 거래에 이용하거나 타인에게 이용하게 하여서는 아니 된다"고 규정하는데, 여기서 "이용하게 한 자"는 형법상의 교사범을 규정한 것이 아니라(만일 교사범을 규정한 것이라면 특별히 이를 규정할 필요 없이 형법의 일반이론에 의하여 당연히 교사범으로 처벌받을 것이다), 이용하게 한 행위를 독자적인 범죄구성요건행위로 규정한 것으로 보아야 한다. 따라서, 이용하게 한 자는 형법상의 교사범이 아니라 정범에 해당한다. 1차수령자가 미공개중요정보를 다른 사람에게 이용하게 하는 제174조 제1항 위반죄가 성립하는 데 필수불가결인 2차수령자의 미공개중요정보 이용행위를 처벌하는 규정이 없는 이상, 그 입법 취지에 비추어 2차수령자가 1차수령자로부터 미공개중요정보를 전달받아 이용한 행위가 일반적인 형법 총칙상의 공모, 교사, 방조에 해당된다고 하더라도 2차수령자를 1차수령자의 "이용하게 하는 행위"의 공범으로서 처벌할 수는 없다.

[대법원 2002. 1. 25. 선고 2000도90 판결]
증권거래법 제188조의2 제1항의 금지행위 중의 하나인 내부자로부터 미공개 내부정보를 수령한 제1차정보수령자가 다른 사람에게 유가증권의 매매 기타 거래와 관련하여 해당 정보를 이용하게 하는 행위에 있어서는 제1차정보수령자로부터 해당 정보를 전달받는 제2차정보수령자의 존재가 반드시 필요하고, 제2차정보수령자가 제1차정보

---

141) 대법원 2019. 7. 12. 선고 2017도9087 판결.

수령자와의 의사 합치 하에 그로부터 미공개 내부정보를 전달받아 유가증권의 매매 기타 거래와 관련하여 해당 정보를 이용하는 행위가 당연히 예상되는바, 그와 같이 제1차정보수령자가 미공개 내부정보를 다른 사람에게 이용하게 하는 증권거래법 제 188조의2 제1항 위반죄가 성립하는데 당연히 예상될 뿐만 아니라, 그 범죄의 성립에 없어서는 아니 되는 제2차정보수령자의 그와 같은 관여행위에 관하여 이를 처벌하는 규정이 없는 이상 그 입법취지에 비추어 제2차정보수령자가 제1차정보수령자로부터 제1차정보수령 후에 미공개 내부정보를 전달받아 이용한 행위가 일반적인 형법 총칙 상의 공모, 교사, 방조에 해당된다고 하더라도 제2차정보수령자를 제1차정보수령자의 공범으로서 처벌할 수는 없다.

대향자에게 동일하거나 상이한 법정형이 규정된 경우에는 당연히 공범규정이 적용되지 않지만, 대향자 중 일방만 처벌되는 경우 처벌규정이 없는 대향자에게 공범규정이 적용되는지에 관하여는 구성요건에 따라 개별적으로 판단하여야 한다는 견해도 있다.[142] 그러나 대법원은 "매도, 매수와 같이 2인 이상의 서로 대향된 행위의 존재를 필요로 하는 관계에 있어서는 공범이나 방조범에 관한 형법총칙 규정의 적용이 있을 수 없고, 따라서 매도인에게 따로 처벌규정이 없는 이상 매도인의 매도행위는 그와 대향적 행위의 존재를 필요로 하는 상대방의 매수범행에 대하여 공범이나 방조범관계가 성립되지 아니한다"라고 판시함으로써 이러한 경우에도 공범규정의 적용을 부인한다.

[대법원 2001. 12. 28. 선고 2001도5158 판결]
매도, 매수와 같이 2인 이상의 서로 대향된 행위의 존재를 필요로 하는 관계에 있어서는 공범이나 방조범에 관한 형법총칙 규정의 적용이 있을 수 없고, 따라서 매도인에게 따로 처벌규정이 없는 이상 매도인의 매도행위는 그와 대향적 행위의 존재를 필요로 하는 상대방의 매수범행에 대하여 공범이나 방조범관계가 성립되지 아니한다.

(나) 공동가담

1차수령자가 내부자로부터 받은 정보를 거래에 '이용한 행위'에 2차수령자가 공동가담한 경우에는 형법총칙의 공범규정이 적용된다. 대법원도 2000도90 판결의 판결이유에서, "증권거래법 제188조의2 제1항의 금지행위로는 그 정보를 직접 이용하는 행위와 다른 사람으로 하여금 이용하게 하는 행위가 있으니 원심으로서는 피고인에 대한 이 사건 공소사실을 석명하여 제1심 공동피고인이 제1차

---

142) 배종대, 형법총론 제7판, 홍문사(2004), 486면.

로 정보를 받은 단계에서 그 정보를 거래에 막바로 '이용한 행위'에 피고인이 공동가담하였다는 것인지 또는 제1심 공동피고인이 제1차로 받은 정보를 다른 사람인 피고인으로 하여금 제2차로 받게한 뒤 '이용하게 한 행위'에 공동가담하였다는 것인지를 밝힌 다음 구분된 그 공소사실에 대응하여 심리·판단하는 것이 바람직하였다. 그럼에도 피고인에 대한 공소사실의 행위형태가 정확하게 석명, 심리되지 아니한 이 사건에서, 피고인이 제1차 정보수령자인 제1심 공동피고인으로부터 미공개 내부정보를 제1차 정보수령과 별개의 기회에 제2차로 수령한 후 이용한 행위를 들어 피고인을 제1심 공동피고인과 법 제188조의2 제1항 위반죄의 공동정범의 유죄로 인정한 원심판결에는 공소사실의 특정, 공동정범의 증명에 관한 심리를 다하지 아니하였거나 법 제188조의2 제1항 위반죄나 필요적 공범에 관한 법리를 오해함으로써 판결의 결과에 영향을 끼친 잘못이 있으므로 이를 지적하는 상고이유의 주장을 받아들인다"라고 판시한 바와 같이, 1차수령자가 내부자로부터 받은 정보를 거래에 '이용한 행위'에 2차수령자가 공동가담한 경우라면 공범의 적용은 당연히 가능하다.[143)

　　실제로 이러한 법리가 적용된 판례로서, 2차수령자가 주식매매거래를 함에 있어서 1차수령자가 주식매수자금의 대부분을 제공하였고 주식매매차익의 60%가 1차수령자에게 귀속된 사건에서, 대법원은 1차수령자가 1차로 정보를 받은 단계에서 그 정보를 거래에 막바로 이용한 행위에 해당하고 2차수령자는 1차수령자의 이러한 행위에 공동 가담한 것으로 보아야 한다고 판시하였다. 한편 내부자가 비내부자에게 정보를 제공하면서 범죄행위를 교사한 경우 정보를 이용하게 한 행위와 정보 이용행위의 교사범이 함께 성립한다.

[대법원 2009. 12. 10. 선고 2008도6953 판결]
증권거래법 제188조의2 제1항의 금지행위 중의 하나인 내부자로부터 미공개 내부정보를 수령한 1차 정보수령자가 다른 사람에게 유가증권의 매매 기타 거래와 관련하여 당해 정보를 이용하게 하는 행위에 있어서는, 2차 정보수령자가 1차 정보수령자로부터 1차 정보수령 후에 미공개 내부정보를 전달받은 후에 이용한 행위가 일반적인 형법 총칙상의 공모, 교사, 방조에 해당된다고 하더라도 2차 정보수령자를 1차 정보

143) 신동방 주식 사건의 환송심 법원은, 1차수령자가 회사내부자로부터 받은 미공개중요정보를 거래에 바로 이용한 행위에 2차수령자가 공동가담하였다는 취지의 예비적 공소사실에 대하여 이를 인정할 만한 증거가 없으므로 범죄의 증명이 없다고 판시하였다(서울지방법원 2002. 10. 2. 선고 2002노1389 판결).

수령자의 공범으로서 처벌할 수는 없다고 할 것이지만(대법원 2002. 1. 25. 선고 2000
도90 판결 참조), 다른 한편, 법 제188조의2 제1항의 다른 금지행위인 1차 정보수령
자가 1차로 정보를 받은 단계에서 그 정보를 거래에 막바로 이용하는 행위에 2차 정
보수령자가 공동 가담하였다면 그 2차 정보수령자를 1차 정보수령자의 공범으로 처
벌할 수 있다고 할 것이다. 그런데 원심이 인정한 사실에 의하더라도, 원심 공동피고
인 1이 피고인에게 이 사건 내부정보를 전달하자 피고인이 그 정보를 이용하여 파루
의 주식을 매매한 후 그 수익을 분배하자고 제안하였고 원심 공동피고인 1이 이를 승
낙하여 이 사건 범행을 공모한 후 그에 따라 위 공소사실 기재와 같이 파루의 주식을
매매하였다는 것이므로, 비록 1차 정보수령자인 원심 공동피고인 1이 파루의 주식거
래를 직접 실행한 바 없다 하더라도, 원심 공동피고인 1은 공범인 피고인의 주식거래
행위를 이용하여 자신의 범행의사를 실행에 옮긴 것으로 보아야 할 것이고, 여기에
파루의 주식 매수자금 대부분을 원심 공동피고인 1이 제공한 점, 주식매매를 통해 얻
은 매매차익의 60% 정도가 원심 공동피고인 1에게 귀속된 점 등의 사정까지 종합해
보면, 피고인과 원심 공동피고인 1의 위 주식거래는, 1차 정보수령자인 원심공동피고
인 1이 1차로 정보를 받은 단계에서 그 정보를 거래에 막바로 이용한 행위에 해당하
고, 피고인은 원심 공동피고인 1의 위와 같은 행위에 공동 가담한 것으로 보아야 할
것이다. 그럼에도 원심이, 피고인은 이 사건 내부정보에 관한 2차 정보수령자에 불과
하여 법 제188조의2 제1항 소정의 내부정보 이용행위 금지의무자에 해당하지 않고,
또한 원심 공동피고인 1이 1차로 이 사건 내부정보를 받은 단계에서 그 정보를 거래
에 막바로 이용한 행위에 피고인이 공동 가담한 것으로 볼 수도 없다는 이유로 피고
인에 대한 위 공소사실을 무죄로 인정한 데에는, 공동정범의 성립과 법 제188조의2
제1항의 해석·적용에 관한 법리를 오해하여 판결에 영향을 미친 위법이 있다고 할
것이다. 이 점을 지적하는 상고이유의 주장은 이유 있다.

위 2008도6953 판결의 원심은, 피고인은 이 사건 내부정보에 관한 2차 정보
수령자에 불과하여 구 증권거래법 제188조의2 제1항 소정의 내부정보 이용행위
금지의무자에 해당하지 않고, 따라서 피고인이 그 정보를 이용하여 주식을 거래
하였다 하더라도 법 제207조의2 제2항으로 처벌할 수 없으며, 또한 원심 공동피
고인이 1차로 이 사건 내부정보를 받은 단계에서 그 정보를 거래에 막바로 이용
한 행위에 피고인이 공동 가담한 것으로 볼 수도 없다는 이유로, 피고인에 대한
위 공소사실에 대하여 무죄를 선고하였다.

[광주고등법원 2008. 7. 10. 선고 2007노281 판결]
증권거래법 제188조의2 제1항 위반을 이유로 피고인을 처벌하기 위하여는 피고인이
1차 정보수령자에 해당되어야 하는바, 피고인 1은 P사의 대표이사로서 남편인 K가

주식회사 P사의 직원과 RFID Tag(저가형 플라스틱 무선 전파인식장치) 관련 기술개발에 대하여 통화하는 것을 들었을 뿐이고, K로부터 RFID Tag관련 제조기술개발에 대한 정보를 제공받은 바 없으므로 1차 정보수령자에 해당하지 않은 피고인 1을 위 증권거래법 위반죄로 처벌할 수 없다. … 피고인 2는 피고인 1의 1차 정보수령 행위가 종료된 이후에 별도의 다른 기회에 1차 정보수령자인 피고인 1로부터 정보를 다시 전달받은 2차 정보수령자에 불과하므로 증권거래법 제188조의2 제1항 소정의 '당해 정보를 받은 자'에 해당하지 않고, 피고인 2는 피고인 1이 1차로 정보를 받은 단계에서 그 정보를 거래에 막바로 이용한 행위에 공동 가담한 것도 아니므로, 피고인 2가 2차 정보수령자로서 위 정보를 이용하였다 하여도 피고인 2를 증권거래법 제188조의2 제1항 위반죄로 처벌할 수 없다.

⒟ 사전공모

위 2000도90 판결의 판시 내용 중, "피고인이 제1차 정보수령자인 제1심 공동피고인으로부터 미공개 내부정보를 제1차 정보수령과 별개의 기회에 제2차로 수령한 후 이용한 행위" 부분과 관련하여, 1차 수령자가 2차 수령자 사전 공모에 따라 정보를 취득한 경우 '별개의 기회'가 아닌 '같은 기회'에 정보를 취득한 것으로 볼 수 있으므로 2차 수령자도 1차 수령자와 같은 기회에 정보를 취득한 것으로 보아 처벌대상이 되는지에 대하여는 논란의 여지가 있다.

그러나 판례는 엄격한 죄형법정주의원칙에 따라, 1차 수령자가 2차 수령자로 하여금 그 정보를 이용하도록 하는 과정에서 1, 2차 수령자 사이에 정보취득과 전달 또는 이용에 관한 협의가 일정 부분 있을 수밖에 없는데, 그와 같은 협의가 정보취득 전에 있었는지 후에 있었는지에 따라 형사처벌 여부를 달리할 특별한 필요성이 있다고 보기 어렵고, 나아가 2차 수령자가 미공개중요정보를 내부자로부터 직접 받지 않고 1차 수령자로부터 받은 이상 '별개의 기회'에 정보를 받았다고 봄이 타당하다는 이유로 2차 수령자에 대한 공범규정의 적용을 부인하는 입장이다.

[서울남부지방법원 2017. 5. 25. 선고 2016노220-1(분리) 판결]
제1차 정보수령자가 제2차 정보수령자로 하여금 그 정보를 이용하도록 하는 과정에서 제1, 2차 정보수령자 사이에 정보취득과 전달 또는 이용에 관한 협의가 일정 부분 있을 수밖에 없는데, 대법원 2000도90 판결(정보취득을 사전에 협의한 사안이다)은 그와 같은 협의가 형법상 공모, 방조, 교사에 해당한다 하더라도 제1차 정보수령자 외의 제2차 이하 정보수령자를 형사처벌할 수 없다고 밝히고 있는바, 그와 같은 협의가 정보취득 전에 있었는지, 후에 있었는지에 따라 형사 처벌 여부를 달리할 특별한

필요성이 있다고 보기 어렵다. 검사는 위 대법원 판례가 "제1차 정보 수령과는 '다른 기회'에 미공개 내부정보를 다시 전달받은 제2차 정보수령자 이후의 사람이 처벌되지 않는다"고 언급하였다는 점을 강조하며, 피고인들이 제1차 수령자들과 사전 공모에 따라 정보를 취득한 이상 '다른 기회'가 아닌 '같은 기회'에 취득한 것으로 보아야 하므로 피고인들을 단순한 제2차 정보수령자로 볼 수 없다거나 제2차 정보수령자라 하더라도 처벌되어야 한다고 주장한다. 그러나 앞서 본 바와 같이 정보취득과 관련한 공모가 이루어진 시점에 따라 형사처벌의 필요성을 다르게 볼 필요성이 보이지 않고, 위 판례의 사안 또한 사전 공모에 따라 정보를 취득한 것인바, 제2차 정보수령자가 미공개중요정보를 내부자(준내부자)로부터 직접 받지 않고 제1차 정보수령자로부터 받은 이상 위 판례에서 언급한 '다른 기회'에 정보를 받았다고 봄이 타당하다(대법원 2019. 7. 12. 선고 2017도9087 판결에 의하여 확정).

이와 같이 2차 정보수령자가 1차 정보수령자와 정보취득을 사전에 공모하였다 하더라도 1차 정보수령자의 이용행위에 공동가담하지 않은 이상 2차 정보수령자를 처벌할 수 없음은 물론, 1차 정보수령자가 2차 정보수령자로 하여금 그 정보를 이용하도록 하는 과정에서 1, 2차 정보수령자 사이에 정보취득과 전달 또는 이용에 관한 협의가 일정 부분 있을 수밖에 없는데, 그와 같은 협의가 정보취득 전에 있었는지, 후에 있었는지에 따라 형사처벌 여부를 달리할 특별한 필요성이 있다고 보기 어렵다.[144)

[서울남부지방법원 2017. 5. 19. 선고 2016노1132 판결]
2차 정보수령자가 1차 정보수령자와 정보취득을 사전에 공모하였다 하더라도 1차 정보수령자의 이용행위에 공동가담하지 않은 이상 2차 정보수령자를 처벌할 수 없다. 한편 1차 정보수령자가 2차 정보수령자로 하여금 그 정보를 이용하도록 하는 과정에서 1, 2차 정보수령자 사이에 정보취득과 전달 또는 이용에 관한 협의가 일정 부분 있을 수밖에 없는데, 원심에서 든 대법원 판례(정보취득을 사전에 협의한 사안이다)는 그와 같은 협의가 형법상 공모, 방조, 교사에 해당한다 하더라도 1차 정보수령자

---

144) [서울남부지방법원 2017. 5. 19. 선고 2016노1132 판결] "2차 정보수령자가 1차 정보수령자와 정보취득을 사전에 공모하였다 하더라도 1차 정보수령자의 이용행위에 공동가담하지 않은 이상 2차 정보수령자를 처벌할 수 없다. 한편 1차 정보수령자가 2차 정보수령자로 하여금 그 정보를 이용하도록 하는 과정에서 1, 2차 정보수령자 사이에 정보취득과 전달 또는 이용에 관한 협의가 일정 부분 있을 수밖에 없는데, 원심에서 든 대법원 판례(정보취득을 사전에 협의한 사안이다)는 그와 같은 협의가 형법상 공모, 방조, 교사에 해당한다 하더라도 1차 정보수령자 외의 2차 이하 정보수령자를 형사처벌할 수 없다고 밝히고 있는바, 그와 같은 협의가 정보취득 전에 있었는지, 후에 있었는지에 따라 형사처벌 여부를 달리할 특별한 필요성이 있다고 보기 어렵다."

외의 2차 이하 정보수령자를 형사처벌할 수 없다고 밝히고 있는바, 그와 같은 협의가 정보취득 전에 있었는지, 후에 있었는지에 따라 형사처벌 여부를 달리할 특별한 필요성이 있다고 보기 어렵다(대법원 2018. 6. 28. 선고 2017도8108 판결에 의하여 확정).

(3) 기수시기

이와 같이 1차수령자가 2차수령자에게 정보를 제공하는 행위가 "이용하게 한 행위"로서 독자적인 범죄구성요건에 해당한다면 이용하게 한 행위에 나아감으로써 실행의 착수가 있으며 기수시기는 2차수령자가 해당 정보를 이용하는 행위를 한 때이다. 따라서, 1차수령자는 정보를 제공하였어도 2차수령자가 실제로 해당 정보를 이용하여야 1차수령자가 처벌대상이 된다. 2차수령자가 정보를 제공받고 나아가 정보의 이용을 승낙하고도 실행행위(실제의 정보 이용행위)를 하지 않은 경우, 1차수령자는 미수범이 되고 자본시장법상 미수범을 처벌하는 규정이 없으므로 처벌대상이 아니다. 물론 2차수령자가 매매에 따른 이행행위까지 하지 않았어도 매매계약의 체결로서 1차수령자는 기수범이 된다. 한편 미공개중요정보 이용행위의 범죄구성요건에 관하여 이용행위설을 취하는 경우에는 2차수령자의 매매체결 전이라도 매매호가시 1차수령자의 범죄행위도 기수가 될 것이다.

(4) 공소사실의 특정

내부자가 정보수령자에게 정보를 제공한 경우, 자본시장법이 규정하고 있는 미공개중요정보 이용행위금지 위반죄에 관한 공소사실이 특정되려면, 제공된 정보의 내용, 제공방법 및 제공시기 등에 관하여만 특정하는 것으로는 부족하고, 정보수령자가 제공받은 미공개중요정보를 언제 어떻게 매매거래에 이용하였는지에 관한 구체적인 범죄사실이 적시되어야 한다.

[대법원 2004. 3. 26. 선고 2003도7112 판결]
원심은, 공소외 주식회사의 대표이사인 피고인 1은 피고인 2에게 2001. 9. 20.경 'A사에서 주가부양을 위해 자사주를 취득할 것이다.'라는 사실을 알려주고, 같은 해 10. 말경 'A사에서 한달 뒤 정도에 해외신주인수권부사채를 발행할 것이다.'라는 사실을 알려주어, 피고인 2로 하여금 일반인에게 공개되지 아니한 중요한 정보를 A사 주식의 매매거래에 이용하게 하였고, 피고인 2는 위와 같이 2차례에 걸쳐 피고인 1로부터 A사의 미공개정보를 제공받아 A사 주식의 매매거래에 이용하였다는 공소사실을 그대로 받아들여 이를 모두 유죄로 판단하였다. 그러나 원심의 위와 같은 판단은 다음과 같은 이유에서 수긍하기 어렵다. 형사소송법 제254조 제4항이 "공소사실의 기재는 범죄의 일시·장소와 방법을 명시하여 사실을 특정할 수 있도록 하여야 한다"고

규정한 취지는, 심판의 대상을 한정함으로써 심판의 능률과 신속을 꾀함과 동시에 방
어의 범위를 특정하여 피고인의 방어권 행사를 쉽게 해 주기 위한 것이므로, 검사로
서는 위 세 가지 특성요소를 종합하여 다른 사실과의 식별이 가능하도록 범죄 구성요
건에 해당하는 구체적 사실을 기재하여야 할 것이다(대법원 2001. 4. 27. 선고 2001
도506 판결 참조). 위와 같은 법리에 비추어 볼 때, 피고인들에 대한 자사주 취득과
해외신주인수권부사채에 관한 미공개정보의 이용에 관한 위 공소사실은 피고인 2가
피고인 1로부터 제공받은 미공개정보를 언제, 어떻게 매매거래에 이용하였다는 것인
지에 관한 구체적인 범죄사실이 전혀 적시되지 아니하여 공소사실이 특정된 것으로
볼 수 없어 적법한 공소제기로 볼 수 없음에도 불구하고, 원심이 위 공소사실을 그대
로 받아들여 모두 유죄로 판단한 것은 형사소송법 제254조 제4항의 해석적용을 잘못
한 위법을 저지른 것이고, 이는 판결 결과에 영향을 미친 것으로 보아야 할 것이
다.145)

V. 미공개중요정보

1. 미공개정보

(1) 공개방법과 대기기간

"미공개"의 의미에 대하여 자본시장법은 "대통령령으로 정하는 방법에 따라
불특정 다수인이 알 수 있도록 공개되기 전의 것"이라고 규정한다(法 174조①).
즉, 일반투자자에게 공개되어 공개시장에 광범위하게 유포되기 전의 미공개중요
정보가 이에 해당한다.146) 자본시장법 시행령은 공개주체를 해당 법인(해당 법인
으로부터 공개권한을 위임받은 자를 포함) 또는 그 법인의 자회사(商法 제342조의2
제1항에 따른 자회사를 말하며, 그 자회사로부터 공개권한을 위임받은 자를 포함)로
규정하고, 다음과 같은 방법으로 정보를 공개하고 각각의 기간이나 시간이 경과
하여야 공개된 것으로 규정한다(슈 201조②). 이는 내부자의 입장에서 보면 증권

---

145) 이 사건은 피고인의 진술거부에 의하여, 수사과정에서 미공개정보이용의 구체적인 내용과
그 정확한 이익액이 확인되지 않아서 공소사실에 이러한 내용이 특정되지 못한 것으로 알려
졌다.
146) S.E.C. v. Texas Gulf Sulphur Co., 401 F.2d 833 (2d Cir. 1968) 판결의 사안에서, 이사인
Coates는 사장의 기자회견 직후인 10:20경 브로커를 통하여 Texas Gulf Sulphur Co.의 주식
매수를 시작하였는데, 법원은 비록 기자회견 내용에 대하여 신문독자들이나 방송청취자들이
그 내용을 알게 되었다 하더라도 그러한 보도는 정보를 전파하는 일련의 과정에서의 단순히
하나의 단계에 불과하므로 기자회견 내용이 Dow Jones의 전광판(broad tape)에 의하여 공개
되었다 하더라도 상당한 대기기간(waiting period)이 경과하여야만 내부자의 거래가 허용된다
고 판시하였다.

거래를 할 수 있는 대기기간 또는 주지기간이라 할 수 있다. 대기기간이 인정되는 것은 일반투자자가 보도에 접하여 투자 여부를 결정할 시간적 여유가 필요한 반면, 내부자들은 이미 정보를 입수하고 투자 여부를 결정할 충분한 시간적 여유가 있었기 때문이다.

1. 법령에 따라 금융위원회 또는 거래소에 신고되거나 보고된 서류에 기재되어 있는 정보 : 그 내용이 기재되어 있는 서류가 금융위원회 또는 거래소가 정하는 바에 따라 비치된 날부터 1일
2. 금융위원회 또는 거래소가 설치·운영하는 전자전달매체를 통하여 그 내용이 공개된 정보 : 공개된 때부터 3시간147)
3. 「신문 등의 진흥에 관한 법률」에 따른 일반일간신문 또는 경제분야의 특수일간신문 중 전국을 보급지역으로 하는 둘 이상의 신문에 그 내용이 게재된 정보 : 게재된 날의 다음 날 0시부터 6시간. 다만, 해당 법률에 따른 전자간행물의 형태로 게재된 경우에는 게재된 때부터 6시간으로 한다.148)
4. 「방송법」에 따른 방송 중 전국에서 시청할 수 있는 지상파방송을 통하여 그 내용이 방송된 정보 : 방송된 때부터 6시간149)
5. 「뉴스통신진흥에 관한 법률」에 따른 연합뉴스사를 통하여 그 내용이 제공된 정보 : 제공된 때부터 6시간150)

기간의 계산에 있어서 달리 정한 바가 없으면 민법의 규정에 의하고(民法 155조), 민법상 기간을 시·분·초로 정한 때에는 즉시로부터 기산하고(民法 156조), 기간을 일·주·월·년으로 정한 때에는 역법적 계산법(曆法的 計算法)을 채택하고, 초일(初日)은 산입하지 않는다(民法 157조 본문). 그런데, 제1호는 대기기간에 대하여 "… 비치된 날부터 1일"이라고 규정하므로 비치일부터 1일이 완전히 경과하여야 한다. 즉, 서류비치일이 15일이면 오전 0시에 시작하는 경우(이 때에는 민법

---

147) 종래에는 24시간이었는데, 2009. 7. 1. 시행령 개정시 3시간으로 대폭 단축되었다. 「신문 등의 진흥에 관한 법률」제2조 제2호는 특수일간신문을 산업·과학·종교·교육 또는 체육 등 특정 분야(정치를 제외한다)에 국한된 사항의 보도·논평 및 여론 등을 전파하기 위하여 매일 발행하는 간행물이라고 규정하는데, 자본시장법 시행령은 "경제분야의 특수일간신문"만 규정하므로, 스포츠신문은 제외된다. 서울중앙지방법원 2008. 11. 27. 선고 2008고합236 판결에서도 "스포츠한국은 「정기간행물의 등록 등에 관한 법률」이 정한 일반일간신문 또는 경제분야의 특수일간신문에 해당하지 아니하고, …"라고 판시한 바 있다.
148) 종래에는 "게재된 날부터 1일"이었는데, 2009. 7. 1. 시행령 개정시 단축되고, 전자간행물 부분이 추가되었다.
149) 종래에는 12시간이었는데, 2009. 7. 1. 시행령 개정시 6시간으로 단축되었다.
150) 2009. 7. 1. 시행령 개정시 추가된 규정이다.

157조 단서에 따라 초일을 산입한다)가 아닌 한 15일의 남은 시간은 고려하지 않고 다음 날인 16일이 완전히 경과한 17일 0시 이후가 되어야 정보가 공개된 것으로 본다. 제2호부터 제5호까지는 3시간 또는 6시간이 경과된 정보임을 요건으로 하므로 민법 제156조에 의하여 즉시로부터 기산한다.

> **[서울지방법원 2000. 6. 7. 선고 2000노3689 판결]**
> H사의 부도가 불가피하다는 점은 H사의 부도가 공시된 때인 1999. 4. 24.부터 24시간이 경과하기 전에는 증권거래법상의 미공개 정보라고 봄이 상당하므로, 피고인이 그 이전에 H사의 부도가 불가피함을 잘 알고 있는 상황에서 H사의 주식을 매각하였다면, 피고인은 주식매매와 관련하여 증권거래법상의 미공개 정보를 이용하였다고 볼 수밖에는 없다 할 것이다. 이 부분에 대한 피고인의 주장은 이유 없다.151)

(2) 공개주체

어떤 정보가 회사의 의사로 대통령령으로 정하는 방법에 따라 공개되기까지는 그 정보는 여전히 내부자거래의 규제대상이 되는 정보에 속한다는 것은 확립된 판례이다.152) 자본시장법 시행령은 공개주체를 해당 법인(해당 법인으로부터 공개권한을 위임받은 자를 포함)153) 또는 그 법인의 자회사(商法 제342조의2 제1항에 따른 자회사를 말하며, 그 자회사로부터 공개권한을 위임받은 자를 포함)로 규정한다.

회사가 공시하기 전에(즉, 회사의 의사에 의하여 공개되기 전에) 언론에 미리 추측보도되는 등의 방법에 의하여 정보가 공개되었더라도 미공개정보에 해당한다.

> **[대법원 1995. 6. 29. 선고 95도467 판결]**
> 상고이유 제2점을 본다. 논지는, 위 회사의 1992사업연도의 결산추정치가 이미 여러 차례에 걸쳐 신문에 게재되어 일반투자자들도 이용할 수 있을 만큼 충분히 공개되었으므로, 위 결산추정치가 증권거래법 제188조의2 제1항 소정의 "일반인에게 공개되

---

151) 대법원 2000. 11. 24. 선고 2000도2827 판결에 의하여 확정되었다.
152) 대법원 2017. 1. 12. 선고 2016도10313 판결, 대법원 1995. 6. 29. 선고 95도467 판결.
153) [대법원 2000. 11. 24. 선고 2000도2827 판결] "법 제188조의2 제2항은 '일반인에게 공개되지 아니한 중요한 정보'를 '해당 법인이 재정경제부령이 정하는 바에 따라 다수인으로 하여금 알 수 있도록 공개하기 전의 것'이라고 규정하고 있으므로 어떤 정보가 해당 법인의 의사에 의하여 재정경제부령이 정하는 바에 따라 공개되기까지는 그 정보는 여전히 같은 법 제188조의2 소정의 미공개정보 이용행위금지의 대상이 되는 정보에 속한다고 할 것이므로, 한국주강 스스로가 부도사실이 불가피하다는 사실을 공개한 사실이 없는 이상 비록 경제신문 등에서 그 유사한 내용으로 추측 보도된 사실이 있다고 하더라도 그러한 사실만으로 일반인에게 공개된 정보라고 할 수는 없다 할 것이다."

지 아니한 중요한 정보"에 해당되지 않는다는 것이다. 내부자거래의 규제대상이 되는 정보가 되기 위하여는 그 정보가 중요한 정보이어야 할 뿐만 아니라, 아직 일반인에게 알려지지 아니한 비공개 정보이어야 한다는 점은 논하는 바와 같다 할 것이지만, 증권거래법 제188조의2 제2항은 "일반인에게 공개되지 아니한 중요한 정보"를, "당해 법인이 재무부령이 정하는 바에 따라 다수인으로 하여금 알 수 있도록 공개하기 전의 것"이라고 규정하고 있으므로, 어떤 정보가 당해 회사의 의사에 의하여 재무부령이 정하는 바에 따라 공개되기까지는 그 정보는 여전히 내부자거래의 규제대상이 되는 정보에 속한다고 할 것이다. 원심은, 위 회사가 위 추정결산결과를 공개한 사실이 없는 이상, 비록 일간신문 등에 위 추정결산결과와 유사한 내용으로 추측 보도된 사실이 있다고 하더라도, 그러한 사실만으로는 위 회사의 추정결산실적이 일반인에게 공개된 정보라거나 또는 그로 인하여 위 회사가 직접 집계하여 추정한 결산수치가 중요한 정보로서의 가치를 상실한다고는 볼 수 없다고 판단하였는바, 관련법령의 규정과 기록에 의하여 살펴보면 원심의 위와 같은 인정과 판단은 정당하고, 원심판결에 논하는 바와 같은 법리오해의 위법이 있다고 볼 수 없으므로, 논지도 이유가 없다.

[대법원 2000. 11. 24. 선고 2000도2827 판결]
증권거래법 제188조의2 제2항은 '일반인에게 공개되지 아니한 중요한 정보'를 '해당 법인이 재정경제부령이 정하는 바에 따라 다수인으로 하여금 알 수 있도록 공개하기 전의 것'이라고 규정하고 있으므로 어떤 정보가 해당 법인의 의사에 의하여 재정경제부령이 정하는 바에 따라 공개되기까지는 그 정보는 여전히 같은 법 제188조의2 소정의 미공개정보 이용행위금지의 대상이 되는 정보에 속한다고 할 것이므로, A사 스스로가 부도사실이 불가피하다는 사실을 공개한 사실이 없는 이상 비록 경제신문 등에서 그 유사한 내용으로 추측 보도된 사실이 있다고 하더라도 그러한 사실만으로 일반인에게 공개된 정보라고 할 수는 없다 할 것이다.

[대법원 2006. 5. 11. 선고 2003도4320 판결]
내부자거래의 규제대상이 되는 정보가 되기 위해서는 그 정보가 중요한 정보일 뿐만 아니라 아직 일반인에게 알려지지 아니한 미공개정보이어야 하는데, 증권거래법 제188조의2 제2항의 규정에 비추어 어떤 정보가 당해 회사의 의사에 의하여 재정경제부령이 정하는 공시절차에 따라 공개되기까지는 그 정보는 여전히 내부자거래의 규제대상이 되는 정보에 속한다고 보아야 한다.

(위 2003도4320 판결의 원심 판결)
[서울지방법원 2003. 6. 25. 선고 2002노9772 판결]
이러한 사실관계에 D와 CPN 사이의 A&D를 추진한다는 합병관련 정보는 공시되기 전에는 일반인에게 공개되지 아니한 중요한 정보로서 미공개정보라고 할 것인 점(어떤 정보가 당해 법인의 의사에 의하여 재정경제부령이 정하는 바에 따라 공개되기까

지는 그 정보는 여전히 증권거래법 제188조의2 소정의 미공개정보 이용행위금지의 대상이 되는 정보에 속한다는 취지의 대법원 2000. 11. 24. 선고 2000도2827 판결 참조), 비록 피고인이 A에게 이러한 정보를 미리 알려주었다고 하더라도 H기금이 곧바로 이를 알았다고 인정하기도 곤란하며 정보의 내용에 있어서도 H기금과 D 사이에 정보의 격차가 전혀 없다고 보기도 어려운 점, 공시되기 이전에 매매가 이루어져 위 합병관련 정보가 이 사건 전환사채의 거래에 대하여 하나의 '요인'이 되었다고 보이는 점 등을 보태어 보면, 피고인의 이 부분 증권거래법 위반의 공소사실을 넉넉히 인정할 수 있다.

[대법원 2006. 5. 12. 선고 2004도491 판결]
증권거래법 제188조의2 제2항은 "일반인에게 공개되지 아니한 중요한 정보"를 "당해 법인이 재정경제부령이 정하는 바에 따라 다수인으로 하여금 알 수 있도록 공개하기 전의 것"이라고 규정하고 있으므로, 어떤 정보가 당해 법인의 의사에 의하여 재정경제부령이 정하는 바에 따라 공개되기까지는 그 정보는 여전히 같은 법 제188조의2 소정의 미공개정보 이용행위금지의 대상이 되는 정보에 속한다. 원심은, A사와 B사 사이의 인수 후 개발(A&D) 추진사실이 비록 일부 언론에 추측보도된 바 있다고 하더라도 관계 법령에 따라 일반인에게 공개된 바 없는 이상 증권거래법 제188조의2 소정의 미공개정보에 해당하고, 이를 A사의 임원인 X로부터 전해들은 피고인이 위 회사의 전환사채를 인수한 것은 증권거래법 제188조의2 제1항에서 금지하는 미공개정보 이용행위로서 증권거래법 위반죄를 구성한다고 판단하였는바, 기록에 의하면, 원심의 위와 같은 판단은 위의 법리에 따른 것으로서 정당하여, 거기에 증권거래법의 관련 규정에 관한 법리오해 등의 위법이 없다.

[서울중앙지방법원 2008. 11. 27. 선고 2008고합236 판결]
이 사건 정보가 P사가 공정공시를 통해 2005. 11. 10. 일반에 공개되었음은 앞서 본 것과 같고, 변호인 제출의 증거들에 의하면 2005. 8. 24.자 서울경제신문 및 2005. 9. 20.자 동아일보에 나노 이미지센서의 개발이 완료되었다는 취지의 기사가 게재된 사실을 인정할 수 있다. 그러나 ① 변호인들이 제출하고 있는 위 각 기사가 P사의 의사에 의해 게재된 것으로는 보이지 아니하는 점, ② 위 각 기사에 시연회 개최에 관한 언급이 전혀 없었던 점 등을 고려하면, 결국 나노 이미지센서의 개발이 완료되어 시연회를 개최한다는 이 사건 정보가 당해 법인인 P사의 의사에 의해 전국을 보급지역으로 하는 신문에 게재되었다고 할 수 없다.[154)]

---

154) 이 사건에서 변호인들은 스포츠신문의 기사를 근거자료로 제출하였으나, 법원은 "스포츠한국은 정기간행물의 등록 등에 관한 법률이 정한 일반일간신문 또는 경제분야의 특수일간신문에 해당하지 아니하고, 그 기사 역시 P사의 의사에 의해 게재된 것으로는 보이지 않는다"라고 판시하였다. 현행 자본시장법 시행령 제201조 제2항은 「신문 등의 진흥에 관한 법률」에 따른 일반일간신문 또는 경제분야의 특수일간신문을 공개방법으로 규정한다.

법령상 공개주체가 익명을 요구하여 보도기관이 정보원을 공개하지 않는 경우에도 법령상 공개주체에 의한 공개로 볼 수 있는지에 대하여는 논란의 여지가 있는데, 일본 최고재판소는 이러한 사안에서 "미공개" 정보라고 판시한 바 있다.155)

(3) 상대거래에 대한 예외

공개시장에서의 거래가 아니라 거래당사자 간의 직접 협상에 의한 상대거래의 경우, 거래의 목적인 증권 관련 내부정보가 이미 거래당사자에게 알려진 상태에서 거래가 이루어졌다면 위와 같은 5가지 방법에 의하여 공개되지 않은 정보도 미공개정보로 보지 않는다.156)

다만 이러한 경우 거래당사자인 법인의 담당 직원이 거래의 상대방으로부터 그 증권 관련 내부정보를 전해 들었음에도 이를 정식으로 법인의 의사결정권자에게 보고하거나 그에 관한 지시를 받지 아니한 채 거래의 상대방으로부터 거래의 성사를 위한 부정한 청탁금을 받고서 법인에 대한 배임적 의사로 거래가 이루어지도록 한 경우에는 거래당사자에 대하여 위 내부정보의 완전한 공개가 이루어졌다고 볼 수 없다.

[대법원 2006. 5. 11. 선고 2003도4320 판결]
거래의 당사자가 거래의 목적인 유가증권 관련 내부정보에 대하여 전해 들어 이를 잘 알고 있는 상태에서 거래에 이르게 되었음이 인정되는 경우에는 공개되지 아니한 중요한 정보를 이용한 것으로 볼 수 없다 할 것이지만(대법원 2003. 6. 24. 선고 2003도1456 판결 참조), 거래당사자인 법인의 담당 직원이 거래의 상대방으로부터 그 유가증권 관련 내부정보를 전해 들었음에도 이를 정식으로 법인의 의사결정권자에게 보고하거나 그에 관한 지시를 받지 아니한 채 거래의 상대방으로부터 거래의 성사를 위한 부정한 청탁금을 받고서 법인에 대한 배임적 의사로 거래가 이루어지도록 한 경우에는 거래당사자에 대하여 위 내부정보의 완전한 공개가 이루어졌다고 볼 수 없을 것이다. 원심이 채택한 증거를 기록에 비추어 살펴보면, 공소외 1 주식회사의 대주주이자 상무이사인 피고인 1은 공소외 1 주식회사와 공소외 2 주식회사 사이의 이 사건 A&D를 추진함에 있어서 공소외 1 주식회사가 2000. 4. 20.경 발행한 액면금 각 10억 원의 전환사채 4구좌 합계 40억 원 상당액을 인수한 공소외 3 주식회사의 자산운용사인 미국 소재 주식회사 스커드 캠퍼의 승인 문제 등이 대두되자 위 전환사채와 관련한 공소외 3 주식회사측 업무 담당직원 공소외 4에게 사례금조로 7억 원을 주는 대

---

155) 最高裁第一小法廷平成 28·11·28 決定 平成27年(あ)第168号.
156) 서울고등법원 2003. 2. 17. 선고 2002노2611 판결.

가로 공소외 1 주식회사가 스커드 캠퍼사로부터 위 전환사채 발행가액(이자 별도) 그 대로 조기상환요청을 받을 수 있는 빌미를 만들도록 한 후 스커드 캠퍼사가 이를 이 유로 전환권의 행사 없이 공소외 1 주식회사에게 전환사채의 상환을 요구하고 공소 외 1 주식회사는 그 기회에 사실상 개인들로 하여금 이를 상환, 인수하도록 하는 방 법을 사용하기로 공소외 4와 합의하고, 이에 따라 공소외 4가 지시하는 대로 위 피고 인이 공소외 1 주식회사의 주식 30,000주를 공소외 3 주식회사의 서면동의 없이 장내 매도하자 공소외 4가 공소외 1 주식회사의 약정위반에 따른 기한의 이익 상실을 이 유로 공소외 3 주식회사의 자산운용사인 스커드 캠퍼사로 하여금 위 전환사채의 조 기상환을 요구하도록 유도함으로써 결국, 위 피고인측이 위 전환사채를 발행가액 그 대로 인수하여 판시와 같이 그 중 일부를 매각함으로써 거액의 전매차익을 취득할 수 있도록 하여 준 사실, 그 대가로 위 피고인은 위 전환사채 중 10억 원권 1구좌를 인 수한 피고인 2가 제공한 현금 1억 7,500만 원을 비롯하여 합계 약 5억 2,500만 원 상 당의 현금을 마대 자루에 담아 공소외 4에게 지급한 사실이 인정된다. 앞서 본 법리 와 위 인정 사실에 의하면, 비록 피고인 1이 이 사건 전환사채의 거래에 앞서 공소외 4에게 이 사건 내부정보를 미리 알려 주었다고 하더라도 그것만으로는 거래의 당사 자인 공소외 3 주식회사 혹은 그 자산운영사인 스커드 캠퍼사에게 위 내부정보가 공 개된 것으로 볼 수는 없다 할 것이니, 같은 취지에서 위 피고인이 아직 공개되지 아 니한 위 내부정보를 이 사건 전환사채 거래에 이용한 사실이 인정된다고 본 원심의 판단은, 그 이유의 설시에 있어 일부 사실인정을 달리 한 잘못은 있으나 결론에 있어 서는 정당하고, 거기에 상고이유에서 주장하는 바와 같은 채증법칙 위배와 심리미진 으로 인한 사실오인 및 법리오해 등의 위법이 없다.[157)]

(위 2003도4320 판결의 원심판결)
[서울지방법원 2003. 6. 25. 선고 2002노9772 판결]

1. 피고인들의 항소이유의 요지 : (나) 원심 범죄사실 제2항 가. (2)에 대하여(증권거 래법위반의 점) 피고인 1이 A&D 추진 정보를 이 사건 전환사채거래 전에 이미 한 강기금의 자산운용사인 주식회사 스커드 캠퍼 인베스트먼트 잉크(이하 '스커드 캠 퍼사'라 한다)의 담당자에게 알린 이상 거래당사자들인 피고인 1과 한강기금 사이 의 불공정한 정보의 격차가 없게 되었으므로 내부자거래는 성립될 수 없다. 즉, 여 기서 문제되는 행위는 한강기금과 피고인 1 사이의 전환사채거래인바, 공개증권시 장을 통하지 아니하고 거래가 이루어지는 이른바 '상대거래'의 경우에 증권시장의 공정성이나 일반투자자의 신뢰성의 문제는 발생되지 않으며, 따라서 정보의 불공 정한 격차의 문제는 거래당사자 사이에서 판단하여야 하고, '미공개정보'인지 여부 는 거래당사자가 이를 알고 있었는지 여부에 따라 판단하여야 하며, 상대거래의

---

157) 비상장회사와 상장회사 간의 합병협상 진행중, 비상장회사의 임원이 제3자에게 합병정보를 제공하여 그 제3자가 정보를 이용한 거래를 한 사안이다.

거래당사자가 모두 해당정보를 알고 있는 경우라면 해당 정보가 비록 공시되지는 않았다고 하더라도 내부자거래의 요건인 '미공개정보'에 해당된다고 할 수는 없는 것이다. 증권시장을 전제로 한 내부자거래의 규제가 상대거래에도 그대로 적용된다고 본 것은 잘못이다. 피고인 1이 전환사채를 인수하게 된 경위나 K가 웃돈을 요구한 경위 기타 관련자의 진술에 비추어 볼 때 피고인 1이 한강기금에 대한 스커드 캠퍼사의 담당자인 K에게 전환사채 인수 이전에 동신과 CPN의 A&D 추진 정보를 알렸다는 점은 분명하고, 내부자가 어느 조직에 속하는 개인에게 정보를 제공하였으나 실제로는 그 개인이 아니라 조직을 상대로 정보를 제공할 의도였던 경우에는 그 조직의 모든 구성원을 정보수령자로 보아야 하는바, 실제로 동신의 전환사채 관련업무는 K가 모두 담당하였고, 피고인 1도 K 외에는 달리 위와 같은 사항을 알릴 한강기금의 담당자를 알고 있지 않았으므로, 피고인 1이 K에게 해당 정보를 알린 이상 한강기금 역시 이를 알고 있었다고 보아야 한다. 결과적으로, 거래당사자인 피고인 1과 한강기금 사이에는 불공정한 정보의 격차가 없게 되었으므로, 내부자거래는 성립될 수 없다. 또, 동신과 CPN간의 A&D 추진 정보는 피고인 1이나 한강기금에게 이 사건 전환사채거래 여부를 결정하는 '요인'이 되지 않았으므로 내부자거래는 성립될 수 없다. 즉, 이 사건 전환사채거래는 피고인 1의 입장에서 보면, 한강기금의 조기 상환 요청에 따라 이루어진 것이며 동신과 CPN간의 A&D를 추진하기 위해 이 사건 거래를 할 수밖에 없는 상황이었다는 점에서, 한강기금의 입장에서 보면, 이미 내부적으로 전환사채의 조기상환방침을 정하여 놓고 있었으나 동신의 자금사정을 고려하여 그 시점만 유보하고 있었다는 점에서 A&D 추진 정보는 이 사건 전환사채거래의 '요인'이 아니었음은 분명하다. 설사 K만이 아니라 스커드 캠퍼사나 한강기금 본사의 최고책임자 내지 의사결정권자가 모두 A&D 추진 정보를 알았다고 하더라도 여전히 이 사건 전환사채를 피고인 1 등에게 매각하였을 것이라고 판단하지 않을 수 없다.

2. 항소이유에 대한 판단 : (나) 원심 범죄사실 제2항 가. (2)에 대하여(증권거래법위반의 점) 동신은 CPN과 주식스왑거래를 하기 위하여는 동신에서 2000. 4. 20.경 발행한 액면금 각 10억원의 전환사채 4구좌 총 40억원을 인수한 한강기금의 자산운용사인 스커드 캠퍼사의 승인을 받아야 하므로 피고인 1이 한강기금에 대한 담당자인 K에게 위 합병 계획을 설명하고 승인을 받을 수 있는지 여부를 문의하였으나 K로부터 "승인이 불가하다"는 답변을 받자, 피고인 1과 피고인 2가 협의한 후 피고인 1이 재차 위 K와 협의하여 동신측이 스커드 캠퍼사로부터 전환사채 조기상환요청을 받을 빌미를 제공한 후 스커드 캠퍼사가 이를 이유로 동신측에 형식적으로 전환사채의 상환을 요구하고 동신측은 이를 사실상 개인들로 하여금 인수하기로 하는 방법을 사용하기로 한 사실(수사기록 제614면, 744~745면), 이에 따라 K는 피고인 1에게 동신의 대주주 및 그 특별관계자의 지분을 한강기금의 서면동의를 받지 않고 증권시장에 매각하라고 권유하였고, 피고인 1은 동신의 주식 30,000

주를 2001. 3. 26. 및 2001. 3. 29. 장내매도하였으며, 이를 빌미로 하여 한강기금에 대한 담당자인 K는 한강기금의 서면동의 없는 매각을 이유로 약정을 위반하여 기한의 이익을 상실하였다면서 위 전환사채의 조기상환을 요구한 사실, 한편, 한강기금에 대한 담당자인 K는 당시 피고인 1로부터 동신이 합병을 추진하려고 한다는 것만 들어 알고 있다가 그 후 그 대상이 CPN이라는 것을 알았으나 그 상세한 내용은 알지 못하였고, 상급자인 L이사에게 동신이 합병을 추진하려고 한다는 내용을 말한 적은 있으나 그 대상이 CPN이라는 것은 보고하지 않은 사실, 한강기금으로부터 2001. 4. 24. 1구좌는 피고인 1이 피고인 1을 소개하여 피고인 2로 하여금 인수토록 하고, 2구좌는 피고인 1이 자신의 명의로 1구좌, L 명의로 1구좌를 각 10억 8,700만원에 각 인수하여 같은 날 삼성증권 명동지점에 개설한 피고인 1 명의의 증권계좌 및 A증권 선릉지점에 개설한 L 명의의 증권계좌로 위 전환사채를 각 입고받은 사실, 동신이 주식교환을 통하여 정보통신사업에 진출한다는 사실은 2001. 4. 25. 공시된 사실, 동신의 주가는 A&D라는 호재성 재료에 힘입어 2001. 4. 10. 1주당 금 1,000원에서 합병공시 당일 1,990원, 2001. 5.말경 11,750원으로 급상승한 사실, 한편, 피고인 1은 2001. 5. 9. L 명의를 빌려 인수한 전환사채 1구좌를 조훈중에게 금 29억원에 매각하여 약 18억 1,300만원 상당의 시세차익을 취득한 사실을 인정할 수 있다. 이러한 사실관계에 동신과 CPN 사이의 A&D를 추진한다는 합병관련 정보는 공시되기 전에는 일반인에게 공개되지 아니한 중요한 정보로서 미공개정보라고 할 것인 점(어떤 정보가 당해 법인의 의사에 의하여 재정경제부령이 정하는 바에 따라 공개되기까지는 그 정보는 여전히 증권거래법 제188조의2 소정의 미공개정보 이용행위금지의 대상이 되는 정보에 속한다는 취지의 대법원 2000. 11. 24. 선고 2000도2827 판결 참조), 비록 피고인 1이 K에게 이러한 정보를 미리 알려주었다고 하더라도 한강기금이 곧바로 이를 알았다고 인정하기도 곤란하며 정보의 내용에 있어서도 한강기금과 동신 사이에 정보의 격차가 전혀 없다고 보기도 어려운 점, 피고인 1이 피고인 2를 통하여 피고인 1에게 전환사채의 인수를 권유하였고, 공시되기 이전에 매매가 이루어져 위 합병관련 정보가 이 사건 전환사채의 거래에 대하여 하나의 '요인'이 되었다고 보이는 점 등을 보태어 보면, 피고인 1의 이 부분 증권거래법 위반의 공소사실을 넉넉히 인정할 수 있으므로 피고인 1의 위 주장은 이유 없다.

⑷ 위헌 여부

구 증권거래법상 처벌법규의 구성요건의 일부인 "미공개"의 개념을 하위규정에 위임한 것에 대하여 그 위헌 여부가 문제되었으나, 헌법재판소는 위임하고 있는 사항은 해당 법인이 다수인으로 하여금 알 수 있도록 일반인에게 정보를 공개하는 방법과 그 방법에 따라 그 정보가 공개된 것으로 보게 되는 시점에 관한 것

뿐이므로 위헌이 아니라고 결정하였다.

> [헌법재판소 1997. 3. 27. 선고 94헌바24 결정]
> 증권거래법 제188조의2 제2항은 내부자 거래행위의 객관적인 요건으로서 증권거래
> 법 제186조 제1항 각 호의 1에 해당하는 사실 등에 관한 정보 중 투자자의 투자판단
> 에 중대한 영향을 미칠 수 있는 것이어야 한다는 '정보의 중요성'과 '해당 법인이 재
> 무부령이 정하는 바에 따라 다수인으로 하여금 알 수 있도록 공개하기 전의 것'이어
> 야 한다는 정보의 '미공개성'을 규정하면서 그 중 후자에 관하여는 어떠한 정보가 공
> 개되었다고 할 것인지 여부에 관하여 재무부령에서 구체적인 기준을 정하도록 하였
> 다. 그렇다면 증권거래법 제188조의2 제2항이 재무부령에 위임하고 있는 사항은 해
> 당 법인이 다수인으로 하여금 알 수 있도록 일반인에게 정보를 공개하는 방법과 그
> 방법에 따라 그 정보가 공개된 것으로 보게 되는 시점에 관한 것뿐임이 분명하다. …
> 따라서 이 사건 법률조항인 증권거래법 제208조 제6호 중 제188조의2 제1항은 이
> 법 공포일로부터 시행한다고 규정하고 있다 하더라도 헌법상 구성요건 명확성의 원
> 칙(헌법 제12조 제1항)과 소급입법금지원칙(헌법 제13조 제1항) 및 재산권 보장을 규
> 정한 헌법 제23조 제1항에 위배된다고 볼 수 없다.

(5) 다른 방법에 의한 공개와 중요성 요건

이와 같이 정보공개방법이 법정되어 있으므로 인터넷을 통하여 정보가 전달
되는 경우 시행령이 정하는 공개방법에 비하여 훨씬 공개의 폭이 넓고 공개의 속
도가 빠르지만 위 5가지 공개방법에 의하여 공개되지 않은 이상 미공개정보에 해
당한다. 그러나 인터넷 등을 통하여 일반에 널리 공개된 경우 실제로는 정보의 중
요성 요건이 결여될 가능성이 있을 것이다.

대법원은 회사가 직접 정보를 공개한 사실이 없는 이상 비록 일간신문 등에
유사한 내용으로 추측 보도된 사실이 있다고 하더라도 그러한 사실만으로는 일반
인에게 공개된 정보라거나 중요한 정보로서의 가치를 상실한다고는 볼 수 없다는
입장이다.

> [대법원 1995. 6. 29. 선고 95도467 판결]
> 상고이유 제2점을 본다. 논지는, 위 회사의 1992사업연도의 결산추정치가 이미 여러
> 차례에 걸쳐 신문에 게재되어 일반투자자들도 이용할 수 있을 만큼 충분히 공개되었
> 으므로, 위 결산추정치가 증권거래법 제188조의2 제1항 소정의 "일반인에게 공개되
> 지 아니한 중요한 정보"에 해당되지 않는다는 것이다. 내부자거래의 규제대상이 되
> 는 정보가 되기 위하여는 그 정보가 중요한 정보이어야 할 뿐만 아니라, 아직 일반

인에게 알려지지 아니한 비공개 정보이어야 한다는 점은 논하는 바와 같다 할 것이지만, 증권거래법 제188조의2 제2항은 "일반인에게 공개되지 아니한 중요한 정보"를, "당해 법인이 재무부령이 정하는 바에 따라 다수인으로 하여금 알 수 있도록 공개하기 전의 것"이라고 규정하고 있으므로, 어떤 정보가 당해 회사의 의사에 의하여 재무부령이 정하는 바에 따라 공개되기까지는 그 정보는 여전히 내부자거래의 규제 대상이 되는 정보에 속한다고 할 것이다. 원심은, 위 회사가 위 추정결산결과를 공개한 사실이 없는 이상, 비록 일간신문 등에 위 추정결산결과와 유사한 내용으로 추측 보도된 사실이 있다고 하더라도, 그러한 사실만으로는 위 회사의 추정결산실적이 일반인에게 공개된 정보라거나 또는 그로 인하여 위 회사가 직접 집계하여 추정한 결산수치가 중요한 정보로서의 가치를 상실한다고는 볼 수 없다고 판단하였는바, 관련 법령의 규정과 기록에 의하여 살펴보면 원심의 위와 같은 인정과 판단은 정당하고, 원심판결에 논하는 바와 같은 법리오해의 위법이 있다고 볼 수 없으므로, 논지도 이유가 없다.

한편, 메신저나 문자메시지 등을 통하여 일시에 광범위한 수신자들에게 정보를 제공한 사건에서, 제1심판결은 해당 정보가 대중에게 알려짐으로써 특정인이 아닌 개인투자자들까지 이용할 수 있게 되어 "미공개중요정보를 이용하게 하는 행위"에 대한 고의를 인정하기 어렵다고 판시하였으나,[158] 제2심판결은 내부자 자신이 접촉 가능한 다수에게 정보를 전달한다고 하더라도 그 정보를 접하는 사람은 시장 전체로 보면 소수에 불과하므로 정보를 접한 사람이 많다고 하여 공개 정보가 되는 것은 아니라고 판시하였다.[159]

(6) 정보의 공개를 기대하기 어려운 경우

해당 정보가 법인내부의 범죄나 비리에 관련된 것이어서 정보의 공개를 기대하기 어려운 경우라고 하더라도, 그 정보가 일반투자자들의 투자판단에 중대한 영향을 미칠 수 있는 것이기만 하면 그 정보가 일반인에게 공개되기 전의 내부자 거래는 금지된다.

---

158) 서울남부지방법원 2016. 1. 7. 선고 2014고합480 판결.

159) 서울고등법원 2017. 10. 19. 선고 2016노313 판결(피고인이 야후메신저로 340명, 사내 메신저로 1900명, 문자메시지로 1,058명에게 전달한 경우인데, 정보를 알게 된 기관투자자들이 106만주를 순매도하는 동안 개인투자자들은 104만주를 순매수한 사건이다). 다만, 이 판결은 상고심에서 다른 쟁점(제174조 제1항의 "타인"이 반드시 수범자로부터 정보를 직접 수령한 자로 한정되는지 여부)에 대한 법리오해와 심리미진으로 파기되었다(대법원 2020. 10. 29. 선고 2017도18164 판결).

[대법원 1994. 4. 26. 선고 93도695 판결]

상장법인의 신고의무에 관한 증권거래법 제186조 제1항과 내부자거래의 금지에 관한 증권거래법 제188조의2는 각기 규정하는 대상이 서로 다르므로, 어떤 정보가 소론과 같이 주식이 유가증권시장에 상장되기 전에 이미 발생한 사실에 관한 것이어서 그 전까지는 제186조 제1항의 규정에 따른 신고의무가 없었던 경우이거나, 또는 어떤 정보가 법인내부의 범죄나 비리에 관련된 것이어서 위 규정에 의한 신고의무의 이행을 기대하기 어려운 경우라고 하더라도, 그 정보가 일반투자자들의 투자판단에 중대한 영향을 미칠 수 있는 것이기만 하면 그 정보가 일반인에게 공개되기 전의 내부자거래는 역시 제188조의2 제1항에 의하여 금지되는 것으로 보아야 할 것이다. 이 사건의 경우 원심이 적법하게 사실을 확정한 바와 같이 S사가 회계장부상으로는 흑자가 발생하고 있는 것으로 되어 있으나 실제로는 누적된 적자와 대규모공장의 신축으로 인한 자금의 수요 등 때문에 어음 수표가 부도로 될 정도로 극심한 자금난에 시달리고 있다는 사정은, S사의 경영에 중대한 영향을 미칠 수 있는 사실로서 합리적인 투자자라면 누구든지 S사의 주식의 거래에 관한 의사를 결정함에 있어서 상당히 중요한 가치를 지니는 것으로 판단할 정보에 해당하는 것임이 분명하므로, 이와 같은 정보가 이유야 어떻든지 일반인에게 전혀 공개되지 아니한 상태에서 S사의 주식이 유가증권시장에 상장된 직후 관계자들의 가명구좌를 통한 매수주문의 조작 등으로 시초가가 터무니없이 고가로 책정되어 거래되고 있음을 기화로, 피고인이 S사의 내부자의 지위에서 그 직무와 관련하여 알게 된 위와 같은 정보를 이용하여 S사가 발행한 공동피고인 D개발금융 등 소유의 주식을 전부 매도한 것은 증권거래법 제188조의2 제1항의 규정에 위반한 행위라고 할 것이고, 한편 같은 조 제2항이 재무부령에 위임하고 있는 사항은 당해 법인이 다수인으로 하여금 알 수 있도록 일반인에게 정보를 공개하는 방법과 그 방법에 따라 그 정보가 공개된 것으로 보게 되는 시점에 관한 것일 뿐으로 해석되므로, 이 사건의 경우와 같이 투자자의 투자판단에 중대한 영향을 미칠 수 있는 정보가 어떤 방법으로든지 일반인에게 전혀 공개되지 아니하였다면, 그 정보가 공개되기 전에 그 정보를 이용하여 이루어진 내부자거래는 위 법조항의 위임에 의한 재무부령의 규정내용과는 관계없이 증권거래법 제188조의2 제1항의 규정에 위반되는 것이고, 따라서 피고인의 위와 같은 유가증권거래행위가 비록 증권거래법 제188조의2 제2항의 위임에 따라 재무부령이 제정된 1992. 4. 28. 이전에 이루어진 것이라고 하더라도, 그 행위를 증권거래법 제188조의2 제1항의 규정에 위반한 행위로 보아 증권거래법 제208조 제6호에 따라 처벌할 수 있다고 보아야 할 것이다.

2. 중요한 정보

(1) 중요한 정보의 범위

(가) 수시공시사항과의 연계성 삭제

미공개중요정보 이용행위의 규제대상인 중요한 정보는 "투자자의 투자판단에 중대한 영향을 미칠 수 있는 정보"이다(法 174조①).

구 증권거래법 제188조의2 제2항은 "제1항에서 "일반인에게 공개되지 아니한 중요한 정보"라 함은 제186조 제1항 각 호의 1에 해당하는 사실 등에 관한 정보중 투자자의 투자판단에 중대한 영향을 미칠 수 있는 것으로서 당해 법인이 총리령이 정하는 바에 따라 다수인으로 하여금 알 수 있도록 공개하기 전의 것을 말한다"고 규정함으로써, 수시공시사항과 연계하여 정보의 중요성을 규정하는 방식을 취하였다. 이에 따라 위 규정이 중요한 정보를 한정적으로 열거한 것인지, 예시적으로 규정한 것인지에 관하여 논란이 있었으나, 대법원은 "… 위 제2항에서 '일반인에게 공개되지 아니한 중요한 정보'를 정의함에 있어 '제186조 제1항 각 호의 1에 해당하는 사실 등에 관한 정보 중'이란 표현을 사용하고 있다고 하더라도 같은 법 제186조 제1항 및 제2항 등 관계 규정에 비추어 볼 때 이는 위 제186조 제1항 제1호 내지 제13호 소정의 사실들만을 미공개정보 이용행위금지의 대상이 되는 중요한 정보에 해당하는 것으로 제한하고자 하는 취지에서가 아니라, 중요한 정보인지의 여부를 판단하는 기준인 '투자자의 투자판단에 중대한 영향을 미칠 수 있는 정보'를 예시하기 위한 목적에서라고 보아야 한다"라고 판시함으로써 예시적 규정으로 보는 입장을 분명히 하였다.

[대법원 2000. 11. 24. 선고 2000도2827 판결]
증권거래법 제188조의2 제1항은 일정한 자가 법인의 유가증권 거래와 관련하여 일반인에게 공개되지 아니한 중요한 정보를 이용하거나 다른 사람으로 하여금 이용하게 하는 것을 금지하고 있고, 제2항은 '일반인에게 공개되지 아니한 중요한 정보'라 함은 제186조 제1항 각 호의 1에 해당하는 사실 등에 관한 정보 중 투자자의 투자판단에 중대한 영향을 미칠 수 있는 것으로서 당해 법인이 재정경제부령이 정하는 바에 따라 다수인으로 하여금 알 수 있도록 공개하기 전의 것을 말하는 것이라고 규정하고 있는 바, 위 제2항에서 '일반인에게 공개되지 아니한 중요한 정보'를 정의함에 있어 '제186조 제1항 각 호의 1에 해당하는 사실 등에 관한 정보 중'이란 표현을 사용하고 있다고 하더라도 같은 법 제186조 제1항 및 제2항 등 관계 규정에 비추어 볼 때 이

는 위 제186조 제1항 제1호 내지 제13호 소정의 사실들만을 미공개정보 이용행위금지의 대상이 되는 중요한 정보에 해당하는 것으로 제한하고자 하는 취지에서가 아니라, 중요한 정보인지의 여부를 판단하는 기준인 '투자자의 투자판단에 중대한 영향을 미칠 수 있는 정보'를 예시하기 위한 목적에서라고 보아야 한다.

[대법원 2010. 5. 13. 선고 2007도9769 판결]

1. 원심은 다음과 같은 이유로 피고인들에 대한 공소사실 중 미공개정보 이용행위로 인한 증권거래법 위반의 점에 대하여 무죄로 판단하였다. 증권거래법 제188조의2가 정하는 '중요한 정보'에 해당하기 위해서는 증권거래법 제186조 제1항 각 호 또는 이에 의하여 순차로 위임을 받은 증권거래법 시행령 제83조 제3항 각 호 및 '유가증권의 발행 및 공시 등에 관한 규정' 제69조 제1항 각 호에서 예시하고 있는 신고의무사항에 해당하거나 이에 비견할 수 있을 정도로 중요한 것이어야 하고, 아울러 장차 법령의 규정에 의하여 공개될 것으로 예정되어 있는 정보일 것을 요구한다. 그런데 공소외 2주식회사이 자기자본금의 3.07%에 해당하는 자금을 출자하여 공소외 3주식회사의 신주를 인수함으로써 공소외 3주식회사의 출자지분 10.24%를 보유하게 된다는 내용의 이 사건 정보는, '자기자본의 100분의 5 이상의 타법인의 주식 및 출자증권의 취득 또는 처분에 관한 결정이 있은 때'를 신고의무사항으로 정하고 있는 '유가증권의 발행 및 공시 등에 관한 규정' 제69조 제1항 제5호 (사)목소정의 출자비율 수치에 현저히 미달하여 신고의무사항에 해당하지 아니함은 물론 이에 비견할 수 있는 정도로 중요한 사항이라고 할 수 없고, 피고인들의 행위 당시를 기준으로 법령에 의한 공개가 예정된 바도 아니어서, 증권거래법 제188조의2에서 정하고 있는 '중요한 정보'에 해당하지 않는다.

2. 그러나 원심의 위와 같은 판단은 이를 그대로 수긍하기 어렵다. (1) 원심이 배척하지 아니한 제1심판결이 적법하게 채택한 증거에 의하면, 국내 주식시장에서는 2004년 하반기부터 바이오 붐이 일기 시작하였고, 2005. 5.경 H가 난치병환자의 체세포를 복제해 치료용 배아줄기세포를 만드는 데 성공했다고 발표한 이후에는 그 열기가 더욱 치솟아 바이오와 관련된 테마주가 형성되었던 사실, 제약회사인 공소외 2주식회사는 2005. 7. 4. 공소외 3 주식회사와 사이에 공소외 3 주식회사가 발행하는 신주 66,850주를 인수하는 내용의 신주인수계약을 체결하였는데, 공소외 3주식회사는 국내 최초의 바이오 장기 개발 전문회사로서 국내 최초로 형질전환 복제돼지 '형광이'를 탄생시킨 사실이 이미 주식시장에 알려져 있었던 사실, 공소외 2주식회사는 위 신주 인수로 공소외 3주식회사의 전체 지분 중 10.24%를 보유한 3대 주주가 되었으며 공소외 3주식회사가 추진하는 바이오 의약품 연구, 제조 및 판매 사업에 있어서 최우선적인 협의권을 인정받게 된 사실, 공소외 2주식회사는 위와 같이 공소외 3주식회사와 신주인수계약을 체결한 후 2005. 7. 11. 자진하여 그 사실을 공시하는 한편 언론사에 보도자료를 배부하여 홍보한 사실, 공소외

2주식회사의 임원인 피고인 1, 피고인 2, 피고인 4와 공소외 3주식회사의 임원인 피고인 5는 그 업무와 관련하여 이 사건 정보를 알게 되었고, 피고인 3은 그의 아버지인 공소외 2주식회사 임원 공소외 3으로부터 이 사건 정보를 전해 듣게 되었는바, 피고인들은 이 사건 정보가 공시되기 이전에 공소외 2주식회사의 주식을 집중적으로 매수하거나 다른 사람으로 하여금 매수하게 한 사실을 알 수 있다. (2) 앞서 본 법리에 의하면 어떤 사실이 '투자자의 투자판단에 중대한 영향을 미칠 수 있는 정보'에 해당하는지 여부는 당해 사실이 증권거래법 제186조 제1항 각 호 및 그 위임을 받은 증권거래법 시행령,'유가증권의 발행 및 공시 등에 관한 규정'이 정한 신고의무사항에 해당하는지 여부와는 직접적인 관계가 없다고 할 것이고, 나아가 위와 같은 사실에서 알 수 있는 다음과 같은 사정, 즉 이 사건 신주인수계약 당시 주식시장에는 바이오산업에 대한 낙관적인 전망으로 바이오 테마 붐이 일고 있어 공소외 2주식회사가 국내 최초의 바이오 장기 개발 전문회사이자 복제돼지의 생산에 성공하기도 한 공소외 3주식회사의 신주를 인수한다는 내용은 주식시장에서 호재성 정보로 인식되기에 충분하다고 볼 수 있는 점, 당시 주식시장의 상황에 비추어 일반 투자자로서는 공소외 2주식회사가 이 사건 신주인수계약으로 공소외 3주식회사의 3대 주주가 되었고 공소외 3주식회사가 개발하는 의약품제조 등에 있어서 최우선적 공동사업 협의권을 확보하였다는 점에 민감하게 반응하였을 것으로 보이는 점, 공소외 2주식회사가 이 사건 정보가 증권거래법령 상의 신고의무사항이 아님에도 자진하여 이를 공시한 점이나 피고인들이 위 공시 이전에 공소외 2주식회사의 주식을 집중 매수한 점 등을 종합하여 보면, 이 사건 정보는 일반 투자자가 공소외 2주식회사의 유가증권의 거래에 관한 의사를 결정하는 데 있어서 중요한 가치가 있는 정보라고 봄이 상당하다. 원심은, 증권거래법 제188조의2 제2항이 '중요한 정보'가 되기 위한 요건으로 '당해 법인이 재정경제부령이 정하는 바에 따라 다수인으로 하여금 알 수 있도록 공개하기 전의 것'임을 요하는 것으로 규정함으로써, '중요한 정보'에 해당하기 위해서는 장차 법령의 규정에 의하여 공개될 것으로 예정되어 있는 정보일 것을 요구한다고 판시하고 있다. 그러나 증권거래법 제188조의2에 정한 내부자거래의 규제대상이 되는 정보는 '일반인에게 공개되지 아니한 중요한 정보'로서, 위 조항의 체계나 문언에 비추어 '당해 법인이 재정경제부령이 정하는 바에 따라 다수인으로 하여금 알 수 있도록 공개하기 전의 것'이라는 규정은 내부자거래의 규제대상이 되는 정보에 해당하기 위한 요건 중 미공개에 관한 것으로 보아야 할 것이고, 이와 달리 중요한 정보의 요건을 규정한 것으로 볼 것은 아니다. (3) 그렇다면 이 사건 정보는 증권거래법 제188조의2가 정하는 '중요한 정보'에 해당한다고 할 것인바, 이와 달리 판단한 원심에는 증권거래법 제188조의2에서 정하는 '중요한 정보'에 관한 법리를 오해하여 판결 결과에 영향을 미친 위법이 있다.

학계의 통설적 견해도 판례와 같았는데, 자본시장법은 "투자자의 투자판단에 중대한 영향을 미칠 수 있는 정보"라고 명시적으로 규정하여 대법원 판례의 취지를 그대로 수용함으로써 구 증권거래법 규정의 해석에 관한 논란을 입법적으로 해결하였다.

(내) 결정정보와 발생정보

반드시 상장법인의 의결기관 또는 업무집행기관이 결정한 사항만이 상장법인의 업무에 관한 중요한 정보로 되는 것은 아니고, 외부적 요인에 의하여 생성되거나(피소당하는 경우) 상장법인 내부에서 그러나 상장법인의 의사와 무관하게 생성되는 정보(화재발생)도 중요한 정보이고, 그 정보의 내용이 상장법인의 업무와 관련되면 업무관련성도 인정된다. 이와 같이 미공개중요정보는 정보 생성의 원인에 따라 상장법인의 의결기관 또는 업무집행기관이 중요사항을 하기로 결정하거나 하지 않기로 결정하는 것(결정정보)과 상장법인의 의사와 관계없이 발생한 정보(발생정보)로 분류할 수 있다. 자본시장법은 이러한 구별을 하지 않고 있지만, 일본 金商法은 결정정보와 발생정보를 구별하여 규정한다.[160]

(2) 투 자 자

투자자란 해당 시점에서 투자자집단을 대표할 만한 표준적인 투자자를 말하므로 투자자의 주관적인 특성은 전혀 무시하고 합리적인 투자자(reasonable investor)를 가정하여 객관적으로만 판단하여야 한다. 여기서 합리적인 투자자란 반드시 증권에 문외한인 일반투자자만을 가리키는 것이 아니라 전문투자자도 합리적인 투자자의 범주에 포함된다고 보아야 한다.

[대법원 2000. 11. 24. 선고 2000도2827 판결]
증권거래법 제186조 제1항 제1호에서 규정하고 있는 상장법인 등이 발행한 어음 또는 수표가 부도처리 되었을 때뿐만 아니라, 은행이 부도처리하기 전에 도저히 자금조달이 어려워 부도처리될 것이 거의 확실시되는 사정도 당해 법인의 경영에 중대한 영향을 미칠 수 있는 사실로서 합리적인 투자자라면 누구든지 해당 법인의 주식의 거래에 관한 의사를 결정함에 있어서 상당히 중요한 가치를 지니는 것으로 판단할 정보에 해당하는 것임이 분명하므로, 이러한 상황을 알고 있는 해당 법인의 주요주주 등이 그 정보를 공시하기 전에 이를 이용하여 보유주식을 매각하였다면 이는 미공개정보 이용행위를 금지하고 있는 증권거래법 제188조의2 제1항을 위반하였다고 보지 않을

---

160) 金商法 제166조는 결정정보는 자본금의 감소, 주식의 분할, 주식교환, 주식이전, 합병, 회사의 분할, 해상등과 같이 구체적으로 열거하고, 발생정보는 대부분을 시행령에서 규정한다.

수 없다(대법원 1994. 4. 26. 선고 93도695 판결 참조). 같은 취지에서 이 사건 범행 당시 상호 지급보증을 한 관련 회사들의 부도처리와 은행거래정지 등으로 인하여 한국주강의 부도가 불가피하다는 사실이 바로 법 제188조의2 제2항 소정의 '일반인에게 공개되지 아니한 중요한 정보'에 해당한다고 본 원심의 판단은 정당하고, 거기에 상고이유가 주장하는 바와 같이 공소사실 자체로 범죄가 되지 아니한 행위를 유죄로 인정하였다거나 범죄사실이 특정되지 아니한 위법이 있다고 할 수 없다.

(위 2000도2827 판결의 원심 판결)
[서울지방법원 2000. 6. 7. 선고 2000노3689 판결]
원심이 적법하게 조사하여 채택한 증거들에 변호인이 원심과 당심에서 제출한 자료들을 보태어 보면, 한국제강 주식회사는 1998. 4. 16. 부도를 냈으나, 같은 달 17. 부도 어음을 모두 결제함에 따라 위 부도가 취소되었고, 이러한 사실은 같은 날 한국경제신문에 보도된 사실(위 한국경제신문 이외에 변호인이 들고 있는 부산매일과 국제신문은 전국을 보급지역으로 하는 신문으로 보이지 아니한다), 한편, 한국주강 주식회사는 같은 날 '한국주강(주) 관계회사 부도설'이라는 제목 하에 한국제강의 위 부도사실은 언급하지 아니한 채 '당사의 관계회사인 한국제강(주) 및 한국금속공업(주)는 현재 정상적인 은행거래와 영업 및 생산활동 중에 있음을 알려 드립니다'라고 공시한 사실, 한국제강은 같은 달 21. 최종 부도 처리되었고, 한국주강은 같은 날 위 한국제강의 부도사실을 공시하면서 '당사의 한국제강(주)에 대한 보증채무 잔액은 한국산업리스, 한국개발리스 등에 채무보증 217억원이 있으며 금융기관과 협의가 원활히 이루어질 것으로 예상됩니다'라고 공시한 사실, 그러나 한국주강은 그 3일 후인 같은 달 24. 최종 부도 처리되어 같은 날 위와 같은 사실이 공시된 사실을 인정할 수 있는 바, 위와 같은 여러 가지 사정을 고려할 때, 한국주강의 부도가 불가피하다는 점은 한국주강의 부도가 공시된 때인 1999. 4. 24.부터 24시간이 경과하기 전에는 증권거래법상의 미공개 정보라고 봄이 상당하므로, 피고인이 그 이전에 한국주강의 부도가 불가피함을 잘 알고 있는 상황에서 한국주강의 주식을 매각하였다면, 피고인은 주식매매와 관련하여 증권거래법상의 미공개 정보를 이용하였다고 볼 수밖에는 없다 할 것이다. 이 부분에 대한 피고인의 주장은 이유 없다.

⑶ 투자판단에 대한 중대한 영향

정보는 여러 단계를 거치는 과정에서 구체화되기 마련인데, 중요한 정보란 반드시 객관적으로 명확한 것만 이용이 금지되는 미공개중요정보에 해당하는 것이 아니라 합리적인 투자자라면 그 사실의 중대성과 사실이 발생할 개연성을 함께 고려하여 특정증권등의 거래에 관한 의사를 결정함에 있어서 중요한 가치를 지니는 정보를 가리킨다.

대법원은 "투자자의 투자판단에 중대한 영향을 미칠 수 있는 정보"에 관하여, "합리적인 투자자가 해당 유가증권을 매수 또는 계속 보유할 것인지 아니면 처분할 것인지 여부를 결정하는 데 있어서 중요한 가치가 있는 정보, 바꾸어 말하면 일반투자자들이 일반적으로 안다고 가정할 경우에 해당 유가증권의 가격에 중대한 영향을 미칠 수 있는 사실"이라고 판시하거나,161) "합리적인 투자자라면 그 정보의 중대성과 사실이 발생할 개연성을 비교 평가하여 판단할 경우, 유가증권의 거래에 관한 의사를 결정함에 있어서 중요한 가치를 지닌다고 생각하는 정보"라고 판시함으로써 미국 증권법상의 가능성 – 중대성 기준과 실질적 개연성 기준을 함께 채택하여 왔다.162)

> [대법원 1995. 6. 29. 선고 95도467 판결]
> 상장회사의 추정 영업실적이 전년도에 비하여 대폭으로 호전되었다는 사실은 그 회사의 유가증권의 가격에 중대한 영향을 미칠 것임이 분명하므로, 그에 관한 매출액, 순이익 등의 추정 결산실적 등의 정보는 중요한 정보에 해당한다.

> [대법원 2008. 11. 27. 선고 2008도6219 판결]
> 증권거래법 제188조의2 제2항에 정한 '투자자의 투자판단에 중대한 영향을 미칠 수 있는 정보'란, 같은 법 제186조 제1항 제1호 내지 제12호에 유형이 개별적으로 예시되고 제13호에 포괄적으로 규정되어 있는 '법인의 경영·재산 등에 관하여 중대한 영향을 미칠 사실'들 가운데에서, 합리적인 투자자라면 그 정보의 중대성과 사실이 발생할 개연성을 비교 평가하여 판단할 경우 유가증권의 거래에 관한 의사 결정에서 중요한 가치를 지닌다고 생각하는 정보를 가리킨다. 한편, 일반적으로 법인 내부에서 생성되는 중요정보란 갑자기 완성되는 것이 아니라 여러 단계를 거치는 과정에서 구체화되는 것으로서, 중요정보의 생성시기는 반드시 그러한 정보가 객관적으로 명확하고 확실하게 완성된 경우를 말하는 것이 아니라, 합리적인 투자자의 입장에서 그 정보의

---

161) 대법원 2017. 1. 12. 선고 2016도10313 판결, 대법원 2017. 10. 31. 선고 2015도5251 판결.
162) 미국 증권법상 정보의 중요성에 관한 가능성 – 중대성 기준(probability – magnitude test)은 S.E.C. v. Texas Gulf Sulphur Co., 401 F.2d 833 (2d Cir. 1968) 판결에서 최초로 채택된 것으로서, 당시 피고들은 광물시추견본의 상업성이 확실하지 않아서 공시할 사항이 아니었다고 주장하였는데, 법원은 해당 정보가 사실로 확정될 가능성(probability)과 그 정보가 공개될 경우 주가에 영향을 미칠 중대성(magnitude)이 인정되면 중요한 정보로 보아야 한다고 판시하였다. 실질적 개연성 기준(substantially likelihood test)은 연방대법원이 위임장설명서의 부실표시로 Rule 14a – 9 위반이 문제된 TSC Industries, Inc. v. Northway, Inc., 426 U.S. 438 (1976) 판결에서 최초로 채택하였고, 그 후 Basic Inc. v. Levinson, 485 U.S. 224 (1988) 판결에서 모든 사기금지규정에 적용된다고 선언한 것으로서, 합리적인 투자자가 투자판단에 있어서 그 정보를 중요하다고 여길 만한 실질적 개연성이 있으면 그 정보는 중요한 정보라는 것이다.

중대성과 사실이 발생할 개연성을 비교 평가하여 유가증권의 거래에 관한 의사결정
에서 중요한 가치를 지닌다고 생각할 정도로 구체화되면 그 정보가 생성된 것이다.

[대법원 2009. 11. 26. 선고 2008도9623 판결]

증권거래법 제188조의2 제1항의 '중요한 정보'의 인정기준인 같은 조 제2항의 '투자
자의 투자판단에 중대한 영향을 미칠 수 있는 정보'란 법인의 경영·재산 등에 관하여
중대한 영향을 미칠 사실들 가운데에서 합리적인 투자자가 그 정보의 중대성 및 사실
이 발생할 개연성을 비교 평가하여 판단할 경우 유가증권의 거래에 관한 의사결정에
서 중요한 가치를 지닌다고 생각하는 정보를 가리킨다. 한편, 일반적으로 법인 내부
에서 생성되는 중요정보란 갑자기 완성되는 것이 아니라 여러 단계를 거치는 과정에
서 구체화되는 것으로서, 중요정보의 생성시기는 반드시 그러한 정보가 객관적으로
명확하고 확실하게 완성된 경우를 말하는 것이 아니라, 합리적인 투자자의 입장에서
그 정보의 중대성과 사실이 발생할 개연성을 비교 평가하여 유가증권의 거래에 관한
의사결정에 있어서 중요한 가치를 지닌다고 생각할 정도로 구체화되면 그 정보가 생
성되었다고 할 것이다. 기록에 의하면, 이 사건 공소사실에서 피고인들이 이용한 것
으로 기소된 중요정보(이하 '이 사건 중요정보'라 한다)는 ① A사의 적자가 누적됨에
따라 자본 부족 문제로 인하여 재무구조가 급속히 나빠져 회사의 경영상황이 악화될
것이라는 정보, ② 상반기에 1차 유동성 위기 해소를 위해 실시된 1조 원 상당의 자
본 확충이 끝났음에도 위와 같은 재무구조의 악화 등으로 A사에서는 추가 자기자본
확충을 위하여 조만간 수천억 원 이상 규모의 유상증자가 이루어져야 하는 상황이라
는 정보임을 알 수 있다. 앞서 본 법리와 원심이 채택한 증거를 기록에 비추어 살펴
보면, A사 공소외 1 사장이 2003. 7. 21. A그룹 공소외 2 부회장 등에게 '수정사업
계획 및 주요 경영현안'이라는 대외비 문건을 보고하면서 2003년 연간 적자액이 1조
2,893억 원에 이를 가능성이 있다고 예상하고, 경영정상화를 위하여는 약 4,000억
원 규모의 자본확충을 검토하여야 한다는 내용이 일부 포함되어 있는 점을 알 수 있
는바, 합리적인 투자자의 입장에서 위와 같은 내용의 정보는 객관적으로 명확하고 확
실하게 완성되지 않은 상태라도 유가증권의 거래에 관한 의사결정에 있어서 중요한
가치를 지닌다고 생각할 정도로 구체화되었다고 할 것이므로, 이 사건 중요정보는
2003. 7. 21. 무렵에 최초로 생성되었다고 할 것이다. 원심판결 이유에 의하면, 원심
은 A사가 2003. 9. 들어서 경영여건이 급격하게 악화되기 시작한 점, A사 경영진이
2003. 9. 22.자로 작성된 '추가 자본확충 검토(안)'이라는 문건에서 연내에 4,000억
원 내지 5,000억 원 규모의 유상증자가 필요하다는 내용을 확정적으로 언급한 점 등
에 비추어 이 사건 중요정보는 2003. 9. 22.에야 비로소 생성되었다고 판단하였는바,
이러한 원심의 판단에는 중요정보의 생성시기에 관한 법리 등을 오해한 위법이 있다.
다만, 이러한 위법은 뒤에서 보는 바와 같은 이유로 판결에 영향을 미친 것은 아니다.

(위 2008도9623 판결의 원심 판결)

[서울고등법원 2008. 10. 10. 선고 2008노1552 판결]

원심이 그 판시와 같은 이유를 들어 피고인 1이 피고인 2에게 '자사주 취득 후 이익소각'을 검토하고 있다는 사실을 알려 준 2004. 1. 중순경에는 그 정보의 실행여부가 다분히 유동적이고 불확정적이어서 상당한 정도의 개연성이 있었다거나 그 정보가 실제 투자자들의 투자판단에 중대한 영향을 미치는 것으로 보기 어렵다는 이유로 이 사건 공소사실에 대하여 무죄를 선고한 것은 정당하다(피고인들이 2004. 2. 5.경 주식을 거래할 차명계좌를 개설하였고, 그 직후인 2. 9. 주식소각 품의서에 실무자의 결재가 있었으며, 2. 11. 회장의 결재 및 이사회 결의에 따른 공시가 있었던 점에 비추어 보면, 피고인 1이 2004. 1. 중순 이후 어느 시점에서 피고인 2에게 좀 더 구체화된 개연성 있는 미공개정보를 주었을 여지가 있어 보이기는 하나, 이 또한 검사가 제출한 자료만으로는 합리적인 의심을 할 여지가 없을 정도로 사실이라는 확신을 가지게 하기에는 부족하다). 따라서, 원심판결에 검사가 주장하는 것과 같은 사실오인의 위법이 없다.

[대법원 2010. 5. 13. 선고 2007도9769 판결]

구 증권거래법 제188조의2 제1항은, 일정한 자가 법인의 유가증권 거래와 관련하여 일반인에게 공개되지 아니한 중요한 정보를 이용하거나 다른 사람으로 하여금 이용하게 하는 것을 금지하고 있고, 그 제2항은 '일반인에게 공개되지 아니한 중요한 정보'라 함은 제186조 제1항 각 호의 1에 해당하는 사실 등에 관한 정보 중 투자자의 투자판단에 중대한 영향을 미칠 수 있는 것으로서 당해 법인이 재정경제부령이 정하는 바에 따라 다수인으로 하여금 알 수 있도록 공개하기 전의 것을 말하는 것이라고 규정하고 있다. 여기서 위 제2항이 '일반인에게 공개되지 아니한 중요한 정보'를 정의함에 있어 '제186조 제1항 각 호의 1에 해당하는 사실 등에 관한 정보 중'이란 표현을 사용하고 있으나, 이는 위 제186조 제1항 제1호 내지 제13호 소정의 사실들만을 미공개정보 이용행위 금지의 대상이 되는 중요한 정보에 해당하는 것으로 제한하고자 하는 것이 아니라 중요한 정보인지의 여부를 판단하는 기준인 '투자자의 투자판단에 중대한 영향을 미칠 수 있는 정보'를 예시하기 위한 것이라고 보아야 한다(대법원 2000. 11. 24. 선고 2000도2827 판결 등 참조). 또한 '투자자의 투자판단에 중대한 영향을 미칠 수 있는 정보'란 법인의 경영·재산 등에 관하여 중대한 영향을 미칠 사실들 가운데에서 합리적인 투자자가 그 정보의 중대성 및 사실이 발생할 개연성을 비교 평가하여 판단할 경우 유가증권의 거래에 관한 의사결정에서 중요한 가치를 지닌다고 생각하는 정보를 가리킨다(대법원 2008. 11. 27. 선고 2008도6219 판결 등 참조).

[대법원 2017. 1. 12. 선고 2016도10313 판결]

자본시장법 제174조 제1항에서 정한 '투자자의 투자판단에 중대한 영향을 미칠 수 있는 정보'란 합리적인 투자자가 유가증권을 매수 또는 계속 보유할 것인가 아니면 처분할 것인가를 결정하는 데 중요한 가치가 있는 정보, 바꾸어 말하면 일반 투자자들이 일반적으로 안다고 가정할 경우에 유가증권의 가격에 중대한 영향을 미칠 수 있는 사실을 말한다.163)

(4) 정보생성시기

실제의 기업활동에 있어서 아무런 단계를 거치지 않고 단번에 생성되는 정보는 드물고 대부분의 정보는 완성에 이르기까지 여러 단계를 거치게 된다. 예를 들어, 합병의 경우에는 대상회사의 물색과 조사, 합병을 위한 예비 협상 등 많은 단계를 거쳐서 비로소 이사회가 합병결의를 하는 것이고, 부도의 경우에도 자금난이 계속 심화되는 상황을 거쳐서 부도에 이르게 되는데, 이와 같이 합병과 부도가 확실하게 된 경우에 비로소 중요한 정보가 생성된 것으로 보면 미공개중요정보이용에 대한 규제의 실효성이 없게 된다.

따라서 공시의무가 부과되는 사항에 관한 이사회결의가 있거나 최종부도가 발생한 시점 이전이라도, 합리적인 투자자가 특정증권등의 거래에 관하여 의사결정을 함에 있어서 중요한 정보로 간주할 정도의 정보라면 그 시점에서 이미 중요한 정보가 생성된 것으로 보아야 하고, 그 정보가 반드시 객관적으로 명확하고 확실할 것까지 필요로 하는 것은 아니다.164) 즉, 결정정보나 발생정보뿐 아니라 결정예정정보 또는 발생예정정보도 중요한 정보가 될 수 있다. 구체적으로는 거래소 상장폐지가 사실상 확정된 때, 합병에 관한 최종합의가 이루어진 때, CEO가 실무진에게 공개매수 추진을 지시한 때, 발행한 어음의 부도처리가 확실시되는 때, 계열회사 사장의 그룹 부회장에 대한 보고문건에 자본확충계획이 포함되어 있는 때, 경영진과 대주주 간의 무상증자 합의시점에는 이미 정보가 생성된 것으로 보아야 한다.

〈거래소 상장폐지가 사실상 확정된 경우〉
[대법원 1995. 6. 29. 선고 95도467 판결]
T사는 2008. 10.경 직원의 급여 및 K상호저축은행 차입금에 대한 이자를 지급하지 못하고 있었고, 2008. 9. 30. 기준 누적 분식규모는 약 710억 원에 이르러 2008. 12.경부터는 금융감독원으로부터 회계감리 자료를 제출하라는 요청까지 받게 되었다. 이처

---

163) 대법원 2018. 12. 28. 선고 2018도16586 판결도 같은 취지이다.
164) 대법원 1994. 4. 26. 선고 93도695 판결.

럼 분식회계와 관련된 금융감독원의 조사가 진행되고 더 이상 분식회계를 지속할 수 없게 됨으로써 T사는 2009년도 상반기에 상장 폐지가 될 것이 2008. 12. 말경에는 사실상 확정되었다. 이에 피고인은 T사가 더 이상 코스닥 시장에서 상장유지가 되는 것이 어렵다고 판단하고 상장폐지 전에 자신 소유의 주식을 매도하여 손실을 회피하기로 마음먹었다. 2008. 12. 말경 피고인은 위 T사 사무실에서 전략기획실 직원 L에게 담보제공 주식을 포함하여 차명계좌를 포함하여 처분가능한 모든 주식의 매도를 지시하였고, 이에 따라 L은 2009. 1. 2. 사채업자 Y에게 담보로 제공되어 있던 피고인의 T사 주식 100,000주를 매도한 것을 비롯하여 그 때부터 같은 달 22.까지 사이에 피고인의 T사 주식 1,979,047주, 총 대금 2,804,415,260원 상당을 매도하였다. 그 후 피고인은 2009. 1. T사 재무담당 직원들을 모두 퇴사시키고, 금융감독원의 위 자료 요청에 대하여는 직원 퇴사 및 자료 멸실로 제출이 어렵고 2008년도 결산도 어렵다고 주장하였으며, 이를 이유로 2008년 사업보고서를 법정제출기한(2009. 3. 31)까지 제출하지 않아 2009. 4. 13. 한국거래소는 T사의 상장폐지를 공시하였고, 같은 달 23. T사는 결국 상장이 폐지되었다. 이로써 피고인은 업무와 관련하여 일반인에게 공개되지 아니한 'T사 상장 폐지'라는 중요한 정보를 당해 법인이 발행한 유가증권의 매매거래에 이용함으로써 2,783,724,808원 상당의 손실을 회피하였다.

〈부도가 확실시되는 상황인 경우〉
[대법원 2000. 11. 24. 선고 2000도2827 판결]
증권거래법 제186조 제1항 제1호에서 규정하고 있는 상장법인 등이 발행한 어음 또는 수표가 부도처리되었을 때뿐만 아니라, 은행이 부도처리하기 전에 도저히 자금조달이 어려워 부도처리될 것이 거의 확실시되는 사정도 해당 법인의 경영에 중대한 영향을 미칠 수 있는 사실로서 합리적인 투자자라면 누구든지 해당 법인의 주식의 거래에 관한 의사를 결정함에 있어서 상당히 중요한 가치를 지니는 것으로 판단할 정보에 해당하는 것이다.

〈계열회사 사장의 그룹 부회장에 대한 보고문건에 자본확충계획이 포함된 경우〉
[대법원 2008. 11. 27. 선고 2008도6219 판결]
기록에 의하면, 이 사건 공소사실에서 피고인들이 이용한 것으로 기소된 중요정보는 ① A카드 주식회사의 적자가 누적됨에 따라 자본 부족 문제로 인하여 재무구조가 급속히 나빠져 회사의 경영상황이 악화될 것이라는 정보, ② 상반기에 1차 유동성 위기 해소를 위해 실시된 1조 원 상당의 자본 확충이 끝났음에도 위와 같은 재무구조의 악화 등으로 A카드에서는 추가 자기자본 확충을 위하여 조만간 수천억 원 이상 규모의 유상증자가 이루어져야 하는 상황이라는 정보임을 알 수 있다. 앞서 본 법리와 원심이 채택한 증거를 기록에 비추어 살펴보면, A카드 공소외 1 사장이 2003. 7. 21. A그룹 공소외 2 부회장 등에게 '수정사업계획 및 주요 경영현안'이라는 대외비 문건을

보고하면서 2003년 연간 적자액이 1조 2,893억 원에 이를 가능성이 있다고 예상하고, 경영정상화를 위하여는 약 4,000억 원 규모의 자본확충을 검토하여야 한다는 내용이 일부 포함되어 있는 점을 알 수 있는바, 합리적인 투자자의 입장에서 위와 같은 내용의 정보는 객관적으로 명확하고 확실하게 완성되지 않은 상태라도 유가증권의 거래에 관한 의사결정에 있어서 중요한 가치를 지닌다고 생각할 정도로 구체화되었다고 할 것이므로, 이 사건 중요정보는 2003. 7. 21. 무렵에 최초로 생성되었다고 할 것이다. 원심판결 이유에 의하면, 원심은 A카드가 2003. 9. 들어서 경영여건이 급격하게 악화되기 시작한 점, A카드 경영진이 2003. 9. 22.자로 작성된 '추가 자본확충 검토(안)'이라는 문건에서 연내에 4,000억 원 내지 5,000억 원 규모의 유상증자가 필요하다는 내용을 확정적으로 언급한 점 등에 비추어 이 사건 중요정보는 2003. 9. 22.에야 비로소 생성되었다고 판단하였는바, 이러한 원심의 판단에는 중요정보의 생성시기에 관한 법리 등을 오해한 위법이 있다.[165)

〈대표이사와 대주주 간 무상증자 합의시점〉
[서울지방법원 2008. 12. 10. 선고 2008노3093 판결]
K사 이사회의 무상증자에 관한 의결이 곧 이루어질 것이라는 정보는 회사의 중요한 내부정보라 하지 않을 수 없고, 또 대표이사와 회장 겸 대주주 사이에 이사회의 의결을 거쳐 무상증자를 하기로 합의한 사실만으로도 무상증자의 실시에 관한 정보라고 봄이 상당하다고 할 것이다. 그렇다면, 피고인이 2006. 10. 31. K사의 무상증자의 실시에 관한 정보를 알고 이 사건 공소사실과 같이 주식거래를 하였다면, 피고인이 회사의 업무와 관련하여 일반인에게 공개되지 아니한 위 정보를 이용하였다고 할 것이다. K사 이사회의 무상증자에 관한 의결이 곧 이루어질 것이라는 정보는 회사의 중요한 내부정보라 하지 않을 수 없고, 또 대표이사와 회장 겸 대주주 사이에 이사회의 의결을 거쳐 무상증자를 하기로 합의한 사실만으로도 무상증자의 실시에 관한 정보라고 봄이 상당하다고 할 것이다.

정보생성시점에 관하여는, "일반적으로 법인 내부에서 생성되는 중요정보란 갑자기 완성되는 것이 아니라 여러 단계를 거치는 과정에서 구체화되는 것으로서 중요정보의 생성 시기는 반드시 그러한 정보가 객관적으로 명확하고 확실하게 완성된 때를 말하는 것이 아니라, 합리적인 투자자의 입장에서 그 정보의 중대성과 사실이 발생할 개연성을 비교 평가하여 유가증권의 거래에 관한 의사결정에 있어서 중요한 가치를 지닌다고 생각할 정도로 구체화되면 그 정보가 생성된 것이다"

165) 원심은 이 사건 중요정보는 2003. 9. 22.에야 비로소 생성되었다고 판단하였는데(서울고등법원 2008. 6. 24. 선고 2007노653 판결), 대법원은 그보다 앞선 2003. 7. 21. 무렵에 최초로 생성되었다고 판시하였다.

라는 것이 확립된 판례이다.166)

법인 내부의 의사결정 절차가 종료되지 않아 아직 실현 여부가 확정되지 않은 정보라도 합리적인 투자자가 정보의 중대성과 현실화될 개연성을 평가하여 투자에 관한 의사결정에 중요한 가치를 지닌다고 받아들일 수 있을 정도로 구체화된 것이면 중요정보로 생성된 것이라고 볼 수 있다.

[대법원 2017. 1. 25. 선고 2014도11775 판결]
2. 원심판결 이유에 의하면 다음과 같은 사실관계 등을 알 수 있다.

1) 코스닥 상장법인인 공소외 1 주식회사(이하 '공소외 1 회사'라고 한다)는 2005. 9.경 대표이사의 분식회계 등이 적발되어 2005. 10. 18.경부터 채권금융기관의 공동관리가 이루어지고 있었다. 공소외 1 회사는 2009. 12. 11.경 채권금융기관과 약 201억 원의 채무에 대한 상환유예기한을 2011. 12. 31.까지 연장하되 2010년 중 자구계획 이행 실패 시 40억 원 이상의 채무를 상환하도록 하는 내용의 '경영정상화 이행약정'을 체결하였다. 그러나 2010년경 신규 사업으로 추진하던 사이버보안 솔루션 개발 사업 등에서 성과를 거두지 못하면서 2010년 3분기말 당기순손실 약 62억 원, 자본잠식률 41.6%에 이르러, 대규모 외부자금 조달과 수익창출이 가능한 신규 사업 진출이 이루어지지 않으면 채무상환유예 연장과 기업회생을 기대하기 어려운 상황에 이르렀다. 이에 따라 공소외 1 회사 경영진은 제3자 배정 유상증자를 통한 경영권 매각을 추진하게 되었다.

2) 피고인은 2010. 11.경 공소외 2 주식회사(이하 '공소외 2 회사'라고 한다)의 대표이사이자 최대주주였고 공소외 3 회사(이하 '공소외 3 회사'라고 한다)의 최대주주로서 2개 법인의 실질적 사주였다. 이에 공소외 1 회사의 전 대표이사이자 고문인 공소외 4와 당시 대표이사 공소외 5는 피고인에게 공소외 1 회사가 추진하는 50억 규모의 유상증자에 참여하여 공소외 1 회사의 경영권을 인수한 다음 공소외 1 회사가 공소외 3 회사의 지분을 인수하여 공소외 3 회사가 추진하는 스마트그리드 사업을 공소외 1 회사를 통하여 추진하는 방법을 제안하였다.

3) 공소외 1 회사는 2010. 11. 12.경 공소외 6 회계법인에 공소외 3 회사의 주식가치를 평가하여 달라는 의뢰를 하였고, 공소외 6 회계법인 소속 공인회계사 공소외 7은 2010. 11. 25.경 '공소외 1 회사와 공소외 3 회사 주주 공소외 8 외 3인 간 자산양수도 시 자산양수도가액의 적정성에 대한 평가의견'을 작성하여 제공하였는데, 이는 공소외 4와 공소외 5의 위 제안을 구체화하기 위하여 진행된 것으로 보인다.

---

166) 대법원 2009. 11. 26. 선고 2008도9623 판결, 대법원 2009. 7. 9. 선고 2009도1374 판결, 대법원 2008. 11. 27. 선고 2008도6219 판결.

4) 공소외 6 회계법인은 그전부터 공소외 1 회사와 공소외 2 회사의 외부감사에 모두 관여한 바 있고, 그 소속 공인회계사 공소외 7은 피고인 및 공소외 ○○고등학교 동문으로, 공소외 1 회사로부터 위와 같이 공소외 3 회사의 평가의뢰를 받기 전에 공소외 2 회사의 직원으로부터 공소외 1 회사가 가치평가를 의뢰할 것이라는 말을 들었고, 의뢰를 받은 후에는 공소외 3 회사의 상무와 회계담당 직원으로부터 자료를 받아 공소외 3 회사에 대한 가치평가를 실시하였는데, 피고인의 관여나 개입 없이 공소외 3 회사의 직원이 공소외 1 회사의 의뢰를 받은 회계법인에 공소외 3 회사의 평가를 위한 자료를 전달할 다른 특별한 이유가 있었다고 볼 사정은 없다.

5) 한편 피고인은 2010. 11. 29.경 처 공소외 9의 대신증권 계좌에서 ○○제약 주식을 약 9,900만 원에 매도하고 그 대금으로 공소외 1 회사 주식 197,500주(이하 '이 사건 주식'이라고 한다)를 98,243,529원에 매수하였다.

6) 피고인은 2010. 11. 30.경 공소외 2 회사의 기업통장(마이너스 대출통장)에서 11억 원을 송금받은 후 공소외 1 회사에 11억 원을 송금하여 대여하였고, 같은 날 저녁 내지 12. 1. 새벽 무렵 공소외 1 회사를 인수하기로 결정하였다.

7) 공소외 1 회사는 2010. 12. 1.경 피고인과 공소외 2 회사에 대한 제3자 배정방식의 유상증자에 관한 이사회 결의를 하고, 같은 날 14:00경 '공소외 2 회사 및 피고인을 대상으로 50억 원 규모의 유상증자를 실시하고 그에 따라 최대주주가 변경된다'(이하 '이 사건 정보'라고 한다)는 취지의 "유상증자 결정 및 최대주주 변경 관련 공시"를 공표하였다.

8) 공소외 1 회사는 2010. 12. 15.경 50억 원 규모의 제3자 배정 유상증자를 실시하였고, 그 다음 날인 2010. 12. 16.경 피고인과 공소외 2 회사로부터 납입받은 주금 50억 원 중 40억 원으로 공소외 3 회사의 지분 40%를 인수하였다. 이로써 공소외 1 회사 대표이사 공소외 5 등의 위 제안은 그대로 현실화되었다. 또한 유상증자대금 50억 원 중 나머지 10억 원은 공소외 1 회사가 2010. 11. 30. 피고인으로부터 빌린 차용금의 변제에 사용되었다.

9) 피고인은 위와 같은 일련의 과정을 거치면서 공소외 1 회사의 최대주주가 된 공소외 2 회사를 통하여 공소외 1 회사에 대한 실질적 지배력을 확보함과 동시에 공소외 2 회사와 공소외 3 회사에 대한 지배력은 여전히 그대로 보유하면서도 피고인과 공소외 2 회사가 유상증자대금으로 납입한 50억 원은 사실상 모두 회수한 셈이 되었다.

10) 피고인은 이 사건 주식 매수 이전에도 처와 자녀들 증권계좌로 공소외 1 회사의 주식을 매수한 적이 있지만, 이 사건 주식 매수는 이전에 비해 거래량도 많고 매수대금도 큰 규모이다. 피고인은 공소외 1 회사의 경영권 인수를 제안받는 과정에서 유상증자를 통한 대규모 자금조달 등 특단의 조치가 없는 한 부도가 불가피한 상태라는 사실을 잘 알고 있었던 것으로 보이는데, 그런 피고인이

공소외 1 회사의 유상증자에 참여하여 공소외 1 회사를 살릴 계획도 없이 공소외 1 회사의 주식을 이전과는 다른 규모로 매수할 합당한 이유도 발견되지 않는다.

3. 위와 같은 사정을 앞에서 본 법리에 비추어 살펴보면, 피고인이 자본시장법 제174조 제1항의 미공개중요정보를 이용하여 이 사건 주식을 매수하였다는 이 사건 공소사실에 대하여, 무죄를 선고한 제1심판결을 파기하고 유죄를 인정한 원심판결은 정당한 것으로 수긍이 된다. 거기에 관련 법리를 오해한 잘못이 있다는 상고이유 주장은 아래와 같은 이유로 모두 받아들일 수 없다.

가. 피고인은 위 사실관계에 의하여 알 수 있는 바와 같이, 이 사건 주식을 매수하기 전부터 공소외 1 회사와 경영권 인수에 관한 계약의 체결을 교섭하고 있었고, 그 과정에서 이 사건 정보의 생성에 관여함으로써 이 사건 정보를 알게 되었다고 봄이 상당하다. 같은 취지에서 피고인이 제174조 제1항 제4호의 "그 법인과 계약을 체결하고 있거나 체결을 교섭하고 있는 자로서 그 계약을 체결·교섭 또는 이행하는 과정에서 미공개중요정보를 알게 된 자"에 해당한다고 한 원심의 판단은 옳다. 거기에 상고이유 주장과 같이 자본시장법 제174조 제1항의 준내부자, 정보생성자에 관한 법리를 오해한 잘못이 없다.

나. 원심은, 이 사건 정보는 피고인과 공소외 2 회사가 공소외 1 회사의 50억 원 규모의 유상증자에 참여한다는 내용으로, 공소외 1 회사가 2010. 11.경 신규사업의 실패 등으로 채권금융기관의 경영정상화 이행계획에 따른 채무를 상환하여야 할 상황에 이르러 유상증자를 통하여 자금을 조달할 경우 당면한 재정적 어려움을 해소할 수도 있으리라고 기대할 수 있는 점 등을 고려하면, 이 사건 정보는 자본시장법 제174조 제1항이 정한 미공개중요정보에 해당한다고 판단하였다. 위 사실관계에 의하더라도 이 사건 정보는 피고인과 공소외 2 회사가 유상증자에 참여할지 여부를 결정하는 내심의 의사뿐 아니라 신주발행의 주체인 공소외 1 회사가 상대방인 피고인과 교섭하는 과정에서 생성된 정보로서, 공소외 1 회사의 경영, 즉 업무와 관련된 것임은 물론 공소외 1 회사 내부의 의사결정 과정을 거쳐 최종적으로 확정된다는 점에서 공소외 1 회사의 내부정보라고 보아야 하고, 일부 외부적 요인이 결합되어 있더라도 달리 볼 것은 아니라는 점에서, 이 사건 정보가 미공개중요정보에 해당한다고 한 원심의 판단은 옳다.

나아가 원심은, 위 사실관계를 토대로 공소외 1 회사와 피고인은 2015. 11. 25.경 공소외 1 회사가 공소외 6 회계법인으로부터 공소외 3 회사에 대한 가치평가서를 수령할 무렵부터 2010. 11. 30.경 피고인이 공소외 1 회사에 11억 원을 대여할 때까지 유상증자에의 참여 여부, 참여 방식 및 유상증자대금의 추후 사용계획 등에 관하여 상당히 구체적인 내용으로 교섭하면서 그에 관한 합의를 이루어가는 과정에 있었다고 전제한 다음, 이 사건 정보는 피고인의 주식

매수 당시 공소외 1 회사의 이사회 결의를 얻지 못한 상태여서 객관적으로 확실하게 완성된 상태는 아니었다 하더라도 2010. 11. 25.경 또는 적어도 2010. 11. 30.자 대여 직전으로서 이 사건 주식거래일인 2010. 11. 29.경에는 이 사건 정보가 투자자의 의사결정에 영향을 미칠 수 있을 정도로 구체화되어 있었다고 보아, 미공개중요정보로 생성되어 있었다고 판단하였다. 이러한 원심의 판단은 정당한 것으로 수긍이 된다. 거기에 상고이유 주장과 같이 자본시장법 제174조 제1항의 미공개중요정보 및 그 생성시기에 관한 법리를 오해한 잘못이 없다.

다. 피고인이 이 사건 정보를 거래에 이용하였는지에 관하여, 원심은, 피고인은 이 사건 정보를 생성하는 데 관여한 자로서 이 사건 정보를 보유한 상태에서 ○○제약 주식을 처분하고 그 대금으로 이전 거래보다 훨씬 큰 규모로 이 사건 주식을 매수한 점, 공소외 1 회사의 주가 및 거래량 추이와 당시 동종업종지수의 주가 및 거래량 추이가 일치하지 않는 등 공소외 1 회사의 주가나 주식 거래량의 변화는 이 사건 정보의 존재와 공개 때문인 것으로 보이는 점 등을 고려하면, 피고인은 이 사건 정보를 보유한 상태에서 이를 이용하여 이 사건 주식을 매수하였다고 봄이 상당하다고 판단하였다. 이러한 원심의 판단은 정당한 것으로 수긍이 된다. 거기에 상고이유 주장과 같이 자본시장법 제174조 제1항의 이용행위에 관한 법리를 오해한 잘못이 없다.[167]

그리고 자사주 취득 후 이익소각 정보를 이용한 사건에서 대법원은 주가부양이 필요하다는 막연한 사실에 관한 주식시장의 인식과 회사내부에서 실제로 그 방안을 구체적으로 검토하고 있다는 사실의 확인은 정보로서의 가치가 다르므로 자사주취득 후 이익소각 방안이 확정되기 전이라도 회사내부에서 구체적으로 검토하고 있다는 정보는 해당 주식의 거래에 관한 의사결정의 판단자료로 삼기에 충분하다고 판시하였다.

[대법원 2009. 11. 26. 선고 2008도9623 판결]
어느 회사에서 주가부양이 필요하다는 막연한 사실에 관한 주식시장의 인식과 회사내부에서 실제로 그 방안을 구체적으로 검토하고 있다는 사실의 확인은 정보로서의 가치가 다르다고 할 것이므로, 합리적인 투자자라면 2004년 1월 중순경 내부에서 주가부양방법으로 '자사주 취득 후 이익소각'의 방안이 확정되지는 않았지만 구체적으로 검토되고 있다는 이 사건 정보를 주식의 거래에 관한 의사결정의 판단자료로 삼기에 충분하다. 그렇다면 이 사건 정보는 피고인 1이 피고인 2에게 이를 전달한 2004년

---

167) 同旨 : 서울고등법원 2018. 5. 17. 선고 2018노52 판결(대법원 2018. 10. 25. 선고 2018도8443 판결에 의하여 확정).

1월 중순경 이미 미공개의 중요정보로 생성되어 있었다고 할 것이다.[168)]

계약 또는 협약 등과 관련한 정보는 반드시 계약서가 작성되어야만 생성되는 것이 아니고 그 교섭이 상당히 진행되거나 계약사항의 주요부분에 대한 합의가 이루어진 경우에는 이미 정보로서 생성된 것으로 볼 수 있다.

[수원지방법원 2008. 8. 29. 선고 2008고합112 판결]

2005. 3.경부터 신규사업 진출을 모색하던 S사 측의 경영진인 피고인 1, 2 등은 2005. 4. 중순 M사 측 경영진인 피고인 3, 4 등으로부터 사업진행상황 및 향후 계획에 관한 투자유치 프레젠테이션을 받았고, 현물출자에 의한 S사 유상신주 제3자 배정 방식으로 피고인 M사가 S사 주식을 인수하기로 하였으며, 그 과정에서 S사 측에서는 피고인 2가, M사 측에서는 피고인 3이 대리인으로서 주식 교환비율 협상을 진행한 결과, 2005. 5. 2. S사 주식 합계 900,000주를 제3자 배정(피고인 3이 800,000주, 피고인 M사가 100,000주)하고, M사의 대주주인 피고인 3과 피고인 M사로부터 M사 주식 합계 46,700주(발행주식 총수 233,333주의 20%, 피고인 3이 41,520주, 피고인 M사가 5,180주)를 주식교환(SWAP) 계약을 거쳐 인수하여 M사를 계열사로 편입하는데 대하여 주요부분에 대한 합의를 마쳤다. 피고인 4는, 2005. 5. 2. 피고인 S사 및 피고인 M사 사이에 피고인 S사가 현물출자에 의한 제3자 배정방식으로 유상증자를 하여 M사를 계열사로 인수하기로 하고 M사와 전략적 업무제휴협정을 맺기로 하는 합의를 하여 S사와 계약을 체결하고 있는 자가 됨으로써 'S사가 현물출자에 의한 제3자 배정 유상증자 방식으로 M사를 계열사로 편입하여 바이오산업에 진출한다'라는 취지의 일반인에게 공개되지 아니한 중요한 정보를 직무와 관련하여 알게 되자, 2005. 5. 4.부터 2005. 5. 7.까지 차명 증권계좌로 S 주식 158,090주를 합계 1억 76,014,076원에 매수한 다음, 2005. 5. 23.부터 2005. 7. 7.까지 4회에 걸쳐 피고인 S사 주식 전량을 매도하여 합계 10억 43,375,852원의 부당이익을 취득함으로써 위 미공개 내부정보를 이

---

168) 원심인 서울고등법원 2008. 10. 10. 선고 2008노1552 판결에서 "피고인 1이 피고인 2에게 '자사주 취득 후 이익소각'을 검토하고 있다는 사실을 알려 준 2004. 1. 중순경에는 그 정보의 실행여부가 다분히 유동적이고 불확정적이어서 상당한 정도의 개연성이 있었다거나 그 정보가 실제 투자자들의 투자판단에 중대한 영향을 미치는 것으로 보기 어렵다는 이유로 이 사건 공소사실에 대하여 무죄를 선고한 것은 정당하다(피고인들이 2004. 2. 5.경 주식을 거래할 차명계좌를 개설하였고, 그 직후인 2. 9. 주식소각 품의서에 실무자의 결재가 있었으며, 2. 11. 회장의 결재 및 이사회 결의에 따른 공시가 있었던 점에 비추어 보면, 피고인 1이 2004. 1. 중순 이후 어느 시점에서 피고인 2에게 좀 더 구체화된 개연성 있는 미공개정보를 주었을 여지가 있어 보이기는 하나, 이 또한 검사가 제출한 자료만으로는 합리적인 의심을 할 여지가 없을 정도로 사실이라는 확신을 가지게 하기에는 부족하다)"는 이유로 무죄를 선고하였으나, 대법원은 2004. 1. 중순경에는 이미 미공개중요정보로서 생성되었다고 판시하였다. [대표이사와 대주주 간에 무상증자를 하기로 합의하였으면 이사회결의 전이라도 정보가 생성된 것이라는 하급심 판례로는, 서울중앙지방법원 2008. 12. 10. 선고 2008노3093 판결 참조].

용하였다(피고인들은, 위와 같은 정보는 2005. 5. 10.경에 비로소 생성된 것으로 2005. 5. 2.에는 정보가 생성되지도 아니하였다고 주장하나, '상장법인의 업무 등과 관련하여 일반인에게 공개되지 아니한 중요한 정보'는 상장법인의 계약 또는 협약 등과 관련한 정보는 계약서가 작성되어야만 생성되는 것이 아니고 그 교섭이 상당히 진행되거나 계약사항의 주요부분에 대한 합의가 이루어진 경우에는 이미 정보로서 생성된 것이고, 판시 증거에 의하면, M사와 S사 사이에 2005. 5. 2.경 주식교환계약에 대한 주요부분에 대한 합의가 마쳐져서 위 정보가 생성되었고 2005. 5. 11.경에는 이미 위 정보가 공개되었다고 인정되므로 위 주장은 받아들이지 아니한다).

(5) 미공개와 적극적 부실표시

자본시장법 제174조는 미공개중요정보의 이용행위를 금지하는데, 이는 소위 침묵에 의한 내부자거래를 규제하는 것이고, 적극적으로 허위기재나 누락에 의한 경우에는 시세조종에 관한 제176조에 의한 규제대상이 될 것이다. 제176조는 내부자만을 대상으로 하지 않고 시세조종 등 불공정거래를 한 모든 행위자를 규제대상으로 하는데, 하나의 거래에 있어서 적극적인 부실표시와 단순한 미공개가 모두 포함되는 경우에는 물론 제174조 및 제176조가 모두 적용된다.

(6) 정보의 진실성

정보의 진실성에 대하여는 법조문에 명시되어 있지 않지만 진실한 정보만이 내부자거래규제의 대상이 된다고 보아야 한다. 단순한 추측 정보와 같이 정확성이 결여되거나 추상적인 것은 내부자거래 규제의 대상이 되는 정보라고 할 수 없고, 또한 완전 허구의 사항이라면 이를 정보라 할 수도 없으므로, 적어도 투자판단에 중대한 영향을 미칠 수 있는 정보라고 하려면 그 정보에 어느 정도의 정확성이 인정되어야 하기 때문이다. 그러나 중요한 정보가 반드시 객관적으로 명확하고 확실할 것까지 요구하지 않는다.

[대법원 1994. 4. 26. 선고 93도695 판결]
증권거래법 제188조의2 제2항 소정의 "투자자의 투자판단에 중대한 영향을 미칠 수 있는 정보"라 함은, 구 증권거래법 제186조 제1항 제1호 내지 제11호에 유형이 개별적으로 예시되고 제12호에 포괄적으로 규정되어 있는 "법인경영에 관하여 중대한 영향을 미칠 사실"들 가운데, 합리적인 투자자라면 그 정보의 중대성과 사실이 발생할 개연성을 비교 평가하여 판단할 경우 유가증권의 거래에 관한 의사를 결정함에 있어서 중요한 가치를 지닌다고 생각하는 정보를 가리키는 것이라고 해석함이 상당하고, 그 정보가 반드시 객관적으로 명확하고 확실할 것까지 필요로 하지는 아니한다.

회사가 다른 의도로 허위정보를 생성한 경우 이를 지득한 내부자가 거래를 한 후 이러한 허위내용이 공시되면 시세에 영향을 주겠지만(예를 들어 대표이사가 시세조종의 의도로 실제로는 체결되지도 않은 계약이 체결되었다는 허위내용의 공시를 회사로 하여금 하게 하면 호재성 자료가 될 것이다), 내부자거래는 공시의무를 전제로 한다는 점에서 공시의 대상이 아닌 허위사실까지 내부자거래규제의 대상으로 삼을 수는 없다고 보아야 한다. 즉, 허위정보도 합리적인 투자자의 투자판단에 중대한 영향을 줄 수는 있지만, 이러한 경우에는 내부자거래보다는 시세조종의 법리에 의하여 해결하여야 할 것이다. 그러나 정보의 실질적인 전부가 허위 또는 과장된 것이 아니라, 그 일부에 허위 또는 과장된 부분이 포함된 경우에는 이를 이유로 정보의 중요성을 부정할 수는 없다.

[대법원 2010. 2. 25. 선고 2009도4662 판결]
내부자거래의 금지를 규정한 증권거래법 제188조의2의 입법취지에 비추어 볼 때, "투자자의 투자판단에 중대한 영향을 미칠 수 있는 정보"라 함은, 법인의 경영에 관하여 중대한 영향을 미칠 사실들 가운데, 합리적인 투자자라면 그 정보의 중대성과 사실이 발생할 개연성을 비교평가하여 판단할 경우 유가증권의 거래에 관한 의사를 결정함에 있어 중요한 가치를 지닌다고 생각되는 정보를 가리키는 것이라고 해석함이 상당하고, 더 나아가 그 정보가 반드시 객관적으로 명확하고 확실할 것까지는 필요로 하지 아니한다(대법원 1994. 4. 26. 선고 93도695 판결 참조). 원심이 이 사건 정보에 일부 허위 또는 과장된 부분이 포함되어 있다 하더라도 그것을 이유로 이 사건 정보의 중요성 자체를 부정할 수는 없다고 판단한 것은, 위와 같은 법리에 따른 것으로서 정당하다.169)

[서울중앙지방법원 2008. 11. 27. 선고 2008고합236 판결]
피고인들의 변호인들은, 중요정보에 해당하기 위해서는 그 내용이 진실한 정보여야 하는데 이 사건 정보는 허위정보에 해당하여 중요정보에 해당하지 않는다거나 또는 그와 같은 전제에서 결과발생이 불가능한 불능범에 해당한다는 취지로도 주장한다. 살피건대 단순한 추측 정보와 같이 정확성이 결여되거나 추상적인 것은 내부자거래규제의 대상이 되는 정보라고 할 수 없고, 또한 완전 허구의 사항이라면 이를 정보라 할 수도 없으므로, 적어도 투자판단에 중대한 영향을 미칠 수 있는 정보라고 하려면 그 정보에 어느 정도의 정확성이 인정되어야 할 것이나, 증권거래법 제188조의2 제2항 소정의 중요한 정보가 반드시 객관적으로 명확하고 확실할 것까지 요구하지 않는

---

169) 발행회사의 대표이사가 나노이미지센서의 개발발표로 인하여 시세조종으로 유죄판결을 선고받자, 발행회사와 계약관계에 있는 연구기관의 연구원으로서 이러한 정보를 이용한 행위로 기소된 피고인이 진실한 정보가 아니라는 이유로 무죄를 주장한 사건이다.

다는 것 또한 앞서 본 바와 같다(대법원 2003. 9. 5. 선고 2003도3238 판결, 대법원 1994. 4. 26. 선고 93도695 판결 등). 이 사건에 관하여 보건대, 당시 T연구원이 개발한 나노 이미지센서가 상용화 단계에 이르지 못했다고 하더라도 일부 저조도 특성이 발견되는 등 그 기술적 특성이 인정되었으므로 이를 전혀 허구의 기술이라고 단정할 수는 없는 점, 일반 투자자의 관점에서도 나노 이미지센서의 개발완료라는 정보가 상당히 개연성 있는 정보로 인식되었을 것이라는 점, 더욱이 '시연회 개최'라는 정보는 객관적 사실에 부합하는 점, 그런데 당시는 나노 이미지센서의 개발과정에 관한 기사가 수회에 걸쳐 언론에 보도되고 있는 상황이었으므로 기술개발의 주체가 개발을 완료한 다음 이에 관한 공개시연회를 개최한다는 정보 자체로도 투자판단에 상당한 영향력을 미칠 것으로 보이는 점 등을 고려하면, 이 사건 정보에 일부 허위 또는 과장된 부분이 포함되어 있다 하더라도 그를 이유로 정보 자체의 중요성을 부정할 수는 없다고 할 것이다.170)

미국 증권법상 "시장에 대한 사기이론"과 대비되는 "시장의 진실이론(truth on the market theory)"에 의하면, 만약 진실된 정보가 이미 시장에 알려진 경우, 즉, 시장에 참여하는 전문가가 회사의 공시사항이 부실표시에 해당한다는 것을 알고 있는 경우에는 회사의 부실표시가 시장을 기망할 수 없으므로 그 부실표시는 중요성이 부인된다. Wielgos v. Commonwealth Edison Co., 892 F.2d 509 (7th Cir. 1989) 판결에서 연방제7항소법원은 "회사가 증권발행 당시 합리적 근거(reason-able basis) 없이 원자력발전소의 건설원가에 대하여 매우 낙관적으로 추정하여 공시하였으나 시장의 전문가들은 공시사항이 실제와 다르다는 점과 경영진의 편향된 낙관주의(biased optimism)를 이미 알고 있었으므로 정보의 중요성이 부인된다"라고 판시하였다. Ganino v. Citizens Utilities Co., 228 F.3d 154 (2d Cir. 2000) 판결에서 연방제2항소법원도 시장에 대한 사기이론에 의한 추정을 시장진실이론에 의하여 번복할 수 있다고 판시하였다.

(7) 중요한 정보의 사례

판례에서 볼 수 있는 호재성 정보의 사례로는, 추정결산실적 정보, 무상증자 정보,171) M&A 성사 정보,172) 투자유치 정보, 제3자배정 유상증자 정보, 우회상장 정보, 자기주식 취득 정보,173) 대규모 수출계약 및 투자유치 정보, 합병 정보,

---

170) 위 2009도4662 판결의 제1심 판결이다.
171) 대법원 2005. 4. 29. 선고 2005도1835 판결.
172) 대법원 2005. 9. 9. 선고 2005도4653 판결.
173) 통상 공개되었다면 주가가 상승할 정보(호재)인지 또는 주가가 하락할 정보(악재)인지 여

해외전환사채 발행 정보 등이 있고, 악재성 정보의 사례로는, 부도 정보, 대규모 적자 발생 정보, 계열회사의 수익성 악화 정보, 부실금융기관 지정 정보, 경영진 긴급체포 정보, 회계법인의 감사의견 거절 정보, 무상감자 정보, 경영진의 회사자금 횡령 정보, 화의개시신청 정보, 재무구조악화로 인한 대규모 유상증자 정보 등이 있다.

㈎ 호재성 정보

〈추정결산실적 정보〉
[대법원 1995. 6. 29. 선고 95도467 판결]
회사가 추정결산결과를 공개한 사실이 없는 이상 비록 일간신문 등에 그 추정결산결과와 유사한 내용으로 추측보도된 사실이 있다고 하더라도, 그러한 사실만으로는 그 회사의 추정 결산실적이 일반인에게 공개된 정보라거나 또는 그로 인하여 그 회사가 직접 집계하여 추정한 결산 수치가 중요한 정보로서의 가치를 상실한다고 볼 수 없다.

〈투자유치 정보〉
[서울고등법원 2005. 6. 30. 선고 2005노566 판결]
피고인은 2003. 7. 2.부터 2003. 7. 14.까지 여러 개의 차명 계좌를 통하여 X사 주식 867,792주를 매집하였다가 2003. 7. 14.부터 2003. 9. 2.까지 다시 그 전량을 매도하였다. 한편, 2003. 6.경부터 피고인측의 부탁으로 A사가 X사의 유상증자에 참여하는 방안이 계속 논의되다가 A사측에서 2003. 7. 11. 60억원을 출연하여 유상증자에 참가하기로 최종 결정되었고, 2003. 7. 14.의 공시를 거쳐 2003. 7. 15. 곧바로 유상증자가 실시되었다. 위 유상증자 실시 당시 X사의 최대주주는 B사였으나, B사는 재정상태가 악화되어 화의과정을 거쳐 채권단의 관리 하에 있었으며, 이미 2002. 1. 29. 채권단에 의결권포기각서 및 주식처분위임장을 제출해 둔 상태였다. 피고인이 매집한 위 867,792주는 전체 발행 주식의 2.47%에 해당한다. 이상의 사실관계 아래에서 피고인이 위와 같이 X사 주식을 매집한 시기, 거래기간, 매집에 사용한 명의, A사가 참여하는 유상증자의 시기나 그를 위한 협의 과정, 유상증자 당시 주주의 구성 형태 및 최대 주주였던 B사의 경영 사정 등 여러 가지 상황을 종합하여 볼 때 피고인이 경영권 위협에 대한 대비책으로 위와 같이 갑자기 주식을 매집하게 되었다는 주장은 설득력이 없고, 오히려 원심이 적절하게 판단한 바와 같이 피고인은 A사가 유상증자에 참여한다는 일반인에게 공개되지 아니한 중요한 정보를 직무와 관련하여 알게 된 것을 기화로 주식 매매로 인한 이익을 개인적으로 취하기 위하여 타인의 명의를 통해 주식을

부를 기준으로 정보의 중요성을 판단하게 되는데, 실제로는 호재성 정보가 공개되면서 오히려 주가가 하락하는 예도 없지 않다. 이는 호재성 정보의 미공개 기간 중 내부자의 미공개정보이용행위로 인하여 주가가 최고치에 이르게 되고 공개될 시점이 다가옴에 따라 내부자가 차익 실현을 위하여 정보 공개 전에 미리 매도하는 경우도 있기 때문이다.

매수, 매도한 것으로 보인다.

〈제3자배정 유상증자 정보〉
[대법원 2010. 5. 13. 선고 2007도9769 판결]
A사가 자기자본금의 3.07%를 출자하여 국내 최초의 바이오 장기 개발전문회사인 B사의 신주를 인수함으로써 B사의 출자지분 10.24%를 보유하게 된다는 내용의 정보는, 당시 주식시장에 바이오 테마 붐이 일고 있었던 점과 A사가 이를 자진하여 공시한 점 등을 종합하면 일반 투자자가 A사의 유가증권 거래에 관한 의사를 결정하는 데 있어 중요한 가치가 있는 정보라고 봄이 상당하다.

〈우회상장 정보〉
[서울고등법원 2007. 10. 19. 선고 2007노1819 판결]
① 피고인은 2004. 7. 15.경 C 명의로 B사의 주식 600만주(39.8%)를 인수하여 위 회사의 경영권을 장악한 후 2005. 3. 15.경까지 증자 등의 과정을 거쳐 지분 42.62%를 확보하는 동시에 사장(등기부상으로는 C가 대표이사로 등재되었다)으로서 위 회사의 운영을 실질적으로 총괄하여 오던 중 2005. 4.경부터는 공동피고인 Y와 함께 위 회사를 이용하여 우회상장을 하고자 하는 비상장법인을 찾고 있었던 점, ② 그 과정에서 Y는 2006. 5. 15.경 피고인에게 B사를 이용하여 바이오업체를 우회상장하는 내용의 M&A(기업인수합병)를 성사시켜 주겠다고 하면서 그 대가로 피고인이 차명으로 보유하고 있던 위 회사의 주식을 자신에게 장외매도하도록 요구하였고, 피고인이 이를 승낙함에 따라 2005. 5. 18. 기업구조조정 컨설팅업체가 2005. 5. 18. B사에 대하여 실사를 벌였으며, 2005. 5. 19.에는 피고인과 Y 사이에, "피고인이 Y에게 B사 주식 2,046만주를 매도하는 계약을 체결하되, A사와의 합병 또는 우회상장이 무산될 경우 계약을 해지한다."는 내용의 주식양수도계약이 체결되었던 점, ③ 피고인은 2005. 5. 25. B사로부터 위 주식양수도계약에 따른 계약금을 교부받았는데, 그 무렵 B사 및 B사의 부사장이었던 K로부터 A사가 포괄적 주식교환방식에 의하여 B사를 이용하여 우회상장을 하기로 하였고, 그에 따라 곧 기업결합을 위한 두 회사 사이의 기본합의서 체결 및 주식교환비율 산정을 위한 외부평가기관과의 평가계약이 있을 것이라는 내용의 설명을 듣고, K에게 그에 따른 세부절차의 진행을 지시하였던 점, ④ B사는 그 다음 날인 2005. 6. 26. A사와 포괄적 주식교환방식 등에 의한 기업결합을 하기로 하는 내용의 기본합의서(MOU)를 체결하는 한편, 두 회사 사이의 주식교환비율을 산정하기 위하여 삼화회계법인과의 사이에, A사에 대한 평가계약을 체결하여 이를 전자공시시스템에 공시하였던 점, ⑤ 그 후 B사는 2005. 6. 1. A와 교환비율 10.09:1의 조건으로 포괄적 주식교환계약을 체결하여 A사를 우회상장시켰던 점 등에 비추어 보면, 이 사건 정보는 B사의 포괄적 주식교환에 관한 일반인에게 공개되지 아니한 중요하고 개연성이 있는 정보에 해당하고, 피고인은 그 직무와 관련하여 알게 된 이 사건 정보를

이용하여 이 사건 주식을 매수하였다고 볼 수밖에 없으므로, 같은 취지의 원심 판단은 정당하고, 이에 반하는 피고인의 주장은 받아들일 수 없다.174)

〈자기주식 취득 정보〉
[서울지방법원 2003. 11. 5. 선고 2002노12538 판결]
원심이 적법하게 조사하여 채택한 증거들에 의하면 이 사건 자사주 취득 정보 및 해외 신주인수권부사채 발행 정보는 증권거래법 제188조의2 제1항에 규정하고 있는 미공개정보에 해당함을 충분히 인정할 수 있으므로, 이에 관한 항소논지는 이유 없다. (다만, 위 2002노12538 판결은 상고심에서 다음과 같이 공소사실이 특정되지 않았다는 이유로 파기됨)

[대법원 2004. 3. 26. 선고 2003도7112 판결]
원심은, 공소외 주식회사의 대표이사인 피고인 1은 피고인 2에게 2001. 9. 20.경 'A사에서 주가부양을 위해 자사주를 취득할 것이다.'라는 사실을 알려주고, 같은 해 10. 말경 'A사에서 한달 뒤 정도에 해외신주인수권부사채를 발행할 것이다.'라는 사실을 알려주어, 피고인 2로 하여금 일반인에게 공개되지 아니한 중요한 정보를 A사 주식의 매매거래에 이용하게 하였고, 피고인 2는 위와 같이 2차례에 걸쳐 피고인 1로부터 A사의 미공개정보를 제공받아 A사 주식의 매매거래에 이용하였다는 공소사실을 그대로 받아들여 이를 모두 유죄로 판단하였다. 그러나 원심의 위와 같은 판단은 다음과 같은 이유에서 수긍하기 어렵다. 형사소송법 제254조 제4항이 "공소사실의 기재는 범죄의 일시·장소와 방법을 명시하여 사실을 특정할 수 있도록 하여야 한다"고 규정한 취지는, 심판의 대상을 한정함으로써 심판의 능률과 신속을 꾀함과 동시에 방어의 범위를 특정하여 피고인의 방어권 행사를 쉽게 해 주기 위한 것이므로, 검사로서는 위 세 가지 특성요소를 종합하여 다른 사실과의 식별이 가능하도록 범죄 구성요건에 해당하는 구체적 사실을 기재하여야 할 것이다(대법원 2001. 4. 27. 선고 2001도506 판결 참조). 위와 같은 법리에 비추어 볼 때, 피고인들에 대한 자사주 취득과 해외신주인수권부사채에 관한 미공개정보의 이용에 관한 위 공소사실은 피고인 2가 피고인 1로부터 제공받은 미공개정보를 언제, 어떻게 매매거래에 이용하였다는 것인지에 관한 구체적인 범죄사실이 전혀 적시되지 아니하여 공소사실이 특정된 것으로 볼 수 없어 적법한 공소제기로 볼 수 없음에도 불구하고, 원심이 위 공소사실을 그대로 받아들여 모두 유죄로 판단한 것은 형사소송법 제254조 제4항의 해석적용을 잘못

---

174) (판결에 인용된 피고인 주장 요지는 다음과 같다) : "A사가 상장회사인 B사를 이용하여 포괄적 주식교환방식에 의하여 우회상장을 하려 한다는 내용의 이 사건 정보는 그 가변성 및 불확실성 때문에 투자자들의 투자판단에 중요한 영향을 미칠 정도의 구체화된 정보라고 보기 어렵다. 또한 피고인은 위 두 회사 사이의 기업결합을 위한 2005. 5. 26.자 기본합의서의 체결과정에 전혀 관여하지 아니하여 그 구체적인 내용을 알지 못한 상태에서 이 사건 주식을 매수하였으므로 직무와 관련하여 알게 된 미공개 정보를 이용하여 주식을 매매하였다고 할 수 없다."

한 위법을 저지른 것이고, 이는 판결 결과에 영향을 미친 것으로 보아야 할 것이다.

⟨대규모 수출계약 및 투자유치 정보⟩
[수원지방법원 2005. 1. 14. 선고 2004고단2946 판결]
피고인은 그 소유의 A사 주식을 매도하여 당시 예정된 위 회사의 유상증자대금을 마련하려고 하였으나, 위 회사에 대하여 화의가 진행 중이어서 유가증권시장에서는 거래가 원활하지 아니하자 이를 장외에서 매도하여 유상증자대금을 마련할 마음을 먹고 A사 대표이사 사무실에서, 전직 증권회사 직원인 P에게 위 회사가 미국 소재 K사에 대하여 2,000,000 달러 상당의 대규모 수출계약을 체결하기 직전이며, 곧 실시할 유상증자에 위 K사와 독일의 W사가 각 30%의 지분을 인수, 참여하기로 예정되었다는 내용으로 대표이사의 직무와 관련하여 알게 된 일반인에게 공개되지 않은 중요한 정보를 알려주고 위 P에게 1999. 12. 하순경 피고인 소유의 위 회사 주식 28,050주를 금 504,900,000원, 2000. 1. 5.경 같은 주식 11,320주를 금 203,760,000원, 같은 달 6.경 같은 주식 7,950주를 금 143,100,000원 합계 47,320주를 금 851,760,000원 상당을 매도함으로써 위 회사가 발행한 유가증권인 위 주식회사 매매와 관련하여 위 정보를 이용하였다.

⟨합병 정보⟩
[수원지방법원 2007. 12. 26. 선고 2007고단4009 판결]
피고인은, 2006. 2. 28.경 'N사가 S사의 경영권을 인수한 후 L사와 S사를 합병시킬 것'이라는 중요 미공개정보를 직무상 지득하고 동 정보가 증권시장에 알려질 경우 주가가 상승할 것을 예측하여 일반인에게 위 정보가 2006. 3. 6. 공개되기 이전인 같은 해 3. 2.경부터 같은 달 3.경까지 사이에 L사의 주식 21,600주를 금 58,713,730원에 매수하였다가 같은 달 9. 위 주식을 전량 매도하여 미공개 정보를 이용하여 금 44,361,101원의 부당이득을 취득하였다.

⟨해외전환사채 발행 정보⟩
[서울지방법원 2003. 8. 6. 선고 2003고합94,442(병합) 판결]
피고인은 1999년 4월 초순경 H사가 D사의 해외전환사채 60억 원 가량을 인수하기로 협의하고, 같은 해 4월 하순경 D사 대표이사와 이에 대한 포괄계약을 체결하고, 같은 해 5월 4일 해외전환사채발행 및 인수계획이 공시되어 일반인에게 공개되었으며, 같은 해 5월 하순경 S사와 H사 사이에 S사의 해외전환사채 500만 불에 대한 인수 협상이 이루어지고, 같은 해 6월 초순경 S사의 해외전환사채 인수에 대한 포괄계약을 체결하는 과정에서 피고인이 해외 전환사채 인수계약 협의 및 추진 실무를 맡고 있었으므로 일반인에게 공개되지 아니한 중요한 정보인 위 회사들의 해외전환사채 발행 계획을 이용하여 해당 유가증권을 매매해서는 아니됨에도 불구하고, 가. 1999. 4. 28. H사 사무실에서 컴퓨터 단말기를 통해 피고인 명의 계좌를 이용하여 D사 주식을 주당

6,100원에 518주 매수한 것을 비롯하여 별지 범죄일람표 (2) 기재와 같이 그 무렵부터 같은 달 29일까지 사이에 D사 주식 총 3,000주를 합계 18,502,090원에 매수하고, 나. 1999. 5. 27. 같은 장소에서 컴퓨터 단말기를 통해 피고인 명의 계좌를 이용하여 S사 주식을 주당 9,000원에 100주 매수한 것을 비롯하여 별지 범죄일람표 (3) 기재와 같이 그 무렵부터 같은 해 6월 2일까지 사이에 S사 주식 총 1,600주를 합계 16,890,000원에 매수하여, 합계 45,536,021원[=27,435,801원(D사 주식 매매 부분)+18,100,220원(S사 주식 매매 부분)]의 이익을 취득하였다.

㈐ 악재성 정보

〈부도 정보〉
[대법원 2000. 11. 24. 선고 2000도2827 판결]
증권거래법 제186조 제1항 제1호에서 규정하고 있는 상장법인 등이 발행한 어음 또는 수표가 부도처리 되었을 때뿐만 아니라, 은행이 부도처리하기 전에 도저히 자금조달이 어려워 부도처리 될 것이 거의 확실시되는 사정도 당해 법인의 경영에 중대한 영향을 미칠 수 있는 사실로서 합리적인 투자자라면 누구든지 당해 법인의 주식의 거래에 관한 의사를 결정함에 있어서 상당히 중요한 가치를 지니는 것으로 판단할 정보에 해당하는 것임이 분명하므로, 이러한 상황을 알고 있는 당해 법인의 주요주주 등이 그 정보를 공시하기 전에 이를 이용하여 보유주식을 매각하였다면 이는 미공개정보 이용행위를 금지하고 있는 증권거래법 제188조의2 제1항 을 위반하였다고 보지 않을 수 없다.

〈대규모 적자 발생 정보〉
[대법원 1995. 6. 30. 선고 94도2792 판결]
자본금이 101억여 원인 회사의 자회사에서 화재가 발생하여 약 20억원의 손실을 입은 것을 비롯하여 연도 말 결산 결과 약 35억원의 적자가 발생한 것이 드러났고, 그와 같은 내용이 아직 공개되지 아니하고 있었다면, 그와 같은 정보는 중요한 정보로서 그 공개 전의 내부자거래는 증권거래법이 규제하는 대상에 해당한다.

〈계열회사의 수익성 악화 정보〉
[서울지방법원 2003. 5. 14. 선고 2003노1891 판결]
2001. 8.경 S사가 계열회사인 미국 소재 D사의 지분 모두를 인수할 계획을 추진하던 중 같은 해 10. 하순경 S사의 임직원 등이 D사의 경영실태를 실사하였는데 동사의 재무상황이 심하게 악화되어 그 회복이 어렵고 주사업인 인터넷전화기사업의 수익성이 거의 없다는 사실이 파악되어 같은 해 11. 6.경 S사 임직원 등이 회의 및 투표를 거쳐 D사의 인수를 포기하기로 결정하였고 이로 인하여 D사는 사실상 파산에 이르게 되어 위와 같은 사실이 국내 투자자들에게 공시될 경우 S사의 주가가 폭락할 것이

예상된 사실, 피고인 1은 같은 해 11. 6.경 위와 같은 사실을 S사의 대표이사이던 아들 피고인 2로부터 전해 듣고, 위 사실이 공시되기 전에 보유하고 있던 S사 주식을 매도하여 주가하락으로 인한 손실도 회피하고 자금도 마련할 목적으로 같은 달 8.경 피고인 1 명의의 증권계좌에 있는 S사 주식 20,000주를 매도한 것을 비롯하여 같은 달 15.경까지 S사 주식 240,000주를 3,813,100,000원에 매도하여 1,041,100,000원의 손실을 회피한 사실, 같은 달 8.경 동생인 망 C에게 위와 같이 S사가 D사에 대한 인수를 포기하여 주가가 하락할 것이 예상되니 S사 주식을 매도하라고 알려 준 사실을 인정할 수 있는바, 이에 따르면 피고인 1이 S사 주식의 매매와 관련하여 S사의 내부정보를 이용하고, 다른 사람으로 하여금 이를 이용하게 한 사실을 인정할 수 있다(피고인 1이 피고인 2의 D사 인수 자금을 마련하기 위하여 S사 주식을 매도하였다 하더라도 S사의 D사 인수 포기 결정 공시 전에 그 정보를 이용하여 손실을 회피하려는 의도가 이 사건 주식 매도의 하나의 요인이었다고 인정할 수 있고, 이와 달리 피고인 2에게 불가피하게 S사 주식을 매도할 수밖에 없었던 사정이 있어서 내부정보 이용의 범의가 없었다고 볼 수 없다).

〈부실금융기관 지정 정보〉
[서울지방법원 2002. 6. 11. 선고 2002고단4430 판결]
피고인은 1999. 12. 28.경부터 2000. 12. 16.경까지 S사의 대표이사, 2000. 12. 17.경부터 2001. 3. 10.경까지 사이에 위 회사의 회장으로 근무하였던 자로서, 상장법인의 업무와 관련하여 일반인에게 공개되지 아니한 중요한 정보를 직무와 관련하여 알게 된 자는 당해 법인이 발행한 유가증권의 매매와 관련하여 그 정보를 이용하지 말아야함에도 불구하고, 2001. 2.초경 S사 회장 사무실에서, 자신이 직접 추진한 외자유치가 실패하는 등 금융감독원의 적기시정조치 유예조건을 이행하지 못하여 부실 금융기관 지정의 제재를 받을 수밖에 없다는 사실을 알고 있었던 상태에서, 위 회사 부사장 J로부터 금융감독원에서 부실금융기관지정 여부를 결정하기 위하여 실시하기로 되어 있던 위 회사에 대한 자산부채실사에 앞서 위 회사 직원들이 내부적으로 자체실사한 결과 S사의 순자산액이 320억원 상당 부족하여 금융감독원으로부터 실사를 받을 경우 위 회사가 부실금융기관으로 지정될 가능성이 높다는 보고를 받은 후, 이러한 사실이 일반에 알려질 경우 S사의 주가가 하락할 것을 예상하여 같은 달 5.경 같은 장소에서 자신의 차명계좌를 관리하던 S사 위험관리팀장 H에게 피고인이 보유한 S사 주식을 모두 매도하도록 지시하여, H로 하여금 S사에 설치된 컴퓨터 단말기를 이용하여 같은 날부터 금융감독원의 S사에 대한 부실금융기관지정예정통보가 있기 하루 전인 같은 달 23.경까지 S사 주식 105,180주를 전량 매도하게 하여 직무와 관련하여 알게 된 일반인에게 공개되지 아니한 중요한 정보인 S사가 외자유치실패 및 순자산액 부족으로 인하여 금융감독원으로부터 부실금융기관지정을 받을 것이라는 정보를 위 회사 주식의 매매와 관련하여 이용하였다.

〈경영진 긴급체포 정보〉

[수원지방법원 2003. 7. 25. 선고 2003고단1044 판결]

피고인은, T사의 자금부장 L 및 연구원들이 A사의 기술을 훔친 다음 허위매출로 코스닥에 등록한 혐의로 검찰의 내사를 받다가 2002. 3. 7. 07:30경 L이 긴급체포되고, T사도 압수·수색 당하였으며, 그들이 그 혐의사실로 2001. 3. 8. 각 구속되었고, T사는 2002. 3. 12.에 이르러서야 이러한 사실을 공시하였음에도, … 투자자의 투자판단에 중대한 영향을 미칠 수 있는 중요한 정보로서 일반인에게 공개되지 아니한 정보를 T사와의 기업경영 등의 자문계약에 따른 직무와 관련하여 알게 된 피고인이 T사 주식 매매와 관련하여 그 정보를 이용하였다.

〈회계법인의 감사의견 거절 정보〉

[수원지방법원 성남지원 2012. 11. 23. 선고 2011고단1945 판결]

피고인은 위 합병 이후 H사의 대표이사이던 Y에게 대표이사를 피고인으로 변경하여 줄 것을 요구하면서 H사의 제32기 반기 재무제표에 대한 반기검토보고서 작성을 위하여 필요한, H사 줄기세포사업부의 재무제표 제출을 거부하던 중, 2010. 8. 초순경까지 수 회에 걸쳐 Y로부터 위 반기검토보고서 작성에 협조하여 달라는 내용증명을 받아 피고인이 위 재무제표의 제출에 협조하지 않을 경우 감사인의 검토의견거절과 그로 인한 위 반기검토보고서 미제출로 H사가 관리종목에 지정될 수밖에 없고 이로 인하여 H사의 주가가 하락할 것이라는 미공개중요정보를 그 직무와 관련하여 알게 되자, 이를 이용하여 피고인이 소유하고 있던 H사의 주식을 매도하여 손실을 줄이기로 마음먹었다. 피고인은 위 중요정보공개 시점인 2010. 8. 17. 이전인 2010. 8. 10.경 자신이 보유하던 H사 주식 60,286주를 127,234,930원에 매도함으로써 중요정보공개 시점 이후 최초 형성된 최저가인 2010. 8. 23. 종가 대비 73,191,766원 상당의 손실을 회피하였다.[175)]

〈감자 정보〉

[대구지방법원 2005. 7. 22. 선고 2005노1343 판결]

감자결의는 증권거래법 제186조 제1항 제9호에 해당하는 중요 공시사항으로서 그 자체만으로도 당해 기업의 재무구조 취약성을 환기시키는 효과가 있어서 통상적으로 투자자의 보유주식 매도를 유발할 소지가 있는 등 투자자의 투자판단에 중대한 영향을 미치는 정보라 할 것이고, 특히 이 사건 정보는 아직까지 구체적인 감자여부 및 감자계획 등이 전혀 일반에게 공개되지도 않은 상태에서 재무구조 실사를 위한 회계법인을 선정하고 이후 실사를 통해 적정 감자비율을 산정한 다음 향후 감자를 추진하겠다는 것으로서 감자예상비율, 감자일정, 특히 감자결의 예상일 등과 같은 구체적인

---

175) 서울지방법원 2003. 12. 17. 선고 2003노5398 판결도 회계법인의 감사의견 거절 정보에 관한 판결이다.

내용까지 포함되어 있는 것이어서, 일반투자자 입장에서는 감자추진이 확실시되며 주
가하락에 따른 손실회피를 위하여 보유주식을 매도할 것으로 충분히 예견할 수 있는
것이라 할 것이다. 실제로 쌍용의 주가는 감자결의 공시일 직전인 2003. 9. 1부터 같은
달 4. 사이에는 1,900원~1,860원, 같은 달 5.에는 1,830원, 같은 달 8.에는 1,770원, 공
시 당일인 같은 달 9.에는 1,740원이었으나, 공시 이후 같은 달 15.에는 1,480원, 같은
달 16.에는 1,260원으로 크게 하락한 점에 비추어 보더라도 이 사건 정보는 투자자의
투자판단에 중대한 영향을 미칠 수 있는 '중요한 정보'라고 할 것이다.[176]

〈감자 정보〉
[의정부지방법원 고양지원 2009. 11. 6. 선고 2009고단1319 판결]
피고인은 2007. 11. 20.경 피고인이 소유하고 있던 K사의 주식 3,300,000주와 위 회사
의 경영권을 C에 양도하는 계약을 체결하면서 C로부터 위 회사의 누적된 손실 등으
로 자본잠식이 있으므로 이를 해소하는 방안으로 감자를 하라는 요구를 받고 K사 주
식의 감자결정을 하려고 하고 있었으므로 K사의 감자결정이 될 것이라는 미공개 정
보를 알게 된 후 이를 주식매매에 이용하여 자신의 차명계좌를 통하여 보유하고 있던
K사 주식을 처분하기로 마음먹었다. 피고인은 K사 주식의 감자결정 공시일 2007. 12.
4. 이전인 2007. 11. 21.부터 2007. 11. 22.까지 피고인의 차명계좌를 통하여 소유하고
있던 K사 주식 478,800주를 422,033,784원에 매도하여 187,421,784원 상당의 손실을
회피하였다.

〈경영진의 회사자금 횡령 정보〉
[서울고등법원 2007. 5. 10. 선고 2007노322 판결]
피고인은 X사를 실질적으로 경영하던 A가 2005. 2. 16. 잠적하면서 X사의 자금 27억
원 정도를 횡령하였다는 것을 2005. 2. 18. 이전에 알고 있었던 사실, 피고인은 2005.
2. 21. 주가하락을 막기 위한 공시를 제안하였고, 2005. 2. 22.자 허위공시를 주도하였
던 사실, 피고인은 2005. 2. 28. Y를 통하여 인터넷을 불통시키거나 증권선물거래소
에 감사 명의의 공문을 보내는 등의 방법으로 A의 잠적 및 횡령에 대한 공시를 방해
하였던 사실, 피고인은 2004. 6. 25.경부터 본인 명의 또는 차명으로 8개의 계좌를 이
용하여 임원의 주식보유현황 및 대량보유현황 보고의무도 위반한 채 지속적으로 X사
의 주식을 매수하여 2005. 2. 16.경에는 466,371주를 보유하고 있었는데, A의 잠적 이
후 2005. 2. 17.부터 2005. 2. 28. 21:08경 A의 잠적 등에 대한 공시 이전까지 319,221
주를 매도하였고 그 과정에서 일부를 다시 매수하기도 하였으나 순매도량이 256,786
주에 이르러 2005. 2. 28. 잔고는 209,585주였던 사실 등을 인정할 수 있다. 위와 같은
사실에 의하면, 피고인의 주식매도는 X사의 실질적 경영자인 A의 도주 및 횡령이라

176) 同旨: 대법원 2007. 7. 26. 선고 2007도4716 판결, 서울고등법원 2007. 7. 5. 선고 2007
노782 판결.

는 중요한 정보를 이용한 것이라고 할 것이다.

〈화의개시신청 정보〉
[청주지방법원 2008. 5. 7. 선고 2008노195 판결]
① 피고인 스스로 당시 경영정상화 방안으로 지분 매각 방안과 화의개시 신청방안을
동시에 고려하였다고 인정하고 있고, 피고인이 화의개시 신청을 위임한 변호사 M으
로부터 다시 위 사건을 위임받은 R은 검찰에서, 2005. 9. 초순경 위 M으로부터 이 사
건 회사의 채권채무내역서 등의 자료를 건네 받아 화의개시 신청서를 작성하기 시작
하였다고 진술하였고, R이 작성한 위 신청서의 최종수정일자는 2005. 9. 8.자로 되어
있어 피고인은 이 사건 주식 매각 이전인 2005. 9. 초순부터 화의개시 신청을 구체적
으로 준비하고 있었던 점, ② 피고인은, 당시 경영정상화 방안으로 화의개시 신청보
다는 지분매각 방안을 우선적으로 고려하였고, 매각 협상이 최종적으로 결렬된 것은
2005. 9. 23.이었으며, 피고인이 이 사건 주식을 매각한 것은 이틀 전인 2005. 9. 21.이
므로 피고인이 매각 당시 이미 화의개시 신청을 하기로 결정한 것은 아니었다고 주장
하나, N은 검찰 및 원심법정에서 일관하여 2005. 9. 21. 10:00경 피고인에게 최종적으
로 매수포기 의사를 통보하였고, 피고인이 C 명의로 자신의 주식을 입고시킨 2005. 9.
20. 이미 재협상 과정에서 이견이 좁혀지지 아니하여 피고인도 위 협상이 결렬될 것
임을 알 수 있었다고 진술한 점에 비추어 보면, 피고인은 2005. 9. 20. 재협상이 결렬
될 것을 예상하고 C 명의로 자신의 주식을 입고시켰으며, 다음날 N으로부터 최종적
인 매수포기의사를 통보받자마자 C 명의로 위 주식을 매각한 것으로 보이는 점, ③
피고인은 이 사건 회사의 부도를 막기 위하여 화의개시 신청을 하였고, 위 신청을 전
후하여 여전히 지분 매각 협상 중이었으며, L에게 협상이 성공하면 화의개시 신청을
철회할 수 있다는 사실을 알렸다고 주장하나, L은 검찰 및 원심에서 2005. 9. 24. 계약
서 작성 당시 및 이후에도 피고인이 이 사건 회사에 대한 화의개시 신청을 한 사실을
알지 못하였고, 피고인으로부터 위 신청 사실 및 철회 의사에 대하여 듣지 못하였으
며, 2005. 9. 26. 위 계약에 따라 계약금 1억 5,000만 원을 준비하였으나 피고인이 일
방적으로 계약금 수령을 거절하고 계약을 파기하였다고 진술하여 비록 피고인이 화
의개시 신청 이후 L과 지분 매각협상을 진행한 사실이 있다고 하여도 당시의 피고인
의 태도로 미루어 위 화의개시 신청이 매각 협상 도중에 회사가 부도처리 되는 것을
막기 위한 부득이한 조치였다고 보기는 어려운 점, ④ 피고인은 위 주식매각대금 중
극히 일부만을 어음 결제에 사용하여 결국 이 사건 회사는 2005. 9. 27. 부도처리 되
었고 피고인은 위 주식매각대금의 대부분을 화의개시 신청 이후의 회사운영자금으로
사용한 점 등에 비추어 보면, 피고인은 회사의 경영정상화 방안으로 피고인 소유 지
분 매각방안과 함께 화의개시 신청을 구체적으로 준비하여 오던 중 2005. 9. 21. N과
사이의 매각협상이 결렬되자 이 사건 회사에 대한 화의개시 신청을 하기로 결정하고
위 신청 후 주가 하락 등으로 인한 손실발생을 회피하기 위하여 미리 C 명의의 계좌

에 입고시킨 피고인 소유의 주식을 위 신청 전에 매도하였다고 봄이 상당하므로, 위
주식 매각 당시 피고인에게 화의개시 신청을 할 것이라는 내부정보를 이용하여 주식
을 매도함으로써 부당이득을 취하고자 하는 범의가 있었음을 넉넉히 인정할 수 있다.

〈재무구조악화로 인한 대규모 유상증자 정보〉
[대법원 2008. 11. 27. 선고 2008도6219 판결]
기록에 의하면, 이 사건 공소사실에서 피고인들이 이용한 것으로 기소된 중요정보는
① A사의 적자가 누적됨에 따라 자본 부족 문제로 인하여 재무구조가 급속히 나빠져
회사의 경영상황이 악화될 것이라는 정보, ② 상반기에 1차 유동성 위기 해소를 위해
실시된 1조 원 상당의 자본 확충이 끝났음에도 위와 같은 재무구조의 악화 등으로 A
사에서는 추가 자기자본 확충을 위하여 조만간 수천억 원 이상 규모의 유상증자가 이
루어져야 하는 상황이라는 정보임을 알 수 있다.

〈대규모 영업손실 발생 정보〉
[수원지방법원 2010. 4. 23. 선고 2010고합72 판결]
피고인은 2008. 2. 27.경 피고인 회사 사무실에서, 외부 회계감사를 받던 중 담당 공
인회계사로부터 "부실채권으로 인한 대규모 영업손실이 발생했는데 이를 반영해야
될 것 같다."라는 취지의 말을 듣고 일반인에게 공개되지 아니한 중요한 정보를 직무
와 관련하여 알게 되자, 위 내용이 공시되면 피고인 회사의 주가가 폭락할 것을 예상
하고 위 정보를 이용하여 자신이 보유하고 있는 주식을 처분하여 손실을 회피하기로
마음먹고, 2008. 2. 27.경부터 같은 달 28.경까지 사이에 피고인이 소유하고 있던 피고
인 회사 주식 657,067주를 매도하였고, 2008. 3. 6.경 '부실화 매출채권에 대한 감액
및 대손처리로 대규모 영업손실 발생'이라는 정보가 공시되자 이후 피고인 회사의 주
가는 폭락하였다. 이로써 피고인은 미공개 정보를 이용하여 160,808,114원의 손실을
회피하였다.

VI. 상장법인의 업무와 관련된 정보

1. 의　　의

(1) 상장법인의 업무

㈎ 상장법인의 범위

규제대상인 정보는 "상장법인[6개월 이내에 상장하는 법인 또는 6개월 이내에
상장법인과의 합병, 주식의 포괄적 교환, 그 밖에 대통령령으로 정하는 기업결합 방법에
따라 상장되는 효과가 있는 비상장법인("상장예정법인등")을 포함]의 업무 등"과 관련

된 미공개중요정보이다. 계열회사는 위 "상장법인"에 해당하지 아니하므로 계열
회사의 업무와 관련된 정보는 규제대상이 아니다.¹⁷⁷⁾ 그러나 두 계열회사 간에
밀접한 거래관계(대규모 납품계약의 체결)나 자금관계(보증관계로 인한 연쇄부도발
생 가능성)가 있는 경우에는 사안에 따라서 계열회사의 정보가 동시에 해당 상장
법인의 정보로 될 수 있다.

㈏ 업무의 범위

자본시장법 제174조 제1항은 "업무 등"이라고 규정하는데, 업무와 무관한
정보도 포함된다고 해석하면 지나치게 책임범위가 넓어지게 되어 부당하다. 따라
서 "업무 등"이라는 문구는 업무와 직접 관련되는 정보뿐 아니라 간접적으로 관
련되는 정보도 포함된다는 의미로 보는 것이 타당하다.

(2) 업무관련성

㈎ 의   의

"업무 등과 관련된 미공개중요정보"라는 규정상 특정증권의 가격에 영향을
주는 정보라 하더라도 해당 상장법인의 업무와 무관한 정보는 규제대상이 아니
다. 즉, 해당 상장법인의 업무와 관련된 정보가 내부정보로서 규제대상이다.

판례는 법인의 업무 등과 관련하여 법인 내부에서 생성된 것이면 거기에 일
부 외부적 요인이나 시장정보가 결합되어 있더라도 미공개중요정보에 해당한다고
본다.

[대법원 2017. 10. 31. 선고 2015도5251 판결]
나. 원심판결 이유와 적법하게 채택된 증거에 의하면 다음과 같은 사실을 알 수 있다.
  (1) 피고인은 공소외 1 회사 측으로부터 공소외 1 회사 발행의 신주인수권부사채
      인수를 권유받고, 2011. 5. 29. 공소외 1 회사 측을 만나 신주인수권부사채
      인수계약을 논의한 다음, 2011. 5. 30.부터 2011. 6. 2.까지 공소외 1 회사 주
      식 447,980주를 매수하였다. 그 후 피고인은 2011. 6. 2. 공소외 1 회사와 100
      억 원 규모의 제9회 신주인수권부사채를 인수하는 계약을 체결하였고, 공소
      외 1 회사는 2011. 6. 2. 13:15 이를 공시하였다.
  (2) 피고인은 2011. 7. 초순 다시 공소외 1 회사 측으로부터 공소외 1 회사 발행

---

177) 미공개중요정보이용의 주체에 계열회사도 포함되지만, 업무관련 정보는 계열회사별로 구별
   해야 한다. 따라서 계열회사인 A 또는 B의 내부자가 A의 정보를 A의 증권매매에 이용하거나
   B의 정보를 B의 증권매매에 이용하는 것은 금지되지만, A의 정보를 B의 증권매매에 이용하
   거나 B의 정보를 A의 증권매매에 이용하는 것은 금지되지 않는다. 물론 A, B 양사에 공통된
   정보인 경우에는 위와 같은 경우 모두 정보이용이 금지된다.

의 신주인수권부사채 인수를 제의받아 발행 조건 등을 협의하고 2011. 7. 7. 경 신주인수권부사채 인수를 결정하고 공소외 1 회사 측과 협상을 진행하였으며, 2011. 7. 20.과 2011. 7. 21. 공소외 1 회사 주식 1,148,810주를 매수하였다. 피고인은 2011. 7. 21. 공소외 1 회사와 피고인 등이 200억 원 규모의 제10회 신주인수권부사채를 인수하는 계약을 체결하였고, 공소외 1 회사는 2011. 7. 21. 14:39 이를 공시하였다.

다. 이러한 사실관계를 위에서 본 법리에 비추어 보면, 이 사건 정보는 공소외 1 회사의 업무 등과 관련된 내부정보이고, 피고인은 계약 체결을 교섭하는 과정에서 이 사건 정보를 알게 된 자에 해당하므로, 구 자본시장법 제174조 제1항 제4호가 적용된다. 그 이유는 다음과 같다.

이 사건 정보는 피고인이 신주인수권부사채를 인수할지 여부를 결정하는 내심의 의사뿐만 아니라 신주인수권부사채 발행의 주체인 공소외 1 회사가 상대방인 피고인과 신주인수권부사채 인수계약 체결을 교섭하는 과정에서 생성된 정보이다. 이는 공소외 1 회사의 경영, 즉 업무와 관련된 것임은 물론이고, 공소외 1 회사 내부의 의사결정 과정을 거쳐 최종적으로 확정되므로 공소외 1 회사의 내부정보에 해당하며, 일부 외부적 요인이 결합되어 있더라도 달리 볼 것은 아니다. 또한, 피고인은 공소외 1 회사 주식을 매수하기 전부터 공소외 1 회사와 신주인수권부사채 인수계약 체결을 교섭하고 있었고, 그 과정에서 이 사건 정보의 생성에 관여하였으므로 이 사건 정보를 알고 있었다.

외부에서 발생한 정보라 하더라도 상장법인의 업무와 직간접적으로 관련된 정보(금융당국이나 검찰의 회사임직원에 대한 조사, 회사에 대한 행정 제재, 민사소송 피소, 임직원에 대한 기소, 해외증시 상장폐지 등)는 해당 상장법인에 전달된 시점(대표이사 또는 업무 관련 임직원이 인지한 시점)부터 업무관련성 있는 내부정보로서 규제대상이 된다.

주식등에 대한 공개매수의 실시·중지에 관한 정보와 주식등의 대량취득, 처분에 관한 정보는 업무관련성이 없는 외부정보에 해당하지만 미공개중요정보 이용행위 금지대상으로서 별도의 규정에 의하여 규제된다. 이에 관하여는 항을 바꾸어 설명한다.

(나) 시장정보

증권시장에서 특정증권등에 대한 가격에 영향을 주는 정보라도 해당 상장법인의 업무와 관련이 없는 정보, 예컨대 특정 주식이나 업종에 대한 주가흐름의 분석, 증권전문가의 주가예측 등과 같은 정보는 소위 시장정보로서 업무관련성이

없는 외부정보이다. 그러나 해당 상장법인이 자체적으로 작성한 영업환경전망이
나 예상실적 등은 내부정보에 해당한다.

㈐ 정책정보

정부정책도 관련 상장법인의 주가에 영향을 줄 수 있고, 따라서 투자자들의
투자판단에 중대한 영향을 준다. 예컨대, 특정 산업에 대한 지원정책은 관련 상장
법인의 주가상승요인이 될 것이다.

㈑ 준내부자가 생성한 정보

1) 규제대상 정보인지 여부   정부기관의 인허가결정, 기업의 위법행위 관련
조사결과(금융위원회나 금융감독원, 공정거래위원회, 경찰 또는 검찰 등의 조사 및 그에
따른 처분) 등은 제174조 제1항 제3호의 "그 법인에 대하여 법령에 따른 허가·인
가·지도·감독, 그 밖의 권한을 가지는 자가 그 권한을 행사하는 과정에서 미공개
중요정보를 알게 된 정보"에 해당하고, 주요 거래상대방의 거래결정, 사업자 선정
결정, 입찰결과 등은 제4호의 "그 법인과 계약을 체결하고 있거나 체결을 교섭하
고 있는 자가 그 계약을 체결·교섭 또는 이행하는 과정에서 미공개중요정보를 알
게 된 정보"에 해당한다.178)

이들 준내부자의 대리인, 사용인, 종업원 등은 제5호에 의한 규제대상이다.

업무처리 절차상 준내부자가 해당 상장법인보다 먼저 미공개중요정보를 알게
되는 경우도 많을 것인데, 준내부자로부터 해당 정보를 알게 된 상장법인 관계자
의 지위는 다음과 같이 구별할 필요가 있다.

2) 상장법인 관계자가 제1호의 내부자로 되는 경우   해당 상장법인 관계자(대
표이사 또는 관련 업무 담당 임직원)가 준내부자와 공동으로 정보를 생성하거나 준
내부자로부터 공식 절차(서면·전자문서·구두 등의 방법으로 정보의 내용을 통고·전
달·설명하는 경우)에 따라 해당 정보에 접하는 경우에는 그 때부터 해당 정보가
업무관련성 및 직무관련성 있는 내부정보로서 규제대상이 되고, 해당 상장법인
관계자는 제1호의 내부자("법인의 임직원·대리인으로서 그 직무와 관련하여 미공개
중요정보를 알게 된 자")로서 규제 대상이 된다.

3) 상장법인 관계자가 제6호의 정보수령자로 되는 경우   해당 상장법인 관계
자가 준내부자로부터 비공식 절차(예컨대, 무단 유출을 포함하여 권한 없는 자로부터

---

178) 일부 외부적 요인이나 시장정보가 결합되어 있더라도 미공개중요정보에 해당한다는 대법
원 2017. 10. 31 선고 2015도5251 판결은 상장법인 내부에서 생성된 정보에 관한 사안이다.

정보를 받은 경우)에 따라 해당 정보에 접하는 경우에는 직무와 관련하여 알게 된 정보로 볼 수 없으므로 제1호의 내부자에 해당하지 않는다. 이 경우 해당 상장법 인 관계자는 준내부자로부터 "미공개중요정보를 받은 자"에 해당하므로 제6호의 정보수령자가 된다.

따라서 상장법인 관계자가 해당 정보의 1차수령자라면 형사처벌 대상이지만, 준내부자로부터 정보를 수령한 1차수령자로부터 정보를 수령한 2차수령자라면 형 사처벌 대상이 될 수 없다. 이 경우는 시장질서 교란행위에 해당할 것이므로 과징 금 부과대상이 된다.

(3) 직무관련 정보의 이용 금지

금융투자업자는 직무상 알게 된 정보로서 외부에 공개되지 아니한 정보를 정 당한 사유 없이 자기 또는 제3자의 이익을 위하여 이용하지 못한다(法 54조①).[179] 제54조 제1항을 위반하여 직무상 알게 된 정보로서 외부에 공개되지 아니한 정보 를 자기 또는 제3자의 이익을 위하여 이용한 자는 3년 이하의 징역 또는 1억원 이하의 벌금에 처해진다(法 445조 9호).[180]

금융투자업자 및 그 임직원은 제45조 제1항 또는 제2항에 따라 정보교류 차 단의 대상이 되는 정보를 정당한 사유 없이 본인이 이용하거나 제3자에게 이용하 게 하여서는 아니 된다(法 54조②). 제54조 제2항을 위반하여 정보교류 차단의 대상이 되는 정보를 정당한 사유 없이 본인이 이용하거나 제3자에게 이용하게 한 자와 정보교류 차단의 대상이 되는 정보를 제공받아 이용한 자는 5년 이하의 징

---

179) 자본시장법 제174조의 미공개중요정보 이용행위와는 업무관련성이 요구되지 않는다는 점과 상장법인·상장예정법인이 발행한 특정증권등에 한정되지 않는다는 점에서 차이가 있다. 또한 제174조는 본인이 이용하는 행위 외에 타인에게 이용하게 하는 행위도 규제하는데, 제54조는 규정형식상 타인에게 이용하게 하는 행위는 규제대상이 아니다. 다만, 구체적인 사안에 따라 서는 "자기 또는 제3자의 이익을 위하여 이용하지 못한다."라는 규정의 행위주체가 될 수는 있 을 것이다.
180) 제54조의 수범주체에 관하여 제1항은 "금융투자업자"로 규정하고, 제2항은 "금융투자업 자 및 그 임직원"이라고 규정하므로 금융투자업자 자체가 아닌 그 임직원은 제1항의 수범주 체가 될 수 없다. 다만, 형사책임에 있어서 법인은 범죄의 주체가 될 수 없으므로 형사처벌 규 정인 제445조 제9호는 "제54조 제1항을 위반하여 직무상 알게 된 정보로서 외부에 공개되지 아니한 정보를 자기 또는 제3자의 이익을 위하여 이용한 자"와 같이 금융투자업자가 아니라 실제의 행위자를 범죄의 주체로 규정한다. 법인은 그 기관인 자연인을 통하여 행위를 하게 되 는 것이기 때문에, 자연인이 법인의 기관으로서 범죄행위를 한 경우에도 행위자인 자연인이 그 범죄행위에 대한 형사책임을 지는 것이고, 다만 양벌규정 등 법률이 그 목적을 달성하기 위하여 특별히 규정하고 있는 경우에만 행위자를 벌하는 외에 법률효과가 귀속되는 법인에 대하여도 처벌을 할 수 있을 뿐이다(대법원 2001. 9. 7. 선고 2001도2966 판결).

역 또는 2억원 이하의 벌금에 처해진다(法 444조 6호의2). 또한 금융위원회는 금융투자업자 및 그 임직원이 제54조 제2항을 위반한 경우에는 그 금융투자업자, 임직원 및 정보교류 차단의 대상이 되는 정보를 제공받아 이용한 자에게 그 위반행위와 관련된 거래로 얻은 이익(미실현 이익을 포함) 또는 이로 인하여 회피한 손실액의 1.5배에 상당하는 금액 이하의 과징금을 부과할 수 있다(法 428조④).

2. 공개매수의 실시·중지

(1) 공개매수 일반론

(개) 공개매수의 정의

공개매수는 주로 기업지배권을 획득하거나 강화하기 위하여 장외에서 단기간에 대량으로 필요한 수의 주식을 매수하는 행위를 말한다. 자본시장법 제133조 제1항은 "이 절에서 "공개매수"란 불특정 다수인에 대하여 의결권 있는 주식, 그 밖에 대통령령으로 정하는 증권("주식등")의 매수(다른 증권과의 교환 포함)의 청약을 하거나 매도(다른 증권과의 교환 포함)의 청약을 권유하고 증권시장 및 다자간매매체결회사(이와 유사한 시장으로서 해외에 있는 시장 포함) 밖에서 그 주식등을 매수하는 것을 말한다"고 규정한다.

(내) 공개매수의 요소

1) 불특정다수인   청약의 상대방은 불특정일 뿐 아니라 다수일 것이 요구된다. 그리고 불특정 다수인이어야 하는 것은 매수의 상대방이 아니라 매수청약(또는 매도청약의 권유)의 상대방이다. '다수인'의 범위에 대하여 어느 정도의 인원을 판단기준으로 하여야 하는지에 대하여 법령에 특별한 규정이 없는데, 증권의 모집·매출시 적용되는 50인을 기준으로 판단하여야 한다고 견해도 있으나, 공개매수강제의 요건인 과거 6개월간 해당 주식의 양도인을 합산하여 10인 이상인지 여부(슈 140조②)를 기준으로 보는 것이 타당하다. 공개매수강제제도로 인하여 불특정다수인 개념의 중요성이 상당히 퇴색하였기는 하지만, 결국 이 문제는 입법적으로 해결하여야 할 것이다.

2) 대상증권   공개매수의 적용대상은 의결권 있는 주식 및 이와 관련되는 증권("주식등")인데, 구체적으로는 다음과 같다(슈 139조).

1. 주권상장법인이 발행한 증권

가. 주권
나. 신주인수권이 표시된 것
다. 전환사채권
라. 신주인수권부사채권
마. 교환사채권
바. 파생결합증권(권리의 행사로 그 기초자산을 취득할 수 있는 것만 해당)
2. 주권상장법인 외의 자가 발행한 증권
가. 제1호에 따른 증권과 관련된 증권예탁증권
나. 제1호에 따른 증권이나 가목의 증권과 교환을 청구할 수 있는 교환사채권
다. 제1호에 따른 증권이나 가목·나목의 증권을 기초자산으로 하는 파생결합증권
(권리의 행사로 그 기초자산을 취득할 수 있는 것만 해당)

　무의결권우선주는 원칙적으로는 공개매수규제의 대상에서 제외되나, 정관에 정한 우선적 배당을 하지 않는다는 결의가 있으면 그 총회의 다음 총회부터 그 우선적 배당을 받는다는 결의가 있는 총회의 종료시까지는 의결권이 부활되므로 (商法 344조의3①), 이 때에는 공개매수규제의 대상이 된다.

　3) 매수청약 또는 매도청약의 권유　　공개매수자가 불특정다수인을 상대로 매수청약 또는 매도청약의 권유를 하여야 한다. 응모주주의 "응모행위"가 공개매수자의 매수청약에 대한 승낙인지, 매도청약의 권유에 따른 매도청약인지에 관하여 논란이 있다. 이와 관련하여 "응모한 주식등의 전부를 공개매수기간이 종료한 날의 다음 날 이후 지체없이 매수하여야 한다"는 규정(法 141조①)은 주주의 응모를 승낙으로 파악하면 설명하기 곤란하고, 응모의 취소에 관한 규정(法 139조④)도 주주의 응모행위를 승낙으로 보면 승낙에 의하여 계약이 성립한 후 승낙을 취소한다는 어색한 결과가 발생한다는 이유로, 주주의 응모는 매도청약에 해당하며, 다만 공개매수자는 공고한 조건에 따라 승낙할 의무를 부담하는 것으로 보아야 한다는 견해가 있다. 그러나 공개매수의 정의에 관한 제133조 제1항은 "매수의 청약"과 "매도의 청약을 권유"하는 행위를 구분하여 규정하며, 응모주주의 응모취소에 관한 제139조 제4항도 "응모"를 "매수의 청약에 대한 승낙 또는 매도의 청약"이라고 구분하여 규정하므로, 주주의 응모를 항상 매도청약이라고 보는 것은 곤란하고, 공개매수의 조건 여하에 따라 공개매수공고 및 주주의 응모를 구분하여 해석하는 것이 타당하다. 즉, 응모한 주식등의 전부를 조건 없이 매수하기로 하는 경우에는 공개매수의 공고는 확정적 의사표시이므로 매수청약으로 보고, 주

주의 응모는 승낙으로 보아야 한다. 반면에 응모한 주식등의 총수가 공개매수예정 주식등의 수에 미달할 경우 응모 주식등의 전부를 매수하지 않는다는 조건 또는 응모한 주식등의 총수가 공개매수예정 주식등의 수를 초과할 경우에는 공개매수예정 주식등의 수의 범위에서 비례 배분하여 매수하고 그 초과 부분의 전부 또는 일부를 매수하지 않는다는 조건을 공개매수공고에 게재하고 공개매수신고서에 기재한 경우에는 그 조건에 따라 응모한 주식등의 전부 또는 일부를 매수하지 아니할 수 있으므로(法 141조① 단서), 이러한 경우 공개매수의 공고는 확정적 의사표시가 아니므로 매도청약의 권유로, 주주의 응모는 매도청약으로 보는 것이 타당하다. 한편 매매계약의 체결시점에 관하여, 주주의 응모를 승낙으로 보는 경우에는 응모에 의하여 매매계약이 체결되는 것이고, 다만 제139조 제4항에 의하여 응모주주는 공개매수기간 중에는 언제든지 응모를 취소할 수 있다. 그리고 주주의 응모를 청약으로 보는 경우에는 공개매수자는 공개매수절차의 특성상 공개매수기간 중에는 개별적인 응모에 대한 승낙을 할 수 없고 공개매수기간 종료시점에 전체 응모에 대하여 동시에 승낙을 하여야 한다. 그리고 공개매수자가 공개매수신고서에 기재한 매수조건과 방법에 따라 응모한 주식등의 전부를 공개매수기간이 종료하는 날의 다음 날 이후 지체 없이 매수하여야 한다는 제141조 제1항은 응모주주에게 매수대금을 지체 없이 지급하라는 취지의 규정으로 해석하여야 할 것이다.

4) 증권시장 밖에서의 매수   증권시장 또는 다자간매매체결회사 안에서의 매수는 공개매수에 해당하지 않는다. 누구나 거래에 참여할 수 있으므로 주주 간에 평등이 보장되고, 또한 거래수량과 가격이 공개되어 공정하게 이루어지기 때문이다. 장외매매이므로 주주의 입장에서는 소득세법상 양도소득세를 부담하게 된다.

5) 주식의 수량   공개매수가 성립하기 위해서는 취득 주식의 수량이 의결권 있는 발행주식총수의 5% 이상이 되어야 한다는 견해도 있으나, 이는 공개매수강제의 요건일 뿐이고 제133조 제1항의 공개매수의 정의규정에는 아무런 수량기준도 정해져 있지 않다. 따라서 5% 미만이라도 불특정 다수인에게 매도청약을 권유하여 매수하는 것이라면 공개매수에 해당하므로 공개매수에 관한 자본시장법의 규제대상이다. 다만, 소량의 주식을 굳이 공개매수절차를 통하여 매수하는 일은 실제로는 드물 것이다.

㈐ 공개매수강제

1) 의   의   주식등을 대통령령으로 정하는 기간 동안 증권시장 밖에서 대통령령으로 정하는 수 이상의 자로부터 매수등을 하고자 하는 자는 그 매수등을 한 후에 본인과 그 특별관계자가 보유하게 되는 주식등의 수의 합계가 그 주식등의 총수의 5% 이상이 되는 경우(본인과 그 특별관계자가 보유하는 주식등의 수의 합계가 그 주식등의 총수의 5% 이상인 자가 그 주식등의 매수등을 하는 경우를 포함)에는 공개매수를 하여야 한다(法 133조③). 공개매수강제는 의무공개매수라고 부르기도 하고, 공개매수강제의 적용기준에 해당하지 않는 경우에도 물론 공개매수와 같은 방법에 의한 주식취득이 가능한데 이를 임의공개매수라고 한다. 의무공개매수와 임의공개매수는 별개의 공개매수방법이 아니고, 매수자가 자발적으로 공개매수의 방법에 의하여 주식을 매수하는 경우는 임의공개매수, 매수자의 매수가 자본시장법의 기준에 해당하여 매수자의 의사와 무관하게 공개매수의 방법에 의한 매수가 강제되는 경우를 의무공개매수라고 한다. 따라서 자본시장법상 공개매수의 절차에 관한 각종 규제는 의무공개매수와 임의공개매수에 동일하게 적용된다.

2) 적용대상 거래   공개매수가 강제되는 취득방법인 "매수등"은 "매수·교환·입찰, 그 밖의 유상취득"을 말한다(法 133조②). 어떠한 거래유형이든 유상거래이면 공개매수강제규정이 적용된다고 보아야 한다. 따라서, 매매의 일방예약이나 유가증권옵션의 경우에 권리자가 해당 매매예약완결권 또는 옵션을 행사하면 매수인으로서의 지위를 가지므로 공개매수강제규정이 적용되는 유상양수라 할 것이다. 유상취득이 아닌 상속, 증여, 무상양수 등의 방법에 의한 주식등을 취득하는 경우에는 공개매수강제의 요건인 "매수등"이 아니고, 그 이전에 공개매수의 개념에도 포함되지 않는다. 신주발행에 의한 주식인수도 유상취득에는 해당하지만, 공개매수는 기발행 주식등만을 대상으로 하는 것이므로 이것 역시 공개매수강제대상 여부 이전에 공개매수의 개념에 포함되지 않는다. 또한 법률의 규정, 금전의 신탁계약, 담보계약 기타 계약에 의하여 주식의 처분권한이나 의결권 또는 의결권을 지시할 수 있는 권리를 취득하는 경우에도 주식의 소유관계를 이전하는 것을 목적으로 하는 매수·교환·입찰 또는 양수가 아니므로 공개매수의 대상이 아니다.

3) 매수기간   "대통령령으로 정하는 기간"이란 해당 주식등의 매수등을 하

는 날부터 과거 6개월간을 말한다(슈 140조①). 따라서 6개월을 넘는 기간에 이루어진 매수의 경우는 매도인의 수나 5% 산정시 합산하지 않는다. 원래 공개매수강제는 단기간에 지배권변동의 가능성이 있는 주식등을 음성적으로 매집하는 것을 규제하기 위한 것인데, 6개월이라는 기간은 너무 장기간이어서 공개매수강제의 적용대상이 지나치게 광범위하게 되므로 적절한 기간으로 단축하는 것이 바람직하다.

"과거 6개월간"이라는 규정상 매수 당시 "향후 6개월 내에" 공개매수를 의도하였다 하더라도 이러한 선행매수는 공개매수강제에 관한 규정에 위배되지 않는다. 공개매수강제에 관한 규정을 위반한 행위는 형사처벌의 대상이 되므로 죄형법정주의의 원칙상 "과거 6개월간"이라는 규정을 엄격히 해석하여야 하기 때문이다. 반면에 공개매수기간 후의 후행매수는 "과거 6개월간"이라는 규정상 공개매수강제의 요건에 해당한다. 따라서 공개매수 종료 후 6개월 내에 해당 주식을 추가로 취득하려면 장내매수를 하거나 새로운 공개매수에 의하여야 한다.

4) 매수장소　　　주식의 매수가 증권시장 밖에서 이루어지는 경우에만 공개매수강제규정이 적용되므로, 장내에서 주식을 매수하는 경우에는 취득 후 보유지분에 관계 없이 공개매수에 의하지 않고 얼마든지 주식을 취득할 수 있다. 증권시장이란 한국거래소가 개설한 유가증권시장과 코스닥시장을 말하며, 이와 유사한 시장으로서 해외에 있는 시장을 포함한다(法 133조①). 그러나 증권시장에서의 경쟁매매 외의 방법에 의한 주식등의 매수로서 대통령령으로 정하는 매수의 경우에는 증권시장 밖에서 행하여진 것으로 간주된다(法 133조④). 여기서 증권시장에서의 매수로 보지 아니하는 매수란 "매도와 매수 쌍방당사자 간의 계약, 그 밖의 합의에 따라 종목, 가격과 수량 등을 결정하고, 그 매매의 체결과 결제를 증권시장을 통하는 방법으로 하는 주식등의 매수"를 말한다(슈 144조). 따라서 시간외 대량매매 방식에 의한 주식 취득도 공개매수강제규정의 적용대상이 된다.

5) 매수 상대방의 수　　　공개매수강제의 요건인 매수 상대방의 수에 관하여, 자본시장법 제133조 제3항은 "대통령령이 정하는 수 이상의 자로부터 매수등을 하고자 하는 자"라고 규정하고, 시행령 제140조 제2항은 "대통령령으로 정하는 수 이상의 자"란 해당 주식등의 매수등을 하는 상대방의 수와 6개월 동안 그 주식등의 매수등을 한 상대방의 수의 합계가 10인 이상인 자를 말한다고 규정한다. 이는 실제의 매도인이 '10인 미만'인 경우에까지 굳이 공개매수를 강제함으로

써 주주들을 보호할 필요가 없기 때문에 '10인 이상의 매도인'을 공개매수강제의 요건으로 규정하는 것이다.

자본시장법은 "매수등을 하고자 하는 자"라고 규정하고, 시행령은 "매수등을 하는 상대방의 수와 6개월 동안 그 주식등의 매수등을 한 상대방의 수"라고 규정하는데, 실제 매도인의 수를 기준으로 하여야 하는지, 또는 매수청약 또는 매도청약의 권유를 받은 상대방의 수를 기준으로 하여야 하는지에 대하여 해석상 논란이 있다. 처음에 10인 이상의 자를 상대로 매수청약 또는 매도청약의 권유를 하였으나 실제로 매도한 주주가 10인 미만인 경우, 매도인의 수를 기준으로 하면 공개매수강제의 대상이 아니고, 매수청약 또는 매도청약의 권유를 받은 상대방의 수를 기준으로 하면 공개매수강제의 대상이다. 전자와 같은 해석이 현행 규정에 보다 부합하지만, 후자의 해석이 그 취지에 부합하고 주주에게도 보다 유리하다. 그리고 응모주주의 수는 공개매수절차가 종료되어야 알 수 있으므로 실무상으로는 매수청약 대상자가 10인 이상이면 일단 공개매수를 공고하고 공개매수신고서를 제출하여야 한다. 이 부분은 제도의 취지와 실무상의 절차를 고려하여 입법적인 보완이 필요한 부분이다.

10인 이상이라는 기준에 해당하지 않는 한 회사의 지배권에 큰 영향을 미치는 정도의 지분매수도 공개매수강제의 대상이 아니다. 이러한 경우 현 지배주주에게도 지배권방어의 기회를 주는 것이 공평하고 또한 일부 주주가 지배권프리미엄을 독점적으로 향유하는 것도 부당하므로 인원수에 관계없이 공개매수강제의 대상으로 하는 것도 입법론적으로는 검토할 만하다는 견해도 있으나, 공개매수강제의 대상이 지나치게 넓어지므로 일응은 현행 규정이 적절하다고 본다.

한편, 매수 상대방의 수를 산정함에 있어서 비록 구성원의 개성이 중요한 합자조합 형태의 집합투자기구라 하더라도 구성원의 수가 아닌 집합투자기구 단위로 산정하여야 할 것이다.

6) 보유 주식이 5%에 달할 것   5% 미만의 주식을 보유하는 것은 회사의 지배권에 별다른 영향을 미치지 않는다고 보아 공개매수절차에 의한 취득을 강제하지 않는 것이다. 5% 요건은 매수하는 주식의 규모가 아니라 매수 결과 본인과 특별관계자가 보유하게 된 지분 비율을 기준으로 적용한다. 공개매수강제의 요건인 5% 룰은 대량보유보고제도에도 동일하게 적용되는데, 이에 관하여는 앞에서 상술하였다.

(2) 증권거래법상 규제

미공개정보 이용행위의 금지에 관한 구 증권거래법 제188조의2는 공개매수의 경우에도 준용되었는데, 공개매수의 경우에 미공개정보는 대상회사의 업무 등과 관련하여 발생한 정보가 아니라 공개매수의 실시·중지에 관한 정보이다. 따라서, 제188조의2 제1항 본문 중 "당해 법인"은 "공개매수대상 유가증권의 발행인"으로, "중요한 정보"는 "공개매수의 실시 또는 중지에 관한 정보"로 보며, 제1항 각 호중 "당해 법인"은 각각 "공개매수자"로 본다.181)

> [서울중앙지방법원 2011. 8. 10. 선고 2011노1250 판결]
> 피고인은 P홀딩스사의 대표이사로서 P홀딩스사 내부에서 생성된 P 주식의 공개매수라는 미공개정보를 인식하고 있었고, 그 정보가 공개되기 이전에 이를 이용하여 A 명의로 P 주식을 매수하였다고 인정된다.

공개매수자도 공개매수에 관하여 정보의 생성자에 해당하지만 구 증권거래법이 공개매수자의 미공개정보 이용행위를 금지하는 제188조의2 제3항을 둔 이상, 공개매수자는 다른 M&A 추진자와는 달리 정보의 생성자라도 미공개정보를 이용한 사전매수도 금지되었다. 나아가 제1호의 "당해 법인"을 "공개매수자"로 보므로, 공개매수자는 명문의 제외규정이 없으므로 공개매수를 목적으로 거래하는 경우까지도 금지된다는 문제점이 있었다.182)

(3) 자본시장법상 규제

(가) 규제대상 주체

다음과 같은 자는 "주식등"에 대한 공개매수의 실시·중지에 관한 미공개정보

---

181) 따라서, 구 증권거래법상 공개매수의 경우에는 다음과 같은 규정이 적용되었다.
　　"다음 각 호의 … 업무 등과 관련하여 일반인에게 공개되지 아니한 공개매수의 실시 또는 중지에 관한 정보를 직무와 관련하여 알게 된 자와 이들로부터 당해 정보를 받은 자가 공개매수대상 유가증권의 발행인이 발행한 유가증권의 매매, 그 밖의 거래와 관련하여 그 정보를 이용하거나 다른 사람으로 하여금 이를 이용하게 하지 못한다.
　　1. 공개매수자 및 그의 임원·직원·대리인
　　2. 공개매수자의 주요주주
　　3. 공개매수자에 대하여 법령에 의한 허가·인가·지도·감독 기타의 권한을 가지는 자
　　4. 공개매수자와 계약을 체결하고 있는 자
　　5. 위 제2호 내지 제4호의 1에 해당하는 자의 대리인·사용인 기타 종업원(위 제2호 내지 제4호의 1에 해당하는 자가 법인인 경우에는 그 임원·직원 및 대리인)
182) 이러한 문제점 때문에 자본시장법 제정 당시에는 공개매수자 본인의 매수는 금지하지 않았지만, 2009년 2월의 개정시 공개매수자도 규제대상에 포함시키고 대신 공개매수를 목적으로 거래하는 경우는 규제대상에서 배제한다는 단서 규정을 추가하였다.

(대통령령으로 정하는 방법183)에 따라 불특정 다수인이 알 수 있도록 공개되기 전의 것)를 그 "주식등"과 관련된 특정증권등의 매매, 그 밖의 거래에 이용하거나 타인에게 이용하게 하지 못한다(法 174조②).184)

1. 공개매수예정자(그 계열회사를 포함) 및 공개매수예정자의 임직원·대리인으로서 그 직무와 관련하여 공개매수의 실시·중지에 관한 미공개정보를 알게 된 자
2. 공개매수예정자의 주요주주로서 그 권리를 행사하는 과정에서 공개매수의 실시·중지에 관한 미공개정보를 알게 된 자
3. 공개매수예정자에 대하여 법령에 따른 허가·인가·지도·감독, 그 밖의 권한을 가지는 자로서 그 권한을 행사하는 과정에서 공개매수의 실시·중지에 관한 미공개정보를 알게 된 자
4. 공개매수예정자와 계약을 체결하고 있거나 체결을 교섭하고 있는 자로서 그 계약을 체결·교섭 또는 이행하는 과정에서 공개매수의 실시·중지에 관한 미공개정보를 알게 된 자
5. 제2호부터 제4호까지의 어느 하나에 해당하는 자의 대리인(이에 해당하는 자가 법인인 경우에는 그 임직원 및 대리인 포함)·사용인, 그 밖의 종업원(제2호부터 제4호까지의 어느 하나에 해당하는 자가 법인인 경우에는 그 임직원 및 대리인)으로서 그 직무와 관련하여 공개매수의 실시·중지에 관한 미공개정보를 알게 된 자
6. 공개매수예정자 또는 제1호부터 제5호까지의 어느 하나에 해당하는 자(제1호부터 제5호까지의 어느 하나의 자에 해당하지 아니하게 된 날부터 1년이 경과하지 아니한 자를 포함)로부터 공개매수의 실시·중지에 관한 미공개정보를 받은 자

자본시장법 제정 당시에는 공개매수자 본인을 규제대상자에 포함하지 않았으나,185) 2009년 2월 개정시 제1호에 공개매수자 본인을 그 계열회사와 함께 규제대상에 포함시키고,186) 각 호 외의 부분에 "다만, 공개매수자가 공개매수를 목적으로 거래하는 경우에는 그러하지 아니하다"라는 규정을 추가하였다. 이는 공개

---

183) "대통령령으로 정하는 방법"이란 공개매수자(그로부터 공개권한을 위임받은 자를 포함)가 시행령 제201조 제2항 각 호의 어느 하나에 해당하는 방법으로 정보를 공개하고 해당 호에서 정한 기간 또는 시간이 지나는 것을 말한다(令 201조③).
184) "제2호부터 제4호까지"와 "그 임직원 및 대리인"에 관한 규정의 문제점은 제174조 제1항에 관한 설명과 같다.
185) 2009년 2월 개정 전의 제1호는 "공개매수자의 계열회사 및 공개매수자(그 계열회사를 포함한다)의 임직원·대리인으로서 …"라고 규정하였다.
186) 제1호의 "공개매수자의 계열회사 및 공개매수자(그 계열회사를 포함한다)의 임직원·대리인으로서"를 "공개매수자(그 계열회사를 포함한다. 이하 이 호 및 제2호에서 같다) 및 공개매수자의 임직원·대리인으로서"로 변경하였다.

매수에 관한 미공개중요정보를 공개매수자 본인이 이용하거나 타인에게 이용하게 하는 행위를 금지하고, 오직 공개매수를 목적으로 거래하는 경우만 허용하기 위한 것이다. 위 단서규정의 해석에 있어서 "공개매수를 목적으로 거래하는 경우"라는 문구로 보아 공개매수를 개시하기 전의 사전매수를 허용하는 취지로 해석하는 견해도 있지만,187) "공개매수"는 주식등을 취득하는 방법일 뿐 그 자체가 경영권 획득을 의미하는 것은 아니므로 이와 같은 해석은 법문에 부합하지 않는다. 또한 입법예고에 의하면 위 단서규정은 공개매수자가 공개매수에 관한 정보를 이용하여 공개매수 대상 증권을 사전매수하는 것을 금지하려는 것이다.188)

그러나 대량보유보고제도에 의하여 일정 수준 이상의 지분보유상황의 보고가 요구된다는 점과, 공개매수를 하려는 자 본인이 공개매수를 앞두고 일부 지분을 취득하는 것까지 금지하는 것은 규제의 타당성과 실효성 면에서 논란이 많았다. 특히 주식등에 대한 공개매수의 실시·중지에 관한 미공개정보를 그 주식등과 관련된 특정증권등의 매매, 그 밖의 거래에 이용할 의사가 없다고 인정되는 경우에까지 매수를 금지하는 것은 불합리하다는 비판을 받았다.

이에 2013년 개정법은 단서규정을 "공개매수를 하려는 자(이하 이 조에서 "공개매수예정자"라 한다)가 공개매수공고 이후에도 상당한 기간 동안 주식등을 보유하는 등 주식등에 대한 공개매수의 실시·중지에 관한 미공개중요정보를 그 주식등과 관련된 특정증권등의 매매, 그 밖의 거래에 이용할 의사가 없다고 인정되는 경우에는 그러하지 아니하다"로 개정함으로써, 이러한 예외적인 경우에는 매수가 금지되지 않도록 하였다. 그리고 개정법은 각 호의 "공개매수자"를 "공개매수를 하려는 자("공개매수예정자")"로 변경하였다.189)190)

---

187) 박순철, "미공개중요정보 이용행위의 규제에 관한 연구 – 형사적 제재의 실효성 확보를 중심으로", 성균관대학교 박사학위 논문(2010), 171면; 조인호, "자본시장과 금융투자업에 관한 법률상 내부자거래규제규정에 관한 小考", 상사법연구 제23집 제3권, 한국상사판례학회(2010), 225면.

188) 자본시장과 금융투자업에 관한 법률 일부개정법률(안) 입법예고의 개정안 주요내용에 의하면 "공개매수, 주식등의 대량취득·처분에 관한 미공개중요정보를 공개매수자 및 대량취득·처분자 본인이 이용하거나 타인에게 이용하게 하는 행위는 금지대상으로 규정하고 있지 않아 동 행위를 처벌하지 못하는 문제가 있음", "공개매수자 및 대량취득·처분자 본인도 해당 거래에 관한 미공개중요정보의 이용행위 금지대상에 포함", "공개매수자 및 대량취득·처분자 본인의 미공개중요정보 이용행위를 효과적으로 금지할 수 있게 됨에 따라 미공개중요정보 이용행위 금지에 관한 규제 공백을 제거할 수 있을 것으로 기대됨"이라고 밝힌 바 있다(금융위원회 공고 제2008-109).

189) "공개매수의 실시 또는 중지에 관한 미공개정보를 … 매매, 그 밖의 거래에 이용하거나 타

(나) 규제대상 증권

규제대상 증권은 "공개매수의 대상인 주식등과 관련된 특정증권등"이다. "공개매수의 대상인 주식등"의 개념(法 133조①, 令 139조)과 "특정증권등"의 개념(法 172조①, 令 196조)이 매우 넓기 때문에 두 개의 개념이 결합된 "공개매수의 대상인 주식등과 관련된 특정증권등"의 범위는 매우 넓고 구체적으로 확정하기는 용이하지 않을 것이다. "공개매수의 대상인 주식등"은 의결권 있는 주식을 전제로 하지만 "공개매수의 대상인 주식등과 관련된 특정증권등"은 의결권 있는 주식을 전제로 하지 않는다고 해석하는 것이 타당하다. 공개매수규제의 목적과 미공개중요정보 이용행위규제의 목적이 다르기 때문이다.

(다) 중요성 요건

제174조 제2항은 "공개매수의 실시 또는 중지에 관한 정보에 관한 미공개정보"라고 규정함으로써 "미공개중요정보"가 아니라 "미공개정보"를 요건으로 한다. 이는 공개매수의 실시·중지 자체가 주가에 영향을 미치는 중대한 사안이므로 별도로 중요성 요건을 명시적으로 규정하지 않은 것으로 보인다. 즉, 공개매수의 실시 또는 중지에 관한 정보는 당연히 중요한 정보이므로 굳이 "미공개중요정보"라고 규정하지 않고 "미공개정보"라고 규정한 것이다.

(라) 공개매수대상회사의 내부자

공개매수대상회사의 내부자는 법문상 규제대상에서 제외되고, 정보수령자가 될 수 있을 뿐이다.

인에게 이용하게 하지 못한다. 다만, 공개매수의 실시 또는 중지에 관한 미공개정보를 그 주식등과 관련된 특정증권등의 매매, 그 밖의 거래에 이용할 의사가 없다고 인정되는 경우에는 그러하지 아니하다"라는 규정의 문맥은 다소 문제가 있다. "그러하지 아니하다"는 결국 앞에서 금지하는 공개매수의 실시 또는 중지에 관한 미공개정보를 이용할 수 있다는 것인데, 공개매수의 실시 또는 중지에 관한 미공개정보를 이용할 의사가 없다고 인정되는 경우라는 전제사실과 문맥상 충돌되기 때문이다. 어쨌든 이러한 문맥상의 문제점에 불구하고, 공개매수예정자가 공개매수 전에 취득한 주식등을 상당한 기간 동안 보유한다면 미공개정보이용의 규제를 받지 않게 된다.

190) 자본시장법 제134조 제2항은 "공개매수공고를 한 자(이하 "공개매수자"라고 한다)는 …"이라고 규정하므로 "공개매수자"란 그 개념상 공개매수공고를 한 후에만 존재할 수 있고, 법문을 엄격히 해석하면 "공개매수자"는 공개매수공고 전에는 존재하지도 않고 따라서 공개매수에 관한 정보를 이용하여 대상증권을 미리 매수할 수 없으므로 위와 같은 규정은 그 해석상의 혼란을 초래하였다. 이에 개정법은 "공개매수를 하려는 자(공개매수예정자)"라는 용어를 규정함으로써 해석상의 논란을 해결하였다.

(마) 예외적 허용

공개매수예정자가 공개매수공고 이후에도 상당한 기간 동안 주식등을 보유하는 등 주식등에 대한 공개매수의 실시·중지에 관한 미공개정보를 그 주식등과 관련된 특정증권등의 매매, 그 밖의 거래에 이용할 의사가 없다고 인정되는 경우에는 그러하지 아니하다(法 174조② 단서).[191]

3. 주식등의 대량취득·처분의 실시·중지

(1) 증권거래법상 규제

구 증권거래법은 공개매수와 달리, 주식등의 대량취득·처분에 대하여는 아무런 규제를 하지 않았다. 이에 따라 M&A를 추진하는 자가 그 추진과정에서 주식을 매수하는 경우, 이들은 정보생성자로서 내부자나 준내부자에 해당하지 않았고, 정보수령자의 범위에 해당 회사의 인수를 위한 일방 당사자는 포함되지 않았

---

191) 자본시장법 제정 당시의 제174조 제2항 제1호는 "공개매수자의 계열회사 및 공개매수자 (그 계열회사를 포함한다)의 임직원·대리인으로서 …"라고 규정함으로써, 공개매수자 본인을 규제대상자에 포함하지 않았으나, 2009년 2월 개정시 제1호에 공개매수자 본인을 그 계열회사와 함께 규제대상에 포함시키고, 각 호 외의 부분에 "다만, 공개매수자가 공개매수를 목적으로 거래하는 경우에는 그러하지 아니하다."라는 규정을 추가하였다. 이는 공개매수에 관한 미공개중요정보를 공개매수자 본인이 이용하거나 타인에게 이용하게 하는 행위를 금지하고, 오직 공개매수를 목적으로 거래하는 경우만 허용하기 위한 것이다. 위 단서규정을 "공개매수를 목적으로 거래하는 경우"라는 문구로 보아 공개매수를 개시하기 전의 사전매수를 허용하는 취지로 해석하는 견해도 있었지만, 당시 입법예고의 개정안 주요내용에 의하면 "공개매수, 주식등의 대량취득·처분에 관한 미공개중요정보를 공개매수자 및 대량취득·처분자 본인이 이용하거나 타인에게 이용하게 하는 행위는 금지대상으로 규정하고 있지 않아 동 행위를 처벌하지 못하는 문제가 있음", "공개매수자 및 대량취득·처분자 본인도 해당 거래에 관한 미공개중요정보의 이용행위 금지대상에 포함", "공개매수자 및 대량취득·처분자 본인의 미공개중요정보 이용행위를 효과적으로 금지할 수 있게 됨에 따라 미공개중요정보 이용행위 금지에 관한 규제 공백을 제거할 수 있을 것으로 기대됨"이라고 밝힌 바 있다(금융위원회 공고 제2008-109). 즉, 위 단서규정은 공개매수자가 공개매수에 관한 정보를 이용하여 공개매수 대상 증권을 사전매수하는 것을 금지하려는 것이다. 그러나 대량보유보고제도에 의하여 일정 수준 이상의 지분보유상황의 보고가 요구된다는 점과, 공개매수를 하려는 자 본인이 공개매수를 앞두고 일부 지분을 취득하는 것까지 금지하는 것은 규제의 타당성과 실효성 면에서 논란이 많았다. 특히 주식등에 대한 공개매수의 실시·중지에 관한 미공개정보를 그 주식등과 관련된 특정증권등의 매매, 그 밖의 거래에 이용할 의사가 없다고 인정되는 경우에까지 매수를 금지하는 것은 불합리하다는 비판을 받았다. 이에 2013년 개정법은 단서규정을 "공개매수를 하려는 자(이하 이 조에서 "공개매수예정자"라 한다)가 공개매수공고 이후에도 상당한 기간 동안 주식등을 보유하는 등 주식등에 대한 공개매수의 실시·중지에 관한 미공개중요정보를 그 주식등과 관련된 특정증권등의 매매, 그 밖의 거래에 이용할 의사가 없다고 인정되는 경우에는 그러하지 아니하다."라고 개정함으로써 이러한 예외적인 경우에는 매수가 금지되지 않도록 하였다.

다.192)

(2) 자본시장법상 규제

(가) 규제대상 주체

다음과 같은 자는 "주식등"의 대량취득·처분(경영권에 영향을 줄 가능성이 있는 대량취득·처분으로서 대통령령으로 정하는 취득·처분)의 실시·중지에 관한 미공개정보193)를 그 "주식등"과 관련된 특정증권등의 매매, 그 밖의 거래에 이용하거나 타인에게 이용하게 하지 못한다(法 174조③).194)195)

1. 대량취득·처분을 하려는 자(그 계열회사를 포함) 및 대량취득·처분을 하려는 자의 임직원·대리인으로서 그 직무와 관련하여 대량취득·처분의 실시·중지에 관한 미공개정보를 알게 된 자
2. 대량취득·처분을 하려는 자(그 계열회사를 포함)의 주요주주로서 그 권리를 행사

---

192) [대법원 2003. 11. 14. 선고 2003도686 판결] "법 제188조의2 소정의 미공개정보 이용행위의 금지 대상이 되는 "해당 정보를 받은 자(소위 정보수령자)"란 같은 조 제1항 각 호에 해당하는 자로부터 이들이 직무와 관련하여 알게 된 해당 정보를 전달받은 자를 말한다 할 것인바, 기록에 의하면 피고인 1이 법 제188조의2 제1항 각 호에 해당하는 자로서 화승강업의 주요주주인 화승으로부터 전달받았다는 이 사건 공소사실 기재 해당 정보인 "화승이 위 피고인에게 화승강업 주식 290만 주를 양도하여 화승강업의 경영권을 양도한다"는 정보는 화승이 그 소유의 주식을 위 피고인에게 처분함으로써 스스로 생산한 정보이지 직무와 관련하여 알게 된 정보가 아니고, 위 피고인은 해당 정보를 화승으로부터 전달받은 자가 아니라 화승과 이 사건 주식 양수계약을 체결한 계약 당사자로서 화승과 공동으로 해당 정보를 생산한 자에 해당한다 할 것이므로, 원심이 위 피고인이 법 제188조의2 제1항 제4호의 "해당 법인과 계약을 체결하고 있는 자" 또는 법 제188조의2 제1항 소정의 "해당 정보를 받은 자"에 해당하지 아니한다고 판단한 것은 정당한 것으로 수긍이 가고, 거기에 증권거래법상의 내부자거래에 관한 법리를 오해한 위법이 있다고 할 수 없다."(이 판결에서는 피고인이 주식양수계약을 체결한 계약 당사자로서 공동으로 해당 정보를 생산한 자에 해당하므로 정보수령자에 해당하지 않는다는 판시가 주된 내용인데, 금융감독원의 조사단계와 검찰의 기소단계에서는 정보수령자 여부 이전에 경영권양도가 상장법인의 업무와 관련된 정보에 해당하는지 여부에 대한 논란이 있었던 사건이다).

193) "미공개정보"란 대량취득·처분을 할 자(그로부터 공개권한을 위임받은 자를 포함)가 시행령 제201조 제2항 각 호의 어느 하나에 해당하는 방법으로 정보를 공개하고 해당 호에서 정한 기간 또는 시간이 지나는 것을 말한다(令 201조⑤).

194) "제2호부터 제4호까지"와 "그 임직원 및 대리인"에 관한 규정의 문제점은 제174조 제1항에 관한 설명과 같다.

195) 제174조 제1항 제6호, 제2항 제6호는 "미공개중요정보를 받은 자"라고 규정하는데, 제3항 제6호는 "미공개정보를 알게 된 자"라고 규정하지만, 조문 체계나 규정 형식, 문언 등으로 보아 제1항 제6호, 제2항 제6호의 "미공개중요정보를 받은 자"와 제3항 제6호의 "미공개정보를 알게 된 자"는 같은 의미이다. 즉, 제3항 제6호의 "미공개정보를 알게 된 자"는 대량취득·처분을 하는 자 또는 제1호부터 제5호까지의 어느 하나에 해당하는 자로부터 당해 정보를 전달받은 자를 말한다(대법원 2017. 10. 31. 선고 2015도8342 판결).

하는 과정에서 대량취득·처분의 실시·중지에 관한 미공개정보를 알게 된 자
3. 대량취득·처분을 하려는 자에 대하여 법령에 따른 허가·인가·지도·감독, 그 밖의 권한을 가지는 자로서 그 권한을 행사하는 과정에서 대량취득·처분의 실시·중지에 관한 미공개정보를 알게 된 자
4. 대량취득·처분을 하려는 자와 계약을 체결하고 있거나 체결을 교섭하고 있는 자로서 그 계약을 체결·교섭 또는 이행하는 과정에서 대량취득·처분의 실시·중지에 관한 미공개정보를 알게 된 자
5. 제2호부터 제4호까지의 어느 하나에 해당하는 자의 대리인(이에 해당하는 자가 법인인 경우에는 그 임직원 및 대리인 포함)·사용인, 그 밖의 종업원(제2호부터 제4호까지의 어느 하나에 해당하는 자가 법인인 경우에는 그 임직원 및 대리인)으로서 그 직무와 관련하여 대량취득·처분의 실시·중지에 관한 미공개정보를 알게 된 자
6. 대량취득·처분을 하려는 자 또는 제1호부터 제5호까지의 어느 하나에 해당하는 자(제1호부터 제5호까지의 어느 하나의 자에 해당하지 아니하게 된 날부터 1년이 경과하지 아니한 자를 포함)로부터 대량취득·처분의 실시·중지에 관한 미공개정보를 알게 된 자[196)]

제6호와 관련하여, 주식 등의 대량취득·처분과 관련된 내부자로부터 미공개정보를 알게 된 모든 경우가 이에 해당한다고 보게 되면, 처벌범위가 명확하지 않거나 지나치게 넓어지고 법적 안정성을 침해하게 되어 죄형법정주의에 반하므로, 이를 제한하여 해석할 필요가 있다. 제6호에서 정한 주식 등의 대량취득·처분의 실시 또는 중지에 관한 미공개정보를 '알게 된 자'란 대량취득·처분을 하는 자 또는 제1호부터 제5호까지의 어느 하나에 해당하는 자로부터 당해 정보를 전달받은 자를 말한다.

[대법원 2017. 10. 31. 선고 2015도8342 판결]
주식 등의 대량취득·처분을 하는 자 또는 구 자본시장법 제174조 제3항 제1호부터 제5호까지의 어느 하나에 해당하는 자로부터 대량취득·처분의 실시 또는 중지에 관한 미공개정보를 알게 된 자가 구 자본시장법 제174조 제3항 제6호를 위반하여 그 미공개정보의 이용행위를 하면 구 자본시장법 제443조 제1항 제3호에 따라 처벌을 받는다. 주식 등의 대량취득·처분과 관련된 내부자로부터 미공개정보를 알게 된 모든 경우가 구 자본시장법 제174조 제3항 제6호에 해당한다고 보게 되면, 그 처벌범

---

196) [대법원 2017. 10. 31. 선고 2015도8342 판결] "구 자본시장법 제174조 제1항 제6호와 제2항 제6호의 입법 취지 역시 구 자본시장법 제174조 제3항 제6호의 그것과 다를 바 없다. 또한 구 자본시장법 제174조의 조문 체계나 규정 형식, 문언 등으로 보아 위 제1항 제6호와 제2항 제6호의 미공개중요정보 또는 미공개정보를 '받은 자'와 위 제3항 제6호의 미공개정보를 '알게 된 자'를 다르게 보아야 할 합리적인 이유도 찾을 수 없다."

위가 명확하지 않거나 지나치게 넓어지고 법적 안정성을 침해하게 되어 죄형법정주의에 반하므로, 이를 제한하여 해석할 필요가 있다. 따라서 제174조 제3항 제6호에서 정한 주식 등의 대량취득·처분의 실시 또는 중지에 관한 미공개정보를 '알게 된 자'란 대량취득·처분을 하는 자 또는 제1호부터 제5호까지의 어느 하나에 해당하는 자로부터 당해 정보를 전달받은 자를 말한다.

(내) 규제대상 취득·처분

규제대상인 "대통령령으로 정하는 취득·처분"이란 다음의 요건을 모두 충족하는 취득·처분을 말한다(슈 201조④).

1. 보유목적이 발행인의 경영권에 영향을 주기 위한 것(슈 154조①)[197]으로 할 것 (취득의 경우만 해당)
2. 금융위원회가 정하여 고시하는 비율 이상의 대량취득·처분일 것[198]
3. 그 취득·처분이 주식등의 대량보유보고대상(法 147조①)에 해당할 것

[197) 자본시장법 제147조 제1항 후단에서 "대통령령으로 정하는 것"이란 다음과 같은 것을 위하여 회사나 그 임원에 대하여 사실상 영향력을 행사(상법, 그 밖의 다른 법률에 따라 상법 제363조의2·제366조에 따른 권리를 행사하거나 이를 제3자가 행사하도록 하는 것 포함)하는 것을 말한다(슈 154조①).
  1. 임원의 선임·해임 또는 직무의 정지
  2. 이사회 등 회사의 기관과 관련된 정관의 변경
  3. 회사의 자본금의 변경
  4. 회사의 배당의 결정[법률에 따라 설립된 기금(신용보증기금, 기술보증기금 제외) 및 그 기금을 관리·운용하는 법인(슈 10③4)에 해당하는 자가 하는 경우에는 적용하지 아니한다]
  5. 회사의 합병, 분할과 분할합병
  6. 주식의 포괄적 교환과 이전
  7. 영업전부의 양수·양도 또는 금융위원회가 정하여 고시하는 중요한 일부의 양수·양도
  8. 자산 전부의 처분 또는 금융위원회가 정하여 고시하는 중요한 일부의 처분
  9. 영업전부의 임대 또는 경영위임, 타인과 영업의 손익 전부를 같이하는 계약, 그 밖에 이에 준하는 계약의 체결, 변경 또는 해약
  10. 회사의 해산
198) [자본시장조사 업무규정 제54조 (미공개정보 관련 대량취득·처분의 최소비율요건)]
  ① 시행령 제201조 제3항 제2호의 규정에서 금융위가 정하여 고시하는 비율이란 다음 각 호의 비율 중 낮은 비율을 말한다.
  1. 100분의 10(발행 주식등의 총수에 대한 취득·처분하는 주식등의 비율)
  2. 취득·처분을 통하여 최대주주 등이 되거나(발행 주식등의 총수를 기준으로 누구의 명의로 하든지 특수관계인 및 자기의 계산으로 소유하는 주식등을 합하여 그 수가 가장 많게 되는 경우를 말한다) 되지 않게 되는 경우 그 변동비율
  [이와 같이 자본시장조사 업무규정에서 대량취득·처분의 비율을 정하는데, 자본시장법 제174조 제3항 위반에 대한 형사처벌은 매우 엄하여 법정형 상한이 무기징역이다. 따라서 그 범죄구성요건인 대량취득·처분의 비율을 시행령도 아니고 금융위원회의 규정으로 정하는 것은 죄형법정주의에 반한다고 볼 여지가 있으므로 상위법령에서 규정하는 것이 적절하다].

(다) 규제대상 증권과 중요성 요건

주식등의 대량취득·처분 정보에 관하여 규제대상 증권은 "대량취득·처분의 대상인 주식등과 관련된 특정증권등"이고, "미공개중요정보"라고 규정하지 않고 "미공개정보"라고 규정한 취지는 공개매수정보의 경우와 같다.

(라) 주식등 발행회사의 내부자

대량취득·처분의 대상인 주식등의 발행회사의 내부자는 법문상 규제대상에서 제외되고, 정보수령자가 될 수 있을 뿐이다.

(마) 예외적 허용

대량취득·처분을 하려는 자가 대량보유보고서에 대한 금융위원회 및 거래소의 공시(法 149조) 이후에도 상당한 기간 동안 주식등을 보유하는 등 주식등에 대한 대량취득·처분의 실시·중지에 관한 미공개정보(대통령령으로 정하는 방법199)에 따라 불특정 다수인이 알 수 있도록 공개되기 전의 것)를 그 주식등과 관련된 특정증권등의 매매, 그 밖의 거래에 이용할 의사가 없다고 인정되는 경우에는 그러하지 아니하다(法 174조③ 단서).

VII. 내부정보의 이용

1. 거래 관련성

금지되는 행위는 "미공개중요정보를 해당 법인이 발행한 특정증권등의 매매, 그 밖의 거래에 이용하거나 다른 사람으로 하여금 이를 이용하게 하는 행위"이다. 즉, 특정증권등의 매매, 그 밖의 거래에 정보를 이용하는 행위가 금지되므로, 정보를 이용하였더라도 매매, 그 밖의 거래를 한 경우가 아니면 규제대상이 아니다. 여기서 매매, 그 밖의 거래에는 장외거래도 포함한다.

2. 금지행위

(1) 매매, 그 밖의 거래

미공개중요정보를 특정증권등의 매매, 그 밖의 거래에 이용하거나 타인에게

---

199) "대통령령으로 정하는 방법"이란 대량취득·처분을 할 자(그로부터 공개권한을 위임받은 자를 포함한다)가 제2항 각 호의 어느 하나에 해당하는 방법으로 정보를 공개하고 해당 호에서 정한 기간 또는 시간이 지나는 것을 말한다(슈 201조⑤).

이용하게 하는 행위가 금지된다. "그 밖의 거래"는 합병, 분할, 주식교환, 주식이전 등 회사법상 거래도 포함한다. 물론 유상거래만을 의미하므로 증여는 포함하지 않는다. 유상거래이면 매매에 한정하지 않고, 담보설정 등과 같이 소유권의 이전이 없는 경우에도 규제대상이다.200)

(2) 정보를 이용하는 행위

(가) 정보의 보유와 이용

"정보를 이용하는 행위"가 금지되므로 단지 정보를 "보유"한 상태에서 매매, 그 밖의 거래를 한 것만으로는 미공개중요정보 이용행위로 볼 수 없고, 그 정보를 "이용"하여 거래를 한 것이어야 한다. 매매, 그 밖의 거래에서 그 정보가 거래 여부, 거래량, 거래가격 등 제반 거래조건의 결정에 중요한 요인으로 작용하여 만일 그러한 정보가 없었더라면 다른 결정을 내렸을 경우에는 "그 정보를 이용하는 행위"에 해당한다.201)

[서울중앙지방법원 2007. 7. 20. 선고 2007고합159 판결]
증권거래법 제188조의2 제1항은 유가증권의 매매 기타 거래와 관련하여 미공개정보를 '이용'하는 행위를 금지하고 있기 때문에, 미공개정보 이용행위로 처벌하기 위해서는 단순히 미공개정보를 '보유'하고 있는 상태에서 유가증권의 거래를 한 것만으로는 부족하고, 그것을 '이용'하여 유가증권의 거래를 한 것이 인정되어야 하지만, 미공개정보를 인식한 상태에서 유가증권 거래를 한 경우에는 특별한 사정이 없는 한 그것을 이용하여 유가증권 거래를 한 것으로 봄이 상당하고, 또한 유가증권 거래를 하게 된 다른 요인이 있더라도 미공개 내부 정보를 이용한다는 것이 하나의 요인이 된 경우에는 미공개정보를 이용하여 유가증권 거래를 한 것으로 인정할 수 있다.

[서울동부지방법원 2011. 12. 30. 선고 2011고합221 판결]
미공개정보 이용행위로 처벌하기 위해서는 단순히 미공개정보를 '보유'하고 있는 상태에서 거래를 한 것만으로는 부족하고 그것을 '이용'하여 거래를 한 것이 인정되어야 할 것이고, 미공개정보를 지득한 상태에서 증권을 거래함에 있어 그 정보가 증권의 거래 여부, 거래시점, 거래량, 가격 등 거래조건의 결정에 하나의 요인으로 작용하여 결정에 영향을 미쳤다면 정보를 이용한 것으로 볼 수 있을 것인데, 미공개정보를

---

200) 일본 金融商品去來法 제166조 제1항은 "매매 기타 유상의 양도·양수 또는 파생상품 거래"라고 규정하므로, 대차거래나 담보거래는 포함하지 않는다고 해석한다. 한편 미국에서는 증권에 대하여 질권을 설정하는 것도 SEC Rule 10b-5가 적용되는 매매이다. Rubin v. United States, 449 U.S. 424 (1981); Chemical Bank v. Arther Anderson & Co., 726 F.2d 930 (2d Cir. 1984).
201) 서울중앙지방법원 2007. 2. 9. 선고 2006고합332 판결.

인식한 상태에서 거래를 한 경우에는 특별한 사정이 없는 한 그것을 이용하여 거래한 것으로 봄이 상당하다. 피고인들의 변호인은 2009. 2. 4.부터 2009. 2. 23. H사의 유동성 위기가 심화되면서 주식을 처분하지 않으면 안 될 상황에 있었다고 주장하나, E사는 H증권에 대출금을 상환한 후 담보로 제공된 주식의 처분권을 행사할 수 있게 된 직후인 2009. 2. 4.부터 주식을 처분하기 시작한 점, 피고인들이 위 주식을 처분하여 취득한 금액은 905,689,162원(증 제11호증의2에 기재된 담보제공 주식매도내역)인데, 변호인이 제출한 당시 H사의 자금 현황(증 제10, 11호증)에 의하더라도 매출수금, 할인 및 만기어음, 대여금 및 이자 회수 및 H증권에 담보로 예치하였다가 회수한 6억원 등의 가용자금이 있었던 점, 그 밖에 어음의 지급시기나 지급액 등을 고려할 때 반드시 위 시기에 H사의 주식을 매도하여야 할 필요가 있었다고 보이지는 아니하고, 피고인은 주식 매각이라는 가장 손쉬운 방법으로 운영자금을 충당하려고 하였던 것으로 보이는 점 등을 고려하면, 피고인이 E사의 운영자금에 사용하기 위하여 주식을 매도하였고 그 매도자금을 실제로 운영자금에 사용하였다 하더라도, 위 피고인들에게는 업무와 관련하여 알게 된 미공개의 중요한 정보인 자본잠식에 관한 정보를 이용하려는 의사가 있었다고 봄이 상당하다. 따라서 피고인들 및 변호인의 이 부분 주장은 받아들이지 아니한다.

거래를 하게 된 유일한 요인일 필요는 없고 여러 요인 중 하나의 요인인 경우에도 이용행위에 해당한다. 객관적으로 미공개중요정보를 일반적으로 취득·이용할 지위에 있지 않은 경우, 정보를 취득·이용하였다는 직접적인 증거가 없고 합리적인 의심이 존재한다면 정황만으로 공소사실을 유죄로 인정할 수는 없다.

[서울고등법원 2009. 5. 15. 선고 2008노3397 판결]
원심의 판단은 아래와 같은 제반 사정에 비추어 볼 때 수긍하기 어렵다. 살피건대, 원심이 적법하게 조사하여 채택한 증거들에 의하여 인정되는 다음과 같은 사정들, 즉 ① 위 피고인은 검찰 피의자신문조서 작성 당시 P사 주식을 매수하게 된 경위를 묻는 검사의 질문에 '2005. 10. 21. 주간업무회의에서 나노이미지센서 발표회를 TV보도 추진하고 있다는 이야기를 듣고 매수한 것으로 생각된다'고 진술하였는데, 비록 정확히 위와 같은 날짜에 주간업무회의가 개최되지 않았다고 하더라도 그 무렵 이 사건 정보와 관련된 업무회의가 열렸던 점, ② 게다가 위 피고인은 10년 이상 가입해 놓았던 생명보험금을 담보로 약관대출을 받아 위 주식매수자금을 마련하였던 점, ③ 위 피고인이 2005. 10. 19.부터 같은 달 21.까지 위 주식을 무려 11,900주나 매수한 점에 비추어 보면, 위 피고인이 2005. 10. 25. 위 주식 1,350주를 매도한 사실이 위 피고인이 이 사건 정보를 모르고 있었다거나 또는 이를 이용하지 아니하였음을 추단할 만한 근거가 될 수 없는 점, ④ 비록 위 피고인이 T연구원 교육연수사업실 실장으로 근무하여 나노 이미지센서 개발 및 홍보업무에 직접 관여하지 않았다 하더라도, 일반투자자에

는 접근이 허용되지 아니하는 T연구원 업무회의를 통해서 이 사건 정보를 취득하였
으므로, 위 정보를 취득함에 있어서 위 피고인의 직무관련성이 인정되는 점, ⑤ 그리
고 내부자의 거래가 전적으로 내부정보 때문에 이루어졌음이 요구되는 것이 아니라,
단지 거래를 하게 된 하나의 요인이기만 하면 정보의 '이용'이라는 요건을 충족하는
것으로 해석함이 상당한바, 단순히 위 피고인이 위 공소사실을 전후하여 위 주식을
매매한 사실이 있다는 사정만으로 위 피고인의 위 공소사실과 같은 주식거래가 평소
위 피고인의 주식거래 형태와 별다른 차이점이 없다고 단정할 수 없는 점(위 피고인
은 2005. 10. 19.부터 같은 해 11. 4.까지 위 주식을 대량 매수하였다) 등을 종합하여
보면, 위 피고인이 위 주식을 매매함에 있어 이 사건 정보를 이용한 사실을 충분히
인정할 수 있으므로, 위 피고인에 대한 위 공소사실은 유죄로 인정된다고 할 것인바,
이와는 달리 무죄를 선고한 원심은 사실을 오인하여 판결에 영향을 미친 위법을 범하
였다고 할 것이다.[202]

기존의 투자패턴에 비하여 매우 이례적인 것으로서 다른 특별한 정보가 없는
이상 이러한 형태의 투자를 하기는 어려웠을 때에는 정보를 이용한 행위로 될 가
능성이 클 것이다.

[서울중앙지방법원 2008. 11. 27. 선고 2008고합236 판결]
① 피고인이 종래 주식투자를 해오면서 2005. 6. 1.경 P사 주식 1,600주를 매수하여
이를 2005. 7. 13.경 매도하기는 하였으나, 그 이후에는 P 주식에 투자하지 아니하였
던 점, ② 그러던 중 2005. 10. 25. P사 주식 33,000주를, 같은 해 11. 3. 같은 주식
7,500주를 각 매수하였고, 이 사건 정보에 관한 공시 이후에 이를 순차 처분하였던
점, ③ 피고인의 기존 투자 방식은 여러 종목의 주식에 분산 투자하는 것이었음에도,
2005. 10. 25.경 주식을 매수함에 있어 당시 보유하고 있던 다른 종목의 주식들을 모
두 처분하여 P사 주식을 집중 매수하였고, 전체 매수대금 약 1억 3,000만 원 중
3,000만 원 가량은 마이너스 통장에서 인출한 금원이었던 바, 위와 같은 주식투자 형
태는 기존의 방식에 비해 매우 이례적인 것으로서 다른 특별한 정보가 없는 이상 이
러한 형태의 투자를 하기는 어려웠을 것으로 보이는 점, ④ 한편 피고인이 주식을 다
시 매수하기 직전인 2005. 10. 24. 사내 전산망에 이 사건 정보의 내용이 기재된 주간
업무보고서가 게시되었는데, 평소 주식투자에 관심이 있는 피고인으로서는 그 정보

---

202) 원심은 미공개정보 이용행위로 처벌하기 위해서는 단순히 미공개정보를 보유하고 있는 상
태에서 유가증권의 거래를 한 것만으로는 부족하고 그것을 이용하여 유가증권의 거래를 한
것이 인정되어야 할 것인데, 공소제기된 2005. 11. 2. 및 같은 달 4.의 주식거래는 평소 피고인
의 주식거래 형태와 별다른 차이점이 발견되지 아니하기에 위 피고인이 이 사건 정보를 이용
했다고 보기도 어렵다고 판시하였는데(서울중앙지방법원 2008. 11. 27. 선고 2008고합236 판
결), 항소심에서 무죄를 선고한 원심은 사실을 오인하여 판결에 영향을 미친 위법을 범하였다
고 판시하였다.

를 충분히 확인할 수 있었을 것으로 보이는 점 등을 종합하면, 피고인이 2005. 10. 24. 경 사내 전산망을 통해 이 사건 정보를 알게 되어 위와 같은 거래를 하였다고 봄이 상당하다.

그러나 객관적으로 미공개중요정보를 일반적으로 취득·이용할 지위에 있지 않은 경우, 정보를 취득·이용하였다는 직접적인 증거가 없고 합리적인 의심이 존재한다면 정황만으로 공소사실을 유죄로 인정할 수는 없다.

[대법원 2008. 11. 27. 선고 2008도6219 판결]
1) 피고인 1은 ○○화학 재무관리팀장으로서, 명예회장의 지시에 따라 ○○그룹 대주주 및 특수관계인 100여 명이 보유하고 있는 ○○그룹 계열사의 주식을 관리하여 왔을 뿐, ○○카드의 직원도 아니고 이사회·감사위원회 등의 구성원도 아니며 이 사건 중요정보의 생성·보고·결재에 관여할 수 없어서 이 사건 중요정보를 일반적으로 취득·이용할 지위에 있지 않았고(더구나 이 사건 중요정보는 대외비 문건으로 분류되어 ○○그룹 핵심 경영자 사이에서만 은밀하게 보고가 이루어진 것으로 보이는데, 이러한 정보가 위 피고인에게 전달되었음을 인정할 직접적인 증거가 전혀 없다), 가사 위 피고인이 이 사건 중요정보를 누군가로부터 취득하였다 하더라도 명예회장의 지시 없이 자신의 독자적인 판단으로 그 정보를 이용하여 ○○카드의 주식을 매도할 지위에 있지도 않았으며, 이로 인하여 개인적인 이득을 취하거나 손해를 회피할 지위도 아니었다. 2) 피고인 3은 ○○그룹 계열사가 아닌 △△펄프 주식회사의 대주주 겸 경영자로서 당시 재정적으로 어려움을 겪고 있던 △△펄프의 부채비율을 낮추고 자금난을 해소하기 위하여 500억 원 규모의 유상증자를 추진하였고, 그 자금 마련을 위하여 명예회장의 양해 아래 자신의 보유 주식을 관리하고 있는 피고인 1에게 ○○그룹 주식의 환가를 부탁하였으며, 피고인 1이 이 사건 공소사실 기재와 같이 매도한 ○○카드 주식의 매도 대금은 모두 위 △△펄프의 유상증자 자금으로 투입되었다. 3) 피고인 1은 자신이 관리하고 있는 ○○카드의 대주주 약 60명의 보유 주식 중에서 오로지 피고인 3보유 주식만을 제3자에게 매도하였는데, 만약 이 사건 중요정보를 이용하여 ○○카드의 주가하락으로 인한 손실을 회피할 생각이었다면 굳이 다른 대주주 보유 주식은 놓아두고 피고인 3보유 주식만 매도할 합리적인 이유가 없다(더구나 당시 ○○카드는 재무구조 악화로 인하여 증자를 추진하여야 할 형편이었고, 실제로도 피고인 3을 제외한 다른 대주주들의 주식 보유량은 전체적으로 증가한 것으로 보이는데, 이러한 상황에서 별다른 절박한 목적 없이 오로지 시세차익이나 손실회피를 목적으로 피고인 3보유 주식을 매도한다는 것은 납득하기 어렵다). 4) 피고인 1이 2003. 10. 23. 하루 동안 피고인 3보유 주식 나머지 전량을 모두 매도하라고 증권회사 직원에게 독촉한 정황, 그 밖에 이 사건 주식을 매각하는 방법이나 시기 등에 있어서 상고이유로 주장하는 바와 같이 다소 의문스러운 정황이 엿

보이지만, 피고인 1이 이 사건 중요정보를 취득·이용하였다는 직접적인 증거가 없고 앞에서 본 바와 같이 합리적인 의심이 존재하는 상황에서 위와 같은 정황만으로 피고인 1, 3에 대한 이 사건 공소사실을 유죄로 인정할 수는 없다.

(나) 정보를 이용하지 않은 거래

미공개중요정보를 "인식"한 상태에서 거래를 한 경우에는 특별한 사정이 없는 한 정보의 이용으로 인정될 것이다. 그러나, 정보의 보유자가 해당 정보와 관계없이 다른 동기에 의하여 거래를 하는 것은 허용된다.

〈증권가의 소문을 듣고 주식을 매수한 경우〉
[대법원 2003. 6. 24. 선고 2003도1456 판결]
1. 원심은, 피고인 1이 2001. 1. 초순 무렵 상장법인 A사의 임원이었던 피고인 2로부터 "A사가 반도체 업종으로 전환을 모색하고 있고 곧 관리종목에서 탈피할 것 같다"는 말을 전해 듣고, 2001. 1. 중순 무렵 B금고 대표이사 R에게 이 정보를 알려주면서 A사의 주식을 매수하라고 지시하여, R이 2001. 1. 16.부터 2001. 1. 18.까지 A사 주식 125,870주를 매수하였다가 2001. 2. 16.부터 2001. 2. 26.까지 사이에 전부 매도하여 A사의 업무 등과 관련하여 일반인에게 공개되지 아니한 중요한 정보를 R로 하여금 A사의 주식매매에 이용하게 하였다는 공소사실을 유죄로 판단하였다.
2. 그러나 원심의 판단은 다음과 같은 이유에서 받아들이기 어렵다. 형사재판에서 공소가 제기된 범죄사실은 검사가 입증하여야 하고, 법관은 합리적인 의심을 할 여지가 없을 정도로 공소사실이 진실한 것이라는 확신을 가지게 하는 증명력을 가진 증거를 가지고 유죄로 인정하여야 하므로, 그와 같은 증거가 없다면 설령 피고인에게 유죄의 의심이 간다고 하더라도 피고인의 이익으로 판단할 수밖에 없다(대법원 2002. 12. 24. 선고 2002도5662 판결 참조). 이 사건에서 보면, 피고인 1은 피고인 2로부터의 A사의 합병에 관한 정보를 전달받은 적이 없고, A사가 반도체회사와 합병한다는 소문이 있어 피고인 2에게 물어보니 피고인 2가 잘될 것 같다고 대답하여 R에게 A사 주식을 매수하라고 하였는데, 그 뒤 공시가 이루어지기 며칠 전에 피고인 2로부터 A사와 B반도체의 합병에 관하여 들었다고 범행을 부인하고 있는데, 피고인 2도 대체적으로 그와 같은 취지로 진술하고 있고, R도 주식을 매수하기 며칠 전에 피고인 1이 전화로 정보를 이야기하면서 사라고 하였는데, 그 당시 A사의 반도체사업 진출에 따른 B반도체와 합병을 추진하고 있다는 등의 자료는 증권관련 인터넷사이트에서도 보았으며, A사가 반도체 업종으로 전환하여 관리종목에서 벗어나려고 한다는 증권가의 소문이 있었다고 진술하고 있다. 그런데, 피고인 1이 2000. 12. 29. 피고인 2 측으로부터 A사 주식 400만 주를 당시 주가의 절반 정도인 22억 원에 매수한 뒤 그 중 18만 주를 2001. 1. 2.과 2001. 1. 3. 공개시장을 통하여 매각하고, 나머지도 2001. 1. 18.부터 2001. 2. 12. 사이에 매각하였

는데, 그 중 1,388,200주는 B금고에게 시간외 거래로 매각하였으며, B금고는 2001. 1. 16.부터 2001. 1. 18. 사이에 일반투자자로부터 A사 주식 125,870주를 매수하였고, A사는 증권거래소의 조회공시요구(2001. 2. 2.)에 따라 반도체사업 진출과 합병추진에 관하여 공시를 하였으며, B금고는 공개시장에서 매수한 A사 주식 125,870주를 포함한 150만 주가량을 2001. 2. 16.부터 2. 23. 사이에 매각한 사실이 인정된다. 이와 같이 피고인 1이 피고인 2로부터 A사의 주식을 매수한 직후부터 곧바로 취득한 주식을 처분하였다는 것은 그 변소에 부합하는 객관적인 정황으로 볼 수 있는 반면에 피고인 2로부터 투자자의 투자판단에 중대한 영향을 미치는 중요한 내부정보를 전달받은 사람의 행동으로서는 쉽게 납득하기 어렵다. 사정이 이러하다면, 피고인 1이 피고인 2로부터 A사의 합병 등에 관한 정보를 전달받았을 가능성이 어느 정도 있다고 하더라도 피고인 1이 증권가의 소문을 듣고서 주식을 매수하도록 하였을지도 모른다는 합리적 의심을 떨쳐버릴 수 없으므로 피고인 1이 중요한 내부정보를 전달받았다는 객관적인 증거가 없는 한 피고인 1이 피고인 2로부터 미공개정보를 전달받아 이를 주식의 매매와 관련하여 그 정보를 이용하였다고 단정하기 어렵다. 그럼에도 불구하고 원심이 이와 달리 그 판시 증거들만으로 이 부분 공소사실을 유죄로 판단한 것은 판결에 영향을 미친 법령위반의 잘못을 저지른 것이다.

즉, 내부자가 내부정보를 알고 있는 경우에도 그 내부정보를 이용하지 않은 특별한 사정을 반증으로 제시할 수 있고, 그러한 특별한 사정으로는 내부자가 내부정보를 취득하기 전에 이미 매매를 결심한 경우와 내부자가 피치 못할 사정으로 거래를 할 수밖에 없는 경우가 있다.203) 따라서, 주식의 대량보유자가 일시대량매각에 의한 시장가격의 폭락을 피하기 위하여 매일 일정수량의 주식을 시장에서 처분하던 중 미공개중요정보를 알게 된 경우, 종전의 매매형태와 달리 대량투매하였다면 미공개중요정보의 이용에 해당하지만, 종전과 같은 매매형태로 주식을 처분하는 경우는 미공개중요정보이용에 해당하지 않는다.204)

〈정황만 있을 뿐 합리적인 의심이 존재하는 경우〉
[대법원 2008. 11. 27. 선고 2008도6219 판결]
1. 피고인 1은 A사 재무관리팀장으로서, 명예회장의 지시에 따라 B그룹 대주주 및 특

---

203) 김건식·정순섭, 416면(내부자가 매매를 할 수밖에 없는 예로서 정보보유자가 채무변제를 위하여 유일한 재산인 주식을 매도하는 경우를 들고, 다른 자금원이 있음에도 담보로 맡겨 둔 주식의 매도를 방치하는 경우에는 매도의 불가피성을 인정할 수 없다고 설명한다).
204) 서울중앙지방법원 2008. 11. 27. 선고 2008고합236 판결(피고인이 정보를 지득한 전과 후의 매매형태에 별다른 차이점이 없었던 사안).

수관계인 100여 명이 보유하고 있는 B그룹 계열사의 주식을 관리하여 왔을 뿐, C
사의 직원도 아니고 이사회·감사위원회 등의 구성원도 아니며 이 사건 중요정보
의 생성·보고·결재에 관여할 수 없어서 이 사건 중요정보를 일반적으로 취득·이
용할 지위에 있지 않았고(더구나 이 사건 중요정보는 대외비 문건으로 분류되어 B
그룹 핵심 경영자 사이에서만 은밀하게 보고가 이루어진 것으로 보이는데, 이러한
정보가 위 피고인에게 전달되었음을 인정할 직접적인 증거가 전혀 없다), 가사 위
피고인이 이 사건 중요정보를 누군가로부터 취득하였다 하더라도 명예회장의 지
시 없이 자신의 독자적인 판단으로 그 정보를 이용하여 C사의 주식을 매도할 지위
에 있지도 않았으며, 이로 인하여 개인적인 이득을 취하거나 손해를 회피할 지위
도 아니었다.

2. 피고인 3은 B그룹 계열사가 아닌 D사의 대주주 겸 경영자로서 당시 재정적으로
어려움을 겪고 있던 D사의 부채비율을 낮추고 자금난을 해소하기 위하여 500억
원 규모의 유상증자를 추진하였고, 그 자금 마련을 위하여 명예회장의 양해 아래
자신의 보유 주식을 관리하고 있는 피고인 1에게 B그룹 주식의 환가를 부탁하였
으며, 피고인 1이 이 사건 공소사실 기재와 같이 매도한 C사 주식의 매도 대금은
모두 위 D사의 유상증자 자금으로 투입되었다.

3. 피고인 1은 자신이 관리하고 있는 C사의 대주주 약 60명의 보유 주식 중에서 오로
지 피고인 3보유 주식만을 제3자에게 매도하였는데, 만약 이 사건 중요정보를 이
용하여 C사의 주가하락으로 인한 손실을 회피할 생각이었다면 굳이 다른 대주주
보유 주식은 놓아두고 피고인 3보유 주식만 매도할 합리적인 이유가 없다(더구나
당시 C사는 재무구조 악화로 인하여 증자를 추진하여야 할 형편이었고, 실제로도
피고인 3을 제외한 다른 대주주들의 주식 보유량은 전체적으로 증가한 것으로 보
이는데, 이러한 상황에서 별다른 절박한 목적 없이 오로지 시세차익이나 손실회피
를 목적으로 피고인 3보유 주식을 매도한다는 것은 납득하기 어렵다).

4. 피고인 1이 2003. 10. 23. 하루 동안 피고인 3 보유 주식 나머지 전량을 모두 매도
하라고 증권회사 직원에게 독촉한 정황, 그 밖에 이 사건 주식을 매각하는 방법이
나 시기 등에 있어서 상고이유로 주장하는 바와 같이 다소 의문스러운 정황이 엿
보이지만, 피고인 1이 이 사건 중요정보를 취득·이용하였다는 직접적인 증거가 없
고 앞에서 본 바와 같이 합리적인 의심이 존재하는 상황에서 위와 같은 정황만으
로 피고인 1, 3에 대한 이 사건 공소사실을 유죄로 인정할 수는 없다.

〈평소 주식거래 형태와 별다른 차이점이 없는 경우〉
[서울중앙지방법원 2008. 11. 27. 선고 2008고합236 판결]
기록에 의하면, 피고인은 T연구원 실장으로 근무하던 중 2005. 11. 2.과 같은 달 4.에
P사 주식 합계 5,900주를 매수하였던 사실은 인정된다. 그러므로 나아가 피고인이 이
사건 정보를 취득·이용하여 위와 같은 거래를 한 것인지에 관하여 본다. 나. (1) 먼

저 '문답서 사본'에 관하여 보건대, 피고인의 변호인이 이를 증거로 사용함에 동의하지 않음으로써 그 내용을 부인하고 있으므로 이를 유죄의 증거로 사용할 수 없다. (2) 또한 피고인에 대한 검찰 피의자신문조서에 관하여 보건대, 위 증거에 의하면 피고인이 검찰 조사 당시 '2005. 10. 21. 주간업무회의에서 개발 완료에 관한 TV보도가 추진된다는 것을 알게 되었고, 이에 P사 주식을 매수하였다'고 진술한 사실은 인정되나, 피고인의 변호인이 제출한 증제3호증의 1 내지 4(각 개인별 출장현황)에 의하면 2005. 10. 21. 주간업무회의가 개최되지 아니한 것으로 보이고, 더욱이 다음에서 보는 바와 같이 피고인이 2005. 10. 25. P사 주식 1,350주를 매도하였던 것에 비추어 보면, 피고인이 당시 이 사건 정보를 알고 있었다고 보기 어려우므로, 결국 위 진술은 착오에 의한 것으로 보인다. (3) 나아가, ① 피고인은 T연구원 실장으로 근무하였으므로 이 사건 개발이나 홍보업무와는 전혀 무관하였던 점, ② 피고인은 다음에서 보는 바와 같이 2004. 9.경 이래로 계속하여 P사 주식을 매매하였고, 2005. 10. 25.에는 1,350주를 매도하기도 하였으며, 그 이후에도 2007. 말경까지 계속하여 P사 주식을 매수하거나 매도하였던 점, ③ 특히 증권거래법 제188조의2 제1항은 유가증권의 매매 기타 거래와 관련하여 미공개정보를 '이용'하는 행위를 금지하고 있기 때문에, 미공개정보 이용행위로 처벌하기 위해서는 단순히 미공개정보를 '보유'하고 있는 상태에서 유가증권의 거래를 한 것만으로는 부족하고, 그것을 '이용'하여 유가증권의 거래를 한 것이 인정되어야 할 것인바, 공소제기된 2005. 11. 2. 및 같은 달 4.의 주식거래는 평소 피고인의 주식거래 형태와 별다른 차이점이 발견되지 아니하므로, 피고인이 이 사건 정보를 '이용'했다고 보기도 어려움 점 등을 고려하면, 검사 제출의 증거만으로는 피고인이 이 부분 주식거래를 함에 있어 이 사건 정보를 사전에 취득·이용하였다고 단정하기 어렵고 달리 이를 인정할 증거가 없다.

〈주식을 매도할 만한 합리적인 이유가 있는 경우〉
[서울중앙지방법원 2008. 11. 27. 선고 2008고합236 판결]
위 인정사실 및 기록에 의하여 인정되는 다음과 같은 사정, 즉, ① 상환이행계약서에서는 2009. 1. 12. 이후 담보로 제공된 주식을 처분하여 대출금 상환에 우선적으로 변제하도록 정하고 있는데, 2009. 2. 2. 및 2. 3.에 주식이 매도되어 곧바로 H증권의 대출금 변제에 충당된 점에 비추어 볼 때, 이 부분 주식 매도행위는 피고인이 매도 주문을 하였다 할지라도 그 실질은 2009. 1. 12. 주식담보대출금 상환이행계약서의 이행에 따른 행위로 보이는 점, ② H증권은 위 주식매도가 반대매매에 해당한다는 확인서를 작성하여 준 점 등의 사정에 비추어 보면, 이 부분 주식 매도행위가 자본시장법에서 정하고 있는 미공개정보의 이용행위에 해당하지는 않는다고 판단된다.

미공개중요정보를 알기 전에 이미 거래가 예정되어 있었다거나 미공개중요정보를 알게 된 자에게 거래를 할 수밖에 없는 불가피한 사정이 있었다는 등 미공개중요정보와 관계없이 다른 동기에 의하여 거래를 하였다고 인정되는 때에는 미공개중요정보를 이용한 것이라고 할 수 없다.

〈미공개중요정보와 관계없이 다른 동기에 의한 거래〉
[대법원 2017. 1. 12. 선고 2016도10313 판결]
　△△ 지분 인수라는 정보는 위 피고인들이 공소외 4 회사의 워런트(warrant)를 행사하여 받은 대금 등으로 △△ 인수대금을 조달하겠다는 계획과 동시에 비로소 구체화되었다. 위 피고인들이 △△ 인수대금 조달 계획에 따라 워런트를 행사한 것은 △△ 지분 인수라는 정보가 생성될 당시 성립된 계약에 따라 그 이행을 한 것에 불과하다. 따라서 위 피고인들이 △△ 지분 인수라는 정보를 보유하고 있었다고 볼 수 있을지언정 나아가 이러한 정보를 이용한 것으로 보기 어렵다.

　그러나 악재성 미공개중요정보를 지득하고 비로소 보유주식을 매도하기 시작하였다면 수일에 걸쳐서 분할매도한 것만으로 정보의 이용을 부인하기는 어려울 것이다.205)

　계속 보유할 의사로 주식을 매수하였다고 하더라도 미공개중요정보를 이용하여 매수시기를 조절함으로써 주식매수가액을 절감하였다는 점에는 변함이 없으므로 미공개중요정보를 이용한 것으로 본 판례도 있다.206)

　㈐ 이용행위 판단기준

　미공개중요정보를 이용하였다고 하려면 정보가 매매 등 거래 여부와 거래량, 거래가격 등 거래조건을 결정하는 데 영향을 미친 것으로 인정되어야 하고, 이는 피고인이 정보를 취득한 경위 및 정보에 대한 인식의 정도, 정보가 거래에 관한 판단과 결정에 미친 영향 내지 기여도, 피고인의 경제적 상황, 거래를 한 시기, 거래의 형태나 방식, 거래 대상이 된 증권 등의 가격 및 거래량의 변동 추이 등 여러 사정을 종합적으로 살펴서 판단하여야 한다.207)

[대법원 2017. 1. 25. 선고 2014도11775 판결]
　가. 피고인은 위 사실관계에 의하여 알 수 있는 바와 같이, 이 사건 주식을 매수하기

---

205) 분할매도의 동기에 대하여, 다른 투자자나 시장이 모르게 은밀한 방법으로 보유주식을 처분하거나, 일시에 대량처분함으로 인한 손실을 줄이려고 분할매도한 것으로 본 판례도 있다[서울고등법원 2018. 5. 17. 선고 2018노52 판결(대법원 2018. 10. 25. 선고 2018도8443 판결에 의하여 확정)].
206) 서울남부지방법원 2017. 9. 21. 선고 2017노390 판결(대법원 2018. 4. 12. 선고 2017도16693 판결에 의하여 확정).
207) 대법원 2017. 1. 25. 선고 2014도11775 판결.

전부터 공소외 1 회사와 경영권 인수에 관한 계약의 체결을 교섭하고 있었고, 그 과정에서 이 사건 정보의 생성에 관여함으로써 이 사건 정보를 알게 되었다고 봄이 상당하다. 같은 취지에서 피고인이 제174조 제1항 제4호의 "그 법인과 계약을 체결하고 있거나 체결을 교섭하고 있는 자로서 그 계약을 체결·교섭 또는 이행하는 과정에서 미공개중요정보를 알게 된 자"에 해당한다고 한 원심의 판단은 옳다. 거기에 상고이유 주장과 같이 자본시장법 제174조 제1항의 준내부자, 정보생성자에 관한 법리를 오해한 잘못이 없다.

나. 원심은, 이 사건 정보는 피고인과 공소외 2 회사가 공소외 1 회사의 50억 원 규모의 유상증자에 참여한다는 내용으로, 공소외 1 회사가 2010. 11.경 신규 사업의 실패 등으로 채권금융기관의 경영정상화 이행계획에 따른 채무를 상환하여야 할 상황에 이르러 유상증자를 통하여 자금을 조달할 경우 당면한 재정적 어려움을 해소할 수도 있으리라고 기대할 수 있는 점 등을 고려하면, 이 사건 정보는 자본시장법 제174조 제1항이 정한 미공개중요정보에 해당한다고 판단하였다. 위 사실관계에 의하더라도 이 사건 정보는 피고인과 공소외 2 회사가 유상증자에 참여할지 여부를 결정하는 내심의 의사뿐 아니라 신주발행의 주체인 공소외 1 회사가 상대방인 피고인과 교섭하는 과정에서 생성된 정보로서, 공소외 1 회사의 경영, 즉 업무와 관련된 것임은 물론 공소외 1 회사 내부의 의사결정 과정을 거쳐 최종적으로 확정된다는 점에서 공소외 1 회사의 내부정보라고 보아야 하고, 일부 외부적 요인이 결합되어 있더라도 달리 볼 것은 아니라는 점에서, 이 사건 정보가 미공개중요정보에 해당한다고 한 원심의 판단은 옳다.

나아가 원심은, 위 사실관계를 토대로 공소외 1 회사와 피고인은 2015. 11. 25.경 공소외 1 회사가 공소외 6 회계법인으로부터 공소외 3 회사에 대한 가치평가서를 수령할 무렵부터 2010. 11. 30.경 피고인이 공소외 1 회사에 11억 원을 대여할 때까지 유상증자에의 참여 여부, 참여 방식 및 유상증자대금의 추후 사용계획 등에 관하여 상당히 구체적인 내용으로 교섭하면서 그에 관한 합의를 이루어가는 과정에 있었다고 전제한 다음, 이 사건 정보는 피고인의 주식 매수 당시 공소외 1 회사의 이사회 결의를 얻지 못한 상태여서 객관적으로 확실하게 완성된 상태는 아니었다 하더라도 2010. 11. 25.경 또는 적어도 2010. 11. 30.자 대여 직전으로서 이 사건 주식거래일인 2010. 11. 29.경에는 이 사건 정보가 투자자의 의사결정에 영향을 미칠 수 있을 정도로 구체화되어 있었다고 보아, 미공개중요정보로 생성되어 있었다고 판단하였다. 이러한 원심의 판단은 정당한 것으로 수긍이 된다. 거기에 상고이유 주장과 같이 자본시장법 제174조 제1항의 미공개중요정보 및 그 생성시기에 관한 법리를 오해한 잘못이 없다.

다. 피고인이 이 사건 정보를 거래에 이용하였는지에 관하여, 원심은, 피고인은 이 사건 정보를 생성하는 데 관여한 자로서 이 사건 정보를 보유한 상태에서 ○○제약 주식을 처분하고 그 대금으로 이전 거래보다 훨씬 큰 규모로 이 사건 주식을 매수한 점, 공소외 1 회사의 주가 및 거래량 추이와 당시 동종업종지수의 주가 및 거래량 추이가 일치하지 않는 등 공소외 1 회사의 주가나 주식 거래량의 변화는 이 사건 정보의 존재와 공개 때문인 것으로 보이는 점 등을 고려하면, 피고인은 이 사건 정보를 보유한 상태에서 이를 이용하여 이 사건 주식을 매수하였다고 봄이 상당하다고 판단하였다. 이러한 원심의 판단은 정당한 것으로 수긍이 된다. 거기에 상고이유 주장과 같이 자본시장법 제174조 제1항의 이용행위에 관한 법리를 오해한 잘못이 없다.

⒟ 범죄구성요건

자본시장법은 규제대상 행위에 대하여 "정보를 이용하는 거래행위"가 아닌 "정보를 거래에 이용하는 행위"로 규정하는 형식을 취한다. 이와 같은 규정형식 때문에 내부자거래의 범죄구성요건을 "정보를 거래에 이용하는 행위"로 보아야 하는지 아니면 "정보를 이용한 거래"로 보아야 하는지에 대하여 논란의 여지가 있다. 이하에서는 편의상 전자를 "이용행위설", 후자를 "거래행위설"이라 지칭하고, 또한 장내거래를 전제로 설명한다.[208][209]

먼저 이용행위설에 의하면, 정보의 이용행위가 구성요건의 내용인 "일정한 행위"이고 거래의 성립은 "결과"이므로, 정보를 이용하는 행위인 주문에 의하여 호가가 증권시장에 표시됨과 동시에 매매체결 여부를 불문하고 기수가 된다.[210][211]

---

[208] 이하의 내용 중 주문은 장외거래인 경우에는 청약으로 보면 될 것이다. 그리고 민사책임에 관하여는 거래가 이루어지지 않은 이상 원고의 손해도 발생하지 않는 것이고 손해배상책임이 발생할 여지도 없다. 따라서 이용행위설은 형사책임에 있어서 범죄의 성립 여부에 한정된 논의이다.

[209] 자본시장법상 미공개중요정보 이용행위 금지규정을 위반한 범죄에 대하여, 이용행위설은 구성요건 내용상 일정한 행위만 있으면 충분하고 결과발생을 필요로 하지 않는 범죄인 형식범으로 보고, 거래행위설은 구성요건 내용상 범죄행위와 함께 결과발생까지 필요로 하는 범죄인 침해범(결과범)으로 본다. 이에 따라 자본시장법상 금지되는 이용행위의 개념에 대하여, 이용행위설은 결과(거래)발생을 포함하지 않는다고 보고, 거래행위설은 거래라는 결과의 발생을 포함한다고 본다. 거래행위설은 나아가 실행행위와 결과발생 간의 인과관계도 필요로 한다고 본다. 한편 미공개중요정보 이용행위를 침해범으로 보더라도 자본시장법상 다른 불공정거래행위(시세조종행위, 부정거래행위) 금기규정 위반죄는 형식범이다. 이들 범죄는 미공개중요정보 이용행위 금지규정 위반죄와 달리 시세조종이나 부정거래라는 결과의 발생을 필요로 하지 않기 때문이다.

[210] 기수란 범죄의 실행에 착수하여 구성요건을 완전히 실현한 경우를 의미한다.

[211] 주문은 위탁자가 시장에서 매매거래를 하기 위하여 거래소의 회원에게 하는 매도 또는 매수의 의사표시이고, 호가는 거래소의 회원이 시장에서 매매거래를 하기 위하여 시장에 표시하는 매도 또는 매수의 의사표시를 말한다. 다만 대부분의 거래는 홈트레이딩시스템에 의하여 이루어지고 이 경우에는 주문과 호가가 사실상 동시에 이루어지므로 실제로는 시점상의 차이는 없다고 볼 수 있다. 그러나 내부자가 투자중개업자를 통하여 주문하는 경우에는 상황에 따라서는 주문과 호가 간에 시차가 있을 수 있고, 나아가 주문이 호가로 표시되지 않거나 주문과 다른 호가가 표시될 수도 있으므로 양자는 구별되는 개념으로 보아야 한다. 이와 같이 주

그리고 내부자가 매매체결 전에 주문을 취소한 경우에도 이미 기수로 되고 주문 취소에 의한 거래불성립은 양형에 참작할 사유에 불과하다. 또한 내부자가 매매 주문 후 미공개중요정보를 알게 되어 주문을 취소하는 경우에는 그와 같은 주문 취소행위가 미공개중요정보 이용행위로서 형사처벌을 받게 된다. 즉, 미공개중요 정보를 알고 주문을 한 경우에는 주문행위가 미공개중요정보 이용행위에 해당하 여 거래라는 결과의 발생 없이도 범죄구성요건에 해당하고, 주문을 한 후 미공개 중요정보를 알고 주문을 취소한 경우에도 주문취소행위가 미공개중요정보 이용행 위에 해당한다.

다음으로 거래행위설은 거래행위를 구성요건의 내용인 "일정한 행위"로 보 고, 거래로 인한 이익의 취득 또는 손실의 회피를 구성요건의 내용이 아닌 "결과" 로 본다. 거래행위설에 의하면, 미공개중요정보에 기한 주문행위는 실행의 착수에 불과하고 매매가 체결되어야 기수가 된다. 따라서 내부자가 미공개중요정보에 기 하여 주문을 하여 증권시장에 호가가 표시되었으나 그 호가에 상응하는 다른 호 가가 없어서 매매가 체결되지 않거나,[212] 주문 후 스스로 주문을 취소한 경우에 는[213] 자본시장법상 미수범 처벌규정이 없는 이상 처벌대상이 될 수 없다. 그리 고 내부자가 자신의 주문에 의하여 증권시장에 호가가 표시된 후 미공개중요정보 를 알게 되어 의도하였던 매매를 하지 않는 것이 유리하다고 판단하여 매매체결 전에 주문을 취소한 경우, 거래행위설에 의하면 거래의 포기행위는 범죄구성요건 에 해당하지 아니하므로 주문취소행위는 내부자거래의 실행의 착수로도 볼 수 없 으므로 미수범 처벌 규정에 관계없이 처벌대상이 아니다.

이상의 내용을 요약하면, 내부자가 미공개중요정보에 기하여 매매주문을 하

문과 호가의 개념을 구별한다면, 이용행위설에 의하는 경우 주문시점에 실행의 착수가 있고 호가시점이 기수시점이다. 다만 내부자가 홈트레이딩시스템을 이용하는 경우에는 주문과 호 가가 동시에 이루어지므로 실행의 착수시점과 기수시점이 일치하게 된다. 이와 같이 미공개중 요정보를 이용하는 자의 의사표시시점이 아닌 제3자(거래소 회원)의 의사표시시점을 기준으 로 기수시점을 정하는 것이 되어 불합리한 면이 있다. 그러나 내부자거래는 정보의 비대칭을 해소하기 위하여 규제대상이 되는 것이고, 호가가 있기 전에는 주문만으로 정보의 비대칭문제 가 발생하지 아니하므로 호가시점을 기수시점으로 보아야 할 것이다. 거래행위설에서도 엄밀 하게는 미공개중요정보를 이용하는 자는 주문행위를 하는 것이므로 주문시점을 미공개중요정 보 이용행위의 실행의 착수시점으로 보는 것이 법리에 맞지만, 위와 같은 이유에서 호가시점 을 실행의 착수시점으로 본다.

212) 이때의 미수는 행위자가 의도한 범죄를 완성하지 못한 협의의 미수(障碍未遂)에 해당한다.
213) 이때의 미수는 범죄의 실행에 착수한 자가 그 범죄의 완성 전에 자의로 범행을 중단한 中 止未遂에 해당한다.

였는데 거래가 성립하지 않은 경우, 이용행위설에 의하면 당초의 주문(호가)시점
에 기수가 되어 처벌대상이 되지만, 거래행위설에 의하면 이러한 경우는 기수에
이르지 못하고 자본시장법상 미수범 처벌규정이 없으므로 처벌대상이 아니다.[214]
그리고 내부자가 주문 후 미공개중요정보를 알게 되어 주문을 취소한 경우, 이용
행위설에 의하면 주문취소행위가 정보 이용행위로 되어 처벌대상이지만 거래행위
설에 의하면 이러한 주문취소행위는 범죄구성요건에 해당하지 아니하므로 처벌대
상이 아니다.

　자본시장법은 규제대상 행위를 명확하게 규정하지 않아서 해석상 논란의 여
지가 있는데, 법문상 "매매, 그 밖의 거래에 이용"이라고 규정되어 있으므로 이를
형식적으로 해석하면 이용행위설에 입각한 것으로 볼 수도 있다. 그러나 거래가
이루어지지 않은 경우에도 형사책임을 인정하는 것은 지나친 확대해석으로 죄형
법정주의의 명확성의 원칙상 허용된다고 볼 수 없다. 또한 주문을 한 자가 자신에
게 불리한 정보를 알게 된 후에도 주문을 취소하지 않고 거래를 계속 시도할 것
을 기대할 수도 없는 것이다. 즉, 내부자는 거래를 회피할 의무는 있어도 손해발
생이 예상되는 상황에서 거래를 할 의무는 없는 것으로 보아야 한다.[215] 특히 이
용행위설은 법문에 충실한 해석이라는 점을 근거로 들고 있는데, 이와 관련하여
구 증권거래법은 "매매 기타 거래와 관련하여 그 정보를 이용하거나"라고 규정하
였으므로 매매 기타 거래보다는 이용행위에 중점을 둔 형식으로 규정하였지만,
자본시장법은 "매매, 그 밖의 거래에 이용하거나"로 규정하고 있으므로 매매, 그
밖의 거래에 중점을 둔 형식으로 규정한다. 이러한 법문의 차이를 보면 자본시장
법은 거래행위설에 입각하여 해석하는 것이 오히려 법문에 부합하는 해석이라 할

214) 다만 정보를 모르는 상태에서 주문을 한 후 정보를 알게 되었으나 주문을 취소하지 않은
경우에는, 이용행위설에 의하더라도 처벌대상이 아니라고 보아야 할 것이다. 주문을 취소하지
아니한 행위는 기존의 상태를 그대로 유지하는 것일 뿐 정보 이용행위로 볼 수 없는데, 이러
한 경우 주문을 취소할 작위의무를 인정할 근거가 없고, 거래를 회피하기 위하여 기존의 주문
을 취소할 것을 기대하기 어렵기 때문이다.
215) 미국 증권법상 내부자가 중요한 정보를 공개하지 않는 것만으로 바로 Rule 10b-5 위반이
되는 것이 아니라, 정보가 공개되지 않은 기간에 증권거래를 하여야만 Rule 10b-5 위반에
해당한다. 즉, 공개의무 있는 자가 Rule 10b-5 위반에 해당하지 않으려면 공개와 회피 중에
서 택일하여야 하는 것이다. 정보공개요구에 대하여 회사나 내부자 입장에서 보면, 정보가 완
전하지 않은 시기상조의 단계에서(prematurely) 공개됨으로써 손해배상책임문제가 야기될
수 있다. 따라서 Rule 10b-5는 정보의 무조건적인 공개를 요구하는 것이 아니라 미공개정보
를 이용한 거래를 하지 말라는 취지이고, 이에 따라 내부자는 정보를 공개하든지, 아니면 이
러한 정보에 기한 거래를 회피할 의무(duty to disclose or abstain rule)가 있는 것이다.

수 있다. 따라서 거래행위설에 따라 거래의 성립시점을 기수시점으로 보고, 사유의 여하를 불문하고 거래가 성립하지 않은 이상 형사처벌대상이 아니라고 해석하여야 한다. 자본시장법이 "정보를 거래에 이용하는 행위"라는 규정형식을 취한 것은 정보이용요건의 중요성을 강조하는 동시에 "정보를 이용하지 않은 거래행위"는 규제대상이 아니라는 취지를 규정한 것으로 해석하는 것이 타당하다. 그리고 이상과 같은 해석상의 논란을 피하기 위하여 위와 같은 규정형식을 거래행위설에 기초한 명백한 표현으로 변경하는 것이 바람직하다.

⒭ 미공개중요정보를 이용한 거래의 포기

미공개중요정보 이용행위는 호재성 정보를 특정증권등을 매수하거나 악재성 정보를 특정증권등을 매도하는데 이용하는 "적극적 이용행위"와, 특정증권등을 매도하려고 하였으나 호재성 정보에 기하여 매도를 유보하거나 특정증권등을 매수하려고 하였으나 악재성 정보에 기하여 매수를 유보하는 "소극적 이용행위"로 구분할 수 있다.216) 만일 "소극적 이용행위"도 규제대상으로 본다면 매매의사를 결정한 내부자가 매매주문(또는 호가)을 하기 전에 미공개중요정보에 기하여 그 매매의사를 단념할 때 실행의 착수와 동시에 기수가 된다. 이러한 "소극적 이용행위"도 규제대상으로 보아야 하는지에 관하여는 논란의 여지가 있지만, ⅰ) "소극적 이용행위" 자체로는 증권시장에 호가가 표시되지 아니하므로 증권거래의 공정성이나 투자자의 신뢰가 손상될 우려가 없고, ⅱ) 당초의 매매의사에 따라 매매를 시도하면 손해를 입게 될 가능성이 명백함에도 불구하고 매매를 기대하는 것은 불가능하고 만일 매매를 강제한다면 내부자에게 오히려 불공평한 결과가 되고, ⅲ) 당초의 매매의사대로 매매를 하지 않은 부작위를 미공개중요정보를 이용하는 작위와 동등한 가치로 평가하는 것은 부당하고,217) ⅳ) 내부자거래유보로 인하여 내부자가 얻는 이익은 미공개중요정보를 모르는 대중투자자의 손실에 의하여 얻어진 것으로 볼 수 없으므로, "소극적 이용행위"는 규제대상이 아니라고 보아야 한다.

---

216) 소극적 이용행위를 내부자거래유보(insider abstention)이라고 표현하기도 한다[장근영, "내부자거래 제한규정의 미적용행위에 관한 고찰", 증권법연구 제5권 제2호, 한국증권법학회(2004), 261면].
217) 박순철, "미공개중요정보 이용행위에 관한 연구", 성균관대학교 박사학위논문, 139면.

⑶ 정보를 이용하게 하는 행위

㈎ 의   의

미공개중요정보를 타인에게 "이용하게 하는 행위"는 타인으로 하여금 특정증권등의 매매 기타 거래에 미공개중요정보를 이용하도록 그 타인에게 정보를 알려주는 것이다. 자본시장법이 "이용하게 하는 행위"를 규제하는 이유는, 정보의 제공에 의하여 정보수령자에게 그 정보를 이용한 거래를 할 동기가 부여되고, 이에 따른 정보의 비대칭이 야기되어 결국은 정보수령자의 위법행위가 성립하기 때문이다.

㈏ 요   건

1) 객관적 요건   "이용하게 하는 행위"의 객관적 요건은 내부자가 타인으로 하여금 특정증권등의 매매 기타 거래에 미공개중요정보를 이용하도록 그 타인에게 정보를 알려주는 것이다. 이때 수범자(내부자 및 제6호의 1차수령자)로부터 전달받은 정보를 이용하는 타인은 반드시 수범자로부터 정보를 직접 수령한 자로 한정되지 않는다. 따라서 정보의 직접 수령자(2차수령자)가 당해 정보를 거래에 이용하게 하는 경우뿐만 아니라 위 직접 수령자를 통하여 정보전달이 이루어져 당해 정보를 제공받은 자가 위 정보를 거래에 이용하게 하는 경우도 위 금지행위에 포함된다.

[대법원 2020. 10. 29. 선고 2017도18164 판결]
가) 자본시장법 제174조 제1항은 각호의 어느 하나에 해당하는 자, 즉 상장법인의 내부자 및 제1차 정보수령자(이하 '수범자'라 한다)가 업무 등과 관련된 미공개중요정보를 특정증권 등의 매매, 그 밖의 거래에 이용하거나 타인에게 이용하게 하는 행위를 금지한다. 위 규정에 따른 금지행위 중 '타인에게 미공개중요정보를 특정증권 등의 매매, 그 밖의 거래에 이용하게 하는 행위'는 타인이 미공개중요정보를 당해 특정증권 등의 매매, 그 밖의 거래에 이용하려 한다는 정을 알면서 그에게 당해 정보를 제공하거나 당해 정보가 제공되도록 하여 위 정보를 특정증권 등의 매매, 그 밖의 거래에 이용하게 하는 것을 말하고, 이때 타인은 반드시 수범자로부터 정보를 직접 수령한 자로 한정된다고 볼 수 없다. 따라서 정보의 직접 수령자가 당해 정보를 거래에 이용하게 하는 경우뿐만 아니라 위 직접 수령자를 통하여 정보전달이 이루어져 당해 정보를 제공받은 자가 위 정보를 거래에 이용하게 하는 경우도 위 금지행위에 포함된다고 보아야 한다. 한편 이러한 경우 수범자의 정보제공행위와 정보수령자의 정보이용행위 사이에는 인과관계가 존재하여야 하고, 수범자는 정보수령자가 당해 정보를 이용하여 특정증권 등의 매매, 그 밖의 거래를 한다는 점을 인식하면서 정보를 제공

하여야 한다. 수범자의 위와 같은 인식은 반드시 확정적일 필요는 없고 미필적인 정도로도 충분하며, 위와 같은 인식 여부는 제공 대상인 정보의 내용과 성격, 정보제공의 목적과 동기, 정보제공행위 당시의 상황과 행위의 태양, 정보의 직접 수령자와 전달자 또는 이용자 사이의 관계와 이에 관한 정보제공자의 인식, 정보제공 시점과 이용 시점 사이의 시간적 간격 및 정보이용행위의 태양 등 제반 사정을 종합적으로 고려하여 판단하여야 한다. 그 이유는 다음과 같다.

(가) 형벌법규는 문언에 따라 엄격하게 해석·적용하여야 하고 피고인에게 불리한 방향으로 확장해석하거나 유추해석을 하여서는 안 되는 것이지만, 문언이 가지는 가능한 의미의 범위 안에서 규정의 입법 취지와 목적 등을 고려하여 문언의 논리적 의미를 분명히 밝히는 체계적 해석을 하는 것은 죄형법정주의의 원칙에 어긋나지 않는다.

(나) 국립국어원의 표준국어대사전은 '타인'을 '다른 사람'으로 정의하고 있다. 또한 자본시장법에서 '타인'의 개념을 달리 정의하고 있지 않고, 동법 제174조 제1항에서 타인에 관한 제한 또는 예외규정을 두거나 타인과 정보전달자의 관계를 요건으로 정하고 있지도 않다.

(다) 자본시장법 제174조 제1항에서 처벌대상인 정보제공자를 제1호부터 제6호까지 제한적으로 열거하면서 제6호에서 제1차 정보수령자를 '내부자로부터 미공개중요정보를 받은 자'로 규정하고 있으나, 이는 수범자의 범위에 관한 규정이지 금지행위의 태양 중 '타인'의 개념에 관한 규정이 아니다. 한편 정보전달과정에서의 변질가능성을 이유로 입법자가 제한하지 않은 '타인'의 개념을 문언보다 제한하여 해석해야 한다고 볼 수 없고(정보가 전달과정에서 변질되었다면 이는 미공개중요정보 해당성 요건 판단 등에서 고려되어야 할 것이다), 위 개념을 '정보제공자로부터 직접 정보를 수령받은 자'로 제한하여 해석하지 않는다고 하여 죄형법정주의에 어긋난다고 볼 수도 없다.

(라) 자본시장법이 제174조 제1항에서 미공개중요정보 이용행위를 금지하는 이유는, 내부자의 경우 상장법인의 주가에 영향을 미칠 만한 중요한 정보를 미리 알게 될 기회가 많으므로 증권거래에 있어 일반투자자보다 훨씬 유리한 입장에 있는 반면, 일반투자자로서는 손해를 보게 될 가능성이 크기 때문이다. 미공개중요정보 이용행위로 인한 상대방의 손실은 능력의 부족이나 부주의로 정보를 몰랐기 때문에 발생하게 되는 것이 아니라, 내부자 등 수범자가 자신의 이득을 위하여 상장법인의 미공개내부정보를 이용하였기 때문에 발생한다고 볼 수 있다. 이러한 미공개중요정보 이용행위는 거래에 참여하는 자로 하여금 가능한 동등한 입장과 동일한 가능성 위에서 거래할 수 있도록 투자자를 보호하고 자본시장의 공정성·신뢰성 및 건전성을 확립하고자 하는 자본시장법의 입법 취지에 반한다. 이러한 입법 취지와 목적 등에 비추어 보더라도, 타인의 개념을 제한적으로 해석할 이유가 없다.

나) 위와 같은 법리에 비추어 보면, 피고인 1 등과 위 피고인들로부터 이 사건 정보를 수령한 직접 상대방인 애널리스트 공소외 1 및 피고인 4, 피고인 5, 피고인 6은 수범자에 해당하고, 위 수범자들로부터 정보를 수령하거나 중간에 개입된 직접 정보

수령자로부터 정보를 재전달받은 원심판결문 별지 범죄일람표 기재 자산운용사 소속 펀드매니저들은 모두 자본시장법 제174조 제1항에서 규정한 '타인'에 해당한다고 보아야 한다. 따라서 이 부분 공소사실 행위는 자본시장법 제174조 제1항에서 정한 '타인에게 미공개중요정보를 이용하게 한 행위'에 해당할 여지가 있으므로, 원심으로서는 피고인 1, 피고인 2, 피고인 3, 피고인 4, 피고인 6이 위 각 정보제공행위를 할 당시 자신의 정보제공행위로 인하여 기관투자자 등 특정 집단이 이 사건 정보를 수령하여 이를 원심공동피고인 4 회사 주식의 매매, 그 밖의 거래에 이용한다는 점을 인식하였는지에 관하여 더 심리한 후 자본시장법 제174조 제1항 위반 여부를 판단하였어야 한다. 그럼에도 위 규정의 타인이 정보제공자로부터 직접 정보를 수령한 자로 제한된다는 전제에서 이 부분 공소사실을 무죄로 판단한 원심판결에는 자본시장법 제174조 제1항에서 정한 '타인에게 미공개중요정보를 이용하게 한 행위'에 관한 법리를 오해하여 필요한 심리를 다하지 않음으로써 판결에 영향을 미친 위법이 있다. 이를 지적하는 검사의 상고이유는 이유 있다.

자본시장법 제174조 제1항은 "특정증권등의 매매, 그 밖의 거래에 이용하거나 타인에게 이용하게 하는 행위"로 규정하므로, 정보를 제공하더라도 특정증권등의 매매 기타 거래와 관련 없는 용도(예컨대 사업상 활용)에 이용하게 하는 행위는 자본시장법의 규제대상이 아니다.

자신의 말에 따를만한 주식 보유자에게 정보의 구체적인 내용을 알려주지 않으면서 단지 보유주식을 처분하라고 알려준 경우에는 이용하게 한 행위 또는 구체적인 상황에 따라서 이용행위의 간접정범에 해당할 수도 있다.

[대전지방법원 천안지원 2011. 5. 25. 선고 2010고합228 판결]
피고인 1은 2009. 11. 10.자 임시주주총회에서의 의결권 확보를 위해 2009. 10. 30.경부터 2009. 11. 4.경까지 본건 회사 법인자금 45억 8,000만 원을 횡령하여 본건 회사 주식 등을 매수하는 한편, 본건 회사의 대표이사가 2009. 11. 13.경부터 같은 해 11. 30.경까지 본건 회사 법인자금 33억 3,000만 원을 출금하여 2009. 12. 1.경 해외로 도피한 사실을 2009. 12. 2.경 직무상 인지한 후, 위와 같은 횡령사실이 알려질 경우 본건 회사의 주가가 급락할 것을 우려하여 2009. 12. 15.경 피고인 2에게 피고인 1의 차명계좌인 피고인 2 명의 D증권 계좌에 보유 중이던 본건 회사 주식 전체를 매도할 것을 지시하였고, 피고인 2는 그 지시에 따라 피고인 1과 공모하여 2009. 12. 15.경부터 같은 달 18.경까지 본건 회사 주식 1,004,857주를 매도하여 11억 8,266만 8,299원 상당의 손실을 회피하였다.

2) 주관적 요건　　　"이용하게 하는 행위"의 수범자(내부자, 1차수령자)는 정

보수령자가 당해 정보를 이용하여 특정증권 등의 매매, 그 밖의 거래를 한다는 점을 인식하면서 정보를 제공해야 한다. 수범자의 위와 같은 인식은 반드시 확정적일 필요는 없고 미필적인 정도로도 충분하며, 위와 같은 인식 여부는 제공 대상인 정보의 내용과 성격, 정보제공의 목적과 동기, 정보제공행위 당시의 상황과 행위의 태양, 정보의 직접 수령자와 전달자 또는 이용자 사이의 관계와 이에 관한 정보제공자의 인식, 정보제공 시점과 이용 시점 사이의 시간적 간격 및 정보이용행위의 태양 등 제반사정을 종합적으로 고려하여 판단해야 한다.218)

"이용하게 하는 행위"가 성립하기 위하여 내부자가 정보수령자에게 정보를 이용한 거래를 하도록 권유할 것까지 요구되지는 않지만, 적어도 정보수령자가 그 정보를 이용한 거래를 할 것이라는 정을 인식하면서 정보를 제공하여야 규제대상이다. 이 때 인식의 내용은, 자신이 제공하는 정보가 미공개중요정보라는 사실과, 정보수령자가 그 정보를 특정증권등의 매매 기타 거래와 관련하여 이용할 계획 또는 적어도 이용할 가능성이 있다는 사실을 알거나 예견하는 것이다.

반면에 내부자가 지인에게 비밀유지를 당부하면서 정보를 알려 준 경우에는 "이용하게 하는 행위"에 해당하지 않는다. 그리고 내부자에게 매매 기타 거래에 정보를 이용하게 할 의사가 없었다면 우연히 또는 불법적인 방법으로(예컨대, 관리소홀로 인한 유출이나 의도적인 누설) 정보가 전달되더라도 내부자는 "이용하게 하는 행위"에 해당하지 않는다.

3) 인과관계   "이용하게 하는 행위"에 해당하려면 정보제공행위와 정보수령자의 정보 이용행위 간에 인과관계가 존재하여야 한다. 즉, 정보수령자가 내부자가 제공한 정보를 이용하여 특정증권등의 매매 기타 거래를 하였어야 하고, 만일 내부자가 정보수령자에게 정보를 제공하였더라도 그 정보수령자가 이미 다른 경로로 그 정보를 얻고 거래를 결심한 상태라면 정보제공행위와 정보수령자의 이용행위 간에 인과관계가 존재하지 아니하므로 내부자가 미공개중요정보를 타인에게 이용하게 하는 행위를 한 것으로 볼 수 없다.

[서울중앙지방법원 2007. 12. 21. 선고 2007고합569 판결]
특정회사에 대한 호재성정보가 신문에 보도되어 이미 그 회사의 주식을 매수하기 시작한 상태에서 그 회사의 원내부자로부터 그 정보를 들은 경우에, 다른 사람으로 하여금 이를 이용하게 하는 행위는 다른 사람의 이용행위를 전제로 하고 그 이용행위가

---

218) 대법원 2020. 10. 29. 선고 2017도18164 판결.

없다면 정보를 제공하는 행위만으로 증권시장의 공정성에 대한 사회일반의 신뢰에 어떠한 위험을 가져오지 않으므로, 동 행위에 해당하기 위해서는 정보제공행위뿐 아니라 정보수령자의 이용행위 및 정보제공행위와 그 이용행위 사이의 인과관계까지 인정되어야 한다면서 이건의 경우에는 이미 그 정보를 다른 경위로 알고 있으므로 인과관계까지 인정되어야 한다.

㈃ 관련 문제

1) "정보제공행위"와 "이용하게 하는 행위"   "정보제공행위"와 "이용하게 하는 행위"는 개념상 구별되지만, "이용하게 하는 행위"는 "정보제공행위"를 내포하거나 이를 전제로 한다. 정보를 제공하지 않은 경우에는 어떠한 경우에도 "이용하게 하는 행위"에 해당하지 않고, 따라서 정보제공자만이 "이용하게 하는 행위"의 주체가 될 수 있다. 자본시장법 제174조 제1항은 "미공개중요정보를 … 타인에게 제공하여서는 아니 된다"고 규정하지 않고 "미공개중요정보를 … 타인에게 이용하게 하여서는 아니 된다"고 규정한다. 이 같은 규정형식에 불구하고 위 규정은 타인에게 정보를 제공함으로써 그 타인이 그 정보를 거래에 이용하게 하는 것을 금지하는 취지이고, 정보제공과 무관한 "이용하게 하는 행위"까지 규제대상으로 보는 취지는 아니다. 자본시장법이 정보제공행위 자체를 직접적인 규제대상으로 규정하지 않고 정보를 이용하게 하는 행위를 직접적인 규제대상으로 규정한 것은 정보의 제공 없는 "이용하게 하는 행위"도 규제대상으로 하는 취지가 아니라, 내부자가 정보를 제공하였더라도 정보수령자가 그 정보를 이용한 거래를 하지 않은 경우에는 "이용하게 하는 행위"에 해당하지 않는다는 취지로 해석하여야 한다. 그리고 "미공개중요정보를 … 이용하거나 타인에게 이용하게 하여서는 아니 된다"는 규정의 문언상 "이용"의 목적어는 "정보"이고, 따라서 정보 아닌 다른 어떠한 것을 제공하더라도 자본시장법이 규제하는 "이용하게 하는 행위"에 해당하지 않는다. 내부자거래규제에 대한 법리가 오래 전부터 발전해 온 미국에서는 정보를 의미하는 "Tip"이라는 용어에 기초하여 정보제공자를 "Tipper", 정보수령자를 "Tippee"라고 부르는데, 미국의 내부자거래규제의 법리를 도입한 자본시장법을 해석함에 있어서 정보의 제공 없이 주식취득자금을 대여하는 경우는 "이용하게 하는 행위"로 볼 수 없다. 미국의 수많은 내부자거래 관련 판례 중에서도 타인의 내부자거래에 대하여 정보를 제공하지 않은 내부자의 민·형사책임이 인정된 예는 없다.

2) 정보수령자의 정보이용   정보수령자가 정보를 이용하여 거래할 가능성
이 있음을 인식하면서 정보를 제공하였더라도 정보수령자가 실제로 거래를 하지
않은 경우에는 거래당사자 간의 정보의 비대칭문제가 없으므로 굳이 이에 대한
민형사상의 제재를 할 필요가 없다. 따라서 정보제공자의 "이용하게 하는 행위"
는 정보수령자가 해당 정보를 이용하는 때에 기수가 되고 처벌대상이 된다. 또한
자본시장법 제174조 제1항은 "정보를 제공하여서는 아니 된다"고 규정하지 않고
"이용하게 하여서는 아니 된다"고 규정하는데, 내부자가 정보를 제공하였더라도
정보수령자가 그 정보를 이용한 거래를 하지 않은 경우에는 "이용하게 하는 행위"
가 있다고 볼 수 없다.

3) 정보를 보유한 내부자의 의무   내부자가 타인에게 정보를 제공함으로
써 적극적으로 정보를 이용하게 하는 행위가 제174조 제1항의 "이용하게 하는
행위"이고, 비록 내부자 자신의 정보라 하더라도 내부자가 정보를 제공한 사실이
없는 한 타인의 정보 이용행위를 방지하지 못하였더라도 "이용하게 하는 행위"로
볼 수 없다. 내부자는 타인이 정보를 이용하여 거래하는 것을 방지할 의무는 없기
때문이다. 그 타인이 내부자의 가족이거나 내부자로부터 증권매수자금을 차용하
거나 증권매매에 관한 의견을 구한 경우에도 내부자는 자신이 정보를 제공하지
않은 한 "이용하게 하는 행위"를 한 것이 아니다. 즉, 자본시장법이 금지행위로
규정하는 "이용하게 하는 행위"는 내부자가 적극적으로 타인에게 정보를 제공함
으로써 그 타인으로 하여금 정보를 이용하게 하는 행위만을 가리키고, 내부자가
정보를 제공한 사실이 없는 이상, 여하한 상황에서도 타인의 거래행위를 금지시
키지 못한 것을 "이용하게 하는 행위"로 볼 수 없다. 이는 그 타인과 내부자 간에
일정한 친족관계, 고용관계, 계약관계 등이 있더라도 마찬가지이다. 나아가 그 타
인이 내부자로부터 증권매수자금을 차용하거나 내부자에게 해당 증권의 매매에
관한 의견 또는 조언을 구한 경우에도, 내부자는 그 타인에게 정보를 제공하지 않
은 이상 그 타인의 증권거래를 방지하지 못하였다고 하여 "이용하게 하는 행위"를
한 것이 아니다. 자본시장법 제174조 제1항의 "미공개중요정보를 … 타인에게 이
용하게 하여서는 아니 된다"는 규정을 정보제공과 무관한 개념인 "이용하게 하는
행위"까지도 금지대상으로 규정하는 것으로 확장해석한다면 죄형법정주의의 명확
성원칙에 위반되는 것이고, 더구나 법정형의 상한이 무기징역인 점을 고려하면
미공개중요정보 이용행위의 구성요건은 명확성의 원칙이 보다 강하게 요구된다

할 것이다.219)

VIII. 파생상품 시세에 영향을 미칠 수 있는 정보 누설·이용금지

다음과 같은 자로서 파생상품시장에서의 시세에 영향을 미칠 수 있는 정보를 업무와 관련하여 알게 된 자와 그 자로부터 그 정보를 전달받은 자는 그 정보를 누설하거나, 장내파생상품 및 그 기초자산의 매매나 그 밖의 거래에 이용하거나, 타인으로 하여금 이용하게 하지 못한다(法 173조의2②).

1. 장내파생상품의 시세에 영향을 미칠 수 있는 정책을 입안·수립 또는 집행하는 자
2. 장내파생상품의 시세에 영향을 미칠 수 있는 정보를 생성·관리하는 자
3. 장내파생상품의 기초자산의 중개·유통 또는 검사와 관련된 업무에 종사하는 자

위 규정을 위반하여 파생상품시장에서의 시세에 영향을 미칠 수 있는 정보를 누설하거나, 장내파생상품 및 그 기초자산의 매매나 그 밖의 거래에 이용하거나, 타인으로 하여금 이용하게 한 자는 3년 이하의 징역 또는 1억원 이하의 벌금에 처한다(法 445조 제22호의2).

---

219) 범죄의 성립과 처벌은 법률에 의하여야 한다는 죄형법정주의원칙의 내용 중 명확성의 원칙은 형벌법규의 구성요건과 법적 효과는 일반 국민이 사전에 예측할 수 있도록 명확하게 규정하여야 한다는 원칙이다. 형벌법규의 내용이 추상적이거나 불명확한 경우에는 유추적용과 확장해석의 위험이 많아지고 결국 국민의 자유와 권리를 보장하려는 죄형법정주의에 위반되는 것이다.

제 2 장

시세조종과 부정거래행위

제 1 절   시세조종

I. 서   론

1. 시세조종의 의의

증권의 가격은 시장에서 수요공급의 원칙에 따라 정해지는 것이 원칙인데, 인위적인 조작에 의하여 이러한 가격을 조정하는 행위를 시세조종이라고 한다. 일반적으로 업계와 언론에서는 법률상의 용어인 시세조종보다는 보다 어감이 강한 주가조작이라는 용어가 보다 널리 사용되는데, 두 용어는 기본적으로 동일한 의미이다.[1] 자본시장법 제176조는 시세조종행위를 금지하는 규정으로서 위장거래에 의한 시세조종(제1항), 허위표시에 의한 시세조종(제2항), 시세의 고정·안정행위(제3항), 연계시세조종행위(제4항) 등을 규정하였다. 시세조종은 민법상 법률행위의 취소사유인 사기에 해당하고 형법상의 범죄인 사기죄에 해당하지만, 실제로는 이들 규정에 의한 규제가 효과적이지 않기 때문에 특별히 자본시장법에 시세조종에 대한 행위유형과 그에 대한 민형사책임을 규정한 것이다. 그러나 실제의 매매에 있어서 정상적인 매매행위와 시세조종행위는 구별이 용이하지 않다. 특히, 투자자들 사이에 발행회사의 주가관리는 불법적인 것이나 부도덕한 것이 아니라고 인식되는 실정이어서(나아가 주가가 하락하는 경우 주주들이 발행회사에 주

---

[1] 법률에 주가조작이라는 용어가 사용된 예는 "주식회사 지앤지 대표이사 이용호의 주가조작·횡령사건 및 이와 관련된 정·관계 로비 의혹사건 등의 진상규명을 위한 특별검사의 임명 등에 관한 법률(제정 2001. 11. 26 법률 제6520)"과 "한나라당 대통령후보 이명박의 주가조작 등 범죄혐의의 진상규명을 위한 특별검사의 임명 등에 관한 법률(제정 2007. 12. 28. 법률 제8824)" 등이 있다.

가관리를 하도록 압력을 넣기도 한다) 발행회사가 주가관리를 내세워 공공연하게 시세조종행위를 하는 실정이다.[2]

2. 연   혁

구 증권거래법은 1962년 제정 당시부터 시세조종행위를 금지하는 제105조를 두었으며 1982년 3월 개정시 제105조에 제4항을 신설하여 "위계 등에 의한 재산취득행위"도 규제대상으로 하는 한편, 조의 제목도 "시세조종의 금지"에서 "시세조종 등 불공정거래의 금지"로 변경하였다가 1997년 1월 개정시 조문개정 및 이관으로 종전 규정은 삭제되고 제188조의4가 신설되었다.

3. 포괄적 사기금지규정의 필요성

불공정거래에 대한 효과적인 규제를 위하여는 증권사기에 관한 포괄적인 금지규정(catch-all provision)이 필요한데, 구 증권거래법은 증권거래에 있어 사기를 포괄적으로 금지하는 미국의 SEA §10(b) 및 SEC Rule 10b-5나 일본의 證券取引法(현재는 金商法) 제157조와 같은 규정을 두지 않고 개별적인 금지규정만을 두고 있었으므로 시세조종행위를 비롯한 증권사기행위에 대한 규제가 미흡하였다. 다만, 구 증권거래법 제188조의4 제4항이 완전하지는 않지만 포괄적인 사기금지규정의 역할을 하고 있었다. 이러한 미비점을 개선하고자 자본시장법은 완전한 의미의 포괄적 사기금지 조항으로서 제178조를 별도의 독립된 조항으로 규정한다.

4. 시세조종의 동기

시세조종의 가장 일반적인 동기는 보유하거나 매집중인 증권의 가격을 인위적으로 상승시킨 후 일반투자자에게 매도하여 차익을 얻는 것이다. 그러나 그 외에도 시세조종의 동기로는, 신주, 전환사채,[3] 신주인수권부사채[4] 등의 발행가격을 높이거나 원활한 발행을 위한 경우, 담보로 제공한 증권에 대한 사채업자의 담

---

2) 심지어는 과거 장기적인 주가침체시 정부가 나서서 투신사(현재의 자산운용사) 등 기관투자자들에게 증시회복을 위한다는 정책적인 이유로 소위 순매수원칙(총매도금액보다 총매수금액이 많도록 유지하는 원칙)을 강요하기도 하였다.

3) 대법원 2002. 12. 10. 선고 2002도5407 판결.

4) 대법원 2004. 1. 27. 선고 2003도5915 판결.

보권실행을 방지하기 위한 경우,5) 합병반대주주의 주식매수청구권 행사를 억제하기 위한 경우6) 등이 있다.

〈상장 유지를 위한 시세조종〉
[서울고등법원 2004. 6. 23. 서고 2004노714 판결]

원심이 적법하게 채용한 증거에 의하면, L사는 1989. 9. 1. 설립된 대출, 리스, 팩토링 등의 업무를 하는 회사로서, 액면 5,000원의 보통주 8,486,657주를 발행하여 1996. 8. 26. 협회중개시장에 등록되었는데, 신용보증기금이 최대 주주로서 전체 발행 주식의 53.02%인 4,499,999주를 소유하고 있었던 사실, 유가증권협회 등록규정 제28조에 의하면 종가가 액면의 20%를 미달하는 상황이 30일 이상 지속되면 관리종목으로 지정되고, 관리종목 지정 이후 60일 이내에 종가가 10일 이상 연속하여 액면가의 20%에 미달하거나 누적하여 30일 이상 액면가의 20%에 미달하면 해당 종목의 등록을 취소하도록 하고 있는 사실, L사가 2002. 6. H사에 대한 채권에 관하여 대규모 충당금을 적립하면서 자본이 전액 잠식됨에 따라, L사 주식은 2002. 7. 2. 자본잠식률 50% 이상의 사유로 관리종목으로 지정되었고, 2002. 7. 16.에는 종가가 액면가 5,000원의 20%인 1,000원을 미달하는 상황이 30일 이상 지속되었다는 이유로 관리종목 지정사유가 추가된 사실, 피고인 1은 2001. 12.경 L사의 대표이사로 취임한 이래 채무탕감, 대주주 차등감자, 주요채권의 출자전환 등을 통해 재무구조개선을 추진하여 왔는데, 2002. 7.경 L사가 위와 같이 관리종목으로 지정되어 등록 취소될 위기에 놓이자 주가를 부양하여 등록 취소를 막기로 하고, 피고인 2에게 주가를 1,000원 이상으로 고정시킬 수 있도록 주식을 사달라고 부탁한 사실, 피고인 1은 그 무렵부터 피고인 2에게 자신의 돈 8,000만 원과 피고인 3으로부터 변제받거나 피고인 4로부터 차용한 2억 2,000만 원을 포함한 3억 원과 M의 돈 1억 500만 원 등 합계 4억 500만 원 상당을 주식투자자금으로 조성하여 준 사실, 한편 피고인 4는 친분이 있던 피고인 3을 통하여 피고인 1로부터 L사 주식에 투자하여 등록 취소를 막아달라는 부탁을 받고 L사로부터 대출받은 운영자금 20억 원 중 3억 원을 대우증권 야탑지점에 개설한 증권 계좌에 입금한 후 피고인 1의 권유에 따라 피고인 2에게 계좌의 관리를 맡긴 사실, 피고인 2는 위 각 자금과 피고인 1을 통하여 L사로부터 대출받은 5억 원 등으로 조성한 약 12억 원 상당의 주식투자자금을 피고인 4 명의의 증권계좌 등 원심판결문 별지(8) 'B 이용계좌 내역' 기재의 9개 증권계좌에 분산 예치한 다음 L사 주식을 매수하기 시작하여, 2002. 11. 20.경 전체 주식의 5.06%까지 보유하기에 이른 사실, 피고인 2는 2002. 7. 31.부터 2003. 1. 22.까지 주로 장 시작 직전인 09:00 전후와 장 마감시간인 15:00 직전에 L사 주식에 대하여 원심판결문 별지(1) 'B 고가매수주문 내역', 별지(2) 'B 허수매수주문 내역'의 각 기재와 같이 호가공백이 있을 때 1순위 매수호가보다 10

---

5) 서울중앙지방법원 2006. 12. 19. 선고 2006고합729 판결.
6) 서울중앙지방법원 2007. 6. 22. 선고 2007고합11 판결.

원 내지 30원이 더 높은 가격의 매수주문과 매매체결의 가능성 없이 매수호가잔량만 증가시키는 매도 1호가 주문보다 낮은 가액의 매수주문을 하였는데, 이러한 성격의 주문들은 L사 주식이 협회중개시장에서 등록 취소 위험이 높았던 시기에 집중적으로 이루어진 사실, 피고인 1은 2002. 10. 14.에는 피고인 2로부터 L사의 주식을 매수할 자금이 부족하니 2억 원을 대출하여 달라는 요청을 받고, L사에서 피고인 2에게 2억 원을 대출하도록 하여 피고인 2가 L사 주식을 추가로 매수하도록 하는 등, L사 대출금이 L사 주식매수자금으로 이용되도록 지원하기까지 한 바도 있는 사실, 한편 피고인 4는 2002. 6.경 피고인 1로부터 그가 L사 주가를 방어하기 위하여 주위 사람들에게 L사 주식의 매수를 권한다는 사정을 듣게 되었고, 2002. 7.부터 약 5억 원 가량을 투자하여 L사 주식을 매수하기 시작하여 2002. 11. 27.경 최대 620,700주까지 보유하게 되었는바, 이는 당시 신용보증기금 보유 주식을 제외한 유통 가능한 주식의 약 16%에 해당하는 사실, 피고인 4는 2002. 7. 9.부터 2003. 1. 24.까지 사이에 주로 장 시작 직전인 09:00 전후와 장 마감시간인 15:00 직전에 L사 주식에 대하여 원심판결문 별지(5) '고가매수주문 내역', 별지(6) '허수매수주문 내역'의 각 기재와 같이 호가 공백이 있을 때 1순위 매수호가보다 10원 내지 30원이 더 높은 가격의 매수주문과 매매체결의 가능성 없이 매수호가잔량만 증가시키는 매도 1호가 주문보다 낮은 가액의 매수주문을 하였는데, 이러한 성격의 주문들은 L사 주식이 등록 취소될 위험이 높았던 시기에 집중적으로 이루어진 사실, 그리하여 L사의 주가는 2002. 7. 18.부터 2002. 10. 18.까지 1,000원 위로 상승한 후 거의 일정하게 유지되었고, 그 결과 2002. 10. 18. 관리종목 지정에서 해제되었는데, 이러한 L사 주가의 움직임은 같은 기간 중 동종업종 지수가 23.39포인트 하락하는 등 시장이 침체되어 있던 상황과는 동떨어진 것이었으며, 특히 거래량과 관련하여 위 기간 일평균 거래량이 328,320주임에도 불구하고, 2002. 8.초에는 1일 300 내지 400만 주에 이르렀던 사실, 피고인 1은 L사의 경영상황을 개선하기 위하여 채권의 출자전환, 대주주 주식의 무상소각 등을 추진하였는바, 2002. 11. 28. 중소기업은행을 비롯한 L사의 13개 채권자들이 채권액 합계 10,311,800,000원을 주식으로 출자전환하기로 합의함에 따라, 제3자 배정방식에 의한 유상증자로 총 주식의 19.57%에 해당하는 2,062,360주가 새로이 발행되어 채권자들에게 배정되었고, 반면 2002. 11. 5. L사 이사회에서 최대주주인 신용보증기금 소유 주식의 50%를 무상소각하기로 하는 결의가 이루어지고, 2002. 12. 17. 주식소각이 완료되면서 최대주주인 신용보증기금의 주식수가 4,499,999주에서 2,249,999주로 2,250,000주가 감소되어, 전체 주식수가 8,299,017주로 된 사실, 그런데 L사 주가는 2002. 10. 18. 관리종목 지정에서 해제된 후 다시 하락하여 2002. 11. 27. 최저가인 460원에 이르렀고, 2002. 11. 28. 재차 관리종목에 지정된 사실, 피고인 5는 2002. 12. 초순경 사채관계로 알게 된 피고인 2로부터 L사 주식의 실제가치가 시가보다 높으나 등록 취소될 위험이 있으니 주가를 떠받쳐 달라는 부탁을 받았고, 피고인 2를 통해 피고인 1을 만나 그로부터 L사 주식의 퇴출을 막을 수 있도록 주가관리를 해주면 차

후 L사가 매각되면서 주가가 상승하여 이익을 볼 수 있을 것이라는 취지의 이야기를 듣고서, 피고인 6에게 투자를 권유하여, 피고인 5, 6은 2002. 12. 11.경 3억 원 어치의 L사 주식을 매수하게 된 사실, 피고인 5, 6은 2002. 12. 18.경부터 증자로 발행된 채권단의 주식물량이 시장에 쏟아져 나오기 시작하면서 주가가 하락하여 등록 취소될 위험에 빠지게 되자 주가를 1,000원 이상으로 유지시키기 위하여 L사 주식을 추가로 대량 매수하여 2003. 1. 23.경에는 위 피고인들이 보유한 L사의 주식수가 시장에서 유통되던 거래량의 20%에 가까운 약 150여만 주에 이른 사실, 피고인 5, 6은 2002. 12. 10.부터 2003. 1. 24.까지 사이에 L사의 주식을 대량으로 매수함과 동시에 주가를 1,000원 이상으로 유지하기 위하여 원심판결문 별지(3) '고가매수주문 내역' 및 별지 (4) '허수매수주문 내역'의 각 기재와 같이 호가공백시 고가매수주문, 종장 동시호가 시간 중 고가매수주문, 매매체결의 가능성 없이 매수호가잔량만 증가시키는 매도 1호가 주문보다 낮은 가액의 매수주문 등의 방법을 사용하였고, 위 피고인들의 2002. 12. 11.부터 2003. 1. 17. 사이의 호가관여율은 15.56%에 이른 사실, 그리하여 L사 주가는, 채권단들이 2002. 12. 18.경부터 2002. 12.말까지 사이에 출자전환한 주식 약 200만 주를 대량으로 매도하였음에도 불구하고, 2002. 12.부터 2003. 1.까지 사이에 1,000원대 안팎을 유지하여 등록 취소되는 것을 면하였고, 특히 2002. 12.부터 2003. 1.까지 사이에 일평균 거래량이 365,406주임에도 불구하고, 2002. 12.말에는 하루 300 내지 400만 주에 달한 사실, 위와 같은 과정에서 피고인 1은 L사 대표이사가 회사 주식에 투자한 것을 숨기기 위하여 피고인 3, 4 명의를 이용하여 피고인 2 명의 계좌에 송금하여 피고인 2로 하여금 시세고정 등 불공정거래를 하게 하였고, 피고인 2가 얻은 이익을 분배하는데 직접 관여하였으며, 그의 몫으로 약 9,000만 원 상당의 이익금이 발생하자 차명계좌를 이용한 자금세탁 방법으로 이를 회수하기로 마음먹고, 금전거래를 한 것처럼 위장하여 수회에 걸쳐 소액 인출함으로써 범죄수익 74,984,000원 상당의 취득 또는 처분에 관한 사실을 가장하기까지 한 사실을 인정할 수 있다.

〈사채업자의 반대매매를 막기 위한 시세조종〉
[서울중앙지방법원 2006. 12. 19. 선고 2006고합729 판결]
피고인 1, 2, 3, 4, 5는 공모하여, E사가 2004. 11. 24. 발행가액 합계 81억 원 상당의 유상증자를 실시함에 있어 대부업체인 주식회사 N사로부터 32억 원, S사로부터 24억 원 등 총 74억 원 상당의 사채자금을 차용하여 주금을 납입하고 2004. 11. 25. 위 주식회사 N사에 대한 사채 상환 등 명목으로 35억 원을 지불하고, S사에 대하여 사채 담보 목적으로 13억 원 상당의 양도성예금증서(CD)를 교부하는 등으로 E사에 납입된 증자대금 중 대부분이 반출되어 2004. 12. 3. 발행될 신주 770만주 상당 중 700만주 상당을 사채업자들에게 담보로 제공하고 자금을 차용하여 위 회사에 입금함으로써 유출된 증자대금 중 일부라도 보전해야 하므로 주가가 하락할 경우 사채업자들의 반대매매에 의하여 주가 폭락으로 이어져 막대한 피해가 발생할 것이 명백한 상황이었

는바, 명동 사채시장에서 활동하면서 E사의 이런 사정을 파악하게 된 피고인 2는 2004. 11. 25.경 저녁 서울 강남 소재 상호불상의 음식점에서 평소 알고 지내던 교보증권 직원 피고인 5를 통해서 주식전문가인 피고인 3을 소개받고, 피고인 3, 5에게 E사의 유상증자 과정, 주담보 현황 등을 설명하고 E사 신주 중 사채자금에 의하여 발행된 신주 전량을 인수하고 시세를 끌어올린 다음 이를 처분하는 방법으로 거액의 수익을 올려서 배분하자고 제의하여 피고인 3, 5의 동의를 받고, 피고인 2, 3은 2004. 11. 26.경 피고인 1에게 자신들이 시키는 대로 하면 위 유상증자 과정에서 발생한 사채 및 이에 대한 이자를 해결하고 E사에서 유출된 증자대금도 보전해 주겠다면서 신주 700만주 전량에 대한 처분권을 요구하고, 피고인 1은 피고인 2, 3이 위 신주를 이용하여 시세조종을 하리라는 정을 알면서도 이를 승낙하고, 계속하여 피고인 3은 평소 알고 지내던 피고인 4에게 E사 주식 130,000주와 5,000만 원을 제공하면서 시세조종에 가담하도록 제의하였고 피고인 4는 이에 동의하였다.

〈유상증자 성공을 위한 시세조종〉
[서울중앙지방법원 2010. 9. 3. 선고 2010고합280 판결]
누구든지 코스닥상장 유가증권의 매매거래에 관하여 그 거래가 성황을 이루고 있는 듯이 잘못 알게 하거나 타인으로 하여금 그릇된 판단을 하게 할 목적으로, 또는 매매거래를 유인할 목적으로 주식시세조종행위를 하여서는 아니 된다. 그러나 피고인 1은 2008. 3. 19. 13:29:59경 동부증권 동부금융센터 투자상담사 피고인 2에게 전화를 걸어 "A사 주가를 1,450원에 갔다 놔야 돼요. 안 그러면 1,400원에 유상증자하려고 하는데 이게 문제가 되거든요"라고 말하고, A사 유상증자 청약기간 종료일인 2008. 4. 18. 08:22:42경, 09:46:14경에도 피고인 2에게 전화를 걸어 "200억 원도 안 들어올 것 같은데, 그냥 다 사 주세요. 쭉쭉쭉, 1,630원까지"라고 말하여 A사 주가를 인위적으로 높이기 위하여 주식시세조종을 지시하는 등 2008. 3. 11.경부터 2008. 7. 24.경까지 4개의 차명계좌를 이용하여 피고인들은 A사 주식의 시세조종행위를 하였다.

〈전환사채 전환조건 유지를 위한 시세조종〉
[서울중앙지방법원 2007. 6. 22. 선고 2007고합11 판결]
피고인은 A사의 대표이사였던 자인바, A사에서 발행한 제16회 해외전환사채의 전환신청이 임박한 상태에서 위 회사의 주가가 하락국면에 있자, 주가가 하락하면 추가조정전환가격조건(Refixing 조건)으로 인하여 전환주식수가 대폭 증가하고 이로 인하여 피고인의 지분율을 유지하기 위한 추가 주식매수에 수십억 원이 소요될 것이 예상되자 위 회사 주가 하락을 인위적으로 저지할 것을 마음먹고, 피고인은 자금을 대며, M은 주가조작의 전문가를 물색하여 피고인에게 연결시켜 주고, 시세조종주문을 내기로 공모하여, 위 회사의 주식의 거래가 성황을 이루고 있는 듯이 잘못 알게 하고 매매거래를 유인할 목적으로, 가. 1999. 6. 22. 10:27:00경 A사 주식 2,000주를 직전가

대비 30원이 높은 6,600원에 매수주문한 것을 비롯하여 같은 달 21.경부터 22.경 사이에 총 6회에 걸쳐 총 20,930주를 직전가 또는 상대호가 대비 높은 가격인 주당 6,600원에 고가 매수주문하여 위 주식의 주가를 6,600원으로 유지시키고, 나. 같은 달 24. 10:28:12경 위 주식 1,000주를 직전가 대비 30원이 높은 6,930원에 매수주문 하는 등 같은 달 16.경부터 24.경 사이에 총 31회에 걸쳐 총 114,250주를 직전가 또 는 상대호가 대비 고가 매수주문하거나 순차적인 고가 매수주문을 하는 방법으로 주 가를 인위적으로 상승시키고, 다. 같은 달 16. 09:18:09경 위 주식의 매도1순위 호가 가 6,840원인 상태에서 같은 가격으로 2,000주를 매수주문하여 매도 1순위 물량을 소 화하거나 저가 매수주문하는 등 같은 해 6. 16.경부터 같은 달 24.경 사이에 A사의 주 가하락을 방지하거나 매매거래가 성황을 이루는 듯이 잘못 알게 하고 위 회사의 주가 를 11.3% 상승 상태로 인위적으로 조작한 후 약 3억 700만 원의 부당이득을 취득하 였다.

〈합병 성사를 위한 시세조종〉

[서울중앙지방법원 2007. 6. 22. 선고 2007고합11 판결]

피고인 1, 2는 공모하여, 피고인 1은 2003. 8. 11. 그가 운영하고 있던 A사와 B사 사 이에 주식교환 방법의 합병에 대한 이사회 개최 및 공시가 있었고, 2003. 9. 23. 위 합 병을 위한 임시주주총회가 예정되어 있었던바, 당시 위 이사회 결의 이후 A사의 주가 가 합병을 반대하는 주주들의 주식매수청구권 행사 예정가격 1,884원에 미치지 못하 여 다수 주주들의 주식매수청구권 행사가 예상되자, 주식매수청구권 행사를 최소화 시키는 한편, 위 두 회사의 합병시 발생되는 합병신주 물량으로 인해 주가가 하락하 는 것을 방지하기 위해 피고인 2에게 주식매수청구권 행사가격 이상으로 주가가 유 지될 수 있게 주가를 부양해 달라고 부탁하면서 3,000만 원과 A사 주식 36만 주를 건 네주고, 피고인 2는 5개 계좌를 이용하여 A의 주가를 시세조종 하기로 하고, 가. 코 스닥 상장 유가증권의 매매거래에 관하여 그 거래가 성황을 이루고 있는 듯이 잘못 알게 하거나 기타 타인으로 하여금 그릇된 판단을 하게 할 목적으로, 2003. 10. 6. 12:38:01경 A사 주식 2,650주를 주당 1,750원에 매도주문을 한 다음, 같은 날 12:38:26경에 위 주식 1,800주를 주당 1,750원에 매수 주문을 하여 같은 날 12:38:29 경에 1,670주가 체결되게 한 것을 비롯하여 2003. 9. 17.부터 같은 해 11. 27.까지 사 이에 총 310회에 걸쳐 834,430주를 매도주문하고, 323,040주를 매수 주문하여 174,580주가 체결되게 함으로써 권리이전을 목적으로 하지 않는 가장된 매매거래를 하고, 나. 코스닥시장에서의 매매거래를 유인할 목적으로, (1) 2003. 10. 20. 11:51:49 경 교보증권 테헤란로 지점에 개설된 직전체결가 1,480원보다 30원 높고, 상대호가 1,500원보다 10원 높은 1,510원에 A사 주식 570주를 매수주문하여 1,500원에 300주 가 체결되게 하여 위 주식의 시세를 1,480원에서 1,500원으로 상승시킨 것을 비롯하 여 2003. 9. 19.부터 같은 해 11. 25.까지 총 123회에 걸쳐 A사 주식 121,930주를 직전체결가 대비 고가매수 주문을 제출하여 42,390주를 체결되게 함으로써 유가증권의 매매거래가 성황을 이루고 있는 듯이 잘못 알게 하거나 그 시세를 변동시키는 매매거래를 하고, (2) 2003. 9. 19. 시가 결정을 위한 동시호가 시간대인 08:12:39경 직전체결가 1,625원보다 5원 높고, 예상체결가 1,500원보다 130원 높은 1,630원에 A사 주식 1,800주를 매수 주문하여 같은 가격에 1,800주 전부 체결되게 하여 시가가 1,630원으로 결정되게 한 것을 비롯하여 그 시경부터 같은 해 11. 27.까지 총 48회에 걸쳐 258,340주의 시가관여 주문을 제출하여 유가증권의 매매거래가 성황을 이루고 있는 듯이 잘못 알게 하거나 그 시세를 변동시키는 매매거래를 하고, (3) 2003. 9. 25. 종가 결정을 위한 동시호가 시간대인 14:59:07경 직전체결가 1,625원보다 45원 높고, 예상체결가 1,635원보다 35원 높은 1,670원에 A 주식 500주를 매수주문하여 당일 종가를 1,670원에 결정되게 하는 등 2003. 9. 19.부터 같은 해 11. 20.까지 총 49회에 걸쳐 192,760주의 종가관여 주문을 하여 유가증권의 매매거래가 성황을 이루고 있는 듯이 잘못 알게 하거나 그 시세를 변동시키는 매매거래를 하였다.

Ⅱ. 시세조종행위의 유형별 규제

1. 위장매매

⑴ 의   의

통정매매와 가장매매를 통칭하여 위장거래(fictitious transaction)라고 하는데, 한정된 자금을 반복하여 사용할 수 있으므로 일반적으로 많은 자금이 소요되지 않는 시세조종행위이기 때문에, 현실의 매매에 의한 시세조종과정에서도 통정매매와 가장매매가 활용된다. 누구든지 상장증권 또는 장내파생상품의 매매에 관하여 그 매매가 성황을 이루고 있는 듯이 잘못 알게 하거나,[7] 그 밖에 타인에게 그릇된 판단을 하게 할 목적으로 다음과 같은 행위를 하지 못한다(法 176조①).

1. 자기가 매도하는 것과 같은 시기에 그와 같은 가격 또는 약정수치로 타인이 그 증권 또는 장내파생상품을 매수할 것을 사전에 그 자와 서로 짠 후 매도하는 행위
2. 자기가 매수하는 것과 같은 시기에 그와 같은 가격 또는 약정수치로 타인이 그 증권 또는 장내파생상품을 매도할 것을 사전에 그 자와 서로 짠 후 매수하는 행위
3. 그 증권 또는 장내파생상품의 매매를 함에 있어서 그 권리의 이전을 목적으로 하지 아니하는 거짓으로 꾸민 매매를 하는 행위

---

7) 구 증권거래법 제188조의4 제1항은 "… 매매거래에 관하여 그 거래가 성황을 이루고 있는 듯이 잘못 알게 하거나 …"라고 규정하였으나, 자본시장법은 "매매거래"를 "매매"로, "거래가 성황을"을 "매매가 성황을"로 변경하였다.

4. 제1호부터 제3호까지의 행위를 위탁하거나 수탁하는 행위

(2) 행위유형

(가) 통정매매(제1호·제2호)

통정매매(matched orders)는 자기가 매도(매수)하는 것과 같은 시기에 그와 같은 가격으로 타인이 그 유가증권을 매수(매도)할 것을 사전에 그 타인과 통정한 후 매도하는 행위를 의미한다. 자본시장법은 구체적으로, ⅰ) 자기가 매도하는 것과 같은 시기에 그와 같은 가격 또는 약정수치로 타인이 그 증권 또는 장내파생상품을 매수할 것을 사전에 그 자와 서로 짠 후 매도하는 행위(제1호), ⅱ) 자기가 매수하는 것과 같은 시기에 그와 같은 가격 또는 약정수치로 타인이 그 증권 또는 장내파생상품을 매도할 것을 사전에 그 자와 서로 짠 후 매수하는 행위(제2호)를 통정매매라고 규정한다. 여기서 타인이란 매매로 인한 손익이 달리 귀속되는 자를 뜻하는 것으로서, 반드시 매도인과 매수인 사이에 직접적인 협의가 이루어져야 하는 것은 아니고 그 중간에 매도인과 매수인을 지배·관리하는 주체가 있어 그가 양자 사이의 거래가 체결되도록 주도적으로 기획·조종한 결과 실제 매매가 체결되는 경우도 포함한다.

> [대법원 2013. 9. 26. 선고 2013도5214 판결]
> 원심은 그 채택 증거들을 종합하여 그 판시와 같은 사실을 인정한 다음 피고인 2는 A그룹 경영기획실의 재무팀장으로서 매도인 B사의 차명주주들과 매수인인 C사를 지배·장악할 수 있는 위치에 있었고, 실제로 동일한 시점에 차명주식 관리자에게는 매도, C사 측에는 매수의 지시를 내림으로써 상호 제출한 호가에 의하여 B사 주식의 매매가 이루어지도록 하였으니, 이는 증권거래법 제188조의4 제1항 제1,2호의 통정매매에 해당하며, 그 판시와 같은 C사의 B사 주식 매수 시기와 매수량 및 그 기간 동안의 B사의 주가 변동 내역, B사의 전체 발행주식 수에 대비한 C사의 주식 매수 규모와 매수 세력의 비중 및 시세관여율 등을 종합해 보면 C사의 위와 같은 매수행위는 정상적인 수요·공급에 따라 경쟁시장에서 형성될 시세 및 거래량을 시장요인에 의하지 아니한 다른 요인으로 인위적으로 변동시킬 가능성이 있는 거래에 해당한다고 보아, 위와 같은 매수 및 매도행위를 계획하고 지시한 피고인 2에게 시세조종의 목적이 있었다고 판단하여 원심에서 추가된 이 부분 예비적 공소사실을 유죄로 인정하였다. 원심판결 이유를 앞서 본 법리와 원심이 적법하게 채택한 증거들에 비추어 살펴보면, 원심의 위와 같은 판단은 정당하고, 거기에 피고인 2의 상고이유 주장과 같이 논리와 경험칙에 반하여 자유심증주의의 한계를 벗어나거나 구 증권거래법상

시세조종행위에 관한 법리를 오해하는 등의 위법이 없다.

증권회사 직원이 서로 다른 손익의 귀속 주체들로부터 각 계좌의 관리를 위임받아 함께 관리하면서 거래가 성황을 이루고 있는 듯이 잘못 알게 하거나 기타 타인으로 하여금 그릇된 판단을 하게 할 목적으로 각 계좌 상호 간에 같은 시기에 같은 가격으로 매매가 이루어지도록 하는 행위도 위 통정매매에 해당한다.

[서울고등법원 2009. 1. 6. 선고 2008노1506 판결]
통정매매는, 자기가 주식을 매도 혹은 매수하는 같은 시기에 그와 같은 가격으로 타인이 그 주식을 매수 혹은 매도할 것을 사전에 그 자와 통정하여 매도 혹은 매수하는 것이다. 계산주체가 다른 여러 계좌의 매매를 동일인이 위임받아 각 계좌 사이에 매매하는 경우에 있어서도, 그 매매를 위임받은 사람이 매매 시간, 가격, 수량 등 다른 계산주체 사이의 매매조건을 미리 계획하고 그에 따른 매매를 한 이상 '타인과 통정'한 경우에 해당한다.

그러나 이 경우 자본시장법 제443조가 규정하는 "그 위반행위로 얻은 이익 또는 회피한 손실액"에는 제3자인 고객에게 귀속된 이익은 포함되지 않는다.[8]

통정매매는 해당 종목의 거래 부족으로 시세가 적정 수준에 이르지 못하는 경우, 그 종목의 매매가격, 담보가격이나 장부가격 등의 근거가 되는 시세를 형성하고자 하는 의도에서 많이 이용되고, 명시적인 통정뿐 아니라 묵시적인 통정도 포함한다. 대량매매(장중대량매매와[9] 시간외 대량매매[10])는 매매의 쌍방 당사자가 동일한 가격과 동일한 수량의 매도·매수주문을 내어 매매계약을 체결시키는 행위이다. 이는 경쟁매매과정에서 처리하기 곤란하거나 경쟁매매에 의하면 주가의

---

8) 대법원 2011. 2. 24. 선고 2010도7404 판결, 서울고등법원 2008. 11. 26. 선고 2008노1251 판결).
9) [업무규정 제31조 (장중대량매매)]
   ① 장중대량매매는 정규시장의 매매거래시간 동안 종목, 수량 및 가격이 동일한 매도호가 및 매수호가로 회원이 매매거래를 성립시키고자 거래소에 신청하는 경우 당해 종목의 매매거래를 성립시키는 방법으로 한다. 다만, 당해 호가의 접수직전까지 정규시장에서 매매거래가 성립하지 아니한 경우에는 매매거래를 성립시키지 아니한다.
10) [업무규정 제35조 (시간외대량매매)]
   ① 시간외대량매매는 시간외시장의 호가접수시간 동안 종목, 수량 및 가격이 동일한 매도호가 및 매수호가로 회원이 매매거래를 성립시키고자 거래소에 신청하는 경우 당해 종목의 매매거래를 성립시키는 방법으로 한다. 다만, 당일(장개시전 시간외시장의 경우에는 전일로 한다) 정규시장의 매매거래시간중 매매거래가 성립하지 아니한 경우에는 매매거래를 성립시키지 아니한다.

급등락이 우려될 정도의 대량거래를 하려는 경우, 주가에 영향을 미치지 않고 신속하게 주문을 처리할 수 있는 거래방식이다. 거래소의 업무규정은 일정한 요건 하에서 이러한 매매를 허용한다. 대량매매도 경쟁매매원칙에 반하는 통정매매의 유형에 속하지만 매매성황 오인이나 오판 유발의 목적이 없으므로 금지되는 시세조종행위의 유형이 아니다.11)

〈거래소에 신고하지 아니한 시간외 대량매매〉
[서울중앙지방법원 2009. 1. 22. 선고 2008고합569 판결]
(피고인의 주장)
피고인이 S로 하여금 M사 주식을 매도하게 하고 J로 하여금 이를 매수하도록 한 것은 사실이다. 그런데 이는 B사의 우회상장을 위해 S의 지분을 사전에 확보하기 위한 것으로서 이는 정상적인 시간외 대량매매(소위 '블록트레이드')와 다르지 아니하므로, 일반투자자들에게 그릇된 판단을 하게 할 의도가 있었다고 볼 수 없다. 또한 C증권 명의로 주식을 매수하였다고 하더라도 전산시스템에는 C증권에 개설된 계좌를 통해 매수한 것으로 표시되고 일반투자자들 입장에서는 실제 누구의 명의로 매수를 하였는지 알 수 없기 때문에 C증권이 직접 투자를 하였다고 오인할 가능성은 처음부터 없다고 보아야 한다.
(법원의 판단)
(가) 증권거래법 제188조의4 제1항 소정의 '그 거래가 성황을 이루고 있는 듯이 잘못 알게 하거나 기타 타인으로 하여금 그릇된 판단을 하게 할 목적'이라 함은 인위적인 통정매매에 의하여 거래가 일어났음에도 불구하고, 투자자들에게는 유가증권시장에서 자연스러운 거래가 일어난 것처럼 오인하게 할 의사라고 할 것인바(대법원 2002. 7. 22. 선고 2002도1696 판결 참조), 이러한 목적은 다른 목적과의 공존 여부나 어느 목적이 주된 것인지는 문제되지 아니하고, 그 목적에 대한 인식의 정도는 적극적 의욕이나 확정적 인식임을 요하지 아니하고 미필적 인식이 있으면 족하며, 투자자의 오해를 실제로 유발하였는지 여부나 타인에게 손해가 발생하였는지 여부 등은 문제가 되지 아니한다(대법원 2005. 11. 10. 선고 2004도1164 판결 참조)
(나) 위 각 사실 및 증거들에 의하여 인정되는 다음과 같은 사정들, 즉 피고인은 S에게 매도주문을 낼 것을 지시하는 한편, J에게는 매수주문을 내도록 하여 매매거래를 성사시켰던 점, 위 매매거래가 시간외 거래로 이루어졌다고는 하나, 피고인은 처음에 장내에서 매매거래를 성사시키려고 하였으나 J의 매수주문이 제대로 처리되지 않는 바람에 부득이하게 시간외 거래로 이루어 진 것이라는 점에 비추

---

11) 목적은 구성요건의 주관적 요소이므로, 업무규정에 따른 대량매매는 위법성조각사유가 없는 경우가 아니라 구성요건해당성이 없는 경우이다.

어, 이는 처음부터 주가에 충격을 주지 않으려는 의도 하에 성사되는 시간외 대량매매와는 그 성격이 다르다고 보이는 점, 더구나 시간외 대량매매는 증권거래소에 신고한 경우에 한하여 예외적으로 허용되는 것으로서(코스닥상장업무규정 제21조), 그와 같은 신고를 거치지 않은 이 사건 매매를 시간외 대량매매와 같다고 할 수 없는 점, 또한 전산시스템에 C증권계좌만 표시된다고 하더라도 C증권계좌는 주로 해외투자자가 이용한다고 알려져 있으므로, 일반투자자들로서는 C증권이 아니더라도 해외투자자가 투자를 한 것으로 오인할 가능성이 충분히 있다고 보이는 점, 더구나 A그룹의 일가인 피고인이 다음날 M사의 유상증자에 참여하고 그 다음날 신주인수권부사채를 인수함으로써 일반투자자의 위와 같은 오인을 더욱더 강화시킨 측면도 있다고 보이는 점, 피고인은 B사로부터 자금을 조달하여 자신의 명의 또는 B사의 명의로 S의 주식을 매수할 수 있었음에도 C증권 명의로 주식을 매수하였던 점 등에 비추어 보면, 피고인에게는 일반투자자들로 하여금 해외투자자들의 자연스러운 거래가 일어난 것처럼 그릇된 판단을 하게할 목적이 있었다고 봄이 상당하고, 앞서 본 법리에 비추어 일반투자자들로 하여금 그릇된 판단을 하게 할 목적은 다른 목적과의 공존 여부나 어느 목적이 주된 것인지는 문제되지 아니하므로 피고인에게 S의 지분을 확보할 목적이 있었다고 하더라도 위와 달리 판단할 수는 없다.[12]

㈏ 가장매매(제3호)

가장매매(wash sales)는 외관상 매도인과 매수인간에 권리의 이전을 목적으로 하는 매매로 보이지만, 실제로는 권리의 이전을 목적으로 하지 아니하는 매매이다. 이 점에서 실질적으로 권리의 이전이 이루어지는 통정매매와 다르다. 즉, 가장매매라 함은 매수계좌와 매도계좌가 동일한 경우 또는 그 계좌가 다르더라도 계산 주체가 동일한 경우를 의미한다.

[대법원 2013. 7. 11. 선고 2011도15056 판결]
1. 구 증권거래법 제188조의4 제1항 제1, 2호에서 시세조종행위의 하나로 규정한 통정매매는 자기가 매도(매수)하는 것과 같은 시기에 그와 같은 가격으로 타인이 그 유가증권을 매수(매도)할 것을 사전에 그 타인과 통정한 후 매도하는 행위를 의미한다. 여기서 타인이라 함은 유가증권의 매매로 인한 손익이 달리 귀속되는 자를 뜻하는 것으로서, 동일인이 서로 다른 손익의 귀속 주체들로부터 각 계좌의 관리를 위임받아 함께 관리하면서 거래가 성황을 이루고 있는 듯이 잘못 알게 하거나 기타 타인으로 하여금 그릇된 판단을 하게 할 목적으로 각 계좌 상호 간에 같은 시기에 같은 가격으로 매매가 이루어지도록 하는 행위도 위 통정매매에 해당

---

12) 수원지방법원 2011. 5. 12. 선고 2009고합342 판결도 같은 취지이다.

한다.

2. 원심판결 이유와 원심이 적법하게 채택한 증거들에 의하면, ① 원심이 인용한 제1
심판결 별지 범죄일람표 'A그룹 가장, 통정매매 내역'순번 제24~30번, 제40~51번
기재 거래는 제1심 공동피고인 3이 관리하던 공소외 2, 공소외 3 명의의 차명계좌
와 A그룹의 계열사인 공소외 4 주식회사(이하 '공소외 4 회사'라고 한다) 명의의
계좌 사이에서 이루어진 거래인 사실, ② 제1심 공동피고인 3은 피고인 1의 지시
에 따라 피고인 4 회사나 피고인 3 회사의 자금으로 공소외 1 회사 주식을 매수하
여 자신이 관리하고 있던 공소외 2, 공소외 3 명의의 차명계좌에 입고한 다음, 공
소외 4 회사가 피고인 1의 지시에 따라 개설한 공소외 4 회사 명의의 계좌를 건네
받아 이를 함께 관리하면서 혼자서 주식매매대금을 결정하고 공소외 2, 공소외 3
명의의 차명계좌에 입고한 주식을 공소외 4 회사 계좌에 매도하는 거래를 한 사
실, ③ 공소외 4 회사는 자신의 자금으로 위 주식매매에 따른 매수대금을 지급하
고 이를 정식으로 회계처리하였고, 그 후 위 공소외 4 회사 명의의 계좌를 돌려받
아 거기에 입고된 공소외 1 회사 주식을 2009. 11. 17.경 공소외 1 회사에 흡수합
병될 때까지 계속 보유하여 위 주식은 자사주가 된 사실 등을 알 수 있다. 한편 위
각 거래가 투자자들로 하여금 공소외 1 회사 주식거래가 성황을 이루는 듯이 잘못
알게 하거나 이로써 매매거래를 유인할 목적으로 이루어진 사실은 앞서 본 바와
같다. 이를 앞에서 본 법리에 비추어 보면, 위 각 계좌는 제1심 공동피고인 3 1인
이 모두 관리하던 공소외 2, 공소외 3 명의의 차명계좌와 공소외 4 회사 명의의
계좌 사이에 이루어진 것이고 그 주식매매대금은 제1심 공동피고인 3 혼자서 결정
한 것이지만, 이는 그 거래로 인한 손익이 서로 달리 귀속되는 타인 사이에서 이루
어진 것이므로 구 증권거래법 제188조의4 제1항 제1, 2호에서 규정하는 통정매
매에 해당한다.

㈐ 위탁행위 또는 수탁행위(제4호)

통정매매나 가장매매가 성립하는 경우에만 금지대상이 되는 것이 아니라 이
러한 매매를 증권회사에 위탁하는 행위도 금지대상이다. 또한, 이러한 매매를 수
탁하는 행위도 금지대상이므로, 매매를 수탁하는 투자중개업자의 직원도 통정매
매나 가장매매에 해당한다는 사실을 인식하였다면 금지대상이 된다. 자본시장법
은 미수범 처벌규정을 두지 않는데, 위탁행위 또는 수탁행위에 대한 처벌규정은
사실상 시세조종행위의 미수범을 처벌할 수 있는 근거규정의 역할을 한다.

(3) 요   건

㈎ 규제대상 상품과 거래장소

위장매매의 규제대상은 상장증권 또는 장내파생상품이다. 상장법인이 발행한

모든 증권이 규제대상이 되는 것은 아니고 상장법인이 발행한 증권 중 상장증권만이 규제대상이다. 거래장소에 대한 제한규정이 없지만 거래대상이 상장증권 특히 장내파생상품이므로 거래소시장에서의 거래만 규제대상으로 보아야 한다.

(나) 매 매

제1호 내지 제3호는 매매의 성립을 전제로 하는 것이지만, 제4호가 "이상의 행위의 위탁 또는 수탁을 하는 행위"라고 규정하므로 위탁 후 매매가 성립되지 않은 경우에도 규제대상이다.13) 증권회사의 반대매매 물량이 시장에 유통되는 것을 막기 위하여 증권회사 직원으로부터 통보받은 반대매매 시점과 수량에 맞추어 매수주문을 한 경우에도 이를 통정매매로 인정한 하급심 판례도 있다.

[서울중앙지방법원 2007. 1. 12. 선고 2006고합770 판결]
(피고인이 3일 이내에 주식매수대금을 입금을 시키지 못하자, 증권사가 임의로 피고인 매수주식을 처분하여 대금을 확보하기 위하여 매도처분한 소위 반대매매에 기한 것이므로, 피고인의 의사에 의한 주문이 아니어서 피고인에게 책임이 없다는 주장에 대하여) ① 반대매매를 위한 증권사의 매도주문 자체는 피고인의 의사에 기한 것이 아니라고 하더라도, 증권사 반대매매 물량이 시장에 유통되어 주가가 하락하는 것을 방지하기 위하여 피고인은 미리 증권사 직원으로부터 반대매매의 시점과 수량을 통보받은 상태에서 반대매매물량을 받기 위하여 매도주문 시점에 맞추어 매수주문을 하여 거래가 체결되게 한 사실이 인정되므로, 쌍방간의 통정매매는 성립한다고 할 것이고, ② 2003. 7. 10.자 매매의 경우, S사의 2대주주가 보유주식을 처분한다는 소문이 돈 것은 별론으로 하고, 통정매매로 특정된 30회 거래는 모두 피고인이 관리하는 계좌들 상호간 또는 피고인이 관리하는 계좌와 피고인이 운영하는 인터넷 주식동호회 회원인 N이 관리하는 계좌 사이에서 체결된 것으로서, 그날 피고인과 N은 서로 상의하면서 매도·매수주문을 한 사실이 인정되므로, 이 부분이 통정매매가 아니라는 주장은 받아들이지 않는다.

(다) 매매성황에 대한 오인 또는 오판 유발의 목적
1) 의 의 통정매매와 가장매매가 시세조종으로서 규제의 대상이 되려면 거래가 대량으로 이루어져 일반 투자자로 하여금 그 매매가 성황을 이루고 있

---

13) 통정매매, 가장매매에 관한 증권거래법 제188조의4 제1항 각 호의 범죄가 위험범이라는 이유로 매매의 성립은 요건이 아니라고 설명하는 견해도 있지만[이성호, "범죄체계론상 사기죄의 새로운 조명, 관련 범죄와의 비교를 중심으로", 형사법연구, 제22호(2004 겨울), 133면], 제4호의 규정(증권거래법과 자본시장법의 규정이 같다)이 있으므로 매매의 성립이 요구되지 않는 것으로 해석하는 것이 법문에 충실한 해석이다.

는 듯이 잘못 알게 하거나 기타 타인으로 하여금 그릇된 판단을 하게 할 목적이 있어야 하고,14) 이로 인하여 투자자의 투자판단에 실질적인 영향을 미칠 정도이어야 한다.15) 따라서 순수하게 지분을 확대하기 위하여 단기간에 대량으로 증권을 매수하는 경우에도 가격의 급상승이 초래되지만, 이러한 목적이 없는 한 시세조종행위에 해당하지 않는다. 또한 투자상담사가 고객 계좌의 신용만기에 따른 반대매매를 피하기 위하여 일단 매도하였다가 다시 동일 물량을 유지하기 위하여 동일 가격에 매수하는 과정에서 통정매매를 한 경우, 이는 금지되는 통정매매라기 보다는 고객의 요청에 따른 거래이고 매매의 성황에 대한 오인 또는 오판 유발의 목적이 인정되지 아니하므로 시세조종으로 볼 수 없다.16) 한편 종래의 선물거래법 제31조는 선물거래에 관한 시세조종행위에 대하여 구 증권거래법과 달리 목적을 요건으로 규정하지 않았다.17) 하급심법원도 이와 관련하여 "선물거래는 주식거래와 달리 거래의 일방이 이익을 얻으면 상대방이 반드시 손해를 입게 되는 제로섬(zero sum) 게임이기 때문에 거래성황오인목적이나 오판목적 없이도 불법적인 통정매매가 가능하기 때문"이라고 판시하였다.18) 반면에 자본시장법은 장

----

14) 제1항의 목적은 오인목적, 제2항의 목적은 유인목적으로 약칭하여 구별한다.

15) SEA §9 (a)(1)도 허위 또는 오해유발목적에 대하여 다음과 같이 규정한다.

  For the purpose of creating a false or misleading appearance of active trading in any securities registered on a national securities exchange, or a false or misleading appear-ance with respect to the market for any such security(전국증권거래소에 등록된 증권의 매매가 성황을 이루고 있는 듯이 오해하게 하거나, 해당 증권의 시장에 관하여 허위 또는 오해를 유발시킬 목적으로 하는 다음의 행위)

16) 대법원 2008. 11. 27. 선고 2007도6558 판결.

17) [선물거래법 제31조]

  ① 누구든지 선물거래에 관하여 다음 각 호의 행위를 하여서는 아니 된다.

    1. 자기가 행하는 선물거래를 청약하는 시기에 그와 동일한 가격 또는 약정수치로 당해 선물거래를 성립시킬 수 있는 청약을 타인이 할 것을 사전에 통정하여 당해 선물거래를 청약하는 행위

    2. 거래에 있어서 그 권리의 이전을 목적으로 하지 아니하는 가장된 거래를 하는 행위

    3. 제1호 또는 제2호의 행위를 위탁하거나 수탁하는 행위

    4. 단독 또는 타인과 공동으로 선물거래를 유인할 목적으로 당해 선물거래가 성황을 이루고 있는 것으로 오인하게 하거나 선물거래의 시세를 고정 또는 변동시키는 거래행위

    5. 선물거래를 유인할 목적으로 당해 선물거래의 시세가 자기 또는 타인의 시장조작에 의하여 변동한다는 뜻을 유포하는 행위

    5의2. 선물거래에서 자신이 부당한 이익을 얻거나 제3자로 하여금 부당한 이익을 얻게 할 목적으로 단독 또는 타인과 공동으로 선물거래 대상품목의 시세를 고정 또는 변동시키는 행위

    6. 기타 공정한 선물거래를 해하는 것으로서 대통령령이 정하는 행위

18) 서울중앙지방법원 2005. 5. 6. 선고 2004노4301 판결.

내파생상품거래의 통정매매나 가장매매에 대하여 종래에는 요건이 아니었던 '목적성'을 요건으로 규정하는데, 위와 같은 파생상품거래의 특성상 목적의 존재는 증권에 비하여 매우 폭넓게 인정하여야 할 것이다.

2) 목적의 정도   주관적 요건인 '거래가 성황을 이루고 있는 듯이 잘못 알게 하거나 기타 타인으로 하여금 그릇된 판단을 하게 할 목적'은 다른 목적과의 공존 여부나 어느 목적이 주된 것인지는 문제되지 아니하고, 그 목적에 대한 인식의 정도는 적극적 의욕이나 확정적 인식임을 요하지 아니하고 미필적 인식이 있으면 족하며, 투자자의 오해를 실제로 유발하였는지 여부나 타인에게 손해가 발생하였는지 여부 등은 문제가 되지 않는다.

[대법원 2009. 4. 9. 선고 2009도675 판결]
증권거래법 제188조의4 제1항 위반죄가 성립하기 위하여는 통정매매 또는 가장매매 사실 외에 주관적 요건으로 '거래가 성황을 이루고 있는 듯이 잘못 알게 하거나 기타 타인으로 하여금 그릇된 판단을 하게 할 목적'이 있어야 하는데, 이러한 목적은 다른 목적과의 공존 여부나 어느 목적이 주된 것인지는 문제되지 아니하고, 그 목적에 대한 인식의 정도는 적극적 의욕이나 확정적 인식임을 요하지 아니하고 미필적 인식이 있으면 족하며, 투자자의 오해를 실제로 유발하였는지 여부나 타인에게 손해가 발생하였는지 여부 등은 문제가 되지 아니하며, 증권거래법 제188조의4 제2항 소정의 '매매거래를 유인할 목적'이라 함은 인위적인 조작을 가하여 시세를 변동시킴에도 불구하고, 투자자에게는 그 시세가 유가증권시장에서의 자연적인 수요·공급의 원칙에 의하여 형성된 것으로 오인시켜 유가증권의 매매에 끌어들이려는 목적으로서 이 역시 다른 목적과의 공존 여부나 어느 목적이 주된 것인지는 문제되지 아니하고, 목적에 대한 인식의 정도도 미필적 인식으로 충분하며, 나아가 위 조항 제1호 소정의 유가증권의 매매거래가 성황을 이루고 있는 듯이 잘못 알게 하거나 그 시세를 변동시키는 매매거래'라 함은 본래 정상적인 수요·공급에 따라 자유경쟁시장에서 형성될 시세 및 거래량을 시장요인에 의하지 아니한 다른 요인으로 인위적으로 변동시킬 가능성이 있는 거래를 말하는 것일 뿐 그로 인하여 실제로 시세가 변동될 필요까지는 없고, 일련의 행위가 이어진 경우에는 전체적으로 그 행위로 인하여 시세를 변동시킬 가능성이 있으면 충분한데, 이상의 각 요건에 해당하는지 여부는 당사자가 이를 자백하지 않더라도 그 유가증권의 성격과 발행된 유가증권의 총수, 가격 및 거래량의 동향, 전후의 거래상황, 거래의 경제적 합리성과 공정성, 가장 혹은 허위매매 여부, 시장관여율의 정도, 지속적인 종가관리 등 거래의 동기와 태양 등의 간접사실을 종합적으로 고려하여 이를 판단할 수 있다.19)

19) 同旨 : 대법원 2001. 11. 27. 선고 2001도3567 판결, 대법원 2002. 7. 22. 선고 2002도1696

〈목적에 대한 확정적 인식이 없는 경우〉
[서울고등법원 2003. 12. 16. 선고 2003노2316 판결]
피고인의 매매거래의 동기와 태양, 그 주가의 추이 및 당시의 거래상황 등을 모아 보
면, 비록 피고인이 한 거래가 소량에 지나지 않았고 직전가 또는 상대호가에 대비하
여 차이가 거의 없는 주문을 하기도 하였으며 전체매매에 대한 가장매매의 비율이 비
교적 낮은 점이 있다고 하더라도, 피고인이 D사 주식에 관하여 1999. 1. 4.부터 1999.
4. 16.까지, S사 주식에 관하여 1999. 2. 1.부터 1999. 6. 25.까지 사이에 고가매수주문,
허수주문, 가장매매 등 여러 가지의 기법을 동원하여 일정한 패턴을 가지고 시세조종
성 주문을 여러 차례 반복하여 계속하였고, 또한 소량의 주문이라도 근접한 시간에
이를 연속적으로 주문하면서 직전가를 체증시키고, 주문수량을 증가시켜 거래가 성
황을 이루는 듯이 보이게 한 점 등으로 미루어 볼 때에, D사와 S사의 주가를 인위적
으로 조작하여 상승시키기 위하여 행하여진 변칙적 거래를 함으로써 투자자들에게
유가증권의 매매거래가 성황을 이루고 있는 듯이 잘못 알게 하거나 그 시세를 변동시
키는 매매거래에 해당한다고 할 것이고, 이와 같이 주가를 상승시키기 위하여 인위적
인 조작을 행한 것은 투자자로 하여금 위 각 주식이 유망한 것처럼 오인시켜 그 주식
의 매매거래에 끌어들이려는 목적에서 비롯된 것임을 넉넉히 인정할 수 있으며, 이는
피고인이 이러한 목적들을 적극적·확정적으로 인식하고 있지 못하였다거나 이러한
목적들 외에 매수자금을 확보하려는 다른 목적도 가지고 있었다 하더라도 달리 볼 것
은 아니므로, 이와 결론을 같이 한 원심의 판단은 정당하고 달리 사실오인의 위법이
있음을 찾을 수 없다.

〈반대매매를 피하기 위하여 행한 경우〉
[서울고등법원 2002. 10. 9. 선고 2002노1793 판결]
① 피고인의 계좌에서 주식을 실물로 출고하거나 대체출고하여 이를 A, B의 계좌에
실물로 입고하거나 대체입고를 하는 방법으로 주식을 증여한다면 수수료 등의 비용
을 지출할 필요가 없었음에도 불구하고 굳이 비용을 지출하면서까지 피고인의 계좌
에서 A, B의 계좌로 이 사건 주식을 매도할 특별한 사정을 찾아보기 어려운 점이나,
피고인이 A, B의 계좌에서 2000. 2. 16. 합계 56,560주를 매도하고, 2000. 2. 17. 합계
6,610주를 매도한 점에 비추어 보면, A, B에게 이 사건 주식을 매도하여 장기보유케
할 목적으로 원심 판시 별지 2) 통정매매내역(이하 통정매매내역이라고 한다) 중
2000. 1. 5., 2000. 1. 7., 2000. 2. 15.자 거래를 하였다는 취지의 피고인의 변명은 믿기
어려운 점, ② 피고인의 계좌에서 IBT 계좌로 이 사건 주식을 매도하여 피고인 계좌
의 잔고를 없게 만든다고 하여서 피고인이 보다 쉽게 계좌를 관리할 수 있다고 볼 만

판결, 대법원 2004. 3. 26. 선고 2003도7112 판결, 대법원 2005. 11. 10. 선고 2004도1164 판결,
대법원 2006. 5. 11. 선고 2003도4320 판결, 대법원 2007. 11. 29. 선고 2007도7471 판결, 대법
원 2010. 6. 24. 선고 2007도9051 판결, 대법원 2013. 7. 11. 선고 2011도15056 판결.

한 아무런 사정이 없을 뿐만 아니라, 피고인은 2000. 1. 21. 이후에 IBT 계좌뿐만 아니라, 피고인, A, B, P의 계좌를 통하여도 이 사건 주식을 계속하여 보유하고 있었던 점에 비추어 보면, 계좌관리를 쉽게 하기 위하여 통정매매내역 중 2000. 2. 3.자 거래를 하였다는 취지의 피고인의 변명 역시 믿기 어려운 점, ③ 피고인의 계좌에 현금잔고가 부족하여 반대매매를 당할 위험이 있었다면, 피고인으로서는 IBT 계좌에 있던 현금을 인출하여 이를 피고인의 계좌로 입금하면 수수료 등을 지출함이 없이 피고인의 계좌에서 반대매매를 당하지 않을 수 있음에도 불구하고, 굳이 비용을 지불하면서까지 피고인의 계좌에서 IBT 계좌로 주식을 매도하여야 할 특별한 사정을 찾아보기 어려운 점에 비추어 보면, 반대매매를 피할 목적으로 통정매매내역 중 2000. 2. 15.자 거래를 하였다는 취지의 피고인의 변명도 믿을 수 없는 점 ④ 피고인은 증권업계에 오랜 기간 동안 종사해 온 자로서, 비록 피고인이 자신이 관리하는 P의 계좌로 이 사건 주식을 매도한다고 하여서 대량보유자로서의 보고의무를 회피할 수 없다는 점을 충분히 알 수 있었던 점이나 피고인이 2000. 2. 9. P의 계좌에서 피고인의 계좌로 이 사건 주식을 다시 매도한 점을 고려하면, 대량보유자의 보고의무를 회피하기 위하여 원심 판시 별지 3) 가장매매내역 기재와 같은 거래를 하였다는 피고인의 변명 역시 받아들이기 어려운 점, ⑤ 백보를 양보하여, 피고인이 그 주장과 같이 A, B에게 이 사건 주식을 증여하여 장기보유케 할 목적, 계좌관리를 쉽게 하기 위한 목적, 반대매매를 피하기 위한 목적, 대량보유자의 보고의무를 회피할 목적으로 통정매매내역 및 가장매매내역 기재 각 거래를 하였다고 하더라도, 피고인에게 위와 같은 목적이 있었다거나 또는 그 목적이 주된 것이었다는 점은 피고인에게 이른바 시세조종의 목적도 함께 있었다고 인정하는 데 장해가 되지 아니하는 점, ⑥ 고가매수란 문자 그대로 직전가 또는 상대호가에 비하여 고가에 매수하는 것을 말하는 것으로서, 단순히 고가매수가 있었다는 점만으로 증권거래법 제188조의 4 제2항 제1호 위반죄가 성립한다고는 할 수 없으나, 피고인이 지속적, 추세적으로 고가매수를 하였을 뿐만 아니라, 그 이외에도 위에서 본 바와 같은 통정매매, 가장매매, 허매수주문 등을 하면서 이 사건 주식의 가격과 거래량을 점진적으로 증가시킨 사정을 고려하면, 피고인은 매매거래를 유인할 목적으로 고가매수를 하였다고 봄이 상당한 점, ⑦ 피고인이 허매수주문내역 기재 각 매수주문을 할 당시의 전일종가, 직전가, 상대호가, 매수호가잔량, 매도호가잔량, 피고인의 매수주문 가격 및 매수주문 수량 등을 고려하면 위 각 매수주문은 실제로 체결될 가능성이 극히 희박하였던 점 및 피고인이 2000. 2. 16. 동시호가로 거래가 이루어지는 14:55경에 A, B의 계좌를 통하여 3,280원에 합계 36,560주의 매도주문을 하고 난 이후 14:58경에 피고인의 계좌를 통하여 2,600원에 합계 120,000주의 매수주문을 하였던 바와 같이 자신이 고가에 매도주문을 함과 동시에 저가에 매수주문을 하였던 점을 고려하면 피고인은 허매수주문내역 기재 매수주문을 함에 있어서 실제로 이 사건 주식을 자신이 주문한 가격으로 매수할 의사가 없었다고 봄이 상당한 점, ⑧ 피고인은 2000. 2. 15. 13:14:31부터 13:16:35까지 사이에 고가매수주문의 방법으로 이 사건 주식의 가격 및 거래량을 상승시키고, 이어서 같은 날 13:20:51부터 13:28:24까지 사이에 통정매매를 하여 이미 상승된 가격에서 거래량을 대폭 증가시킨 후, 이 사건 주식의 가격이 상한가까지 상승하고 그 매수잔량 또한 상당한 정도에 이르게 되자 대량의 매도주문을 내어서 그 이익을 실현한 다음, 그 다음날인 2000. 2. 16. 장 시작 전 동시호가로 거래가 이루어지는 시간대인 08:25경에 매수호가잔량의 규모가 너무 미미하자 저가로 대량의 허매수주문을 하여 매수호가잔량을 늘린 이후, 그 가격 및 매수세가 상당한 정도로 증가한 같은 날 13:20:27부터 14:26:29까지 사이에 고가에 대량의 주식을 매도하고, 계속하여 장 마감 전 동시호가로 거래가 이루어지는 시간대를 이용하여 고가에 대량의 주식을 매도할 목적으로 매도주문을 낸 후, 매수세를 불러 일으켜 피고인이 낸 고가의 매도주문을 체결시키거나 또는 만일 매도주문이 체결되지 않는다고 하여도 투자자들로 하여금 이 사건 주식에 대한 매수세가 상당하다고 오인시켜 그 익일에라도 대량의 주식을 고가에 매도할 목적으로 장 마감 1분 전에 대량으로 저가의 허매수주문을 내었다고 봄이 상당한 점 등을 종합하여 보면, 피고인은 이 사건 주식의 가격이 상당한 수준까지 상승을 하고 그에 대한 매수세가 형성되면 이를 처분하여 부당한 이득을 취득할 목적으로, 2000. 1. 5.경부터 2000. 2. 17.경까지 사이에 거래가 성황을 이루고 있는 듯이 오인하게 하거나 기타 타인으로 하여금 그릇된 판단을 하게 할 목적으로 이 사건 통정매매, 가장매매를 하고, 피고인이 인위적으로 조작을 가하여 시세를 변동시킴에도 불구하고 투자자에게는 그 시세가 자연적인 수요·공급의 원칙에 의하여 형성된 것으로 오인시켜 유가증권의 매매거래에 끌어들이려는 목적으로 이 사건 고가매수, 허매수주문을 하여 이 사건 주식의 가격 및 거래량을 점진적으로 상승시키고 위 기간 동안 이 사건 주식을 위 5개 계좌를 통하여 평균 2,415원에 1,049,540주를 매수하고, 평균 2,657원에 826,130주를 매도하면서 그 거래수수료로 합계 13,214,350원을 지출하여 186,709,110원[= {(평균매도단가 2,657원 − 평균매수단가 2,415원) × 일치수량 826,130주} − 거래수수료 13,214,350원]의 부당이득을 얻었다고 할 것이다.

여기서 투자자 또는 타인이란 특정 투자자가 아닌 일반적인 투자자집단을 대표할 만한 평균적 수준의 합리적인 투자자를 말하고, 그릇된 판단이란 유가증권의 매매에 관한 의사결정을 말한다.

3) 매매유인목적 필요 여부   통정매매 및 가장매매는 제2항의 허위표시에 의한 시세조종과는 달리 매매유인목적은 요구되지 않는다.

[대법원 2001. 11. 27. 선고 2001도3567 판결]
원심은 그 채용 증거를 종합하여 다음과 같은 점들을 인정하였다. ① 기업인수합병을 통하여 계열사들을 늘려왔던 A그룹 측은 유가증권시장의 상장법인인 B사를 인수한 후 액면가에 미달하는 상태로 지속되고 있던 B사의 주가를 높이게 되면 주식 담보대

출을 받거나 기업인수합병 추진 시 이익을 얻을 수 있는 등 시세조종행위를 할 만한 충분한 동기가 있었다. ② 유가증권시장에서 B사의 유통가능한 주식 수는 보호예수분 등을 제외하고 총 발행주식의 49%인 3,491,358주 정도였다. ③ B사의 주가는 A그룹 측이 B사를 인수한 2007. 1. 31.경부터 2007. 4. 30.경까지 주당 평균 3,000원대에서 등락을 거듭하다가, A그룹의 회장인 피고인 1의 지시에 따라 계열사인 피고인 3주식회사(이하 '피고인 3회사'라고 한다)의 사장 피고인 2와 피고인 4주식회사(이하 '피고인 4회사'라 한다)의 전무인 제1심 공동피고인 3이 차명계좌를 이용하여 B사 주식을 매입하기 시작한 이래 주가 가 상승하기 시작하여 2007. 8. 31.경에는 주당 10,550원까지 급등하였다. ④ B사 주식의 1일 평균거래량은 2007. 1. 31.경부터 2007. 4. 30.경까지 약 80,000주였으나 그 이후 2007. 8. 31.경까지는 약 130,000주로 62.5% 증가하였고, 피고인 2, 제1심 공동피고인 3의 평균매매관여율은 11.87%, 평균호가관여율은 4.43%였다. ⑤ 위 기간 동안 B사의 주가상승을 이끌 만한 특별한 공시 내용은 없었다. ⑥ 피고인 2, 제1심 공동피고인 3은 여러 개의 차명계좌를 사용하여 주식거래를 하였는데, 1단계로 2007. 4. 30.경부터 2007. 6. 20.경까지 가장·통정매매, 고가매수주문, 시장가매수주문, 시·종가관여매수주문 등 다양한 수법을 동원하여 B사 주식을 대량매수함으로써 주가를 상승시킨 후, 2단계로 2007. 6. 21.경부터 주가가 최고가에 이른 2007. 7. 10.경까지 차명계좌의 주식을 처분하고, 2007. 7. 11.경부터 주가가 하락하자 3단계로 그때부터 2007. 8. 31.경까지 시장가매수주문, 계열사상호 간의 통정매매 등으로 주가를 지속적으로 관리하였다. ⑦ B사의 주식을 계속 보유할 목적이었다면 굳이 보유한 주식을 매도한 뒤 더 높은 가격으로 다시 매수할 이유가 없는데도 위와 같이 매도 및 재매수를 반복하고 나아가 계열사 상호 간 가장·통정매매를 계속한 것은 공소외 1회사 주식의 거래가 활발하게 이루어지고 있는 것처럼 보이기 위한 것으로 인정된다. ⑧ 그 매도대금의 상당 부분은 공소외 1회사 주식의 재매수에 사용되고, 그 중 일부는 이익으로 실현되어 계열사와 피고인 1및 그 가족에게 송금되었다. 원심은 위와 같은 여러 사정 등을 종합하여, 피고인 1, 피고인 2와 제1심 공동피고인 3은 2007. 4. 30.경부터 2007. 8. 31.까지 사이에(이하 이 기간을 '이 사건 시세조종기간'이라 한다)위와 같이 다양한 수법을 동원한 주식거래(이하 이 주식거래를 '이 사건 시세조종행위'라 한다)를 할 당시 미필적으로나마 투자자들로 하여금 B사 주식거래가 성황을 이루는 듯이 잘못 알게 하거나 이로써 매매거래를 유인할 목적을 충분히 인식하고 있었다는 취지로 판단하였다. 앞에서 본 법리와 원심이 적법하게 채택한 증거들에 비추어 살펴보면, 원심의 위와 같은 판단은 정당한 것으로 수긍할 수 있다.거기에 상고이유에서 주장하는 바와 증권거래법 제188조의4 제1,2항이 규정하는 주식시세조종의 목적에 관한 법리오해나 논리와 경험의 법칙에 반하여 자유심증주의의 한계를 벗어나는 등의 위법 사유는 없다.[20]

---

20) 원심은 피고인들이 공모하여 공소사실 기재와 같이 통정매매·매매거래를 한 사실은 인정하고서도, 피고인들에게 거래에 관하여 매수세력을 섭외하여 S사 주식을 10만 주 이상 대량매매

반면에, 구 선물거래법이 적용되는 경우에는 가장매매의 목적성은 요건이 아니다.

[서울남부지방법원 2012. 1. 19. 선고 2010고단3627 판결]
피고인들은, 구 선물거래법상의 가장매매로 기소되었으나, 자본시장과 금융투자업에 관한 법률에서는 '상장증권 또는 장내파생상품의 매매에 관하여 그 매매가 성황을 이루고 있는 듯이 잘못 알게 하거나 그 밖에 타인에게 그릇된 판단을 하게 할 목적'으로 가장매매한 행위를 처벌하도록 규율하고 있는바, 이는 위와 같은 목적이 없음에도 불구하고 단지 가장된 거래라는 이유만으로 형사처벌한 종전의 조치가 부당하다는 데에서 나온 반성적 조치라고 할 것이어서, 이와 같은 목적이 없는 가장매매는 형법 제1조 제2항(범죄 후 법률의 변경에 의하여 그 행위가 범죄를 구성하지 아니하는 때)에 따라 자본시장법을 적용하여야 한다고 주장한다. 자본시장법 부칙 제41조 제1항은 '이 법 시행 전에 행한 종전의 증권거래법, 선물거래법 등의 위반행위에 대한 벌칙 및 과태료의 적용에 있어서는 종전의 규정에 따른다.'고 규정하고 있다. 따라서 자본시장법 시행 전에 이루어진 이 사건의 경우 위 부칙에 의하여 행위시법인 구 선물거래법이 적용되어야 하고, 피고인들이 주장하는 바와 같은 자본시장법상의 목적성은 요건이 아니므로(또한 위 자본시장법의 입법 경위 및 취지 등을 고려하면, 위와 같이 가장매매에 목적성을 추가하여 규정한 것이 종전의 처벌규정에 대한 반성적 고려에 기한 것이라고는 보이지 않는다), 위 주장은 받아들이지 아니한다.

4) 목적에 관한 증명   불법목적의 증명과 관련하여 자본시장법 제176조 제1항·제2항의 규정형식상 원고가 행위자의 불법목적을 증명하여야 한다. 그러나 행위자의 내심의 목적을 직접증거에 의하여 증명한다는 것은 거의 불가능하다는 문제점이 있다. 입법론적으로 보면, 사실상 위장매매가 불법목적을 가지지 않고 행해지는 경우는 거의 없을 것이므로 일정한 경우에는 "그릇된 판단을 하게 하는 목적"을 가지는 것으로 보고, 그 행위자에 대하여 이러한 목적이 없었음을 증명할 책임을 부담하도록 해야 할 것이다. 즉, 통정 또는 가장매매가 행해졌음이 증명되면 불법목적에 관한 증명책임이 전환되어 피고가 불법목적의 부존재를 증

하는 과정에서 시세조종을 통하여 주가를 인위적으로 상승시키거나 하락을 최소한으로 억제시켜 일반투자자로 하여금 위 주식의 매매거래가 정상수급의 원칙에 의하여 성황을 이루고 있는 듯이 오인시켜 거래를 유인할 목적이 있었음을 인정할 증거가 없다는 이유로 피고인들의 증권거래법위반의 공소사실에 대하여 이를 유죄로 인정한 제1심판결을 파기하고 무죄를 선고하였다. 그러나 대법원은 "… 같은 조 제2항에서 요구되는 '매매거래를 유인할 목적'이나 제3항이 요구하는 '시세를 고정시키거나 안정시킬 목적', 그 밖에 '시세조종을 통하여 부당이득을 취득할 목적' 등이 요구되는 것도 아니다"라는 이유로 원심판결을 파기하였다.

명할 책임이 있다고 해야 할 것인데, 이는 해석론으로는 곤란하고 입법적으로 해결하여야 할 것이다. 법원은 이러한 증명상의 문제점을 보완하기 위하여, 당사자가 목적에 대하여 자백하지 않더라도 그 유가증권의 성격과 발행된 유가증권의 총수, 매매의 동기와 태양(순차적 가격상승주문 또는 가장매매, 시장관여율의 정도, 지속적인 종가관여 등), 그 유가증권의 가격 및 거래량의 동향, 전후의 거래상황, 거래의 경제적 합리성 및 공정성 등의 간접사실을 종합적으로 고려하여 판단할 수 있다는 입장이다.

[대법원 2001. 11. 27. 선고 2001도3567 판결]
위에서 본 바와 같은 S사의 자본금 규모와 그 발행주식의 총수, 피고인 1이 S사의 주식을 매수한 경위, 이 사건 매매거래의 동기와 태양, 피고인 1의 주식보유량과 그 변동, 그의 시장관여 정도, 그 주가의 추이, 종전 및 당시의 거래상황, 피고인들이 서로 다른 증권회사에 수개의 차명계좌를 개설, 운영하면서 매수 및 매도 주문을 분산시킨 점이나 이 사건 통정 및 가장매매에 있어 피고인들은 폐장시각으로부터 불과 수분 전에 매도 및 매수주문을 내는 이른바 종가관여의 방법을 구사한 점, 이 사건 통정매매에서의 가격은 증권시장에서의 정상적인 거래에서 결정될 수 있는 주가보다 상당한 정도로 경제적 합리성과 공정성을 결하고 있는 점 등 제반 사정을 종합적으로 고려하여 보면, 비록 이 사건 통정매매 및 가장매매의 직접 동기가 원심 판시와 같이 주식의 추가매수 또는 금원 대여를 위한 자금의 확보 등이었다 하더라도, 당시 피고인들은 그와 함께 그러한 수법으로 주식을 주가의 폭락 없이 매도하여 그 자금을 손쉽게 조달하는 한편, 일반투자자들에 대하여 S사의 주식거래가 증권시장에서의 정상적인 수요공급에 의하여 빈번하고 대량으로 행하여지고 있는 것 같이 잘못 알게 한다는 점에 대한 인식을 지니고 있었다고 봄이 상당하고, 따라서 당시 피고인들에게는 S사 주식의 거래가 성황을 이루고 있는 듯이 잘못 알게 하거나 기타 타인으로 하여금 그릇된 판단을 하게 할 목적이 있었음을 인정할 여지가 있다 할 것이다.[21)]

[서울고등법원 2008. 11. 26. 선고 2008노1251 판결]
원심이 적법하게 채택하여 조사한 증거들에 의하여 인정되는 다음과 같은 사정, 즉 A사 주식은 2006. 6. 30. 현재 총 발행주식수가 11,600,000주인데, 이 중 최대주주 및 특수관계인이 가지고 있는 주식이 3,753,414주(총 발행주식의 32.36% 상당)이고 총 유통주식수는 7,846,586주에 불과한 점, 피고인은 시세조종기간 직전인 2006. 1. 2. A사 주식 65,632주를 보유하고 있었고, 시세조종기간 동안 보유량을 꾸준히 늘려 시세조종기간 종료시인 2006. 4. 14.에는 150,679주에 이른 점, 시세조종기간 동안의 A사 주식의 거래량은 1일 최소 24,046주, 최대 627,896주였고, 일일 평균거래량은

---

21) 同旨 : 대법원 2002. 7. 22. 선고 2002도1696 판결.

180,545주였는데, 피고인이 이 기간 중 거래한 A사 주식의 총 수량은 매수의 경우 전체 거래수량 대비 12.44% 상당인 728,453주, 매도의 경우 전체 거래수량 대비 10.81% 상당인 643,406주이고, 피고인은 5개의 계좌를 사용하여 총 140회의 가장 매매를 통하여 주가를 상승시키면서 상대적으로 거래량이 적은 주식의 유동성이 풍부한 것처럼 오인하게 하였고, 그 매매 당시 최우선 매도호가에 매도 주문을 내고 그 매도수량을 초과하도록 순차적으로 매수주문을 내어 현재가를 높여가는 방법 등을 동원하였고, 시초가 및 종가 결정을 위한 호가 접수 시간대에 20회(주문량 합계 45,820주)의 시가관여 매수주문과 27회(주문량 합계 52,400주)의 종가관여 매수주문을 냄으로써 예상체결가격을 높여 주가를 관리하거나 일반 투자자의 매매를 유도한 후 최종계약체결 이전에 매매주문을 취소하는 방법을 동원한 점, 시세조종기간 동안 피고인의 A사 주식 거래로 인한 호가관여율은 평균 4.52%, 최고 16.45%에 이르는 점, 시세조종기간 동안 A사 주식의 주가는 3,060원에서 5,120원까지 상승하여 주가변동폭이 65.2%에 이르는 점, 피고인이 2006년 6월 말경까지 보유하고 있던 A사 주식 전량을 주당 평균 약 5,006원에 매도하여 그 이익을 모두 실현한 점 등을 종합하여 볼 때, 피고인은 공소사실 기재와 같이 A사 주식에 관하여 매매를 할 당시에 '거래가 성황을 이루고 있는 듯이 잘못 알게 하거나 기타 타인으로 하여금 그릇된 판단을 하게 할 목적(이하 "시세조정의 목적"이라 한다.)'이 있었다고 충분히 인정된다.

㈔ 같은 시기·같은 가격

통정매매는 같은 시기에 같은 가격으로 매매가 이루어질 것을 요건으로 한다. "같은 시기"와 관련하여, 매도주문과 매수주문이 반드시 동일한 시기에 있어야만 통정매매가 성립하는 것이 아니고, 쌍방의 주문이 시장에서 대응하여 성립할 가능성이 있는 시간이면 통정매매가 성립한다. 따라서 이미 시장에 내어져 있는 주문에 대해서 통정한 다음 대응하는 주문을 내어 매매를 성립시키는 경우와 매도주문량과 실제 매매체결량의 차이가 있는 경우도 통정매매에 해당할 수 있다.

[서울고등법원 2009. 1. 6. 선고 2008노1506 판결]
증권거래법 제188조의4 제1항 제1호, 제2호에서 말하는 '같은 시기'란 반드시 동시가 아니더라도 쌍방의 주문이 거래시장에서 대응하여 성립할 가능성이 있는 정도의 시기이면 족하며, '같은 가격'도 쌍방의 주문이 대응하여 거래가 성립할 가능성이 있는 범위 내의 가격이면 충분할 뿐만 아니라, 매수주문과 매도주문의 수량이 반드시 일치할 필요는 없으며, 이미 시장에 내어져 있는 주문에 대해서 통정한 다음 대응하는 주문을 내어 매매를 성립시키는 것도 모두 시세 및 거래량을 인위적으로 변동시킬 가능성이 있는 거래로서 통정매매에 해당하고, 매도주문량과 실제 매매체결량의 차

이가 있는 경우도 통정매매에 해당할 수 있다.

나아가, 매도주문이 체결되지 않고 남아 있는 상황에서 통모한 상대방이 매수주문을 내서 매매가 성립하게 되면 동시기의 주문에 의한 매매는 아니지만 통정매매에 의한 시세조종이 성립한다.[22] SEA §9(a)(1)도 "at substantially the same time"이라고 규정하는데 이는 정확히 같은 시기의 매매주문을 요구하는 것이 아니라 상당한 시간내의 매매주문은 통정매매의 요건을 충족한다는 의미이다. 따라서 매도주문과 매수주문 간에 현저히 시차가 있는 경우에는 "같은 시기"의 매매로 보기 어려울 것이다. "같은 가격"도 쌍방의 주문이 대응하여 성립할 가능성이 있는 범위 내의 가격을 의미한다.[23] 자본시장법은 SEA와 달리 주문수량의 일치("같은 수량")는 요구하지 않는다. 실제의 통정매매에서 주문수량이 일치하는 경우가 대부분이지만 주문자가 의도적으로 주문수량이 일치하지 않도록 주문하는 경우도 있으므로 통정매매의 요건으로서는 같은 시기와 같은 가격만 요구된다.[24]

---

22) 김건식·정순섭, 450면.
23) 서울중앙지방법원 2008. 5. 23. 선고 2007고합243 판결.
24) SEA §9(a)(1)는 통정행위에 관하여 다음과 같이 "실질적으로 동일한 수량·시기·가격"을 요건으로 하고 있다.
   [SEA §9(a)(1)]
   (B) to enter an order or orders for the purchase of such security with the knowledge that an order or orders of substantially the same size, at substantially the same time, and at substantially the same price, for the sale of any such security, has been or will be entered by or for the same or different parties, or
   (C) to enter any order or orders for the sale of any such security with the knowledge that an order or orders of substantially the same size, at substantially the same time, and at substantially the same price, for the purpose of such security, has been or will be entered by or for the same or different parties.
   (B) 실질적으로 동일한 수량·시기·가격으로 해당 증권의 매도주문이 자기나 타인에 의하거나, 자기나 타인을 위하여 행하여졌거나 행하여질 것이라는 것을 사전에 통정한 후 해당 증권의 매수주문을 행하는 행위
   (C) 실질적으로 동일한 수량·시기·가격으로 해당 증권의 매수주문이 동일한 또는 다른 당사자에 의하거나, 자기나 타인을 위하여 행하여졌거나 행하여질 것이라는 것을 사전에 통정한 후 해당 증권의 매도주문을 행하는 행위
   여기서 "실질적으로 동일"이라는 용어의 의미에 관하여 전체주식수가 상당히 차이가 있는 경우에는 실질적인 동일성을 부인하는 견해도 있고, 이를 완화하여 다소 포괄적으로 해석하는 견해도 있다. 연방 제2항소법원은 Wright v. SEC, 112 F.2d 89, 93 (2d Cir, 1940) 판결에서 10,000주의 매도주문과 2회의 2,500주의 매수주문에 관하여 실질적으로 동일한 수량이 아니라고 판시하였다.

⑷ 고객계좌를 이용한 시세조종

통정매매는 자기가 매도(매수)하는 것과 같은 시기에 그와 같은 가격으로 타인이 그 유가증권을 매수(매도)할 것을 사전에 그 타인과 통정한 후 매도하는 행위를 의미하는데, 타인이란 매매로 인한 손익이 달리 귀속되는 자를 뜻하는 것으로서, 동일인이 서로 다른 손익의 귀속 주체들로부터 각 계좌의 관리를 위임받아 함께 관리하면서 거래가 성황을 이루고 있는 듯이 잘못 알게 하거나 기타 타인으로 하여금 그릇된 판단을 하게 할 목적으로 각 계좌 상호 간에 같은 시기에 같은 가격으로 매매가 이루어지도록 하는 행위도 통정매매에 해당한다. 따라서 증권회사 직원이 고객계좌를 이용하여 시세조종행위를 한 경우에는 손익의 귀속주체가 다르므로 가장매매가 아니라 통정매매에 해당한다. 그러나 만일 손익의 귀속주체가 동일하다면 가장매매에 해당한다. 그리고 전체 시세조종기간 동안 통정매매와 가장매매를 한 경우에는 포괄일죄가 성립한다.25)

2. 매매유인목적행위

⑴ 행위유형

누구든지 상장증권 또는 장내파생상품의 매매를 유인할 목적으로 다음과 같은 행위를 하지 못한다(法 176조②).

1. 그 증권 또는 장내파생상품의 매매가 성황을 이루고 있는 듯이 잘못 알게 하거나 그 시세(증권시장 또는 파생상품시장에서 형성된 시세, 다자간매매체결회사가 상장주권의 매매를 중개함에 있어서 형성된 시세, 그 밖에 대통령령으로 정하는 시세)를 변동시키는 매매 또는 그 위탁이나 수탁을 하는 행위
2. 그 증권 또는 장내파생상품의 시세가 자기 또는 타인의 시장 조작에 의하여 변동한다는 말을 유포하는 행위
3. 그 증권 또는 장내파생상품의 매매를 함에 있어서 중요한 사실에 관하여 거짓의 표시 또는 오해를 유발시키는 표시를 하는 행위

제1호는 실제로 가장 많이 발생하는 소위 현실매매26)에 의한 시세조종을 규

---

25) 대법원 2013. 7. 11. 선고 2011도15056 판결(원심은 통정매매를 가장매매로 본 잘못이 있었는데, 대법원은 이는 행위 태양을 잘못 파악한 것에 불과할 뿐이고, 그 전체 시세조종기간 동안의 이 사건 시세조종행위를 모두 구 증권거래법 제188조의4 소정의 불공정거래행위금지위반의 포괄일죄로 보아 유죄로 인정한 결론은 정당하므로 위 잘못은 판결에 영향이 없다고 판시하였다).
26) 구 증권거래법은 "매매거래"라는 용어를 사용하였으므로 종래에 "현실거래"라는 용어가 사

제하는 것이고, 제2호와 제3호는 소위 표시에 의한 시세조종행위를 규제하는 것인데, 제1호의 경우에 매매의 위탁, 수탁도 금지되므로 매매의 성립은 요건이 아니고, 제2호와 제3호의 경우에는 행위유형상 행위자의 매매나 그 위탁은 요건이 아니며, 행위자의 매매유인행위에 의하여 타인이 실제로 매매 또는 그 위탁을 하였음도 요건이 아니다.

(2) 매매유인목적

(가) 의   의

매매유인목적이라 함은 인위적인 조작을 가하여 시세를 변동시킴에도 불구하고 투자자에게는 그 시세가 유가증권시장에서의 자연적인 수요 공급의 원칙에 의하여 형성된 것으로 오인시켜 유가증권의 매매에 끌어들이려는 목적을 말한다.

(나) 판단기준

제2호 및 제3호의 경우에는 규정된 각각의 행위가 있으면 그로부터 행위자에게 유인목적이 있었다고 인정하는데 무리가 없지만, 제1호의 경우에는 외관상으로 정상적인 매매와 구분하기 곤란하므로 매매유인목적은 행위자의 자백이 없는 한 직접적인 증명이 곤란하다. 예를 들어, 주식을 매집하면 주가가 상승하게 되어 외관상 시세변동행위에 해당하지만 주식매집의 동기가 매매유인이 아니라 해당 기업의 경영권을 획득하기 위한 것이라면 매매유인목적을 인정하기 곤란할 것이다.27) 결국 이 문제는 거래의 동기·매매의 전후사정·거래의 경제적 합리성 등을 고려하여, 직전가격에 비하여 인위적으로 고가 또는 저가를 형성하기 위하여 경제적인 합리성을 결여한 매매주문(통상의 거래관행을 벗어난 주문)을 하는 것인지 여부에 따라 인정할 수밖에 없을 것이다. 통상의 거래관행을 벗어난 주문을 한 경우에는 유인목적의 존재가 사실상 추정되므로 행위자는 책임을 면하기 위하여는 유인목적을 수반하지 않은 정상적인 매매주문이었음을 증명하여야 할 것이다. 또한, 행위자에게 금전적인 이해관계(담보권자로부터 주가하락으로 인하여 추가담보를 요구받고 있는 경우나 전환사채의 발행을 원활하게 하기 위한 경우 등)가 있으면 유인

_____

　　용되었는데, 자본시장법은 "매매"라는 용어를 사용하므로 본서에서는 "현실매매"라는 용어를 사용하기로 한다.

27) 실제로 시세변동행위사건에서 행위자들은 대부분 주식매수에 따른 자연적인 주가상승일 뿐 매매유인목적으로 시세를 변동시킨 것이 아니라고 주장하는데, 주가상승 후 매도함으로써 이득을 취하였다면 모르지만 주식을 계속 보유하는 경우에까지 유인목적이 있다고 인정하기 곤란할 것이다.

목적이 인정될 가능성이 높을 것이다. 통정매매, 가장매매에서의 목적과 같이, 이러한 목적은 다른 목적과의 공존 여부나 어느 목적이 주된 것인지는 문제되지 아니하고, 그 목적에 대한 인식만 있으면 되는데 그 인식의 정도는 적극적 의욕이나 확정적 인식임을 요하지 아니하고 미필적 인식이 있으면 족하며, 투자자의 오해를 실제로 유발하였는지 여부나 타인에게 손해가 발생하였는지 여부 등도 문제가 되지 아니하고, 이러한 목적은 당사자가 이를 자백하지 않더라도 그 유가증권의 성격과 발행된 유가증권의 총수, 매매의 동기와 태양(순차적 가격상승주문 또는 가장매매, 시장관여율의 정도, 지속적인 종가관여 등), 그 유가증권의 가격 및 거래량의 동향, 전후의 거래상황, 거래의 경제적 합리성 및 공정성 등의 간접사실을 종합적으로 고려하여 판단할 수 있다.

> [대법원 2018. 4. 12. 선고 2013도6962 판결]
> '매매를 유인할 목적'이란 시장오도행위를 통해 투자자들로 하여금 시장의 상황이나 상장증권의 가치 등에 관하여 오인하도록 하여 상장증권 등의 매매에 끌어들이려는 목적을 말한다. 위와 같은 목적은 그것이 행위의 유일한 동기일 필요는 없으므로, 다른 목적과 함께 존재하여도 무방하고, 그 경우 어떤 목적이 행위의 주된 원인인지는 문제 되지 아니한다. 그 목적에 대한 인식의 정도는 적극적 의욕이나 확정적 인식임을 요하지 아니하고, 미필적 인식이 있으면 족하다. 투자자의 오해를 실제로 유발하였는지나 실제로 시세 변경의 결과가 발생하였는지, 타인에게 손해가 발생하였는지 등도 문제가 되지 아니한다. 피고인이 목적의 존재를 부인하는 경우, 이러한 주관적 구성요건 요소인 사실은 그 성질상 상당한 관련성이 있는 간접사실 또는 정황사실을 분석하는 방법에 의하여 그 존부를 판단할 수밖에 없다. 이때 무엇이 목적의 존재를 뒷받침할 수 있는 상당한 관련성이 있는 간접사실 또는 정황사실에 해당하는 것인지는 정상적인 경험칙에 바탕을 두고 치밀한 관찰력 및 분석력에 의하여 합리적으로 판단하여야 한다.[28]

유상증자를 앞두고 원활한 유상증자를 하기 위하여 거래량을 증가시키기 위한 경우에도 매매유인목적이 인정된다.

28) 同旨 : 대법원 2001. 6. 26. 선고 99도2282 판결, 대법원 2002. 6. 14. 선고 2002도1256 판결, 대법원 2002. 7. 22. 선고 2002도1696 판결, 대법원 2002. 7. 26. 선고 2001도4947 판결, 대법원 2003. 12. 12. 선고 2001도606 판결, 대법원 2011. 4. 28. 선고 2010도7622 판결, 대법원 2011. 7. 14. 선고 2011도3180 판결.

〈방조죄가 성립한 사례〉

[대법원 2009. 4. 9. 선고 2009도675 판결]

구 증권거래법 제188조의4 제2항 소정의 '매매거래를 유인할 목적'이라 함은 인위적인 조작을 가하여 시세를 변동시킴에도 불구하고, 투자자에게는 그 시세가 유가증권시장에서의 자연적인 수요·공급의 원칙에 의하여 형성된 것으로 오인시켜 유가증권의 매매에 끌어들이려는 목적으로서 이 역시 다른 목적과의 공존 여부나 어느 목적이 주된 것인지는 문제되지 아니하고, 목적에 대한 인식의 정도도 미필적 인식으로 충분하며, 나아가 위 조항 제1호 소정의 '유가증권의 매매거래가 성황을 이루고 있는 듯이 잘못 알게 하거나 그 시세를 변동시키는 매매거래'라 함은 본래 정상적인 수요·공급에 따라 자유경쟁시장에서 형성될 시세 및 거래량을 시장요인에 의하지 아니한 다른 요인으로 인위적으로 변동시킬 가능성이 있는 거래를 말하는 것일 뿐 그로 인하여 실제로 시세가 변동될 필요까지는 없고, 일련의 행위가 이어진 경우에는 전체적으로 그 행위로 인하여 시세를 변동시킬 가능성이 있으면 충분한데, 이상의 각 요건에 해당하는지 여부는 당사자가 이를 자백하지 않더라도 그 유가증권의 성격과 발행된 유가증권의 총수, 가격 및 거래량의 동향, 전후의 거래상황, 거래의 경제적 합리성과 공정성, 가장 혹은 허위매매 여부, 시장관여율의 정도, 지속적인 종가관리 등 거래의 동기와 태양 등의 간접사실을 종합적으로 고려하여 이를 판단할 수 있다.

[대법원 2002. 7. 26. 선고 2001도4947 판결]

증권사 1의 자본금의 규모와 발행주식의 총수, N이 매집한 주식의 규모, 피고인이 N으로 하여금 주식을 매수하게 한 경위와 역할, 피고인이 증권사 1에서 차지하는 지위, 이 사건 거래의 동기와 태양, 그 주가의 추이 및 당시의 거래상황 등을 종합하여 보면 피고인은 증권사 1의 대표이사로서 단순한 통역의 역할을 한 것에 지나지 않는 것이 아니라 공소외 2 및 N과 공모하여 이 사건 매매거래를 하였다 할 것이고, 이 사건 매매거래는 증권사 1의 주가를 인위적으로 조작하여 상승시킴으로써 증권사 1의 지분 매각 또는 유상증자를 원활하게 하기 위하여 행하여진 변칙적 거래로서 '유가증권의 시세를 변동시키는 매매거래'에 해당하고 이와 같이 인위적인 조작으로 주가를 상승시킨 것은 비록 유가증권시장에서의 일반투자자들을 오인시켜 유가증권 매매거래를 유인하는 것을 직접 목적으로 하는 경우는 아니라 하더라도 증권사 1의 지분 매각 또는 유상증자를 원활하게 할 목적으로 시세를 조종하는 과정에서 일반 투자자로 하여금 위 증권사 1의 주식이 유망한 것처럼 오인시켜 그 주식의 매매거래를 유인하게 된다는 것도 알 수 있었던 이상 일반투자자들의 매매거래를 유인할 목적도 있었다고 봄이 상당하다.

그러나 주가 변화 추이, 매수주식 수와 매매 횟수 및 기타 사정 등에 비추어, 주식매수행위가 주가상승에 절대적인 영향을 미쳤다고 보기 어렵고, 공개 주식시장에서의 정상적인 수요·공급의 시장 원리에 반하여 소외 회사의 주가를 부당하게 형성할 의도가 없는 경우에는 매매유인목적을 인정할 수 없다.

[대법원 2010. 7. 22. 선고 2009다40547 판결]

구 증권거래법 제188조의4 제2항은 누구든지 유가증권시장 또는 코스닥시장에서의 매매거래를 유인할 목적으로 단독으로 또는 타인과 공모하여 유가증권의 매매거래가 성황을 이루고 있는 듯이 잘못 알게 하거나 그 시세를 변동시키는 매매거래 또는 그 위탁이나 수탁을 하는 행위를 하지 못한다고 규정하고 있고, 여기서 '매매거래를 유인할 목적'이라 함은 인위적인 조작을 가하여 시세를 변동시킴에도 불구하고 투자자에게는 그 시세가 유가증권시장에서의 자연적인 수요·공급의 원칙에 의하여 형성된 것으로 오인시켜 유가증권의 매매에 끌어들이려는 목적으로서 이는 별개의 목적이 동시에 존재하거나 그 중 어느 목적이 주된 것인가를 문제삼지 않고, 목적에 대한 인식의 정도도 미필적 인식으로 충분하다. 한편 위 조항 제1호 소정의 '유가증권의 매매거래가 성황을 이루고 있는 듯이 잘못 알게 하거나 그 시세를 변동시키는 매매거래'라 함은 본래 정상적인 수요·공급에 따라 자유경쟁시장에서 형성될 시세 및 거래량을 시장요인에 의하지 아니한 다른 요인으로 인위적으로 변동시킬 가능성이 있는 거래를 말하는 것일 뿐 그로 인하여 실제로 시세가 변동될 필요까지는 없고, 일련의 행위가 이어진 경우에는 전체적으로 그 행위로 인하여 시세를 변동시킬 가능성이 있으면 충분한데, 이상의 각 요건에 해당하는지 여부는 당사자가 이를 자백하지 않더라도 그 유가증권의 성격과 발행된 유가증권의 총수, 가격 및 거래량의 동향, 전후의 거래상황, 거래의 경제적 합리성과 공정성, 가장 혹은 허위매매 여부, 시장관여율의 정도, 지속적인 종가관리 등 거래의 동기와 태양 등의 간접사실을 종합적으로 고려하여 이를 판단할 수 있다(대법원 2006. 5. 11. 선고 2003도4320 판결 참조). 원심이 배척하지 아니한 증거들에 의하면, 피고 1, 3이 원고의 지시에 따라 4일에 걸쳐 매수한 소외 회사의 주식 총수는 소외 회사의 발행주식의 총수 23,629,997주 중 0.81%에 불과한 192,277주에 불과하고, 위와 같이 주식을 매수한 이후로 약정 만기일에 이르기까지 추가로 매입을 하거나 매도를 한 바 없는 사실, 2005. 8.경 평균 1,500원대에 머물던 소외 회사의 주가는 같은 해 10. 5.에는 최고 4,420원을 기록하다가 하락하여 이 사건 약정이 체결될 무렵인 2006. 1. 31.에는 2,300원대를 기록하였고, 그 후 주가가 꾸준히 상승하여 2006. 4. 3.에는 5,010원까지 이르렀다가 다시 점차 하락하여 피고 1, 3이 소외 회사의 주식을 모두 매도한 2006. 8.경에는 3,000원대에 이르렀고 그 이후 2006. 12.경까지도 비슷한 3,000원대를 유지한 사실, 피고들이 소외 회사의 주식을 매수하여 보유하고 있는 무렵에 소외 회사의 주가와 관련하여 시세조종 등 혐의가 포착되어 조사 등이 이루어진 바는 없는 사실을 알 수 있다. 이러한 사실관계를 통하여 알 수 있는 소외 회사의 주가 변화 추이, 피고들이 매수한 소외 회사 주식 수와 매매 횟수 및 기타 사정 등을 앞에서 본 법리에 비추어 보면, 피고들이 원고의 지

시에 따라 소외 회사의 주식을 매수한 행위가 소외 회사의 주가상승에 절대적인 영향
을 미쳤다고 보기 어렵고, 원심이 들고 있는 사정을 고려하더라도 원고가 공개 주식
시장에서의 정상적인 수요·공급의 시장 원리에 반하여 소외 회사의 주가를 부당하게
형성할 의도로 이 사건 약정을 체결한 것이라고 단정할 수 없다 할 것이다. 설령 원
심의 판단과 같이 원고가 그러한 의도로 피고들과 사이에 이 사건 약정을 체결하였다
고 하더라도, 이는 원고의 내심에 머물러 있는 목적이나 동기에 불과한 것으로서 이
사건 약정 당시 그러한 목적이나 동기가 외부에 표시되었거나 피고들이 이를 잘 알고
있었다는 사정이 보이지 않는 이 사건에서, 원고가 이 사건 약정을 체결한 목적과 동
기가 선량한 풍속 기타 사회질서에 반한다고 하여 이 사건 약정의 효력까지 당연히
무효로 된다고 판단할 수는 없다 할 것이다.

〈우선주를 대상으로 한 시세조종 사례〉
[수원지방법원 2013. 1. 31. 선고 2012고합699 판결]
살피건대, 이 사건 기소에 있어 핵심적인 부분은 소위 시세조종기간(2011. 1.
3.~2011. 6. 7. 이하 '이 사건 기간'이라 한다) 동안 이 사건 주식의 대부분(약 95퍼센
트)을 보유하고 있던 피고인이 위 주식에 관하여 피고인과 그 가족 명의로 된 28개의
계좌를 이용하여 고가매수주문, 시가 또는 종가관여주문, 가장매매 형태로 주식거래
를 함으로써 주가를 36,500원에서 107,500원으로 약 3배 정도 상승시키고 그로 인해
그 시세차익 상당을 부당이득으로 취득하였다는 데에 있으나, 위 인정사실 등을 종합
하여 알 수 있는 다음의 사정, 즉 ① 피고인은 이 사건 주식을 2008년경부터 약 3년
이상 꾸준히 매수하여 왔으므로 비교적 장기적인 관점에서 위 주식에 투자를 해온 것
으로 보일 뿐만 아니라, 피고인 본인과 그 가족들(처와 두 딸) 명의로 개설된 다수의
계좌들은 피고인 혼자서 단독으로 사용하였을 뿐 다른 공범자가 관여한 정황이 없고,
피고인이 일정한 직장을 가지고 있었으며(전업 주식투자자가 아니다), 실거래 비율이
높은 주식거래를 하였던 점(이 사건의 호가관여율은 4.8퍼센트에 불과하다) 등에 비
추어 보면, 피고인의 주식거래 형태는 단기간에 투자자를 유인하여 치고 빠지거나 여
러 명의 가담자들을 동원하여 실거래 없는 주문량만을 폭발적으로 늘리는 전형적인
시세조종(통상 호가관여율이 20퍼센트 내외인 경우가 많다)의 모습과는 상당히 거리
가 있어 보이는 점, ② 피고인이 이 사건 주식의 물량 대부분(약 95퍼센트로 피고인
이 투자한 자금의 규모는 약 20억 원 정도이다)을 보유한 자임에도 이 사건 기간 동
안 위 주식에 관한 피고인의 매매관여율이 비교적 높은 편(일평균 약 63.3퍼센트, 전
체 거래량 중 약 57.4퍼센트)이기는 하나, 피고인의 매매양태는 실거래를 전제로 한
주문이 높고 호가관여율(4.8퍼센트)이 낮은 편이어서 이 사건 주식에 관하여 매매가
성황을 이루고 있는 듯이 잘못 알게 할 위험성의 정도는 실거래 없는 주문 비중이 높
은 경우에 비하여 상대적으로 낮다고 볼 수밖에 없고, 피고인이 이 사건 기간 중 매
도하거나 매수한 주식의 수량을 합하여도(약 22,305주＝11,830주＋10,475주) 이 사

건 주식의 발행주식총수(62,124주)의 1/3정도 밖에 되지 않고 있으며, 피고인이 순매수한 주식 수도 1,355주에 불과하므로, 피고인의 주식거래로 인하여 이 사건 주식의 주가에 미친 영향력이 크다고 단정하기 어려운 점(특히, 이 사건 주식의 주가가 5만 원 미만일 때 피고인이 단주매도 형태로 매도한 주식의 경우는 증권회사를 상대로 이루어질 뿐이어서 거래소에서 거래되는 거래량으로 파악되지 않았고, 그에 따라 그 부분이 외부에 공시되지도 않았다), ③ 뿐만 아니라 이 사건으로 기소된 고가매수주문(3,817주)의 경우 시장전체의 매수주문수량(161,263주)에 비하여 그 차지하는 비중(약 2.3퍼센트)이 매우 적고, 상대호가와 동일한 가격으로 이루어지거나 체결가능성이 높은 가격 범위에서 주문이 이루어진 경우가 대부분을 차지하여 그 주문 양태에 있어 시세조종적 요소가 나타나지 않고 있을 뿐만 아니라, 가장매매에 있어서도 이 사건 기간(154일, 주식개장일 기준 105일) 중 가장매매가 이루어진 기간(22일)이 차지하는 비중(약 14퍼센트, 주식개장일 기준 약 20퍼센트)이나 가장매매로 체결된 거래량의 규모(하루 10주 이하가 대부분)가 그리 높지 않고, 단주매도나 주식거래비용의 절감을 위한 차원에서 가장매매(다시 말하면, 피고인이 운용하는 계좌 상호간의 주식이동)가 이루어진 주식도 상당수를 차지하고 있으며, 시가 또는 종가관여주문의 횟수(7회 및 6회)나 수량(150주 및 110주) 역시 이 사건 주식의 거래기간이나 거래량에서 차지하는 비중이 매우 낮은 편임을 알 수 있는바, 이와 같은 피고인의 주문 또는 매매형태는 일반적인 시세조종의 방법, 즉 시세급변을 유도하기 위한 상한가매수주문, 매일 한정된 물량을 계속적·순차적, 계좌별·시간대별로 번갈아 가면서 소량·대량·분할·집중 매수하는 방법으로 시초가 고가매수, 당일 최고가 형성을 위한 고가매수, 종가상승을 위한 고가매수, 순차적 고가매수, 시가고정을 위한 분할 또는 집중매수 등의 방법과는 사뭇 양상을 달리하고 있고, 이 사건 기간 중 위 주식의 전체거래량에서 위와 같은 매매형태가 차지하는 비중 역시 비교적 낮은 편이었던 점, ④ 더욱이 이 사건 기간 무렵 I사에서는 대규모의 공사수주와 같은 호재성 공시를 다수 한 바 있고 그 배당이나 영업실적도 양호한 편이었으며 유사 우선주에 비하여 상대적으로 주가도 낮은 편이어서 그 주식 자체에 주가가 상승할만한 요소를 상당 부분 내포하고 있었던 것으로 보일 뿐만 아니라, 이 사건 주식과 유사한 우선주들이 우선주 테마주 바람이 불면서 이 사건 기간 중 주가가 급등하는 등의 주식시장 분위기나 시장흐름이 유사한 형태의 종목인 이 사건 주식에도 일정한 영향을 미쳤을 가능성이 높으므로(이 사건 주식 자체도 이 사건 이전인 2010년경에 그와 같은 우선주 테마주 바람이 불면서 주가가 크게 상승하였다가 다시 하락한 적이 있다), 이 사건 주식의 주가가 공소사실 기재와 같은 피고인의 주식거래만을 원인으로 하여 큰 폭으로 상승하였던 것으로 보기는 어렵고, 위와 같이 다른 원인들에 의해서도 상당한 영향을 받았던 것으로 보이는 점(나아가 이 사건 주식의 전체 주가상승분에서 피고인의 주식거래로 인한 주가 상승분을 분리하여 계산하는 것도 현실적으로 불가능한 것으로 보인다) 등을 종합하여 보면, 이 사건 주식이 저평가된 것으로 판단하고 장기적인 관점에서 투자를 계속하여 보유물량을 늘려나가면서 일부 차익실현과 평균 매수단가를 낮추기 위해 증권회사 등을 상대로 단주매도를 한 다음 그보다 낮은 가격으로 이를 다시 매수하는 등의 정상적인 주식거래를 하여 왔는데, 그 과정에서 I사의 호재성 공시나 우선주 테마주 바람과 같은 다른 변수의 영향을 받아 이 사건 주식의 주가가 완만하게 상승하게 되었다는 취지의 피고인 및 변호인의 주장이 오히려 설득력이 있어 보인다. 따라서 검사 제출의 각 증거들만으로는 피고인이 일반투자자들에게 매매가 성황을 이루고 있는 듯이 잘못 알게 하거나 일반투자자들의 매매거래를 유인하게 할 목적으로 주식의 시세를 인위적으로 변동시키는 거래를 하였음을 인정하기에는 부족하고, 달리 이를 인정할만한 증거도 없다. 그렇다면 이 사건 공소사실은 모두 범죄의 증명이 없는 경우에 해당하므로, 형사소송법 제325조 후단에 의하여 피고인에게 무죄를 선고하기로 하여 주문과 같이 판결한다.

시세조종행위의 성립을 위하여 매매유인목적만 있으면 되고 유인된 결과 매매가 실제로 이루어지는 것은 요건이 아니다. 따라서 형사책임에 있어서는 피해자의 손해발생과 시세조종행위자의 이익취득은 요건이 아니고, 다만 제175조에 기한 손해배상책임은 피해자의 손해발생을 요건으로 한다.

(3) 매매성황오인유발행위 또는 시세변동행위(제1호)

㈎ 규제대상 상품

규제대상 상품은 상장증권 또는 장내파생상품이다.29)

㈏ 거래장소

매매장소에 대한 제한규정이 없지만 매매대상이 상장증권 특히 장내파생상품이므로 거래소시장에서의 시세조종행위만 규제대상으로 보아야 한다.

㈐ 단일 매매

현실거래에 의한 시세조종행위에 대하여 자본시장법은 미국 증권법과 일본 金商法과 달리 일련의 거래(series of transaction)라는 요건을 규정하지 않는다.30) 단일 매매보다는 대부분 일련의 거래를 통하여 시세조종이 이루어지겠지만, 주가변동을 위한 적극적인 행위라면 반드시 일련의 거래인 경우뿐 아니라 단일 매매(시가 또는 종가 형성에 영향을 주기 위한 주문을 하는 경우 포함)라도 시세조종행위로 인정될 수 있다. 그러나 이 경우에는 목적의 존재 여부를 계속적인 거래에 비

---

29) 위장매매의 경우와 같이, 상장법인이 발행한 모든 증권이 규제대상이 되는 것은 아니고 상장법인이 발행한 증권 중 상장증권만이 규제대상이다.

30) 이와 달리 자본시장법 제176조 제3항은 "증권 또는 장내파생상품에 관한 일련의 매매 또는 그 위탁이나 수탁을 하는 행위"를 금지대상으로 규정한다.

하여 보다 엄격하게 판단하여야 할 것이다.

[서울중앙지방법원 2011. 1. 28. 선고 2010고합11 판결]
구 증권거래법 제188조의4 제2항 제1호의 '유가증권의 매매거래가 성황을 이루고 있는 듯이 잘못 알게 하거나 그 시세를 변동시키는 매매거래'라 함은 본래 정상적인 수요·공급에 따라 자유경쟁시장에서 형성될 시세 및 거래량을 시장요인에 의하지 아니한 다른 요인으로 인위적으로 변동시킬 가능성이 있는 거래를 말하는 것일 뿐 그로 인하여 실제로 시세가 변동될 필요까지는 없고(대법원 2006. 5. 11. 선고 2003도4320 판결 참조), 이에 해당하는지의 여부는 그 유가증권의 성격과 발행된 유가증권의 총수, 매매거래의 동기와 유형, 그 유가증권 가격의 동향, 종전 및 당시의 거래상황 등을 종합적으로 고려하여 판단하여야 한다(대법원 2001. 6. 26. 선고 99도2282 판결 참조). 또한, 위 조항에서 '일련의 거래'라는 요건을 요구하고 있지 않으므로 동시호가 시간대의 1회의 매도 주문 행위라 하더라도 그 행위로 인하여 시세를 변동시킬 개연성이 있으면 족하다고 할 것이다. 매매주문을 위탁받았던 H는 금감원에서 조사받으면서 "피고인이 동시호가 들어가기 전에 A은행 주가 15,800원을 강조하면서 A은행 주식 35만 주를 종가 동시호가 시간 중 가능한 늦게 시장가로 매도주문을 내도록 전화하였다"고 진술하였고, 검찰에서는 "피고인이 35만 주에 시장가에 매도주문을 내 달라고 했는지는 기억이 나지 않으나, 동시호가 시간대에 35만 주를 전량 매도하여야 한다고 하였고, 전량 매도할 수 있는 방법은 시장가에 매도주문을 내는 방법 외에는 없었다. 피고인으로부터 15,400원에 매도해달라고 부탁받은 기억은 전혀 없다"라고 진술하였으며, 당시 교보증권 투자상담사였던 G는 금감원 및 검찰에서 조사받으면서 "H가 D가 보유하고 있는 35만 주를 시장가로 매도하라고 지시하였고, 저는 위 지시대로 시장가 주문방식으로 HTS 화면을 변경하고 매도 물량을 입력하여 주문방법을 세팅해놓은 상태에서, H가 종가 마감 직전에 주문을 집행하였다, 지정가와 시장가 주문은 HTS 주문 입력 화면 자체가 다르므로 지정가 매도 주문 의뢰를 받았는데 착오로 시장가 매도 주문을 제출할 가능성은 거의 없다"라고 진술하고 있다. 이러한 진술 내용 및 H, G는 피고인의 주문 의뢰에 따라 단순히 주문을 집행하는 지위에 있는 점을 감안하면, 피고인은 H로 하여금 A은행 주식 35만 주를 동시호가 시간 중 가능한 늦게 시장가(또는 반드시 전량 매도해야 하는 가격)로 매도 주문을 제출하게 하여 A은행의 예상체결가격을 변동시켰다고 보인다.

㈑ 위탁행위와 수탁행위

"시세를 변동시키는 매매 또는 그 위탁이나 수탁을 하는 행위"도 금지대상이므로 매매의 성립은 요건이 아니고, 또한 이러한 매매를 수탁하는 행위도 금지된다.

㈑ 공   모

단독으로 한 행위뿐 아니라 타인과 공모한 경우도 제1호의 적용대상이다. 공모는 공범자 상호간에 직접 또는 간접으로 범죄의 공동실행에 관한 암묵적인 의사연락이 있으면 족하며, 이에 대한 직접증거가 없더라도 정황사실과 경험법칙에 의하여 이를 인정할 수 있다.[31] 공모의 경우에는 가담자 각자의 역할이 (단독인 경우에 비하여) 크지 않더라도 매매유인목적이 인정될 가능성은 클 것이다. 다만, 다수의 행위자가 관련되었지만, 사전합의에 의한 것이 아니라 서로 우연히 공통된 행위를 한 경우에는 "공모"로 볼 수 없다.

공범으로 기소된 피고인들의 매매행태가 크게 다르다는 이유로 시세조종을 인정하지 아니한 하급심 판례가 있다.

[서울중앙지방법원 2012. 12. 28. 선고 2011고합414 판결]
이 부분 공소사실에 부합하는 간접사실로는 ① 피고인들이 오랜 기간 친분을 유지하고 있고, R사 주식매매 당시 같은 회사에 근무하였던 사실, ② 피고인들은 수시로 자금을 주고받은 사실, ③ 피고인들은 시세조종 혐의기간인 2009. 5. 15.경부터 R사 주식을 대량으로 매수하기 시작하여 2010. 1. 18.부터 2010. 1. 26.사이에 대부분의 주식을 처분한 사실, ④ 피고인들이 HTS를 통해 주문한 주문IP가 동일하거나 유사한 사실이 있다. 나) 그러나 기록에 의하여 인정되는 바와 같이, ① 피고인 1은 R사 주식을 시세조종 혐의기간 초기에 매수를 많이 한 반면, 피고인 2는 시세조종 혐의기간 동안 지속적으로 매수하였고, 피고인 3 역시 지속적으로 매수하는 등 피고인들 상호간에 R사 주식 매매 행태에 적지 않은 차이가 있는 점, ② 피고인들의 R사 주식 매매주문은 대부분 S사 사무실에서 제출되었는데, 위 주식 매매주문은 유동 IP를 통해 제출되어 주문IP가 같다고 하여 같은 컴퓨터에서 주식 매매주문을 냈다고 단정하기 어려운 점, ③ 피고인들 사이에 R사 시세조종을 통한 이익금 분배가 이루어졌다는 점을 인정할 그 어떠한 정황도 찾아볼 수 없는 점, ④ 결국 피고인들이 R사 시세조종을 공모했다고 볼만한 가장 유력한 증거는 R사 주식 매매거래 형태가 유일한데, 이 역시 아래에서 보는 바와 같이 피고인들이 R사 주식이 저평가되었다고 판단하고 독자적인 판단에서 주식매매를 하였다고 볼 여지가 있는 점에 비추어 보면, 앞에서 본 간접사실만으로 피고인들이 R사 시세조종을 하였다고 보기 부족하고, 달리 이를 인정할 증거가 없다. 앞에서 본 바와 같이 피고인들이 공모하여 R사 주식을 시세조종하였다는 점을 인정할 증거가 없을 뿐만 아니라, 피고인들이 서로의 R사 주식을 어느 정도 매입하였는지 알았다는 점을 인정할 아무런 증거가 없는 이상, 피고인들이 자본시장법 제150조 제1항에 의한 의결권행사 제한을 받는 것은 별론으로 하더라도 피고인들에게 고

---

31) 대법원 2004. 3. 26. 선고 2002도7112 판결.

의범인 자본시장법상 대량보유보고의무위반죄가 성립한다고 볼 수는 없다.

㈐ 매매성황오인유발행위

"상장증권 또는 장내파생상품의 매매가 성황을 이루고 있는 듯이 잘못 알게" 하는 매매에 해당하는지의 여부는 당사자가 이를 자백하지 않더라도 그 증권의 성격과 발행된 증권의 총수, 가격 및 거래량의 동향, 전후의 거래상황, 거래의 경제적 합리성과 공정성, 가장 혹은 허위매매 여부, 시장관여율의 정도, 지속적인 종가관리 등 거래의 동기와 태양 등의 간접사실을 종합적으로 고려하여 이를 판단할 수 있다.

[대법원 2009. 4. 9. 선고 2009도675 판결]
위 조항 제1호 소정의 '유가증권의 매매거래가 성황을 이루고 있는 듯이 잘못 알게 하거나 그 시세를 변동시키는 매매거래'라 함은 본래 정상적인 수요·공급에 따라 자유경쟁시장에서 형성될 시세 및 거래량을 시장요인에 의하지 아니한 다른 요인으로 인위적으로 변동시킬 가능성이 있는 거래를 말하는 것일 뿐 그로 인하여 실제로 시세가 변동될 필요까지는 없고, 일련의 행위가 이어진 경우에는 전체적으로 그 행위로 인하여 시세를 변동시킬 가능성이 있으면 충분한데, 이상의 각 요건에 해당하는지 여부는 당사자가 이를 자백하지 않더라도 그 유가증권의 성격과 발행된 유가증권의 총수, 가격 및 거래량의 동향, 전후의 거래상황, 거래의 경제적 합리성과 공정성, 가장 혹은 허위매매 여부, 시장관여율의 정도, 지속적인 종가관리 등 거래의 동기와 태양 등의 간접사실을 종합적으로 고려하여 이를 판단할 수 있다.[32]

이러한 매매성황오인유발행위로서 통정매매와 가장매매가 실제로 많이 활용되는데, 여기서 "매매"가 실제로 체결될 것까지 요구되지는 않기 때문에, 소위 허수주문도 이러한 오인유발행위에 해당한다.

㈑ 시세변동매매와 그 위탁, 수탁행위

1) **현실매매와 시세조종** 제1호의 "시세를 변동시키는 매매"가 일반적인 의미의 시세조종행위로서 "현실매매에 의한 시세조종"이라고 하는데, 시세를 변동시키는 매매 또는 그 위탁이나 수탁을 하는 행위라 함은 "증권시장에서 수요공급의 원칙에 의하여 형성되는 증권 또는 장내파생상품의 가격을 인위적으로 상승 또는 하락시켜 왜곡된 가격을 형성하는 매매 또는 그 위탁이나 수탁을 하는 행

---

32) 同旨 : 대법원 1994. 10. 25. 선고 93도2516 판결, 대법원 2001. 6. 26. 선고 99도2282 판결, 대법원 2002. 7. 26. 선고 2001도4947 판결, 대법원 2002. 7. 22. 선고 2002도1696 판결.

위"를 말한다.33) 실제로는 매매성황오인은 일반적으로 시세변동을 초래하게 되므로 제1호가 규정하는 행위유형의 중점은 시세를 변동시키는 매매이다.

  2) 시세조종의 방법   시세조종의 방법은 매우 다양한데 실제의 판례에서 판시된 예로는, 직전체결가 대비 고가매수주문, 시세변동을 위한 상대매도호가 대비 고가매수주문, 시세급변을 유도하기 위한 상한가매수주문, 거래성황 또는 타인의 그릇된 판단을 유도하기 위한 운용계좌 상호간 매매주문, 매일 한정된 물량을 계속적·순차적·계좌별·시간대별로 번갈아 가면서 소량·대량·분할·집중 매수하는 방법으로 시초가 고가매수·당일최고가 형성을 위한 고가매수·종가 상승을 위한 고가매수·체증식 고가매수·시가고정을 위한 분할 또는 집중매수 등이 있다.34)

〈시세조종행위의 각종 유형〉
[서울고등법원 2009. 1. 6. 선고 2008노1506 판결]
  1. 통정매매 : 통정매매는, 자기가 주식을 매도 혹은 매수하는 같은 시기에 그와 같은 가격으로 타인이 그 주식을 매수 혹은 매도할 것을 사전에 그 자와 통정하여 매도 혹은 매수하는 것이다. 계산주체가 다른 여러 계좌의 매매를 동일인이 위임받아 각 계좌 사이에 매매하는 경우에 있어서도, 그 매매를 위임받은 사람이 매매 시간, 가격, 수량 등 다른 계산주체 사이의 매매조건을 미리 계획하고 그에 따른 매매를 한 이상 '타인과 통정'한 경우에 해당하고, 증권거래법 제188조의4 제1항 제1호, 제2호에서 말하는 '같은 시기'란 반드시 동시가 아니더라도 쌍방의 주문이 거래시장에서 대응하여 성립할 가능성이 있는 정도의 시기이면 족하며, '같은 가격'도 쌍방의 주문이 대응하여 거래가 성립할 가능성이 있는 범위 내의 가격이면 충분할 뿐만 아니라, 매수주문과 매도주문의 수량이 반드시 일치할 필요는 없으며, 이미 시장에 내어져 있는 주문에 대해서 통정한 다음 대응하는 주문을 내어 매매를 성립시키는 것도 모두 시세 및 거래량을 인위적으로 변동시킬 가능성이 있는 거래로서 통정매매에 해당하고, 매도주문량과 실제 매매체결량의 차이가 있는 경우도 통정매매에 해당할 수 있다.
  2. 고가 매수주문 : 이른바 '고가 매수주문'은, 직전가 혹은 상대호가와 대비하여 고가로 매수주문을 반복적으로 내어 시세를 인위적으로 상승시키는 것으로서, 매매거래가 성황을 이루고 있는 듯이 보이게 하고 특정 매수세력이 유입되어 주가가 강한 상승을 하고 있는 것처럼 보이게 하여 일반투자자들로 하여금 그릇된 판단을 하게 하여 매매거래를 유인하는 것이다. 한편으로, 시세조종 행위는 앞서 본 바와 같이 정상적인 수요·공급에 따라 자유경쟁 시장에서 형성될 시세 및 거래량을 시장요

---

33) 대법원 1994. 10. 25. 선고 93도2516 판결.
34) 서울지방법원 1999. 5. 12. 선고 98고단13351 판결.

인에 의하지 아니한 다른 요인으로 인위적으로 변동시킬 가능성이 있는 거래를 말하는 것일 뿐, 그로 인하여 실제로 시세가 변동될 필요까지는 없고, 일련의 행위가 이어진 경우에는 전체적으로 그 행위로 인하여 시세를 변동시킬 가능성이 있으면 충분한 것이므로, 직전가와 동일한 가격의 매수주문이나 호가관여율이 적은 경우라고 할지라도, 일련의 행위 전체에 비추어서 시세조종 행위에 해당할 수 있다.

3. 물량소진 매수주문 : 이른바 '물량소진 매수주문'은, 매도1호가에 나온 매도물량을 소화하기 위하여 반복적으로 매수주문을 하여 일반투자자들에게 지속적으로 매수세가 유입되는 것처럼 그릇된 판단을 하게 하여 매매거래를 유인하는 것이다. 매도1호가의 수량을 모두 매수하지 못하는 경우라도, 매도1호가의 변화를 가져오지는 못하지만 매도1호가의 수량을 지속적으로 흡수함으로써 거래량이 늘어나고 주가가 매도1호가 아래로 떨어지지 않은 채 인위적으로 지지되는 것이어서, 시세조종 행위에 해당할 수 있다.

4. 허수 매수주문 : 이른바 '허수 매수주문'은, 매수의사가 없이 직전가 혹은 상대호가와 대비하여 체결가능성이 없는 저가의 주문을 반복적으로 내어 매수잔량이 많이 쌓인 것처럼 보이게 하는 것으로서, 매수세력이 많은 것처럼 보이게 하여 마치 매매거래가 성황을 이루고 있는 것으로 일반투자자들로 하여금 그릇된 판단을 하게 하여 매매거래를 유인하는 것이다. 이러한 허수 매수주문에 해당하는지의 여부를 판단함에 있어서는, 그 매수주문 가격이 당시의 직전가 또는 상대호가, 거래량 및 주문잔량과 대비하여 즉시 체결될 가능성이 있었는지, 저가에 대량의 매수주문을 내고 그 이후에 주문을 취소하거나 저가의 매수주문을 분할하여 연속하여 반복적으로 내는 태양을 보이고 있는지, 당일 고가 매수주문이 존재하는 등 상반된 양태를 보이고 있는지, 매수주문 수량이 당시의 거래량, 매수·매도 주문잔량 등과 비교하여 매수세가 유입되는 것으로 보이지는 않는지 등 거래 당시의 제반 상황을 종합하여 판단해야 할 것이지, 당일의 저가나 일정기간 동안의 평균 매매가격을 뜻하는 이동평균가격보다 낮은 가격의 매수주문인지 여부 등의 획일적인 기준으로 판단할 수는 없고, 매도·매수 호가 총잔량 공개제도가 폐지되고 최우선 호가 10개만이 공개되는 상황에서 그와 같은 기준을 적용해야 할 합리적인 근거도 없다.

5. 시가 및 종가 관여 매수주문 : 이른바 '시가 관여 매수주문' 및 '종가 관여 매수주문'은, 시가 결정을 위한 호가 접수시간인 08:00~09:00와 종가 결정을 위한 호가 접수시간인 14:50~15:00에 각각의 호가와 주문수량은 공개되지 않고 예상 체결가격과 예상 체결수량만이 공개되는 상황에서, 예상 체결가격보다 높은 가격에 매수주문을 함으로써 예상 체결가격을 상승시켜 마치 주가가 상승하는 것으로 오인하게 하고 일반투자자들의 매수세를 유인함으로써 시가 혹은 종가가 높은 가격에 결정되도록 하는 것이다. 예상 체결가격과 같은 가격에 매수주문을 한 경우에도, 그 주문으로 인하여 예상 체결가격이 상승하지 않을 뿐 예상 체결수량을 증가시키거나 매수호가 잔량을 증가시켜 일반투자자들로 하여금 매수세가 유입되는 것으로

오인하게 할 수 있으므로, 예상 체결가격과 같은 가격에 매수주문을 하였다는 점
만으로 시세조종 행위에 해당하지 않는다고 할 수는 없고, 앞서 본 바와 같이 일
련의 행위 전체에 비추어서 시세조종 행위에 해당할 수 있다.

6. 상한가 매수주문 :이른바 '상한가 매수주문'은, 주가가 상한가를 시현하고 있을 때
   상한가로 대량의 매수주문을 내어 상한가가 지속되도록 하는 것으로서, 일반투자
   자들이 상한가 매수잔량을 보고 투자판단을 하는 상황에서 상한가가 익일에도 이
   어지도록 하는 효과가 있다. 매도주문이 없는 상태에서 상한가 매수주문을 한 경
   우에도, 매도물량이 나오게 되면 이를 지속적으로 흡수함으로써 거래량이 늘어나
   고, 이에 따라 주가가 상한가에서 인위적으로 지지되는 것이므로, 일련의 행위 전
   체에 비추어 시세조종 행위에 해당할 수 있다.

〈고가매수주문에 의한 시세조종〉
[서울고등법원 2005. 1. 14. 선고 2004노2572 판결]
(피고인의 주장)
원심 판시 제1의 가. (1) 기재 범행 당시 C 명의 계좌에서 206,800주를 최고가 2,410
원으로 매수주문을 한 것은 사실이나, 기준가격 결정을 위한 동시호가시간대에 이미
평가가격 1,205원의 200%에 근접하는 매수물량이 쌓여 있다는 사실을 전화로 확인하
고 아르바이트생에게 구체적인 수량을 특정하지 않은 채 최고가 매수주문을 내라고
지시하였을 뿐이고, 동시호가시간대에는 거래가 체결되지 않고 주문만 나타나기 때
문에 '거래' 자체가 존재하지 아니하여 피고인의 매수주문으로 인하여 매수주문이 유
발된 바 없으며, 피고인의 시초가 주문이 없었더라도 동시호가 체결가격은 최고가 근
처에서 형성될 수 있었고, 그 거래량 또한 X의 총 발행주식수 27,134,839주에 비추어
극히 적은 총 매수주문량 216,800주, 그 중 최고가 주문수량 206,800주에 실제 체결
수량 160,400주에 불과하였으며, 그 후의 계속적인 거래에 관여한 바 없으므로, 원심
판시와 같이 매매거래를 유인하기 위하여 유가증권의 매매거래가 성황을 이루고 있
는 듯이 잘못 알게 하는 거래를 하였다고 볼 수 없다.
(법원의 판단)
피고인은 이미 장외에서 저가로 대량의 물량을 확보하고 있는 상황에서 재상장일 동
시호가시간대에 집중적으로 고가매수주문한 점, 피고인은 P 및 J로부터 높은 금리로
차용한 자금으로 9백만 주를 장외매수하여 보유하고 있었기 때문에 재상장일부터 추
가로 주식을 매수할 만한 이유를 찾아보기 힘들고, 재상장일의 매매양태에 있어서도
J 명의 계좌에서는 389,400주를 매수하면서 담보계좌에서는 비슷한 수량인 347,830주
를 매도한 점, 장외매수로 대량보유하고 있던 주식을 매도하는 입장임에도 불구하고
위와 같이 J 명의 계좌로 집중적으로 최고가 매수주문을 낸 것은 기준가격을 최고가
로 형성시키기 위한 의도가 있었다고 보이는 점, 피고인은 자신이 관리하는 계좌를
이용하여 한 쪽에서는 매수주문을, 한 쪽에서는 매도주문을 함으로써 매매거래를 체

결시켰는데 매도수량보다 훨씬 많은 매수주문을 함으로써 일반투자자들 입장에서 보면 매매거래가 성황을 이루고 있는 것으로 오인할 여지가 있었던 점, J 명의 계좌를 매수계좌로, K 명의 계좌를 매도계좌로 운용하면서 가장매매주문을 한 점, 특히 2회에 걸쳐 각각 매도 10순위 호가잔량보다 많은 수량인 20,000주 및 30,000주의 시장가 매수주문을 내었던 것은 시세를 상승시킬 의도가 있었기 때문인 것으로 보이는 점 등을 알 수 있고, 그밖에 피고인은 사채를 차용하여 장외에서 주식을 매입하였으므로 이자 등을 고려한다면 주식을 빨리 처분하여야 할 입장에 있었고 장기간 보유할 주식도 아니었으므로 동시호가시간대에 고가매수를 한 것은 시세를 고가로 형성할 목적이 있다고 보이는 점, 피고인이 동시호가시간대에 C 명의 계좌로 상한가 매수주문을 냈기 때문에 다른 사람들이 보기에 X 주식이 성황리에 거래가 되는 것이라고 생각을 해서 상한가로 주문을 내거나 기존에 주문을 낸 사람도 취소하지 않았을 수도 있어 피고인의 주문이 다른 사람들의 매매거래를 유인했을 가능성도 있는바 피고인이 위와 같이 대량으로 최고가 매수주문을 내지 않았다면 X 주식의 재상장 기준가격이 최고가로 형성되지 않았을 것으로 보이는 점 등의 사정에 비추어 보면, 피고인은 X 주식의 매매거래가 성황을 이루고 있는 듯이 잘못 알게 하거나 매매거래를 유인할 목적으로 원심 판시 제1항과 같이 고가매수주문 및 가장매매거래를 하였다고 봄이 상당하다.

⟨지정가매수주문(종가관여행위)에 의한 시세조종⟩
[서울중앙지방법원 2011. 1. 28. 선고 2010고합11 판결]

1. 종가 관여 매수주문의 의의 : 이른바 '종가 관여 매수주문'은, 종가 결정을 위한 호가 접수시간인 14:50~15:00경에 각각의 호가와 주문수량은 공개되지 않고 예상 체결가격과 예상 체결수량만이 공개되는 상황에서, 예상 체결가격보다 높은 가격에 매수주문을 함으로써 예상 체결가격을 상승시켜 마치 주가가 상승하는 것으로 오인하게 하고 일반투자자들의 매수세를 유인함으로써 종가가 높은 가격에 결정되도록 하는 것이다. 예상 체결가격과 같은 가격에 매수주문을 한 경우에도, 그 주문으로 인하여 예상 체결가격이 상승하지 않을 뿐 예상 체결수량을 증가시키거나 매수호가 잔량을 증가시켜 일반투자자들로 하여금 매수세가 유입되는 것으로 오인하게 할 수 있으므로, 예상 체결가격과 같은 가격에 매수주문을 하였다는 점만으로 시세조종 행위에 해당하지 않는다고 할 수는 없고, 일련의 주문행위 전체에 비추어서 시세조종 행위에 해당할 수 있다.

2. 종가 관여 매수 주문에 해당하는 지 여부 : 위 인정사실에 의하니, ① 피고인이 M에게 블룸버그 메신저를 통하여 15,800원에 93만 주의 매수 주문을 부탁할 시점인 14:54경의 예상 체결가는 15,950원이었으나, 피고인은 검찰에서 "저는 종가시간에 변화하는 예상체결가를 크게 신뢰하는 편은 아니었습니다. 일반적으로 종가는 동시호가 직전가에 형성된 가격에서 크게 벗어나지 않는다고 생각이 되고, 아주 특

이한 경우 외에는 대부분 그렇게 종가가 형성되는 것으로 알고 있습니다. 오히려 동시호가 중에 변하는 예상체결가라는 것은 신뢰성이 떨어진다고 생각됩니다."라고 진술(2권 1061~1062쪽)한 점에 비추어, 피고인은 주문 시점의 예상체결가격에 기초한 것이 아닌 자신이 형성한 동시호가 직전가(최초 예상체결가격)인 15,800원에 기초하여 대량의 매수주문을 낸 것으로 판단되는 점, ② 피고인은 비록 D의 대량 매도 사실은 알지 못하였으나, D가 H은행 주식을 약 70만 주 보유하고 있다는 사실 자체는 사전에 알고 있었고, D가 종가 무렵에 위 물량을 매도하여 (주가를 끌어내리려고) 노력할 것이라는 점을 M에게 말하기까지 하였으므로 동시호가 시간대에 D의 대량매도물량이 있으면 이로 인해 H은행의 주가가 낙아웃 가격 아래로 하락할 것이라는 점을 충분히 예상하고 있었고, 이에 따라 위 D의 물량을 초과하는 대량의 매수 주문을 제출함으로써 H은행의 종가를 낙아웃 가격 이상으로 되도록 관여할 필요성이 있었던 점, ③ 앞의 고가매수 주문과 연계하여 전체적으로 볼 경우 동시호가 시간대에 들어가기 직전에 4만 주의 고가매수 주문을 제출하여 시세를 15,800원으로 변동시킨 후 장 마감 직전에 D의 매도물량(당시 약 70만 주 정도로 예상하였다)을 훨씬 초과하는 93만 주의 대량매수 주문을 제출함으로써 H은행 주식의 종가를 D의 매도물량에도 불구하고 낙아웃 가격 이상인 15,800원으로 형성시키려고 하였던 것으로 보이는 점, ④ 피고인은 이 사건 헤지거래를 하게 되면 주가가 상승하든 하락하든 옵션 계약의 이행으로 인한 큰 손익 없이 일정한 수준의 마진만을 얻을 뿐이어서 H은행의 시세를 조종할 동기가 없다고 주장하나, 이는 피고인이 그의 고유한 책임 아래 취한 위험회피조치의 효과에 기인하는 것에 불과하고, 이 사건 낙아웃 옵션 계약상으로도 낙아웃이 달성될 경우 도이치은행으로서는 D에게 상당한 금액[(2004. 6. 28. 이전 20영업일 동안의 각각의 H은행의 주식 종가들의 산술평균가격－7,892원)×2,850,370주]을 지급할 의무를 면하게 되는바, 이에 비추어 피고인이 H은행 주가를 낙아웃 시킬 동기가 있다고 보이는 점, ⑤ 피고인은 종가시간대에 대량 매수 주문이 제출된 것은 이 사건 낙아웃 옵션계약이 종가 가격을 기준으로 하기 때문에 종가시간대에 공매도를 청산할 수 밖에 없었다고 주장하나, 델타헤지와 같은 위험회피거래는 증권사가 그 자신의 이익을 보호하기 위하여 그의 책임과 판단 아래 수단과 방법을 결정하여 행하여지는 것이므로, 기초자산의 공정한 가격 형성에 영향을 주지 않는 범위 내에서 이루어져야 할 것인데, 피고인은 장중에 분할 매수를 하는 등 시장 충격을 완화하려는 조치를 취하지 않고, 동시호가 시작 직전 및 장 종료 직전에 대량의 매수 주문을 제출한 점(M과 1 간의 14:03~04경 블룸버그 메시지를 보더라도, M이 피고인에게 장중 매수를 권유하였는데, 피고인은 대한 전선의 70만 주 보유 및 매도 우려 때문에 매수 시점을 최대한 늦춘 것으로 보인다), ⑥ 피고인은 93만 주를 홍콩에 있는 M에게 주문 의뢰한 것은 해외법인 소속 직원인 피고인이 한국에서 주문을 내는 경우 세금, 법규 위반의 문제 발생을 염려하였기 때문이지 시세 조종을 은폐하기 위한 것이 아니라고 주장하나, 피고인이 서울에 체류하는 동안 93만 주 외에는 모두 피고인이 직접 서울에서 주문 의뢰를 하였고, 만일 피고인이 서울에서 주문을 냄으로써 도이치은행에 세금, 법규 위반의 문제가 발생할 염려 때문에 홍콩에서 주문을 내기를 원하였다면, 이를 부탁받은 M은 이러한 문제를 해결하기 위해 별다른 이의 없이 승낙하였을 것임에도, 피고인에게 수차례 확실한지 물어보고, 우리는 통화하고 있어 (녹음되니) 너가 책임질 것이라고 주장할 것이라는 등 피고인에게 책임을 전가하려는 태도를 보였는바, 이는 M도 이러한 매수 주문이 시세조종성 주문이 될 수 있음을 인식하였기 때문이라고 보이는 점, ⑦ 직전 3일간의 종가 평균거래량이 약 6만 6천 주에 불과하였고, 피고인이 M에게 매수 주문을 의뢰한 2004. 2. 19. 14:54경의 예상체결수량은 약 11만 8,000주에 불과한 상황에서 별지 'H은행 주식거래내역' 및 앞의 [표2]에서 보는 바와 같이 당일 다른 주문수량에 비추어 매우 이례적인 93만 주의 대량매수주문을 의뢰함으로써 결과적으로 예상체결가격을 15,400원에서 15,800원으로, 예상체결수량을 약 42만 주에서 62만 주로 크게 증가시켰고, 356,150주의 매매거래를 체결시켜 종가관여율이 57.27%에 이르는 점, ⑧ 당시 H은행의 주가 추이, H은행 인수에 관한 언론보도 등을 종합하면, 시티은행의 H은행 주식 공개매수 시점이 임박하였다고 보이고, 만일 H은행 주식 공개매수 가격이 낙아웃 가격 이하로 결정될 경우 2004. 6. 28. 만기까지 H은행의 주가가 낙아웃 가격 이하로 유지될 가능성이 높았다고 할 것이므로, 이러한 상황에서 도이치 증권 측은 위 공개매수가 임박한 이 시점에 H은행 주식의 종가를 낙아웃 가격 이상으로 형성함으로써 D에 거액을 지급할 의무를 회피할 필요성이 컸던 점을 알 수 있다. 이러한 사정을 종합하면, 피고인이 H은행 주식을 15,800원에 93만 주 대량매수 주문한 것은 아래에서 보는 바와 같이 공매도 청산의 의도가 있기는 하나, 앞의 고가매수 주문과 연계하여 전체적으로 보면 H은행의 주가를 낙아웃 가격 이상으로 변동시킬 의도로 주문한 것으로서 그 주문으로 인하여 예상 체결가격이 상승하지 않을 뿐 예상 체결수량을 크게 증가시켜 일반투자자들로 하여금 매수세가 유입되는 것으로 오인하게 하는 종가 관여 주문에 해당한다고 봄이 상당하다.

〈종가매수주문에 의한 시세조종〉
[서울고등법원 2005. 1. 14. 선고 2004노2572 판결]
피고인은 X사 주식을 장외에서 싼값에 매수하여 주식시장에서 시세조종을 하여 주가를 높게 형성시킨 다음 주가가 일정액 이상 상승한 시점에서 장외에서 매수한 주식을 풀어 이익을 취득하는 방법으로 이 사건 시세조종을 하기로 계획하였다고 봄이 상당하고, 장외에서 미리 매도한 193만 주를 제외하더라도 유통물량 중 대부분인 925만 주 이상을 피고인이 보유하고 있어 그 매도를 통제하면 주가는 피고인의 의도대로 움직일 수밖에 없었으므로, 이는 피고인이 주식 시장에서의 주식거래 물량을 충분히 조

종할 수 있는 상황이었던 것으로 판단된다. 또한, 위 증거들에 의하면, 재상장일의 매매거래는 08:00~09:00중 평가가격 1,205원의 50~200%의 호가 범위 내인 605원에서 2,410원 사이에서 주문을 접수하여 단일가격에 의한 개별경쟁매매의 방법으로 기준가격을 결정하는데, 동시호가 체결시 동일가격대의 매수주문이 경합하는 경우에 체결의 우선순위는 주문수량으로 결정되고, 동시호가 경쟁체결의 경우 가격 및 수량 결정은 매수 및 매도호가가 중복되는 범위에서 가장 많은 수량이 체결되는 가격대를 기준으로 결정되며, 동시호가주문내역의 공개범위는 예상체결가격, 예상체결수량, 매도·매수별 예상최우선 호가의 가격 및 그 가격의 호가수량이 거래자의 홈트레이드시스템(HTS)에 공개되는 사실, 피고인은 재상장일인 2002. 11. 11. 아르바이트생 2명을 고용한 후 피씨방에서 매매주문을 내도록 지시하고, 수시로 전화연락을 하여 주식현황을 파악하면서 매매주문을 하게 하였는데, 2002. 11. 11. 08:14:39에 주문가 2,000원에 4,000주를 매수주문하도록 지시하였고, 08:15:02와 08:15:52경 주문가 2,100원에 3,000주씩을 매수하도록 지시한 다음, 08:36:21에 최고가인 2,410원에 4,800주를 매수주문하는 등 원심 판시와 같이 시초가 총매도주문수량 209,640과 거의 같은 206,800주에 대하여 최고가매수주문을 하여 160,400주를 거래체결시켰고, 그 중 24,750주에 대하여 가장매매를 하는 등, X사의 재상장일의 기준가격이 최고가인 2,410원에 결정됨에 있어서의 피고인의 호가관여율은 68.04%에 달하였던 사실, 피고인은 2002. 11. 11. 347,830주(기준가격 결정 이후 317,830주)를 매도하면서 시초가부터 대량의 고가매수주문으로 집중매수하는 등의 방법으로 389,400주(기준가격 결정 이후 164,300주)를 매수하였고, 그 과정에서 같은 날 09:51경 현재가격은 2,600원이고 매도 10순위 호가잔량(현재가격을 기준으로 5원 단위로 10단계 상승한 호가 범위 내에서 매수주문한 총량) 25,020주인데 그보다 많은 3만 주를 시장가로 매수주문하여 전량 체결시켜 시세를 95원 상승시키고, 12:50경에도 매도 10순위 호가잔량 13,020주보다 많은 2만 주를 시장가 매수주문을 내어 전량 거래체결시켜 시세를 180원 상승시켰으며, 이후 보유주식을 매도하는 과정에서 1,639,210주를 추가로 매수하였다가 매도하는 등 2002. 11. 11.부터 같은 해 12. 4.까지 2,028,610주를 매수하고 10,494,200주를 매도한 사실이 인정되는바, 피고인은 X사 주식의 매도를 통제하면서 이미 장외에서 대량의 물량을 보유하고 있는 상태에서 이를 매도하는 동시에 집중적으로 고가매수함으로써 기준가격이 최고가로 형성되는데 결정적인 영향을 미쳤으므로, 피고인이 X사 주식의 매매거래가 성황을 이루고 있는 듯이 잘못 알게 하거나 매매거래를 유인할 목적으로 원심 판시 제1항과 같이 고가매수주문 및 가장매매거래를 하였다고 보아야 할 것이다.

3) **허수주문**   매수 또는 매도주문량이 많은 것처럼 보이기 위하여 매매를 할 의사 없이 하는 일련의 허수주문행위도 시세조종행위의 요건을 갖추면 시세를

변동시키는 매매 또는 그 위탁이나 수탁을 하는 행위에 해당한다.

[대법원 2002. 6. 14. 선고 2002도1256 판결]
매매계약의 체결에 이르지 아니한 매수청약 또는 매수주문이라 하더라도 그것이 유
가증권의 가격을 상승 또는 하락시키는 효과를 가지고 제3자에 의한 유가증권의 매
매거래를 유인하는 성질을 가지는 이상 증권거래법 제188조의4 제2항 제1호 소정의
'유가증권의 매매거래가 성황을 이루고 있는 듯이 잘못 알게 하거나 그 시세를 변동
시키는 매매거래 또는 그 위탁이나 수탁을 하는 행위'에 해당하고, 단지 매수주문량
이 많은 것처럼 보이기 위하여 매수의사 없이 하는 허수매수주문도 본조 제2항 제1
호가 금지하는 이른바 현실거래에 의한 시세조종행위의 유형에 속한다.

허수주문은 인위적으로 주가를 올리거나 내리기 위하여 실제로는 매수 또는
매도할 의사가 없이 매수 또는 매도주문을 낸 후 체결되기 전에 주문을 취소하는
방법이 이용되는데, 실제로는 시세조종행위에 해당하는 주문으로 파악하기가 용
이하지 않다.35) 예를 들어, 허매수주문 여부의 판단에 있어서 매수호가가 당일
최저시세보다 높거나, 하루 중의 가격변동폭이 큰 경우에는 빈번한 주문의 취소,
정정이 있지 않았다면 단순히 거래가 체결되지 않았다고 하여 시세조종으로 보기
는 곤란하다.36) 또한 매수주문 중 일부 허매수주문으로 보이는 주문이 있다 하더
라도 대부분의 고가매수주문에 의하여 매매가 체결된 경우, 가격급등락이 심하여
혹시 가격이 급락하는 경우 저가에 대량매수할 의도로 저가매수주문을 하는 경우
에는 시세조종으로 보기 어렵다.

허수주문이 아니더라도 시세하락을 유도하는 주문이면 "시세를 변동시키는
매매거래"에 해당한다.

[서울고등법원 2011. 8. 18. 선고 2010노3506 판결]
이 부분 공소사실에는 "피고인은 총 25회에 걸쳐 119,013주의 시세하락을 유인하는
주문을 내고, 4회에 걸쳐 83,353주의 허위 매도주문을 냈다."라고 기재되어 있다. 그
러나 아래에서 보는 바와 같이 4회에 걸친 매도주문은 L의 보유주식을 C 명의로 매
수하려다가 C 측의 사정으로 매수하지 못한 것으로서 이를 매도의사가 없는 허위의
매도주문이라고 보기는 어렵다. 그렇지만 위 매도주문은 시세하락을 유도하는 주문
으로 인정되므로 이를 합하여 기재한다(이는 공소사실의 동일성이 인정되는 범위 내

---

35) 특히 전산시스템의 발전에 따라, 고객의 매매주문이 금융상품거래업자에 의해서 체크되지
않고 서버만을 경유하여 거래소시장에 회송되는 경우[DMA(direct market access) 주문], 시세
조종행위의 적발 및 판단이 보다 어렵게 된다.
36) 대법원 2008. 11. 27. 선고 2007도6558 판결.

에서 법적 평가만을 달리하는 경우로서 피고인의 방어권에 실질적 위험을 초래할 염려가 없으므로 공소장 변경절차를 거치지 아니하고 이를 인정한다).[37]

4) 시세변동의 원인과 결과   시세변동의 원인과 관련하여, 오로지 행위자의 행위에 의하여 시세가 변동되었다는 사실은 요구되지 않고, 시세변동의 다른 사정이 있다 하더라도 행위자의 행위가 시세변동의 주된 요인이면 된다. 또한, 각각의 매매가 객관적으로 시세를 변동시킬 필요가 없고 행위자의 일련의 매매가 전체적으로 시세를 변동시키면 된다. 또한 "시세를 변동시키는 매매"는 그로 인하여 실제로 시세가 변동될 필요까지는 없고, 일련의 행위가 이어진 경우에는 전체적으로 그 행위로 인하여 시세를 변동시킬 가능성이 있으면 충분하다.

[대법원 2008. 12. 11. 선고 2006도2718 판결]
선물거래법 제31조 제1항 제4호에 정한 '선물거래를 유인할 목적'이란 인위적인 조작을 가하여 시세를 변동시키면서 투자자에게는 그 시세가 선물거래시장에서의 자연적인 수요·공급의 원칙에 의하여 형성된 것으로 오인시켜 선물 매매거래에 끌어들이려는 목적을 말한다. 이러한 목적은 다른 목적과의 공존 여부나 어느 목적이 주된 것인지는 문제되지 아니하며, 투자자의 오해를 실제로 유발하였는지 여부나 타인에게 손해가 발생하였는지 여부 등도 문제가 되지 아니한다. 그리고 위 제4호에서 말하는 '당해 선물거래가 성황을 이루고 있는 것으로 오인하게 하거나 선물거래의 시세를 고정 또는 변동시키는 거래행위'란 본래 정상적인 수요·공급에 따라 자유경쟁시장에서 형성될 시세 및 거래량을 시장요인에 의하지 아니한 다른 요인으로 인위적으로 변동시킬 가능성이 있는 거래를 말한다. 그로 인하여 실제로 시세가 변동될 필요까지는 없고, 일련의 행위가 이어진 경우에는 전체적으로 그 행위로 인하여 시세를 변동시킬 가능성이 있으면 충분하다. 이상의 각 요건에 해당하는지 여부는 당사자가 이를 자백하지 않더라도 해당 선물의 성격과 현물과의 관계, 거래의 동기와 태양, 선물 및 현물의 가격 및 거래량의 동향, 전후의 거래상황, 거래의 경제적 합리성 및 공정성 등의 간접사실을 종합적으로 고려하여 판단할 수 있다.

인위적인 방법에 의한 시세의 고정, 안정은 넓은 의미에서 보면 본래 형성될 정상적인 시세를 비정상적인 가격으로 변동시키는 것으로 볼 수 있지만 제176조 제3항이 시세의 고정, 안정행위를 규제하므로 제2항보다는 제3항의 적용대상으로 보아야 할 것이다.

5) 상장시초가의 변동   제1호의 시세변동행위와 관련하여, 신규 발행 유가

---

37) 판결문 각주 14 부분이다.

증권이 최초 상장되는 경우에 상장시초가 형성과정에서 왜곡된 가격(대개 비정상적으로 높은 가격)을 형성하기 위한 주문행위가 문제되는데, 대법원은 이에 대하여 유통시장에서 기형성된 기준가격(시세)이 없다는 이유로 제1호가 규정하는 시세변동행위에 해당하지 않는다고 판시하였으나, 상장시초가 형성과정에서도 정상적인 수요공급의 원칙에 의한 가격이 아니라 매매거래를 유인할 목적으로 왜곡된 주문을 하여 비정상적인 시초가를 형성한 경우도 넓은 의미에서의 유통시장에서의 시세조종으로 보아야 할 것이라는 비판을 받아 왔다.

〈최초 상장 사례〉
[대법원 1994. 10. 25. 선고 93도2516 판결]
　최초 상장된 주식의 경우 기형성된 주식의 시세라는 것이 존재하지 아니할 뿐 아니라 주식시장에 있어서 자유시장경쟁원리에 입각한 수요와 공급의 원칙에 따라 결정되는 시세가 아닌 합리적인 주식시세의 개념을 상정할 수 없으므로 피고인들의 위 행위는 주식 상장기준가의 조작행위에 해당한다고는 할 수 있을지언정 증권거래법의 규율대상인 주식의 시세를 변동시키는 매매거래행위에 해당한다고는 할 수 없어, …"

〈분할로 인한 재상장 사례〉
[서울중앙지방법원 2004. 9. 10. 선고 2004고합700 판결]
　검사는 피고인의 주식매매거래가, 매매거래가 성황을 이루고 있는 듯이 잘못 알게 하는 행위임과 동시에 시세를 변동시키는 매매거래라고 보아 공소를 제기하고 있으나, 증권거래법 제188조의4 제2항 제1호의 '유가증권의 시세를 변동시키는 매매거래행위'라 함은 유가증권시장에서 수요·공급의 원칙에 의하여 형성된 유가증권의 가격을 인위적으로 상승 또는 하락시키는 등의 조작을 가하는 매매거래를 말하는 것으로서, 최초로 상장되는 주식의 경우에는 기형성된 주식가격이 없으므로 비록 상장 당일 매매거래의 가격제한폭의 적용기준인 상장기준가에 영향을 미치는 매매거래라 할지라도 이에 해당한다고 볼 수 없는바(대법원 1994. 10. 25. 선고 93도2516 판결 참조), 앞에서 인정한 사실에 의하면, 이 사건 D사 주식은 재상장되는 주식으로 기형성된 주식가격이 없고, 재상장 기준가격은 D사 주식 평가가격(D사가 분할되기 전 회사인 N사의 최종매매거래일의 시가총액에 순자산분할비율을 곱한 후 분할 후 종류별 주식수로 나누어 산출되는 가격)의 50%~200% 사이에서 결정되는 것으로 비록 피고인의 매매거래가 상장기준가에 영향을 미친다고 하더라도 이를 유가증권시장에서 수요·공급의 원칙에 의하여 형성된 유가증권의 가격이라고는 볼 수 없으므로, 피고인의 주식매매거래행위는 시세를 변동시키는 매매거래에 해당하지 않는다.38)

---

38) [이 사건에서 고가매수, 가장매매 등 다른 방법에 의한 시세조종은 인정되었다] "피고인은 이미 장외에서 저가로 대량의 물량을 확보하고 있는 상황에서 재상장일 동시호가시간대에 집

　자본시장법 제176조 제2항 제1호는 이와 관련하여 "시세(증권시장 또는 파생상품시장에서 형성된 시세, 다자간매매체결회사가 상장주권의 매매를 중개함에 있어서 형성된 시세, 그 밖에 대통령령으로 정하는 시세를 말한다. 이하 같다)"라고 규정하고, 시행령 제202조는 "법 제176조 제2항 제1호에서 "대통령령으로 정하는 시세"란 상장(금융위원회가 정하여 고시하는 상장을 포함한다)되는 증권에 대하여 증권시장에서 최초로 형성되는 시세를 말한다"고 규정함으로써 이에 관한 논란을 입법적으로 해결하였다.

　6) 주가관리　　　시세변동매매 거래와 관련하여 소위 주가관리와의 구분이 문제되는데 우리나라에서는 그 동안 주가관리라는 명목으로 공공연하게 시세조종이 이루어졌음에도 불구하고 감독당국이나 일반투자자들이 다른 종류의 시세조종에 비하여 그 불법성에 대하여 관대한 입장을 취하여 왔다. 그러나 주가관리도 시세조종에 해당하지만 그 동안은 대부분 공개적으로 행하여지기 때문에 그 위법성의 정도가 중하지 않다는 이유로 규제의 범위에서 벗어나는 경우가 많았을 뿐인

중적으로 고가매수주문한 점, 피고인은 높은 금리로 차용한 자금으로 9백만 주를 장외매수하여 보유하고 있었기 때문에 재상장일부터 추가로 주식을 매수할 만한 이유를 찾아보기 힘들고, 재상장일의 매매양태에 있어서도 A 계좌에서는 389,400주를 매수하면서 B 계좌에서는 비슷한 수량인 347,830주를 매도한 점, 장외매수로 대량보유하고 있던 주식을 매도하는 입장임에도 불구하고 위와 같이 A 계좌로 집중적으로 최고가 매수주문을 낸 것은 기준가격을 최고가로 형성시키기 위한 의도가 있었다고 보이는 점, 피고인은 자신이 관리하는 계좌를 이용하여 한 쪽에서는 매수주문을, 한 쪽에서는 매도주문을 함으로써 매매거래를 체결시켰는데 매도수량보다 훨씬 많은 매수주문을 함으로써 일반투자자들 입장에서 보면 매매거래가 성황을 이루고 있는 것으로 오인할 여지가 있었던 점 등을 알 수 있고, 그밖에 피고인은 사채를 차용하여 장외에서 주식을 매입하였으므로 이자 등을 고려한다면 주식을 빨리 처분하여야 할 입장에 있었고 장기간 보유할 주식도 아니었으므로 동시호가시간대에 고가매수를 한 것은 시세를 고가로 형성할 목적이 있다고 보이는 점, 피고인이 동시호가시간대에 A 계좌로 상한가 매수주문을 냈기 때문에 다른 사람들이 보기에 D사 주식이 성황리에 거래가 되는 것이라고 생각을 해서 상한가로 주문을 내거나 기존에 주문을 낸 사람도 취소하지 않았을 수도 있어 피고인의 주문이 다른 사람들의 매매거래를 유인했을 가능성도 있는바 피고인이 위와 같이 대량으로 최고가 매수주문을 내지 않았다면 D사 주식의 재상장 기준가격이 최고가로 형성되지 않았을 것으로 보이는 점 등의 사정에 비추어 보면, 피고인은 D사 주식의 매매거래가 성황을 이루고 있는 듯이 잘못 알게 하거나 매매거래를 유인할 목적으로 고가매수주문 및 가장매매거래를 하였다고 봄이 상당하다. 또한 거래가 체결된 경우에만 주식의 매매거래가 성황을 이루고 있는 듯이 잘못 알게 하는 매매거래가 되는 것은 아니며 앞에서 인정한 바와 같이 피고인이 동시호가시간대에 대량의 최고가 매수주문을 냈기 때문에 일반투자자들 입장에서 보면 D사 주식의 매매거래가 성황을 이루고 있는 것으로 오인하여 상한가로 주문을 내거나 기존에 주문을 낸 사람이 취소하지 않았을 수도 있어 피고인의 주문이 다른 사람들의 매매거래를 유인했을 가능성도 있으므로, 피고인이 동시호가시간대에 매매거래를 유인할 목적으로 매매거래를 했다 하더라도 주식의 매매거래가 성황을 이루고 있는 듯이 잘못 알게 하는 매매거래라고 보아야 할 것이다. 따라서 피고인 및 변호인의 위 주장은 모두 받아들이지 아니한다."

데, '유가증권의 매매거래가 성황을 이루고 있는 듯이 잘못 알게 하거나 그 시세를 변동시키는 매매거래'에 해당하는지의 여부는 그 유가증권의 성격과 발행된 유가증권의 총수, 매매거래의 동기와 유형, 그 유가증권 가격의 동향, 종전 및 당시의 거래상황 등을 종합적으로 고려하여 판단하여야 할 것이므로, 주가관리라는 부수적인 목적이 있더라도 이와 같은 기준에 해당하는 경우에는 시세조종행위로 보아야 할 것이다.39)40)

7) 정상거래와 시세조종의 관계   실제의 사안에서는 현실매매에 의한 시세조종행위는 정상적인 매매와의 구분이 애매한 경우도 많다. 현실매매에 있어서 법원이 시세조종을 부인한 사례를 보면 법원이 채택하는 대체적인 기준을 가늠할 수 있다. 고가매수주문이 문제되는 경우, 행위자가 호가를 점차 상승시키며 계속적으로 매매주문을 내고, 빈번하게 매매주문을 취소 또는 정정하고, 통정매매 또는 가장매매를 하는 등의 경우에는 비록 실제로 물량을 확보하기 위한 매수라 하더라도 시세조종에 해당할 가능성이 크다. 그러나 이러한 상황이 보이지 않고 행위자가 매수한 주식의 대부분을 그대로 보유하고 있고, 적극적으로 물량 확보를 위하여 직전가 또는 상대호가 대비 다소 고가의 매수주문을 하거나 실제 매수가 가능하다고 판단되는 호가에 매수하고자 저가분할매수주문을 한 것으로 보이는 경우나,41) 적대적 M&A를 위하여 시장에서 주식을 매수하는 과정에서 굳이 시세를 올릴 이유나 필요가 없고, 행위자의 매수로 인한 실제의 주가 변동이 미미한 경우에는42) 시세조종으로 인정되기 곤란하다.

---

39) 대법원 2002. 7. 26. 선고 2001도4947 판결; 대법원 2001. 6. 26. 선고 99도2282 판결.

40) 서울지방법원 1999. 11. 3. 선고 99고단9559 사건에서 변호인은 "피고인들은 H중공업과 H상선 등에 대하여 보유한 여유자금으로 IMF관리체제로 인하여 저평가된 H전자 주식에 투자하도록 권유하였고, 이에 위 H중공업과 H상선이 독자적인 판단으로 H전자 주식에 투자하기로 결정하고, H증권에 그 주식매수를 위탁하였으므로 피고인들은 위 위탁에 따라 이 사건 주식을 매수하는 과정에서 수요공급의 원리에 따라 주가가 상승할 것을 예상하여 주가를 관리하였을 뿐이므로 이 사건 거래행위는 시세조종행위가 아니라 정상적으로 허용된 범위내의 주가관리행위라고 할 것이고, 위와 같은 행위는 사회상규 내지 사회적 정당성을 일탈하지 아니하여 위법하지 않다"고 주장하였으나, 법원은 이를 받아들이지 않고, "이 사건 H전자 주식의 성격, 발행주식의 총수, 거래규모, 금액, 거래방식, 종전 및 당시의 거래상황, 증권시장의 상황 등을 종합하여 보면, 피고인들의 이 사건 행위가 정상적으로 허용된 범위내의 주가관리행위로서 사회상규에 어긋나지 아니한 행위라고 볼 수는 없다고 할 것이므로 피고인들의 위 주장은 받아들이지 아니한다"라고 판시하였다.

41) 서울고등법원 2005. 10. 19. 선고 2005노1123 판결.

42) 서울고등법원 2005. 10. 26. 선고 2005노1530 판결.

또한 고가매수주문·허매수주문은 가급적 저가에 주식을 대량매수하기 위한
투자방법이기도 하므로 시세조종의 의사가 있었는지 여부의 판단에 통정매매·가
장매매가 함께 이루어졌는지가 중요한 요소가 된다.

[서울고등법원 2009. 3. 19. 선고 2008노2314 판결]

원심은 ① X사 주식의 총 발행주식수, 유통주식수, 일평균 거래주식수, 피고인의 자
금 규모 및 보유주식 수 등에 비추어 피고인 단독으로 X사와 같은 규모의 주식 시세
를 변동시키기에는 다소 역부족인 것으로 보이는 점, ② X사 주식의 주가는 피고인이
주식매매거래를 한 2006. 4. 24.부터 2006. 4. 28.까지는 계속 하락하였고, 피고인이 주
식매매거래를 종료한 직후인 2006. 5. 2.부터 2006. 5. 11.까지는 오히려 주가가 보합
세를 유지하며 다소 상승한 점, ③ 피고인이 이미 2006. 4. 27. 자신이 보유한 X사 주
식을 모두 매도한 상황에서 더 이상 X사 주식에 대한 시세조종을 할 이유는 없으므
로 피고인의 2006. 4. 28. 08:48:53경 15만주의 매수주문이 시가관여주문이거나, 같은
날 08:50:19경 50만주의 매수주문이 허수매수주문이라고 보기 어렵고, 오히려 이는
피고인 나름대로 판단한 매도 적기에 시세차익을 실현한 뒤 주가가 전일 종가에 비하
여 낮게 형성되어 있는 것을 보고 추가 이익을 얻고자 새로이 주식매수에 나선 것으
로 볼 수도 있는 점, ④ 이 사건 공소사실에서 시세조종 혐의가 있는 것으로 보는 매
수주문은 직전가, 상대호가 내지 예상체결가 대비 고가매수주문과 저가매수주문을
위주로 한 것으로서, 통정·가장매매와 같은 전형적인 시세조종성 주문은 발견되지
않는 점, ⑤ 이 사건 고가매수주문은 주가 변동의 폭이 가장 컸던 2006. 4. 26.에 대부
분 이루어졌고, 대체로 매수세가 우세하여 주가가 상승세에 있을 때 그와 같은 주문
이 이루어졌을 뿐 아니라 실제로 모두 거래가 성립된 점에 비추어 적극적으로 주식
을 매수하고자 직전 체결가에 비하여 다소 높은 금액의 매수주문을 한 것으로 볼 수
있고, 또한 상대호가 대비 고가매수주문도 상대1호가(매도1호가)의 매도주문량을 초
과하는 양의 매수주문을 한 점에 비추어 상대1호가보다 높은 가격의 매도주문량까지
매수하기 위한 것으로 볼 수도 있는 점, ⑥ 이 사건 허수매수주문의 대부분이 위 고
가매수주문과 함께 이루어진 사실은 인정되지만, 주가가 큰 폭으로 빈번하게 변동하
는 상황이었고, 대부분 당일 저가보다는 높은 가격으로 매수주문이 이루어졌으며,
주가가 상승세에 있다고 하더라도 일시적으로 하락하였다가 다시 상승할 수도 있으
므로 반드시 매수할 수량은 고가에 매수하면서 혹시 가격이 급락하는 경우 저가에
대량 매수할 의도를 가지고 이 사건 허수매수주문이 이루어진 것으로 볼 수도 있는
점, ⑦ 이 사건 시가 및 종가 관여주문의 경우 피고인이 동시호가시간대에 일부 대
량으로 예상체결가격 대비 고가매수주문을 한 사실은 인정되지만, 대부분 예상체결
가격이 전일 종가 내지 동시호가 시작 직전 가격에 비하여 상당히 낮은 가격으로 형
성되어 있는 상황이었고, 피고인이 주문한 가격은 예상체결보다는 다소 높지만 전
일 종가 내지 동시호가 시작 직전 가격보다는 낮으며, 시가 및 종가 결정 직전에 주

문을 집중하지는 않은 점 등에 비추어 이는 시세차익이 예상되는 낮은 가격의 주식을 최대한 확보하고자 하는 의도에서 대량으로 예상체결가 대비 고가 매수주문한 것으로 볼 수도 있는 점 등에 비추어 검사가 항소이유에서 지적하는 사정들만으로 피고인이 매매거래를 유인할 목적과 매매거래가 성황을 이루고 있는 듯이 잘못 알게 하거나 그 시세를 변동시킬 의사를 가지고 있었다고 단정하기 어렵다고 보아 위 공소사실은 범죄의 증명이 없는 경우에 해당한다고 판단하였다. 이 사건 증거들을 기록에 비추어 면밀히 검토해 보면, 원심이 위와 같은 판단은 정당하고 거기에 사실을 오인하여 판결에 영향을 미친 위법이 있다고 할 수 없다. 따라서 검사의 위 주장은 이유 없다.

8) 파생상품거래와 시세변동   선물거래와 옵션거래에서는 시장전체상황, 해당 선물 또는 옵션종목의 호가변동상황, 기초자산의 시세와 거래량상황에 따라 순간적인 투자판단에 의하여 매도 또는 매수주문을 하기도 하고 취소하기도 하는 것이 일반적인 투자기법이다. 이와 같이 선물거래와 옵션거래에서는 주문과 주문취소를 빈번하고 반복적으로 하는 것이 필연적이므로, 정상적인 거래도 외관상으로는 통정매매 또는 허수주문에 의한 시세조종행위로 보이는 경우가 많다. 그러나 선물거래와 옵션거래의 특성상 빈번한 주문취소가 있다고 하여 거래성황오인목적이나 매매유인목적을 가진 시세조종행위로 판단하는 것은 곤란하다.

연계시세조종이 아닌 파생상품 자체의 거래에서 시세조종이 문제된 사례가 많지 않아서 판례도 별로 없는 상황인데, 국채선물거래에서 시세조종이 인정된 판례와 옵션거래에서 시세조종이 부인된 판례를 소개한다.

〈국채선물거래에서 시세조종이 인정된 사건(선물거래법위반 사건)〉
[대법원 2008. 12. 11. 선고 2006도2718 판결]
1. 주문의 취소는 모든 투자 주체가 자유롭게 할 수 있는 것이며, 잦은 주문행위와 잦은 취소가 필연적으로 반복되는 거래 전략이 위법하다고 볼 수도 없으므로, 단지 주문의 취소가 잦다는 이유만으로 시세조종행위에 해당한다고는 볼 수 없음은 당연하다. 그러나 원심이 인정한 바에 의하면, 피고인들은 체결가능성이 적은 최우선 3~6단계의 호가에 200계약 내지 1,000계약(1계약 단위의 금액은 1억 원)에 달하는 허수주문을 한 후 그 주문 전부를 취소하거나 정정하는 행위를 빈번하게 하였고 체결가능성이 상대적으로 높은 최우선 1~2단계 호가에 속하는 주문을 제시한 후 즉시 취소하는 행위를 반복하는 등 주문 잔량의 변동을 심화시켜 매매거래를 유인하였으며 허수주문 후 가격이 상승(하락)하면 소량의 매도(매수)주문을 체결시키고 허수성 주문은 모두 취소하는 행위를 반복하였다는 것이고, 여기에 뒤에

서 보는 사정들을 종합하여 보면, 피고인들에게 유인 목적이 인정된다고 보아 유
죄로 처단한 것은 정당한 판단으로 수긍이 간다.

2. 상고이유에서 지적하고 있는 바와 같이 국채선물시장이 고도로 경쟁적이고 효율적
인 시장이며, 특정 거래자가 상당 기간 시세를 변동시켜 이를 유지하는 것, 즉 유
가증권 시장의 일부 종목에서 볼 수 있는 것과 같은 전형적인 시세조종행위가 빈
발한다는 것은 쉽게 상정하기 어렵다 할지라도, 그러한 특성들이 실제 거래의 모
든 측면에 걸쳐 모든 순간에 예외 없이 적용된다는 가정도 비현실적일 뿐 아니라,
수요와 공급의 상황에 관한 잘못된 정보를 시장에 제공하거나 그에 관한 정보의
진실성 판단을 방해함으로써 시세조종이 가능하다는 점도 간과할 수 없다.

구체적으로 보면, 선물시장과 현물시장의 전체 거래량 대비 거래 비중이 큰 당사
자가, 그러한 지위를 이용하여 거래의 공백상태나 침체상태, 미묘한 균형상태 등
을 틈타 순간적인 충격이나 거래상황에 관한 허위정보를 가함으로써 가격결정에
일시적으로 영향을 미치는 행위마저 불가능하다고 볼 수는 없고, 이러한 행위가
지속적으로 반복되는 경우라면 시세를 인위적으로 변동시킬 가능성이 있는 거래
라고 하지 아니할 수 없다.

〈KOSPI200 옵션거래에서 시세조종이 부인된 사건〉
(공소사실)

피고인은 2013. 8. 13. 14:03:05부터 같은 날 14:03:57까지 코스피200 콜 옵션(코스피
200 C 201309 265.0)을 매매함에 있어서 자신의 높은 시장지배력을 이용하여 옵션의
매매를 유인할 목적으로 당시 매도 1호가(0.1p)에 매도주문이 제출된 물량을 소진시
키기 위하여 5회에 걸쳐 1,000계약씩 총 5,000계약의 물량소진 매수주문을 제출하여
(이른바 '물량소진' 수법으로서, 매도 1호가 또는 매수 1호가에 해당하는 대량의 매수
주문 또는 매도주문을 제출하여 매도 1호가 또는 매수 1호가 물량을 전부 매매계약
체결시켜 매매 1호가를 변동시키는 수법) 그 중 4,741계약이 체결(4,741계약 매수포
지션 구축)되게 하여 호가를 인위적으로 0.11p로 1틱 상승시킨 후, 같은 날 14:07:01
부터 14:10:00까지 당시 매수 1호가(0.1p)에 총 9,600계약을 매수주문 제출하여 매수
세가 유인되면 이를 일부 취소하고, 같은 날 14:16:07부터 14:16:08까지 당시 매수 1
호가(0.11p)에 총 1,500계약을 매수주문 제출하여 매수세가 유인되면 이를 일부 취소
하는 등 체결의사 없는 허위의 매수주문 총 11,100계약을 제출함으로써 매매가 성황을
이루고 있는 것처럼 꾸며 매수세를 유인하여(이른바 '허수주문' 수법으로서, 체결의사
도 없이 체결 가능성 없는 주문을 통해 매매세를 유인하게 하는 수법) 시세를 인위적
으로 상승시킨 후 위와 같이 앞서 매수한 옵션 총 4,741계약 중 상당 부분을 상승된
시세인 0.11p에 매도(매수포지션 청산)하는 등으로 위 매매주기(이른바 '매매주기'란
투자자의 옵션 포지션 숫자가 0에서 시작하여 매수 및 매도를 반복하다가 다시 0으로
돌아가기까지의 시간)를 통하여 총 20,933,784원 상당의 부당이득을 취득하였다.

(제1심 : 서울남부지방법원 2018. 1. 19. 선고 2016고합437 판결)

매매유인목적의 존재를 인정할 증거가 부족하다는 이유로 무죄를 선고하였다.

(제2심 : 서울고등법원 2018. 1. 19. 선고 2016고합437 판결)

제1심 판결과 같이 매매유인목적의 존재를 부인하면서, 옵션시장과 일반주식시장, 코
스피200옵션시장과 코스피200선물시장과의 차이점을 다음과 같이 설시하였다(검
사의 상고포기로 확정됨).

1. (옵션시장과 일반주식시장 비교) 옵션은 기초자산의 가치에 연동되고 물량이
   무제한이라 옵션거래에서는 일반주식시장에서의 시세조종 수단인 물량소진주
   문이 현실적으로 어렵다.

2. (코스피200옵션시장과 코스피200선물시장 비교) 코스피200옵션시장은 상장된
   콜옵션과 풋옵션의 종목이 만기별, 행사가격별로 다양하여 800개를 넘고, 기초
   자산이 동일한 옵션시세는 시장 전체적으로 상호 연동되어 움직이고, 옵션매도
   의 경우 허수주문에 의한 손실 리스크가 막대하다. 반면에, 코스피200선물시장
   은 분기물이 상장되어 7개 정도의 종목이 거래되고 그 중에서도 최근월물 1개
   종목만 사실상 현실적으로 거래가 활발하다.

(4) 시세조작유포행위(제2호)

㈎ 행위 유형

상장증권 또는 장내파생상품의 시세가 자기 또는 타인의 시장 조작에 의하여
변동한다는 말을 유포하는 행위가 규제대상이다. 소위 작전종목에 대한 정보를
유포하는 행위가 이에 해당한다.[43]

[서울고등법원 2004. 6. 23. 선고 2004노714 판결]

피고인이 원심 판시 범죄사실 기재와 같은 말을 하여 피해자를 기망한 사실 및 이에
기망 당한 피해자가 X사의 주식을 매수한 사실은 앞서 본 바와 같은바, 위 인정되는
사실에 비추어 보면, 피고인이 유가증권시장에서의 매매거래를 유인할 목적으로 X사
의 주가가 피고인 등의 시장조작에 의하여 변동한다는 말을 유포한 사실을 충분히 인
정할 수 있으므로 이 부분에 대한 피고인의 주장도 역시 이유 없다.

[서울중앙지방법원 2003. 4. 10. 선고 2002고합1086 판결]

피고인 1, 2는 공모하여 2002. 7. 2. 서울 강남구 삼성동 38의 15 소재 피고인 1의 사
무실에서 D사 주가를 끌어 올려 시세차익을 얻기 위하여 주변에 위 주식을 매수하도
록 권유하자고 결의한 다음, 같은 해 8. 초순 위 피고인 1의 사무실에서 피고인 2가
K에게 전화를 걸어 "D사가 M&A건으로 좋은 호재가 있으니 지금 한 번 매수해 봐라.

---

43) 서울지방법원 2002. 3. 6. 선고 2002고단1118 판결.

내가 그 주식에 손대고 있으니 틀림없이 올라갈 것이고, 나중에 매도시점을 알려 주겠다"고 말한 것을 비롯하여 그 때부터 같은 해 8. 19.까지 사이에 4회에 걸쳐 위 K 등 5명에게 위와 같은 취지로 말함으로써 각 당해 유가증권의 시세가 자기 또는 타인의 시장조작에 의하여 변동한다는 말을 유포하였다.

"상장증권 또는 장내파생상품의 시세"란 거래소시장에서 형성되는 구체적인 가격을 말하고, "시세가 자기 또는 타인의 시장 조작에 의하여 변동한다는 말"은 상당히 구체적인 내용이 요구되며, 단지 일반적인 풍문수준의 말은 정상적인 수요·공급에 따라 자유경쟁시장에서 형성될 시세 및 거래량을 시장요인에 의하지 아니한 다른 요인으로 인위적으로 변동시킬 수 있다는 말을 의미한다.[44] 그러나 상당히 구체적인 내용이 요구되며, 단지 일반적인 풍문수준의 말은 이에 해당하지 않는다. "유포"에는 반드시 인쇄물·통신·ARS 기타 공개적인 매체에 의한 것뿐 아니라 개별접촉에 의한 구두전달행위도 포함된다. 근래에는 인터넷을 통한 유포행위가 대부분을 차지한다.

상장증권 또는 장내파생상품의 시세가 "자기 또는 타인의 시장조작에 의하여 변동한다는 말을 유포하는 행위"가 금지대상이므로, 단순히 어느 주식의 가격이 어느 정도까지 상승할 것이라는 발언만으로는 부족하고 자기 또는 타인의 시세조종에 의한 시세변동임을 명시적이든 묵시적이든 표시한 경우에만 금지대상이 된다.

(나) 제2호의 행위유형과의 차이

제2호의 행위유형은 제3호가 규정하는 "그 증권 또는 장내파생상품의 매매를 함에 있어서"라는 요건이 없으므로, 반드시 매매에 수반되어야 하는 것이 아니고, "시장조작에 의하여 변동한다는 말을 유포하는 행위"라는 표현상 행위자가 그러한 말을 유포하는 것만으로 제2호가 규정하는 행위유형에 해당하고, 행위자에게 실제로 시장조작의 의도가 있었을 필요가 없다.

또한 제3호는 "거짓의 표시 또는 오해를 유발시키는 표시를 하는 행위"를 규제대상으로 규정하지만, 제2호는 "자기 또는 타인의 시장조작에 의하여 변동한다는 말"이라고만 규정하므로 변동한다는 말의 내용이 거짓인지 여부는 문제되지 않는다.

---

44) 대법원 2018. 4. 12. 선고 2013도6962 판결.

(5) 허위표시·오해유발표시행위(제3호)

(가) 행위 유형

상장증권 또는 장내파생상품의 매매를 함에 있어서 중요한 사실에 관하여 거짓의 표시 또는 오해를 유발시키는 표시를 하는 행위가 규제대상이다.[45][46] 거짓의 표시를 반드시 매매의 상대방에게 하여야 하는 것은 아니다. 대상 회사의 경영에 참여할 의사가 없음에도 주식 대량보유보고서의 보유목적 란에 '경영참여'라고 기재한 것은 고의로 허위의 표시를 한 행위에 해당한다고 보아야 한다는 판례가 있다.

> [대법원 2006. 2. 9. 선고 2005도8652 판결]
> 원심의 채택 증거들을 기록에 비추어 살펴보면, 피고인은 주식 대량보유보고서에 스스로 '경영권 확보'라는 표현을 사용하기도 하였고, 이른바 '○○○ 펀드'를 결성하면서 공동피고인들에게 'M&A를 하겠다, 임원을 시켜주겠다'는 취지의 말을 한 사실을 인정할 수 있고, 피고인이 주식 대량보유보고서에 보유목적으로 기재한 '경영참여'는 객관적으로 '경영권을 확보할 만큼의 주식을 취득하여 주주총회에서 임원으로 피선되거나 자신이 원하는 임원을 선출하는 것'을 의미하는 것이지, '개인주주로서 적극적 소액주주를 연합하여 현 경영진에 대하여 주주의 권리를 행사하는 것'을 의미한다고 보기는 어려운 점, 소액주주운동이 목적이라면 5% 이상 주식을 취득할 필요가 없음에도, 굳이 주식 대량보유보고 의무가 부과되는 5% 이상의 주식을 취득한 것은 대

---

45) 서울지방법원 1999. 5. 12. 선고 98고단13351 판결의 예를 보면, 특정주식에 대해 5% 이상의 공동보유 보고를 하게 되면 주식투자가들의 관심을 끌어 매수세를 유발하여 시세상승요인이 된다는 점을 이용하여 공동보유자들이 아닌 8명이 보유한 주식에 대해 동인들이 5% 이상을 공동보유하는 것이라는 취지의 내용들이 담긴 주식 대량보유보고서를 작성한 다음, 동 보고서를 증권관리위원회 등에 제출·보고함으로써 유가증권의 매매 기타 거래와 관련된 중요한 사항에 관하여 허위의 표시를 한 행위에 대하여 본 규정위반으로 처벌받았다.

46) [SEA §9(a)(4)] (Making of False or Misleading Statements)

If a dealer or broker, or other person selling or offering for sale or purchasing or offering to purchase the security, to make, regarding any security registered on a national securities exchange, for the purpose of inducing the purchase or sale of such security, any statement which was at the time and in the light of the circumstances under which it was made, false or misleading with respect to any material fact, and which he knew or had reasonable ground to believe was so false or misleading.

(허위 또는 오해를 유발시킬 수 있는 사실발표)

딜러─브로커 또는 기타의 자가 증권의 매도 또는 매도의 청약, 매수 또는 매수의 청약을 함에 있어 전국증권거래소에 등록된 증권의 매수 또는 매도를 유인할 목적으로 그 당시 또는 그 표시를 한 시기의 상황에 비추어 어느 중요한 사실과 관련하여 허위 또는 오해를 유발시킬 수 있는 표시를 하거나, 그가 허위 또는 오해를 유발시킬 수 있다는 사실을 알았거나 알 수 있었던 합리적인 근거가 있음에도 표시를 하는 행위

량보유(변경)보고를 통한 공시가 목적이었던 것으로 보이는 점 등에 비추어, 피고인이 N사를 경영하거나 경영에 참여할 의사가 없음에도 주식 대량보유보고서의 보유목적 란에 '경영참여'라고 기재한 것은 고의로 허위의 표시를 한 행위에 해당한다고 보아야 하고, 피고인이 N사 사무실을 찾아가 회사 차원의 주가관리를 요구하고, 대량의 주식을 매수하였다가 매도하는 행위를 반복하여 상당한 시세차익을 실현한 점, 피고인이 나름대로의 기업분석 등을 통하여 N사의 최대 주주보다 많은 지분을 확보하여 N사에 대한 M&A를 시도하는 것이 사실상 불가능하다는 사정을 잘 알고 있었던 것으로 보이는 점 등에 비추어, 유가증권 시장에서의 매매거래를 유인할 목적이 있었음을 충분히 인정할 수 있는바, 같은 취지에서 피고인에 대한 공소사실 중 허위표시에 의한 시세조종행위의 점을 유죄로 인정한 제1심판결을 유지한 원심의 조치는 옳고, 거기에 채증법칙을 위배하여 사실을 오인하거나 증권거래법 제188조의4 제2항 제3호에 관한 법리를 오해한 위법이 있다고 할 수 없다.

(나) 중요한의 의의와 판단 기준

"매매를 함에 있어서 중요한 사실"은 당해 법인의 재산·경영에 관하여 중대한 영향을 미치거나 상장증권 등의 공정거래와 투자자 보호를 위하여 필요한 사항으로서 투자자의 투자판단에 영향을 미칠 수 있는 사항을 의미한다. 해당 기업 고유의 정보만이 아니라 동종업종의 전망 또는 경쟁업체의 동향 등 기업외적 정보도 포함한다.

[대법원 2018. 4. 12. 선고 2013도6962 판결]
1) 유사투자자문업 신고를 한 피고인 2 주식회사(이하 '피고인 회사'라 한다)와 그 대표이사인 피고인 1은 2009. 8. 14.부터 2009. 10. 7.경까지 피고인들 명의로 공소외 1 주식회사(이하 '공소외 1 회사'라 한다)의 주식을 다량 매수하였다.
2) 이후 피고인 1은 2009. 10. 23.부터 2010. 4. 16.경까지, 그를 따르는 공소외 2 연구소인터넷 회원들에게 공소외 1 회사의 주가가 폭등할 것이니 매수하라고 단정적으로 추천하면서, 주식을 매입만 하고 팔지 않는 이른바 '물량 잠그기'를 하면, 무조건 주가가 상승하여 3만 원대까지 갈 수 있다거나, '우리의 지분비율이 26.91%에 이르고 투자액이 3,000억원에 이르러 사실상 공소외 1 회사의 대주주여서 공소외 1 회사의 주가를 좌우할 수 있으니 물량 잠그기를 계속 하라'는 취지의 글 등을 인터넷 증시게시판과 포털사이트 등에 지속적으로 게시하였다.
3) 또한 피고인 1은 공소외 1 회사의 경영에 참여할 의사나 이를 실현할 구체적 방안 등이 없었음에도, 대학동문에 불과한 공소외 1 회사의 대표이사와 마치 가까운 사이인 것처럼 강조하면서, 공소외 2 연구소 회원들을 대리하여 공소외 1 회사의 경영에 참여하여 주가에 악영향을 미치는 요소들을 관리하겠다는 등의 글을 같은 방

법으로 지속적으로 게시하는 등의 행위를 하였다.

4) 공소외 1 회사 주식의 주가는 2009. 10. 23. 종가 1,505원이다가 급등하여 2010. 1. 5. 9,300원에까지 이르렀다.

5) 이와 같은 행위는 단순히 유사투자자문업자로서 일반적인 투자자문으로 유망한 종목에 대한 투자를 추천하는 차원을 넘어서, 피고인 회사의 대표이사인 피고인 1 이 공소외 1회사 주식의 매매를 유인할 목적으로, 공소외 1 회사 주식의 시세가 자기의 시장 조작에 의하여 변동한다는 말을 유포하고, 공소외 1 회사 주식의 매매에 있어 중요한 사실인 경영참여에 관하여 거짓의 표시 또는 오해를 유발시키는 표시를 한 것이다

중요성 판단의 기준은 내부자거래에 관한 제174조 제1항이 "투자자의 투자 판단에 중대한 영향을 미칠 수 있는 정보"라고 규정하는 것과 동일하게 보아야 할 것이다.47) "거짓의 표시"에 비하여 "오해를 유발시키는 표시"는 훨씬 넓은 개념이다. 한편 부정거래행위 등의 금지에 관한 제178조 제1항 제2호는 "중요사항 에 관하여 거짓의 기재 또는 표시를 하거나 타인에게 오해를 유발시키지 아니하기 위하여 필요한 중요사항의 기재 또는 표시가 누락된 문서, 그 밖의 기재 또는 표시를 사용하여 금전, 그 밖의 재산상의 이익을 얻고자 하는 행위"를 규제대상으로 규정하는데, 이는 제3호의 규정과 유사하지만, 한편으로는 매매유인목적을 요구하지 않고 규제대상 금융투자상품이나 거래장소에 대한 제한도 없다. 따라서 제178조 제1항 제2호는 제176조 제2항 제3호에 의한 규제의 공백을 보완하는 기능을 한다.

(다) 주관적 요건

구 증권거래법은 제3호에서 "고의"를 요구하였으므로, 과실에 의한 허위표시는 물론 규제대상이 아니고 소위 인식있는 과실이나 중과실의 경우도 "고의로"라는 명문의 규정에 비추어 금지대상이 아니라고 해석하였다. 자본시장법은 이러한 고의 요건을 삭제하였는데, 실제로는 구 증권거래법의 규정과 차이가 없다고 보아야 한다. 과실, 중과실에 의한 허위표시나 오해유발표시를 하는 행위는 과실범에 대한 명시적인 처벌규정이 없는 한 형사처벌의 대상이 될 수 없기 때문이다.

손해배상책임에 관한 제177조 제1항도 "제176조를 위반한 자"라고 규정하므로 매매유인목적이 요구되고, 따라서 고의가 없는 경우에는 손해배상책임도 역

---

47) 대법원 2009. 7. 9. 선고 2009도1374 판결.

시 없다고 보아야 할 것이다.

3. 시세의 고정·안정행위

(1) 안정조작과 시장조성의 의의

누구든지 상장증권 또는 장내파생상품의 시세를 고정시키거나 안정시킬 목적으로 그 증권 또는 장내파생상품에 관한 일련의 매매 또는 그 위탁이나 수탁을 하는 행위를 하지 못한다. 시세를 고정시킨다는 것은 본래 정상적인 수요·공급에 따라 자유경쟁시장에서 형성될 증권 등의 시세에 시장요인에 의하지 아니한 다른 요인으로 인위적인 조작을 가하여 시세를 형성 및 고정시키거나 이미 형성된 시세를 고정시키는 것을 말하는 것으로서, 시세고정 목적의 행위인지는 증권 등의 성격과 발행된 증권 등의 총수, 가격 및 거래량의 동향, 전후의 거래상황, 거래의 경제적 합리성과 공정성, 시장관여율의 정도, 지속적인 종가관리 등 거래의 동기와 태양 등의 간접사실을 종합적으로 고려하여 판단한다. 따라서 자본시장법 제176조 제3항을 위반하여 상장증권의 매매 등에 의하여 시세를 고정시킴으로써 타인에게 손해를 입힌 경우에 상당인과관계가 있는 범위 내에서는 민법 제750조의 불법행위 책임을 지며, 이러한 법리는 금융투자상품의 기초자산인 증권의 시세를 고정시켜 타인에게 손해를 가한 경우에도 마찬가지로 적용된다.[48]

다만, 다음과 같은 경우에는 예외적으로 허용된다(法 176조③).

1. 투자매매업자(모집·매출되는 증권의 발행인 또는 소유자와 인수계약을 체결한 투자매매업자로서 대통령령으로 정하는 자에 한한다)가 대통령령으로 정하는 방법에 따라 증권의 가격을 안정시킴으로써 증권의 모집·매출을 원활하도록 하기 위한 매매거래("안정조작")를 하는 경우
2. 투자매매업자가 대통령령으로 정하는 방법에 따라 모집·매출한 증권의 수요·공급을 조성하는 매매거래("시장조성")를 하는 경우
3. 모집·매출되는 증권 발행인의 임원 등 대통령령으로 정하는 자[49]가 투자매매업자

---

48) 대법원 2016. 3. 24. 선고 2013다2740 판결.
49) "발행인의 임원 등 대통령령으로 정하는 자"란 다음과 같은 자를 말한다(令 206조).
   1. 모집·매출되는 증권의 발행인의 이사
   2. 매출되는 증권의 소유자. 다만, 인수계약에 따라 증권이 양도된 경우에는 그 증권을 양도한 자를 소유자로 본다.
   3. 모집·매출되는 증권의 발행인이 다른 회사에 대하여 또는 다른 회사가 그 발행인에 대하여 다음 각 목의 어느 하나에 해당하는 관계가 있는 경우에는 그 회사 또는 그 회사의 이사
   가. 지분증권총수의 30%를 초과하는 지분증권을 소유하고 있는 관계

에게 안정조작을 위탁하는 경우
4. 투자매매업자가 제3호에 따라 안정조작을 수탁하는 경우
5. 모집·매출되는 증권의 인수인이 투자매매업자에게 시장조성을 위탁하는 경우
6. 투자매매업자가 제5호에 따라 시장조성을 수탁하는 경우

이 규정은 안정조작(stabilization)과 시장조성(market making)을 원칙적으로 금지하면서도 동시에 일정한 조건 하에 예외적으로 허용하는 근거규정이 되기도 한다.[50]

[대법원 2004. 10. 28. 선고 2002도3131 판결]
증권거래법 제188조의4 제3항은 "누구든지 단독 또는 공동으로 대통령령이 정하는 바에 위반하여 유가증권의 시세를 고정시키거나 안정시킬 목적으로 유가증권시장 또는 협회중개시장에서의 매매거래 또는 그 위탁이나 수탁을 하지 못한다."고 규정하고 있고, 그 대통령령인 증권거래법 시행령 제83조의8 제1항 은 "법 제188조의4 제3항 에 의하여 유가증권의 시세를 고정시키거나 안정시킬 목적으로 유가증권시장 또는 협회중개시장에서 행하는 매매거래 또는 그 위탁이나 수탁은 일정한 기간 유가증권 의 가격의 안정을 기하여 유가증권의 모집 또는 매출을 원활하게 하는 것(이하 '안정 조작'이라 한다)과 모집 또는 매출한 유가증권의 수요공급을 당해 유가증권의 상장 또 는 협회 등록 후 일정기간 조성하는 것(이하 '시장조성'이라 한다)에 한한다."고 규정 하고, 그 이하의 조항에서 안정조작과 시장조성의 요건과 절차를 규정하고 있다. 자유 로운 유가증권시장에 개입하여 인위적으로 유가증권의 시세를 조작하는 것을 방지하 려는 증권거래법의 입법 취지에 비추어 위 규정의 취지를 살펴보면 증권거래법 제188 조의4 제3항 은 유가증권의 시세를 고정시키거나 안정시킬 목적으로 유가증권시장 또 는 협회공개시장에서 행하는 매매거래 또는 그 위탁이나 수탁을 금지하되, 다만 유가 증권의 모집·매출을 원활하게 하기 위한 시장에서의 필요성에 의하여 그 시행 령 제 83조의8 제1항 소정의 안정조작과 시장조성을 그 이하 조항이 정하는 기간·가격 및 주 체 등에 관한 엄격한 조건 하에 예외적으로 허용하는 의미라고 보아야 할 것이다.

[서울중앙지방법원 2010. 2. 5. 선고 2009고합690 판결]
1. 앞서 인정한 피고인의 주식 매입 형태나 주식매수에 동원한 구체적인 매수 방법, 피고인의 주식 매입 동기, 피고인의 관여 정도 등을 종합하여 보면 피고인에게는 증권거래법 소정의 유인목적이 있었다고 봄이 상당하며, 이와 같이 피고인의 시세

나. 지분증권총수의 10%를 초과하는 지분증권을 소유하고 있는 관계로서 제2조 제5호 에 해당하는 관계
4. 모집·매출되는 증권의 발행인 또는 소유자가 안정조작을 위탁할 수 있는 자로 지정하여 미리 금융위원회와 거래소에 통지한 자
[50] 대법원 2004. 10. 28. 선고 2002도3131 판결.

조종 동기가 주가를 일정한 가액 이상으로 만들거나 안정시켜 자신이 원하는 주가를 형성하기 위한 것이었다면, 피고인이 위와 같은 시세조종을 통하여 단기간에 시세차익을 얻고자 한 것은 아니므로 피고인이 이와 같이 매수한 주식을 매도하지 않았다거나 시세조종을 하기 전보다 시세조종 행위 종료시점을 기준으로 주가가 하락하였다는 등의 사정은 위와 같은 피고인의 매매거래 유인 목적이나 시세조종의 범의를 인정하는 데 방해가 되지 아니한다.

2. 다만, 앞서 본 피고인의 주식 매입 형태 및 동기에 비추어 피고인이 주식의 가액을 상승하는 것으로 변동시키려 하는 의사를 가진 것이 아니라 그 주된 의사는 주가를 일정한 가액 이상으로 유지함으로써 주가를 안정시키려는 것이고 일부 주가를 올리려고 하였던 취지도 일정 가액 이하로 떨어진 주가를 다시 일정 범위 내로 상승시키려 하였던 취지로 보여 피고인의 행위가 증권거래법 제188조의4 제3항의 규제대상이 되는 안정조작에 해당하는 것이 아닌가 하는 의문이 들기는 하나, ① 같은 법 제188조의4 제2항 제1호 소정의 시세를 변동시키는 행위에는 시세를 상하로 변동시키는 행위뿐만 아니라 시세를 인위적으로 고정시키는 행위도 당연히 포함된다고 보이며 피고인의 매수 형태 역시 일부 주가를 상승시키는 형태를 띠고 있는 점, ② 피고인이 일정한 주가 이상으로 고가매수주문을 지속하거나 매도물량을 소화해 나가는 방법으로 인위적인 방법을 통하여 시세를 변동 또는 유지시킴으로써 주식투자에 참여하는 투자자에게는 그 시세가 유가증권시장에서의 자연적인 수요·공급의 원칙에 의하여 형성된 것으로 오인시키고 일정 가격 이하의 매수세가 꾸준히 유지되고 있음을 주지시켜 그 가격 이상으로 매매거래가 유지되도록 하거나 그 이하의 매도물량을 철회하게 하는 방법으로 투자자를 매매거래에 유인하려는 목적이 있었다고 인정되는 점, ③ 앞서 본 바와 같이 시세를 조종하려는 목적으로 불공정거래행위를 반복한 경우 각 행위는 모두 포괄하여 같은 법 제207조의2 제1항 본문 제2호, 제188조의4 소정의 불공정거래행위금지 위반의 일죄를 구성하는 점, ④ 같은 법 제188조의4 제3항을 둔 취지는 안정조작에 대한 별도의 처벌 규정을 두어 다른 시세조종 행위와는 구별하여 처벌하려는 목적이라기보다는 안정조작을 원칙적으로 증권거래법에 의하여 금지하되 다른 시세조종 행위와는 달리 안정조작이 필요한 일정 경우 같은 항 각 호의 요건을 충족하는 경우에는 이러한 안정조작을 일정한 범위 내에서 허용하려는 취지(위 요건에 따라 안정조작을 하는 경우에는 같은 법 제188조의4 제2항 소정의 '매매거래를 유인할 목적'이 인정되지 않을 것이다.)를 규정하기 위한 것으로 보이는 점(대법원 2004. 10. 28. 선고 2002도3131 판결, 헌법재판소 2005. 5. 26. 선고 2003헌가17 결정 등 참조) 등을 종합하여 보면, 위와 같은 피고인의 행위를 제188조의4 제2항 제1호 소정의 시세조종 행위로 포괄하여 처벌하는 것이 부당하다고 볼 수 없다.

시세를 적극적으로 변동시키는 행위뿐 아니라 시세의 고정(capping)이나 안정(stabilization)도 다수투자자의 경쟁매매 및 정상적인 수요와 공급에 의한 가격 결정을 왜곡시키는 것이므로 시세조종에 해당한다. 안정조작은 투자매매업자(모집·매출되는 증권의 발행인 또는 소유자와 인수계약을 체결한 투자매매업자로서 대통령령으로 정하는 자)가 대통령령으로 정하는 방법에 따라 상장증권의 모집·매출을 원활히 하기 위하여 그 증권의 모집·매출의 청약기간의 종료일 전 30일의 범위에서 대통령령으로 정하는 날부터 그 청약기간의 종료일까지의 기간 동안 증권의 가격을 안정시킴으로써 증권의 모집·매출을 원활하도록 하기 위한 매매거래를 말한다. 시장조성은 투자매매업자(모집·매출되는 증권의 발행인 또는 소유자와 인수계약을 체결한 투자매매업자로서 대통령령으로 정하는 자)가 대통령령으로 정하는 방법에 따라 모집·매출한 증권의 수요·공급을 그 증권이 상장된 날부터 6개월의 범위에서 대통령령으로 정하는 기간 동안 조성하는 매매거래를 말한다.

시세를 고정시키거나 안정시킬 목적은 현재의 시장가격을 고정시키거나 안정시키는 경우뿐 아니라, 행위자가 일정한 가격을 형성하고 그 가격을 고정시키거나 안정시키는 경우에도 인정된다.[51]

(2) 일련의 매매

구 증권거래법 제188조의4 제3항은 단순히 "매매거래"라고 규정하였으나, 자본시장법은 시세고정 또는 안정시키는 행위에 대하여는 다른 유형의 시세조종행위와 달리 "일련의 매매"라고 규정함으로써 시세고정 또는 안정을 목적으로 하는 매매라 하더라도 단일 거래에 의한 경우는 규제대상이 아닌 것으로 규정한다. 구 증권거래법위반 사건에서 대법원은 "유가증권의 시세를 고정시키거나 안정시킬 목적은 유가증권의 현재의 시장가격을 고정시키거나 안정시키는 경우뿐 아니라, 행위자가 일정한 가격을 형성하고 그 가격을 고정시키거나 안정시키는 경우에도 인정되고, 행위자가 그러한 목적을 가지고 매매거래를 한 것이라면, 그 매매거래가 일정한 기간 계속 반복적으로 이루어져야 하는 것이 아니라 한 번의 매매거래도 구 증권거래법 제188조의4 제3항의 구성요건을 충족한다"라고 판시한 바 있다.[52] 그러나 "일련의 매매"라고 규정하는 자본시장법 하에서도 대법원이 같은 입장을 취할지는 의문이다.[53]

---

51) 대법원 2004. 10. 28. 선고 2002도3131 판결.
52) 대법원 2004. 10. 28. 선고 2002도3131 판결.
53) 또한 안정조작은 증권의 모집·매출의 청약기간의 종료일 전 30일의 범위에서 대통령령으로 정하는 날부터 그 청약기간의 종료일까지의 기간 동안 증권의 가격을 안정시킴으로써 증권의

(3) 목적의 범위

상장증권 또는 장내파생상품의 시세를 고정시키거나 안정시킬 목적은 상장증권 또는 장내파생상품의 "현재의 시장가격"을 고정시키거나 안정시키는 경우뿐 아니라, "행위자가 일정한 가격을 형성하고 그 가격을" 고정시키거나 안정시키는 경우에도 인정된다. 따라서 주식을 높은 가격으로 자전거래시키기 위하여 시장조작에 의하여 높은 가격을 형성하는 매매거래를 하고 그 가격으로 자전거래를 하였다면, 그 매매거래 행위는 상장증권 또는 장내파생상품의 시세를 고정시킬 목적으로 한 것이라고 인정할 수 있다.

[대법원 2004. 10. 28. 선고 2002도3131 판결]
유가증권의 시세를 고정시키거나 안정시킬 목적은 유가증권의 현재의 시장가격을 고정시키거나 안정시키는 경우뿐 아니라, 행위자가 일정한 가격을 형성하고 그 가격을 고정시키거나 안정시키는 경우에도 인정되고, 행위자가 그러한 목적을 가지고 매매거래를 한 것이라면, 그 매매거래가 일정한 기간 계속 반복적으로 이루어져야 하는 것이 아니라 한 번의 매매거래도 증권거래법 제188조의4 제3항의 구성요건을 충족한다 할 것이다. 피고인은 공소외인 등과 공모하여 BIS 비율을 맞추려는 한국산업은행의 요청에 따라 그 은행이 보유하고 있는 B사의 주식 133,198,370주와 A사 주식회사의 주식 3,778,920주를 높은 가격으로 자전거래시키기 위하여 1997. 12. 23. 전장 동시호가에서 B사의 주식 25만 주를 1주당 전일 종가보다 3,600원이 높은 50,600원에, A사의 주식 10만 주를 1주당 전일 종가보다 1,200원 높은 18,100원에 각 매수주문을 내고, 주문가대로 매매거래를 성사시켜 그날 전장 시초가를 주문가대로 형성시킨 다음, 한국산업은행이 보유한 A사의 주식을 그 가격으로 자전거래시키고, 같은 날 오후 동시호가에서 포항종합제철의 주식 19만 주를 위와 같은 가격인 50,600원에 매수주문을 내어 주문가대로 매매거래를 성사시켜 후장 시초가를 주문가대로 형성시킨 다음, 한국산업은행이 보유한 B사의 주식을 그 가격으로 자전거래시킨 사실을 인정할 수 있는바, 주식을 높은 가격으로 자전거래시키기 위하여 시장조작에 의하여 높은 가격을 형성하는 매매거래를 하고 그 가격으로 자전거래를 하였다면, 그 매매거래 행위는 유가증권의 시세를 고정시킬 목적으로 한 것이라고 인정할 수 있으므로 증권거래법 제188조의4 제3항의 처벌대상이 된다고 할 것이다.

모집·매출을 원활하도록 하기 위한 매매거래를 말하고, 시장조성은 모집·매출한 증권의 수요·공급을 그 증권이 상장된 날부터 6개월의 범위에서 대통령령으로 정하는 기간 동안 조성하는 매매거래를 말하므로, 이와 같이 안정조작과 시장조성은 기간의 개념을 수반하므로 일회성 매매가 아닌 일련의 매매를 요건으로 하는 것이 타당하다.

⑷ 안정조작·시장조성을 할 수 있는 자와 이를 위탁할 수 있는 자

모집·매출되는 증권의 발행인 또는 소유자와 인수계약을 체결한 투자매매업자로서 안정조작 및 시장조성을 할 수 있는 자는 ⅰ) 증권신고서를 제출하는 경우에는 그 신고서에 안정조작이나 시장조성을 할 수 있다고 기재된 투자매매업자이고, ⅱ) 증권신고서를 제출하지 아니하는 경우에는 인수계약의 내용에 안정조작이나 시장조성을 할 수 있다고 기재된 투자매매업자이다(슈 203조).54) 이와 같은 제한은 안정조작 또는 시장조성을 명분으로 내세워 증권의 공정한 가격형성과 유통저해를 유발하는 것을 방지하기 위한 것이다.

⑸ 투자설명서에의 기재

투자매매업자는 그 증권의 투자설명서에 안정조작(또는 시장조성)을 할 수 있다는 뜻과, 안정조작(또는 시장조성)을 할 수 있는 증권시장의 명칭을 기재한 경우만 안정조작(또는 시장조성)을 할 수 있다. 다만, 증권신고서를 제출하지 아니하는 경우에는 인수계약의 내용에 이를 기재하여야 한다(슈 204조①, 205조③).

⑹ 장   소

투자매매업자는 투자설명서나 인수계약의 내용에 기재된 증권시장 외에서는 안정조작 또는 시장조성을 하지 못한다(슈 204조②, 205조③).

⑺ 기   간

㈎ 안정조작기간

안정조작기간은 해당 증권의 모집·매출의 청약기간의 종료일 전 30일의 범위에서 대통령령으로 정하는 날55)부터 그 청약기간의 종료일까지의 기간 이다.

㈏ 시장조성기간

시장조성기간은 해당 증권이 상장된 날부터 1개월 이상 6개월 이하의 범위에서 인수계약으로 정하는 날까지의 기간이다(슈 205조④).

⑻ 신   고

㈎ 안정조작신고

투자매매업자는 안정조작을 할 수 있는 기간 중에 최초의 안정조작을 한 경

---

54) 이하의 내용에서 투자매매업자란 시행령 제203조에 따라 안정조작, 시장조성을 할 수 있는 투자매매업자를 가리킨다.
55) "대통령령으로 정하는 날"이란 모집되거나 매출되는 증권의 모집·매출의 청약기간의 종료일 전 20일이 되는 날을 말한다. 다만, 20일이 되는 날과 청약일 사이의 기간에 모집가액 또는 매출가액이 확정되는 경우에는 그 확정되는 날의 다음 날을 말한다(슈 204조⑦).

우에는 지체 없이 다음과 같은 사항을 기재한 안정조작신고서를 금융위원회와 거래소에 제출하여야 한다(슈 204조③).

1. 안정조작을 한 투자매매업자의 상호
2. 다른 투자매매업자와 공동으로 안정조작을 한 경우에는 그 다른 투자매매업자의 상호
3. 안정조작을 한 증권의 종목 및 매매가격
4. 안정조작을 개시한 날과 시간
5. 안정조작기간
6. 안정조작에 의하여 그 모집·매출을 원활하게 하려는 증권의 모집·매출가격과 모집·매출가액의 총액
7. 안정조작을 한 증권시장의 명칭

(내) 시장조성신고

투자매매업자는 시장조성을 하려는 경우에는 ⅰ) 시장조성을 할 투자매매업자의 상호, ⅱ) 다른 투자매매업자와 공동으로 시장조성을 할 경우에는 그 다른 투자매매업자의 상호, ⅲ) 시장조성을 할 증권의 종목, ⅳ) 시장조성을 개시할 날과 시간, ⅴ) 시장조성을 할 기간, ⅵ) 시장조성을 할 증권시장의 명칭 등을 기재한 시장조성신고서를 미리 금융위원회와 거래소에 제출하여야 한다(슈 205조①).

(9) 가격의 제한

(개) 안정조작가격의 제한

투자매매업자는 다음과 같은 가격을 초과하여 안정조작의 대상이 되는 증권을 매수하지 못한다(슈 204조④).

1. 안정조작개시일의 경우
   가. 최초로 안정조작을 하는 경우 : 안정조작개시일 전에 증권시장에서 거래된 해당 증권의 직전 거래가격과 안정조작기간의 초일 전 20일간의 증권시장에서의 평균거래가격 중 낮은 가격. 이 경우 평균거래가격의 계산방법은 금융위원회가 정하여 고시한다.[56]

---

56) [증권발행공시규정 제2-21조 (안정조작의 기준가격)]
   ① 영 제204조 제4항 제1호에서 "금융위원회가 정하여 고시하는 평균거래가격"이란 다음 각 호의 가격을 말한다.
   1. 증권시장에서 거래가 형성된 증권은 다음 각 목의 방법에 따라 산정된 가격의 산술평균가격
      가. 안정조작기간의 초일 전일부터 과거 20일(동 기간 중에 배당락, 권리락 또는 행사

　　나. 최초 안정조작 이후에 안정조작을 하는 경우 : 그 투자매매업자의 안정조작
　　　개시가격
　2. 안정조작개시일의 다음 날 이후의 경우 : 안정조작 개시가격(같은 날에 안정조작
　　을 한 투자매매업자가 둘 이상 있는 경우에는 이들 투자매매업자의 안정조작 개시
　　가격 중 가장 낮은 가격)과 안정조작을 하는 날 이전에 증권시장에서 거래된 해당
　　증권의 직전거래가격 중 낮은 가격

(내) 시장조성가격의 제한

　투자매매업자는 시장조성의 대상이 되는 증권의 모집·매출가격을 초과하여
매수하거나 모집·매출가격을 밑도는 가격으로 매도하지 못한다. 다만, 권리락·배
당락 또는 이자락이 발생한 경우에는 이를 고려하여 계산한 가격을 기준으로 한
다(令 205조②).

⑽ 안정조작·시장조성보고서의 제출

　투자매매업자는 안정조작을 한 증권시장마다 안정조작개시일부터 안정조작
종료일까지의 기간 동안 안정조작증권의 매매거래에 대하여 해당 매매거래를 한
날의 다음 날까지 ⅰ) 안정조작을 한 증권의 종목, ⅱ) 매매거래의 내용, ⅲ) 안정
조작을 한 투자매매업자의 상호 등을 기재한 안정조작보고서를 작성하여 금융위
원회와 거래소에 제출하여야 한다(令 204조⑤). 시장조성보고서도 이와 같은 방식
으로 제출한다(令 205조③).

⑾ 신고서·보고서의 공시

　금융위원회와 거래소는 안정조작(또는 시장조성)신고서와 안정조작(또는 시장
조성)보고서를 ⅰ) 신고서의 경우 : 이를 접수한 날, ⅱ) 보고서의 경우 : 안정조
작(또는 시장조성) 종료일의 다음 날부터 3년간 비치하고, 인터넷 홈페이지 등을
이용하여 공시하여야 한다(令 204조⑥, 205조③).

⑿ 시장조성포기와 손해배상청구권자

　투자설명서에 시장조성을 할 수 있다는 뜻과, 시장조성을 할 수 있는 증권시

　　가격 조정 등으로 인하여 매매기준가격의 조정이 있는 경우로서 배당락, 권리락
　　또는 행사가격 조정 등이 있은 날부터 안정조작기간의 초일 전일까지의 기간이 7
　　일 이상이 되는 경우에는 그 기간)간 공표된 매일의 증권시장에서 거래된 최종시
　　세가격을 실물거래에 의한 거래량을 가중치로 하여 가중산술평균한 가격
　나. 안정조작기간의 초일 전일부터 과거 7일간 공표된 매일의 증권시장에서 거래된
　　최종시세가격을 실물거래에 의한 거래량을 가중치로 하여 가중산술평균한 가격
　2. 증권시장에서 거래가 형성되지 아니한 주식은 해당 법인의 자산상태·수익성 기타의
　　사정을 참작하여 감독원장이 정하는 가격

장의 명칭을 기재한 투자매매업자가 시장조성을 하지 아니하면 자본시장법 제
125조 제1항이 규정하는 "투자설명서 중 중요사항에 관하여 거짓의 기재 또는
표시가 있거나 중요사항이 기재 또는 표시되지 아니함으로써 증권의 취득자가 손
해를 입은 경우"에 해당하므로, 피해자는 자본시장법에 의한 손해배상과 민법 제
750조에 기한 손해배상을 경합적으로 청구할 수 있다. 이 때 시장조성이 이루어
지는 대상이 되는 증권이 유통시장에서 거래되는 주식 전체가 된다고 하더라도,
그와 같은 시장조성의 보호대상이 되는 증권의 보유자로서 시장조성 포기로 인한
손해배상을 구할 수 있는 자는 해당 증권의 발행에 참가하여 이를 인수한 투자자
들과 그들로부터 해당 증권을 특정하여 직접 인수한 투자자이고, 유통시장에서
불특정한 증권을 매수한 자는 제외된다.

[대법원 2002. 9. 24. 선고 2001다9311, 9328 판결]
(증권거래법 제14조에 기한 주위적 청구에 대하여)
우리 증권거래법이 유가증권의 발행시장에서의 공시책임과 유통시장에서의 공시책임
을 엄격하게 구분하고, 그 책임요건을 따로 정하고 있는 점, 증권거래법 제14조의 손
해배상 책임 규정은 법이 특별히 책임의 요건과 손해의 범위를 정하고, 책임의 추궁
을 위한 입증책임도 전환시켜 유가증권 발행시장에 참여하는 투자자를 보호하기 위
하여 규정한 조항인 점에 비추어, 유가증권의 유통시장에서 해당 유가증권을 인수한
자는 위와 같은 유가증권 발행신고서 등의 허위 기재시 해당 관여자에게 민법상 불법
행위 책임을 물을 수 있는 경우가 있을 수 있음은 별론으로 하고, 구 증권거래법
(1997. 12. 13. 법률 제5423호로 개정되기 전의 것) 제14조 소정의 손해배상 청구권자
인 유가증권 취득자의 범위에는 포함되지 않는다고 봄이 타당하다.
(민법 제750조에 기한 예비적 청구에 대하여)
시장조성이라는 제도는 우리의 유가증권 발행과 유통시장이 매우 취약함을 전제로
유가증권의 모집 및 매출 업무를 담당하는 주간증권사에 특별히 부과하는 의무로서
시장경제와 자유경제적 원칙에 비추어 예외적으로 인정되는 것이라는 점, 유가증권
발행을 주선한 주간증권사의 입장에서 시장조성에 의하여 보호하려는 대상은 유가증
권의 모집과 매출 이전에 이미 발행된 주식을 보유하고 있는 주주가 아니라 자신이
발행을 주선한 유가증권을 보유한 투자자라고 보는 것이 원칙인 점, 유가증권의 유통
시장에서 투자를 하려는 사람은 시장조성의 여부와 관계없이 기업의 본질가치를 정
확하게 판단하고, 해당 기업의 상장 이후 형성된 주가를 보고 자기 책임에 의한 투자
를 하여야 하는 것이 유가증권 유통시장의 기본원리인 점 등에 비추어, 시장조성이
이루어지는 대상이 되는 유가증권은 증권거래소나 코스닥증권시장 등 유가증권 유통
시장의 특성상 유통시장에서 거래되는 주식 전체가 된다고 하더라도, 그와 같은 시장

조성의 보호대상이 되는 유가증권의 보유자로서 시장조성 포기로 인한 손해배상을
구할 수 있는 자는 해당 유가증권의 발행을 주간한 증권사가 모집 또는 매출한 유가
증권의 발행에 참가하여 이를 인수한 투자자들과 그들로부터 해당 유가증권을 특정
하여 직접 인수한 투자자(공개된 유통시장에서 불특정 주식을 매수한 자는 제외)라고
보는 것이 타당하다.57)

4. 연계시세조종

(1) 의   의

누구든지 증권, 파생상품 또는 그 증권·파생상품의 기초자산58) 중 어느 하나
가 거래소에 상장되거나 그 밖에 이에 준하는 경우로서 대통령령으로 정하는 경우
(令 206조의2 : 거래소가 그 파생상품을 장내파생상품으로 품목의 결정을 하는 경우)에
는 그 증권 또는 파생상품에 관한 매매, 그 밖의 거래("매매등")와 관련하여 다음

---

57) 대법원 2002. 5. 14. 선고 99다48979 판결(팬택 주식 사건)도 사실관계 설시부분만 다르고
나머지 부분은 같다. 팬택 주식 사건의 원심은 원고들이 주장하는 바와 같은 시장조성 포기가
능성의 기재 누락은 위 법조 소정 '허위의 기재 또는 표시가 있거나 중요한 사항을 기재 또는
표시하지 아니한 경우'에 해당하지 않는다는 이유로 원고들의 청구를 기각하였으나, 민법상의
불법행위로 인한 손해배상을 구하는 원고들의 예비적 청구에 대하여는 원고들이 피고가 공시
한 공시 내용을 믿고 팬택 주식을 매수하였다가 시장조성기간 내에 모집가액 이하로 매도주
문을 내기도 하고, 피고에게 매수요청을 하기도 하였으므로, 피고는 공시한 바에 따라 시장조
성 가격으로 원고들의 위 주식을 매수하여야 할 것임에도 이를 위배하여 원고들에게 손해를
끼쳤으므로 그 손해를 배상할 책임이 있다고 판단하였다. 대법원은 원심의 주위적 청구에 대
하여, "2. … 유통시장인 증권거래소를 통하여 이 사건 유가증권을 매수한 원고들은 위 구 증
권거래법 제14조 소정 유가증권의 취득자에 해당하지 않는다고 할 것이므로, 가사 원고들이
그 주장과 같은 손해를 입었다고 하더라도 위 법에 의한 손해배상은 청구할 수 없다고 할 것
이다. 원심의 판단은 이와 이유는 다르지만 그 결론에 있어 정당하고, 거기에 상고이유에서
지적하는 것과 같은 구 증권거래법 제14조에 관한 법리오해 등의 위법이 있다고 할 수 없다.
상고이유의 주장은 받아들일 수 없다."고 판시하고, 예비적 청구에 대하여, "3. … 이 사건 원
고들은 피고가 부담하는 시장조성의무의 보호대상이라고 볼 수 없고, 원고들의 손해와 피고의
시장조성 포기와 사이에 인과관계도 인정할 수 없다. 그렇다면, 원심의 예비적 청구에 대한
판단은 위와 같은 시장조성의 보호대상에 대한 법리를 오해한 위법이 있어 파기를 면하지 못
한다고 할 것이므로 이 점을 지적하는 피고의 상고이유는 이유 있다"라고 판시하였다.
58) 자본시장법에서 "기초자산"이란 다음과 같은 것을 말한다(法 4조⑩).
   1. 금융투자상품
   2. 통화(외국의 통화를 포함)
   3. 일반상품(농산물·축산물·수산물·임산물·광산물·에너지에 속하는 물품 및 이 물품을
      원료로 하여 제조하거나 가공한 물품, 그 밖에 이와 유사한 것을 말한다)
   4. 신용위험(당사자 또는 제3자의 신용등급의 변동, 파산 또는 채무재조정 등으로 인한 신
      용의 변동을 말한다)
   5. 그 밖에 자연적·환경적·경제적 현상 등에 속하는 위험으로서 합리적이고 적정한 방법에
      의하여 가격·이자율·지표·단위의 산출이나 평가가 가능한 것

중 어느 하나에 해당하는 행위를 할 수 없다(法 176조④).

1. 파생상품의 매매등에서 부당한 이익을 얻거나 제3자에게 부당한 이익을 얻게 할 목적으로 그 파생상품의 기초자산의 시세를 변동 또는 고정시키는 행위
2. 파생상품의 기초자산의 매매등에서 부당한 이익을 얻거나 제3자에게 부당한 이익을 얻게 할 목적으로 그 파생상품의 시세를 변동 또는 고정시키는 행위
3. 증권의 매매등에서 부당한 이익을 얻거나 제3자에게 부당한 이익을 얻게 할 목적으로 그 증권과 연계된 증권으로서 대통령령으로 정하는 증권 또는 그 증권의 기초자산의 시세를 변동 또는 고정시키는 행위
4. 증권의 기초자산의 매매등에서 부당한 이익을 얻거나 제3자에게 부당한 이익을 얻게 할 목적으로 그 증권의 시세를 변동 또는 고정시키는 행위
5. 파생상품의 매매등에서 부당한 이익을 얻거나 제3자에게 부당한 이익을 얻게 할 목적으로 그 파생상품과 기초자산이 동일하거나 유사한 파생상품의 시세를 변동 또는 고정시키는 행위

자본시장법 제176조 제4항은 파생상품과 기초자산 간의 연계시세조종행위(제1호, 제2호)와, 증권과 증권 또는 그 증권의 기초자산 간의 연계시세조종행위(제3호, 제4호), 파생상품 간의 연계시세조종행위(제5호)를 금지한다. 제176조 제2항의 시세변동행위는 매매를 유인할 목적을 요건으로 하는데, 제176조 제4항의 시세변동행위는 자기 또는 제3자에게 부당한 이익을 얻게 할 목적을 요건으로 한다는 점에서 다르다.

(2) 연계시세조종행위의 규제 연혁

2000년 선물거래법 개정시 시세조종 조항인 제31조 제1항에 제5의2호로 "선물거래에서 자신이 부당한 이익을 얻거나 제3자로 하여금 부당한 이익을 얻게 할 목적으로 단독 또는 타인과 공동으로 선물거래 대상품목의 시세를 고정 또는 변동시키는 행위"를 추가하여 현·선 연계시세조종행위를 규제하기 시작하였고, 2007년 선물거래법 시행령 개정시 제7조 제2호에서 "선물거래 대상품목의 거래에서 자신이 부당한 이익을 얻거나 제3자로 하여금 부당한 이익을 얻게 할 목적으로 단독 또는 타인과 공동으로 선물의 시세를 고정 또는 변동시키는 행위"를 규정함으로써 현·선 연계시세조종행위의 규제를 시작하였다.59) 자본시장법은 제176

---

59) [선물거래법 시행령 제7조 (불공정행위)]
　　법 제31조 제1항 제6호에서 "대통령령이 정하는 행위"라 함은 다음 각 호의 어느 하나에 해당하는 행위를 말한다.

조 제4항에서 연계시세조종행위의 유형을 규정하면서 제정 당시에는 제2호에서 "증권의 매매에서 부당한 이익을 얻거나 제3자에게 부당한 이익을 얻게 할 목적으로 그 증권을 기초자산으로 하는 장내파생상품의 시세를 변동 또는 고정시키는 행위"라고 규정하였으나, 2009년 2월 개정시 "증권"을 "장내파생상품의 기초자산"으로 변경하였다. 그러나 규제의 공백에 관한 문제점이 지적되었고, 이에 따라 2013년 개정법은 위와 같이 광범위하게 연계시세조종행위를 규제한다.

(3) 가격의 연계성

연계시세조종행위는 가격조작상품과 이익획득상품이 동일한 전통적인 시세조종행위와 달리 가격조작상품과 이익획득상품이 별개의 시장에서 별개의 매매제도에 따라 이루어지는 것이고, 다만 이들 상품 간에 가격의 연계성이 있어야 한다.

(4) 연계시세조종 규제대상 상품과 거래

연계시세조종행위의 대상거래는 "증권, 파생상품 또는 그 증권·파생상품의 기초자산 중 어느 하나가 거래소에 상장되거나 그 밖에 이에 준하는 경우로서 대통령령으로 정하는 경우(슈 206조의2 : 거래소가 그 파생상품을 장내파생상품으로 품목의 결정을 하는 경우)에는 그 증권 또는 파생상품에 관한 매매, 그 밖의 거래"이다. 2013년 개정 전에는 제176조 제4항 각 호 외의 부분에서 "상장증권 또는 장내파생상품의 매매와 관련하여"라고 규정하였으므로, 증권시장·파생상품시장에 상장된 것만 시세조종대상상품이라고 해석되었다.

이에 따라 장내파생상품을 전제로 규정하여 ELS(equity linked securities)와 기초자산 간의 연계시세조종행위의 성립가능성 여부에 대하여 논란이 많았는데, 2013년 개정법은 시세조종대상상품을 "증권 또는 파생상품"으로 규정함으로써 법적으로 해결하였다.

(5) 연계시세조종행위의 유형

㈎ 파생상품의 기초자산과 파생상품 간 연계시세조종

기초자산과 파생상품 간 연계시세조종행위로서 금지되는 행위는, ⅰ) 파생상품의 매매등에서 부당한 이익을 얻거나 제3자에게 부당한 이익을 얻게 할 목적으로 그 파생상품의 기초자산의 시세를 변동 또는 고정시키는 행위와(法 176조④1),

---

1. 법 제31조 제1항 제4호의 행위를 위탁하거나 수탁하는 행위
2. 선물거래 대상품목의 거래에서 자신이 부당한 이익을 얻거나 제3자로 하여금 부당한 이익을 얻게 할 목적으로 단독 또는 타인과 공동으로 선물의 시세를 고정 또는 변동시키는 행위

ii) 파생상품의 기초자산의 매매등에서 부당한 이익을 얻거나 제3자에게 부당한 이익을 얻게 할 목적으로 그 파생상품의 시세를 변동 또는 고정시키는 행위이다 (法 176조④2). 제1호는 예컨대 선물, 옵션의 매매에서 부당한 이익을 얻을 목적으로 그 기초자산(증권 또는 상품)의 시세를 변동 또는 고정시키는 행위를 대상으로 하고, 제2호는 그 반대방향의 연계시세조종행위를 대상으로 한다.60)

(나) 증권과 연계증권·기초자산 간 연계시세조종

1) 행위유형 증권과 연계증권·기초자산 간 연계시세조종행위로서 금지되는 행위는, i) 증권의 매매등에서 부당한 이익을 얻거나 제3자에게 부당한 이익을 얻게 할 목적으로 그 증권과 연계된 증권으로서 대통령령으로 정하는 증권 또는 그 증권의 기초자산의 시세를 변동 또는 고정시키는 행위와(法 176조④3), ii) 증권의 기초자산의 매매등에서 부당한 이익을 얻거나 제3자에게 부당한 이익을 얻게 할 목적으로 그 증권의 시세를 변동 또는 고정시키는 행위이다(法 176조④4). 제4호의 규제대상 금융투자상품은 파생결합증권이다.

2) 델타헤지

가) ELS와 기초자산 제3호의 대표적인 예는 ELS의 기초자산인 주식의 시세를 변동 또는 고정시키는 행위이다. ELS는 다른 증권 또는 지수를 기초자산으로 하여 조건 충족시 약정된 바에 따른 손익이 발생하는 상품으로서, 현재의 상품구조상 ELS는 원본초과지급의무가 없으므로 파생결합증권에 해당한다.61) ELS 관련 연계시세조종에서는 일반적으로 델타헤지(delta hedge) 원리에 따른 매매의 적법성이 문제된다. 델타헤지는 주가연계증권을 발행한 증권회사가 자기 또는 제3자를 통하여 기초자산의 가격변화에 대한 옵션가치의 민감도를 표현하는 단위인 델타값에 근거하여 적정한 수량의 기초자산을 보유하여 옵션의 손익과 보유하는 기초자산의 손익이 상쇄되도록 하는 금융기법이다.

---

60) 연계시세조종 유형별 규제대상 금융투자상품에 관하여는 [제1편 제1장 제2절 불공정거래 규제대상 금융투자상품] 참조.

61) ELS의 자동조기상환평가일이나 만기상환평가일에 기초자산인 주식의 가격을 인위적으로 하락시켜서 조기상환조건이 충족되지 않거나 만기상환시 투자자가 손실을 입게 되는 경우, 외형상으로는 제176조 제2항 제1호의 "시세를 변동시키는 매매 또는 그 위탁이나 수탁을 하는 행위"에는 해당하는 것으로 보이나 제2항의 적용요건인 "매매를 유인할 목적"을 인정하기 곤란할 것이고, ELS의 중도상환조건 미성취를 위하여 시세를 고정시키는 행위는 외형상으로는 제176조 제3항의 시세고정행위에는 해당하는 것으로 보이나 상장증권이 아닌 ELS는 제176조 제3항의 "상장증권 또는 장내파생상품의 시세를 고정시키거나 안정시킬 목적" 요건을 충족할 수 없다. 이에 따라 연계시세조종에 관한 규정이 도입된 것이다.

델타헤지 관련 사건에서는 구체적인 사실관계에 따라 연계시세조종이 부인된 판례고 있고 인정된 판례도 있다.

나) 연계시세조종 부인 판례   "금융투자업자가 파생상품 거래에 따른 위험을 관리하기 위하여 시장에서 주식 등 기초자산을 매매하는 방식으로 수행하는 헤지(hedge)거래가 시기, 수량 및 방법 등의 면에서 헤지 목적에 부합하는 경우, 이를 시세조종행위라고 할 수 없다."라는 판례가 있다.

[대법원 2016. 3. 10. 선고 2013다7264 판결]
1. 피고 B은행의 불법행위책임에 관하여
   가. 파생상품의 매매 등에서 부당한 이익을 얻거나 제3자에게 부당한 이익을 얻게 할 목적으로 파생상품의 기초자산인 상장증권이나 장내파생상품의 시세를 변동 또는 고정시키는 등의 이른바 연계에 의한 시세조종행위는 금융투자상품시장에서의 공정한 가격형성을 저해함으로써 투자자에게 손해를 입히고 그 결과 시장에 대한 투자자의 신뢰를 해치는 행위여서 위법하다. 여기서 시세를 변동 또는 고정시키는 행위라 함은 본래 정상적인 수요·공급에 따라 자유경쟁시장에서 형성될 시세 및 거래량을 시장요인에 의하지 아니한 다른 요인으로 인위적으로 변동시킬 가능성이 있는 거래를 말하고, 이에 해당하는지 여부는 파생상품이나 그와 연계된 증권의 성격, 체결된 계약이나 발행된 증권의 수량, 가격 및 거래량의 동향, 전후의 거래상황, 거래의 경제적 합리성과 공정성, 가장 혹은 허위매매 여부, 시장관여율의 정도, 지속적인 종가관리 등 거래의 동기와 태양 등의 간접사실을 종합적으로 고려하여 이를 판단할 수 있다(대법원 2010. 7. 22. 선고 2009다40547 판결 등 참조). 한편 금융투자업자가 파생상품의 거래로 인한 위험을 관리하기 위하여 시장에서 주식 등 그 기초자산을 매매하는 방식으로 수행하는 헤지(hedge)거래가 시기, 수량 및 방법 등의 면에서 헤지 목적에 부합한다면 이는 경제적 합리성이 인정되는 행위라고 할 것이므로, 헤지거래로 인하여 기초자산의 시세에 영향을 주었더라도 파생상품의 계약 조건에 영향을 줄 목적으로 인위적으로 가격을 조작하는 등 거래의 공정성이 훼손되었다고 볼만한 특별한 사정이 없는 한 이를 시세조종행위라고 할 수는 없다.
   나. 원심은 그 판시와 같은 사실을 인정한 다음, 이 사건 주식 대량매도행위는 아래와 같은 사정에 비추어 시장요인에 의한 정상적인 수요·공급으로 볼 수 있는 델타헤지를 위한 주식 매매에 해당한다고 보아, 피고 B은행이 이를 통하여 이 사건 주식의 시세를 고정시키거나 안정시켰고 제3자로서 이 사건 주가연계증권의 상환조건 성취를 위법하게 방해하였다는 원고의 주장을 모두 배척하였다.
      (1) 이 사건 주가연계증권은 그 기초자산인 이 사건 주식과 하이닉스 보통주의 가격 변동에 따라 피고 S증권이 만기 또는 상환조건 성취 시에 투자자

들에게 지급하는 상환금의 규모가 결정되는 구조로 된 금융투자상품으로 파생상품의 성격을 지닌다.

(2) 피고 B은행은 이 사건 주식을 기초자산으로 하여 운용하는 ELS 관련 스와프 계약 등에 관하여 델타헤지를 하면서 이 사건 기준일에 인접한 2006. 8. 30.까지는 전체 옵션 델타값과 근사하게 실제 주식 보유량을 유지하는 등 비교적 델타헤지의 원리에 충실하게 헤지거래를 하여 왔고, 특히 2006. 8. 28.부터 2006. 8. 30.까지 3 거래일 동안 이 사건 주식 1,804,040주를 매수한 결과 그에 상응한 만큼 이 사건 주식의 주가 하락이 저지되기도 하였다.

(3) 이 사건 주식의 이 사건 기준일 시초가는 상환기준가격인 15,562.5원보다 높은 16,100원으로 결정되었고 이는 전날 종가인 15,800원보다 높은 가격이었기 때문에 당일 주가 상승으로 이 사건 주가연계증권의 상환조건이 성취될 가능성이 있었고, 그 경우 피고 B은행은 그 델타값에 따라 1,691,928주를 매도할 필요가 있었다.

(4) 피고 B은행은 이 사건 기준일의 접속매매시간대(9:00~14:50)에 1,645,080주에 대하여 상환기준가격인 15,562.5원을 350원 이상 상회함과 동시에 직전체결가와 같거나 높은 가격인 15,950원에서 16,600원 사이의 호가에 매도 주문을 하였는데 이는 처분이 필요한 수량에 근접한 규모이고 그 호가도 피고 B은행과 함께 이 사건 주가연계증권에 관한 헤지거래를 담당하였던 유△에스 은행이 한 매도 호가와 비교하여도 과도하게 높은 가격이라고 보이지 아니한다. 특히, 피고 B은행은 이 사건 기준일 정오 이전에는 주가상승을 예상하여 직전체결가보다 높은 호가를 제시하였다가 주가가 상승하지 아니하자 정오를 지나서는 대부분 물량을 직전체결가의 2호가 이내로 나누어 매도 주문하여 555,080주를 매도한 점이나 피고 B은행이 한 매도 주문 수량은 유△에스 은행의 그것보다 2배 이상 많았기 때문에 더 폭넓은 호가의 주문이 필요했을 것으로 보이는 점 등에 비추어 피고 B은행이 이 사건 기준일 접속매매시간대에 한 매도 주문이 허수 주문이라고 보기 어렵다.

(5) 피고 B은행이 이 사건 기준일 단일가매매시간대에 한 이 사건 주식 대량 매도행위는 다음과 같은 이유로 델타헤지를 위한 거래로 보인다.

① 단일가매매시간대 직전의 이 사건 주식의 주가는 15,950원에서 형성되어 있어 당일 종가가 상환기준가격 이상에서 결정될 가능성이 컸기 때문에, 피고 B은행은 그 경우의 델타값에 따라 주식 보유 수량을 조절하고 나아가 투자자에 대한 상환자금 마련을 위해 아직 처분하지 못한 이 사건 주식 약 100만 주를 단일가매매시간대에 매도할 필요가 있었다.

② 피고 B은행이 이 사건 기준일 14:57:03부터 14:58:04까지 3회에 걸쳐

이 사건 주식에 관하여 20만 주씩 합계 60만 주에 대하여 시장가로 한 매도 주문은 피고 B은행이 당일 장 종료 전에 상당한 수량을 매도할 필요가 있었던 점, 시장가 주문은 지정가 주문보다 우선하여 계약 체결을 하기 위한 주문으로 다른 증권회사 등도 많이 사용하고 있는 주문인 점 등에 비추어 가격 하락을 목적으로 한 주문으로 보기 어렵다.

③ 피고 B은행이 같은 날 14:58:32와 14:58:49에 20만 주씩 호가 15,600원에 한 매도 주문은 그 전에 시장가로 한 60만 주의 매도 주문과 함께 이 사건 주식의 종가가 15,600원 이상으로 결정되어 상환조건이 성취되는 경우 처분하여야 하는 물량인 약 100만 주에 맞추기 위한 주문으로 보이고, 그 호가도 상환기준가격을 넘는다.

④ 피고 B은행이 같은 날 14:59:13와 14:59:21에 20만 주씩 호가 15,500원에 한 매도 주문은 이 사건 기준일 종가가 15,600원으로 결정되어 상환조건이 성취되더라도 그 전에 한 호가 15,600원의 40만 주 매도 주문이 시간 순서에서 후순위로 밀려 계약 체결이 무산될 것을 대비한 것으로 보인다.

(6) 피고 B은행이 이 사건 기준일에 상환조건이 충족되는 경우 델타값에 따라 처분하여야 할 수량만큼을 2006. 9. 1. 또는 이 사건 기준일의 접속매매시간대에 모두 매도할 수 있었다고 하기 어렵고, 설령 그와 같이 매도하였더라도 그 경우 이 사건 주식의 이 사건 기준일 종가가 상환기준가격을 상회하여 결정되었으리라 단정하기 어려운 점, 주가연계증권의 조건성취 여부는 상환기준일의 종가에 의하여 결정되므로 델타헤지를 수행하는 금융기관은 상환기준일 장 종료 직전에 헤지거래를 수행하는 것이 이론적으로는 가장 합리적인 점, 다만 거래 현실에서는 주식의 유동성이 제한되어 있어 그것이 항상 가능하지는 아니하므로 그 대안으로 상환기준일 접속매매시간대 또는 그 전에 미리 일부 물량을 처분하기도 하는 점 등에 비추어보면 피고 B은행이 2006. 9. 1. 또는 이 사건 기준일의 접속매매시간대까지 델타값에 따른 주식 전부를 분할 매도하지 아니하였다고 하여 이를 부당하다고 할 수 없다.

(7) 피고 B은행은 이 사건 기준일에 이 사건 주가연계증권의 상환이 무산되더라도 만기까지 남아 있는 5차례의 상환기일에 조건이 성취되는 경우 더 많은 원리금을 지급하여야 하는 부담이 있고, 이 사건 기준일 무렵 연간 누적 손익금액(Year To Date Profit & Loss)에서 상당 규모의 이익을 유지하고 있었으며, 이 사건 주가연계증권이 조기에 상환되면 헤지 비용을 절약할 수 있는 점 등에 비추어 이 사건 기준일 종가를 상환기준가격 아래에서 고정시키거나 안정시킬 목적이 있다고 보기 어렵다.

다. 앞서 본 법리에 비추어 기록을 살펴보면, 원심의 위와 같은 판단은 정당하고,

거기에 상고이유 주장과 같이 델타헤지의 성질, 시세고정행위의 요건이나 긴급
피난에 관한 법리를 오해하고 시세고정 거래나 제3자에 의한 조건성취 방해행
위 여부에 관한 판단을 누락하거나 논리와 경험의 법칙을 위반하여 자유심증주
의의 한계를 벗어나 사실을 잘못 인정하거나 필요한 심리를 다하지 아니하는
등의 위법이 없다.

2. 피고 S증권 주식회사의 불법행위책임에 관하여

기록에 의하면, 원고는 피고 S증권이 피고 B은행으로부터 원리금을 상환받게 된
경위에 대한 정확한 정보를 투자자에게 제공할 의무를 다하지 아니한 잘못이 있고
이는 시세조종의 성립을 전제로 하지 않는다고 주장하였음에도, 원심은 제1심판결
을 인용하여 이 사건 주식 대량매도행위를 시세조종이라고 볼 수 없으므로 피고 S
증권이 고객보호의무를 위반한 잘못이 없다고 하였을 뿐 원고의 위 주장에 대하여
따로 판단하지 아니하였다. 그러나 피고 S이 이 사건 주가연계증권을 발행한 후
그 헤지 거래의 구체적인 경위까지 투자자에게 설명할 의무가 있다고 할 수 없고,
피고 S이 이미 스와프계약을 해지하여 피고 B은행이 이 사건 주가연계증권과 관
련한 헤지 거래를 더는 담당하고 있지 아니하므로 피고 S이 원리금을 상환받게 된
경위가 투자자가 이 사건 주가연계증권의 투자 중단 여부를 결정하는 사유가 될
수도 없으므로, 원고의 위 주장은 배척될 경우임이 분명하여 원심의 판단누락이
판결 결과에 영향을 미쳤다고 볼 수 없다. 이 부분 상고이유 주장은 이유 없다.

다) 연계시세조종 인정 판례   반면에, "장 마감 직전에 단일가매매 시간대
전체 주식 거래량의 80%가 넘는 수량의 주식을 상환기준가격보다 낮은 가격으로
집중적인 매도주문을 함으로써 시세고정행위를 하였다고 봄이 상당하고, 비록 델
타헤지를 위하여 위와 같은 수량의 주식을 매도할 필요가 있었다고 하더라도 그
러한 사정의 존재가 피고인에 대한 시세고정목적의 인정에 방해가 되지는 않는
다."라는 판례도 있다.

[대법원 2015. 6. 11. 선고 2014도11280 판결]

가. ELS의 발행사는 델타헤지에 의한 기초자산의 매매로 투자자들에 대한 상환자금
을 마련하게 되는데 이 사건 ELS의 경우 그 기초자산인 공소외 2회사 주식과 공
소외 3회사 주식의 헤지거래에서 큰 손실을 보고 있다가 이 사건 기준일에 이르
러서야 수익이 발생하기 시작하였으므로, 피고인으로서는 위 기초자산들을 차회
조기상환기준일 내지 만기상환기준일까지 운용하여 그동안의 손실을 만회할 기
회를 얻기 위하여 이 사건 기준일에 조기상환을 무산시킬 유인이 있었다고 볼 수
있다. 나.피고인은 이 사건 기준일에 가까워질 무렵 증가하는 델타값에 따라 공소
외 3회사 주식을 매수하여 그 보유량을 늘렸으나, 이 사건 기준일이 지남으로써

델타값이 감소될 것이 예정되어 있었으므로 이 사건 기준일에 이르러는 공소외 3회사 주식을 상당량 매도할 필요가 있었음에도 불구하고, 이 사건 기준일 오전 상승세에 5,000주를 매도한 외에는 현실성 없이 높은 가격으로 100,000주의 매도주문만을 한 채 14:30경까지 공소외 3회사 주식의 보유량을 그대로 유지하고 있었다. 한편 이 사건 기준일에 공소외 3회사 주식의 주가는 09:40경 이후 14:30경까지 비교적 안정적으로 상환기준가격인 96,000원을 상회하고 있었고 공소외 2회사 주식의 주가는 상환기준가격을 훨씬 상회하고 있었으므로 이 사건 기준일에 이 사건 ELS의 조기상환조건이 성취될 가능성이 상당히 높았었는데, 피고인은 위와 같이 공소외 3회사 주식의 보유량을 유지하고 있다가 단일가매매 시간대 직전 20분 동안 60,500주를 직전가격 대비 저가 및 동일가로 매도함으로써 14:30경 97,000원대에 있던 공소외 3회사 주식의 주가를 단일가매매 시간대 시작 시점에 상환기준가격인 96,000원까지 하락시켰고, 단일가매매 시간대에 들어서는, 한국거래소의 거래시스템에 의하여 실시간으로 예상체결가격과 예상체결수량을 확인할 수 있는 상태에서, 14:52:00경 당시 예상체결가격보다 500원 낮은 95,500원에 7,000주의 매도주문을 하여 예상체결가격이 95,500원으로 하락하고 예상체결수량이 매도주문량에 가깝게 증가하는 것을 보고 당시의 시장상황을 확인한 다음, 장 마감 1분 10초 전인 14:58:50경 예상체결가격이 97,400원인 상황에서 이보다 1,500원이나 낮은 95,900원에 무려 50,000주의 매도주문을 하여 예상체결가격을 상환기준가격 아래인 95,900원으로 하락시켰으며, 이후 단일가매매 시간대의 거래방식을 고려하여 96,000원 이상의 매수주문이 유입되더라도 공소외 3회사 주식의 주가가 상승하는 것을 원천적으로 차단할 생각으로 장 마감 12초 내지 5초전인 14:59:48경, 14:59:50경 및 14:59:55경 각 95,800원에 10,000주씩 합계 30,000주의 매도주문을 하여, 결국 추가매수세의 유입에도 불구하고 이 사건 기준일에 공소외 3회사 주식의 종가가 상환기준가격인 96,000원보다 100원 낮은 95,900원에서 결정되도록 하였다. 다.이상과 같은 거래의 동기와 태양 및 그 밖에 앞서 본 이 사건 ELS에 관하여 제기된 민원에 대한 공소외 1회사의 대처 내용 등에 비추어 보면, 피고인은 이 사건 기준일에 공소외 3회사 주식의 종가를 이 사건 ELS의 상환기준가격인 96,000원 미만으로 인위적으로 형성 및 고정시킬 목적으로 앞서 본 바와 같은 방식으로 장 마감 직전에 단일가매매 시간대 전체 공소외 3회사 주식 거래량의 80%가 넘는 87,000주에 대하여 상환기준가격보다 낮은 가격으로 집중적인 매도주문을 함으로써 자본시장법 제176조 제3항에 정한 시세고정행위를 하였다고 봄이 상당하고, 비록 델타헤지를 위하여 위와 같은 수량의 공소외 3회사 주식을 매도할 필요가 있었다고 하더라도 그러한 사정의 존재가 피고인에 대한 시세고정목적의 인정에 방해가 되지는 않는다.

대법원은 민사사건에서도 증권회사가 델타헤지의 원리에 충실하게 거래한 것만으로는 부족하고, 더 나아가 델타헤지거래의 시기, 방법 등에 비추어 합리적으로 하여야 하며, 그 과정에서 기초자산의 공정한 가격형성에 영향을 끼쳐 조건의 성취를 방해하지 않아야 투자자보호의무를 이행한 것으로 보므로 증권회사의 책임을 강화하는 입장을 취하고 있다.62)

[대법원 2015. 5. 14. 선고 2013다2757 판결]
가. 이 사건 주가연계증권은 기초자산인 S보통주의 중간평가일의 종가에 따라 중도상환조건의 성취 여부가 결정되어 피고가 투자자에게 지급할 중도상환금의 지급시기와 금액이 달라지는 유가증권이다. 그리고 이 사건 주가연계증권의 중도상환조건은 법률행위 효력의 발생을 장래의 불확실한 사실에 의존케 하는 정지조건이고, 피고는 이 사건 주가연계증권을 발행하여 판매한 증권회사로서 위 정지조건이 성취되는 경우 이 사건 주가연계증권의 투자자에게 이 사건 주가연계증권의 판매계약에서 정한 바에 따라 액면금에 약정 수익금을 더한 중도상환금을 지급하여야 할 의무를 부담하게 되므로, 위 정지조건의 성취 여부에 따라 이 사건 주가연계증권의 투자자와 이해관계가 상충한다.
나. 피고가 이 사건 주가연계증권과 관련된 델타헤지거래로 S보통주를 매도하는 것은 기본적으로 위험회피라는 자신의 이익을 위하여 행하는 것이므로 그 과정에서 투자자의 신뢰나 이익이 부당하게 침해되어서는 안 된다고 할 것인바, 이 사건과 같이 중간평가일의 기초자산 가격이 중도상환조건을 성취시키는 가격에 근접하여 형성되고 있어 그 종가에 따라 중도상환조건이 성취될 가능성이 커서 피고와 투자자 사이의 이해관계가 서로 상충하는 상황에서는 피고는 중도상환조건의 성취 여부에 최소한의 영향을 미치는 방법으로 헤지거래를 함으로써 투자자를 보호해야지 그 반대로 중도상환조건의 성취를 방해함으로써 투자자의 신뢰를 저버리는 헤지거래를 하여서는 안 된다.
다. 그런데 피고는 이 사건 중간평가일의 S보통주 종가가 이 사건 주가연계증권의 상환기준가격인 108,500원으로 결정되는 경우 그 델타값인 −127,137에 따라 보유하고 있던 S보통주 287,221주 중 약 160,000주(≒ 287,221주 −127,137)를, 종가가 상환조건이 성취되지 아니하는 108,000원으로 결정되는 경우 그 델타값인 −192,137에 따라 약 95,000주(≒ 287,221주 −192,137)를 각 매도할 필요가 있었는바, 중도상환조건 성취 여부와 무관하게 보유하고 있던 S보통주 중 상당량을 이 사건 중간평가일의 접속매매시간대 전체에 걸쳐 분산하여 매도함으로써 중도상환조건 성취 여부를 결정하는 요소인 종가 결정에 미치는 영향을 최소화할 의무가 있었다. 나아가 단일가매매시간대 직전의 S보통주의 가격이 기준가격을 상회하여 투자자로서는 이 사건 주가연계증권의 중도상환조건이 충족될 것으로 기대할 수 있었으므로,

---

62) 다만, 주로 판매되는 상품인 지수형 ELS는 현실적으로 조건성취방해가 발생하기는 어렵다.

피고는 단일가매매시간대에 시장수급에 영향을 줄 것이 예상되는 대량의 매도 주문을 하려면 조건성취에 영향을 미치지 않도록 기준가격 이상의 호가를 제시하였어야 했다(피고가 이 사건 중간평가일에 이르기까지 델타헤지를 하면서도 S보통주를 델타값에 일치시키지 않고 그 이상으로 보유하여 온 점에 비추어 볼 때 이를 요구하는 것이 피고에게 과다한 위험을 부담시키는 것도 아니다).

그럼에도 피고는 이 사건 중간평가일의 접속매매시간대에는 매도 주문 시 그 호가 대부분을 직전체결가보다 높게 제시하여 대부분의 계약 체결이 무산되는 결과를 초래하고 오히려 총 70,000주의 매수 주문을 내기도 하는 한편, 단일가매매시간대에는 같은 시간대 전체 매도 주문의 약 79%를 차지하는 134,000주에 관하여 매도 주문을 하면서 그중 94,000주에 관하여는 기준가격인 108,500원에 미치지 못하는 호가를 제시하였고, 단일매매시간대 전까지 기준가격인 108,500원 이상으로 거래되고 있던 S보통주가 피고의 위와 같은 대량매도 주문으로 인하여 종가가 108,000원으로 결정되었고, 결국 이 사건 주가연계증권의 중도상환조건 성취가 무산되었다.

피고의 이러한 행위는 원고들에 대한 투자자보호의무를 게을리한 것으로서 신의성실에 반하여 이 사건 주가연계증권의 중도상환조건 성취를 방해한 것이라고 볼 여지가 충분하다.

라. 그럼에도 원심은 이와 달리 그 판시와 같은 이유로, 피고가 이 사건 중간평가일의 장종료 무렵에 대량의 S보통주를 매도한 행위는 주가연계증권을 발행한 금융기관이 위험을 관리하기 위하여 하는 델타헤지를 위한 정당한 거래행위이므로 그로 인하여 이 사건 주가연계증권의 상환조건이 성취되지 않았더라도 이를 신의성실에 반하여 조건의 성취를 방해한 것으로 볼 수 없다고 하였는바, 이는 위험회피거래에서의 신의칙상 주의의무 등에 관한 법리를 오해하여 판단을 그르친 것이다

⑷ 파생상품 간의 연계에 의한 시세조종

파생상품의 매매등에서 부당한 이익을 얻거나 제3자에게 부당한 이익을 얻게 할 목적으로 그 파생상품과 기초자산이 동일하거나 유사한 파생상품의 시세를 변동 또는 고정시키는 행위도 금지된다(法 176조④5). 기초자산이 동일한 선물과 옵션, 만기일이 다른 옵션 간의 연계시세조종을 규제하는 규정이다.63)

---

63) 파생상품 간의 연계에 의한 시세조종은 다른 유형의 연계시세조종에 비하면 시세조종에 대한 입증이 매우 어렵다는 현실적인 문제가 있다.

제 2 절 부정거래행위와 공매도

Ⅰ. 부정거래행위

1. 연 혁

(1) 증권거래법 제188조의4 제4항의 규정

구 증권거래법 제188조의4 제4항은 "누구든지 유가증권의 매매 기타 거래와 관련하여, 부당한 이득을 얻기 위하여 고의로 허위의 시세 또는 허위의 사실 기타 풍설을 유포하거나 위계를 쓰는 행위(제1호)와, 중요한 사항에 관하여 허위의 표시를 하거나 필요한 사실의 표시가 누락된 문서를 이용하여 타인에게 오해를 유발하게 함으로써 금전 기타 재산상의 이익을 얻고자 하는 행위(제2호)를 하지 못한다고 규정하였다. 대법원은 구 증권거래법이 사기적 부정거래행위를 금지하는 취지에 관하여, "증권거래에 관한 사기적 부정거래가 다수인에게 영향을 미치고 증권시장 전체를 불건전하게 할 수 있기 때문에 증권거래에 참가하는 개개의 투자자의 이익을 보호함과 함께 투자자 일반의 증권시장에 대한 신뢰를 보호하여 증권시장이 국민경제의 발전에 기여할 수 있도록 함에 그 목적이 있다고 할 것"이라고 판시한 바 있다.[64]

구 증권거래법 제188조의4 제1항은 "상장유가증권 또는 코스닥상장 유가증권의 매매거래"라고 규정하고, 제2항은 "유가증권시장 또는 코스닥시장에서의 매매거래"라고 규정하고, 제3항은 "유가증권시장 또는 코스닥시장에서의 매매거래"라고 규정함으로써 거래대상, 거래장소, 거래방법에 대한 제한을 두었고, 또한 "그 거래가 성황을 이루고 있는 듯이 잘못 알게 하거나 기타 타인으로 하여금 그릇된 판단을 하게 할 목적으로"(제1호), "매매거래를 유인할 목적으로"(제2호), "유가증권의 시세를 고정시키거나 안정시킬 목적으로"(제3호)라고 각각 목적을 적용요건으로 규정하였다. 반면에 제4항은 상장여부나 장내거래 여부를 불문하고 적용대상으로 규정함으로써 비록 명시적인 규정이 없지만 발행시장의 경우에

---

64) 대법원 2001. 1. 19. 선고 2000도4444 판결, 대법원 2002. 7. 22. 선고 2002도1696 판결, 대법원 2003. 11. 14. 선고 2003도686 판결, 대법원 2008. 5. 15. 선고 2007도11145 판결, 대법원 2011. 3. 10. 선고 2008도6335 판결.

도 적용된다고 해석되었고, "매매거래" 외에 "기타 거래"도 적용대상으로 규정함으로써 담보계약이나 교환거래도 적용대상임을 분명히 하였고, 무엇보다도 목적을 직접적으로 요구하지 않았다. 따라서 구 증권거래법 제188조의4 제4항도 포괄적 사기금지 규정으로서의 기능을 한다는 견해도 많았다. 다만 제4항 제1호의 경우 '부당한 이익을 얻기 위하여' 라고 규정하고, 제2호도 '타인에게 오해를 유발하게 함으로써'라고 규정함으로써 간접적인 목적성은 제시하고 있었다.

구 증권거래법이 사기적 부정거래행위를 금지하였던 것은 증권거래에 관한 사기적 부정거래가 다수인에게 영향을 미치고 증권시장 전체를 불건전하게 할 수 있기 때문에 증권거래에 참가하는 개개의 투자자의 이익을 보호함과 함께 투자자 일반의 증권시장에 대한 신뢰를 보호하여 증권시장이 국민경제의 발전에 기여할 수 있도록 함에 그 목적이 있다. 그런데 위 제4항은 "부당한 이익을 얻기 위하여"(제1호), "금전 기타 재산상의 이익을 얻고자 하는"이라고 규정함으로써 간접적인 표현이나마 목적성을 제시하였고, 또한 행위유형을 너무 구체적으로 규정함으로써 다양한 유형의 증권사기행위를 규제하는 포괄적 사기금지규정으로서의 기능이 반감되고 있었다. 이와 관련하여, 제188조의4 제4항 제1호와 제2호를 일괄하여 사기적 거래행위로 설시한 판례도 있다.

[대법원 2001. 1. 19. 선고 2000도4444 판결]
위와 같이 피고인이 분식결산의 방법으로 작성된 허위의 대차대조표나 손익계산서 등 재무제표에 기초하여 공소외 회사의 재무에 관하여 허위의 사항을 기재한 사업보고서 등을 증권거래위원회나 증권거래소에 제출하고, 또 회사의 유통단지 건설사업 등 불확실한 사업전망을 마치 그러한 계획이 확정되었거나 곧 공사에 착수할 것처럼 공표하고 그 내용을 신문보도나 회사설명회 등에서의 유인물을 통하여 다시 홍보하여 회사의 주가가 상승하자 피고인이 지배하는 주식을 매도하여 상당한 경제적 이득을 얻었을 뿐만 아니라, 특히 위와 같은 허위 사실의 유포 등에 앞서 미리 사모전환사채를 인수하는 방법으로 주식의 매도에 대비하였다가 주식을 매도한 후에 위 전환사채를 주식으로 전환하여 피고인의 지분율을 유지한 점에 비추어 보면, 피고인이 유가증권의 매매 등과 관련하여 부당한 이득을 얻기 위하여 허위의 사실을 유포하고, 중요한 사항에 관하여 허위의 표시를 한 문서를 이용하여 타인에게 오해를 유발함으로써 재산상의 이익을 얻었다고 할 것이고, 설사 상고이유에서 주장하는 바와 같이 피고인이 필요한 회사의 운영자금을 마련하기 위하여 자신이 보유하는 주식을 매도하였다고 하더라도 그와 같은 사정은 피고인에게 부당한 이득이나 재산상의 이익을 얻을 목적이 있었다고 인정하는 데에 아무런 장애가 되지 아니한다고 할 것이므로, 원심이 피

고인을 증권거래법 제188조의4 제4항 제1호, 제2호 소정의 사기적 거래행위로 인한 증권거래법위반죄로 처벌한 조치는 정당하다.

(2) 포괄적인 규정의 필요성

자본시장법은 완전히 포괄적인 사기금지 규정의 필요성을 반영하여, 증권의 경우 모집·사모·매출을 포함한다고 규정함으로써 발행시장을 명시적으로 적용 범위에 포함시키고, SEA §10(b) 및 SEC Rule 10b−5와 같은 '포괄적 사기금지 조항'과 유사한 규정을 제176조의 다른 시세조종행위와 구별하여 제178조 제1항 제1호에 규정한다. 다양하게 급변하는 증권범죄의 특성상 포괄적 규정은 불가피하고, 이는 대부분의 국가에서 불공정거래에 대한 포괄적 규정을 두는 이유이기도 하다.

판례도 자본시장법이 사기적 부정거래행위를 금지하는 취지에 관하여, "상장 증권 등의 거래에 관한 사기적 부정거래가 다수인에게 영향을 미치고, 증권시장 전체를 불건전하게 할 수 있기 때문에, 상장증권 등의 거래에 참가하는 개개 투자 자의 이익을 보호함과 함께 투자자 일반의 증권시장에 대한 신뢰를 보호하여, 증 권시장이 국민경제의 발전에 기여할 수 있도록 하는 데 그 목적이 있다."라고 판 시한다.

[대법원 2018. 4. 12. 선고 2013도6962 판결]
그러므로 상장증권의 매매 등 거래를 할 목적인지 여부나 위계인지 여부 등은 행위자 의 지위, 행위자가 특정 진술이나 표시를 하게 된 동기와 경위, 그 진술 등이 미래의 재무상태나 영업실적 등에 대한 예측 또는 전망에 관한 사항일 때에는 합리적인 근거 에 기초하여 성실하게 행하여진 것인지 여부, 그 진술 등의 내용이 거래상대방이나 불특정 투자자들에게 오인·착각을 유발할 위험이 있는지 여부, 행위자가 그 진술 등 을 한 후 취한 행동과 주가의 동향, 행위 전후의 제반 사정 등을 종합적·전체적으로 고려하여 객관적인 기준에 따라 판단하여야 한다.

(3) 규정 상호간의 관계

"부정한 수단, 계획 또는 기교를 사용하는 행위"를 금지하는 제178조 제1항 제1호에 대하여, i) 그 자체가 부정거래행위 중 "부정한 수단 등을 사용하는 행 위"를 규제하기 위한 독립적 규정으로 볼 수도 있고, ii) 그 자체가 독립적인 규 정이 아니라, 자본시장법상 불공정거래의 규제에 관한 제174조(미공개중요정보 이용행위), 제176조(시세조종행위), 제178조 제1항 제2호 및 제2항으로 규제할

수 없는 행위에 적용되는 보충적 규정으로 볼 수도 있다.[65] ⅰ)과 같이 해석하면
제178조 제1항 제1호의 규정과 나머지 규정의 적용에 있어서 우선순위가 있는 것
은 아니므로, 다른 세 가지 유형의 부정거래행위에 관한 규정을 반드시 먼저 적용
하여야 하는 것은 아니고 제1항 제1호를 바로 적용할 수도 있다. 반면 ⅱ)와 같이
해석하면 제174조(미공개중요정보 이용행위), 제176조(시세조종행위), 제178조 제1
항 제2호 및 제2항의 적용 여부를 먼저 살펴 본 후 비로소 제178조 제1항 제1호
를 적용하여야 할 것이다.

〈법조경합관계로 본 판례〉
[서울고등법원 2011. 6. 9. 선고 2010노3160 판결]
　1개의 행위가 외관상 수개의 죄의 구성요건에 해당하는 것처럼 보이나 실질적으로
일죄만을 구성하는 경우에는 법조경합에 해당하고, 실질적으로 일죄인가 또는 수죄
인가는 구성요건적 평가와 보호법익의 측면에서 고찰하여 판단하여야 한다(대법원
2004. 1. 15. 선고 2001도1429 판결 등 참조). 그런데 ① 자본시장법 제178조 제1
항 제1호는 제176조에 열거된 시세조종행위와는 다르게 규제대상이 금융투자상품이
므로 상장증권이나 장내파생상품으로 제한되지 않고, 거래 장소도 거래소 시장으로
제한되지 않으며, 매매 이외의 다양한 유형의 거래까지 규제대상으로 하고 있는 점,
② 위 각 죄의 보호법익은 모두 주식 등 거래의 공정성 및 유통의 원활성 확보라는
사회적 법익인 점 등을 고려하면 위 각 죄는 법조경합관계(특별관계)에 있다고 봄이
옳다. 따라서 피고인 1, 8, 9의 위 범행이 자본시장법 제176조 제2항 제1호에서 규
제하는 현실거래에 의한 시세조종행위에 해당한 이상 이로 인한 자본시장법위반죄만
성립할 뿐이고, 이와 별도로 자본시장법 제178조 제1항 제1호에서 규제하는 부정거
래행위로 인한 자본시장법위반죄가 성립하지는 않는다. 이와 달리 피고인 1, 8, 9의
위 범행에 대하여 자본시장법 제176조 제2항 제1호 위반으로 인한 자본시장법위반
죄를 인정하면서 이와 동시에 자본시장법 제178조 제1항 제1호 위반으로 인한 자본
시장법위반죄를 인정한 원심판결에는 법조경합의 법리를 오해하여 판결에 영향을 미친
잘못이 있다.

　그러나 어느 경우에도 법정형이 동일하고, 판례도 자본시장법 제176조와 제
178조에 해당하는 수 개의 행위를 단일하고 계속된 범의 아래 일정기간 계속하여

---

65) 미국 증권법상 피고의 행위가 SEC Rule 10b-5뿐 아니라 다른 규정 위반으로 인한 책임을
　　야기할 때에도 원고는 Rule 10b-5에 기한 소송을 할 수 있다. 심지어는 등록신고서상 부실표
　　시에 관한 명시적 구제를 규정한 SA §11에 의하여 구제받을 수 있는 경우에도 사기적인 허위
　　표시와 누락을 이유로 Rule 10b-5에 기한 책임을 청구할 수 있다[Herman & MacLean v.
　　Huddleston, 459 U.S. 375 (1983)].

반복한 경우, 시세조종행위 등 금지 위반 및 부정거래행위 등 금지 위반의 포괄일 죄가 성립한다는 입장이다.[66] 결국 제178조 제1항 제1호의 중요한 의미는 일반 적, 포괄적인 규정으로서 불공정거래에 관한 여타 규정의 적용이 곤란한 경우에 도 적용될 수 있다는 점이다.

(4) 죄형법정주의 명확성원칙

죄형법정주의의 명확성원칙이란 법률이 처벌하고자 하는 행위가 무엇이며 그 에 대한 형벌이 어떠한 것인지를 누구나 예견할 수 있고, 그에 따라 자신의 행위 를 결정할 수 있도록 구성요건을 명확하게 규정할 것을 의미한다.[67] 자본시장법 제178조 제1항 제1호는 법정형이 최고 무기징역인 범죄의 구성요건이면서도 "부 정한"이라는 추상적인 용어를 사용하기 때문에, 죄형법정주의의 명확성원칙 위반 여부가 문제된다.[68] 자본시장법 제178조 제1항 제1호가 "자본시장의 신뢰성 및 효율성 확보"와 "투자자 보호"라는 규제목적에 따라 도입된 것이므로 어느 정도 시장참여자들이 예측가능한 정도로 구체성과 명확성을 갖추고 있다고 보는 견해 도 있고,[69] 법원의 역할에 의한 명확성 구현은 한계가 있고 시행 초기에 어느 정 도의 논란과 혼란이 초래될 가능성이 있으므로, 금융감독당국이 시장상황을 반영 한 구체적인 guide line을 제시하고 수시로 보완하는 것이 중요하다는 점을 강조 하는 견해도 있다.[70]

헌법재판소는 "처벌법규의 구성요건이 명확하여야 한다고 하더라도 입법권

---

66) 대법원 2018. 4. 12. 선고 2013도6962 판결. 구 증권거래법상 판례도 구 증권거래법 제188조 의4의 각 항이 규정하는 시세조종에 해당하는 수개의 시세조종행위는 포괄일죄가 성립한다고 판시하였다(대법원 2005. 11. 10. 선고 2004도1164 판결).

67) 헌법재판소 2002. 4. 25. 선고 2001헌가27 결정, 헌법재판소 2006. 11. 30. 선고 2006헌바53 결정.

68) 제178조 제1항 제1호와 유사한 규정인 미국의 Rule 10b−5의 (a)와 관련하여, 미국에서 도 "void for vagueness"원칙이 확립되어 있으나 한편으로는 우리나라와 달리 판례법도 法源 이므로 제정법(statute)의 입법시 이러한 판례법의 존재와 역할이 고려되고, 궁극적으로는 법 원이 명확성원칙을 구현한다고 할 수 있다. 이에 따라 연방증권법은 SEC에 규칙제정권을 위 임하는 대부분의 규정에서, "위원회가 공익과 투자자 보호에 필요하거나 적절한 것으로서 규 칙과 규정에 의하여 정하는 바에 따라(as the Commission may, by rules and regulations, prescribe as necessary or appropriate in the public interest and for the protection of investors)"라고 규정함으로써 포괄적으로 위임하는 경우가 많다.

69) 김건식·정순섭, 474면.

70) 성희활, "사기적 부정거래에서 위계의 적용 문제", 증권법연구 제8권 제1호, 한국증권법학 회(2007), 79면. 이러한 guide line이 있으면 "통상의 해석방법에 의하여 건전한 상식과 통상 적인 법감정을 가진 사람이라면 해당 처벌법규의 보호법익과 금지된 행위 및 처벌의 종류와 정도"를 알 수 있을 것이고, 그렇다면 위헌의 소지가 상당 부분 해소될 것이다.

자가 모든 구성요건을 단순한 의미의 서술적인 개념에 의하여 규정하여야 한다는 것은 아니고, 다소 광범위하여 법관의 보충적인 해석을 필요로 하는 개념을 사용하였다고 하더라도 통상의 해석방법에 의하여 건전한 상식과 통상적인 법감정을 가진 사람이라면 해당 처벌법규의 보호법익과 금지된 행위 및 처벌의 종류와 정도를 알 수 있도록 규정하였다면 헌법이 요구하는 처벌법규의 명확성의 원칙에 배치되는 것이 아니다"라고 판시하였다.[71] 헌법재판소는 또한 "명확성의 원칙을 강조한 나머지 만일 모든 구성요건을 단순한 서술적 개념으로만 규정할 것을 요구한다면 처벌법규의 구성요건이 지나치게 구체적이고 정형적이 되어 부단히 변화하는 다양한 생활관계를 제대로 규율할 수 없게 될 것이기 때문에, 법규범이 불확정개념을 사용하는 경우라도 법률해석을 통하여 법원의 자의적인 적용을 배제하는 합리적이고 객관적인 기준을 얻는 것이 가능한 경우는 명확성의 원칙에 반하지 아니한다"라는 입장이다.[72]

헌법재판소의 이러한 입장에 의하면 자본시장법 제178조 제1항 제1호를 위헌이라고 보기는 어렵다. 그러나 헌법재판소가 명확성의 원칙에 반하지 않는다는 근거로 설시한, "통상의 해석방법에 의하여 건전한 상식과 통상적인 법감정을 가진 사람이 해당 처벌법규의 보호법익과 금지된 행위 및 처벌의 종류와 정도를 알 수 있도록 규정하였다면"이라는 판시와, "법규범이 불확정개념을 사용하는 경우라도 법률해석을 통하여 법원의 자의적인 적용을 배제하는 합리적이고 객관적인 기준을 얻는 것이 가능한 경우"라는 판시에 비추어, 자본시장법 제178조 제1항 제1호는 매우 엄격한 기준에 의하여 해석하여야 할 것이다.

[서울고등법원 2011. 6. 9. 선고 2010노3160 판결]
자본시장법 제178조 제1항 제1호는 거래구조의 변화나 시장의 환경변화에 따라 다양하고 새로운 유형의 부정거래행위가 발생할 수 있는 개연성이 높은 반면 모든 부정거래행위 유형을 사전에 일일이 열거하여 규제하는 것은 입법기술상 한계가 있는 점을 고려하여 자본시장법 제정과 함께 신설된 조항이다. 그런데 위와 같은 입법취지를 감안하더라도 자본시장법 제178조 제1항 제1호는 그 문언 자체가 지나치게 포괄적·추상적이어서 자칫 형사법의 대원칙인 죄형법정주의와 충돌할 우려가 있다. (중략) 따라서 자본시장법 제178조 제1항 제1호를 적용함에 있어서는, 자본시장에서의 금융혁신과 공정한 경쟁을 촉진하고 투자자를 보호하며 금융투자업을 건전하게 육성함으로써 자

---

71) 헌법재판소 2006. 11. 30.자 2006헌바53 결정.
72) 헌법재판소 2007. 10. 25.자 2006헌바50 결정.

본시장의 공정성·신뢰성 및 효율성을 높여 국민경제의 발전에 이바지한다는 자본시장법의 목적(자본시장법 제1조)에 유념하면서, 같은 항 제2호, 제3호 및 같은 조 제2항을 통하여 보다 구체화된 부정거래행위의 내용, 그 밖에 당해 행위의 불법성 정도가 다른 규정을 통하여 처벌하더라도 자본시장법의 목적 달성에 지장을 초래하지 않는지 등을 종합적으로 고려하여 죄형법정주의와 최대한 조화를 이룰 수 있도록 신중을 기함이 옳다.[73]

2. 미국 증권법과 일본 金商法의 포괄적 사기금지규정

(1) 미국 증권법

(가) SEA §10(b)

1) 포괄적 사기금지 규정   SEA §10은 "누구든지 직접 또는 간접으로 주간통상의 방법이나 수단, 우편 또는 전국증권거래소의 시설을 이용하여 다음에 열거하는 행위를 하는 것은 위법이다."고 규정하고, subsection (b)는 "시세조종적이거나 사기적인 수단"이라는 제목 하에 "SEC가 공익이나 투자자 보호를 위하여 필요하거나 적절한 것으로서 정하는 규칙과 규정을 위반하여 전국증권거래소의 등록증권, 비등록증권 또는 증권을 기초로 하는 스왑계약의 매수 또는 매도에 관하여 시세조종적이거나 사기적인 수단 또는 책략(manipulative or deceptive device or contrivance)을 이용하는 것"을 위법한 행위로 규정한다.[74] SEA §10(b)는 모든 증권의 매수 또는 매도와 관련한 사기행위를 포괄적으로 금지하는 규정이다.[75]

2) 적용 범위   SEA §10(b)는 매매주체가 누구인지, 등록증권인지, 공개회사인지 등의 여부에 관계없이 모든 증권거래에 적용되고, 적용이 면제되는 예외가 없으므로 대부분의 증권관계소송에서 근거법규로 적용된다. SEA §9(a)보다 일

---

73) 대법원 2011. 10. 27. 선고 2011도8109 판결에 의하여 확정되었다.

74) [SEA §10 Manipulative and Deceptive Devices]

It shall be unlawful for any person, directly or indirectly, buy the use of any means or instrumentality of interstate commerce or of the mails, or of any facility of any national securities exchange –

(b) To use or employ, in connection with the purchase or sale of any security register–ed on a national securities exchange or any security not so registered, or any securities– based swap agreement (as defined in section 206B of the Gramm–Leach–Bliley Act), any manipulative or deceptive device or contrivance in contravention of such rules and regulations as the Commission may prescribe as necessary or appropriate in the public interest or for the protection of investors.

75) SEA §10(a)는 공매도(short sale)에 관한 규정이다.

반적으로 SEA §10(b)가 적용되는 이유는 SEA §9(a)에 비해서 SEA §10(b)의 적용범위가 훨씬 넓기 때문이다. 즉, SEA §9(a)는 "타인의 거래를 유인할 목적으로 행하는 것"을 요건으로 하지만 SEA §10(b)는 그와 같은 목적을 요건으로 하지 않으며 SEA §10(b)의 적용을 위한 "악의"의 증명도 "상황증거에 의한 판단으로 충분하다"고 본다. 그리고 유가증권시장의 복잡화에 따라 장외 등록주식, 저가주 (penny stock) 등을 대상으로 하는 시세조종행위 등과 같이 SEA §9(a)에 의하여는 규제할 수 없는 유형의 행위가 등장하고 있으며, SEA §9(e)에 의한 민사손해배상소송의 제기가 어려워지자 대부분의 경우 SEA §10(b)와 Rule 10b-5와 같은 포괄적 사기금지조항을 원용하여 소송을 수행하고 있다. SA §17(a)는 유가증권의 매출과 판매에 대해서만 적용되지만, SEA §10(b)의 규정은 유가증권을 매도하는 경우뿐 아니라 매수하는 경우에도 적용되며, 장외거래나 개인 간의 직접거래에 대하여도 적용되는 등 다양한 종류의 사기적 증권거래에 대하여 널리 적용되기 때문에 광범위하게 활용된다.[76]

(나) Rule 10b-5

1) 의   의   SEA §10(b)는 사기적인 방법의 이용이 위법(unlawful)이라고 규정할 뿐 금지되는 행위를 직접 규정하지 않고 이를 SEC의 규칙에 위임하고 있다. 이에 SEC는 세부사항을 규정하기 위하여 Rule 10b-5를 제정하였다. SEC가 1942년 SEA §10(b)에 기하여 제정한 Rule 10b-5는 다음과 같이 규정한다.[77]

> [Rule 10b-5]
> It shall be unlawful for any person, directly or indirectly, by the use of any means or instrumentality of interstate commerce, or of the mails, or of any facility of any national securities exchange,
> (a) To employ any device, scheme, or artifice to defraud,

---

76) 보통법상의 사기에 해당하려면 중요한 사실에 대한 부실표시(misrepresentation of material fact), 피고의 scienter(진술이 사실과 다르다는 인식 포함), 피해자의 신뢰(reliance), 손해인과관계(loss causation), 손해(damages) 등이 요건이고, 직접계약관계(privity)는 요건이 아니다 (Palmiter, op. cit., p. 190).

77) Rule 10b-5는 증권의 매수 또는 매도와 관련한(in connection with) 피고의 부실표시 또는 사기를 요건으로 한다. 이를 "in connection with" 요건이라 한다. 피고의 행위는 매매와의 관련성만 요구되고, 피고가 실제로 증권을 매매하는 것은 요건이 아니다. 따라서 증권의 발행인이 증권을 매매하지 않았더라도 부실표시나 사기에 대한 책임을 진다. 간혹 일부 국내 문헌에는 "in connection with the purchase or sale of any security."를 (c)의 말미에 연결하여 소개하나, 정확히는 (c)에 이어지는 문구가 아니라 (a), (b), (c) 모두에 연결되는 문구이다.

   (b) To make any untrue statement of a material fact or to omit to state a material fact necessary in order to make the statements made, in the light of the circumstances under which they were made, not misleading, or

   (c) To engage in any act, practice, or course of business which operates or would operate as a fraud or deceit upon any person,

in connection with the purchase or sale of any security.

누구든지 증권의 매수 또는 매도와 관련하여, 직접 또는 간접으로 주간통상의 방법이나 수단, 우편, 또는 전국증권거래소의 시설을 이용하여, 다음과 같은 행위를 하는 것은 위법이다.

   (a) 사기를 위하여 수단, 계획 또는 기교를 사용하는 것

   (b) 중요한 사실에 관하여 허위표시를 하거나, 표시가 행하여진 당시의 상황에 비추어 오해를 방지하기 위하여 필요한 중요한 사실의 표시를 누락하는 것

   (c) 타인에 대한 사기 또는 기망이 되거나 될 수 있는 행위, 관행 또는 영업절차에 종사하는 것

Rule 10b-5는 증권매도에 있어서의 사기를 금지하는 SA §17(a)의 규정78)을 거의 그대로 반영하면서 "매도"만 "매도 또는 매수"로 변경하였다. SA §17(a)도 SEA §10(b) 및 Rule 10b-5와 같이 사기금지규정이지만, 증권의 사기적인 매도 (fraudulent sale)에만 적용되므로,79) 증권의 매수 및 매도(purchase or sale)에 적용되는 Rule 10b-5에 비하면 그 적용범위가 매우 좁다. 한편, SEC는 내부자거래의 규제를 명확히 하기 위하여 2000년 10월 Rule 10b5-1과 Rule 10b5-2를 제정하

---

78) SA §17

   (a) Use of interstate commerce for purpose of fraud or deceit

     It shall be unlawful for any person in the offer or sale of any securities or any security-based swap agreement (as defined in section 206B of the Gramm-Leach- Bliley Act [15 USCS §78c note]) by the use of any means or instruments of transportation or communication in interstate commerce or by use of the mails, directly or indirectly--

     (1) to employ any device, scheme, or artifice to defraud, or

     (2) to obtain money or property by means of any untrue statement of a material fact or any omission to state a material fact necessary in order to make the statements made, in light of the circumstances under which they were made, not misleading; or

     (3) to engage in any transaction, practice, or course of business which operates or would operate as a fraud or deceit upon the purchaser.

79) SA §17(a)의 이러한 점을 보완하기 위하여 SEC는 1942년 Rule 10b-5를 제정하였고, 따라서 Rule 10b-5의 근거규정은 SEA §10(b)이지만 SEA §10(b)가 아닌 SA §17(a)의 규정을 그대로 활용하면서 단지, "매도"만 "매도 또는 매수"로 변경한 것이다.

였다.

2) Scheme Liability   전통적으로는 Rule 10b-5 소송은 대부분 Rule 10b-5(b)에 관한 것이었는데, 근래에는 Rule 10b-5(a),(c)에 관한 소송도 등장하게 되었고, 이와 같은 소송을 Rule 10b-5(a)의 "scheme"이라는 용어에 착안하여 "scheme liability"라고 한다.

3) SA §17(a)와의 차이점   SA §17은 Rule 10b-5의 모델이고, 금지하는 행위도 Rule 10b-5가 금지하는 행위와 매우 유사하다.[80]

(2) 일본 金融商品去來法

(개) 규   정

일본에서는 1947년 證券取引法 제정시 Rule 10b-5와 유사한 규정을 제58조 제1항에 두었고, 金融商品去來法은 동일한 내용을 제157조에서 규정한다. 金融商品去來法 제158조는 위계 등의 사용을 금지한다.[81]

[金商法 제157조]
누구든지 다음에 규정하는 행위를 하여서는 아니 된다.
1. 유가증권의 매매 기타 거래 또는 파생금융상품거래 등에 대하여 부정한 수단, 계획 또는 기교를 하는 것
2. 유가증권의 매매 기타 거래 또는 파생금융상품거래 등에 대하여 중요한 사항에 대한 허위표시가 있거나 오해를 일으키지 않기 위해 필요한 중요한 사실에 대한 표시가 빠져 있는 문서 기타 표시를 사용하여 금전 기타 재산을 취득하는 것
3. 유가증권의 매매 기타 거래 또는 파생금융상품거래 등을 유인할 목적으로 허위의 시세를 이용하는 것]

---

80) SEA §17의 사기금지규정은 SEA 10(b) 및 Rule 10b-5와 비교하면 다음과 같은 차이가 있다.
　(ⅰ) SA §17(a)(1),(2)는 매도인에 대한 사기도 적용대상이지만, §17(a)(3)은 증권 매수인에 대한 사기를 적용대상으로 하고, Rule 10b-5는 증권의 매수인 뿐 아니라 매도인에 대한 사기도 적용대상이다.
　(ⅱ) SA §17(a)는 청약(offer)도 포함하나 Rule 10b-5는 증권매매요건이 적용된다.
　(ⅲ) SA §17(a)(1)에 기한 책임은 "scienter"가 요건이나, SA §17(a)(2),(3)에 기한 책임은 과실(negligence)에 의하여도 인정된다. 그러나 Rule 10b-5에 기한 책임은 "scienter"를 요건으로 한다.
81) 金融商品去來法과 자본시장법의 대응하는 규정을 보면, 金融商品去來法 제157조 제1호부터 제3호까지는 자본시장법 제178조 제1항 제1호부터 제3호까지에 해당하고, 金融商品去來法 제158조는 자본시장법 제178조 제2항에 해당한다. 한편, 우리나라에서는 자본시장법에 부정거래행위가 도입된 후 부정한 수단등을 사용하는 행위에 관한 자본시장법 제178조 제1항 제1호가 널리 적용되고 있지만, 일본에서는 구성요건의 불명확을 이유로 위계에 관한 金融商品去來法 제158조가 광범위하게 적용되고 있다.

[金商法 제158조]

누구든지 유가증권의 모집, 매출 혹은 매매 기타 거래 혹은 파생금융상품거래 등을 위하거나, 유가증권등(유가증권, 옵션 또는 파생금융상품거래에 관련된 금융상품(유가증권 제외) 혹은 금융지표를 말함. 제168조 제1항, 제173조 제1항 및 제197조 제2항에서 같음)의 시세변동을 도모할 목적으로 소문을 유포하고, 위계를 사용하거나 폭행 혹은 협박을 하여서는 아니 된다.

⑷ 부정한 수단의 의의

證券取引法 제58조 제1항, 金融商品去來法 제157조는 Rule 10b-5의 "사기를 위하여"라는 요건 대신 "부정(不正)"을 요건으로 규정한다. 金融商品去來法 제157조 제1호의 "부정한 수단(不正の手段)"에 관하여 最高裁判所가 "유가증권의 거래에 한하고 그에 관하여 사회통념상 부정하다고 인정되는 일체의 수단을 말한다."라고 판시한 바 있는데, 이 판례의 사안인 那須硫黃礦業(株) 사건의 사안은 피고인이 주권을 담보로 금융기관에서 대출받을 것을 계획하고, 담보가치를 높이기 위하여 인위적으로 높은 주가를 형성하고자 가장매매를 통하여 1주에 60엔 내지 75엔의 가격을 형성하게 한 경우이다. 원심인 東京高裁는 "(證券取引法 제58조 제1호의) 부정한 수단이란, 거래소거래와 장외거래 여부를 불문하고 유가증권의 매매 그 밖의 거래에 대하여 사기적 행위, 즉, 타인으로 하여금 착오에 빠지게 하여 자기 또는 타인의 이익을 얻으려는 것으로 해석하는 것이 상당하고, 이와 같이 부정한 수단을 해석한다면 그 의미가 막연하지 아니하므로 피고인의 위헌주장도 그 전제를 결여한다."라고 판시하였다.[82] 그러나 最高裁判所는 "피고인은 부정한 수단의 의의와 내용이 막연하므로 위헌무효라고 주장하나, 부정한 수단은 유가증권의 거래에 한하고 그에 관하여, 사회통념상 부정하다고 인정되는 일체의 수단을 말하는 것이고, 그 의미가 명확하여 그 자체에 있어서 범죄구성요건을 명확히 하는 것으로 인정된다."라고 판시하였다.[83] 즉, 東京高裁는 부정한 수단을 사기적 행위로 보는 다소 제한적인 해석을 시도하였으나, 最高裁判所는 사기적 행위에 한하지 않고 사회통념상 부정하다고 인정되는 일체의 수단을 말하는 것이라고 해석하면서도 범죄구성요건이 명확하므로 위헌이 아니라고 판시함으로써 폭넓게 해석할 수 있다고 판시한 것이다.[84] 다만 "부정한 수단은 유가증권

---

82) 東京高判昭和 38·7·10 東高刑時報 14-7-116.
83) 最判昭和 40·5·25 刑集155-831.
84) 한편 사후손실보전을 이유로 野村證券 주주들이 대표소송을 제기한 사건에서 원심인 東京

의 거래에 한하고 그에 관하여, 사회통념상 부정하다고 인정되는 일체의 수단을
말하는 것"이라는 最高裁判所의 판시는 "부정한 수단"과 "부정하다고 인정되는
일체의 수단"의 동어반복적인 설명이어서 "그 의미가 명확하여 그 자체에 있어서
범죄구성요건을 명확히 하는 것으로 인정된다."라는 판단의 근거로는 다소 부족
해 보인다.

일본에서의 학설은 위 東京高裁 판결과 마찬가지로 金融商品去來法 제157
조 제2호와 제3호에서 구체적으로 열거한 행위가 모두 사기적 행위임에 비추어
제1호의 부정수단도 사기적 행위라고 보는 견해와, 위 最高裁判所 판시와 마찬가
지로 사회통념상 부정하다고 인정되는 모든 수단을 의미하는 것으로 보는 견해로
나뉘어져 있다. 어느 견해를 취하더라도 동 규정이 극히 추상적인 규정이어서 실
제의 사건에 적용하기 곤란하므로 매우 제한적으로만 적용해야 한다는 것이 종래
의 일반적인 견해이다. 이 那須硫黃礦業(株) 사건에 대한 最高裁判所의 결정은
舊證券取引法 제58조 제1호 및 이에 해당하는 金融商品去來法 제157조 제1호
의 부정한 수단에 관한 最高裁判所의 유일한 형사판례라고 하는데, 그 이유에 대
하여 많은 학자들이 해당 규정의 중한 법정형에 비하여 구성요건이 매우 추상적
이어서 죄형법정주의의 견지에서 문제가 있기 때문에 검찰에서도 적용을 주저하
기 때문이라고 한다.

3. 부정거래행위의 유형

(1) 금융투자상품의 매매, 그 밖의 거래

(가) 규   정

제178조 제1항이 금지하는 행위는 "금융투자상품의 매매(증권의 경우 모집·
사모·매출 포함), 그 밖의 거래와 관련된 다음과 같은 행위"이다.[85]

高裁는 "구 證券取引法 제58조 제1호 위반이 성립하기 위하여는 증권거래에 관하여 기망행
위와 그에 의한 착오가 존재할 것이 필요하다. 그러나 본건 손실보전에 관하여는 피항소인들
에 의한 기망행위와 그에 의한 착오가 존재하는 것을 인정하기에 충분한 증거는 없으므로, 참
가인들의 구 證券取引法 제58조 제1호 위반의 주장은 이유가 없다."라고 판시하여 부정수단
에 기망이 필요하다고 보았고(東京高判平成 7·9·26 判時1549号11頁), 상고심에서 最高裁
判所는 상고를 기각하면서 단순히 손실보전이 구 證券取引法 제58조 제1호 위반이 아니라는
원심의 판단은 정당하다고 판시하였다(最判平成 12·7·7 民集54-6-1767).
85) "자본시장법 제178조 제1항 제1호, 제2항에서 규정하고 있는 '금융투자상품의 매매와 관
련하여 부정한 수단이나 기교를 사용하는 행위' 및 '위계의 사용'에 해당된다"(대법원 2011.
7. 14. 선고 2011도3180 판결)라는 판례와 같이, 제178조 제1항 제1호의 부정한 수단과 제

1. 부정한 수단, 계획 또는 기교를 사용하는 행위
2. 중요사항에 관하여 거짓의 기재 또는 표시를 하거나 타인에게 오해를 유발시키지 아니하기 위하여 필요한 중요사항의 기재 또는 표시가 누락된 문서, 그 밖의 기재 또는 표시를 사용하여 금전, 그 밖의 재산상의 이익을 얻고자 하는 행위
3. 금융투자상품의 매매, 그 밖의 거래를 유인할 목적으로 거짓의 시세를 이용하는 행위

제178조 제2항이 금지하는 행위는 "금융투자상품의 매매, 그 밖의 거래를 할 목적이나 그 시세의 변동을 도모할 목적으로 풍문의 유포, 위계(僞計)의 사용, 폭행 또는 협박"이다.

(나) 적용대상

1) 적용대상 상품

가) 모든 금융투자상품   부정거래행위에 관한 제178조 제1항은 부정거래행위 규제의 대상을 "금융투자상품"이라고만 규정하므로, 상장 여부를 불문하고 모든 금융투자상품이 이에 해당한다.

나) 투자계약증권·출자지분   투자계약증권과 대통령령으로 정하는 증권[86]은 내부자거래와 시세조종 관련 규정을 적용하는 경우에는 증권으로 보지 않고, 부정거래행위 관련 규정(제178조, 제179조)을 적용하는 경우에만 증권으로 본다.

2) 적용대상 거래

가) 거래 장소   거래 장소도 장내거래에 한하지 않고 장외에서의 대면거래의 경우도 규제대상이다.[87] 그러나 이 규정이 주로 대상으로 삼는 것은 당연히

2항의 위계가 동시에 성립하는 사안도 많다.

86) 대통령령으로 정하는 증권은 상법에 따른 합자회사·유한책임회사·합자조합·익명조합의 출자지분을 말한다. 다만, 자본시장법 제9조 제21항에 따른 집합투자증권(집합투자기구에 대한 출자지분)은 제외한다(슈 3조의2).

87) 구 증권거래법이 적용된 사안으로서 장외에서의 대면거래에 관한 서울지방법원 2000. 2. 11. 선고 99고단13171 판결은 피고인이 C사의 전환사채를 인수하거나 해외인수자를 물색하여 줄 능력도 없어 C사의 전환사채가 정상적으로 발행될 가능성이 없게 되자, C사가 정상적으로 전환사채를 발행하고 홍콩의 회사가 위 전환사채를 인수한 것처럼 가장한 후 이를 이용하여 국내투자자들을 기망하여 자금을 조달하기로 마음먹고, C사와 전환사채인수계약을 체결하고 코스닥시장을 통해 1,200만불의 해외전환사채를 역외펀드가 인수한다는 사실을 일반투자자에게 허위 공시되도록 하고, 국내투자자 6명에게 위 전환사채인수계약서, 역외펀드의 사업자 등록증 등을 보여주어 이에 속은 이들과 전환사채 매입계약을 체결하고 대금 명목으로 49억원을 교부받은 행위를 "유가증권의 매매 기타 거래와 관련하여 부당한 이득을 얻기 위하여 고의로 허위의 사실을 유포하거나 위계를 사용한 행위"로 인정하였다.

유통시장에서의 거래이다.[88]

나) 그 밖의 거래　　"그 밖의 거래"는 담보설정계약·합병계약·교환계약 등을 포함한다.[89]

〈합병의 경우〉
[대법원 2011. 3. 10. 선고 2008도6335 판결]
상장법인인 A 은행과 그 대주주인 B 회사 및 B 회사가 추천한 사외이사 C 등이 A 은행의 자회사로서 유동성 위기에 빠진 D 회사와 A 은행의 합병을 추진하면서, 보도자료 배포 및 기자간담회를 통해 'D 회사의 감자계획이 검토될 것이다'라고 발표하고 그 직후 'D 회사의 순자산가치를 정확하게 평가해 봐야 감자 여부를 결정할 수 있을 것이나 현재로서는 감자할 가능성이 크다'고 발언한 사안에서, C 등은 제반 사정에 비추어 감자를 추진할 객관적 여건을 갖추지 못하였고 감자를 성실하게 검토·추진할 의사가 없음에도 투자자들이 오인·착각을 하여 주식투매에 나섬에 따라 D 회사의 주가하락이 초래될 것이라고 인식하면서, 합병에 반대하는 D 회사 주주들에 대한 주식매수청구권 가격을 낮추고 합병신주의 발행으로 인한 B 회사의 A 은행에 대한 지분율감소를 방지하는 등 乙 회사 등에게 이득을 취하게 할 목적으로 위 발표를 공모한 것이므로, 위 행위가 구 증권거래법에서 정한 '사기적 부정거래'에 해당한다.[90]

〈신주인수권부사채 발행의 경우〉
[서울중앙지방법원 2004. 4. 9. 선고 2004고합267 판결]
2002. 8. 13. 위 회사에서 이 사건 신주인수권부사채를 발행하면서 사실은 위 C가 2002. 2. 28. 부터 이 사건 신주인수권부사채를 발행하는 시기까지 약 60억원 이상의 회사자금을 횡령함으로써 2001. 12. 31. 기준 회사 자본금 이상의 손실을 위 회사에 입힌 사실을 알고 있었음에도 불구하고, 투자자들의 투자에 관한 의사결정에 영향을 미치기 위하여 작성한 사채발행설명서에 위 회사의 2001. 12. 31. 기준 재무제표를 제시하고 그 때부터 이 사건 신주인수권부사채를 발행하는 시기까지 위 회사의 재무상태에는 투자자에게 불리한 중대한 변경이 없음을 확인하는 방법으로 제1항과 같이

---

88) 김건식·정순섭, 473면.
89) "그 밖의 거래"에 대한 사례로서 합병계약(대법원 2011. 3. 10. 선고 2008도6335 판결, 신주인수권부사채의 발행(대법원 2004. 12. 10. 선고 2004도4429 판결) 등이 있다.
90) [제1심 : 서울중앙지방법원 2008. 2. 1. 선고 2007고합71, 2006고합1272(병합) 판결] "증권거래법 제188조의4 제4항 제1호를 위반하였다고 하려면 허위사실 유포 기타 위계를 사용하는 행위가 '유가증권의 매매 기타 거래'와 관련한 것이어야 하는바, 흡수합병은 관념적으로는 소멸회사의 인격의 형식을 벗기고 인격의 실체를 계승하는 것이라고 할 수 있으나 그 경제적 실질은 존속회사가 소멸회사의 자산을 이전받고 그 대가로 소멸회사의 주주들에게 존속회사의 신주를 발행하는 것이므로 합병계약 또한 위 규정이 정한 '유가증권의 거래'에 포함된다고 보아야 할 것이다."

피해자로부터 같은 달 16.경 이 사건 신주인수권부사채의 매수대금 명목으로 미화 200만달러(한화 2,356,600,000원)를 교부받아 유가증권의 매매 기타 거래와 관련하여 중요한 사항에 관하여 허위의 표시를 하거나 필요한 사실의 표시가 누락된 문서를 이용하여 타인에게 오해를 유발하게 함으로써 위 금액 상당의 재산상 이익을 얻고자 하였다.

금융투자상품의 매매, 그 밖의 거래와 관련한 행위인지 여부나 허위의 여부 및 부당한 이득 또는 경제적 이익의 취득 도모 여부 등은 그 행위자의 지위, 발행회사의 경영상태와 그 주가의 동향, 그 행위 전후의 제반 사정 등을 종합적으로 고려하여 객관적인 기준에 의하여 판단하여야 한다.

[대법원 2003. 11. 14. 선고 2003도686 판결]
증권거래법이 이와 같이 사기적 부정거래행위를 금지하는 것은 증권거래에 관한 사기적 부정거래가 다수인에게 영향을 미치고 증권시장 전체를 불건전하게 할 수 있기 때문에 증권거래에 참가하는 개개의 투자자의 이익을 보호함과 함께 투자자 일반의 증권시장에 대한 신뢰를 보호하여 증권시장이 국민경제의 발전에 기여할 수 있도록 함에 그 목적이 있다고 할 것이므로, 여기서 유가증권의 매매 등 거래와 관련한 행위인지 여부나 허위의 여부 및 부당한 이득 또는 경제적 이익의 취득 도모 여부 등은 그 행위자의 지위, 발행회사의 경영상태와 그 주가의 동향, 그 행위 전후의 제반 사정 등을 종합적으로 고려하여 객관적인 기준에 의하여 판단하여야 한다.

[대법원 2001. 1. 19. 선고 2000도4444 판결]
주식회사의 대표이사가 분식결산의 방법으로 작성된 허위의 재무제표에 기초하여 그 회사의 재무에 관하여 허위의 사항을 기재한 사업보고서 등을 증권거래위원회나 증권거래소에 제출하고, 불확실한 사업전망을 마치 확정되었거나 곧 착수할 것처럼 공표하면서 그 내용을 신문보도나 유인물을 통하여 홍보하여 그 회사의 주가가 상승하자 자신이 지배하는 주식을 매도하여 상당한 경제적 이득을 얻었고, 그에 앞서 미리 사모전환사채를 인수하는 방법으로 주식의 매도에 대비하였다가 주식을 매도한 후 그 전환사채를 주식으로 전환하여 그 회사에 대한 자신의 지분율을 유지한 경우, 증권거래법상 사기적 부정거래행위에 해당한다.

특정 시점의 기초자산 가격 또는 그와 관련된 수치에 따라 권리행사 또는 조건성취의 여부가 결정되거나 금전 등이 결제되는 구조로 되어 있는 금융투자상품 (ELS)의 경우에 사회통념상 부정하다고 인정되는 수단이나 기교 등을 사용하여 그 금융투자상품에서 정한 권리행사나 조건성취에 영향을 주는 행위를 하였다면,

이는 그 금융투자상품의 거래와 관련하여 부정행위를 한 것으로서 자본시장법 제
178조 제1항 제1호를 위반한 행위에 해당한다는 판례도 있다.

> [대법원 2015. 4. 9.자 2013마1052 결정]
> 어느 행위가 금융투자상품의 거래와 관련하여 자본시장과 금융투자업에 관한 법률
> 제178조에서 금지하고 있는 부정행위에 해당하는지 여부는, 해당 금융투자상품의 구
> 조와 거래방식 및 거래경위, 금융투자상품이 거래되는 시장의 특성, 금융투자상품으
> 로부터 발생하는 투자자의 권리 · 의무 및 종료 시기, 투자자와 행위자의 관계, 행위
> 전후의 제반 사정 등을 종합적으로 고려하여 판단하여야 한다. 따라서 특정 시점의
> 기초자산 가격 또는 그와 관련된 수치에 따라 권리행사 또는 조건성취의 여부가 결정
> 되거나 금전 등이 결제되는 구조로 되어 있는 금융투자상품의 경우에 사회통념상 부
> 정하다고 인정되는 수단이나 기교 등을 사용하여 금융투자상품에서 정한 권리행사나
> 조건성취에 영향을 주는 행위를 하였다면, 이는 금융투자상품의 거래와 관련하여 부
> 정행위를 한 것으로서 자본시장법 제178조 제1항 제1호를 위반한행위에 해당하고,
> 위반행위로 인하여 금융투자상품 투자자의 권리 · 의무의 내용이 변경되거나 결제되는
> 금액이 달라져 투자자가 손해를 입었다면 투자자는 부정거래행위자에 대하여 자본시
> 장법 제179조 제1항에 따라 손해배상을 청구할 수 있다. (이 사건에서 ELS 투자자
> 들이 피고의 부정거래행위를 원인으로 증권집단소송을 제기하기 위하여 소송허가신
> 청을 하였는데, 원심에서는 피고의 부정거래행위로 인하여 원고들이 ELS의 매매, 교
> 환, 담보제공 등 적극적으로 거래한 바가 없다는 이유로 불허가결정을 하였는데, 재
> 항고심에서 대법원이 파기환송하였다).91)

(다) 거래와의 관련성

제178조 제1항은 "누구든지 … 매매, 그 밖의 거래와 관련하여 … 행위를 하
여서는 아니 된다."고 규정하는데, "매매, 그 밖의 거래와 관련하여"라는 문구에
비추어 "매매, 그 밖의 거래"의 주체를 불문하므로 위반행위자가 실제로 매매거
래를 할 것이 요구되지 않고 제3자가 거래를 한 경우도 규제대상이다. 따라서 어
떠한 거래도 이루어지지 않은 경우에는 부정거래행위가 성립하지 않는다. 다만,
부정거래행위로 인하여 예정되었던 거래를 하지 않게 된 경우(즉, 거래를 포기한
경우)는 규제대상이다.92)

---

91) 대법원 2015. 4. 9.자 2014마188 결정도 같은 내용이다.
92) 손해배상책임에 관한 제179조 제1항은 손해배상채무자에 대하여 "제178조를 위반한 자"
    라고 규정하므로 실제로 매매거래를 하지 않고 제178조 제1항 각 호의 행위를 한 자도 손해
    배상책임을 진다. 반면에 제178조 제2항은 "매매, 그 밖의 거래를 할 목적"이 요구되므로 위
    반행위자가 거래를 한 경우만 규제대상이다.

"그 밖의 거래"에는 증권의 모집·매출·공개매수는 물론 합병·주식교환도 포함된다. 구 증권거래법 하에서도 아무런 매매거래를 하지 않았어도 사기적 부정거래의 성립을 인정한 하급심 판례가 있다.

[서울중앙지방법원 2008. 2. 1. 선고 2007고합71, 2006고합1272(병합) 판결]
변호인은 이 사건 사기적 부정거래행위 이후 A가 외환은행 주식에 관하여 아무런 매매거래를 하지 않았음을 이유로 위반행위로 얻은 이익 또는 회피한 손실액이 없다고 주장하나, 앞서 보았듯이 A는 유가증권의 거래에 해당하는 외환은행과 외환카드 사이의 흡수합병계약과 관련하여 지분 희석 방지라는 이익을 얻었고, 위반행위로 얻은 이익 또는 회피한 손실액에는 실현이익뿐만 아니라 미실현이익, 즉 평가이익도 포함되므로 A가 그 이익을 실제로 실현하였는지 여부는 이익액의 산정에 영향을 주지 않는다.

⒭ 주관적 요건

제178조의 적용에 있어서 제176조의 시세조종행위와 같은 소정의 목적은 요구되지 않지만 자본시장법상 과실범에 대한 형사처벌규정이 없으므로 모든 객관적 구성요건의 요소에 대한 고의가 있어야 함은 당연하다.

⒲ 판단기준

금융투자상품의 거래와 관련하여 어느 행위가 자본시장법 제178조에서 금지하고 있는 부정행위에 해당하는지는, 해당 금융투자상품의 구조 및 거래방식과 경위, 그 금융투자상품이 거래되는 시장의 특성, 그 금융투자 상품으로부터 발생하는 투자자의 권리·의무 및 그 종료 시기, 투자자와 행위자의 관계, 행위 전후의 제반 사정 등을 종합적으로 고려하여 판단하여야 한다.[93]

(2) 제1항 제1호(부정한 수단, 계획 또는 기교)

⒢ 의   의

누구든지 금융투자상품의 매매(증권의 경우 모집·사모·매출 포함), 그 밖의 거래와 관련하여 부정한 수단, 계획 또는 기교를 사용하는 행위를 하지 못한다(法 178조①1).

자본시장법 제178조 제1항 제1호의 "수단, 계획 또는 기교"는 Rule 10b-5의 "device, scheme, or artifice"를 그대로 번역한 것인데, 미국에서도 "device", "scheme", "artifice" 등의 의미를 명확히 구별하여 적용하지 않는 경향이므로 자

---

93) 대법원 2018. 9. 28 선고 2015다69853 판결.

본시장법의 적용에 있어서도 이를 각각 명확히 구별하여 적용할 필요는 없을 것이다. 구체적인 적용에 있어서 수단은 Rule 10b-5의 "device"에 해당하는 용어로서 원래는 자본시장법상 내부자거래나 시세조종을 구성하는 것이 아닌 방법이 불공정거래를 위한 목적에 사용되는 경우이고, 계획은 Rule 10b-5의 "scheme"에 해당하는 용어로서 형법상의 행위단계에서 본다면 예비행위를 포함한 일련의 준비행위 및 방조행위를 가리키고,94) 기교는 Rule 10b-5의 "artifice"에 해당하는 용어로서 수단이나 계획에 비하면 어느 정도 정형화된 행위로서 과당매매(churning), 스캘핑(scalping),95) 선행매매(front running) 등이 이에 해당하는 행위로 볼 수 있을 것이다.

한편 미공개정보이용에 있어서 2차 이후의 정보수령자는 현행법상 미공개정보이용행위를 금지하는 제174조의 적용대상이 아니고, 2014년 12월 개정법에 의하여 신설된 시장질서 교란행위에 해당한다. 이러한 2차 이후의 정보수령자의 행위를 자본시장법 제178조 제1항 제1호의 "부정한 수단, 계획 또는 기교를 사용하는 행위"에 해당한다고 보아 제178조에 의하여 규제하려는 견해도 있을 수 있다. 그러나 자본시장법 제178조 제1항에 해당하는 미국의 SEC Rule 10b-5는 내부자거래에 일반적으로 적용되는 규정이지만, 자본시장법은 미공개정보이용행위에 관하여 제174조에서 별도로 규정하므로, 미공개정보이용행위는 제174조가 적용되는 규제대상이 아니면 제178조의 적용에 의한 규제대상도 될 수 없다고 해석하는 것이 죄형법정주의의 명확성원칙, 유추해석금지원칙에 부합한다고 할 것이다.

(나) 기망성과 부정성

자본시장법은 일본 金商法과 같이 Rule 10b-5의 "사기를 위하여"라는 요건 대신 "부정성"을 요건으로 규정한다. 자본시장법 제178조 제1항 제1호의 해석에 관하여 기망행위를 요하는지 여부에 대하여 하급심 판례는 일치하지 않았다.

---

94) 그러나 단순한 예비, 음모 단계의 행위는 규제대상이 아니다. 소위 "작전"의 의미에 가까운 용어로 볼 수 있다는 설명도 있다(변제호 외 4인, 734면).

95) scalping은 미국증권법상 투자자문업자가 매수추천 전에 해당 증권을 먼저 매수하거나 매도추천 전에 해당 증권을 먼저 매도함으로써 이익을 얻은 행위를 말한다. 자본시장법도 투자매매업자·투자중개업자는 특정 금융투자상품의 가치에 대한 주장이나 예측을 담고 있는 자료("조사분석자료")를 투자자에게 공표함에 있어서 그 조사분석자료의 내용이 사실상 확정된 때부터 공표 후 24시간이 경과하기 전까지 그 조사분석자료의 대상이 된 금융투자상품을 자기의 계산으로 매매하는 행위를 하지 못한다고 규정한다(法 71조 2호). 다만 근래에는 DMA 시스템을 이용한 대량거래자들을 스캘퍼라고 부르기도 한다.

⟨기망행위를 요한다는 취지의 판례⟩
[서울중앙지방법원 2010. 10. 14. 선고 2010고합458 판결]
자본시장법 제178조 제1항 제1호에서 정한 '부정한 수단, 계획 또는 기교'라 함은 거래상대방 또는 불특정투자자를 기망하여 부지 또는 착오상태에 빠트릴 수 있는 모든 수단, 계획, 기교를 말하는 것으로 같은 법 제178조가 정하고 있는 나머지 행위들을 포괄하는 포괄적인 성격의 조항이다.
⟨기망행위를 요하지 않는다는 취지의 판례⟩
[서울중앙지방법원 2011. 11. 28. 선고 2011고합600 판결]
자본시장과 금융투자업에 관한 법률 제178조 제1항 제2호, 제3호 및 제2항이 각 조항에 의하여 금지되는 행위의 내용을 '거짓의 기재를 한 문서 등을 이용하는 행위', '오해를 유발시키지 아니하기 위한 기재를 누락한 문서 등을 이용하는 행위', '거짓의 시세를 이용하는 행위', '풍문 유포 행위', '위계 사용 행위' 등으로 특정함으로써 다른 투자자들에 대한 직접적인 기망행위적인 요소들을 구성요건으로 하고 있는데 반하여 같은 법률 제178조 제1항 제1호는 이와 같은 특정이 전혀 없으므로 위 조항에서 말하는 '부정한 수단, 계획 또는 기교'를 다른 투자자들을 직접적으로 기망하는 데 동원되는 수단, 계획 또는 기료로만 한정하여 해석할 근거는 없다.

그러나 대법원은 '부정한 수단, 계획 또는 기교'란 사회통념상 부정하다고 인정되는 일체의 부정한 수단, 계획 또는 기교를 말한다고 판시함으로써 일본 最高裁判所와 같이 기망을 요하지 않는 입장을 일관되게 취한다.

[대법원 2011. 10. 27. 선고 2011도8109 판결]
자본시장법 제178조 제1항 제1호 는 금융투자상품의 매매,그 밖의 거래와 관련하여 '부정한 수단, 계획 또는 기교를 사용하는 행위'를 금지하고 있는데, 여기서 '부정한 수단, 계획 또는 기교'란 사회통념상 부정하다고 인정되는 일체의 수단, 계획 또는 기교를 말한다.[96]

자본시장법 제178조 제1항 제1호의 입법당시, 미국 Rule 10b-5의 "사기를 위하여"라는 요건 대신 일본 金商法 제157조의 "부정성"을 요건으로 규정한 점과, 자본시장법 제178조 제1항 제2호, 제3호 및 제2항은 기망적 요소를 구성요건으로 하는 "거짓의 기재 또는 표시를 한 문서 등을 이용하는 행위", "거짓의 시세를 이용하는 행위", "풍문의 유포, 위계사용행위" 등을 규정하고 있는 데 반하

---

96) 서울중앙지방법원 2010. 10. 29. 선고 2010고합305, 412(병합) 판결의 상고심 판결이다. (同旨 : 대법원 2014. 1. 16. 선고 2013도9933 판결, 대법원 2016. 8. 29 선고 2016도6297 판결, 대법원 2016. 8. 29 선고 2016도6297 판결, 대법원 2018. 4. 12. 선고 2013도6962 판결).

여, 제178조 제1항 제1호는 기망적 요소를 구성요건으로 하지 아니한 점에 비추어, 제178조 제1항 제1호의 행위는 기망을 요하지 않는다는 대법원 판례는 타당하다.97)

　　다만, 자본시장법 제178조 제1항 제1호의 규정 중, "수단, 계획, 기교" 자체는 규범적 판단의 대상이 아니고, "부정한"이라는 용어가 유일한 규범적 차원에서의 판단대상이므로, 제1호에서 정한 "수단, 계획, 기교"를 사용하는 행위는, 적어도 제178조 제1항 제2호, 제3호 및 제2항에서 보다 구체화되고 동일한 법정형이 적용되는 부정거래행위에 준하는 정도의 불법성을 지닌 것이어야 한다는 것이 확립된 판례이므로, 기망을 요건으로 하는지 여부는 실제의 적용에 있어서 의미 있는 차이가 없다.

> [서울중앙지방법원 2011. 11. 28. 선고 2011고합600 판결]
> 자본시장법 제178조 제1항 제1호에서 말하는 '부정한 수단, 계획 또는 기교'는 그 문언이 포괄적, 추상적이어서 단순히 위 문언의 의미에만 근거하여 해석할 경우 이에 포섭되는 행위의 범위가 어디까지인지가 불명확할 수 있으므로, 위 조항을 함부로 적용할 경우 자칫 형사법의 대원칙인 죄형법정주의와 충돌할 우려가 있다. 이러한 경우 법관으로서는 헌법상 처벌법규의 명확성의 원칙에 반하지 않도록 문언의 의미와 법률의 체계 내에서 보충적인 해석을 통하여 위 조항의 보호법익과 금지된 행위의 내용을 건전한 상식과 통상적인 법감정을 가진 사람이 알 수 있을 정도로 구체화하여 적용하여야 한다(헌법재판소 2006. 11. 30. 선고 2006헌 바53 결정 등 참조). 위와 같은 해석 원칙에 따라 우선 자본시장법 제178조 의 보호법익에 관하여 보건대, ① 자본시장법의 제정과 함께 폐지된 구 증권거래법상 불공정거래행위를 금지하고 있던 제188조의4의 보호법익에 대하여 법원은 이를 '유가증권시장 또는 협회중개시장에서의 유가증권 거래의 공정성 및 유통의 원활성 확보라는 사회적 법익'으로 해석하여 온 점(대법원 2002. 7. 26. 선고 2002도1855 판결 등 참조), ② 자본시장법 제1조는 자본시장의 목적에 관하여 "자본시장에서의 금융혁신과 공정한 경쟁을 촉진하고 투자자를 보호하며 금융투자업을 건전하게 육성함으로써 자본시장의 공정성·신뢰성 및 효율성을 높여 국민경제의 발전에 이바지한다."고 정하고 있는 점, ③ 금융투자업의 육성을 위하여는 자본 유통이 원활하여야 하고, 자본 유통의 원활성을 확보하기 위하여는 자본 유통의 매개체인 금융상품 거래의 공정성에 대한 투자자들의 신뢰가

---

97) 기망성을 요건으로 하지 않는다고 보는 견해 : 김건식·정순섭, 653면; 변제호 외 4인, 735면(다만, 김학석·김정수, 203, 204면은 다수설과 판례가 기망성을 요건으로 하지 않는다고 설명하면서, 제178조 제1항 제2호, 제3호, 제2항이 기망성을 요건으로 규정하므로 제1호의 부정한 수단, 계획 또는 기교도 기망에 준하는 정도의 불법성을 지녀야 한다고 설명한다).

필수적인 점 등을 종합하면, 자본시장법 제178조의 보호법익은 주로 '금융상품 거래의 공정성에 대한 투자자들의 신뢰'라고 하는 사회적 법익이라 할 것이다. 나아가 '금융상품 거래의 공정성에 대한 투자자들의 신뢰'의 핵심은 결국 금융상품 거래로 인한 투자자들의 투자성과 등 이익과 손실이 공정한 규칙에 의하여 정하여 지고 다른 요인에 의하여 부당하게 침해되지 않을 것이라는 신뢰이다. 그러므로 어떠한 행위에 대하여 그것이 객관적으로 '금융상품 거래의 공정성에 대한 위와 같은 투자자들의 신뢰를 실질적으로 저해할 우려가 있다.'라는 평가를 내리려면, 그 행위로 인하여 다른 투자자들의 이익이 부당하게 침해될 만한 구체적이나 추상적인 위험성이 있어야 한다. 따라서 위와 같은 보호법익에 비추어 앞서 본 '부정한 수단, 계획 또는 기교'의 의미를 보충적으로 해석하여 보면, 자본시장법 제178조 제1항 제1호에서 사용을 금지하는 '부정한 수단, 계획 또는 기교'란, 금융상품 거래와 관련하여 사용된 어떠한 수단, 계획 또는 기교가 그로 인하여 그 금융상품 거래에 참여하고 있는 다른 투자자들의 이익을 부당하게 침해할 만한 위험성을 가지는 경우를 말한다고 할 것이다. 다음으로 구체적으로 금지되는 행위의 내용과 관련하여 보건대, 자본시장법 제178조 제1항 제1호가 같은 법률 제178조 제1항 제2호, 제3호 및 제2항과는 달리 다른 투자자들에 대한 기망적인 요소를 구성요건으로 하지 않고 있음은 앞서 본 바이나, 그렇다고 하더라도 '불공정거래의 규제'라는 목차 하에 '내부자 거래 등', '시세조종 등', '부정 거래행위 등'을 세분하여 규율하고 있는 자본시장법 전체의 규정 체계에 비추어 볼 때 자본시장법 제178조 제1항 제1호에서 정한 '부정한 수단, 계획 또는 기교'를 사용하는 행위는, 적어도 같은 법률 제178조 제1항 제2호, 제3호 및 제2항에서 보다 구체화된 부정거래행위의 내용에 준하는 정도의 불법성을 지닌 것이어야 하고, 그 밖에 자본시장법상 보다 가벼운 규제에 해당하는 다른 조항을 통하여 처벌하더라도 자본시장법의 목적 달성에 지장을 초래하지 않는 경우에는 이에 해당하지 않는다고 할 것이다. 이상의 논의를 종합해보면, 결국 자본시장법 제178조 제1항 제1호에 의하여 사용이 금지되는 '부정한 수단, 계획 또는 기교'란, 다른 투자자들의 이익을 부당하게 침해할 위험성이 있는 것으로서 같은 법률 제178조 제1항 제2호, 제3호 및 제2항에서 정한 부정거래행위에 준하는 정도의 위법성이 있는 행위라고 할 것이다.

한편, 판례는 제178조 제2항의 "위계"는 거래 상대방이나 불특정 투자자를 기망하여 일정한 행위를 유인할 목적의 수단, 계획, 기교 등을 말한다고 보므로,[98] 기망성 있는 경우는 통상 제178조 제2항을 적용한다.

㈐ 해석원칙

어떠한 행위를 부정하다고 할지는 그 행위가 법령 등에서 금지된 것인지, 다른 투자자들로 하여금 잘못된 판단을 하게 함으로써 공정한 경쟁을 해치고 선의

---

98) 대법원 2018. 4. 12. 선고 2013도6962 판결.

의 투자자에게 손해를 전가하여 자본시장의 공정성, 신뢰성 및 효율성을 해칠 위험이 있는지를 고려해야 한다.99)

　　대법원은 소위 ELW 사건에 관한 판례들을 통하여, "금융투자업자 등이 특정 투자자에 대하여만 투자기회 또는 거래수단을 제공한 경우에는 그 금융거래시장의 특성과 거래참여자의 종류와 규모, 거래의 구조와 방식, 특정 투자자에 대하여만 투자기회 등을 제공하게 된 동기와 방법, 이로 인하여 다른 일반투자자들의 투자기회 등을 침해함으로써 다른 일반투자자들에게 손해를 초래할 위험이 있는지 여부, 이와 같은 행위로 인하여 금융상품 거래의 공정성에 대한 투자자들의 신뢰가 중대하게 훼손되었다고 볼 수 있는지 등의 사정을 구 자본시장법의 목적·취지에 비추어 종합적으로 고려하여 판단하여야 한다."라고 판시한 바 있다.

　　[대법원 2014. 1. 16. 선고 2013도9933 판결]
　1. '부정한 수단, 계획 또는 기교'란 사회통념상 부정하다고 인정되는 일체의 수단, 계획 또는 기교를 말한다. 나아가 어떠한 행위를 부정하다고 할지는 그 행위가 법령 등에서 금지된 것인지, 다른 투자자들로 하여금 잘못된 판단을 하게 함으로써 공정한 경쟁을 해치고 선의의 투자자에게 손해를 전가하여 자본시장의 공정성, 신뢰성 및 효율성을 해칠 위험이 있는지를 고려해야 할 것인데, 금융투자업자 등이 특정투자자에 대하여만 투자기회 또는 거래수단을 제공한 경우에는 그 금융거래시장의 특성과 거래참여자의 종류와 규모, 거래의 구조와 방식, 특정 투자자에 대하여만 투자기회 등을 제공하게 된 동기와 방법, 이로 인하여 다른 일반투자자들의 투자기회 등을 침해함으로써 다른 일반투자자들에게 손해를 초래할 위험이 있는지 여부, 이와 같은 행위로 인하여 금융상품 거래의 공정성에 대한 투자자들의 신뢰가 중대하게 훼손되었다고 볼 수 있는지 등의 사정을 구 자본시장법의 목적·취지에 비추어 종합적으로 고려하여 판단하여야 한다.
　2. 원심판결 이유에 의하면, 원심은 ① 증권회사가 고객의 주문을 접수하는 방식은 주문전표 방식, 전화·전보·모사전송 등의 방식, 전자통신 방식 및 투자자가 자신의 주문을 증권사 전산시스템을 이용하여 거래소에 직접 제출하여 주문처리 속도를 높이는 DMA(DirectMarketAccess,이하 'DMA'라 한다)방식으로 다양한데, 서로 다른 방식으로 접수된 주문들 사이의 접수시점을 언제로 볼 것인지에 관한 명확한 기준이 없고, 각 수단 사이의 시계 일치에 필요한 기술적 한계를 극복할 방법 또한 없어서 접수순서대로 주문이 체결되도록 하는 것은 사실상 불가능한 점, ② 구 자본시장법에서는 증권회사가 고객들에게 제공하는 거래 방법의 속도 차이에 관

---

99) 대법원 2014. 1. 23. 선고 2013도4065 판결, 대법원 2014. 1. 23. 선고 2013도8127 판결, 대법원 2014. 2. 13. 선고 2013도1206 판결(소위 ELW 사건에 관한 판례들이다).

하여 아무런 규정도 두고 있지 아니하고, 유가증권시장 업무규정시행세칙 제123조 및 금융위원회, 금융감독원, 한국거래소의 각 행정지도 공문 등에서도 주문접수시점에 관한 기준이나 DMA 방식의 주문접수를 허용할 것인지에 관한 명확한 언급이 없는 점, ③ 한국거래소 시장감시본부 팀장인 공소외 3, 금융감독원 선임조사역 공소외 4는 관련사건의 법정에서 속도 관련 서비스들의 제공에 관한 감독규정이나 감독기관의 공문들에 관하여, 유가증권의 거래에는 원칙적으로 시간 우선의 원칙이 적용되는 것이지만 접수순서에 관한 특별한 기준이 정해져 있지 않을 뿐만 아니라 거래 수단이 다양하여 현실적으로 모든 주문에 대하여 시간 우선의 원칙을 그대로 적용할 수는 없고, 그러한 이유로 감독기관에서는 거래소와 직접 연결된 증권회사의 대외계 서버(일명 FEP 서버)에서 거래소에 이르기까지의 주문프로세스를 부당하게 배정하여 발생하는 속도 차이만을 감독할 뿐이고 그 이전 단계에서는 증권회사가 자율적으로 주문을 처리할 수 있으며, 감독기관도 DMA 방식의 주문접수를 허용하고 있었다는 취지로 증언한 점, ④ 이 사건 당시에도 증권회사들은 거래가 빈번한 우량고객들을 유치하기 위하여 홈트레이딩시스템 속도 향상 등의 서비스를 제공하면서 이를 적극적으로 홍보하였고 외국인투자자나 기관투자자들에게 DMA 서비스를 제공하고 있었으므로, 일반투자자들도 증권회사의 속도 관련 서비스로 인한 차별의 가능성을 예견할 수 있었던 점,⑤ 이미 투자자의 알고리즘 매매프로그램을 증권회사의 서버에 탑재하여 주문처리 속도를 높이는 등의 DMA 방식이 허용되었던 상황이었으므로, ELW 차익거래를 위하여 이를 이용한 피고인들에게 다른 투자자들의 이익을 해하려는 목적이 있었다고 보기 어려운 점 등에 비추어 피고인들이 증권회사로부터 속도 편의 서비스를 제공받아 ELW를 거래하는 것이 구 자본시장법 제178조 제1항 제1호의 '부정한 수단, 계획 또는 기교'를 사용하는 행위에 해당한다고 보기 어렵다고 판단하였다.

3. 앞서 본 법리와 기록에 비추어 살펴보면, 원심의 판단은 정당하여 수긍할 수 있고, 거기에 상고이유 주장과 같은 구 자본시장법 제178조 제1항 제1호의 '부정한 수단, 계획 또는 기교'에 관한 법리를 오해하는 등의 위법이 없다.[100]

자본시장법 제178조 제1항 제1호의 해석에 있어서 죄형법정주의와 최대한 조화를 이룰 수 있도록 신중을 기하여야 함을 강조한 판례도 있다.

[서울고등법원 2011. 6. 9. 선고 2010노3160 판결]
자본시장법 제178조 제1항 제1호는 거래구조의 변화나 시장의 환경변화에 따라 다양하고 새로운 유형의 부정거래행위가 발생할 수 있는 개연성이 높은 반면 모든 부정거래행위 유형을 사전에 일일이 열거하여 규제하는 것은 입법기술상 한계가 있는 점

---

100) 同旨 : 대법원 2014. 1. 16. 선고 2013도4064 판결, 대법원 2014. 1. 23. 선고 2013도4065 판결, 대법원 2014. 1. 23. 선고 2013도8127 판결, 대법원 2014. 2. 13. 선고 2013도1206 판결.

을 고려하여 자본시장법 제정과 함께 신설된 조항이다. 그런데 위와 같은 입법취지를 감안하더라도 자본시장법 제178조 제1항 제1호는 그 문언 자체가 지나치게 포괄적·추상적이어서 자칫 형사법의 대원칙인 죄형법정주의와 충돌할 우려가 있다. 따라서 자본시장법 제178조 제1항 제1호를 적용함에 있어서는, 자본시장에서의 금융혁신과 공정한 경쟁을 촉진하고 투자자를 보호하며 금융투자업을 건전하게 육성함으로써 자본시장의 공정성, 신뢰성 및 효율성을 높여 국민경제의 발전에 이바지한다는 자본시장법의 목적(자본시장법 제1조)에 유념하면서, 같은 항 제2호, 제3호 및 같은 조 제2항을 통하여 보다 구체화된 부정거래행위의 내용, 그 밖에 당해 행위의 불법성 정도가 다른 규정을 통하여 처벌하더라도 자본시장법의 목적 달성에 지장을 초래하지 않는지 등을 종합적으로 고려하여 죄형법정주의와 최대한 조화를 이룰 수 있도록 신중을 기함이 옳다.

㈑ 적용사례

1) 투자수익보장약정을 체결한 후 차명으로 유상증자에 참여하는 경우

[대법원 2011. 10. 27. 선고 2011도8109 판결]
원심은 그 채택 증거들을 종합하여 판시와 같은 사실을 인정한 다음, 피고인 1이 2009. 5. 20. 공소외 10과 사이에 투자수익보장약정을 체결한 후 공소외 10으로 하여금 외국법인인 공소외 7법인 명의로 공소외 4주식회사의 유상증자에 참여하도록 한 행위는 자본시장법 제178조 제1항 제1호 위반죄 및 제178조 제2항 위반죄에 해당한다고 판단하였다. 위 법리와 기록에 비추어 검토하여 보면, 원심의 사실인정과 판단은 위 법리에 따른 것으로서 정당하여 이를 수긍할 수 있고, 거기에 상고이유 주장과 같이 증거의 취사선택이나 사실의 인정에 있어 자유심증주의의 한계를 일탈하거나, 자본시장법 제178조 제1항 제1호의 부정한 기교 내지 자본시장법 제178조 제2항의 위계에 관한 법리오해 등의 위법이 없다.

2) 합병신주를 차명으로 인수한 경우

[서울고등법원 2011. 6. 9. 선고 2010노3160 판결]
상장회사가 비상장회사와 합병한 후 배정할 합병신주 중 어느 정도의 수량을 보호예수할 것인지는 합병 후 주가에 직접적 영향을 미치는 내용이고 유가증권의 공정거래와 투자자 보호를 위하여 필요한 사항으로서 투자자의 투자 판단에 영향을 미칠 수 있는 사항이므로 자본시장법 제178조 제1항 제2호의 '중요사항'에 해당하고, 상피고인이 차명으로 D사를 인수하여 유상증자한 후 합병하면서 보호예수 수량을 거짓 기재함으로써 매각제한규정을 회피한 것은 자본시장법 제178조 제1항 제2호에서 규제하는 '중요사항에 관하여 거짓의 기재 또는 표시를 하여 금전, 그 밖의 재산상 이익을

얻고자 하는 행위' 및 자본시장법 제178조 제1항 제1호에서 규제하는 '부정한 수단, 계획, 기교를 사용하는 행위'에 해당한다.[101]

3) 기자의 지위를 이용하여 경제전문지 기사를 이용한 경우

[서울중앙지방법원 2012. 6. 25. 선고 2012고단2326 판결]

피고인은 위와 같이 R사에 대하여 마치 새로운 호재가 발생한 것처럼 호재성 기사를 보도하였으나, 사실은 R사 LED칩 관련 보도는 이미 2010년 상반기 개발이 완료되어 이미 잘 알려진 내용임에도 불구하고 마치 R사가 보도 시점에 새로운 기술을 개발하여 상당한 호재가 새롭게 발생한 것처럼 오인될 수 있는 보도를 하여 일반투자자들의 매수세를 유인하고, 보도시점인 2010. 12. 1. 14:24:39 직전인 같은 날 13:50:48부터 14:24:28까지 R사 주식 8,607주를 매수한 다음, 기사가 보도되고 불과 약 1분 25초 후인 같은 날 14:26:04부터 14:28:19까지 기존에 매입한 주식을 포함한 9,100주를 매도함으로써 피고인은 경제 전문지 기자라는 우월적 지위를 이용하여 자신이 작성한 기사를 주식 매매에 이용하는 방법으로 시세 차익을 얻어 부정한 기교를 사용하였다.

4) ELS 상환조건성취 방해

[대법원 2015. 4. 9.자 2013마1052 결정]

어느 행위가 금융투자상품의 거래와 관련하여 자본시장과 금융투자업에 관한 법률 제178조에서 금지하고 있는 부정행위에 해당하는지 여부는, 해당 금융투자상품의 구조와 거래방식 및 거래경위, 금융투자상품이 거래되는 시장의 특성, 금융투자상품으로부터 발생하는 투자자의 권리·의무 및 종료 시기, 투자자와 행위자의 관계, 행위 전후의 제반 사정 등을 종합적으로 고려하여 판단하여야 한다. 따라서 특정 시점의 기초자산 가격 또는 그와 관련된 수치에 따라 권리행사 또는 조건성취의 여부가 결정되거나 금전 등이 결제되는 구조로 되어 있는 금융투자상품의 경우에 사회통념상 부정하다고 인정되는 수단이나 기교 등을 사용하여 금융투자상품에서 정한 권리행사나 조건성취에 영향을 주는 행위를 하였다면, 이는 금융투자상품의 거래와 관련하여 부정행위를 한 것으로서 자본시장법 제178조 제1항 제1호를 위반한행위에 해당하고, 위반행위로 인하여 금융투자상품 투자자의 권리·의무의 내용이 변경되거나 결제되는 금액이 달라져 투자자가 손해를 입었다면 투자자는 부정거래행위자에 대하여 자본시장법 제179조 제1항에 따라 손해배상을 청구할 수 있다.

---

101) 대법원 2011. 10. 27. 선고 2011도8109 판결에 의하여 확정되었다.

5) 투자자문업자 등이 선행매수한 증권의 매수를 추천하는 경우

[대법원 2017. 3. 30. 선고 2014도6910 판결]

투자자문업자, 증권분석가, 언론매체 종사자, 투자 관련 웹사이트 운영자 등(이하 '투자자문업자 등'이라고 한다)이 특정 증권을 장기투자로 추천하기 직전에 자신의 계산으로 그 증권을 매수한 다음, 추천 후 그 증권의 시장가격이 상승할 때에 즉시 차익을 남기고 매도하는 이른바 스캘핑(scalping) 행위를 하는 경우, 그 행위가 명백하게 거짓인 정보를 시장에 흘리는 방법으로 특정 증권을 추천하는 것이라면 이는 정상적인 자본의 흐름을 왜곡시켜 자본시장의 공정성과 효율성을 해침은 물론이다. 또한 그 증권 자체에 관한 정보는 거짓이 아니어서 자본의 흐름을 왜곡시키는 것은 아니라도, 이러한 스캘핑 행위가 용인되면 자본시장에서의 공정한 경쟁에 대한 시장참여자들의 신뢰가 훼손되고 시장 내의 각종 투자 관련 조언행위가 평가절하됨으로써, 양질의 정보를 생산하고 소비하려는 유인이 감소하여 자본시장에서의 자원배분의 효율성을 해치고 투자자들이 자본시장으로부터 이탈하는 결과를 가져올 수 있다. 또한 특정 증권을 추천하기 직전에 그 증권을 매수한 투자자문업자 등은 장기적 가격상승의 잠재력이 아니라 추천으로 예상되는 투자자들의 행동에 따른 단기적 가격상승 가능성 때문에 의식적으로 또는 무의식적으로 그 증권을 추천할 유인이 생길 수 있고, 추천내용의 객관성에 영향을 미칠 수 있는 추천의 동기는 추천에 따라 투자 판단을 하려는 합리적인 투자자가 중요하게 고려할 상당한 개연성이 있는 사항에 해당하므로, 특정 증권을 추천하기 전에 자신의 계산으로 그 증권을 매수한 투자자문업자 등이 그 증권에 관한 자신의 이해관계를 공시하지 않고 추천하면 상대방에게 개인적인 이해관계 없이 객관적인 동기에서 그 증권을 추천한다는 오해를 초래할 수 있다. 위와 같은 제반 사정을 고려하면, 투자자문업자 등이 추천하는 증권을 자신이 선행매수하여 보유하고 있고 추천 후에 이를 매도할 수도 있다는 그 증권에 관한 자신의 이해관계를 표시하지 않은 채 그 증권의 매수를 추천하는 행위는 자본시장과 금융투자업에 관한 법률 제178조 제1항 제1호에서 말하는 '부정한 수단, 계획, 기교를 사용하는 행위'에 해당하는 한편, 투자자들의 오해를 초래하지 않기 위하여 필요한 중요사항인 개인적인 이해관계의 표시를 누락함으로써 투자자들에게 객관적인 동기에서 그 증권을 추천한다는 인상을 주어 거래를 유인하려는 행위로서 같은 법 제178조 제2항에서 정한 '위계의 사용'에도 해당한다.

6) 전산오류로 잘못 입고된 주식을 매도한 경우

[서울남부지방법원 2019. 4. 10. 선고 2018고단3255 판결]
[범죄사실]
피고인은 2018. 4. 6. 09:31경 위 사고로 인하여 피고인 명의 공소외 1 회사 계좌

(계좌번호 1 생략)에 공소외 1 회사 주식 1,479,000주가 전산상 입력되자, 이는 우리사주 배당금 입금 과정에서 전산처리 과실로 인하여 배당금 대신에 동일한 수량의 우리사주가 전산상 잘못 입력된 것이고, 피고인이 이를 이용하여 공소외 1 회사 주식에 대하여 시장가 내지 저가로 대량의 매도주문을 제출하여 매도주문이 체결되는 경우 공소외 1 회사의 주가가 급격하게 하락할 수 있다는 사실을 인식하였을 뿐만 아니라, 다른 투자자들로 하여금 잘못된 판단을 하게 함으로써 자본시장의 공정성·신뢰성을 저해하고 선의의 투자자들에게 손해를 전가할 수 있음을 충분히 알 수 있었음에도 불구하고, 현행 증권거래시스템상 위와 같이 전산상 입력된 주식에 대하여 매도주문을 제출하면 실제 주식이 입력된 경우와 마찬가지로 매매가 이루어지는 것을 기화로 실제로 보유하고 있지 아니한 위 공소외 1 회사 주식에 대한 대량의 매도주문을 제출하기로 마음먹었다. 이에 피고인은 같은 날 09:47:59경 서울 (주소 1 생략) 빌딩 12층 회의실에서, 휴대전화의 공소외 1 회사 애플리케이션인 ○○○○을 이용하여 입력된 주식 1,479,000주 전체에 대하여 매도주문을 제출하였고, '※ 거액주문(30억 원 초과)입니다. 주문 처리하시겠습니까?'라는 확인 팝업 메시지가 뜨는 것을 확인하자, 같은 날 09:47:59경 주문 단가를 38,000원으로 하여 매도 단가 30억 원 이하가 되도록 76,315주에 대한 매도주문을 제출하여 체결시킨 것을 비롯하여, 별지 범죄일람표(1) 기재와 같이 그 무렵부터 같은 날 10:04:35경까지 총 14회에 걸쳐 저가 내지 시장가로 공소외 1 회사 주식 1,118,977주, 합계 41,451,886,550원에 대한 매도주문을 제출하여 체결시켰다. 이로써 피고인은 금융투자상품의 매매와 관련하여 부정한 수단, 계획 또는 기교를 사용하였다.

[피고인들과 변호인들의 주장에 대한 판단]

1. 이 사건 오입력된 주식이 자본시장과 금융투자업에 관한 법률이 정한 금융투자상품에 해당하지 않는다는 주장

   가. 피고인들과 변호인은, 피고인들이 한 행위는 '오입력된 가상의 주식'을 매도하겠다는 주문을 낸 것에 불과한데, '오입력된 가상의 주식'은 결코 실제 주식이라고 볼 수 없고, 자본시장과 금융투자업에 관한 법률(이하 '자본시장법'이라 한다) 제3조 제1항, 제2항에서 정한 금융투자상품의 어느 것에도 해당하지 않으므로, 결국 이에 대한 매도주문을 하였더라도 이는 자본시장법 제178조가 정한 '금융투자상품의 매매'와 관련된 행위에 해당하지 않는다는 취지로 주장한다.

   나. 그러나 위에서 든 증거들에 의하여 보면, 현행 주식거래시스템에서 고객이 증권사에 대하여 매도주문을 제출한다는 것은 특정한 주식을 매도한다는 의미가 아니라 일정 수량의 주식을 매도하겠다는 의미에 불과하고, 주문이 체결되면 그때 결제의무가 생기며, 주문 체결 이틀 후에 체결수량에 대한 결제이행이 이루어짐으로써 거래가 완결되는 것이므로, 주식을 실제로 확보하고 있는 상황에서만 그에 대해 유효한 매도주문을 할 수 있는 것이 아니다. 물론 무차입공매도가 허용되지 않는 피고인들이 실제 소유하고 있지 않은 공소외 1 회사 주

식에 대한 매도주문을 할 수 있었던 것은 그 전제로서 이 사건 시스템에 이미 소유주식의 수량과 관련하여 사실과 다른 허위의 정보가 입력되어 있었기 때문이기는 하나, 그 점을 고려하더라도 피고인들이 각 본인들 명의의 주식거래계좌에서 하였던 매도주문은 금융투자상품인 '공소외 1 회사 주식'을 매도하겠다는 것으로서 금융투자상품의 거래와 관련된 행위임이 분명하고, 따라서 이와 다른 취지에서 하는 피고인들과 변호인의 주장은 이유없다.

2. 자본시장법상 부정한 수단 또는 위계의 사용에 해당하지 아니한다는 주장

　가. 피고인들과 변호인들은, 본인 명의의 계좌에 입력된 주식에 관하여 단순히 매도주문을 제출한 것만으로는 자본시장법에서 말하는 '부정한 수단이나 위계'에 해당한다고 볼 수 없다고 주장한다.

　나. … 피고인들은 스스로 인정하고 있는 바와 같이 당시 본인들의 계좌에 입력된 주식 수량이 실제로 존재할 리 없다는 점을 충분히 인식하고 있었으면서도, 주식거래시스템상 그에 대한 매도주문이 가능하다는 점을 이용하여 시장가 내지 그보다 저가로 대량의 매도주문을 시장에 내어놓는 행위를 하였다. 특히나 당시 공소외 1 회사 직원들에게 오입력된 증권의 규모는 총 28억 1,000주로 위 회사의 실제발행주식 8,930만 주의 31배에 달하고, 그 금액은 112조로서 위 회사 시가총액 3조의 37배에 달하는 엄청난 양이었는바, 피고인들은 자신들에게 입력된 대량의 주식에 대하여 매도주문을 낼 경우 주식시장에 상당한 영향을 줄 것임을 마땅히 예상할 수 있었다(더욱이 피고인 1, 피고인 2, 피고인 3, 피고인 4의 경우 당시 한 회의실 내에 있었던 피고인 2, 피고인 3이 네이버 검색 등을 통해 공소외 1 회사 주가 및 그 하락 원인 등을 뉴스 등을 통해 검색하였을 뿐 아니라 서로 간의 대화를 통하여도 그와 같은 사실을 충분히 인지하고 있었던 것으로 보인다). 특히나 피고인 1, 피고인 2, 피고인 3, 피고인 5 등 여러 차례 주식을 매도한 피고인들은, 지속적으로 하락하는 공소외 1 회사 주가, VI(Volatility Interruption, 변동성 완화장치)에 따른 거래 정지 등으로 자신의 매도가 현장의 시세에 반영되고 있다는사실을 인식하면서도, 시장가 또는 저가 매도를 반복함으로써 그와 같은 시세 변동을 더욱 가속화시키기도 하였다. 그렇다면 허용된 무차입공매도를 제외한다면 실제로 확보하고 있지 않은 주식을 매도하는 것 자체가 법령상 허용되지 않는 행위인 점, 피고인들의 대량 주문 자체가 실제 시장의 수급에 현저한 영향을 미쳐 공소외 1 회사 주가가 급락하도록 하였고, 이로 인한 잘못된 판단으로 주식을 추격 매도한 일반 투자자들도 있었던 점(물론 그 한편으로는 그 기회에 비정상적으로 형성된 낮은 금액에 주식을 매수한 자도 있었다), 이는 주식시장 참가자들 사이의 공정한 경쟁을 해한 것이고, 선의의 투자자들에게 손해가 전가된 것인 점 등을 모두 감안하면, 결국 피고인들의 행위는 자본시장법이 금지하는 '부정한 수단'에 해당한다고 보기에 충분하다.

다. 다만 피고인들의 행위 자체는 주식 매도주문에 불과하여, 이것 자체가 불특정 투자자에게 일정한 행위를 유인할 목적이 있다고까지는 보기 어렵고 부정한 수단을 넘는 추가적 기망으로서 위에서 본 자본시장법상 위계에 해당한다고 평가하기 어려우므로, 공소사실 중 위계 사용 부분에 대하여는 일응 범죄의 증명이 없다고 볼 것이다. 그러나 그와 일죄의 관계에 있는 부정한 수단 사용으로 인한 자본시장법 위반의 점을 유죄로 보는 이상, 별도로 이 부분에 대하여 무죄를 선고하지는 않는다.

⒨ **보호법익과 위험범**

자본시장법상 부정거래행위 금지규정을 위반한 범죄는 재산적 법익이 아닌 사회적 법익이 보호법익이고, 구성요건이 보호하고 있는 보호법익에 대한 침해의 위험성만 있으면 성립하는 위험범이다. 반면에 자본시장법상 부정거래행위와 유사한 행위를 대상으로 하는 형법상 사기죄는 "사람을 기망하여 재물의 교부를 받거나 재산상의 이익을 취득하거나, 제3자로 하여금 재물의 교부를 받게 하거나 재산상의 이익을 취득"하게 하는 범죄이다. 보호법익이 보호받는 정도에 있어서, 형법상 사기죄는 구성요건의 내용이 보호법익(재산권)의 침해가 있을 것을 요구하므로 침해범이다. 그러나 부정한 수단 등을 사용하는 경우 제179조에 기한 손해배상청구를 하기 위하여는 물론 손해라는 결과가 발생하여야 한다.

⒝ **주관적 요건**

제178조의 규정상 시세조종행위에서와 같은 목적은 요구되지 않지만 행위자가 부정한 수단, 계획 또는 기교를 사용한다는 인식은 하여야 한다.

(3) **제1항 제2호**(부실표시 사용행위)

⒜ **의   의**

자본시장법 제178조 제1항 제2호는 "중요사항에 관하여 거짓의 기재 또는 표시를 하거나 타인에게 오해를 유발시키지 아니하기 위하여 필요한 중요사항의 기재 또는 표시가 누락된 문서, 그 밖의 기재 또는 표시를 사용하여 금전, 그 밖의 재산상의 이익을 얻고자 하는 행위"를 부정거래행위로서 금지한다. 이는 금융투자상품의 거래에 관한 부정거래행위가 다수인에게 영향을 미치고 자본시장 전체를 불건전하게 할 수 있기 때문에 거래에 참가하는 개개 투자자의 이익을 보호함과 함께 자본시장의 공정성과 신뢰성을 높이기 위한 것이다.[102]

---

102) 대법원 2018. 9. 28. 선고 2015다69853 판결.

"문서, 그 밖의 기재 또는 표시를 사용하여"라는 규정상 대량보유 보고의무 또는 소유상황 보고를 아예 하지 않는 경우는 이에 해당하지 않는다.103)

제1호의 행위와 달리 제2호의 행위는 과실에 의한 행위도 금지된다. 다만 자본시장법에 과실범 처벌규정이 없는 이상 행위자는 형사책임은 지지 않고 민사손해배상책임만 진다. 제178조 제1항 제2호는 시세조종에 관한 제176조 제2항 제3호의 "그 증권 또는 장내파생상품의 매매를 함에 있어서 중요한 사실에 관하여 거짓의 표시 또는 오해를 유발시키는 표시를 하는 행위"와 매우 유사하지만, "상장증권 또는 장내파생상품의 매매를 유인할 목적으로"하는 행위만 금지되므로, 규제대상 금융투자상품, 거래장소, 목적성 면에서 차이가 있고, 따라서 제176조 제2항 제3호에 의한 규제의 공백을 보완하는 기능을 한다. ⅰ) 거짓의 기재 또는 표시와, ⅱ) 오해유발을 피하기 위하여 필요한 중요사항의 기재 또는 표시가 누락을 일반적으로 부실표시(허위표시 + 누락)로 통칭한다.

(나) 중요사항

1) 중요사항의 의의   "중요사항"은 해당 법인의 재산·경영에 관하여 중대한 영향을 미치거나 특정 증권 등의 공정거래와 투자자 보호를 위하여 필요한 사항으로서 투자자의 투자판단에 영향을 미칠 수 있는 사항을 의미한다. 해당 상장증권 또는 장내파생상품의 매매에 있어서의 중요한 사실을 의미하므로, 해당 기업 고유의 정보만이 아니라 동종업종의 전망 또는 경쟁업체의 동향 등 기업외적 정보도 포함한다.

여기서 중요사항은 미공개중요정보와 궤를 같이 하는 것이다.

[대법원 2009. 7. 9. 선고 2009도1374 판결]
구 증권거래법 제188조의4 제4항 제2호의 '중요한 사항'이란, 미공개정보 이용행위 금지조항인 같은 법 제188조의2 제2항에서 정한 '일반인에게 공개되지 아니한 중요한 정보'와 궤를 같이 하는 것으로서, 당해 법인의 재산·경영에 관하여 중대한 영향을 미치거나 유가증권의 공정거래와 투자자 보호를 위하여 필요한 사항으로서 투자자의 투자판단에 영향을 미칠 수 있는 사항을 의미한다.

[서울고등법원 2013. 7. 4. 선고 2012노4066 판결]
구 증권거래법 제188조의4 제4항 제2호는 "중요한 사항에 관하여 허위의 표시를 하거나 필요한 사실의 표시가 누락된 문서를 이용하여 타인에게 오해를 유발하게 함으

---

103) 대법원 2010. 12. 9. 선고 2009도6411 판결, 대법원 2011. 7. 28. 선고 2008도5399 판결.

로써 금전 기타 재산상의 이익을 얻고자 하는 행위"를 사기적 부정거래 행위로 정하여 이를 금지하고 있는바, 위와 같은 사기적 부정거래 행위를 근절하여 투자자의 이익과 증권시장에 대한 신뢰를 보호함으로써 증권시장이 국민경제의 발전에 기여할 수 있도록 하려는 취지에 비추어 볼 때, 위 조항의 '중요한 사항'이란 미공개정보 이용행위 금지 조항인 구 증권거래법 제188조의2 제2항에서 정한 '일반인에게 공개되지 아니한 중요한 정보'와 궤를 같이 하는 것으로서 당해 법인의 재산·경영에 관하여 중대한 영향을 미치거나 유가증권의 공정거래와 투자자 보호를 위하여 필요한 사항으로서 투자자의 투자판단에 영향을 미칠 수 있는 사항을 의미한다.

[대법원 2016. 8. 29. 선고 2016도6297 판결]
자본시장법 제178조 제1항 제2호에서 '중요사항'은 해당 법인의 재산·경영에 관하여 중대한 영향을 미치거나 특정 증권 등의 공정거래와 투자자 보호를 위하여 필요한 사항으로서 투자자의 투자판단에 영향을 미칠 수 있는 사항을 의미한다.

2) 중요성 판단의 기준   중요성 판단의 기준은 미공개정보의 중요성에 관하여 제174조 제1항이 "투자자의 투자판단에 중대한 영향을 미칠 수 있는 정보"라고 규정하는 것과 동일하게 보아야 할 것이다. 구 증권거래법 하에서도 동일하게 해석하였다. "중요성에 대한 기준은 투자자의 주관적인 특성은 전혀 무시하고 합리적인 투자자(reasonable investor)를 가정하여 객관적으로만 판단한다. 합리적인 투자자란 반드시 증권에 문외한인 일반투자자만을 가리키는 것이 아니라 전문투자자도 합리적인 투자자의 범주에 포함된다고 보아야 한다.104)

3) 중요성 인정 사례

가) 최대주주 또는 주요주주에 관한 사항

[대법원 2003. 11. 14. 선고 2003도686 판결]
피고인이 2000. 6. 17. 제출한 대량보유보고서에 기재된 판시 허위사실들은 D사의 최대주주 또는 주요주주에 관한 사항으로서 D사의 경영에 관하여 중대한 영향을 미치

---

104) 미국 증권법상 중요성 판단의 기준으로, ⅰ) 해당 정보가 사실로 확정될 개연성(probability)과 그 정보가 공개될 경우 주가에 영향을 미칠 중대성(magnitude)이 인정되면 중요한 정보로 보아야 한다는 개연성-중대성 기준(probability-magnitude test)과, ⅱ) 합리적인 투자자가 누락된 사실의 공개가 제공된 정보의 전체맥락을 현저하게 변경하는 것으로 볼 실질적 가능성(substantial likelihood that disclosure of omitted fact would have been viewed by reasonable investor as having significantly altered "total mix" of information made available)이 있어야 한다는 실질적 가능성 기준(substantially likelihood test)이 있다[TSC Industries, Inc. v. Northway, Inc., 426 U.S. 438 (1976); Ganino v. Citizens Utilities Co., 228 F.3d 154 (2d Cir. 2000); Oran v. Stafford, 226 F.3d 275 (3d Cir. 2000)]. [이들 판례의 구체적 사안과 판결요지에 관하여는 「미국증권법」(박영사, 2009), 332면 이하 참조].

거나 D사의 기업환경에 중대한 변경을 초래할 수 있는 사실로서 일반 투자자의 투자
판단에 영향을 미칠 수 있는 사실에 해당한다고 할 것이어서 원칙으로 증권거래법 제
188조의4 제4항 제2호 소정의 "중요한 사항"에 해당한다 할 것이다.

나) 보유목적·변동사유

[서울중앙지방법원 2005. 7. 8. 선고 2005고합108 판결]
5% 이상의 주식을 대량보유한 자가 '경영참여'를 목적으로 주식을 취득하였다는 사
실은 일반 투자자의 입장에서 볼 때 경영권을 유지하려는 자와 새로이 경영권을 확보
하려는 자 사이에 지분경쟁이 생길 것으로 생각하여 투자의 합리적인 의사결정에 영
향을 미칠 소지가 다분한 점, 실제로 피고인의 경영참여를 위한 주식 취득이 주식 투
자자들 사이에 화제가 되었고, 그 후 남한제지 거래량 및 주가가 폭등한 점 등에 비
추어 보면 대량보유(변동)보고서에 기재하는 '보유목적 또는 변동사유'는 법 제188
조의4 제2항 제3호의 '중요한 사실'에 해당한다고 할 것이다.

[부산지방법원 2005. 1. 25. 선고 2004고단6886 판결]
피고인은 대량보유상황을 금융감독위원회와 거래소에 보고하여야 하게 되자, 전자공
시시스템에 접속하여 위 대량보유목적을 "경영참여, 주가추이에 따라 추가매수 고려"
라고 기재하여 공시하고, 그 직후인 같은 날 09:03경부터 09:47경까지 위 보유한 주
식 전부를 매도하여 금 1,500만원 상당의 매매차익을 얻음으로써 유가증권의 매매에
있어서 중요한 사실에 관하여 허위의 표시나 오해를 유발하게 하는 표시를 하여 위와
같은 이익을 얻음으로써 주식거래에 있어서 불공정거래행위를 하였다.

다) 취득자금의 내역   취득자금의 내역은 중요한 사항이 아니라는 하급심
판례가 있었다.

[서울중앙지방법원 2005. 7. 8. 선고 2005고합108 판결]
증권거래법 제188조의4 제4항의 '중요한 사항'이란 당해 법인의 기업경영환경에 중대
한 변경을 초래하거나, 유가증권의 공정거래와 투자자 보호를 위하여 필요한 사항으
로서 투자자의 투자판단에 영향을 미칠 수 있는 사항을 의미한다고 할 것이다. 그런
데, ① 주식대량보유보고제도는 유가증권시장에서의 주식매수를 투명하게 하여 일반
투자자가 급격한 가격변동에 따른 불측의 손해를 입지 않도록 하는 한편, 기존 대주
주에 대하여 적대적 기업 인수합병에 대응하도록 도입된 제도로서, 일반 투자자에게
는 대량매수행위의 존재 자체, 그 목적, 대량보유자의 장래의 계획 등이 자신의 투자
계획을 수립하는 데 있어 중요한 의미를 지닌다고 할 수 있는데, 그와 같은 사정의
공개는 직접적으로는 대량보유 및 변동내용의 보고 자체, 대량보유자 및 그 특별관계
자에 관한 사항, 보유목적 또는 변동사유, 보유 또는 변동 주식등의 종류 및 수의 기

재에 의하여 확보되는 것이고, 취득에 필요한 자금 또는 교환대상물건의 조성내역은 주식취득의 목적, 장차의 추가취득의 가능성 등을 판단할 수 있는 간접적인 자료에 그치는 것으로 보이는 점, ② 게다가, 주식 투자자의 자금출처가 매우 다양하므로 단순히 자금이 차입금인지, 본인자금인지 여부만으로 주식투자에 중요한 정보를 얻을 수 있다고 보기도 어려운 점, ③ 원칙적으로 투자자는 자신의 위험부담으로 자금을 조달하는 것이므로 따로이 자금 조성 내역을 공개할 의무가 없었는데, 1997. 1. 13. 증권거래법이 개정되어 상장법인 주식의 10% 이상 취득을 금지하는 제도가 폐지되면서 그에 대한 보완책으로 1997. 3. 22. 개정된 증권거래법 시행령에 취득에 필요한 자금의 조성내역이 보고사항에 새로 편입되었고, 실제로 일반 투자자의 보호보다는 대주주의 경영권 방어에 보다 큰 의미가 있는 것인 점, ④ 피고인이 취득자금 내역의 기재를 누락한 채 대량보유보고를 거듭하였는데도 금융감독위원회나 증권거래소로부터 그에 대한 어떠한 보정 요구도 받지 아니한 채 그대로 공시가 된 것으로 보이는 점 등에 비추어 보면, 주식대량보유보고서 중 '취득자금 내역'은 당해 법인의 기업경영 환경에 중대한 변경을 초래하거나, 유가증권의 공정거래와 투자자 보호를 위하여 필요한 사항으로서 투자자의 투자판단에 영향을 미칠 수 있는 사항이라고 보기 어렵다.

그러나 이 사건의 항소심에서는 취득자금의 조성내역은 중요한 사항에 해당한다고 판시하였고, 상고심에서 대법원도 "경영참여로 취득목적을 공시한 사람들의 취득자금이 본인자금인지 차입금인지 여부는 그 공시의 진정성, 추가주식취득의 가능성, 경영권분쟁의 발생이나 M&A의 성공가능성과 그 후의 투자 적정성 등을 판단하는 기본적이고 중요한 자료"라는 이유로, 취득자금의 내역도 중요사항이라고 판시하였다.

[대법원 2006. 2. 9. 선고 2005도8652 판결]
증권거래법 제188조의4 제4항 제2호는 유가증권의 매매 기타 거래와 관련하여 중요한 사항에 관하여 허위의 표시를 하거나 필요한 사실의 기재가 누락된 문서를 이용하여 타인에게 오해를 유발하게 함으로써 금전 기타 재산상의 이익을 얻고자 하는 행위를 금지하고 있는바, 증권거래법이 이와 같이 사기적 부정거래행위를 금지하는 것은 증권거래에 관한 사기적 부정거래가 다수인에게 영향을 미치고 증권시장 전체를 불건전하게 할 수 있기 때문에 증권거래에 참가하는 개개의 투자자의 이익을 보호함과 함께 투자자 일반의 증권시장에 대한 신뢰를 보호하여 증권시장이 국민경제의 발전에 기여할 수 있도록 함에 그 목적이 있다고 할 것이므로(대법원 2003. 11. 14. 선고 2003도686 판결 참조), 증권거래법 제188조의4 제4항 제2호의 '중요한 사항'은 당해 법인의 재산·경영에 관하여 중대한 영향을 미치거나 유가증권의 공정거래와 투자자 보호를 위하여 필요한 사항으로서 투자자의 투자판단에 영향을 미칠 수 있는 사항

을 의미한다고 할 것이다. 원심의 채택 증거들을 기록에 비추어 살펴보면, 피고인은 N사 주식을 취득할 당시부터 '경영참여'의 공시 등을 통하여 주가를 상승시킨 후 주식을 매도하여 시세차익을 실현할 의사를 가지고 있었고, 실제로 N사 주식 매매를 통하여 상당한 시세차익을 남긴 사실을 인정할 수 있고, 특정 법인에 대한 경영권 교체 내지 경영권 다툼의 가능성이 있는 경우 경영권 확보를 둘러싼 지분취득 경쟁으로 주가상승이 예상되어 일반 투자자 사이에서도 그 법인의 주식을 취득하려는 투자결정이 많이 이루어질 수 있고, 실제로 피고인이 주식 대량보유보고서에 '경영참여'를 취득목적을 공시하고 M&A를 선언함에 따라 N사의 주식에 대한 일반 투자자들의 투자로 주가가 폭등한 점, '경영참여'로 취득목적을 공시한 사람들의 취득자금이 본인자금인지 차입금인지 여부는 그 공시 등의 진정성, 추가 주식 취득의 가능성, 경영권 분쟁의 발생이나 M&A의 성공 가능성과 그 후의 투자 적정성 등을 판단하는 기본적이고 중요한 자료가 되는 점, 피고인이 주식 대량보유보고를 할 당시 시행되던 구 증권거래법 시행령(2005. 3. 28. 대통령령 제18757호로 개정되기 전의 것)은 제86조의4 제1항 제7호에서 주식 취득에 필요한 자금의 조성내역(차입의 경우 차입처 포함)을 주식 대량보유보고서에 기재할 사항으로 명시하고 있는 점 등에 비추어, 주식 대량보유보고서 중 취득자금 조성내역은 그 취득목적과 함께 N사의 경영에 중대한 영향을 미치거나 기업환경에 중대한 변경을 초래할 수 있는 사항 또는 유가증권의 공정거래와 투자자 보호를 위하여 필요한 사항으로서 일반투자자의 투자판단에 상당한 영향을 미칠 수 있는 사항, 즉 증권거래법 제188조의4 제4항 제2호에서 규정하고 있는 유가증권의 매매 기타 거래와 관련한 '중요한 사항'에 해당한다고 할 것인바, 같은 취지에서 피고인에 대한 공소사실 중 사기적 부정거래행위의 점을 유죄로 인정한 원심의 조치는 옳고, 거기에 채증법칙을 위배하여 사실을 오인하거나 증권거래법 제188조의4 제4항 제2호에 관한 법리를 오해한 위법이 있다고 할 수 없다.

[서울중앙지방법원 2007. 12. 21. 선고 2007고합569 판결]
피고인은 2006. 10. 20.경 금융감독위원회 등에 '취득자금 등의 조성경위 및 원천내용 보완서'를 제출하면서 여전히 '배당소득으로 조성된 자기자금'이라고 기재하여 허위로 공시하고, 제3자 배정 유상증자 참여에 관하여 금융감독위원회 등에 '주식 등의 대량보유상황보고서'를 제출하면서 '배당소득과 이자소득으로 구성된 자기자금'이라고 기재하여 허위로 공시하였다.[105]

라) 차명주식 보유 및 매도 여부   대량보유보고서의 차명주식 보유 및 매도 여부는 투자자의 투자 판단에 영향을 미칠 수 있는 중요사항이다.

---

105) 서울중앙지방법원 2009. 1. 22. 선고 2008고합567 판결도 피고인의 주식 및 신주인수권부사채 취득자금이 자기자금이라고 공시한 것은 중요사항에 대한 허위공시라고 판시하였다.

[서울고등법원 2011. 6. 9. 선고 2010노3160 판결]
주식 등 대량보유상황보고에 특수관계인인 피고인의 주식 보유 사실을 기재하지 아
니한 사실을 인정한 후 S사의 주요주주의 변동에 관한 사항, S사의 대표이사인 피고
인의 차명 주식 보유 및 매도 여부는 S사의 주가에 직접적인 영향을 미치는 내용이고
유가증권의 공정거래와 투자자 보호를 위하여 필요한 사항으로서 투자자의 투자 판
단에 영향을 미칠 수 있는 사항이므로 자본시장법 제178조 제1항 제2호의 '중요사
항'에 해당한다고 할 것이며, 따라서 피고인이 위와 같은 거짓기재를 통하여 자신의
유상증자 참여 및 지분취득 사실을 은폐하고 향후 주식을 매도할 때 발생하는 공시의
무를 회피함으로써 주가상승 또는 하락방지라는 재산상 이익을 얻고자 한 것은 자본
시장법 제178조 제1항 제2호에서 규제하는 '중요사항에 관하여 거짓의 기재 또는 표
시를 하여 금전, 그 밖의 재산상 이익을 얻고자 하는 행위'에 해당한다.106)

[대법원 2009. 7. 9. 선고 2009도1374 판결]
경영 상황이 점차 악화되고 있던 A사가 새로운 사업으로 추진중이라고 홍보한 규사
광산 개발사업 계속 진행 의지와 전망 등에 대하여 투자자들의 관심이 집중된 상황에
서, 피고인이 차명주식을 누락한 채 공시되어 있던 임원·주요주주 소유주식 보고서
의 내용을 바로 잡지 않고 여전히 차명주식을 누락한 추가 보고서를 제출하는 방법으
로 투자자들로 하여금 피고인이 보유 중이던 주식을 순차 처분하고 있다는 사정을 알
지 못하게 함으로써, 주가에 영향을 미치지 아니한 채 보유 주식을 처분하여 상당한
이익을 취한 행위가 허위 또는 부실 표시된 위 보고서들을 이용한 행위로서 구 증권
거래법 제188조의4 제4항 제2호에 해당한다.

㈐ 부실표시

금지되는 행위는 "거짓의 기재 또는 표시"와 "오해를 유발시키지 아니하기
위하여 필요한 중요사항의 기재 또는 표시가 누락"이다.107) "오해를 유발시키지
아니하기 위하여 필요한 중요사항의 기재 또는 표시가 누락"은 "거짓의 기재 또는
표시"보다는 넓은 개념이다.

　1) 부실표시와 문서이용 여부　　　　구 증권거래법 제188조의4 제4항 제2호
는 "문서를 이용하여"라는 요건을 규정하였다. 따라서 구 증권거래법 하의 판례는
"문서의 이용"이라는 요건이 충족되지 않는 경우 사기적 부정거래행위의 성립을

---

106) 대법원 2011. 10. 27. 선고 2011도8109 판결로 확정되었다.
107) 구 증권거래법 제188조의4 제4항 제2호는 "허위의 표시", "표시가 누락"이라고 규정하였으
　　나 자본시장법은 "거짓의 기재 또는 표시", "기재 또는 표시가 누락"이라고 규정함으로써
　　"기재"를 추가하였으나, 어차피 "표시"에는 "기재" 개념이 포함되므로 특별히 의미상의 차이
　　는 없다.

부인하였다.

> [대법원 2010. 12. 9. 선고 2009도6411 판결]
> 구 증권거래법 제188조의4 제4항 제2호는 유가증권의 매매 기타 거래와 관련하여
> '중요한 사항에 관하여 허위의 표시를 하거나 필요한 사실의 표시가 누락된 문서를
> 이용하여 타인에게 오해를 유발하게 함으로써 금전 기타 재산상의 이익을 얻고자 하
> 는 행위'를 금지하고 있는바, 이는 투자자의 투자판단에 영향을 미치는 중요한 사항
> 에 관하여 허위·부실 표시 문서를 이용하는 방법으로 타인의 오해를 유발하여 재산
> 상의 이익을 얻고자 하는 행위를 처벌하는 것으로 그 행위의 매체는 문서에 국한되므
> 로, 위 제2호 위반행위에 해당하기 위해서는 '문서의 이용'이라는 요건이 충족되어야
> 한다", "피고인 A, B가 외국법인 명의로 병회사의 주식을 대량으로 매매하고서도 주
> 식의 대량보유보고 및 소유주식상황변동보고를 하지 않는 방법으로 일반투자자들로
> 하여금 외국인들의 정상적인 투자나 지분변동이 있는 것과 같은 오해를 유발하였다
> 는 내용으로 기소된 사안에서, 위 행위가 문서의 이용에 관한 것이라 할 수 없으므로,
> 구 증권거래법 제210조 제5호의2 위반행위에 해당하는 것은 별론으로 하더라도 같
> 은 법 제188조의4 제4항 제2호에 정한 사기적 부정거래행위에는 해당하지 않는
> 다.108)

이와 달리, 자본시장법은 제178조 제1항 제2호는 "… 문서, 그 밖의 기재 또
는 표시를 사용하여"라고 규정하므로, 반드시 문서를 이용하는 방법뿐 아니라 강
연회, TV, 라디오를 통하여 거짓의 표시를 한 경우도 포함한다.109)

중요사항에 관하여 허위 또는 부실 표시된 재무제표가 구체적인 상황에서 투
자자의 투자 판단에 영향을 미칠 수 있는 사항에 관하여 오해를 유발할 수 있음
을 알면서도, 이를 금전, 그 밖의 재산상의 이익을 얻는 기회로 삼기 위하여 적극
적으로 활용하는 행위는 자본시장법 제178조 제1항 제2호에서 정한 '문서의 사
용행위'에 포함된다.110)

2) 목적과 인과관계   "중요사항에 관하여 거짓의 기재 또는 표시를 하거나
타인에게 오해를 유발시키지 아니하기 위하여 필요한 중요사항의 기재 또는 표시
가 누락된 문서, 그 밖의 기재 또는 표시를 사용하여 금전, 그 밖의 재산상의 이

---

108) 同旨:대법원 2009. 7. 9. 선고 2009도1374 판결.
109) 조문 체계상, 구 증권거래법 제188조의4 제4항 제1호의 허위사실유포와 제2호의 부실표
　　시가 자본시장법 제178조 제1항 제2호에 반영되었고, 구 증권거래법 제188조의4 제4항 제1
　　호의 풍설유포, 위계사용행위는 자본시장법 제178조 제2항에 반영되었다고 할 수 있다.
110) 대법원 2016. 8. 29. 선고 2016도6297 판결.

익을 얻고자 하는 행위"라는 목적범 형식으로 규정되어 있으므로, 그 문언의 해석
상 일단 위와 같은 기재 또는 표시를 사용한 이상 그로써 바로 위 규정 위반죄가
성립하는 것이고, 그 사용행위로 인하여 실제 '타인에게 오해를 유발'하거나 '금
전 기타 재산상의 이익을 얻을 것'을 요하지 않으므로, 위와 같은 기재 또는 표시
를 사용한 행위와 타인의 오해 사이의 인과관계 여부는 위 규정 위반의 성립에
아무런 영향을 미치지 않는다.

[대법원 2006. 4. 14. 선고 2003도6759 판결]
구 증권거래법 제188조의4 제4항 제2호는 원래 "중요한 사항에 관하여 허위의 표시
를 하거나 필요한 사실의 표시가 누락된 문서를 이용하여 타인에게 오해를 유발하게
함으로써 금전 기타 재산상의 이익을 취득하는 것"이라는 결과범 형식으로 규정되어
있던 것을 1997. 1. 13. 개정(법률 제5254)시 "중요한 사항에 관하여 허위의 표시를
하거나 필요한 사실의 표시가 누락된 문서를 이용하여 타인에게 오해를 유발하게 함
으로써 금전 기타 재산상의 이익을 얻고자 하는 행위"라는 목적범 형식으로 바꾼 것
인바, 그 문언의 해석상 일단 '타인에게 오해를 유발하게 함으로써 금전 기타 재산상
의 이익을 얻기 위하여' 중요한 사항에 관한 허위·부실 표시 문서를 이용한 이상 그
로써 바로 위 조항 위반죄가 성립하는 것이고, 문서 이용행위로 인하여 실제 '타인에
게 오해를 유발'하거나 '금전 기타 재산상의 이익을 얻을 것'을 요하지 않으므로, 허
위·부실 표시 문서 이용행위와 타인의 오해 사이의 인과관계 여부는 위 죄의 성립에
아무런 영향을 미치지 않는다.

[대법원 2011. 7. 28. 선고 2008도5399 판결]
일단 '타인에게 오해를 유발하게 함으로써 금전 기타 재산상의 이익을 얻기 위하여'
중요한 사항에 관한 허위·부실 표시 문서를 이용한 이상 그로써 바로 위 조항 위반
죄가 성립하는 것이고, 문서 이용행위로 인하여 실제 '타인에게 오해를 유발'하거나
'금전 기타 재산상의 이익을 얻을 것'을 요하지 않는 것이므로, 허위, 부실 표시 문서
이용행위와 타인의 오해 사이의 인과관계 여부는 위 죄의 성립에 아무런 영향을 미치
지 않는다.

[대법원 2016. 8. 29. 선고 2016도6297 판결]
자본시장법 제178조 제1항 제2호의 문언 해석상 일단 타인에게 오해를 유발하게 함
으로써 금전, 그 밖의 재산상의 이익을 얻고자 중요사항에 관하여 거짓의 기재 또는
표시를 한 문서를 사용한 이상 이로써 바로 위 조항 위반죄가 성립하고, 문서의 사용
행위로 인하여 실제로 타인에게 오해를 유발하거나 금전, 그 밖의 재산상의 이익을 얻
을 필요는 없다. 따라서 거짓의 기재 또는 표시를 한 문서의 사용행위와 타인의 오해
사이의 인과관계 유무는 위 조항 위반죄의 성립에 영향을 미치지 아니한다"(同旨 :

대법원 2015. 1. 15. 선고 2014도9691 판결).

3) 부실표시 판단기준   금융투자상품의 거래와 관련하여 어느 행위가 자본
시장법 제178조에서 금지하고 있는 부정행위에 해당하는지는, 해당 금융투자상품
의 구조 및 거래방식과 경위, 그 금융투자상품이 거래되는 시장의 특성, 그 금융
투자 상품으로부터 발생하는 투자자의 권리·의무 및 그 종료 시기, 투자자와 행
위자의 관계, 행위 전후의 제반 사정 등을 종합적으로 고려하여 판단하여야 한
다.[111) 회사가 공시를 통하여 거짓의 표시를 하였는지 여부가 문제되는 경우, 공
시내용 자체가 허위인지 여부에 의하여 판단하여야 할 것이지 실제로 공시내용을
실현할 의사와 능력이 있었는지 여부에 의하여 판단할 것은 아니다. 따라서, 주주
총회의 결의를 거쳐 회사의 사업목적을 추가하는 정관변경을 한 다음 그 사실을
공시하거나 기사화한 것은 비록 실현가능성이 없는 내용이라 하더라도 허위사실
을 유포하거나 허위의 표시를 한 것으로 볼 수는 없다.

> [대법원 2003. 11. 14. 선고 2003도686 판결]
> 기록에 의하면 D사가 공시내용과 같이 주주총회의 결의를 거쳐 회사의 사업목적에
> '정보통신관련 등' 사업 내용을 추가하는 정관변경을 한 사실을 알 수 있으므로 공시
> 내용 자체가 허위라고 볼 수 없고, 한편, 구 증권거래법 제186조 제1항 제4호에 의
> 하면 "사업목적의 변경에 관한 결의가 있은 때"에는 그 사실을 반드시 공시하도록 되
> 어 있으므로, 가사 피고인이 처음부터 정보통신관련 등 사업에 투자를 할 의사와 능
> 력이 없었다거나 공시를 한 후 실제로 정보통신관련 등 사업을 추진하지 아니하였다
> 하더라도, 위 사실을 공시하거나 기사화한 것이 허위사실을 유포하거나 허위의 표시
> 를 한 것으로 볼 수는 없다 할 것이다. 그럼에도 불구하고 원심이, 피고인이 정보통신
> 관련 등 사업에 투자를 할 의사와 능력이 없었다거나 공시를 한 후 실제로 정보통신
> 관련 등 사업을 추진하지 아니하였다는 이유만으로 허위사실을 유포하거나 허위의
> 표시를 한 것으로 판단하여 위 공소사실을 유죄로 인정한 것은 채증법칙을 위배하여
> 사실을 잘못 인정하거나 증권거래법에 관한 법리를 오해함으로써 판결 결과에 영향
> 을 미친 위법을 저지른 경우에 해당한다.

수익보장약정 하에 제3자배정 유상증자에 참여한 경우 유상증자 참여 자체
는 허위가 아니므로 자본시장법 제178조 제1항 제2호의 "중요사항에 관하여 거
짓의 기재"로 볼 수 없다는 판례도 있다.[112)

---

111) 대법원 2018. 9. 28. 선고 2015다69853 판결.
112) 앞에서 소개한 서울고등법원 2011. 6. 9. 선고 2010노3160 판결(다만, 제178조 제1항 제

4) 부실표시 인정 사례

가) 증권신고서   증권신고서의 재무제표 관련 사항 또는 증자대금 사용목적을 허위로 기재하는 것은 부실표시에 해당한다.

(a) 재무제표를 허위로 기재한 경우

[서울중앙지방법원 2005. 4. 28. 선고 2005고합65 판결]
피고인 1, 2는 공모하여, 1998. 2. 17. H사 서울사무소에서 2,000억 원대 규모로 유상증자하기로 결정하고, 유상증자를 추진하기로 함에 있어 증권감독위원회에 H사의 재무상황 등이 기재된 H사 대표이사 명의의 유가증권신고서를 제출하고 증권감독위원회, 증권거래소, 증권사 본·지점 등에 같은 내용의 유가증권신고서 및 사업설명서를 비치하여 허위로 작성된 1997회계연도 연간 재무제표가 진실한 것처럼 기재하는 등 유가증권발행 신고서의 중요한 사항을 허위로 작성하여, 1998년 6월경 보통주 15,037,594주를 1주당 11,500원에 공모청약을 받는 등 합계 172,932,331,000원을 청약대금으로 납입받은 것을 비롯하여 총 4회에 걸쳐 합계 4,330,502,736,300원을 청약대금으로 각 납입받는 등 재산상 이익을 얻고자 유가증권의 매매 기타 거래와 관련하여 투자자의 판단에 영향을 미칠 중요한 사항에 관하여 허위의 표시를 하거나 필요한 사실의 표시가 누락된 문서를 이용하여 타인에게 오해를 유발하게 하였다.

(b) 증자대금 사용목적을 허위로 기재한 경우

[서울중앙지방법원 2011. 9. 22. 선고 2011고합268 판결]
누구든지 유가증권의 매매 기타 거래와 관련하여 중요한 사항에 관하여 허위의 표시를 하거나 필요한 사실을 표시가 누락된 문서를 이용하여 타인에게 오해를 유발하게 함으로써 금전 기타 재산상의 이익을 얻고자 하는 행위를 하여서는 아니 됨에도, 1) 피고인은 2007. 7. 16. A사 사무실에서 유상증자를 위한 이사회 결의를 마치고 같은 날 금융위원회 전자공시시스템을 통해 '유가증권신고서'를 작성, 제출하면서, 사실은 유상증자로 조달된 자금 중 73억 8,000만 원을 피합병회사인 B사의 신규설비투자 등에 사용할 의사가 없음에도, 유상증자로 조달된 자금 7,999,983,080원 중 73억 8,000만 원을 B사의 신규설비투자와 노후화기계설비 교체를 위해 사용할 예정이라고 자금 사용 목적을 기재하여 유가증권신고서의 중요한 사항을 허위로 표시하였고, 2) 피고인은 2007. 8. 7. A사 사무실에서 유가증권신고서의 효력이 발생하자 같은 날 전자공시시스템을 통해 '사업설명서'를 작성, 공시하면서 자금 사용 목적에 대해 위와 같은 허위 내용을 기재하여 사업설명서의 중요한 사항을 허위로 표시하였으며, 3) 피고인은 2007. 8. 9. A사 사무실에서 전자공시시스템을 통해 '유가증권 발행실적보고서'를

1호의 성립은 인정하였고, 대법원 2011. 10. 27. 선고 2011도8109 판결로 확정되었다).

작성, 공시하면서 자금사용 목적에 대해 위와 같은 허위 내용을 기재하여 유가증권발행실적보고서의 중요한 사항을 허위로 표시하였다.[113)

나) 주식등대량보유상황보고서

(a) 주식등대량보유상황보고서에 경영판단목적이라고 기재함으로써 적대적 M&A를 가장하여 주가를 상승시킨 경우

[서울고등법원 2008. 10. 15. 선고 2008노1447 판결]
피고인 1은 피고인 2와 공모하여 피고인 2가 내세운 S가 적대적 M&A를 시도한다는 허위의 사실을 유포시키고, 마치 T와 S가 경영권 분쟁을 하고 있는 것과 같이 허위사실을 공시함으로써 X사의 주가를 상승시켜 부당이득을 얻었다고 충분히 인정할 수 있다.[114)

(b) 대량보유보고서의 최대주주 변경 — 재벌그룹 관련자 또는 유명 연예인이 경영권을 인수한 것처럼 가장하는 경우

[서울고등법원 2009. 2. 5. 선고 2008노210 판결]
피고인은 자기 자본의 투입 없이 코스닥 등록회사인 X사의 대표이사로 취임하고 M은 유명연예인인 피고인이 실질적 대표로 있는 A프로덕션이 X사의 경영에 참여한다는 공시에 의하여 주가 상승에 의한 경제적 이득을 올리기 위하여 위 투자협약에 이른 것으로 보이는 점 등 여러 사정을 종합하여 보면, 피고인이 원심 판시와 같이 M 등과 공모하여 유가증권의 매매 기타 거래와 관련하여 부당한 이득을 얻기 위하여 고의로 허위의 시세 또는 허위의 사실 기타 풍설을 유포하거나, 중요한 사항에 관하여 허위의 표시를 하거나 필요한 사실의 표시가 누락된 문서를 이용하여 타인에게 오해를 유발하게 함으로써 금전 기타 재산상의 이익을 얻고자 하는 행위를 하였음을 충분히 인정할 수 있으므로, 이 점에 관한 원심의 사실인정 및 판단은 정당한 것으로 수긍이 되며, 거기에 사실을 오인하여 판결에 영향을 미친 위법이 있다고 할 수 없다.

(c) 차명으로 취득한 주식을 기재하지 않은 경우

[서울고등법원 2008. 6. 4. 선고 2008노145 판결]
1. 사기적 부정거래에 관한 판단
가. 금융감독위원회의 전자공시시스템을 통하여 허위의 '주식 등의 대량보유상황 보

---

113) 대법원 2012. 6. 28. 선고 2012도3782 판결에 의하여 확정되었다.
114) 대법원 2008도9866 판결에 의하여 확정되었다. 同旨 : 대법원 2008. 4. 24. 선고 2007도9476 판결, 대법원 2006. 2. 9. 선고 2005도8652 판결.

고서'를 제출하는 행위가 사기적 부정거래에 해당하는지 여부 : 증권거래법 제188조의4 제4항 제2호는 '유가증권의 매매 기타 거래와 관련하여 중요한 사항에 관하여 허위의 표시를 하거나 필요한 사실의 기재가 누락된 문서를 이용하여 타인에게 오해를 유발하게 함으로써 금전 기타 재산상의 이익을 얻고자 하는 행위'를 금지하고 있는바, 증권거래법이 이와 같이 사기적 부정거래행위를 금지하는 것은 증권거래에 관한 사기적 부정거래가 불특정 다수인에게 영향을 미치고 코스닥시장 전체에 대한 신뢰를 훼손할 수 있기 때문이며, 이는 증권거래에 참가하는 개개의 투자자의 이익을 보호함과 함께 투자자 일반의 증권시장에 대한 신뢰를 보호하여 증권시장이 국민경제의 발전에 기여할 수 있도록 함에 그 목적이 있다고 할 것이므로, 위 조문에서 말하는 '중요한 사항'이란 당해 법인의 재산·경영에 관하여 중대한 영향을 미치거나 유가증권의 공정거래와 투자자 보호를 위하여 필요한 사항으로서 투자자의 투자판단에 영향을 미칠 수 있는 사항을 의미한다고 할 것이다(대법원 2006. 2. 9. 선고 2005도8652 판결) 피고인이 2005. 4. 1.경 금융감독원 전자공시시스템을 통하여 '주식 등의 대량보유상황보고서'를 제출하면서, 그 취득목적을 '경영참여'라고 표시한 만큼, 코스닥시장 참여자의 입장에서는 경영권을 취득한 주체가 누구인지, 취득자금의 출처가 자기자본인지 차입금인지, 실제 취득한 주식의 수량이 얼마인지 등은 그 회사의 장기적인 발전 가능성, 새로운 사업영역에 대한 확장 및 인수 합병시의 성공 가능성, 경영권을 안전하게 방어하기 위한 추가 주식 취득의 필요성 등을 판단하는 기본적인 자료가 된다고 할 것이므로, 피고인이 10,230,000주를 D사로부터 매수하였고, 그 자금의 많은 부분이 피고인이 차입해온 자금, 피고인가 매수할 주식을 사전 매도하고 받은 자금 등에서 나왔음에도, 이를 숨기고 피고인이 5,372,000주만을 차입금이 전혀 없이 자기 자금만으로 매수한 것처럼 금융감독위원회의 전자공시시스템을 통하여 허위의 '주식 등의 대량보유상황 보고서'를 제출한 것은 유가증권의 매매 기타 거래와 관련하여 중요한 사항에 관하여 허위의 표시를 하는 행위에 해당한다. 피고인은 회사운영자금을 마련할 목적으로 부득이하게 이름을 빌려서 주식을 인수한 것이지 대주주의 물량 처분 사실이 시장에 알려지면 주가에 나쁜 영향을 미칠까 봐 이를 방지하기 위해 차명으로 주식을 매수한 것은 아니어서 타인의 오해를 유발함으로써 금전 또는 재산상의 이익을 얻고자 하는 의도는 전혀 없었다고도 주장하나, 이러한 목적은 적극적 의욕이나 확정적 인식임을 요하지 아니하고 미필적 인식이 있으면 족하며, 타인에게 오해를 실제로 유발하였는지 여부나 타인에게 손해가 발생하였는지 여부 등도 문제가 되지 아니하는바(대법원 2003. 12. 12. 선고 2001도606 판결 참조), 이 사안에 있어서 적어도 피고인으로서는 발행 주식 총수의 약 67.28%를 보유한 대주주가 그 절반 가까이에 이르는 약 32.30%의 주식을 단기간에 장내에서 처분하고 있다는 사실을 일반투자자들이 알지 못하게 함으로써 주가 급등기에 주가에 충격을 주지 않으면서 차익을 실현하고자 하는 의도는 있었다고 보이므로, 위 주장은 받아들이지 아니한다.

나. 사기적 부정거래에 해당하는 주식 거래의 범위에 관하여 (1) 피고인이 2005. 4. 18.부터 2005. 10. 28.까지 유상증자에 참여하거나 코스닥시장에서 매수하는 방법으로 취득한 주식을 보유하다가 코스닥시장에서 다시 매도하였음에도 이에 대한 주식 대량변동 보고 의무를 전혀 이행하지 아니한 행위는, 비록 증권거래법 제200조의2 제1항에서 정하고 있는 주식 변동상황에 대한 보고의무 위반행위에는 해당된다고 할 수는 있지만, 피고인이 위와 같은 취득, 처분행위에 관하여 허위의 표시를 하여 타인에게 오해를 유발시켰다고 할 수 없고, 필요한 사실의 표시가 누락된 문서를 이용하여 타인에게 오해를 유발시켰다고도 할 수도 없으므로, 결국 피고인이 증권거래법 제188조의4 제4항 제2호에서 금지하고 있는 행위를 하였다고 할 수 없다. (2) 나아가, 피고인은 차명 주주의 주식 중에는 실제 그 주주들이 매수한 주식이 포함되어 있으므로 그 부분은 사기적 부정거래에 해당하지 아니하고, 또한 장외에서 지인들에게 주당 1,000원에 주식을 매도한 것도 사기적 부정거래로 볼 수 없다고 주장하고 있으므로 이에 대하여 살펴본다. 피고인이 금융감독위원회의 전자공시시스템을 통하여 '주식 등의 대량보유상황 보고서'를 제출한 2005. 4. 1.경을 기준으로 보면, 위 각 주식들은 이미 실소유자에게 이전되어 피고인이 보유하고 있던 주식에는 포함되지 아니하고, 따라서 이 부분에 관하여는 위 '주식 등의 대량보유상황 보고서'가 허위라고 할 수 없으므로, 그 실소유자들이 사후에 자신들이 보유하고 있던 주식을 코스닥시장에서 처분하여 얻은 이익은 피고인이 사기적 부정거래행위로 인하여 얻게 된 이득의 범위에서는 제외됨이 마땅하다. (3) 피고인이 자신이 매수한 주식(차명주주의 이름으로 보유하고 있어서 전자공시시스템을 통하여 제출한 '주식 등의 대량보유상황 보고서'에 기재하지 아니한 주식)을 장외시장에서 지인들에게 주당 1,000원에 매도한 부분 또한 직접 거래한 당사자들의 입장에서는 매도인이 피고인이라는 사실도 알고 있었고, 장내 주식 가격에 비하여는 훨씬 싼 가격에 매도한 것이므로 사기적 부정거래에 해당하지 않는다고 생각할 여지가 있으나, 증권거래법상 사기적 부정거래 행위를 금지하고 있는 입법 취지는 개별적인 거래상대방에 대한 사기행위를 처벌하기 위함이 아니라, 거래소나 코스닥시장 전체의 입장에서 모든 시장참여자들의 신뢰를 보호하고, 전체로서의 증권거래시장의 발전을 꾀하기 위함이고, 주가가 우회상장 및 한류열풍 등의 영향으로 급격하게 상승하고 있는 상황에서 대주주인 피고인이 어떤 이유로든지 처음 공시한 내용보다 더 많은 주식을 보유하고 있다가 이를 장외에서 싼 가격에 처분하고 있다는 사실이 일반 투자자들에게 알려질 경우 주식의 주가가 떨어지거나 상승률이 낮아질 것이 분명함에도, 피고인이 장외거래를 통하여 자신이 보유하고 있는 기존 주식의 가치하락을 막으면서 투자금에 대비하여서는 2배 이상의 수익을 얻은 행위도 사기적 부정거래에 해당한다고 판단된다.

그러나 소규모 차명주식의 누락은 부실표시에 해당하지 않는다는 판례도 있다.

[서울고등법원 2011. 6. 9. 선고 2010노3160 판결]

1. 구 증권거래법 제188조의4 제4항 제2호의 '중요한 사항'은 당해 법인의 재산·경영에 관하여 중대한 영향을 미치거나 유가증권의 공정거래와 투자자 보호를 위하여 필요한 사항으로서 투자자의 투자 판단에 영향을 미칠 수 있는 사항을 의미한다(대법원 2006. 2. 9. 선고 2005도8652 판결 등 참조). 이러한 법리는 자본시장법 제178조 제1항 제2호에 규정된 '중요사항'을 해석함에 있어서도 동일하게 적용된다.

2. 원심이 적법하게 채택·조사한 증거들에 의하면, 피고인이 약 145억 원 규모의 A사 유상증자를 추진하는 과정에서 실권주가 발생하자 자신의 자금 2억 원과 X로부터 차용한 253,532,630원을 가지고 실권주를 인수하고서도 마치 실권주가 제3자의 투자로 정상적으로 인수된 것처럼 공시하고 아울러 임원으로서 자신의 주식소유상황보고를 하지 않은 사실은 인정된다. 그런데 ① 피고인 1이 사실은 피고인 2로부터 차용하였으면서도 마치 정상적으로 주금이 납입된 것처럼 공시한 부분이 A사의 전체 유상증자금에서 차지하는 비율은 1.7%(145억 원 중 253,532,630원 상당)에 불과한 점, ② 피고인 1이 위와 같이 차명으로 A사 주식을 취득함으로 인하여 최대주주 또는 주요주주가 변동되는 것도 아니고, 일반투자자들의 입장에서 A사의 임원인 피고인 1이 실제로 유상증자된 주식 중 약 3.1%(145억 원 중 453,532,630원 상당)에 해당하는 주식을 보유하고 있는지를 알게 되었는지 여부에 따라 투자 판단 자체가 달라진다고 보이지 않는 점, ③ 피고인 1은 투자를 권한 투자자들과의 신뢰관계를 유지하기 위하여 실권주를 인수하였고, 실권주 인수를 적극적으로 허위공시함으로써 일반투자자들의 오해를 유발시키려는 의사가 있었다고 보기 어려운 점, ④ 피고인 1은 주식 소유상황변동보고의무 위반행위로 처벌받게 되는 점 등을 고려할 때 공소사실 기재와 같은 행위가 자본시장법 제178조 제1항 제1호에서 규제하는 '부정한 기교를 사용하는 행위'에 해당한다거나 또는 같은 항 제2호에서 규제하는 '타인에게 오해를 유발시키지 아니하기 위하여 필요한 중요사항의 기재 또는 표시가 누락된 문서를 이용한 행위'에 해당한다고 보기는 어렵고, 달리 이를 인정할 만한 증거가 없다.

[서울중앙지방원 2010. 2. 5. 선고 2009고합690 판결]

피고인이 합병신고서, 최대주주변경신고서, 임원·주요주주 소유주식보고서에 차명으로 소유하고 있는 주식의 보유내역을 허위로 기재함으로써 타인의 오해를 유발하여 금전적 이익을 얻으려고 한 것이라는 점을 인정하기에 부족하고 달리 이를 인정할 만한 증거도 없다. ① 합병신고서, 최대주주 변경신고서, 임원·주요주주 소유주식보고서에 허위의 기재를 하는 경우에는 별도의 처벌 규정을 따로 두고 있으므로(증권거래법 제207조의3 제2호, 제190조의2 제1항, 제186조 제1항, 제210조 제5호, 제

188조 제6항), 단순히 허위의 기재가 있다는 사유만으로 증권거래법 제188조의4 제4항 제2호 소정의 '허위의 표시를 하거나 필요한 사실의 표시가 누락된 문서를 이용하여 타인의 오해를 유발함으로써 얻으려고 하는 금전 또는 재산상 이익을 얻으려는 목적'이 있다고 추정할 수는 없다. ② 검사는 피고인이 대주주의 상장주식 양도에 부과되는 양도소득세를 회피할 목적으로 차명주식을 보유하여 금전적 이익을 얻으려 하였다는 취지로 주장하므로 이점에 관하여 보건대, 양도소득세를 회피하려는 것은 차명으로 주식을 보유하여 세무당국을 기망함으로써 금전적 이익을 얻으려는 것이므로, 양도소득세 회피에 의한 이익은 '허위표시로 유가증권의 매매와 관련하여 타인의 오해를 유발함으로써 얻으려는 금전 기타 재산상의 이익'에 포함될 수 없다. ③ 피고인 명의로 보유하는 다수의 주식이 보호예수되어 시장 상황에 따른 매도가 불가능하다는 불이익을 피하기 위하여 차명주식을 보유하였다는 점에 관하여 보건대, 피고인의 차명주식 중 일부분은 피고인의 주식과 함께 보호예수가 되므로 실제 피고인의 차명주식 1,590,636주 중 보호예수의 대상이 아닌 주식은 437,035주에 불과하고, 그 중 보호예수가 해제되는 시일인 합병일로부터 1년이 되기 전까지 피고인이 실제 매도한 주식은 293,091주(매도 가능한 차명주식의 67% 상당)이다. ④ 피고인이 위 대량매매물량에 비하여 소량인 차명주식의 매도 사실을 숨기면서 위와 같은 시간외 대량매매를 공시하였다는 점도 이해하기 어렵다. 이와 같이 자신의 주식을 대량 매도함으로써 시장 내 유통물량을 늘리려 했던 피고인이 대주주의 주식 매도사실을 숨기려 위와 같은 차명주식에 대한 허위표시를 하였다는 점도 받아들이기 어렵다. ⑤ 합병 후 대주주의 주식 매각 자체가 회사에 대하여 악재이므로 이 점을 숨기기 위해 위와 같은 허위표시를 하였다는 점에 관하여 보건대, 앞서 본 바와 같이 피고인은 시장 내 유통되는 주식의 수를 늘리기 위하여 자신이 보유하고 있던 주식을 시간외 대량매매를 하고 이를 공시하였을 뿐만 아니라 차명 보유주식이 아닌 자신이나 특수관계인의 주식 변동 상황에 대하여는 꾸준히 공시를 해 온 것으로 보이고, 보유주식 수에 다소의 변동은 있으나 피고인은 40~50% 이상의 주식을 계속 보유하면서 확고하고도 지속적인 경영의사를 분명히 하여 왔고 현재도 그와 같은 의사는 유지되고 있는 것으로 보이며, 피고인이 위 차명주식을 허위로 표시한 이외에 다른 허위 사실을 유포하거나 위계를 사용하는 등의 행위를 하여 주가를 인위적으로 상승시키려고 하였다고 보기는 어려운 사정 등에 비추어 보면, 주식이 합병을 전후하여 급등한 것은 합병이라는 호재나 당시의 주식시장 상황에 연계되어 이루어진 것으로 보일 뿐, 피고인이 차명주식 보유량 및 매각 상황을 사실대로 공시하였다고 하여 일반 투자자의 입장에서 합병의 효과나 회사의 사업전망에 대하여 의구심을 가질 수 있었다거나 대주주 물량이 언제 매각될지 몰라 주가의 급등이 어려웠을 것이라고 단정하기도 어렵다.

(d) 취득자금의 조성내역 허위기재

[대법원 2006. 2. 9. 선고 2005도8652 판결]
주식 대량보유보고서 중 취득자금 조성내역은 그 취득목적과 함께 N사의 경영에 중대한 영향을 미치거나 기업환경에 중대한 변경을 초래할 수 있는 사항 또는 유가증권의 공정거래와 투자자 보호를 위하여 필요한 사항으로서 일반투자자의 투자판단에 상당한 영향을 미칠 수 있는 사항, 즉 증권거래법 제188조의4 제4항 제2호에서 규정하고 있는 유가증권의 매매 기타 거래와 관련한 '중요한 사항'에 해당한다고 할 것인 바, 같은 취지에서 피고인에 대한 공소사실 중 사기적 부정거래행위의 점을 유죄로 인정한 원심의 조치는 옳고, 거기에 채증법칙을 위배하여 사실을 오인하거나 증권거래법 제188조의4 제4항 제2호에 관한 법리를 오해한 위법이 있다고 할 수 없다.

다) 기타 공시
(a) 허위수출계약 공시

[서울고등법원 2007. 5. 1. 선고 2007노322 판결]
M사는 2005. 1. 20. 15:33경 "PDA 공급계약 체결, 계약상대방 : L사, 계약일 : 2005. 1. 20., 납품예정일 : 2005. 1. 25., 계약금액 : 3,168,000,000원"이라는 내용의 공시를 하였고, 같은 날 15:45경 "PDA 공급, 납품금액 : 1,520,000,000원, 납품처 : D사"이라는 내용의 공시를 하였으나, 실제로는 피고인이 L사 및 D사에게 F사의 신용장개설을 위한 발주서들을 작성하여 달라고 요청하여 법적 구속력 없는 발주서들만 받았을 뿐 위 각 공시내용과 같은 공급계약을 체결한 적도 없고 그 발주서들의 상대방도 M사가 아닌 F사였던 사실, 피고인은 2005. 1. 20.경 본인 명의 또는 차명으로 8개의 계좌를 이용하여 임원의 주식보유현황 및 대량보유현황 보고의무도 위반한 채 41만주 이상의 주식을 보유하고 있었고, 주가는 위 공시일인 2005. 1. 20.부터 3일 연속 상한가를 기록하는 등 지속적으로 상승하여 2005. 2. 16. 그 종가가 22,500원에 이르렀던 사실, 피고인은 위 발주서들을 건네받아 위와 같은 내용의 공시를 하게 하였던 사실, 피고인은 위 공시 이전에도 2004. 12. 22.자 M사가 K사에 약 24억원 상당을 매출하였다는 내용의 허위공시 과정에 관여하였던 사실(피고인의 금융감독원 진술 : 수사기록 제5839~5842쪽)을 인정할 수 있다. 위와 같은 사실을 종합하여 보면, 대량의 주식을 보유하고 있던 피고인이 위 공시내용이 허위임을 알면서도 주가의 상승으로 인한 부당한 이익을 얻기 위하여 위와 같은 허위공시에 가담하였음을 인정할 수 있으므로, 피고인의 이 점에 대한 주장도 이유 없다. (중략) 원심이 적법하게 채택하여 조사한 증거들에 의하면, 증권선물위원회로부터의 '최근의 현저한 시황변동(주가급락)에 영향을 미칠만한 구체적인 사유'에 대한 조회공시 요구에 대하여, 피고인은 공시담당자인 C로 하여금 2005. 2. 24. 11:49경 '주권의 최근 현저한 시황변동(주가급락)에 영향

을 미칠만한 현재 진행 중이거나 확정된 사항은 없음'이라는 내용의 공시를 하게 하였으나, C는 피고인과 함께 M을 인수한 후 실질적으로 경영하던 인물이었던 사실, 피고인은 2005. 2. 18.경 C가 잠적하면서 M사의 자금 27억원 정도를 횡령하였다는 말을 들었던 사실, C가 잠적하자마자 주가가 급락하고 있었던 사실, 피고인은 C와 공모하여 시세조종을 하여 왔고, 주가하락을 막기 위하여 2005. 2. 23.자 허위공시도 지시하였던 사실 등을 인정할 수 있다. 위와 같은 사실에 의하면, C의 잠적 및 횡령은 비록 C가 등기이사가 아니고 그 횡령의 규모가 명확하게 밝혀지지 않았더라도 C의 사실상 지위 및 위 공시 당시까지 알려진 최소한의 횡령 규모에 비추어 M사의 경영에 관하여 중대한 영향을 미치는 사실로서 공시하여야 할 중요한 사항에 해당됨이 명백하고, 위와 같은 공시의 배경에 비추어 피고인은 이를 충분히 알면서도 위와 같은 허위 내용의 공시를 지시하였다고 할 것이다.

(b) 허위의 해외투자유치 발표

[대법원 2002. 7. 22. 선고 2002도1696 판결]
증권거래법 제188조의4 제4항 제1호는 유가증권의 매매 기타 거래와 관련하여 부당한 이득을 얻기 위하여 고의로 허위의 시세 또는 허위의 사실 기타 풍설을 유포하거나 위계를 쓰는 행위를 금지하고, 같은 항 제2호는 유가증권의 매매 기타 거래와 관련하여 중요한 사항에 관하여 허위의 표시가 된 문서를 이용하여 타인에게 오해를 유발하게 함으로써 금전 기타 재산상의 이익을 얻고자 하는 행위를 금지하고 있는바, 증권거래법이 이와 같이 사기적 부정거래행위를 금지하는 것은 증권거래에 관한 사기적 부정거래가 다수인에게 영향을 미치고 증권시장 전체를 불건전하게 할 수 있기 때문에 증권거래에 참가하는 개개의 투자자의 이익을 보호함과 함께 투자자 일반의 증권시장에 대한 신뢰를 보호하여 증권시장이 국민경제의 발전에 기여할 수 있도록 함에 그 목적이 있다고 할 것이므로, 여기서 유가증권의 매매 등 거래와 관련한 행위인지 여부나 허위의 여부 및 부당한 이득 또는 경제적 이익의 취득 도모 여부 등은 그 행위자의 지위, 발행회사의 경영상태와 그 주가의 동향, 그 행위 전후의 제반 사정 등을 종합적으로 고려하여 객관적인 기준에 의하여 판단하여야 하고(대법원 2001. 1. 19. 선고 2000도4444 판결 참조), 위와 같은 증권거래법의 목적과 위 규정의 입법취지 등에 비추어 위 법문 소정의 부당한 이득은 유가증권의 처분으로 인한 행위자의 개인적이고 유형적인 경제적 이익에 한정되지 않고, 기업의 경영권 획득, 지배권 확보, 회사 내에서의 지위상승 등 무형적 이익 및 적극적 이득뿐 아니라 손실을 회피하는 경우와 같은 소극적 이득, 아직 현실화되지 않는 장래의 이득도 모두 포함하는 포괄적인 개념으로 해석하는 것이 상당하다고 할 것이다. 기록에 의하면, 피고인이 위 계약을 주선한 직후 2000. 4. 하순경 A종금의 주가상승으로 인한 이익을 얻기 위하여 피고인 경영의 K금고로 하여금 A종금의 주식 15만 주를 취득하게 하여 유형적

인 경제적 이익을 꾀하였으며, 실제로 위 계약에 따른 증자계획의 발표 후 A종금의 주가는 2000. 4. 17. 1,200원에서 2000. 4. 21. 2,090원으로 급상승하였고, 나아가 피고인은 그가 사실상 인수한 A종금의 주가상승으로 인한 이익을 염두에 두고 처음부터 외국계 금융회사의 신용도를 이용하여 A종금의 신인도를 높이려고 위와 같이 복잡한 계약을 체결하게 되었다고 보여지고, 따라서 위와 같은 허위사실의 유포는 새로이 A종금의 경영권을 확보한 피고인의 입장에서 주가의 상승이라는 유형적 이득 이외에 새로 인수한 회사의 신인도 제고라는 무형적 이득도 함께 도모하기 위한 것이라고 인정되는바, 이러한 제반 사정과 앞에서 본 법리에 비추어 보면, 이 사건에서 피고인에게 부당한 이득을 얻기 위한 범의가 있다고 본 원심의 사실인정과 판단은 정당하고(가사 피고인의 상고이유의 주장과 같이 피고인의 주식 처분이 일정기간 제한된 사정이 있었다고 하더라도 결론은 마찬가지이다), 원심판결에 상고이유에서 주장하는 바와 증권거래법 제188조의4 제4항 제1호 소정의 부당한 이득의 개념에 관한 법리오해 혹은 채증법칙 위반으로 인한 사실오인의 위법이 있다고 할 수 없으므로 피고인의 상고이유 제1점은 이유 없다.115)

(c) 최대주주와의 거래를 타법인 출자로 공시한 경우

[서울고등법원 2005. 10. 21. 선고 2005노684 판결]
X사가 엔터테인먼트 지주회사로 변신하면서 자회사가 될 회사의 주식 대부분을 X사의 최대주주, 경영자, 임원 등이 보유하는 주식을 인수하는 것으로 공시될 경우, 내부자의 부당한 자기거래가 있을 수 있다는 의혹이 제기될 수 있으므로, X사의 엔터테인먼트 사업 추진을 총괄하고 있던 피고인으로서는 그와 같은 의혹을 불식시킬 필요가 있었던 것으로 보이는 점, 피고인이 채권자들에게 담보로 제공한 X사의 주식과 K에게 양도하기로 약정하고 미리 그 대금을 받은 전환사채의 가격을 상승시키거나 최소한 종전 가격대로 유지시킬 필요도 있었던 것으로 보이는 점, 위와 같이 피고인이 자신이 보유하고 있는 인수 대상 회사의 주식을 차명으로 전환하고 최대주주인 C에게도 다른 인수 대상 회사들의 주식을 차명으로 전환하도록 유도한 이유를, 사실대로 공시할 경우 주가형성에 중대한 영향을 미칠 것을 우려하여 최대주주 등과의 거래임을 은폐할 의도가 있었던 것이라고 보는 것 외에 별다른 합리적인 이유를 찾기 어렵고, 피고인과 C 또한 검찰 및 원심 또는 당심 법정에 이르기까지 자신들의 대외적인 이미지를 고려하여 그와 같은 차명전환을 한 것이라는 취지로 변명하는 것 외에는 달리 납득할 만한 해명을 하지 못하고 있는 점, 피고인의 학력과 경력, 기업경영 및 주식거래의 경험, X사에서의 피고인의 지위 등에 비추어 피고인은 자회사 인수 내역에 관한 공시의 의미와 그 중요성에 관하여 잘 알고 있으면서, 차명으로 등재된 자회사

---

115) 해외펀드의 투자를 유치하는 듯한 허위의 모습을 갖추는 것은 위계에 해당한다는 판례도 있다(서울중앙지방법원 2009. 1. 22. 선고 2008고합567 판결).

들의 주주명부를 J에게 건네 줄 당시 그 등재내용대로 허위의 공시가 될 것임을 당연히 예상할 수 있었던 것으로 보이는 점, 대표이사 K는 피고인이 X사를 인수하기 불과 1~2주 전에 영입한 사람으로서 언론 등과의 접촉 등 회사의 대외적 업무에 주로 신경을 써 왔을 뿐 자회사 인수업무에는 깊이 관여하지 않았던 것으로 보이는 점 등을 종합하여 보면, 피고인이 X사의 사장으로서 X사의 주식이나 전환사채의 가격을 상승시키거나 유지시킴으로써 금전 또는 재산상의 이익을 얻을 목적으로 위와 같이 최대주주 등과의 거래를 은폐하는 허위의 공시를 하는 데에 주도적으로 관여하였다고 봄이 상당하고, 형식적으로 피고인이 최종 결재권자가 아니라거나 공시업무를 직접 담당하지 않았다는 사정만으로 위 허위 공시에 대한 책임을 면할 수는 없다고 할 것이다.

(d) 기자들에게 허위의 보도자료를 배포한 경우

[서울고등법원 2009. 1. 22. 선고 2008노2315 판결]
2005. 6. 2.자 보도자료와 2005. 6. 30.자 보도자료가 기자들에게 배포는 되었으나 언론에 보도되지는 아니한 사실이 인정되고, 또한 언론이 이 사건 보도자료를 기초로 보도를 함에 있어 이 사건 보도자료와 다르게 허위의 사실을 다소 축소하여 보도를 한 사실이 인정되기도 하지만, 증권거래법 제188조의4 제4항 소정의 '허위 사실 등 유포'에는 행위자가 직접 불특정 다수인에게 허위 사실 등을 전파하는 경우 뿐만 아니라 불특정 다수인에게 허위 사실 등이 전파될 것을 인식하면서 기자들과 같은 특정인에게 전파하는 것도 포함된다고 봄이 상당하므로, 허위 사실 등이 기재된 이 사건 보도자료가 기자들에게 배포된 이상, 그 기자들이 실제 이를 언론에 보도하지 아니하거나 보도자료와 다르게 허위의 사실을 다소 축소하여 보도를 하였다고 하더라도, 위 '허위 사실 등 유포'에 영향을 미치지는 아니한다.[116]

(e) 주식공모를 앞두고 원활한 발행을 위한 허위사실의 유포

[서울고등법원 2004. 4. 2. 선고 2003노3374 판결]
원심이 적법하게 조사·채택한 증거들에 의하면, 피고인은 1999. 9.경 사업전환의 필요성에서 광고사업을 위하여 A사를 금 3억 2천만 원에 인수하기로 하고 계약금 2,500만 원만을 지급한 상태에서 그 인수자금을 마련하기 위하여, 당시 A사는 대구지하철공사와 지하철 터널 내의 플래쉬 광고를 설치할 수 있는 계약을 체결하였을 뿐 B사가 그러한 광고사업을 하기 위해서는 많은 자금을 투자하여 광고주와 계약을 하고 광고를 만들어 광고주에게 제안하여 광고사업권을 따는 방법으로 사업을 하여야

---

116) 대법원 2011. 10. 27. 선고 2009도1370 판결에 의하여 확정되었다. 구 증권거래법이 적용된 판례로서, 허위사실을 기재한 보도자료를 기자들에게 배포한 이상 실제로 보도되지 않거나 축소보도된 경우에도 허위사실 유포에 해당한다는 취지이다.

하는데 그와 같은 실적이 전혀 없었고, A사나 B사 모두 2002 부산아시안게임 광고설
치권을 확보한 사실이 없으며, B사의 1999년 매출액은 ARS 증권정보제공을 통하여
금 547만 원에 불과하고, 회원도 10,000명이 아니어서 그 주식가격이 50만 원에 이를
수 있다는 점에 대한 근거가 전혀 없고, 당시 C사라는 계열사는 없으며 그 후로도 피
고인이 B사의 주주들을 대선 A사 혹은 C사의 주주로 등재해주는 것도 아님에도 불구
하고, 1999. 9. 17.자 금 9억 원의 주식공모를 하기 위한 안내 광고에 원심 판시와 같
이 기재한 사실, 다시 피고인은 1999. 12. 3. 매일경제신문에 당시 사실은 중국과 500
만 달러 상당의 사이버무역 계약을 체결한 것이 아니라 의향서를 교환한 상태였음에
도 불구하고 원심 판시와 같이 주식추가공모안내 광고에 원심 판시와 같이 기재한 사
실을 인정할 수 있는바, 위 인정사실에 비추어, 피고인의 행위는 증권거래법 제188조
의4 제4항 제1호 소정의 유가증권의 매매 기타 거래와 관련하여 부당한 이득을 위하
여 고의로 허위의 사실 기타 풍설을 유포하거나 위계를 쓰는 행위에 해당한다고 보아
야 할 것이므로, 원심의 판단은 정당하고, 피고인의 위 주장은 이유 없다.[117)

그러나 주식대량보유상황보고의무 자체를 이행하지 않은 경우에는 구 증권거
래법 제188조의4 제4항 제2호 위반이 아니라는 판례가 있다.[118)

(라) 금전, 그 밖의 재산상의 이익

"재산상의 이익"은 적극적 이익은 물론 손실을 회피하는 소극적 이익도 포함
하는데, "재산상의 이익"에 기업의 경영권 획득이나 지배권 확보 등도 포함하는지
에 관하여는 논란의 여지가 있다.[119) 구 증권거래법 제188조의4 제4항의 '부당
한 이득'에 대하여 대법원은 "유가증권의 처분으로 인한 행위자의 개인적이고 유
형적인 경제적 이익에 한정되지 않고, 기업의 경영권 획득, 지배권 확보, 회사 내
에서의 지위 상승 등 무형적 이익 및 적극적 이득뿐 아니라 손실을 회피하는 경
우와 같은 소극적 이득, 아직 현실화되지 않는 장래의 이득도 모두 포함하는 포괄
적인 개념으로 해석하는 것이 상당"하다고 판시함으로써 넓은 의미로 보았다.[120)
자본시장법은 구 증권거래법과 달리 "재산상"이라는 수식어를 추가하였으므로 그
적용범위를 제한적으로 해석하여야 하는지 여부가 문제인데 "기업의 경영권 획득,
지배권 확보, 회사 내에서의 지위 상승"도 간접적으로는 재산상의 이익에 해당한

---

117) 서울서부지방법원 2001. 12. 6. 선고 2001고단2003 판결도 같은 취지이다.
118) 서울서부지방법원 2001. 12. 6. 선고 2001고단2003 판결.
119) 구성요건의 일부가 되면서 동시에 법정형 상한선의 기준이 되기도 하는 제443조 소정의
  "위반행위로 인하여 얻은 이익 또는 회피한 손실액"도 "재산상"이라는 수식어가 없지만 결국
  은 제178조 제1항 제2호의 "재산상 이익"을 가리키는 것이다.
120) 대법원 2009. 7. 9. 선고 2009도1374 판결, 대법원 2002. 7. 22. 선고 2002도1696 판결.

다고 볼 수 있다.[121] 제178조 제1항 제2호가 명문으로 규정하지 않지만, 행위자 외에 제3자로 하여금 재산상의 이익을 얻게 하고자 하는 행위도 금지대상으로 보아야 한다.

한편, 합병신고서의 "합병 전후의 최대주주 및 주요주주의 주식변동현황"을 기재하면서 차명주식 중 일부를 누락한 사안에서 누락된 주식수가 소규모라는 이유로 구 증권거래법 제188조의4 제4항 제2호의 "금전 또는 재산상 이익을 얻으려는 목적이 있다고 추정할 수 없다"라는 판례도 있다.[122]

또한, 공시된 내용이 객관적 사실과 일치하지 아니한 부분이 있다 하더라도 그것이 자본시장법 제178조 제1항 제2호가 정하고 있는 '중요사항'에 해당하는 경우에만 규제대상이 된다. 이와 관련하여 전환사채 취득자금 조성경위 및 원천이 사실은 차입금인데 자기자금으로 기재한 사안에서, 그것이 주가나 투자자에게 큰 영향을 미치는 것이라고 보기 어려운 경우에는 중요사항에 해당하지 않는다는 판례가 있다.

> [서울고등법원 2019. 8. 22. 선고 2018노3161 판결]
> (가) 원심 및 당심이 적법하게 채택한 증거에 의하면, 주식 대량보유상황보고서 공시인 제4-2 공시에 피고인 D와 AK의 전환사채 취득자금 조성경위 및 원천이 '자기자금의 경우 : D 소유의 예적금 15억 원, AK 소유의 예적금 15억 원'으로 기재되어 있는 사실, 그러나 실제로는 피고인 D와 AK의 전환사채 발행대금 중 각 10억 원은 모두 A가 운영하던 AT(당시 상호는 2015. 9.경 변경된 '주식회사 BQ'이었다)로부터 차용한 돈이었고(피고인 D는 A이 운영하는 주식회사 BR에 약 10억 원이 넘는 돈을 빌려준 적이 있어 이를 돌려받은 것이라고 주장하나, A의 진술에 비추어 이 부분 주장은 받아들이지 아니한다), AK의 나머지 대금 5억 원은 BS로부터 차용한 것이며, D의 나머지 대금 5억 원 역시 차용한 사실을 인정할 수 있으므로, 위 공시내용 중 위 취득자금 조성경위 및 원천에 관한 부분이 객관적 사실과 일치하지 않는 사실을 인정할 수 있다.
> (나) 그러나 자본시장법 제178조 제1항 제2호가 금지하고 있는 '중요사항에 관하여 거짓의 기재 또는 표시를 사용하여 금전, 그 밖의 재산상의 이익을 얻고자 하는 행위'에서의 '중요사항'이란, 당해 법인의 재산·경영에 관하여 중대한 영향을 미치거나 특

---

121) 만일 이와 달리 해석하면 경영권 획득과 같은 간접적인 이익을 얻은 경우에는 그 경영권의 평가액이 5억원 또는 50억원 이상인 경우에도 제443조 제1항에 의하여 10년 이하의 징역 또는 5억원 이하의 벌금에 처하게 되고, 동조 제2항의 가중된 징역형이 적용되지 않는다. 물론 입법론적으로는 해석상의 논란이 없도록 이러한 수식어를 삭제하는 것이 바람직하다.
122) 대법원 2011. 6. 30. 선고 2010도10968 판결.

정 증권 등의 공정거래와 투자자 보호를 위하여 필요한 사항으로서 투자자의 투자판단에 영향을 미칠 수 있는 사항을 의미함은 앞서 본 바와 같다.

(다) 위와 같은 법리와 원심 및 당심이 적법하게 조사한 증거에 의하여 알 수 있는 다음과 같은 사정에 의하면, 비록 제4-2 공시 중 피고인 D와 AK의 취득자금 조성경위 및 원천으로 공시된 부분이 객관적 사실과 일치하지 아니한다고 하더라도 그것이 자본시장법 제178조 제1항 제2호가 정하고 있는 '중요사항'에 해당한다고 할 수 없고, 나아가 위 각 공시를 한 피고인 D에게 금전, 그 밖의 재산상의 이익을 얻으려는 목적이 있었다고 보기도 어렵다.123)

(4) 제1항 제3호(거짓의 시세 이용)

제178조 제1항 제3호는 "금융투자상품의 매매, 그 밖의 거래를 유인할 목적으로 거짓의 시세를 이용하는 행위"를 금지되는 부정거래행위의 유형으로 규정한다. 매매유인목적이 요구된다는 점에서 시세조종에 관한 제176조 제2항의 규정과 유사하다. 그러나 제176조 제2항은 상장증권 또는 장내파생상품만을 적용대상으로 하나, 제178조 제1항은 모든 금융투자상품을 적용대상으로 한다는 점에서 적용범위가 보다 넓다.

(5) 제2항(풍문의 유포, 위계사용 등의 행위)

(가) 의   의

제178조 제2항은 "누구든지 금융투자상품의 매매, 그 밖의 거래를 할 목적이

---

123) 상고없이 확정되었는데, 서울고등법원이 취득자금 조성경위에 관한 기재가 사실과 다름에도 불구하고, 자본시장법 제178조 제1항 제2호에 적용되지 않는다고 판단한 이유는 피고인 D와 AK가 이 부분 공시를 통해 취득한 전환사채는 합계 30억 원으로 이를 주식으로 전환하더라도 AI의 당시 발행주식 총수의 1.54%에 불과하여 AI의 주가나 투자자에게 큰 영향을 미치는 것이라고 보기 어렵고, 실제 위 공시가 이루어진 2015. 12. 29. AI의 주가는 상승하지 않았고, 오히려 하락하는 양상을 보였다는 점, 피고인 D와 AK가 위 공시와 관련하여 취득한 전환사채는 전환 청구기간이 전환사채 발행일로부터 약 1년 후로 정하여져 있었고, 사채만기일도 약 3년 후로 정하여져 있었기에, 피고인 D나 AK가 위와 같이 취득한 전환사채를 곧바로 주식으로 전환하거나 AI에 채무 변제를 요구할 수 있는 상황도 아니었다는 점, 위 공시는 피고인 D가 공시담당 직원들과 함께 진행한 것인데, 그 과정에서 AK나 그 남편인 피고인 C에게 AK의 전환사채 발행대금 취득 경위에 관하여 물어보거나 공시를 어떤 내용으로 할 것인지에 관하여 알려주었다고 볼 만한 증거는 전혀 없고, 공시 실무는 공시담당 직원들이 처리하여 왔다는 점, 만약 이 부분 공시를 담당한 피고인 D가 허위 공시를 통하여 재산상의 이득을 꾀하려 하였다면 위 공시 후 주식 또는 전환사채를 처분하는 등의 방법으로 이득을 실현하는 것이 일반적이라고 할 것인데, 위 피고인은 공시가 이루어진 이후부터 AI의 주가 상승과는 상관없이 주식이나 전환사채를 처분하지 않고 계속 보유하고 있었다는 점 등을 고려한 것이다. 즉, 법원은 피고인 D가 AK와 본인의 취득자금의 원천을 사실과 달리 기재하여 주가를 상승시킨 후 매도하여 시세차익을 실현하고자 했다는 등의 의도가 있었다고 보기 어렵다고 판시한 것이다.

나 그 시세의 변동을 도모할 목적으로 풍문의 유포, 위계(僞計)의 사용, 폭행 또
는 협박을 하지 못한다"고 규정한다. 구 증권거래법은 "부당한 이익을 얻기 위하
여 고의로 허위의 시세 또는 허위의 사실 기타 풍설을 유포하거나 위계를 쓰는
행위"를 금지하였는데,124) 자본시장법은 "부당한 이익을 얻기 위하여 고의로"라
는 문구를 삭제하였다. 구 증권거래법상으로도 위 삭제된 문구는 실제로는 별다
른 의미가 없었다. "허위의 시세 또는 허위의 사실 기타 풍설을 유포하거나 위계
를 쓰는 행위"가 있으면 "부당한 이득을 얻기 위하여 고의로"라는 요건이 당연히
인정될 것이기 때문이다.

　　제178조 제2항에서 사기적 부정거래행위를 금지하는 것은, 금융투자상품의
매매, 그 밖의 거래에 관한 사기적 부정거래가 다수인에게 영향을 미치고 금융투
자상품시장 전체를 불건전하게 할 수 있기 때문에 금융투자상품의 거래에 참가하
는 개개 투자자의 이익을 보호함과 함께 투자자 일반의 시장에 대한 신뢰를 보호
하여 금융투자상품시장이 국민경제의 발전에 기여할 수 있도록 하는 데 목적이
있다. 그러므로 매매, 그 밖의 거래를 할 목적인지 여부나 위계인지 여부 등은 행
위자의 지위, 행위자가 특정 진술이나 표시를 하게 된 동기와 경위, 그 진술 등이
미래의 재무상태나 영업실적 등에 대한 예측 또는 전망에 관한 사항일 때에는 합
리적인 근거에 기초하여 성실하게 행하여진 것인지, 그 진술 등의 내용이 거래 상
대방이나 불특정 투자자들에게 오인·착각을 유발할 위험이 있는지, 행위자가 그
진술 등을 한 후 취한행동과 주가의 동향, 행위 전후의 제반 사정 등을 종합적·
전체적으로 고려하여 객관적인 기준에 따라 판단하여야 한다.125)

(나) 풍문의 유포

　　1) 풍문의 개념　　구 증권거래법은 "허위의 사실 기타 풍설을 유포하는 행
위"를 금지대상으로 규정하였으므로, 규정형식상 "풍설"도 "일체의 거짓 소문"으
로 해석하였다.126) 자본시장법은 단순히 "풍문의 유포"만을 금지대상으로 규정하

---

124) [증권거래법 제188조의4]
　　④ 누구든지 유가증권의 매매 기타 거래와 관련하여 다음 각 호의 1에 해당하는 행위를 하
　　　지 못한다.
　　　1. 부당한 이득을 얻기 위하여 고의로 허위의 시세 또는 허위의 사실 기타 풍설을 유포
　　　　하거나 위계를 쓰는 행위
125) 대법원 2018. 4. 12. 선고 2013도6962 판결.
126) 구 증권거래법상 "허위"는 객관적 기준에 의하여 판단하여야 하므로 행위자가 허위사실이
　　라고 믿었더라도 실제로는 진실이었다면 금지대상이 아니고, 실제로는 허위사실이었다 하더

는데, "풍문"이란, "시장에 알려짐으로써 주식 등의 시세의 변동을 일으킬 수 있을 정도의 사실로서, 합리적 근거가 없는 것"이다.127) 허위내용을 요건으로 하지 않으므로 행위자가 진실이라고 믿었더라도 금지대상이 된다. 다만 실제로 문제되는 풍문은 대부분 허위 내용의 풍문일 것이다.

"풍문"의 개념에 관하여 매우 상세하게 판시한 하급심 판례를 소개한다(판결 원문의 각주도 그대로 인용함).

[서울중앙지방법원 2012. 9. 21. 선고 2012고합662 판결]

1. 본죄의 객관적 구성요건은 '풍문을 유포하는 행위'인바, 여기서 '풍문'이 무엇인지에 관하여 살펴보기로 한다. 문언적 의미로 '풍문'이라 함은 바람결에 들리는 소문, 실상이 없이 떠돌아다니는 말, 다른 말로 '풍설'을 의미한다. 오로지 문언적 의미에 따른다면, '풍문'은 실상이 없는 '말(噂)'이면 되는 것이므로 그것이 진실인지 허위인지 여부와는 무관하다고 해석된다. 즉, 구 증권거래법 제188조의4 제4항 제1호가 '고의로 허위의 시세 또는 허위의 사실 기타 풍설을 유포'하는 행위를 구성요건으로 하였다가 현재 자본시장과 금융투자업에 관한 법률에서 단순히 '풍문의 유포'로 개정되었는바, 구 증권거래법 당시에는 '허위의'라는 문언이 '사실'과 '풍설'을 둘 다 수식하는 것으로 해석하여 '허위성'을 요건으로 해석할 여지가 없지 않았으나, 현행법은 단순히 '풍문'이라고만 규정할 뿐이므로, 반드시 객관적으로 허위여야만 위 구성요건에 해당하는 것으로 볼 수는 없다. 다만, '실상이 없이 떠돌아 다니는 말'이라는 풍문의 문언적 의미에 비추어 볼 때, 적어도 해당 사항에 관하여 '합리적 근거'가 없는 것이고, 유포자 자신도 유포되는 말에 '합리적 근거가 없다는 점에 대한 인식'을 갖고 있었던 경우에 한하여 위 죄가 성립된다고 해석하여야 할 것이다.128) 따라서 사후적으로 우연히 진실에 부합하는 것으로 밝혀진다 하더라도, 유포 당시 합리적 근거를 전혀 갖추지 못하였고 유포자 자신도 이를 인식하고서 유포하기에 이른 이상 여기서 말하는 풍문유포행위에는 충분히 해당한다고 할 수 있다. 그리고, 여기서의 '허위 또는 합리적 근거가 없는 사실'은 그것이 유포됨으로써 주식 시세의 변동을 일으킬 수 있을 정도로 시장에서 중요성을

라도 행위자가 허위라는 사실을 몰랐다면 이것도 금지대상이 아니다. "고의로"라는 요건이 요구되기 때문이다.

127) 서울고등법원 2013. 3. 22. 선고 2012노3764 판결.

128) 우리 법은 일본 証券取引法 제158조의 풍설유포행위 처벌조항과 유사한바, 일본에서는 이 풍설의 의미에 관하여 ① 행위자 자신이 직접 경험·인식하지 아니한 사항이라는 설(주관적사실설), ② 합리적근거가 없는 사항을 의미한다는 설(합리적근거설), ③ 해당 사항이 객관적 진실에 반하는 경우를 의미한다는 설(객관적진실설) 등의 학설이 있었으나(關 哲夫, '証券取引法 一五八條にいう風說の流布に当たるとされた事例', 判例タイムズ 971号 98면, 註解 特別刑法 補巻(2)115면 등 참조.), ②의 해석이 주류적인 견해이다. 黑沼悅郎, 証券市場の機能と不公正取引の規制, 170면, 神田秀樹, 註解証券取引法 1141면.

가진 사실일 것을 요한다고 해석해야 한다.129) 만약 이와 달리 주가 변동에 별다른 영향을 미칠 위험이 없는 사소한 내용의 풍문의 유포까지 처벌하게 된다면, 지나치게 개인의 표현의 자유를 억압하고 처벌의 범위가 확대되는 것을 피할 수 없기 때문이다.130) 결국, 제178조 제2항 및 제443조 제1항 제9호에서 규정하고 있는 '풍문'이라 함은 '시장에 알려짐으로써 주식 등 시세의 변동을 일으킬 수 있을 정도의 사실로서 합리적 근거가 없는 것'을 의미한다고 볼 것이다.

2. 나아가 보다 구체적으로 살피건대, 유포된 사실의 출전(出典)이 있는지 여부 역시 합리적 근거 유무 판단의 한 요소에 지나지 않는 것이기는 하지만,131) 적어도 공간(公刊)된 자료나 기업의 공시자료, 관련 신문기사의 내용을 그대로 전재(全載)하는 것은 해당 자료의 허위성을 명백히 인식하고서 그에 편승하기 위한 것이라는 등의 특단의 사정이 없는 한 위 죄가 성립될 여지는 없다고 보아야 할 것이다. 다음으로, 회사 경영자에게 회사 장래에 관한 예측의 자유가 보장되어야 하는 것(위 제1유형)132) 이상으로 일반투자자 역시 자신이 투자하였거나 투자할 회사의 주가전망을 예측하고 이를 표현할 자유가 보장되어야 함(위 제2유형)은 더 말할 필요가 없다. 따라서, 적어도 원래부터 투자자의 주가전망이나 견해를 게시하도록 구축된 공간에서, 유포자 자신의 장래 주가전망에 대한 예측이나 유포자의 단순한 개인적 의견을 제시하는 행위는, 유포자의 동일성(ID)을 밝히고 그것이 단지 유포자 개인의 견해라는 점을 혼선의 여지 없이 명확히 한 이상, 제178조 제2항 및 제443조 제1항 제9호의 풍문유포 행위에는 해당하지 아니한다고 보아야 한다. 그러한 공간에서 이루어진 유포자 개인의 단순한 의견제시까지 형벌의 구성요건으로서의 풍문유포행위에 포함되는 것으로까지 넓게 해석한다면, 헌법상 보장하는 표현의 자유를 지나치게 제한하여 이를 침해할 우려가 있고, 사실상 주식시장에서 의견교환이나 정보의 원활한 소통을 막게 되어 바람직하지도 않기 때문이다.

2) 유포의 개념

풍문의 "유포"에 대하여는 방법이나 수단에 대한 제한이 없으므로 인터넷, 휴대폰문자, 이메일 등 모든 방법이 포함된다. 일반적으로 "유포"는 불특정다수인에게 전파하는 행위를 말하지만 특정인에게 전파하는 것도 포

---

129) [판결문 각주 9] 이것은 명예훼손죄에서의 적시되는 사실이 타인의 명예를 훼손시킬만한 사실이어야 하며, 신용훼손죄에서의 허위사실이 타인의 신용을 훼손시킬만한 위험이 있는 사실이어야 하는 것과 마찬가지이다.

130) [판결문 각주 10] 다만 이 점은 사실이 유포된 장소나 대상, 유포자의 동일성, 해당 표현물의 전체적인 맥락 등에 비추어 판단하여야 할 것이므로, 똑같은 표현이라도 해당 여부에 대한 판단은 달라질 수 있다.

131) 關 哲夫, 위 각주8)의 논문, 99면.

132) 森田 章, '証券取引法 一五八條の風說の流布', ジュリスト 臨時增刊 6월 10일호(No. 1113) 106.

함하는 개념이다.133)

　　허위의 기업홍보자료를 작성하여 기업설명회 자리에서 애널리스트들에게 배포한 행위도 증권거래법상 "허위의 사실을 유포하는 행위"에 해당한다는 판례도 있다.

[서울고등법원 2011. 9. 22. 선고 2011노2691 판결]

① 이 사건 합병비율 평가의견서, 이 사건 사업계획서, 이 사건 내부보고서는 그 작성 경위 및 작성자에 비추어 보면, 비교적 객관적이고 실현가능한 범위 내에서 추정매출액을 산출한 것으로 보이고, 피고인도 위 자료들을 보고받아 그 내용을 익히 알고 있었던 것으로 보이는데, 이 사건기업홍보자료는 이 사건 내부보고서와 근접한 시기에 작성된 것이고 특별히 A사의 T사업부 및 매출처 등 사업환경에 의미 있는 변화가 있었던 것으로 보이지 아니함에도 이 사건 기업홍보자료의 추정매출액 수치(723억 원 또는 546억 원)가 위 자료들상의 추정매출액 수치보다 현저히 큰 금액으로서 현실성이 결여된 것으로 보이는 점, ② 앞서 본 바와 같은 이 사건 기업홍보자료의 작성 경위와 관련한 L의 검찰 및 이 법정에서의 진술 내용과 이 사건 기업홍보자료를 작성하는 과정에서 사업의 진행 정도 및 매출 규모를 비교적 정확히 파악할 수 있는 A사의 T사업본부의 의견이 반영된 것으로는 보이지 아니하고, 추정매출액 수치를 변경하는 과정에서 실제 납품수량의 변경 등에 대한 시장조사를 전혀 실시하지 않은 사정에 비추어 보면, 피고인과 C가 기업설명회의 효과를 높이기 위해 추정매출액 수치를 합리적인 근거 없이 임의로 정한 것으로 보이는 점, ③ 또한 이 사건 기업홍보자료상의 목표액의 실현가능성과 관련한 L 및 피고인의 앞서 본 바와 같은 각 진술에 비추어, 피고인은 물론 A사의 T사업 관련자들이 이 사건 기업홍보자료상의 추정매출액이 현실성이 결여된 수치임을 인식하고 있었던 것으로 보이는 점, ④ T사업부분에서 매출이 발생하기 위해서는 그에 상응하는 설비투자 등이 선행되어야 하는데, A사의 기업설명회 당시 구체적인 설비투자계획이 마련되어 있지 않은 것으로 보이고, 실제로도 설비투자가 거의 이루어지지 아니한 점, ⑤ A사의 T사업 부분의 2008년도 실제 매출액은 3억 6,467만 원에 불과하여 이 사건 기업홍보자료의 추정매출액과는 현저한 차이를 보이는 점, ⑥ A사의 주가는 애널리스트 P의 각 기업탐방보고서가 발표된 날 급등하는 추세를 보인 점 [피고인은 애널리스트들이 이 사건 기업홍보자료를 그대로 신뢰하여 기업탐방보고서를 작성한 것이 아니라, 나름대로 자료를 수집하여 T사업의 수익성을 살펴보고, 관련업체들에 전화하여 상용화 가능성까지 확인한 후 수익성이 있다고 판단하여 기업탐방보고서를 작성한 것으로서, 이러한 점에서 기업의 홍보자료 제공이 그 자체로서 허위사실의 유포에 해당한다고 볼 수 없다고 주장한다. 그러나 애널리스트인 P에 대한 각 문답서의 각 기재에 의하면, P는 A사에서 제공하는 자

---

133) 서울고등법원 2009. 1. 22. 선고 2008노2315 판결.

료, 피고인과 L 등의 설명 등을 근거로 기업탐방보고서를 작성하였고 그 자료에 대한 검증을 하지 않은 것으로 보이고, 납품처에 전화로 확인한 내용도 샘플테스트가 진행 중이라는 정도일 뿐 상품화 가능성에 대한 나름대로의 확신을 가지고 이 사건 기업탐 방보고서를 작성한 것으로 보이지 아니하므로 피고인의 위 주장은 그대로 받아들이 기 어렵다]에 비추어 보면, 이 사건 기업홍보자료에 기재된 추정매출액은 객관적으로 허위라고 할 것이고, 피고인은 위와 같은 추정매출액의 실현가능성이 극히 낮은 수치 임을 충분히 인식하고 있었던 것으로 보인다. 그런데도 피고인이 이와 같은 이 사건 기업홍보자료를 작성하여 기업설명회 자리에서 배포하도록 한 이상 이는 원심 판시 와 같은 허위 사실 유포에 해당한다고 할 것이다.134)

⒟ 위계사용행위

1) 위계의 개념   일반적으로 형법상 위계란 "타인의 부지 또는 착오를 이 용하는 일체의 행위"를 말하고 기망뿐 아니라 유혹의 경우도 포함하는데, 대법원 은 "위계란 거래 상대방이나 불특정 투자자를 기망하여 일정한 행위를 유인할 목 적의 수단, 계획, 기교 등을 말하는 것이고, 기망이라 함은 객관적 사실과 다른 내 용의 허위사실을 내세우는 등의 방법으로 타인을 속이는 것을 의미한다"라고 판 시한다.135)

구 증권거래법이 규정하던 "고의로"라는 문구가 삭제되었다는 점을 근거로 "과실에 의한 위계"도 규제대상이라는 설명도 있지만,136) 법문상 금융투자상품의 매매, 그 밖의 거래를 할 목적이나 그 시세의 변동을 도모할 목적을 전제로 하므 로 과실에 의한 위계는 규제대상이 아니라고 보아야 한다. 형사책임에 있어서는 고의가 당연한 요건이므로 특별히 규정할 필요가 없으며,137) 민사책임에 있어서 도 "위계"의 개념상 과실에 의한 위계는 실제로는 인정하기 어려울 것이다. 한편 구 증권거래법 하에서는 "위계"의 개념을 가급적 넓게 해석하여야 규제의 공백이 줄어든다고 보았으나, 자본시장법은 제178조 제1항 제1호에서 포괄적 사기금지

---

134) 대법원 2012. 6. 28. 선고 2012도3782 판결에 의하여 확정되었다(증자대금의 사용목적 허위기재도 구 증권거래법 제188조의4 제4항 제2호 위반이라고 판시하였다).

135) 대법원 2008. 5. 15. 선고 2007도11145 판결, 대법원 2010. 12. 9. 선고 2009도6411 판 결, 대법원 2011. 7. 14. 선고 2011도3180 판결, 대법원 2018. 4. 12. 선고 2013도6962 판 결, 대법원 2022. 5. 26. 선고 2018도13864 판결.

136) 자본시장법 주석서 I 960면.

137) 형법 제13조는 "죄의 성립요소인 사실을 인식하지 못한 행위는 벌하지 아니한다. 단, 법률 에 특별한 규정이 있는 경우에는 예외로 한다"고 규정한다. 따라서 법률에 특별한 규정이 없 으면 과실행위는 처벌대상이 아니다.

규정을 도입하였으므로 "위계"의 중요성은 상당히 줄어들었다고 할 수 있다.[138]

2) 위계의 판단기준   위계인지 여부는 행위자의 지위, 행위자가 특정 진술이나 표시를 하게 된 동기와 경위, 그 진술 등이 미래의 재무상태나 영업실적 등에 대한 예측 또는 전망에 관한 사항일 때에는 합리적인 근거에 기초하여 성실하게 행하여진 것인지, 그 진술 등의 내용이 거래 상대방이나 불특정 투자자들에게 오인·착각을 유발할 위험이 있는지, 행위자가 그 진술 등을 한 후 취한행동과 주가의 동향, 행위 전후의 제반 사정 등을 종합적·전체적으로 고려하여 객관적인 기준에 따라 판단해야 한다.[139]

3) 위계 사례

가) 감자 검토계획 공표   객관적으로 보아 감자 등을 할 법적 또는 경제적 여건을 갖추고 있지 아니하거나 또는 임직원이 감자 등을 진지하고 성실하게 검토·추진하려는 의사를 갖고 있지 않은데도, 감자 등의 검토계획의 공표에 나아간 경우에는, 이러한 행위는 투자자들의 오인·착각을 이용하여 부당한 이득을 취하려는 기망적인 수단, 계획 내지 기교로서 '위계를 쓰는 행위'에 해당한다.

[대법원 2011. 3. 10. 선고 2008도6335 판결]
상장법인 등이 재무구조에 변경을 초래하는 감자 또는 증자(이하 '감자 등'이라고 한다)에 관한 정보를 스스로 공표하는 경우, 그러한 정보는 주주의 지위 및 증권시장의 주가 변동에 직접적이고 중대한 영향을 미칠 뿐만 아니라 투자자들은 언론이나 투자분석가들이 예측 또는 전망을 한 경우와는 달리 정확성과 신뢰성이 훨씬 높다고 평가하는 것이 일반적이므로, 상장법인 등의 임직원으로서는 그러한 정보의 공표로 인하여 투자자들의 오인·착각을 유발하지 않도록 합리적인 근거에 기초하여 성실하게 정보를 공표하여야 한다. 만일 이와 달리 상장법인 등이 객관적으로 보아 감자 등을 할 법적 또는 경제적 여건을 갖추고 있지 아니하거나 또는 임직원이 감자 등을 진지하고 성실하게 검토·추진하려는 의사를 갖고 있지 않은데도, 감자 등의 검토계획을 공표하면 투자자들이 그 실현가능성이 높은 것으로 판단하여 주식거래에 나설 것이고 이로 인하여 주가의 변동이 초래될 것이라고 인식하면서도 그에 따른 이득을 취할 목적으로 검토계획의 공표에 나아간 경우에는, 이러한 행위는 투자자들의 오인·착각을 이용하여 부당한 이득을 취하려는 기망적인 수단, 계획 내지 기교로서 구 증권거래법

---

138) 상법상 가장납입이 가지는 증권사기의 잠재적 위험성을 고려하여 가장납입을 자본시장법 제178조 제1항 제1호(부정한 수단, 계획 또는 기교를 사용하는 행위) 또는 제2항(풍문의 유포, 위계의 사용)의 부정거래행위로 보는 견해로서, 김태진, "가장납입에 관한 새로운 해석론", 상사법연구 제32권 제1호(2013), 342면 이하 참조.

139) 대법원 2018. 4. 12. 선고 2013도6962 판결.

제188조의4 제4항 제1호에서 정한 '위계를 쓰는 행위'에 해당한다", "상장법인인 A 은행과 그 대주주인 B사 및 B사가 추천한 사외이사 C 등이 A 은행의 자회사로서 유동성 위기에 빠진 D사와 A 은행의 합병을 추진하면서, 보도자료 배포 및 기자간담회를 통해 '정 회사의 감자계획이 검토될 것이다'라고 발표하고 그 직후 'D사의 순자산가치를 정확하게 평가해 봐야 감자 여부를 결정할 수 있을 것이나 현재로서는 감자할 가능성이 크다'고 발언한 사안에서, C 등은 제반 사정에 비추어 감자를 추진할 객관적 여건을 갖추지 못하였고 감자를 성실하게 검토·추진할 의사가 없음에도 투자자들이 오인·착각을 하여 주식투매에 나섬에 따라 D사의 주가하락이 초래될 것이라고 인식하면서, 합병에 반대하는 D사 주주들에 대한 주식매수청구권 가격을 낮추고 합병 신주의 발행으로 인한 을 회사의 A 은행에 대한 지분율감소를 방지하는 등을 회사 등에게 이득을 취하게 할 목적으로 위 발표를 공모한 것이므로, 위 행위가 구 증권거래법에서 정한 '사기적 부정거래'에 해당한다".[140]

나) 해외투자유치

해외펀드의 투자를 유치하는 듯한 허위의 모습을 갖추는 것은 위계 및 허위사실 유포에 해당한다.

[대법원 2010. 12. 9. 선고 2009도6411 판결]
원심은, 피고인이 "K 명의로 그 판시 신주인수권부사채를 시세보다 훨씬 고가로 매매하는 계약을 체결하고 그 내용을 공시하면서 언론에 그 매매경위 및 매수주체에 관한 내용을 공개한 부분"은 주가상승을 유도하거나 주가하락을 방지하기 위해 해외펀드의 정상적인 투자를 유치한 듯한 외양을 갖추고 언론을 통해 허위사실을 퍼뜨린 것으로, 피고인들의 이러한 행위는 구 증권거래법 제188조의4 제4항 제1,2호 소정의 위계사용 및 허위사실의 유포에 해당한다고 판단하였다. 원심판결 이유와 그 채택 증거들을 앞서 본 법리에 비추어 살펴보면, 원심의 위와 같은 판단은 정당한 것으로 수긍할 수 있고, 거기에 피고인들의 상고이유 주장과 같이 위계 등에 관한 법리를 오해하거나 논리와 경험의 법칙에 위배하여 사실을 오인한 위법이 없다.

그러나 실제로 외국인이 자신의 자금을 가지고 그의 계산 하에 실재하는 외국법인 명의 혹은 계좌를 이용하여 주식시장에서 주식을 매수한 행위는 객관적

---

140) 원심은 "이사회 결의나 기자간담회에서의 발표 및 발언에 의하면, y의 감자는 추후에 결정될 것이고 그 가능성이 크다는 것으로서, 구체적인 내용이 확정되었다는 것은 아닌바, 이러한 경우, y의 감자에 관하여 구체적인 계획을 가지고 있지 않더라도, 자신의 목표를 달성하기 위하여 그 감자가 필요하거나 유용한 방안이라고 인식하면서 그 실행 가능성을 검토하고 있었다면, 위 기자간담회에서의 발표나 발언이 허위의 사실 유포나 위계에 해당한다고 할 수는 없다고 할 것이다"라고 판시하면서 무죄를 선고하였으나(서울고등법원 2008. 6. 24. 선고 2008노518 판결), 대법원은 원심판결을 파기하였다.

측면에서 모두 사실에 부합하는 것으로서 아무런 허위내용이 없어 기망행위로 볼 수 없으므로, 피고인들이 위 주식거래를 함에 있어 관련 외국법인의 실체를 과장하거나 그에 관한 허위의 정보를 제공하는 등 허위사실을 내세웠다는 특별한 사정이 없는 이상, 위와 같은 투자행태를 법률이 금지하는 위계의 사용에 해당한다고 볼 수 없다.

[대법원 2010. 12. 9. 선고 2009도6411 판결]
원심판결 이유에 의하면, 원심은 그 판시의 여러 간접사실 내지 정황에 비추어 피고인의 외국법인 명의를 이용한 주식거래의 계산주체 혹은 손익의 귀속주체는 피고인 자신이라는 제1심의 판단을 그대로 유지하고 있고, 나아가 원심이 적법하게 채택한 관련 증거들에 의하면 피고인은 외국 국적을 가진 사람으로서 이 사건 주식거래 이전부터 외국계 투자은행에 계좌를 개설하여 금융자산을 관리하거나 자신이 직·간접적으로 운영하고 있는 외국법인의 명의를 이용하여 국내외자산에 투자하여 온 사실을 알 수 있는바, 원칙으로 주식거래에 있어서는 실명에 의한 거래가 강제되지 아니할 뿐만 아니라 투자자가 자신의 투자 동기나 계획 등을 스스로 시장에 공개하여야 할 의무가 없다는 점을 감안할 때, 원심이 인정한 바와 같이 외국인인 피고인이 자신의 자금을 가지고 그의 계산 하에 실재하는 외국법인 명의 혹은 계좌를 이용하여 일반적인 주식시장에서 이 사건 미디어솔루션 주식을 매수하였다면 그 행위는 객관적 측면에서 모두 사실에 부합하는 것으로서 아무런 허위내용이 없으므로 위 법리에 비추어 이와 같은 행위를 기망행위에 해당하는 것이라고 볼 수는 없다. 따라서 피고인들이 이 사건 주식거래를 함에 있어 관련 외국법인의 실체를 과장하거나 그에 관한 허위의 정보를 제공하는 등 허위사실을 내세웠다는 특별한 사정이 없는 이상, 원심이 유죄 인정의 근거로 들고 있는 사실(단 아래의 허위사실유포 행위는 제외)만으로는 피고인의 위와 같은 투자행태를 법률이 금지하는 위계의 사용에 해당한다고 단정하기에 부족하다. 한편 원심이 근거로 드는 사실 중 신주인수권부사채 매매와 관련한 허위사실유포의 행위는 아래 (4)항에서 보는 바와 같이 주식의 처분을 통하여 시세차익을 실현하는 단계에서 이루어진 것이므로, 그와 같은 행태로 인하여 그 이전의 주식취득과 관련된 외국법인 명의를 이용한 주식거래 행위가 소급하여 기망행위에 해당하게 된다고 볼 수도 없다. 따라서 위와 같은 방식에 의한 피고인들의 주식거래가 위계에 의한 사기적 부정거래행위에 해당한다고 본 원심의 판단에는 사기적 부정거래에서 말하는 위계의 의미를 오해한 위법이 있다."

다) 인터넷사이트
인터넷사이트 게시판에 언론의 호재성 보도를 계속 올리면서 자신의 주식을 매도한 경우도 위계에 해당할 가능성이 크다.

[서울중앙지방법원 2012. 11. 29. 선고 2012고합142 판결]

1. 자본시장법 제178조 제2항은 금융투자상품의 매매, 그 밖의 거래를 할 목적이나 그 시세의 변동을 도모할 목적으로 '풍문의 유포, 위계의 사용, 폭행 또는 협박'을 하는 것을 금지하고 있는데, 여기서 '위계'란 거래 상대방이나 불특정 투자자를 기망하여 일정한 행위를 유인할 목적의 수단, 계획, 기교 등을 말하는 것이고, '기망'이라 함은 객관적 사실과 다른 내용의 허위사실을 내세우는 등의 방법으로 타인을 속이는 것을 의미한다(대법원 2011. 10. 27. 선고 2011도8109 판결 등 참조). 또한 자본시장법 제178조 제1항 제1호는 '누구든지 금융투자상품의 매매, 그 밖의 거래와 관련하여 부정한 수단, 계획 또는 기교를 사용하는 행위를 하여서는 아니 된다.'라고 규정하고 있는바, 여기서 '부정한 수단, 계획 또는 기교'라 함은 거래상 대방 또는 불특정투자자를 기망하여 부지 또는 착오상태에 빠뜨릴 수 있는 모든 수단, 계획, 기교 또는 행위자의 지위·업무 등에 따른 의무나 관련법규에 위반한 수단, 계획, 기교를 말하는 것으로 같은 법 제176조 및 제178조가 정하고 있는 나머지 행위들을 포괄하는 개념이다.

2. 피고인이 앞서 본 바와 같이 K사의 주가가 하락할 것을 예상하고 있었음에도 자신의 주식의 매도, 매수 관련 추천을 신뢰하는 A경제연구소 회원들에게 K사 주식을 2012년까지 계속 보유할 것을 강조하면서, 반대로 자신은 대부분의 주식을 매도하여 현금화한 것은 K사 주식의 매매와 관련한 부정한 수단, 계획 또는 기교에 해당할 뿐만 아니라, K사 주식의 매매를 할 목적으로 A경제연구소 회원들에게 위계를 사용한 것에 해당한다고 할 것이다.

최근의 판례는, "투자자문업자, 증권분석가, 언론매체 종사자, 투자 관련 웹사이트 운영자 등이 추천하는 증권을 자신이 선행매수하여 보유하고 있고 추천 후에 이를 매도할 수도 있다는 증권에 관한 자신의 이해관계를 표시하지 않은 채 증권의 매수를 추천하는 행위는 자본시장법 제178조 제1항 제1호에서 정한 '부정한 수단, 계획, 기교를 사용하는 행위'에 해당한다. 또한 위와 같은 행위는 투자자의 오해를 초래하지 않기 위하여 필요한 중요사항인 개인적인 이해관계의 표시를 누락함으로써 투자자에게 객관적인 동기에서 증권을 추천한다는 인상을 주어 거래를 유인하려는 행위로서 자본시장법 제178조 제2항에서 정한 '위계의 사용'에도 해당한다."라고 판시한 바 있다.

[대법원 2022. 5. 26. 선고 2018도13864 판결]

1. 자본시장법 제178조 제2항은 금융투자상품의 매매, 그 밖의 거래를 할 목적이나 시세의 변동을 도모할 목적으로 '풍문의 유포, 위계의 사용, 폭행 또는 협박'을 하

는 것을 금지하고 있다. 여기서 '위계'란 거래 상대방이나 불특정 투자자를 기망하여 일정한 행위를 하도록 유인할 목적의 수단, 계획, 기교 등을 뜻하고, '기망'이란 객관적 사실과 다른 내용의 허위사실을 내세우는 등의 방법으로 타인을 속이는 것을 뜻한다(대법원 2011. 10. 27. 선고 2011도8109 판결 등 참조). 투자자문업자, 증권분석가, 언론매체 종사자, 투자 관련 웹사이트 운영자 등이 추천하는 증권을 자신이 선행매수하여 보유하고 있고 추천 후에 이를 매도할 수도 있다는 증권에 관한 자신의 이해관계를 표시하지 않은 채 증권의 매수를 추천하는 행위는 자본시장법 제178조 제1항 제1호에서 정한 '부정한 수단, 계획, 기교를 사용하는 행위'에 해당한다. 또한 위와 같은 행위는 투자자의 오해를 초래하지 않기 위하여 필요한 중요사항인 개인적인 이해관계의 표시를 누락함으로써 투자자에게 객관적인 동기에서 증권을 추천한다는 인상을 주어 거래를 유인하려는 행위로서 자본시장법 제178조 제2항에서 정한 '위계의 사용'에도 해당한다(대법원 2017. 3. 30. 선고 2014도6910 판결 참조). 여기서 '증권의 매수를 추천'한다고 함은 투자자에게 특정 증권이 매수하기에 적합하다는 사실을 소개하여 그 증권에 대한 매수 의사를 불러일으키는 것을 가리킨다. 어떠한 행위가 '증권의 매수 추천'에 해당하여 부정한 수단, 계획이나 기교를 사용하는 행위인지 또는 위계의 사용인지 등은 행위자의 지위, 행위자가 특정 진술이나 표시를 하게 된 동기와 경위, 진술 등이 미래의 재무상태나 영업실적 등에 대한 예측이나 전망에 관한 사항일 때에는 합리적인 근거에 기초하여 성실하게 한 것인지, 진술 등의 내용이 거래 상대방이나 불특정 투자자에게 오인·착각을 유발할 위험이 있는지, 행위자가 진술 등을 한 후 취한 행동과 주가의 동향, 행위 전후의 여러 사정 등을 종합하여 객관적인 기준에 따라 판단해야 한다(대법원 2017. 6. 8. 선고 2016도3411 판결 참조).

(2) 원심판결 이유와 적법하게 채택된 증거에 따르면 다음 사실을 알 수 있다.

(가) 피고인은 2009년경부터 이른바 '증권분석전문가'로 활동하며 공소외 회사의 여러 정규방송 프로그램에 출연하였고, 공소외 회사에서 관리하는 인터넷홈페이지를 통해 다수의 유료회원에게 송출되는 인터넷 증권방송을 진행하였다.

(나) 피고인은 2011. 10. 4. A 주식 75,274주를 3,064,479,814원에 매수한 다음, 같은 날 22:00경 '(프로그램명 1 생략)'에 출연하여 위와 같이 주식을 미리 매수한 사실을 숨긴 채 A 주식에 관하여 약 3분간 해당 주식에 대한 매수세 유입 상황, 실적 개선 동향 등 향후 주가 상승에 영향을 미칠 요소에 관하여 구체적인 수치 등을 제시하면서 소개하였다. 피고인은 2011. 10. 6. A 주식 800주를 더 매수하였고, 그 후 주가가 오르자 2011. 10. 17.과 2011. 10. 18. 자신이 보유하던 (주식명 1 생략) 주식 전량을 매도하였다. 한편 '(프로그램명 2 생략)' 제작진은 방송이 끝날 무렵 증권분석전문가가 유망하다고 선정한 종목명, 해당 종목의 가상 수익률 등이 기재된 명세표를 방송화면에 공개하였는데, A 종목은 2011. 10. 18. 당시까지 위 방송에서 공개되는 피고인 관련 명세표(이하 '피고인 포트폴리오'라 한다)에 그대

로 편입된 상태였다.

(다) 피고인은 2011. 11. 2. C 주식 19,265주를 175,311,500원에 매수한 다음(그중 1,000주는 매수 당일 매도하였다), 2011. 11. 8. '(프로그램명 1 생략)'에 출연하여 위와 같이 주식을 미리 매수한 사실을 숨긴 채, C 주식에 관하여 약 6분간 실적 개선 동향과 C 제품 시장점유율이 국내 1위, 세계 2위라는 사실을 소개하고, 회사 시가총액이나 시장점유율을 고려할 때 현재 주가가 높지 않아 보인다는 의견을 밝혔다. 그 후 C의 주가가 오르자 피고인은 2011. 11. 10. 자신이 보유하던 C 주식 전량을 매도하였는데, 당시까지 C 종목은 피고인 포트폴리오에 그대로 편입된 상태였다.

(라) 피고인은 2011. 11. 2. B 주식 1,307,585주를 1,571,717,170원에 매수한 다음 (그중 500주는 매수 당일, 350,000주는 2011. 11. 4., 87,500주는 2011. 11. 7. 매도 하였다), 2011. 11. 8. '(프로그램명 1 생략)'에 출연하여 위와 같이 주식을 미리 매수한 사실을 숨긴 채, B 주식에 관하여 박근혜 대선 캠프의 출범에 따른 수혜를 보고 있는 종목으로서 단기간에 주가가 상승할 가능성이 있다는 의견을 밝혔다. 그 후 B의 주가가 오르자 피고인은 2011. 11. 14. 자신이 보유하던 B 주식 전량을 매도하였는데, 당시까지 B 종목은 피고인 포트폴리오에 그대로 편입된 상태였다.

(3) 이러한 사실을 위 (1)항에서 본 법리에 비추어 살펴본다. 공소외 회사 정규방 송의 파급력과 당시 피고인의 지위 등을 고려할 때, 피고인이 '(프로그램명 1 생 략)'에 출연하여 A 등 3개 종목과 관련하여 소개한 내용이나 밝힌 의견은 투자자 에게 위 종목의 매수 의사를 불러일으킬만하다고 평가할 수 있다. 따라서 피고인 은 투자자에게 A 등 3개 종목이 매수하기에 적합하다는 점을 소개하여 매수 의사 를 불러일으키는 행위, 즉 증권의 매수 추천을 하였다고 볼 수 있다. 따라서 피고 인이 공소외 회사 방송을 시청하는 일반 투자자에게 A 등 3개 종목을 자신이 미리 매수하여 보유하고 있고 추천 후에 이를 매도할 수도 있다는 증권에 관한 자신의 이해관계를 표시하지 않은 채 증권의 매수 추천을 하였다는 이 부분 공소사실이 인정된다고 볼 수 있다. 또한 피고인의 행위는 자본시장법 제178조 제1항 제1호에 서 정한 '부정한 수단, 계획 또는 기교를 사용하는 행위'와 자본시장법 제178조 제 2항에서 정한 '위계의 사용'에 해당한다고 보는 것이 환송판결의 취지에 부합한다.

(4) 그런데도 원심은 피고인이 공소외 회사 방송 시청자에게 A 등 3개 종목의 매 수를 추천하였다고 볼 수 없다는 이유로 이 부분 공소사실을 무죄로 판단하였다. 원심판결에는 자본시장법 제178조 제1항 제1호에서 정한 '부정한 수단, 계획 또는 기교를 사용하는 행위'와 자본시장법 제178조 제2항에서 정한 '위계의 사용'에 관 한 법리를 오해하여 판결에 영향을 미친 잘못이 있다. 이를 지적하는 상고이유 주 장은 정당하다.

그러나 인터넷사이트 게시판과 관련하여, 공간(公刊)된 자료나 기업의 공시자료, 관련 신문기사의 내용을 그대로 전재(全載)하는 것은 해당 자료의 허위성을 명백히 인식하고서 그에 편승하기 위한 것이라는 등의 특단의 사정이 없는 한 위 죄가 성립될 여지는 없다는 판례도 있다.

[서울중앙지방법원 2012. 9. 21. 선고 2012고합662 판결]
(판결의 각주도 그대로 인용함) 자본시장과 금융투자업에 관한 법률 제178조 제2항은 누구든지 ① 금융투자상품의 매매, 그 밖의 거래를 할 목적이나 ② 그 시세의 변동을 도모할 목적으로 풍문을 유포하여서는 아니 된다고 규정하고 제443조 제1항 제9호에서 '금융투자상품의 매매, 그 밖의 거래를 할 목적이나 그 시세의 변동을 도모할 목적으로 풍문을 유포한 자'를 처벌하고 있다. 이는 ① 신주나 사채의 발행 등 회사의 자금조달과 관련된 거래를 용이하게 하기 위한 목적의 것(제1유형)141)과 ② 거래소에서 시세의 변동을 도모하기 위한 목적의 것(제2유형)이라는 두 가지 유형으로 구분될 수 있고142) 이 사건에서 문제가 되는 유형은 제2유형의 것이다. 피고인들의 게시물들은 첫째, 대선후보 정치인과 당해 회사 임원과의 인맥 관계, 정치인의 정책 관련 발언과 행보, 당해 회사의 사업내용 등의 기초사실이 기업의 공식적인 공시자료이거나 신문 등 언론사의 홈페이지에 게시된 보도자료로서 나름대로 객관적인 근거를 갖고 있으며 피고인들은 그 내용을 수정함이 없이 그대로 캡처하여 이를 인용하고 있고, 둘째, 거기에 가필된 부분은 피고인들 개인의 전망이나 예측에 해당하는바, 색깔이나 필체를 달리하여 캡처된 내용과 혼선을 일으킬 우려가 없음을 알 수 있다. 그렇다면, 특단의 사정이 없는 한, 위 공시자료나 보도자료의 게시 자체를 합리적 근거가 없다고 볼 수 없는 것이고, 거기에 부가된 피고인들의 단순한 의견제시나 미래에 대한 예측만 가지고서 앞서 본 '풍문'에 해당한다고 섣불리 단정할 수는 없다. 게다가 피고인들이 주로 글을 올리는 곳은 팍스넷의 강추이종목 게시판이다. 이곳은 주로 개인투자자들이 어떤 특정 종목의 가격상승이 예상되니 추천한다는 취지의 의견을 개진하기 위한 공간으로서, 대부분 글을 올리는 투자자가 자신이 보유하고 있는 주식을 추천할 것이라는 점은 어렵지 않게 예상할 수 있다.143) 그렇다면 강추이종목 게시판에서는 개인투자자가 자신이 보유한 주식에 대하여 별다른 근거 없이 장래에 주가가 상승할 것이라는 의견을 올리는 행위가 자유롭게 이루어지고 게시판을 보는 대부분의 사람들 역시 이를 용인하고 보는 것이다. 이러한 게시판의 특성상 팍스넷 게시판에서 별다른 의미 없이 쓰게 되는 과장된 표현들(예를 들어 "세력 매집" 등)은 주식 등 시세의 변동을 일으킬 수 있을 정도의 허위 또는 합리적 근거가 없는 사실이

---

141) 주로 경영진에 의하여 이루어진다.
142) 神崎克郎 외 2인, 証券取引法 966면, 黑沼悦郎, 証券市場の機能と不公正取引の規制 169, 170면.
143) 본인이 가지고 있지 아니한 주식을 굳이 추천할 이유가 없다.

라고 볼 수 없을 것이다.[144)

인터뷰 내용에 비하여 과장된 보도라는 이유로 위계가 부인된 판례도 있다.

[서울중앙지방법원 2006. 9. 29. 선고 2006고합115 판결]
다. M&A 가능성을 부각시키기 위하여 위계를 사용하였는지 여부
먼저 C가 S사 주식을 M&A 테마주로 부상시키려는 의도로 이 사건 인터뷰에서 S사가
적대적 M&A의 대상이 되고 피고인이 이를 지원할 것처럼 일반투자자들을 기망하여
S사 주식을 매수하도록 유인하였는지에 관하여 본다. 위에서 인정한 바와 같이 C가
이 사건 인터뷰에서 공소장 기재 내용 중 "S사가 자기주식을 취득하는 것은 자기방어
를 위해서이다."라는 부분을 제외한 나머지 부분, 즉 "S사 주식은 훌륭한 가치를 지
녔기 때문에 만약 현 경영진이 회사의 평가를 높이는 방안을 강구하지 않는 한 다른
투자자가 주식을 사서 주가를 높일 수 있도록 경영진 바꾸기를 시도할 수 있을 것이
다. 지금 회사 경영진이 하는 것을 보면 H는 경영진을 지지하기 힘들 것이다. 누군가
가 적대적 M&A를 한다면 우리는 아마도 지금 경영진을 지지하지 않을 것이다. 예를
들어 소버린이 S사와 M&A를 한다면 H는 소버린을 지지할 것이다."라는 취지로 말한
사실은 인정된다. 그러나 C의 위와 같은 발언은 조선일보 기자가 사전에 준비한 질문
에 대한 답변과정에서 나온 내용의 일부로서, 위 발언내용만 발췌하여 보면 마치 인
터뷰의 주된 내용이 S사에 대한 적대적 M&A의 가능성과 이에 대한 피고인의 지지
의사에 치우쳐 있는 듯한 인상을 주지만, 위와 같은 발언 전후로 C가 '플래티넘 펀드
등 다른 주주들과 S사 M&A에 관하여 논의한 사실이 없다', '경영진이 올바른 방향으
로 움직이기 시작했고, 우리는 경영진과 같이 일하기를 선호한다', '다른 외국인투자
자나 기업의 M&A 시도에 대하여는 알지 못한다'고 여러 차례 말한 점 등 앞에서 인
정한 이 사건 인터뷰의 구체적인 내용과 전체적인 맥락에 비추어 보면, 위 공소사실
기재 발언은 'S사 주식이 매우 저평가되어 있기 때문에 경영진이 주주가치를 높이는
방안을 검토하지 않는다면 M&A가 시도될 가능성이 있고, M&A가 실제로 시도될 경
우 피고인이 M&A 시도 세력의 제안을 검토하여 현 경영진을 지지하지 않을 수도 있
다'는 정도의 가정적·원론적 발언에 불과한 것으로 판단된다. 나아가 변호인이 제출
한 증 제9, 28호증의 각 1 내지 4, 증 제50호증에 의하면 이 사건 인터뷰 이전, 심지
어 피고인이 S사 주식을 매수하기 훨씬 이전부터 이미 S사는 대주주의 지분비율이 외
국인 투자자의 지분비율에 비하여 매우 낮아 M&A 관련주로 보도되고 있었고, 2004.
5.경에는 '스코틀랜드의 모 펀드가 S사 주식을 4.99% 인수함으로써 H가 보유한 5%,
플래티넘 자산운용이 보유한 5.38% 등 범 영국계 펀드 지분이 삼성측의 지분 9%보다
높은 15.8%에 이르게 되어 적대적 인수합병(M&A) 가능성을 무시할 수 없는 상황이
되었다'는 내용의 기사까지 보도된 사실이 인정되는바, 그렇다면 M&A 가능성에 대

---

144) 서울고등법원 2013. 1. 17. 선고 2012노3290 판결에 의하여 확정되었다.

한 C의 가정적·원론적 발언은 위와 같은 보도의 내용과 대동소이한 것으로서, 당시까지 널리 알려진 S사에 대한 M&A 가능성보다 더 구체적으로 M&A의 현실적 위험을 부각시킨 것으로 보기도 어렵다. 뿐만 아니라, 위계행위가 인정되기 위해서는 이 사건 인터뷰에 허위나 기만적 요소가 포함되어 있어야 하는데, 피고인이 실제로 M&A를 시도하거나 다른 주체에 의한 M&A에 참여할 의사가 없음에도 마치 그렇게 할 것처럼 피고인의 피용자인 C가 인터뷰를 하였다고 볼 수 없는 이상, 단순히 M&A의 가능성을 언급하였다거나 장차 M&A가 이루어질 경우 피고인이 이를 지지할 수도 있다는 의사를 표시한 것에 과연 어떠한 허위나 기만적 요소를 인정할 수 있을지 의문이다. 이상에서 살핀 바에 따르면, C의 이 사건 인터뷰는 이미 공지의 사실이던 S사에 대한 M&A 가능성을 재확인하고 그러한 가능성이 현실화될 경우 피고인이 S사를 지지하지 않을 수 있다는 입장을 표명한 것에 불과하며, 아울러 M&A를 시도하는 세력의 현존 여부에 대하여 분명히 모른다고 답변함으로써 위와 같은 발언이 가정적·원론적 답변임을 밝힌 것이어서, 허위나 기만적 요소가 포함되었다고 인정하기 어렵고, 이를 가리켜 일반투자자들을 기망하기 위한 위계에 해당한다고 볼 수 없다(한편 <'S사 외국인에 M&A될 수도' 지분 5% 보유한 H 펀드 총괄책임자 '지배구조 개선 안 하면 M&A 시도펀드 지원'>이라는 제목의 이 사건 기사에 C가 인터뷰에서 "S사가 워낙 저평가되어 있기 때문에 경영권을 가져와 기업가치를 높이려는 세력들이 있다"는 말을 하여 구체적인 M&A 시도가 있음을 암시한 것처럼 보도된 사실은 인정되나, 앞서 본 바와 같이 C는 '구체적인 M&A 시도세력에 대하여 알지 못하고 플래티넘 펀드와도 S사 M&A에 관하여 이야기해 본 적이 없다'는 취지로 여러 차례 말하였을 뿐 위와 같은 말을 한 사실이 없고, 기사의 제목은 조선일보 편집 과정에서 정해진 것이며, C가 기사 작성에 관여하여 위와 같은 내용으로 발언한 것처럼 보도되게끔 하였다는 점을 인정할 아무런 증거도 없으므로, 위와 같은 보도가 이루어진 것을 가지고 C가 일반투자자를 기망하기 위하여 위계를 사용하였다고 볼 수도 없다).[145]

(라) 폭행 또는 협박

금융투자상품의 매매, 그 밖의 거래를 할 목적이나 그 시세의 변동을 도모할 목적으로 하는 폭행 또는 협박을 금지하는 것은 자본시장법 규정으로서는 다소 이례적이지만 제178조의 적용범위에 공백이 없도록 하기 위한 규정이다. 협박은 공포심을 일으키기에 충분한 정도의 해악을 고지하는 것이어야 한다.

[서울중앙지방법원 2012. 11. 29. 선고 2012고합142 판결]
이 부분 공소사실의 요지는 "피고인은 2010. 1. 5. 이후 K사의 주가가 급락하게 되자 A경제연구소 회원들과 지인 등이 주가 하락에 동요하여 그들이 보유한 K사 주식을

---

145) 대법원 2008. 5. 15. 선고 2007도11145 판결에 의하여 확정되었다.

동시에 대거 매도함에 따라 주가가 급락하는 것을 막기 위하여, 2010. 1. 12. 및 2010. 2. 2.경 위 '30억클럽' 게시판에 'K사 주식의 단기매도를 금지하면서 매도사실이 발각될 경우 회원에서 영구제명하고, 기존에 배당해주었던 A경제연구소 주식을 모두 몰수하겠다'는 내용의 글을 제시하여 A경제연구소 회원들을 협박하였다."는 것이다. 살피건대, 피고인이 2010. 1. 12. <LBA−FPA 투자리딩원칙>이라는 글에서 "'LBA−FPA' 장기투자 종목은 3개월 이내 단타금지. 이것이 '30억 클럽' 헌법이자 자치법규입니다. 향후 어떤 상황에서 위반이 발각될 때에는 A경제연구소 회원자격 자동상실은 물론 다수 회원의 공개정보를 악용한 비정상 거래수익을 법적으로 환수하는 손해배상 소송을 청구합니다"라는 글을 올린 사실, 2010. 2. 2. <[2차승부] 이번 기회를 확실히 잡아야 합니다>라는 제목으로, "'LBA−FPA' 정보는 이용하면서 클럽 수칙을 지키지 않으면 극단적 조치가 불가피합니다. 지나간 과오는 조직의 대승적 차원에서 모두 사면합니다. 그러나 2월 1일 이후 어떤 경로를 통해서든 K사 주식을 단타한 사실이 밝혀지면 조직의 지위고하를 막론하고 회원자격 영구제명에 기업 주식 전액 몰수를 분명히 선언합니다."라는 글을 올린 사실은 인정된다. 그러나 앞서 든 각 증거들을 종합하여 인정되는 다음과 같은 사정, 즉 ① 위 2010. 1. 12.자 글의 전문을 살펴보면, "A경제연구소 안에는 주식을 수년~수십 년간 나름대로 투자한 단타전문가들이 수백 명에서 수천 명이 포진하고 있습니다. 김 소장의 고민이 여기에 있습니다. A경제연구소 안에서 단타하면 안 됩니다. A경제연구소 장기투자 종목에 대해 단타를 주업으로 하시는 분들에게 김 소장 엎드려 부탁드립니다. 'LBA−FPA' 이용을 자발적으로 하지 말아주십시오."라고 되어 있어 전체적인 맥락을 보았을 때 피고인은 이미 여러 번 강조한 바 있는 이른바 '단타' 금지의 취지를 강력하게 전달하기 위하여 '회원자격 상실', '손해배상 청구 소송' 등과 같은 조치를 언급한 것으로 보이는 점, ② 위 2010. 2. 2.자 글 역시 "1) K사는 사실상 A경제연구소 수 천가족이 지분 25% 보유한 우리 회사입니다. 2) 일부 회원들은 뒤늦게 10,450원 고점에 물려있습니다. 3) 우리 회사인데, 우리가족들 피눈물 짜먹는 제로섬 단타질이 옳겠습니까? 4) K사 잔돈푼 단타수익 보다 물량 잠가서 얻는 중장기 수익이 100배는 더 큽니다. 이래도 K사 단타질하셔야겠습니까? 이번 2차 상승랠리 때 우리 A경제연구소가 물량 잠그면 주가 다섯 자리 숫자 시대에 안착하게 됩니다."라는 내용이 함께 있는 점, ③ 위와 같은 게시글을 K사 주식을 팔지 못하도록 하는 협박으로 느꼈다고 진술한 A경제연구소 회원들 중에서도 실제로 K사 주식을 수차례에 걸쳐 자유롭게 사고 판 회원들이 다수 있는 점, ④ 피고인이 A경제연구소 회원들의 주식거래내역을 일방적으로 파악할 방법은 없고, 그러한 사정은 일반인이라면 충분히 알 수 있는 점 등을 종합하여 보면, 피고인이 위와 같은 게시글을 올린 것을 두고 A경제연구소 회원들에 대하여 공포심을 일으키기에 충분한 정도의 해악을 고지한 것이라고 보기 어렵고, 달리 이를 인정할 증거가 없다. 따라서 이 부분 각 공소사실은 범죄사실의 증명이 없는 때에 해당하여 형사소송법 제325조 후단에 따라 무죄를 선고하여야 할 것이나, 이와 포괄일죄의 관계에

있는 판시 각 자본시장법 위반죄를 유죄로 인정하는 이상 주문에서 따로 무죄를 선고
하지 않는다.

Ⅱ. 공 매 도

1. 개   관

(1) 공매도의 의의

자본시장법상 공매도란 "소유하지 아니한 상장증권의 매도(naked short sale,
무차입공매도)"와 "차입한 상장증권으로 결제하고자 하는 매도(covered short sale,
차입공매도)"를 말한다(法 180조①).[146] 공매도는 공매도한 증권의 가격이 하락하
면 매도인이 이익을 얻게 되므로 투기적인 성격이 강한 거래행위이다. 공매도를
규제하는 것은 결제불이행에 따른 시스템리스크가 유발될 가능성이 있고, 증권시
장의 안정성과 공정한 가격형성을 해치는 불공정거래(미공개중요정보 이용행위, 시
세조종행위, 부정거래행위 등)의 수단으로 이용될 우려가 있기 때문이다. 그러나 결
제불이행 가능성이 없고 불공정거래가 개입하지 않는 경우에는 공매도 자체를 불
법한 거래라고 할 수 없으므로, 자본시장법은 공매도의 금지를 원칙으로 하면서,
한편으로는 공매도를 할 수 있는 길을 널리 열어두고 있다.

(2) 증권거래법과 자본시장법상 공매도 규제의 차이

구 증권거래법 제188조 제1항은 "주권상장법인 또는 코스닥상장법인의 임원·
직원 또는 주요주주는 유가증권시장 또는 코스닥시장에 상장된 주권(외국주권·
외국주권예탁증서 및 출자증권을 포함한다)·전환사채권·신주인수권부사채권·신주

---

146) 금융감독원의 "공매도 관련 업무처리 가이드라인"에 의하면, 공매도 여부는 매도주문 시점
    에 해당 증권의 순매수포지션(net long position)이 있었는지 여부로 판단한다. 따라서 매수
    후 매도를 하더라도 순매수포지션이 (−)인 경우에는 공매도가 될 수 있다. 다수의 계좌를 운
    용하는 투자자의 경우 순매수포지션 산정시 해당 증권에 대한 동일 투자자(법인인 경우 법인
    격이 기준임)의 모든 계좌의 포지션을 합산(netting)하여야 한다. 그리고 순포지션 산정시 포
    지션을 합산하는 증권은 원칙적으로 해당 증권에만 한정한다. 따라서 해당 증권에 대한 DR,
    선물, 선도, 옵션, 스왑 등은 그 자체로는 포지션 산정시 제외되며, 권리행사 등을 통해 해당
    증권으로 전환된 시점(결제일까지 입고되어 결제가 가능한 경우에 한함) 이후에 포지션에 합
    산된다. 그리고 차입증권의 소유시점에 관하여는 매도주문에 대해 신규로 차입하여 결제하고
    자 하는 경우 매도주문 이전에 해당 증권을 차입하거나 차입계약이 확정된 경우만 소유한 증
    권으로 인정하고, 대여증권의 소유시점에 관하여는 매도주문 이전에 반환을 요청한 경우 소유
    증권으로 인정하며, 대차계약 및 업무처리 관행에 근거하여 결제일까지 결제가 가능하다고 합
    리적으로 예측 가능한 경우에 한하여 매도주문 이후 반환 요청한 경우에도 소유 증권으로 인
    정한다.

인수권을 표시하는 증서, 그 밖에 총리령으로 정하는 유가증권(이하 "주권등"이라
한다)중 자신이 소유한 것이 아니면 이를 매도하지 못한다"고 규정함으로써, 내부
자의 소유하지 아니한 유가증권의 공매도를 금지하고, 위반행위에 대하여 형사처
벌을 규정하였다.[147] 그러나 자본시장법 제180조 제1항은 "누구든지 증권시장
(다자간매매체결회사에서의 증권의 매매거래를 포함한다. 이하 이 조에서 같다)에서
상장증권(대통령령으로 정하는 증권에 한한다)에 대하여 다음 중 어느 하나에 해당
하는 매도(이하 이 조에서 "공매도"라 한다)를 하거나 그 위탁 또는 수탁을 하지 못
한다. 다만, 증권시장의 안정성 및 공정한 가격형성을 위하여 대통령령으로 정하
는 방법에 따르는 경우에는 이를 할 수 있다"고 규정하고, 금지되는 공매도의 유
형을 "소유하지 아니한 상장증권의 매도(제1호)"와 "차입한 상장증권으로 결제하
고자 하는 매도(제2호)"로 규정한다. 즉, 자본시장법은 규제대상 거래주체를 내
부자에 한정하지 않고 모든 자로 확대하고, 차입한 상장증권으로 결제하고자 하
는 공매도도 금지한다.

2. 공매도 규제

⑴ 예외적 허용

⑺ 공매도로 보지 않는 경우

다음과 같은 경우는 형식적으로는 소유하지 않는 증권의 매도에 해당하지만,
현실적으로 결제불이행 가능성이 없으므로 규제의 필요성이 없기 때문에 아예 공
매도로 보지 않는다(法 180조②).

1. 증권시장에서 매수계약이 체결된 상장증권을 해당 수량의 범위에서 결제일 전에
   매도하는 경우
2. 전환사채·교환사채·신주인수권부사채 등의 권리 행사, 유·무상증자, 주식배당 등
   으로 취득할 주식을 매도하는 경우로서 결제일까지 그 주식이 상장되어 결제가 가
   능한 경우
3. 그 밖에 결제를 이행하지 아니할 우려가 없는 경우로서 대통령령으로 정하는 경우

"결제를 이행하지 아니할 우려가 없는 경우로서 대통령령으로 정하는 경우"
란 다음과 같은 매도로서 결제일까지 결제가 가능한 경우를 말한다(令 208조③).

---

[147] 공매도금지에 관한 구 증권거래법 제188조 제1항의 규정에 위반한 자는 2년 이하의 징역
또는 1천만원 이하의 벌금에 처하였다(證法 209조).

1. 매도주문을 위탁받는 투자중개업자 외의 다른 보관기관에 보관하고 있거나, 그 밖의 방법으로 소유하고 있는 사실이 확인된 상장증권의 매도

2. 상장된 집합투자증권의 추가발행에 따라 받게 될 집합투자증권의 매도

3. 상장지수집합투자기구의 집합투자증권의 환매청구에 따라 받게 될 상장증권의 매도

4. 증권예탁증권에 대한 예탁계약의 해지로 취득할 상장증권의 매도

5. 대여 중인 상장증권 중 반환이 확정된 증권의 매도

6. 증권시장 외에서의 매매에 의하여 인도받을 상장증권의 매도

7. 제1항 제1호부터 제4호까지의 증권을 예탁하고 취득할 증권예탁증권의 매도

8. 그 밖에 계약, 약정 또는 권리 행사에 의하여 인도받을 상장증권을 매도하는 경우로서 증권시장 업무규정으로 정하는 경우

(나) 허용되는 차입공매도

차입공매도로서 "증권시장의 안정성 및 공정한 가격형성을 위하여 대통령령으로 정하는 방법에 따르는 경우에는 이를 할 수 있다"고 규정한다(法 180조①). 공매도가 허용되기 위한 "대통령령으로 정하는 방법"이란 차입공매도(증권시장의 안정성 및 공정한 가격형성을 해칠 우려가 있는 경우로서 거래소가 상장증권의 범위, 매매거래의 유형 및 기한 등을 정하여 금융위원회의 승인을 받아 제한하는 공매도는 제외)에 대하여 자본시장법 제393조 제1항에 따른 증권시장 업무규정에서 정하는 가격으로 다음과 같은 방법에 따라 행하는 것을 말한다(令 208조②).

1. 투자자(거래소의 회원이 아닌 투자매매업자나 투자중개업자를 포함)가 거래소의 회원인 투자중개업자에게 매도주문을 위탁하는 경우

가. 증권의 매도를 위탁하는 투자자는 그 매도가 공매도인지를 투자중개업자에게 알릴 것. 이 경우 그 투자자가 해당 상장법인의 임직원인 경우에는 그 상장법인의 임직원임을 함께 알릴 것

나. 투자중개업자는 투자자로부터 증권의 매도를 위탁받는 경우에는 증권시장 업무규정으로 정하는 방법에 따라 그 매도가 공매도인지와 그 공매도에 따른 결제가 가능한지를 확인할 것

다. 투자중개업자는 공매도에 따른 결제를 이행하지 아니할 염려가 있는 경우에는 공매도의 위탁을 받거나 증권시장에 공매도 주문을 하지 아니할 것

라. 투자중개업자는 투자자로부터 공매도를 위탁받은 경우에는 그 매도가 공매도임을 거래소에 알릴 것

2. 거래소의 회원인 투자매매업자나 투자중개업자가 매도에 관한 청약이나 주문을 내는 경우에는 그 매도가 공매도임을 거래소에 알릴 것

3. 제1항 각 호의 증권으로서 금융위원회가 정하여 고시하는 증권을 공매도한 자("매

도자", 금융위원회가 정하여 고시하는 거래에 따라 증권을 공매도한 자는 제외)는
해당 증권에 관한 매수, 그 밖의 거래에 따라 보유하게 된 총잔고(금융위원회가
정하여 고시하는 거래에 따라 보유하게 된 것은 제외)에서 해당 증권을 차입한 총
잔고를 차감하고 남은 잔고("순보유잔고", 금융위원회가 정하여 고시하는 방법에
따라 산정된 잔고)가 증권시장의 안정성 및 공정한 가격형성에 영향을 미칠 수 있
는 경우로서 금융위원회가 정하여 고시하는 기준에 해당하는 경우에는 다음 각 목
의 사항을 금융위원회가 정하는 절차 및 방법 등에 따라 금융위원회와 거래소에
알릴 것

가. 해당 증권에 관한 사항

나. 매도자에 관한 사항

다. 매도자의 순보유잔고에 관한 사항

라. 그 밖에 증권시장의 안정성 및 공정한 가격형성을 위하여 자본시장 관리·감독
에 필요한 사항으로서 금융위원회가 정하여 고시하는 사항

(2) 규제대상 증권

공매도가 금지되는 증권은 상장증권으로서 다음과 같다(슈 208조①).

1. 전환사채권, 신주인수권부사채권, 이익참가부사채권 또는 교환사채권
2. 지분증권
3. 수익증권
4. 파생결합증권
5. 제1호부터 제4호까지의 증권과 관련된 증권예탁증권

(3) 규제대상 거래자

구 증권거래법상 공매도가 금지되는 자는 주권상장법인 또는 코스닥상장법인
의 임원·직원 또는 주요주주였으나, 자본시장법으로는 누구든지 제180조 제1항
이 규정하는 공매도를 하는 것은 금지된다.

(4) 공매도 호가의 제한

거래소 업무규정은 회원은 자본시장법 제180조 제1항 제1호의 공매도를 하
거나 그 위탁을 받아 호가를 하여서는 아니 되고 다만 일정한 경우 이를 공매도
로 보지 않는다고 규정한다(업무규정 17조①).[148] 그리고 제2호의 차입공매도를

---

148) [업무규정 제17조 (공매도호가의 제한)]

　① 회원은 법 제180조 제1항 제1호의 공매도를 하거나 그 위탁을 받아 호가를 하여서는 아
　　니 된다. 다만, 다음 각 호의 어느 하나에 해당하는 경우에는 이를 공매도로 보지 아니
　　한다.

1. 시장에서 매수계약이 체결된 상장증권을 해당 수량의 범위에서 결제일 전에 매도하는 경우
2. 전환사채·교환사채·신주인수권부사채 등의 권리행사, 유·무상증자, 주식배당 등으로 취득할 주식을 매도하는 경우로서 결제일까지 그 주식이 상장되어 결제가 가능한 경우
3. 결제일까지 결제가 가능한 경우로서 다음 각 목의 어느 하나에 해당하는 경우
   가. 매도주문을 위탁받는 투자중개업자 외의 다른 보관기관에 보관하고 있거나, 그 밖의 방법으로 소유하고 있는 사실이 확인된 상장증권의 매도
   나. 상장된 집합투자증권의 추가발행에 따라 받게 될 집합투자증권의 매도
   다. 법 제234조에 따른 상장지수집합투자기구의 집합투자증권의 환매청구에 따라 받게 될 상장증권의 매도
   라. 증권예탁증권에 대한 예탁계약의 해지로 취득할 상장증권의 매도
   마. 대여 중인 상장증권 중 반환이 확정된 증권의 매도
   바. 시장 외에서의 매매, 그 밖의 계약에 의하여 인도받을 상장증권의 매도
   사. 법 시행령 제208조 제1항 제1호부터 제4호까지의 증권을 예탁하고 취득할 증권예탁증권의 매도
   아. 회원이 호가를 하는 날의 장종료후 시간외시장에서 상장증권을 매수하기로 위탁자와 약정한 경우로서 해당 수량 범위에서의 상장증권의 매도
② 회원은 법 제180조 제1항 제2호의 공매도(이하 "차입공매도"라 한다)를 하거나 그 위탁을 받아 호가를 하는 경우에는 다음 각 호의 방법에 따라 호가를 하여야 한다.
   1. 회원이 위탁자로부터 매도주문을 위탁받는 경우
      가. 그 매도가 차입공매도인지를 위탁자로부터 통보 받을 것. 이 경우 그 위탁자가 해당 상장법인의 임직원인 경우에는 그 사실을 포함하여 통보 받을 것
      나. 회원은 그 매도가 차입공매도인지와 그 차입공매도에 따른 결제가 가능한지를 확인할 것
      다. 회원은 차입공매도에 따른 결제를 이행하지 아니할 염려가 있는 경우에는 차입공매도의 위탁을 받거나 차입공매도 호가를 제출하지 아니할 것
      라. 회원은 그 매도가 차입공매도인 경우 이를 거래소에 알릴 것
   2. 회원이 차입공매도 호가를 제출하는 경우 그 매도가 차입공매도임을 거래소에 알릴 것
③ 회원은 제2항 제1호 나목에 따른 확인을 다음 각 호의 방법으로 하여야 한다. 다만, 회원이 위탁자로부터 차입공매도주문을 제출하지 아니한다는 확약을 받고 해당 위탁자계좌에 대해 차입공매도주문이 제출되지 않도록 전산조치를 한 경우는 제2항 제1호 나목에 따른 확인을 이행한 것으로 본다.
   1. 위탁자로부터 매도 주문 수탁시 차입공매도 여부, 차입계약 성립 여부를 통보 받을 것
   2. 제1호의 통보는 다음 각 목의 어느 하나의 방법으로 할 것
      가. 문서에 의한 방법
      나. 전화·전보·모사전송·전자우편 등의 방법
      다. 컴퓨터 그 밖의 이와 유사한 전자통신의 방법
   3. 통보 받은 내용은 세칙에서 정하는 방법으로 기록·유지할 것
④ 회원은 제18조의2 제3항에 따라 거래소 또는 다른 회원으로부터 통보받은 위탁자의 차입공매도주문을 수탁하는 경우 통보를 받은 날의 다음 매매거래일부터 제18조의2 제3항 및 제4항의 기간 동안 세칙에서 정하는 방법으로 차입계약 성립사실을 확인하여야 한다.
⑤ 거래소는 제2항에 불구하고 시장의 안정성 및 공정한 가격형성을 저해할 우려가 있는 경우로서 다음 각 호의 어느 하나에 해당하는 경우에는 금융위원회의 승인을 받아 상장증권의 전부 또는 일부에 대한 차입공매도를 제한할 수 있다.

하거나 그 위탁을 받아 호가를 하는 경우에는 소정의 방법에 따라 호가를 하여야 한다고 규정한다(업무규정 17조② 내지 ⑤). 또한, 차입공매도의 경우 공매도 후 주가가 하락하면 공매도자는 이익을 얻게 되므로 공매도를 하면서 주가의 하락을 유도하게 된다. 이에 따라 차입공매도를 하거나 그 위탁을 받아 호가를 하는 경우에는 직전의 가격 이하의 가격으로 호가할 수 없고, 다만 직전의 가격이 그 직전의 가격(직전의 가격과 다른 가격으로서 가장 최근에 형성된 가격)보다 높은 경우에는 직전의 가격으로 호가할 수 있다고 규정한다(업무규정 18조①).149) 이를 업-틱 룰(up-tick rule)이라 한다. 그러나 지수차익거래 등 일정한 경우에는 업-틱 룰이 적용되지 않고, 직전의 가격 이하의 가격으로 호가할 수 있다.150) 다만 위

---

1. 차입공매도 비중이 높은 종목으로서 세칙이 정하는 종목
1의2. 법 시행령 제208조 제2항 제3호의 순보유잔고 비율이 낮은 종목으로서 세칙이 정하는 종목
2. 투자자 보호와 시장안정을 유지하기 위하여 거래소가 필요하다고 인정하는 종목
⑥ 거래소는 시장관리상 필요한 경우에는 회원에게 공매도 및 차입공매도와 관련된 자료의 제출을 요구할 수 있다.

149) [업무규정 제18조 (차입공매도호가의 가격제한)]
① 회원이 자본시장법 시행령 제208조 제2항에 따라 차입공매도를 하거나 그 위탁을 받아 호가를 하는 경우에는 직전의 가격 이하의 가격으로 호가할 수 없다. 다만, 직전의 가격이 그 직전의 가격(직전의 가격과 다른 가격으로서 가장 최근에 형성된 가격을 말한다)보다 높은 경우에는 직전의 가격으로 호가할 수 있다.

150) [업무규정 제18조 (차입공매도호가의 가격제한)]
② 제1항의 규정에 불구하고 다음 각 호의 어느 하나에 해당하는 경우에는 직전의 가격 이하의 가격으로 호가할 수 있다.
1. 지수차익거래를 위하여 매도하는 경우
2. 기초주권과 당해 기초주권에 대한 선물거래종목 또는 옵션거래종목간의 가격차이를 이용하여 이익을 얻을 목적으로 기초주권과 선물거래종목 또는 옵션거래종목을 연계하여 거래하는 것으로서 세칙으로 정하는 거래를 위하여 기초주권을 매도하는 경우
3. 상장지수펀드를 매도하는 경우 또는 상장지수펀드와 당해 상장지수펀드가 목표로 하는 지수의 구성종목의 주식집단간의 가격차이를 이용하여 이익을 얻을 목적으로 상장지수펀드와 주식집단을 연계하여 거래하는 것으로서 세칙으로 정하는 거래를 위하여 주식집단을 매도하는 경우
4. 주식예탁증권(외국주식예탁증권을 포함한다. 이하 이 호에서 같다)과 원주의 가격차이를 이용하여 이익을 얻을 목적으로 주식예탁증권과 원주를 연계하여 거래하는 것으로서 세칙으로 정하는 거래를 위하여 매도하는 경우
5. 제20조의2 제1항의 규정에 의한 유동성공급호가를 제출하는 경우
6. 주식워런트증권에 대하여 제20조의2 제1항의 규정에 의한 유동성공급호가를 제출하는 회원이 매수하거나 매도한 주식워런트증권의 가격변동에 따른 손실을 회피하거나 줄이기 위하여 기초주권을 매도하는 경우
7. 상장지수펀드에 대하여 제20조의2 제1항의 규정에 의한 유동성공급호가를 제출하는 회원이 매수한 상장지수펀드의 가격변동에 따른 손실을 회피하거나 줄이기 위하여 기초주권을 매도하는 경우

와 같이 거래소 업무규정에 의하여 회원의 공매도와 수탁을 규제하는 것보다는, 자본시장법이 구 증권거래법과 달리 모든 시장참여자를 공매도의 규제대상으로 하므로 법령에서 규제하는 것이 바람직하다.

⑸ 순보유잔고의 보고와 공시

상장증권을 차입공매도한 자("매도자", 대통령령으로 정하는 거래151)에 따라 증권을 차입공매도한 자는 제외)는 해당 증권에 관한 매수, 그 밖의 거래에 따라 보유하게 된 순보유잔고(令 208조의2③)가 발행주식 수의 일정 비율을 초과하는 경우에는 매도자의 순보유잔고에 관한 사항과 그 밖에 필요한 사항을 금융위원회와 거래소에 보고해야 한다(法 180조의2①).152) 보고주체는 투자중개업자가 아니고 공매도를 한 개인 또는 법인이다.

순보유잔고는 상장증권의 종목별로 제1호의 수량에서 제2호의 수량을 차감하여 산정한다.

1. 보유총잔고: 매도자(法 180조의2①)가 금융위원회가 정하여 고시하는 시점("기준시점")에 보유하고 있는 다음 각 목의 증권의 수량을 합한 수량
   가. 누구의 명의이든 자기의 계산으로 소유하고 있는 증권(법률의 규정이나 금전의 신탁계약·투자일임계약, 그 밖의 계약 등에 따라 해당 증권의 취득이나 처분에 대한 권한을 타인이 행사하는 경우는 제외)의 수량

---

8. 파생상품시장 업무규정 제86조의 규정에 의하여 시장조성자가 시장조성계좌를 통하여 매수한 선물거래종목 또는 매수하거나 매도한 옵션거래종목의 가격변동에 따른 손실을 회피하거나 줄이기 위하여 기초주권을 매도하는 경우
151) "대통령령으로 정하는 거래"란 다음과 같은 거래를 말한다(令 208조의2①).
   1. 상장주권이 아닌 증권의 거래
   2. 증권시장업무규정 및 법 제393조 제2항에 따른 파생상품시장업무규정에서 정한 유동성공급 및 시장조성을 위한 상장주권의 거래
   3. 제2호에 따른 유동성공급 및 시장조성으로 인하여 미래에 발생할 수 있는 경제적 손실을 부분적 또는 전체적으로 줄이기 위한 상장주권의 거래
   4. 그 밖에 증권시장의 원활한 운영을 위하여 불가피하고 증권시장에 미치는 영향이 경미한 경우로서 금융위원회가 정하여 고시하는 상장주권의 거래
152) 다음과 같은 매도자는 순보유잔고에 관한 사항을 기재한 보고서를 금융위원회와 해당 증권이 상장된 거래소에 제출해야 한다(令 208조의2④).
   1. 해당 증권의 종목별 발행총수(기준시점에 증권시장에 상장되어 있는 수량으로 한정)에 대한 일별 순보유잔고의 비율("순보유잔고 비율")이 음수로서 그 절댓값이 1만분의 1 이상인 자. 다만, 금융위원회가 정하여 고시하는 방법에 따라 산정한 일별 순보유잔고의 평가액이 1억원 미만인 자는 제외한다(즉, 0.01% 이상이면서 1억원 이상).
   2. 해당 증권의 순보유잔고 비율이 음수인 경우로서 금융위원회가 정하여 고시하는 방법에 따라 산정한 일별 순보유잔고의 평가액이 10억원 이상인 자

나. 법률의 규정이나 계약에 따라 타인에게 대여 중인 증권의 수량

다. 법률의 규정이나 금전의 신탁계약·투자일임계약, 그 밖의 계약 등에 따라 타인을 위하여 해당 증권의 취득이나 처분의 권한을 가지는 경우 그에 상응하는 증권의 수량

라. 그 밖에 법률의 규정이나 계약 등에 따라 인도받을 증권의 수량

2. 차입총잔고: 매도자가 기준시점에 인도할 의무가 있는 다음 각 목의 증권의 수량을 합한 수량

가. 기준시점 전에 차입하고 기준시점에 해당 차입증권을 상환하지 아니한 증권의 수량

나. 그 밖에 법률의 규정이나 계약 등에 따라 인도할 의무가 있는 증권의 수량

금융위원회는 제출된 보고서에 거짓의 기재 또는 표시가 있거나 기재사항이 누락된 경우에는 그 이유를 제시하고 그 보고서의 정정을 명할 수 있다(法 180조의2②). 전문투자자로서 보고의무가 있는 자는 5년(슈 208조의2②) 동안 순보유잔고 산정에 관한 자료를 보관하여야 하며, 금융위원회가 자료제출을 요구하는 경우 이를 지체 없이 제출해야 한다(法 180조의2③).

상장주권(슈 208조의3①)의 종목별 발행총수 대비 매도자의 해당 증권에 대한 종목별 순보유잔고의 비율이 일별 순보유잔고 비율이 음수로서 그 절댓값이 1천분의 5 이상인 경우(슈 208조의3②) 매도자는 매도자에 관한 사항, 순보유잔고에 관한 사항, 그 밖에 대통령령으로 정하는 사항을 공시해야 한다(法 180조의3①).

⑹ 공매도거래자의 모집·매출에 따른 주식 취득 제한

누구든지 증권시장에 상장된 주식에 대한 모집 또는 매출 계획이 공시된 이후부터 해당 주식의 모집가액 또는 매출가액이 결정되기 전까지 대통령령으로 정하는 기간153) 동안 모집 또는 매출 대상 주식과 동일한 종목에 대하여 증권시장에서 공매도를 하거나 공매도 주문을 위탁한 경우에는 해당 모집 또는 매출에 따른 주식을 취득하여서는 아니 된다. 다만, 모집가액 또는 매출가액의 공정한 가격 형성을 저해하지 않는 경우로서 대통령령으로 정하는 경우154)에는 그러하지 아

---

153) "대통령령으로 정하는 기간"이란 상장주식에 대한 모집 또는 매출 계획이 처음 공시된 날(법 제123조, 제129조, 제130조 및 제391조에 따라 공시된 날 중 가장 빨리 공시된 날을 말한다)의 다음 날부터 해당 공시 또는 변경공시에 따른 모집가액 또는 매출가액이 결정되는 날까지의 기간을 말한다(슈 208조의4①).

154) "대통령령으로 정하는 경우"란 다음 각 호의 어느 하나에 해당하는 경우를 말한다(슈 208조의4②).

1. 제1항에 따른 기간 이내에 전체 공매도 주문수량보다 많은 수량의 주식을 가격경쟁에 의

니하다(法 180조의4).155)

(7) 차입공매도를 위한 대차거래정보 보관

차입공매도를 목적으로 상장증권의 대차거래 계약을 체결한 자는 계약체결 일시, 종목 및 수량 등 대통령령으로 정하는 대차거래정보156)를 대통령령으로 정하는 방법157)으로 5년간 보관하여야 하고(法 180조의5①), 대차거래정보의 보관 의무를 지는 자는 금융위원회 및 거래소가 그 자료의 제출을 요구하는 경우 이를 지체 없이 제출해야 한다(法 180조의5②).

(8) 공매도 관련 제재

(가) 형사벌칙

제180조를 위반하여 상장증권에 대하여 허용하지 않는 방법으로 공매도를 하거나 그 위탁 또는 수탁을 한 자는 1년 이상의 유기징역 또는 그 위반행위로 얻은 이익 또는 회피한 손실액의 3배 이상 5배 이하에 상당하는 벌금에 처한다.

한 거래 방식으로 매수(증권시장업무규정에 따른 정규시장의 매매거래시간에 매수한 경우로 한정한다)한 경우. 이 경우 해당 매수 시점은 매매계약 체결일을 기준으로 한다.
2. 금융위원회가 정하여 고시하는 바에 따라 해당 주식에 대한 유동성을 공급하기 위해 공매도를 하거나 공매도 주문을 위탁한 경우
3. 그 밖에 제1호 또는 제2호에 준하는 경우로서 증권시장의 원활한 거래를 위해 금융위원회가 정하여 고시하는 사유에 해당하는 경우

155) 공매도에 관한 제180조의4와 제180조의5는 2021년 1월 개정되어 2021년 4월 6일부터 시행된 규정이다. 그 밖에 과징금에 관한 제429조의3, 형사벌칙에 관한 제443조 제1항 제10호도 이 때 신설되었고, 과태료 부과대상을 세분화한 제447조 제1항의 규정도 이 때 개정되었다.

156) "계약체결 일시, 종목 및 수량 등 대통령령으로 정하는 대차거래정보"란 다음 각 호의 거래정보를 말한다(令 208조의5①).
   1. 계약체결 일시
   2. 계약상대방의 성명(법인인 경우 법인명을 말한다)
   3. 계약종목 및 계약수량
   4. 결제일
   5. 상장증권의 대차기간 및 대차수수료율
   6. 그 밖에 제1호부터 제5호까지의 거래정보에 준하는 것으로서 금융위원회가 정하여 고시하는 거래정보

157) "대통령령으로 정하는 방법"이란 다음 각 호의 요건을 모두 갖춘 방법을 말한다(令 208조의5②).
   1. 정보통신처리장치를 통해 대차거래정보를 전자적으로 보관할 것
   2. 대차거래정보의 위·변조 또는 훼손을 방지할 수 있는 설비 또는 시스템을 갖출 것
   3. 대차거래정보의 불법 접근을 방지하기 위한 절차 및 기준을 마련할 것
   4. 그 밖에 제1호부터 제3호까지의 요건에 준하는 것으로서 대차거래정보의 효율적 보관을 위해 금융위원회가 정하여 고시하는 요건(금융투자업규정 6-35조)을 갖출 것

다만, 그 위반행위로 얻은 이익 또는 회피한 손실액이 없거나 산정하기 곤란한 경우 또는 그 위반행위로 얻은 이익 또는 회피한 손실액의 5배에 해당하는 금액이 5억원 이하인 경우에는 벌금의 상한액을 5억원으로 한다(法 443조①10).

제180조 위반의 경우는 징역·벌금의 필요적 병과 대상이 아니고 임의적 병과 대상이다(法 447조②). 자본시장법 제447조의2에 따른 몰수·추징 규정도 적용되지 않는다.

(나) 과징금

금융위원회는 제180조를 위반하여 상장증권에 대하여 허용되지 않는 방법으로 공매도를 하거나 공매도 주문을 위탁 또는 수탁한 자에 대하여 다음 각 호의 구분에 따른 위반금액을 초과하지 않는 범위에서 과징금을 부과할 수 있다(法 429조의3①).

1. 공매도를 하거나 공매도 주문을 위탁한 경우에는 제180조를 위반한 공매도 주문금액
2. 공매도 주문을 수탁한 경우에는 제180조를 위반한 공매도 주문금액

금융위원회는 제180조의4를 위반한 자에 대하여 5억원 이하의 과징금을 부과할 수 있다. 다만, 그 위반행위와 관련된 거래로 얻은 이익(미실현 이익 포함) 또는 이로 인하여 회피한 손실액의 1.5배에 해당하는 금액이 5억원을 초과하는 경우에는 그 이익 또는 회피한 손실액의 1.5배에 상당하는 금액 이하의 과징금을 부과할 수 있다(法 429조의3②).

금융위원회는 과징금을 부과할 때 행위자가 동일한 위반행위로 형사벌칙 규정인 제443조 제1항 제10호에 따라 벌금을 부과받은 경우에는 과징금 부과를 취소하거나 벌금에 상당하는 금액의 전부 또는 일부를 과징금에서 제외할 수 있다(法 429조의3③).

(다) 과태료

다음과 같은 자에 대하여는 1억원 이하의 과태료를 부과한다(法 449조①).

1. 제180조의2 제1항을 위반하여 순보유잔고를 보고하지 아니하거나 순보유잔고의 보고에 관하여 거짓의 기재 또는 표시를 한 자(39의2호)
2. 제180조의2 제2항을 위반하여 금융위원회의 정정명령을 이행하지 아니하거나 정정명령에 따른 보고에 관하여 거짓의 기재 또는 표시를 한 자(39의3호)

3. 제180조의3을 위반하여 공시를 하지 아니하거나 거짓으로 공시한 자(39의4호)
4. 제180조의5를 위반하여 대차거래정보를 보관하지 아니하거나 자료제출 요구에 따르지 아니한 자(39의5호)

제 3 절 시장질서 교란행위

I. 서 론

자본시장법 제4편(불공정거래의 규제)의 제1장 내부자거래, 제2장 시세조종, 제3장 부정거래행위 등은 과징금 부과대상이 아니다.[158] 그런데 형사처벌이 반드시 가장 적절한 제재는 아니고 한편으로는 형사책임의 요건인 엄격한 범죄의 증명 문제로 수사나 재판 단계에서 효과적인 제재가 이루어지지 않는 경우도 많다. 따라서 위와 같은 불공정거래에 대한 제재수단으로 형사처벌 외에 과징금을 도입하는 방안이 논의되어 왔다.[159] 또한 미공개중요정보이용행위 규제에 있어서 2차 이후의 정보수령자가 규제대상에서 벗어나는 외에 직무관련성과 업무관련성 요건으로 인하여 규제가 제한되고, 시세조종 규제에 있어서도 목적성 요건으로 인하여 역시 규제가 제한되므로, 이러한 규제의 공백을 보완하기 위한 방안이 필요하게 되었다.

이에 따라 2014년 12월 30일 공포된 개정 자본시장법(법률 제12947호, 시행일은 공포일로부터 6개월이 경과한 2015년 7월 1일)은 제178조의2(시장질서 교란행위의 금지) 및 제429조의2(시장질서 교란행위에 대한 과징금)를 신설함으로써 시장질서 교란행위에 대한 규제가 도입되었다. 이는 기존 불공정거래행위에 비하여 위법성의 정도는 낮으나 시장의 건전성을 훼손하는 시장질서 교란행위에 대한 규제를 신

---

158) 다만, 과징금 부과기준과 관련하여, 과징금 부과대상 위반행위가 내부자거래 및 시세조종 등 자본시장법 제4편에 따른 불공정거래행위와 관련이 있는 경우에는 법정최고액의 50% 이상을 과징금으로 부과하여야 한다는 제한규정은 있다(令 379조①2다).

159) 과징금도입에 대한 신중론은 자본시장법은 불공정거래에 대한 벌금형이 얻은 이익 또는 회피한 손실의 3배액으로 규정하는데 이는 미국의 민사제재금 부과기준과 유사하고, 또한 「범죄수익은닉의 규제 및 처벌 등에 관한 법률」에 의하여 불공정거래로 인한 부당이득의 환수가 가능하므로 불공정거래에 대한 과징금 도입은 신중히 결정되어야 한다는 점을 든다. 과태료, 과징금의 부과주체는 행정청(이의제기시 법원), 벌금의 부과주체는 법원이고, 불복절차는 각각 비송사건(과태료), 행정소송(과징금), 형사소송(벌금) 등이다.

설하고, 그 시장질서 교란행위에 대해서는 과징금을 부과하도록 함으로써 불공정
거래 규제의 사각지대를 해소하고 투자자를 보호하려는 것이다.

II. 시장질서 교란행위의 유형

1. 미공개중요정보이용 관련 시장질서 교란행위

(1) 규제대상 행위자·정보·상품

㈎ 규제대상 상품 : 지정 금융투자상품

미공개중요정보이용 관련 시장질서 교란행위의 규제대상 상품은, ⅰ) 증권시
장에 상장된 증권[상장예정법인등(法 174조①)이 발행한 증권 포함], ⅱ) 장내파생상
품, ⅲ) 이를 기초자산으로 하는 파생상품이다. 자본시장법은 이를 모두 포괄하여
"지정 금융투자상품"이라 한다.160) 상장예정법인은 6개월 이내에 상장하는 법인
또는 6개월 이내에 상장법인과의 합병, 주식의 포괄적 교환, 그 밖에 대통령령으
로 정하는 기업결합 방법에 따라 상장되는 효과가 있는 비상장법인을 말한다(法
172조①).

"장내파생상품"에는 개별주식선물, 개별주식옵션, 지수선물, 지수옵션 등 거
래소에서 거래되는 모든 파생상품이 포함된다. 그리고 "이를 기초자산으로 하는
파생상품"에는 ELS와 같은 장외파생상품도 포함된다.161)

㈏ 규제대상 행위자

미공개중요정보이용 관련 시장질서 교란행위의 규제대상 행위자는 다음과 같
다(法 178조의2①1).

　　가. 자본시장법 제174조 각 항 각 호의 어느 하나에 해당하는 자로부터 나온 미공개
　　　　중요정보 또는 미공개정보인 정을 알면서 이를 받거나 전득(轉得)한 자
　　나. 자신의 직무와 관련하여 규제대상 정보를 생산하거나 알게 된 자
　　다. 해킹, 절취(竊取), 기망(欺罔), 협박, 그 밖의 부정한 방법으로 정보를 알게 된 자

---

160) 상장증권에 관한 대규모 블록딜이 있을 것이라는 미공개중요정보를 이용하여 해당 상장증
　　권에 관한 매도스왑거래를 한 경우를 미공개중요정보이용 관련 시장질서 교란행위로 인정한
　　하급심 판례가 있다(서울행정법원 2019. 1. 10. 선고 2017구합89377 판결).
161) 지정 금융투자상품과 미공개중요정보이용행위의 규제대상인 "특정증권등"의 차이점에 대하
　　여는 [제1장 제2절 불공정거래 규제대상 금융투자상품 Ⅲ. 시장질서 교란행위] 부분에 상세
　　한 설명이 있으므로 여기서는 생략한다.

라. 위 나목 또는 다목의 어느 하나에 해당하는 자로부터 나온 정보인 정을 알면서
   이를 받거나 전득(轉得)한 자

1) 가목의 행위자

가) 정보의 출처   가목이 규정하는 미공개중요정보의 출처는 "자본시장법 제174조 각 항 각 호의 어느 하나에 해당하는 자"이다.162) 따라서 제174조 제1항 제6호의 정보수령자도 가목이 규정하는 정보의 출처이다.

나) 정보의 다차수령자   가목은 종래에 미공개중요정보이용규제의 범위에 포함되지 않았던 2차 이후의 정보수령자를 규제대상으로 규정한다. 2차, 3차 정보수령자는 물론 그 후의 전득자도 모두 규제대상 행위자가 된다. 다만, 전득자도 미공개중요정보 또는 미공개정보인 정, 즉 정보의 출처가 내부자라는 점을 알면서 정보를 전득하여야 규제대상이 된다.

가목은, 제174조 제1항 제1호부터 제5호까지의 내부자가 정보의 출처인 경우의 1차수령자(받은 자)와 2차 이후의 수령자(전득한 자)를 규정한 것이고,163) 제6호의 1차수령자가 정보의 출처인 경우의 2차수령자(받은 자)와 3차 이후의 수령자(전득한 자)를 규정한 것이다.

가목은 "이를 받거나 전득(轉得)한 자"라고 규정하므로, 가목의 규제대상은 3차수령자까지로 한정된다는 견해도 있을 수 있지만, "전득(轉得)"은 정보의 순차 전달을 내포하는 개념으로 보아야 한다. 이러한 취지에서 라목은 가목을 제외하고 "나목 또는 다목의 어느 하나에 해당하는 자로부터"라고 규정한다.

그리고 제178조의2 제1항 본문의 "이용하거나 타인에게 이용하게 하는 행위"라는 규정상 가목의 정보를 전득한 자가 타인에게 정보를 이용하게 하는 행위 역시 금지대상이므로 이 점에서도 3차수령자까지만 규제대상 행위자라고 해석하기는 어렵다. 이렇게 해석하면 극단적으로는 10차 이후의 정보수령자도 규제대상이

---

162) 가목은 "자본시장법 제174조 각 항 각 호의 어느 하나에 해당하는 자로부터 나온 미공개중요정보 또는 미공개정보"라고 규정하는데, 이는 제174조 제2항과 제3항이 미공개중요정보"라고 규정한 제1항과 달리 "미공개정보"로 규정한 것에 맞춘 것인데, 규제대상 정보에 관한 제2호 가목은 "그 정보가 지정 금융투자상품의 매매등 여부 또는 매매등의 조건에 중대한 영향을 줄 가능성이 있을 것"이라고 규정하므로 구별할 실익은 없다.

163) 이 경우 1차수령자는 법문상 제174조 제1항의 미공개중요정보이용행위자에도 해당하지만, 아래 다)항에서 보는 바와 같이, 제178조의2 제1항 단서는 제174조에 해당하는 경우에는 본문을 적용하지 아니한다고 규정하므로 제174조 제1항 제6호에 해당하는 자(1차수령자)는 시장질서 교란행위의 규제대상이 아니다.

되는 문제가 있지만, 이 경우에는 어차피 아래 규제대상 정보의 요건 중 제2호 가목 "그 정보가 지정 금융투자상품의 매매등 여부 또는 매매등의 조건에 중대한 영향을 줄 가능성이 있을 것"에 해당하지 않을 가능성이 클 것이다.

실제로 5차수령자가 가목의 전득자에 해당하는지에 관하여 다투어진 행정소송(과징금부과처분취소사건)에서 원고가 가목은 3차수령자까지만 규제대상자로 규정한 것이라고 주장하였으나, '전득한 자'에는 내부자로부터 미공개중요정보를 받은 사람으로부터 직접 전해들은 사람뿐만 아니라 그 사람으로부터 순차 전해들은 사람도 포함된다고 본 하급심 판례가 있다.

[서울행정법원 2018. 7. 12. 선고 2017구합78025 판결]
자본시장법 제178조의2 제1항 제1호 가목은, 제174조 제1항 각 호의 어느 하나에 해당하는 자로부터 나온 미공개중요정보를 '받거나 전득한 자'에 대하여 그 정보를 이용한 거래를 하지 아니할 것을 규정하고 있을 뿐 '전득한 자'의 범위를 제한하는 규정은 두고 있지 않은 점, 위 규정의 입법 취지는 미공개중요정보를 거래에 이용하는 것을 규제하려는 것인데 그 정보의 내용이 달라지지 않은 이상 그 정보가 그 정보가 순차 전달되었다 하여 그 규제의 필요성에 어떠한 차이가 생기는 것은 아닌 점, 자본시장조사 업무규정 제25조 [별표2]에서도 과징금 부과기준을 정하면서 전득한 자를 '제3차 이상 수령자'라고 하고 있는 점 등을 고려하여 볼 때, 위 '전득한 자'에는 내부자로부터 미공개중요정보를 받은 사람으로부터 직접 전해들은 사람뿐만 아니라 그 사람으로부터 순차 전해들은 사람도 포함된다고 봄이 타당하다.

다) 제174조 제1항 제6호의 정보수령자   제178조의2 제1항 단서는 제174조에 해당하는 경우에는 본문을 적용하지 아니한다고 규정하므로 제174조 제1항 제1호부터 제6호까지에 해당하는 자는 시장질서 교란행위 금지 규정의 적용대상자가 아니다. 즉, 제178조의2 제1항 제1호 가목의 "받은 자"에는 제174조 제1항 제1호부터 제6호까지에 해당하는 자로부터 미공개중요정보를 받은 자만 포함되고, 제1호부터 제5호까지에 해당하는 자로부터 미공개중요정보를 받은 자는 바로 제174조 제1항 제6호에 해당하므로 시장질서 교란행위 금지 규정의 적용대상자가 아니다.

[서울행정법원 2018. 7. 13. 선고 2017구합77398 판결]
자본시장법 제178조의2 제1항 본문 제1호 가목은 시장질서 교란행위 금지 규정의 적용대상자로서 '제174조 각 항 각 호의 어느 하나에 해당하는 자로부터 나온 미공개중

요정보 또는 미공개정보인 정을 알면서 이를 받거나 전득한 자'를 규정하고 있다. 위 규정에 의하면, 같은 법 제174조 제1항 제1호 내지 제6호에 해당하는 자로부터 미공개중요정보를 받은 자는 시장질서 교란행위 금지 규정의 적용대상자가 된다. 그런데 자본시장법 제174조 제1항 제1호 내지 제5호에 해당하는 자로부터 미공개중요정보를 받은 자(1차 수령자)는 같은 항 제6호에 해당하는 자로서 같은 법 제174조의 적용대상이 되나, 자본시장법 제178조의2 제1항 단서는 같은 법 제174조에 해당하는 경우에는 같은 항 본문을 적용하지 아니한다고 규정하고 있으므로, 결국 자본시장법 제178조의2 제1항 본문 제1호 가목 소정의 '받은 자'에는, 같은 법 제174조 제1항 각 호 중에서 제6호에 해당하는 자로부터 미공개중요정보를 받은 자(2차 수령자)만 포함되고, 제1호 내지 제5호에 해당하는 자로부터 미공개중요정보를 받은 자(제6호 해당자, 1차 수령자)는 포함되지 않는다고 보아야 한다. 이에 따라 자본시장조사 업무규정 [별표2] 과징금 부과기준 제4의 나의 (3)항의 일반기준에서는 자본시장법 제178조의2 제1항 제1호 가목의 '받은 자'를 '2차 수령자'로 한정하고 있는 것으로 보인다.

라) 인식의 정도와 범위   정보를 받거나 전득한 자는 미공개중요정보 또는 미공개정보인 정을 알면서 정보를 받았거나 전득하였어야 규제대상이 된다. "정을 알면서"는 확정적인 인식까지는 아니더라도 "정을 알 것으로 합리적으로 기대할 수 있는" 정도는 되어야 한다. 가목은 "어느 하나에 해당하는 자로부터 나온 미공개중요정보 또는 미공개정보인 정을 알면서"라고 규정하지만 정보의 출처를 구체적으로 인식하여야 하는 것은 아니고, 단지 내부자로부터 나온 미공개중요정보라는 점을 인식하면 규제대상이 된다. 다만, "정을 알면서"라는 규정상 과실에 의한 정보이용은 규제대상이 아니다. 아래에서 보듯이, 시세조종 관련 시장질서 교란행위는 고의가 없는 경우에도 성립할 수 있다.

정보전달 단계에 있는 모든 자가 가목의 "어느 하나에 해당하는 자로부터 나온 미공개중요정보 또는 미공개정보인 정"을 인식해야 하는 것은 아니다. 따라서 정보이용행위자 앞에 이러한 인식이 없는 자가 개입한 경우에도 정보이용행위의 성립에는 영향이 없다.

2) 나목의 행위자

가) 직무관련성   해당 상장법인과의 관계에서 직무관련성을 요구하는 제174조와 달리 시장질서 교란행위에서는 "자신의 직무"라고 규정하므로 해당 상장법인과 무관한 직무라도 모두 포함된다. 즉, 나목의 "자신의 직무"는 "모든 행위

자의 직무"로 해석된다.

　　종래의 미공개중요정보 이용사건에서 법원은 직무관련성의 범위를 넓게 보는 입장이다. 하급심 판례는 다른 직원이 담당하던 업무와 관련되는 정보라 하더라도 같은 부서의 같은 사무실 내에서 파기된 자료에 의하여 정보를 얻은 경우,164) 구내식당에서 담당 임원으로부터 정보를 들어서 알게 된 경우165)에도 직무관련성을 인정한다. 또한, 연구기관의 연구원이 사내 전산망을 통하여 정보를 얻은 경우에도 연구원이라는 지위를 이용하여 일반투자자들에게 접근이 허용되지 않는 정보를 취득한 것이라는 이유로 직무관련성을 인정한 판례가 있다.166)

　　그러나 시장질서 교란행위에서는 규제대상 정보의 범위가 대폭 확대되었으므로 "자신의 직무와 관련하여 알게 된 정보"의 해석에 있어서 직무와 정보의 관련성이 요구된다고 보아야 한다. 따라서 자신의 직무수행 중 알게 된 정보라 하더라도 예컨대 택시기사나 식당 종업원이 근무 중에 우연히 알게 된 정보와 같이 정보의 내용이 자신의 직무와 관련성이 없다면 규제대상 정보가 아니다.

　　나) 정보생산자　　나목은 제174조 제1항과 달리 정보를 생산한 자도 규제대상으로 규정한다. 제174조는 공개매수, 주식등의 대량취득·처분의 경우에만 정보생산자도 규제대상으로 하는데, 시장질서 교란행위는 정보생산자의 정보이용 규제를 모든 경우로 확대하였다. "정보를 생산한 자"는 "정보를 알게 된 자"와 달리 당연히 직무와 정보의 관련성이 인정될 것이다.

　　3) 다목의 행위자　　다목은 해킹, 절취, 기망, 협박 등과 같이 범죄에 해당하는 행위를 예시적으로 규정하고 "그 밖의 부정한 방법"을 추가하였다. "그 밖의 부정한 방법"은 사회통념상 부정한 방법으로 정보를 알게 된 모든 경우를 의미한다. 다만, 예시된 범죄행위 유형에 비추어 그에 준하는 정도의 불법성을 내포해야 할 것이다.

　　4) 라목의 행위자　　내부자로부터 정보를 받은 자를 규정한 가목과 달리, 라목은 내부자 아닌 자(나목 또는 다목에 해당하는 자)로부터 나온 정보인 정을 알면서 정보를 받거나 전득한 자를 규제대상으로 한다. 라목은 가목과 비교하면 정보의 출처가 내부자인지 여부만 다르고 나머지 법리는 같으므로, 나목 또는 다목

---

164) 서울지방법원 2002. 1. 23. 선고 2001고단10894 판결.
165) 서울중앙지방법원 2007. 12. 26. 선고 2007노3274 판결.
166) 서울중앙지방법원 2008. 11. 27. 선고 2008고합236 판결.

에 해당하는 자로부터 정보를 받은 1차수령자와 그 후의 모든 전득자를 규제대상
으로 하고, 나목 또는 다목에 해당하는 정보인 정을 알면서 정보를 받거나 전득한
자가 규제대상이다.

⑷ 규제대상 정보

시장질서 교란행위 규제대상 미공개중요정보는 다음 항목 모두에 해당하는
정보이다(法 178조의2①2).

> 가. 그 정보가 지정 금융투자상품의 매매등 여부 또는 매매등의 조건에 중대한 영향
> 을 줄 가능성이 있을 것
> 나. 그 정보가 투자자들이 알지 못하는 사실에 관한 정보로서 불특정 다수인이 알 수
> 있도록 공개되기 전일 것

1) 정보의 범위   시장질서 교란행위 규제에서는 미공개중요정보규제에
관한 제174조 제1항의 업무관련성을 요건으로 하지 않기 때문에 규제대상 정보
의 범위가 광범위하다. 따라서 특정증권등에 대한 주가흐름의 분석, 증시관계자의
예측 등과 같은 시장정보도 명백히 규제대상 정보이다. 언론보도정보는 물론, 특
정 금융투자상품이 아닌 시장 전체에 영향을 주는 정책정보도 시장질서 교란행위
에 해당한다는 것이 일반적인 견해이다.[167)]

자본시장법은 미공개중요정보 이용행위의 규제대상인 중요한 정보에 대하여
는 "투자자의 투자판단에 중대한 영향을 미칠 수 있는 정보"라고 규정하는데(法
174조①), 시장질서 교란행위 규제대상 미공개중요정보에 대하여는 "지정 금융투
자상품의 매매등 여부 또는 매매등의 조건에 중대한 영향을 줄 가능성이 있는 정
보"로 다소 다르게 규정한다. 그러나 투자판단 자체가 매매 여부 또는 매매 조건
에 대한 판단과 같은 의미이므로 표현상의 차이에 불구하고 양자는 중요성 요건
을 동일한 의미와 수준으로 규정한 것으로 보아야 한다. 따라서 미공개중요정보
이용행위에서의 "정보의 중요성"에 관한 해석은 시장질서 교란행위에서도 동일하
게 적용된다.

2) 정보공개방법   나목과 관련하여, 미공개중요정보이용행위에 관한 제
174조 제1항은 "대통령령으로 정하는 방법에 따라 불특정 다수인이 알 수 있도

---

167) 이와 같이 제재대상 정보의 범위가 매우 광범위하므로 애널리스트의 활동에 상당한 제약요
인이 될 것으로 보인다.

록 공개되기 전의 것"이라고 규정하는데, 시장질서 교란행위 규제에서는 "그 정보가 투자자들이 알지 못하는 사실에 관한 정보로서 불특정 다수인이 알 수 있도록 공개되기 전일 것"이라는 규정 외에는 따로 대통령령으로 정하는 방법에 한정한다는 규정이 없다. 따라서 죄형법정주의의 원칙상 어떠한 방법으로든 불특정 다수인이 알 수 있도록 공개되면 미공개정보가 아니고 규제대상 정보에 해당하지 않는다고 해석해야 할 것이다.

다만, 이와 반대의 취지로, "자본시장법 제178조의2 제1항 제2호 나목 소정의 '그 정보가 투자자들이 알지 못하는 사실에 관한 정보로서 불특정 다수인이 알 수 있도록 공개되기 전일 것'의 요건 역시 같은 법 제174조 제1항, 같은 법 시행령 제201조 제2항에서 규정한 방법에 의해 공개되기 전일 것을 의미한다."라는 하급심 판례가 있다.

[서울행정법원 2018. 7. 13. 선고 2017구합77398 판결]
자본시장법 제174조 제1항은, 미공개중요정보를 '투자자의 투자판단에 중대한 영향을 미칠 수 있는 정보로서 대통령령으로 정하는 방법에 따라 불특정 다수인이 알 수 있도록 공개되기 전의 것'을 말한다고 규정하고 있고, 그 위임에 따라 마련된 같은 법 시행령 제201조 제2항은, 위 '대통령령으로 정하는 방법'이란 해당 법인 또는 그 법인의 자회사가 '피고 또는 거래소에 신고하는 방법, 피고 또는 거래소가 설치·운영하는 전자전달매체를 통해 공개하는 방법, 전국을 보급지역으로 하는 둘 이상의 신문에 게재하는 방법, 전국에서 시청할 수 있는 지상파방송을 통해 방송하는 방법, 연합뉴스사를 통해 제공하는 방법'으로 정보를 공개하고 일정 기간이나 시간이 지나는 것을 말한다고 규정하고 있다. 자본시장법 제174조와 같은 법 제178조의2는 모두 불특정 다수인이 알 수 없는 상장법인의 내부 정보를 부정하게 이용하는 것을 방지하기 위해 마련된 것으로 그 입법취지가 같다. 따라서 자본시장법 제178조의2 제1항 제2호 나목 소정의 '그 정보가 투자자들이 알지 못하는 사실에 관한 정보로서 불특정 다수인이 알 수 있도록 공개되기 전일 것'의 요건 역시 같은 법 제174조 제1항, 같은 법 시행령 제201조 제2항에서 규정한 방법에 의해 공개되기 전일 것을 의미한다고 봄이 타당하다.

위 하급심 판례는 다차수령자에 관한 사건인데, 다차수령자에 관한 제178조의2 제1항 제2호 가목 자체가 제174조를 요건으로 명시적으로 규정한다는 점을 고려한 것으로 보인다. 나아가 "정보를 공개하고 일정 기간이나 시간이 지나는 것을 말한다고 규정하고 있다."라고 판시하는 것으로 보아 주지기간의 경과도 정보

공개의 요건으로 보는 듯하다.

그러나 자본시장법 제178조의2 제1항 제2호 나목은 "그 정보가 투자자들이 알지 못하는 사실에 관한 정보로서 불특정 다수인이 알 수 있도록 공개되기 전일 것"이라고 규정할 뿐이고 달리 위 시행령 제201조 제2항의 정보공개방법에 관한 규정을 준용한다는 규정이 없다. 따라서 해당 정보가 어떠한 방법으로든 불특정 다수인이 알 수 있도록 공개되면(따라서 주지기간도 적용될 여지가 없다) 더 이상 미공개정보가 아니라고 보아야 한다.

(2) 규제대상 행위의 범위

(가) 규제대상 행위

1) 매매, 그 밖의 거래   규제대상 행위는 규제대상 정보를 지정 금융투자상품의 매매, 그 밖의 거래("매매등")에 이용하거나 타인에게 이용하게 하는 행위이다(法 178조의2①본문).

규제대상 행위가 "매매, 그 밖의 거래"라는 점은 제174조의 경우와 같다. "그 밖의 거래"는 유상거래만을 의미하고, 증여는 포함되지 않는다. 유상거래이면 매매에 한정하지 않고, 담보설정 등과 같이 소유권의 이전이 없는 경우에도 규제대상이다.

2) 명의와 계산   자신의 계산으로 "매매, 그 밖의 거래"를 타인의 명의로 한 경우는 규제대상으로 보아야 할 것이다. 그러나 타인의 계산으로 하는 "매매, 그 밖의 거래"도 규제대상으로 보아야 할 것인지에 대하여는 논란의 여지가 있다. 이와 관련하여 위반행위자가 이익귀속주체의 대표자 또는 대리인으로서 거래한 경우라면 투자자보호 및 건전시장유지라는 규제의 취지에 비추어 규제대상으로 보아야 한다는 하급심 판례가 있다.[168]

3) 이용행위와 이용하게 하는 행위

가) 이용행위   "정보를 이용하는 행위"가 금지되므로 단지 정보를 "보유"한 상태에서 매매, 그 밖의 거래를 한 것만으로는 미공개중요정보 이용행위로 볼 수 없고, 그 정보를 "이용"하여 거래를 한 것이어야 한다. 다만, 법원은 미공개정보를 인식한 상태에서 유가증권 거래를 한 경우에는 특별한 사정이 없는 한 그것

---

[168] 펀드 운용자의 위반행위로 인한 이익의 최종 귀속주체는 펀드의 투자자라 하더라도 위반행위자가 계산주체의 대표자인 경우에는 시장질서 교란행위에 해당한다고 보았다(서울행정법원 2019. 1. 10. 선고 2017구합89377 판결).

을 이용하여 유가증권 거래를 한 것으로 보는 것이 상당하다는 입장이다.169)

단지 정보를 "보유"한 상태에서 매매, 그 밖의 거래를 한 것만으로는 미공개중요정보 이용행위로 볼 수 없고, 그 정보를 "이용"하여 거래를 한 것이어야 한다. 이에 관하여는 제174조의 미공개중요정보 이용행위 부분에서 상세히 설명하였으므로 여기서는 생략한다.

나) 이용하게 하는 행위   "이용하게 하는 행위"의 객관적 요건은 내부자가 타인으로 하여금 특정증권등의 매매 기타 거래에 미공개중요정보를 이용하도록 그 타인에게 정보를 알려주는 것이고, 주관적 요건으로서 내부자가 자신이 제공하는 정보를 정보수령자가 특정증권등의 매매 기타 거래에 이용하게 하려는 의사(고의 또는 미필적 고의)를 가지고 있어야 한다.

규제대상 정보를 이용하는 행위와 이용하게 하는 행위 모두 규제대상인데, 정보가 전전유통되는 경우 정보제공자 A는 자신이 정보를 제공한 B의 이용행위에 대하여서만 책임을 지고, B로부터 해당 정보를 수령한 C의 이용행위에 대하여서는 책임을 지지 않는다고 해석하는 것이 타당하다.

(나) 규제대상에서 제외되는 행위

다음과 같은 행위는 규제대상에서 제외된다(法 178조의2①단서).170)

1. 투자자보호 및 건전한 시장질서를 해할 우려가 없는 행위로서 대통령령으로 정하는 경우
2. 그 행위가 제173조의2 제2항(장내파생상품 시세에 영향을 미칠 수 있는 정보의 누설·이용행위),171) 제174조(미공개중요정보 이용행위 금지), 제178조(부정거래행위)에 해당하는 경우

제1호의 "대통령령으로 정하는 경우"란 다음과 같은 경우를 말한다(슈 207조

---

169) 서울중앙지방법원 2007. 7. 20. 선고 2007고합159 판결.
170) 자본시장법 제54조(직무관련 정보의 이용금지), 제71조 제1호(선행매매 금지), 제71조 제2호(조사분석자료 공표 전 매매거래의 금지) 등은 배제되지 아니하므로, 중복 적용될 수 있다.
171) 다음과 같은 자로서 파생상품시장에서의 시세에 영향을 미칠 수 있는 정보를 업무와 관련하여 알게 된 자와 그 자로부터 그 정보를 전달받은 자는 그 정보를 누설하거나, 장내파생상품 및 그 기초자산의 매매나 그 밖의 거래에 이용하거나, 타인으로 하여금 이용하게 하지 못한다(法 173조의2②).
  1. 장내파생상품의 시세에 영향을 미칠 수 있는 정책을 입안·수립 또는 집행하는 자
  2. 장내파생상품의 시세에 영향을 미칠 수 있는 정보를 생성·관리하는 자
  3. 장내파생상품의 기초자산의 중개·유통 또는 검사와 관련된 업무에 종사하는 자

의2).

1. 규제대상 주체(法 178조의2①1가)가 미공개중요정보 또는 미공개정보(法 제174
조 제2항의 공개매수의 실시·중지에 관한 정보, 제3항의 주식등의 대량취득·처
분의 실시·중지에 관한 정보)를 알게 되기 전에 다음 행위를 함으로써 그에 따른
권리를 행사하거나 의무를 이행하기 위하여 지정 금융투자상품의 매매, 그 밖의
거래를 하는 경우
   가. 지정 금융투자상품에 관한 계약을 체결하는 행위
   나. 투자매매업자 또는 투자중개업자에게 지정 금융투자상품의 매매등에 관한 청
      약 또는 주문을 제출하는 행위
   다. 가목 또는 나목에 준하는 행위로서 금융위원회가 정하여 고시하는 행위
2. 규제대상 주체(法 178조의2①1나,다,라)가 규제대상 정보(法 178조의2①2)를 생산
하거나 그러한 정보를 알게 되기 전에 제1호 각 목에 해당하는 행위를 함으로써
그에 따른 권리를 행사하거나 의무를 이행하기 위하여 지정 금융투자상품의 매매
등을 하는 경우
3. 법령 또는 정부의 시정명령·중지명령 등에 따라 불가피하게 지정 금융투자상품의
매매등을 하는 경우
4. 그 밖에 투자자보호 및 건전한 시장질서를 해할 우려가 없는 경우로서 금융위원회
가 정하여 고시하는 경우[172]

2. 시세조종 관련 시장질서 교란행위

(1) 규제대상 상품

시세조종 관련 시장질서 교란행위의 규제대상 상품은 상장증권 또는 장내파
생상품이므로 장외파생상품을 포함하는 미공개중요정보이용 관련 시장질서 교란
행위의 규제대상 상품에 비하여 그 범위가 좁다.

---

[172] "금융위원회가 정하여 고시하는 경우"란 다음 각 호의 어느 하나에 해당하는 경우를 말한다.
(조사업무규정 55조②).
1. 법 제172조 제1항 제2호에 따른 증권예탁증권의 예탁계약 해지에 따라 법 제172조 제1
항 제1호에 따른 증권을 취득하는 경우
2. 주식배당 또는 준비금의 자본금 전입에 의해 주식을 취득하는 경우
3. 증권시장과 파생상품시장 간의 가격 차이를 이용한 차익거래, 그 밖에 이에 준하는 거래
로서 법 제178조의2 제1항 제2호에 해당하는 정보를 의도적으로 이용하지 아니하였다
는 사실이 객관적으로 명백한 경우
4. 그 밖에 투자자보호 및 건전한 시장질서를 해할 우려가 없는 경우로서 증선위가 의결로
써 인정하는 경우

⑵ 규제대상 행위의 범위

㈎ 규제대상 행위

규제대상 행위는 미공개중요정보이용 관련 시장질서 교란행위의 규제대상 행위자와 달리 제한이 없다. 즉, 누구든지 상장증권 또는 장내파생상품에 관한 매매등과 관련하여 다음과 같은 행위를 할 수 없다(法 178조의2② 본문).[173)]

1. 거래 성립 가능성이 희박한 호가를 대량으로 제출하거나 호가를 제출한 후 해당 호가를 반복적으로 정정·취소하여 시세에 부당한 영향을 주거나 줄 우려가 있는 행위
2. 권리의 이전을 목적으로 하지 아니함에도 불구하고 거짓으로 꾸민 매매를 하여 시세에 부당한 영향을 주거나 줄 우려가 있는 행위
3. 손익이전 또는 조세회피 목적으로 자기가 매매하는 것과 같은 시기에 그와 같은 가격 또는 약정수치로 타인이 그 상장증권 또는 장내파생상품을 매수할 것을 사전에 그 자와 서로 짠 후 매매를 하여 시세에 부당한 영향을 주거나 영향을 줄 우려가 있는 행위
4. 풍문을 유포하거나 거짓으로 계책을 꾸미는 등으로 상장증권 또는 장내파생상품의 수요·공급 상황이나 그 가격에 대하여 타인에게 잘못된 판단이나 오해를 유발하거나 상장증권 또는 장내파생상품의 가격을 왜곡할 우려가 있는 행위

1) 목적성 요건과 고의 요건   목적성 요건과 관련하여, 제178조의2 제2항(시세조종 관련 시장질서 교란행위)은 목적성 없이 시세에 영향을 주는 행위 등을 금지하기 위하여 시세조종행위에 관한 제176조가 규정하는 거래성황오인목적이나 매매거래유인목적을 요건에서 배제하였다. 따라서 이러한 목적이 없는 시세조종성 거래(가장성 주문, 허수성 주문 등)가 주된 규제대상일 것이다.

고의 요건과 관련하여, 제1호의 호가대량제출과 관련하여 시스템오류로 인한 대량주문과 같이 성질상 고의가 없는 경우도 있을 수 있다(제2호부터 제4호까지는 규정상 행위자의 고의를 전제로 하고, 미공개중요정보이용 관련 시장질서 교란행위는 그 성질상 고의가 내포된다). 다만, 제3호의 가장성 매매는 "손익이전 또는 조세회피 목적"을 명시적인 요건으로 한다.

2) 제1호의 행위   제1호는 허수성 호가를 규정한다. 제176조 제2항은

───────────

173) 제176조 제4항 제3호의 연계시세조종행위에 직접적으로 대응하는 행위 유형은 없다. 호가제출이나 매매를 요건으로 규정하지 아니한 제4호의 경우 행위자가 매매를 하지 않는 경우에도 규제대상 행위인지 여부에 대하여 논란의 여지가 있는데, 최소한 공범의 매매를 요건으로 한다고 해석하는 것이 타당하다. 그리고 각 호에 나오는 "우려"는 불명확한 용어인데, 단순한 가능성보다는 개연성에 가까운 개념으로 해석하여야 할 것이다.

"매매를 유인할 목적"을 요건으로 규정하는 반면 제1호는 이러한 목적을 규정하지 않는다는 점에서 차이가 있다. 다만, 이러한 목적이 없는 허수성 호가 제출을 모두 규제하는 것은 불합리하므로 제1호는 "시세에 부당한 영향을 주거나 줄 우려가 있는 행위"라고 규정함으로써 규제의 범위를 제한한다.

  3) 제2호의 행위   제2호는 가장성 매매를 규정한다. 제2호는 "권리의 이전을 목적으로 하지 아니함에도 불구하고 거짓으로 꾸민 매매"라고 규정하고, 시세조종 중 가장매매에 관한 제176조 제1항은 "권리의 이전을 목적으로 하지 아니하는 거짓으로 꾸민 매매"라고 규정하므로 행위유형은 동일하다.

  제176조 제1항은 "매매가 성황을 이루고 있는 듯이 잘못 알게 하거나, 그 밖에 타인에게 그릇된 판단을 하게 할 목적"을 규정하는 반면 제2호는 이러한 목적에 관하여 규정하지 않는다는 점에서 차이가 있다. 다만, 이러한 목적이 없는 가장성 매매를 규제하는 것은 불합리하므로 제2호는 " … 매매를 하여 시세에 부당한 영향을 주거나 줄 우려가 있는 행위"라고 규정함으로써 규제의 범위를 제한한다.

  제176조 제1항 제4호는 "제1호부터 제3호까지의 행위를 위탁하거나 수탁하는 행위"라고 규정하는 반면, 이러한 규정이 없는 제2호, 제3호의 행위에 위수탁 행위는 포함되지 않는다.

  4) 제3호의 행위   제3호는 통정성 매매를 규정한다. 제3호는 "손익이전 또는 조세회피 목적"이라고 규정하는데, 시세조종에 관한 제176조 제1항은 "매매가 성황을 이루고 있는 듯이 잘못 알게 하거나, 그 밖에 타인에게 그릇된 판단을 하게 할 목적"이라고 규정하므로 어떠한 목적을 요건으로 한다는 점에서는 같고 그 목적의 범위에서 차이가 있다. 이는 종래에 증여세 포탈 목적으로 이루어지는 장내파생거래를 제176조 제1항으로 규제하기 어려운 점을 고려하여 도입한 규정이다. 다만, 제3호는 "시세에 부당한 영향을 주거나 영향을 줄 우려가 있는 행위"라고 규정하는데, 이러한 행위가 있으면 제176조 제1항의 "매매가 성황을 이루고 있는 듯이 잘못 알게 하거나, 그 밖에 타인에게 그릇된 판단을 하게 할 목적"이 인정될 가능성이 있을 것이다.

  5) 제4호의 행위   제4호에 규정된 행위는 매매유인 목적의 시세조종에 관한 제176조와 부정거래행위에 관한 제178조의 행위유형과 유사하다. 제4호는 호가제출(제1호)이나 매매(제2호, 제3호)를 요건으로 규정하지 아니하므로 반드시 매매를 전제로 하는 것은 아니다. 그리고 제4호는 제1호부터 제3호까지와 달리 "시

세에 부당한 영향을 주거나 줄 우려가 있는 행위"라고 규정하지 않지만, "오인·오해유발"이나 "가격왜곡"은 결국은 시세에 부당한 영향을 주거나 줄 우려가 있는 행위라 할 수 있다.174)

제4호의 "풍문을 유포하거나 거짓으로 계책을 꾸미는"은 제176조 제2항 제2호의 "시세가 자기 또는 타인의 시장 조작에 의하여 변동한다는 말을 유포하는 행위", 제178조 제2항의 "풍문의 유포, 위계(僞計)의 사용"과 실질적으로 같은 의미이다. "타인에게 잘못된 판단이나 오해를 유발"은 제176조 제1항 본문의 "타인에게 그릇된 판단을 하게 할 목적", 제176조 제2항 제1호의 "잘못 알게 하거나", 제3호의 "거짓의 표시 또는 오해를 유발", 제178조 제1항 제2호의 "타인에게 오해를 유발"과 유사하다. "가격을 왜곡할 우려가 있는 행위"도 제176조 제2항 제2호의 "시세가 자기 또는 타인의 시장 조작에 의하여 변동한다는 말을 유포하는 행위", 제178조 제1항 제3호의 "거짓의 시세를 이용하는 행위"와 유사하다. 결국은 제176조 및 제178조의 행위유형과는 목적요건에서 차이가 있는데, 구체적인 사안이 제178조 제2항의 부정거래행위에 해당하는 것인지, 제178조의2 제2항의 시장질서 교란행위에 해당하는 것인지 구별하기 어려운 경우가 많을 것이다.

전산오류로 잘못 입고된 주식을 매도한 사안에서 제4호의 풍문 유포와 거짓 계책을 넓게 해석한 하급심 판결이 있다.

[서울행정법원 2020. 8. 13. 선고 2019구합80428 판결](과징금부과처분취소)
풍문을 유포하거나 거짓으로 계책을 꾸미는 '등'의 행위를 규제하고 있는 자본시장법 제178조의2 제2항 제4호가 시장질서 교란행위의 예시로 들고 있는 '풍문 유포'와 '거짓 계책'으로 그 규제 범위를 제한하고 있지 아니함은 문언상 명백하다. 더구나 '어떤 일을 이루기 위하여 생각해 낸 꾀나 방법'이라는 '계책'의 사전적 의미(국립국어원 표준국어대사전 참조)가 추상적이어서 그 방법에 해당하는 거짓 행위 역시 매우 다양한 형태의 유형과 방법이 있을 수 있는 점, 불공정거래 규제의 사각지대를 해소하고 투자자를 보호하기 위해서는 상장증권의 가격 등에 영향을 줄 수 있는 다양한 형태의 교란행위를 규제할 필요성이 있는 점 등을 감안하면, 위 '풍문 유포'와 '거짓 계책' 등에 준하는 행위는 통상 허용되지 아니하는 방법으로 시장의 건전성을 훼손하는 행위 일반을 의미한다고 봄이 타당하고, 이와 달리 위 행위가 반드시 사전에 계획을 수립

---

174) 제4호가 적용된 사례로서, 모 증권사의 착오주식배당 사건에서 일부 직원이 계좌에 주식이 입고되자 이를 시장에서 매도하였는데, 증권선물위원회는 제4호의 "수요·공급 상황이나 그 가격에 대하여 타인에게 잘못된 판단이나 오해를 유발하거나, 가격을 왜곡할 우려가 있는 행위"로 인정하여 과징금을 부과하였다.

하거나 다른 사람을 적극적으로 기망하는 행동일 것 등이 요구된다고 볼 수 없다.

㈏ 규제대상에서 제외되는 행위

제178조의2 제2항이 규정하는 행위가 시세조종에 관한 제176조 또는 부정거래행위에 관한 제178조에 해당하는 경우는 규제대상에서 제외된다(法 178조의2 ② 단서).175) 미공개중요정보이용 관련 시장질서 교란행위와 달리, "투자자보호 및 건전한 시장질서를 해할 우려가 없는 행위로서 대통령령으로 정하는 경우"라는 제외사유는 없다.

Ⅲ. 시장질서 교란행위에 대한 제재

1. 과 징 금

금융위원회는 시장질서 교란행위자에 대하여 5억원 이하의 과징금을 부과할 수 있다. 다만, 그 위반행위와 관련된 거래로 얻은 이익(미실현이익을 포함)176) 또는 이로 인하여 회피한 손실액에 1.5배에 해당하는 금액이 5억원을 초과하는 경우에는 그 이익 또는 회피한 손실액의 1.5배에 상당하는 금액 이하의 과징금을 부과할 수 있다(法 429조의2).177) 자본시장법상 과징금의 부과는 과징금 부과대상자(제429조 제4항 제외)에게 각 해당 규정의 위반행위에 대하여 고의 또는 중대한 과실이 있는 경우에 한한다(法 430조①). 그러나 시장질서 교란행위에 대한 과징금에 관하여는 "고의 또는 중대한 과실이 있는 경우에 한한다"라는 규정이

---

175) 따라서 전산오류로 잘못 입고된 주식을 매도한 사건에서 일부 행위자는 제178조 제1항 제1호 위반으로 형사처벌되고(서울남부지방법원 2019. 4. 10. 선고 2018고단3255 판결), 사안이 경미하다는 이유로 검찰에서 기소유예처분을 받은 일부 행위자에 대하여 증권선물위원회가 제178조의2 제2항 제제4호 위반으로 과징금을 부과하였는데, 제178조의2 제2항 단서를 근거로 과징금부과처분의 취소를 명한 판례도 있다(1심 : 서울행정법원 2020. 7. 16. 선고 2019구합82745 판결, 2심 : 서울고등법원 2021.8.18. 선고 2020누62077 판결, 원고가 상고함 대법원 2021두50215 사건).

176) 시장질서 교란행위와 관련된 이익을 산정할 때 미실현이익을 포함하도록 하는 규정은 미공개중요정보 이용행위, 시세조종 등의 불공정거래행위로 인한 이익을 산정하는 경우 미실현이익을 포함하여야 한다는 판례의 입장을 입법적으로 반영한 것으로 보인다. 그러나, 한편으로는 시장질서 교란행위와 관련된 이익을 산정할 때 이와 같이 명문으로 미실현이익도 포함된다고 규정함으로써, 그러한 명문의 규정이 없는 미공개중요정보 이용행위, 시세조종 등의 경우에는 반대해석에 의하여 미실현이익이 포함되지 않는다는 반론의 여지가 있으므로 입법적으로 명확히 할 필요가 있는 부분이다.

177) 과징금 부과의 요건과 절차에 관하여는 [제1편 제3장 제2절 IV. 과징금] 부분 참조.

없으므로, 경과실의 경우에도 부과대상이다. 다만, 자본시장조사업무규정상 고의
가 없는 경우에는 과징금 하향조정 사유가 된다.

2. 손해배상책임

시장질서 교란행위로 인하여 손해를 입은 피해자는 행위자를 상대로 손해배
상청구를 할 수 있다. 다만, 불공정거래와 달리 손해배상책임의 특칙규정이 없으
므로 민법 제750조의 불법행위에 기한 손해배상청구를 하여야 하는데, 불법행위
책임의 요건 중 거래인과관계를 증명하기 어려운 문제점이 있다. 시장질서 교란
행위로 인한 손해배상청구소송은 증권관련 집단소송법의 적용대상이 아니다.

3. 형사처벌과의 관계

제173조의2 제2항(장내파생상품 시세에 영향을 미칠 수 있는 정보의 누설·이용
행위), 제174조(미공개중요정보 이용행위 금지), 제176조(시세조종행위), 제178조(부
정거래행위)에 해당하는 기존의 불공정거래인 행위는 시장질서 교란행위 규제대상
행위에 포함되지 않는다. 따라서 시장질서 교란행위는 형사처벌의 대상이 아니고,
이와 같이 불공정거래와 시장질서 교란행위는 양립할 수 없으므로 같은 행위에
대하여 형사처벌을 받는 동시에 과징금을 부과받는 경우는 있을 수 없다.

만일 시장질서 교란행위에 해당한다는 이유로 과징금이 부과된 후 해당 행위
가 기존의 불공정거래에 해당하는 경우에는 과징금부과가 취소되어야 한다. 그
반대로 불공정거래로 기소된 후 무죄판결이 확정된 행위가 시장질서 교란행위에
해당한다면 과징금 부과대상이다.

IV. 불공정거래행위 통보와 정보제공

증권선물위원회는 제429조(공시위반에 대한 과징금) 및 제429조의2(시장질서
교란행위에 대한 과징금)의 과징금 사건이 제173조의2 제2항, 제174조, 제176조 또
는 제178조의 위반 혐의가 있다고 인정하는 경우에는 검찰총장에게 이를 통보하
여야 한다(法 178조의3①). "과징금 사건"이라는 문구상 과징금을 부과할 사건으로
일응 보이지만, 제173조의2 제2항, 제174조, 제176조 또는 제178조의 위반행위는
시장질서 교란행위와 양립할 수 없으므로, 증권선물위원회가 제재절차를 진행한

결과 과징금을 부과할 사건인 경우에는 통보할 필요가 없고, 과징금을 부과할 사건이 아닌 경우에는 통보한다는 의미로 해석된다.

증권선물위원회는 검찰총장이 제173조의2 제2항, 제174조, 제176조 또는 제178조를 위반한 자를 소추하기 위하여 관련 정보를 요구하는 경우에는 이를 제공할 수 있다(法 178조의3②).

제 3 장

불공정거래에 대한 제재

제 1 절 손해배상책임

Ⅰ. 미공개중요정보 이용행위

1. 의   의

미공개중요정보 이용행위에 관한 제174조를 위반한 자는 해당 특정증권등의 매매, 그 밖의 거래를 한 자가 그 매매, 그 밖의 거래와 관련하여 입은 손해를 배상할 책임을 진다(法 175조①). 제175조는 일반불법행위로 인한 손해배상책임을 규정한 민법 제750조에 의하면 미공개중요정보 이용행위의 피해자가 손해배상청구권을 행사하기 곤란하다는 점을 고려한 특칙이다. 일본 金商法은 내부자거래로 인한 손해배상책임규정을 두고 있지 아니하므로, 피해자는 민법상 불법행위책임 (일본 民法 709조)에 기하여 손해배상청구를 하여야 하므로, 피고의 고의·과실, 인과관계 등을 주장, 입증하여야 한다.

2. 특   징

일반적인 시세조종행위는 주가를 인위적으로 상승시키기 위한 것인데(주가를 인위적으로 하락시키기 위한 시세조종행위도 있지만 실제로는 매우 예외적인 경우이다), 이 경우에는 시세조종행위로 인하여 형성된 주가로서 투자자가 실제로 매수한 주가(조작주가)는 시세조종이 없었다면 매수 당시 형성되었으리라고 인정되는 주가(정상주가)에 비하여 높기 때문에, 대법원 판례와 같이 조작주가와 정상주가와의 차액을 손해로 보는 점에 대하여 별다른 문제가 없고, 단지 시세조종 이외의 사정으로 인한 해당 기업의 주가변동과 매도시점에 아직 시세조종의 영향이 남아

있는 경우 이를 반영하는 방식 등이 검토되고 있다. 그러나 미공개중요정보 이용
행위의 경우에는, 예를 들어 주가의 상승에 관계된 정보(호재성 정보)가 공개되기
전에 내부자가 주식을 매수하게 되면, 이러한 매수세력의 존재에 의하여 주가는
매수세력의 크기에 비례한 상승영향을 받을 것이고, 그렇다면 이 때 매도한 투자
자로서는 내부자거래 유무에 관계없이 주식을 매도하였을 것인데 내부자거래가
없었을 때에 비하여 고가에 주식을 매도하게 된 것이므로 내부자의 거래행위로
손해를 입었다고 보기 어렵고 오히려 이익을 얻었다고 볼 수도 있다. 반대로, 주
가의 하락에 관계된 정보(악재성 정보)가 공개되기 전에 내부자가 주식을 매도하
게 되면, 이러한 매도세력의 존재에 의하여 주가는 매도세력의 크기에 비례한 하
락영향을 받을 것이고, 그렇다면 이 때 매수한 투자자로서는 내부자거래 유무에
관계없이 주식을 매수하였을 것인데 내부자거래가 없었을 때에 비하여 저가에 주
식을 매수하게 된 것이므로 내부자의 거래행위로 손해를 입었다고 보기 어렵고
오히려 이익을 얻었다고 볼 수도 있다.[1] 그러나 이는 매매의 결과만을 두고 판단
한 것이고, 매매에 이르게 된 동기나 과정을 본다면, 위 투자자는 만일 정보가 공
개되었다면 매매를 하지 않았음은 물론 오히려 그 반대방향의 매매를 하였을 것
이므로 이 점에서 내부자의 정보비공개행위로 인하여 손해를 입었다고 볼 수 있
다.[2] 이러한 이유로 내부자거래와 관련하여 투자자가 입게 되는 손해는 내부자의
'거래행위'가 아닌 '정보비공개행위'로 인하여 발생한 것으로 보는 것이 논리적이
라는 견해도 있고, 미국 연방제2항소법원의 Sharpiro v. Merrill Lynch, Pierce,
Fenner & Smith, Inc., 495 F. 2d 288 (2d Cir. 1974) 판결과 Elkind v. Liggett &
Myers, Inc., 635 F.2d 156 (2d Cir. 1980) 판결도 같은 취지이다. 그러나 중요
한 정보 중에도 공개할 의무가 없는 정보도 많고, 또한 제175조 제1항은 '제174
조를 위반한 자'를 손해배상책임의 주체로 규정하는데 제174조는 '정보의 비공
개행위'가 아닌 '미공개중요정보 이용행위'를 금지대상으로 규정하므로, '거래행
위'보다 '정보의 비공개'를 손해발생의 주원인으로 보는 것은 자본시장법의 명문
의 규정과 일치하지 않는다. 다만 정보의 비공개행위를 항상 위법하다고 보는 것

---

1) 이러한 이유로 證券取引法에 내부자거래에 관하여 손해배상규정을 두지 않은 것이라고 설
   명하기도 한다[川村和夫, 註解證券取引法(有斐閣, 1997), 1211면].
2) 자본시장법의 '미공개' 정보라는 표현은 '정보'를 기준으로 아직 공개되지 아니한 정보라는
   의미이고, 내부자거래를 한 '특정 내부자'를 기준으로 그가 정보를 공개하지 않고 거래한 경우
   에는 정보를 '비공개'하였다는 표현이 보다 적절하므로 여기서도 '미공개' 정보와 정보의 '비
   공개'를 혼용하여 사용한다.

이 아니라 내부자의 거래시점에서의 정보비공개행위만을 위법하다고 해석하면 논리적으로 무리가 없고, 정보의 이용행위가 금지되는 이유는 바로 그 정보가 공개되기 전이기 때문이므로 정보의 이용행위와 정보의 미공개는 하나의 위법행위의 양면으로 볼 수 있다. 이와 같이 해석하면 위의 사안과 같은 경우에도 내부자의 손해배상책임을 인정하는 데 무리가 없을 것이다.

3. 손해배상책임의 주체

손해배상책임의 주체는 내부자, 준내부자, 정보수령자로서 미공개중요정보 이용행위를 금지하는 제174조를 위반한 자이다. 현행법상 2차수령자는 미공개중요정보 이용행위에 대한 책임이 없으므로 피해자에게는 1차수령자만 손해배상책임을 진다. 책임주체가 위반행위로 인하여 이익을 얻거나 손실을 회피하였다는 것은 손해배상책임의 요건이 아니다.

4. 손해배상청구권자

제175조 제1항은 "해당 특정증권등의 매매, 그 밖의 거래를 한 자"를 손해배상청구권자로 규정한다. 따라서 매매, 그 밖의 거래를 위탁하였으나 현실적으로 매매하지 않은 자는 청구권자가 될 수 없다.

(1) 해당 특정증권등

"해당 특정증권등"3)이란 내부자가 내부정보를 이용하여 거래한 바로 그 특정증권등으로서 발행인이 동일하더라도 종류나 종목이 다른 특정증권등을 거래한 경우에는 본조의 손해배상책임이 발생하지 않는다.4) 따라서 내부자가 내부정보

---

3) [法 172조①]
    1. 그 법인이 발행한 증권(대통령령으로 정하는 증권 제외)
    2. 제1호의 증권과 관련된 증권예탁증권
    3. 그 법인 외의 자가 발행한 것으로서 제1호·제2호의 증권과 교환을 청구할 수 있는 교환사채권
    4. 제1호부터 제3호까지의 증권만을 기초자산으로 하는 금융투자상품
        (구 증권거래법은 "당해 법인이 발행한 유가증권"을 매매한 내부자만 규제하였으므로 대부분의 파생상품은 "당해 법인이 발행한 유가증권이 아니므로" 규제대상이 아니었다. 이에 자본시장법은 "특정증권등"의 범위에 다른 법인이 발행한 금융투자상품도 포함되므로 규제의 폭이 훨씬 넓어졌다. 다만 손해배상청구권을 행사할 수 있는 자는 여전히 "해당 특정증권등"의 매매, 그 밖의 거래를 한 자로 한정된다).
4) 미공개중요정보 이용행위는 "특정증권등"의 거래를 대상으로 하는데, 참고로 시세조종의 배상책임에서는 "상장증권 또는 장내파생상품"의 거래를, 부정거래행위의 배상책임에서는 모

를 이용하여 특정 종류의 주식(보통주)을 거래한 경우, 해당 주식으로의 교환 또는 전환의 대상으로 하는 사채권(EB, CB), 우선주, 옵션 등을 거래한 자는 그 내부자에 대하여 손해배상청구를 할 수 없다.

(2) 매   매

특정증권등의 가격상승에 영향을 줄 수 있는 미공개중요정보에 기하여 특정증권등을 매수하였을 때뿐 아니라 가격하락에 영향을 줄 수 있는 미공개중요정보에 기하여 특정증권등을 매도하였을 때에도 결국은 하락폭만큼 이익을 얻은 것이므로 매도와 매수 모두 규제의 대상이 되는 것이다. 이에 해당하는 매매라고 하기 위하여는 매매계약의 이행은 요구되지 않지만 적어도 매매계약의 체결은 요구된다. 따라서 단지 매도청약 또는 매수청약을 한 것만으로는 부족하다.

(3) 기타 거래

매매뿐 아니라 교환 등 일체의 양도와 담보권설정이나 담보권취득 등의 거래를 한 자도 손해배상책임을 진다.

(4) 거래장소

규제대상 특정증권등의 발행인은 상장법인으로 제한되지만, 규제대상인 거래장소는 반드시 장내일 필요는 없고 장외거래도 규제대상이다. 이와 달리, 시세조종에 관한 제177조 제1항은 "제176조를 위반한 자는 그 위반행위로 인하여 형성된 가격에 의하여 해당 상장증권 또는 장내파생상품의 매매를 하거나 위탁을 한 자가 그 매매 또는 위탁으로 인하여 입은 손해를 배상할 책임을 진다"고 규정한다.

(5) 손해배상청구권자의 범위

(가) 동시기 거래자로 보는 견해

미공개중요정보를 이용한 거래를 원인으로 손해배상청구를 하려는 청구권자는 해당 특정증권등을 내부자의 거래와 같은 시기에 내부자와 반대방향으로 거래하였어야 한다. 손해배상청구권자의 범위를 이와 같이 정하는 이유는, "해당 특정증권등의 매매, 그 밖의 거래"에 있어서 '해당'이 '특정증권등'을 수식하는 것인지, 아니면 '매매, 그 밖의 거래'를 수식하는 것인지에 따라 전자와 같이 해석하면 동일한 특정증권등을 거래하기만 하였으면 손해배상청구권에 포함되어 청구권자

든 "금융투자상품"의 거래를 대상으로 한다.

의 범위가 지나치게 넓어지고, 후자와 같이 해석하면 내부자와 직접거래당사자관
계가 요건이 되어 청구권자의 범위가 지나치게 좁아지게 되므로, 양자의 절충안
으로 동시기의 개념이 필요하기 때문이다.5)

　　법원도 같은 취지에서, "내부자거래를 한 자가 손해배상책임을 부담하는 상
대방인 '해당 유가증권의 매매 기타 거래를 한 자'를 내부자가 거래한 것과 같은
종목의 유가증권을 거래한 모든 사람으로 해석한다면 내부자가 거래한 유가증권
의 수량이 해당 유가증권의 전체 시장규모에 비추어 극히 미미한 경우에까지 해
당 유가증권 거래자 모두에게 손해배상책임을 부담하는 것으로 되어 내부자거래
를 한 자에게 지나치게 가혹할 뿐만 아니라, 그러한 경우에는 내부자거래행위와
손해발생 사이의 인과관계를 인정하기도 어려울 것이므로 위 규정의 위와 같은
입법취지에도 맞지 아니하고, 반면에 '해당 유가증권의 매매 기타 거래를 한 자'
를 해당 유가증권의 매매거래에 있어서의 내부자의 직접 거래 상대방만으로 한정
한다면 위와 같이 거래 상대방의 확인이 어려운 경우가 대부분인 증권시장의 특
성상 위 규정이 적용될 경우는 거의 없어 그 입법취지가 몰각된다 할 것이다. 그
러므로 위 규정의 입법취지에 비추어 볼 때 내부자거래를 한 자가 손해배상 책임
을 부담하는 상대방인 '해당 유가증권의 매매 기타 거래를 한 자'라 함은 내부자
가 거래한 것과 같은 종목의 유가증권을 동시기에 내부자와는 반대방향으로 매매
한 자를 의미한다고 해석함이 상당하다 할 것"이라고 판시한다.

[서울지방법원 남부지원 1994. 5. 6. 선고 92가합11689 판결]
피고 J은행이 1992. 4. 29. 09:27경 증권거래소 개장 직전에 소외 D증권주식회사 영동
지점을 통하여 S사의 주식 71,000주 전량에 대한 매도 주문을 냄으로써, 그날의 시초
가를 형성하기 위한 동시호가장에서 금 6,020원씩에 800주가 전산체결매도가 되고,
나머지 주식 70,200주는 위 동시호가장이 마감된 직후인 같은 날 09:40경부터 10:09
경까지 사이에 금 6,020원씩에 2,990주, 금 6,010원씩에 7,900주, 금 6,000원씩에
58,510주(24회로 나뉘어)가 각 순차로 전산체결매도된 사실 및 원고가 같은 날 09:37
경에 소외 H증권주식회사 소공동지점을 통하여 S사의 주식 10,000주에 대하여 1주당
금 6,000원씩에 매수주문을 내어, 위 동시호가장이 마감된 후인 같은 날 09:46경에
그에 따른 전산체결매수가 일시에 이루어진 사실은 원고와 피고 J은행 사이에 다툼이
없는바, 그렇다면, 원고는 피고 J은행이 매도한 것과 같은 종목의 주식을 동 시기에
위 피고와는 반대방향으로 매수하였다 할 것이므로, 피고 J은행은 증권거래법 제188

5) 박임출, 내부자거래규제에 관한 비교법적 연구(2002), 성균관대학교 박사학위 논문, 160면.

조의2의 내부자거래 금지규정을 위반하여 S사 주식의 매도거래를 한 자로서 같은 법
제188조의3 제1항에 따라 위 거래와 관련하여 원고가 입은 손해를 배상할 책임이 있
다.6)

---

6) IPO 후 몇 달 만에 부도가 발생한 회사의 주거래은행이 부도발생사실이 공시되기 바로 전
날 보유주식 전량을 시장에서 매도한 사건에 대한 판결이다. 이 판결에서는, 거래소에 상장될
수 없는 부실기업의 주식을 불법으로 상장하였음을 원인으로 하는 손해배상청구소송에 있어
서는 인과관계의 증명부담을 대폭 완화하여, 원고는 피고의 행위와 부실기업의 불법 상장 사
이에 상당인과관계가 있다는 점, 원고가 선의로 당해 주식을 매수함으로 인하여 손해를 입었
다는 점을 입증함으로써 족하고, 이에 대하여 원고의 손해가 예기치 못한 경제사정의 급변 등
주식의 불법 상장 이외의 다른 원인에 의한 것임을 피고가 증명하지 못하는 한 책임을 면할
수 없다는 판시도 중요하다.
  [서울지방법원 남부지원 1994. 5. 6. 선고 92가합11689 판결] "일반적으로 불법행위로 인한
손해배상 청구사건에 있어서 청구자인 피해자는 자신이 입은 손해가 피청구자인 상대방의 가
해행위로 인한 것임을 입증하여야 한다. 그러나, 이 사건에서처럼 증권거래소에 상장될 수 없
는 부실기업의 주식이 불법으로 상장되었음을 원인으로 하는 손해배상청구소송에 있어서까지
이를 엄격히 요구하게 되면 다음과 같은 이유로 사회 형평의 관념에 맞지 않게 된다. 즉, 기업
을 공개하면 그 기업은 신주발행을 통하여 막대한 자본을 조달하게 되고, 공개 전의 주주는
증권거래소를 통하여 그 주식을 처분함으로써 투하자본을 회수하기가 용이해지며, 한편 그 주
식은 증권거래소를 통하여 불특정 다수의 투자자들 사이에 거래되게 된다. 일반적으로 주식시
장에서 어떤 주식을 매도 또는 매수하고자 하는 사람은 당해 회사의 자산상태, 사업전망 및
정부의 경제시책, 경제계의 제반 상황과 업계의 전망, 물가, 금리 등 경제적 요인과 기타 국내
외 정치상황, 국제문제 등 복합적 요인을 합리적으로 고려하여, 그 주식을 보유함으로써 이익
배당 또는 주식가격의 상승을 통하여 이익을 얻을 수 있고, 그 이익률이 적어도 다른 종목의
주식이나 주식 이외의 다른 투자 대상 분야의 기대수익률을 상회하리라는 합리적 기대가 가
능할 때 이를 매수하고, 그 반대일 경우 이를 매도하기 때문에, 당해 주식의 시장가격은 특별
한 사정이 없는 한 거래 당사자의 위와 같은 평가가 일치되는 지점에서 형성되며, 따라서 위
와 같은 주식시장의 특성상 적자가 누적되고 재무구조가 취약하여 처음부터 기업공개의 요건
을 갖추지 못한 부실기업이 기업공개의 요건을 갖춘 건전한 기업인 것처럼 분식하여 불법으
로 기업을 공개한 후 부도를 내어 기업의 존속 자체가 어려워지는 경우에는 그 주식의 시장가
격이 급락하여 위와 같은 사정을 알지 못하고 당해 주식을 매수하였던 투자자들은 필연적으
로 손해를 입게 된다. 그런데, 주식시장에서는 불특정다수인들 사이에 비대면적, 집단적으로
수시로 거래가 이루어지는 관계로 그 거래의 상대방이라는 개념이 존재할 여지가 없고, 위에
서 본 바와 같은 가격결정 구조의 특성상 상장된 기업의 주식 가격은 그 주식이나 당해 기업
자체에 관한 사항 이외의 다른 요인들에 의하여 영향을 받는 경우도 많이 있을 뿐 아니라, 주
식 가격의 급락을 초래하는 기업의 부도도 여러가지 복합적 요인에 의하여 발생하기 때문에
피해자가 가해행위와 손해발생 간의 인과관계의 모든 과정을 증명하는 것은 극히 어렵거나
사실상 불가능한 경우가 대부분이다. 따라서, 이 사건과 같이 증권거래소에 상장될 수 없는
부실기업의 주식을 불법으로 상장하였음을 원인으로 하는 손해배상청구소송에 있어서 청구자
인 피해자는 피청구자의 행위와 부실기업의 불법 상장 사이에 상당 인과관계가 있다는 점, 청
구자가 선의로 당해 주식을 매수함으로 인하여 손해를 입었다는 점을 입증함으로써 족하고,
이에 대하여 가해자는 피해자의 손해가 예기치 못한 경제사정의 급변 등 주식의 불법 상장 이
외의 다른 원인에 의한 것임을 입증하지 못하는 한 책임을 면할 수 없다고 봄이 상당하다 할
것이다."

어느 정도의 시간적 인접성이 있어야 같은 시기로 인정되는지에 관하여 법령에 별도의 규정이 없으므로 대기기간이 경과하기 전의 거래는 동시기(同時期)의 거래로 볼 수 있는지가 문제이다. 그러나 이렇게 해석하면 중요한 정보가 시행규칙 제36조의 방법으로 공개되고 대기기간이 경과하기 전까지의 모든 거래자가 손해배상청구를 할 수 있게 되는데, 이는 지나치게 책임추궁의 범위가 확대되어 정당한 손해배상청구권을 넘어 투기적 이익까지 인정되는 결과가 될 것이므로 부당하다. 따라서 법원이 각 사안별로 제반 정황을 고려하되 원칙적으로 내부자의 거래개시시점부터 내부자의 거래종료일까지로 보는 것이 타당할 것이다.

(나) 직접거래당사자로 보는 견해

위 92가합11689 판결에 대하여 항소심은 원고와 피고 간에 직접거래관계가 인정된다고 판시하면서 1심판결을 지지하였다.7) 그러나 거래소의 전산체결시스템상 모든 거래당사자의 주문은 개별적으로 전산처리되고 체결된 거래의 직접거래당사자를 사후에 확인하는 것이 기술적으로 가능하다고 하지만, 소송당사자인 원고에게 개별적인 거래체결내역을 증명하라고 요구하면 손해배상청구권자의 범위가 지나치게 제한된다는 문제가 있다.

5. 인과관계

자본시장법 제175조 제1항은 "매매, 그 밖의 거래와 관련하여 입은 손해를 배상할 책임을 진다"라고 규정함으로써 손해인과관계의 증명만 요구하고, 거래인과관계의 증명은 요구하지 않는다. 즉, 손해배상청구권자는 내부자거래사실의 존재 외에는 손해가 매매거래와 관련하여 입은 것이라는 사실만 증명하면 된다.8) 거래인과관계와 관련하여, 거래인과관계의 증명도 필요하며 다만, 내부자거래의 특성상 내부자거래가 없었더라도 (중요한 미공개 정보의 존재를 모르는) 다른 투자자로서는 거래를 하였을 것이기 때문에 거래인과관계를 증명하는 것은 본질적으로 불가능하므로, 미공개중요정보 이용행위가 발생하였고, 해당 정보가 투자자의

---

7) 서울고등법원 1996. 6. 14. 선고 94나21162 판결 (이 사건에서 S사 주식 1만주를 매수한 원고의 매수주문은 오전 9시 37분부터 9시 46분까지 전량 체결되었고, 피고의 매도주문은 동시호가에서 일부 체결되고 나머지는 10시 이후까지 모두 체결되었고, 법원은 이러한 체결시점으로 보아 직접거래당사자관계가 인정된다고 판시하였다).

8) 미국에서도 손해인과관계의 증명책임에 대하여는 판례가 일치되지 않았었는데 1995년 제정된 증권민사소송개혁법(Private Securities Litigation Reform Act of 1995: PSLRA)에 의하여 원고가 증명책임을 부담하도록 명문화하였다[SEA §21D(b)(4)].

투자판단에 중대한 영향을 미칠 수 있는 경우에는, 그와 동시기에 거래한 투자자는 (중요한 미공개중요정보의 부존재에 대한, 또는 가격의 공정성에 대한) 신뢰에 기하여 거래를 한 것으로 추정되는 것으로 보는 견해도 있다. 이와 같이 해석하면 원고에게 이러한 신뢰가 없었음을 피고가 증명하면 추정이 번복된다. 그러나 "매매, 그 밖의 거래와 관련하여 입은 손해를 배상할 책임을 진다"라는 문언상 손해배상청구에 있어서 거래인과관계는 요구되지 않는다고 해석하는 것이 타당하다.

6. 고의 · 과실

손해배상청구권자는 내부자의 고의나 과실을 증명할 필요가 없다. 따라서 청구권자가 자신이 내부자가 거래를 한 동일한 시기에 반대방향의 거래를 하였다는 사실과 손해액 및 손해인과관계만 증명하면 된다.

7. 민법상 불법행위에 기한 손해배상책임

(1) 일반불법행위책임

제175조는 일반불법행위에 관한 민법 제750조의 특칙이다. 통설 · 판례인 청구권경합설에 의하면 자본시장법에 의한 손해배상청구권과 민법에 의한 손해배상청구권은 청구권경합의 관계에 있으므로, 손해배상청구권자는 자본시장법 제175조에 기한 손해배상청구권과 민법 제750조에 기한 손해배상청구권을 선택적으로 행사할 수 있다. 이는 제177조, 제179조의 경우에도 같다.

(2) 사용자책임

(개) 책임원인

타인을 사용하여 어느 사무에 종사하게 한 금융투자업자는 피용자가 그 사무집행에 관하여 제3자에게 가한 손해를 배상할 책임이 있다(民法 756조①). 이를 사용자책임이라고 부른다. 사용자책임이 성립하려면 피용자의 제3자에 대한 가해행위가 고의나 과실 및 책임능력 등 불법행위의 성립요건을 갖추어야 한다.

(내) 사무집행 관련성

'사무집행에 관하여'라는 뜻은, 피용자의 불법행위가 외형상 객관적으로 사용자의 사업활동 내지 사무집행 행위 또는 그와 관련된 것이라고 보일 때에는 주관적 사정을 고려함이 없이 이를 사무집행에 관하여 한 행위로 본다는 것이고, 여기에서 외형상 객관적으로 사용자의 사무집행에 관련된 것인지는, 피용자의 본래 직무와 불법행위의 관련 정도 및 사용에게 손해발생에 대한 위험 창출과 방지조치 결여의 책임이 어느 정도 있는지를 고려하여 판단하여야 한다.9)

피용자가 사무집행에 관하여 위법행위를 한 경우에는 특별한 사정이 없는 한 사용자는 민법 제756조에 따른 사용자책임을 진다. 피용자가 자본시장법상 불공정거래를 한 경우에도 사용자가 손해배상책임을 지는 것도 같은 법리이다.

피용자의 불법행위가 외관상 사무집행의 범위 내에 속하는 것으로 보이는 경우에도 피용자의 행위가 사용자나 사용자에 갈음하여 그 사무를 감독하는 자의 사무집행행위에 해당하지 않음을 피해자 자신이 알았거나 또는 중대한 과실로 알지 못한 경우에는 사용자나 사용자에 갈음하여 그 사무를 감독하는 자에 대하여 사용자책임을 물을 수 없다.10)

㈐ 면책사유

사용자가 피용자의 선임 및 그 사무감독에 상당한 주의를 한 때 또는 상당한 주의를 하여도 손해가 있을 경우에는 사용자책임을 물을 수 없다(民法 756조②).

8. 손해배상책임의 범위

⑴ 상당인과관계

증권신고서와 투자설명서의 중요사항에 관하여 거짓의 기재 또는 표시가 있거나 중요사항이 기재 또는 표시되지 아니함으로써 증권의 취득자가 손해를 입은 경우의 손해배상책임에 관하여는 자본시장법 제126조가 배상액산정방법을 구체적으로 규정하나, 미공개중요정보 이용행위로 인한 손해배상책임에 관한 제175조 제1항은 "그 매매, 그 밖의 거래와 관련하여 입은 손해"라고만 규정할 뿐 손해액의 구체적인 산정방식을 규정하지 않는다. 불법행위의 법리상 피고는 위법행위와 상당인과관계 있는 손해에 대하여만 배상책임을 진다. 즉, 내부자는 미공개중

---

9) 대법원 2011. 11. 24. 선고 2011다41529 판결.

10) [대법원 2011. 11. 24. 선고 2011다41529 판결] "이 경우 중대한 과실은 거래의 상대방이 조금만 주의를 기울였더라면 피용자의 행위가 그 직무권한 내에서 적법하게 행하여진 것이 아니라는 사정을 알 수 있었음에도, 만연히 이를 직무권한 내의 행위라고 믿음으로써 일반인에게 요구되는 주의의무에 현저히 위반하는 것으로 거의 고의에 가까운 정도의 주의를 결여하고, 공평의 관점에서 상대방을 구태여 보호할 필요가 없다고 인정되는 상태를 말한다. 그리고 특히 금융기관과의 거래에서는 금융기관의 피용자와 거래 상대방 사이에 이루어진 금융거래의 내용, 거래 방식, 사용된 서류의 양식 등이 건전한 금융거래의 상식에 비추어 정식 금융거래와는 동떨어진 때에는 거래 상대방에게 사무집행행위에 해당하지 않는다는 점에 대한 고의 또는 중대한 과실이 인정될 여지가 많다."

요정보 이용행위와 인과관계 없는 손해에 대하여는 배상책임을 지지 않게 된다. 다만, 내부자거래는 적극적 부실표시가 아닌 미공개(침묵)에 의한 거래이므로 상당인과관계의 범위를 정하기가 곤란하다는 문제점이 있다.

(2) 손해의 산정방법

내부자거래로 인한 손해의 산정방법에 관하여, 종래에 일부 하급심은 비록 준용규정은 없지만 구 증권거래법 제15조 제1항(자본시장법 제126조 제1항에 해당하는 규정)을 준용하기도 하였다.

[서울지방법원 남부지원 1994. 5. 6. 선고 92가합11689 판결]

1. 증권거래법 제15조는 유가증권신고서 등의 허위기재로 인하여 그 발행인 등이 같은 법 제14조의 규정에 의하여 손해배상책임을 지는 경우 배상하여야 할 손해액은 피해자가 당해 유가증권을 취득함에 있어서 실지로 지급한 액에서 변론종결 당시의 그 시장가격 또는 변론종결 전에 그 주식을 처분한 때에는 그 처분가격을 공제한 금액으로 한다고 규정(위 법 제14조 중 손해배상책임을 지는 자의 범위가 위 1991.12.31.에 개정되었으나, 손해배상의 범위에 관한 위 법 제15조의 규정은 개정되지 아니하였다)하고 있는바, 주식의 불법 상장을 원인으로 하는 불법행위로 인한 손해배상책임 및 내부자거래금지규정 위반으로 인한 증권거래법 제188조의3 제1항에 의한 손해배상책임의 경우에 있어서의 손해배상의 범위도 위와 같다고 봄이 상당하다.

2. 이 사건에서 원고가 1992. 4. 29. 피고 S사의 주식 10,000주의 매입자금으로 금 60,000,000원을 지출한 사실, 그 후 위 주식 10,000주 중 이 사건 변론종결 전인 같은 해 9. 18. 100주를 주당 금 890원에, 같은 해 10. 8. 100주를 주당 금 570원에, 같은 달 9일 1,100주를 주당 금 550원에, 나머지 8,700주를 주당 금 590원에 각 처분하여, 위 매각대금으로 합계 금 5,884,000원을 회수한 사실은 각 앞에서 본 바와 같다.

3. 그렇다면, 이 사건에서 원고가 입은 손해액은 위 주식 매입자금으로 지출한 금 60,000,000원에서 이 사건 변론종결 전에 이를 처분하여 회수한 금 5,884,000원을 뺀 나머지 금 54,116,000원이 되나, 원고의 앞에서 본 바와 같은 과실을 참작하면 위 피고들이 각자 원고에게 배상하여야 할 손해액의 원금은 금 45,998,600원 [54,116,000×(1−0.15)]로 감축하여 인정함이 상당하다.

그러나 실제로 정보가 공개된 시점이 아니라 재판진행절차에 따라서 얼마든지 지연될 수 있는 변론종결시점을 기준으로 하여야 한다는 근본적인 문제점이 있는 조문을 준용규정도 없이 적용하는 것에 대하여는 비판이 많았다. 이와 관련하여 외부감사인의 부실감사를 원인으로 민법상 불법행위에 기한 손해배상책임을 구한 사건에서 "부실감사가 밝혀져 거래가 정지되기 직전에 정상적으로 형성된 주가와 부실감사로 인한 거래정지가 해제되고 거래가 재개된 후 계속된 하종가를 벗어난 시점에서 정상적으로 형성된 주가와의 차액 상당"을 손해로 본 판례의 취지에 따라 정보가 공개되고 일정 기간 경과한 후의 주가와 비내부자가 실제로 거래한 주가와의 차액을 손해로 보는 방법과,11) 시세조종사건에서의 판례12)와 같이 내부자거래가 없었다면 형성되었을 가격과 내부자거래로 인하여 형성된 가격으로서 피해자가 실제로 거래한 가격의 차액을 손해로 보는 방법 등이 있는데, 아직 확립된 판례가 없고 학설도 일치하지 않는다. 외부감사인의 손해배상책임을 관한 판결에서 채택한 방법에 의하는 경우, 미공개중요정보가 공개되고 일정기간 경과 후의 주가와 청구권자가 실제로 거래한 주가와의 차액이 손해가 될 것인데, 미공개중요정보가 주가에 충분히 반영되었다고 인정할 수 있는 시기를 객관적 기준에 의하여 정할 수 있는지 의문이다.

> [대법원 1998. 4. 24. 선고 97다32215 판결]
> 피고의 부실감사로 손해를 입게 된 원고들이 민법상의 불법행위책임에 기하여 배상을 구할 수 있는 손해액의 산정은 법상의 책임에 있어서의 손해액 산정에 관한 위 규정이 적용될 수 없고 원칙적으로 그 실제 매수 또는 매도가액이 아니라 부실감사가 밝혀지기 직전의 정상적인 주가와 부실감사가 밝혀진 후의 거래에서 계속된 하종가가 마감되어 다시 정상적인 주가가 형성되었을 때 그 정상 주가와의 차액에 의하여야

---

11) 미국의 증권민사소송개혁법(PSLRA)은 차액배상을 전제로 하면서 §21D(e)도 "원고의 거래가격"과 "시장에 올바른 정보가 공시된 이후 90일 동안의 평균거래가격"과의 차액을 초과할 수 없다고 규정한다.

12) [대법원 2004. 5. 28. 선고 2003다69607, 69614 판결] "증권거래법 제188조의4 제2항 제1호의 시세조종행위로 인하여 형성된 가격에 의하여 유가증권시장 또는 코스닥시장에서 당해 유가증권의 매매거래 또는 위탁을 한 투자자가 그 매매거래 또는 위탁에 관하여 입은 손해를 산정함에 있어서는, 그와 같은 시세조종행위가 없었더라면 매수 당시 형성되었으리라고 인정되는 주가(정상주가)와 시세조종행위로 인하여 형성된 주가로서 그 투자자가 실제로 매수한 주가(조작주가)와의 차액 상당(만약, 정상주가 이상의 가격으로 실제 매도한 경우에는 조작주가와 그 매도주가와의 차액 상당)을 손해로 볼 수 있고, 여기서 정상주가의 산정방법으로는, 전문가의 감정을 통하여 그와 같은 시세조종행위가 발생하여 그 영향을 받은 기간(사건기간) 중의 주가동향과 그 사건이 없었더라면 진행되었을 주가동향을 비교한 다음 그 차이가 통계적으로 의미가 있는 경우 시세조종행위의 영향으로 주가가 변동되었다고 보고, 사건기간 이전이나 이후의 일정 기간의 종합주가지수, 업종지수 및 동종업체의 주가 등 공개된 지표 중 가장 적절한 것을 바탕으로 도출한 회귀방정식을 이용하여 사건기간 동안의 정상수익률을 산출한 다음 이를 기초로 사건기간 중의 정상주가를 추정하는 금융경제학적 방식 등의 합리적인 방법에 의할 수 있다."

할 것이다.

(3) 이익 기준과 손해 기준

내부자가 얻은 이익의 규모에 불구하고 내부자와 같은 시기에 거래한 투자자의 손해 전부를 배상하여야 하는지(원고의 손해 기준), 또는 내부자가 얻은 이익의 범위 내에서만 손해를 배상하면 되는지(피고의 이익 기준)에 관하여도 아직 확립된 판례나 학설이 없다.13) 전자에 의하면 내부자의 현실적인 변제능력을 무시한 막대한 배상을 명하는 것은 지나치게 가혹한 결과가 되고, 후자에 의하면 과도한 금액의 배상은 피할 수 있지만 내부자는 적발된 경우에도 적어도 민사적으로는 순손실을 입지 않는 결과가 된다는 문제가 있다. 증권관련 집단소송법에 의하면 법원은 손해배상액의 산정에 관하여 제반사정을 참작하여 표본적·평균적·통계적 방법 그 밖의 합리적 방법으로 정할 수 있으므로(同法 34조②), 적정 수준에서 법원이 결정할 수 있을 것이다.

9. 소멸시효

(1) 자본시장법 제175조 제2항의 소멸시효

미공개중요정보 이용행위에 관한 손해배상청구권은 청구권자가 제174조를 위반한 행위가 있었던 사실을 안 날부터 1년간 또는 그 행위가 있었던 날부터 3년간 이를 행사하지 아니한 경우에는 시효로 인하여 소멸한다(法 175조②).14) 이와 같이 손해배상청구권의 소멸시효기간을 단기로 한 취지는 증권거래로 인한 분쟁을 빨리 끝냄으로써 증권시장의 안정을 도모하기 위한 것인데, 지나치게 단기의 소멸시효기간 때문에 피해자의 구제에 미흡하다는 문제가 있다. 소멸시효의 기산점이 되는 "위반행위가 있었던 사실을 안 때"라 함은 문언 그대로 피해자가 불공정거래행위가 있었다는 사실을 알았어야 한 때(constructive notice)가 아니라 현실적으로 인식한 때(actual notice)라고 보아야 하고, 그 인식의 정도는 일반인이

---

13) 뒤에서 보는 바와 같이 ITSFEA는 배상액에 대하여 내부자거래로 인하여 위반자가 획득한 이익이나 회피한 손실의 범위 내로 한정하였다. 다만, ITSFEA는 민사제재금(민사벌금)을 도입하였기 때문에 그와 같은 제도가 없는 우리나라에서는 그대로 적용하기 곤란할 것이다.

14) 2018. 3. 27.개정된 규정으로, 시행일은 2018. 9. 28.이다.
　　[개정 전 법률 제15021호 제175조]
　　② 제1항에 따른 손해배상청구권은 청구권자가 제174조를 위반한 행위가 있었던 사실을 안 날부터 1년간 또는 그 행위가 있었던 날부터 3년간 이를 행사하지 아니한 경우에는 시효로 인하여 소멸한다.

라면 불공정행위의 존재를 인식할 수 있는 정도면 족하다.

[대법원 1993. 12. 21. 선고 93다30402 판결]
증권거래법 제106조 제2항에서 같은 법 제105조 소정의 시세조종 등 불공정거래행
위로 인한 손해배상청구권의 소멸시효기간을 단기로 한 취지는 유가증권거래로 인한
분쟁을 빨리 끝냄으로써 유가증권 시장의 안정을 도모하고자 함에 있으므로, 그 소멸
시효의 기산점이 되는 "위반행위가 있었던 사실을 안 때"라 함은 문언 그대로 피해자
가 같은 법 제105조 소정의 불공정거래행위가 있었다는 사실을 현실적으로 인식한
때라고 볼 것이고, 그 인식의 정도는 일반인이라면 불공정행위의 존재를 인식할 수
있는 정도면 족하다.

위반자에 대한 유죄의 형사판결이 선고되거나 확정된 때부터 기산되는 것은
아니다.

[대법원 2002. 12. 26. 선고 2000다23440 판결]
증권거래법 제188조의4에 터잡은 손해배상청구권에 대한 1년의 소멸시효는 청구권자
가 그 위반행위가 있었던 사실을 안 때부터 기산되어야 하며, 위반자에 대한 유죄의
형사판결이 선고되거나 확정된 때부터 기산되어야 한다고 볼 수 없다.

(2) 민법 제766조의 소멸시효

민법 제766조는 "불법행위로 인한 손해배상의 청구권은 피해자나 그 법정대
리인이 그 손해 및 가해자를 안 날로부터 3년간 이를 행사하지 아니하면 시효로
인하여 소멸한다."라고 단기소멸시효에 대하여 규정하고 있다. 불법행위로 인한 손
해배상청구권의 단기소멸시효의 기산점이 되는 민법 제766조 제1항 소정의 '손해
및 가해자를 안 날'이란 손해의 발생, 위법한 가해행위의 존재, 가해행위와 손해의
발생 사이에 상당인과관계가 있다는 사실 등 불법행위의 요건사실에 대하여 현실적
이고도 구체적으로 인식하였을 때를 의미하고, 피해자 등이 언제 불법행위의 요건
사실을 현실적이고도 구체적으로 인식한 것으로 볼 것인지는 개별적 사건에서 여러
객관적 사정을 참작하고 손해배상청구가 사실상 가능하게 된 상황을 고려하여 합리
적으로 인정하여야 한다(대법원 1999. 9. 3. 선고 98다30735 판결 참조).
그리고 민법 제766조 제1항의 '손해 및 가해자를 안다' 함은 사실에 대한 인
식의 문제일 뿐 사실에 대한 법률적 평가의 문제가 아니다(대법원 1993. 8. 27. 선
고 93다23879 판결 참조). 소멸시효는 객관적으로 권리가 발생하고 그 권리를 행

사할 수 있는 때로부터 진행하고 그 권리를 행사할 수 없는 동안에는 진행하지
아니한다. 여기서 '권리를 행사할 수 없다'라고 함은 그 권리행사에 법률상의 장
애사유, 예컨대 기간의 미도래나 조건불성취 등이 있는 경우를 말하는 것이고, 사
실상 그 권리의 존부나 권리행사의 가능성을 알지 못하였거나 알지 못함에 과실
이 없다고 하여도 이러한 사유는 법률상 장애사유에 해당한다고 할 수 없다(대법
원 2010. 9. 9. 선고 2008다15865 판결 참조).[15]

II. 시세조종행위

1. 의   의

시세조종행위를 규정한 자본시장법 제176조를 위반한 자는 다음 각 호의 구
분에 따른 손해를 배상할 책임을 진다(法 177조①).

1. 그 위반행위로 인하여 형성된 가격에 의하여 해당 증권 또는 파생상품에 관한 매
   매등을 하거나 그 위탁을 한 자가 그 매매등 또는 위탁으로 인하여 입은 손해
2. 제1호의 손해 외에 그 위반행위(제176조 제4항 각 호의 어느 하나에 해당하는 행
   위로 한정한다)로 인하여 가격에 영향을 받은 다른 증권, 파생상품 또는 그 증권·파
   생상품의 기초자산에 대한 매매등을 하거나 그 위탁을 한 자가 그 매매등 또는 위
   탁으로 인하여 입은 손해
3. 제1호 및 제2호의 손해 외에 그 위반행위(제176조 제4항 각 호의 어느 하나에 해
   당하는 행위로 한정한다)로 인하여 특정 시점의 가격 또는 수치에 따라 권리행사
   또는 조건성취 여부가 결정되거나 금전등이 결제되는 증권 또는 파생상품과 관련
   하여 그 증권 또는 파생상품을 보유한 자가 그 위반행위로 형성된 가격 또는 수치
   에 따라 결정되거나 결제됨으로써 입은 손해

제2호와 제3호는 제176조 제4항의 연계시세조종행위에 대하여서만 적용된
다. 개정 전 자본시장법 제177조 제1항은 "그 위반행위로 인하여 형성된 가격에
의하여 해당 상장증권 또는 장내파생상품의 매매를 하거나 위탁을 한 자"를 손해
배상청구권자로 규정하였는데, "해당 상장증권 또는 장내파생상품"이 연계시세조
종의 경우 시세조종의 직접 대상인 가격조작상품만을 가리키는 것인지, 이익획득
상품도 포함하는 것인지 법문상 불명확하였기 때문에 비상장증권인 이익획득상품

---

15) 서울고등법원 2018. 2. 9. 선고 2017나2023996 판결[대법원 2018. 6. 28. 선고 2018다223566
    판결에 의하여 확정(심리불속행 상고기각)].

(ELS)의 투자자가 제177조 제1항에 기한 손해배상청구를 할 수 있는지 여부에 관하여 논란이 있었다. 이에 2013년 개정법은 제3호를 신설하여 이러한 논란을 입법적으로 해결하였다.

2. 손해배상청구권자

⑴ 매매요건

제177조 제1항 제1호는 "그 위반행위로 인하여 형성된 가격에 의하여 해당 증권 또는 파생상품의 매매등을 하거나 그 위탁을 한 자"를 손해배상청구권자로 규정한다. 이와 같이 "위탁을 한 자"도 손해배상청구권자로 규정되어 있지만 위탁만 하고 매매를 하지 않은 자는 실제로는 손해를 입는 경우가 없을 것이므로 위탁만 한 자가 손해배상을 받는 경우는 없을 것이다. 매매요건은 물론 남소방지를 위한 것이다.[16]

⑵ 장외거래자의 손해배상청구권

유상신주의 발행가액은 청약일 전 일정기간의 시가를 근거로 기준가격을 정하고 여기에 일정 할인율을 적용하여 결정하므로, 기발행주식에 대한 시세조종은 당연히 유상신주의 발행가액에 영향을 미친다. 그런데 구 증권거래법상 유가증권의 모집·매출에 있어서 모집·매출가액 산정의 기준이 되는 유가증권(구주)의 가격을 피고가 인위적으로 높게 형성되게 하고, 이에 따라 높게 형성된 발행가액에 의하여 유상신주의 청약을 한 주주는 구 증권거래법 제188조의5 제1항이 규정하

---

16) 이와 같이 미국에서도 Rule 10b-5 위반을 원인으로 하여 손해배상을 청구하려면 원고가 실제로 매매를 하였어야 하는데, 이를 Blue Chip Rule 또는 Birnbaum doctrine 이라고 부른다. 피해자가 SEA §10(b), SEC Rule 10b-5의 규정위반에 대하여 묵시적 사적소권을 가진다는 것은 판례에 의하여 확립된 이론인데, 손해배상을 청구하려면 그가 실제로 증권을 매도하거나 매수한 자이어야 한다. 미국의 판례가 증권매매요건을 채택한 이유는 만일 실제로 매매를 하지 않은 원고의 청구를 허용한다면 ⅰ) 장기간이 소요될 것으로 예상되는 소송에서 피고측은 승소를 하더라도 판결선고시까지 소요되는 과다한 변호사비용을 고려하여 비록 승소가능성이 매우 높다 하더라도 합의를 하는 경향이 있는데, 투자자들이 이를 이용하여 승소가능성이 없는 경우에도 남소를 할 것이 우려되고, ⅱ) 원고의 청구원인은 부실표시를 믿고서 증권을 매수하지 않기로 결정하였다는 것이므로 이는 내심의 의사가 증명대상이어서 진실을 밝히기가 매우 곤란한 반면에, 원고가 실제로 거래를 한 경우에는 객관적인 증거에 의하여 판단이 가능하기 때문이다. 증권매매거래 요건에 기하여 손해배상을 청구할 수 없는 유형으로는 ⅰ) 잠재적 매수인으로서 사업설명서의 비관적인 내용으로 인하여 증권을 매수하지 않은 경우, ⅱ) 회사의 낙관적인 부실표시를 믿고 증권을 매도하지 않은 소위 지체되거나 무산된 매도인(delayed or aborted seller) 등이 있다.

는 "유가증권시장 또는 코스닥시장"에서 매매거래를 한 것이 아니므로 손해배상
을 청구할 수 없었다. 유상신주의 청약은 장외거래이므로 구 증권거래법 제188조
의5가 적용되지 않기 때문이다. 따라서 이러한 경우에는 민법상 불법행위에 기한
손해배상청구권만 행사할 수 있다. 그런데 자본시장법 제177조 제1항은 위와 같
은 장소적 제한 요건을 삭제하였으므로 유상신주의 청약을 한 주주도 규정상으로
는 손해배상청구권을 행사할 수 있다. 그러나 피고의 구체적인 시세조종행위가
자본시장법 제176조 제1항 내지 제4항에 해당하여야 청약주주가 손해배상을 청
구할 수 있는데, 위와 같은 경우 피고의 행위가 제176조 제1항부터 제4항까지의
어느 규정에도 해당하지 않을 가능성이 클 것이다. 따라서 자본시장법 하에서도
위와 같은 경우 제177조 제1항에 기한 손해배상을 청구하기는 용이하지 않고, 다
만 제178조의 부정거래행위에 해당할 여지는 있을 것이다.

3. 적용대상 금융투자상품

제177조 제1항은 "증권 또는 파생상품"의 매매를 하거나 위탁을 한 자를 손
해배상청구권자로 규정하므로, 비상장증권과 장외파생상품의 매매와 관련한 시세
조종에 대하여도 제177조가 적용된다.[17]

4. 인과관계

(1) 거래인과관계

㈎ 의   의

제177조 제1항은 "그 위반행위로 인하여 형성된 가격에 의하여 해당 상장증
권 또는 장내파생상품의 매매를 하거나 위탁을 한 자"를 손해배상책임의 주체로
규정한다. 그런데 원고가 시장에서 매매를 하면 당연히 피고의 시세조종으로 인
하여 형성된 가격에 의하여 매매를 한 것이다. 따라서 원고는 피고의 위반행위로
인하여 거래를 하였다는 거래인과관계를 별도로 증명할 필요가 없다.[18]

---

17) 종래의 자본시장법은 "상장증권 또는 장내파생상품"이라고 규정하였으므로 비상장증권과
   장외파생상품의 매매와 관련한 시세조종에 대하여도 제177조가 적용되지 않는다고 해석되었
   는데, 2013년 개정법은 입법적으로 적용범위를 확대하였다.
18) SEA §9(e)는 §9(a), (b), (c)를 위반하는 행위나 거래에 고의로 참가한 자는 해당 행위나 거
   래에 의하여 영향을 받은 가격으로 증권을 매매한 자에 대하여 배상책임을 부담하여야 한다
   고 규정한다.
   [§9 (Liability for Unlawful Acts or Transactions)]

(내) 시장사기이론

매매당사자 간의 직접거래에서는 거래인과관계의 존재를 증명하는 것은 그 증명의 어려움은 있더라도 증명 자체는 가능하지만, 불특정다수인 사이에서 경쟁매매가 이루어지는 공개시장에서는 이러한 인과관계를 증명하는 것은 현실적으로 불가능하다. 따라서 미국 증권법상으로는 시장에 대한 사기이론(fraud on the market theory)에 의하여 원고가 시세조종에 의하여 영향을 받은 시장가격에 의하여 거래를 한 경우에는 거래인과관계의 존재가 추정되는 것으로 본다. 제177조 제1항은 공개시장에서의 거래를 주된 대상으로 하고,19) 이러한 시장사기이론을 성문화하여 거래인과관계의 증명을 요구하지 않는 것이다.

(2) 손해인과관계

원고는 손해인과관계를 증명하여야 한다. 손해인과관계의 증명방법에 관하여, 대법원 2007. 11. 30. 선고 2006다58578 판결은 "특정 회사의 주식에 대한 시세조종행위라는 위법행위와 그 주식의 매매거래 또는 위탁을 한 자가 입은 손해의 발생과 사이에 상당인과관계가 존재하는지 여부를 판단하기 위하여 이른바 사건연구(event study)방식의 분석을 활용하는 경우, 시세조종행위가 발생한 기간(이른바 사건기간) 이전의 일정 기간(이른바 추정기간)의 종합주가지수, 업종지수 및 동종업체의 주가 등 공개된 지표 중 가장 적절한 것을 바탕으로 도출한 회귀방정식을 이용하여 사건기간 동안의 정상수익률을 산출한 다음 이를 기초로 추정한

(e) Any person who willfully participates in any act or transaction in violation of subsections (a), (b), or (c) of this section, shall be liable to any person who shall purchase or sell any security at a price which was affected by such act or transaction, and the person so injured may sue in law or in equity in any court of competent jurisdiction to recover the damages …

(위법한 행위 또는 거래에 대한 책임)

(e) 이 조 (a)항, (b)항, 혹은 (c)항을 위반하는 행위나 거래에 고의로 참가한 자는 해당 행위나 거래에 의하여 영향을 받은 가격으로 증권을 매매한 자에 대하여 배상책임을 부담하여야 하며, 피해자는 해당 행위나 거래의 결과로 입은 손해를 회복하기 위하여 관할법원에 보통법이나 형평법에 따라 소송을 제기할 수 있다.

19) 구 증권거래법 제188조의5 제1항은 "유가증권시장 또는 코스닥시장에서 당해 유가증권의 매매 또는 위탁을 한 자"라고 규정함으로써 장외거래의 경우는 적용대상에서 제외하였다. 이에 따라 제188조의4 제4항에 기한 손해배상청구권은 제188조의5 제1항에 기하여 행사할 수 없다는 문제가 있었다. 자본시장법은 이러한 문제점을 해결하기 위하여 장소적 제한규정을 삭제하였는데, 구 증권거래법에서 문제되었던 제188조의4 제4항의 내용은 자본시장법에서는 시세조종에 관한 제176조가 아닌 부정거래행위에 관한 제178조에 별도로 규정되고, 이에 기한 손해배상책임은 제179조에서 별도로 규정하므로, 제177조가 장소적 제한을 삭제한 의미는 실제로는 없는 셈이다.

'사건기간 중의 일자별 정상주가'와 '사건기간 중의 일자별 실제주가'를 비교하여 그 차이가 통계적으로 의미가 있는 경우에 한하여 시세조종행위의 영향으로 인하여 주가가 변동되었다고 보아 상당인과관계가 존재한다는 판단을 하게 되는 것"이라고 판시하였다.

5. 손해배상책임의 범위

시세조종으로 인한 손해배상책임은 시세조종행위와 상당인과관계 있는 손해에 대하여서만 인정된다. 미국에서는 이를 손해인과관계(loss causation)라 하는데, 우리 법제의 상당인과관계에 해당한다. 구 증권거래법과 자본시장법은 시세조종으로 인한 손해배상책임의 범위에 관하여 아무런 규정을 두고 있지 않는데, 종래에 여러 가지 산정방법이 채택되었었다.

(1) 자본시장법 제126조 유추적용

구 증권거래법 제188조의5의 해석에 관하여 일부 판례는 제188조의5가 제15조를 준용하지 않음에도 불구하고 제15조의 규정을 유추적용하여 피해자가 당해 유가증권을 취득함에 있어서 실지로 지급한 액에서 당해 유가증권에 관하여 소송이 제기되어 있는 때에는 변론종결시에 있어서의 시장가격(시장가격이 없는 경우에는 추정처분가격)을, 변론종결 전에 당해 유가증권을 처분한 때에는 그 처분가격을 공제한 금액을 손해액으로 보는 방식(실손해산정방식)을 채택하기도 하였다.

[부산고등법원 1998. 8. 27. 선고 98나574 판결]
시세조종 등 불공정거래행위로 인하여 피해자가 주식거래로 입은 손해액은 그 불공정거래행위가 없었더라면 피해자가 매도 또는 매수하였으리라고 인정되는 정상가격과의 차액 상당으로 보아야 할 것인바, 주식시장에서의 주식의 정상가격은 그 형성 당시의 당해 회사의 실적, 시장의 수급상황 등 여러 가지 여건에 의하여 경쟁매매를 통하여 결정되므로 특정시점에서 특정한 행위 또는 조건의 가감에 따른 정상가격을 추정하는 것은 불가능에 가까운 점, 증권거래법 제15조가 유가증권신고서 등의 허위기재로 인하여 그 발행인 등이 같은 법 제14조의 규정에 의하여 손해배상책임을 지는 경우 배상하여야 할 손해액은 피해자가 당해 유가증권을 취득함에 있어서 실지로 지급한 액에서 변론종결 당시의 그 시장가격 또는 변론종결 전에 그 주식을 처분한 때에는 그 처분가격을 공제한 금액으로 한다고 규정하고 있는 점, 원고들의 일련의 매수 및 매도행위가 피고의 단일한 시세조종 등 불공정거래행위로 인한 것인 점 등에 비추어 보면, 원고들의 손해액은 총매수가액에서 총매도가액을 공제하는 방법으로

구하는 것이 적당하다 할 것이다. 또한 원고들은 피고의 시세조종 등 불공정거래행위가 없었더라면 위 P사 주식과 H사 주식을 매매하지 않았을 것으로 보이므로, 시세조종 등 불공정거래행위로 인하여 이루어진 주식거래에 있어서 지급된 거래수수료와 거래세도 그 손해에 포함된다 할 것이다.[20]

그러나 이 방법에 의하면 피해자가 그 주식을 처분하였는지 여부와 처분한 경우라면 처분시점의 주가수준이라는 우연한 사정에 의하여 손해의 범위가 달라지고, 경제상황의 변동과 주식시장의 시황 등과 같이 시세 형성과 관련 있는 다양한 요소를 전혀 참작하지 않은 것이고, 무엇보다도 명문의 규정이 없다는 점에서 채택하기 어렵다.

(2) 선순환종료시 주가에 의한 차액산정방식

감사인의 부실감사를 원인으로 하는 민법상의 불법행위책임에 관한 판결에서 채택된 방법으로서, 부실감사가 밝혀지기 전의 주가와, 부실감사가 밝혀진 후 부실감사로 인한 거래정지가 해제되고 거래가 재개된 후 계속된 하종가를 벗어난 시점에 정상적으로 형성된 주가의 차액, 또는 그 이상의 가격으로 매도한 경우에는 그 매도가액과의 차액 상당이라고 보는 견해인데, 시세조종행위가 계속되는 동안 매수하였다가 그 기간 안에 매도하는 경우에는 인과관계 있는 손해라고 인정하기 곤란하므로 역시 채택하기 곤란하다.

(3) 차액산정방식

현재 대법원이 채택하고 있는 방식으로, 시세조종행위가 없었다면 형성되었을 가격(정상주가)과 시세조종행위로 인하여 형성된 가격으로서 피해자가 실제로 거래한 가격(조작주가)의 차액을 "매매거래 또는 위탁에 관하여 입은 손해"로 보아야 한다는 것이다.[21] 정상주가의 산정방법으로는, 전문가의 감정을 통하여 그

---

20) 이 판결에서는 피고의 시세조종 등 불공정거래행위가 없었더라면 원고들이 관련 주식을 매매하지 않았을 것이므로 시세조종 등 불공정거래행위로 인하여 이루어진 주식거래에 있어서 지급된 거래수수료와 거래세도 그 손해에 포함된다고 판시하였다. 이는 원고가 피고의 위반행위로 인하여 거래를 하였다는 거래인과관계의 존재를 전제로 하는 것인데, 자본시장법 제177조 제1항은 원고는 피고의 위반행위로 인하여 거래를 하였다는 거래인과관계를 별도로 증명할 필요가 없다는 취지로 규정한다.

21) 대법원 2004. 5. 27. 선고 2003다55486 판결, 대법원 2004. 5. 28. 선고 2003다69607, 69614 판결, 대법원 2004. 6. 11. 선고 2000다72916 판결. 참고로, 미국의 증권민사소송개혁법(PSLRA)은 증권소송에서 손해배상액의 상한을 "원고의 거래가격과 시장에 올바른 정보가 공시된 이후 90일 동안의 평균거래가격과의 차액"으로 규정한다[SEA §21D(e)]. 후자의 가격을 거래 당시 정보가 전부 공시되었으면 형성되었을 가격으로 본 것이다.

와 같은 시세조종행위가 발생하여 그 영향을 받은 기간(사건기간) 중의 주가동향과 그 사건이 없었더라면 진행되었을 주가동향을 비교한 다음 그 차이가 통계적으로 의미가 있는 경우 시세조종행위의 영향으로 주가가 변동되었다고 보고, 사건기간 이전이나 이후의 일정 기간의 종합주가지수, 업종지수 및 동종업체의 주가 등 공개된 지표 중 가장 적절한 것을 바탕으로 도출한 회귀방정식을 이용하여 사건기간 동안의 정상수익률을 산출한 다음 이를 기초로 사건기간 중의 정상주가를 추정하는 금융경제학적 방식 등의 합리적인 방법에 의할 수 있다 할 것이다.

[서울고등법원 2003. 12. 9. 선고 2002나3343, 3350 판결]

감정인들은 이른바 사건연구방식(event study)을 적용하여, ① 현대전자가 상장되어 거래되기 시작한 1997. 1. 3.부터 이 사건 시세조종행위가 시작되기 직전인 1998. 4. 8.까지 371거래일(estimation window, 이하 '추정기간'이라 한다)동안 거래소 종합주가지수, 거래소 전기·기계지수(업종지수), 삼성전자(동종업체)의 주가 등 세 가지 값(배당 및 유무상증자 등을 감안한 수익률)을 설명변수로 삼아 시계열분석에 의하여 같은 기간 동안 현대전자의 주가(수익률)를 가장 잘 설명해 줄 수 있는 회귀방정식(이하, '이 사건 회귀방정식'이라 한다)을 도출하고, ② 1998. 4. 9.부터, 금융감독원이 검찰에 수사의뢰를 함으로써 시세조종행위(혹은 그 개연성)가 시장에 알려지기 전날인 1999. 4. 7.까지 276거래일 동안(event window, 이하, '사건기간'이라 한다)의 (i) 위 회귀방정식에 의하여 도출된 현대전자 주가의 정상수익률과 (ii) 같은 기간 동안 실제로 형성된 주가에 의한 실제수익률을 각 산정한 다음, ③ 비정상수익률(=정상수익률－실제수익률, abnormal return)로부터 같은 기간 동안의 누적비정상수익률(cumulative abnormal return)를 산정하여 유의성을 검증한 결과, 1998. 5. 25.까지는 시세조종행위가 실제주가에 영향을 미쳤다고 보기 어려우나, 1998. 5. 26.{앞서 제1나(2)(라)항의 제1항에서 본 바와 같이 같은 날 종가결정을 위한 동시호가 주문시에 시세변동행위가 있었고, 이 사건 각 계좌를 이용한 시세조종행위가 시작된 날이기도 하다}부터 누적비정상수익률이 급격히 상승, 지속적으로 양(+)의 값을 갖기 시작하여 같은 해 9. 10. 최고치를 이룬 후 서서히 떨어지기 시작하나 사건기간 말일인 1999. 4. 7.에도 여전히 양(+)의 값을 유지하고 있는 것으로 나타난 것을 근거로 이 사건 각 시세조종행위가 1998. 6. 1.부터 1999. 4. 7.까지 사이에 현대전자 주가의 정상가격에 영향을 미친 것으로 감정하였다. (3) … 이 사건 시세조종행위가 정상가격에 영향을 가한 기간은 사건기간 중 위 제1차 감정결과에 의한 1998. 6. 1.부터 1999. 4. 7.까지로 봄이 상당하다.[22]

---

22) 다만, 이 사건의 상고심에서 대법원은 원심의 손해액 산정방식을 채택하면서도, 최초의 시세조종행위일에 관한 원심의 사실인정에 이유모순 내지는 채증법칙 위배의 위법이 있다고 판시하면서 사건을 원심법원에 환송하였다(대법원 2004. 5. 28. 선고 2003다69607, 69614 판결).

사건연구방식의 분석을 활용하는 경우, 사건기간 중의 일자별 정상주가와 사건기간 중의 일자별 실제주가를 비교하여 그 차이가 통계적으로 의미가 있는 경우에 한하여 시세조종행위의 영향으로 인하여 주가가 변동되었다고 보아 상당인과관계가 존재한다는 판단을 하게 되는 것이므로, 사건기간과 추정기간을 정확히 설정하는 것이 중요하다.

[대법원 2007. 11. 30. 선고 2006다58578 판결]
특정 회사의 주식에 대한 시세조종행위라는 위법행위와 그 주식의 매매거래 또는 위탁을 한 자가 입은 손해의 발생과 사이에 상당인과관계가 존재하는지 여부를 판단하기 위하여 이른바 사건연구방식의 분석을 활용하는 경우, 시세조종행위가 발생한 기간(이른바 사건기간) 이전의 일정 기간(이른바 추정기간)의 종합주가지수, 업종지수 및 동종업체의 주가 등 공개된 지표 중 가장 적절한 것을 바탕으로 도출한 회귀방정식을 이용하여 사건기간 동안의 정상수익률을 산출한 다음 이를 기초로 추정한 '사건기간 중의 일자별 정상주가'와 '사건기간 중의 일자별 실제주가'를 비교하여 그 차이가 통계적으로 의미가 있는 경우에 한하여 시세조종행위의 영향으로 인하여 주가가 변동되었다고 보아 상당인과관계가 존재한다는 판단을 하게 되는 것이므로 사건기간과 추정기간을 정확히 설정하는 것이 무엇보다 중요하다 할 것인바, 사건기간의 설정과 관련하여서는 달리 특별한 사정이 없는 한 시세조종행위가 시작된 날을 사건기간의 개시일로 삼음이 상당하고, 다른 한편 사건기간 이전의 특정 기간을 추정기간으로 설정함에 있어서는 정상주가의 산정을 위한 회귀방정식의 신뢰도에 결정적인 문제가 생길 정도로 사건기간으로부터 멀리 떨어진 기간을 추정기간으로 설정하거나 주가의 기대수익률에 큰 영향을 미칠 수 있는 구조적 변화가 일어나기 이전의 기간까지 추정기간에 포함해서는 아니 될 것이다. 위 법리 및 기록에 비추어 살펴보면, 원심 감정인이 이 사건 시세조종행위가 시작된 날인 1997. 1. 3. 이전에 이 사건 시세조종행위와 관련 있는 주식 매집행위가 있었다는 등의 특별한 사정을 인정할 만한 증거가 없음에도 위 1997. 1. 3.이 아니라 그로부터 약 4개월이나 이전인 1996. 9. 1.을 사건기간의 개시일로 삼은 것이나, 나아가 추정기간을 설정함에 있어서도 1996. 9.경부터 같은 해 12. 27.까지의 기간을 추정기간에서 배제한 채 그 이전인 1995. 11. 20.부터 1996. 7. 26.까지를 추정기간으로 설정한 것은 모두 합리적인 근거가 없고, 특히 1996. 4.경 A사의 보유 부동산이 가진 자산 가치가 부각되어 그 이후 1997. 11. 초반까지 그 보유 부동산의 개발사업이 A사의 주가 동향에 지대한 영향을 미치게 되었으므로 위와 같이 이러한 구조적 변화가 일어난 1996. 4.경 이전의 기간까지 추정기간에 포함하는 것은 정상주가의 산정을 위한 회귀방정식의 신뢰도에 결정적인 문제를 일으키는 사유에 해당한다고 보인다. 같은 취지에서, 원심이 이 사건 시세조종행위의 영향으로 인하여 주가가 변동되어 원고들에게 손해가 발생하였다는 점에 부합하는 이 사건 감

정 결과를 믿지 아니하고 달리 이 사건 시세조종행위와 원고들의 손해 발생 사이에 상당인과관계가 존재한다는 점을 인정할 만한 증거가 없다고 판단한 것은 정당하고, 거기에 상고이유에서 주장하는 바와 같은 채증법칙 위반 내지는 사건연구방식의 분석에 있어서의 사건기간 및 추정기간 설정에 관한 법리오해 등의 위법이 없다. 또한, 위와 같은 이 사건 감정결과의 오류를 감안하여 추정기간을 1996. 6. 27.부터 같은 해 12. 27.까지 150일(토·일요일, 공휴일 제외)로, 사건기간을 이 사건 시세조정행위가 시작된 1997. 1. 3.부터 같은 해 12. 15.까지로 각 설정하고, A사의 주가수익률을 설명하는 회귀모형의 독립변수로 통상적인 종합주가지수 수익률 외에 경남방직, 방림방직 등 자산주가 포함된 동종업종 기업 주가들로 계산된 섬유·의복지수 수익률 등을 함께 고려하여 사건기간 동안의 정상수익률과 실제수익률을 산출한 다음 초과수익률과 누적초과수익률을 산정하여 통계적인 유의성을 검증하면, 1997. 6. 1.부터 같은 해 12. 15.까지 사이에 A사의 주가가 정상주가보다 통계적으로 의미가 있을 만큼 높게 형성된 것은 1997. 10. 29. 단 1일에 불과하고, 사건기간 동안의 실제 주가(금 12만 원에서 금 16만 원 사이)가 추정된 정상주가와 큰 차이를 보이지 않는다는 요지의 별도의 사건연구방식에 따른 분석 결과가 피고측의 서증(을가 제4호증)으로 제출되어 있었던 이상, 원심으로서는 이 사건 감정 결과와 위 서증에 담긴 별도의 분석 결과의 증명력을 비교·검토하여 상당인과관계의 존부에 관한 판단을 내릴 수도 있는 것이고, 직권으로 사건기간과 추정기간을 위 별도의 분석 결과와 마찬가지로 설정하여 분석하도록 명하는 재감정을 실시하지 아니한 것 자체가 잘못이라고 할 수는 없으며, 달리 기록을 살펴보아도 상고이유의 주장과 같은 심리미진의 위법이 없다.

한편, 증권회사 직원의 임의매매로 인한 손해배상청구사건에서 대법원은 "일반적으로 불법행위로 인한 재산상의 손해는 위법한 가해행위로 인하여 발생한 재산상의 불이익, 즉 불법행위가 없었더라면 존재하였을 재산상태와 불법행위가 가해진 이후의 재산상태의 차이를 말하는 것인바"라고 판시하였는데, 이와 같은 판시는 손익비교방식에 보다 가까운 취지라 할 수 있다.[23]

(4) 이득반환청구

피고가 매매로 인한 이익을 얻었더라도 손해배상의 법리상 그 이득의 반환을 청구할 수는 없다. 자본시장법 제177조 제1항이 장내거래를 요건으로 규정하지는 않지만, 대면거래의 경우에는 제176조 각 항이 규정하는 시세조종행위가 인정될 수 없으므로 결국 민법상 취소나 해제의 법리에 의하여 해결하여야 할 것이다. 매매당사자 간의 대면거래인 경우에는 매매계약의 취소나 해제가 가능하므로 원

---

23) 대법원 2003. 12. 26. 선고 2003다49542 판결.

상회복에 갈음하는 손해배상으로서 원고는 피고가 얻은 부당이득까지 반환청구할
수 있다.

6. 민법상 불법행위에 기한 손해배상책임과의 관계

미공개중요정보이용행위의 경우와 같다. 즉, 손해배상청구권자는 자본시장법
제177조에 기한 손해배상청구권과 민법 제750조에 기한 손해배상청구권을 선택
적으로 행사할 수 있다. 피용자가 사무집행에 관하여 시세조종행위를 한 경우 특
별한 사정이 없는 한 사용자는 민법 제756조에 따른 사용자책임을 진다.[24]

7. 소멸시효

시세조종에 대한 손해배상청구권은 청구권자가 제176조를 위반한 행위가 있
었던 사실을 안 때부터 2년간, 그 행위가 있었던 때부터 5년간 이를 행사하지 아
니한 경우에는 시효로 인하여 소멸한다(法 177조②).[25][26]

민법상 불법행위로 인한 손해배상의 청구권은 피해자나 그 법정대리인이 그
손해 및 가해자를 안 날로부터 3년간 또는 불법행위를 한 날로부터 10년을 경과
한 때까지 이를 행사하지 아니하면 시효로 인하여 소멸한다(民法 766조①,②).

시세조종에 대한 손해배상청구권의 소멸시효와 관련하여 기산일이 문제인데,
모 외국계 증권회사가 옵션거래만기일에 대량의 기초자산인 주식을 매도하여 옵
션가격을 폭락시킨 사안과 관련된 손해배상소송에서 전문 금융투자업자가 아닌
개인투자자들인 원고들이 금융상품시장에 대한 이해와 경험이 비교적 풍부하였다
고 하더라도, 금융위원회 등의 조사결과 발표, 검찰의 기소, 언론보도 등이 이루

---

24) 서울고등법원 2018. 2. 9. 선고 2017나2045804 판결.
25) 2018. 3. 27.개정된 규정으로, 시행일은 2018. 9. 28.이다.
   [개정 전 법률 제15021호 제177조]
   ② 제1항에 따른 손해배상청구권은 청구권자가 제176조를 위반한 행위가 있었던 사실을 안
   날부터 1년간 또는 그 행위가 있었던 날부터 3년간 이를 행사하지 아니한 경우에는 시
   효로 인하여 소멸한다.
26) SEA §9 (Liability for Unlawful Acts or Transactions)
   (e) … No action shall be maintained to enforce any liability created under this section,
   unless brought within one year after the discovery of the facts constituting the
   violation and within three years after such violation.
   (이 조의 규정에 따라 발생하는 책임을 이행시키기 위한 소송은 위반행위를 구성하는 사
   실이 알려진 때로부터 1년, 해당 행위가 있었던 때로부터 3년 이내에 한하여 제기할 수
   있다)

어진 무렵에 위법한 가해행위의 존재, 가해행위와 손해의 발생 사이에 상당인과
관계가 있다는 사실이나 사용관계 등 불법행위의 요건사실을 현실적·구체적으로
인식하였다고 볼 수 없다는 이유로, 소멸시효항변을 받아들인 원심을 파기한 대
법원 판례가 있다.

[대법원 2018. 7. 24 선고 2018다215664 판결]

가. 불법행위로 인한 손해배상청구권의 단기소멸시효의 기산점이 되는 민법 제766조
   제1항 소정의 '손해 및 가해자를 안 날'이라고 함은 손해의 발생, 위법한 가해행
   위의 존재, 가해행위와 손해의 발생 사이에 상당인과관계가 있다는 사실 등 불법
   행위의 요건사실에 대하여 현실적·구체적으로 인식하였을 때를 의미한다. 피해
   자가 언제 불법행위의 요건사실을 현실적·구체적으로 인식하였는지는 개별 사건
   에서 여러 객관적 사정을 참작하고 손해배상청구가 사실상 가능한 상황을 고려하
   여 합리적으로 인정하여야한다(대법원 2008. 4. 24. 선고 2006다30440 판결 등
   참조). 그리고 사용자의 손해배상책임은 사용자와 피용관계에 있는 자가 사용자
   의 사무집행에 관하여 제3자에게 손해를 가한 때에 발생하고, 이 경우 피해자가
   가해자를 안다는 것은 피해자가 사용자 및 그.사용자와 불법행위자 사이에 사용
   관계가 있다는 사실을 인식하는 것 외에 일반인이 그 불법행위가 사용자의 사무
   집행과 관련하여 행하여진 것이라고 판단할 수 있는 사실까지도 인식하는 것을
   말한다(대법원 ·1989. 11. 14. 선고 88다카32500 판결 참조).

나. 원심은 판시와 같은 사정을 들어, 원고들은 적어도 금융위원회 등의 조사결과 발
   표와 언론보도 등을 통해 피고들의 직원들이 이 사건 시세조종행위를 주도하였다
   고 알려진 2011. 2. 23. 무렵에는 위법한 시세조종행위의 존재, 위 시세조종행위
   와 손해 발생 사이의 상당인과관계를 각 인식하였고, 피고 ○○○은행에 대하여
   사용자책임을 원인으로 한 손해배상청구소송을 제기하는 데에 아무런 지장이 없
   었다고 판단하고, 이 사건 조정신청은 그로부터 3년이 지난 2016. 1. 25.에 접수되
   었으므로 원고들의 손해배상청구권이 시효로 소멸하였다는 피고들의 항변을 받
   아들여, 원고들의 이 사건 청구를 기각하였다.

다. 그러나 원심판결 이유와 기록에 의하면 다음의 사정을 알 수 있다.

   1) 금융위원회와 금융감독원이 2011. 2. 23. '피고 ○○○은행의 계열사 직원들이
      시세조종행위를 한 사실을 확인함에 따라 관련자에 대한 검찰 고발과 제재조
      치를 하기로 결정하였다'는 조사결과를 발표하고, 검찰이 2011. 8. 19. 피고들
      의 직원과 피고 ○○○증권을 자본시장법상 시세조종혐의로 기소하였다고 발
      표하였으며, 언론보도와 국내 금융기관, 보험회사와 외국인 투자자들의 손해
      배상청구 소송이 이어졌으나, 전문 금융투자업자가 아닌 개인투자자들인 원고
      들이 금융상품시장에 대한 이해와 경험이 비교적 풍부하였다고 하더라도, 금

융위원회, 금융감독원이나 검찰 등에서 알고 있었던 사항을 모두 알고 있었다고 단정하기 어렵다.

2) 피고들은 금융감독원 등의 조사결과, 검찰의 기소 발표와 언론보도 후에도 혐의를 강하게 부인하며 다투었고, 피고 ○○○은행의 B지점 직원들은 국외로 도주하여 C와 피고 ○○○증권에 대해서만 4년 이상이 지난 2016. 1. 25. 제1심 유죄판결이 선고되었다.

3) 이 사건 시세조종행위의 위법성 판단을 위해서는 코스피200과 지수차액거래와 지수변동행위에 대한 전문적인 지식이 필요하고, 위법한 시세조종행위의 존부에 대한 다툼이 있었으며, 위 형사판결문의 본문만 82면에 달하는 점에 비추어 보면, 일반인의 입장에서 위 형사판결 선고 이전에 위법한 시세조종행위의 존재, 위 시세조종행위와 손해 발생 사이의 상당인과관계를 인식하였다고 단정할 수 없다.

4) 피고들은 민사상 손해배상책임의 유무에 관하여도 다투었고, 4년 이상이 지난 2015. 11. 26.경에야 피고들에 대한 사용자책임을 인정하는 제1심 판결이 선고되기 시작하였다.

5) 피고 ○○○은행의 경우 금융위원회나 금융감독원의 제재 대상과 검찰의 기소 대상에서 제외되어 있었으므로, 전문 금융투자자가 아닌 개인투자자인 원고들이 위 민사 제1심판결 선고 이전에 피고 ○○○은행의 B지점 직원들과 피고 ○○○은행과의 사용관계나 사무집행 관련성을 알 수 있었다고 단정하기에는 더욱 무리가 있다.

라. 위와 같은 사정을 앞서 본 법리에 비추어 살펴보면, 원고들이 금융위원회 등의 조사결과 발표, 검찰의 기소, 언론보도 등이 이루어진 2011. 2. 23. 또는 2011. 8. 19.무렵에 위법한 가해행위의 존재, 가해행위와 손해의 발생 사이에 상당인과관계가 있다는 사실이나 사용관계 등 불법행위의 요건사실을 현실적·구체적으로 인식하였다고 볼수 없다.

이에 반하는 원심의 판단에는 불법행위로 인한 손해배상채권의 소멸시효 기산점에 관한 법리를 오해하여 판결에 영향을 미친 잘못이 있고, 이 점을 지적하는 상고이유의 주장은 이유 있다.

〈파기된 원심 판결〉
[서울고등법원 2018. 2. 9. 선고 2017나2045804 판결]
나. 피고들의 소멸시효 항변에 관한 판단
2) 앞서 든 각 증거와 갑 제6 내지 19호증, 을 제1 내지 12호증의 각 기재 및 변론 전체의 취지에 의하여 인정되는 다음과 같은 사정들을 종합하면, 원고들은 피고들의 직원과 피고 ○○○증권에 대한 증권선물위원회의 징계 요구 및 영업정지 등의 제재조치가 있었던 2011. 2. 23. 무렵에는 피고들의 불법행위로

인한 손해를 현실적이고도 구체적으로 인식하였다고 봄이 옳다.

가) 이 사건 시세조종행위가 있었던 2010. 11. 11. 당일 언론매체에서 피고 ○ ○○증권의 창구에서 발생한 주식 대량매도로 코스피200 지수가 폭락하 였다는 보도가 있었고, 다음날 금융감독원이 위 주식 대량매도의 불공정 거래 여부에 관한 조사에 착수하였다는 대대적인 보도가 있었다.

나) 앞서 본 바와 같이 금융위원회와 금융감독원은 2011. 2. 23. '피고 ○○○ 은행의 계열사 직원들이 시세조종행위를 한 사실을 확인함에 따라 관련자 에 대하여 검찰고발, D에 대한 6개월의 정직 요구, 피고 ○○○증권에 대 한 일부 영업정지 6개월 등의 엄중한 제재를 부과하기로 결정하였다'는 조사결과를 발표하였다. 이 발표 내용이 일간신문, 주요 경제신문 등 언론 매체를 통해 대대적으로 보도되었다.

다) 위 언론보도 직후 이 사건 시세조종행위로 손해를 입은 투자자들이 피고 들에 대하여 손해배상청구 소송을 제기하기 시작하였다. 위 투자자들은 구 자본시장법 제177조 제1항, 제176조 제4항 제1호에 따른 손해배상을 청구하면서 이 사건 시세조종행위가 없었더라면 장 마감 당시 형성되었으 리라고 인정되는 정상주가지수와 위 시세조종행위로 인하여 형성된 주가 지수의 차이를 기초로 산정한 금액을 손해액으로 구성하였다. 위 투자자 들의 손해배상청구 소송 제기 사실이 언론매체를 통해 계속 보도되었다.

라) 검찰은 2011. 8. 19. 피고들의 직원 및 피고 ○○○증권을 자본시장법상 시 세조종혐의로 기소하였다고 발표하였고, 그 이후 국내 금융기관 및 보험 회사, 외국인 투자자들의 손해배상청구 소송이 이어졌으며, 이에 관한 언 론보도도 계속되었다.

마) 피고들과 D 등이 금융감독원 등의 고발 조치에 반발하고, 관련 민, 형사 소송에서 시세조종 사실을 강하게 부인하기는 하였다. 그런데 원고들이 투자한 옵션상품은 금융투자상품 중에서도 초고위험 상품으로 분류되고, 2010. 1. 1.부터 같은 해 12. 31.까지 원고들의 일일 평균 주문횟수는 15.7 회 내지 1,113.3회에 이른다. 비록 원고들이 구 자본시장법에서 규정한 전 문투자자는 아니라고 하더라도 금융상품시장에 대한 이해와 경험이 비교 적 풍부하다고 판단된다.

민법 제766조 제1항에서 가해자를 안다고 함은 사실에 관한 인식의 문제 일뿐 사실에 대한 법률적 평가의 문제가 아니고(대법원 1993. 8. 27. 선 고 93다23879 판결 참조), 손해배상청구권의 소멸시효가 위반자에 대한 유죄의 형사판결이 선고되거나 확정된 때부터 기산되어야 한다고 볼 수도 없다(대법원 2002. 12. 26. 선고 2000다23440, 23457 판결 등 참조). 금융상품거래에 대한 원고들의 경험에다 앞에서 본 금융감독원 등의 제 재, 검찰의 공소제기 및 투자자들의 민사소송 제기와 이에 관한 언론보도의 내용 등에 비추어 볼 때, 원고들로서는 A 등 피고들 직원들의 주식 대량매도 행위가 시세조종행위로서 위법하다고 인식할 수 있었다고 봄이 옳고, 전문투자자들과 달리 소멸시효 기산일을 정해야 할 만한 합리적인 근거가 없다.

바) D과 피고 ○○○증권에 대한 형사판결이 2016. 1. 25.에야 선고되었고, 민사소송에서 수년간 위법행위의 존재, 위법행위와 손해 발생 사이의 상당인과관계 여부 등이 치열하게 다투어진 끝에 피고들의 손해배상책임을 인정하는 민사판결 등이 2015년 11월 무렵부터 선고되기는 하였다.

그러나 원고들의 옵션상품은 행사가격과 옵션만기일의 코스피200 지수와의 차이에 따라 손해액이 달라지는 파생상품이다. 이 사건 시세조종행위로 인하여 코스피 200 지수는 동시호가 직전에 비하여 불과 10분 사이에 254.62에서 247.51로 2.79%나 하락하였는데, 이는 다른 옵션만기일의 평균 등락폭인 0.06%의 46.5배에 해당하는 것 이었다.

사건 당일의 사태를 '옵션쇼크'라고 표현하는 것이 일반적일 정도로 이 사건 시세조종행위로 인하여 옵션거래규모 세계 1위인 국내증권시장의 안정성과 투명성에 심각한 손상이 발생하였다. 따라서 원고들로서는 적어도 이 사건 시세조종행위로 자신들의 손해액이 달라질 수 있다는 것은 충분히 예상할 수 있었다. 더구나 금융감독원과 검찰의 보도자료에는 피고 직원들의 공모방법, 이 사건 시세조종행위로 인한 코스피 200 지수의 변동내용이 자세히 소개되어 있었다. 불법행위에 의한 손해배상청구권의 단기소멸시효의 기산점 판단에 있어서 피해자가 손해의 액수나 정도를 구체적으로 알았다고 할 필요까지는 없으므로(대법원 1999. 11. 23. 선고 98다11529 판결 등 참조), 원고들은 적어도 금융위원회와 금융감독원이 조사결과를 발표한 2011. 2. 23. 무렵에는 이 사건 시세조종행위와 손해 발생 사이의 상당인과관계가 있음을 인식하였다고 봄이 합리적이다.

사) 피고 ○○○은행이 증권선물위원회의 제재대상에서 제외되었고 기소되지 않기는 하였으나, 금융감독원과 검찰의 보도자료, 관련 언론보도 등을 통해 피고 ○○○은행 K지점의 직원들이 이 사건 시세조종행위를 주도하였다고 알려졌다. 따라서 원고들이 2011. 2. 23. 이후 피고 ○○○은행에 대하여 사용자책임을 원인으로 한 손해배상청구소송을 제기하는 데에는 아무런 지장이 없는 상태였다.

아) 소멸시효가 진행하지 않는 '권리를 행사할 수 없는 경우'란 기간의 미도래나 조건불성취 등 법률상 장애사유를 말하는 것이고, 사실상 권리의 존재나 권리행사가능성을 알지 못하였고 알지 못함에 과실이 없다고 하여도 이러한 사유는 법률상 장애사유에 해당하지 않는다. 이 사건에서 원고들이 2011. 2. 23. 이후 피고들에 대하여 손해배상청구권을 행사할 수 없었

던 법률적 장애사유도 보이지 않는다.

3) 결국, 원고들의 피고들에 대한 손해배상청구권의 소멸시효는 2011. 2. 23.부터
진행되었다고 보아야 할 것인데, 원고들은 그로부터 3년이 지난 2016. 1. 25.
피고들에 대하여 이 사건 조정신청을 하였으므로, 원고들의 위 손해배상청구
권은 시효로 소멸하였다(피고들은 구 자본시장법 제177조 제2항의 규정에 의
하여 원고들의 피고들에 대한 손해배상청구권이 이 사건 시세조종행위가 있었
던 2010. 11. 11.부터 3년이 경과함으로써 시효로 소멸하였다고도 주장하고
있다. 민법 제766조 제1항에 따라 원고들의 피고들에 대한 손해배상청구권이
시효로 소멸하였음은 앞서 본 바와 같으므로, 위 주장에 대하여는 따로 판단
하지 않는다).

반면에, 금융투자업자(증권회사)가 원고인 사건에서는 자본시장법 제177조
제2항의 소멸시효, 민법 제766조의 소멸시효 모두 금융위원회와 금융감독원이
시세조종을 확인하고 검찰고발 등의 조치를 하였다는 공식발표를 한 시점에서,
자본시장법 제176조 위반행위를 하였음을 알았다고 봄이 상당하고, 민법 제766
조의 손해 및 가해자를 알았다고 보아 원고들의 손해배상청구권은 소멸시효 완성
으로 소멸한 것으로 판시한 판례도 있다.

[서울고등법원 2018. 2. 9. 선고 2017나2023996 판결]
가) 자본시장법 제177조 제2항의 소멸시효 도과 여부
이 사건 시세조종행위는 2010. 11. 11.에 있었고, 을 제5호증의 기재 및 변론 전체
의 취지에 의하면, 금융위원회 및 금융감독원이 2011. 2. 23. "증권선물위원회에서
피고들 직원들의 시세조종행위를 확인하고 검찰 고발, 정직요구, 영업정지 등의
제재를 부과하기로 결정하였다."는 내용의 공식발표를 한 사실이 인정되므로, 원
고는 늦어도 위 금융위원회 및 금융감독원의 공식발표 시점에 피고들이 구 자본
시장법 제176조 위반행위를 하였음을 알았다고 봄이 상당하다. 따라서 원고는 위
반행위를 안 때부터 1년, 이 사건 시세조종행위가 있은 날부터 3년이 도과한 후
인 2015. 12. 31. 이 사건 소를 제기하였음이 기록상 명백하므로 원고의 구 자본
시장법 제176조 제4항 제1호, 제177조 제1항에 따른 손해배상청구권은 시효로
소멸하였다.
나) 민법 제766조의 소멸시효 도과 여부
원고는 금융위원회 및 금융감독원이 이 사건 시세조종행위에 관여한 피고들의 직
원 및 피고 ○○○증권에 대한 증권선물위원회의 징계 요구 및 영업정지 등의 제
재조치 사실을 발표한 2011. 2. 23. 무렵에는 피고들의 불법행위로 인한 손해를 현
실적이고도 구체적으로 인식하였다고 봄이 타당하다.

원고의 피고들에 대한 불법행위에 기한 손해배상청구권의 소멸시효는 2011. 2. 23.부터 진행된다고 보아야 할 것인데, 이 사건 소는 그로부터 3년이 경과한 2015. 12. 31. 제기되었음이 기록상 명백하므로, 원고의 불법행위에 기한 손해배상청구권은 시효로 소멸하였다.[27]

대법원이 두 판례에서 상반된 입장을 취한 것은 원고가 개인투자자들인 경우와 전문투자자인 금융투자업자인 경우를 구별한 것으로 보인다.

8. ELS 조건성취방해

증권회사가 기초자산인 주식의 중간평가일 종가에 따라 중도상환조건의 성취 여부가 결정되어 투자자에게 지급할 중도상환금의 지급시기와 금액이 달라지는 주가연계증권(ELS)을 발행하여 판매한 경우 대법원은 "증권회사가 기초자산의 가격변동에 따른 위험을 회피하고 자산운용의 건전성을 확보하기 위하여 위험회피거래를 한다고 하더라도, 약정 평가기준일의 기초자산 가격 또는 지수에 따라 투자자와의 사이에서 이해가 상충하는 때에는 그와 관련된 위험회피거래는 시기, 방법 등에 비추어 합리적으로 하여야 하며, 그 과정에서 기초자산의 공정한 가격형성에 영향을 끼쳐 조건의 성취를 방해함으로써 투자자의 이익과 신뢰를 훼손하는 행위를 하여서는 안 된다."라는 입장이다.

[대법원 2015. 5. 14. 선고 2013다2757 판결]
증권회사는 유가증권의 발행, 매매 기타의 거래를 함에 있어 투자자의 신뢰를 저버리는 내용 또는 방법으로 권리를 행사하거나 의무를 이행하여 투자자의 보호나 거래의 공정을 저해하여서는 안되므로 투자자와의 사이에서 이해가 상충하지 않도록 노력하고, 이해상충이 불가피한 경우에는 투자자가 공정한 대우를 받을 수 있도록 적절한 조치를 취함으로써 투자자의 이익을 보호하여야 하며, 정당한 사유 없이 투자자의 이익을 해하면서 자기 또는 제3자의 이익을 추구하여서는 안 된다. 따라서 증권회사가 약정 평가기준일의 기초자산 가격 또는 지수에 연계하여 투자수익이 결정되는 유가증권을 발행하여 투자자에게 판매한 경우에는, 증권회사가 기초자산의 가격변동에 따른 위험을 회피하고 자산운용의 건전성을 확보하기 위하여 위험회피거래를 한다고 하더라도, 약정 평가기준일의 기초자산 가격 또는 지수에 따라 투자자와의 사이에서 이해가 상충하는 때에는 그와 관련된 위험회피거래는 시기, 방법 등에 비추어 합리적으로 하여야 하며, 그 과정에서 기초자산의 공정한 가격형성에 영향을 끼쳐 조건의

---

27) 대법원 2018. 6. 28. 선고 2018다223566 판결에 의하여 확정(심리불속행 상고기각).

성취를 방해함으로써 투자자의 이익과 신뢰를 훼손하는 행위를 하여서는 안 된다."

"가. 이 사건 주가연계증권은 기초자산인 삼성SDI보통주의 중간평가일의 종가에 따라 중도상환조건의 성취 여부가 결정되어 피고가 투자자에게 지급할 중도상환금의 지급시기와 금액이 달라지는 유가증권이다. 그리고 이 사건 주가연계증권의 중도상환조건은 법률행위 효력의 발생을 장래의 불확실한 사실에 의존케 하는 정지조건이고, 피고는 이 사건 주가연계증권을 발행하여 판매한 증권회사로서 위 정지조건이 성취되는 경우 이 사건 주가연계증권의 투자자에게 이 사건 주가연계증권의 판매계약에서 정한 바에 따라 액면금에 약정 수익금을 더한 중도상환금을 지급하여야 할 의무를 부담하게 되므로, 위 정지조건의 성취 여부에 따라 이 사건 주가연계증권의 투자자와 이해관계가 상충한다. 나. 피고가 이 사건 주가연계증권과 관련된 델타헤지거래로 삼성SDI보통주를 매도하는 것은 기본적으로 위험회피라는 자신의 이익을 위하여 행하는 것이므로 그 과정에서 투자자의 신뢰나 이익이 부당하게 침해되어서는 안 된다고 할 것인바, 이 사건과 같이 중간평가일의 기초자산 가격이 중도상환조건을 성취시키는 가격에 근접하여 형성되고 있어 그 종가에 따라 중도상환조건이 성취될 가능성이 커서 피고와 투자자 사이의 이해관계가 서로 상충하는 상황에서는 피고는 중도상환조건의 성취 여부에 최소한의 영향을 미치는 방법으로 헤지거래를 함으로써 투자자를 보호해야지 그 반대로 중도상환조건의 성취를 방해함으로써 투자자의 신뢰를 저버리는 헤지거래를 하여서는 안 된다. 다. 그런데 피고는 이 사건 중간평가일의 삼성SDI보통주 종가가 이 사건 주가연계증권의 상환 기준가격인 108,500원으로 결정되는 경우 그 델타값인 -127,137에 따라 보유하고 있던 삼성SDI보통주 287,221주 중 약 160,000주(≒287,221주 -127,137)를, 종가가 상환조건이 성취되지 아니하는 108,000원으로 결정되는 경우 그 델타값인 -192,137에 따라 약 95,000주(≒287,221주 -192,137)를 각 매도할 필요가 있었는바, 중도상환조건 성취 여부와 무관하게 보유하고 있던 삼성SDI보통주 중 상당량을 이 사건 중간평가일의 접속매매시간대 전체에 걸쳐 분산하여 매도함으로써 중도상환조건 성취 여부를 결정하는 요소인 종가 결정에 미치는 영향을 최소화할 의무가 있었다. 나아가 단일가매매시간대 직전의 삼성SDI보통주의 가격이 기준가격을 상회하여 투자자로서는 이 사건 주가연계증권의 중도상환조건이 충족될 것으로 기대할 수 있었으므로, 피고는 단일가매매시간대에 시장수급에 영향을 줄 것이 예상되는 대량의 매도 주문을 하려면 조건성취에 영향을 미치지 않도록 기준가격 이상의 호가를 제시하였어야 했다(피고가 이 사건 중간평가일에 이르기까지 델타헤지를 하면서도 삼성SDI보통주를 델타값에 일치시키지 않고 그 이상으로 보유하여 온 점에 비추어 볼 때 이를 요구하는 것이 피고에게 과다한 위험을 부담시키는 것도 아니다). 그럼에도 피고는 이 사건 중간평가일의 접속매매시간대에는 매도 주문 시 그 호가 대부분을 직전체결가보다 높게 제시하여 대부분의 계약 체결이 무산되는 결과를 초래하고 오히려 총 70,000주의 매수 주문을 내기도 하는 한편, 단일가매매시간대에는 같은 시간대 전체 매도 주문의 약 79%를 차지하는 134,000

주에 관하여 매도 주문을 하면서 그중 94,000주에 관하여는 기준가격인 108,500원에 미치지 못하는 호가를 제시하였고, 단일매매시간대 전까지 기준가격인 108,500원 이상으로 거래되고 있던 삼성SDI보통주가 피고의 위와 같은 대량매도 주문으로 인하여 종가가 108,000원으로 결정되었고, 결국 이 사건 주가연계증권의 중도상환조건 성취가 무산되었다. 피고의 이러한 행위는 원고들에 대한 투자자보호의무를 게을리한 것으로서 신의성실에 반하여 이 사건 주가연계증권의 중도상환조건 성취를 방해한 것이라고 볼 여지가 충분하다.[28]

III. 부정거래행위

1. 의   의

부정거래행위로 인한 손해배상책임을 규정한 제179조는 내부자거래로 인한 손해배상책임규정인 제175조, 시세조종으로 인한 손해배상책임규정인 제177조와 같이 민법상 손해배상책임에 대한 특칙이다. 부정거래행위에 관한 제178조는 다소 추상적인 개념의 용어를 사용하는데, 위반행위의 존재에 대해서는 피해자가 증명하여야 한다. 실제로는 피해자가 직접 증거를 수집하는 것은 곤란하고 대부분은 금융감독기관의 조사결과, 검찰의 수사결과, 법원의 판결결과에 의하여 증거를 확보한다.

2. 손해배상책임의 요건

(1) 과실에 의한 위반행위

손해배상책임은 일반적으로 고의 또는 과실을 요구하지만, 제178조 제1항 제1호의 "부정한", 제3호의 "거짓의 시세 이용", 제2항의 "풍문의 유포, 위계(僞計)의 사용, 폭행 또는 협박" 등의 개념상 과실에 의한 위반행위는 인정하기 어려울 것이다. 제178조 제1항 제2호의 "허위표시 또는 누락"은 개념상 과실에 의한 위반행위가 성립할 수 있겠지만, "금전, 그 밖의 재산상의 이익을 얻고자 하는 행위"라는 요건상 이러한 행위를 한다는 인식이 있어야 하므로 역시 과실에 의한 위반행위를 인정하기 어렵다.[29]

---

28) 조건성취방해를 청구원인으로 한 상환금청구 사건이다. 원심인 서울고등법원 2012. 12. 14. 선고 2010나58607 판결은 조건성취방해를 인정하지 않았다.

29) 미국 증권법상 Rule 10b-5(1),(3)은 사기적인 행위를 명시적으로 규정하지만, Rule 10b-5(2)는 "make any untrue statement of a material fact or omit to state a material fact"라고

(2) 거래요건

자본시장법 제179조 제1항은 손해배상채무자에 대하여 "제179조를 위반한 자"라고만 규정하므로 반드시 거래를 하지 않더라도 손해배상책임의 주체가 될 수 있다. 반면에, 손해배상청구권자에 대하여는 "금융투자상품의 매매, 그 밖의 거래를 한 자"라고 규정하므로 매매, 그 밖의 거래를 한 자만이 손해배상을 청구할 수 있다. 한편, 손해배상청구권자의 거래시점에 대하여는 제179조 제1항의 "그 위반행위로 인하여 금융투자상품의 매매, 그 밖의 거래를 한 자"라는 문구상 거래를 한 후의 위반행위로 인한 손해에 대하여는 제179조에 의한 손해배상청구를 하지 못하고 민법상 불법행위에 기한 손해배상을 청구할 수 있다고 해석하는 것이 일반적인 견해였으나, 최근의 대법원 판례는 부정거래행위에 있어서 손해배상청구권자의 범위를 넓게 해석하여, "그 위반행위로 인하여 그 금융투자상품의 투자자의 권리·의무의 내용이 변경되거나 결제되는 금액이 달라져 투자자가 손해를 입었다면 그 투자자는 그 부정거래행위자에 대하여 자본시장법 제179조 제1항에 따라 손해배상을 청구할 수 있다."라는 입장이다. 따라서 대법원 판례에 의하면 거래 후의 위반행위로 인한 손해에 대하여도 제179조에 기한 손해배상청구권이 발생한다.

[대법원 2015. 4. 9.자 2013마1052, 1053 결정]
어느 행위가 금융투자상품의 거래와 관련하여 자본시장법 제178조에서 금지하고 있는 부정행위에 해당하는지 여부는, 해당 금융투자상품의 구조와 거래방식 및 거래경위, 그 금융투자상품이 거래되는 시장의 특성, 그 금융투자상품으로부터 발생하는 투자자의 권리·의무 및 그 종료 시기, 투자자와 행위자의 관계, 행위 전후의 제반 사정 등을 종합적으로 고려하여 판단하여야 한다. 따라서 특정 시점의 기초자산 가격 또는 그와 관련된 수치에 따라 권리행사 또는 조건성취의 여부가 결정되거나 금전 등이 결제되는 구조로 되어 있는 금융투자상품의 경우에 사회통념상 부정하다고 인정되는 수단이나 기교 등을 사용하여 그 금융투자상품에서 정한 권리행사나 조건성취에 영

규정하여 반드시 사기의 고의를 요건으로 한다고 표현하지 않으므로 과실(negligence)만으로도 주관적 요건이 충족된다고 해석될 여지가 있고 이에 관한 종래의 판례는 그 결론이 일치되지 않았다. 결국 1976년 Hochfelder 판결에서 연방대법원은 "Rule 10b-5에 기한 책임은 사기의 의도(intent to deceive, manipulate, or defraud)로서, 고의와 과실의 중간 정도의 상태, 또는 위법에 대한 실제의 인식이 존재하는 것을 의미하는 "scienter"를 요건으로 한다"라고 판시하였다. 연방대법원은 Hochfelder 판결에서 "recklessness"만으로도 Rule 10b-5에 기한 책임이 인정되는지에 대하여는 의견표명을 유보하였는데, 그 후의 대부분의 연방항소법원들은 "recklessness"만으로도 Rule 10b-5에 기한 책임을 인정한다(미국 판례는 일반적으로 "reck-lessness"를 "중과실(gross negligence)"과 동일시하는데, 우리 법제의 미필적 고의 내지 인식 있는 과실과 유사한 개념이므로, 중과실에 비하면 보다 고의에 가까운 개념이라 할 수 있다).

향을 주는 행위를 하였다면, 이는 그 금융투자상품의 거래와 관련하여 부정행위를 한
것으로서 자본시장법 제178조 제1항 제1호를 위반한 행위에 해당하고, 그 위반행위로
인하여 그 금융투자상품의 투자자의 권리·의무의 내용이 변경되거나 결제되는 금액이
달라져 투자자가 손해를 입었다면 그 투자자는 그 부정거래행위자에 대하여 자본시장
법 제179조 제1항에 따라 손해배상을 청구할 수 있다(원심에서는 피고의 부정거래행
위로 인하여 원고들이 ELS의 매매, 교환, 담보제공 등 적극적으로 거래한 바가 없다
는 이유로 불허가결정을 하였는데, 재항고심에서 대법원이 파기환송하였다).30)

　사회통념상 부정하다고 인정되는 수단이나 기교 등을 사용한 자로서 금융투
자상품의 거래와 관련하여 입은 손해를 배상할 책임을 지는 부정거래행위자에는,
금융투자상품의 거래에 관여한 발행인이나 판매인뿐 아니라, 발행인과 스와프계
약 등 금융투자상품과 연계된 다른 금융투자상품을 거래하여 권리행사나 조건성
취와 관련하여 투자자와 대립되는 이해관계를 가지게 된 자도 포함된다.31)

(3) 인과관계

　제179조 제1항은 "제178조를 위반한 자는 그 위반행위로 인하여 금융투자
상품의 매매, 그 밖의 거래를 한 자가 그 매매, 그 밖의 거래와 관련하여 입은 손
해를 배상할 책임을 진다"고 규정한다. 제179조 제1항의 규정형식상 "그 위반행
위로 인하여"가 "매매, 그 밖의 거래를 한 자"와 "입은 손해"라는 문구를 모두 수
식하므로 위반행위와 피해자의 거래 간의 인과관계(거래인과관계)와 위반행위와
피해자의 손해 간의 인과관계(손해인과관계)가 모두 요구된다고 해석하여야 한다.
시세조종에 관한 제177조 제1항은 "그 위반행위로 인하여 형성된 가격에 의하여
해당 증권 또는 파생상품에 관한 매매등을 하거나 위탁을 한 자"를 손해배상청구
권자로 규정하므로, 원고는 피고의 시세조종으로 인하여 형성된 가격에 의하여
매매를 하였다는 사실만 증명하면 되고, 피고의 시세조종행위로 인하여 거래를
하였다는 거래인과관계는 별도로 증명할 필요가 없다. 그러나 제179조 제1항은
제177조 제1항과 달리 거래인과관계를 요구하는 것으로 규정하는데, 이는 포괄

---

30) 이 사건에서는 ELS 투자자들이 피고의 부정거래행위를 원인으로 증권집단소송을 제기하기
　위하여 소송허가신청을 하였는데, 원래 부정거래에 관한 제179조는 거래요건을 명시하고 있
　지만, 원고들이 ELS 투자자들이라는 점을 고려하여 시세조종에 관한 제177조 제1항 제3호의
　손해배상청구권 규정과 같이 거래 여부를 묻지 않고 손해배상청구권자로 인정한 것으로 보인
　다. 당초에는 원고들이 시세조종에 관한 제177조에 기한 손해배상청구권도 주장하였으나 중
　간에 취하하였다. 상세한 배경은 알 수 없지만, 시세조종에 관한 제177조 제1항 제3호가 추
　가된 2013년 개정 전에 발생한 사건이었기 때문으로 생각된다.
31) 대법원 2016. 3. 24. 선고 2013다2740 판결.

적 규정의 성격상 지나친 적용범위의 확대를 방지하기 위한 것으로 이해되지만, 공개경쟁시장에서 매매를 한 피해자에게는 지나치게 무리한 증명책임을 부과하는 것이다. 물론 시장에 대한 사기 이론에 의하여 거래인과관계의 존재가 추정되므로 실제로는 큰 문제가 없지만, 거래인과관계를 요구하는 위와 같은 규정은 입법의 불비로 볼 수 있다.

(4) 적용대상

제179조 제1항은 제177조 제1항과 달리 적용대상을 "해당 상장증권 또는 장내파생상품"으로 한정하지 아니하므로 자본시장법상 모든 금융투자상품이 적용대상이다.[32]

(5) 거래장소

제179조는 매매 등의 장소와 관련하여 금융투자상품의 매매 또는 그 밖의 거래가 거래소시장에서 이루어질 것을 요구하지 않는다. 구 증권거래법 제188조의4 제1항 내지 제3항은 "유가증권시장 또는 코스닥시장"에서의 행위를 전제로 하였으므로 원고적격을 "유가증권시장 또는 코스닥시장에서 당해 유가증권의 매매거래 또는 위탁을 한 자"로 제한하였다. 그러나 제4항은 "유가증권시장 또는 코스닥시장"에서의 행위일 것을 요구하지 않았으므로 제4항의 경우에까지 손해배상청구권자의 자격을 제한하는 것은 타당성을 결여하는 것이고, 이에 따라 제188조의5 제1항의 "유가증권시장 또는 코스닥시장에서"라는 요건은 삭제하는 것이 바람직하다는 지적을 받아 왔다. 이에 자본시장법은 제178조 위반행위로 인한 손해배상책임을 규정한 제179조에 거래장소에 대한 제한을 두지 않았다. 이는 포괄적 사기금지 조항인 제178조의 부정거래행위가 장외에서도 이루어질 수 있으므로 타당한 입법이다.

3. 손해배상책임의 범위

제179조도 제177조와 마찬가지로 손해배상액 산정방법에 대하여 규정하지 않는데, 기본적으로는 시세조종행위에 관한 손해배상책임과 같이 해석하여야 할

---

32) 미국의 SEC Rule 10b-5는 "any security"의 매수 또는 매도와 관련된 사기를 규정하고 이때 "security"를 정의한 SEA §3(10)은 공개회사의 증권에 한정하지 않으므로 Rule 10b-5는 비상장증권의 거래에도 적용된다. 나아가 Rule 10b-5가 적용되는 매매는 통상의 개념보다 넓게 해석되므로 신주발행도 매매에 해당하고, 따라서 신주를 발행하는 회사가 적절한 대가(consideration)를 받지 못한 경우에도 Rule 10b-5가 적용된다.

것이다. 다만 제177조 제1항은 "매매등 또는 위탁으로 인하여 입은 손해"라고 규정하는 반면, 제179조 제1항은 "매매, 그 밖의 거래와 관련하여 입은 손해"라고 규정한다. 입법자가 손해배상책임의 범위에 대하여 차이를 두기 위하여 다른 표현을 사용한 것으로 볼 수도 있지만, 제179조 제1항의 법문상 손해배상청구를 할 수 있는 자는 "매매, 그 밖의 거래를 한 자"이므로 실제로는 "인하여 입은 손해"와 "관련하여 입은 손해"의 차이가 없을 것이다. 미공개중요정보 이용행위에 관한 제175조 제1항도 제179조 제1항과 같이 "매매, 그 밖의 거래와 관련하여 입은 손해"라고 규정한다.

4. 민법상 불법행위에 기한 손해배상책임과의 관계

미공개중요정보이용행위의 경우와 같다. 즉, 손해배상청구권자는 자본시장법 제177조에 기한 손해배상청구권과 민법 제750조에 기한 손해배상청구권을 선택적으로 행사할 수 있다. 피용자가 사무집행에 관하여 시세조종행위를 한 경우 특별한 사정이 없는 한 사용자는 민법 제756조에 따른 사용자책임을 진다.

5. 소멸시효

제179조 제2항은 "제1항에 따른 손해배상청구권은 청구권자가 제178조를 위반한 행위가 있었던 사실을 안 때부터 1년간, 그 행위가 있었던 때부터 3년간 이를 행사하지 아니한 경우에는 시효로 인하여 소멸한다."라고 규정하는데, 이는 제177조 제2항의 내용과 동일하다.

IV. 증권관련 집단소송

1. 도입취지 및 시행일

"증권관련 집단소송"이란 증권의 매매 또는 그 밖의 거래과정에서 다수인에게 피해가 발생한 경우 증권관련 집단소송법에 따라 그 중의 1인 또는 수인이 대표당사자가 되어 수행하는 손해배상소송을 말한다(同法 2조 1호).[33] "증권"은 자본시장법 제4조에 따른 증권을 말한다(同法 2조 6호).[34] 민사소송법상 공

---

33) 이하에서는 증권관련 집단소송을 증권집단소송으로 약칭한다.
34) 증권관련 집단소송은 미국에서 발전한 class action을 모태로 하는 제도이다. class action

동이해관계자의 구제를 위한 제도로서 공동소송과 선정당사자소송이 있지만 증권불공정거래와 같이 수많은 피해자의 구제문제를 일거에 해결하기에는 부적절하다. 이에 따라 증권의 거래과정에서 발생한 집단적인 피해를 효율적으로 구제하고 이를 통하여 기업의 경영투명성을 높이기 위하여 증권관련 집단소송에 관하여 민사소송법에 대한 특례를 정하는 것을 목적(증권관련 집단소송법 1조)으로 증권관련 집단소송법이 2004. 1. 20. 법률 제7074호로 공포되었고 2005. 1. 1.부터 시행되었다.35) 증권관련 집단소송에 관하여 증권관련 집단소송규칙이 적용되고, 동 규칙에 특별한 규정이 없는 경우에는 민사소송규칙을 적용한다(동 규칙 2조).36) 집단소송을 도입한 대표적인 나라는 미국·캐나다이고, 일본은 집단소송법을 제정하지 않고 민사소송법 제268조에 대규모소송에 관한 특칙을 두었다. 독일에서는 집단소송은 도입하지 않고 소비자의 집단적 피해구제를 위한 단체소송(Verbandsklage)제도를 두고 있다.37)

집단소송절차의 가장 큰 특징은 법원이 주도적인 역할을 한다는 점이다. 즉, 소제기, 대표당사자의 선정·사임, 소의 취하, 소송상 화해 등은 법원의 허가를 받아야 유효하고, 나아가 분배관리인의 선임, 분배계획안의 인가 및 수정 등도 법원의 권한이다.

은 다수의 피해자(투자자나 소비자)들이 청구원인과 쟁점이 공통적으로 관련된 손해배상청구권을 가지는 경우, 피해자들이 개별적인 소송에 의하지 않고 하나의 공동피해자집단(class)을 구성하여 하나의 소송절차에서 재판하기 위하여, 그 집단의 일부가 대표원고(lead plaintiff)가 되어 구성원 전체를 위하여 제기하는 소송을 말한다. 미국식 class action의 판결은 제외신청을 하지 아니한 구성원에게도 그 효력이 미친다(opt-out). class action은 증권사기소송, 독점금지법소송, 공해환경소송, 인권관련소송, 제조물책임소송 등에 널리 활용된다. 다만, 열차나 항공기사고와 같이 다수의 사상자가 발생한 사건의 경우에는 손해배상액의 산정 기준 등이 각 피해자마다 다를 수 있으므로 일반적으로는 class action에 부적합한 것으로 본다. class action이 필요한 이유는 소액의 피해를 입은 다수의 피해자들이 개별적으로 소송을 제기하여야 한다면, 시간과 비용을 고려하여 소송에 의한 권리구제를 포기할 가능성이 크기 때문이다. 피고로서도 동일한 사안을 원인으로 한 다수의 소송이 제기되는 것보다는 하나의 소송에서 해결할 수 있으면 방어를 위한 노력이나 비용면에서 편리한 점은 있다. 이 점에서 법률이 정한 일정 요건을 갖춘 기관이나 단체가 당사자가 되어 개인적 피해구제가 아닌 금지청구를 하는 독일식 단체소송(Verbandsklage)과 다르다. 우리나라에도 소비자기본법 제70조부터 제79조까지에 단체소송제도가 도입되어 있다.
35) 증권관련 집단소송법은 발행공시의무 위반에 대하여만 적용되는 것은 아니지만, 본서에서는 편의상 이 곳에서 설명한다.
36) 실제로 진행중인 증권집단소송에 관한 중요한 공고는 대법원 홈페이지에서 [대국민서비스 > 공고 > 증권관련집단소송] 순으로 들어가면 볼 수 있다.
37) 다만, 독일에서는 1999년의 소위 도이치 텔레콤 주식 사건의 피해자 구제를 위하여 2010년까지 한시적으로 자본시장집단소송법(KapMuG)을 도입한 바 있다.

2. 기본사항

⑴ 총   원

㈎ 총원의 범위의 확정

"총원"이란 증권의 매매 또는 그 밖의 거래과정에서 다수인에게 피해가 발생한 경우 그 손해의 보전에 관하여 공통의 이해관계를 가지는 피해자 전원을 말한다(同法 2조 2호).

증권관련 집단소송의 허가결정서에 기재하여야 하는 '총원의 범위'는 증권 발행회사, 증권의 종류, 발행시기, 피해의 원인이 된 증권의 거래행위 유형, 피해기간 등을 특정하는 방법으로 확정하되, 소송허가결정 확정 후 지체 없이 총원을 구성하는 구성원에게 소송허가결정을 고지하여야 하는 점을 고려할 때 관련 자료에 의하여 특정인이 구성원에 해당하는지를 판단할 수 있을 정도로 명확하여야 한다.[38]

한편 증권관련 집단소송법의 적용 범위에 해당하는 주식 발행회사 등의 법령 위반행위로 문제가 되는 주식을 취득하였다가 이를 피해기간 동안 그대로 보유하지 않고 일부를 처분하였으나 손해배상을 구하는 주식이 언제 취득한 주식인지를 특정할 수 없는 경우에, 먼저 취득한 주식을 먼저 처분한 것으로 의제하는 이른바 선입선출법과 나중에 취득한 주식을 먼저 처분한 것으로 의제하는 이른바 후입선출법 등의 방법이 있고, 총원의 범위를 어떤 방법으로 특정하는지에 따라 총원의 범위와 손해액의 규모에 차이가 생길 수 있지만, 대표당사자가 선택한 방법이 특히 불합리하다거나 그 방법에 의하여 총원의 범위를 확정하는 것이 불가능하다는 등의 특별한 사정이 없는 한 대표당사자가 선택한 방법에 따라 총원의 범위를 확정할 수 있다.

또한, 현행의 증권예탁결제제도 아래에서는 특정의 증권이라도 일단 예탁결제기관에 예탁되면 다른 동종의 증권과 혼합되어 특정할 수 없게 되므로, 그 결과 예탁결제기관에 예탁된 증권을 매매하는 경우 매매목적물인 증권의 특정이 불가능하다. 이러한 사정을 고려하면, 예탁결제기관에 예탁되어 있는 주식을 피해기간 중 일부 매도한 구성원이 존재할 수 있는 경우에 이른바 선입선출법에 의하여 총

---

38) 통상 "피고 OO 주식회사가 발행한 기명식 보통주식을 20**. *. *. 부터 20**. *. *.까지 취득하였다가 그 이후 주식을 매도하였거나 현재까지 보유한 자"라고 표기한다.

원의 범위를 확정한다고 하여 위법하다고 볼 수 없다.[39)]

(나) 총원의 범위의 변경

법원은 필요하다고 인정할 때에는 직권 또는 신청에 의하여 결정으로 총원의 범위를 변경할 수 있고, 이러한 결정에 대하여는 즉시항고를 할 수 있고, 법원은 이러한 결정에 의하여 구성원에서 제외되는 자와 새로이 구성원이 되는 자에게 결정내용을 고지하여야 한다. 이 경우 새로이 구성원이 되는 자에 대하여는 증권집단소송법 제18조 제1항 각 호의 사항(소송허가결정시 고지사항)을 함께 고지하여야 한다(同法 27조).[40)]

(2) 구성원

"구성원"이란 총원을 구성하는 각각의 피해자를 말하고(同法 2조 3호), "제외신고"란 구성원이 증권집단소송에 관한 판결 등의 기판력을 받지 아니하겠다는 의사를 법원에 신고하는 것을 말한다(同法 2조 5호).

[서울고등법원 2017. 8. 4.자 2016라21279 결정]
대표당사자들은 당심에 이르러 총원의 범위를 변경신청하면서, 주식회사 OO 회사채 발행회차의 범위를 당소 소송허가신청서에 기재된 '256회차~258회차, 260회차~268회차'에서 '262회차~268회차'로 축소하여 기재한 사실은 이 법원에 현저하고, 이 사건 기록에 의하면 대표당사자들 중 C는 제256회 회사채를, E는 제261회 회사채를 각 취득하여 보유하고 있을 뿐 제262회차~268회차 회사채는 보유하고 있지 않은 사실이 소명된다. 위와 같이 변경 신청된 총원의 범위를 기준으로 볼 때, 대표당사자들 중 적어도 C, E 2인은 이 사건 손해의 보전에 관하여 공통의 이해관계를 가지는 피해자 중 한명인 '구성원'에 해당되지 않음이 명백하여, 집단소송법 제1조 제1항에서 정한 대표당사자의 자격이 결여되어 있다. 따라서, 총원 구성원이 될 수 없는 2인을 대표당사자로 포함하고 있는 이 사건 본안소송은 집단소송법 제11조의 요건을 충족하지 못한다고 할 것이다.

(3) 제외신고

구성원은 제외신고기간 내에 서면으로 법원에 제외신고를 할 수 있고, 제외신고기간이 만료되기 전에 증권집단소송의 목적으로 된 권리와 동일한 권리에 대

---

39) 대법원 2016. 11. 4.자 2015마4027 결정.
40) [증권관련 집단소송규칙 제19조 (총원의 범위 변경신청)]
　　① 법 제27조 제1항의 규정에 의하여 총원의 범위의 변경을 구하는 대표당사자 또는 피고는 신청의 취지와 이유를 기재한 신청서를 제출하여야 한다.
　　② 법원이 총원의 범위를 변경하는 결정을 하는 경우에는 대표당사자와 피고를 심문하여야 한다.

하여 개별적으로 소를 제기하는 자는 제외신고를 한 것으로 본다.41) 제외신고기
간 내에 소를 취하한 경우에는 그러하지 아니하고, 증권집단소송의 피고는 개별
적으로 제기된 소에 관하여 법원에 신고하여야 하고, 법원은 제외신고나 소제기
신고된 사항을 대표당사자와 피고에게 통지하여야 한다(同法 28조). 집단소송은
미국·캐나다에서 채택된 제외신고형(opt-out)과 일부 유럽 국가(이탈리아)에서
채택한 참가신청형(opt-in)으로 분류되는데, 우리나라의 증권관련 집단소송법은
제외신고형이다.

(4) 관할법원 및 병합심리

증권집단소송은 피고의 보통재판적 소재지를 관할하는 지방법원 본원 합의부
의 전속관할로 한다(同法 4조). 동일한 분쟁에 관하여 여러 개의 증권집단소송의
소송허가신청서가 동일한 법원에 제출된 경우 법원은 이를 병합심리하여야 하고,
동일한 분쟁에 관한 수개의 증권집단소송의 소송허가신청서가 각각 다른 법원에
제출된 경우42) 관계법원에 공통되는 직근상급법원은 관계법원이나 소를 제기하
는 자, 대표당사자 또는 피고의 신청에 의하여 결정으로 이를 심리할 법원을 정하
고,43) 여러 개의 증권집단소송을 심리할 법원으로 결정된 법원은 이를 병합심리

---

41) 제외신고 양식은 http://www.scourt.go.kr/img/notice/100204_suwon_2.pdf 참조(수원지
방법원 2009가합8829 사건).

42) 제4조의 규정상 피고들의 보통재판적 소재지가 다른 경우에는 복수의 증권집단소송을 피
고별로 서로 다른 법원에 제기하여야 한다.

43) [증권관련 집단소송규칙 제9조 (심리할 법원지정의 신청 등)]
    ① 법 제14조 제2항의 규정에 의하여 심리할 법원지정을 신청하는 때에는 그 사유를 적은
       신청서를 공통되는 직근상급법원에 제출하여야 한다.
    ② 신청서를 제출받은 법원은 소송이 계속된 법원과 법 제7조 제1항의 규정에 의하여 소를
       제기한 자, 법 제10조 제1항 제4호의 규정에 의하여 신청서를 제출한 구성원, 대표당사
       자 및 피고에게 그 취지를 통지하여야 한다.
    [증권관련 집단소송규칙 제10조 (심리할 법원지정신청에 대한 처리)]
    ① 법 제14조 제2항의 규정에 의한 신청을 받은 법원은 그 신청에 정당한 이유가 있다고
       인정하는 때에는 심리할 법원을 지정하는 결정을, 이유가 없다고 인정하는 때에는 신청을
       기각하는 결정을 하여야 한다.
    ② 제1항의 결정을 한 경우에는 소송이 계속된 법원과 법 제7조 제1항의 규정에 의하여 소
       를 제기한 자, 법 제10조 제1항 제4호의 규정에 의하여 신청서를 제출한 구성원, 대표
       당사자 및 피고에게 그 결정정본을 송달하여야 한다.
    ③ 소송이 계속된 법원이 직근상급법원으로부터 다른 법원을 심리할 법원으로 지정하는 결
       정정본을 송달받은 때에는, 그 법원의 법원사무관등은 바로 그 결정정본과 소송기록을
       지정된 법원에 보내야 한다.
    [증권관련 집단소송규칙 제11조 (소송절차의 정지)]
    법 제14조 제2항의 규정에 의한 심리할 법원지정신청이 있는 때에는 그 신청에 대한 결정

하여야 하고, 법원은 병합심리하는 경우에는 소를 제기하는 자, 소송허가신청서를 제출한 구성원 또는 대표당사자들의 의견을 들어 소송을 수행할 대표당사자 및 소송대리인을 정할 수 있으며,44) 법원의 위 결정에 대하여는 불복할 수 없다(同法 14조).

(5) 소송대리인

(가) 의의와 자격

증권집단소송의 원고와 피고는 변호사를 소송대리인으로 선임하여야 하는데, 증권집단소송의 대상이 된 증권을 소유하거나 그 증권과 관련된 직접적인 금전적 이해관계가 있는 등의 사유로 인하여 이 법에 따른 소송절차에서 소송대리인의 업무를 수행하기에 부적절하다고 판단될 정도로 총원과 이해관계가 충돌되는 자는 증권집단소송의 원고 측 소송대리인이 될 수 없다(同法 5조).45)

최근 3년간 3건 이상의 증권집단소송 대표당사자의 소송대리인으로 관여하였던 자는 증권집단소송의 원고 측 소송대리인이 될 수 없다. 다만, 여러 사정에 비추어 볼 때 위와 같은 요건을 충족하는 데에 지장이 없다고 법원이 인정하는 자는 그러하지 아니하다(同法 11조③).

(나) 소송대리인의 사임 등

증권집단소송의 원고 측 소송대리인은 정당한 이유가 있을 때에는 법원의 허가를 받아 사임할 수 있고, 대표당사자는 상당한 사유가 있을 때에는 법원의 허가를 받아 소송대리인을 해임, 추가선임 또는 교체할 수 있고,46) 원고 측 소송대리인 전원이 사망 또는 사임하거나 해임된 경우에는 소송절차는 중단되고, 이 경우

이 있을 때까지 소송절차를 정지하여야 한다. 다만, 긴급한 필요가 있는 행위를 하는 경우에는 그러하지 아니하다.

44) [증권관련 집단소송규칙 제12조 (병합사건의 대표당사자 및 소송대리인 지정의 효력)]
　① 법 제14조 제4항의 규정에 의하여 소송을 수행할 대표당사자 및 소송대리인으로 지정된 자는 병합된 사건 전체의 대표당사자 및 소송대리인이 된다.
　② 제1항의 경우 다른 대표당사자 및 소송대리인은 그 지위를 상실한다.
45) 변호사강제주의는 사실상 원고에게만 적용된다. 피고가 소송대리인을 선임하지 않는다는 이유로 소송절차를 진행하지 않는다면 원고에게 불이익한 결과가 되기 때문이다.
46) [증권관련 집단소송규칙 제18조 (소송대리인의 변경)]
　① 법 제26조 제2항의 규정에 의하여 새로운 소송대리인을 선임하고자 하는 대표당사자는 법원에 다음 각 호의 사항을 기재한 허가신청서를 제출하여야 한다.
　　1. 소송대리인의 성명·명칭 또는 상호 및 주소
　　2. 소송대리인의 경력
　　3. 변호사 보수에 관한 약정
　② 제1항의 규정에 의한 신청서에는 법 제9조 제3항 각 호의 서류를 첨부하여야 한다.

대표당사자는 법원의 허가를 받아 소송대리인을 선임하여 소송절차를 수계하여야
하고, 소송절차의 중단 후 1년 이내에 수계신청이 없는 때에는 그 증권집단소송은
취하된 것으로 본다(同法 26조).

⑹ 대표당사자

⑺ 의의와 자격

"대표당사자"란 법원의 허가를 받아 총원을 위하여 증권집단소송절차를 수
행하는 1인 또는 수인의 구성원을 말한다(同法 2조 4호). 대표당사자는 구성원
중 해당 증권집단소송으로 인하여 얻을 수 있는 경제적 이익이 가장 큰 자 등 총
원의 이익을 공정하고 적절하게 대표할 수 있는 구성원이어야 한다(同法 11조①).
증권집단소송의 원고 측 소송대리인은 총원의 이익을 공정하고 적절하게 대리할
수 있는 자이어야 한다(同法 11조②).

법원이 대표당사자로 선임한 자가 대표당사자로서 요건을 갖추지 못한 사실
이 밝혀지거나, 소송허가 절차에서 대표당사자들이 총원 범위 변경 신청을 하였
고 대표당사자들 가운데 일부가 변경 신청된 총원 범위에 포함되지 않게 된 경우,
법원은 대표당사자의 요건을 갖추지 못한 자를 제외하고 증권집단소송의 소를 제
기한 자 및 대표당사자가 되기를 원하여 신청서를 제출한 구성원 중 법에 정한
요건을 갖춘 자로서 대표당사자를 구성할 수 있는지 여부 및 그 증권관련집단소
송의 소송허가 신청이 제3조(적용범위)와 제12조(소송허가 요건)의 요건을 갖추었
는지 여부를 심리 하여, 소송허가 신청이 위와 같은 요건을 갖추었다면 증권관련
집단소송을 허가하여야 한다.[47]

최근 3년간 3건 이상의 증권집단소송에 대표당사자로 관여하였던 자는 증권
집단소송의 대표당사자가 될 수 없다. 다만, 여러 사정에 비추어 볼 때 위와 같은
요건을 충족하는 데에 지장이 없다고 법원이 인정하는 자는 그러하지 아니하다
(同法 11조③).

⑻ 대표당사자의 선임

대표당사자가 되기를 원하는 구성원은 경력과 신청의 취지를 기재한 신청서
에 증권집단소송법 제9조 제2항의 문서를 첨부하여 법원에 제출하여야 한다. 법
원은 공고를 한 날부터 50일 이내에 증권집단소송법 제7조 제1항에 따라 소를
제기하는 자와 같은 조 제1항 제4호에 따라 신청서를 제출한 구성원 중 증권집단

---

47) 대법원 2018. 7. 5.자 2017마5883 결정(증권관련집단소송허가신청).

소송법 제11조에 따른 요건을 갖춘 자로서 총원의 이익을 대표하기에 가장 적합한 자를 결정으로 대표당사자로 선임한다.[48][49] 이러한 결정에 대하여는 불복할 수 없다. 대표당사자가 둘 이상인 경우에는 「민사소송법」 제67조 제1항 및 제2항을 준용한다(同法 20조). 이러한 결정에 대하여는 불복할 수 없다. 대표당사자로 선임된 자는 소를 제기하는 자 중 대표당사자로 선임되지 아니한 자가 붙인 인지의 액면금액을 그에게 지급하여야 한다(同法 10조⑥).[50] 구성원은 증권집단소송의 계속 중에 법원의 허가를 받아 대표당사자가 될 수 있다. 이러한 허가결정에 관하여는 제13조 제2항 및 제3항을 준용하고,[51] 허가결정에 대하여는 불복할 수 없다(同法 21조).[52]

---

48) 대표당사자선임결정은 http://www.scourt.go.kr/img/notice/171123_seoul.pdf 참조(서울중앙지방법원 2017. 11. 23. 선고 2015가합9047 판결).

49) 미국의 Private Securities Litigation Reform Act of 1995(사적증권소송개혁법, PSLRA)는 집단소송의 대표원고에 관하여 다음과 같이 엄격한 요건과 절차를 규정한다.
 (i) 대표원고(lead plaintiff)가 되려는 후보자는 소장을 제출하고 20일 내에 전국적인 경제전문 미디어를 통하여 제소사실을 공고하여야 하고, 구성원은 누구든지 제소 후 60일 내에 대표원고로 신청할 수 있다[SA §27(a)(3)(A), SEA §21D(a)(3)(A)].
 (ii) 법원은 제소 후 90일 내에 대표원고가 되겠다고 지원하게 한 후 후보자들 중 최적임자(most adequate plaintiff)를 대표원고로 선정하여야 한다[SA §27(a)(3)(B), SEA §21D(a)(3)(B)].
 (iii) 선정된 대표원고는 법원의 승인을 얻어 대표소송대리인을 선임하여야 한다.
 (iv) 대표원고로 하여금 소송의 제기를 위하여 또는 소송전문가의 권유에 의하여 당해 주식을 매수하지 않았다는 점을 포함한 주요사항에 대한 서약서(Certification by Plaintiff)를 제출하여야 한다.
 (v) 최근 3년간 5개 이상의 증권 class action의 대표원고나 대리인이었던 자는 법원의 허가를 얻기 전에는 원칙적으로 대표원고가 될 수 없다[SA §27(a)(3)(B)(vi), SEA §21D(a)(3)(B)(vi)].

50) [증권관련 집단소송규칙 제7조 (대표당사자 선임을 위한 심문)]
 법원은 법 제10조 제4항의 규정에 의한 대표당사자 선임결정을 함에 있어 법 제7조 제1항의 규정에 의하여 소를 제기하는 자와 법 제10조 제1항 제4호의 규정에 의하여 신청서를 제출한 구성원을 심문하여야 한다.
 [증권관련 집단소송규칙 제8조 (소송허가절차에서의 대표당사자 심문)]
 법원은 법 제13조 제2항의 규정에 의한 심문을 함에 있어 법 제7조 제1항에 의하여 소를 제기하는 자 이외의 자가 대표당사자로 선임된 경우에는 그 대표당사자를 심문할 수 있다.

51) [증권관련 집단소송법 제13조 (대표당사자 선임을 위한 심문)]
 ② 증권관련집단소송의 허가 여부에 관한 재판은 제7조 제1항에 따라 소를 제기하는 자와 피고를 심문(審問)하여 결정으로 한다.
 ③ 법원은 제2항에 따른 재판을 함에 있어서 손해배상청구의 원인이 되는 행위를 감독·검사하는 감독기관으로부터 손해배상청구 원인행위에 대한 기초조사 자료를 제출받는 등 직권으로 필요한 조사를 할 수 있다.

52) [증권관련 집단소송규칙 제16조 (대표당사자 허가신청)]
 법 제21조의 규정에 의하여 대표당사자가 되기를 원하는 구성원은 경력과 신청의 취지를

㈐ 대표당사자의 사임

대표당사자는 정당한 이유가 있을 때에는 법원의 허가를 받아 사임할 수 있다(同法 23조). 대표당사자의 전부가 사망 또는 사임하거나 증권집단소송법 제22조 제1항에 따라 소송수행이 금지된 경우에는 소송절차는 중단되고, 이 경우 대표당사자가 되려는 구성원은 증권집단소송법 제21조에 따른 법원의 허가를 받아 중단된 소송절차를 수계하여야 하고, 소송절차의 중단 후 1년 이내에 수계 신청이 없는 때에는 소가 취하된 것으로 본다(同法 24조). 법원은 제21조, 제23조, 제24조에 따라 대표당사자가 변경된 경우에는 적절한 방법으로 구성원에게 그 사실을 고지하여야 한다(同法 25조).[53)]

㈑ 대표당사자 소송수행금지결정

법원은 대표당사자가 총원의 이익을 공정하고 적절하게 대표하고 있지 못하거나 그 밖의 중대한 사유가 있을 때에는 직권으로 또는 다른 대표당사자의 신청에 의하여 그 대표당사자의 소송수행을 결정으로 금지할 수 있다(同法 22조).

기재한 신청서에 법 제9조 제2항 각 호의 문서를 첨부하여 법원에 제출하여야 한다.
53) [증권관련 집단소송규칙 제17조 (대표당사자 변경의 고지방법)]
① 법 제25조의 규정에 의한 고지는 전자통신매체를 이용하여 공고함으로써 한다.
② 법원사무관등은 공고한 날짜와 방법을 기록에 표시하여야 한다.
[증권관련 집단소송규칙 제28조 (소송비용액확정결정에 의한 권리실행)]
대표당사자는 민사소송법 제110조의 규정에 의하여 소송비용액의 확정결정을 받을 수 있는 때에는 그 확정결정을 받아 권리를 실행하여야 한다.
[증권관련 집단소송규칙 제29조 (대표당사자의 금전 등 보관)]
① 대표당사자가 권리실행으로 금전을 취득한 경우에는 법원보관금취급규칙이 정하는 바에 따라 보관하여야 한다.
② 대표당사자가 권리실행으로 금전 외의 물건을 취득한 경우에는 그 보관방법에 관하여 법원의 허가를 받아야 한다.
[증권관련 집단소송규칙 제30조 (권리실행의 결과보고)]
대표당사자는 법 제40조 제3항의 규정에 의하여 법원에 권리실행 결과보고를 할 때에는 다음 각 호의 사항을 기재한 결과보고서 및 자료를 제출하여야 한다.
　1. 집행권원의 표시
　2. 권리실행의 방법
　3. 권리실행으로 취득한 금전 등의 종류·수량 및 보관방법
　4. 집행권원 중 집행이 완료되지 아니한 부분
　5. 기타 필요한 사항

3. 소제기 및 소송허가절차

(1) 적용범위

증권집단소송의 소는 주권상장법인이 발행한 증권의 매매 또는 그 밖의 거래로 인한 것으로서, 다음의 손해배상청구에 한하여 제기할 수 있다(同法 3조①). 이와 같이 자본시장법은 자본시장법에 따른 손해배상청구만 집단소송의 대상으로 규정하므로 민법상 불법행위규정에 따른 손해배상청구는 병합하여 제기할 수 없다.

1. 자본시장법 제125조의 규정에 따른 손해배상청구(발행시장에서의 공시의무 위반으로 인한 손해배상책임)
2. 자본시장법 제162조의 규정에 따른 손해배상청구(유통시장에서의 공시의무위반으로 인한 손해배상책임)
3. 자본시장법 제175조, 제177조, 제179조의 규정에 따른 손해배상청구(불공정거래금지위반으로 인한 손해배상책임)
4. 자본시장법 제170조의 규정에 따른 손해배상청구(회계감사인의 손해배상책임)

제1항에 따른 손해배상청구는 주권상장법인이 발행한 증권의 매매 또는 그 밖의 거래로 인한 것이어야 한다(同法 3조②).

(2) 소장과 소송허가신청서의 제출

대표당사자가 되기 위하여 증권집단소송의 소를 제기하는 자는 소장과 소송허가신청서를 법원에 제출하여야 한다. 증권집단소송의 소장에 붙이는 인지액은「민사소송 등 인지법」제2조 제1항의 규정에 의하여 산출된 금액의 2분의 1에 같은 조 제2항 제2항의 규정(1항에 따라 계산한 인지액이 1천원 미만이면 그 인지액은 1천원으로 하고, 1천원 이상이면 100원 미만은 계산하지 아니한다)을 적용한 금액으로 한다. 이 경우 인지액의 상한은 5천만원으로 한다. 증권집단소송의 항소심 및 상고심에서의 인지액에 대하여는「민사소송 등 인지법」제3조의 규정을 준용한다. 법원은 소장 및 소송허가신청서가 제출된 사실을 자본시장법에 따라 거래소허가를 받은 거래소로서 금융위원회가 지정하는 거래소("지정거래소")에 즉시 통보하여야 하며, 지정거래소는 그 사실을 일반인이 알 수 있도록 공시하여야 한다(同法 7조). 소장과 소송허가신청서는 별개의 서면으로 작성·제출하여야 한다(同 規則 3조).

동일한 분쟁에 관하여 여러 개의 증권집단소송의 소송허가신청서가 동일한 법원에 제출된 경우 법원은 이를 병합심리(倂合審理)하여야 한다(同法 14조①). 동일한 분쟁에 관한 여러 개의 증권집단소송의 소송허가신청서가 각각 다른 법원에 제출된 경우 관계 법원에 공통되는 바로 위의 상급법원은 관계 법원이나 제7조 제1항에 따라 소를 제기하는 자, 대표당사자 또는 피고의 신청에 의하여 결정으로 이를 심리할 법원을 정한다(同法 14조②). 여러 개의 증권집단소송을 심리할 법원으로 결정된 법원은 이를 병합심리하여야 한다(同法 14조③). 병합심리하는 경우 법원은 소를 제기하는 자, 대표당사자선임신청서를 제출한 구성원 또는 대표당사자들의 의견을 들어 소송을 수행할 대표당사자 및 소송대리인을 정할 수 있다(同法 14조④). 제2항 및 제4항의 결정에 대하여는 불복할 수 없다(同法 14조⑤).

(3) 소송허가요건

(가) 제3조의 요건

증권집단소송은 주권상장법인이 발행한 증권의 매매 또는 그 밖의 거래로 인한 것으로서, 제3조가 규정하는 손해배상청구에 한하여 제기할 수 있다.

(나) 제12조의 요건

증권집단소송사건은 다음과 같이 다수성·공통성·효율성 요건을 구비하여야 한다.54) 그러나 소가 제기된 후에는 이러한 요건을 충족하지 못하게 된 경우에도

---

54) 미국의 증권집단소송은 FRCP Rule 23(a)가 정하고 있는 class action 절차에 따른다. 증권집단소송에 관하여 FRCP는 별도의 절차를 규정하지 않고, Private Securities Litigation Reform Act of 1995(PSLRA)가 이에 대한 상세한 규정을 두고 있으므로, 증권집단소송에는 FRCP와 PSLRA가 함께 적용된다. FRCP에 따르면 class action이 성립하고 유지되기 위하여는 첫째, 6개의 선결조건을 갖추어야 하고[FRCP Rule 23(a)], 둘째 연방민사소송법이 정하는 세 가지 소송유형 중 하나에 해당해야 한다[FRCP Rule 23(b)]. class action의 성립을 위한 1차적 선결요건인 6개의 요건 중 두 가지는 판례와 학설에 의하여 인정되는 묵시적 요건이고, 나머지 네 가지는 FRCP Rule 23(a)가 규정하고 있다. 묵시적 요건은 ⅰ) 일정한 기준과 방법에 의하여 식별할 수 있는 집단(definable class)이 존재할 것, ⅱ) 대표당사자가 집단의 구성원일 것이고, FRCP Rule 23(a)가 정하고 있는 명시적 요건은 ⅲ) 다수성의 요건 (numerosity): 개별당사자소송이나 공동소송에 의하는 것이 불가능할 정도로 당사자의 수가 다수이고(일반적으로 당사자의 수가 40명 이상이면 다수집단이라는 요건이 충족된다고 본다), ⅳ) 구성원간에 사실상·법률상의 쟁점에 공통성(commonality)이 있고, ⅴ) 대표자의 공격방어방법이 구성원들의 공격방어방법과 같은 전형성(typicality)이 있고, ⅵ) 대표당사자가 집단의 이익을 충분하고 적절하게 대표(adequacy of representative)할 수 있어야 한다. class action이 유지되려면 위 FRCP Rule 23(a)가 규정하는 모든 요건 외에, 당해소송이 FRCP Rule 23(b)가 규정하는 다음 중 하나에 해당하여야 한다. 즉, ⅰ) 개별소송에 의할 경우 모순되는 판결이 나오거나 소송당사자가 아닌 다른 구성원들의 권리를 해하게 되는 경우, ⅱ) 금지명령적 구제(injunctive relief)나 선언적 구제(declaratory relief)가 적절한 경우, ⅲ) 공정하고 효율적인 분쟁해결을 위하여 다른 방법보다 우월한 경우 등이다.

제소의 효력에는 영향이 없다(同法 12조).

1. 구성원이 50인 이상이고, 청구의 원인이 된 행위 당시를 기준으로 이 구성원의 보유 증권의 합계가 피고 회사의 발행 증권 총수의 1만분의 1 이상일 것[55)]
2. 적용 대상 손해배상청구로서 법률상 또는 사실상의 중요한 쟁점이 모든 구성원에게 공통될 것
3. 증권집단소송이 총원의 권리실현이나 이익보호에 적합하고 효율적인 수단일 것
4. 소송허가신청서의 기재사항 및 첨부서류에 흠결이 없을 것

1) **구성원의 다수성**   제1호의 다수성(numerousity) 요건과 관련하여, 미국의 FRCP Rule 23(a)은 당사자의 수를 특정하여 규정하지 않고 개별당사자소송이나 공동소송에 의하는 것이 불가능할 정도로 당사자의 수가 다수일 것을 요구한다. 따라서 개별 사건에 따라서 당사자가 20여명인 경우에도 인가된 사례가 있는반면 당사자가 수백명인 경우에도 인가되지 않은 사례도 있다. 증권집단소송법은 모집·매출에서와 같이 50인이라는 기준을 명시하므로 법해석의 안정성은 높지만사안의 구체적인 사정이 고려되지 않는다는 문제점은 있다. 실제로는 원고당사자가 1천명을 넘는 경우에도 당사자의 수로 인하여 야기되는 특별한 절차상의 문제없이 공동소송으로 진행되는 사례도 적지 않다.

"피고 회사의 발행 증권 총수의 1만분의 1 이상일 것"을 요건으로 규정한 것은 상법상 상장회사 주주의 대표소송제기권 요건과 동일하게 규정한 것이다. 남소를 방지하기 위한 요건이지만 너무 과중한 규제라는 비판의 대상이 되는 요건으로서 집단소송법 개정법안에서는 삭제되었다. 한편, 반드시 발행인만이 피고가되는 것이 아니라 인수인·회계법인 등도 피고가 될 수 있으므로 "피고 회사의 발행 증권 총수의 1만분의 1 이상일 것"은 부적절한 표현이고, 피고 회사는 "구성원이 보유하고 있는 증권을 발행한 회사"를 의미한다.

[대법원 2016. 11. 4.자 2015마4027 결정]
증권관련 집단소송법 제12조 제1항 제1호 는 구성원이 보유하고 있는 증권의 합계가 '피고 회사'의 발행 증권 총수의 1만분의 1이상일 것을 규정하고 있어, 문언만보면

---

55) 증권집단소송법 제3조 제1호(발행공시의무 위반), 제2호(유통공시의무 위반)의 경우에는 발행회사도 피고로 되겠지만, 제3조(불공정거래금지 위반), 제4호(회계감사인의 책임) 등의 경우에는 발행회사는 예외적으로 불공정거래 등에 관여하지 않는 한 원칙적으로 피고가 될 여지가 없다. 그러나 제12조 제1호의 "피고 회사의 발행 증권"이라는 규정상 모든 경우에 발행회사가 피고로 되어야 한다는 이상한 결론이 된다. 이 부분은 입법적인 보완이 필요하다.

구성원이 보유하고 있는 증권을 발행한 회사만이 증권관련 집단소송의 피고가 될 수 있는 것처럼 해석될 여지가 없지 않다. 그러나 증권관련 집단소송법 제3조에 정한 증권관련 집단소송의 적용 범위에 속하는 손해배상청구의 상대방이 될 수 있는 자가 반드시 증권 발행회사에 한정되지 않는 점, 증권관련 집단소송법이 토지관할을 피고의 보통재판적 소재지를 관할하는 지방법원 본원 합의부의 전속관할로 규정하면서도(제4호) 동일한 분쟁에 관한 여러 개의 증권관련 집단소송의 소송허가신청서가 각각 다른 법원에 제출된 경우 관계 법원에 공통되는 바로 위의 상급법원이 결정으로 심리할 법원을 정하도록 규정함으로써(제14조 제2항) 동일한 분쟁에 관하여 증권 발행회사 외에도 증권관련 집단소송법 제3조 에 정한 손해배상청구의 상대방이 될 수 있는 다른 채무자를 상대로 증권관련 집단소송이 제기될 수 있음을 전제하고 있는 점 등을 종합하면, 입법자의 의사가 증권관련 집단소송의 피고를 증권 발행회사만으로 한정하려는 것이라고 볼 수 없다. 따라서 증권관련 집단소송법 제12조 제1항 제1호 에서 말하는 '피고 회사'는 문언에도 불구하고 '구성원이 보유하고 있는 증권을 발행한 회사'라고 해석함이 타당하다.

2) 쟁점의 공통성　　제2호는 "법률상 또는 사실상의 중요한 쟁점"이 모든 구성원에게 공통될 것을 요구하는데, "중요한 쟁점"이라는 규정상 모든 쟁점이 공통될 것까지 요구되는 것은 아니다. 발행시장이나 유통시장에서의 공시의무 위반의 경우에는 공통성(commonality) 요건에 별다른 문제가 없지만, 일정 기간에 걸쳐서 여러 가지 유형으로 이루어진 불공정거래의 경우에는 공통성 요건 충족 여부에 관하여 논란이 있을 수 있다.

[서울서부지방법원 2018. 11. 20.자 2016카기44 결정]
제2호가 요구하는 쟁점의 공통성은 구성원 전체에 공통되는 사실상·법률상 문제로서 공통쟁점이 구성원의 개별쟁점을 압도할 것을 의미한다. 구성원이 집단소송에서 주장하는 청구원인 가운데 중요사실이 공통되고, 집단소송을 통한 구제수단이 다른 일반소송절차를 통한 구제수단보다 효율적이어야 한다는 것이다. ... 구 자본시장법 제170조의 규정 내용 및 앞서 본 기본 법리에 의하면, 특별한 사정이 없는 한 투자자는 동양네트웍스의 재무상태를 가장 잘 나타내는 이 사건 재무제표 및 이 사건 감사보고서가 정당하게 작성, 공표된 것으로 신뢰하고 주가가 당연히 그에 바탕을 두고 형성되었다고 생각하여 주식거래를 한 것으로 일응 추정되고, 구성원으로서는 이와 같은 추정에 따라 본안소송절차에서 '거래 인과관계 내지 신뢰 요건'(이하 '거래 인과관계'라 한다)을 별도로 증명할 필요가 없다(나아가 손해액은 구 자본시장법 제170조 제2항에 따라 산정된 금액으로 추정된다). 이러한 추정은 구성원 모두에 대하여 일반적으로 인정되므로, 공통쟁점이 개별쟁점을 압도하고 집단적인 소송절차가 경제적이고

우월할 것을 요구하는 집단소송을 유지하는 기초도 된다. 그런데 만약 소송허가절차에서 거래 인과관계의 추정이 복멸되고 유지될 수 없다는 점이 인정된 경우에도 소송허가를 한다면, 본안소송절차에서 구성원으로서는 거래 인과관계에 관한 각자의 고유한 사실관계를 개별적으로 주장, 증명하여야 하고, 법원으로서는 이에 대하여 개별적으로 판단할 수밖에 없다. 이로써 공통쟁점의 압도와 집단소송의 경제성·우월성이 유지되기 어렵고, 결국 효율성과 공통성은 저해될 수밖에 없다. 따라서 소송허가절차에서 대표당사자는 특별한 사정이 없는 한 거래 인과관계의 추정을 인정받고 이에 따라 거래 인과관계라는 쟁점의 범위에서는 사실상 효율성과 공통성의 추정까지 인정받을 수 있되, 그 상대방인 피고는 직접적으로 거래 인과관계의 추정이 인정되지 않는다고 다투거나(예컨대, 주가가 기재누락에 의하여 영향받지 않았다, 구성원이 시장가격의 진실성을 신뢰하지 않았다거나 기재누락에도 불구하고 거래를 하였을 것이라는 등), 또는 간접적으로 거래 인과관계의 추정을 위하여 전제되어야 하는 사실관계가 부존재하고 허물어졌다거나 양립 가능한 다른 사실관계가 존재하여 거래 인과관계의 추정이 복멸되거나 유지될 수 없다고 다툼으로써 대표당사자에 의한 효율성의 소명을 저지할 수 있다고 봄이 상당하다.

서울중앙지방법원 2016. 9. 29.자 2014카기3556 결정도, ⅰ) 분식회계와 관계없는 회사채를 매수한 자도 구성원에 포함되어 있고, ⅱ) 판매행위에 대하여 사기죄로 유죄판결을 받은 회사채와 무죄판결을 받은 회사채의 매수자들이 구성원에 포함되어 있고, ⅲ) 발행시장에서의 취득자뿐 아니라 자본시장법 제125조에 따른 손해배상청구권자가 아닌 유통시장에서의 취득자도 구성원에 포함되어 있으므로 모든 구성원에게 법률상 쟁점이 공통된다고 볼 수 없다고 판시하였다. 다만, 공통성 요건은 모든 구성원의 청구원인 가운데 중요사실이 공통되면 충족되고, 각 구성원의 청구에 약간의 다른 사실이 존재한다거나 개별 구성원에 대한 항변사항이 존재한다는 사정만으로 위 요건이 흠결된다고 볼 수 없다.[56]

[서울서부지방법원 2018. 11. 20.자 2016카기44 결정]
손해배상책임의 성립 여부는 원칙적으로 소송허가절차가 아닌 본안소송절차의 심리대상이다. 다만, 소송허가절차에서 대표당사자로서는 적어도 본안소송청구가 집단소송법에서 정한 적용 범위에 포함된다는 적용 범위 해당성, 그리고 같은 측면에서 구성원 모두가 적용 범위에 해당하는 공통적인 본안소송청구를 제기한다는 공통성을 신청의 이유로서 소명하여야 하고(집단소송법 제13조 제1항 참조), 법원으로서는 소송허가절차와 본안소송절차의 준별을 해하지 아니하고, 본안소송청구가 집단소송의

56) 대법원 2016. 11. 4.자 2015마4027 결정.

적용 범위에 해당되지 않음이 명백한지 여부, 이에 따라 소송허가 요건으로서 공통성이 소명되었는지 여부를 판단하는 한도 내에서 손해배상의 원인이 되는 행위 등 본안소송청구에 관하여 심리할 수 있다고 봄이 상당하다. 만약 소송허가절차에서 법원이 오로지 대표당사자의 주장 자체에만 한정하여 적용 범위의 해당 여부를 판단하거나 본안소송청구에 관하여 전혀 심리할 수 없다면, 소송허가절차가 형해화되고 집단소송의 적용 범위에 해당하지 않음이 명백하고 이에 따라 공통성도 결여된 사건에 대하여도 소송허가가 인정되어 구성원이나 피고 모두에게 불필요한 본안소송절차가 후속되는 부당한 결과가 발생할 수 있기 때문이다.

3) 절차의 효율성　　제3호의 효율성(적합성) 요건은 법률상·사실상의 공통 쟁점이 구성원의 개별 쟁점보다 우월하여(superiority), 공동소송이나 선정당사자 제도에 비하여 총원의 권리실현이나 이익보호에 적합하고 효율적인 수단일 것을 의미한다. 즉, 다수 구성원들의 피해 회복을 위하여 소송경제상 집단소송이 다른 구제수단보다 경제적일 것이 요구된다.[57]

서울중앙지방법원 2016. 9. 29.자 2014카기3556 결정에서는, 집단소송이 '총원의 권리 실현이나 이익보호에 적합하고 효율적인 수단인지' 여부를 판단함에 있어서는 구성원들의 수 및 피해액수, 집단소송 이전에 이미 개별 구성원에 의하여 제기된 소송의 유무·진행정도·내용, 집단소송이 아니라면 다수의 구성원들 즉, 소액다수의 투자자가 사실상 법률적 구제를 받기가 어려운지, 개별적인 소송보다 집단소송으로 함이 구성원들에게 더 이익인지 여부 등 제반사정을 종합적으로 고려하여 판단하여야 할 것이라고 판시하면서, ⅰ) 구성원들의 투자대상이 회사채, 특정금전신탁 등으로 구별되고, ⅱ) 구성원 중 일부가 민사소송을 제기하여 일부 사건은 판결이 선고되었다는 이유로 개별적인 민사소송보다 더 효율적이라거나 적합하다고 보기 어렵다고 판시하였다.

㈐ 소송허가절차의 심리대상

증권관련 집단소송법은 '제2장 소의 제기 및 허가 절차'에 관한 부분에서 증권관련 집단소송의 허가요건을 별도로 정하고(同法 11조, 12조), 대표당사자가 소송허가 신청의 이유를 소명하도록 하며(同法 13조①), 소송허가요건에 적합한 경우에만 결정으로 증권관련 집단소송을 허가하도록 하는 등(同法 21조) 소송허가결

---

57) 대법원 2016. 11. 4.자 2015마4027 결정. 서울서부지방법원 2018. 11. 20.자 2016카기 44 결정은 "소송허가의 요건으로서 집단소송법 제12조 제1항 제3호가 요구하는 효율성은 집단소송이 다른 구제수단보다 경제적이고 우월할 것을 요구하는 '경제성'과 '우월성'을 포함하는 것으로 해석된다."라고 판시한다.

정이 확정되어야 비로소 본안소송절차를 진행할 수 있도록 규정함으로써, 증권관련 집단소송이 집단소송이라는 특수한 절차로 진행되어야 할 필요가 있는지를 판단하는 절차인 소송허가절차와 집단소송의 본안소송절차를 분리하고 있다. 따라서 소송허가절차에서 대표당사자가 소명할 대상은 소송허가요건이고, 본안소송절차에서 다루어질 손해배상책임의 성립 여부 등은 원칙적으로 소송허가절차에서 심리할 대상이 아니다.[58]

이와 같이 손해배상책임의 성립 여부는 원칙적으로 본안소송에서 다루어질 사항이지 소송허가 여부를 결정하는 단계에서의 심리대상이라고 볼 수 없지만, 집단소송의 청구원인이 그 주장 자체로 증권집단소송법 제3조 각 호의 손해배상청구의 범위나 대상에 해당하지 않는다면 소송허가요건을 충족하지 못한 것이다.

청구원인이 되는 주장 자체가 형식상으로 소정의 손해배상청구의 범위에 해당한다 하더라도 그 주장이 막연한 의혹이나 추측 또는 해당 증권의 만기에 상환되지 않아 손해가 발생하였다는 결과적 사실에 기초하였을 뿐, 그 주장에 관한 구체적 사실의 기재가 없거나 그 주장에 상당한 정도의 개연성이 있다는 점이 소명되지 않았다면 소송허가요건을 충족하지 못한 것이다.[59]

나아가 법원은 증권관련 집단소송법 제12조 제1항 제2호에서 정한 '제3조 제1항 각 호의 손해배상청구로서 법률상 또는 사실상의 중요한 쟁점이 모든 구성원에게 공통될 것'이라는 소송허가요건이 충족되는지를 판단하는 데에 필요한 한도 내에서 손해배상청구의 원인이 되는 행위 등에 대하여 심리를 할 수 있다는 것이 판례의 입장이다.[60]

제척기간에 관하여도 법원은 소송허가절차에서 제척기간 도과가 명백한지 여부를 판단하는 한도 내에서 본안소송청구와 관련된 일부 사실관계를 심리할 수 있다.

[서울서부지방법원 2018. 11. 20.자 2016카기44 결정]
소송허가절차에서 개별적인 구성원별로 구체적인 '기재누락의 사실을 현실적으로 인식'하였는지 여부를 심리하는 것은 본안소송절차와의 준별을 해하는 것으로 적절하

---

58) 대법원 2016. 11. 4.자 2015마4027 결정.
59) 서울중앙지방법원 2016. 9. 29.자 2014카기3556 결정(원고들이 주장하는 증권신고서상의 중요사항에 관한 허위기재나 기재누락이 합리적인 투자자들이 이용할 수 있는 정보 전체의 맥락이 변경될 정도가 아니라는 점과, 일부 피고가 상당한 주의를 다하여 자본시장법 제125조 제1항 단서에 의하여 면책된다는 점을 이유로 불허가결정을 하였다).
60) 대법원 2016. 11. 4.자 2015마4027 결정, 서울서부지방법원 2018. 11. 20.자 2016카기44 결정.

지 않다. 다만, 앞서 본 기본 법리에 의하면 일반인이 기재누락을 인식할 수 있는 정도라면 당해 청구권자 역시 그러한 사실을 인식하였다고 볼 수 있으므로, 피고로서는 대표당사자나 구성원 개인이 아니라 구성원 전반 또는 구성원 중 상당수에 대하여 제척기간 도과가 인정될 수 있다고 다툼으로써 소송허가 요건으로서 효율성과 공통성의 소명을 저지할 수 있다고 할 것이다. 제척기간 도과는 특별한 사정에 해당하기는 하나, 본안소송절차에서 본안 판단에 이르기 이전 단계부터 구성원 중 상당수에 대하여 제척기간을 준수하였는지 여부를 두고 다툼이 발생하고, 구성원별로 구구한 주장, 증명, 판단이 후속될 수밖에 없다면 공통쟁점의 압도와 집단소송의 경제성·우월성은 유지되기 어렵기 때문이다.

⑷ 소송허가절차
㈎ 소장과 소송허가신청서의 기재사항

소장에는 1. 소를 제기하는 자와 그 법정대리인, 2. 원고측 소송대리인, 3. 피고, 4. 청구의 취지와 원인, 5. 총원의 범위 등을 적어야 하고(同法 8조), 소송허가신청서에는 1. 제7조 제1항의 규정에 의하여 소를 제기하는 자와 그 법정대리인, 2. 원고측 소송대리인, 3. 피고, 4. 총원의 범위, 5. 제7조 제1항의 규정에 의하여 소를 제기하는 자와 원고측 소송대리인의 경력, 6. 허가신청의 취지와 원인, 7. 변호사 보수에 관한 약정 등을 적어야 한다(同法 9조①).

소를 제기하는 자는 소송허가신청서에 1. 해당 증권집단소송을 수행하기 위하여 또는 소송대리인의 지시에 따라 해당 증권집단소송과 관련된 증권을 취득하지 아니하였다는 사실, 2. 최근 3년간 대표당사자로 관여한 증권집단소송의 내역을 진술한 문서를 첨부하여야 하고(同法 9조②), 소송허가신청서에는 소송대리인이 1. 최근 3년간 소송대리인으로 관여한 증권집단소송의 내역, 2. 제5조 제2항에 위반되지 않는다는 사실을 진술한 문서를 첨부하여야 한다(同法 9조③).[61]
㈏ 소 제기의 공고

법원은 소장 및 소송허가신청서가 접수된 날부터 10일 이내에 1. 증권집단소

---

61) [증권관련 집단소송규칙 제5조 (증권관련집단소송에의 관여)]
　　① 법 제9조 제2항·제3항 또는 제11조 제3항의 규정에 의한 최근 3년간 관여한 증권관련 집단소송은 소의 제기일부터 역산하여 3년 이내에 대표당사자 또는 대표당사자의 소송대리인으로 선임된 증권관련집단소송으로 한다.
　　② 증권관련집단소송의 대표당사자, 대표당사자의 소송대리인으로 선임된 자는 그 후 소송수행금지·사임·변경·해임·교체 등의 사정이 발생한 경우에도 최초 선임된 시점에 그 증권관련집단소송에 관여한 것으로 본다.

송의 소가 제기되었다는 사실, 2. 총원의 범위, 3. 청구의 취지 및 원인의 요지, 4. 대표당사자가 되기를 원하는 구성원은 공고가 있는 날부터 30일 이내에 법원에 신청서를 제출하여야 한다는 사실을 공고하여야 한다(同法 10조①).[62] 이러한 공고는 전국을 보급지역으로 하는 일간신문에 게재하는 등 대법원규칙으로 정하는 방법에 의한다(同法 10조②).[63] 소를 제기하는 자는 공고에 필요한 비용을 예납하여야 하고, 공고비용을 예납하지 않는 경우에는 재판장은 즉시 5일 이내의 기간을 정하여 공고비용을 예납할 것을 명하여야 한다. 소를 제기하는 자가 이러한 기간 이내에 공고비용을 예납하지 아니한 때에는 재판장은 명령으로 소장 및 소송허가신청서를 각하할 수 있고, 각하명령에 대하여는 즉시항고할 수 있다(同法 施行規則 4조).

㈐ 소송허가절차와 소송불허가결정

대표당사자는 소송허가 신청의 이유를 소명하여야 한다. 증권집단소송의 허가 여부에 관한 재판은 소를 제기하는 자와 피고를 심문하여 결정으로 한다. 법원은 위 재판을 함에 있어서 손해배상청구의 원인이 되는 행위를 감독·검사하는 감독기관으로부터 손해배상청구 원인행위에 대한 기초조사 자료를 제출받는 등 직권으로 필요한 조사를 할 수 있다(同法 13조).

법원은 제3조(적용범위)·제11조(대표당사자 및 소송대리인의 요건) 및 제12조(소송허가 요건)의 규정에 적합한 경우에 한하여 (그리고 상당하다고 인정하는 때에는 결정으로 총원의 범위를 조정하여)[64] 결정으로 증권집단소송을 허가할 수 있다.[65] 법원은 소송허가결정을 하는 때에는 고지·공고·감정 등에 필요한 비용의

---

62) 소제기 공고는 http://www.scourt.go.kr/img/notice/170929_seoul.pdf 참조(서울중앙지방법원 2015가합9047 사건).

63) [증권관련 집단소송규칙 제6조 (소제기의 공고)]
   ① 법 제10조 제1항의 규정에 의한 공고는 전국을 보급지역으로 하는 일간신문에 게재함으로써 한다.
   ② 법원서기관·법원사무관·법원주사 또는 법원주사보(이하 "법원사무관등"이라 한다)는 공고한 날짜와 방법을 기록에 표시하여야 한다.

64) 법원은 총원의 범위를 감축할 수도 있고 확대할 수도 있다.

65) class action이 제기되면 대표원고가 각 구성원에게 class action이 제기되었고, 일정 기간 내에 제외신청을 할 수 있음을 명시하여야 한다. 법원은 이상의 성립 및 유지 요건이 구비된 경우, class action으로서의 인가(class certification)를 한다. 이러한 인가는 불복의 대상이 아니고, 특별한 사정이 없는 한 직무집행영장(mandamus)의 대상도 아니다[Green v. Occidental Petroleum Corp., 541 F.2d 1335 (9th Cir. 1976)]. 대표당사자가 상대방과 소송상 화해를 할 경우에도 법원의 허가를 얻어야 화해의 효력이 발생한다.

예납을 명하여야 한다(同法 16조).⁶⁶⁾ 허가결정에 대하여는 즉시항고할 수 있다 (同法 15조④). 대표당사자는 증권집단소송의 불허가결정에 대하여 즉시항고할 수 있고, 불허가결정이 확정된 때에는 증권집단소송의 소가 제기되지 아니한 것 으로 본다(同法 17조).⁶⁷⁾ 허가요건을 충족하지 못한 허가신청에 대하여는 불허가 결정을 한다.⁶⁸⁾

㈑ 소송허가결정의 고지

법원은 소송허가결정이 확정된 때에는 지체 없이 다음과 같은 사항을 구성원 에게 고지하여야 한다(同法 18조).⁶⁹⁾⁷⁰⁾ 법원은 아래 사항을 지정거래소에 즉시 통보하여야 하고, 통보를 받은 지정거래소는 그 내용을 일반인이 알 수 있도록 공 시하여야 한다(同法 19조).

1. 대표당사자와 그 법정대리인의 성명·명칭 또는 상호 및 주소
2. 원고측 소송대리인의 성명·명칭 또는 상호 및 주소

---

66) [증권관련 집단소송규칙 제13조 (소송비용 예납명령)]
   ① 법 제16조의 규정에 의한 소송비용의 예납은 소송허가결정이 확정된 날부터 상당한 기 간으로 정하여 명하여야 한다.
   ② 대표당사자가 제1항의 예납명령을 이행하지 아니한 때에는 법원은 소송허가결정을 취소 하고 소송불허가결정을 할 수 있다.
   ③ 법원은 전자통신매체를 이용하여 제2항의 결정을 공고하여야 하고, 법원사무관등은 공 고한 날짜와 방법을 기록에 표시하여야 한다.
   ④ 제2항의 결정에 대하여는 즉시항고할 수 있다.

67) [증권관련 집단소송규칙 제14조 (소송허가 여부 결정의 송달)]
   소송허가결정·소송불허가결정 및 제13조 제2항의 규정에 의한 결정은 대표당사자 및 피고 에게 그 결정등본을 송달하여야 한다.

68) 소송불허가결정은 http://www.scourt.go.kr/img/notice/181120_slseobu.pdf 참조(서울서 부지방법원 2018. 11. 20.자 2016카기44 결정).

69) [증권관련 집단소송규칙 제15조 (소송허가결정의 구성원에 대한 고지)]
   ① 법 제18조 제2항의 규정에 의한 구성원에 대한 고지는 우편법 제14조 제1항 제1호의 규정에 의한 통상우편을 발송함으로써 한다. 다만, 법원은 우편물발송 대행업체에 위 발 송업무를 위탁할 수 있다.
   ② 법원은 대표당사자, 피고 또는 증권예탁원, 한국증권거래소, 한국증권업협회 등에게 법 원이 지정하는 방법에 따라 구성원의 성명 및 주소가 입력된 전자파일의 제출을 요구할 수 있다.
   ③ 합리적 노력에 의하여도 주소 등을 확인할 수 없는 구성원에 대하여는 제1항의 규정에 불구하고 법 제18조 제3항의 규정에 의한 일간신문 게재로 구성원에 대한 고지를 한 것 으로 본다.
   ④ 법원사무관등은 고지한 날짜와 방법을 기록에 표시하여야 한다.

70) 소송허가결정 공고는 http://www.scourt.go.kr/img/notice/181120_slnambu_2.pdf 참조 (서울남부지방법원 2018. 8. 22.자 2013카기2787 결정).

3. 피고의 성명·명칭 또는 상호 및 주소
4. 총원의 범위
5. 청구의 취지 및 원인의 요지
6. 제외신고의 기간과 방법
7. 제외신고를 한 자는 개별적으로 소를 제기할 수 있다는 사실
8. 제외신고를 하지 아니한 구성원에 대하여는 증권집단소송에 관한 판결 등의 효력이 미친다는 사실
9. 제외신고를 하지 아니한 구성원은 증권집단소송의 계속중에 법원의 허가를 받아 대표당사자가 될 수 있다는 사실
10. 변호사 보수에 관한 약정
11. 그 밖에 법원이 필요하다고 인정하는 사항

(5) 시효중단의 효력

증권집단소송의 소 제기로 인한 시효중단의 효력은, ⅰ) 불허가결정이 확정된 경우, ⅱ) 구성원에서 제외된 경우, ⅲ) 제외신고를 한 때부터 6개월 이내에 그 청구에 관하여 소가 제기되지 아니한 경우에 소멸한다(同法 29조).

4. 소송절차

(1) 직권증거조사 및 증거보전

증권집단소송절차에서 법원은 필요하다고 인정하는 때에는 직권으로 증거조사를 할 수 있다(同法 30조). 구성원들의 이익보호를 위하여 대표당사자가 제출하는 증거 외에 직권증거조사를 허용하는 것이다. 그리고 직권증거조사의 보충성이 완화되어, 법원은 필요하다고 인정할 때에는 구성원과 대표당사자를 신문할 수 있다(同法 31조).[71] 또한, 법원은 미리 증거조사를 하지 아니하면 그 증거를 사용하기 곤란한 사정이 있지 아니한 경우에도 필요하다고 인정할 때에는 당사자의 신청에 의하여 증거조사를 할 수 있다(同法 33조). 미리 증거조사를 하지 아니하면 그 증거를 사용하기 곤란한 사정이 있다고 인정한 때에 한하여 증거보전을 할 수 있다는 민사소송법 제375조의 증거보전의 요건을 완화한 것이다.[72]

---

71) [증권관련 집단소송규칙 제20조 (구성원의 신문)]
　　법 제31조의 규정에 의한 구성원에 대한 신문은 당사자신문에 관한 민사소송법 제367조 내지 제373조의 규정을 준용한다.
72) [증권관련 집단소송규칙 제21조 (증거보전)]
　　① 법 제33조의 규정에 의한 증거보전신청은 법 제7조 제1항의 규정에 의하여 대표당사자가 되기 위하여 소를 제기하거나 제기할 자도 신청할 수 있다.②법원은 법 제33조의 규

(2) 문서제출명령과 문서송부촉탁

법원은 필요하다고 인정할 때에는 소송과 관련 있는 문서를 가지고 있는 자에게 그 문서의 제출을 명하거나 송부를 촉탁할 수 있고, 문서제출 명령이나 문서송부 촉탁을 받은 자는 정당한 이유 없이 그 제출이나 송부를 거부할 수 없다. 다만, ⅰ)「공공기관의 정보공개에 관한 법률」제4조 제3항 및 제9조 제1항 각 호의 사유가 있는 문서와, ⅱ)「민사소송법」에 따라 제출을 거부할 수 있는 문서는 예외이다. 그리고 대표당사자와 피고는 법원에 문서제출명령 등을 신청할 수 있다(同法 32조).

(3) 손해배상액의 산정

손해배상액의 산정에 관하여 자본시장법이나 그 밖의 다른 법률에 규정이 있는 경우에는 그에 따르고(同法 34조①), 법원은 제1항의 규정에 의하거나 증거조사를 통하여도 정확한 손해액을 산정하기 곤란한 경우에는 여러 사정을 고려하여 표본적·평균적·통계적 방법 또는 그 밖의 합리적인 방법으로 손해액을 정할 수 있다(同法 34조②).[73]

(4) 소취하 · 화해 또는 청구포기의 제한

증권집단소송의 경우 소의 취하, 소송상의 화해 또는 청구의 포기는 법원의 허가를 받지 아니하면 그 효력이 없고,[74] 법원은 소의 취하, 소송상의 화해 또는 청구의 포기의 허가에 관한 결정을 하려는 경우에는 미리 구성원에게 이를 고지하여 의견을 진술할 기회를 주어야 한다(同法 35조①,②).[75] 즉, 처분권주의의 원

정에 의한 신청이 있는 경우 증거조사를 할 필요성이 있는지에 관하여 신청인을 심문하여야 한다.

[73] 손해배상액산정은 원칙적으로 각 구성원의 거래내역에 따라 구성원별로 산정된 손해액을 합산함으로써 총원 전체의 손해액을 산정하여야 하지만, 실제의 사건에서 구성원이 상당히 다수인 경우에는 이와 같은 방법으로 손해액을 산정하는 것이 불가능한 경우가 많을 것인데, 제2항에 의하여 이러한 경우에는 개별 구성원의 손해액을 산정하지 않고 총원 전체의 손해액을 산정하는 방법도 허용된다. 물론 제2항은 제1항에 의한 손해액 산정이 불가능한 경우에 한하여 보충적으로만 적용되어야 한다.

[74] 화해허가결정은 http://www.scourt.go.kr/portal/notice/securities/securities.jsp 참조(수원지방법원 2010. 4. 30.자 2009가합8829 결정).

[75] [증권관련 집단소송규칙 제22조 (화해 등의 허가신청)]
  ① 법 제35조 제1항의 소의 취하, 소송상의 화해 또는 청구의 포기(이하 "화해 등"이라고 한다)에 대한 허가를 받고자 하는 당사자는 법원에 허가신청서를 제출하여야 한다.
  ② 제1항의 허가신청서에는 대표당사자, 대표당사자의 소송대리인, 피고 및 화해 등에 관여한 제3자 사이의 화해 등에 관련된 일체의 합의내용을 기재한 서면을 첨부하여야 한다.
  ③ 법원은 법 제35조 제2항의 규정에 의한 고지 전에도 당사자를 심문하거나 직권으로 필

칙이 상당부분 제한된다. 대표당사자와 피고간의 결탁에 의하여 구성원이 피해를 입게 될 가능성이 있으므로 법원의 허가를 요하도록 하는 것이다. 법원의 허가결정에 대하여 개별 구성원은 불복할 수 없다고 해석하여야 한다.

(5) 쌍방불출석규정의 적용배제

증권집단소송에 관하여는 쌍방불출석시 소취하간주에 관한 민사소송법 제268조의 규정을 적용하지 않는다(同法 35조④). 소취하제한에 관한 동법 제35조 제1항의 적용을 피하기 위한 탈법행위를 방지하기 위한 것이다.[76]

(6) 판   결

판결서에는 민사소송법 제208조 제1항 각 호의 사항[77] 외에, 1. 원고측 소

요한 조사를 할 수 있다.
[증권관련 집단소송규칙 제23조 (화해 등의 고지)]
① 법 제35조 제2항의 규정에 의한 고지는 다음 각 호의 사항을 포함하여야 한다.
　　1. 총원의 범위
　　2. 화해 등의 이유
　　3. 원고측에 지급될 총 금액 및 증권당 금액
　　4. 변호사 보수
　　5. 분배의 기준 및 방법
　　6. 제24조 제1항의 규정에 의한 심문의 일시 및 장소
　　7. 원고측 소송대리인의 주소·연락처 및 문의 방법
② 민사소송법 제225조의 규정에 의한 화해권고결정, 민사조정법 제28조의 규정에 의한 조정의 성립, 제30조의 규정에 의한 조정에 갈음하는 결정을 하는 경우에는 법 제35조 제2항·제3항의 규정을 준용한다.
[증권관련 집단소송규칙 제24조 (화해 등 허가 여부 결정)]
① 법원은 화해 등의 허가 여부를 결정하기 위하여 당사자를 심문하여야 한다.
② 구성원은 서면으로 의견을 제출하거나 심문기일에 출석하여 의견을 진술할 수 있다.
[증권관련 집단소송규칙 제25조 (소송허가결정 확정전의 화해 등 허가신청)]
① 당사자는 소송허가결정 확정 전에도 제22조의 규정에 의하여 구성원에게 효력을 미치기 위한 화해 등 허가신청을 할 수 있다.
② 법원은 제1항의 경우 법 제35조 제2항의 규정에 의한 고지를 법 제18조 제1항의 규정에 의한 소송허가결정의 고지와 동시에 하여야 한다. 다만, 화해 등에 대한 허가여부 결정은 소송허가결정에서 정한 제외신고의 기간이 경과된 후에 하여야 한다.

76) [民訴法 제208조 (판결서의 기재사항 등)]
① 판결서에는 다음 각 호의 사항을 적고, 판결한 법관이 서명날인하여야 한다.
　　1. 당사자와 법정대리인
　　2. 주문
　　3. 청구의 취지 및 상소의 취지
　　4. 이유
　　5. 변론을 종결한 날짜. 다만, 변론 없이 판결하는 경우에는 판결을 선고하는 날짜
　　6. 법원
77) [증권관련 집단소송규칙 제26조 (양쪽 당사자가 출석하지 아니한 경우의 절차)]

송대리인과 피고측 소송대리인, 2. 총원의 범위, 3. 제외신고를 한 구성원 등을 적어야 한다(同法 36조①). 법원은 금전 지급의 판결을 선고할 때에는 여러 사정을 고려하여 지급의 유예, 분할지급 또는 그 밖의 적절한 방법에 의한 지급을 허락할 수 있다(同法 36조②). 법원은 판결의 주문과 이유의 요지를 구성원에게 고지하여야 한다(同法 36조③). 확정판결은 제외신고를 하지 아니한 구성원에 대하여도 그 효력이 미친다(同法 37조).[78]

(7) 상소취하·상소권포기의 제한

소취하·화해 또는 청구포기의 제한에 관한 동법 제35조의 규정은 상소의 취하 또는 상소권의 포기에 관하여도 준용되므로 이 때에도 법원의 허가가 있어야 하고, 대표당사자가 정하여진 기간 이내에 상소하지 아니한 경우에는 상소제기기간이 끝난 때부터 30일 이내에 구성원이 법원의 허가를 받아 상소를 목적으로 하는 대표당사자가 될 수 있으며,[79] 이와 같이 대표당사자가 된 자의 상소는 법원의 허가를 받은 날부터 2주 이내에 제기하여야 한다(同法 38조).

(8) 소송참가

명문의 규정은 없지만, 증권집단소송에서도 민사소송법상 공동소송참가와 보조참가를 허용할 필요가 있다.

5. 분배절차

(1) 의   의

증권집단소송법상 판결절차에서는 손해액의 총액만 산정하고 구성원의 개별적인 몫은 별도의 분배절차에 의한다. 즉, 분배에 관한 법원의 처분·감독 및 협력 등은 제1심 수소법원의 전속관할로 한다(同法 39조). 그리고 대표당사자만 집행권원의 주체로 규정하므로, 대표당사자는 집행권원을 취득하였을 때에는 지체 없이 그 권리를 실행하여야 하고, 권리실행으로 금전등을 취득한 경우에는 대법원규칙으로 정하는 바에 따라 이를 보관하여야 하고, 권리실행이 끝나면 그 결과를 법원

양쪽 당사자가 변론준비기일 또는 변론기일에 출석하지 아니하거나 출석하였다 하더라도 변론하지 아니한 때에는 재판장은 다시 변론준비기일 또는 변론기일을 정할 수 있다.

78) 원고 승소판결공고는 http://www.scourt.go.kr/img/notice/180717_slnambu.pdf 참조(서울남부지방법원 2018. 7. 13. 선고 2011가합19387 판결).

79) [증권관련 집단소송규칙 제27조 (상소를 목적으로 하는 대표당사자)]
법 제38조 제2항의 규정에 의한 대표당사자의 허가에 관하여는 제16조를 준용한다.

에 보고하여야 한다(同法 40조).[80]

  (2) 분배관리인

  법원은 직권으로 또는 대표당사자의 신청에 의하여 분배관리인을 선임하여야
하고,[81] 분배관리인은 법원의 감독 하에 권리실행으로 취득한 금전등의 분배업무
를 수행하고,[82] 법원은 분배관리인이 분배업무를 적절히 수행하지 못하거나 그
밖의 중대한 사유가 있을 때에는 직권 또는 신청에 의하여 분배관리인을 변경할
수 있다(同法 41조).[83] 특별한 사정이 없는 한 대표당사자의 소송대리인이었던 변

---

80) [증권관련 집단소송규칙 제30조 (권리실행의 결과보고)]
   대표당사자는 법 제40조 제3항의 규정에 의하여 법원에 권리실행 결과보고를 할 때에는 다
   음 각 호의 사항을 기재한 결과보고서 및 자료를 제출하여야 한다.
81) [증권관련 집단소송규칙 제32조 (수인의 분배관리인의 직무집행)]
   ① 분배관리인이 수인인 경우에는 공동으로 그 직무를 행한다. 다만, 법원의 허가를 받아
   직무를 분장할 수 있다.
   ② 분배관리인이 수인인 경우 분배관리인에 대한 의사표시는 그 중 1인에 대하여 할 수 있다.
82) [증권관련 집단소송규칙 제33조 (분배관리인의 금전 등 보관)]
   ① 법 제41조 제1항·제3항의 규정에 의하여 분배관리인이 선임되거나 변경된 경우 대표당
   사자 및 변경전 분배관리인은 보관중인 금전 등을 선임되거나 변경된 분배관리인에게
   즉시 인계하여야 한다.
   ② 분배관리인의 금전 등 보관방법에 관하여는 제29조를 준용한다.
   [증권관련 집단소송규칙 제34조 (분배계획안의 작성·제출 및 공고)]
   ① 권리실행으로 금전을 취득한 경우 분배관리인은 분배계획안에 권리실행금에 대한 이자
   의 귀속 및 처분에 관한 사항을 포함하여야 한다.
   ② 분배계획안에는 소송비용 및 권리실행비용을 지출하였음을 소명할 수 있는 자료를 첨부
   하여야 한다.
   ③ 법원은 전자통신매체를 이용하여 분배계획안을 공고하여야 하고, 법원사무관등은 공고
   한 날짜와 방법을 기록에 표시하여야 한다.
   [증권관련 집단소송규칙 제40조 (분배관리인의 소송기록 열람·복사)]
   분배관리인은 권리확인을 위하여 필요한 경우 법원에 보관된 소송기록을 열람 및 복사할
   수 있다.
   [증권관련 집단소송규칙 제41조 (분배관리인의 권리확인)]
   ① 법 제49조 제4항의 규정에 의한 권리확인의 결과에는 다음 각 호의 사항이 포함되어야
   한다.
     1. 권리신고인의 성명 및 주소
     2. 권리신고의 내용
     3. 권리확인의 내용
     4. 권리확인에 이의가 있는 때에는 그 통지를 받은 날부터 2주일 이내에 법원에 그 권리
       의 확인을 구하는 신청을 할 수 있다는 취지
   ② 법 제49조 제4항의 규정에 의한 권리확인의 결과 통지는 권리신고를 한 자 및 피고가
   그 통지를 수령한 일자를 확인할 수 있는 방법에 의하여야 한다.
83) [증권관련 집단소송규칙 제31조 (분배관리인의 선임 및 변경)]
   ① 법 제41조 제1항·제3항의 규정에 의한 분배관리인의 선임·변경신청은 신청의 취지와
   이유를 기재한 서면으로 하여야 한다.

호사를 분배관리인으로 선임하는 것이 일반적일 것이다.84) 분배관리인의 직무상
행위에 관한 손해배상청구권은 분배종료보고서를 제출한 날부터 2년이 지나면 소
멸하고, 다만, 분배관리인의 부정행위로 인한 손해배상청구권인 경우에는 그러하
지 아니하다(同法 56조).

(3) 분배계획안

(가) 분배계획안의 제출

분배관리인은 법원이 정한 기간 이내에 분배계획안을 작성하여 법원에 제출하
여야 하는데, 분배계획안에는 다음과 같은 사항을 적어야 한다(同法 42조).85)86)

1. 총원의 범위와 채권의 총액
2. 집행권원의 표시금액, 권리실행금액 및 분배할 금액
3. 제44조 제1항의 규정에 따른 공제항목과 그 금액
4. 분배의 기준과 방법
5. 권리신고의 기간·장소 및 방법
6. 권리의 확인방법
7. 분배금의 수령기간, 수령장소 및 수령방법
8. 그 밖에 필요하다고 인정되는 사항

---

② 법원은 분배업무를 공정하고 공평하게 효율적으로 관리할 수 있는 자를 분배관리인으로
   선임하거나 변경하여야 한다.
③ 법원은 기간을 정하여 분배관리인에게 분배계획안을 제출할 것을 명하여야 한다. 위 명
   령은 분배관리인의 선임·변경 결정과 동시에 할 수 있다.
84) 분배관리인선임결정은 http://www.scourt.go.kr/portal/notice/securities/securities.jsp 참조
   (서울남부지방법원 2019. 1. 29. 선고 2013가합107585 판결).
85) [증권관련 집단소송규칙 제33조 (분배관리인의 금전 등 보관)]
   ① 법 제41조 제1항·제3항의 규정에 의하여 분배관리인이 선임되거나 변경된 경우 대표당
      사자 및 변경전 분배관리인은 보관중인 금전 등을 선임되거나 변경된 분배관리인에게
      즉시 인계하여야 한다.
   ② 분배관리인의 금전 등 보관방법에 관하여는 제29조를 준용한다.
   [증권관련 집단소송규칙 제34조 (분배계획안의 작성·제출 및 공고)]
   ① 권리실행으로 금전을 취득한 경우 분배관리인은 분배계획안에 권리실행금에 대한 이자
      의 귀속 및 처분에 관한 사항을 포함하여야 한다.
   ② 분배계획안에는 소송비용 및 권리실행비용을 지출하였음을 소명할 수 있는 자료를 첨부
      하여야 한다.
   ③ 법원은 전자통신매체를 이용하여 분배계획안을 공고하여야 하고, 법원사무관등은 공고
      한 날짜와 방법을 기록에 표시하여야 한다.
86) 분배계획안 제출서는 http://www.scourt.go.kr/portal/notice/securities/securities.jsp 참조
   (서울중앙지방법원 2017. 1. 20. 선고 2012가합17061 판결).

㈏ 분배의 기준

분배의 기준은 판결이유 중의 판단이나 화해조서 또는 인낙조서의 기재내용에 따르고, 권리신고 기간 내에 신고하여 확인된 권리의 총액이 분배할 금액을 초과하는 경우에는 안분비례의 방법으로 분배한다(同法 43조).

㈐ 분배에서 제외하는 비용

분배관리인은 권리실행으로 취득한 금액에서 ⅰ) 소송비용 및 변호사 보수, ⅱ) 권리실행비용, ⅲ) 분배비용(분배관리인에게 지급하는 것이 타당하다고 인정되는 액수의 보수를 포함) 등의 비용을 공제할 수 있고,[87] 분배계획안의 인가를 받기 전에 이러한 비용을 지급하려면 법원의 허가를 받아야 하며, 법원은 분배관리인·대표당사자 또는 구성원이 신청한 경우에는 소송의 진행과정·결과 등 여러 사정을 참작하여 변호사 보수를 감액할 수 있는데, 이 경우 법원은 신청인과 대표당사자의 소송대리인을 심문하여야 하며, 이러한 신청은 분배계획안의 인가 전까지 하여야 하고, 이에 관한 법원의 결정에 대하여는 즉시항고를 할 수 있다(同法 44조). 변호사보수는 감액만 가능하고 증액은 허용되지 않는다.[88]

---

87) [증권관련 집단소송규칙 제37조 (분배하지 아니하는 결정)]
　① 분배관리인은 권리실행으로 취득한 금액이 법 제44조 제1항 각 호의 비용의 지급에 부족하다고 판단되는 경우에도 분배계획안을 작성·제출하여야 한다. 다만, 이 경우에 분배계획안에는 법 제42조 제2항 제4호 내지 제7호의 기재를 생략할 수 있다.
　② 법원은 법 제46조 제2항의 규정에 의하여 분배계획안의 내용을 수정하더라도 권리실행으로 취득한 금액이 법 제44조 제1항 각 호의 비용을 지급하기에 부족하다고 판단하는 경우에 한하여 분배하지 아니한다는 결정을 할 수 있다.

88) [증권관련 집단소송규칙 제35조 (분배에서 제외하는 비용 등)]
　① 법 제44조 제1항 제1호의 소송비용은 민사소송비용법에 의하여 산정된 소송비용으로 한다.
　② 법 제44조 제2항의 규정에 의한 분배계획 인가전 비용지급 허가신청은 취지와 이유를 기재한 서면으로 하여야 한다.
　[증권관련 집단소송규칙 제36조 (변호사 보수의 감액)]
　① 법 제44조 제3항의 규정에 의한 변호사 보수 감액 신청은 취지와 이유를 기재한 서면으로 하여야 한다.
　② 법원은 변호사 보수를 감액함에 있어서 다음 사항을 고려하여야 한다.
　　1. 변호사 보수에 관한 약정
　　2. 소송의 소요기간 및 사안의 난이도
　　3. 승소금액·권리실행금액·구성원에게 분배되는 금액
　　4. 소송대리인의 변론 내용
　　5. 소송대리인이 변론준비 및 변론에 투입한 시간
　　6. 그 밖에 변호사 보수의 적정성을 판단하기 위하여 필요한 사항
　③ 제2항 제5호의 사항을 판단하기 위하여 필요한 자료는 대표당사자의 소송대리인이 제출하거나 법원이 그 제출을 요구할 수 있다.

㈐ 비용지급에 부족한 경우

법원은 권리실행으로 취득한 금액이 제44조가 규정하는 공제항목의 비용을 지급하기에 부족한 경우에는 분배하지 않는다는 결정을 하여야 하고, 이러한 결정이 있는 경우 분배관리인은 법원의 허가를 받아 권리실행한 금액을 적절한 방법으로 공제항목의 비용에 분배하여야 한다(同法 45조).

(4) 분배계획안의 인가

법원은 분배계획안이 공정하며 형평에 맞다고 인정되면 결정으로 이를 인가하여야 하고, 상당하다고 인정할 때에는 직권으로 분배계획안을 수정하여 인가할 수 있는데, 이 경우 법원은 미리 분배관리인을 심문하여야 하고, 법원의 이러한 결정에 대하여는 불복할 수 없다(同法 46조). 법원은 분배계획을 인가하였을 때에는 적절한 방법으로 1. 집행권원의 요지, 2. 분배관리인의 성명 및 주소, 3. 분배계획의 요지 등을 구성원에게 고지하여야 한다(同法 47조).[89] 법원은 상당한 이유가 있다고 인정하는 때에는 직권 또는 분배관리인의 신청에 의하여 결정으로 분배계획을 변경할 수 있고, 법원의 이러한 결정에 대하여는 불복할 수 없고, 법원은 분배계획을 변경하는 경우 필요하다고 인정하는 때에는 상당한 방법으로 변경의 내용을 구성원에게 고지하여야 한다(同法 48조).

(5) 권리신고 및 권리확인

구성원은 분배계획에서 정하는 바에 따라 권리신고 기간 내에 분배관리인에게 권리를 신고하여야 하고, 책임 없는 사유로 권리신고 기간 내에 신고를 하지 못한 경우에는 그 사유가 종료된 후 1개월이 지나기 전에 신고할 수 있으나, 증권집단소송법 제53조에 따른 공탁금의 출급청구 기간이 끝나기 전에 신고하여야 하고, 분배관리인은 신고된 권리를 확인하여야 하며, 권리신고를 한 자 및 피고에게 권리확인의 결과를 통지하여야 한다(同法 49조). 권리신고를 한 자 또는 피고는 분배관리인의 권리확인에 이의가 있을 때에는 확인 결과를 통지받은 날부터 2주일 이내에 법원에 그 권리의 확인을 구하는 신청을 할 수 있고, 법원은 이에 대하여 결정으로 재판하여야 하며, 법원의 이러한 결정에 대하여는 불복할 수 없다(同法 50조).[90]

---

89) 분배계획안인가결정은 http://www.scourt.go.kr/portal/notice/securities/securities.jsp 참조(서울중앙지방법원 2017. 1. 20. 선고 2012가합17061 판결).

90) [증권관련 집단소송규칙 제38조 (분배계획 및 변경의 고지방법)]
　　① 법 제47조 및 제48조 제3항의 규정에 의한 고지는 전자통신매체를 이용하여 공고함으

(6) 분배 및 잔여금 처리

(가) 잔여금의 공탁

분배관리인은 분배금의 수령기간이 지난 후 남은 금액이 있을 때에는 지체 없이 이를 공탁하여야 한다(同法 51조).91)

(나) 분배보고서

분배관리인은 분배금의 수령기간이 지난 후 i) 권리신고를 한 자의 성명·주소 및 신고금액, ii) 권리가 확인된 자 및 확인금액, iii) 분배받은 자 및 분배금액, iv) 남은금액, v) 그 외에 필요한 사항 등을 기재한 분배보고서를 법원에 제출하고, 이해관계인이 열람할 수 있도록 2년간 법원에 갖추어 두어야 한다(同法 52조).92)

(다) 수령기간 경과후의 지급

권리가 확인된 구성원으로서 분배금의 수령기간 내에 분배금을 수령하지 아니한 자 또는 신고기간이 지난 후에 권리를 신고하여 권리를 확인받은 자는 수령

로써 한다.

② 법원사무관등은 공고한 날짜와 방법을 기록에 표시하여야 한다.

[증권관련 집단소송규칙 제39조 (권리신고)]

법 제49조 제1항 및 제2항의 규정에 의한 권리신고에는 다음 각 호의 사항을 기재하여야 하고, 권리확인에 필요한 자료를 첨부하여야 한다.

    1. 권리신고인의 성명 및 주소(전자우편주소 포함)

    2. 권리신고의 내용

    3. 분배액을 송금받기 위한 금융기관 등의 계좌번호

[증권관련 집단소송규칙 제42조 (법원에 대한 권리확인신청)]

① 법 제50조 제1항의 규정에 의한 권리확인신청은 신청의 취지와 이유를 기재한 서면으로 하여야 한다.

② 제1항의 신청서에는 분배관리인으로부터 통지받은 권리확인의 결과 및 권리확인에 필요한 자료를 첨부하여야 한다.

[증권관련 집단소송규칙 제43조 (법원의 권리확인)]

① 법원은 권리확인을 위하여 필요한 때에는 권리신고를 한 자, 피고 또는 분배관리인을 심문하거나 직권으로 필요한 조사를 할 수 있다.

② 법원은 권리확인신청이 부적법하다고 인정한 때에는 이를 각하하여야 한다.

③ 법원은 권리확인신청 중 이유가 있는 부분에 한하여 이를 확인하고, 나머지 신청은 이를 기각하여야 한다.

④ 법원은 권리확인신청서가 접수된 날부터 3월 이내에 결정하여야 한다.

⑤ 권리확인신청에 대한 결정은 분배관리인에게도 고지하여야 한다.

91) [증권관련 집단소송규칙 제44조 (잔여금을 공탁할 곳)]

법 제51조의 규정에 의한 공탁은 수소법원 소재지의 공탁소에 하여야 한다.

92) 분배보고서는 http://www.scourt.go.kr/portal/notice/securities/securities.jsp 참조(서울중앙지방법원 2012가합17061 사건에 대한 2018. 12. 21.자 분배보고서).

기간이 지난 후에 6개월까지만 공탁금의 출급을 청구할 수 있다(同法 53조).

(라) 분배종료보고서

분배관리인은 공탁금의 출급청구기간이 만료된 때에는 지체 없이 법원에 분배종료보고서를 제출하여야 하고, 분배종료보고서에는 ⅰ) 수령기간이 지난 후에 분배금을 받은 자의 성명, 주소 및 분배금액, ⅱ) 지급한 분배금의 총액, ⅲ) 남은 금액의 처분 내용, ⅳ) 분배비용, ⅴ) 그 밖에 필요한 사항을 기재하여야 하고, 분배종료보고서도 이해관계인이 열람할 수 있도록 2년간 법원에 갖추어 두어야 한다(同法 54조).

(마) 잔여금의 처분

법원은 분배종료보고서가 제출된 경우 남은 금액이 있을 때에는 직권으로 또는 피고의 출급청구에 의하여 이를 피고에게 지급한다(同法 55조).[93]

(바) 금전외의 물건의 분배

권리의 실행으로 취득한 금전외의 물건을 분배하는 경우에는 그 성질에 반하지 아니하는 범위에서 금전에 준하여 분배하고, 분배관리인은 법원의 허가를 받아 권리의 실행으로 취득한 금전외의 물건의 전부 또는 일부를 금전으로 환산해서 분배할 수 있다(同法 57조).[94]

(사) 추가분배

분배종료보고서가 제출된 후에 새로이 권리실행이 가능하게 된 경우의 분배절차에 관하여는 제39조 내지 제57조의 규정을 준용한다(同法 58조).

6. 벌   칙

(1) 형사벌칙

(가) 배임수재

증권집단소송의 소를 제기하는 자, 대표당사자, 원고측 소송대리인 또는 분배관리인이 그 직무에 관하여 부정한 청탁을 받고 금품 또는 재산상의 이익을 수수

---

93) [증권관련 집단소송규칙 제45조 (공탁금출급청구권의 증명)]
   법원은 법 제55조의 규정에 의한 잔여금이 있는 때에는 직권 또는 피고의 신청에 따라 피고가 공탁금 출급청구권자임을 증명하는 서면을 교부하여야 한다.

94) [증권관련 집단소송규칙 제46조 (금전외의 물건의 환가)]
   분배관리인은 법 제57조 제2항의 규정에 의하여 금전외의 물건을 환가하는 경우에 그 환가방법에 대하여도 법원의 허가를 받아야 한다.

(收受) · 요구 또는 약속한 경우에는 다음 각 호의 구분에 따라 처벌한다(同法 60조 ①).

1. 수수 · 요구 또는 약속한 금품 또는 재산상의 이익의 가액(이하 "수수액"이라 한다) 이 1억원 이상인 경우 : 무기 또는 10년 이상의 유기징역에 처하되, 수수액에 상당 하는 금액 이하의 벌금을 병과(倂科)할 수 있다.
2. 수수액이 3천만원 이상 1억원 미만인 경우 : 5년 이상의 유기징역에 처하되, 수수 액에 상당하는 금액 이하의 벌금을 병과할 수 있다.
3. 수수액이 3천만원 미만인 경우 : 7년 이하의 징역 또는 1억원 이하의 벌금에 처한다.

증권집단소송의 소를 제기하는 자, 대표당사자, 원고측 소송대리인 또는 분배 관리인이 그 직무에 관하여 부정한 청탁을 받고 제3자에게 금품 또는 재산상의 이익을 공여하게 하거나 공여하게 할 것을 요구 또는 약속한 경우에도 제1항과 같은 형에 처한다(同法 60조②). 제1항 및 제2항의 죄에 대하여는 10년 이하의 자 격정지를 병과할 수 있다(同法 60조③).

(나) 배임증재

증권집단소송의 소를 제기하는 자, 대표당사자, 원고측 소송대리인 또는 분배 관리인에게 그 직무에 관하여 부정한 청탁을 하고 금품 또는 재산상의 이익을 약 속 또는 공여한 자나 공여의 의사를 표시한 자는 7년 이하의 징역 또는 1억원 이 하의 벌금에 처한다(同法 61조①). 제1항의 행위에 제공할 목적으로 제3자에게 금 품을 교부하거나 그 정을 알면서 교부받은 자도 제1항과 같은 형에 처한다(同法 61조②).

(다) 몰수 · 추징

제60조 및 제61조의 죄를 범한 자 또는 그 정을 아는 제3자가 취득한 금품 또는 재산상의 이익은 몰수하며, 몰수할 수 없을 때에는 그 가액을 추징(追徵)한 다(同法 62조).

(2) 과 태 료

다음과 같은 자에게는 3천만원 이하의 과태료를 부과한다(同法 63조).

1. 소송허가신청서의 총원의 범위를 거짓으로 적은 자
2. 제9조 제2항 · 제3항의 문서를 거짓으로 작성하여 첨부한 자[95]

---

95) [증권관련 집단소송법 제9조 (소송허가신청서의 기재사항 및 첨부서류)]

3. 정당한 이유 없이 법원의 문서제출명령 또는 문서송부촉탁을 거부한 자

제 2 절   형사책임

I. 총   론

1. 법 정 형

(1) 기본 법정형

미공개중요정보이용·시세조종·부정거래행위 등에 관한 규정을 위반한 자는 1년 이상의 유기징역 또는 (그 위반행위로 얻은 이익이나 회피한 손실액이 없거나 산정하기 곤란한 경우 또는 그 위반행위로 얻은 이익이나 회피한 손실액의 5배에 해당하는 금액이 5억원 이하인 경우) 5억원 이하의 벌금에 처한다(法 443조①).[96]

(2) 배수벌금 방식

위 규정을 위반한 자는 1년 이상의 유기징역 또는 위반행위로 얻은 이익이나 회피한 손실액의 5배에 해당하는 금액이 5억원을 초과하는 경우에는 이익이나 회피한 손실액의 3배 이상 5배 이하에 상당하는 벌금에 처한다.[97][98]

---

② 제7조 제1항에 따라 소를 제기하는 자는 소송허가신청서에 다음 각 호의 사항을 진술한 문서를 첨부하여야 한다.
  1. 해당 증권관련집단소송을 수행하기 위하여 또는 소송대리인의 지시에 따라 해당 증권관련집단소송과 관련된 증권을 취득하지 아니하였다는 사실
  2. 최근 3년간 대표당사자로 관여한 증권관련집단소송의 내역
③ 소송허가신청서에는 소송대리인이 다음 각 호의 사항을 진술한 문서를 첨부하여야 한다.
  1. 최근 3년간 소송대리인으로 관여한 증권관련집단소송의 내역
  2. 제5조 제2항에 위반되지 아니한다는 사실

[96] 이상의 법정형은 2018년 3월 개정법(법률 제15549호, 시행일은 2018.9.28.)이 규정하는 것이고, 개정 전 규정에 의하면 "10년 이하의 징역"이었다.

[97] 위 개정 전 규정에 의하면 "2배 이상 5배 이하"였다. 헌법재판소는 이와 같은 배수벌금 방식에 관하여, "이러한 벌금부과 방식은 범죄수익의 박탈에서 나아가 더 큰 경제적 손실까지 입을 수 있다는 경고를 통해 범죄를 근절하기 위한 것이므로 입법목적 달성에 불필요하다거나 과도한 것으로 보기 어렵다."라고 판시한 바 있다(헌법재판소 2020. 12. 23.자 2018헌바230 결정).

[98] 이는 미국 증권거래법상의 민사제재금(civil penalty)을 형사제재인 벌금형식으로 수용한 것으로 볼 수 있으나, 미국의 민사제재금 제도와는 실제운용 및 기능면에서 큰 차이가 있다. 즉, SEC는 내부자거래 조사결과 혐의를 발견하면 형사적 제재를 위한 고발보다는 민사제재금을

(3) 징역형의 가중

위 규정을 위반한 자가 위반행위로 얻은 이익이나 회피한 손실액이 5억원 이상인 경우에는 징역형을 다음과 같이 가중한다(法 443조②).[99]

1. 이익 또는 회피한 손실액이 50억원 이상인 경우에는 무기 또는 5년 이상의 징역
2. 이익 또는 회피한 손실액이 5억원 이상 50억원 미만인 경우에는 3년 이상의 유기징역

(4) 자격정지 병과

위 규정을 위반한 자를 징역에 처하는 경우에는 10년 이하의 자격정지를 병과할 수 있다(法 443조③).

(5) 징역·벌금의 필요적 병과

불공정거래에 대한 처벌규정인 제443조 제1항 및 제2항에 따라 징역에 처하는 경우에는 제443조 제1항에 따른 벌금을 병과한다(法 447조①), 즉, 이 경우에는 필요적 병과이다.[100][101]

자본시장법상 불공정행위에 대한 필요적 병과 규정에 대하여 헌법재판소는 형벌과 책임간의 비례원칙에 위배된다고 볼 수 없어 합헌이라는 입장이다.

부과함으로써 효율적으로 내부자거래에 대처하고 있다. 일본 金商法은 불공정거래 유형별로 차등적으로 형벌을 규정하는데(미공개중요정보이용은 5년 이하의 징역 또는 500만엔 이하의 벌금, 시세조종(159조)과 부정거래(157조, 158조)는 10년 이하의 징역 또는 1천만엔 이하의 벌금), 부당이득의 규모에 따른 가중규정이 없다. 한편, 金商法은 불공정거래행위에 대하여 과징금도 규정하는데, 미공개중요정보이용의 경우 행위자가 정보공개 6개월 전에 실제로 매도,매수한 가격과 정보공개 후 2주간 사이에 가장 높은 가격(악재인 경우에는 가장 낮은 가격)과의 차액이고, 시세조종과 부정거래의 경우에도 유사하게 규정하는데 다만 그 기간이 2주간이 아니라 1개월이다.

99) 위 개정 전 규정에 의하면 제1호는 50억원 이상, 제2호는 5억원 이상 50억원 미만이다. 징역형 가중에 대한 합헌 결정으로는 헌법재판소 2011. 2. 24. 선고 2009헌바29 결정 참조.
100) 제443조 제1항의 "위반행위로 얻은 이익 또는 회피한 손실액이 없거나 산정하기 곤란한 경우"라는 문구도 2014년 12월 개정시 추가되었고 2015. 7. 1.부터 적용된다. 개정 전에는 얻은 이익 또는 회피한 손실액이 없는 경우에는 범죄의 성립 자체를 부인할 것인지에 대하여 논란이 있었는데, 입법적으로 해결하였다.
101) 제443조 제1항 제10호(제180조를 위반하여 상장증권에 대하여 허용하지 아니하는 방법으로 공매도를 하거나 그 위탁 또는 수탁을 한 자) 및 제444조부터 제446조까지의 규정에 해당되는 죄를 범한 자에게는 징역과 벌금을 병과할 수 있다(法 447조②). 이러한 임의적 병과의 경우 법원은 공소장에 기재된 적용법조의 유무나 검사의 구형 여부와 관계없이 그 심리·확정한 사실에 대하여 재량으로 벌금형의 병과 여부를 정할 수 있다(대법원 2000. 12. 22. 선고 2000도4267 판결, 대법원 2010. 4. 29. 선고 2009도14993 판결, 대법원 2011. 2. 24. 선고 2010도7404 판결).

[헌법재판소 2020. 12. 23.자 2018헌바230 결정]

(1) 어떤 범죄를 어떻게 처벌할 것인가 하는 문제, 즉 법정형의 종류와 범위의 선택은 그 범죄의 죄질과 보호법익에 대한 고려뿐만 아니라 우리의 역사와 문화, 입법당시의 시대적 상황, 국민 일반의 가치관 내지 법감정 그리고 범죄예방을 위한 형사정책의 측면 등 여러 요소를 종합적으로 고려하여 입법자가 결정할 사항으로서 광범위한 입법재량 내지 형성의 자유가 인정되어야 할 분야이다. 따라서 어느 범죄에 대한 법정형이 그 범죄의 죄질 및 이에 따른 행위자의 책임에 비하여 지나치게 가혹하여 현저히 형벌체계상의 균형을 잃고 있다거나 그 범죄에 대한 형벌 본래의 목적과 기능을 달성하는데 필요한 정도를 벗어나 헌법상의 평등원칙 및 비례원칙 등에 명백히 위배되는 경우가 아닌 한, 쉽게 헌법에 위반된다고 단정하여서는 아니 된다(헌재 2015. 2. 26. 2014헌바99등 참조).

(2) 심판대상조항은 금융투자상품의 매매, 그 밖의 거래와 관련하여 중요사항에 관하여 거짓의 기재를 한 문서를 사용하여 금전, 그 밖의 재산상 이익을 얻고자 하거나, 시세의 변동을 도모할 목적으로 위계를 사용하는 등 자본시장법 제178조 제1항 제2호 및 같은 조 제2항의 부정거래행위를 한 자를 징역에 처하는 경우 그 위반행위로 얻은 이익 또는 회피한 손실액의 1배 이상 3배 이하에 해당하는 벌금을 필요적으로 병과하도록 하는 규정으로, 2014. 12. 30. 자본시장법이 법률 제12947호로 개정되면서 벌금의 임의적 병과에서 필요적 병과로 변경되었다. 이는 위반행위로 얻은 이익 또는 회피한 손실액의 1배 이상 3배 이하에 해당하는 벌금을 징역형에 병과할 수 있는 것에 그친 종전의 임의적 병과 규정만으로는 범행 이익의 철저한 환수가 불가능하여 범죄행위의 근절이나 재범방지에 효과적이지 않다는 형사정책적 고려와 징역형의 법정형을 아무리 높여 중하게 처벌한다 하더라도 범죄로 인한 수익을 그대로 보유할 수 있도록 하면 부정거래행위를 완전히 근절하기 어렵다는 입법자의 결단에 의한 것이다. 금융투자상품의 매매, 그 밖의 거래와 관련하여 허위 공시를 하거나 위계를 사용하는 등의 부정거래행위는 불특정 다수의 투자자들에게 경제적 피해를 입게 하는 것은 물론, 자본시장의 공정성·신뢰성 및 효율성을 저해하여 결국 기업에 양질의 산업자금을 제공하여 국민경제의 발전에 기여하는 자본시장의 본질적인 기능에도 심각한 위협이 되는 중대한 범죄이다. 이러한 범죄행위를 통해 얻은 수익을 그대로 보유할 수 있도록 한다면 이는 일반 국민의 법감정에 반할 뿐 아니라 국민들이 국가의 형사사법 기능 전체를 불신하게 만드는 요인이 된다. 심판대상조항은 범죄 결과 발생한 수익을 초월하는 재산형을 필요적으로 병과하여 범죄수익을 통한 경제적 혜택을 일절 누릴 수 없도록 함으로써 이러한 범죄를 근절하고자 한 것으로, 여기에는 충분히 합리적인 이유가 있다.

(3) 자본시장법은 2014. 12. 30. 법률 제12947호 개정으로 벌금의 필요적 병과를 정한 심판대상조항 이외에 제447조의2에서 불공정거래행위자가 해당 행위로 취득한 재산을 몰수하고, 몰수할 수 없는 경우 그 가액을 추징하는 필요적 몰수·추징 규정을

신설하였다. 그런데 몰수·추징은 정당하지 않은 방법으로 획득한 금전적 이익을 국가가 박탈하는 것이고, 벌금형은 범죄에 대한 비난가능성에 근거한 형벌이라는 점에서 이 둘은 전혀 다른 제도이므로, 몰수·추징 규정이 있다고 하여 벌금형을 통한 제재로서의 경제적 이익의 박탈이 과중한 이중의 제재가 된다고 보기는 어렵다. 더욱이 범죄 수익을 이미 소비하였거나 은닉한 경우에는 몰수·추징형의 집행이 사실상 불가능할 수 있고, 환수가 가능하다고 하더라도 범죄수익의 박탈만으로는 범죄 근절에 충분하지 않을 수 있다는 점에 비추어 보면, 위반행위로 얻은 이익 또는 회피한 손실액의 1배 이상 3배 이하의 벌금형을 반드시 병과하도록 한 것이 입법재량의 한계를 벗어난 것으로 보이지도 아니한다(헌재 2020. 3. 26. 2017헌바129등 참조).

(4) 심판대상조항은 '위반행위로 얻은 이익 또는 회피한 손실액'을 기준으로 벌금을 정하도록 한다. 심판대상조항에 해당하는 행위는 범행의 동기나 목적, 부정거래행위의 태양 등에 따라 죄의 경중이 달라질 수 있으나, 금융투자상품의 거래와 관련된 부정거래행위에 있어 행위자가 범행으로 취한 이득은 범행의 죄질과 불법성 및 비난가능성의 정도를 나타내는 중요한 지표 가운데 하나임이 분명하고, 그 불법의 정도를 드러낼 수 있는 가장 보편적인 징표가 될 수 있다. 따라서 심판대상조항이 벌금액수를 특정 금액으로 정하지 않고 '위반행위로 얻은 이익 또는 회피한 손실액'을 기준으로 산정하는 것을 책임에서 벗어난 형벌이라 볼 수 없다.[102]

(6) 필요적 몰수·추징

제443조 제1항 각 호(단, 공매도 규정 위반에 관한 제10호는 제외)의 어느 하나에 해당하는 자가 해당 행위를 하여 취득한 재산은 몰수하며, 몰수할 수 없는 경우에는 그 가액을 추징한다(法 447조의2①). 제443조 제1항 제4호부터 제7호까지(시세조종에 관한 제176조 제1항부터 제4항까지를 위반한 경우)의 어느 하나에 해당하는 자가 해당 행위를 위하여 제공하였거나 제공하려 한 재산은 몰수하며, 몰수할 수 없는 경우에는 그 가액을 추징한다(法 447조의2②).[103][104]

---

102) 同旨: 헌법재판소 2003. 12. 18.자 2002헌가23 결정.
103) 부정거래행위에 대한 제8호, 제9호는 제2호의 적용대상이 아니고, 공매도규정 위반에 대한 제10호는 제1항 및 제2항의 적용대상에서 제외된다.
104) 제2항은 2021년 6월 개정시 신설된 규정인데, "시세조종행위에 제공하거나 제공하려 한 재산"까지 몰수 또는 추징이 가능하도록 한 것이다. 단, 개정법 시행일인 2021. 12. 9. 이후 제443조 제1항 제4호부터 제7호까지의 어느 하나에 해당하는 죄를 범하고 그 범죄행위를 위하여 제공하였거나 제공하려 한 재산을 몰수·추징하는 경우부터 적용한다(부칙6조).

2. 불고불리(不告不理)의 원칙

(1) 이익·손실액

초기의 판례는 구 증권거래법 관련 사건에서 위반행위로 얻은 이익 또는 회피한 손실액의 3배에 해당하는 금액이 금 2천만원(자본시장법은 5억원)을 초과하는 때에는 그 얻은 이익 또는 회피손실액의 3배에 상당하는 금액 이하의 벌금에 처하도록 규정하고 있으므로, 그 위반행위로 얻은 이익 또는 회피한 손실액의 3배에 해당하는 금액이 금 2천만원을 초과한다는 사실이 구성요건의 일부가 되는데,105) 검사의 공소제기가 없으면 심판할 수 없다는 불고불리의 원칙을 엄격하게 요구하는 입장을 취하지는 않았다. 즉, 대법원은 공소장의 공소사실에 명시적으로 이득 또는 회피한 손실액이 기재되어 있지 않더라도, 기록에 의하여 이익 또는 회피한 손실액이 2천만원을 초과하는 것이 명백하게 인정되는 경우와, 시세조종 사건에서 공소장의 본문의 내용과 일체가 되어 공소사실을 이루는 공소장에 첨부된 별지에 이익을 산정할 수 있는 기초자료가 명시되어 있고 그 기재를 종합하면 피고인이 얻은 이익의 3배액이 2천만원을 초과한 것으로 볼 수 있고 검사도 이를 전제로 구형하는 경우에 불고불리의 원칙에 위배되지 않는다고 판시한 바 있다.

[대법원 2000. 11. 24. 선고 2000도2827 판결]
증권거래법 제207조의2 단서에서는 미공개 내부정보의 이용행위를 금지하고 있는 법 제188조의2 제1항을 위반한 자를 벌금형에 처하는 경우 그 위반행위로 얻은 이익 또는 회피한 손실액의 3배에 해당하는 금액이 금 2천만 원을 초과하는 때에는 그 이익 또는 회피손실액의 3배에 상당하는 금액 이하의 벌금에 처하도록 규정하고 있으므로, 그 위반행위로 얻은 이익 또는 회피한 손실액의 3배에 해당하는 금액이 금 2천만 원을 초과한다는 사실이 구성요건의 일부가 됨은 상고이유가 지적하는 바와 같다. 그러나 기록에 의하면 피고인이 이 사건 미공개정보를 이용하여 얻은 이득 또는 회피한 손실액이 금 2천만 원을 훨씬 상회하고 있음이 명백하므로(증권선물위원회가 관계 규정에 의하여 산정한 회피 손실액은 금 1,123,377,400원이다. 수사기록 16면), 비록 원심이 인용한 제1심 판결에 그러한 사실이 특정되지 아니한 잘못이 있다고 하더라도 이는 판결에 영향을 미친 것이라고 볼 수는 없다.

---

105) 대법원 2000. 11. 24. 선고 2000도2827 판결, 대법원 2002. 7. 26. 선고 2002도1855 판결, 대법원 2002. 7. 26. 선고 2001도4947 판결, 대법원 2003. 11. 28. 선고 2002도2215 판결, 대법원 2004. 3. 26. 선고 2003도7112 판결.

[대법원 2002. 7. 26. 선고 2002도1855 판결]
불고불리의 원칙상 검사의 공소제기가 없으면 법원이 심판할 수 없는 것이고, 법원은 검사가 공소제기한 사건에 한하여 심판을 하여야 하는 것이며, 피고인2에 대한 공소장의 공소사실 본문에 같은 피고인이 시세조종 등의 행위로 얻은 이익 또는 회피한 손실액의 3배에 해당하는 금액이 2천만 원을 초과한다는 점이 명시되어 있지 아니한 점은 상고이유에서 지적하는 바와 같다. 그러나 공소장의 본문의 내용과 일체가 되어 공소사실을 이루는 공소장에 첨부된 별지에, 같은 피고인의 시세조종 등의 행위와 관련한 매도·매수·주식의 수, 거래회수, 그 금액 등이 구체적으로 기재되어 있어 피고인이 얻은 이익 등을 산정할 수 있는 기초자료가 명시되어 있고, 그 기재를 종합하여 판단하면 피고인이 얻은 이익 등의 3배액이 2천만 원을 초과한 것으로 볼 수 있을 뿐만 아니라, 검사 또한 같은 피고인이 얻은 이익 등의 3배에 해당하는 금액이 2천만 원을 초과함을 전제로 하여 피고인에 대하여 징역 5년 및 벌금 200억 원을 구형하고 있는바, 사정이 이러하다면, 같은 피고인에 대한 공소사실에는 시세조종 등의 행위로 얻은 이익 등의 3배에 해당하는 금액이 2천만 원을 초과한다는 사실이 포함되어 있다고 볼 수 있으며, 이렇게 보더라도 같은 피고인의 방어권 행사에 실질적인 불이익을 초래할 염려가 없다 할 것이므로, 원심이 공소장변경절차를 거치지 아니하고 같은 피고인이 시세조종 등 행위로 얻은 이익 등의 3배에 해당하는 금액이 2천만 원을 초과함을 전제로 하여 같은 피고인을 처단한 것은 불고불리의 원칙에 위배된다고 할 수는 없다.

그러나 그 후의 판례에서 대법원은, 형사소송법의 불고불리의 원칙상 법원은 구 증권거래법 제207조의2의 단서 규정과 같은 '위반행위로 얻은 이익 또는 회피한 손실액의 3배에 해당하는 금액이 2천만원(자본시장법은 5억원)을 초과'함에 대하여 명시적인 공소제기가 없으면 심판할 수 없다고 판시하고,106) 검사가 구 증권거래법 제207조의2의 단서 규정을 적용하여 기소를 한 경우 법원으로서는 먼저 공소사실에 기재된 위반행위로 얻은 이익 또는 회피한 손실액이 인정되는지 여부를 심리하여 이 점을 확정한 후 위 단서 규정을 적용하여 형을 정하여야 한다고 판시함으로써(대법원 2004. 3. 26. 선고 2003도7112 판결), 불고불리의 원칙을 엄격히 적용하는 입장을 취하고 있다. 다만 특히 포괄일죄에 있어서는 그 일죄의 일부를 구성하는 개개의 행위에 대하여 구체적으로 특정되지 아니하더라도 그 전체 범행의 시기와 종기, 범행방법, 피해자나 상대방, 범행횟수나 피해액의 합계 등을 명시하면 그로써 범죄사실이 특정된 것으로 보아야 한다.

---

106) 대법원 2003. 11. 28. 선고 2002도2215 판결.

[대법원 2004. 3. 26. 선고 2003도7112 판결]

공소장에는 피고인이 미공개정보 이용행위의 금지위반으로 인하여 얻은 이익액이 명시되어 있지 아니하고, 나아가 그 이익액을 산정할 수 있는 거래가액 등 기초적인 자료조차 공소장에 기재되어 있지 아니하며, 공소제기 후 공소장이 변경되지도 아니하였으므로, 검사가 피고인의 미공개정보 이용행위 등과 관련하여는 구 증권거래법 제207조의2 본문에 위반하는 행위로만 기소한 것으로 보아야 할 것이고, 따라서 피고인의 미공개정보 이용행위 등에 대하여는 2천만 원을 초과하는 벌금형을 병과할 수 없다 할 것임에도, 원심이 피고인의 미공개정보 이용행위 등에 대하여 5억 원의 벌금형을 병과한 것은 불고불리의 원칙에 위반하여 기소되지 아니한 사실을 심판하는 위법을 저지른 것이고, 이는 판결 결과에 영향을 미쳤음이 명백하다"

[대법원 2005. 11. 10. 선고 2004도1164 판결]

공소사실의 기재에 있어서 범죄의 일시, 장소, 방법을 명시하여 공소사실을 특정하도록 한 취지는 법원에 대하여 심판의 대상을 한정하고 피고인에게 방어의 범위를 특정하여 그 방어권 행사를 쉽게 해 주기 위한 데에 있는 것이므로, 공소사실은 이러한 요소를 종합하여 구성요건 해당사실을 다른 사실과 구별할 수 있을 정도로 기재하면 족하고 공소장에 범죄의 일시, 장소, 방법 등이 구체적으로 적시되지 않았더라도 공소사실을 특정하도록 한 법의 취지에 반하지 아니하고, 공소범죄의 성격에 비추어 그 개괄적 표시가 부득이한 경우에는, 그 공소내용이 특정되지 않아 공소제기가 위법하다고 할 수 없다.

(2) 방어권 행사에 실질적인 불이익이 초래되는지 여부

피고인의 방어권 행사에 실질적인 불이익을 초래할 염려가 없는 경우에는 법원이 공소장변경절차 없이 일부 다른 사실을 인정하거나 적용법조를 달리한다 할지라도 불고불리의 원칙에 위배되지 아니한다.

[대법원 2005. 11. 10. 선고 2004도1164 판결]

공소사실의 기재에 있어서 범죄의 일시, 장소, 방법을 명시하여 공소사실을 특정하도록 한 취지는 법원에 대하여 심판의 대상을 한정하고 피고인에게 방어의 범위를 특정하여 그 방어권 행사를 쉽게 해 주기 위한 데에 있는 것이므로, 공소사실은 이러한 요소를 종합하여 구성요건 해당사실을 다른 사실과 구별할 수 있을 정도로 기재하면 족하고 공소장에 범죄의 일시, 장소, 방법 등이 구체적으로 적시되지 않았더라도 공소사실을 특정하도록 한 법의 취지에 반하지 아니하고, 공소범죄의 성격에 비추어 그 개괄적 표시가 부득이한 경우에는, 그 공소내용이 특정되지 않아 공소제기가 위법하다고 할 수 없다.

(3) 통정매매 · 가장매매

통정매매(matched orders)는 자기가 매도(매수)하는 것과 같은 시기에 그와 같은 가격으로 타인이 그 유가증권을 매수(매도)할 것을 사전에 그 타인과 통정한 후 매도하는 행위를 의미한다. 가장매매(wash sales)는 외관상 매도인과 매수인간에 권리의 이전을 목적으로 하는 매매로 보이지만, 실제로는 권리의 이전을 목적으로 하지 아니하는 매매이다. 포괄일죄를 구성하는 범행 중 일부인 통정매매를 공소장변경절차 없이 가장매매로 판단한 데에 잘못이 있다 하더라도, 그와 같은 잘못은 판결에 영향을 미친 위법이라고 할 수 없다.

[대법원 2013. 7. 11. 선고 2011도15056 판결]
원심이 위 각 거래를 통정매매가 아닌 가장매매로 본 것은 잘못이라 할 것이다. 다만 시세조종의 일환으로 행해지는 통정매매와 가장매매는 모두 구 증권거래법 제188조의4 제1항에서 규정하는 행위로서 유가증권의 매매로 인한 손익의 귀속 주체가 동일인인지 여부에 따라 행위 태양의 차이가 있을 뿐, 주식시세조종의 목적으로 수개의 행위를 단일하고 계속된 범의 아래 일정 기간 계속·반복한 범행이고 그 보호법익도 유가증권시장 등에서의 유가증권 거래의 공정성 및 유통의 원활성 확보라는 사회적 법익으로서 서로 동일하므로, 이들 행위는 모두 구 증권거래법 제188조의4 소정의 불공정거래행위금지 위반의 포괄일죄를 구성한다(대법원 2002. 7. 26. 선고 2002도1855 판결, 대법원 2011. 10. 27. 선고 2011도8109 판결 등 참조). 이러한 점에 비추어 보면, 원심이 위와 같이 통정매매를 가장매매로 본 데에 잘못이 있다 하더라도 이는 행위 태양을 잘못 파악한 것에 불과할 뿐이고, 그 전체 시세조종기간 동안의 이 사건 시세조종행위를 모두 구 증권거래법 제188조의4 소정의 불공정거래행위금지위반의 포괄일죄로 보아 유죄로 인정한 결론은 정당하므로 위 잘못은 판결에 영향이 없다. … 피고인의 방어권 행사에 실질적인 불이익을 초래할 염려가 없는 경우에는 법원이 공소장변경절차 없이 일부 다른 사실을 인정하거나 적용법조를 달리한다 할지라도 불고불리의 원칙에 위배되지 아니한다(대법원 1990. 11. 13. 선고 90도153 판결 등 참조). 기록에 의하면, 이 부분 공소사실에는 이 사건 시세조종행위 중 가장·통정매매에 관하여 "유가증권의 매매거래가 성황을 이루고 있는 듯이 잘못 알게 하거나 그 시세를 변동시키는 매매거래를 하였다."는 행위의 내용만 기재되어 있고, 법률 규정에 있는 위장거래의 '목적'에 관하여는 명시적인 기재가 없다. 그러나 피고인들로서는 이 부분 공소사실과 공소장에 적용법조로 기재된 '구 증권거래법 제188조의4'의 규정에 비추어 피고인 1, 피고인 2등이 '매매거래에 관하여 거래가 성황을 이루고 있는 듯이 잘못 알게 하거나 기타 타인으로 하여금 그릇된 판단을 하게 할 목적'을 가지고 위와 같은 가장·통정매매를 한 행위가 기소되었다는 점을 쉽게 알 수 있으므로,

이 부분 공소사실에서 위와 같은 목적에 관한 기재가 누락되어 있다는 사정만으로 공소사실이 특정되지 아니하였다고 할 수 없다. 또한, 피고인들은 그러한 목적이 있었는지에 관하여 제1심 이래 원심에 이르기까지 줄곧 다투어 왔으므로, 법원이 공소장변경절차 없이 위와 같은 목적으로 가장·통정매매를 하였다는 사실을 인정하더라도 피고인들의 방어권 행사에 실질적인 불이익을 초래할 염려는 없다고 할 것이다. 따라서 원심이 공소장변경절차 없이 피고인 1, 피고인 2 등이 위와 같은 목적으로 가장·통정매매를 하였다는 사실을 인정한 데에는 상고이유에서 주장하는 바와 같은 공소사실의 특정이나 불고불리의 원칙에 관한 법리오해 등의 위법이 없다.

3. 포괄일죄

동일 죄명에 해당하는 수개의 행위를 단일하고 계속된 범의 하에 일정기간 계속하여 행하고 그 피해법익도 동일한 경우에는 형법의 죄수론(罪數論)상 이들 각 행위를 포괄하여 하나의 범죄로 처단하여야 하는데, 이를 포괄일죄(包括一罪)라고 한다. 그런데 자본시장법 제176조는 시세조종행위의 유형을 네 개의 항으로 구분하여 규정하는데, "하나의 시세조종행위"에 어느 범위까지 포함되는지에 관하여 법률상 명시적으로 규정되어 있지 아니하므로, 각 항에 규정된 각각의 시세조종행위를 유형별로 또는 항별로 별개의 범죄로 보아야 하는지, 아니면 포괄하여 하나의 범죄로 보아야 하는지, 그리고 주식 종목별로 범죄가 성립하는 것인지, 단일 종목을 대상으로 하는 각각의 주문행위마다 범죄가 성립하는 것인지, 아니면 종목을 불문하고 모든 주문행위가 포괄하여 하나의 범죄로 되는 것인지에 관하여 문제된다. 이와 관련하여 대법원은 168개 종목에 관하여 시세조종행위를 한 사안과, 여러 항이 규정하는 시세조종에 해당하는 수개의 시세조종행위를 한 사안에서 모두 포괄일죄가 성립한다고 판시하였다.

〈168개 종목에 관하여 시세조종행위를 한 사안〉
[대법원 2002. 6. 14. 선고 2002도1256 판결]
원심이 확정한 사실과 기록에 의하면, 피고인은 자신이 주식을 매입한 다음 그 매입한 주식을 고가에 매도하여 차액에 따른 이익을 얻을 목적으로 단일하고 계속된 범의 하에 2000. 8. 1.경부터 2001. 2. 1.경까지 사이에 실제 매수의사가 없는 대량의 허수매수주문을 내어 매수잔량을 증가시키거나 매수잔량의 변동을 심화시켜 일반투자자의 매수세를 유인하여 주가를 상승시킨 후 매수주식을 고가에 매도하고 허수매수주문을 취소하는 동일한 방법으로 합계 7,542회에 걸쳐 168개 종목에 관하여 시세조종행위를 하였음을 알 수 있는바, 이는 동일 죄명에 해당하는 수 개의 행위를 단일하고 계

속된 범의 하에서 일정기간 계속하여 반복한 범행이라 할 것이고, 이 사건 범죄의 보호법익은 유가증권시장 또는 협회중개시장에서의 유가증권 거래의 공정성 및 유통의 원활성 확보라는 사회적 법익이고 각각의 유가증권 소유자나 발행자 등 개개인의 재산적 법익은 직접적인 보호법익이 아닌 점에 비추어 위 각 범행의 피해법익의 동일성도 인정되므로, 원심이 이 사건 각 범죄사실을 모두 포괄하여 법 제207조의2 제2호, 제188조의4 제2항 제1호 소정의 시세조종행위금지위반죄의 일죄가 성립한다고 판단한 조치는 정당하여 수긍되고, 거기에 상고이유에서 주장하는 바와 같은 경합범 내지 죄수에 관한 법리오해의 위법이 있다고 할 수 없다.

〈통정매매와 가장매매〉
[대법원 2013. 7. 11. 선고 2011도15056 판결]
시세조종의 일환으로 행해지는 통정매매와 가장매매는 모두 구 증권거래법 제188조의4 제1항에서 규정하는 행위로서 유가증권의 매매로 인한 손익의 귀속 주체가 동일인인지 여부에 따라 행위 태양의 차이가 있을 뿐, 주식시세조종의 목적으로 수개의 행위를 단일하고 계속된 범의 아래 일정 기간 계속·반복한 범행이고 그 보호법익도 유가증권시장 등에서의 유가증권 거래의 공정성 및 유통의 원활성 확보라는 사회적 법익으로서 서로 동일하므로, 이들 행위는 모두 구 증권거래법 제188조의4 소정의 불공정거래행위금지 위반의 포괄일죄를 구성한다(대법원 2002. 7. 26. 선고 2002도1855 판결, 대법원 2011. 10. 27. 선고 2011도8109 판결 등 참조).

〈여러 조항이 규정하는 시세조종에 해당하는 수개의 시세조종행위를 한 사안〉
[대법원 2011. 1. 13. 선고 2010도9927 판결]
주식시세조종의 목적으로 허위매수주문행위, 고가매수주문행위 및 통정매매행위 등을 반복한 경우, 이는 시세조종 등 불공정거래의 금지를 규정하고 있는 구 증권거래법 제188조의4에 해당하는 수개의 행위를 단일하고 계속된 범의 하에서 일정기간 계속하여 반복한 범행이라 할 것이고, 이 범죄의 보호법익은 유가증권시장 또는 협회중개시장에서의 유가증권 거래의 공정성 및 유통의 원활성 확보라는 사회적 법익이고 각각의 유가증권 소유자나 발행자 등 개개인의 재산적 법익은 직접적인 보호법익이 아닌 점에 비추어 위 각 범행의 피해법익의 동일성도 인정되므로, 위 법 제188조의4에 정한 불공정거래행위금지 위반의 포괄일죄가 성립한다.

[대법원 2005. 11. 10. 선고 2004도1164 판결]
주식을 대량으로 매집하여 그 시세를 조종하려는 목적으로 여러 차례에 걸쳐 구 증권거래법 제188조의4 제1항 제1호 내지 제3호 소정의 통정 및 가장매매행위, 제2항 제1호 소정의 고가매수주문 및 허수매수주문행위 등의 불공정거래행위를 반복한 경우, 위 각 행위는 모두 포괄하여 같은 법 제207조의2 제2호, 제188조의4 소정의 불

공정거래행위금지 위반의 일죄를 구성한다.

[서울중앙지방법원 2002. 10. 26. 선고 2002노5285 판결]
동일 죄명에 해당하는 수개의 행위를 단일하고 계속된 범의 하에 일정기간 계속하여
행하고 그 피해법익도 동일한 경우에는 이들 각 행위를 통틀어 포괄일죄로 처단하여
야 할 것인바, 상장유가증권인 주식을 대량으로 매집하여 그 시세를 조종하려는 단일
하고 계속된 목적과 범의 하에, 상장유가증권의 매매거래에 관하여 그 거래가 성황을
이루고 있는 듯이 잘못 알게 하거나 기타 타인으로 하여금 그릇된 판단을 하게 할 목
적으로 주식의 통정매수, 유가증권시장에서의 직전가(전일 종가) 및 상대호가 대비
고가매수주문하는 방법으로 매매거래를 유인하여 주가를 상승시킬 목적으로 주식시
세를 상승시키는 매매거래, 상장유가증권의 매매거래에 관하여 그 거래가 성황을 이
루고 있는 듯이 잘못 알게 하여 매수세를 유인하여 주가를 상승시킬 목적으로 주식에
대한 대량의 허위매수주문 등의 불공정거래행위를 하였다면, 이는 증권거래법 제188
조의4의 각 항과 각 호에서 정하고 있는 불공정거래행위에 해당하는 수 개의 행위를
단일하고 계속된 범의 하에서 일정기간 계속하여 반복한 범행이라 할 것이고, 이 범
죄의 보호법익은 유가증권시장 또는 협회중개시장에서의 유가증권 거래의 공정성 및
유통의 원활성 확보라는 사회적 법익이고 각각의 유가증권 소유자나 발행자 등 개개
인의 재산적 법익은 직접적인 보호법익이 아닌 점에 비추어 위 각 범행의 피해법익의
동일성도 인정되어, 위 각 행위는 모두 포괄하여 증권거래법 제207조의2 제2호, 제
188조의4 제1항 제2호, 제2항 제1호 소정의 불공정거래행위금지 위반의 일죄가 성
립된다고 할 것이므로(대법원 2002. 7. 26. 선고 2001도4947 판결 등 참조), 이와
다른 견해에서 이 사건 각 범행의 관계를 실체적 경합범으로 판단한 원심의 조치에는
증권거래법 제188조의4 소정 불공정거래행위의 죄수에 대한 법리오해의 위법이 있
다고 할 것이고, 이를 지적하는 피고인의 이 부분 항소논지는 이유 있다.

자본시장법 제178조 제1항 및 제2항 위반행위(부정거래행위)도 모두 포괄하
여 부정거래행위금지 위반의 포괄일죄를 구성한다고 보아야 한다.[107]
시세조종행위와 부정거래행위 등의 금지를 규정하고 있는 제176조와 제178
조의 보호법익은 주식 등 거래의 공정성 및 유통의 원활성 확보라는 사회적 법익
이고 주식의 소유자 등 개개인의 재산적 법익은 직접적인 보호법익이 아니므로,
주식시세조종 등의 목적으로 자본시장법 제176조와 제178조에 해당하는 수개의
행위를 단일하고 계속된 범의 아래 일정기간 계속하여 반복한 경우, 자본시장법
제176조와 제178조 소정의 시세조종행위 및 부정거래행위금지 위반의 포괄일죄

---

107) 서울고등법원 2009. 1. 23. 선고 2008노2564 판결(구 증권거래법 188조의4 제4항 각 호
에 관한 판결이다).

가 성립한다.[108)

[대법원 2002. 7. 26. 선고 2002도1855 판결]
원심이 확정한 사실과 기록에 의하면 피고인들은 공모하여 상장유가증권인 A사의 주식의 시세를 조정하려는 목적으로 범죄사실 제1항 내지 제5항의 각 항 별로 여러 차례에 걸쳐 증권거래법 제188조의4의 제2항 제1호 전단의 허위매수 주문행위와 같은 호 후단의 고가매수 주문행위 등을 반복하거나 또는 그러한 행위와 같은 조의 제1항 제1호, 제2호의 통정매매행위 등을 반복하였음을 알 수 있는바, 이는 시세조종 등 불공정거래의 금지를 규정하고 있는 증권거래법 제188조의4에 해당하는 수개의 행위를 단일하고 계속된 범의 하에서 일정기간 계속하여 반복한 범행이라 할 것이고, 이 사건 범죄의 보호법익은 유가증권시장 또는 협회중개시장에서의 유가증권 거래의 공정성 및 유통의 원활성 확보라는 사회적 법익이고 각각의 유가증권 소유자나 발행자 등 개개인의 재산적 법익은 직접적인 보호법익이 아닌 점에 비추어 위 각 범행의 피해법익의 동일성도 인정되므로(대법원 2002. 6. 14. 선고 2002도1256 판결 참조), 원심이 피고인들의 행위가 위 범죄사실 각 항별로 증권거래법 제207조의2, 제188조의4소정의 불공정거래행위금지위반의 포괄일죄가 성립한다고 판단한 것은 원칙적으로 정당하고, 거기에 상고이유에서 주장하는 바와 같은 위법이 있다고 할 수 없다.

[대법원 2009. 4. 9. 선고 2009도675 판결]
주식시세조종의 목적으로 허위매수주문행위, 고가매수주문행위 및 통정매매행위 등을 반복한 경우, 이는 시세조종 등 불공정거래의 금지를 규정하고 있는 구 증권거래법 제188조의4에 해당하는 수개의 행위를 단일하고 계속된 범의 아래 일정기간 계속하여 반복한 범행이라 할 것이고, 이 범죄의 보호법익은 유가증권시장 또는 협회중개시장에서의 유가증권 거래의 공정성 및 유통의 원활성 확보라는 사회적 법익이고 각각의 유가증권 소유자나 발행자 등 개개인의 재산적 법익은 직접적인 보호법익이 아닌 점에 비추어 위 각 범행의 피해법익의 동일성도 인정되므로, 구 증권거래법 제188조의4 소정의 불공정거래행위금지 위반의 포괄일죄가 성립한다.[109)

[대법원 2011. 10. 27. 선고 2011도8109 판결]
시세조종행위와 부정거래행위 등의 금지를 규정하고 있는 제176조와 제178조의 보호법익은 주식 등 거래의 공정성 및 유통의 원활성 확보라는 사회적 법익이고 주식의 소유자 등 개개인의 재산적 법익은 직접적인 보호법익이 아니므로, 주식시세조종 등의 목적으로 자본시장법 제176조와 제178조에 해당하는 수개의 행위를 단일하고 계

---

108) 다만 죄수평가를 잘못하였다 하더라도 결과적으로 처단형의 범위에 아무런 차이가 없는 경우에는 판결 결과에 영향을 미친 위법이 있다고 보기 어렵다(대법원 2003. 2. 28. 선고 2002도7335 판결).
109) 同旨: 대법원 2011. 10. 27. 선고 2011도8109 판결.

속된 범의 아래 일정기간 계속하여 반복한 경우, 자본시장법 제176조와 제178조 소정의 시세조종행위 및 부정거래행위금지 위반의 포괄일죄가 성립한다.

포괄일죄의 법리상 피고인이 포괄일죄의 관계에 있는 범행의 일부를 실행한후 공범관계에서 이탈하였으나 다른 공범자에 의하여 나머지 범행이 이루어진 경우, 피고인이 관여하지 않은 부분에 대하여도 죄책을 부담한다.110)

4. 경 합 범

(1) 시세조종행위 간에 시차가 있는 경우

어느 기간 동안 단일 범의 하에서 시세조종행위를 한 후 그와 다른 범의 하에서 별도의 시세조종행위를 행한 경우 1차 시세조종행위와 2차 시세조종행위는 실체적 경합범의 관계에 있고 시세조종으로 인한 이익은 각 범행별로 따로 산정하여야 한다.111)

[서울지방법원 2002. 10. 30. 선고 2002노2509 판결]

1. 증권거래법 제188조의4의 각 항과 각 호에서 정하고 있는 불공정거래행위에 해당하는 수 개의 행위를 단일하고 계속된 범의 하에서 일정기간 계속하여 반복하여 행하여 그 각 행위가 포괄하여 일죄를 이루는 경우, 그 시세조종행위로 얻은 이익은 그 기간 동안 행하여진 모든 거래를 통하여 산정을 하여야 할 것이고, 어느 기간 동안에 단일한 범의 하에서 시세조종행위를 한 후 그와 다른 범의 하에서 별도의 시세조종행위를 행하여 각 범행이 경합범의 관계에 있는 경우, 시세조종행위로 얻은 이익은 각 범행별로 따로 산정을 하여야 할 것이다.

2. 돌이켜 이 사건에 관하여 보건대, 기록에 의하면 ① 피고인 1, 2는 그들이 관리하던 3개의 증권계좌를 통하여 2000. 1. 4.경부터 2000. 5. 21.경까지 사이에 W사 주식을 평균 19,411원에 합계 27,418주를 매수하고, 평균 22,998원에 합계 40,718주를 매도하면서(수사기록 908쪽), 그 거래비용으로 합계 4,510,499원을 지출한 사

---

110) 대법원 2011. 1. 13. 선고 2010도9927 판결(피고인이 A사에 입사하여 다른 공범들과 특정 회사 주식의 시세조정 주문을 내기로 공모한 다음 시세조정행위의 일부를 실행한 후 A사로부터 해고를 당하여 공범관계로부터 이탈하였고, 다른 공범들이 그 이후의 나머지 시세조정행위를 계속한 사안에서, 피고인이 다른 공범들의 범죄실행을 저지하지 않은 이상 그 이후 나머지 공범들이 행한 시세조정행위에 대하여도 죄책을 부담함에도, 피고인이 해고되어 A사를 퇴사함으로써 기존의 공모관계에서 이탈하였다는 사정만으로 피고인이 이미 실행한 시세조정행위에 대한 기능적 행위지배가 해소되었다고 보아 그 이후의 각 구 증권거래법(2007. 8. 3. 법률 제8635호 자본시장과 금융투자업에 관한 법률 부칙 제2조로 폐지) 위반의 공소사실에 대하여 무죄를 선고한 원심판결에 공모공동정범에 관한 법리오해의 위법이 있다고 한 사례).

111) 대법원 2007. 3. 30. 선고 2007도877 판결.

실, 피고인 3은 자신이 관리하던 28개의 증권계좌를 통하여 위 같은 기간 동안 위 주식을 평균 30,592원에 합계 244,139주를 매수하고, 평균 32,243원에 합계 232,642주를 매도하면서(수사기록 927쪽), 그 거래비용으로 합계 82,268,616원을 지출한 사실, 피고인 4는 자신이 관리하던 7개의 증권계좌를 통하여 위 같은 기간 동안 위 주식을 평균 28,162원에 합계 20,264주를 매수하고, 평균 31,293원에 합계 28,694주를 매도하면서(수사기록 927쪽), 그 거래비용으로 합계 8,694,538원을 지출한 사실, ② 피고인 3은 자신이 관리하던 24개의 증권계좌를 통하여 2000. 1. 11.경부터 2000. 5. 31.경까지 사이에 N사 주식을 평균 27,647원에 합계 85,643주를 매수하고, 평균 29,398원에 합계 84,833주를 매도하면서(수사기록 944쪽), 그 거래비용으로 합계 26,009,846원을 지출한 사실, 피고인 4는 자신이 관리하던 6개의 증권계좌를 통하여 위 같은 기간 동안 위 주식을 평균 24,556원에 합계 12,978주를 매수하고, 평균 28,522원에 합계 14,934주를 매도하면서(수사기록 944쪽), 그 거래비용으로 합계 4,155,288원을 지출한 사실, ③ 피고인 3은 자신이 관리하던 19개의 증권계좌를 통하여 2000. 10. 25.경부터 2001. 2. 28.경까지 사이에 N사 주식을 평균 35,645원에 합계 163,774주를 매수하고, 평균 35,352원에 합계 164,074주를 매도하면서(수사기록 974쪽), 그 거래비용으로 합계 63,952,664원을 지출한 사실, 피고인 4는 자신이 관리하던 3개의 증권계좌를 통하여 위 같은 기간 동안 위 주식을 평균 28,949원에 합계 5,060주를 매수하고, 평균 33,030원에 합계 5,060주를 매도하면서(수사기록 974쪽), 그 거래비용으로 합계 992,246원을 지출한 사실 및 ④ 피고인 3, 4는 상피고인 1, 2와 공모하여 W사 주식의 시세를 변동시킬 목적으로 원심 판시 제1항 기재 각 주식거래를 하면서, 그와 비슷한 시기에 N사 주식의 시세를 변동시킬 목적으로 원심 판시 제2항 기재 각 주식거래를 행하고 나서, 약 5개월 정도가 경과한 시점에 또다시 N사 주식의 시세를 변동시킬 목적으로 원심 판시 제3항 기재 각 주식거래를 행한 사실을 인정할 수 있다.

3. 위 인정사실에 의하면 ① 피고인 1, 2는 원심 판시 제1항 기재 각 주식거래로 인하여 450,412,239원의 부당한 이익을 얻었다고 할 것이고, ② 한편 피고인 3, 4는 (i) 단일한 범의 하에서 행하여진 것으로 포괄하여 일죄를 이루는 원심 판시 제1, 2항 기재 각 주식거래로 인하여 합계 620,260,436원{= 위 450,412,239원 + [(29,398원 − 27,647원) × 84,833주 − 26,009,846원] + [(28,522원 − 24,556원) × 12,978주 − 4,155,288원]}의 부당한 이익을 얻고, (ii) 원심 판시 제1, 2항 기재 각 주식거래와는 다른 범의 하에서 행하여진 것으로서 위 항 기재 각 범행과 경합범의 관계에 있는 원심 판시 제3항 기재 각 주식거래로 인하여는 92,280,832원{= [(35,352원 − 35,645원) × 163,774주 − 63,952,664원] + [(33,030원 − 28,949원) × 5,060주 − 992,246원]}의 손실을 입었다고 할 것이다.

(2) 보고의무위반과 불공정거래행위

보고의무는 불공정거래행위를 예방·적발하기 위한 제도라는 면도 있지만, 기본적으로는 적대적 M&A를 위한 음성적인 주식매집을 규제함으로써 경영권에 대한 불공정한 침탈을 방지하고, 증권시장의 투명성과 공정성 확보를 통하여 일반투자자를 보호하기 위한 제도이고, 이와 같이 규제의 취지가 다른 보고의무위반과 불공정거래행위는 법조경합관계로 볼 수 없다.

[서울중앙지방법원 2009. 1. 22. 선고 2008고합569,720(병합),721(병합) 판결]
(피고인의 주장)
공소사실은 대량보유보고의무를 위반한 사실을 사기적 부정거래의 한 태양으로 보고 있으므로, 대량보유보고의무위반 및 사기적 부정거래로 인한 증권거래법위반의 점은 서로 법조경합 관계에 있다.
(법원의 판단)
증권거래법상 대량보유보고제도는 시장의 불공정행위를 금지하는 취지 외에 기존 경영자에게 기업지배권의 이전가능성이 있는 대량주식의 매집에 대하여 효과적인 대응책을 강구할 수 있게 하는 취지도 아울러 있는 제도로서 증권거래법상 사기적부정거래를 금지하는 취지와는 다른 별도의 취지가 있다는 측면에서 양자를 법조경합 관계에 있다고 보기 어렵다.

5. 공모공동정범

(1) 의   의

2인 이상이 범죄에 공동 가공하는 공범관계에서 공모는 법률상 어떤 정형을 요구하는 것이 아니고, 2인 이상이 공모하여 어느 범죄에 공동 가공하여 그 범죄를 실현하려는 의사의 결합만 있으면 되는 것으로서, 비록 전체의 모의과정이 없었다고 하더라도 수인 사이에 순차적으로 또는 암묵적으로 상통하여 그 의사의 결합이 이루어지면 공모관계가 성립하고, 이러한 공모가 이루어진 이상 실행행위에 직접 관여하지 아니한 자라도 다른 공모자의 행위에 대하여 공동정범으로서의 형사책임을 진다.

[대법원 2005. 12. 9. 선고 2005도5569 판결]
2인 이상이 범죄에 공동 가공하는 공범관계에서 공모는 법률상 어떤 정형을 요구하는 것이 아니고 2인 이상이 공모하여 어느 범죄에 공동가공하여 그 범죄를 실현하려는 의사의 결합만 있으면 되는 것으로서, 비록 전체의 모의과정이 없었다고 하더라도

수인 사이에 순차적으로 또는 암묵적으로 상통하여 그 의사의 결합이 이루어지면 공모관계가 성립하고, 이러한 공모가 이루어진 이상 실행행위에 직접 관여하지 아니한 자라도 다른 공모자의 행위에 대하여 공동정범으로서의 형사책임을 져야 하는 것이다(대법원 2000. 3. 14. 선고 99도4923 판결 참조). 원심은, 그 채용증거들을 종합하여 판시와 같은 사실들을 각 인정한 후 그러한 사실들에 의하여 인정되는 피고인 1과 피고인 2의 S캐피탈 주식에 대한 시세조종 등 불공정거래행위에 대한 공모과정과 동기, 피고인 2의 S캐피탈 주식 매수 경위와 수법 등 제반사정을 종합하여 보면, 피고인 1, 2 사이에 S캐피탈 주식에 대한 시세조종 등 불공정거래행위에 관한 의사의 결합이 이루어져 공모관계가 성립하였다고 봄이 상당하고, 이러한 공모가 이루어진 이상 피고인 1이 시세조종 등 불공정거래행위에 직접 관여하지 않았다 하더라도 피고인 2 등 다른 공모자의 행위에 대하여 공동정범으로서의 책임을 져야 한다고 판단하였는바, 위 법리를 기록에 비추어 살펴보면, 원심의 위와 같은 증거취사와 사실인정 및 판단은 수긍할 수 있고, 거기에 상고이유로 주장하는 바와 같은 채증법칙위배로 인한 사실오인, 공모공동정범에 관한 법리오해의 위법 등이 없다.

반드시 미리 모의한 것은 아니라고 하더라도 어느 일방의 지시 내용에 따라 주식매매를 할 경우 시세조종에 해당할 수 있다는 점을 인식하고 있었음에도 그에 따른 주식매매 주문을 한 경우, 시세조종행위에 결정적인 역할을 수행하였다고 볼 수 있다.

[서울중앙지방법원 2013. 7. 19. 선고 2012고합766 판결]
피고인 1은 2001. 9. 25. 서울지방법원에서 피고인 2와 공모하여 주식의 시세를 조종하였다는 내용의 증권거래법위반으로 벌금 500만 원의 처벌을 받은 전력이 있고, J저축은행에 소속되어 그 무렵부터 지금까지 계열 저축은행의 주식관련 업무를 총괄하는 지위에 있었던 자로서 주식거래 분야에 있어서는 오랜 경력과 지식이 있었던 것으로 보인다. 피고인 1은 피고인 2의 지시에 따라 J저축은행의 주식을 매매하고, 나머지 저축은행 담당자들에게 피고인 2의 매매지시를 전달하였으며, 주식거래가 끝나고 나면 각 저축은행별 매매보고서를 취합해서 이를 보고하는 역할까지 담당하였으므로, 매일 이루어지는 주식매매 패턴과 주가 상승효과 등에 대하여 충분히 인식할 수 있었다. 따라서 피고인 1은 비록 피고인 2와 H저축은행이 보유하고 있는 J저축은행 주식 및 계열 저축은행이 보유하고 있는 13개 종목 주식의 시세조종에 관하여 미리 모의한 것은 아니라고 하더라도 피고인 2의 지시 내용에 따라 주식매매를 할 경우 시세조종에 해당할 수 있다는 점을 인식하고 있었음에도 그에 따른 주식매매 주문을 함으로써 시세조종행위에 결정적인 역할을 수행하였다고 봄이 상당하다.

시세변동 거래행위에 의한 시세조종을 공모한 일부 피고인의 통정매매 및 매매거래 유인목적의 거래상황 오인행위 부분도 모두 위 공모자들 사이에 묵시적으로 의사의 연락이 있었다고 볼 수 있다.

[대법원 2002. 7. 26. 선고 2001도4947 판결]

2인 이상이 범죄에 공동 가공하는 공범관계에서 공모는 법률상 어떤 정형을 요구하는 것이 아니고, 2인 이상이 공모하여 어느 범죄에 공동가공하여 그 범죄를 실현하려는 의사의 결합만 있으면 되는 것으로서, 비록 전체의 모의과정이 없었다고 하더라도 수인 사이에 순차적으로 또는 암묵적으로 상통하여 그 의사의 결합이 이루어지면 공모관계가 성립하고, 이러한 공모가 이루어진 이상 실행행위에 직접 관여하지 아니한 자라도 다른 공모자의 행위에 대하여 공동정범으로서의 형사책임을 진다." "원심이 인정한 바와 같이 피고인과 M 사이의 A증권사 주식매집을 통한 주가상승이라는 부분에 대한 공모를 인정하는 이상, M이 이를 위하여 한 구체적인 행위 중 시세변동 거래행위 이외에 이에 부수적으로 수반될 것으로 예상되었던 이 사건 거래상황 오인·오판 목적의 통정매매 및 매매거래 유인목적의 거래상황 오인행위 부분도 모두 위 공모자들 사이에 묵시적으로 의사의 연락이 있었다고 보는 것이 타당하다고 할 것이므로 원심이 피고인에 대한 증권거래법위반의 공소사실 중 시세변동 거래행위 부분만을 유죄로 판단하고, 나머지 부분을 무죄로 판단한 것은 위 증권거래법 제188조의4 제1항, 제2항 및 공모공동정범에 관한 법리오해 및 채증법칙 위배로 인한 사실오인의 위법이 있다고 아니할 수 없다. 이 점을 지적하는 검사의 상고는 이유 있다.

[서울중앙지방법원 2010. 2. 5. 선고 2009고합690 판결]

거시증거들에 의하여 인정되는 다음과 같은 사정, 즉 ① 피고인은 이 법정에서와는 달리 검찰에서, 위 시세조종 기간 동안의 주식 매입은 주가가 저평가되어 있어 이를 매입하는 것이 유리하였다거나 그 주된 목적은 투자였다고 진술하면서도, 2006. 10.경 주식을 기부할 생각을 가지고 있었는데 주가가 하락세이면 좋지 않을 것 같아 주가를 올리려고 한 측면이 있으며, 그 기간 동안 주가를 챙기기도 하고 A에게 자주 노력해 보자고 말한 것 같다는 취지로 진술하였던 점, ② A는 검찰 및 이 법정에서, 피고인으로부터 시세조종을 지시받은 적은 없다고 진술하면서도, 피고인으로부터 주식이 저평가되어 있다는 이야기를 듣고 피고인의 지시로 주식을 매집하기 시작하였다는 취지로 진술하고 있으며, 특히 검찰에서는, 피고인이 위 기간에 내근 중일 때 사무실에서 모니터를 주시하여 본 적이 있고, 자신은 피고인에게 하루에 2~3회 매수현황을 보고하였으며, 피고인이 장중에 갑자기 주가 현황을 보고하라고 하든가 공격적으로 매수하라고 지시하면 S에게 좀 더 공격적으로 매수할 것을 지시하였다고 진술한 점, 위 매수기간 중 피고인의 지시로 다소 무리한 매수주문, 종가관리를 S에게 요청하였던 사실을 시인한다는 등의 취지가 기재된 진술서를 직접 작성하였던 점 등을 위 나.항에서 인정한 각 사정에 더하여 보면, 피고인이 주식의 시세를 높이기 위하여 A

에게 주가를 높여가면서 매수하라는 지시를 하였음을 인정하기에 충분하고, 결국 피고인이 A 등의 시세조종 행위에 관여하였다고 봄이 상당하므로, 피고인은 위 시세조종으로 인한 증권거래법위반의 죄책을 진다고 할 것이다.

보유주식의 매도금지 약속 또는 물량통제 협조를 한 경우에도 시세조종행위의 공모공동정범에 해당할 수 있다.

〈매도금지 약속〉
[서울중앙지방법원 2003. 1. 15. 선고 2002노9639 판결]
피고인이 2001. 4. 초순경 K로부터 'A 등이 S사의 주식을 대상으로 주가조작을 시도하고 있는데, 대주주인 피고인의 도움이 필요하다'는 취지의 요청을 받고 보유주식의 처분금지 등 적극적인 협조를 약속한 사실(단순한 기업탐방의 기회에 대주주에게 보유주식의 처분금지를 요청한다는 것은 선뜻 납득하기 어렵다.), 또한 2001. 8.경 A의 요청에 따라 보유주식의 처분금지를 약속하고 이를 담보하는 취지에서 보유주식 5만주를 A에게 교부하였고, S사의 주주인 산업은행의 직원을 찾아가 보유주식의 처분을 자제해줄 것을 요청하기도 하였으며(수사기록 398쪽), 이 사건 시세조종행위의 과정에서 수회에 걸쳐 L등 특수관계인 명의의 주식(실제로는 피고인의 지분으로 보인다.)을 처분하여 상당한 이득을 얻은 사실, 한편 A가 이익의 분배를 요구하면서 위 주식 5만주의 반환을 거부하자 피고인은 그를 상대로 주권인도청구의 소를 제기하였는데, 그 과정에서 위 주식 5만주를 돌려받는 조건으로 A에게 7,500만원을 주기로 하는 내용의 조정안을 마련하기도 한 사실 등이 인정되는바, 이와 같은 사실관계에 비추어 보면 피고인이 2회에 걸쳐 A 등과 이 사건 시세조종행위에 관하여 공모한 사실이 충분히 인정된다 할 것이고, S사의 제1 대주주 피고인의 보유주식 처분금지가 시세조종행위의 성공을 위하여 필수적이라는 점, 이를 담보하기 위하여 보유주식까지 교부한 점 등 피고인의 가담정도에 비추어 이를 단순한 방조행위에 불과한 것으로 보기는 어렵다.112)

〈물량통제 협조〉
[서울중앙지방법원 2004. 4. 29. 선고 2004고합114, 143(병합) 판결]
피고인 1, 2는 상호 순차적으로 유상증자의 주권교부일인 2002. 12. 13.경 유상증자에 참가하여 주권을 교부받기 위하여 모인 피고인 3, 4, 5, 6 등 투자자들에게 '유상증자가 끝났는데 주식을 잘 팔아서 수익을 내기 위하여는 주가를 관리하면서 팔아야 하고 그에 필요한 자금이 필요하니 각자 투자한 금액 중 15%에 상당하는 주식을 받아가지 말고 우리에게 갹출해 주고 또한 일괄적으로 주식을 매도해야 하니 주식거래를

---

112) 물량통제를 위하여 ID, pass word 등을 넘겨 준 경우에도 시세조종행위의 공모공동정범에 해당한다는 판례도 있다(서울중앙지방법원 2004. 4. 29. 선고 2004고합114 판결).

위한 계좌번호, 아이디, 패스워드를 전부 우리에게 위탁하고 개별적으로는 주식매도를 하지 말라'라는 취지로 설명하여 주식시세조종 계획을 투자자들에게 전달하였고, 피고인 3, 4, 5, 6 등 투자자들은 피고인 1, 2로부터 위와 같이 투자한 금액 중 15% 상당의 주식을 갹출해야 하고 주식거래를 위한 계좌번호, 아이디와 비밀번호를 달라는 이야기를 듣고 처음에는 이를 주저하였으나 투자자들 상호간에 손해를 보지 않기 위해서는 주가 관리를 통해 빨리 주식을 매도해야 한다는 분위기가 형성되자 점차 이에 동조하여, 피고인 1, 2 등이 위 유상증자에 참가한 피고인들의 투자자금을 회수하고 수익을 올려주기 위해 D사의 주가를 인위적으로 관리하려 한다는 것을 인식하면서도 각자 위 피고인들이 받아야 할 주식 중 각 15%를 주가를 관리하는데 필요한 자금을 만들기 위한 재원으로 받아가지 않고, 나아가 피고인 1, 2로 하여금 D사 주식의 물량통제를 하면서 주식을 일괄적으로 매도하여 주가를 관리할 수 있도록 각자 별지 범죄일람표 '1' 기재 증권계좌번호, 아이디와 패스워드를 피고인 1, 2에게 건네주었고, … 증권거래법이 금하고 있는 '유가증권의 매매거래가 성황을 이루고 있는 듯이 잘못 알게 하거나 그 시세를 변동시키는 매매거래'라 함은 본래 정상적인 수요·공급에 따라 자유경쟁시장에서 형성될 시세 및 거래량을 시장요인에 의하지 아니한 다른 요인으로 인위적으로 변동시킬 가능성이 있는 거래를 말하는 것으로서, 피고인 5의 주장 자체에 의하더라도 위와 같은 물량통제는 정상적이 수요·공급을 인위적으로 조종하는 시세조종행위에 해당한다고 할 것이고, 위 1.항에서 인정한 바와 같이 전직 증권회사 직원이었던 위 피고인이 15% 물량을 입고시켜주지 않는 방법으로 갹출하여 물량통제를 한다는 설명을 듣고도 손해를 보지 않기 위해 아이디 및 패스워드를 넘겨주었고, 그 후 피고인 1로부터 2억원을 보전받아 9,500만원 상당의 이익을 실현하였다면, 피고인 5는 이 사건 시세조종행위에 대한 공동정범의 책임을 진다고 할 것이다.

시세조종 전문가를 소개해준 경우에 시세조종행위의 공모공동정범으로 인정된 사례가 있다.

〈시세조종 전문가를 소개함으로써 시세조종행위의 공모공동정범에 해당한 사례〉
[서울남부지방법원 2010. 8. 2. 선고 2010고합27 판결]
판시 각 증거에 의하면, A는 Y사를 운영하면서 회사가 어려운 상황에 처하자, 위 회사와 합병하기로 한 주식회사 I사를 운영하는 L로부터 그의 형인 피고인을 소개받은 사실, 피고인은 자금 조달에 어려움을 겪고 있는 A에게 코스닥 상장회사를 인수한 후 증자를 통하여 사업자금을 조달할 수 있다는 제안을 하였고, 그에 따라 A는 L, 피고인과 협의를 거쳐 P사의 경영권을 인수하기로 한 후 사채업자들을 끌어들여 대규모 유상증자를 추진한 사실, 피고인은 그 과정에서 A에게 유상증자시 주가방어의 필요성을 제기하고, 피고인의 지인인 G 부장으로부터 소개받은 시세조종 전문가인 J를 A

에게 소개해 준 사실, 피고인은 P사의 주가조작을 위한 모임에 여러 차례 참석하여 의견을 개진하였고, J와의 연락도 피고인이 주로 담당한 사실, A는 피고인 등과의 협의를 거쳐 J에게 시세조종 대가로 30억 원을 주기로 하였고, J에게 돈을 주는 자리에 피고인도 같이 있었던 사실, 피고인은 위와 같은 도움을 준 것에 대한 대가로 돈을 요구하여 A로부터 동생인 L를 통하여 컨설팅 비용 명목으로 P사의 법인자금 3억 원을 교부받은 사실이 인정되는바, 피고인은 위와 같이 P사의 유상증자 및 그에 따른 주가조작과 시세조종 대가의 지급 등에 관하여 협의에 참석하여 의견개진을 하거나 시세조종전문가인 J를 연결시키는 등으로 깊숙이 관여하였고, 그 대가로 거액의 돈을 지급받는 등 단순히 조언하는 차원을 넘어서 공동가공의 의사를 갖고 기능적 행위지배를 통한 범죄실행에까지 나아갔다고 봄이 상당하다.

(2) 주관적 요건의 증명방법

공모공동정범에 있어서 공모나 모의는 범죄사실을 구성하는 것으로서 이를 인정하기 위하여는 엄격한 증명이 요구된다. 그러나 피고인이 그 실행행위에 직접 관여한 사실을 인정하면서도 공모의 점과 함께 범의를 부인하는 경우에는, 이러한 주관적 요소로 되는 사실은 사물의 성질상 범의와 상당한 관련성이 있는 간접 사실을 증명하는 방법에 의하여 이를 증명할 수밖에 없다. 따라서 공모에 대하여는 직접증거가 없더라도 정황사실과 경험법칙에 의하여 이를 인정할 수 있다.

[대법원 2009. 2. 12. 선고 2008도6551 판결]
2인 이상이 공동으로 가공하여 범죄를 행하는 공동정범에 있어서 공모나 모의는 반드시 직접, 명시적으로 이루어질 필요는 없고 순차적, 암묵적으로 상통하여 이루어질 수도 있으나, 어느 경우에도 범죄에 공동가공하여 이를 공동으로 실현하려는 의사의 결합이 있어야 하고, 피고인이 공모의 점과 함께 범의를 부인하는 경우에는 이러한 주관적 요소로 되는 사실은 사물의 성질상 범의와 상당한 관련성이 있는 간접사실 또는 정황사실을 증명하는 방법에 의하여 이를 입증할 수밖에 없다(대법원 2006. 2. 23. 선고 2005도8645 판결 등 참조). 한편, 형법 제30조의 공동정범은 공동가공의 의사와 그 공동의사에 기한 기능적 행위지배를 통한 범죄실행이라는 주관적·객관적 요건을 충족함으로써 성립하는바, 공모자 중 일부가 구성요건적 행위 중 일부를 직접 분담하여 실행하지 않은 경우라 할지라도 전체 범죄에 있어서 그가 차지하는 지위, 역할이나 범죄 경과에 대한 지배 내지 장악력 등을 종합해 볼 때, 단순한 공모자에 그치는 것이 아니라 범죄에 대한 본질적 기여를 통한 기능적 행위지배가 존재하는 것으로 인정된다면, 이른바 공모공동정범으로서의 죄책을 면할 수 없는 것이다(대법원 2007. 4. 26. 선고 2007도235 판결 등 참조).[113]

---

113) 同旨: 대법원 2003. 12. 12. 선고 2001도606 판결. 대법원 2004. 5. 28. 선고 2004도1465 판결,

무엇이 상당한 관련성이 있는 간접 사실에 해당할 것인가는 정상적인 경험칙에 바탕을 두고 치밀한 관찰력이나 분석력에 의하여 사실의 연결상태를 합리적으로 판단하는 방법에 의하여야 할 것이다.114)

〈유죄 선고 사례〉
[서울고등법원 2010. 4. 1. 선고 2010노215 판결]
피고인 2의 시세조종 행태, 거래 종목 및 사무실 운영 현황, 피고인 1의 투자 및 그 이자 지급 현황, 시세조종 행태 등에다가, 위 각 증거에 의하여 인정되는 다음과 같은 사정, 즉 ① 피고인 1은 경찰에서 조사받으면서 "(피고인 2 등과 함께 근무할) 당시 주식 시세조종이나 통정매매를 한다는 것을 말해 주지 않아 몰랐으나 일하면서 알게 되었는데, 특정 시세조종 대상 주식을 의뢰받아 주가의 일정가를 유지시켜 주는 행위와 의뢰인이 당일 몇 주를 얼마에 매수, 매도하도록 의뢰한 것에 대하여 증권 계좌 자금을 이용하여 증권사에 매매 주문을 하는 방법이었습니다."라고 진술하였고, 검찰에서 조사받으면서는 "피고인 2가 대형주를 매매하지 않고 코스닥 저가주 위주로 매매를 하였기 때문에 주식거래를 정상적으로 하지 않고 있다는 것은 알았다."고 진술한 점, ② 피고인 3은 경찰에서 조사받으면서 "제가 아는 바로는 피고인 2가 외부에서 다른 사람들과 계약을 하여 돈을 받아와서 그 돈으로 특정 종목을 매매하고 주가를 올려주거나 유지시켜 주는 것으로 보입니다. 사실 제가 증권계에 몸담고 있었고 피고인 2가 주식을 정상적인 방법으로 거래하지 않는다는 느낌은 충분히 갖고 있었기 때문에 의도적으로 알려고 하지 않았습니다."라고 진술하고 있는 점 등을 추가하여 종합하여 보면, 피고인 1이 피고인 2, 3 등과 암묵적으로 상통하여 시세조종행위를 하였음을 충분히 인정할 수 있으므로, 피고인 1의 위 주장은 이유 없다.

〈무죄선고 사례〉
[서울고등법원 2005. 10. 19. 선고 2005노1123 판결]
아래와 같은 여러 사정에 비추어 보면, 위 인정사실만으로는 피고인들이 유가증권시장 또는 코스닥시장에서의 매매거래를 유인할 목적으로 유가증권의 매매거래가 성황을 이루고 있는 듯이 잘못 알게 하거나 그 시세를 변동시키는 매매거래를 하였음을 인정하기 부족하고, 달리 이를 인정할 증거가 없으며, 오히려 피고인 2가 피고인 1에게 당시 내재가치에 비하여 상대적으로 저평가된 이 사건 주식의 매수를 적극 권유하고, 그 과정에서 피고인 3으로 하여금 피고인 1이 매도주문한 주식을 매수하게 함으로써 피고인 1에게 상당한 이익을 실현할 수 있도록 도와주었을 가능성이 크다.
① 주식시장 전반의 거래상황

대법원 2005. 11. 10. 선고 2004도1164 판결, 대법원 2006. 2. 9. 선고 2005도8652 판결.
114) 대법원 2002. 7. 26. 선고 2001도4947 판결, 대법원 2003. 12. 12. 선고 2001도606 판결, 대법원 2007. 11. 15. 선고 2007도6336 판결.

원심증인 J의 원심법정에서의 진술 등에 의하면, 당시 유가증권시장 및 코스닥시장의 종합지수는 다소의 등락이 없지는 않았으나 2003. 3. 17. 최저를 기록하였다가 그 후 꾸준한 상승세에 있었고, 이 속해 있던 유가증권시장 운수장비업종별지수나 Y사가 속해 있던 코스닥시장 통신장비 업종별지수 모두 2003. 3. 17.을 최저점으로 하여 지속적인 상승세를 유지하고 있었던 사실이 인정되는바, 이러한 사실에 비추어 상당한 기간 동안 증권사에서 일하다 그만두고 주식시장에 대하여 지속적인 관심을 가지고 있었던 피고인 2로서는 투자력이 있는 피고인 1로 하여금 투자종목, 매매시기 등에 관하여 조언하여 주식투자에 도움을 주고자 하였을 가능성이 크다.

② X사와 Y사 주식의 투자전망

피고인 3의 변호인이 제출한 증 제1 내지 4, 11, 12호의 각 기재 등에 의하면, 2002. 경에는 이 사건 주식이 이 사건 매매거래 당시에 비하여 비교적 높은 가격에 거래되었고, 이 사건 매매거래 당시 X사와 Y사는 나름대로 탄탄한 재무구조를 가지고 있었으며, 2003년도 영업이익과 순이익이 전년도에 비하여 상당히 증가될 것으로 기대되어 각 증권사에서 이 사건 주식에 대한 투자전망을 대체로 밝게 보고 있었던 사실이 인정되는바, 이처럼 이 사건 매매거래 당시의 주가가 위 두 회사의 내재가치에 비하여 상대적으로 저평가 되어 있었던 것으로 보이는 점에 비추어 볼 때 이 사건 주식은 실제 투자목적으로 적극적으로 매수하기에 적합하였던 것으로 보인다.

③ 피고인들의 거래규모

이 사건 주식의 종전 거래량, 총 발행주식수 등에 비추어 볼 때 피고인들의 매수주문량이 시가에 큰 영향을 줄 정도라고 보기는 어려운 점, 당시 침체되었던 거래가 다시 정상적인 수준을 회복해 가는 과정이었고, 피고인 3의 경우 자신이 담당한 펀드의 운용방법으로 주식을 매수하였으므로 그 매수규모가 클 수밖에 없었던 점 등을 고려할 때 피고인들의 이 사건 주식의 매매거래로 인하여 직전 1개월 대비 일일평균거래량이 약 1.5배씩 증가하였다 하더라도 피고인들에게 주식매매거래를 유인할 목적이 있었다고 단정하기 어렵다.

④ 피고인들의 거래행태

㉠ 공소사실에서 시세조종의 혐의가 있는 것으로 보고 있는 매수주문은 대부분 직전가 또는 상대호가 대비 고가매수주문을 위주로 한 것으로, 호가를 점차적으로 상승시키며 계속적으로 매매주문을 내는 행위, 매수주문과 매도주문 또는 취소 내지 정정주문을 번갈아 내는 행위, 통정·가장매수주문 등과 같은 사례는 거의 발견되지 않는 점, ㉡ 고가매수주문도 시초가나 종가형성을 위한 단일가격 매매시 고가매수주문을 집중하는 등의 특징적인 매수형태는 보이지 않고, 적극적으로 주식을 매수하고자 직전 체결가에 비하여 다소 높은 가격의 매수주문을 하거나 상대1호가보다 높은 가격의 매도주문량까지 매수하기 위한 것으로 보이는 점, ㉢ 저가의 매수주문을 한 경우에도 피고인들의 총 매수주문량이나 전체 거래량에 비하여 극히 적은 양이어서 주식시세를 인위적으로 상승시키거나 하락을 저지할 수준이라고 보기 어려운 점, ㉣ 피고

인 1, 3의 주식매매거래기간을 고려해 볼 때 주식가격을 인위적으로 상승시키고자 지속적으로 주가를 관리할 만한 시간적인 여유가 있었다고 보기 어려운 점, ⑩ 피고인 3의 경우 집중적으로 주식을 매수한 후 일부 매도한 것도 있기는 하지만, 상당수의 주식을 그대로 보유하거나 추가로 매수하기도 하였는데, 그 후 어떠한 시세조종 혐의도 발견되지 않은 점 등에 비추어 보면, 피고인 1, 3의 매수주문이 매매거래를 유인할 목적으로 유가증권의 매매거래가 성황을 이루고 있는 듯이 잘못 알게 하거나 그 시세를 변동시키는 매매거래에 해당한다고 단정하기 어렵고, 오히려 이 사건 주식이 내재가치에 비하여 저평가 된 것으로 판단하고 적극적으로 주식을 매수하기 위하여 다소 고가의 매수주문을 하거나, 실제 매수가 가능하다고 판단되는 호가에 매수하고자 저가의 분할매수주문을 하였을 가능성이 높다.

⑤ 이 사건 매매거래 후의 주가 및 거래량의 변화

원심증인 J의 원심법정에서의 진술 등에 의하면, 피고인 1이 시세차익을 취하고 난 다음 이 사건 주식의 주가가 일시 하락하기는 하였으나 그 하락폭이 근소할 뿐 아니라 얼마 지나지 않아 다시 주가가 상승하고 거래량이 급증한 사실이 인정된다.

⑥ 피고인들 사이에 이익을 분배한 것으로 보기 어려운 점

수사보고(금융감독원조사팀 자료첨부 보고)에 첨부된 혐의자의 현금인출 내역 등에 의하면, 피고인 1은 이 사건 매매거래로 시세차익을 얻은 다음 2003. 4. 18. 2회에 걸쳐 1,400만원을, 2003. 5. 9. 2회에 걸쳐 4,000만원을, 2003. 7. 3. 3회에 걸쳐 2,500만원을 위 피고인의 증권계좌에서 인출한 사실은 인정되나, 이러한 사실만으로는 위 피고인이 위와 같이 인출한 금원으로 피고인 2, 3에게 이익을 분배해 주었다고 단정하기 어렵고, 달리 피고인 1이 취득한 이익을 분배하였음을 인정할 증거가 없다.

(3) 시세조종의 방조

시세조종의 방조범으로 인정된 사례를 보면, 시세조종자금을 대부한 사채업자, 자신의 증권계좌를 시세조종에 이용하도록 한 계좌주,[115] 자신의 사무소를 시세조종행위를 위한 장소로 빌려 준 경우 등이 있다.

〈시세조종자금을 대부한 사채업자〉

[서울중앙지방법원 2003. 4. 1. 선고 2002고합1086 판결]

피고인 1, 2는 모두 전문적으로 사채업을 하는 사람들로서, 피고인 1은 피고인 2를 통하여 J에게 D사 주식 140만주를 담보로 하여 위 '엔드바이' 바로 하루 전인 2002. 8. 22. 26억원을 대출하여 주었는데, 피고인 1은 대출일 이전에 대출부탁을 받고 담보가치 평가를 위하여 이미 D사의 주가와 거래량을 확인하였던 사실, 위 담보대출 당시 차주인 피고인 4는 위 주식을 바로 누군가가 매수하여 갈 것이라고 하였으며,

---

115) 대법원 2007. 3. 30. 선고 2007도877 판결.

위 주식이 매도되면 그 대금 역시 증권회사 결제일 이전에 선이자를 공제하고 대출하여 달라는 요청을 하였던 사실, 당시 D사의 주가추이는 상당히 비정상적으로 급등하였다가 급등과 급락을 반복하고 있어 속칭 '작전'중의 주식임을 쉽게 알 수 있었던 사실, 피고인 3이 위 D사 주식 140만주를 매도하고 증권회사 결제일 이전에 그 대금을 지급하여 줌으로써 결국 피고인 4가 위 주가조작으로 인한 이익을 용이하게 조기에 회수할 수 있었던 사실을 각 알 수 있는바, 위와 같은 피고인 1, 2의 각 경력과 신분, 이 사건 대출 및 주식 매도 당시의 사정 등을 종합하여 보면, 피고인 1, 2에게는 피고인 4가 D사 주식을 대상으로 속칭 '작전'을 하여 위 인정과 같이 증권거래법을 위반하고 있다는 정을 알면서도 그 범행을 용이하게 하고 이자 및 수수료 등의 이익을 취하려는 고의가 있었던 것으로 인정된다고 할 것이므로, 이와 다른 피고인 1, 2의 변명은 모두 받아들이지 아니한다.

〈시세조종행위를 위한 계좌 및 장소를 제공한 경우〉
[서울고등법원 2009. 1. 6. 선고 2008노1506 판결]

1. 형법 제30조의 공동정범이 성립하기 위하여는 주관적 요건인 공동가공의 의사와 객관적 요건으로서 그 공동의사에 기한 기능적 행위지배를 통하여 범죄를 실행하였을 것이 필요하고, 여기서 공동가공의 의사란 타인의 범행을 인식하면서도 이를 제지함이 없이 용인하는 것만으로는 부족하고, 공동의 의사로 특정한 범죄행위를 하기 위하여 일체가 되어 서로 다른 사람의 행위를 이용하여 자기의 의사를 실행에 옮기는 것을 내용으로 하는 것이어야 한다.

2. 이 사건 증거들에 의하면 다음과 같은 사정이 인정된다. 피고인 1이 위에서 본 바와 같이 피고인 3에게 사무실을 빌려 달라고 하면서 조카(피고인 2)를 시켜 주가를 조작하는 일을 하겠다고 말한 적이 있다거나, 피고인 2가 피고인 1로부터 시세조종 주문을 지시받을 때 피고인 3이 옆에 있었다고 하더라도, 피고인 3이 피고인 1, 2의 시세조종 범행을 인식하고 있다고 볼 수는 있지만, 피고인 3이 피고인 1, 2와 일체가 되어 그들의 시세조종 범행에 공동정범으로 가담하였다고까지 곧바로 단정하기는 어렵다. 피고인 3이 2000.경 피고인 1이 R사 발행 주식 및 S사 발행 주식 등에 대한 시세조종 범행을 할 당시 피고인 1에게 27억 원을 제공하였다가 그 시세조종이 실패하여 20억 원 정도의 손실을 본 적이 있었다고 하더라도, 그 후 피고인 1이 또다시 X사 주식 및 Y사 주식에 대한 시세조종 범행을 함에 있어서, 피고인 3이 피고인 1의 시세조종 범행을 도와주어 그 범행으로 얻은 이익으로 과거의 손실을 회복하고자 할 수도 있는 것이고, 피고인 3이 반드시 피고인 1과 일체가 되어 공동정범으로 가담할 필요가 있다고 단정하기는 어렵다. 피고인 1의 진술에 의하면, 피고인 3이 피고인 1에게 X사 주식의 매매시기, 보유 여부, 상승가 능한 가격 등을 물어보았는데, 이는 피고인 1의 자금력이 약하고 동원한 계좌도 적어서 피고인 3의 입장에서는 성공할 수 있을까 불안하여 피고인 1에게 주식거래

를 맡겨야 하는지를 확인하기 위해서라고 생각된다는 것이다. 피고인 1이 위 시세조종 범행에 이용한 계좌 및 자금은, 피고인 3이 제공한 것을 제외하고는, 모두 피고인 1이 지인들로부터 유치한 것으로서, 피고인 3은 그 유치에 관여한 바가 없었다. 위 시세조종 범행에 있어 대상 주식의 선정, 매매 시기 및 수량 등은 전적으로 피고인 1의 판단과 지시 하에 이루어졌고, 그 매매의 실행은 피고인 2에 의하여 거의 전적으로 이루어졌다. 피고인 3의 계좌를 이용한 통정매매, 물량소진 매수주문, 고가 매수주문, 허수 매수주문 등은 피고인 2가 하였다. 위 시세조종 범행에 있어서는 피고인 3의 계좌를 포함한 다수의 계좌가 이용되었는데, 피고인 3은 자신의 계좌 이외의 다른 계좌에서 하는 매매에는 전혀 관여하지 아니하였고, 피고인 3은 자신의 계좌에서 시세조종 대상인 X사 주식 및 Y사 주식 이외의 다른 주식을 계속 거래하였다. 피고인 3이 위 시세조종 범행 기간 중 피고인 1에게 자금을 대여해 준 적이 있으나 5,000만 원 내지 6,000만 원 정도를 3차례 정도 빌려주었다가 1주일쯤 후에 모두 돌려받은 것이었고(피고인 1의 당심 진술), 그 외에 피고인 1이 피고인 3로부터 받았다는 자금은 피고인 1, 2의 검찰진술에 의하더라도, E사의 수익금 일부를 2005. 하반기에 2~3회에 걸쳐 3억 원 정도를 받은 것이거나(증거기록 1822쪽), 2005.에 몇 회에 걸쳐 몇천만 원씩 3억 정도를 받은 것이어서(증거기록 1803쪽) 이는 위 시세조종 범행을 위한 자금으로 볼 수 없다. 피고인 1과 피고인 3이 과거의 손실을 감안하여 다른 전주들과는 달리 4:6의 비율로 이익분배 약정을 하였다고 하더라도, 이는 시세조종 범행 전체의 이익을 대상으로 한 것이 아니라, 피고인 3의 계좌에서 발생한 이익만을 대상으로 한 것이었고, 피고인 3이 과거에 피고인 1에게 자금을 제공하였다가 손해를 본 바가 있음을 고려하여 다른 전주들과는 달리 4:6의 비율로 이익분배 약정을 하는 것은 충분히 가능한 일이라고 할 것이다.

3. 위와 같은 사정을 종합하며 보면, 피고인 3은 피고인 1, 2의 시세조종 범행을 인식하면서 그들에게 자신의 사무실이나 계좌를 제공하는 등으로 위 범행을 용이하게 하여 이를 방조한 것으로 인정되고, 피고인 3이 피고인 1, 2와 일체가 되어 그들의 시세조종 범행에 공동정범으로 가담하였다고는 인정하기 어렵다고 할 것이며, 달리 이러한 점을 인정할 만한 증거가 없으므로, 이에 관한 피고인 3의 주장은 이유 있다.

4. 한편, 법원은 공소사실의 동일성이 인정되는 범위 내에서 공소가 제기된 범죄사실보다 가벼운 범죄사실이 인정되는 경우에 있어서 그 심리의 경과 등에 비추어 볼 때 피고인의 방어에 실질적인 불이익을 주는 것이 아니라면 공소장 변경 없이 직권으로 가벼운 범죄사실을 인정할 수 있어, 공동정범으로 기소된 범죄사실을 방조사실로 인정할 수 있으므로(대법원 1995. 9. 29. 선고 95도456 판결), 별도의 공소장 변경 없이 피고인 3에 대하여 공동정범이 아닌 방조범으로 의율하기로 한다.

6. 위법성조각사유

형법상 위법성조각사유인 정당행위, 정당방위, 긴급피난, 자구행위, 피해자의 승낙 등이 시세조종행위에도 적용되는지 여부가 문제되지만, 금융투자상품거래의 특성상 실제로 위법성조각사유가 적용되는 범위는 매우 제한적일 것이다. 정당행위는 법령에 의한 행위 또는 업무로 인한 행위 기타 사회상규에 위배되지 아니하는 행위인데(형법 20조), 예컨대 ELW(equity linked warrant) 시장에서 ELW의 가격형성을 위하여 LP(liquidity provider, 유동성공급자)가 매도 및 매수호가를 통한 시장조성행위(market making)를 하는 경우, LP의 시장조성행위는 비록 시세조종행위의 유형에 속하더라도 ELW 시장에서의 LP의 역할을 고려하면 위법성조각사유인 정당행위에 해당한다고 보아야 할 것이다.

정당방위는 자기 또는 타인의 법익에 대한 현재의 부당한 침해를 방위하기 위한 상당한 행위이다(형법 21조). 시세조종행위와 관련된 정당방위는 타인의 시세변동행위에 대하여 자신이 허수주문 또는 현실거래에 의하여 타인의 시세조종행위로 인하여 변동한 시세를 원상태로 되돌리는 경우에 볼 수 있는데, 이 과정에서 급등한 가격으로 매수한 투자자와 같이 새로운 피해자가 발생할 수 있고, 자본시장법상 범죄의 보호법익은 개인적 법익이 아니라 불특정다수의 투자자가 관련되는 사회적 법익(공정한 거래질서 또는 시장의 건전성)인데, 형법상 사회적 법익을 위한 정당방위는 인정되지 않는다. 긴급피난은 자기 또는 타인의 법익에 대한 현재의 위난을 피하기 위한 행위로서 상당한 이유가 있는 경우를 말한다(형법 22조). 긴급피난행위에 대하여 상당한 이유가 있다고 하기 위하여는 보충성, 균형성, 수단의 적격성, 상대적 최소피난의 원칙이 요구되는데, 시세조종에 대한 위와 같은 대응행위는 이러한 요건을 갖출 수 없을 것이다. 자구행위도 상당한 이유가 있어야 하고(형법 23조), 피해자의 승낙은 처분할 수 있는 자의 승낙이어야 하므로(형법 24조) 사회적 법익에 대하여는 적용될 수 없다.

II. 각 론

1. 이익의 산정

(1) 기본원칙

(가) 이익의 개념

1) 얻은 이익과 회피한 손실액   "위반행위로 얻은 이익"은 적극적 이익뿐 아니라 손실을 회피하는 경우와 같은 소극적 이익도 포함한다.[116] 자본시장법은 위반행위로 "얻은 이익"과 함께 "회피한 손실액"도 규정하는데, 같은 법리가 적용되므로 이하에서는 "얻은 이익"을 기준으로 설명한다. 이익은 아래와 같이 매우 포괄적인 개념이다.

2) 유형적 이익과 무형적 이익   이익은 유형적인 금전적 이익에 한정되지 않고, 기업의 경영권 획득, 지배권 확보, 회사 내에서의 지위 상승 등 무형적 이익도 포함한다.[117] 다만, 무형적 이익은 구체적이고 정확하게 산정하기는 실제로는 매우 어려울 것이고, 따라서 무형적인 이익에 의하여 가중된 법정형이 적용될 경우는 많지 않을 것이다.[118]

3) 실현이익과 미실현이익   실현이익뿐 아니라 미실현이익도 이익에 포함된다는 것은 판례의 확립된 입장이다. 실현이익은 매매일치수량에 의하여 산정하고, 미실현이익은 불공정거래행위 종료시 보유수량에 의하여 산정한다.

> [대법원 2018. 10. 12. 선고 2018도8438 판결]
> '위반행위로 얻은 이익'은 위반행위로 행위자가 얻은 인과관계에 있는 이익의 전부를 뜻하므로, 시세조종행위 기간 중에 한 구체적 거래로 인하여 이미 발생한 이익(이하 '실현이익'이라 한다)과 시세조종행위 종료 시점 당시 보유 중인 시세조종 대상 주식 또는 신주인수권증권의 평가이익('미실현이익')이 모두 포함된다.

---

116) 대법원 2009. 7. 9. 선고 2009도1374 판결.
117) 구 증권거래법 제188조의4 제4항의 '부당한 이득'에 관하여, "유가증권의 처분으로 인한 행위자의 개인적이고 유형적인 경제적 이익에 한정되지 않고, 기업의 경영권 획득, 지배권 확보, 회사 내에서의 지위 상승 등 무형적 이익 및 적극적 이득뿐 아니라 손실을 회피하는 경우와 같은 소극적 이득, 아직 현실화되지 않은 장래의 이득도 모두 포함하는 포괄적인 개념으로 해석하는 것이 상당하다."라는 판례는 다수 있다(대법원 2002. 7. 22. 선고 2002도1696 판결, 대법원 2003. 11. 14. 선고 2003도686 판결, 대법원 2009. 7. 9. 선고 2009도1374 판결).
118) 기업인수합병과 유상증자 등 비전형적 이득의 산정방법에 관하여는, 노혁준, "자본시장법상 불공정거래로 인한 부당이득의 법적 문제", 증권법연구 제19권 제1호, 한국증권법학회 (2018), 263면 이하 참조.

4) 책임주의 원칙   자본시장법 제443조 제1항 단서 및 제2항은 "위반행위로 얻은 이익"을 범죄구성요건의 일부로 삼아 그 가액에 따라 그 죄에 대한 형벌을 가중하고 있으므로, 이를 적용할 때에는 위반행위로 얻은 이익의 가액을 엄격하고 신중하게 산정함으로써 범죄와 형벌 사이에 적정한 균형이 이루어져야 한다는 죄형균형 원칙이나 형벌은 책임에 기초하고 그 책임에 비례하여야 한다는 책임주의 원칙을 훼손하지 않도록 유의하여야 한다.119)

(나) 인과관계 있는 이익

1) 위반행위와 관련된 거래로 인하여 얻은 이익   "위반행위로 얻은 이익"은 그 위반행위와 관련된 거래로 인한 이익을 말하는 것으로서 위반행위로 인하여 발생한 위험과 인과관계가 인정되는 것을 의미한다. 위반행위로 인한 이익은 반드시 그 위반행위와 직접적인 인과관계가 있는 것만을 의미하는 것은 아니고, 그 위반행위와 관련된 거래로 인하여 얻은 이익에 해당하는 것이면 이에 해당하는 것으로 본다.120)

[대법원 2011. 10. 27. 선고 2011도8109 판결]

1. 이 사건 ① 범행으로 인한 이익액의 산정에 대하여

원심은, 피고인 1과 공소외 10사이의 2008. 11. 25.자 투자수익보장약정(이하 '1차 투자수익보장약정'이라고 한다)에 의한 이익액이 700,602,204원인 사실, 피고인 1과 공소외 10사이의 2009. 3. 3.자 투자수익보장약정(이하 '2차 투자수익보장약정'이라고 한다)에 따라 매수하거나, 피고인 1이 차명으로 유상증자 받은 공소외 2주식회사 주식이 2009. 6. 4.과 2009. 6. 5.모두 매도된 사실, 그런데 위와 같이 공소외 2 주식회사 주식이 매도되기 직전인 2009. 6. 2. 이명박 대통령이 한－아세안 특별정상회의 행사장에서 수소연료전지 자동차 기술에 대하여 "this is our dream." 이라고 설명했다는 소식이 전해지면서 수소에너지 관련주들의 거래량과 주가가 급증하였고, 공소외 2주식회사의 거래량과 주가도 모두 급격하게 변동된 사실 등을 인정한 후, 피고인 1이 공소외 2주식회사의 주식을 처분한 2009. 6. 4.과 2009. 6. 5.의 공소외 2주식회사 주가상승분에는 이명박 대통령의 위와 같은 발언으로 인한 상승분도 포함되어 있으므로 피고인 1의 위반행위로 인한 이익액을 산정하기 위해서는 이를 분리하여 제외하여야 하는데, 2009. 6. 4.과 2009. 6. 5. 당시 공소외

---

119) 대법원 2009. 7. 9. 선고 2009도1374 판결, 대법원 2011. 7. 14. 선고 2011도3180 판결, 대법원 2011. 10. 27. 선고 2011도8109 판결, 대법원 2013. 7. 11. 선고 2011도15060 판결, 대법원 2018. 10. 12 선고 2018도8438 판결.

120) 대법원 2004. 9. 3. 선고 2004도1628 판결, 대법원 2005. 4. 15. 선고 2005도632 판결(시세조종의 계획으로 장외에서 주식을 매수한 경우), 헌법재판소 2003. 9. 25. 선고 2002헌바69, 2003헌바41 결정.

2주식회사 주가 중 피고인 1의 위반행위와 인과관계가 인정되는 부분만을 분리하여 그 이익액을 산정할 수 없으므로, 결국 2차 투자수익보장약정 및 유상증자 차명 참여 등에 의한 이익액을 산정할 수 없다고 판단하였다. 나아가 원심은, 검사가 이 사건 ① 범행에 대하여 자본시장법 제443조 제2항의 적용을 구하려면 포괄일죄의 관계에 있는 각각의 자본시장법 위반 범행으로 인하여 피고인 1이 취득한 이익액을 입증하여야 하고, 만약 그 일부 범행으로 인한 이익액을 산정할 수 없는 경우에는 적어도 손실을 입지는 않았다는 점을 입증하여야 하며, 이를 입증하지 못한 경우에는 이 사건 ① 범행으로 인한 전체 이익액을 산정할 수 없다고 보아야 하는데, 2차 투자수익보장약정과 유상증자 차명 참여, 나아가 공소외 7법인와의 3차 투자수익보장약정으로 인하여 피고인 1이 이익을 얻었는지 여부 또는 적어도 손실을 입지 않았는지에 대하여 이를 인정할 증거가 부족하므로, 결국 이 사건 ① 범행으로 인한 전체 이익액을 산정할 수 없다고 판단하였다.

위 법리와 기록에 비추어 검토하여 보면, 원심의 사실인정과 판단은 위 법리에 따른 것으로서 정당하여 이를 수긍할 수 있고, 거기에 상고이유 주장과 같이 위반행위로 얻은 이익액 산정에 관한 법리오해 등의 위법이 없다.

3. 매각제한을 받지 않는 공소외 8주식회사의 합병신주 취득으로 인한 이익액의 산정에 대하여

원심은, 의무보호예수를 회피하여 매각제한을 받지 않는 공소외 8주식회사의 합병신주를 취득함으로 인한 이익액은 공소외 8주식회사 합병신주 상장 전일 종가를 기준으로 계산한 합병신주의 평가액에서 공소외 9 주식회사 구주 인수대금을 공제한 차액이 아니라, 매각제한을 받지 않는 공소외 8주식회사의 합병신주의 가치에서 매각제한을 받는 공소외8 주식회사의 합병신주의 가치를 공제한 차액이라 할 것인데,매각제한을 받는 공소외 8주식회사의 합병신주 가치를 산정할 수 없으므로, 결국 매각제한을 받지 않는 공소외 8주식회사의 합병신주를 취득함으로 인한 이익액을 산정할 수 없다고 판단하였다. 원심판결 이유를 앞서 본 법리에 비추어 살펴보면, 원심의 위와 같은 판단은 정당하고, 거기에 상고이유 주장과 같이 위반행위로 얻은 이익액 산정에 관한 법리오해 등의 위법이 없다.

4. 주식매수청구권 행사 관련 시세조종행위로 인한 이익액의 산정에 대하여

원심은, 피고인 1등이 시세조종행위를 통하여 공소외 8주식회사에 대한 주식매수청구권 행사규모가 감소되도록 하여 공소외 8주식회사로 하여금 4,925,697,622원 상당의 손실을 회피하게 함으로써 동액 상당의 부당이득을 얻게 하였다는 공소사실에 대하여, 실제 주식매수청구권의 행사규모가 확정된 것으로 볼 수 없는 점 등에 비추어 주식매수청구권 행사규모가 감소됨으로 인한 손실 회피액을 산정할 수 없으므로, 결국 주식매수청구권 행사관련 시세조종행위로 인한 이익액을 산정할 수 없다고 판단하였다. 원심판결 이유를 앞서 본 법리에 비추어 살펴보면, 원심의 위와 같은 판단은 정당하여 이를 수긍할 수 있고, 거기에 상고이유 주장과 같이

위반행위로 얻은 이익액 산정에 관한 법리오해 등의 위법이 없다.[121)]

[대법원 2013. 7. 11. 선고 2011도15056 판결]

1. 원심은, 구 증권거래법 제207조의2와 제214조에서 정한 '위반행위로 얻은 이익'을 산정하는 때에 요구되는 인과관계는 반드시 그 위반행위와 직접적인 인과관계가 있는 것만을 의미하는 것은 아니고 그 위반행위와 관련된 거래로 인하여 얻은 이익에 해당하는 것이면 이에 해당하는 것으로 볼 수 있으며, 다른 요인에 의한 주가상승분이 있더라도 이를 공제하지 않고 그 위반행위로 인한 이익 전부에 대하여 형사책임을 부담한다고 보아야 한다고 전제하였다. 그에 따라 이 사건 시세조종기간 동안 A사 주식의 주가상승분에는 피고인들의 시세조종행위로 인한 것 외에도 정상적인 주가상승분 등 다른 요인에 의한 것도 포함되어 있으므로 이를 공제하고 위반행위로 얻은 이익을 산정하여야 한다는 피고인들의 주장에 대하여는 아무런 심리·판단을 하지 아니한 채, 이 사건 시세조종행위로 얻은 이익 중 '실현이익'은 이 사건 시세조종행위 기간 동안의 구체적 거래행위를 바탕으로 비용을 고려한 평균매수단가와 평균매도단가를 산정한 다음 이 차액을 매매일치수량(매수수량과 매도수량 중 더 적은 수량)에 곱하는 방법으로 산정하고, '미실현이익'은 시세조종행위 종료 시점의 잔존수량에 그 시점의 주가(추정 매도단가)에서 평균매수단가를 뺀 차액을 곱하는 방법으로 산정하여 그 합계 이익액을 기준으로 피고인들의 죄책을 인정하였다.

2. 그러나 앞에서 본 법리에 비추어 보면, 원심의 위와 같은 판단은 수긍할 수 없다. 이 사건 시세조종기간 동안 A사 주식의 주가상승분에 이 사건 시세조종행위로 인한 주가상승분 외에 다른 요인에 의한 주가상승분이 포함되어 있다면 그 부분은 공제하여 위반행위로 인한 이익을 구분 산정하여야 할 것이다. 특히 이 사건 시세조종기간인 2007. 4. 30.경부터 2007. 8. 31.까지 기간은 국내 주식시장이 대단한 호황기였고, 당시 국내 종합주가지수(kospi)는 위 기간의 첫날인 2007. 4. 30.경에는 1542.24이었다가 마지막 날인 2007. 8. 31.경에는 1873.42로 상승하였으며, 같은 기간 유가증권시장에 상장된 동종업종인 철강금속업종의 주가지수 또한 3배가량 상승하였고, 당시 피고인들의 이 사건 시세조종행위에 따른 평균매매관여율은 11.87%, 평균호가관여율은 4.41%에 불과하여 위 기간 동안의 주가상승분 전체를 이 사건 시세조종행위로 인한 이득으로 보는 것은 매우 부당하다는 것이 피고인들의 주장이고, 그에 관한 증거자료도 제출되어있으므로, 원심으로서는 입증책임의 원칙에 따라 그 기간 동안의 A사 주가상승분 중 이 사건 시세조종행위와 인과관계가 인정되는 이익이 얼마인지를 가려야 할 것이다. 이와 달리 판단한 원심판결에는 구 증권거래법 제207조의2와 제214조에서 정한 '위반행위로 얻은 이익'의 해석·적용에 관한 법리를 오해한 나머지 필요한 심리를 다하지 아니하여 판결에 영향을 미친 위법이 있다.

---

121) 同旨: 대법원 2009. 7. 9. 선고 2009도1374 판결.

위반행위와 관련된 거래란 그 위반행위가 개입된 거래와 같은 의미로 볼 수 있다.[122]

[서울중앙지방법원 2008. 12. 10. 선고 2008노3093 판결]
원심이 적법하게 채택하여 조사한 증거들에 의하면, 피고인은 K사가 무상증자를 실시한다는 사실을 알고 2006. 10. 31.부터 같은 해 11. 7.까지 이 사건 주식 639주를 매수하고, K사의 무상증자의 실시에 관한 내용이 공시된 이후인 같은 해 11. 10. 334주를, 같은 해 11. 13. 620주(2006. 10. 31. 전에 매수한 주식 315주 포함)를 각 매도한 사실, 무상증자의 실시에 관한 내용이 공시된 이후 이 사건 주식의 가격이 큰 폭으로 상승한 사실을 인정할 수 있는바, 위 인정사실에 의하면, 피고인이 위 무상증자의 사실을 알고 이 사건 주식을 매수한 후 무상증자의 실시에 관한 내용이 공시된 이후 이 사건 주식을 매도함으로써 얻은 차액을 이 사건 위반행위가 개입된 거래로 인하여 얻은 이익이라고 봄이 상당하다.

2) 통상의 방법(순매매이익)　　　위반행위로 인하여 발생한 위험과 인과관계가 인정되는 이익은 통상의 경우 그 거래로 인한 총수입에서 그 거래를 위한 총비용을 공제한 차액을 말한다.[123] 거래로 인한 총수입은 거래량가중평균 매수단가와 거래량가중평균 매도단가와의 차액에 매매일치수량(매수수량과 매도수량 중 더 적은 수량)을 곱한 금액이다. 따라서 불공정거래행위로 얻은 실현이익은 매매일치수량의 총 매도금액에서 총 매수금액 외에 그 거래를 위한 수수료, 세금 등의 거래비용을 공제한 나머지 순매매이익을 의미한다.

[대법원 2002. 6. 14. 선고 2002도1256 판결]
이 사건 시세조종행위와 관련된 주식 매매거래의 총 매도금액은 합계 금 24,879,623,980원이고 총 매수금액은 금 24,702,867,360원으로서 거래비용을 감안하지 아니한 시세차익은 합계 금 176,756,620원이지만, 여기에서 거래비용{매수수수료(0.028%), 매도수수료(0.028%), 증권거래세(0.3%)} 합계 금 88,521,970원을 공제하면 순매매차익은 합계 금 88,234,650원인 사실을 알 수 있는바, 원심이 이 사건 시세조종행위로 얻은 이익을 금 176,756,620원이라고 인정한 것은 '위반행위로 얻은 이익'에 관한 위와 같은 법리를 오해하여 이익액을 잘못 산정한 것이라 할 것이고, 법 제207조의2 단서는 위반행위로 얻은 이익의 3배에 상당하는 금액 이하의 벌금에 처하도록 규정하고 있음에 비추어 볼 때 원심이 선고한 벌금 200,000,000원의 형은 법정형의 범위 내이기는 하지만 위와 같은 이익액의 과다 산정이 벌금액의 양정에 영향을 미치지 않을 것

---

122) 서울중앙지방법원 2008. 12. 10. 선고 2008노3093 판결.
123) 대법원 2011. 10. 27. 선고 2011도8109 판결.

이라고는 할 수 없으니 이 점을 지적하는 취지의 상고이유의 주장은 이유 있다."(同
旨 : 대법원 2009. 4. 9. 선고 2009도675 판결). 다만 대법원 2006. 5. 12. 선고 2004도
491 판결은 이와 달리, "위와 같은 사실관계를 기초로 하여 위의 법리에 따라 피고인
에게 가장 유리한 방법으로 피고인이 이 사건 미공개정보 이용행위로 얻은 이익을 계
산하면 376,648,139원이 되는바(피고인은 공소외 3에게 주식거래에 따른 세금 등의
명목으로 5,000만 원을 지급하였다고 하면서 이 또한 이익액에서 공제되어야 한다고
주장하나, 이를 인정할 아무런 증거가 없을 뿐만 아니라, 가사 피고인의 주장과 같이
공소외 3에게 5,000만 원을 지급하였다고 하더라도 위 5,000만 원이 이 사건 미공개
정보 이용행위와 관련하여 지출한 비용이라고 하기는 어려우므로, 위 이익액에서 공
제할 성격의 비용에 해당하지 않는다), 위와 같은 이익액은 비록 원심이 산정한
608,850,396원 또는 공소장 기재 577,734,002원보다 작기는 하나, 원심이 피고인에
대하여 선고한 벌금 3억 5,000만 원은 위 이익액에 의하여 산정되는 정당한 형의 범
위 안에 있는 것이 명백할 뿐더러 그 형의 양정도 적정한 것으로 보이므로, 결국 원
심의 이익액 산정과정에서의 잘못은 판결 결과에 아무런 영향이 없다"라고 판시한 바
가 있다).124)

〈위반행위로 얻은 이익액 산정의 적법 여부에 관한 판례〉
[서울고등법원 2011. 6. 9. 선고 2010노3160 판결]
원심은, 피고인 1, 2가 상피고인 3, 4, 5에게 자금 및 차명을 제공하여 매각제한을 받
지 않는 A사의 합병신주를 취득하는 이익을 취득하였다고 판단하고, 그 이익액을 피
고인 1은 2,897,043,240원(＝A사 합병신주 상장 전일인 2010. 1. 14. 종가 2,985원을
기준으로 한 피고인 1의 자금으로 배정받은 A사 합병신주 2,980,584주의 평가액
8,897,043,240원－D사 유상증자 납입대금 6,000,000,000원)으로, 피고인 2는
1,689,942,377원(＝A사 합병신주 상장 전일인 2010. 1. 14. 종가 2,985원을 기준으로
한 피고인 2의 자금으로 배정받은 A사 합병신주 1,738,674주의 평가액 5,189,942,377
원－D사 유상증자 납입대금 3,500,000,000원)으로 각 산정하였다. 그러나 피고인 1,
2가 매각제한을 받지 않는 A사의 합병신주를 취득한 것이 위반행위로 인한 이익이라
고 한다면 그 이익액은 매각제한을 받지 않는 A사의 합병신주의 가치에서 매각제한
을 받는 A사의 합병신주의 가치를 공제한 금액이라고 보아야 하는데, 검사가 제출한
모든 증거들을 종합하여도 매각이 제한되는 A사의 합병신주 가치를 산정할 수 없으
므로 결국 피고인 1, 2가 자본시장법 위반행위로 얻은 이익액은 산정할 수 없다. 따
라서 이 부분 원심판결은 자본시장법 위반행위로 얻은 이익액 산정에 관한 법리를 오
해하여 판결에 영향을 미친 잘못이 있다.
실현이익을 산정하는 경우 실제 처분 시 소요된 거래비용 등을 공제하여야

---

124) 대법원 2006. 5. 12. 선고 2004도491 판결, 대법원 2005. 4. 15. 선고 2005도632 판결.

하는 것과 달리, 미실현이익의 경우에는 장래 처분 시 예상되는 거래비용 등은 공제하지 않는다는 것이 판례의 입장이다.

[대법원 2013. 7. 11. 선고 2011도15056 판결]

1. 구 증권거래법 제207조의2와 제214조에서 정하고 있는 '위반행위로 얻은 이익'은 당해 위반행위로 행위자가 얻은 인과관계 있는 이익 전부를 의미하므로, 거기에는 시세조종행위 기간 중에 한 구체적 거래로 인하여 이미 발생한 이익(이하 '실현이익'이라 한다)과 시세조종행위 종료 시점 당시 보유 중인 시세조종 대상 주식의 평가이익(이하 '미실현이익'이라 한다)이 모두 포함되어야 한다(대법원 2003. 12. 12. 선고 2001도606 판결, 대법원 2012. 1. 27. 선고 2010도7406 판결). 여기서 미실현이익은 특별한 사정이 없는 한 시세조종행위가 종료될 당시를 기준으로 산정할 것이고, 이는 처분을 전제로 하지 않고 보유하고 있는 주식의 가치를 평가하여 위반행위로 인하여 발생한 위험과 인과관계가 인정되는 이익을 산정하는 것이므로, 실현이익을 산정하는 경우 실제 처분 시 소요된 거래비용 등을 공제하여야 하는 것과 달리 장래 처분 시 예상되는 거래비용 등을 공제하여 산정할 것은 아니다.

2. 위 법리에 비추어 보면, 원심이 이 사건 시세조종행위로 인한 미실현이익을 산정하면서 보유 중인 공소외 1 회사 주식의 평가 기준시점을 이 사건 시세조종행위 종료 시로 보고, 그 주식을 장래 처분할 때 예상되는 거래비용 등을 공제하지 아니한 것은 정당하다. 그러나 앞서 본 바와 같이 원심은 이 사건 시세조종행위로 인한 실현이익뿐만 아니라 미실현이익을 산정하면서도 이 사건 시세조종행위로 인하여 발생한 위험과 인과관계가 인정되는 이익이 무엇인지를 심리하지 아니한 채 단순히 이 사건 시세조종행위 종료 당시 보유 중이던 공소외 1 회사 종가만을 적용하여 미실현이익을 산정하였으므로, 원심판결에는 구 증권거래법 제207조의2와 제214조에서 정한 '위반행위로 얻은 이익'의 해석·적용에 관한 법리를 오해한 나머지 필요한 심리를 다하지 아니하여 판결에 영향을 미친 위법이 있다. 이 부분 상고이유의 주장은 위 인정 범위 내에서 이유 있다.

3) 별도의 사정이 있는 경우   "위반행위로 얻은 이익"은 위반행위로 인하여 발생한 위험과 인과관계가 인정되는 것이어야 하므로, 주식시장에서의 정상적인 요인에 의한 주가 상승분이나 위반행위자와 무관한 제3자가 야기한 요인에 의한 주가 상승분이 존재하는 등 구체적인 사안에서 위반행위로 얻은 이익의 가액을 위와 같은 방법으로 인정하는 것이 부당하다고 볼 만한 사정이 있는 경우에는,125) 형사법의 대원칙인 책임주의를 염두에 두고 위반행위의 동기, 경위, 태양,

---

125) 대통령의 발언으로 인한 주가상승분도 포함되어 있으므로 이를 제외하여야 하는데, 피고인의 위반행위와 인과관계가 인정되는 부분만을 분리하여 그 이익액을 산정하기에 충분하지 않

기간, 제3자의 개입 여부, 증권시장 상황 및 그 밖에 주가에 중대한 영향을 미칠 수 있는 제반 요소들을 전체적·종합적으로 고려하여 위반행위와 인과관계가 인정되는 이익만을 따로 구분하여 산정해야 하며, 그에 관한 입증책임은 검사가 부담한다.126)

> [대법원 2011. 10. 27. 선고 2011도8109 판결]
> 자본시장법 제443조 제1항 단서 및 제2항에서 규정하고 있는 '위반행위로 얻은 이익'이란 그 위반행위와 관련된 거래로 인한 이익을 말하는 것으로서 위반행위로 인하여 발생한 위험과 인과관계가 인정되는 것을 의미한다. 통상적인 경우에는 위반행위와 관련된 거래로 인한 총수입에서 그 거래를 위한 총비용을 공제한 차액을 산정하는 방법으로 인과관계가 인정되는 이익을 산출할 수 있겠지만, 구체적인 사안에서 위반행위로 얻은 이익의 가액을 위와 같은 방법으로 인정하는 것이 부당하다고 볼 만한 사정이 있는 경우에는, 사기적 부정거래행위를 근절하려는 위 법 제443조의 입법 취지와 형사법의 대원칙인 책임주의를 염두에 두고 위반행위의 동기, 경위, 태양, 기간, 제3자의 개입 여부, 증권시장 상황 및 그 밖에 주가에 중대한 영향을 미칠 수 있는 제반 요소들을 전체적·종합적으로 고려하여 인과관계가 인정되는 이익을 산정해야 하며, 그에 관한 입증책임은 검사가 부담한다.
> 원심은, 피고인 1과 공소외 10사이의 2008. 11. 25.자 투자수익보장약정(이하 '1차 투자수익보장약정'이라고 한다)에 의한 이익액이 700,602,204원인 사실, 피고인 1과 공소외 10사이의 2009. 3. 3.자 투자수익보장약정(이하 '2차 투자수익보장약정'이라고 한다)에 따라 매수하거나, 피고인 1이 차명으로 유상증자 받은 공소외 2주식회사 주식이 2009. 6. 4.과 2009. 6. 5. 모두 매도된 사실,그런데 위와 같이 공소외 2 주식회사 주식이 매도되기 직전인 2009. 6. 2. 이명박 대통령이 한-아세안 특별정상회의 행사장에서 수소연료전지 자동차 기술에 대하여 "this is our dream."이라고 설명했다는 소식이 전해지면서 수소에너지 관련주들의 거래량과 주가가 급증하였고, 공소외 2주식회사의 거래량과 주가도 모두 급격하게 변동된 사실 등을 인정한 후, 피고인 1이

으므로 결국 이 부분 위반행위로 인한 이익액은 산정할 수 없는 경우에 해당한다는 판례(대법원 2011. 10. 27. 선고 2011도8109 판결)와, 최대주주변경공시, 10개 자회사 모두 흑자인 알짜 기업이라는 보도 등이 있는 기간 동안 허위공시 다음날 주가가 폭등하였다는 이유만으로는 허위공시로 인한 이익액을 산정할 수 없으므로 구 증권거래법 제207조의2 제2항이 아닌 제1항을 적용해야 한다는 판례(대법원 2006. 4. 8. 선고 2005도8643 판결), 기존 보유주식의 경우 허위공시 이후의 주가상승분만 인과관계 있는 이익액이라는 판례(대법원 2007. 7. 12. 선고 2007도3782 판결) 등이 있다.

126) 대법원 2004. 9. 3. 선고 2004도1628 판결, 대법원 2005. 4. 15. 선고 2005도632 판결(시세조종의 계획으로 장외에서 주식을 매수한 경우), 헌법재판소 2003. 9. 25. 선고 2002헌바69, 2003헌바41(병합) 결정, 대법원 2009. 7. 9. 선고 2009도1374 판결, 대법원 2011. 7. 14. 선고 2011도3180 판결, 대법원 2011. 10. 27. 선고 2011도8109 판결.

공소외 2주식회사의 주식을 처분한 2009. 6. 4.과 2009. 6. 5.의 공소외 2주식회사 주가상승분에는 이명박 대통령의 위와 같은 발언으로 인한 상승분도 포함되어 있으므로 피고인 1의 위반행위로 인한 이익액을 산정하기 위해서는 이를 분리하여 제외하여야 하는데, 2009. 6. 4.과 2009. 6. 5. 당시 공소외 2주식회사 주가 중 피고인 1의 위반행위와 인과관계가 인정되는 부분만을 분리하여 그 이익액을 산정할 수 없으므로, 결국 2차 투자수익보장약정 및 유상증자 차명 참여 등에 의한 이익액을 산정할 수 없다고 판단하였다. 나아가 원심은, 검사가 이 사건 ① 범행에 대하여 자본시장법 제443조 제2항의 적용을 구하려면 포괄일죄의 관계에 있는 각각의 자본시장법 위반 범행으로 인하여 피고인 1이 취득한 이익액을 입증하여야 하고, 만약 그 일부 범행으로 인한 이익액을 산정할 수 없는 경우에는 적어도 손실을 입지는 않았다는 점을 입증하여야 하며, 이를 입증하지 못한 경우에는 이 사건 ① 범행으로 인한 전체 이익액을 산정할 수 없다고 보아야 하는데, 2차 투자수익보장약정과 유상증자 차명 참여, 나아가 공소외 7법인와의 3차 투자수익보장약정으로 인하여 피고인 1이 이익을 얻었는지 여부 또는 적어도 손실을 입지 않았는지에 대하여 이를 인정할 증거가 부족하므로, 결국 이 사건 ① 범행으로 인한 전체 이익액을 산정할 수 없다고 판단하였다.

위 법리와 기록에 비추어 검토하여 보면, 원심의 사실인정과 판단은 위 법리에 따른 것으로서 정당하여 이를 수긍할 수 있고, 거기에 상고이유 주장과 같이 위반행위로 얻은 이익액 산정에 관한 법리오해 등의 위법이 없다.127)

[대법원 2013. 7. 11. 선고 2011도15056 판결]

이 사건 시세조종기간 동안 공소외 1회사 주식의 주가상승분에 이 사건 시세조종행위로 인한 주가상승분 외에 다른 요인에 의한 주가상승분이 포함되어 있다면 그 부분은 공제하여 위반행위로 인한 이익을 구분 산정하여야 할 것이다. 특히 이 사건 시세조종기간인 2007. 4. 30.경부터 2007. 8. 31.까지 기간은 국내 주식시장이 대단한 호황기였고, 당시 국내 종합주가지수(kospi)는 위 기간의 첫날인 2007. 4. 30.경에는 1542.24이었다가 마지막 날인 2007. 8. 31.경에는 1873.42로 상승하였으며, 같은 기간유가증권시장에 상장된 동종업종인 철강금속업종의 주가지수 또한 3배가량 상승하였고, 당시 피고인들의 이 사건 시세조종행위에 따른 평균매매관여율은 11.87%, 평균호가관여율은 4.41%에 불과하여 위 기간 동안의 주가상승분 전체를 이 사건 시세조종행위로 인한 이득으로 보는 것은 매우 부당하다는 것이 피고인들의 주장이고, 그에 관한 증거자료도 제출되어 있으므로, 원심으로서는 입증책임의 원칙에 따라 그 기간 동안의 공소외 1 회사 주가상승분 중 이 사건 시세조종행위와 인과관계가 인정되는 이익이 얼마인지를 가려야 할 것이다. 이와 달리 판단한 원심판결에는 구 증권거래법 제207조의2와 제214조에서 정한 '위반행위로 얻은 이익'의 해석·적용에 관한 법리를 오해한 나머지 필요한 심리를 다하지 아니하여 판결에 영향을 미친 위법이 있다.

---

127) 同旨 : 대법원 2009. 7. 9. 선고 2009도1374 판결.

[서울고등법원 2011. 10. 6. 선고 2011노806 판결]

1. 인과관계의 존부 : 원심과 환송 전·후 당심이 적법하게 채택하여 조사한 증거들에 의하여 인정되는 다음과 같은 사정들, 즉, 일반적으로 상장법인에 대한 감자는 주가를 하락시키는 대표적 악재이고, 당시 A사에 대한 감자설이 시장에 퍼져 있었던 점, 비록 A사가 심각한 유동성 위기를 겪고 있었다고 하지만, W사의 투자로 재무구조가 견실해진 모회사인 B사에 합병된다면 이는 A사의 주가에 긍정적으로 작용할 것이 명백하므로(실제 A사의 주가는 2003. 11. 20. 오전경 B사와의 합병 가능성이 커지면서 일시 상승하였으며, 2003. 11. 27. 합병이 감자 없이 이루어질 것이라는 내부정보가 유출되면서 급락하던 주가가 급반등하였다), 합병추진결의만을 발표했다면 A사 주가는 상승하였을 것으로 예상되는 점, 그럼에도 불구하고 합병추진결의와 함께 감자 검토 계획이 발표되면서 시장으로부터 과연 양 회사가 합병하는 것인지에 관하여 불신을 사게 됨으로써 주가가 급락한 점 등을 종합하면, 이 사건 감자 검토 발표와 A사의 주가하락 사이에는 상당인과관계가 있다.

2. 이익액의 산정 : 가) B사의 이익액. 이 사건 감자 검토 발표로 인하여 A사의 주가가 하락한 결과 B사는 A사의 합병 반대주주들에 대한 주식매수청구권 가격이 낮아진 만큼 합병비용을 절감하는 재산상 이익을 얻었다. 나아가 구체적인 재산상 이익액의 산정에 관하여 보면, 이 사건에서 B사의 W측 이사들은 2003. 11. 20. 이전에 이미 A사를 합병할 방침을 세우고 있었던 점, 당시 A사의 심각한 유동성 위기 상황을 타개하기 위해서 B사 이사회로서는 조속히 합병계획을 시장에 알릴 수밖에 없었던 점, 2003. 11. 20. O펀드의 A사 지분을 인수함으로써 A사를 합병하는 데 대한 장애요인도 사라진 점, 그럼에도 2003. 11. 20.자 이사회에서 A사의 주가를 떨어뜨리기 위한 의도로 마치 감자를 진지하게 검토·추진하는 것처럼 언론에 발표하기로 결의하는 한편 A사의 주가가 자신들이 적정하다고 생각하는 수준까지 하락하는 것을 기다리기 위하여 B사 이사회의 합병추진결의만을 하고, A사 이사회의 합병결의는 보류한 점, 그 무렵 합병결의를 하는 데 별다른 장애가 있었던 것으로 보이지 않는 점(합병신고서를 준비하는 데에는 그렇게 많은 시간이 필요하지 않는 것으로 보인다), 그런데 한편, 사기적 부정거래행위의 실행행위에 해당하는 이 사건 발표는 다음날인 2003. 11. 21.(금) 증권시장 종료 후 있었으므로 2003. 11. 21.까지 주가가 하락한 부분은 이 사건 사기적 부정거래행위의 영향을 받은 것으로 볼 수 없는 점, 따라서 그 다음 주 월요일인 2003. 11. 24. 합병결의를 하여 2003. 11. 21. 종가를 기준으로 주식매수청구권 가격을 결정하는 것까지는 법적으로 허용된다고 볼 수 있는 점 등을 종합해 보면, 이 사건에서 B사가 얻은 이익액은 2003. 11. 24. 합병결의를 하였을 경우와 비교하여 산정하는 것이 합리적이다(피고인 1, 3의 변호인의 주장과 같이, 주가조작행위가 없었을 경우 2003. 11. 27. 에 형성되었을 주가와 비교하여 이익액을 산정하게 되면, 앞서 본 바와 같이 합병추진결의만을 발표했다면 A사 주가가 상승하였을 가능성이 있으므로, 오히려 이

익액의 증가로 위 피고인들에게 불리하게 될 수도 있다). 이에 따르면 B사가 얻은 이익액은 원심 판시와 같이 123억 7,577만 원 상당이 되고, 한편 당시 A사의 주가가 2003. 11. 중순에 접어들어 6,700원대와 6,800원대를 유지하고 있었던 점, 그런데 시장에 감자설이 퍼지면서 같은 달 18.과 같은 달 19.에 큰 폭으로 하락하였고, 이후 감자를 검토한다는 이 사건 발표가 있자 급속하게 하락한 점, 위와 같은 주가급락이 단기간 동안에 이루어진 점 등에 비추어 보면, 그 무렵 A사의 주가하락은 전적으로 감자와 관련이 있는 것으로 판단되므로,128) 위 이익액 전부를 이 사건 사기적 부정거래행위로 인하여 생긴 이익으로 보아야 한다. 나) 피고인 3의 이익액. 이 사건 사기적 부정거래행위로 인한 A사의 주가하락으로 B은 보다 유리한 합병비율을 적용받게 되었고, 그 결과 A사의 주주들에 대하여 상대적으로 더 적은 수의 합병 신주를 발행하게 됨으로써 B사의 최대주주이던 피고인 3은 B사에 대한 지분율이 상대적으로 덜 희석되는 재산상 이익을 얻었다. 그리고 이 경우 지분율 희석 감소의 정도는 앞서 B사의 이익액 산정에서 본 것처럼 2003. 11. 24. 합병결의를 하였을 경우와 비교하여 산정하여야 하고, 이에 따르면 피고인 3이 얻은 이익액은 원심 판시와 같이 100억 250만 원 상당이 된다.

〈허위공시가 미친 기여도 산정이 불가능한 경우〉
[서울고등법원 2005. 10. 21. 선고 2005노684 판결]
이와 같은 X사 주가의 변동추이에 비추어 보면, X사의 경영권 양도·양수계약이 체결되고 증권업계 유명인사인 K가 X사의 최고경영자로 영입되었다는 언론 보도가 나간 2002. 10. 19.경부터 같은 해 11. 5.자 최대주주 변경 공시, 같은 해 11. 28.자 주식매각제한협약 발표, 같은 해 12. 12.자 X사의 10개 자회사 모두 흑자를 거두고 있는 알짜기업들이라는 내용을 비롯하여 위 기간 사이에 비슷한 취지의 K의 발표 또는 인터뷰 형식을 띤 홍보성 기사가 지속적으로 언론매체에 보도된 것만으로도, 투자자들에게는 X사가 엔터테인먼트 관련 사업에 성공적으로 진출하는 것처럼 보이는 상당한 심리적인 효과를 일으켜(이른바 CEO주가 효과) 위와 같이 꾸준한 주가 상승의 결정적인 요인이 되었다고 인정하기에 모자람이 없다고 보이고, 따라서 위 12. 12.자 언론보도와 같은 날 위와 같은 허위공시가 있었고 위 허위공시에 의한 시세조종행위의 종료일인 같은 해 12. 13. X사의 주가가 전날보다 100% 이상 상승하였다는 사정만으로는 그와 같은 주가상승에 위 허위공시가 어느 정도의 영향을 미쳤는지 검사가 제출한 증거들만으로는 그 기여도를 산정할 수 없으며, 달리 이를 알 수 있는 아무런 자료가 없으므로, 위와 같은 주가상승이 전적으로 위 허위공시로 인한 효과임을 전제로 피고

---

128) 변호인은 엘지카드 사태나 카드업계의 불황이 A사 주가하락에 영향을 미쳤다고 주장하였지만, 구체적인 근거가 없는 주장이라는 이유로 받아들여지지 않았다. 오히려 위 이익액 산정의 기준시점인 2003. 11. 21.과 같은 달 27. 사이에 종합주가지수는 770.78에서 781.68로 소폭 상승하였다.

인이 그로 인하여 얻은 이익액이 증권거래법 제207조의2 제2항 소정의 가중적 처벌 요건인 5억원을 넘는지 여부는 물론 그 이익액이 얼마인지를 따져 보는 것 자체가 불가능하다 할 것이다.[129]

[서울중앙지방법원 2012. 12. 28. 선고 2011고합414 판결]

시세조종 사례의 대부분은, 그 동기가 일련의 매수 및 매도 주문 등 해당 거래행위 자체로 일정한 차익을 취하기 위한 것이 대부분이지만, 그 외에도 거래행위 자체로부터 이익을 취하고자 함이 아니라, 회사의 경영진(혹은 대주주)이 증자나 전환사채·신주인수권부사채의 발행 등 회사의 자금조달을 용이하게 하기 위한 것, 경영권 양수도에 즈음하여 교섭조건을 자신에게 유리하게 조성하기 위한 것, 편법으로 저가에 주식을 양도·상속시켜 주기 위한 것, 이 사건처럼 회사의 합병을 성사시키기 위한 것 등 등 실로 다양한 동기가 있을 수 있다. 그러나 위 판례의 취지에 비추어 볼 때, 위와 같은 다양한 시세조종의 동기를 이루는 목표가 성취됨으로 인한, 혹은 성취되었을 경우를 가정한 경제적 이익은, 대부분의 경우 모든 주주들에게 공통적으로 귀속되는 것이고, 그 이익이 자본시장법 소정의 위반행위와 관련된 거래 상대방의 손실과 대응관계에 있지도 아니하며 주가의 등락과 무관한 다른 특별한 사정과 결합하여 나타나게 되는 것인바, 특별한 사정이 없는 한 앞서 본 판례에서 들고 있는 '위반행위와 관련된 거래로 "인한" 이익'에 포함시킬 수 없다고 보아야 할 것이다. 각 증거에 의하면 피고인들이 시세조종을 하게 된 주된 동기는 회사의 부담을 최소화시키고 합병을 성사시키고자 하는 것이었고, 그로 인하여 피고인들이 개인적으로 얻게 되는 궁극적 이익은 결국에는 J사와 S사의 합병을 통한 합병평가차익인 사실은 인정되나, 합병평가차익의 계산의 근거가 되는 합병주가는 이미 피고인들이 S사 시세조종을 하기 이전에 외부기관의 평가에 의하여 산출된 것이고,[130] 합병절차는 이사회의 결의, 주주총회의 결의, 합병반대주주의 주식매수청구, 채권자보호절차 등 여러 절차가 필요하고 이러한 합병에 필요한 모든 절차들 중 어느 하나라도 흠결할 때에는 합병이 성공할 수 없다는 점에서, 위와 같은 동기의 존재만으로는 공소사실 기재와 같은 합병평가차익과 이 사건 각 위반행위로 인하여 발생한 위험 사이의 인과관계를 인정하기에 부족하고 달리 이를 인정할 증거가 없다.

---

129) 대법원 2006. 4. 8. 선고 2005도8643 판결에 의하여 확정되었다.
130) 피합병회사인 J사의 1주당 기업가치 평가는 합병결의를 위한 이사회 전일(2009. 5. 30.)을 기준으로 하여 이루어진 것이고, 합병회사인 S사의 1주당 기준주가(합병주가)는 자본시장법 시행령 제176조의5 제1항 제2호에 따라 합병결의를 위한 이사회 전일을 기준으로 하여 과거 1개월, 1주일, 최근일의 종가를 산술평균한 가액과 최근일의 종가 중 낮은 가액으로 하도록 되어 있다.

〈부정거래행위와 장외거래에서 생긴 차익 사이의 인과관계를 부인한 판례〉
[대법원 2011. 7. 28. 선고 2008도5399 판결]

구 증권거래법 제207조의2와 제214조에서 정한 '위반행위로 얻은 이익'이라 함은 그 위반행위와 관련된 거래로 인한 이익을 말하는 것으로서 위반행위로 인하여 발생한 위험과 인과관계가 인정되는 것을 의미한다고 볼 것이다. 통상적인 경우에는 위반행위와 관련된 거래로 인한 총수입에서 그 거래를 위한 총비용을 공제한 차액을 산정하는 방법으로 인과관계가 인정되는 이익을 산출할 수 있겠지만, 구체적인 사안에서 위반행위로 얻은 이익의 가액을 위와 같은 방법으로 인정하는 것이 부당하다고 볼 만한 사정이 있는 경우에는 사기적 부정거래행위를 근절하려는 구 증권거래법 제207조의2와 제214조의 입법취지와 형사법의 대원칙인 책임주의를 염두에 두고 위반행위의 동기, 경위, 태양, 기간, 제3자의 개입 여부, 증권시장 상황 및 그 밖에 주가에 중대한 영향을 미칠 수 있는 제반 요소들을 전체적, 종합적으로 고려하여 인과관계가 인정되는 이익을 산정해야 할 것이며, 그에 관한 입증책임은 검사가 부담한다(대법원 2009. 7. 9. 선고 2009도1374 판결 등 참조). 원심은 피고인이 장외에서 지인들에게 차명주주 명의로 인수한 K사 주식을 1주당 1,000원에 매도하여 얻은 차익은 이 사건 사기적 부정거래행위와 인과관계가 없으므로 구 증권거래법 제207조의2에서 정한 '위반행위로 얻은 이익'에 해당하지 않는다는 피고인의 주장에 대하여, 구 증권거래법상 사기적 부정거래행위를 금지하고 있는 입법취지는 개별적인 거래상대방에 대한 사기 행위를 처벌하기 위함이 아니라 거래소나 코스닥시장 전체의 관점에서 모든 시장참여자들의 신뢰를 보호하고 전체로서의 증권거래시장의 발전을 꾀하기 위함이고, K사의 주가가 우회상장 및 한류열풍 등의 영향으로 급격하게 상승하고 있는 상황에서 대주주인 피고인이 어떤 이유로든지 처음 공시한 내용보다 더 많은 주식을 보유하고 있다가 이를 장외에서 싼 가격에 처분하고 있다는 사실이 일반투자자들에게 알려질 경우 K사 주식의 주가가 떨어지거나 상승률이 낮아질 것이 분명함에도, 피고인이 장외거래를 통하여 자신이 보유하고 있는 기존 주식의 가치하락을 막으면서 투자금에 대비하여서는 2배 이상의 수익을 얻은 행위도 사기적 부정거래에 해당한다고 판단한 다음, 피고인이 장외에서 1주당 1,000원에 매도하여 얻은 차익을 '위반행위로 얻은 이익'에 포함하여 산정하였다. 그러나 위와 같은 원심의 판단은 앞서 본 법리에 비추어 다음과 같은 이유에서 수긍하기 어렵다. 먼저 피고인이 이 사건 사기적 부정거래행위를 하기 전에 이미 이루어진 장외거래에서 생긴 차익은 그 시기로 보아 이 사건 사기적 부정거래행위와 인과관계가 있다고 볼 수 없다. 또한 원심이 인정한 이 사건 사기적 부정거래행위의 동기 내지 목적, 즉 대주주가 보유 주식 중 절반 가까이에 이르는 주식을 단기간에 장내에서 처분하고 있다는 사실을 일반투자자들이 알지 못하게 함으로써 K사의 주가 급등기에 주가에 충격을 주지 않으면서 차익을 실현하고자 하는 의도에 비추어 보아도, 피고인이 이 사건 사기적 부정거래행위 전후로 장외에서 매도하면서 장내 시세와 관계없이 결정한 1주당 1,000원의 가격은 이 사건 사기적 부정거래행위로 인하여 발생한 위험, 즉 대주주의 주식 대량 처분 사실을 알지 못한 일반투자자들의 거래로 인한 주가의 변동과 인과관계가 있다고 보기 어렵다. 나아가 이 사건 사기적 부정거래행위의 동기에 대주주가 장외에서 장내 시세보다 싼 가격에 처분하는 사실을 일반투자자들이 알지 못하게 하여 주가에 충격을 주지 않으려는 의도가 포함되어 있다고 보더라도, 피고인이 보유하고 있는 기존 주식의 가치하락을 막아 얻은 이익은 이 사건에서 문제된 장외거래에서 생긴 차익과는 관계없는 것이고, 1주당 1,000원의 장외거래가 실제로 공시되었다면 장내 시세가 1,000원 아래로 하락하였을 것이라는 점에 대한 검사의 입증이 없는 이상 이 사건 사기적 부정거래행위와 장외거래에서 생긴 차익 사이에 인과관계가 있다고 단정하기는 어렵다. 이와 달리 장외거래로 생긴 차익이 이 사건 사기적 부정거래행위로 얻은 이익에 포함된다고 본 원심의 판단에는 구 증권거래법 제207조의2, 제214조에서 정한 '위반행위로 얻은 이익'에 관한 법리를 오해한 위법이 있고, 이를 지적하는 피고인의 상고이유 주장은 이유 있다.

[대법원 2010. 12. 9. 선고 2009도6411 판결]
구 증권거래법 제207조의2와 제214조에서 정한 '위반행위로 얻은 이익'이란 위반행위로 인하여 발생한 위험과 인과관계가 인정되는 이익을 의미하고, 여기에는 공범에게 귀속된 이익도 포함된다. 통상적인 경우에는 위반행위와 관련된 거래로 인한 총수입에서 그 거래를 위한 총비용을 공제한 차액을 산정하는 방법으로 인과관계가 인정되는 이익을 산출할 수 있으나, 구체적인 사안에서 위반행위로 얻은 이익의 가액을 위와 같은 방법으로 인정하는 것이 부당하다고 볼 만한 사정이 있는 경우에는 사기적 부정거래 행위를 근절하려는 같은 법 제207조의2와 제214조의 입법 취지와 형사법의 대원칙인 책임주의를 염두에 두고 위반행위의 동기, 경위, 태양, 기간, 제3자의 개입 여부, 증권시장 상황 및 그 밖에 주가에 중대한 영향을 미칠 수 있는 제반 요소들을 전체적·종합적으로 고려하여 인과관계가 인정되는 이익을 산정하여야 하고, 그에 관한 증명책임은 검사가 부담한다.

일부 주가상승분이 피고인 외의 제3자의 행위로 인한 경우에는 피고인의 행위로 인한 주가상승분과 제3자의 행위로 인한 주가상승분을 분리하여 산정하여야 한다.131)

[서울고등법원 2011. 6. 9. 선고 2010노3160 판결]
1. 구 증권거래법 제207조의2와 제214조 소정의 '위반행위' : 피고인들에 대하여 구

---

131) 대법원 2009. 7. 9. 선고 2009도1374 판결에서 일부 주가상승분이 피고인 외의 제3자의 행위로 인한 것이라는 이유로 파기환송되었고, 환송 후 판결인 서울고등법원 2009. 11. 26. 선고 2009노1838 판결은 피고인의 행위로 인한 주가상승분과 제3자의 행위로 인한 주가상승분을 분리하여 피고인에게 환송 전보다 감경된 형을 선고하였고, 상고심인 대법원 2010. 4. 15. 선고 2009도13890 판결은 원심을 유지하였다.

증권거래법 제207조의2와 제214조를 적용하기 위하여는 우선 피고인들의 구 증권거래법 제188조의4 '위반행위'를 특정하여야 하는바, 이와 관련하여 피고인들이 유죄로 인정되는 부분은 다음과 같다. 피고인 2의 단독범행의 경우 앞서 본 바와 같이 ① 2006. 9. 27.자 별지 범죄일람표(1)과 같은 시세하락유도의 점(이하 '①위반행위'라 한다), ② 2006. 9. 27.자 및 2006. 9. 28.자 별지 범죄일람표(2)와 같은 통정매매의 점(이하 '②위반행위'라 한다), ③ 2006. 10. 13.자 및 2006. 10. 20.자 주식 등 취득자금 조성내역 등에 관한 허위공시의 점(이하 '③위반행위'라 한다), ④ 2006. 10. 9.자, 2006. 10. 13.자 및 2006. 10. 23.자 유상증자 관련 보고서를 이용한 오해유발의 점(이하 '④위반행위'라 한다), ⑤ 2006. 10.경 언론에 대한 허위사실 유포의 점(이하 '⑤위반행위'라 한다)이 유죄로 인정된다. 피고인들이 공모한 부분의 경우 앞서 본 바와 같이 ⑥ 2006. 10. 18.자 K 명의 신주인수권부사채 고가 인수로 인한 위계 및 그 무렵 K 관련 허위사실 유포의 점(이하 '⑥위반행위'라 한다), ⑦ 2006. 11. 2.자 '주식 등의 대량보유상황보고서' 신고·공시와 관련한 오해유발의 점(이하 '⑦위반행위'라 한다)이 유죄로 인정된다.

2. X사의 주가 변동 추이 : 이 법원과 제1심이 적법하게 채택한 증거들에 의하면, X사의 주가는 2006. 9. 27. 주당 7,300원에서, 2006. 9. 28. 피고인 2의 투자가 공식화된 이후 2006. 10. 18.까지 12거래일 연속 상승하여 38,550원이 되었으나, 신주인수권부사채 90만 주를 K에 매각한 사실이 보도된 2006. 10. 19. 34,700원으로 하락하여 이후 1년여 동안 최저 25,350원의 수준을 유지하였다. 이후 미국의 서브프라임모기지 사태로 2008년 초부터 다른 여행주와 마찬가지로 주가가 급락하여 2008. 4. 14.경에는 13,300원이었다.

3. X사의 주가상승 등 원인 : X사의 주가가 2006. 9. 27. 주당 7,300원에서 2006. 10. 18. 주당 38,550원으로 상승한 것은 피고인들의 증권거래법위반 행위, A그룹과 관련된 재벌3세인 피고인 2의 투자 공식화로 인한 주식시장의 기대심리, P여행의 우회상장으로 인한 주가상승 요인 등이 복합적으로 작용한 결과로 보인다. 우선 피고인들의 구 증권거래법상 불공정거래 행위가, 피고인 2와 결탁하지 않은 외국 투자자들이 주식시장의 자유로운 수요·공급의 원칙에 따라 X사 가치를 높이 평가하여 적극 투자하는 듯한 외관을 만들어 X사의 주가상승 등에 상당한 영향을 끼칠 수 있다. 다음으로 A그룹과 관련된 재벌3세인 피고인 2의 X사에 대한 투자 공식화로 인한 주가상승을 기록에 비추어 살펴본다. 피고인 2의 X사에 투자가 2006. 9. 28.경 공식화되고 그 다음날부터 그 사실이 언론에 보도되었으며, 이로 인해 X사의 주가가 상한가를 기록하기 시작하자 이어서 "G가 3세의 X사 투자로 상한가를 기록했다."는 취지의 언론보도가 이어졌다. 즉 언론은 "X사의 주가 강세는 A그룹 일가의 투자 공시 때문으로 풀이된다."(2006. 10. 4.자 이데일리), "X사가 G가 3세인 B씨의 지분출자 소식으로 신고가를 갈아치우며 1,900원 오른 14,600원에 거래되고 있다. X사는 5일째 상한가를 기록 중이다."(2006. 10. 9.자 머니투데이), "X사

를 인수한 B씨가 A그룹과 혈연관계라는 호재가 크게 작용하고 있다."(2006. 10. 17.자 매일경제), "X사는 G가의 일원인 B씨가 투자했다는 소식으로 12일 연속 상한가를 기록했다"(2006. 10. 24.자 머니투데이)는 등의 보도를 하였다. 이처럼 언론은 계속 X사의 상한가 소식을 전하면서 그 원인을 'G가의 투자'라는 호재에서 비롯된 것이라고 보도하였고, 위와 같은 언론보도 시기는 X사의 주가가 급격히 상승하는 기간과 겹친다. 따라서 X사의 주가상승에는 피고인 2의 X사에 대한 투자 공식화가 큰 영향을 끼친 것으로 볼 수 있다. 이어서 P여행의 X사를 통한 우회상장으로 인한 주가상승을 기록에 비추어 살펴본다. 우회상장의 경우 '상장을 원하는 회사'(Pearl Company)의 기업가치가 '이미 상장되어 있는 회사'(Shell Company)보다 우월하고, 따라서 우회상장 사실이 주식시장에 알려질 경우 주가는 '상장을 원하는 회사'의 기업가치를 선행하여 반영함으로써 급등하는 것이 일반적인 현상이다. 피고인들의 이 사건 증권거래법위반 범행 당시 우회상장을 시도했던 동종 여행업체들의 주가 역시 그 전보다 평균 5배가량 상승한 점, 언론은 P여행의 상장 가능성에 관하여 "A그룹의 출장여행을 전담하고 있는 P여행도 상장을 검토 중이다. 이르면 하반기 중 상장에 나설 것으로 보인다. 지분 100%를 가진 P종합물류 측이 A그룹 일가와 친족관계에 있다."(2006. 2. 5.자 한국경제), "A그룹 협력사인 P여행은 상장을 검토 중이고, 10위권 내의 여행사 가운데 2곳 정도가 상장을 고려하고 있다. 몇몇 업체는 우회상장을 준비 중인 것으로 전해졌다."(2006. 4. 7.자 이데일리), "여행업체 우회상장 봇물. P여행 등도 상장을 준비 중"(2006. 4. 10.자 머니투데이), "S여행에 이어 P여행 등 상용 여행사들의 코스닥 시장 진출도 여행업계 구조개편의 또 다른 변수로 작용할 것으로 예상된다."(2006. 6. 8.자 한국경제TV)는 취지의 보도를 한 바 있고, "G가의 일원으로 P종합물류의 대주주인 B씨가 코스닥 상장사인 X사에 70억 원을 투자키로 했다. P종합물류는 A그룹의 물류부문을 전담하고 있다."(2009. 9. 29.자 머니투데이)는 보도도 있었던 점, 2006. 12. 31.을 기준으로, P여행은 영업이익 약 62억 원, 당기순이익 약 56억 원의 양질의 회사였음에 비해, X사는 영업적자 약 16억 원, 당기순적자 약 32억 원의 부실기업이었음에도 X사의 주가가 급격히 상승한 점 등에 비추어 보면, X사의 주가상승에는 'P여행의 X사를 통한 우회상장' 역시 큰 영향을 끼친 것으로 볼 수 있다. 이처럼 X사의 주가상승에는 여러 요인이 있을 수 있으나, 앞서 살펴본 바와 같은 여러 사정들을 종합적으로 고려하면, 피고인들의 구 증권거래법 제188조의4 위반행위가 X사 주가상승에 어느 정도 영향을 미친 점은 인정되지만, A그룹과 관련된 재벌3세인 피고인 2의 투자 공식화로 인한 주식시장의 기대심리 및 P여행의 우회상장으로 인한 주가상승 요인만으로도 X사의 주가는, 피고인 2의 위 증권거래법위반 범행 일시인 2006. 9. 27.부터 2006. 11. 2.까지 및 피고인 A의 위 증권거래법위반 범행 일시인 2006. 10. 18.부터 2006. 11. 2.까지 기간 중 큰 영향을 받았을 것으로 보인다.

4. 부당이득액 계산 방법 : 피고인들의 주식거래에 의한 피고인 1의 이익 및 피고인

2의 신주인수권부사채 180만 주 관련 거래로 인한 피고인 2의 이익을 각 산정함에 있어서는, 만연히 위 주식거래에서 피고인들이 취득한 각 시세차익 전체를 이익으로 볼 것이 아니라 그 차익과 각 위반행위로 인한 위험과 사이에 위 법리가 설시하는 제반요소를 고려한 인과관계가 있는지를 가려 그와 관계없는 부분은 이익에서 제외하는 등의 조치가 있어야 할 것이다.

5. 피고인 1의 이익 17,191,933,810원 부분(죄책은 피고인들이 공동으로 짐)에 관한 판단 : 이 부분과 관련하여 피고인 1이 관여한 부분은 ⑥, ⑦위반행위이므로, 피고인 1의 이익은 그가 자신의 위 위반행위와 관련하여 취득한 이익에 의하여 산정하여야 할 것이고, 공범인 피고인 2의 죄책도 그 한도에서 인정하여야 한다. 이 법원과 제1심이 적법하게 채택한 증거에 의하면, 2006. 10. 18.경 ⑥위반행위 이후 오히려 X사의 주가가 하락한 점, 2006. 11. 2.의 ⑦위반행위 역시 X사의 주가가 전반적으로 하락하는 과정에서 있었던 행위로서 이로 인하여 X사의 주가가 상승한 것으로는 보이지 않는 점이 인정되고, 달리 피고인 1이 자신의 위반행위로 17,191,933,810원의 이익을 취득하였음을 인정할 만한 증거가 없다.

6. 피고인 2의 이익 64,098,000,000원 부분에 관한 판단 : 이 부분과 관련하여 피고인 2가 관여한 것은 ① 내지 ⑦위반행위이므로, 피고인 2의 이익은 그가 자신의 위 위반행위와 관련하여 취득한 이익에 의하여 산정하여야 한다. 이 법원과 제1심이 적법하게 채택한 증거에 의하면 다음과 같은 사정이 비추어 보면, 피고인 2가 그의 위반행위로 인하여 64,098,000,000원의 이익을 취득하였음을 인정할 만한 증거가 없다. 2006. 9. 27.의 ①위반행위는 주가상승과는 관계가 없음이 명백하다. 2006. 9. 27. 및 2006. 9. 28.의 ②위반행위의 경우, 피고인 2가 우회상장 초기 과정에서 종전의 대주주인 L 등 지분을 인수하기 위한 거래로서 2006. 9. 27. 및 다음날 주식시장 개시 전까지 단 6회의 거래로 종결된 것이고, 매도단가는 7,300원으로 동일하며, 그나마 처음에는 장내에서 매매거래를 성사시키려고 하였다가 K의 매수주문이 제대로 처리되지 아니하는 바람에 부득이하게 시간 외 거래로 이루어진 것이므로, 그 자체로 주가에 영향을 주었을 가능성은 거의 없어 보인다. 2006. 10. 13. 및 2006. 10. 20.의 ③위반행위의 경우, 이 부분 허위공시는 이미 X사의 주가가 8일 연속으로 상한가를 기록하여 3배 이상 상승한 이후에 이루어진 점, 이 사건 주식인수자금은 피고인 2가 지배주주로 있는 BP로부터의 차용금인 점, BP는 2006년만 하더라도 매출액 약 9,400억 원, 당기순이익 183억 원, 이익잉여금 약 530억 원에 이르는 규모를 가지고 있었던 점, 피고인 2가 BP사의 지배주주로서 상당한 재력이 있는 재벌3세임이 언론 등을 통해 알려져 있었던 점 등에 비추어 보면, ③위반행위가 일반 투자자들의 오인을 야기하여 그 이후의 주가상승에 의미 있는 영향을 주었다고 단정하기 어렵다. ⑥, ⑦위반행위의 경우, 앞서 본 바와 같이 이로 인하여 X사의 주가가 상승한 것으로는 보이지 않는다. ④, ⑤위반행위의 경우, 피고인 2와 결탁하지 않은 외국 투자자들이 주식시장의 자유로운 수요·공급

의 원칙에 따라 X사 가치를 높이 평가하여 적극 투자하는 듯한 외관을 만든 것으로서 X사의 주가상승에 어느 정도 영향을 끼쳤을 수 있다. 그러나 X사의 주가상승분 중 '피고인 2의 구 증권거래법 제188조의4 위반행위'로 인한 부분과 'A그룹과 관련된 재벌3세인 피고인 2의 투자 공식화로 인한 주식시장의 기대심리 및 P여행의 우회상장으로 인한 주가상승 요인'으로 인한 부분을 분리하여 산정할 증거를 제출할 입증책임은 검사에게 있다고 할 것인데, X사의 주가상승분 중 피고인 2의 위 각 범행으로 인한 부분을 구분하여 특정할 수 있는 아무런 증거가 없고, 결국 피고인 2의 위 각 범행으로 인한 부분을 산정할 수 없다.

7. 소결 : 따라서 구 증권거래법 제188조의4의 규정에 위반한 범죄행위로 인하여, 피고인 1은 17,191,933,810원의 이익을(죄책은 피고인들이 공동으로 짐), 피고인 2는 64,098,000,000원의 이익을 각 얻었다는 공소사실 부분은 범죄의 증명이 없는 경우에 해당한다.[132]

(2) 실현이익의 산정

(가) 미공개중요정보이용

1) 매매단가의 특정

가) 호재성 정보와 악재성 정보   호재성 정보인 경우에는 수량이 일치하는 매도단가와 매수단가를 특정하기 용이하다.[133]

악재성 정보의 경우에는 악재인 미공개중요정보를 이용하여 당해 정보의 공개 전에 보유 주식을 처분함으로써 회피한 손실액을 '악재성 정보를 이용하여 당해 정보 공개 이전에 보유 주식을 처분함으로써 얻은 매각대금'에서 '그와 같이 처분한 주식을 계속 보유하고 있었다고 가정할 때, 당해 정보의 공개가 주가하락에 영향을 미친 후의 보유 주식의 평가금액, 즉 당해 정보의 공개에 따라 하락한 주가에 위반행위자의 보유 주식 수량을 곱하여 산정한 금액'을 공제하는 방법에 의해 산정하는 것은 합리적이고 타당하다.[134]

이 때 악재성 정보 공개 전에 실제로 매도한 가격에 대응하는 가격(악재성 정보의 공개에 따라 하락한 주가)을 어느 시점의 가격으로 정할 지가 문제된다. 악재성 정보 공개 후에 형성된 가격 중 고려할 만한 가격으로는, 정보 공개 후에

---

132) 같은 사건의 다른 피고인에 대한 서울고등법원 2011. 8. 18. 선고 2010노3506 판결도 같은 내용이다.

133) 수식으로 표시하면 다음과 같다.
   [(가중평균매도단가 - 가중평균매수단가) × 매매일치수량 - 제비용]

134) 악재성 정보의 경우정보 공개 후 매도한 경우는 문제되지 않고, 매수시점은 관계없다.

최초로 형성된 최저가격과, 가격이 안정된 시점에서의 가격이 있다. 어느 것도 현재로서는 완전하지 않아서 판례나 입법에 의하여 명확한 기준을 정립할 필요가 있다.

　　나) 최초형성 최저가격　　최초형성 최저가격은 행위자가 정보공개 이전에 매도한 주식의 총 매도대금에서 거래수수료, 증권거래세 등 그 거래를 위한 총비용을 공제한 나머지 금액과 정보공개 이후에 최초로 형성된 최저가에 따라 산정한 주식의 총 매도대금에서 거래수수료, 증권거래세 등 그와 같은 거래를 위하여 행위자가 지출하였을 것으로 예상되는 총비용을 공제한 나머지 금액의 차액을 이익으로 본다.135) 최초 형성 최저가격은 소위 충격효과로 인하여 공개된 정보의 효과가 초기에 과다하게 반영될 가능성이 있다는 문제가 있다.136)

　　[서울중앙지방법원 2007. 5. 30. 선고 2007노346 판결]
　　피고인들의 손실회피액에 관한 주장에 대하여 살피건대, 증권거래법 제207조의2 제1항 단서는 같은 법 제188조의2 규정에 위반한 행위로 얻은 이익 또는 회피한 손실액의 3배에 해당하는 금액이 2,000만원을 초과하는 때에는 그 이익 또는 회피손실액의 3배에 상당하는 금액 이하의 벌금에 처하도록 규정하고 있는바, 여기에서 '위반행위로 인한 손실회피액'이라 함은 당해 위반행위로 인하여 행위자가 회피하게 된 손해액을 말하고, 따라서 행위자가 정보공개 이전에 매도한 주식의 총 매도대금에서 거래수수료, 증권거래세 등 그 거래를 위한 총비용을 공제한 나머지 금액과 정보공개 이후에 최초로 형성된 최저가에 따라 산정한 주식의 총 매도대금에서 거래수수료, 증권거래세 등 그와 같은 거래를 위하여 행위자가 지출하였을 것으로 예상되는 총비용을 공제한 나머지 금액의 차액을 의미한다고 할 것이다. 그런데 원심이 적법하게 채택하여 조사한 증거들 및 검사가 당심에서 제출한 수사보고(금융감독원 손실회피액 산정 결과 첨부 보고)에 의하면, 피고인이 이 사건 주식의 총 매도대금 422,970,060원 중 수수료 등을 공제한 나머지 420,009,290원을 수령하였던 사실, 이 사건 감자에 관한 정보공개 이후에 최초로 형성된 최저가(2004. 12. 8. 기준)에 따라 산정한 주식의 총 매도대금에서 수수료 등으로 지출되었을 것으로 예상되는 총비용을 공제한 나머지 금액은 387,270,000원인 사실을 각 인정할 수 있고, 위 인정사실에 의하면, 이 사건 주식거래로 인한 피고인들의 손실회피액은 32,739,290원(420,009,290원 - 387,270,000원)이라고 봄이 상당하다(피고인들은 이 사건 주식거래로 인한 손실회피액이 12,980,000원이라고 주장하면서 증권거래법 제207조의2 제1항 본문에 따른 처벌만이

---

135) 서울중앙지방법원 2007. 5. 30. 선고 2007노346 판결.
136) 수식으로 표시하면 다음과 같다.
　　[(가중평균매도단가 - 최초형성 최저가격) × 매매일치수량 - 제비용]

가능하다는 취지로도 주장하나, 이 사건 주식거래로 인한 손실회피액이 32,739,290원에 이른다는 것은 앞서 본 바와 같고, 가사 위 손실회피액이 피고인들의 주장과 같다고 하더라도, 피고인들에게 증권거래법 제207조의2 제1항 단서의 적용이 가능하므로, 피고인들의 위 주장은 이유 없다).

[서울행정법원 2018. 7. 13. 선고 2017구합77398 판결]
피고는 자본시장조사 업무규정 [별표2] 과징금 부과기준 제3의 바의 (1)항에 의해, 원고가 자본시장법 제178조의2의 위반행위로 회피한 손실액을 과징금 부과의 기준이 되는 기준금액으로 삼았고, "기준금액(회피한 손실액) = 매도수량 × {가중평균 매도단가 − 최초 형성 최저종가(2016. 10. 7. 기준)} − 제비용"이라는 산식에 의해 원고의 회피손실액을 산정하였다.
자본시장법 제178조의2를 위반한 자가 악재인 미공개중요정보를 공개 이전에 몰랐다면 보유 주식을 계속 보유하고 있었을 것이고, 이후 악재인 미공개중요정보의 공개로 인해 주가가 하락함에 따른 손실을 입었을 것임은 분명하다. 이러한 경우 악재인 미공개중요정보를 이용하여 당해 정보의 공개 전에 보유 주식을 처분함으로써 회피한 손실액을 '악재인 미공개중요정보를 이용하여 당해 정보 공개 이전에 보유 주식을 처분함으로써 얻은 매각대금'에서 '그와 같이 처분한 주식을 계속 보유하고 있었다고 가정할 때, 당해 정보의 공개가 주가하락에 영향을 미친 후의 보유 주식의 평가금액, 즉 당해 정보의 공개에 따라 하락한 주가에 위반행위자의 보유 주식 수량을 곱하여 산정한 금액'을 공제하는 방법에 의해 산정하는 것은 합리적이고 타당한 것으로 보인다.
다만, 악재인 미공개중요정보의 공개에 따라 하락한 주가를 어느 시점에서 측정할 지가 문제된다. 위반행위자가 악재인 미공개중요정보가 공개된 때부터 주가가 최초로 최저종가를 형성한 때까지 사이에 어느 시점에 보유 주식을 매도하였을지는 추단하기 어려우나, 일반인의 건전한 상식에 의할 때 '악재인 미공개중요정보의 공개로 주가가 하락하다가 다시 주가가 상승하기 시작한 때, 즉 최초로 최저종가가 형성된 때'가 악재인 미공개중요정보가 더 이상 시장에 영향을 미치지 않게 되었을 때라고 볼 수 있는 점, 과징금이 법규위반으로 인해 얻은 경제적 이득(회피손실액)을 환수하는 것을 주된 목적으로 하고 있음을 고려할 때, 위반행위자가 자신이 회피한 손실액보다 적은 금액을 기준으로 위반행위에 대한 책임을 지는 것을 막기 위해 위반행위자의 회피손실액이 가장 커지는 최초 최저종가 형성 시점에 위반행위자가 보유 주식을 매도하였을 것이라고 볼 필요가 있는 점 등에 비추어 볼 때, 악재인 미공개중요정보의 공개 후 최초로 기록된 최저종가를 기준으로 회피손실액을 산정하는 것이 합리적이고 타당한 것으로 보인다.
그렇다면 피고가 최초 형성 최저종가를 기초로 "기준금액(회피한 손실액) = 매도수량 × {가중평균 매도단가 − 최초 형성 최저종가(2016. 10. 7. 기준)} − 제비용"의 산식에 의해 과징금의 기준금액을 산정한 것을 두고 합리성과 객관성이 결여되었다고

할 수는 없으므로, 이와 다른 전제에 선 원고의 이 부분 주장은 이유 없다.137)

다) 가격안정 시점가격　　가격안정 시점가격은 회계감사인의 부실감사로 손해를 입은 투자자가 민법상의 불법행위책임에 기한 손해배상청구권을 행사하는 경우 분식결산 및 부실감사로 인한 거래정지가 해제되고 거래가 재개된 후 계속된 하종가를 벗어난 시점에 정상적으로 형성된 주가를 기준으로 손해배상액을 산정하는 판례138)의 입장을 기초로 한 것이다. 가격 안정 시점 가격은 기간이 장기화될수록 다른 주가에 영향을 주는 다른 요인이 개입할 가능성이 커지므로 인과관계 면에서 또 다른 문제가 제기될 수 있다.139)

[서울고등법원 2008. 6. 24. 선고 2007노653 판결]
어느 정보가 공개되어 그 영향으로 인하여 주가가 상승 또는 하락함으로써 이익을 얻거나 손실을 회피하였는지 여부는 해당 정보가 충분히 시장에 공개된 이후 주가가 안정화된 시점을 기준으로 판단하여야 할 것이다. (1) H카드의 주가는 별지 5-1 그래프에 나타나는 바와 같이 2003. 2. 말까지 30,000원 이상으로 형성되다가, 2003. 3. 8. SK글로벌사태가 발생한 직후 20,000원 정도로 하락한 이래 2003. 10. 15.까지 약 7개월 동안 꾸준하게 20,000원 전후를 유지하였고, 그 후 2003. 10. 15.경 이른바 KAMCO 사태가 발생하자 별지 4-1 표와 별지 4-2 그래프 및 별지 5-2 그래프에 나타나는 바와 같이 주가가 계속 하락하여 1주일이 경과한 2003. 10. 23.에 13,600원으로 떨어졌다가 2003. 10. 30.에 14,150원으로 상승하는 등 2003. 10. 23.부터 위 유상증자가 공시된 2003. 10. 30.까지 약 1주일 동안 대체로 14,000원 전후로 형성되었다. (2) 그런데, H카드가 2003. 10. 30. 위 유상증자에 관한 내용을 공시한 데 이어, 그 다음 날인 같은 달 31. 위 회사의 3/4분기 경상이익 적자액이 2,699억 원에 이른다는 내용을 공시함으로써 이 사건 정보, 즉 H카드의 경영상황이 2003. 9. 22. 들어서 상당히 악화되었다는 정보와 이를 타개하기 위하여 5,000억 원 정도의 유상증자가 필요하다는 정보가 시장에 공개되기에 이르렀고, 그 무렵부터 H카드의 주가가 다시 급격하게 하락하여 2003. 10. 31.에 12,050원(-2,100원), 2003. 11. 3.에 11,300원(-750원)으로 하락하였다(한편, H카드는 위 유상증자를 공시한 무렵인 2003. 10. 27. 및 같은 달 30. 외국 투자회사인 피고인이 그 보유의 H카드 주식 3,377,390주 및 2,123,210주를 매도하였다는 내용으로 순차 공시하였다―공판기록 4,141쪽). (3) 그러나, 별지 4-1 표와 별지 4-2 그래프 및 별지 5-2 그래프에 나타나는 바와 같이, H카드의 주가는

---

137) 시장질서 교란행위자에 대하여 부과된 과징금에 대한 과징금부과처분취소 사건이다.
138) 대법원 1997. 9. 12. 선고 96다41991 판결.
139) 수식으로 표시하면 다음과 같다.
　　[(가중평균매도단가-가격안정 시점가격) × 매매일치수량-제비용]

2003. 11. 3.에 11,300원까지 하락하였다가 곧바로 상승하기 시작하여 2003. 11. 4.에 12,900원(+1,600원), 2003. 11. 5.에 12,300원(−600원), 2003. 11. 6.에 12,550원(+250원), 2003. 11. 7.에 13,900원(+1,350원)으로 상승하여 불과 4일만에 거의 위 유상증자에 관한 내용이 공시되기 이전의 수준으로 회복되었고, 그 후 2003. 11. 15. 이른바 H카드사태가 발생하기까지 약 8일 동안 13,000원 전후로 유지되었다. 다. 판단 살피건대, 앞서 인정한 사실에 의하면 위 유상증자에 관한 내용이 2003. 10. 30. 공시된 이후 H카드의 주가가 2003. 10. 31.에 12,050원(−2,100원), 2003. 11. 3.에 11,300원(−750원)으로 떨어져 주가가 급격하게 하락하였다. 그러나, 위와 같이 주가가 하락한 이후 곧바로 상승하기 시작하여 불과 4일 만에 거의 위 유상증자에 관한 내용이 공시되기 이전의 수준으로 회복된 다음 약 8일 동안 거의 같은 수준을 유지한 점('경영이 악화되어 유상증자가 필요하다'는 정보가 악재로 작용한 반면, 이와 같은 상황에서 '유상증자를 단행한다'는 정보는 호재로서 작용한 것으로 보인다. 한편, 검사는 외국계 매수세가 유입되었기 때문에 위와 같이 H카드의 주가가 위 유상증자에 관한 내용이 공시되기 전의 수준으로 회복되었다는 취지로 주장하지만 위 주장사실을 인정할 증거가 없다), 더욱이 H카드는 위 유상증자를 공시한 무렵인 2003. 10. 27. 및 같은 달 30. 외국 투자회사인 피고인이 그 보유의 H카드 주식 3,377,390주 및 2,123,210주를 매도하였다는 내용으로 순차 공시한 점 등에 비추어 보면, 앞서 본 바와 같이 위 유상증자에 관한 내용이 2003. 10. 30. 공시된 이후 H카드의 주가가 2003. 10. 31.에 12,050원(−2,100원), 2003. 11. 3.에 11,300원(−750원)으로 떨어져 주가가 급격하게 하락하였다는 사정만으로 피고인이 H카드 주식을 매도함에 있어 이 사건 정보를 이용함으로써 손실을 회피하였다고 단정할 수 없고 달리 이를 인정할 증거가 없다. 5. 결론 그렇다면, 2003. 7.말~8.초경 또는 같은 해 9. 3.경 H카드의 경영상황 악화 및 유상증자의 필요성에 관한 중요한 정보가 생성되었다고 인정하기 어렵고, 2003. 9. 22.경 생성된 정보 역시 피고인이 이를 취득하여 이 사건 주식을 매각하면서 이용하였다고 인정하기에 부족할 뿐만 아니라, 피고인이 위 주식을 매각하면서 이 사건 정보를 이용함으로써 손실을 회피하였다고 인정하기 어렵다 할 것이므로, 결국 피고인들에 대한 이 사건 공소사실은 모두 범죄의 증명이 없는 경우에 해당하고, 이를 지적하는 피고인들의 이 부분 항소 논지는 모두 이유 있다.

[창원지방법원 2013. 5. 30. 선고 2012고합558 판결]
어느 정보가 공개되어 그 영향으로 인하여 주가가 상승 또는 하락함으로써 이익을 얻거나 손실을 회피하였는지 여부는 해당 정보가 충분히 시장에 공개된 이후 주가가 안정화된 시점을 기준으로 판단하여야 할 것이다. 앞서 든 증거에 의하면, 피고인이 2011. 8. 24. 피고인이 보유한 A사의 주식을 매도한 사실, 한편 한국거래소는 2011. 9. 6. A사의 분식회계 등을 이유로 하여 주식거래를 정지시켰으며, 이와 같은 A사의 분식회계 사실이 2011. 9. 7. 공개된 사실, 한국거래소는 2011. 12. 7. 분식회계 및 A사의

재무상황 등을 이유로 A사에 대하여 상장폐지 결정을 한 사실, A사가 2012. 3. 5. 발행주식총수의 34.17%에 대하여 H사와 주식양수도계약을 체결하였고, 한국거래소는 2012. 3. 8. A사의 이의신청에 대해 3개월간의 개선기간을 부여하여 상장폐지 여부를 결정할 것으로 정한 사실, A사의 주식거래가 2012. 7. 11. 다시 재개되었고 그 후 형성된 일일종가 중 최초로 형성된 최저가는 2012. 7. 18.자로 8,400원인 사실 등이 인정된다. 위 인정 사실에 의하면 A사의 회계분식 사실이 공개된 무렵 바로 그 주식거래가 정지되었다가 약 10개월 정도 경과한 다음에 거래가 재개되었는바, 검사가 2012. 7. 18. 기준으로 최초로 형성된 최저가인 8,400원을 기준으로 미공개정보 이용행위의 회피손실액을 산정한 것은 결국 위와 같은 분식회계 관련정보가 충분히 시장에 공개된 후 상당한 기간이 지난 시점을 기준으로 한 것이어서 타당하다.

　　2) 정보제공자의 이익　　　자본시장법은 위반행위로 얻은 이익이나 회피한 손실액에 따라 법정형을 다르게 규정하는데, 정보제공자는 정보수령자와 형법상 공범이 아니므로 정보수령자의 이익을 정보제공자의 이익으로 볼 수 없다. 따라서 정보제공자가 정보제공 외에 자신도 거래를 한 경우가 아니면 정보수령자의 부당이익 규모와 관계없이 제443조 제1항의 기본 법정형이 적용된다.

　　3) 기수시기와 부당이익의 산정시기　　　미공개중요정보 이용행위의 경우 정보가 공개되어야 증권의 가격에 반영되고 부당이익(회피손실)도 산정되므로 기수시기와 부당이익의 산정시기가 일치하지 않는다.

　　㈏ 시세조종·부정거래행위

　　1) 순매매이익　　　시세조종과 부정거래행위에서도 미공개중요정보이용의 경우와 같이 매매일치수량의 총 매도금액과 총 매수금액의 차액에서 거래비용을 공제한 순매매이익이 실현이익이다.

　　[대법원 2018. 10. 12. 선고 2018도8438 판결]
　　시세조종행위로 주가를 상승시킨 경우 그에 따른 실현이익은 '매도단가와 매수단가의 차액에 매매일치수량(매수수량과 매도수량 중 더 적은 수량)을 곱하여 계산한 금액'에서 '주식을 처분할 때 든 거래비용'을 공제하여 산정된다.

　　시세조종기간 중140) 수차례에 나누어 매수와 매도를 한 경우 거래량 가중평균방법으로 각각의 매매가격을 산정한다.141) 그리고 실제 매수가액을 매수수량

───────────────

140) 시세조종기간 종료 후에 매도한 경우에는 미실현이익으로 보아 실무상 시세조종 종료일의 종가에 매도한 것으로 본다.
141) 수식으로 표시하면 다음과 같다.

으로 가중평균한 단가를 매수단가로 적용하여야 하므로 신주인수권증권을 취득한
뒤 이를 행사하여 주식을 발행받아 처분한 경우, 신주인수권 행사가격에 신주인
수권증권 매입가액을 더한 금액을 매수수량으로 가중평균한 단가를 매수단가로
본다.

> [대법원 2018. 10. 12 선고 2018도8438 판결]
> 시세조종행위로 이익을 얻기 위해 주식을 취득하였다면 실제 매수가액을 매수수량으
> 로 가중평균한 단가를 매수단가로 적용하고, 신주인수권증권을 취득한 뒤 이를 행사
> 하여 주식을 발행받아 처분하였다면 신주인수권 행사가격에 신주인수권증권 매입가
> 액을 더한 금액을 매수수량으로 가중평균한 단가를 매수단가로 보아야 한다.
> 시세조종기간에 주식이 매도된 경우 매도단가는 실제 매도가액을 매도수량으로 가중
> 평균하는 방식으로 정하여야 한다.

> 〈시세조종 관련 계좌에서 주식이 입·출고된 것을 같은 날 종가에 매수 또는 매도된
> 것으로 볼 수 있는지 여부〉
> [서울중앙지방법원 2010. 9. 3. 선고 2010고합280 판결]
> 검사는 피고인이 이 사건 시세조종 행위로 인하여 얻은 이익을 산정함에 있어, 시세
> 조종 관련 계좌에서 주식이 입고되거나 출고된 경우에는 해당일의 종가로 위 계좌에
> 서 그 입·출고수량만큼의 주식이 매수되거나 매도된 것으로 간주하여 이를 근거로
> 각 계좌별 순매매손익을 계산함으로써 이 사건 시세조종행위로 인하여 얻은 이익의
> 합계를 35억 1,800만 원 상당으로 산정한 것으로 보인다. 그러나 각 계좌에서 주식이
> 입출고되었다는 사정만으로 해당 주식이 위 계좌에서 같은 날 유상으로 취득되거나
> 처분되었다고 볼 수 없는 점, 입고 당일의 종가보다 높은 가격으로 매수하였던 주식
> 을 계좌에 입고시킨 경우, 위와 같은 계산방법에 의하면 해당주식의 취득가액이 실제
> 매수가격에 비하여 낮아짐으로써 손익산정에 있어 피고인에게 불리한 결과가 발생하
> 는 점, 출고 후 출고 당일의 종가보다 주가가 하락한 상태에서 주식을 처분하는 경우,
> 위와 같은 계산방법에 의하면 해당주식의 처분가액이 실제 매도가격에 비하여 높아
> 짐으로써 손익산정에 있어 피고인에게 불리한 결과가 발생하는 점, 출고 후 실제로
> 주식이 처분될 경우 매도수수료, 거래세 등 비용이 손익에서 공제되어야 할 것임에도
> 불구하고 위와 같은 계산방법에 의할 때 그러한 거래비용이 반영되지 않는 점 등에
> 비추어 볼 때, 검사의 위와 같은 계산방법이 앞서 본 법리에 따른 원칙적인 이익산정
> 방법에 준하여 피고인이 실제 취득한 이익의 정도를 적절히 반영할 수 있는 적법한
> 이익액의 산정방법이라고 볼 수 없다. 또한, 앞서 본 법리와 같이 자본시장과 금융투
> 자업에 관한 법률 제443조 제1항 단서 및 제2항에서 정하고 있는 '위반행위로 얻은

[(가중평균매도단가 - 가중평균매수단가) × 매매일치수량]

이익'은 구성요건요소이자 형의 가중요소로서 엄격하고 신중한 산정이 요구되고, 범죄사실에 대한 입증책임은 검사가 부담한다고 할 것인바, 주식이 다른 증권계좌로부터 입고되거나 다른 증권계좌로 출고된 경우에는 관련 계좌에 대한 조회를 통하여 실제 매수·매도가격을 추가로 밝히는 것이 가능한 점, 출고 후 실제 매도 여부 및 매도가격을 입증할 수 없는 경우에는 시세조종행위 기간 중 최저가로 매도된 것으로 보거나 이를 미실현이익으로 평가하여 시세조종행위 종료 시점의 가격으로 평가이익을 산정하는 등 피고인에게 유리한 방식으로 손익을 산정하는 것이 가능한 점 등에 비추어 볼 때, 입출고 전후의 주식 거래내역을 추적하여 주식 입고전의 실제 매수시기 및 가격, 주식 출고 후의 실제 매도여부 및 시기, 가격을 모두 확인하는 것이 어렵다는 사정만으로 일률적으로 피고인에게 불리한 위와 같은 계산방식을 적용하는 것이 불가피하다고 볼 수도 없다. 따라서, 검사가 위와 같은 방식으로 산정한 35억 1,800만 원을 피고인의 시세조종행위로 인하여 얻은 이익이라고 볼 수 없고, 달리 위반행위로 얻은 이익을 산정할 증거가 없다.

다만, 시세조종행위를 위해 외부청약 과정에서 청약자들에게 지급하기로 한 청약환불금,[142] 대출이자,[143] 양도소득세[144] 등은 주식매도 및 매수에 관련된 거래비용이라고 볼 수 없으므로 현실매매로 인한 시세조종행위로 얻은 이익에서 공제되는 거래비용에 포함되지 않는다.

합병을 앞두고 주가를 하락시켜서 주식매수청구권 비용을 절감한 경우도 재산상 이익이고, 합병비율을 유리하게 하여 최대주주의 지분희석을 0.22% 줄인 경우도 부당이득에 해당한다.[145]

2) 기존 보유 주식   　시세조종[146] 관여 전 보유주식도 시세조종을 통하여 부당이익을 얻을 의도로 매수하고 주가가 상승한 후 매도한 경우 그 상승한 이익은 시세조종행위로 인하여 인과관계가 인정되는 이익에 포함된다.[147]

[서울중앙지방법원 2010. 10. 17. 선고 2009고합1489 판결]
① 이 사건 시세조종기간 동안의 B사 주식의 시세는 시세조종의 시기인 2007. 7. 2.경 10,200원에서부터 2007. 8. 1. 21,450원에 이를 때까지 꾸준히 상승하였고, 10,200원

---

142) 대법원 2004. 5. 28. 선고 2004도1465 판결.
143) 대법원 2005. 12. 9. 선고 2005도5569 판결.
144) 대법원 2003. 11. 14. 선고 2003도686 판결.
145) 서울중앙지방법원 2008. 2. 1. 선고 2007고합71 판결. 이 사건에서 법원은 (기발행주식총수 + 합병신주) × 합병신주 상장일 종가 × 0.22의 금액을 부당이득으로 보았다.
146) 부정거래행위도 마찬가지인데, 여기서는 편의상 시세조종으로 통칭한다.
147) 서울중앙지방법원 2010. 10. 7. 선고 2009고합1489 판결.

이하로 내려간 적은 없는 점, ② 이 사건 시세조종이 있기 직전인 2007. 6. 29. B사 주식의 종가는 9,700원이었던 점 등을 종합하여 보면, 이 사건 시세조종 직전일인 2007. 6. 29.의 B사 주식의 종가 9,700원은 이 사건 시세조종의 영향을 받지 않고 시장의 원리에 의하여 형성된 가격이므로 피고인이 그 가격 이하에 이 사건 주식을 취득하였다고 하더라도 그 취득행위 자체가 시세조종행위로 평가되지 않는 이상 그 취득가액과 위 시세조종 직전일의 종가인 9,700원 사이의 차액은 이 사건 시세조종행위와 아무런 인과관계가 인정되지 아니하여 이 사건 시세조종행위로 인한 위반행위로 얻은 이익에서 공제되어야 마땅하다.

이 경우 기존 보유주식의 매수단가는 최초 시세조종 관여일 전일 종가를 기준으로 하는 것이 원칙이다.[148)149)]

[서울중앙지방법원 2011. 9. 22. 선고 2011고합268 판결]
검사는 이 사건 부정거래행위에 따른 부당이득액 산정과 관련하여, 이 사건 부정거래행위 이전 피고인의 보유주식 4,180,893주의 간주매수단가는 2007. 7. 13. 종가인 4,955원을 적용하고, 이 사건 부정거래행위 기간 중 매수한 210,269주는 평균매수가인 7,325원을 적용하여 총 보유주식 4,391,162주의 가중평균매수단가를 5,068.5원으로 산정하고, 총 보유주식의 간주매도단가는 2008. 1. 24. 종가인 8,300원을 적용하여 그 매매차익을 산정한 다음, 간주매수수수료(0.5%), 간주매도수수료(0.5%) 및 간주거래세(0.3%)를 공제하여 피고인의 부당이득금을 13,900,717,163원으로 산정하였다. 그런데 허위표시 문서이용 및 허위사실 유포에 의한 부정거래행위 이전부터 보유 중인 주식의 경우 부정거래행위로 인하여 취득한 이익은 부정거래행위로 인하여 상승한 주식의 평가액을 의미하는 것이라고 보아야 하는바, 변호인 제출 증제10호증의 기재에 의하면 이 사건 유가증권신고서는 장 마감 이후인 2007. 7. 16. 17:23에 공시된 사실이 인정되므로, 위 시점 이전까지의 주가변동은 이 사건 부정거래행위와 무관한 것으로 보이고 달리 2007. 7. 13.부터 2007. 7. 16.까지의 주가변동이 이 사건 부정거래행위와 인과관계가 있음을 인정할 충분한 증거가 없으므로, 이 사건 부정거래행위 이전 피고인 보유의 E사 주식 4,180,893주의 간주매수단가는 2007. 7. 16. 종가인 5,690원을 기준으로 산정함이 상당하다.

즉, 취득가액과 시세조종 직전일의 종가의 차액은 시세조종행위와 인과관계가 인정되지 않는다.[150)]

---

148) 대법원 2011. 10. 27. 선고 2009도1370 판결, 서울중앙지방법원 2011. 9. 22. 선고 2011고합 268 판결.
149) 수식으로 표시하면 다음과 같다.
[(가중평균매도단가－최초 시세조종 전일 종가) × 매매일치수량]
150) 서울고등법원 2009. 1. 22. 선고 2008노2315 판결, 서울중앙지방법원 2006. 1. 12. 선고 2005

[대법원 2018. 10. 12. 선고 2018도8438 판결]
시세조종행위로 이익을 얻기 위해 주식이나 신주인수권증권을 취득한 것이 아니라면, 시세조종기간 전일 주식의 종가를 매수단가로 보아야 한다. 기존에 보유하고 있던 주식 또는 신주인수권 매수가격은 시세조종행위와 무관하기 때문이다. 결국 시세조종기간 전일의 종가가 정상적인 주가변동이나 위반행위자와 무관한 변동요인으로 말미암아 기존에 보유하고 있던 주식 또는 신주인수권 매수가격보다 높다면, 그 차액만큼의 이익은 시세조종행위와 관계없이 얻은 것이어서 '위반행위로 얻은 이익'으로 볼수 없다. 반면 시세조종기간 전일 종가가 주식 또는 신주인수권 매수가격보다 낮았는데 시세조종행위로 주가가 주식 또는 신주인수권 매수가격보다 상승하였다면, 주식 또는 신주인수권 매수가격과 시세조종기간 전일의 종가의 차액만큼의 이익도 시세조종행위로 형성된 것이므로 '위반행위로 얻은 이익'에 해당한다.

[서울고등법원 2009. 1. 22. 선고 2008노2315 판결]
피고인 1은 이 사건 보도자료가 작성, 배포되기 전에 F사 주식 3,167,187주를 취득한 후 이 사건 보도자료가 작성, 배포된 이후에 F사 주식 100만 주를 매도한 사실, 이 사건 보도자료가 작성, 배포되기 전 거래일의 종가는 3,380원이고, 이 사건 보도자료가 작성, 배포된 마지막 날인 2005. 8. 9.의 종가는 5,460원인 사실이 인정되고, 이러한 경우 피고인 1이 취득한 F사 주식의 매수단가를 최초 관여일 전일의 종가인 3,380원으로 하여 부당이득을 산정하여야 함에도 불구하고, 원심은 피고인 1이 취득한 F사 주식의 매수단가를 1,347원으로 하여 부당이득을 산정하는 잘못을 범하였다. 피고인 2는 이 사건 보도자료가 작성, 배포된 이후에 F사 주식 10만 주를 1주당 1,422원에 취득한 사실, 그런데 이 사건 보도자료가 작성, 배포되기 전 거래일의 종가는 이미 3,380원이었던 사실이 인정되고, 이러한 사실에 비추어 보면, 피고인 2의 F사 주식 1주당 취득 가액과 이 사건 보도자료의 작성, 배포 전 거래일의 종가 사이의 차액 발생은 이 사건 보도자료의 작성, 배포로 인한 것이 아니어서 그 인과관계가 없다고 판단됨에도 불구하고, 원심은 피고인 2가 취득한 F사 주식의 매수단가를 위 1,422원으로 하여 부당이득을 산정하는 잘못을 범하였다.

[서울중앙지방법원 2008. 8. 14. 선고 2008고합164 판결]
증권거래법 제207조의2 단서에서 정하고 있는 '위반행위로 얻은 이익'이라 함은 거기에 함께 규정되어 있는 '손실액'에 반대되는 개념으로서 당해 위반행위로 인하여 행위자가 얻은 이윤이라 할 것이므로, 그 이득액은 당해 위반행위와 인과관계 있는 범위 내에서 산정되어야 한다. 앞서 본 법리와 위 인정사실에 의하면, 피고인이 허위사실을 유포함으로써 취득한 이득액은 (보도자료를 배포함으로써 허위사실을 유포한)

고합420 판결, 서울중앙지방법원 2010. 10. 17. 선고 2009고합1489 판결, 서울중앙지방법원 2008. 8. 14. 선고 2008고합164 판결.

2005. 11. 10. 현재 보유하고 있던 주식의 실제 처분대가에서 허위사실 유포행위 직전의 당해 주식의 시가 상당액과 주식 거래로 인한 수수료, 거래세 등을 공제한 금원이라고 할 것이다.

실제 매수단가가 시세조종 직전일의 종가보다 높은 경우에는 실제매수단가로 이익을 산정한다. 그리고 시세조종 직전에 취득한 주식과 같이 시세조종과 직접적인 관련성이 있는 주식의 경우에는 실제 매수단가를 적용한다.[151]

매수행위가 존재하지 않는 담보취득주식에 대하여 합리적인 근거가 없이 자의적으로 매수가액을 산정하였다는 이유로 가중처벌규정을 적용하지 아니한 판례도 있다.[152][153]

담보취득주식에 대하여 합리적인 근거가 없이 자의적으로 매수가액을 산정하였다는 이유로 가중처벌규정을 적용하지 아니한 판례도 있다.

[서울고등법원 2006. 9. 21. 선고 2006노59 판결]
이 사건의 경우에는 애초에 주식을 담보로 취득하였기에 시세조종행위로서 매수행위가 존재하지 아니하므로 비록 피고인 2의 추가 담보 요구에 따라 피고인 1이 7천만원을 피고인 2에게 교부하여 피고인 2는 그 자금을 담보주식 처분계좌에 입금하여 X사 주식을 시장에서 30,000주 매입한 사정이 있으나, 피고인 2가 시세조종기간인 2003. 11. 3.부터 14일까지 피고인 1로부터 담보로 취득하여 처분한 주식 수량이 무려 1,456,640주나 되어 위 30,000주가 전체 매도 수량에 미치는 영향은 미미하다고 보이므로 위 30,000주를 따로 고려하지는 아니한다. 따라서 총 매수대금이 있을 수 없으므로 그 이익 산정의 기준이 될 총 매수금액을 어떻게 산정할 것인가가 문제로 된다. 피고인들이 시세조종을 통하여 회피한 손실액은 실제 피고인이 담보주식을 처분하여 회수한 금액에서 만약 시세조종행위가 없었을 때 그 당시 시장상황에서 담보주식을 처분하여 회수할 수 있었을 것으로 인정되는 금액간의 차액이라고 할 것이나, 이러한 금액을 산정하는 기준이 법령은 물론 금융감독원 내부규칙에조차 규정되어 있지 않다. 돌이켜 이 사건에 관하여 보건대, 피고인들의 시세조종행위가 종료된 2003. 11. 14. 이후에도 2003. 12. 11.까지 거의 한 달 가량 거래량이 크게 늘어난 상황이었고 주가도 1,000원대 이상을 유지하고 있었는데, 12일 코스닥시장본부에서 X사의 자금

---

151) 시세조종을 위하여 사전에 장외에서 저가에 주식을 매수한 후 이 주식을 담보로 하여 조달한 자금으로 장내에서 시세조종을 한 경우에는 장외에서 매수한 가격을 기준으로 하여야 한다는 판례가 있다(서울중앙지방법원 2006. 1. 13. 선고 2005고합238 판결).

152) 서울고등법원 2006. 9. 21. 선고 2006노59 판결.

153) 부당이득 산정의 기본적인 방식과 실무상 쟁점에 관하여는 노혁준, "자본시장법상 불공정거래로 인한 부당이득의 법적 문제", 증권법연구 제19권 제1호, 한국증권법학회(2018), 244면 이하 참조.

악화설과 관련한 조회공시요구 및 주권매매거래정지를 공시하고, 다음날인 13일 자금악화설 조회공시 등의 영향으로 15일 1,000원 이하로 하락하였고, 30일에는 705원, 금융감독원의 조사기간 마지막 날인 2004. 1. 5.에는 620원으로 하락하였다. 이와 같이 2003. 12. 15.부터 주가가 폭락한 것은 피고인들의 시세조종행위의 영향력이 사라져서 폭락한 것이라기보다는 X사의 내부 사정에 영향을 크게 받은 것이라고 보인다. 그런데 이 사건 공소사실에서는 피고인들의 시세조종행위의 영향력이 소멸한 2003. 12. 18. 종가인 620원을 매수가로 보아 이익을 산정하였는바, 이는 합리적인 근거가 없이 자의적으로 그 기준을 설정한 것이라고밖에 볼 수 없다. 또한 당심 증인 L의 증언에 의하더라도 시세조종 전일의 종가를 매수가격으로 추정하는 방법, 시세조종행위 종료 후 최초로 형성된 최저가격을 매수가격으로 추정하는 방법, 2003. 12. 18.까지 형성된 주가의 평균을 매수가격으로 추정하는 방법에 의하면, 모두 그 이득액이 5억 원 미만이 되는 점 등을 고려한다면, 원심이 이 부분 공소사실에 관하여 무죄로 판단하여 증권거래법 제207조의2 제2항이 아닌 동조 제1항을 적용한 것에 아무런 위법이 없으므로 결국 검사의 위 사실오인 주장은 어느 모로 보나 이유 없다 할 것이다.

3) 발행시장과 유통시장이 연계된 시세조종   발행시장과 유통시장 부분을 연계한 시세조종사건에서 신주 발행이 주가조작을 위한 수단으로 이용되었다고 볼 수 있는 경우, 시세조종을 통하여 얻은 이익은 발행시장을 통하여 입고된 주식의 평균취득단가를 기초로 이익을 산정하여야 한다.[154)]

---

154) 대법원 2004. 5. 28. 선고 2004도1465 판결. 이 판결은 발행시장과 유통시장이 연계된 시세조종행위가 인정된 사건에 관한 것인데, 피고인들은 시세조종으로 인한 이익액을 산정하기 위한 주식의 매수금액을 계산함에 있어서 발행시장을 통하여 입고된 주식은 신주에 대한 시세조종행위가 개시되기 직전일의 시세(3,450원) 또는 구주의 시세조종이 시작된 직전일의 시세(1,740원)을 기준으로 산정하여야 한다고 주장하였으나, 원심은 발행시장을 통하여 입고된 주식의 평균취득단가를 신주발행가인 550원으로 보았고, 대법원도, "원심판결 이유에 의하면, 원심은 … 2002. 2. 15.부터 2002. 4. 23.까지 및 2002. 5. 21.부터 2002. 10. 9.까지의 두 기간 중의 시세조종이 동일한 시세조종세력에 의하여 이루어졌고, 그 각 기간의 시세조종행위가 인위적인 가격조종을 통한 매매차익의 획득이라는 동일한 목적을 위해 이루어졌으며, 전반기 시세조종에 동원되었던 계좌가 후반기 시세조종에도 계속 이용되었고, 전반기 중에 매수한 주식을 후반기 중에 매도하는 등 같은 주식의 매매가 두 기간에 걸쳐 연속적으로 이루어진 사실 등을 각 인정한 다음, 피고인 1 등은 처음부터 구조조정과 관련한 제3자 배정 방식의 신주 발행 및 청약자 모집을 의미하는 '발행시장' 부분과 구조조정 완료 후 확보한 신주 및 이를 담보로 취득한 자금 등을 이용하여 주가를 조작하는 것을 의미하는 '유통시장' 부분을 연계시켜 시세조종하기로 계획하였고, 그 전체적인 계획 하에 구주 매집과 신주 발행 단계를 포함한 이 사건 시세조종을 하였다고 봄이 상당하므로, 신주 발행이 주가조작을 위한 수단으로 이용되었다고 볼 수 있고, 그렇다면 시세조종을 통하여 얻은 이익을 계산함에 있어 발행시장을 통하여 입고된 주식의 평균 취득단가를 신주 발행가인 550원으로 보는 것이 합리적이라고 판단하고, 이를 토대로 피고인 등이 공소외 1 주식회사주식에 대한 시세조종을 통해 얻은

4) 시세조종기간 시세조종기간은 매집기에서 주가상승기, 매도기에 이르
는 일련의 기간 전체를 의미하고, 주가상승기부터 매도기에 이르는 이익 실현 기
간만을 따로 떼어 지칭하는 것이 아니다.

[서울중앙지방법원 2006. 1. 12. 선고 2005고합420 판결]
피고인이 인수·합병을 위하여 주식을 매집하기 시작한 2002년 말경부터 저가 매수를
위한 시세조종성 주문이 계속되었고, 이후 2003년 12월과 2004년 2월의 변칙거래를
통한 대량 매도를 통해 그 이익을 실현한 것이므로, 그 전체적인 시기는 최초의 시세
조종성 주문이 등장한 2002. 11. 4.로 봄이 상당하고, 그 이익액 계산도 각 계좌별로
주식을 매수한 당시의 각각의 가격을 기준으로 하는 것이 타당하다.[155]

5) 손실 고려 시세조종 과정에서 시세조종행위에 사용된 계좌를 통한 구
체적 거래에 따라 발생한 손실은 이익에서 공제한다.[156] 그러나 시세조종행위 종
료 후 피고인이 보유주식을 매도하여 손실을 입은 사실은 고려되지 않는다.[157]

⑶ 미실현이익의 산정

㈎ 미공개중요정보이용

미공개중요정보 이용행위에 관하여도 판례는 "이익의 산정에 있어서는 피고
인의 이익실현행위를 기준으로 하여 그에 따른 구체적 거래로 인한 이익, 아직 보
유 중인 미공개정보 이용 대상 주식의 가액, 미공개정보 이용행위와 관련하여 발
생한 채권 등이 모두 포함되어야 한다."라는 입장이다.[158]

순이익을 15,020,121,751원으로 판단하였다. 위에서 본 법리와 관련 증거들을 기록에 비추
어 살펴보면, 원심의 위와 같은 사실인정과 판단은 정당한 것으로 수긍이 가고, 거기에 상고
이유의 주장과 같은 법리오해의 위법이 있다고 할 수 없다."라고 판시하였다.

155) (판결이유에 나오는 피고인의 주장은 다음과 같다) "판시 제1항의 각 매매거래 중 일부 매
매거래에 시세조종성 거래가 포함되어 있다고 하더라도, 시세조종의 시기는 의결권이 고정된
2003년 말 이후 주식을 본격적으로 매도하기 시작한 2004. 2. 2.이라고 보아야 하고, 따라서
그 이전에 주식잔량이 모두 소진된 계좌들 및 주식거래(별지 혐의계좌 내역 순번 1, 2, 3, 6,
14, 15, 18, 21, 22, 23 계좌, 순번 8 계좌 주식 중 순번 9 계좌로 대체입고 된 주식을 제외
한 나머지 주식, 순번 16 계좌 주식 중 순번 17 계좌로 대체입고 된 주식을 제외한 나머지 주
식)의 경우 시세조종성 거래라고 볼 수 없다. 그리고, 이익액 계산에 있어서도 그 매수단가는
시세조종성 거래가 시작된 2004. 2. 2. 종가인 855원으로 산정해야 한다."
156) 서울고등법원 2018. 4. 5. 선고 2017노3158 판결(대법원 2018. 8. 30. 선고 2018도5636 판결
은 "인과관계에 관한 법리를 오해한 잘못이 없다."고 판시하면서 상고 기각).
157) 대법원 2010. 6. 24. 선고 2010도4453 판결.
158) 대법원 2006. 5. 12. 선고 2004도491 판결.

1) 호재성 정보와 악재성 정보

가) 호재성 정보   호재성 정보가 공개되어 그 정보가 가격에 반영된 후에도 보유 주식을 매도하지 않고 계속 보유하는 경우에는 미실현이익에 해당한다.

나) 악재성 정보   악재성 정보가 공개되어 그 정보가 가격에 반영된 후에 매도한 경우에는 불공정거래 자체에 해당하지 아니하므로 미실현이익 문제도 발생하지 않는다. 악재성 정보의 공개 전에 보유 주식을 매도하여 얻은 이익(회피한 손실)은 실현이익이다. 즉, 호재성 정보의 경우에만 미실현이익이 문제된다.

2) 가격 기준시점   미공개중요정보이용의 경우, 호재성 정보공개 직후에는 증권의 가격이 급격히 상승하였다가 시간의 경과에 따라 어느 정도는 하락하는 경우가 일반적이다. 결국 정보공개로 인한 효과가 주가에 반영되는 기간의 종기(終期)를 기준으로 이익을 산정하여야 하고,159) 그 후의 주가 변동으로 인한 손익은 인과관계가 없는 부분으로 보아야 할 것이다.160)

공개된 정보가 반영된 가격과 관련하여 판례는 다양한 기준을 적용하고 있다.

가) 정보공개 후 최초로 형성된 최고가일 종가   정보공개 후 최초로 형성된 최고가일 종가를 매도단가로 본 하급심 판례가 있었다.161)

[서울중앙지방법원 2011. 4. 7. 선고 2010고합775 판결]
검사는 이 사건 미공개정보이용행위로 인하여 피고인이 얻은 이익을 '(가중평균 매수단가 – 공시 이후 최초 형성된 최고가일 종가) × 매수 주식수'의 방식으로 산정하였다. 유가증권의 시장가격은 어느 특정 요인에 의하여 형성되는 것이 아니고 당해 회사의 재정상태나 사업현황, 경제상황의 변화, 풍문 등 매우 다양한 요인의 영향을 받아 형성된다 할 것인데, 검사가 제시한 위 산정 방식은 중요정보로 인한 영향뿐만 아니라 그 정보를 이용하여 거래를 한 시점과 공시 후 최초 형성된 최고가일 사이에 시장에 유입되는 모든 정보의 영향을 모두 이익액 산정 과정에 포함시킬 수밖에 없다는 점에서 일정한 한계가 있어 보인다. 그러나 유가증권의 시장가격이 위와 같이 매우 다양한 요인에 의해 영향을 받는다는 점에서 다른 요인을 모두 배제한 채 오로지 어느

---

159) 서울고등법원 2014. 7. 24. 선고 2014노1034 판결.
160) 수식으로 표시하면 다음과 같다.
    [(공개된 정보가 반영된 가격 – 가중평균매수단가) × 잔여수량]
161) 다만, 이 판결에서도 언급되어 있지만, 이 방식에 의한 매도단가에는 정보이용행위시점 또는 정보공개시점 이후 주가에 영향을 줄 제반 정보가 모두 반영된 것이라는 문제가 있다. 이 판결에서는 그럼에도 불구하고 어느 특정 요인에 의한 주가변동분을 산정하는 것이 기술적으로 곤란하다는 이유로 위와 같은 방식을 채택하였다.

특정 요인에 의한 주가 변동분을 객관적으로 산정하는 것은 기술적으로 곤란한 것으로 보이는 점, '위반행위로 얻은 이익'이란 위반행위와 직접적인 인과관계가 있는 것만을 의미하는 것이 아니라 그 위반행위가 개입된 거래로 인하여 얻은 이익을 의미하는 것인 점, 통상 호재성 정보가 공개되면 그 회사의 주가가 상승하는 것이 일반적이고 그 상승세가 멈추거나 하락세로 돌아서는 시점에 그 호재성 정보가 주가에 충분히 반영되어 더 이상 영향을 미치지 않는 상태가 된 것으로 평가할 수 있다는 점, 사기적 부정행위를 근절하고자 하는 입법취지를 종합하여 보면, 미공개정보를 이용하여 주식거래를 한 시점과 공시 후 최초 형성된 최고가일 사이에 '주가에 중대한 영향을 미칠 수 있는 요인'이 추가로 발생하였다는 등의 특별한 사정이 없는 이상 위 산정 방식에 의한 이익액은 미공개정보 이용행위와 인과관계가 인정되는 이익액으로 봄이 상당하므로, 위 산정 방식은 적정한 것으로 보이고, 책임주의 원칙에 반하는 것으로 볼 수 없다. ① 피고인이 위 정보를 이용하여 ○사의 주식을 매수한 것은 2007. 10. 10.부터 2007. 10. 12.까지이고, 위 정보는 2007. 10. 12. 17:13경 공시되었으며, 이후 ○사의 주가는 2007. 10. 17. 299,000원까지 상승하였다가 이후 하락한 점, ② 위 주식 매수 시점과 최초 형성 최고가일인 2007. 10. 17.까지 ○사의 주가에 중대한 영향을 미친 것으로 볼만한 ○사의 호재성 또는 악재성 정보, 제3자의 개입이나 증권시장의 변동이 있었던 것으로 보이지 아니하는 점, ③ ○사의 주가는 2007. 10. 17. 이후에도 대체로 상승세를 이어가 S사가 태양광 발전소재 산업에 진출한다는 기사(○사 입장에서 악재성 정보로 볼 수 있다)가 나오기 전날인 2007. 11. 1. 364,000원까지 상승한 점 등에 비추어 보면, 피고인이 시설투자 정보를 이용하여 얻은 이익액을 위 정보 공시 후 최초 형성된 최고가일의 주가인 299,000원을 기준으로 산정한 것은 적정하다.[162)]

최근 대법원은 "'정보 공개로 인한 효과가 주가에 전부 반영된 시점의 주가'는 그 정보 공개 이후 주가와 거래량의 변동 추세, 그러한 변동 추세가 지속된 기간 등의 여러 사정을 종합하여 객관적으로 엄격하고 신중하게 결정되어야 한다. 통상적으로는 호재성 정보가 공개된 이후 상승세에 있던 주가 흐름이 멈추거나 하락세로 돌아서는 시점의 주가를 '정보의 공개로 인한 효과가 주가에 전부 반영된 시점의 주가'로 볼 수 있다."라고 판시함으로써 최초 형성 최고가일을 기준으로 채택하였다.[163)]

---

162) 다만, 이 판결에서도 언급되어 있지만, 이 방식에 의한 매도단가에는 정보이용행위시점 또는 정보공개시점 이후 주가에 영향을 줄 제반 정보가 모두 반영된 것이라는 문제가 있다. 이 판결에서는 그럼에도 불구하고 어느 특정 요인에 의한 주가변동분을 산정하는 것이 기술적으로 곤란하다는 이유로 위와 같은 방식을 채택하였다.

163) 한편 악재성 정보를 이용한 사안에서, 대법원은 "통상적으로는 악재성 정보가 공개된 이후 하락세에 있던 흐름이 멈추거나 상승세로 돌아서는 시점의 주가를 '정보의 공개로 인한 효과

[대법원 2021. 9. 30. 선고 2021도1143 판결]

가. 구「자본시장과 금융투자업에 관한 법률」(2018. 3. 27. 법률 제15549호로 개정되기 전의 것, 이하 '구 자본시장법'이라 한다)은 미공개중요정보 이용행위를 금지하고(제174조), 이를 위반한 경우 형사처벌하고 있다(제443조). 구 자본시장법은 '위반행위로 얻은 이익 또는 회피한 손실'을 범죄구성요건의 일부로 삼아 그 가액에 따라 형을 가중하고 있으므로(제443조 제1항 단서와 제2항), 이를 적용할 때에는 위반행위로 얻은 이익의 가액을 엄격하고 신중하게 산정함으로써 범죄와 형벌 사이에 적정한 균형이 이루어져야 한다는 죄형 균형의 원칙이나 형벌은 책임에 기초하고 그 책임에 비례해야 한다는 책임주의 원칙을 훼손하지 않도록 유의해야 한다(대법원 2018. 10. 12. 선고 2018도8438 판결 등 참조). '위반행위로 얻은 이익'은 행위자가 얻은 이익으로서 위반행위와 인과관계 있는 것 전부를 뜻하므로, 특별한 사정이 없는 한 호재성 미공개중요정보 이용행위 이후 정보의 공개로 인한 효과가 주가에 전부 반영된 시점까지 이루어진 실제 거래로 이미 발생한 이익(이하 '실현이익'이라 한다)과 그 시점 당시 보유 중인 미공개중요정보 이용행위 대상 주식의 평가이익(이하 '미실현이익'이라 한다)이 모두 포함된다(대법원 2018. 10. 12. 선고 2018도8438 판결 등 참조). 이때 '미실현이익'은 정보의 공개로 인한 효과가 주가에 전부 반영된 시점의 주가와 실제 매수단가의 차액에 그 당시 보유 중인 미공개중요정보 이용행위 대상 주식의 수를 곱하여 계산한 금액으로 산정한다. 이는 정보의 공개로 인한 효과가 주가에 모두 반영된 시점 당시 보유 중인 미공개중요정보 이용행위 대상 주식이 그 시점 이후에 실제 매도된 경우에도 마찬가지로 적용된다. 여기서 '정보 공개로 인한 효과가 주가에 전부 반영된 시점의 주가'는 그 정보 공개 이후 주가와 거래량의 변동 추세, 그러한 변동 추세가 지속된 기간 등의 여러 사정을 종합하여 객관적으로 엄격하고 신중하게 결정되어야 한다. 통상적으로는 호재성 정보가 공개된 이후 상승세에 있던 주가 흐름이 멈추거나 하락세로 돌아서는 시점의 주가를 '정보의 공개로 인한 효과가 주가에 전부 반영된 시점의 주가'로 볼 수 있다.

나. 원심판결 이유와 적법하게 채택된 증거에 따르면 다음 사실을 알 수 있다.
피고인은 2018. 2. 12.경 미공개중요정보인 이 사건 유상증자결정 정보를 이용해 이 사건 주식을 총 59,000주 매수하였고, 그 직후 이 사건 유상증자결정 정보가 공개되었다. 그 이후 이 사건 주식의 주가는 종가 기준으로 급격하게 계속 상승하

가 주가에 전부 반영된 시점의 주가'로 볼 수 있다. 다만 그 악재성 정보 공개 직후 시장참여자들이 지나치게 민감하게 반응하여 야기된 주가하락이 존재하는 등으로 구체적인 사안에서 위와 같은 방법으로 결정하는 것이 부당하다고 볼 만한 사정이 있는 경우에는 그런 사정이 배제된 시점의 주가 등을 '정보 공개로 인한 효과가 전부 반영된 시점의 주가'로 보아야 한다"라고 판시하였다(대법원 2021. 10. 14. 선고 2017도19589 판결). "다만" 이하의 판시부분은 호재성 정보에 대한 주가상승의 경우에도 적용될 것이다.

여 2018. 2. 21. 최고가인 12,000원에 이르고 2018. 3. 7. 무렵까지 전반적으로 위 가격 근처에서 안정적으로 유지되었다. 위 정보 공개 이후 이 사건 주식의 주가가 최고가인 12,000원에 이를 때까지 위 정보 이외에 다른 주가 상승 요인이 있었다고 볼 만한 사정이 없다. 피고인은 2018. 3. 7. 이후 이 사건 주식 59,000주를 여러 차례 나누어 매도하였다.

다. 원심은, 피고인이 이 사건 유상증자결정 정보가 공개되기 전에 위 정보를 이용하여 이 사건 주식 59,000주를 매수한 다음 2018. 2. 21.까지 그대로 보유한 사실을 인정한 다음, 위 정보 공개 이후 이 사건 주식의 주가가 상승세를 멈춘 2018. 2. 21.이 위 정보의 공개로 인한 효과가 주가에 모두 반영된 시점이라고 보아 이날의 종가인 12,000원을 기준으로 피고인의 미실현이익을 216,176,000원이라고 판단하였다. 원심판결은 위에서 본 법리에 기초한 것으로서 정당하다. 원심판결에 상고이유 주장과 같이 구 자본시장법 제443조의 '위반행위로 얻은 이익'에 관한 법리를 오해한 잘못이 없다.

나) 최종처분일의 종가　피고인이 아직 보유 중인 주식의 가액을 그와 동종 주식의 마지막 처분일의 종가를 기준으로 산정한 판례도 있다.[164]

다) 타 정보의 공개 전일 종가　피고인이 주식을 매도하기 전에 다른 호재가 발생하여 그로 인한 영향이 반영된 가격으로 매도한 경우, 이러한 호재가 언론에 대대적으로 보도되기 전일 종가를 매도단가로 본 판례도 있다.

[서울중앙지방법원 2007. 7. 20. 선고 2007고합159 판결]
실현이익은 앞에서와 마찬가지로 평균 매도단가는 M사의 복제돼지 생산 소식이 J사의 주가에 반영되기 전인 2005. 7. 12.의 종가인 5,080원을 기준으로 산정하는 것이 합리적이고, 미실현이익은 앞에서 본 법리에 따라 아직 보유하고 있는 주식의 가액은 J사 주식의 마지막 처분행위시인 2005. 8. 27.을 기준으로 산정함이 원칙이지만, 이 사건의 경우는 앞에서와 마찬가지로 M사의 복제돼지 생산 소식이 주가에 반영되기 전인 2005. 7. 12.의 종가인 5,080원을 기준으로 산정하는 것이 합리적이다.

(나) 시세조종·부정거래행위
판례는 시세조종기간 중에 주식매도를 통한 현실적인 시세차익을 얻은 바가 없더라도 처분하지 않고 보유중인 주식의 평가이익도 주가의 상승에 의하여 증가하므로 미실현 이익(평가이익)도 이익의 산정에 포함되어야 한다고 본다.

---

164) 대법원 2006. 5. 12. 선고 2004도491 판결(미공개중요정보를 이용하여 전환사채를 인수하고, 그 전환사채를 양도하는 대신 주식을 양수하는 계약을 체결한 후, 미매각주식을 마지막 매각일의 주가로 평가한 특이한 사례이다).

1) 위반행위 종료시점의 가격   대법원은 "이익의 산정은 시세조종행위 개시 후 종료시점까지의 구체적 거래로 인한 이익 및 시세조종행위 종료 시점 당시 보유 중이던 시세조종 대상 주식의 평가이익 등이 모두 포함되어야 할 것이다."라고 판시함으로써, 시세조종기간 중에 주식매도를 통한 현실적인 시세차익을 얻은 바가 없더라도 처분하지 않고 보유중인 주식의 평가이익도 주가의 상승에 의하여 증가하므로 미실현 이익(평가이익)도 이익의 산정에 포함되어야 한다고 본다.165)

[대법원 2004. 3. 11. 선고 2002도6390 판결]
이익의 산정은 시세조종행위 개시 후 종료시점까지의 구체적 거래로 인한 이익 및 시세조종행위 종료 시점 당시 보유 중이던 시세조종 대상 주식의 평가이익 등이 모두 포함되어야 할 것이다. 원심은 구 증권거래법 제207조의2 단서 소정의 '위반행위로 얻은 이익'을 산정함에 있어서, 피고인들이 시세조종행위 개시 이전부터 보유하고 있던 주식이나 그 종료 시점 이후에도 계속 보유한 주식은 고려함이 없이, 기록상 확인되는 시세조종기간 동안의 총매수량과 총매도량의 일치수량에 평균매도단가와 평균매수단가의 차액을 곱한 금액에서 거래비용을 공제한 금액으로 계산한 다음 이를 토대로 한 처단형의 범위 내에서 벌금형을 선고하였는바, 앞서 본 법리에 비추어 보면 원심이 피고인들의 각 위반행위로 얻은 이익을 위와 같은 방법으로 산정한 조치는 잘못이라고 할 것이나, 이는 피고인들에게 오히려 유리하여 피고인들만이 상고한 이 사건에서는 그러한 잘못이 판결 결과에 영향을 미칠 수 없다. 따라서 원심판결에 증권거래법위반죄에 관한 법리를 오해하여 판결 결과에 영향을 미친 잘못이 있다는 상고이유에서의 주장은 받아들일 수 없다.

[대법원 2003. 12. 12. 선고 2001도606 판결]
피고인 ○○증권이 얻은 이익은 ○○증권 자신이 자신의 자산으로서 보유 중이던 현대전자 주식의 매매를 통하여 얻은 이익과 잔존주식에 대한 시세조종행위 종료시점의 평가이익, 그리고 ○○증권이 자신의 자산으로서 보유 중이던 ○○전자 전환사채의 가치상승으로 인하여 얻은 평가이익 등이 모두 포함된다고 할 것인데 … (同旨 : 대법원 2003. 11. 14. 선고 2003도686 판결, 대법원 2005. 11. 10. 선고 2006도6523 판결, 대법원 2005. 2. 26. 선고 2014도16973 판결).166)167)

시세조종행위 종료 시점을 기준으로 하는 것은 시세조종행위 종료 후의 주가

---

165) 수식으로 표시하면 다음과 같다.
　　[(시세조종 종기의 종가 − 가중평균매수단가) × 잔여수량]
166) 同旨 : 대법원 2003. 11. 14. 선고 2003도686 판결, 대법원 2005. 11. 10. 선고 2006도6523 판결.
167) 수식으로 표시하면 다음과 같다.
　　[(시세조종 종기의 종가 − 가중평균매수단가) × 잔여수량]

변동에 의한 이익은 인과관계 없는 부당이익이기 때문이다.

시세조종의 종료시점에 관하여, 주가가 정점에 이른 시점이나 이와 근접한 시점에 시세조종행위가 종료한 것으로 볼 것이 아니라, 시세를 상승시키는 행위와 이익을 실현하는 행위 사이에 시간적 계속성과 상호연관성이 있는 경우에는 주식의 처분이 종료된 시점을 기준으로 하여 이익을 산정하여야 한다.

[서울고등법원 2010. 6. 18. 선고 2010노514 판결]
이 사건에 있어서 검사는 피고인이 해당 종목에 관하여 주식거래를 시작한 시점으로부터 주가가 정점에 이른 시점 또는 이와 근접한 시점까지 시세조종행위가 있었다고 보아 그 시점을 기준으로 실현이익 및 미실현이익을 앞서 본 바와 같은 방법으로 산정하였고, 원심 또한 같은 태도를 유지하였다. 그러나 ① 피고인은 원심 인정의 시세조종행위 종료일 이후로도 비교적 단기간에 걸쳐 해당 종목의 주식거래를 반복하였는데, 그 이전 거래와 그 이후의 거래는 거래방식, 태양, 거래횟수, 거래량 등에서 별다른 차이가 있는 것으로 보이지 않는 점, ② 이 사건 조사를 담당한 금융감독원 직원 Y도, 주가조작의 경우 일반적으로 주식매집을 통하여 주가를 끌어올려 최고가를 기록한 이후에는 이익실현을 위하여 주식을 처분할 뿐 새로이 매수를 하지는 않는데 반하여, 피고인은 최고가 시점 이후로도 계속 매도매수를 반복하였고 피고인의 그와 같은 행위 또한 시가에 어느 정도 영향을 미칠 수 있음을 인정하면서, 시세조종행위 기간을 최고가 시점을 기준으로 정하게 되면 행위자가 실제로 얻은 이익보다 훨씬 많은 금액이 이익액으로 산정될 가능성이 있다고 진술하고 있는 점(당심 증언) 등에 비추어 보면, 피고인의 시세조종행위는 해당 종목별 거래기간이 종료될 때까지 계속된 것으로 봄이 상당하다.[168)]

2) 복수의 시세조종기간   시세조종기간이 단일 기간이 아니고 중간에 휴지기간이 있고 나서 다시 시세조종이 계속되는 경우 각 기간별로 미실현이익을 산정하여 합산하면 통상 휴지기에는 주가가 하락하므로 부당이익액이 과다산정된다는 문제가 있다. 따라서 단일하고 계속된 범의 하에 일정기간 계속하여 행하고 그 피해법익도 동일한 경우에는 포괄일죄로 보아 전체 시세조종기간을 기준으로 미실현이익을 산정하여야 한다.

3) M&A 목적 매수주식   M&A 과정에서 일부 시세조종에 해당하는 주식거

---

168) 대법원 2010. 10. 15. 선고 2010도8297 판결에 의하여 확정되었다(통상은 시세조종행위 종료시점 이후에는 이익실현을 위하여 주식을 매도만 할 뿐인데, 이 사건에서는 비정상적인 거래행태는 원심이 인정한 시세조종기간 이후로도 최종 거래종료일까지 지속적으로 반복한 사안이다).

래가 있더라도 시세조종 종료시점 이후에도 피고인이 매수 주식의 대부분을 계속 보유하는 경우에는 지분취득을 목적으로 취득한 주식 전부를 불법이익의 원천으로 보는 것은 부당하다. 따라서 이러한 경우에는 직접적인 시세조종의 대상이 아닌 주식거래로 인한 이익은 미실현이익에 포함되지 않는다.

[서울고등법원 2010. 6. 18. 선고 2010노514 판결]
설령 피고인의 시세조종행위가 원심 인정의 기간 내에만 이루어졌다고 보더라도, 미실현이익의 산정은 시세조종행위를 통하여 인위적으로 주가를 끌어올린 후 주식을 처분하지 아니하고 계속 보유하는 등의 사정으로 현실적인 이익실현이 이루어지 않은 경우 시세조종행위가 종료되었을 때의 주가로 주식을 처분할 수 있었다고 보아 그로 인한 이익액을 산정하는 것인데, 이 사건과 같이 시세조종행위 종료일으로부터 비교적 단기간 내에 주식처분이 이루어져 실현이익의 산정이 용이한 경우에 있어서는, 피고인이 더 높은 매도차익을 남길 수 있었음에도 매도시점을 잘못 선택하여 실제 이익액이 시세종료행위 종료일 당시를 기준으로 하는 경우에 미치지 못하였다는 점이 명확히 입증되는 등의 특별한 사정이 없는 한, 시세조종행위 자체가 종료된 시점이 아니라 시세를 상승시키는 행위와 상승된 시세를 통하여 이익을 실현하는 행위 사이의 시간적 계속성과 상호연관성을 고려하여 그러한 주식의 처분이 종료된 시점을 기준으로 하여 실현이익을 파악하는 것이 합리적일 뿐만 아니라, 사기적 부정거래로 인한 이익 자체를 취득하지 못하게 함으로써 이를 근절하려는 구 증권거래법 또는 범죄수익의 몰수·추징을 규정한 범죄수익은닉의 규제 및 처벌 등에 관한 법률의 입법취지에도 부합한다고 할 것이다.

[서울중앙지방법원 2006. 1. 12. 선고 2005고합420 판결]
① 피고인은 A사에 대한 인수·합병을 목적으로 그 주식을 매집하기 시작하였고 그 목적은 본건 주식 매매거래 전체 기간을 통하여 일관되게 유지되어 온 것으로 보이는 바, 그 매수과정과 이후 일부 주식에 대한 매도과정에서 엿보이는 시세조종성 거래를 고려한다고 하더라도, 그 매도를 통해 적극적으로 이익을 취한 부분과 주식의 취득 및 지분확대를 통해 기업을 인수하는 적대적 인수·합병의 취지에 부합하게끔 주식을 매수한 채 그대로 보유하고 있는 주식 부분을 분리해서 고려함으로써, 피고인의 본건 주식거래를 이른바 인수·합병을 가장한 소위 작전세력들의 주식거래와는 명확히 구별할 필요성이 있는 점, ② 별지 혐의계좌 내역 순번 4, 5항 기재 계좌들의 경우 일부 변칙거래가 엿보이기도 하지만, 다른 계좌들과는 달리 적극적인 시세조종성 거래나 적시 매도 등을 통해 그 이익을 실현할 수 있었을 것으로 보이는 기간에도 대부분의 주식을 매도하지 않고 그대로 보유하고 있었던 점, ③ 그 결과로, 순번 4 기재 주식들의 경우 그 보유를 통해 오히려 손실을 보았고, 순번 5 기재 주식들의 경우도 일부 매도를 통해 손실을 본 점, ④ 통상의 시세조종으로 인한 증권거래법위반죄에 있어서

그 보유주식은, 이를 전체적인 시세조종이라는 불법의 결과물로 파악하여, 시세조종 기간의 종기를 기준으로 형성된 가격을 기초로 그 시기에 매도한 것으로 가정하여 그 매도가액을 산정한 후, 이를 기초로 미실현이익을 계산하여 이를 이익액에 포함시키지만, 본 사안과 같은 적대적 인수·합병은 주식의 매집을 그 본질로 하기 때문에, 그 매수된 주식을 경영권 유지의 목적으로 그대로 보유하고 있는 경우까지, 시세조종의 종기에 매도한 것으로 가정한 미실현이익을 시세조종의 이익액으로 보아야 한다는 논리를 일관되게 관철하게 된다면, 적대적 인수·합병의 과정에서 일부 변칙적 주식거래가 있을 경우에는 피고인이 지분취득의 목적으로 취득한 주식 전체를 불법이익의 원천으로 보게 되는 부당한 결과에 이르게 되는 점 등에 비추어 보면, 위 순번 4, 5 기재 주식들 중 피고인이 매도한 일부 주식을 제외한 나머지 주식에 대하여도 시세조종으로 인한 이익이 발생한 것으로 보는 것은 부당하다.[169)]

4) 지배주주의 계속보유주식   경영권분쟁 과정에서 지배주주가 경영권 방어를 위하여 주식을 매수하는 과정에서 일부 시세조종에 해당하는 주식거래가 있더라도 계속보유주식은 처분가능성이 없으므로 그로 인하여 발생한 이익은 부당이익에서 제외하는 것이 타당하다.

5) 법적 제약에 의한 계속보유주식   미실현이익을 부당이익에 포함시키는 원래의 취지는 시세조종 행위자가 추가적인 이익을 위하여 시세조종행위 종료 후에도 계속 보유하다가 주가가 하락한 경우에는 이를 고려하지 않는다는 것이다. 따라서 시세조종행위 종료 후 법적 제약에 의하여 처분하지 못한 경우(예컨대, 보호예수)에는 미실현이익 산정을 위한 기준시점을 시세조종행위 종료시점과 달리 볼 필요가 있다. 다만, 처분금지 가처분과 같은 민사분쟁, 금융당국이나 검찰의 시세조종 적발 등에 의하여 정상적인 가격에 의한 매도가 불가능하게 되어 계속 보유한 경우에는 실제의 부당이익이 상당폭 감소하거나 극단적으로는 손실이 발생하는 경우도 있을 수 있지만 판례의 취지상 부당이익에서 제외되기 어려울 것이다.

6) 연계금융투자상품의 가치상승분   불공정거래행위의 대상인 금융투자상품과 그 가치가 연계된 금융투자상품을 보유한 경우에는 불공정거래로 인하여 불공정거래대상이 아닌 보유하는 연계금융투자상품의 가치도 상승할 것인데, 대법원은 시세조종행위자가 보유한 전환사채의 미실현가격상승분을 이익에 포함한 바도 있다.[170)]

---

169) 대법원 2008. 4. 24. 선고 2007도9476 판결에 의하여 확정.
170) 불공정거래의 실효적인 규제를 위하여, 그리고 미실현평가이익도 위반행위로 인한 이익을

[대법원 2003. 12. 12. 선고 2001도606 판결]
피고인 A증권이 얻은 이익은 A증권 자신이 자신의 자산으로서 보유 중이던 H사 주식의 매매를 통하여 얻은 이익과 잔존주식에 대한 시세조종행위 종료시점의 평가이익, 그리고 A증권이 자신의 자산으로서 보유 중이던 H사 전환사채의 가치상승으로 인하여 얻은 평가이익 등이 모두 포함된다고 할 것이다.171)

7) 자기주식의 취득   독자적인 경영상 판단에 따라 적법한 절차에 의하여 취득한 자기주식 전부를 부당이득에 포함시켜 미실현이익 등을 계산한 것은 잘못이라는 판례도 있다.

[서울고등법원 2012. 9. 21. 선고 2012노1380 판결]
원심은, 피고인이 B사의 주가를 인위적으로 부양하기 위한 목적 하에 경영권의 안정적 확보를 위하여 B사의 자기주식 취득에 나서게 된 점, B사가 취득한 자기주식 중 상당량이 시세조종에 사용된 차명 계좌들과의 통정·가장매매를 통해 거래된 점, 상장회사의 자기주식 취득은 가장·통정매매, 고가·허위매수, 종가관여주문과 함께 시세조종범행의 수단으로 종종 사용되어 왔고, 이 사건 범행의 경우에도 금융감독원 선임검사역인 증인 K의 원심 증언에 의하면 B사의 자기주식 취득이 주가 상승 및 안정에 영향을 미친 점, 피고인의 시세조종을 통해 B사의 주가가 상승할 경우 B사는 취득한 자기주식의 주가 상승으로 인해 시세차익을 얻게 되고, 이러한 이익은 사실상 시세조종 행위를 통한 피고인의 부당이득이라는 측면에서 달리 볼 이유가 없는 점, B사가 자기주식을 취득하는 데 사용한 자금은 피고인이 시세조종행위를 하는 과정에서 취득한 자금으로부터 조달된 점을 종합하여 보면, B사의 자기주식 취득행위가 적법하다거나 피고인이 시세조종행위 종료 이후에도 취득한 자기주식을 처분하지 아니하고 보유하고 있다는 사정이 인정되더라도, 그러한 사정만으로 자기주식 취득분을 피고인의 부당이득액 산정에서 제외할 수는 없다고 판단하였다.
앞서 본 법리를 토대로 살피건대, 원심의 위 판단 내용은 다음과 같은 이유에서 수긍하기 어렵다.
① [자기주식 취득 일반론] 금융투자업을 건전하게 육성함으로써 자본시장의 공정성·신뢰성 및 효율성을 제고하고자 마련된 자본시장법에 의하면 주권상장법인은 다른 법률에 따르는 경우 외에는 해당 법인의 명의와 계산으로 자기주식을 취득할 수 있다고 정하고 있다(자본시장법 제165조의2 제1항).172) 다만 자본시장법은 그로 인한 부작

포함하는 판례의 취지상 이러한 해석이 필요한 면도 있지만, 원래 "연계"라는 개념 자체가 불확정적인 것이어서 그 범위를 적절히 제한할 필요가 있다.
171) 同旨 : 대법원 2003. 11. 14. 선고 2003도686 판결, 대법원 2005. 11. 10. 선고 2006도6523 판결.
172) 2011. 4. 14. 법률 제10600호로 개정된 상법 제341조 제1항에 의하면 경제 현실을 반영하여 주권상장법인이 아닌 주식회사의 경우에도 배당가능이익의 한도에서 자기주식을 취득하

용을 최소화하기 위한 장치로 자기주식의 취득방법과 취득금액의 한도에 대하여 제한을 두는 한편, 주권상장법인으로 하여금 자기주식 취득 시에 취득의 목적·금액 및 방법, 주식의 종류와 수 등 일정 사항에 관한 이사회 결의, 주요사항보고서와 취득결과보고서의 금융위원회 제출 등 대통령령으로 정하는 요건과 방법 등의 기준을 따를 것을 정하고 있다(자본시장법 제165조의2 제2 내지 6항).

② [이 사건 자기주식 취득의 적법성] 이 사건의 경우 B사의 자기주식 90만 주 취득 과정을 보면 내부 이사회 결의와 관련 보고서의 제출 등 자본시장법 및 관련 규정이 정하는 요건과 절차를 준수한 것으로 판단되므로, 위 자기주식 취득은 적법하다고 볼 것이다(이러한 점은 증인 M의 원심 및 당심 증언[173] 등에 의해서도 인정된다).

③ [이 사건 자기주식 취득과 시세조종 범행의 관계] 원심 판시에 따르면 자기주식 취득이 시세조종 범행에 종종 수반된다는 취지로 설시되어 있으나, 기록상 나타나는 자기주식 취득의 배경과 시행 경위 및 전후 정황 등에 비추어 B사의 이 사건 자기주식 취득은 비록 시기적으로 시세조종 기간 중에 실시되기는 하였으나, 외자유치와 관련된 경영권 방어 등을 위한 독자적인 경영상 판단에 따라 행하여진 정상적인 기업 활동으로 봄이 상당하다. 또한 주가를 인위적으로 부양 또는 유지시킨다는 시세조종의 본래 목적을 위하여 모든 경우에 필연적으로 자기주식 취득이 수반되는 것도 아니며, 피고인의 입장에서 처분상의 제약이 있어 신속한 매각을 통해 시세차익을 확보하거나 환가된 자금을 추가 시세조종 범행에 활용하는 데 현저한 지장이 있는 자기주식 취득을 선호할 만한 사정이 있었다고 볼 수도 없다.

④ [이 사건 자기주식의 보유 현황] B사가 취득한 자기주식 90만 주는 처음 매수된 이래 지금까지 처분되거나 추가 시세조종성 거래 등에 이용된 사실이 일체 없다. 이는 B사가 회사 차원의 경영상 판단에 따라 위 자기주식을 취득된 것이며, 피고인이 시세조종 행위를 통하여 개인적 이득을 취할 목적으로 위 자기주식을 보유하게 된 것이 아님을 보여준다.

⑤ [이 사건 자기주식의 귀속 주체] 무엇보다 이 사건에 있어 B사가 취득한 자기주식 90만 주는 피고인과 나머지 공범들이 이 사건 범행으로 얻은 이익에 해당되지 않는다. B사의 법인격이 사실상 형해화되어 있다거나 피고인이 B사의 법인 계좌를 이용하여 차명으로 자기주식 90만 주를 소유하고 있다는 등의 특별한 사정이 존재한다고 볼 만한 입증 자료가 없는 이상 B사가 보유한 위 자기주식은 피고인을 포함한 공범 전체의 개인 재산에 속한다고 볼 수 없다. 위와 같은 여러 사정 등에 의하면, B사가 취득한 90만 주의 자기주식에 관하여 피고인이 시세조종 기간 종료일에 형성된 가격에 이를 처분하여 미실현이익을 향유할 수 있음을 전제로 하여 이 사건 범행으로 피

는 것을 원칙적으로 허용하는 내용으로 개정되었다.

173) 증인 M은 당심 법정에서 "B사가 자기주식을 매수한 것은 회사 경영의 안정성에 대한 시장의 신뢰를 높이는 한편 L사로부터 외자유치를 받기 위한 경영상의 목적이 있었다고 보이며, 그 자체로 적법한 것으로 판단하였다"는 취지로 진술하였다.

고인이 얻은 부당이득을 계산한 원심판결에는 법리를 오해하여 결론에 영향을 미친 위법이 있고, 이를 지적하는 피고인들의 항소는 위 인정 범위 내에서 이유 있다.

(4) 공범의 이익

(가) 공범 전체의 이익

여러 사람이 공동하여 불공정거래행위를 한 경우 법정형의 기준이 되는 이익은 범행에 가담한 공범 전체가 취득한 이익을 말하는 것이고 각 범인별로 얻은 이익을 말하는 것이 아니다.

[대법원 2005. 12. 9. 선고 2005도5569 판결]
원심은, 그 채용증거들을 종합하여 S사 주식에 대한 시세조종 등 불공정거래행위에 관하여, 피고인 1이 피고인 2, 3 등과 공모하여 총 264,933,958원의 이익을, 피고인 4, 5와 공모하여 총 255,807,552원의 이익을, 각 취득한 사실을 인정한 다음, 위 피고인들에 대하여 병과된 벌금형은 구 증권거래법 규정에 따라 위 각 이득액의 3배에 상당하는 금액 이하의 벌금형으로서 정당하다고 판단하였는바, 기록에 비추어 살펴보면 원심의 위와 같은 사실인정과 판단은 수긍할 수 있고, 거기에 상고이유로 주장하는 바와 같은 위법이 없다. 따라서 각자 실질적으로 분배받은 이익만을 벌금형 산정의 기초가 되는 이득액으로 보아야 한다거나, 이득액에서 공제될 수 없는 대출금 이자 등 불상의 경비까지 공제하여야 한다는 상고이유의 주장 등은 독자적인 견해로서 받아들일 수 없다.174)

반면에 분배받은 이익을 몰수·추징하는 경우, 실질적으로 귀속한 이익만을 개별적으로 하여야 한다.

일부 범인의 계좌에서 손실이 발생하였더라도 공범 전체로서는 이익이 발생한 경우에는 그 손익을 정산한 전체 이익을 기준으로 법정형을 적용하여야 한다.175) 그러나 범행에 가담하지 아니한 제3자에게 귀속되는 이익은 이에 포함되지 않는다.176) 특히 일부 공범이 공모가담 이전부터 보유하던 금융투자상품의 경우 실현이익은 몰라도 미실현이익까지 공범 전체가 취득한 이익으로 보기는 어렵다.

(나) 승계적 공동정범

1) 중도가담자의 이익　　　　포괄일죄의 일부에 공모공동정범으로 가담한 자는 비록 그가 그 때에 이미 이루어진 종전의 범행을 알았다 하더라도 그 가담 이후

---

174) 同旨: 대법원 2005. 8. 16. 선고 2005도2710 판결, 대법원 2011. 2. 24. 선고 2010도7404 판결.
175) 대법원 2008. 6. 26. 선고 2007도10721 판결.
176) 대법원 2011. 7. 14. 선고 2011도3180 판결, 대법원 2011. 4. 28. 선고 2010도7622 판결.

의 범행에 대해서만 공모공동정범으로서 책임을 지는 것이 원칙이므로, 그가 가담한 이후의 순매매이익에 의하여 가중처벌대상 여부를 판단하여야 한다.

[대법원 2007. 11. 15. 선고 2007도6336 판결]
포괄일죄의 범행 도중에 공동정범으로 범행에 가담한 자는 비록 그가 그 범행에 가담할 때에 이미 이루어진 종전의 범행을 알았다 하더라도 그 가담 이후의 범행에 대하여만 공동정범으로 책임을 진다(대법원 1997. 6. 27. 선고 97도163 판결 등 참조). 위와 같은 법리에 비추어 기록을 살펴 보면, 원심이 피고인이 범행에 가담한 2002. 8. 20.경 이후의 거래로 인하여 발생한 순매매이익이 얼마인지를 인정할 자료가 부족하여 그 이익이 50억 원 이상 또는 5억 원 이상이라는 점을 인정할 증거가 없다는 이유로, 위 피고인에 대하여 증권거래법 제207조의2 제2항을 적용하지 아니한 것은 정당하고, 거기에 상고이유의 주장과 같은 증권거래법 및 공동정범에 관한 법리오해 등의 위법이 없다.177)

2) 공동가공의 의사와 행위　　한편, 포괄일죄의 일부에 공모공동정범으로 가담한 자는 비록 그가 그때에 이미 이루어진 종전의 범행을 알았다 하여도 그 가담 이후의 범행에 대해서만 공모공동정범으로서 책임을 지는 원칙을 전제로 하면서도, "불공정거래행위에 해당하는 수개의 행위를 단일하고 계속된 범의 하에서 일정기간 계속하여 반복한 범행이라 할 것이고, 선행자가 후행자의 매도를 전제로 주식을 매수할 것이며, 후행자 역시 선행자의 매수 없이 그 주식을 매도할 수 없는 것이므로 시세조종이 행하여진 전체기간의 중간에 가담한 자도 선행자의 행위를 인식하고 이를 이용하려는 의사의 연락이 있었다고 할 것이고(공동가공의 의사의 존재), 선행자의 선행행위로 만들어진 상황을 이용하면서(공동가공의 행위의 존재) 실행에 참가한 것이므로, 특별한 사정이 없는 한 전체 기간 동안의 시세조종행위에 대한 책임을 져야 하는 것으로 해석하는 것이 타당하다."라고 판시한 하급심판결도 있다.

[서울고등법원 2004. 2. 9. 선고 2003노3094, 2004노131(병합) 판결]
1. 앞서 본 바와 같이 상피고인 1, 2, 4 등은 2002. 2. 15.부터 2002. 10. 9.까지 사이에 S사 주식에 대한 시세조종행위를 통하여 15,020,121,751원의 시세차익을 얻었다는 것인데, 피고인 1은 2002. 6. 26.부터 S사 주식의 시세조종행위에 참가하였으므로, 2002. 6. 26.부터 2002. 10. 9.까지의 시세조종행위 및 그로 인한 시세차익에 대한 부분만 책임을 지는 것인지 아니면, 2002. 2. 15.부터 2002. 10. 9.까지의 시세조종

---

177) 同旨 : 대법원 2005. 1. 28. 선고 2004도6805 판결.

행위 및 그로 인한 15,020,121,751원의 시세차익 전부에 대하여 책임을 지는 것인지 보기로 한다(이는 2002. 4. 27. 법률 제6695호로 증권거래법이 개정되어 '위반행위로 얻은 이익' 등의 액수에 따라 가중처벌하는 규정이 신설됨으로써 특히 그 이익의 액수는 범죄의 구성요건요소로서 중요한 의미를 가지게 되었다).

2. 동일 죄명에 해당하는 수 개의 행위를 단일하고 계속된 범의 하에 일정기간 계속하여 행하고 그 피해법익도 동일한 경우에는 이들 각 행위를 통틀어 포괄일죄로 처단하여야 할 것인바, 상장유가증권인 주식을 대량으로 매집하여 그 시세를 조종하려는 단일하고 계속된 목적과 범의 하에, 상장유가증권의 매매거래에 관하여 그 거래가 성황을 이루고 있는 듯이 잘못 알게 하거나 기타 타인으로 하여금 그릇된 판단을 하게 할 목적으로 주식의 통정매수, 유가증권시장에서의 직전가(전일 종가) 및 상대호가 대비 고가매수주문하는 방법으로 매매거래를 유인하여 주가를 상승시킬 목적으로 주식시세를 상승시키는 매매거래, 상장유가증권의 매매거래에 관하여 그 거래가 성황을 이루고 있는 듯이 잘못 알게 하여 매수세를 유인하여 주가를 상승시킬 목적으로 주식에 대한 대량의 허위매수주문 등의 불공정거래행위를 하였다면, 이는 증권거래법 제188조의4의 각 항과 각 호에서 정하고 있는 불공정거래행위에 해당하는 수개의 행위를 단일하고 계속된 범의 하에서 일정기간 계속하여 반복한 범행이라 할 것이고, 이 범죄의 보호법익은 유가증권시장 또는 협회중개시장에서의 유가증권 거래의 공정성 및 유통의 원활성 확보라는 사회적 법익이고 각각의 유가증권 소유자나 발행자 등 개개인의 재산적 법익은 직접적인 보호법익이 아닌 점에 비추어 위 각 범행의 피해법익의 동일성도 인정되어, 위 각 행위는 모두 포괄하여 증권거래법 제207조의2 제2호, 제188조의4 제1항 제2호, 제2항 제1호소정의 불공정거래행위금지 위반의 일죄가 성립되므로(대법원 2002. 7. 26. 선고 2001도4947 판결 참조), 상피고인 1, 2, 4 등의 S사 주식에 대한 시세조종행위는 각 피고인들 별로 2002. 2. 15.부터 시작하여 2002. 10. 9.에 종료된 위 증권거래법위반죄의 포괄일죄가 된다고 봄이 상당하다.

3. 그런데, 포괄일죄의 일부에 공모공동정범으로 가담한 자는 비록 그가 그때에 이미 이루어진 종전의 범행을 알았다 하여도 그 가담 이후의 범행에 대해서만 공모공동정범으로서 책임을 지는 것이 원칙으로(대법원 1997. 6. 27. 선고 97도163 판결, 대법원 1982. 6. 8. 선고 82도884 판결 등 참조), 이는 형법상의 추인 또는 사후고의를 인정할 수 없고, 선행자에 의하여 단독으로 행하여진 결과에 대하여는 후행자의 행위지배를 인정할 수 없다는 점이 그 근거일 것이다. 그러나 허위매수주문, 통정매매 등에 의한 시세조종행위를 내용으로 하는 증권거래법 제188조의4의 각 항과 각 호 위반죄의 경우, 이는 불공정거래행위에 해당하는 수 개의 행위를 단일하고 계속된 범의 하에서 일정기간 계속하여 반복한 범행이라 할 것이고, 특히 이 사건의 경우와 같이 다수의 공범들이 상당한 기간에 걸쳐 주식의 매수·매도를 반복하면서 시세조종을 하는 범죄의 경우에는 선행자가 후행자의 매도를 전제로 주

식을 매수할 것이며, 후행자 역시 선행자의 매수 없이 그 주식을 매도할 수는 없을 것인 점, 이 사건 S사 주식 시세조종은 대량으로 유상증자 받은 주식을 시세조종을 통해 매도함으로써 이익을 도모하려고 한 것인 점, 처음부터 가담한 다른 공범들의 구주와 신주인수, 그에 이은 해당 피고인들의 일련의 허수매수주문, 고가매수주문, 통정매매 등을 통해 주식 시세조종이 순차적·중첩적으로 이루어진 점 등을 고려하여 보면, 주가조작이 행하여진 전체기간의 중간에 범죄에 개입한 자라고 하더라도, 이들은 선행자의 행위를 인식하고 이를 이용하려는 의사의 연락이 있었다고 할 것이고(공동가공의 의사의 존재), 선행자의 선행행위로 만들어진 상황을 이용하면서(공동가공의 행위의 존재) 실행에 참가한 것이라고 볼 것이다. 앞서 본 바와 같이, 피고인은 2002. 6.경 상피고인 2, 4를 만나 그들부터 S사 주식에 대한 시세조종행위를 통해 주식가격을 끌어올리려고 한다는 사실을 들어서 잘 알면서 같은 해 6. 26.부터 자신이 관리하던 공소외 K 등 10여 명 명의의 증권계좌를 이용하여 상피고인 2, 4가 시키는 대로 S사 주식 시세조종을 위한 매매주문을 한 사실을 인정할 수 있으므로, 증권거래법위반죄의 범행이 가지는 위와 같은 특성에 비추어 피고인으로서도 전체 기간 동안의 시세조종 행위로 인한 책임을 져야 할 것이다.

3) 공범관계에서 이탈한 경우　　피고인이 포괄일죄의 관계에 있는 범행의 일부를 실행한 후 공범관계에서 이탈하였으나 다른 공범자에 의하여 나머지 범행이 이루어진 경우에는 피고인이 관여하지 않은 부분에 대하여도 공범으로서의 책임을 부담한다.

[대법원 2002. 8. 27. 선고 2001도513 판결]
피고인이 비록 1999. 10. 6. 유사금융업체인 A벤처신용조합의 관리이사직을 사임하였다 하더라도, 사임하기 전에 이미 P 등 제1심 공동피고인 등과 이 사건 사기범행의 공모와 이 사건 피해자들 4명에 대한 기망행위가 있었고 이에 따라 그들로부터 투자금 명목으로 이 사건 피해금원의 대부분을 편취하였으며, 피고인이 사임한 이후 피해자들이 납입한 나머지 투자금 명목의 편취금원에 대하여도 같은 기망상태가 계속된 가운데 같은 공범들에 의하여 같은 방법으로 수수됨으로써 피해자별로 포괄일죄의 관계에 있음을 알 수 있으므로, 이에 대하여도 피고인은 공범으로서의 책임을 부담한다고 할 것이다.

한편, 시세조종에 가담한 자가 공범관계에서 이탈한 후에 다른 공범들의 시세조종을 제지한 사실이 없는 한 공범들이 얻은 이익의 전체를 기준으로 한 법정형이 적용된다는 하급심판결도 있다.

[서울중앙지방법원 2004. 9. 10. 선고 2004고합305 판결]

피고인 1은 피고인 2와 J사 주식의 물량을 통제한 상태에서 주가조작을 통하여 시세를 고가로 형성한 후 매집한 주식을 팔아 이익을 취득하기로 공모하고 중앙제지 우선주 상장일인 2001. 8. 10.부터 같은 달 14.까지 통정매매거래를 하여 주가를 높게 형성시킨 다음 묶어두었던 물량을 풀어 이익을 취득한 후 시세조종행위를 중단하였으나, 그 후에도 피고인 2는 주가가 하락하자 고가매수주문을 하여 주가하락을 저지하려고 하였는바, 위 통정매매거래와 고가매수거래는 포괄일죄의 관계에 있으므로 피고인 1은 피고인 2가 피고인 1과 논의 없이 고가매수주문을 하였다고 하더라도 피고인 1이 이를 제지하였음에도 불구하고 피고인 2가 단독으로 고가매수주문을 하였다는 등의 특별한 사정이 없는 한 공범으로서의 책임을 부담한다고 할 것이므로, 위 주장도 받아들이지 아니한다.

(5) 이익의 귀속주체

(가) 행위자 본인이 얻은 이익

위반행위로 얻은 이익은 당해 위반행위로 인하여 행위자가 얻은 이익을 의미한다. 여러 사람이 공동으로 미공개정보 이용행위 금지의 범행을 저지른 경우 그 범행으로 인한 이익은 범행에 가담한 공범 전체가 취득한 이익을 말하는 것일 뿐, 범행에 가담하지 아니한 제3자에게 귀속하는 이익은 이에 포함되지 아니한다.

[대법원 2014. 5. 29. 선고 2011도11233 판결]

1. '위반행위로 얻은 이익'은 당해 위반행위로 인하여 행위자가 얻은 이익을 의미하고, 여러 사람이 공동으로 미공개정보 이용행위 금지의 범행을 저지른 경우 그 범행으로 인한 이익은 범행에 가담한 공범 전체가 취득한 이익을 말하는 것일 뿐, 범행에 가담하지 아니한 제3자에게 귀속하는 이익은 이에 포함되지 아니한다(대법원 2011. 4. 28. 선고 2010도7622 판결, 대법원 2011. 7. 14. 선고 2011도3180 판결 등 참조).

2. 따라서 자녀들 명의 계좌로 주식을 매수하여 얻은 이익에 관한 증권거래법 위반 공소사실에 대하여도 유죄라고 인정하기 위하여는 피고인과 이 사건 자녀들이 공범 관계에 있으면서 그 계좌들을 통한 주식 매수로 인하여 발생한 이익이 전부 피고인에게 귀속하였거나 이 사건 자녀들은 단지 계좌 명의만을 빌려준 경우이어야 할 것인데, 원심이 인정한 사실관계만으로는 이 사건 자녀들이 피고인과 공범 관계에 있다거나 피고인에게 계좌 명의만을 빌려주었다고 보기 어려울 뿐만 아니라, 원심판결 이유에 의하더라도 이 부분 공소외 2 회사 주식 매수에 사용된 돈은 2008. 9. 2. 피고인과 공소외 3이 서로 상대방 자녀들 명의 계좌에 교차대여 형식으로 입금한 돈이라는 것으로서 대여한 돈이든 증여한 돈이든 그 돈은 이 사건 자

녀들의 돈일 가능성이 크므로, 이 사건 자녀들 명의 계좌를 통하여 공소외 2 회사
주식을 매수함으로 인하여 발생한 이익을 피고인이 얻은 이익이라고 단정하기는
어려워 보인다. 그런데도 원심이 이와 달리 이 사건 자녀들 명의 계좌를 통하여
주식을 매수함으로써 발생한 이익도 전부 피고인이 얻은 이익이라고 판단한 것은
구 증권거래법 제207조의2가 정한 '위반행위로 인한 이익'에 관한 법리를 오해하
여 판단을 그르친 것이다. 원심으로서는 피고인과 이 사건 자녀들이 공범 관계에
있는지, 이 사건 자녀들 명의 계좌를 통한 주식매수로 인하여 발생한 이익이 피고
인에게 귀속하였는지 등을 더 심리하여 피고인이 얻은 이익을 산정하여야 한
다.178)

여러 회사들을 실질적으로 소유·경영하는 회장 개인의 시세조종행위로 인한
이익의 상당 부분이 회사들에 귀속되었다 하더라도 그 이익은 회장 개인이 얻은
이익으로 볼 수 있다는 판례도 있다.

[대법원 2013. 7. 11. 선고 2011도15056 판결]
피고인 1은 이 사건 시세조종행위 당시 A그룹의 회장으로 근무하면서 피고인 3회사
의 대표이사, 피고인 4회사 및 공소외 4회사의 이사를 겸임하는 한편, 지주회사인 피
고인 3회사의 최대주주의 지위에 있었고, 피고인 3회사는 피고인 4회사 및 공소외 4
회사의 최대주주였던 사실, 피고인1은 당시 피고인 3회사, 피고인 4회사 및 공소외 4
회사의 주요 경영사항에 관하여 단독으로 의사결정을 내리고, 이들 회사의 업무에 관
하여 지시하고, 이 사건 시세조종행위도 지시하는 등 위 회사들을 실질적으로 경영하

---

178) 甲주식회사 대표이사인 피고인이 회사 내부에서 생성된 미공개정보를 이용하여 자신과 乙
의 각 자녀들 명의 계좌로 丙주식회사 주식을 매수하였다고 하여 구 증권거래법 위반으로 기
소된 사안에서, 위 자녀들이 피고인과 공범 관계에 있다거나 피고인에게 계좌 명의만을 빌려
주었다고 보기 어렵고, 丙회사 주식 매수에 사용된 돈은 피고인과 乙이 서로 상대방 자녀들
명의 계좌에 교차대여 형식으로 입금한 돈으로서 그 돈은 자녀들의 돈일 가능성이 크므로, 위
자녀들 명의 계좌를 통해 丙회사 주식을 매수함으로 인하여 발생한 이익을 피고인이 얻은 이
익이라고 단정하기 어려운데도, 이와 달리 본 원심판결에 구 증권거래법 제207조의2 에서 정
한 '위반행위로 인한 이익'에 관한 법리오해의 잘못이 있다는 취지의 판례이다(同旨: 대법원
2011. 4. 28. 선고 2010도7622 판결, 대법원 2011. 7. 14. 선고 2011도3180 판결). 한편
서울중앙지방법원 2011. 4. 7. 선고 2010고합775 판결은 "구 증권거래법 제188조의2 제1항
제1호에서 말하는 임직원의 미공개정보 이용행위는 그것이 자신의 이익을 추구할 목적으로
자기의 계산으로 하는 것이든 또는 타인의 이익을 위하여 타인의 계산으로 하는 것이든 아무
런 제한을 두고 있지 아니하므로, 타인의 이익을 위하여 타인의 계산으로 유가증권 거래를 한
경우에도 미공개정보 이용행위에 해당하는바(대법원 2009. 7. 9. 선고 2009도1374 판결 등
참조), 앞서 살펴본 바와 같이 피고인이 L 명의의 계좌를 관리하던 중 자신의 의사로 위 장기공
급계약 체결 정보를 이용하여 위 계좌로 주식을 매수한 이상 비록 위 거래가 L의 계산으로 한
것이라 하더라도 미공개정보 이용행위에 해당한다"라고 판시하였는데, 그 타당성에 대하여 논
란이 있다.

고 있었던 사실을 알 수 있다. 이를 앞에서 본 법리에 비추어 보면, 피고인 1은 피고인 3회사의 대표이사, 피고인 4회사 및 공소외 4회사의 사실상 대표자로 볼 수 있고, 이러한 지위에 있는 피고인 1이 피고인 2, 제1심 공동피고인 3과 공모하여 이 사건 시세조종행위를 한 결과 생긴 이익 중 상당부분이 피고인 3회사, 피고인 4회사 및 공소외 4회사에 귀속되었다 하더라도, 그 이익은 피고인 1이 얻은 이익으로 볼 수 있으며, 나아가 이는 피고인 1과 공동정범관계에 있는 피고인 2가 얻은 이익으로도 볼 수 있다.

㈐ 고객에 귀속된 이익

고객과의 포괄적 일임매매약정에 의하여 고객의 계좌를 관리하는 증권회사 직원이 고객의 계좌를 각종 유형의 시세조종에 이용하여 결과적으로 고객에게 귀속된 이익도 자본시장법 제443조가 규정하는 "그 위반행위로 얻은 이익 또는 회피한 손실액"에 해당하는지 여부에 대하여 법문상 명확하지 않아 논란의 여지가 있다. 이 경우는 발생한 이익이 위반행위자에게 귀속되는 것이 아니라 제3자인 고객에게 귀속되기 때문이다.

실제의 시세조종에서 증권회사 직원들이 자신이 관리하는 계좌를 이용하는 사례가 많고 이러한 경우에는 자신의 자금만 이용하여 시세조종하는 경우에 비하여 시세조종의 효과도 훨씬 클 것이므로, 단지 경제적인 이익이 위반행위자에게 귀속되지 않는다고 하여 "그 위반 행위로 얻은 이익"에 포함되지 않는다고 해석하는 것은 불합리한 면도 있다. 그러나 제3자에게 이익이 발생한 경우를 명시한 특정경제범죄가중처벌 등에 관한 법률의 규정(… 제3자로 하여금 취득하게 한 …)에 비추어 보면 죄형법정주의원칙상 행위자에게 귀속된 이익만을 특정하여야 할 것이다.

[대법원 2011. 7. 14. 선고 2011도3180 판결]
한편 '위반행위로 얻은 이익'은 당해 위반행위로 인하여 행위자가 얻은 이익을 의미하고, 여러 사람이 공동으로 시세조종 등 불공정거래의 범행을 저지른 경우 그 범행으로 인한 이익은 범행에 가담한 공범 전체가 취득한 이익을 말하는 것일 뿐, 범행에 가담하지 아니한 제3자에게 귀속되는 이익은 이에 포함되지 아니한다(대법원 2011. 4. 28. 선고 2010도7622 판결 등 참조). 원심은, 피고인 1의 시세조종으로 그 판시 공소외 4주식회사 명의 계좌에서 발생한 이익은 시세조종 범행의 공범이 아닌 공소외 4주식회사에 귀속된 것으로서 이를 피고인 1이 취득한 것으로 볼 수 없고, 각 증권계좌에서 주식이 실물로 입고되거나 출고되었다는 사정만으로 그 주식이 입·출고된 날의 종가로 취득되었거나 처분되었다고 단정할 수 없는 점 등에 비추어 보면 검사가

제출한 증거만으로는 피고인이 시세조종을 통하여 그 판시 금액상당의 부당이득을 얻었다고 인정하기에 부족하다는 이유로, 이 부분 공소사실에 대하여 무죄로 판단한 제1심의 조치가 정당하다고 판단하였다. 원심판결 이유를 앞서 본 법리에 비추어 살펴보면, 원심의 위와 같은 판단은 정당한 것으로 수긍할 수 있고, 거기에 상고이유에서 주장하는 바와 같은 시세조종 등의 위반행위로 얻은 이익의 산정기준 등에 관한 법리오해 등의 위법이 없다.

[서울고등법원 2011. 6. 9. 선고 2010노3160 판결]
자본시장법 제443조가 위반행위자 본인이 아닌 제3자가 얻은 이익 또는 회피한 손실액을 위반행위자 본인이 이익을 얻은 경우와 동일하게 보아 이를 가중처벌하는 규정으로 볼 수는 없고, 달리 A사의 손실 회피액을 피고인의 이익액 또는 손실 회피액으로 보아야 할 근거를 찾을 수 없다.

[서울고등법원 2008. 11. 26. 선고 2008노1251 판결]
증권회사 직원이 고객과의 일임매매약정에 따라 고객계좌를 운용하면서 시세조종에 이용한 경우, 증권거래법 제207조의2 제1항 본문의 적용에 있어서는 피고인이 실제로 이익을 얻었는지 여부를 불문하므로 고객의 계산으로 시세조종을 한 부분도 유죄로 인정되지만, 얻은 이익 또는 회피한 손실액의 3배에 해당하는 금액이 2,000만원을 초과하여 같은 항 단서 조항을 적용하는 경우에는 고객 계좌의 이익은 제외하고 피고인의 이익만을 기준으로 하여야 한다.

⒟ 자금이 혼재된 경우

통정매매는 자기와 손익의 귀속이 다른 타인 간의 매매인데, 통정매매의 양 당사자가 서로 짜고 통정매매를 한 경우에는 양 당사자의 이익을 합산하여야 하고, 만일 증권회사 직원이 고객 모르게 고객 계좌를 이용하여 통정매매를 한 경우에는 제3자인 고객에게 귀속된 이익은 "그 위반행위로 얻은 이익 또는 회피한 손실액"에는 포함되지 않는다. 따라서 피고인과 제3자의 자금이 혼재된 제3자 명의의 계좌를 이용한 시세조종인 경우, 그 계좌에서 발생한 이익 중 피고인에게 귀속되는 부분을 특정할 수 없으면 이익액에 의한 가중처벌대상이 아니다.

[대법원 2011. 2. 24. 선고 2010도7404 판결]
원심판결 이유에 의하면, 원심은 그 채용 증거를 종합하여 피고인이 이 사건 시세조종 등의 위반행위를 하면서 판시 공소외 1 명의의 증권계좌를 이용한 사실은 인정되지만, 그 판시 사정을 종합하면 위 증권계좌로 인한 거래 이익은 위 명의인들에게 귀속된 것으로 보일 뿐 피고인에게 귀속되었다고 볼 수 없고, 나아가 피고인이 판시 공

소외 2로부터 그 명의의 증권계좌를 교부받아 이를 이 사건 시세조종 등의 행위에 이용하기는 하였으나, 위 증권계좌는 피고인 및 위 명의인들의 자금이 혼재되어 있었고 피고인은 위 자금을 특별한 구분 없이 함께 운용하였는데, 검사가 위 혼용계좌에 대하여 혼재액수와 이득액 등에 대하여 원심의 석명요구에도 아무런 답변을 하지 않은 점 등 판시 사정을 들어 위 혼용계좌에서 발생한 이익 중 피고인에게 귀속되는 이익을 특정할 수 없다는 이유로 피고인이 위 혼용계좌에서 발생한 이익을 얻었다고 인정할 수 없다고 판단한 다음, 이 사건 공소사실 중 공소외 3 주식회사 주식에 관한 이 사건 시세조종 등의 행위로 인하여 위 증권계좌에서 발생한 이익 1,039,553,036원 부분과 공소외 4 주식회사 주식에 관한 이 사건 시세조종 등의 행위로 인하여 위 증권계좌에서 발생한 이익 3,847,408,657원 부분에 대하여 범죄의 증명이 없다고 하여 무죄로 판단하였다. 앞서 본 법리와 기록에 비추어 살펴보면, 원심의 위와 같은 사실인정과 판단은 정당한 것으로 수긍할 수 있고, 거기에 상고이유의 주장과 같이 구 증권거래법 제207조의2 및 제214조 소정의 '위반행위로 얻은 이익'에 관한 법리 등을 오해한 위법이 있다고 할 수 없다.

[서울고등법원 2008. 11. 26. 선고 2008노1251 판결]
피고인이 이 사건 주식의 시세조정에 이용한 계좌 중 M, C 명의의 계좌에 관하여 보건대, M은 피고인의 동생이고, C는 피고인의 처라는 점, C가 피고인에게 언제 얼마 정도의 투자자금을 맡겼다는 것에 대하여는 아무런 주장, 입증이 없고, 2006. 1. 2.경 M 명의의 계좌에 입금된 250,000,000원의 출처는 피고인이 자신의 집을 담보로 M 명의로 대출을 받은 280,000,000원이고, 피고인이 현재 그 대출금의 이자를 대납하고 있는 점 등을 종합하여 보건대, 피고인이 가사 위 계좌에서 일부 금원을 인출하여 M, C 명의의 다른 계좌에 송금한 사실이 있다고 하더라도 위 각 계좌의 계산주체는 M이나 C가 아니라 피고인 자신이라고 판단된다. 또한, N 명의의 계좌의 경우도, N의 당심 증언에 의하면, 10년 전 N이 피고인에게 100,000,000원을 맡기면서 일임매매를 부탁하였고, 피고인이 H증권에 N 명의의 계좌를 개설하여 주식거래를 하였고, S증권 계좌를 거쳐 T증권 계좌로 옮기면서, 피고인이 일임매매를 계속한 사실, N이 2004. 11. 30. 11,000,000원을 인출하고 일임매매약정을 종결시킨 사실이 인정될 뿐이고, N이 이 사건 시세조정기간 중에 피고인에게 새로이 금원을 제공하고 새로운 일임매매약정을 체결하였다고 볼 아무런 자료가 없으므로, 피고인이 이 사건 주식의 시세조정에 이용한 위 N 명의의 계좌의 계산주체도 피고인이라고 판단된다. 다만, L 명의의 계좌의 경우는, 당심 증인 L의 증언에 의하여 인정할 수 있는 다음과 같은 사정, 즉 L은 피고인이 S증권에 근무할 당시에 계좌를 개설하여 300,000,000원을 입금하고, 피고인에게 일임매매를 부탁한 점, 피고인이 그 후 T증권으로 직장을 옮기면서 T증권에 L 명의의 계좌를 개설하고, S증권 계좌에 남아 있던 주식을 모두 T증권 계좌로 이전한 사실, 피고인이 그 T증권 계좌를 이용하여 이 사건 공소사실 기재와 같이 시세

조정거래를 하였고, 그 이후에도 위 T증권 계좌를 통하여 계속 일임매매약정에 따라 주식거래를 한 사실, L은 이 사건 시세조정행위가 종료되고 한참 지난 2006. 12. 14. 피고인과의 일임매매약정을 해지하고 위 T증권 계좌에 남아 있던 주식을 모두 인출한 사실 등을 종합하여 보건대, 위 계좌는 비록 피고인이 관리하였던 계좌이기는 하나, 그 계좌의 수익은 피고인이 아니라 L에게 바로 귀속된다고 봄이 상당하다. 그렇다면, L 명의의 계좌의 운영을 통하여 발생한 부당이득의 귀속 주체는 피고인이 아니라 계좌의 명의자인 L이라 할 것이므로, L 명의의 계좌에서 발생한 이득도 피고인이 취득한 부당이득금액에 포함된다고 본 원심판결은 그 점에서 위법하다.

(라) 법인 대표자의 위반행위

법인 대표자의 위반행위로 법인에게 귀속된 부당이득은 그 법인의 이익이 됨과 아울러 실제행위자인 대표자의 부당이득이 된다. 법인은 대표자를 통하여 행위능력(불법행위능력)을 가지므로 법인을 "범행에 가담하지 아니한 제3자"로 볼 수 없기 때문이다. 여기서 법인의 대표자라 함은 해당 법인을 실질적으로 경영하면서 사실상 대표하는 자도 포함한다.

[대법원 2011. 12. 22. 선고 2011도12041 판결]
자본시장법 제443조 제1항 단서 및 제2항에서 정한 '위반행위로 얻은 이익'은 원칙적으로 당해 위반행위로 인하여 행위자가 얻은 이익을 의미하고, 범행에 가담하지 아니한 제3자에게 귀속되는 이익은 이에 포함되지 아니한다 할 것이나(대법원 2011. 7. 14. 선고 2011도3180 판결 참조), 법인의 대표자 등이 그 법인의 기관으로서 그 법인의 업무에 관하여 자본시장법 제442조에 정한 위반행위를 한 경우에는 그 위반행위로 인하여 법인이 얻은 이익도 법인의 대표자 등의 위반행위로 얻은 이익에 포함된다. 원심은 그 채택증거들을 종합하여 판시와 같은 사실을 인정한 다음, 이 사건 증권신고서 등의 거짓 기재로 인하여 피고인 1, 피고인 2가 얻은 이익에는 공소외 1 주식회사가 이 사건 유상증자로 납입받은 대금도 포함된다고 판단하였다. 위 법리와 기록에 비추어 검토하여 보면, 원심의 판단은 위 법리에 따른 것으로서 정당하여 이를 수긍할 수 있고, 거기에 상고이유 주장과 같이 증거의 취사선택이나 사실의 인정에 있어서 자유심증주의의 한계를 일탈하거나 위반행위로 얻은 이익의 귀속주체에 관한 법리 등을 오해한 위법이 있다고 할 수 없다.

[대법원 2013. 7. 11. 선고 2011도15056 판결]
구 증권거래법 제207조의2와 제214조에서 정한 '위반행위로 얻은 이익'은 원칙적으로 당해 위반행위로 인하여 행위자가 얻은 이익을 의미하고, 범행에 가담하지 아니한 제3자에게 귀속되는 이익은 이에 포함되지 아니한다 할 것이나, 법인의 대표자가 법인의 기관으로서 그 법인의 업무에 관하여 시세조종행위 등을 한 경우에는 그 위반행

위로 인하여 법인이 얻은 이익은 그 법인의 이익이 됨과 아울러 실제행위자인 대표자
가 그 위반행위로 얻은 이익에도 포함된다 할 것이다(同旨 : 대법원 2014. 5. 16. 선
고 2012도11971 판결).

(6) 죄형법정주의와의 관계

이와 같이 이익 또는 회피한 손실액이 양형의 기준일 뿐 아니라 범죄구성요
건이기도 하므로 이익이나 손실액의 산출방법과 관련하여 죄형법정주의가 요구하
는 형벌법규의 명확성의 원칙에 반하는 것이라는 주장도 있지만, 처벌법규의 입
법목적이나 그 전체적 내용, 구조 등을 살펴보아 사물의 변별능력을 제대로 갖춘
일반인의 이해와 판단으로서 그의 구성요건 요소에 해당하는 행위유형을 정형화
하거나 한정할 합리적 해석기준을 찾을 수 있다면 죄형법정주의에 반하는 것이
아닌데, 규정상의 이익액을 산출해 낼 합리적 해석기준이 분명하여 처벌규정으로
서의 명확성을 지니는 것이어서 헌법 제12조의 죄형법정주의에 위반되지 않는다
는 것이 대법원의 입장이고, 헌법재판소도 위헌이 아니라고 결정하였다.179)

[헌법재판소 2003. 9. 25. 선고 2002헌바69, 2003헌바41(병합) 결정]
1. 이 사건 법률조항에 사용된 '위반행위', '얻은', '이익' 등의 개념 자체는 애매하거
   나 모호한 점이 없으며, 이 사건 규정은 '위반행위로 얻은 이익'이라고 표현하고
   있을 뿐 위반행위와 직접적인 인과관계가 있는 이익만을 의미하는 것으로 한정하
   여 규정하고 있지 않으므로, 건전한 상식과 통상의 법감정을 가진 일반인의 입장
   에서 '위반행위로 얻은 이익'을 위반행위가 개입된 거래에서 얻은 총수입에서 총
   비용을 공제한 액수(시세차익)로 파악하는 데 별다른 어려움이 없으므로, 이 사건
   법률조항은 죄형법정주의에서 파생된 명확성원칙에 위배되지 않는다.
2. 대법원 판례에 의하면, 이 사건 법률조항상의 '위반행위로 얻은 이익'이란 그 위반
   행위가 개입된 거래에서 위반행위자가 얻은 모든 이익(시세차익)을 의미하는바,
   주식을 비롯한 유가증권의 시장가격은 어느 특정 요인에 의해 형성되는 것이 아니
   고 매우 다양한 요인에 의해 영향을 받는다는 점을 고려하면 유가증권의 시세를
   인위적으로 조종하는 행위를 하여 이익을 얻은 경우 이것이 모두 그 시세조종행위
   에 의한 것이라고 말할 수는 없지만, 형사책임이란 측면에서 볼 때 위반행위로 얻

---

179) 대법원 2002. 7. 26. 선고 2002도1855 판결. 이 사건의 피고인이 상고심 계속 중에 증권
거래법 제207조의2 단서 중 "위반행위로 얻은 이익" 부분이 헌법에 위반된다고 주장하면서
위헌여부 심판의 제청신청을 하였으나 기각되자 헌법소원심판을 청구하였는데, 헌법재판소도
"증권거래법 제207조의2의 단서 중 "위반행위로 얻은 이익" 부분은 헌법에 위반되지 아니한
다"고 선언하였다. 헌법재판소는 구 증권거래법상 사기적 부정거래행위에 관한 헌법재판소
2011. 2. 24. 선고 2009헌바29 결정에서 동일하게 합헌결정을 하였다.

은 시세차익의 많고 적음이 그러한 위반행위를 한 자에 대한 형사책임의 경중을 결정하는 중요한 요소가 될 수 있으며, 또 이 사건 법률조항은 형사처벌의 법정형에 관한 조항이지, 손해배상책임의 범위를 정하기 위한 조항이거나 위반행위와 직접적인 인과관계가 있는 이익액을 박탈하려는 조항이 아니기 때문에 위반행위와 직접적인 인과관계가 있는 이익액만을 벌금형 상한변동의 요건으로 삼아야 할 필연성이 인정되지 않는다. 또한, 위반행위자가 받게 될 최종적인 형사책임(형량)은 법정형의 범위 내에서 구체적인 법관의 양형에 의하여 결정된다. 그렇다면, 위반행위가 개입된 거래에서 얻은 시세차익을 기준으로 벌금형의 상한이 가중되도록 한 이 사건 법률조항은 그 정당성을 수긍할 수 있으므로, 형벌체계의 균형을 상실하였거나 책임원칙에 반하는 과잉처벌이라고 할 수 없다.

3. 청구인은 자신이 행한 주식거래행위 중 기소되지 않은 부분 중에는 그 거래로 이득을 얻은 바는 없지만 시세조종에 해당하는 행위가 있고 그 부분까지 기소되었다면 이 사건 법률조항상의 '위반행위로 얻은 이익'의 액수를 산정함에 있어 그 매수가격 등을 비용으로서 공제받을 수 있었는데 검사가 기소를 하지 않는 바람에 공제를 받지 못하게 되었고 그 결과 그 기소되지 않은 부분까지 모두 기소된 경우에 비하여 법정형에서 불리한 입장에 처했다고 주장하나, 형사소송법상 법원의 심판대상은 기소되어 공소사실에 포함되거나 공소장변경에 의하여 변경된 사실에 한정되는 것이므로 법원은 기소되지 아니한 범죄사실에 대하여는 심판할 수 없는바, 청구인이 주장하는 불리한 결과는 검사가 포괄일죄의 일부만을 기소한 행위에 의하여 야기된 것이지 이 사건 법률조항에 의해 발생한 차별효과는 아니므로, 이 사건 법률조항이 평등의 원칙에 위반된다고 할 수는 없다.

2. 입증의 정도

형사재판에서 범죄사실의 인정은 법관으로 하여금 합리적인 의심을 할 여지가 없을 정도의 확신을 가지게 하는 증명력을 가진 엄격한 증거에 의하여야 하므로, 검사의 증명이 그만한 확신을 가지게 하는 정도에 이르지 못한 경우에는 설령 피고인의 주장이나 변명이 모순되거나 석연치 않은 면이 있어 유죄의 의심이 가는 등의 사정이 있더라도 피고인의 이익으로 판단하여야 한다.

[대법원 2017. 5. 30. 선고 2017도1549 판결]
법정형이 무거운 범죄의 경우에도 직접증거 없이 간접증거만으로도 유죄를 인정할 수 있으나, 그 경우에도 주요사실의 전제가 되는 간접사실의 인정은 합리적 의심을 허용하지 않을 정도의 증명이 있어야 하고, 그 하나하나의 간접사실이 상호 모순, 저촉이 없어야 함은 물론 논리와 경험칙, 과학법칙에 의하여 뒷받침되어야 한다. 그러므로 유죄의 인정은 범행 동기, 범행수단의 선택, 범행에 이르는 과정, 범행 전후 피

고인의 태도 등 여러 간접사실로 보아 피고인이 범행한 것으로 보기에 충분할 만큼 압도적으로 우월한 증명이 있어야 하고, 피고인이 고의적으로 범행한 것이라고 보기에 의심스러운 사정이 병존하고 증거관계 및 경험법칙상 고의적 범행이 아닐 여지를 확실하게 배제할 수 없다면 유죄로 인정할 수 없다. 피고인은 무죄로 추정된다는 것이 헌법상의 원칙이고, 그 추정의 번복은 직접증거가 존재할 경우에 버금가는 정도가 되어야 한다.

자본시장법상 불공정거래에 있어서 피고인이 공모나 모의를 부인하는 경우, 2인 이상이 공동으로 가공하여 범죄를 행하는 공동정범에 있어서 공모나 모의는 반드시 직접, 명시적으로 이루어질 필요는 없고 순차적, 암묵적으로 상통하여 이루어질 수도 있으나 어느 경우에도 범죄에 공동 가공하여 이를 공동으로 실현하려는 의사의 결합이 있어야 할 것이고, 피고인이 공모의 점과 함께 범의를 부인하는 경우에는, 이러한 주관적 요소로 되는 사실은 사물의 성질상 범의와 상당한 관련성이 있는 간접사실 또는 정황사실을 증명하는 방법에 의하여 이를 입증할 수밖에 없다. 이 때 무엇이 상당한 관련성이 있는 간접사실에 해당할 것인가는 정상적인 경험칙에 바탕을 두고 치밀한 관찰력이나 분석력에 의하여 사실의 연결상태를 합리적으로 판단하는 방법에 의하여야 한다.180)

3. 양벌규정

⑴ 의   의

법인(단체를 포함)의 대표자나 법인 또는 개인의 대리인, 사용인, 그 밖의 종업원이 그 법인 또는 개인의 업무에 관하여 위와 같은 위반행위를 하면 그 행위자를 벌하는 외에 그 법인 또는 개인에게도 해당 조문의 벌금형을 과한다(法 448조).

[대법원 2018. 4. 12. 선고 2013도6962 판결]
자본시장법에서 위와 같이 양벌규정을 따로 둔 취지는, 법인은 기관을 통하여 행위하므로, 법인이 대표자를 선임한 이상 그의행위로 인한 법률효과와 이익은 법인에게 귀속되어야 하고, 법인 대표자의 범죄행위에 대하여는 법인 자신이 책임을 져야 하는 바, 법인 대표자의 법규위반행위에 대한 법인의 책임은 법인 자신의 법규위반행위로 평가될 수 있는 행위에 대한 법인의 직접책임이기 때문이다(헌법재판소 2010. 7. 29. 선고 2009헌가25 등 전원재판부 결정 참조).

---

180) 대법원 2003. 1. 24. 선고 2002도6103 판결, 대법원 2003. 10. 10. 선고 2003도3516 판결.

사용인, 종업원에는 정식고용계약이 체결되지 않은 경우에도 직접 또는 간접으로 법인 또는 개인의 통제 감독 하에 있는 자도 포함된다.

[대법원 1993. 5. 14. 선고 93도344 판결]
증권거래법 제215조 제2항(양벌규정) 소정의 법인의 종업원에는 법인과 정식의 고용계약이 체결되어 근무하는 자뿐만 아니라 그 법인의 대리인, 사용인 등이 자기의 보조자로서 사용하고 있으면서 직접 또는 간접으로 법인의 통제·감독 하에 있는 자도 포함한다고 할 것이다. 기록에 의하면 피고인회사의 대리 N은 지점의 업무가 폭주하자 지점에 상시 출입하는 고객이었던 공소외 P로 하여금 지점의 업무인 투자상담, 주식매도·매수주문수령, 전화받기, 그밖의 심부름 등을 하게 하여 지점의 업무를 보조하게 하였으며, 위 P가 지점장이하 직원들의 통제·감독 하에 있음으로써 피고인회사의 간접적 통제·감독 하에 있었음이 인정된다. 따라서 원심이 위 P가 피고인회사의 직원 또는 임원으로 채용된 적은 없다더라도 이사건 범행기간 동안 피고인회사의 명시적 또는 묵시적 승인 하에 피고인회사의 직원과 동일한 업무를 수행하면서 사실상 그 직원으로 행세하여 온 사실을 인정한 다음, 위 법조소정의 "법인의 대리인, 사용인 기타의 종업원"이라 함은 반드시 법인의 내부규정에 따라 정식 채용절차를 거친 직원 또는 임원에 한정되는 것이라고 할 수 없다는 이유로 피고인을 유죄로 인정한 1심판결을 유지하였음은 위 법리에 비추어 정당하다고 할 것이고, 거기에 소론이 주장하는 바와 같은 증권거래법 제215조 제2항의 법리를 오해하거나, 죄형법정주의 원칙을 위배한 위법이 없으므로 논지는 이유 없다.

자본시장법 제448조의 규정상, 법인의 대표자, 대리인, 사용인, 그 밖의 종업원은 모두 위반행위를 한 행위자가 될 수 있고, 이러한 위반행위를 한 행위자가 처벌대상이다. 법인의 대표자가 행위자로 되려면 위반행위에 대하여 업무상 결재를 하였어야 하고(양벌규정의 "업무에 관하여"라는 규정상), 전결규정에 의하여 대표자 아닌 다른 임원이 결재한 경우에는 그 임원이 행위자가 된다. 물론 업무상 결재 없이 종업원이 한 위반행위인 경우에는 그 종업원이 행위자이다.

〈미공개중요정보 이용행위〉
[서울고등법원 2008. 6. 24. 선고 2007노653 판결]
증권거래법 제215조는 법인 또는 개인의 대리인, 사용인 기타 종업원이 그 법인 또는 개인의 업무에 관하여 제207조의2의 위반행위를 한 때에는 행위자를 벌하는 외에 그 법인 또는 개인에 대하여도 각 해당 조의 벌금형을 과한다고 규정하고 있는데, 만약 피고인 1이 주요주주인 K의 사용인 내지 대리인으로 일하면서 X카드의 중요한 정보를 취득한 다음 피고인 3의 대리인으로서 위 피고인이 보유하고 있는 X카드의 주식

을 매도하면서 위 정보를 이용하였다면, 피고인 1은 증권거래법 제188조의2 제1항 제5호, 제207조의 제1항 제1호, 제2항의 규정으로, 피고인 3은 같은 법 제215조의 양벌규정에 의하여 처벌될 수 있다 할 것이다(피고인 1이 미공개정보이용행위금지의 주체로 인정되는 이상, 피고인 1이 미공개정보를 이용하여 처분하는 주식이 반드시 주요주주인 K 회장의 소유일 필요는 없고, 피고인 1이 관리하고 있는 피고인 3 소유의 주식을 처분한 경우에도 미공개정보이용행위금지에 관한 증권거래법위반죄가 성립되는 것으로 보아야 할 것이다).

〈시세조종행위〉

[대법원 2003. 12. 12. 선고 2001도606 판결]

법인의 대표자가 법인의 기관으로서 그 법인의 업무에 관하여 위와 같은 증권거래법 규정 위반의 행위를 한 경우 그 법인에 대하여 병과되는 구 증권거래법 제207조의2 소정 벌금형은 그 법인이 대표자의 위반행위로 인하여 얻은 이익 또는 회피한 손실액을 기준으로 그 상한이 정하여진다고 보아야 한다.

〈부정거래행위〉

[서울고등법원 2011. 10. 6. 선고 2011노806 판결]

피고인은 W사가 B사 인수계약을 체결한 뒤 B사 주식의 보유를 목적으로 설립한 회사로서 당시 B사의 지분 51%를 보유한 B사에 대한 지배회사였던 점, 피고인은 B사 인수시 체결된 주주 간 협약에 따라 W사측이 추천하는 과반수의 이사들을 통하여 B사 이사회를 지배하면서 사실상 그 의사결정권을 행사하였던 점, 피고인의 대표자인 M을 비롯한 W사측 이사들이 B 이사회의 결의를 거쳐 한 이 사건 발표로 인하여 피고인은 합병 후 B사에 대한 지분율이 상대적으로 덜 희석되는 재산상 이익을 얻게 되었는데, 이는 B사의 이익과는 구별되는 독자적이고 직접적인 이익인 점 등을 종합하면, M 등 W사측 이사들이 위계로써 한 이 사건 발표는 객관적으로 피고인의 업무에 관한 행위이고, 주관적으로도 피고인의 업무를 위하여 한다는 인식을 가지고 한 행위라고 보아야 한다.

(2) 업무관련성

법인의 임직원 또는 피용자의 범칙행위에 의하여 법인을 처벌하기 위한 요건으로서 '법인의 업무에 관하여' 행한 것으로 보기 위하여는 객관적으로 법인의 업무를 위하여 하는 것으로 인정할 수 있는 행위가 있어야 하고, 주관적으로는 피용자 등이 법인의 업무를 위하여 한다는 의사를 가지고 행위함을 요하며, 위 요건을 판단함에 있어서는 법인의 적법한 업무의 범위, 피용자 등의 직책이나 직위, 피용자 등의 범법행위와 법인의 적법한 업무 사이의 관련성, 피용자 등이 행한 범법행

위의 동기와 사후처리, 피용자 등의 범법행위에 대한 법인의 인식 여부 또는 관여
정도, 피용자 등이 범법행위에 사용한 자금의 출처와 그로 인한 손익의 귀속 여하
등 여러 사정을 심리하여 결정하여야 한다.

[대법원 1997. 2. 14. 선고 96도2699 판결]
법인의 임직원 또는 피용자의 범칙행위에 의하여 법인을 처벌하기 위한 요건으로서
'법인의 업무에 관하여' 행한 것으로 보기 위하여는 객관적으로 법인의 업무를 위하
여 하는 것으로 인정할 수 있는 행위가 있어야 하고, 주관적으로는 피용자 등이 법인
의 업무를 위하여 한다는 의사를 가지고 행위함을 요하며, 위 요건을 판단함에 있어
서는 법인의 적법한 업무의 범위, 피용자 등의 직책이나 직위, 피용자 등의 범법행위
와 법인의 적법한 업무 사이의 관련성, 피용자 등이 행한 범법행위의 동기와 사후처
리, 피용자 등의 범법행위에 대한 법인의 인식 여부 또는 관여 정도, 피용자 등이 범
법행위에 사용한 자금의 출처와 그로 인한 손익의 귀속 여하 등 여러 사정을 심리하
여 결정하여야 한다.181)

[대법원 2006. 6. 15. 선고 2004도1639 판결]
'법인의 업무에 관하여' 행한 것으로 보기 위해서는 객관적으로 법인의 업무를 위하
여 하는 것으로 인정할 수 있는 행위가 있어야 하고, 주관적으로는 피용자 등이 법인
의 업무를 위하여 한다는 의사를 가지고 행위함을 요한다.

(3) 이익의 귀속주체

법인에 대하여 병과되는 벌금형의 상한은 법인에 귀속된 이익을 기준으로 하
고, 대표자가 개인적으로 얻은 이익은 포함되지 않는다.

[대법원 2003. 12. 12. 선고 2001도606 판결]
구 증권거래법 제207조의2 제2호는 같은 법 제188조의4의 규정에 위반한 자는 10년
이하의 징역 또는 2천만 원 이하의 벌금에 처한다고 규정하고, 다만, 그 위반행위로
얻은 이익 또는 회피한 손실액의 3배에 해당하는 금액이 2천만 원을 초과하는 때에
는 그 이익 또는 회피손실액의 3배에 상당하는 금액 이하의 벌금에 처한다고 규정하
고 있고(이 사건 이후 개정된 현재의 증권거래법 규정은 위 이익 또는 회피한 손실액
에 따라 행위자를 가중처벌하고 있다), 같은 법 제215조는 법인의 대표자, 법인 또는
개인의 대리인·사용인 기타 종업원이 그 법인 또는 개인의 업무에 관하여 제207조의
2 내지 제212조의 위반행위를 한 때에는 행위자를 벌하는 외에 그 법인 또는 개인에
대하여도 각 해당 조의 벌금형을 과한다고 규정하고 있는바, 법인의 대표자가 법인의

---

181) 관세법 위반 사건이다(同旨 : 대법원 2006. 6. 15. 선고 2004도1639 판결).

기관으로서 그 법인의 업무에 관하여 위와 같은 증권거래법 규정 위반의 행위를 한 경우 그 법인에 대하여 병과되는 구 증권거래법 제207조의2 소정 벌금형은 그 법인이 대표자의 위반행위로 인하여 얻은 이익 또는 회피한 손실액을 기준으로 그 상한이 정하여진다고 보아야 한다.[182]

주식회사의 주식이 사실상 1인의 주주에 귀속하는 1인회사의 경우에도 회사와 주주는 별개의 인격체로서, 1인회사의 재산이 곧바로 1인주주의 소유라고 할 수 없기 때문에, 양벌규정에 따른 법인의 책임에는 영향이 없다.

[대법원 2018. 4. 12. 선고 2013도6962 판결]
자본시장과 금융투자업에 관한 법률에서 위와 같이 양벌규정을 따로 둔 취지는, 법인은 기관을 통하여 행위하므로, 법인이 대표자를 선임한 이상 그의 행위로 인한 법률효과와 이익은 법인에게 귀속되어야 하고, 법인 대표자의 범죄행위에 대하여는 법인 자신이 책임을 져야 하는데, 법인 대표자의 법규위반행위에 대한 법인의 책임은 법인 자신의 법규위반행위로 평가될 수 있는 행위에 대한 법인의 직접책임이기 때문이다. 주식회사의주식이 사실상 1인의 주주에 귀속하는 1인회사의 경우에도 회사와 주주는 별개의 인격체로서, 1인회사의 재산이 곧바로 1인주주의 소유라고 할 수 없기 때문에, 양벌규정에 따른 책임에 관하여 달리 볼 수 없다.

(4) 행위자의 처벌

"그 행위자를 벌하는 외에"라고 규정하므로 회사의 임직원이 회사의 업무로 (회사의 이익을 위하여) 미공개중요정보를 이용하여 자기주식을 취득하거나 시세조종행위를 한 경우, 양벌규정의 "그 행위자"로서 처벌받는다. "그 행위자를 벌하는 외에"라는 문구는 이와 같은 경우에 임직원의 처벌근거가 된다. 임직원이 개인적인 업무로(개인적 이익을 위하여) 불공정거래를 한 경우에는 양벌규정이 아닌 직접의 처벌규정에 의하여 처벌받는다.

(5) 면   책

법인 또는 개인이 그 위반행위를 방지하기 위하여 해당 업무에 관하여 상당한 주의와 감독을 게을리 하지 아니한 경우에는 처벌받지 않는다(法 448조 단서). 단서 규정은 2009년 2월 자본시장법 개정시 추가되었는데, 이러한 개정은 종업원

---

182) 이 사건에서 피고 H증권은 대표이사인 피고 K가 얻은 이익이 전혀 없으므로 그에 대한 법정 벌금형은 제207조의2 본문에 의하여 2천만원 이하의 벌금이 되고, 이에 따라 피고 H증권에 대한 법정 벌금형도 2천만원 이하의 벌금이라고 주장하였다.

의 위반행위에 대하여 양벌조항으로서 개인인 영업주에게도 동일하게 무기 또는
2년 이상의 징역형의 법정형으로 처벌하도록 규정하고 있는 '보건범죄단속에 관
한 특별조치법' 제6조 중 제5조에 의한 처벌 부분이 형사법상 책임원칙에 반하는
지 여부에 관하여 헌법재판소가 위헌결정을 함에 따른 것인데,[183] 헌법재판소는
그 후 구 증권거래법의 해당 규정에 대하여도 위헌결정을 하였다.

[헌법재판소 2013. 6. 27. 선고 2013헌가10 결정]
1. 이 사건 법률조항은 법인이 고용한 종업원 등이 법인의 업무에 관하여 위반행위를
   한 사실이 인정되면 곧바로 그 종업원 등을 고용한 법인에게도 종업원 등에 대한
   처벌조항에 규정된 형을 과하도록 규정하고 있다. 즉, 이 사건 법률조항은 종업원
   등의 범죄행위에 대한 법인의 가담 여부나 이를 감독할 주의의무의 위반 여부를
   법인에 대한 처벌요건으로 규정하지 아니하고, 달리 법인이 면책될 가능성에 대해
   서도 규정하지 아니하고 있어, 결국 종업원 등의 일정한 행위가 있으면 법인이 그
   와 같은 종업원 등의 범죄에 대해 어떠한 잘못이 있는지를 전혀 묻지 않고 곧바로
   영업주인 법인을 종업원 등과 같이 처벌하는 것이다.
2. 형벌은 범죄에 대한 제재로서 그 본질은 법질서에 의해 부정적으로 평가된 행위에
   대한 비난이다. 만약 법질서가 부정적으로 평가한 결과가 발생하였다고 하더라도
   그러한 결과의 발생이 어느 누구의 잘못에 의한 것도 아니라면, 부정적인 결과가
   발생하였다는 이유만으로 누군가에게 형벌을 가할 수는 없다. 이와 같이 '책임 없
   는 자에게 형벌을 부과할 수 없다'는 형벌에 관한 책임주의는 형사법의 기본원리
   로서, 헌법상 법치국가의 원리에 내재하는 원리인 동시에 헌법 제10조의 취지로부
   터 도출되는 원리이고, 법인의 경우도 자연인과 마찬가지로 책임주의원칙이 적용
   된다. 그런데 이 사건 법률조항에 의할 경우, 법인이 종업원 등의 위반행위와 관련
   하여 선임·감독상의 주의의무를 다하여 아무런 잘못이 없는 경우까지도 법인에게
   형벌이 부과될 수밖에 없게 된다. 이처럼 이 사건 법률조항은 종업원 등의 범죄행
   위에 관하여 비난할 근거가 되는 법인의 의사결정 및 행위구조, 즉 종업원 등이
   저지른 행위의 결과에 대한 법인의 독자적인 책임에 관하여 전혀 규정하지 않은
   채, 단순히 법인이 고용한 종업원 등이 업무에 관하여 범죄행위를 하였다는 이유

---

183) [헌법재판소 2007. 11. 29. 선고 2005헌가10 결정] "이 사건 법률조항이 종업원의 업무
관련 무면허의료행위가 있으면 이에 대해 영업주가 비난받을 만한 행위가 있었는지 여부와는
관계없이 자동적으로 영업주도 처벌하도록 규정하고 있고, 그 문언상 명백한 의미와 달리 "종
업원의 범죄행위에 대해 영업주의 선임감독상의 과실(기타 영업주의 귀책사유)이 인정되는
경우"라는 요건을 추가하여 해석하는 것은 문리해석의 범위를 넘어서는 것으로서 허용될 수
없으므로, 결국 위 법률조항은 다른 사람의 범죄에 대해 그 책임 유무를 묻지 않고 형벌을 부
과함으로써, 법정형에 나아가 판단할 것 없이, 형사법의 기본원리인 '책임없는 자에게 형벌을
부과할 수 없다'는 책임주의에 반한다."

만으로 법인에 대하여 형사처벌을 과하고 있는바, 이는 다른 사람의 범죄에 대하여 그 책임 유무를 묻지 않고 형벌을 부과하는 것으로서, 헌법상 법치국가의 원리및 죄형법정주의로부터 도출되는 책임주의원칙에 반한다(수원지방법원 안산지원2008고단284788 판결 참조).

"법인 또는 개인이 그 위반행위를 방지하기 위하여 해당 업무에 관하여 상당한 주의와 감독을 게을리 하지 아니한 경우"라는 규정상 마치 법인 또는 개인에게 입증책임이 있는 것처럼 보이지만, 형사사건에서는 검사가 입증할 책임을 부담하므로 규정형식에 불구하고 검사가 입증하여야 한다. 따라서 단서 규정의 신설로 인하여 실제의 사건에서 양벌규정으로 법인이 처벌받는 경우는 많지 않을것으로 보인다.

4. 범죄수익은닉의 규제

(1) 의   의

「범죄수익은닉의 규제 및 처벌 등에 관한 법률」은 범죄수익의 몰수 및 추징에 관한 특례를 규정함으로써 특정범죄를 조장하는 경제적 요인을 근원적으로 제거하여 건전한 사회질서의 유지에 이바지함을 목적으로 한다(同法 1조). 동법이규정한 중대범죄에는 자본시장법의 미공개정보 이용행위와 시세조종행위가 포함된다(同法 별표).184)

---

184) [범죄수익은닉의 규제 및 처벌 등에 관한 법률 제2조 (정의)]
자본시장법에서 사용하는 용어의 정의는 다음과 같다.
1. "특정범죄"라 함은 재산상의 부정한 이익을 취득할 목적으로 범한 죄로서 별표에 규정된 죄(이하 "중대범죄"라 한다)와 제2호 나목에 규정된 죄를 말한다. 이 경우 중대범죄 및 제2호 나목에 규정된 죄와 다른 죄가 형법 제40조의 관계에 있는 경우에는 그 다른 죄를 포함하며, 외국인이 대한민국외에서 한 행위로서 그 행위가 대한민국내에서 행하여졌다면 중대범죄 또는 제2호 나목에 규정된 죄에 해당하고 행위지의 법령에 의하여 죄에 해당하는 경우 당해 죄를 포함한다.
2. "범죄수익"이란 다음 각 목의 어느 하나에 해당하는 것을 말한다.
　가. 중대범죄의 범죄행위에 의하여 생긴 재산 또는 그 범죄행위의 보수로서 얻은 재산
　나. 성매매알선 등 행위의 처벌에 관한 법률 제19조 제2항 제1호(성매매알선 등행위 중 성매매에 제공되는 사실을 알면서 자금·토지 또는 건물을 제공하는 행위에 한한다), 폭력행위 등 처벌에 관한 법률 제5조 제2항·제6조(제5조 제2항의 미수범에 한한다), 국제상거래에 있어서 외국공무원에 대한 뇌물방지법 제3조 제1항, 특정경제범죄 가중처벌 등에 관한 법률 제4조, 국제형사재판소 관할 범죄의 처벌 등에 관한 법률 제8조부터 제16조까지, 공중 등 협박목적을 위한 자금조달행위의 금지에 관한 법률 제6조 제1항·제4항의 죄에 관계된 자금 또는 재산
3. "범죄수익에서 유래한 재산"이라 함은 범죄수익의 과실로서 얻은 재산, 범죄수익의 대가

⑵ 범죄수익의 은닉·가장

다음과 같은 자는 5년 이하의 징역 또는 3천만원 이하의 벌금에 처하고(同法 3조①), 미수범(同法 3조②) 및 예비음모자(同法 3조③)도 처벌된다.

1. 범죄수익 등의 취득 또는 처분에 관한 사실을 가장한 자
2. 범죄수익의 발생원인에 관한 사실을 가장한 자
3. 특정범죄를 조장하거나 또는 적법하게 취득한 재산으로 가장할 목적으로 범죄수익 등을 은닉한 자

⑶ 범죄수익의 수수

그 정황을 알면서 범죄수익 등을 수수(收受)한 자는 3년 이하의 징역 또는 2천만원 이하의 벌금에 처한다. 따라서, 만일 금융투자업자의 직원이 미공개정보 이용행위나 시세조종행위에 가담한 대가로 수익의 일부를 받으면 이 규정에 의한 처벌대상이 된다. 다만, 법령상의 의무이행으로서 제공된 것을 수수한 자 또는 계약(채권자가 상당한 재산상의 이익을 제공하는 것에 한한다)시에 그 계약에 관련된 채무의 이행이 범죄수익 등에 의하여 행하여지는 것이라는 정황을 알지 못하고 그 계약에 관련된 채무의 이행으로서 제공된 것을 수수한 자는 처벌대상이 아니다(同法 4조).

⑷ 범죄수익의 몰수·추징

㈎ 몰수·추징의 대상

다음의 재산은 몰수할 수 있다(同法 8조①).

1. 범죄수익
2. 범죄수익에서 유래한 재산
3. 제3조(범죄수익등의 은닉 및 가장)·제4조(범죄수익등의 수수)의 범죄행위에 관계된 범죄수익 등
4. 제3조·제4조의 범죄행위에 의하여 생긴 재산 또는 그 범죄행위의 보수로서 얻은 재산
5. 제3호·제4호의 규정에 의한 재산의 과실 또는 대가로서 얻은 재산 또는 이들 재산의 대가로서 얻은 재산 그 밖에 그 재산의 보유 또는 처분에 의하여 얻은 재산

로서 얻은 재산 및 이들 재산의 대가로서 얻은 재산 그 밖에 범죄수익의 보유 또는 처분에 의하여 얻은 재산을 말한다.
  4. "범죄수익 등"이라 함은 범죄수익, 범죄수익에서 유래한 재산 및 이들 재산과 이들 재산 외의 재산이 혼화된 재산을 말한다.

몰수할 재산을 몰수할 수 없거나 그 재산의 성질, 사용 상황, 그 재산에 관한 범인 외의 자의 권리 유무, 그 밖의 사정으로 인하여 그 재산을 몰수하는 것이 적절하지 아니하다고 인정될 때에는 그 가액(價額)을 범인으로부터 추징할 수 있다 (同法 10조①).

추징의 대상이 되는지 여부는 엄격한 증명을 필요로 하는 것은 아니나, 그 대상이 되는 범죄수익을 특정할 수 없는 경우에는 추징할 수 없고, 또한「범죄수익은닉의 규제 및 처벌 등에 관한 법률」제10조 소정의 몰수와 추징은 임의적인 것이므로 그 추징의 요건에 해당되는 재산이라도 이를 추징할 것인지의 여부는 법원의 재량에 맡겨져 있다. 그러나 자본시장법 제447조의2는 제443조 제1항 각호의 행위를 한 자가 해당 행위를 하여 취득한 재산은 몰수하며, 몰수할 수 없는 경우에는 그 가액을 추징한다고 규정함으로써 필요적 몰수·추징을 규정한다.185)

[대법원 2010. 4. 15. 선고 2009도13890 판결]
구 범죄수익은닉의 규제 및 처벌 등에 관한 법률 제2조 제1호 [별표 제16호], 제2호 (가)목, 제8조, 제10조에서 몰수 또는 추징 대상으로 정한 구 증권거래법 제207조의 2의 범죄행위에 의하여 생긴 재산인 불법수익 역시 위와 마찬가지로 구 증권거래법 제207조의2 위반행위와 관련된 거래로 인한 이익으로서 위반행위로 인하여 발생한 위험과 인과관계가 인정되는 것을 의미하므로, 법원은 그 인과관계가 인정되는 이익이라고 하더라도 여러 사정을 고려하여 재량에 따라 그 불법수익의 몰수 또는 추징 여부를 최종 결정하면 된다. 원심판결 이유에 의하면, 원심은 판시한 바와 같은 여러 사정들, 즉 피고인의 이 사건 허위 언론 인터뷰 내용과 그 시기, 이로 인한 A사의 주가상승 및 그 범위, A사의 저조한 영업실적과 환율하락의 영향으로 인한 반도체 등 수출업종의 주가하락 추세 등 2007년 당시의 주가 관련 상황, 인터넷 등 정보통신 수단이 발달되고 각종투자자 카페, 증권사 애널리스트 등이 난립하는 현재의 증권시장 환경에서 기업의 대표이사가 허위·과장된 사실을 언론매체를 통하여 계속적으로 유포할 경우 그러한 사실이 확대재생산되어 주가에 커다란 영향을 미칠 수 있다는 것은 충분히 예견되는 점, 공소외 2는 2007. 5.경부터 강연 등을 통하여 A사 주식의 매수를 권유하였으나 이 때는 피고인의 언론 인터뷰 내용을 기초로 한 것이었던 반면, 2007. 9.경부터는 피고인의 언론인터뷰 내용과는 관계 없는, 자신이 임의로 계산한 예상 주가 및 영업이익률을 그 근거로 제시하면서 A사 주식의 매수를 적극 추천하였고, 이러한 주가 및 영업이익률은 주식투자자들이 주식투자 여부를 결정할 때 중요하

---

185) 일본 金商法 제198조의2도 필요적 몰수·추징을 원칙으로 규정하고, 예외적으로 임의적 몰수를 규정한다. 필요적 몰수·추징에 관한 제447조의2는 2014. 12. 30. 개정법에 신설된 규정인데, 시행일인 2015. 7. 1. 전의 행위에 대하여는 종전 규정에 따른다.

게 고려하는 요소들인 점, 공소외 2가 운영하는 D투자연구소의 회원수가 2007. 6.경 300~400명 정도, 2007. 9.경 700~800명 정도에 이르렀고, A사 주식 전체 거래량 중 D투자연구소 회원의 매수비중은 2007. 5.경 평균 3.76%, 2007. 6.경부터 2007. 7.경까지는 7.6%, 2007. 8. 13. 23.36%, 2007. 9. 3.부터 2007. 10. 4.까지는 평균 12.41%이었던 점, 2007. 9.경부터 A사 주가의 비정상적 상승 움직임이 가속화되었 던 점 등을 전체적·종합적으로 고려한 결과, 공소외 2의 강연으로 A사의 주가상승에 어느 정도 영향을 미쳤다고 하더라도 2007. 8. 31.경까지는 공소외 2가 강연으로 A 사의 주가상승에 개입하였다고 볼 수 없으므로 2007. 8. 31. 이전의 주가상승은 모두 피고인의 이 사건 허위사실유포 및 허위·부실 표시 문서 이용행위와 인과관계가 인 정되어 이로 인한 이득액 전부에 대하여 피고인의 죄책이 인정되나, 2007. 9.경부터 는 공소외 2가 강연을 통하여 주가상승에 개입하였다고 보아야 할 것이므로 2007. 9. 1. 이후의 주가상승은 그 전부가 피고인의 이 사건 허위사실 유포 및 허위·부실 표시 문서 이용행위와 인과관계가 인정된다고 볼 수 없어 이로 인한 이득액 모두에 대하여 피고인의 죄책을 인정할 수 없고 달리 인과관계가 인정되는 이득액을 특정할 방법이 없다고 판단하여, 위와 같이 죄책이 인정되는 범위 내에서만 그 이득액을 추 징한다고 판단하였다. 위 법리와 기록에 비추어 볼 때 원심의 이러한 판단은 정당하 고 거기에 상고이유에서 주장하는 바와 같은 인과관계, 이득액, 추징 등에 관한 법리 오해, 환송판결의 기속력 위반 등의 위법은 없다. 그리고 증거에 의하지 아니하거나 합리적인 의심이 없는 정도의 증명에 이르지 아니하였음에도 공소사실을 인정한 위 법 또는 증거평가에 관한 논리법칙·경험법칙을 위반하여 자유심증의 한계를 넘어선 위법도 보이지 아니한다. 그 밖에 피고인 및 검사가 원심의 사실인정에 관하여 내세 우는 사유들은 결국 구체적인 논리법칙·경험법칙 위반사실을 특정하지 아니한 채 원 심의 사실인정을 다투는 취지에 불과하므로 이는 적법한 상고이유에 해당하지 아니 한다. 피고인과 검사의 상고이유는 모두 받아들이지 아니한다.[186]

㈏ 인과관계

몰수·추징 대상으로 정한 불법수익은 위반행위와 관련된 거래로 인한 이익 또는 회피한 손실액으로서 위반행위로 인하여 발생한 위험과 인과관계가 인정 되는 것을 의미하는데, 반드시 직접적인 인과관계가 있는 것에 한정되는 것은 아 니다.

---

186) 2009도1374 판결에 의하여 파기,환송된 사건의 상고심판결이다[재판경과 : 서울중앙지방법 원 2008. 9. 19. 선고 2008고합475 판결, 서울고등법원 2009. 1. 23. 선고 2008노2564 판결, 대 법원 2009. 7. 9. 선고 2009도1374 판결, 서울고등법원 2009. 11. 26. 선고 2009노1838 판결, 대 법원 2010. 4. 15. 선고 2009도13890 판결].

[대법원 2011. 7. 28. 선고 2008도5399 판결]

구 범죄수익은닉의 규제 및 처벌 등에 관한 법률 제2조 제1호 별표 제16호, 제2호 가목, 제8조, 제10조에서 몰수 또는 추징 대상으로 정한 구 증권거래법 제207조의2의 범죄행위에 의하여 생긴 재산인 불법수익은 구 증권거래법 제207조의2위반행위와 관련된 거래로 인한 이익으로서 위반행위로 인하여 발생한 위험과 인과관계가 인정되는 것을 의미한다고 보는 것이 옳고, 법원은 그 인과관계가 인정되는 이익이라고 하더라도 여러 사정을 고려하여 재량에 따라 그 불법수익의 몰수 또는 추징 여부를 최종 결정하면 된다(대법원 2009. 7. 9. 선고 2009도1374 판결 참조). 이와 달리, 구 범죄수익은닉의 규제 및 처벌 등에 관한 법률에 의한 몰수 또는 추징 대상인 이익은 위반행위와 직접적인 인과관계가 있는 것에 한정된다는 전제 아래, 피고인의 이 사건 사기적 부정거래행위와 직접적인 인과관계가 있는 이익이 얼마인지를 특정할 수 있는 아무런 자료가 없다는 이유만으로 추징을 선고하지 아니한 원심에는 위 법률이 정한 추징에 관한 법리를 오해한 위법이 있다. 이를 지적하는 검사의 상고이유 주장은 이유 있다.

[대법원 2009. 7. 9. 선고 2009도1374 판결]

구 증권거래법 제207조의2, 제214조에서 정한 이익은 위반행위와 직접적인 인과관계가 있는 것만을 의미하는 것은 아니고 그 위반행위가 개입된 거래로 인하여 얻은 이익에 해당하는 것이면 족한 반면, 구 범죄수익은닉의 규제 및 처벌 등에 관한 법률에 의한 몰수 또는 추징 대상인 이익은 위반행위와 직접적인 인과관계가 있는 것만을 의미한다는 전제 아래, 이 사건 허위사실 유포 및 허위·부실 표시 문서 이용행위와 그 이익의 가액사이에 인과관계가 존재하는지가 주된 쟁점이 되어 있는 이 사건에서, 이들 사이에 인과관계가 존재하는지를 분명하게 하지 아니한 채 구 증권거래법 제207조의2 제2항 및 제214조를 적용하는 한편, 직접적인 인과관계가 있는 이익의 범위를 특정할 수 없다는 이유로 그 이익 전부를 바로 구 범죄수익은닉의 규제 및 처벌 등에 관한 법률에 의한 추징 대상으로 삼을 수 없다고 판단한 원심에는, 위 조항들에서 정한 위반행위로 인한 이익 등의 개념과 한계에 관한 법리를 오해한 위법이 있다.

원심이 인용한 대법원 2004. 9. 3. 선고 2004도1628 판결은 2002. 4. 27. 법률 제6695호로 증권거래법이 개정되어 제207조의2 제2항의 징역형 가중처벌 조항이 신설되기 전의 사안에 대한 것으로서 공소사실에 기재된 피고인의 여러 허위사실 유포행위 중 일부가 무죄로 판단된 상황에서 공소사실 기재와 같은 이익액을 그대로 인정할 수 있는지가 쟁점이 된 사안이고, 또 대법원 2005. 4. 15. 선고 2005도632 판결은 일부 계좌들만 시세조정행위에 제공되고 다른 계좌들은 이에 제공된 바 없다고 하더라도 다른 계좌들을 이용한 거래로 얻은 이익을 위반행위로 인한 이익에 해당된다고 볼 수 있는지가 쟁점이 된 사안에 대한 것으로, 이들 판시 자체에 의하더라도 '위반행위로 얻은 이익'은 위반행위와 직접적인 관련이 있는 이익에만 한정되는 것이 아니라는 취

지일 뿐임을 알 수 있으므로, 구 증권거래법 제207조의2, 제214조에서 정한 '위반행
위로 얻은 이익'의 위반행위와 이익 사이에 인과관계가 필요하지 않다는 논리의 근거
로 삼을 수 없다.

㈐ 공범으로부터의 몰수·추징

여러 사람이 공동으로 불공정거래행위를 한 경우에는 그 분배받은 이익, 즉
실질적으로 귀속한 이익만을 개별적으로 몰수·추징하여야 하고, 그 분배받은 금
원을 확정할 수 없을 때에는 이를 평등하게 분할한 금원을 몰수·추징하여야 한다.

[대법원 2014. 5. 29. 선고 2011도11233 판결]
구 범죄수익은닉의 규제 및 처벌 등에 관한 법률(2007. 8. 3. 법률 제8635호로 개정
되기 전의 법률, 이하 '구 범죄수익법'이라 한다) 제2조 제1호 [별표] 제16호, 제2호
가.목, 제8조 및 제10조에서 몰수 또는 추징 대상으로 정한 구 증권거래법 제207조
의2 의 범죄행위에 의하여 생긴 재산인 불법수익 역시 위와 마찬가지로 구 증권거래
법 제207조의2 위반행위와 관련된 거래로 인한 이익 또는 회피한 손실액으로 보아야
하고(대법원 2009. 7. 9. 선고 2009도1374 판결, 대법원 2012. 1. 27. 선고 2011도
14247 판결 등 참조), 다만 여러 사람이 공동으로 미공개정보 이용행위 금지의 범행
을 저지른 경우에는 그 분배받은 이익, 즉 실질적으로 귀속한 이익만을 개별적으로
몰수·추징하여야 하고, 그 분배받은 금원을 확정할 수 없을 때에는 이를 평등하게 분
할한 금원을 몰수·추징하여야 한다(대법원 2007. 11. 30. 선고 2007도635 판결, 대
법원 2010. 1. 28. 선고 2009도13912 판결 등 참조).

(5) 추징보전

자본시장법위반 형사사건에서는 대부분의 경우 대상 재산이 몰수하기 적절하
지 않은 경우이므로 추징을 하게 된다. 「범죄수익은닉의 규제 및 처벌 등에 관한
법률」에 따른 몰수·추징은 「마약류 불법거래 방지에 관한 특례법」의 해당 규정이
준용되는데(同法 12조), 확정판결에 의한 추징금 집행을 보전하기 위한 추징보전
에는 제52조부터 제59조까지가 준용된다.

제3절 과징금과 과태료

Ⅰ. 시장질서 교란행위에 대한 과징금

1. 법정 과징금

금융위원회는 시장질서 교란행위자에 대하여 5억원 이하의 과징금을 부과할 수 있다. 다만, 그 위반행위와 관련된 거래로 얻은 이익(미실현이익을 포함)[187] 또는 이로 인하여 회피한 손실액에 1.5배에 해당하는 금액이 5억원을 초과하는 경우에는 그 이익 또는 회피한 손실액의 1.5배에 상당하는 금액 이하의 과징금을 부과할 수 있다(法 429조의2).[188]

자본시장법상 불공정거래에 대한 형사벌칙규정에서는 "위반행위로 얻은 이익"이라고 규정하고, 시장질서 교란행위자에 대한 과징금규정에서는 "위반행위와 관련된 거래로 얻은 이익"이라고 규정하여 문구상 차이가 있다. 이 점에 착안하여 시장질서 교란행위자의 "위반행위와 관련된 거래로 얻은 이익"은 "위반행위로 얻은 이익"보다 넓은 개념으로 해석할 여지도 있으나(이러한 견해에 의하면 "위반행위와 관련된 거래로 얻은 이익"은 주가형성에 영향을 준 다른 요인을 고려할 필요가 없다는 해석도 가능하다), 종래의 판례는 일관되게 "위반행위로 얻은 이익"을 "위반행위와 관련된 거래로 인한 이익"이라고 판시하고 있다.[189] 따라서 문구상의 차이에 불구하고 양자는 차이가 없는 것으로 보는 것이 타당하다. 다만, 위반행위와

---

187) 시장질서 교란행위와 관련된 이익을 산정할 때 미실현이익을 포함하도록 하는 규정은 미공개중요정보 이용행위, 시세조종 등의 불공정거래행위로 인한 이익을 산정하는 경우 미실현이익을 포함하여야 한다는 판례의 입장을 입법적으로 반영한 것으로 보인다. 그러나, 한편으로는 시장질서 교란행위와 관련된 이익을 산정할 때 이와 같이 명문으로 미실현이익도 포함된다고 규정함으로써, 그러한 명문의 규정이 없는 미공개중요정보 이용행위, 시세조종 등의 경우에는 반대해석에 의하여 미실현이익이 포함되지 않는다는 반론의 여지가 있으므로, 입법적으로 명확히 할 필요가 있는 부분이다.

188) 시장질서 교란행위자가 과징금을 부과받은 후 불공정거래로 인정되어 형사처벌을 받게 되는 경우가 있을 수 있는데, 일본 金融商品去來法은 과징금납부명령시점을 기준으로 형사재판이 확정된 경우, 계속중인 경우, 기소가 과징금 납부기한 내에 이루어진 경우 등으로 나누어 형사제재와 과징금을 조정하는 규정을 두고 있다. 자본시장법상 이러한 규정이 없지만, 제178조의3이 규정하는 기관 간 공조에 의하여 일정 범위에서의 조정은 가능할 것이다.

189) 대법원 2011. 10. 27. 선고 2011도8109 판결. 구 증권거래법 관련 판례도 마찬가지이다(대법원 2010. 4. 15. 선고 2009도13890 판결, 대법원 2009. 7. 9. 선고 2009도1374 판결).

관련된 거래로 인한 이익 전부가 아니고 그 위반행위로 인하여 발생한 위험과 인과관계가 인정되는 것을 의미한다.

2. 과징금 부과기준

자본시장조사업무규정 별표 제2호 "과징금 부과기준"에 따르면, 시장질서 교란행위자에 대한 과징금 부과액은 부과의 기초가 되는 기준금액에 조사업무규정에서 정한 부과비율을 곱하여 기본과징금을 산정한다. 기준금액은 위반행위로 얻은 이익(미실현이익 포함) 또는 회피한 손실액으로 하고, 그 이익이나 손실액을 객관적으로 산출하기 곤란하거나 제178조의2 제2항 제1호, 제2호, 제4호와 관련하여 얻은 이익이 3천만원 이하인 경우에는 3천만원으로 한다. 부과비율은 위반행위의 중요도와 상향 또는 하향 조정사유에 따라 기준금액의 50%-150% 범위에서 정한다.[190] 위반행위의 내용이나 정도에 비추어 과징금이 현저히 과도하다고 판단되는 경우로서 증선위가 인정하는 경우에는 해당 과징금을 감면할 수 있다.

그리고 위반행위로 인한 위반행위로 얻은 이익(미실현이익 포함) 또는 회피한 손실액이 2천만원 미만인 경우 과징금을 면제할 수 있다. 위반 사항이 2개 이상 발생한 경우에는 각 위반행위에 대하여 과징금을 부과하고, 다만, 제178조의2 제2항 제1호 및 제2호의 위반사항이 모두 발생한 경우는 1개의 위반사항으로 본다.

Ⅱ. 공매도에 대한 과태료

1. 과징금

금융위원회는 제180조를 위반하여 상장증권에 대하여 허용되지 않는 방법으로 공매도를 하거나 공매도 주문을 위탁 또는 수탁한 자에 대하여 다음 각 호의 구분에 따른 위반금액을 초과하지 않는 범위에서 과징금을 부과할 수 있다(法 429조의3①).

---

190) 중요도 상인 경우에는 상향조정사유 150%, 조정사유 없는 경우 125%, 하향조정사유 100%이고, 중요도 중인 경우에는 상향조정사유 125%, 조정사유 없는 경우 100%, 하향조정사유 75%이고, 중요도 하인 경우에는 상향조정사유 100%, 조정사유 없는 경우 75%, 하향조정사유 50%이다.

1. 공매도를 하거나 공매도 주문을 위탁한 경우에는 제180조를 위반한 공매도 주문
   금액
2. 공매도 주문을 수탁한 경우에는 제180조를 위반한 공매도 주문금액

금융위원회는 제180조의4를 위반한 자에 대하여 5억원 이하의 과징금을 부
과할 수 있다. 다만, 그 위반행위와 관련된 거래로 얻은 이익(미실현 이익 포함) 또
는 이로 인하여 회피한 손실액의 1.5배에 해당하는 금액이 5억원을 초과하는 경
우에는 그 이익 또는 회피한 손실액의 1.5배에 상당하는 금액 이하의 과징금을 부
과할 수 있다(法 429조의3②).

금융위원회는 과징금을 부과할 때 행위자가 동일한 위반행위로 형사벌칙 규
정인 제443조 제1항 제10호에 따라 벌금을 부과받은 경우에는 과징금 부과를 취
소하거나 벌금에 상당하는 금액의 전부 또는 일부를 과징금에서 제외할 수 있다
(法 429조의3③).

2. 과태료

다음 중 어느 하나에 해당하는 자에 대하여는 1억원 이하의 과태료를 부과한
다(法 449조①).

1. 제180조의2 제1항을 위반하여 순보유잔고를 보고하지 아니하거나 순보유잔고의
   보고에 관하여 거짓의 기재 또는 표시를 한 자(39의2)
2. 제180조의2 제2항을 위반하여 금융위원회의 정정명령을 이행하지 아니하거나
   정정명령에 따른 보고에 관하여 거짓의 기재 또는 표시를 한 자(39의3)
3. 제180조의3을 위반하여 공시를 하지 아니하거나 거짓으로 공시한 자(39의4)
4. 제180조의5를 위반하여 대차거래정보를 보관하지 아니하거나 자료제출 요구에
   따르지 아니한 자(39의5)

판례색인

우리말색인

외국어색인

저자약력

서울대학교 법과대학 졸업(1980), 13기 사법연수원 수료(1983), Kim, Chang & Lee 법률사무소(1983), Research Scholar, University of Washington School of Law(1993~1995), 법무법인 나라 대표변호사(1995~2005), 경찰청 경찰개혁위원(1998~1999), 삼성제약 화의관재인(1998~1999), 재정경제부 증권제도선진화위원(1998~1999), 사법연수원 강사(1998~2005), 인포뱅크 사외이사(1998~2005), 금융감독원 증권조사심의위원(2000~2002), 공정거래위원회 정책평가위원(2000~2003), 한국종합금융 파산관재인(2001~2002), 한국증권거래소 증권분쟁조정위원(2001~2003), KB자산운용 사외이사(2002~2006), 증권선물위원회 증권선물조사심의위원(2002~2004), 한국증권선물거래소 증권분쟁조정위원(2003~2006), 서울중앙지방법원 조정위원(2003~2006), 서울지방변호사회 감사(2005~2006), 경찰청 규제심사위원회 위원장(2005~2015), 성균관대학교 법과대학·법학전문대학원 교수(2005~2010), 제48회 사법시험 위원(상법)(2006), 법무부 상법쟁점사항 조정위원(2006~2007), 법무부 상법특례법 제정위원(2007), 재정경제부 금융발전심의위원회 증권분과위원(2007~2008), 대한상사중재원 중재인(2010~현재), 금융위원회 금융발전심의위원회 자본시장분과위원(2011~2013), 금융감독원 제재심의위원(2012~2014), 코스닥협회 법률자문위원(2013~ 현재), 법무부 증권관련 집단소송법 개정위원회 위원장(2013~2014), 한국증권법학회 회장(2015~2017), 한국상장회사협의회 자문위원(2017~현재), 한국예탁결제원 예탁결제자문위원회 위원장(2019~2021), 한국예탁결제원 증권결제자문위원회 위원장(2021~현재)

법률신문사 선정 자본시장법 분야 최고변호사 (2014년, 2016년, 2020년, 2022년)
한경비즈니스 선정 금융/자본시장법 분야 베스트변호사 (2018년, 2021년)

(현재) 법무법인 율촌 변호사 (연락처) jylim57@gmail.com

저   서
미국회사법 (박영사, 초판 1995, 수정판 2004)
증권규제법 (박영사, 초판 1995)
증권거래법 (박영사, 초판 2000, 전정판 2006)
회사법강의 (성균관대학교 출판부, 초판 2007)
증권판례해설 (성균관대학교 출판부, 초판 2007)
미국기업법 (박영사, 초판 2009)
미국증권법 (박영사, 초판 2009)
주주총회실무 (공저, 박영사, 초판 2018, 제2판 2020)
회사소송 (공저, 박영사, 초판 2010, 제4판 2021)
회사법 (박영사, 초판 2012, 개정8판 2022)
자본시장법 (박영사, 초판 2010, 2023년판 2023)

제4판
자본시장과 불공정거래
— 내부자거래 · 시세조종 · 부정거래행위 · 시장질서 교란행위 —

초판인쇄	2014년 11월 10일
제4판발행	2023년 7월 5일
지은이	임재연
펴낸이	안종만 · 안상준
편 집	김선민
기획/마케팅	조성호
표지디자인	이수빈
제 작	우인도 · 고철민
펴낸곳	(주) **박영사**
	서울특별시 금천구 가산디지털2로 53, 210호(가산동, 한라시그마밸리)
	등록 1959. 3. 11. 제300-1959-1호(倫)
전 화	02)733-6771
f a x	02)736-4818
e-mail	pys@pybook.co.kr
homepage	www.pybook.co.kr
ISBN	979-11-303-4487-4 93360

copyright©임재연, 2023, Printed in Korea

정 가   45,000원